성격심리학 |제6판|

Personality Psychology

Personality Psychology, 6th Edition

Korean Language Edition Copyright © 2018 by McGraw-Hill Education Korea, Ltd., and Sigma Press Inc. All rights reserved. No part of this publication may be reproduced or distributed in any form or by any means, or stored in a database or retrieval system, without prior written permission of the publisher.

4 5 6 7 8 9 10 SP 20 22

Original : Personality Psychology, 6th Edition © 2018
        By Randy Larsen, David M. Buss
        ISBN 978-1-25-987049-1

This authorized Korean translation edition is jointly published by McGraw-Hill Education Korea, Ltd., and Sigma Press Inc. This edition is authorized for sale in the Republic of Korea.

This book is exclusively distributed by Sigma Press Inc.

When ordering this title, please use ISBN 979-11-6226-104-0

Printed in Korea

| 제6판 |

성격심리학

Personality Psychology

RANDY J. LARSEN

DAVID M. BUSS

김근향, 조선미, 권호인 옮김

 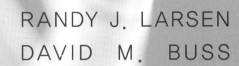

성격심리학 제6판

발행일 | 2018년 12월 20일 1쇄 발행
2020년 2월 20일 2쇄 발행
2021년 7월 20일 3쇄 발행
2022년 12월 20일 4쇄 발행

지은이 | Randy J. Larsen, David M. Buss
옮긴이 | 김근향, 조선미, 권호인
발행인 | 강학경
발행처 | ㈜시그마프레스
디자인 | 고유진
편 집 | 류미숙

등록번호 | 제10-2642호
주소 | 서울특별시 영등포구 양평로 22길 21 선유도코오롱디지털타워 A401~402호
전자우편 | sigma@spress.co.kr
홈페이지 | http://www.sigmapress.co.kr
전화 | (02)323-4845, (02)2062-5184~8
팩스 | (02)323-4197

ISBN | 979-11-6226-104-0

* 책값은 뒤표지에 있습니다.
* 이 도서의 국립중앙도서관 출판예정도서목록(CIP)은 서지정보유통지원시스템 홈페이지 (http://seoji.nl.go.kr)와 국가자료공동목록시스템(http://www.nl.go.kr/kolisnet)에서 이용하실 수 있습니다.(CIP제어번호 : CIP2018039432)

"세상에 나쁜 성격은 없다. 다만 부적응을 일으키는 성격이 존재할 뿐이다." 이것이 임상심리학자인 역자들의 생각이다. 성향적으로 타고난 부분이 있겠지만 성격이란 세상을 살아가면서 만들어지는 것이다. 성격은 좋든 싫든 세상에 적응하는 과정의 산물이다. 우리는 임상현장에서 성격의 병리적 측면에 관심이 있었고, 대학에서 성격심리학을 비롯한 여러 심리학 과목들을 강의해 왔지만 정작 성격에 대해 잘 알지 못한다는 것을 깨달았다. 이 책의 번역은 성격심리학을 현대적이고도 체계적으로 이해하려는 노력의 과정이었다. 책에 대한 첫 인상이 좋았다. 왜냐하면 표지의 색감과 디자인이 감각적이었기 때문이다. 그런데 책의 내용은 더 좋았다. 이 책은 성격에 일반적인 심리학 이론을 적용하는 것을 넘어서 성향, 생물, 정신내적, 인지 · 경험, 사회문화 및 적응 영역까지 확장해서 다루고 있다. 이 책은 성격심리 연구의 과거와 현재는 물론 미래의 방향까지도 포함하고 있어 자신과 타인, 주변에 대한 이해를 높여 삶을 보다 풍요롭게 변화시킬 기초를 제공해줄 것이라고 확신한다.

한국에서의 강의 편의를 위해 책의 일부를 제외시키는 것에 너그러이 동의해준 저자들에게 감사드린다. 저자들은 성격심리학에 관한 방대한 연구 업적을 쌓아온 저명한 심리학자들이다. 특히 David M. Buss는 진화심리학의 대가로 그의 책은 국내에도 여러 권 소개되었다. 이 책을 읽으면서 역자들이 그랬던 것처럼 성격에 대한 새로운 이해와 설렘 그리고 호기심을 독자들도 경험하였으면 좋겠다(책 내용 소개는 저자 서문 참조 바람). 원고를 꼼꼼하고 세심하게 정리해주신 조선희 선생님께 깊은 감사를 드린다. 좋은 책을 번역할 수 있는 기회를 주신 ㈜시그마프레스의 강학경 대표님, 문정현 부장님 그리고 예쁜 책으로 탄생시켜준 편집부 직원 분들께 감사 인사를 전한다.

2018년 10월
김근향, 조선미, 권호인

저자 서문

우리는 성격 연구에 일생을 바치고 있고, 이 분야가 심리학에서 가장 흥미로운 분야 중 하나라고 믿는다. 따라서 우리는 제1판부터 제5판에 만족한 독자들의 이메일, 편지, 코멘트의 양을 보고 대단히 만족하였다. 동시에 새로운 판을 준비하는 것은 겸허하게 만드는 경험이라는 것을 알게 되었다. 성격 분야에 쏟아지는 흥미로운 출판물들은 어마어마하고, 이는 단지 최근의 정보를 알려주는 것뿐 아니라 새로운 소재에 대한 주요 부문을 추가할 필요가 있음을 방증한다. 또한 중요한 면에서 제1판은 선견지명이 있는 것으로 판명되었다.

성격에 관한 전통적인 거대한 이론을 중심으로 본문을 정리하기보다 우리는 성격 기능에 대한 중요한 지식 영역의 틀을 고안하였다. 주요 영역은 다음과 같다: 성향적 영역(특성, 특성 분류법, 시간 경과에 따른 성격 성향), 생물학적 영역(생리학, 유전학, 진화), 정신내적 영역(정신역학, 동기), 인지적·경험적 영역(인지, 감정, 자기), 사회문화 및 적응 영역(사회적 상호작용, 성, 스트레스, 대처). 우리는 이러한 지식 영역이 성격심리학의 현재 상태를 나타낸다고 믿었고, 제1판의 발행이 이러한 믿음을 증명하고 있기 때문에 우리는 이 분야에서 발전하고 있다고 자부한다.

이전 판들은 문화, 성, 생물학에 대한 중요성에서 다른 문헌들과 달랐고, 성격에 대한 이러한 분야는 최근 몇 해 동안 상당한 성장을 보여주고 있다. 그러나 우리는 또한 이 책의 구조적인 핵심을 형성하는 성격의 주요 영역 각각의 성장을 발견하는 것에 흥미를 느끼고 있다.

우리는 항상 이 본문을 이 분야의 반영으로 예상하고 있다. 우리가 바라는 바는 항상 성격의 과학이 도대체 무엇인가에 관한 관심을 불러일으키는 것이다. 우리는 제6판에서 이 비전에 충실하기 위해 최선을 다하였다. 우리는 지금 성격심리학 분야에서 전성기에 접어들고 있다고 믿고 있고, 결국 이 분야만이 인간의 의미에 대한 모든 연구에 헌신하고 있다고 믿는다.

이번 제6판에서 각장은 적절한 요약을 통해서 간소화하였다. 이 책은 지난 3년 동안 시행된 새로운 연구에 대해 토론할 수 있는 공간을 제공하였고, 좀 더 짧고 실속 있게 만들었다. 중요한 추가 사항은 아래에 설명되어 있다.

제1장 성격심리학 입문

- 성격의 경험 표집 방법에 대한 새로운 논의. 이것은 페이스북, 인스타그램, 트위터 포스팅, 스마트폰, 핏빗 기록 등을 포함한다. 이러한 새로운 형태의 데이터 소스에 관한 장점과 한계에 대하여 논의한다.

제2장 특성의 정의와 분류체계

- 사이코패스, 나르시시즘, 마키아벨리즘으로 특징지어지는 성격 집단인 '어둠의 3인조'에 대해 확대된 적용 범위에 대해 논하였다.

- 주요 성격특성과 성격특성 조합의 상관관계에 대해 확대된 적용 범위. 예를 들면 외향적인 사람은 은퇴 후를 위해 돈을 저축할 가능성이 작다. 내성적인 사람은 여가시간에 바다보다 산에서의 고독을 선호한다. 성실성이 높은 사람은 은퇴 후에 자원봉사를 할 가능성이 크다. 정서적으로 불안정한 사람은 압박을 받으면 '질식'할 가능성이 크다. 지적-개방성이 높은 사람은 정치적으로 진보적일 가능성이 크다. 낮은 성실성과 낮은 친화성은 학문적 부정직을 예측한다.
- 추가된 성격 HEXACO 모델 : 정직-겸손(H), 정서성(E), 외향성(X), 친화성(A), 성실성(C), 경험의 개방성(O). 비교문화 연구는 이러한 모델이 5요인 모델보다 좀 더 포괄적이라는 것을 시사한다. 새로운 요소인 정직-겸손에 대한 흥미로운 상관관계가 논의된다. 이것이 예측하는 것은 실험 게임에서 협동과 속임수를 쓰는 성향, 진실한 종교적 믿음, 진심에서 우러난 사죄 등을 하는 성향을 예측한다.

제3장 특성심리학의 이론과 측정
- 정직성에 대한 공개적인 측정과 은밀한 측정 사이의 차이를 식별하기 위한 직장 내에서의 정직성 테스트에 대한 새로운 자료. 성격을 이용한 인사선발을 위해 직업 분석에 관한 새로운 실습에 대해 소개한다.
- 남자와 여자아이들의 활동성 수준에 대한 21년간의 장기 연구는 시간 경과에 따른 중간 정도의 안정성을 보여준다.
- 또 다른 완결된 연구는 5요인 모델의 성인 성격 안정성을 보여준다.
- 높은 신경증적 성향은 누가 스트레스가 많은 삶의 사건들을 경험할 것인지를 예측한다. 그러나 반대로 스트레스를 받는 사건들을 많이 경험한 사람들은 연령이 증가할수록 신경증적 성향이 증가하는 것을 보여준다.

제4장 유전과 성격
- 성격의 유전 가능성에 대한 최근의 대규모 메타분석을 요약한다.
- 도파민 기능과 외향적 특성과의 관련성에 대한 새로운 자료를 추가하였다.
- 아침형-저녁형의 관계에 대한 새로운 자료를 포함하였다.
- 전두엽 비대칭 연구에 대한 업데이트된 내용을 살펴본다.

제5장 성격에 대한 진화적 관점
- 혈연관계의 중요성 : 이 연구는 혈연관계 또는 유전적 연관성에 대한 친밀감의 기능으로서 사람들은 자녀나 친인척보다 기꺼이 자신들이 더 많은 육체적 고통을 견디려 한다(가능한 한 오랫동안 고통스럽고 불편한 상태를 유지하는 것)는 것을 발견하였다.
- 혈연관계에 대해 더 보기. 사람들은 먼 친족보다는 유전적으로 가까운 친족에게 자신의 현금과 자산을 남기겠다는 유언장을 쓴다.
- 배우자 선호도에 있어서 성차. 이러한 심리적 성차는 크고, 이것은 대략 신장과 상체 근력에서의 성차와 거의 동일한 정도이다. 생물학적 성(여성/남성)은 단지 배우자 선호도를 아

는 것만으로도 92%의 정확도로 예측할 수 있다.

- 낯선 사람과의 성관계에 동의하는 것. 중요한 것은 낯선 사람과의 성관계에 대한 성차는 프랑스, 독일, 덴마크를 포함한 여러 나라에서 강하게 반복되고 있다.

제6장 성격에 대한 정신분석적 접근

- 무의식적인 의사결정과 의식 밖의 숙고에 대한 새로운 자료를 포함한다.
- 억압적 대처 방식과 이점 및 기본적인 두뇌 메커니즘에 대한 새로운 연구의 요약을 살펴본다.
- 자아 고갈과 프로이트의 정신적 에너지에 대한 아이디어와의 연관성에 관한 새로운 연구를 포함하였다.
- 삶의 이야기와 정체감에 대한 새로운 자료를 추가하였다.
- 초기 애착 경험, 성인의 로맨틱한 기능, 최근 애착 이론의 확장에 대한 새로운 연구를 살펴본다.
- 애착 형태가 카테고리보다는 차원으로 가장 잘 개념화되고 측정된다는 것을 규명한 새로운 연구에 대해 논의하였다.

제7장 동기와 성격

- 동기 평가에 대한 TAT의 유효성에 대한 새로운 연구를 살펴본다.
- 권력 욕구에 대한 확대된 정의에 대해 논의한다.
- 동기부여에 있어서 호르몬 역할에 대한 새로운 자료를 포함하였다.

제8장 성격에서 인지적 쟁점과 자기에 대한 접근

- 현대 디지털 기술 발달(예 : 디지털 지도, 가상현실)에 관한 장 의존성/장 독립성 및 자극적인 환경에서 지각적 초점을 필요로 하는 직종(예 : 항공 교통 관제사, 폭탄 처리 기사)에 대한 새로운 자료를 추가하였다.
- 자율차량과 같은 기술이 우리 삶의 일부를 제어할 수 있는 상황에서 통제의 소재에 대한 새로운 자료를 살펴본다.
- 암묵적 자존감에 대한 연구의 확장된 범위에 대해 설명한다.
- 자존감의 가변성에 대한 새로운 연구를 기술하였다.

제9장 정서와 성격

- 부가 행복에 미치는 영향에 대한 연구로 본 소득 불평등에 관한 새로운 논의를 살펴본다.
- 불안/신경증 특성 및 분노 특성에 대한 두뇌 영상 연구의 확장된 범위에 대해 알아본다.

제10장 성격과 사회적 상호작용 및 성차

- 커플 중 한 사람 또는 두 명 모두 높은 신경증적 성향을 갖고 있으면 관계 불만족으로 이어진다.
- 결혼 만족도의 주요 예측인자는 배우자 가치이다 — 대부분의 사람들이 원하는 성격을 가

진 배우자를 선택하는 데 성공하였는지 여부. 배우자 가치가 높은 사람과 결혼한 사람은 배우자 가치가 낮은 사람과 결혼한 사람보다 관계에서 좀 더 행복한 경향이 있다(Conroy-Beam et al., 2016).

- 신경증적 성향이 높은 사람은 또한 좀 더 잦은 충돌과 의견 차이를 일으키고, 충돌 후의 감정적 분노가 더 오래 지속되는 경향이 있다(Solomon & Jackson, 2014).
- 감각 추구가 높은 사람은 모험적인 도박 내기와 위험한 성적 상황에 끌린다(Webster & Crysel, 2012).
- 유발에 대한 확대된 논의 : 예를 들면 정직－겸손이 높은 사람들은 신뢰와 협동을 유발한다(Thielmann & Hilbig, 2014). 아마 정직－겸손에 높은 점수를 받은 사람은 다른 사람들을 믿는 경향이 있기 때문에, 신뢰할 수 있는 기대를 높이는 것으로 보인다. 또 다른 연구는 친화성이 낮은 사람은 분노, 질투, 반사회적 행동들 때문에 높은 수준의 관계 갈등을 유발하는 경향이 있다는 것을 발견하였다(Lemay & Dobush, 2014).
- 친화성이 높은 아내와 결혼한 커플은 좀 더 빈번한 성관계를 하는 경향이 있다. 이것은 아마 그들이 좀 더 성적인 제안을 유발하고, 이러한 제안에 수용적이기 때문이다(Meltzer & McNulty, 2016).
- 나르시시즘에 대한 확대된 논의 : 나르시시스트는 좀 더 많은 '셀카'를 게재하고, 온라인 프로필 사진을 자주 업데이트하고, 인스타그램을 하는 데 많은 시간을 보낸다(Marshall et al., 2015 ; Moon et al., 2016 ; Sorokowski et al., 2015 ; Weiser, 2015). 짝짓기 도메인에서 나르시시스트는 조작적인 게임 플레이를 하고, 성적으로 강압적이고 공격적인 전략을 사용할 가능성이 크다(Blinkhorn et al., 2015 ; Haslam & Montrose, 2015).

제11장　스트레스, 대처, 적응, 건강
- 성격이 어떻게 건강에 영향을 미칠 수 있는가를 중점으로 성격심리학에서 '조절'과 '매개'의 개념에 대해 소개한다. 성격이 작동하는 방식의 이해에 대한 개념들의 가치를 강조하기 위해, 조절과 매개에 대한 다른 일반적인 예들이 주어진다.
- 성실성, 장수, 건강행동에 대한 업데이트된 연구를 살펴본다.

제12장　요약과 미래의 방향
- 성격의 유전학은 처음에 상상했던 것보다 더 복잡한 것으로 밝혀졌다.
- 연구 협력을 통해 인간 본성의 여러 영역을 서로 연결하는 데 있어서의 진보를 살펴본다.

요약 차례

차례

제1부 성향적 영역

© moswyn/Getty Images RF

© Svisio/Getty Images RF

제2부 생물학적 영역

제4장 유전과 성격

제5장 성격에 대한 진화적 관점

제3부 정신내적 영역

ⓒ Science Photo Library RF/
Getty Images RF

제4부 인지적 · 경험적 영역

ⓒ Corbis/SuperStock RF

ⓒ Arthimedes/Shutterstock.com
RF

제5부 　사회문화 및 적응 영역

제12장 요약과 미래의 방향

성격심리학 입문

1

서론

어떤 관점에서 보면 사람은 다른 모든 사람을 좋아하기도 하고, 일부 사람을 좋아하기도 하고, 아무도 안 좋아하기도 한다.

출처 : ⓒ SuperStock/Ingram Publishing RF

유머를 과도하게 구사하는 사람들은 저속한 어릿광대처럼 보인다. 이들은 수단방법을 가리지 않고 유머를 구사하려고 하며, 재미를 위해서라면 상대방의 괴로움도 신경 쓰지 않는다. 반면에 농담을 할 줄도 모르고 알아듣지도 못하는 사람은 세련되지 못하고 촌스러운 사람이다. 고상한 방법으로 농담을 하는 사람은 재치 있고 세련된 사람이라고 한다. 세련된 유머를 구사하고 농담을 잘 이해한다는 것은 가정교육을 잘 받고 자란 괜찮은 사람의 상징과 같은 것이다.

아리스토텔레스는 유머를 구사할 수 있는지 여부와 구사한다면 어떤 주제로 하는지를 관찰한 결과 통찰력 있는 글을 니코마코스 윤리학(*The Nicomachean Ethics*)에 남겼다. 이 글은 성격심리학자가 성격을 설명하는 방식과 비슷하다. 아리스토텔레스는 적절한 유머감각을 지닌 사람의 특성을 분석한 뒤 유머감각과 연관된 세부사항을 제시하였다. 유머감각이 지나치거나 부족한 사람을 비교한 부분도 있다. 이 밖에도 아리스토텔레스는 진실성, 용기, 지성, 방종, 분노 성향, 친근감 등과 같은 성격특성을 분석해 저서에 남겼다.

아리스토텔레스의 의견이 아마추어 수준으로 보일 수도 있다. 그렇지만 우리도 어느 정도 아마추어 성격심리학자가 아닐까? 우리도 성격에 대해 궁금증을 갖고 있지 않은가? 어떤 사람에 대해 얘기할 때 성격으로 말하지는 않는가? 자기 자신이나 다른 사람의 행동에 대해 성격이 그래서 그랬다는 말을 하지 않는가?

외향적(outgoing)인 성격의 친구가 모임에 자주 간다고 하면 보통 성격 때문에 그렇다고 생각한다. 믿을 만하고 양심적인 친구에 대해 말할 때도 그 친구의 성격이 그렇다고 한다. 자신이 사려 깊고, 지적이며, 야심 찬 사람이라고 할 때도 이런 점이 성격이라고 생각한다.

성격은 사람에 따라 다르고 보통 형용사로 표현한다. 예를 들면 '게으른, 매사에 긍정적인, 걱정이 많은'이라는 식으로 표현한다. 성격을 기술하는 데 사용할 수 있는 형용사를 **특성-기술 형용사**(trait-descriptive adjectives)라고 한다. 영어에는 이러한 특성-기술 형용사가 20,000여 가지나 존재한다. 이렇게 많은 단어가 성격을 기술하는 데 쓰인다는 것은 우리가 자기 자신이나 다른 사람을 이해하고 설명하는 데 있어서 성격이 중요함을 의미한다.

성격 기술 형용사(adjectives describing personality)는 몇 가지 측면으로 나누어진다. 사려 깊다는 말은 내적 성품을 가리킨다. 매력적이라거나 유머러스하다는 말은 어떤 사람이 다른 사람에게 미치는 영향을 의미한다. 지배적이라는 말은 다른 사람과의 관계에서 자신의 위치나 입장을 의미한다. 야심이 크다는 말은 목표에 도달하기 위한 열망이 강하다는 점을 가리킨다. 창의적이라는 말은 내적 특성과 더불어 최종 결과물이라는 의미를 함께 가리킨다. 정직하지 않다는 말은 목적을 달성하기 위해 사용하는 전략을 가리킨다. 이러한 모든 속성이 성격의 각 측면을 나타낸다.

연습문제

친구나 가족 중 잘 아는 사람을 한 명 떠올려보자. 그 사람의 독특한 특징을 생각해보고, 성격을 가장 잘 표현한다고 생각되는 형용사 5개를 써보자. 예를 들면 이 사람에 대해 설명한다면 어떤 단어를 사용할 것인가? 이번에는 그 사람에게 스스로를 어떤 사람이라고 생각하는지 형용사 5개를 써보라고 한 뒤 2개의 목록을 비교해보라.

성격이란 무엇인가

성격이라는 것은 너무나 복잡하기 때문에 성격이 무엇인지를 정의하는 것은 매우 어려운 일이다. 최초의 성격심리학 교과서를 집필한 Gordon Allport(1937)와 Henry Murray(1938) 역시 성격을 어떻게 정의해야 할지 고심했다. 앞서 언급했듯이 성격은 내적 속성, 사회적 영향, 마음의 상태와 신체 상태, 타인과의 관계, 내적인 목적 등의 영역이 포함되기 때문에 이 모든 것을 포괄하는 정의를 내리는 것은 어려운 일이다. 심지어 어떤 교과서는 공식적인 정의 자체를 생략하기도 한다.

그럼에도 불구하고 다음과 같은 정의는 성격의 본질을 잘 보여준다. **성격**(personality)은 개인에게 내재되어 있는 심리적 특성과 그 작용기전의 집합체로서 체계적으로 잘 조직화되어 있고, 오랜 시간 유지되며, 그 사람이 심리 내적 · 물리적 · 사회적 환경과 상호작용하고 적응하는 데 영향을 미친다. 지금부터는 여기에 대해 좀 더 자세하게 알아보자.

심리적 특성의 집합체이다

누군가가 소심하다(수줍어한다)고 하는 것은 그 사람이 외향적인 사람과는 다르다는 것을 의미한다. 이처럼 **심리적 특성**(psychological traits)은 사람에 따라 다르게 나타나는 특성(characteristics)을 의미한다. 마찬가지로 특성은 어떤 사람이 다른 누군가와 비슷하다는 것을 나타낼 수도 있다. 예를 들어 소심하다는 말을

사람들은 여러 면에서 다른 사람들과 차이를 보인다. 성격심리학은 사람들이 심리적으로 어떻게 다른지를 이해할 수 있도록 한다.

출처 : ⓒ Rawpixel.com/Shutterstock.com RF

듣는 사람들은 사람들에게 주목 받을 때 불안을 느낀다는 점에서 공통점을 갖는다. 수다스럽다는 말도 마찬가지이다. 누군가 수다스럽다고 할 때 보통 매일, 매주, 매년에 걸쳐 말이 많을 것이라고 생각할 수 있지만, 아주 수다스러운 사람이라 할지라도 한순간, 며칠, 심지어 몇 주까지 말 없이 지낼 수 있다. 그러나 시간이 지날수록 수다스러운 사람은 그렇지 않은 사람에 비해 말수가 많은 경향을 보인다. 이런 점에서 볼 때 특성은 어떤 사람의 **평균적인 경향**(average tendencies)을 나타낸다. 평균적으로 '말이 많은 사람'은 적은 사람에 비해 대화를 먼저 시작하는 경우가 많다.

성격에 대한 특성 연구는 다음과 같은 네 가지 질문에서 시작된다.

- 성격특성은 얼마나 많은가?
- 성격특성은 어떻게 체계화되어 있는가?
- 성격특성의 근원은 무엇인가?
- 성격특성과 관련되어 나타나는 것은 무엇이며, 결과로 나타나는 것은 무엇인가?

성격특성과 관련된 첫 번째 질문은 얼마나 많은 기본 특성이 있는가 하는 것이다. 수십 수백 가지인가 아니면 몇 가지뿐인가? 두 번째 질문은 특성이 어떻게 구성 혹은 조직화되었나 하는 것이다. 수다스러움과 충동성 혹은 수다스러움과 외향성 간에는 어떤 관계가 있을까? 세 번째 질문은 특성이 어디서 시작되었고 어떻게 발전하게 되었는가에 관한 것이다. 유전은 수다스러움에 영향을 미치는가? 아니면 문화나 자녀양육 방식 같은 것이 수다스러움에 영향을 미치는가? 네 번째 중요한 질문은 성격특성과 관련해서, 혹은 성격의 결과로 나타나는 개인의 경험이나 행동, 삶의 성과에는 무엇이 있는가 하는 것이다. 말이 많은 사람들은 친구가

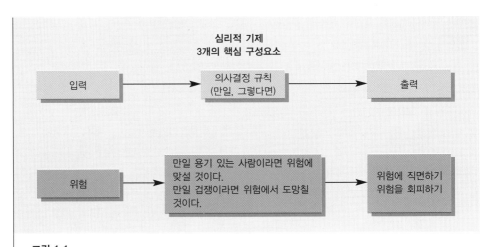

그림 1.1

심리적 기제는 세 가지의 핵심 구성요소로 이루어진다. 우리의 성격은 이처럼 많은 메커니즘을 포함한다.

더 많은가? 혹은 상심에 빠졌을 때 의지할 수 있는 사회적 관계망이 더 넓은가? 공부를 하려는 사람들을 방해하는가?

성격심리학자들이 연구하는 많은 프로그램의 핵심에는 이런 질문들이 있다. 심리적 특성을 이해하는 것은 적어도 다음과 같은 면에서 유용하다. 첫째, 사람에 대해 기술하고 사람 간의 차이가 어떤 차원에서 비롯되는지를 이해하는 데 유용하다. 둘째, 특성은 행동을 설명하는 데 도움을 준다. 어떤 행동은 성격특성에서 비롯되었을 수 있다. 셋째, 성격특성은 미래의 행동을 예측하는 데 도움을 준다. 우리가 마음에 드는 직업을 갖게 된다면 우리는 스트레스를 잘 견디고, 다른 사람들과도 잘 지낼 것이다. 따라서 성격은 개인차를 설명하는 데 있어서뿐 아니라 예측에 있어서도 유용한 역할을 할 수 있다. 좋은 이론(good theory)은 그 이론을 통해 설명하고자 하는 영역을 잘 기술하고 결과에 대해서도 잘 예측해야 한다. 좋은 경제학 이론이 경제의 변동을 기술, 설명, 예측하듯이 성격특성에 대한 좋은 이론은 개인 간의 차이를 기술하고, 설명하며, 예측한다.

마음의 작동기제이다

심리적 기제(psychological mechanisms)라는 말은 특성과 비슷하지만 성격의 과정을 더 강조한 용어이다. 예를 들어 대부분의 심리적 기제는 정보처리 활동을 포함한다. 외향적인 사람은 다른 사람과 상호작용할 수 있는 기회를 찾아다니거나 그런 기회에 관심을 갖는다. 이것은 외향적인 사람이 특정한 사회적 정보를 인지하고 행동할 준비가 되어 있다는 뜻이다. 대부분의 심리적 기제는 정보 입력(input)과 의사결정 규

용기는 특정 상황에서 활성화되는 성격특성의 한 예이다. 예를 들어 Hurlburt Field Medics는 하와이에서 지속적으로 생존자를 구하고 있다 – 2010.

출처 : U.S. Air Force photo by Tech. Sgt. James L. Harper Jr.

칙(decision rules), 출력(outputs) 등 세 가지의 본질적 구성요소를 갖는다. 심리적 기제는 특정한 종류의 정보에 더 민감하게 만들 수도 있고(정보 입력), 특정한 선택의 가능성을 높일 수도 있으며(의사결정 규칙), 특정 행위에 속하는 행동을 이끌어낼 수도 있다(출력). 예를 들어 외향적인 사람은 다른 사람들과 함께할 만한 상황을 찾아다니기도 하고, 자신이 처한 상황에서 다른 사람과 상호작용할 수 있는지 여부에 주의를 기울인다. 혹은 다른 사람으로 하여금 반응을 이끌어내려고 시도하는 경우도 있다(그림 1.1 참조).

　그렇다고 해서 모든 특성과 심리적 기제가 항상 작동한다는 것은 아니며, 시점에 따라 몇 개의 특성이 작동된다. 용기와 같은 성격적 특성은 목숨을 위협받는 것 같은 특정한 상황에서만 작동된다. 어떤 사람은 다른 사람에 비해 더 용기 있는 사람일 수 있지만 용기를 보여줄 만한 상황이 나타날 때까지는 어떤 사람이 용기 있는 사람인지 알 수 없다.

개인 내부에 있다

성격이 **개인 내부에 있다는 것**(within the individual)은 상황이 변하거나 시간이 지나도 그 사람에게 존재한다는 의미이다. 우리는 보통 과거의 자신과 오늘의 자신이 같다고 느낀다. 또한 미래에도 이러한 성격일 것이라고 생각한다. 성격이 환경, 특히 의미 있는 타인의 존재에 의해 영향을 받음에도 불구하고 우리는 상황마다 같은 성격을 갖는다고 생각한다. 성격의 정의에 따르면 성격의 중요 요소는 개인 안에 존재하기 때문에 시간의 경과와 상황의 변화에도 변함없이 안정적이라고 할 수 있다.

체계적이며 지속적이다

성격이 **조직화**(organized)되어 있다는 것은 심리적 특성이나 작동기제들이 무작위로 그냥 모여 있는 것이 아니라는 의미이다. 작동기제와 특성은 서로 일관된 방식으로 연결되어 있기 때문에 성격은 체계적으로 잘 조직화되어 있다. 음식에 대한 욕구와 친밀감에 대한 욕구를 상상해보자. 만약 한동안 먹지 못해 극심한 배고픔을 경험한다면 음식에 대한 욕구는 친밀감에 대한 욕구보다 훨씬 높을 것이다. 반면 이미 음식을 먹어서 욕구가 진정되었다면 친밀감을 추구하게 된다. 이처럼 성격은 상황에 따라 어떤 요구 혹은 동기를 활성화시킬지에 대한 의사결정 규칙을 포함하고 있다.

　심리적 특성은 시간이 지나도 크게 바뀌지 않으며, 특히 성인기에 보이는 성격특성은 오래 **지속**(enduring)된다. 어떤 사람이 어떤 순간 화를 낸다고 그것을 특성이라고 말할 수는 없다. 그 사람은 지금 화가 난 것일 뿐 다음날은 그렇지 않을 수 있고, 어떤 상황에서는 화를 내지만 다른 때에는 그렇지 않을 수도 있다. 분노는 특성이라기보다는 심리적 상태를 나타낸다. 그러나 어떤 사람이 화를 잘 낸다거나 욱하는 기질이 있다는 것은 심리적 특성을 기술하는 것이다. 화를 잘 내는 특성을 가진 사람은 다른 사람에 비해 자주 화를 내고 여러 상황에서 되풀이해 화를 낸다(예 : 직장에서는 따지기를 좋아하고, 운동 경기에서는 공격적이며, 가족과 자주 다툴 수 있다).

　성격이 시간과 상황에 따라 일관성 있게 드러난다는 것이 항상 맞는 말은 아니다. 말이 많은 사람도 강의를 듣거나 영화를 볼 때는 조용히 있을 것이다. 분위기에 저항할 수 없는 상황도 있고 표현을 억압해야 하는 경우도 있을 수 있다.

항상 일관성을 보이는 성격특성이 있는지에 대해서는 다양한 의견이 있다. 심리학자에 따라서 성격의 일관성에 대한 증거가 충분하지 않다고 주장하기도 한다(Mischel, 1968). 예컨대 시험에서 부정행위를 하지 않는다는 것과 소득세 탈세를 하지 않는 것과는 관련이 없을 수도 있다. 현재 대부분의 성격심리학자들은 성격의 일관성이 충분히 입증되었다고 믿는다.

또한 시간 경과에 따른 성격의 변화를 전적으로 배제하는 것은 아니지만 시간이 지남에 따라 성격이 변하는 방식을 정확하게 밝히고자 하는 것 또한 성격심리학에서 알아내고자 하는 것이다.

삶에 영향을 준다

성격특성과 작동기제는 우리 삶에 **영향력**(influential forces)을 미칠 수 있다. 예를 들면 행동방식과 가치관, 세계관, 대인관계 방식, 삶에서 추구하는 목표 등 성격은 삶의 모든 영역에 영향을 미친다. 사람은 외부의 압력에 반응하는 수동적인 존재가 아니라 스스로 인생을 만들어 가는 존재이며, 이 과정에서 성격은 중요한 역할을 한다. 이런 의미에서 성격특성은 우리가 생각하고 행동하며 느끼는 방식에 영향을 미치는 힘이다.

환경과 상호작용한다

개인과 환경의 상호작용(person-environment interaction)은 아주 복잡하기 때문에 명확하게 기술하는 것이 어렵다. 여기에서 말하는 환경과의 상호작용은 지각, 선택, 유발, 조작 등을 의미한다. **지각**(perception)은 우리가 환경을 보고 해석하는 방식을 의미한다. 동일한 사건을 보아도 어느 부분에 관심을 기울이고 어떻게 해석할지는 사람마다 다를 수 있으며, 이런 차이는 성격에서 비롯된다. 이를테면 똑같은 잉크반점을 보고 어떤 사람은 '사람을 불 위에 놓고 요리하는 식인종'으로 보고, 어떤 사람은 '손을 흔들며 미소 짓는 광대'로 볼 수도 있다. 모르는 사람이 자신을 보고 웃는 것을 보았을 때 어떤 사람은 기분 나쁘게 생각할 수도 있고, 어떤 사람은 친근감의 표현으로 받아들일 수도 있다. 같은 미소라도 상황을 해석하는 방식은 그 사람의 성격에 따라 다를 수 있다.

선택(selection)은 삶의 여러 영역에 영향을 미친다. 우리는 친구, 연인, 취미, 대학 수업, 경력 등의 영역에서 많은 선택을 해야 하며 선택 방식은 어느 정도 성격을 반영한다. 여가를 보낼 때 어떤 사람은 낙하산 점프를 하는 반면, 어떤 사람은 혼자 팟캐스트를 들으며 조용한 시간을 보낼 수도 있는데, 이처럼 성격은 우리가 삶에서 무엇을 선택할 것인지를 결정하는 역할을 한다.

유발(evocations)은 다른 사람들에게 어떤 반응을 이끌어내는 것을 의미하는데 의도적으로 이루어지는 것은 아니다. 사람들은 어느 정도 사회적 환경을 스스로 만들어 간다. 가령 활동량이 많은 아이의 경우 아이의 의도와는 상관없이 부모의 주의를 자주 유발한다. 아이의 행동을 자제해야 할 경우가 다른 아이에 비해 더 많기 때문이다. 다른 사람을 위협하려는 의도가 없지만 덩치가 큰 사람은 다른 사람에게 위협감을 줄 수 있다. 이처럼 유발과 같은 상호작용은 성격의 본질적인 특징일 수 있다.

조작(manipulations)은 다른 사람에게 영향을 미치려는 의도적인 시도이다. 겁이 많고 쉽게 불안을 느끼는 사람은 무서운 영화를 보지 않기 위해 집단에 영향을 미치려고 할 수 있다. 지나치게 양심적인 사람은 다른 사람에게 규칙을 따르라고 강요할 수도 있다. 깔끔하고 정리정돈을 잘하는 남편은 부인에게 물건을 정리하라고 강요할 수 있다. 다른 사람들의 행동이나 생각, 느낌을 조작하기 위해 어떠한 방식을 취하느냐는 성격의 본질적 특징이다. 이러한 형태의 상호작용인 지각, 선택, 유발, 조작은 사람의 성격과 그들이 살고 있는 환경과의 관계를 이해하는 데 주요한 요인들이다.

적응을 돕는다

성격의 주요한 특징은 삶에 **적응**(adaptation)―목표를 달성하고, 삶에서 직면할 수 있는 도전과 문제를 극복하고 수정하며, 대처하는 법에 대한 적응―하는 데 도움을 준다는 것이다. 인간의 행동이 목표지향적이고 기능적이며 목적을 갖는다는 것은 명백하다. 지나친 걱정과 같은 신경증적인 행동은 아무 기능이 없는 것 같지만 사실은 기능을 갖고 있다. 예를 들어 걱정을 많이 하는 사람은 다른 사람들로부터 지원받을 기회를 많이 갖는다. 이처럼 겉보기에는 부적응적(걱정)으로 보이는 것도 사실은 그 사람에게 보상(사회적 지원을 끌어내는 것)을 주는 것일 수 있다. 스트레스 대처능력의 저하나 사회적 행동 통제 혹은 감정조절의 어려움과 같은 양상은 그야말로 적응력 부족을 나타내기도 한다. 적응 기능에 관한 심리학적 지식은 아직 한계가 있지만 인간 성격의 본질을 이해하는 데 필수적이다.

환경

때로 사람들은 물리적 **환경**(environment)의 도전을 받기도 한다. 그 일부는 생존에 직접적인 위협이 될 수도 있다. 예를 들면 식량 부족은 생존을 위한 영양소를 충분히 확보하지 못하게 만들 수 있다. 극단적인 고온은 열 항상성(thermal homeostasis) 유지에 문제를 일으킨다. 다른 동물들과 마찬가지로 인간은 극심한 배고픔을 통해 음식을 찾으려는 동기를 일으키고, 맛에 관한 선호를 통해 어떤 음식을 선택할 것인지 결정하는 방식으로 적응해 왔다. 몸이 떨리는 것은 추위와 싸우는 데 도움이 되고, 땀샘은 더위와 싸우는 데 도움이 된다. 인간이 느끼는 가장 흔한 공포 즉, 높은 곳, 뱀, 거미 또는 낯선 것에 대한 두려움은 그러한 환경적 위협을 피하거나 안전하게 상호작용할 수 있도록 해서 생존을 도와준다.

사회적 환경(social environment) 역시 적응이 필요한 도전과제이다. 사람은 누구나 좋은 직업을 갖고 싶어 하며, 많은 사람들이 이러한 자리를 차지하려고 경쟁한다. 또한 우리는 좋은 친구나 배우자를 얻고 싶어 하지만 경쟁자는 많다. 다른 사람들과 정서적 친밀감을 갖고자 하는 욕구가 높지만 어떤 방식으로 다가가야 할지 모르는 경우도 있다. 사회적 환경에서 소속감, 사랑, 존중 등을 얻기 위해 어떻게 대처하는지 역시 성격을 이해하는 데 중심이 된다.

성격은 중요한 상황에 처했을 때 사람들이 어떤 반응을 보일지에 큰 영향을 미친다. 말이 많은 사람은 적은 사람보다 대화를 시작할 수 있는 기회를 더 많이 갖게 될 것이고, 친절함이 부족한 사람은 말다툼을 자주 하게 될 것이다. 지위를 중시하는 사람은 상대적인 위계, 즉 누가 위이고 누가 아래인지 또는 누가 상승세인지 하향세인지와 같은 사실에 주의를 많이 기울인다. 우리가 접촉하는 환경의 여러 차원 중에서 우리에게 '효과를 미치는 환경'이란 각자의 심리적 작동기제가 작동하는 일부 영역에 불과하다.

물리적인 환경과 사회적인 환경뿐 아니라 정신내적(intrapsychic) 환경 역시 중요하다. 정신내적이라는 것은 '마음의 내부(within the mind)'를 의미한다. 사람은 누구나 기억, 꿈, 욕망, 환상 등을 갖고 있으며, 이와 더불어 매일 일어나는 일들을 경험하며 살아간다. 사회적 또는 물리적 환경처럼 객관적으로 입증할 순 없지만 정신내적 환경은 중요한 심리적 실체의 일부이다. 자신에 대해서 좋거나 나쁘다고 느끼는 감정은 목표 달성에 대한 성공 가능성을 평가하는 데 영향을 준다. 직업에서의 성공과 친구관계에서의 성공은 각각 다른 형태의 성공 경험이 되며, 서로 다른 정신내적 기억을 형성한다. 우리는 자신의 가치에 대해 생각할 때마다 이전 기억에 의해 영향을 받는다. 물리적·사회적 환경과 마찬가지로 정신내적 환경은 인간 성격 이해에 중요한 맥락을 제시한다.

연습문제

주변사람 중 괜찮다고 생각하는 친구에 대해 생각해보자. 그 친구의 특징, 특히 지속적으로 나타나는 좋은 점이라고 생각되는 점을 한 페이지 정도 써보자. 물리적·사회적·정신내적 환경에 적응하고 상호작용하는 방식에 관해 관심을 두고 보도록 하자.

성격 분석의 세 가지 수준

이 책에서 사용되는 성격의 정의가 광범위하기는 하지만 성격은 세 가지 수준으로 분석할 수 있다. 이러한 수준들은 Kluckhohn과 Murray의 문화와 성격(*Culture and Personality*)(1948)이라는 책에 잘 요약되어 있다. 저자들에 따르면 모든 인간은 특정한 측면에 있어서

1. 모든 사람들과 같다(인간 본성의 수준).
2. 다른 몇몇 사람들과 같다(개인과 집단 차이의 수준).
3. 어느 누구와도 같지 않다(개인 고유성의 수준).

이러한 구분을 다르게 묘사하면 첫 번째 수준은 '보편성(모든 사람은 서로 같다는 식)', 두 번째 수준은 '특정성(어떤 사람과는 비슷하고 어떤 사람과는 다르다는 식)', 세 번째 수

준은 '고유성(어떤 사람과도 같지 않다는 식)'이다(표 1.1 참조).

인간 본성의 수준

일반적으로 성격 분석의 첫 번째 수준은 **인간의 본성**(human nature)이다. 이것은 인류에게 일반적이고 거의 모든 사람이 가지고 있는 특성과 성격 작동기제이다. 예를 들면 대부분의 인간은 언어능력을 가지고 있고, 그로 인해 우리는 언어를 배우고 사용할 수 있게 된다. 지구상의 모든 문화권에서는 언어를 사용하므로 언어는 보편적 인간 본성의 일부이다. 심리적 수준에서 모든 사람들은 타인과 함께 살고 싶고, 사회집단에 속하고 싶은 바람과 같은 근본적인 심리 기제를 가지고 있다. 각 개인이 대부분 혹은 모든 사람과 같아질 수 있는 방식은 많기 때문에 이러한 방식을 이해함으로써 우리는 인간 본성의 일반 원리를 이해할 수 있다.

개인과 집단 차이의 수준

성격 분석의 두 번째 수준은 개인과 집단의 차이와 관련이 있다. 어떤 사람은 사교적이고 파티를 좋아하고, 어떤 사람은 독서를 하며 조용한 저녁시간을 보내는 것을 선호한다. 어떤 사람은 스카이다이빙, 모토사이클 타기, 카 레이싱 등과 같은 신체적 위험이 따르는 것을 즐기고, 어떤 사람은 신체적 위험을 피한다. 어떤 이들은 자존감이 높고 불안을 느끼지 않고 살아간다. 또 어떤 사람들은 끊임없이 걱정하며 자기 불신에 시달린다. 이것은 **개인차**(individual differences)이며 각 개인이 일부 몇몇 사람과는 같다는 의미이다(예 : 외향적인 사람, 감각을 추구하는 사람 등).

또한 성격은 **집단 간 차이**(differences among groups) 연구를 통해서도 관찰 가능하다. 이것은 한 집단의 사람들이 공통적으로 특정한 성격특징을 가질 수 있고, 이러한 특징은 그 집단의 사람을 다른 집단과 구별 짓게 한다는 것이다. 집단연구에 대한 예로는 다른 문화, 다른 연령대, 다른 정당, 다른 사회경제적 배경 등을 들 수 있다. 차이에 대한 또 다른 중요한 연구는 성차에 대한 것이다. 많은 특성과 작동기제가 남녀 모두에게 공통적으로 나타나지만 어떤 영역에서는 남녀 간 차이를 보인다. 예를 들면 일반적으로 남자들이 여자보다 신체적으로 더 공격적이라는 증거들은 전 문화에 걸쳐 누적되어 왔다. 남자들은 전세계적으로 대

분석 수준	예
인간의 본성	소속의 욕구 사랑할 수 있는 능력
개인과 집단의 차이	소속 욕구의 다양성(개인차) 여자보다 신체적으로 공격적인 남자(집단 간 차이)
개인의 고유성	레티샤가 사랑을 표현하는 자기만의 방법 존이 공격성을 표현하는 자기만의 방법

표 1.1 성격 분석의 세 가지 수준

성격심리학자들은 남녀 차이와 같은 집단 간 차이를 연구하기도 한다.

출처 : ⓒ Eric Audras/Getty Images RF

부분의 폭력사태에 책임이 있다. 성격심리학의 한 가지 목표는 성격의 특정한 양상이 집단마다 다른 이유를 이해하는 것이다. 여자와 남자가 어떻게, 왜 다른가와 어떤 문화권의 사람들이 왜 다른 문화권의 사람들과 다른가를 이해하는 것과 같은 것이다.

개인 고유성의 수준

동일 문화권에서 같은 가정, 같은 부모 밑에서 자란 일란성 쌍둥이조차 성격이 정확하게 같지는 않다. 모든 개인은 이 세상의 다른 어떤 사람들과도 공유하지 않는 자신만의 특징을 가지고 있다. 성격심리학의 한 가지 목표는 개인의 고유성을 인정하고 독특한 개인의 삶이 소중하다는 것을 어떻게 깨달을 수 있는지 방법을 개발하는 것이다.

이 분야의 중요한 쟁점 중 하나는 개인이 법칙 발견적(nomothetically)으로 연구되어야 하는지(모집단에 분포된 일반적인 특징의 개별사례), 아니면 하나의 고유한 사례로서 **개별 사례적**(idiographically)으로 연구되어야 하는지에 관한 것이다. **법칙 발견적**(nomothetic) 연구는 개인이나 집단의 통계적 비교를 포함하며, 연구를 수행할 참가자의 표본을 필요로 한다. 법칙 발견적 연구는 보편적인 인간의 특성과 개인 또는 집단의 차이에 대한 양상을 파악하기 위해 적용된다. **개별 사례적**(idiographic)(말 그대로 번역하면 하나의 설명) 연구는 일반적으로 한 사람에게 집중하고 시간이 지남에 따라 단일 삶에서 나타나는 일반 원리를 관찰하는 것이다. 개별 사례적 연구는 종종 사례연구가 되거나 한 사람의 심리 전기로 끝난다(Runyon, 1983). 예를 들면 프로이트는 레오나르도 다빈치의 성격 분석 전기를 썼다(1916/1947). 개별 사례적 연구의 또 다른 예는 Rosenzweig(1986, 1997)의 연구로, 그는 각 개인의 이력에서 중요한 생활사건들을 이해함으로써 일련의 사건 측면에서 사람을 분석하려고 하였다.

이 장에서 중요한 것은 성격심리학자들은 주로 세 가지 수준의 분석, 즉 인간 본성의 수준, 개인과 집단 차이의 수준, 개인 고유성의 수준을 다루며, 이는 성격 본성의 이해에 중요한 지식을 제공해준다는 점이다.

성격이론의 역할

이 책의 중요한 목적 중의 하나는 성격이론과 성격연구 간의 상호작용을 강조하는 것이다. 각각의 지식 영역에는 지배적인 이론이 있으므로 우리는 이론에 대한 논의로 이 장을 마칠 것이다. 과학적 시도에 있어서 이론이란 본질적이며 유용한 몇 가지 목적을 갖는다. 과학에서는 다음의 세 가지 목적을 충족시키는 것을 **좋은 이론**(good theory)이라고 본다.

- 연구자들에게 가이드를 제공한다.
- 밝혀진 결과들을 조직화한다.
- 결과를 예측한다.

이론의 가장 중요한 목적 중의 하나는 **연구자들에게 가이드** 역할을 하고 연구에 관한 중요한 질문을 하게 만드는 것이다.

두 번째 기능은 이미 밝혀진 결과들을 정리하는 것이다. 예를 들면 물리학에는 일련의 놀라운 사건이 있었다. 사과는 나무에서 떨어지고, 행성은 서로 끌어당기며, 블랙홀은 빛을 빨아들인다. 중력 이론은 이러한 관찰들을 정확하고 강력하게 설명해준다. 이론은 이미 알려진 사실을 설명함으로써 이미 알려져 있는 세계에 대해 일관성을 제공하고 이해를 돕는다. 이와 같은 원리는 성격이론에도 적용될 수 있다. 만약 이론들이 이미 알려진 사실들을 설명할 뿐만 아니라 심리학자들이 중요한 영역을 연구할 수 있도록 이끌어줄 수 있다면 그 이론은 강력한 것으로 간주된다.

세 번째 목적은 아직 문서화되거나 관찰되지 않은 행동과 심리적 현상을 예측할 수 있게 해주는 것이다. 예를 들면 아인슈타인의 상대성 이론은 이러한 예측을 시험할 수 있는 기술이 개발되기 오래전에 빛은 큰 항성 주위를 돌고 있다는 것을 예측하였다. 연구자들이 태양과 같은 항성이 움직일 때 빛이 휘어진다는 것을 발견했을 때 이 사실은 아인슈타인 이론의 강력함을 증명하였다.

마지막으로 우리는 과학적 **이론**(theories)과 **신념**(beliefs)을 구별할 필요가 있다. 예컨대 점성술은 성격과 출생 당시 별자리 사이의 관계에 관한 신념의 집합체이다. 이러한 관계를 입증할 만한 증거가 없음에도 불구하고 어떤 사람들은 이것을 사실이라고 믿는다. 지금까지 출생 당시 별자리가 성격에 영향을 미친다는 발상에 대해 심리학자들은 표준화된 연구방법과 체계적인 관찰을 통한 신뢰할 수 있고 사실적인 증거를 발견하지 못했다. 이렇게 되면 점성술은 과학적인 이론이 아니고 여전히 신념일 뿐이다. 신념은 종종 어떤 이들에게는 개인적으로 유용하고 중요한 것일 수 있다. 그러나 신념은 신뢰할 수 있는 사실이나 체계적인 관찰이 아니라 신앙에 바탕을 두고 있다. 반면에 이론은 여러 사람들에 의해 반복적이고 비슷한 결론을 산출한 체계적인 관찰을 통해 실험을 거친 것이다.

요약하면 성격이론의 세 가지 핵심 기준은 이론과 연구의 상호작용을 강조한다. 이러한 상호작용은 연구자들을 중요한 연구 영역으로 이끌고 이미 알려진 사실들을 설명하며, 새로운 현상을 예측할 수 있게 해준다.

성격이론을 평가하는 기준

성격의 영역을 탐색할 때 아래와 같은 **성격이론 평가의 과학적 표준**(scientific standards for evaluating personality theories) 다섯 가지를 명심할 필요가 있다.

- 포괄성
- 발견법적 가치
- 실험가능성
- 경제성
- 영역과 수준에 걸친 공존가능성과 통합성

첫 번째 평가 기준은 **포괄성**(comprehensiveness)이다. 이론이 그 영역 안의 모든 사실과 관찰 결과를 제대로 설명하고 있는가? 일반적으로 경험적 사실들을 더 많이 설명하는 이론은 적게 설명하는 이론보다 우수하다.

두 번째 평가 기준은 **발견법적 가치**(heuristic value)이다. 어떤 이론이 이전에 알려지지 않았던 중요하고 새로운 발견에 대한 지침을 제공하는가? 일반적으로 이러한 발견을 할 수 있도록 지침을 주는 이론은 그렇지 않은 이론보다 탁월하다. 예를 들면 지질학의 판구조 이론은 연구자들이 이러한 이론 이전에 있었지만 알려지지 않았던 화산 활동의 지대를 발견할 수 있게 해주었다. 마찬가지로 좋은 성격이론은 그 이론이 나오기 이전에 있었지만 알려지지 않았던 것을 발견할 수 있도록 지침을 제공한다.

세 번째 중요한 이론의 평가 기준은 **실험가능성**(testability)이다. 이론이 실험 가능하고 정확하게 예측할 수 있는가? 프로이트의 정신내적 갈등이론은 실험이 어렵거나 불가능하기 때문에 이 분야에서 비판받고 있다. 프로이트 이론의 다른 부분은 실험 가능하다. 일반적으로 이론의 실험가능성은 그 예측의 정확성에 달려 있다. 정확한 이론적 예측은 과학적 진보를 촉진한다. 그 이유는 이러한 예측이 부적절한 이론(왜곡된 예측)을 버리고 유효한 이론(실증적으로 확인된 예측)은 보존할 수 있게끔 하기 때문이다. 만약 실증적 실험이 가능하지 않은 이론이라면 그 이론은 대개 불충분한 이론으로 간주된다.

성격이론 평가의 네 번째 평가 기준은 **경제성**(parsimony)이다. 이론에 필요한 전제와 가정은 얼마나 되는가? 연구 결과를 설명하기 위해 다수의 전제와 가정이 필요한 이론은 적은 수의 전제와 가정을 필요로 하는 이론에 비해 부족한 것으로 판단한다. 경제성이 중요하기는 하지만 그렇다고 해서 간단한 이론이 항상 복잡한 이론보다 월등하다는 것은 아니다. 단순한 이론은 여기에 설명한 다섯 가지 기준 중 하나 혹은 그 이상의 기준을 충족시키지 못할 수 있기 때문이다. 예를 들면 단순한 이론은 설명을 자세히 하지 않기 때문에 이해하기 어려운 경우가 많다. 인간의 성격은 본질적으로 복잡하기 때문에 복잡한 이론(많은 전제를 포함하는)이 필요할 수밖에 없다는 것이 성격심리학자들의 보편적 견해이다.

다섯 번째 평가 기준은 **영역과 수준에 걸친 공존가능성과 통합성**(compatibility and integration across domains and levels)이다. 예를 들어 기존의 물리학 법칙을 위반하는 천문학의 우주론은 여러 수준에서 기존 이론과 공존이 어렵기 때문에 결함이 있다고 판단할 수 있다. 마찬가지로 이미 알려진 화학이론에 위배되는 생물학이론 역시 치명적인 결함이 있다고 본다. 성격이론 역시 한 영역에서 확립된 원리에 위배되는 또 다른 영역의 이론은 상당히 문제점이 있는 것으로 본다. 또한 성격특성에 대한 어떤 발달이론이 생리학과 유전학에서 이

표 1.2 성격이론 평가의 다섯 가지 기준	
기준	정의
포괄성	대부분 또는 모두 알려진 사실의 설명
발견법적 가치	연구로 하여금 중요하고 새로운 발견을 하도록 인도
실험가능성	실증적 실험이 가능한 정확한 가설
경제성	적은 수의 전제와 가정
공존가능성과 통합성	다른 영역에서 알려진 것들과의 일관성, 다른 과학 분야와의 조화

미 확립된 지식과 상반될 경우 역시 문제가 있다고 판단한다. 마찬가지로 성격에 대한 기존의 문화적 영향과 모순되는 진화론적 영향은 문제가 많다고 할 수 있다. 영역과 수준에 걸친 공존가능성과 통합성이라는 기준이 대부분의 과학 영역에서는 이미 확립된 이론이지만(Buss, 2015; Tooby & Cosmides, 1992) 성격이론의 타당성을 평가하는 데는 거의 사용되지 않는다. 그러나 이 책에서 사용한 영역 접근법(domains approach)은 성격 분석 수준 전체에 걸친 공존가능성과 통합성의 기준을 중시한다.

요약하면 성격 기능의 영역을 탐색할 때는 각 영역 내의 이론을 평가할 수 있는 다섯 가지 기준인 포괄성, 발견법적 가치, 실험가능성, 경제성, 교차 영역의 공존가능성과 통합성(표 1.2 참조)을 명심해야 한다.

성격의 모든 것을 설명하는 이론은 존재하는가

생물학 분야에는 결정적이고 통합된 이론, 즉 다윈(1859)에 의해 제안된 자연 선택(natural selection)의 진화론과 포괄적인 적합성 이론(inclusive fitness theory)으로 더욱 정교해진 신다윈주의(Hamilton, 1964)가 존재한다. 이 이론은 포괄적이고, 새로운 발견을 할 수 있도록 지침을 주며, 수천 가지의 실증적 실험을 가능케 하고, 대단히 경제적이며, 인접한 기존의 과학 법칙과 융화한다. 진화론은 대다수의 생물학자들이 연구를 수행할 수 있는 결정적이고 통합된 체계를 제공한다. 이상적이라면 성격심리학 분야 또한 이러한 대통합이론(grand unifying theory)을 정립할 수 있을 것이다. 그러나 애석하게도 현재로서는 그렇지 않다.

정신분석 이론을 창시한 프로이트는 성격의 대통합이론을 위한 가장 야심 찬 시도를 했다고 할 수 있다. 많은 통합이론이 프로이트의 이론을 따르고 있다. 그러나 지난 수십 년간 대부분의 성격 연구자들은 현재 이 분야에 결정적이고 통합적인 이론이 부족하다는 점을 깨닫고 있다. 대신 대부분의 연구자들은 좀 더 특정한 영역의 이론에 중점을 두고 있다.

성격심리학의 궁극적이고 결정적인 이론은 성격의 5개 영역을 통합해야 가능하다는 것이 우리의 관점이다. 이것은 성격특징이 무엇인지 그리고 성격이 시간이 지남에 따라 어떻게 발전할 것인지에 대해 설명해야 할 것이다(성향적 영역). 또한 성격의 진화, 유전, 생리적 토대를 설명하여야 할 것이다(생물학적 영역). 성격의 뿌리 깊은 동기와 역동적인 정신내적 과정을 설명해야 할 것이다(정신내적 영역). 한 개인이 세상을 경험하고 그것에 대한 정보를 처리하는 방식을 설명해야 할 것이다(인지적·경험적 영역). 한 개인이 사는 사회와 문화적 배경이 성격에 어떻게 영향을 미치고 영향을 받는지, 살면서 때때로 험난한 상황에 직면해서 수많은 적응의 문제에 마주쳤을 때 사람들은 어떻게 적응에 실패하고 어떻게 대처하고 행동하는지를 설명해야 할 것이다(사회문화 및 적응 영역).*

비록 현재 성격심리학 분야에 대이론(grand theory)은 부족하지만 5개 영역에서의 연구는 궁극적으로 이러한 통합 성격이론이 만들어질 기초를 제공할 것이다. 우리는 5개 영역에서 대단한 발전과 발견이 있다는 것을 보고하게 된 것에 대해 자부심을 느낀다.

성격 평가, 측정, 그리고 연구설계

대통령 선거가 다가온다고 상상해보자. 당신은 두 명의 후보 중 한 사람을 선택해야 한다. 후보들의 성격은 선택을 결정하는 데 중요할 수 있다. 후보들은 스트레스를 어떻게 견뎌내는가? 낙태나 총기 규제에 대한 태도는 어떠한가? 다른 나라의 지도자들과 협상하는 데 강경한 입장을 취할 것인가? 이 장은 다른 사람의 성격에 관한 정보를 얻는 방법에 대해 논의할 것이다: 성격 자료를 수집하는 정보원과 성격의 과학적 연구에 사용되는 연구설계.

두 대통령 후보를 두고 고심할 때 우리는 그들이 자신의 가치관과 태도에 관해 어떻게 말하는지 알고 싶을 수 있다─자기보고(self-report). 두 후보가 외국의 지도자를 상대할 때의 강점에 대해 다른 사람들이 어떻게 말하는지를 알고 싶을 수도 있다─관찰자보고(observer report). 또한 토론과 같은 좀 더 통제된 상황에서 각자 어떻게 행동하는지를 보고자 할 수도 있다─검사 자료(test data). 그뿐만 아니라 그들의 인생에서 보였던 특정한 사건, 즉 불법 마약을 사용한 적이 있는지, 체포된 적이 있는지, 병역을 기피한 적이 있는지, 이혼이나 섹스 스캔들에 연루된 적이 있는지와 같은 것에 대해 알고 싶을 수도 있다─생활사 자료(life history data).

각 자료의 정보는 대통령 후보자들의 성격을 드러내지만 그중 하나만으로는 불완전하고 편향될 수 있다(For fascinating personality analyses of presidential candidates, see Immelman, 2002;

정치 후보자들에 대한 다수의 논의는 그들의 성격에 관련된 것이다.
출처 : ⓒ actionsports/123RF RF(왼쪽), ⓒ a katz/Shutterstock.com RF(오른쪽)

---

* 원서에서는 사회문화적 영역과 적응 영역을 분리하여 기술하였으나 역서에서는 두 영역을 합쳐 '사회문화 및 적응 영역'으로 기술하였음을 밝힌다.

O'Donnell & Rutherford, 2016; Post, 2003; and Renshon, 1998, 2005). 예를 들면 후보자는 성공적인 사업 거래에 대해 과장된 보고를 할 수 있으나 실제 기록은 파산의 이력이나 미납된 청구서들을 보여주기도 한다. 관찰자들은 후보자가 정직하다고 보고할 수도 있지만 후보자가 하는 거짓말을 알아차리지 못할 수도 있다. 토론은 한 후보자를 긍정적으로 보이게 할 수도 있지만 어쩌면 다른 후보자는 그날 감기에 걸렸을 수도 있다. 군복무 기록은 후보자가 전투에 투입될 수 없게 만든 가족관계와 관련된 것일 수도 있다. 각각의 자료는 중요한 정보를 제공한다. 그러나 각 정보 자체만으로는 가치가 제한적이고 불완전하다.

　이 장은 성격 평가 및 연구와 관련 있는 세 가지 주제를 다룬다. 첫 번째 주제는 어디에서 정보를 얻을 수 있는가에 대한 것이다: 성격 자료의 정보원과 성격심리학자가 사용하는 실제적인 측정 방식. 두 번째 주제는 각 측정 방식의 특징을 평가하는 방법과 관련 있다. 세 번째 주제는 각 측정 방식을 성격을 연구하기 위한 연구설계에 사용하는 방법에 관한 것이다.

성격 자료의 정보원

성격에 대한 정보의 가장 명백한 출처는 **자기보고 자료**(self-report data, S-data)로서 각 개인이 보여주는 정보이다. 사람들은 다양한 이유로 자신에 대하여 항상 정확한 정보를 주지는 않는다. 예를 들면 자신의 긍정적인 측면을 보여주고 싶은 욕망 때문에 정확한 정보를 주지 않는다. 그럼에도 불구하고 성격에 관한 최근의 연구를 발표하는 학술지는 자기보고가 성격 측정에 사용되는 가장 일반적인 방법이라고 밝혔다(Connelly & Ones, 2010).

자기보고 자료

자기보고 자료(self-report data, S-data)는 다양한 방법으로 얻을 수 있다. 예를 들면 직접 질문을 하는 인터뷰나 사건이 일어났을 때 그 사람이 기록하는 정기적인 보고, 또는 질문지와 같은 방법이 있다. 질문지법은 그 사람에 대한 정보를 요구하는 일련의 항목들에 대답하는 것으로 지금까지 자기보고 평가 방법으로 가장 많이 사용한다.

　자기보고를 이용하는 데는 그럴 만한 이유가 있다. 가장 명백한 이유는 다른 사람은 접근할 수 없는 자신에 관한 풍부한 정보에 접근할 수 있기 때문이다(Varzire, 2010). 개인은 자신의 느낌, 감정, 욕망, 신념, 개인적인 경험 등에 대해 기록할 수 있다. 그들은 다른 사람들이 그들에게 가지고 있는 존중에 대한 인식뿐 아니라 자신에 대한 자존감에 대해서도 기록할 수 있다. 마음 깊숙한 곳의 두려움이나 환상을 기록할 수 있다. 또한 당면한 목표와 장기적인 목표를 기록할 수도 있다. 이러한 풍부한 정보의 잠재력 때문에 자기보고는 필요 불가결한 성격 자료의 정보원이다.

　자기보고는 개방형의 빈칸 채우기부터 강제 선택(forced-choice)의 참/거짓 질문까지 다양한 형태가 있다. 때때로 자기보고 자료는 **비구조화된**(unstructured) 성격검사와 **구조화된**(structured) 성격검사로 불린다. 비구조화된 성격검사는 개방형으로 "당신이 가장 좋아하는

자세히 보기

나는 누구인가

20가지 진술검사(TST)는 두 명의 사회학자에 의해 발표되었다. Manford Kugn과 Thomas McParland는 사람들이 자신에 대해 가지고 있는 태도에 관심을 가졌다. 그들은 1954년에 "나는 누구인가?"라는 검사를 발표하였다. 이 검사는 참가자에게 '나는'으로 시작하는 문장을 20개 완성하라는 단순한 지시를 한다. Kuhn과 McParland는 그 사람이 대답한 내용을 분석하여 점수를 매기는 방법을 개발하였다. 각 대답의 순서는 중요한 의미가 있다(예 : 앞에 언급된 것일수록 나중에 언급된 것보다 자기정의에 중요하다).

초기에 20가지 진술검사(TST)는 주로 임상과 성격 연구에 적용되었다. 예를 들면 한 연구에서 결혼생활에 적응하지 못한 사람의 자기개념과 결혼생활에 적응을 잘하는 사람의 자기개념이 다른지를 보기 위해 사용되었다(Buerkle, 1960). 이 연구 결과는 결혼생활에 적응하지 못하는 사람보다 결혼생활에 잘 적응하는 사람이 자기정의, 배우자, 결혼생활, 가족 등을 더 자주 언급하는 경향이 있음을 보여준다. 이 결과는 성공적인 결혼생활의 한 부분은 자신에 대한 정의 안에 결혼생활 내에서의 역할을 통합시킨다는 것을 의미한다.

1970년대에 연구자들은 20가지 진술검사(TST)에 대해 좀 더 비판적인 시각으로 돌아섰다. 그 이유는 이것이 개방형 질문지이므로 언어능력이 낮은 사람은 높은 언어능력을 지닌 사람만큼 빠르거나 완벽하게 완성할 수 없기 때문이다. 이것은 검사 점수가 참가자의 지능 차이에 의해 편견이 생길 수 있다는 것을 의미한다(Nudelman, 1973). 그러나 만약 20개의 질문을 완성하기 위해 충분한 시간(최소한 15분)이 주어진다면, 지능에 대한 편견은 없어지는 것으로 밝혀졌다. 20가지 진술검사(TST)는 이 분야에서 개인이 자신을 정의하는 평가로 유용하다고 확인되었고, 지금도 사용된다.

1980년대에 20가지 진술검사(TST)는 사회적 역할이나 성의 영향과 같은 시기 적절한 성격 주제의 연구에 이용되었다. 예를 들면 한 연구는 결혼한 여성과 독신 여성을 비교하였다(Gigy, 1980). 결혼한 여성은 "나는 누구인가?"라는 질문에서 관계에 대한 언급(나는 어머니이다, 나는 아내이다), 가족생활에서의 역할(나는 아이를 키우는 사람이다), 가정활동(나는 식료품을 사는 사람이다) 등과 같은 대답을 하는 경향이 있었다. 확실히 결혼은 자기개념의 큰 변화를 의미하며, 이와 같은 연구는 사회적 역할과 개인이 자신을 보는 법 사이의 관계를 뒷받침한다.

자기정의는 문화와 민족을 사용하는 경향이 있다(Bochner, 1994). 범문화 연구 중 케냐 사람들과 미국 사람들을 비교한 연구에서 사회집단 범주에 대한 언급을 포함하는 응답의 비율을 비교하였다(예 : 나는 지역 학교 위원회의 일원이다. 또는 나는 지역 소프트볼 선수이다). 미국 대학생은 자신의 자기정의에서 12%의 시간을 사회집단에 대해 언급했다. 케냐 대학생들은 17%의 시간을 사회집단에 대해서 언급했다. 그러나 전통적인 지역의 케냐 사람들의 결과는 상당히 달랐다. 케냐의 마사이족은 80%의 시간을 사회집단에 대해서 언급했고, 삼부루족은 84%의 시간을 사회집단에 대해서 언급했다(Ma & Schoeneman, 1997). 이와 같은 결과는 문화가 인간이 자신을 바라보는 방식에 어떻게 영향을 미치는가를 보여준다. 20가지 진술검사(TST)는 사람이 자신을 어떻게 정의하는가에 대한 측정에 유용하다. 20가지 진술검사(TST)는 사람의 정체감 중 가장 중요한 구성요소를 인지하는 데 효과적이라는 것이 입증되었는데, 그것은 자존감, 인생의 의미, 타인의 세계에서의 소속감을 제공하는 구성요소이다(Vignoles et al., 2006).

유형의 파티에 대해서 말해보세요."와 같은 형태이다. 구조화된 성격검사는 "나는 시끄럽고 혼잡한 파티를 좋아한다."에 대하여 그렇다 또는 아니다로 대답하는 형태이다. 개방형 자기보고의 기본적인 예는 20가지 진술검사(Twenty Statements Test, TST) 같은 것을 들 수 있다 (자세한 정보는 위 글상자 '자세히 보기' 참조). 이 검사에서 참가자는 20번 반복되는 '나는'이라는 말만 쓰여 있는, 질문지를 받는다. '나는'이라는 말 뒤에 공간이 있고, 참가자는 이 빈칸을 완성하라는 지시를 받는다. 예를 들면 참가자는 다음과 같은 순서로 말할 수 있다: 나는 여자이다, 나는 19살이다, 나는 소심하다, 나는 지적이다, 나는 집에서 조용히 밤을 보내는 것을 좋아하는 사람이다, 나는 내성적이다 등등. 개방형 형식을 이용하는 성격검사 도구는 반응을 분류하기 위한 코딩 체계가 필요하다. 다시 말해서 심리학자들은 참가자의 개방형 반응을 점수로 환산하거나 해석하는 방법을 고안해야 한다.

개방형 질문보다 더 일반적인 형태의 질문은 선택권이 주어지는 구조화된 성격질문이다. 가장 단순한 형태의 구조화된 자기보고 질문은 활동적인, 야심 있는, 거만한, 예술적인, 관대한, 사교적인, 욕심 많은, 착한, 외국인을 혐오하는, 어릿광대 같은 등과 같은 일련의 특성-기술 형용사를 포함한 것이다. 개인들은 각 형용사가 자신을 제대로 기술하는지 아닌지를 표시한다. 용어를 제시하는 가장 단순한 형식은 형용사 체크리스트와 같은 체크리스트이다(Adjective Check List, ACL)(Gough, 1980). 형용사 체크리스트를 완성할 때, 자신을 정확하게 기술한다고 느끼는 형용사 옆에 체크하고, 그렇지 않은 것은 빈칸으로 둔다. 좀 더 복잡한 방법은 참가자에게 각 특성 용어가 자신을 기술하는 정도를 숫자 형태로 나타내도록 하는 것이다. 즉, 7점 만점에 가장 적은 특성은 1, 가장 많은 특성은 7로 표시하는 것이다. 이것은 **리커트 척도**(Likert rating scale)로 특정한 특성을 나타내는 정도를 숫자로 표시하는 간단한 방법이다. 전형적인 리커트 척도는 다음과 같다.

활동성

1	2	3	4	5	6	7
가장 약한 특성						가장 강한 특성

성격척도는 일련의 개별 평정척도(rating scale)의 점수의 합을 사용하는 것이 일반적이다. 예를 들면 활동 수준에 대한 성격척도는 정력적, 활동적, 활발한 정도의 평가 척도를 합산한 것으로 볼 수 있다.

그러나 형용사 체크리스트보다 더 일반적인 것은 서술 형식의 자기보고 설문이다. 널리 이용되는 자기보고 목록의 한 예는 NEO 성격검사(NEO Personality Inventory)(Costa

연습문제

지시 : 아래에 일련의 형용사 목록이 있다. 빨리 읽어보고 자기 자신을 기술한다고 생각되는 형용사 옆에 ∨를 표시한다. 솔직하고 정확하게 해보자.

__ 정신이 멍한	__ 쾌활한	__ 의존적인
__ 활동적인	__ 예의 바른	__ 의기소침한
__ 순응하는	__ 명확한 사고	__ 단호한
__ 용감한	__ 영리한	__ 품위 있는
__ 가장하는	__ 야비한	__ 신중한
__ 다정한	__ 냉정한	__ 난폭한
__ 온화한	__ 까다로운	__ 어릿광대 같은

& McCrae, 2005)와 캘리포니아 심리검사(California Psychological Inventory, CPI)(Gough, 1957/1987)이다. CPI의 샘플 항목은 다음과 같다: 나는 사람들과 어울리기 위해 사교 모임을 즐긴다, 나는 세상에서 성공하고 싶은 강한 욕망이 있다, 나는 결심을 하는 데 매우 느리다. 참가자는 각 문장을 읽고, 그 내용에 동의하고 자신을 기술한다고 느끼는지 아닌지를 답안지에 표시한다. NEO의 샘플 항목은 다음과 같다: 나는 내가 만나는 대부분의 사람들이 좋다, 나는 잘 웃는다, 나는 종종 상대하는 사람들이 싫증이 난다. 참가자는 각 항목이 기술하는 것에 동의하는 정도를 1~5의 리커트 척도를 이용하여 나타낸다. 강하게 동의하지 않는 것은 1로, 강하게 동의하는 것은 5로 표시한다.

모든 자기보고 측정 방식은 한계와 결점이 있다. 자기보고 방법을 효과적으로 하기 위해서 응답자들은 기꺼이 응하고 주어진 질문에 답할 수 있어야 한다. 그러나 사람들이 늘 정직한 것은 아니다. 특히 일반적이지 않은 욕망(unusual desire), 비관습적인 성 습관, 바람직하지 않은 특성 등과 같은 비관습적인 경험에 대한 질문을 받았을 때는 정직하지 않을 수 있다. 어떤 사람들은 자신에 대한 정확한 이해가 부족할 수도 있다. 이러한 한계 때문에 성격심리학자들은 참가자의 정직성이나 통찰에 의존하지 않는 자료 정보원을 이용하기도 한다. 그중 한 가지는 관찰자 정보원이다.

관찰자보고 자료

우리는 일상생활에서 만나는 사람들에 대해 인상을 형성한다. 각 개인 주변에는 그의 인상을 형성하는 수십 명의 관찰자가 있다. 친구들, 가족, 선생님, 지인들 모두 우리의 성격에 대한 잠재적 정보원이다. **관찰자보고 자료**(observer-report data, O-data)는 사람의 성격에 대한 정보를 수집하기 위해 이러한 정보원을 이용한다.

관찰자보고는 장점과 단점이 있다. 한 가지 장점은 관찰자가 다른 정보원을 통해서는 얻을 수 없는 정보에 접근할 수 있다는 것이다. 예를 들면 관찰자는 개인이 다른 사람들에게 주는 인상과 사회적 평판을 보고할 수 있다. 또한 타인과의 상호작용이 원활한지, 갈등을 겪는지와 집단 위계 내에서의 지위를 보고할 수도 있다. 실제 한 연구는 이타적인 특성이 단지 20초의 관찰만으로도 어느 정도 정확하게 알 수 있다는 것을 발견했다(Fetchenhauer et

연습문제

측정하고 싶은 성격특징을 선택한다. 선택한 특징의 명확한 정의를 쓴다. 예를 들면 친절한, 양심적인, 불안한, 자기 도취적인 등과 같은 특징들을 선택한 뒤 이를 측정하기 위해 5개 항목의 간단한 질문지를 작성한다. 항목은 서술형이거나 형용사일 수 있고, 개방형, 예/아니요, 리커트 척도일 수도 있다. 그리고 질문지를 다른 사람들에게 나누어 주고 응답하도록 한다. 이러한 항목들을 생각해내는 것이 얼마나 쉬웠는가? 이 방식이 성격특성을 평가하는 데 정확하다고 생각하는가?

경험표집—자기보고의 묘안. 성격 연구에서 하나의 자료 정보원을 **경험표집**(experience sampling)이라고 부른다(Barrantes-Vidal & Kwapil, 2014; Hormuth, 1986; Larsen, 1989; Mehl & Pennebaker, 2003). 이 방법에서 사람들은 몇 주나 혹은 그 이상의 기간에 매일매일의 기분이나 신체적 증상에 대한 질문에 대답한다. 일반적으로 이 방식은 임의의 간격으로 하루에 한 번 또는 여러 번 컴퓨터로 연락을 취한다. 한 연구에서 대학생 74명은 84일 동안 매일 자신의 기분을 보고했다(Larsen & Kasimatis, 1990). 연구자는 요일과 기분 사이의 관계에 대해 흥미로운 사실을 발견했다. 대학생들은 금요일과 토요일에 가장 긍정적인 기분을 느꼈고, 화요일과 수요일은 가장 부정적인 기분을 느꼈다(월요일이 가장 안 좋은 날이 아니다). 내향적인 사람은 외향적인 사람보다 훨씬 더 규칙적인 주간 기분 주기를 갖는 것으로 밝혀졌다. 이것은 내향적인 사람의 기분이 외향적인 사람보다 7일간의 리듬에서 더 예측 가능했다는 것이다. 이러한 차이점은 아마도 외향적인 사람이 기분을 좋게 해주는 일(파티, 사교 모임, 친구와의 특별한 식사 등)을 주말까지 미룰 수 없기 때문이다. 외향적인 사람은 일반적으로 판에 박힌 일상의 과정들을 피하고, 내향적인 사람은 좀 더 예측 가능한 시간을 보낸다.

경험표집이 자기보고를 자료의 정보원으로 이용하지만, 시간의 흐름에 따른 행동 패턴을 알아낼 수 있다는 점에서 전통적인 자기보고 방법과 다르다. 그러므로 경험표집은 한 시점에서 주어진 질문지를 사용하여 즉시 얻을 수 없는 정보를 제공한다. 예를 들면 사람의 자존감이 시간이 지남에 따라 어떻게 높아지고 낮아지는지, 또는 날마다 생기는 생활의 스트레스에 어떻게 반응하는지와 같은 정보를 얻는 데 아주 좋은 방법이다. 경험표집은 스마트폰, 페이스북, 트위터, 인스타그램, 핏빗 기록 등과 같은 과학기술을 이용한 연구에 점점 더 많이 이용되고 있다. 예를 들면 한국의 한 연구는 나르시시즘이 높은 사람이 낮은 사람보다 더 많은 자신의 사진을 올리고 프로필 사진을 업데이트한다는 것을 발견했다(Moon et al., 2016).

al., 2010). Santayana가 언급한 바와 같이(1905/1980) "[관찰자]는 때때로 사람들 자신이 간파한 것과는 거리가 먼 성격과 운명에 관한 진리에 도달한다."(p. 154)

관찰자보고의 두 번째 장점은 자기보고에서는 한 사람만이 정보를 제공하는 반면, 다수의 관찰자가 이용될 수 있다는 것이다(Connelly & Ones, 2010; Paunonen & O'Neill, 2010). 다수의 관찰자를 이용하는 것은 연구자가 관찰자들 간의 합의 정도를 평가할 수 있도록 해준다. 이것은 **평정자 간 신뢰도**(inter-rater reliability)라고도 한다. 또한 다수 관찰자의 평가 점수의 평균과 같은 통계적 절차는 단일 관찰자의 특이한 특징과 편향을 줄이는 장점이 있다. 일반적으로 성격에 대한 좀 더 효과적이고 신뢰할 수 있는 평가는 다수의 관찰자를 이용하였을 때 이루어질 수 있다.

관찰자의 선택

관찰자를 이용할 때 연구자가 내려야 하는 주요 결정 사항은 관찰자를 선택하는 방법이다. 성격 연구자들은 두 가지 전략을 개발하였다. 한 전략은 참가자를 모르는 전문 성격 평정자(professional personality assessors)를 이용한 것이다. 다른 전략은 대상 참가자를 아는 사람을 이

관찰자보고는 성격 정보의 한 가지 정보원으로 사용될 수 있다.

출처 : ⓒ Bananastock/age fotostock RF

용하는 것이다.

캘리포니아대학교(버클리 소재)의 성격 및 사회 연구소(IPSR)에서는 전문적인 관찰자를 이용하여 성격을 평가하였다. 참가자는 다양한 심층적 성격평가가 이루어질 수 있도록 1~5일 정도의 기간에 연구소를 방문한다. 한 연구는 창의성에 대한 성격 예측변수를 알아내기 위하여 동료들이 대단히 창의적이라고 판단한 건축가들과 접촉했다. 또 다른 연구는 창의적이라고 판단되는 소설가들을 살펴보았다. 세 번째는 사업상 성공과 관련된 성격 예측변수를 알아내기 위하여 MBA 프로그램 과정의 대학원생들을 평가했다. IPSR에서 연구가 이루어지는 동안 훈련된 성격 평정자들은 여러 상황에서 참가자를 관찰하고 독립적으로 성격을 기술하였다.

관찰 자료를 얻기 위한 두 번째 전략은 대상 참가자를 실제로 아는 사람을 이용하는 것이다. 가까운 친구, 배우자, 어머니, 룸메이트 등을 통해 참가자의 성격 자료를 모을 수 있다(Buss, 1984; Connelly & Ones, 2010; Vazire & Mehl, 2008). 참가자와 관련 있는 관찰자의 이용은 전문적인 평정자와 비교했을 때 장단점이 있다. 한 가지 장점은 이들이 대상의 자연스러운 행동을 관찰할 수 있는 좋은 위치에 있다는 것이다. 그에 반해서 전문적인 관찰자는 상대적으로 공개적인 상황에서 관찰하기 때문에 사적인 행동을 볼 수 없고, 공개적인 행동의 관찰로 만족해야 한다. 배우자나 가까운 친구는 다른 소스를 통해서는 접근할 수 없는 특권적인 정보에 접근할 수 있다.

친밀한 관찰자를 활용한 연구의 두 번째 장점은 **다중의 사회적 성격**(multiple social personality)을 평가할 수 있다는 것이다(Craik, 1986, 2008). 사람들은 각각 다른 사람들에게 각기 다른 면을 보여준다. 예컨대 친구들에게는 친절하고, 적에게는 무자비하고, 배우자를 사랑하고, 부모님과는 갈등을 겪는다. 다른 말로 하면 우리의 드러나 보이는 성격은 다른 사람들과의 관계의 본질에 따라서 사회적 상황마다 달라진다는 것이다(Lukaszewski & Roney, 2010). 다수의 관찰자를 이용하는 것은 개인 성격의 다양한 면을 평가하는 데 유용하다.

성격 평가에 친밀한 관찰자를 이용하는 것이 여러 가지 장점이 있지만 문제점 또한 있다(Vazire, 2010). 친밀한 관찰자는 대상 인물과 관계가 있기 때문에 편향될 가능성이 있다. 예를 들면 참가자의 어머니는 부정적인 것은 간과하고 긍정적인 특징을 강조할 수 있다.

자연 관찰 대 인위적 관찰

성격 연구자는 어떤 관찰자를 선택할지에 대한 것과 함께 관찰이 자연스러운 상황에서 이루어졌는지, 인위적인 상황에서 이루어졌는지를 알아야 한다. **자연 관찰**(naturalistic observation)의 경우에는 관찰자가 참가자의 평범한 생활에서 일어난 사건들을 목격하고 기록한다. 예를 들면 아동을 관찰할 때는 하루 종일 따라다니거나 관찰자가 참가자의 집에 같이 있어야 한다. 그에 반해서 관찰은 IPSR과 같은 인위적인 상황에서 일어날 수도 있다. 실험자는 참가자에게 단체 토론 참여와 같은 과제를 수행하도록 할 수 있다. 그리고 이렇게 구성된 상황에서 어떻게 행동하는지를 관찰한다. 예를 들면 심리학자 John Gottman과 Robert Levenson은 결혼한 부부들에게 실험실에서 그들이 동의하지 않는 주제에 관하여 토론하도록 했다. 그리고 그 부부의 사소한 논쟁을 관찰하였다. 부부가 논쟁을 벌이는 방식은 그 부부가 계속 함께 살 것인지, 아니면 이혼을 할 것인지에 대한 가능성을 예측할 수 있게 해준다(Gottman, 1994). 논쟁 중에 보이는 얼굴 표정조차도 그 후의 결혼생활 결과를 예측하게 해준다(Coan & Gottman, 2007; Gottman, Levenson, & Woodin, 2001).

자연 관찰은 일상생활의 현실적인 상황에서 정보를 확보할 수 있도록 해주지만, 관찰한 사건들과 행동 표본을 통제할 수 없다. 실험자가 만든 상황에서의 관찰은 상황을 통제하고 관련된 행동을 끌어낼 수 있는 장점이 있다. 그러나 이러한 장점은 일상생활의 현실성을 희생해야 얻을 수 있다.

요약하면 관찰자보고 자료(O-data)는 (1) 전문적인 평정자 또는 친밀한 관찰자, (2) 자연적 상황 또는 인위적 상황을 이용하는지의 여부와 같은 다양한 차원에서 차이가 있다. 이러한 선택의 장점과 단점은 조사의 목적을 염두에 두고 평가되어야 한다.

검사 자료

자기보고(S-data)와 관찰자보고(O-data) 다음으로 사용되는 성격의 세 번째 일반적인 정보원은 **검사 자료**(test data, T-data)이다. 검사 자료는 표준화된 검사 상황에서 사람들이 다른 사람들과 어떻게 다른 행동을 보이는지에 대한 자료이다. 검사 상황은 성격 변수의 지표가 되는 행동을 유도할 수 있게 제작되었다(Block, 1977). 흥미로운 예는 Henry Murray가 *The Assessment of Men*(1948)에서 제안한 다리 만들기 검사(bridge-building test)는 이 분야의 대표적인 사례이다. 실험자는 참가자에게 두 명의 보조자와 나무, 밧줄, 도구를 제공하면서 작은 시내에 다리를 만들라는 과제를 준다. 참가자는 혼자서는 다리를 만들 수 없고, 두 명의 보조자에게 어떻게 다리를 만들 것인지를 설명하면서 만들어 나가야 한다. 보조자는 사실상 역할연기를 하는 실험 보조자이다. 이 중 한 사람은 우둔하고 방법을 이해하지 못하는 것처럼 행동한다. 또 다른 한 명은 자기 생각을 고집하면서 참가자 의견에 반대하며 아는 척하는 태도를 취한다. 이들의 역할은 참가자로 하여금 좌절감을 느끼도록 하는 것이다. 참가자는 이 실험이 리더십 기술에 관한 것이라고 알고 있지만 사실은 좌절에 대한 인내심을 평가받는 것이다.

검사 자료를 활용한 또 다른 예는 Edwin Megargee(1969)의 지배성(dominance) 발휘에 대한 것이다. Megargee는 리더십에 있어서 지배성이 어떤 영향을 미치는지 알아보기 위해 실험 상황을 고안했다. 그는 다수의 남녀 참가자를 모집한 후 캘리포니아 지배성 심리검사를 시행했다. 그리고 지배성이 아주 높거나 아주 낮은 남녀를 선택해 실험집단을 구성했다. 이들은 두 명이 한 쌍을 이루어 실험실에 들어갔으며, 각 쌍은 지배성이 높은 사람과 낮은 사람으로 구성되었는데, (1) 지배성이 높은 남자와 지배성이 낮은 남자, (2) 지배성이 높은 여자와 지배성이 낮은 여자, (3) 지배성이 높은 남자와 지배성이 낮은 여자, (4) 지배성이 높은 여자와 지배성이 낮은 남자로 구성되었다.

힘께 일하는 상황에서 리더의 역할은 성격과 함수관계를 보인다.
출처 : ⓒ Sam Edwards/Getty Images RF

Megargee는 각 쌍에게 여러 개의 빨간색, 노란색, 초록색의 너트, 볼트, 레버가 들어 있는 커다란 상자를 주었다. 참가자들에게 이 연구의 목적은 스트레스를 받는 상황에서 나타나는 성격과 리더십 사이의 관계를 알아보는 것이라고 하였다. 각 쌍은 팀을 이루어 가능한 한 빨리 상자를 수리해야 하는데, 과제는 특정한 색의 너트와 볼트를 다른 색으로 대체하는 것이었다. 이때 팀원 중 한 명은 지시를 내리는 리더가 되고, 다른 한 명은 지시에 따라 상자 안에 들어가 과제를 수행해야 한다는 규칙을 알려주었다. 다만 누가 리더가 되고 누가 지시를 이행하는 사람이 될지는 의논해서 정하도록 했다.

Megargee는 누가 리더가 되고 누가 지시 이행자가 되는지를 관찰하고, 리더가 되는 사람 중 지배성이 높은 사람의 비율을 기록했다. 그 결과 동성으로 이루어진 쌍에서는 지배성이 높은 남자 중 75%, 지배성이 높은 여자 중 70%가 리더가 되었다. 그러나 지배성이 높은 남자와 지배성이 낮은 여자가 한 쌍이 되면 남자가 리더가 되는 경우가 90%였다. 여기에서 가장 놀라운 결과는 여자가 지배성이 높고 남자가 지배성이 낮은 경우이다. 이 상황에서 지배성이 높은 여자가 리더가 되는 경우는 20%에 불과했다.

Megargee는 리더를 정하는 과정의 대화를 녹음하여 분석한 결과 놀라운 사실을 발견했다. 지배성이 높은 여자는 지배성이 낮은 상대를 만났을 때 상대방에게 리더 역할을 하도록 정해주었다. 실제로 지배성이 높은 여자가 어떻게 역할을 배분할지를 결정하는 경우는 91%에 달했다. 이러한 결과는 남자와 여자가 함께 있을 때 여자는 남자와 다른 방식으로 지배성을 발휘한다는 점을 보여준다.

Megargee의 연구는 실험 연구의 중요한 특징 몇 가지를 보여준다. 첫 번째는 성격의 주요 지표를 밝힐 수 있게끔 실험조건을 설정할 수 있다는 것이다. 두 번째는 실험 연구를 하려는 연구자는 성격특성이 드러날 수 있는 실험 상황에 민감해야 한다는 것이다. 세 번째는 질문지를 통해 얻은 자기보고 자료와 통제된 검사 상황에서 얻은 검사 자료 사이에 의미 있는 관계를 확인할 수 있다는 점이다. 이렇게 확인된 관련성은 지배성에 대한 질문지와 실험 검사의 타당성을 확보하도록 해준다.

다른 모든 자료 정보원과 같이 검사 자료(T-data)에도 한계가 있다. 첫째, 어떤 참가자는 어떤 특성이 측정되는지 추측하려고 하거나, 자신에 대한 특정한 인상을 심어주기 위해 다른 반응을 보일 수 있다. 두 번째는 실험 참가자가 실험자와 동일하게 검사 상황을 정의하였느지를 확인하는 데 어려움이 있다. 권위에 대한 복종을 시험하기 위해 고안된 실험을 지능 검사로 잘못 해석할 수도 있다. 이것은 불안감을 초래하여 후속 반응을 왜곡시키는 방식으로 작용할 수도 있다. 실험자와 참가자 간 개념의 일치도를 확인하지 못할 경우 오류가 발생할 수 있다.

세 번째 주의점은 실험 상황은 대인간(interpersonal) 상황이 내포되어 있기 때문에 무심코 참가자의 행동에 영향을 미칠 수 있다. 예를 들면 외향적이고 친절한 성격의 연구자는 냉담하고 무관심한 실험자보다 참가자로부터 협조를 좀 더 끌어낼 수 있다(Kintz, Delprato, Mettee, Parsons, & Schappe, 1965). 요약하면 실험자(실험자의 성격과 태도)의 선택은 의도치 않게 결과에 영향을 미칠 수 있다.

이러한 한계에도 불구하고 검사 자료(T-data)는 성격의 정보원으로 가치 있고 대체 불가능한 것이다. 검사 자료(T-data)를 얻기 위해 사용되는 과정은 일상생활에서 관찰하기 어려운 행동을 유도해내기 위해 고안되었다고 할 수 있다. 이 과정은 상황을 통제하고 관계없는 정보원의 영향을 제거할 수 있게 해준다. 그리고 일시적인 영향을 미칠 수 있다고 예상되는 변수를 통제함으로써 특정 가설을 시험할 수 있게 해준다. 이러한 이유로 검사 자료(T-data) 절차는 성격 연구자에게 필수 불가결한 도구이다.

기계 기록 장치

성격심리학자들은 혁신적인 과학기술 활용에 진취적인 태도를 보인다. 그 한 예는 활동성이나 에너지 레벨에서의 성격차이를 평가하기 위한 액토미터(actometer)의 사용이다. 액토미터는 본질적으로 참가자의 팔이나 다리에 감을 수 있도록 개조된 자동 태엽시계이다(일반적으로 아동에 이용됨). 액토미터는 몸에 감는 시계로 메커니즘을 활성화하여 사람의 활동을 손목의 눈금판에 기록한다. 물론 매일매일 또는 매시간 변동하는 기분, 생리기능, 환경 등은 활동 수준에 대한 단일 표본으로 유용할 수도 있다. 그러나 몇 개의 표본은 혼합된 점수를 산출하려면 서로 다른 날에 기록되어야 하고, 각 개인이 매우 활동적인지, 보통인지, 또는 정적인지를 보일 수 있어야 한다(Buss, Block, & Block, 1980).

한 연구에서 3~4세 아동에게 약 두 시간 동안 주로 사용하지 않는 쪽 손목에 액토미터를 채웠다(Buss et al., 1980). 각 액토미터의 눈금판은 테이프로 가려서 아동의 주의가 집중되지 않게 한다. 사전검사에서 눈금판을 볼 수 있는 아동은 그것에 몰두했다. 한자리에 계속 앉아 있거나 그 장치를 앞뒤로 흔들었는데 이는 측정의 정확성을 방해한다. 몇몇 별도의 회기에서 활동을 측정하였고, 활동에 대한 신뢰로운 지수를 산출하기 위해 액토미터의 측정치를 집계하였다.

결과를 통해 실험자는 세 가지 질문에 대한 답을 찾으려고 하였다: (1) 액토미터로 측정된 활동 수준은 관찰을 통해서 측정된 활동 수준과 같은 결과를 산출하였는가? (2) 시간 경과에 따라 활동 수준이 어느 정도로 안정적인가? (3) 기계 기록 장치를 이용한 활동 수준 측정은 관찰자 중심 평가와 관계가 있는가? 이러한 질문에 답하기 위해 교사는 캘리포니아 Q-Sort —아동 성격특성의 광범위한 기술을 보여주기 위해 고안된 도구(Block & Block, 1980)—

활동 수준은 시간이 지나도 안정적으로 유지되며 활력, 에너지, 활동성에 대한 교사의 평가와 관련이 있다.

출처 : ⓒ Ariel Skelley/Getty Images RF

의 아동 버전을 실시하였다. Q-Sort 항목에는 말이 많은, 타인에게 양보하는, 기본적으로 순종적인, 교활한, 남을 잘 속이는, 기만적이고 기회주의적인, 높은 에너지 수준 등이 있다. Q-Sort는 3세, 4세, 7세 아동에게 이루어진 반면 액토미터 측정은 3세와 4세에 기록되었다.

결과적으로 액토미터 측정과 관찰자 중심 측정 사이에는 타당한 관련성이 있다는 것이 드러났다. 또한 활동 수준은 시간 경과에 따라서 어느 정도 안정적이라는 점도 밝혀졌다. 예를 들면 3세의 액토미터 측정은 4세 때의 측정과 중간 정도의 일치도가 있는 것으로 나타났다. 액토미터 측정과 성격 평가의 관찰자 중심 측정 사이에 어떤 관계가 있는가? 교사는 액토미터 평가에서 활동성이 높은 아동을 생기있고, 힘이 넘치고 활동적이라고 평가하였다. 반면 침착하지 못하고, 안절부절못한다고 평가되기도 하였다. 또한 교사는 활동적인 아이가 거리낌이 없고, 독단적이고, 경쟁적이고, 신체적 및 언어적으로 공격적이고, 주목을 끌고, 타인을 조종하는 것처럼 보였다고 하였다. 그러므로 액토미터 기반 활동 점수는 다른 성격특성과 관련이 있고, 이 특성들은 사회적 상호작용에 중요한 영향력을 미치는 것으로 밝혀졌다.

요약하면 성격의 어떤 면은 액토미터와 같은 기계 기록을 통해 확인될 수 있다(Wood et al., 2007). 이런 형태의 검사 자료(T-data)에는 몇 가지 장단점이 있다. 이것은 성격 평가의 기계적 수단을 제공하고, 사람이 직접 관찰했을 때 발생할 수 있는 편향에 구애받지 않을 수 있다. 두 번째 장점은 아동의 놀이터와 같은 비교적 자연스러운 환경에서 자료를 얻을 수 있다는 것이다. 단점은 기계 장치에 의해 평가될 수 있는 성격 성향은 거의 없다는 것이다. 예를 들면 내향성이나 성실성을 직접적으로 측정하는 기계 장치는 없다.

전자 및 인터넷 기록 장치

성격 평가에 전자 기록 장치를 이용하는 경우는 점점 더 늘어나고 있다. 스마트폰이나 인스타그램, 페이스북, 트위터, 핏빗(fitbit)과 같은 피트니스 장치(fitness device) 등을 통한 모니터링도 여기에 포함된다. 전자 활성 기록기(Electronic Activated Recorder)를 이용한 한 연구는 도덕적 행동(동정과 감사의 표현)은 시간의 경과에도 상당히 안정적이라는 것을 발견했다(Bollich et al., 2016). 또 다른 연구는 나르시시즘이 강한 사람은 인스타그램의 프로필 사진을 상당히 규칙적으로 업데이트한다는 것을 발견했다(Moon et al., 2016).

전자와 인터넷 기록은 검사 자료(T-data), 자기보고 자료(S-data), 관찰자보고 자료(O-data) 등에도 영향을 미친다. 예를 들면 실험적 조작(T-data)을 통해 참가자들에게 충격적인 경험에 대해 이야기하도록 유발한 집단과 단순히 일상에 관한 것을 쓰게 한 통제집단을 비교한다. 그다음에 이러한 결과로 일어나는 두 집단의 신체적·심리적 건강을 비교한다 (Pennebaker & Chung, 2011). 또는 참가자로 하여금 이러한 이야기를 하도록 요구 받았을 때, 무엇을 경험했는지에 대해 자기보고를 하도록 요청할 수 있다(S-data). 또는 단순히 셀카를 찍은 횟수와 같은 행동을 관찰하고, 이것을 자기보고를 통해 측정된 나르시시즘과 관련시킨다(O-data).

전자 기록 장치는 실험실이나 자기보고 방식으로는 얻을 수 없는 자연스럽게 일어나는 행동을 평가할 수 있다는 강력한 이점이 있다. 그렇지만 참가자가 자신이 전자 장치를 통해 모니터링되고 있다는 것을 알고 있기 때문에 실험자가 보고자 한다고 생각되는 행동에 예민할 수 있고, 그래서 사회적으로 바람직하다고 생각되는 방식으로 행동할 수도 있다는 문제점이 있다.

생리적 자료

성격 자료에 대한 결정적인 정보원은 생리적 측정치이다. 생리적 측정치는 각성 수준, 다양한 자극에 대한 반응, 새로운 정보를 받아들이는 속도 등에 대한 정보를 제공할 수 있다— 성격의 모든 잠재적인 지표. 예를 들면 교감신경 활동, 혈압, 심박수, 근육수축 등을 측정하기 위해 사람 몸의 각각 다른 부분에 감지 장치를 부착할 수 있다. 자극에 대한 반응과 같은 뇌파 또한 평가될 수 있다. 그리고 성적 흥분과 관련된 생리적 변화도 음경 압력 게이지 (Geer & Head, 1990)나 질 혈류 미터(Hamilton, Rellini, & Meston, 2008)와 같은 기구를 통하여 측정할 수 있다.

생리적인 측정에 대해서는 따로 자세히 다룰 것이다. 이 장의 목적(성격을 측정하기 위한 대안 실험)을 위하여 여기서는 성격 정보의 정보원으로 생리적 자료를 이용하는 것에 대해서만 살펴볼 것이다. 생리학자 Christopher Patrick(1994, 2005)은 심각한 범죄를 저지르고 감옥에 수감된 사이코패스 남성들에 대해 연구했다. 사이코패스에 관한 이론 중 하나는 대부분의 사람들이 가지고 있는 일반적 공포나 불안감이 그들에게는 없다는 것이다. 대부분의 사람들을 불안하게 하는 것들이 사이코패스에게는 작용하지 않을 수 있다는 것이다. 이 아이디어를 시험하기 위해 Patrick은 공포에 대한 연구에 예전에 이용되던 '눈 깜박임 놀람 반사(eyeblink startle reflex)'라고 불리는 기법을 이용했다.

큰 소리가 났을 때와 같은 깜짝 놀랄 만한 상황에서 사람들은 눈을 깜박이거나 턱을 가슴 쪽으로 내리거나 갑자기 숨을 들이마시는 놀람 반사를 보인다. 이미 불안해 있다면 정상일 때보다 빠른 놀람 반사를 보인다. 이것은 이미 두렵거나 불안한 상태라면 놀람에 대한 더 빠른 방어태세를 갖출 준비가 되어 있을 것이라는 적응감각(adaptive sense)을 만든다는 것이다. 이런 현상은 사람들을 불안하게 하는 뱀, 사나운 개, 거미 등과 같은 두려워하거나 불쾌한 장면의 사진을 보여줌으로써 설명할 수 있다. 이러한 장면을 보면서 놀란다면, 집이나 나무, 또는 탁자와 같은 두렵지 않은 물건들을 볼 때보다 더 빨리 놀랄 것이다. Patrick은 감옥

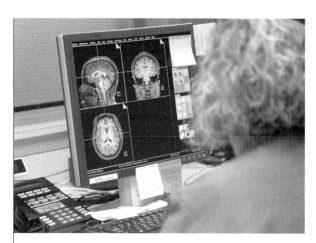

fMRI와 같은 생리적 반응의 측정치는 성격 연구의 정보원이 될 수 있다. 사진은 NIH 연구자의 fMRI를 보여주는 모니터이다.

출처 : NIH-National Institute on Drug Abuse

에 있는 사이코패스는 불안감을 유발하는 사진을 볼 때 빠른 눈 깜박임 반응을 보이지 않았다는 흥미로운 사실을 발견했다. 아마도 대부분의 사람들이 잘못된 일을 하는 것을 막아주는 일반적 수준의 불안감이나 죄책감이 사이코패스에게는 없기 때문에 범죄를 저지른다고 할 수 있다. 이것은 생리적 측정이 다양한 성격특징의 시험과 이해에 어떻게 이용될 수 있는지에 대한 좋은 예라고 할 수 있다.

더 최근의 생리적 자료 정보원은 **기능적 자기공명영상**(functional magnetic resonance imaging, fMRI)을 이용한 것이다. 기능적 자기공명영상(fMRI)은 언어적 문제나 공간 탐색 문제와 같은 특정한 작업을 수행할 때 밝아지는 뇌의 영역을 확인하기 위해 사용되는 기술이다. 이것은 뇌의 특정한 장소에 있는 산소의 양을 측정한 것이다. 뇌의 특정한 부분이 활성화되려면 다량의 혈액을 필요로 한다. 혈액에 의해 운반된 산소는 뇌의 활성화된 부분에 쌓이게 된다. fMRI는 산소에 의해 운반된 철분의 농도를 감지할 수 있게 해주고, 이런 식으로 특정한 작업을 하는 데 사용되는 뇌의 부분을 알 수 있게 한다. fMRI의 뇌 스캔에 드러난 다채로운 이미지는 상당히 인상적이다.

fMRI는 성격과 기질, 지능, 정신병리학 등과 연결될 수 있는 생리적 정보를 제공한다. 그러나 이 방법은 fMRI가 실제로 무엇을 드러내는지에 대해 한계점이 있다. fMRI는 활동하고 있지 않은 상태와 활성화되어 있는 상태를 비교해야 하기 때문에 휴식 상태(resting state)가 확실히 무엇인지를 알아야 한다. 예를 들면 만약 남성의 휴식 상태가 스포츠를 하는 것이고 여성의 휴식 상태는 사회적 상호작용을 하는 것이라고 한다면, 휴식 상태의 얼굴을 보는 것과 같은 비교 작업은 남성과 여성이 다르게 작업을 수행하고 있다는 것을 의미할 수 있다. 사실 이러한 차이점은 휴식 상태에서의 성별차이에 기인한다(Kosslyn & Rosenberg, 2004).

생리적 자료의 주요 이점 중 하나는 참가자가 흥분의 측정이나 눈 깜박임 놀람 반사와 같은 반응들을 위조하기 어렵다는 것이다. 그럼에도 불구하고 생리적 기록 과정은 다른 검사 자료(T-data)와 마찬가지로 한계를 지니고 있다. 특히 인위적인 실험실 상황에 의해 발생하는 제약이 뚜렷하다.

투사법

또 다른 검사 자료(T-data)의 유형은 **투사법**(projective techniques)으로 이 방법은 표준화된 자극을 보여주고 무엇처럼 보이는지를 질문하는 것이다. 성격 평가에 있어서 가장 유명한 투사법은 헤르만 로르샤흐(Hermann Rorschach)가 개발한 잉크반점 검사이다. 사람들에게 모호하게 생긴 잉크반점을 보여주고 이 그림에 구조를 부여하도록 하는 방법이다. 예를 들면 잉크반점이 무엇처럼 보이는지, 잉크반점을 보았을 때 무엇이 떠오르는지와 같은 질문을 하는 것이다. 사람들은 모호한 자극에 대해 자신의 관심사나 갈등, 특성, 세상을 보는 방식

잉크반점을 해석하는 사람은 그림에서 무엇이 보이는지와 같은 질문에 대한 답을 통해 답변자의 성격을 투사할 수 있다.

출처 : ⓒ Andrey_Popov/Shutterstock.com RF

을 투사한다. 투사법은 모든 사람에게 표준화된 검사 상황을 제시하고, 같은 내용의 지시를 해서 성격을 드러낸다고 생각되는 행동을 이끌어낸다는 점에서 검사 자료로 볼 수 있다.

잉크반점에 대한 반응을 해석하는 심리학자에게 반응의 내용은 중요하다. 예를 들면 의존적인 성격을 가진 사람은 음식, 음식을 주는 사람, 수동적으로 음식을 먹는 것, 양육, 구강 활동, 소극성, 무력함, 아기 같은 말 등과 같은 반응의 빈도가 높다(Bornstein, 2005).

요약하면 투사 측정도구는 참가자에게 모호한 자극을 주고 자극에 대한 해석, 그림, 이야기하기 등에 의해 구조를 제시하도록 한다. 투사 검사를 옹호하는 심리학자들은 참가자 자신이 깨닫지 못하기 때문에 답할 수 없는 희망, 욕망, 환상, 갈등 등을 아는 데 유용하다고 주장한다. 다른 이들은 타당도(validity)와 신뢰도(reliability)에 대한 의문을 이유로 투사법에 비판적인 태도를 취한다.

생활결과 자료

생활결과 자료(life-outcome data, L-data)는 삶에서 공개적으로 알 수 있는 삶의 결과, 사건, 활동 등으로부터 얻을 수 있는 정보를 말한다. 예를 들면 결혼과 이혼은 공적인 기록 사항이다. 때때로 참석하는 클럽, 속도위반 스티커의 개수, 권총 소지의 여부에 관한 정보 등을 얻을 수도 있다. 폭력이나 화이트칼라 범죄로 체포된 적이 있는지의 여부 역시 공적인 기록 사항이다. 개인의 삶의 중요한 또 다른 결과물은 상향 또는 하향 이동과 같은 직업에서의 성

아동기에 떼를 쓰는 정도는 성인기 이혼율 증가와 같이 부정적인 결과로 이어진다.

출처 : ⓒ Chris Knapton/Alamy Stock Photo RF

공, 출간한 책이나 음악과 같은 창작물이 독창적인 것인가와 같은 것이다. 이러한 것들은 모두 성격에 관한 중요한 정보원으로 쓸모가 있다.

성격심리학자들은 생활결과 자료(L-data)를 예측하기 위해 종종 자기보고 자료(S-data)와 관찰자보고 자료(O-data)를 이용한다. Avshalom Caspi와 동료들에 의해서 알려진 사실(Caspi, Elder, & Bem, 1987)은 관찰자보고 자료가 어떻게 이용되는지를 설명하는 예이다. 연구자들은 8세, 9세, 10세 아동 어머니들의 임상 인터뷰에 근거하여, 까다로운 성미(ill-temperedness)를 측정하기 위해 2개의 성격척도를 만들었다. 그중 하나는 떼쓰기(temper tantrum)의 정도였다. 물기, 발차기, 때리기, 물건 던지기 등과 같은 행동과 욕설, 비명 지르기, 고함치기 등과 같은 표현을 적었다. 다른 척도는 떼쓰기의 빈도수를 평가한 것이었다. Caspi와 동료들은 떼쓰기의 단일 측정을 만들기 위해 이 2개의 지수를 합산했다. 이 결과는 어머니의 실제 관찰을 기초로 한 것이기 때문에 관찰자보고 자료라고 할 수 있다. 그리고 나서 참가자가 30~40세의 성인이 되었을 때 연구자는 교육, 직업, 결혼, 부모역할 등과 같은 삶의 결과에 대한 정보를 모았다. 연구자는 아동기에 관찰자보고 자료로 측정된 까다로운 성미가 20~30년 후에 측정된 중대한 삶의 결과를 예측할 수 있는지 알아보았다.

그 결과는 주목할 만한 것이었다. 남자의 경우 초기의 떼쓰기가 성인 생활에서 나타난 다수의 부정적인 결과와 관련이 있었다. 아동기에 떼쓰기가 심했던 남자는 병역 복무 중 심각하게 낮은 등급을 받았다. 그들은 불규칙한 직업을 갖는 경우가 많았다. 아동기에 까다롭다고 판단되지 않은 사람보다 자주 직업을 바꾸고 실업의 경험이 많았다. 게다가 이러한 남자들은 침착한 사람들에 비해 결혼 만족감이 매우 낮았다. 까다로운 성미의 남자 중 46%는 40세에 이혼을 했고, 반면에 낮은 범주에 있는 남자는 22%만이 40세에 이혼을 했다.

남자와는 반대로 여자는 초기의 떼쓰기와 직장생활과 관계가 없었다. 그러나 아동기에 떼쓰기를 보였던 여자는 자신보다 직업적 지위가 상당히 낮은 남자와 결혼하는 경향이 있었다. 아동기에 침착한 성격을 보였던 여자는 단지 24%만이, 아동기에 떼쓰기를 나타냈던 여자는 40%가 낮은 지위의 남자와 결혼했다("married down"). 남자의 경우와 같이 아동기의 떼쓰기는 여자에게도 이혼 빈도와 연관이 되었다. 아동기에 떼쓰기가 있었던 여자의 대략 26%가 40세에 이혼을 했고, 반면에 침착한 여자는 12%만이 40세에 이혼을 했다.

삶의 결과 자료는 결혼과 이혼을 예측하는 것 외에 일상생활에 영향을 미치는 다른 방법

？연습문제

흥미롭다고 생각되는 성격특성을 생각해보자. 예를 들면 활동 수준, 위험 감수, 성미, 또는 협동심 등과 같은 특성을 생각하라. 네 가지 주요 자료 정보원을 이용하여 이 특징과 관련된 정보를 모으는 방법을 생각하라. 개인 수준에 대한 정보 소스로 S-data, O-data, T-data, L-data를 이용하여 어떻게 이 특징을 평가할 수 있는지 예시를 제시하라. 선택한 성격특징을 평가하기 위해서 무엇을, 어떻게 해야 하는지에 대한 구체적인 예시를 제시하라.

에도 이용할 수 있다. 보험회사는 개인이 납부해야 할 보험료의 금액을 결정하기 위하여 속도위반 스티커나 교통사고와 같은 운전 기록을 이용한다. 비즈니스 업체들은 행동 선호도를 판단하기 위해 신용카드 사용의 이력을 추적한다. 이것은 페이스북과 같은 소셜 네트워크 사이트(SNS)에 노출되는 광고에 영향을 주기 때문이다. 그리고 최근에 광고업자들은 우리가 방문하는 웹사이트를 추적하고, 인터넷 서핑을 하는 패턴을 기초로 하여 스팸 메일을 보내고 팝업 광고를 한다. 실제로 개인의 이메일 주소조차도 성격을 나타낸다. 'honey.bunny77@hotmail.com'과 같은 이메일 주소를 쓰는 사람은 특징 없는 이메일 주소를 쓰는 사람보다 어느 정도는 더 외향적이다(Back, Schmukle, & Egloff, 2008). 그러므로 운전 기록, 신용카드 사용, 인터넷 사용의 패턴 등은 생활결과 자료의 현대적인 정보원이 되었다. 충동성(더 많은 교통사고), 지위를 유지하려는 노력(고급품을 신용카드로 구입), 성적 충동(잦은 빈도의 포르노 웹사이트 방문) 등과 같은 공개적으로 추적 가능한 자료의 패턴으로부터 성격 변수를 예측할 수 있다고 생각하는가? 생활결과 자료에 대한 추후 연구는 곧 이러한 질문들에 답을 줄 것이다.

요약하면 생활결과 자료는 성격에 관한 실제 생활 정보의 중요한 정보원 역할을 할 수 있다. 인생의 초기에 측정되는 성격특징은 종종 수십 년 후의 중요한 삶의 결과와 연결되어 있다. 이런 의미에서 직업, 결혼, 이혼 등과 같은 삶의 결과물은 어느 정도 성격의 표현이다. 그럼에도 불구하고 삶의 결과물(life outcomes)은 개인의 성, 문화, 경제적 상태, 인종, 민족 등을 포함한 다양한 요인들과 더불어 우연히 나타나는 기회에 의해 발생할 수도 있다는 것을 유념해야 한다.

성격 평가의 쟁점

지금까지 기본 자료 정보원의 개요를 서술했고, 이제는 한 발 물러서서 성격 평가에서 두 가지 중요한 쟁점을 고려해보자. 첫 번째 쟁점은 단일 성격 연구에서 2개 이상의 자료 정보원 사용이 필요하다는 것이다. 성격 자료의 다양한 정보원 사이의 관련성은 무엇인가? 두 번째 문제는 성격 측정의 오류 가능성과 다수의 자료 정보원의 이용이 어떻게 단일 자료 정보원과 관련된 문제를 교정할 수 있는가에 대한 것이다.

다양한 자료 정보원 간의 연계

성격심리학자들이 고심해야 하는 주요 문제는 한 자료 정보원에서 얻은 결과가 다른 자료 정보원의 결과와 얼마나 밀접하게 관련이 있는가이다. 예를 들면 만약 스스로를 지배적이라고 생각한다면, 친구나 배우자와 같은 관찰자도 그 사람을 지배적이라고 보는가? 페이스북이나 인스타그램과 같은 전자 기록 장치로부터 얻은 결과는 나르시시즘에 대한 관찰자보고나 자기보고에서 얻은 자료와 일치하는가?

평가하고자 하는 성격 변수에 따라서 자료 정보원 간의 일치도는 낮은 정도에서 중간 정도까지 다양하다. Ozer와 Buss(1991)는 성격의 여덟 가지 관점에 대한 자기보고와 배우자보고 사이의 관계를 연구하였다. 일치하는 정도는 특정한 특성과 특성의 관찰 가능성에 따라 다양하다는 것을 발견했다. 외향성(extraversion)과 같은 특성은 자료 정보원 간에 중간 정도의 일치도를 보여주었다. 반면에 타산적(calculating)이라는 특성은 자신과 배우자의 보고 간 일치도가 낮았다. 타산적인 특성과 같이 내부의 정신 상태를 추측하거나 관찰에 어려움이 있는 특성보다, 외향성과 같이 쉽게 관찰될 수 있는 특성이 자신과 관찰자의 일치도가 높다는 것을 보여준다(Vazire, 2010).

다수의 측정도구를 이용하는 주요 장점 중의 하나는 각 측정도구가 관심사의 기저에 있는 구조와는 전혀 관계가 없는 독특한 특이성을 가지고 있다는 것이다. 다양한 자료 정보원으로부터 다수의 측정을 사용함으로써 연구자는 이러한 특이성을 평균화할 수 있고, 연구에서 주요 변수를 향해 곧장 나아갈 수 있다.

성격 자료의 정보원 간 연계성을 평가하는 데 있어서 주요 쟁점은 정보원이 동일한 특성의 대안적 측정도구인지, 다른 현상에 대한 평가로 간주되는지 여부이다. 예를 들면 상대적 우위에 관한 개인의 자기보고는 풍부한 정보를 근거로 확인할 수 있다. 즉, 사회적 환경에서 다수의 사람들과의 상호작용. 그러나 어떤 특성은 어떤 특정한 관찰자(예 : 친한 친구)만이 제한적이고 선택적으로 접근할 수 있다. 그러므로 일치도가 낮다는 것이 반드시 측정의 오류를 의미하는 것은 아니다.

요약하면 성격 자료의 정보원 간 관련성의 해석은 제기되는 연구 질문이 무엇인지에 따라 크게 좌우된다. 두 자료 정보원 간의 강력한 일치는 외향성과 활동성에 의해 증명된 바와 같이, 대안적 측정이 동일한 성격 현상을 측정하고 있다는 확신을 갖게 한다. 반면에 강력한 불일치는 자료 정보원이 다른 현상을 평가하고 있거나, 하나 이상의 자료 정보원이 문제가 있다는 것을 나타내는 것일 수도 있다는 것을 의미할 수도 있다.

핵심용어

개별 사례적(idiographic)

개인과 환경의 상호작용(person-environment interaction)

개인 내부에 있다는 것(within the individual)

개인차(individual differences)

검사 자료(test data)

경제성(parsimony)

경험표집(experience sampling)

관찰자보고 자료(observer-report data, O-data)

구조화된(structured)

기능적 자기공명영상(functional magnetic resonance imaging, fMRI)

다중의 사회적 성격(multiple social personality)

리커트 척도(Likert rating scale)

발견법적 가치(heuristic value)

법칙 발견적(nomothetic)

비구조화된(unstructured)

생활결과 자료(life-outcome data, L-data)

성격(personality)

성격이론 평가의 과학적 표준(scientific standards for evaluating personality theories)

신념(beliefs)

실험가능성(testability)

심리적 기제(psychological mechanisms)

심리적 특성(psychological traits)

영역과 수준에 걸친 공존가능성과 통합(compatibility and integration across domain and levels)

영향력(influential forces)

이론(theories)

인간의 본성(human nature)

자기보고 자료(self-report data, S-data)

자연 관찰(naturalistic observation)

적응(adaptation)

조직화(organized)

좋은 이론(good theory)

지속(enduring)

집단 간 차이(differences among groups)

타당도(validity)

투사법(projective techniques)

특성-기술 형용사(trait-descriptive adjectives)

평균적인 성향(average tendencies)

평정자 간 신뢰도(inter-rater reliability)

포괄성(comprehensiveness)

환경(environment)

성향적 영역

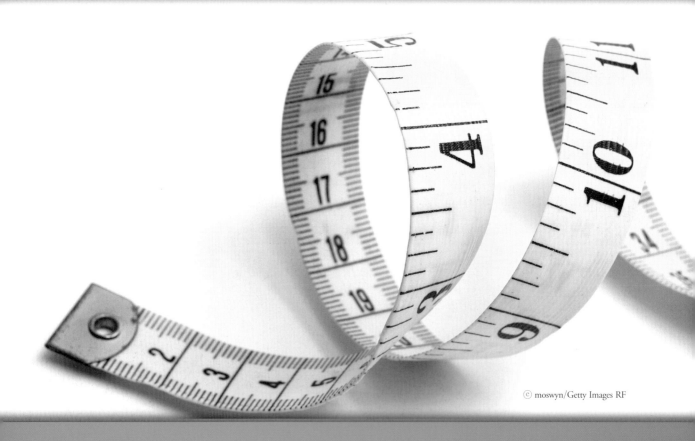

© moswyn/Getty Images RF

성향적 영역은 시간의 흐름에 안정적이고, 상황이 달라져도 일관성이 있으며, 사람들을 서로 다르게 만드는 성격의 측면을 의미한다. 예를 들면 어떤 사람들은 외향적이고 말하기를 좋아하고, 어떤 사람들은 내성적이고 수줍음을 많이 탄다. 내성적이고 수줍음이 많은 사람은 대부분의 시간 동안 이러한 방식으로 행동하고(시간에 대해 안정적), 일할 때나 놀 때, 학교에서 모두 내성적이고 수줍어하는 경향이 있다(상황에 따른 일관성).

특성에 대한 연구는 성향적 영역에 포함된다. 성향이란 특정한 방식으로 행동하는 타고난 기질을 나타내는 용어이며, 특성이란 용어는 성향이라는 용어와 서로 교환해서 사용할 수 있다. 성향적 영역에서 대개 연구하고 있는 심리학자들의 주요한 주제는 다음과 같다. 얼마나 많은 성격특성이 존재하는가? 특성에 대한 최적의 분류체계는 무엇인가? 이러한 특성들을 찾아내고 측정할 수 있는 가장 적절한 방법은 무엇인가? 성격특성은 어떻게 만들어지는가? 특성이 행동을 이끌어내기 위해 상황과 어떻게 상호작용하는가?

이 영역에서 특성은 성격의 구성요소로 보인다. 사람의 성격은 일련의 일반적 특성들로 이루어진다고 본다. 심리학자들은 사람들 사이의 차이를 만들 수 있는 특성 중 가장 중요한 것들을 찾는 데 관심을 갖고 있다.

다음 단계의 주제는 분류체계를 개발하는 것이다. 분류는 과학의 모든 분야에서 매우 유용하다. 최근에 가장 일반적인 성격 분류는 다섯 가지 기본적인 특성들을 포함하는 것이다: 외향성, 신경증, 우호성, 성실성, 경험에 대한 개방성.

성향적 영역에는 사람들이 어떻게 안정을 유지하면서 동시에 변화할 수 있는지에 대한 독특한 개념이 존재한다. 우리는 행동의 바탕을 이루는 특성이 어떻게 안정을 유지하며, 그런데도 어떻게 사람의 인생에 걸쳐서 변할 수 있는지에 대해 논의할 것이다. 지배성의 특성에 대해 생각해보자. 8세의 지배적인 여자아이가 20세에 지배적인 여성으로 성장한다고 가정해보자. 8세일 때 이 아이는 거친 신체놀이를 자진해서 하거나, 덜 지배적인 또래 친구들을 계집애라고 부르거나, 흥

미로운 장난감이 있으면 무엇이든지 독점하려고 고집을 부림으로써 높은 수준의 지배성을 드러낼 수 있다. 이 아이가 20세가 되면 아마도 정치 토론에서 다른 사람들이 자신의 견해에 동의하도록 설득하거나 대담하게 먼저 데이트 신청을 하거나, 그 데이트에서 가게 될 식당을 결정하는 것 등과 같이 매우 다른 행동으로 자신의 지배성을 나타낼 수 있다. 따라서 특성 수준은 장기간에 걸쳐 동일하게 유지될 수 있지만 그 특성을 표현하는 행동들은 나이가 들어감에 따라 달라진다.

우리는 이 영역에서 성향의 발달을 연구하는 방법뿐 아니라 성향이 인생 전반에 걸쳐 어떻게 변할 수 있는지에 대해 논의할 것이다.

© moswyn/Getty Images RF

특성의 정의와 분류체계

2

성 향 적 영 역

사람들은 '친절한, 너그러운, 침착한'과 같이 몇 가지 성격특성을 사용해 다른 사람에 대한 인상을 손쉽게 형성한다.

출처 : © Hero Images/Hero Images/Corbis RF

친구와 함께 파티에 참석한 경우를 생각해보자. 친구가 파티 주최자를 소개시켜 주었고 잠시 함께 이야기를 나눈 후 다른 참석자들과 어울린다. 파티가 끝난 후 친구가 주최자에 대해 묻는다. 지난 대화를 상기하며 주최자가 **친절하고**(많이 웃는다), **관대하고**(풍성한 음식을 대접했다), **침착한 것**(많은 손님들의 부탁을 잘 처리한다) 같다고 말한다. 이러한 단어들은 모두 **특성-기술 형용사**의 예이다. 특성-기술 형용사란 개인에게 비교적 **지속적**(enduring)으로 나타나는 고유한 **특성**(traits)이나 **속성**(attributes)을 묘사하는 단어이다. 유리잔이 깨지기 쉽다거나 자동차가 단단하다고 말한다면 이것은 일관되고 안정적인 **특징**(characteristic)을 의미한다. 그동안 심리학자들은 성격을 구성하는 기본 특성 및 특성의 본질과 기원을 파악하는 데 집중하였다.

대부분의 성격심리학자들은 특성(또는 성향)이 시간의 흐름에 안정적이고 상황 변화에도 어느 정도는 일관적이라고 가정한다. 앞서 언급한 예의 파티 주최자는 다른 파티에서도 친절하고, 관대하고, 침착할 것이다. 이것은 시간의 안정성을 의미한다. 또한 다른 상황에서도 동일한 특성을 나타낼 것이다. 예를 들면 엘리베이터에서 만난 사람들에게 친절하게 미소 짓고, 노숙자에게 관대하게 돈을 주고, 수업 중에 지목을 받아도 당황하지 않고 침착함을 보여줄 것이다. 그러나 특성이 실제로 얼마만큼 시간적 안정성과 상황적 일관성을 가지는가에 대해서는 상당한 논쟁이 있어 왔으며 이에 대한 경험적 연구가 진행되고 있다.

성격특성을 연구하는 사람들은 기본적으로 다음과 같은 세 가지 질문을 고려한다. 첫 번째 질문은 "성격을 어떻게 정의할 것인가?"이다. 모든 분야는 핵심용어를 명확하게 정의해야 한다. 예를 들어 생물학에서는 종이 핵심용어이므로 종의 개념을 명시적으로 정의한다 (예: 종은 상호교배가 가능한 생물학적 분류 단위). 물리학에서는 질량, 무게, 운동, 중력 등이 명시적으로 정의된다. 특성 역시 성격심리학의 핵심 개념이므로 명확하게 정의되어야 한다.

두 번째 질문은 "각 개인을 서로 다르게 만드는 수많은 방식 중에서 가장 중요한 특성을 어떻게 알아낼 수 있는가?"이다. 사람들은 특유성이나 안정성 모두에서 차이를 보인다. 어떤 사람은 외향적이고 떠들썩한 파티를 즐기는 반면 어떤 사람은 내향적이고 독서를 하면서 조용한 저녁시간을 보내는 것을 선호한다. 어떤 사람은 록 음악을 좋아하고 또 어떤 사람은 랩 음악을 좋아한다. 이러한 개인차를 파악하는 것이 성격심리학의 주요 목표이다.

세 번째 질문은 "성격의 중요한 특성을 포함한 포괄적 분류체계를 어떻게 구성할 것인가?" 하는 것이다. 일단 중요한 특성이 파악되면 다음 단계는 개별 특성의 조직화된 도식, 즉 분류체계를 구성하는 것이다. 한 예로 주기율표는 모든 원소를 무작위로 배열한 목록이 아니라 원자번호의 순서라는 일정한 원칙으로 배열한 것이다(원자번호는 원자의 핵에서 양성자의 수를 의미). 또 다른 예로 생물학자가 분류체계 없이 수많은 종을 나열하기만 한다면 너무 복잡해서 이해할 수 없을 것이다. 각 종은 식물, 동물, 미생물 등과 같이 체계적으로 분류되어 조직화되어야 한다. 이와 마찬가지로 성격심리학의 주요 목표는 중요한 특성에 대한 포괄적인 분류체계를 구성하는 것이다. 이 장은 이러한 세 가지 주요 질문에 대한 성격심리학의 연구를 다룰 것이다.

특성에 대한 두 가지 견해

어떤 사람이 성격이 급하고, 신뢰할 수 없고, 게으르다는 것은 어떤 의미일까? 특성이 무엇인가에 대한 견해는 성격심리학자에 따라 다르다. 어떤 심리학자는 특성이 행동을 유발하는 개인 내면의 속성이라고 하는가 하면, 어떤 학자는 안정적으로 나타나는 행동 자체가 특성이라고 한다.

인과적 기능의 특성

디어도르는 물건에 대해 욕심이 많고, 댄은 자극적인 것을 추구하며, 도미닉은 지배적인 성향을 갖고 있다고 할 때 이 말은 특정 행동을 유발하는 내적 요인을 의미한다. 특성은 마음 내부에 존재하면서 특정한 갈망이나 욕구를 불러일으키며(내적 속성)(Alton, 1975) 관련된 행동을 유발한다(인과적 속성). 앞의 예를 다시 보면 디어도르는 물건에 대한 욕심 때문에 백화점에 자주 가고 돈을 벌기 위해 열심히 일하며 재산을 모으려고 애쓴다. 디어도르의 내적 갈망은 특정한 행동을 하도록 유도한다.

특성을 내적 속성이라고 주장하는 심리학자는 특성과 외적 행동은 서로 다른 것이라고 여긴다. 음식을 예로 들어보자. 해리의 경우 햄버거와 감자튀김을 먹고 싶다는 욕망은 강렬하지만 체중조절을 위해 먹지 않고 참는다. 즉, 특성이 행동으로 이어지지 않았다는 것이다. 도미닉은 주도권을 쥐고 싶은 욕구가 강하지만 심리학 강의 토론시간에서는 그런 욕구를 표현하지 않는다. 심리학 교수와 같이 집단을 끌어가는 사람이 있는 경우 욕구는 행동으로 이어지지 않으며 서로 독립적이다. 이러한 면에서 도미닉의 힘에 대한 욕구와 실제 행동은 독립적이라고 판단할 수 있다.

유리잔은 깨지기 쉽다는 특징이 있지만 모든 잔이 쉽게 깨진다는 것은 아니다. 요약하면 특성을 내적 속성으로 보는 심리학자는 행동이 나타나지 않아도 행동의 가능성은 잠재한다고 믿는다. 욕구나 충동, 갈망과 같은 특성은 겉으로 드러나는 행동이 없어도 이미 존재한다고 보는 것이다.

행동의 원인을 특성이라고 보았을 때의 유용성은 다른 원인은 굳이 생각해볼 필요가 없다는 것이다. 조안이 파티에 자주 가는 이유가 외향성 때문이라고 하면 다른 원인을 찾을 필요가 없다. 특성이 인과적 속성을 가졌다고 보는지 아니면 단순한 기술로 보는지는 아주 다른 관점이다.

단순한 기술로서의 특성

대안적 관점은 특성을 개인의 속성에 대한 기술적 요약(descriptive summary)으로 보는 것이다. 이 관점은 내적 속성 혹은 인과성에 대한 가정을 하지 않는다(Hampshire, 1953; Saucier & Goldberg, 2001). 예를 들어 조지는 질투심(jealousy)이 많은 특성을 가지고 있다고 가정해 보자. 기술적 요약 관점에 따르면 이 특성은 조지의 행동 표현을 단순히 기술할 뿐이다. 여자친구 주변을 얼쩡거리는 남자들을 경계하고, 여자친구에게 커플링을 끼고 다니라고 강요하며, 여가시간 모두를 자기와 보내야 한다고 주장한다. 이 경우 질투라는 조지의 특성은 행동의 일반적인 경향성을 지칭할 뿐 행동을 유발하는 원인으로 보지는 않는다는 것이다.

조지의 질투심은 내면 깊은 곳에 있는 열등감과 같은 내적 요인에서 비롯된 것일 수도 있지만 사회적 상황 때문일 수도 있다. 즉, 조지가 질투가 많은 사람이어서가 아니라 다른 남자가 여자친구에게 관심을 보이고 여자친구가 그에 반응을 보였다는 사실 때문에 유발된 것일 수도 있다. 특성이 기술적 요약이라는 관점은 어떤 사람이 하는 행동의 원인에 대해 편견을 갖지 않는다는 점에서 중요하다. 이 관점은 사람의 행동 경향을 요약해서 기술하는 데 특성을 사용할 뿐이다. 특성을 단순한 기술로 간주하는 성격심리학자들(Saucier & Goldberg, 1998; Wiggins, 1979)은 우선 중요한 개인차를 찾아내서 기술한 후 이를 설명하는 인과론을 개발해야 한다고 주장하고, 특성을 개인의 내적 속성으로 보는 심리학자는 주요 특성을 먼저 찾아낸 후 인과론을 개발해야 한다고 주장한다.

성격의 행동빈도 법칙 : 기술적 요약 법칙의 예

많은 심리학자들은 특성에 대한 기술적 요약 접근을 지지하고 있으며 '행동빈도 접근(act frequency approach)'이라고 하는 연구 프로그램을 통해 이 개념을 분석하고 있다(Amelang, Herboth, & Oefner, 1991; Angleiter, Buss, & Demtroder, 1990; Buss & Craik, 1983; Church et al., 2007; Jackson et al., 2010; Romero et al., 1994).

행동빈도 접근은 특성이 행동의 범주라는 개념에서 출발한다. 예를 들어 '새'라는 범주 안에는 구체적인 새가 포함된다(예 : 개똥지빠귀, 참새). 이와 같이 '지배성(dominance)'이나 '충동성(impulsivity)'과 같은 특성 범주 역시 구체적 행동을 포함한다. 예를 들면 지배성은 다음과 같은 구체적인 행동을 포함할 수 있다.

그는 다른 사람에게 모임을 조직하도록 지시했다.
그녀는 미팅의 결과를 다른 사람들이 모르도록 했다.
그는 다른 사람들에게 역할을 맡기고 게임을 했다.
그녀는 다른 사람들이 볼 TV 프로그램을 자신이 결정했다.

지배성은 이와 같은 수많은 행동을 포함하는 특성 범주이다. 행동빈도 관점에서 보면 지배적인 사람은 다른 사람에 비해 지배적인 행동을 더 많이 하는 사람이라고 할 수 있다. 예를 들면 몇 명의 사람을 정해 3개월 동안 따라다니면서 행동을 녹화한 후 각자가 한 지배적인 행동의 빈도수를 계산한다. 메리가 다른 사람들보다 지배적인 행동을 더 많이 했다면 메리는 지배적이라고 할 수 있다. 따라서 행동빈도 접근에서 말하는 지배성 같은 특성은 행동의 일반 경향성을 의미한다.

행동빈도 연구 프로그램

특성에 대한 행동빈도 접근은 행동 지명, 전형성 판단, 행동 선호도의 기록과 같은 세 가지 주요 요소를 포함한다.

행동 지명

행동 지명(act nomination)은 어떤 행동이 어떤 특성 범주에 포함되는지 파악하는 절차이다. '충동적'이라는 범주에 대해 생각해보자. 아는 사람 중 충동적인 사람을 생각한다. 다음에 그 사람의 구체적인 행동 목록을 만들어본다. "그 사람은 공부를 해야 하는데도 순간적인 충동으로 친구들과 나가 놀았다.", "결과를 생각하지 않고 즉흥적으로 위험한 일을 했다.", "상황을 신중하게 생각해보지 않고 불쑥 화를 냈다." 등이 있을 수 있다. 연구자들은 이러한 행동 지명 절차를 통해서 특성 범주에 속하는 다양하고 많은 행동들을 찾아낸다.

전형성 판단

두 번째 단계는 각 특성 범주에 있어서 특정한 행동이 중심적인지, 즉 전형적인지를 결정하는 것이다. '새'라는 범주를 생각해보자. 어떤 새가 가장 먼저 떠오르는가? 대부분의 사람들은 칠면조나 펭귄보다는 개똥지빠귀나 참새를 떠올린다. 칠면조나 펭귄도 새의 범주에 포함되지만 개똥지빠귀나 참새를 좀 더 전형적인 새의 범주로 간주한다. 즉, 사람들이 개똥지빠귀나 참새를 '새'라고 생각하는 의미에 더 일반적이고 알맞은 예로 생각한다는 것이다 (Rosch, 1975).

이와 마찬가지로 특성 범주 내의 행동도 전형성(prototypicality) 면에서 차이가 있다. 이러한 차이는 평정자들로 하여금 각 행동이 특정 개념에서 얼마나 전형적인지 판단하게 함으로써 알 수 있다. 예를 들어 평정자는 "그녀는 다른 사람들 모르게 미팅의 결과를 유도했다." 또는 "그녀는 사고 후에 상황을 처리하였다."와 같은 행동이 "그녀는 모임에 일부러 늦게 도착했다."보다 좀 더 전형적인 지배적 행동이라고 평정할 수 있다.

행동 선호도 기록

연구 프로그램의 세 번째이자 마지막 단계는 일상생활에서 보이는 실제 행동에 대한 정보를 확보하는 것이다. 한 개인의 생활에서 실제로 수행하는 행동 정보를 수집하는 것은 어려운 일이다. 대부분의 연구자들은 실제 행동에 대한 자기보고 또는 친한 친구나 배우자의 보

표 2.1 창의적 행동에 대한 자기보고

다음은 행동 목록이다. 각 행동을 읽어보고 이 행동을 하는 빈도 수를 적절하게 설명하는 숫자에 동그라미를 표시한다. '0'은 절대로 하지 않는다. '1'은 때때로 한다. '2'는 중간 정도로 한다. '3'은 매우 자주 하는 편이다.

해당 숫자에 ○표시				행위
0	1	2	3	1. 사람들에게 웃긴 별명을 지어준다.
0	1	2	3	2. 가만히 앉아서 상상하는 것을 그린다.
0	1	2	3	3. 재미 삼아 사진을 찍는다.
0	1	2	3	4. 하루 종일 스케치북을 들고 다닌다.
0	1	2	3	5. 다양한 장르의 음악을 듣는다.
0	1	2	3	6. 작곡을 한다.
0	1	2	3	7. 다른 사람을 위해 카드를 만든다.
0	1	2	3	8. 생각을 일기로 적어서 시로 만든다.
0	1	2	3	9. 사람들을 웃게 하는 농담을 한다.
0	1	2	3	10. 생일선물로 그림을 그려준다.

출처 : Ivcevic(2007)에서 인용. 가장 전형적으로 일상적, 예술적 및 창의적 행동 목록. 1, 3, 5, 7, 9는 전형적으로 일상적인 창의적 행동. 2, 4, 6, 8, 10은 전형적인 예술적 창의적 행동. 행동빈도 접근에 따르면 또래에 비해 이러한 창의적 행동을 높은 빈도로 수행하면 '창의적'이라고 판단됨.

고를 사용한다. 〈표 2.1〉은 일상생활에서 수행하는 예술적이고 창의적인 행동을 측정하기 위한 자기보고 도구이다. 유사한 측정도구로 성실행동(Jackson et al., 2010)과 외향적 행동(Rauthmann & Denissen, 2011) 등을 평가하기 위한 도구도 개발되어 있다. 또한 지배적 행동에 대한 관찰 측정이 대면 그룹 상황에서 개발되고 있다(Anderson & Kilduff, 2009). 흥미롭게도 전통적인 특성 측정도구는 일상생활에서 특정한 행동을 예측하는 데 대체로 좋은 결과를 보이고 있다(Fleeson & Gallagher, 2009).

행동빈도 법칙에 대한 평가

행동빈도 접근과 같이 특성을 순수하게 기술적 요약으로 보는 관점은 몇 가지 면에서 비판받아 왔다(Angleitner & Demtroder, 1988; Block, 1989). 주요 비판은 이 접근의 기술적 완성도에 대한 것이다. 예를 들어 행동빈도 접근은 특성과 관련된 행동을 설명하기 위해 얼마나 많은 상황이 포함되어야 하는지 규정하지 않는다. 지배적 행동의 예를 생각해보자. "어떤 사람이 자신이 좋아하는 식당에 가기를 고집한다." 이 행동을 지배적 행동이라고 이해하려면 다음과 같은 상황 (1) 관련된 사람들과의 관계, (2) 외식을 하는 상황, (3) 식당에서의 과거 경험, (4) 누가 돈을 내는가? 등을 알아야 한다. 어떤 행동이 지배적 행동이라고 규정지으려면 몇 가지 상황이 필요한가?

또 다른 비판은 행동빈도 접근이 외현적(overt) 행동에는 적용이 가능하지만 직접적으로 관찰할 수 없는 암묵적(covert) 행동에는 적용하기 어렵다는 점이다. 예를 들어 용감한 사람이 있다고 해도 용감한 면을 보여줄 필요가 없는 일상적 상황에서는 알 수가 없다.

이러한 한계에도 불구하고 행동빈도 접근은 몇 가지 주목할 만한 성과를 이루었다. 우선 **행동 현상**(behavioral phenomena)이 의미하는 특성에 대한 용어를 명시화하는 데 특히 유용하다. 결국 특성에 대해 알 수 있는 주요한 방법은 실제 행동 표현을 통해서이다. 저명한 성격이론가들은 "행동은 성격특성을 추론하는 근거이며 대인 지각을 구성하는 토대"가 된다고 하였다(Gosling et al., 1998). 따라서 성격에 대한 행동 표현 연구는 이 분야의 필수적이고 대체 불가능한 연구 영역이라고 할 수 있다(Furr, 2009). 그 외에 행동빈도 접근은 행동의 규칙성을 파악하는 데 유용하다. 포괄적 성격이론은 행동의 규칙성에 대한 현상을 설명해야 한다(Furr, 2009). 또한 행동빈도 접근은 충동성(Romero et al., 1994), 성실성(Jackson et al., 2010), 창의성(Amelang et al., 1991) 등과 같이 연구하기 어려운 특성의 의미를 조사하는 데 유용하다. 특성에 따른 행동 표현은 문화적 유사성 및 차이를 파악하는 데 유용하다(Church et al., 2007). 예를 들어 필리핀에서는 미국에 비해 수줍어하는 사람과 대화를 시작하는 것이 외향성과 더 큰 관계가 있다. 반면에 모르는 사람에게 미소를 짓는 것은 필리핀에 비해 미국에서 외향성과 더 연관이 있다.

행동빈도 접근 연구는 성격에 대한 이해를 돕는 영역을 파악하는 데에도 유용하다. 예를 들면 어떤 연구에서 개인의 실제 행동에 대한 자기보고와 관찰자 평정 간의 관계를 조사하였다. "긴장된 분위기를 풀기 위해 농담을 한다.", "재치 있는 말을 한다.", "모임을 주도한다." 등과 같은 행동은 자기보고와 관찰자 간의 일치도가 높았다. 외향성과 성실성 특성을 나타내는 행동은 자기보고와 관찰자 평정 간 일치도가 높은 편이었다. 반면에 우호성 특성을 나타내는 행동은 자기보고와 관찰자 평정 간 일치도가 낮은 편이었다. 행동이 관찰 가능할수록 자기보고와 관찰자 평정 간의 일치도가 높아진다.

　행동빈도 접근에 대한 연구는 직업적 성공, 급여, 회사에서의 승진 등과 같은 일상생활의 중요한 성과를 예측하는 데 활용되어 왔다(Kyl-Heku & Buss, 1996; Lund et al., 2006). 또한 사회적 상호작용에서 기만행위(Tooke & Camire, 1991)와 데이트 혹은 부부관계에서의 폭력성을 예측할 수 있는 '짝 보호행동(mate guarding)'(Shackelford et al., 2005)과 같은 문제를 조사하는 데에도 사용되어 왔다.

　요약하면 특성에는 두 가지 주요한 가정이 있다. 첫 번째, 특성은 개인의 외현적 행동에 영향을 미치는 인과적이고 내적인 속성이라는 것이다. 두 번째, 특성은 외현적 행동에 대한 기술적 요약이고 그 원인은 이후에 파악될 수 있다는 것이다. 특성은 이 두 가지로 가정할 수 있으며, 모든 심리학자들은 이제 어떤 특성이 가장 중요한가를 판단해야 한다.

가장 중요한 특성의 탐색

중요한 특성을 파악하기 위해서는 세 가지 기본적 접근법이 있다. 첫째는 **어휘적 접근**(lexical approach)이다. 이 접근에 따르면 모든 특성은 개인차에 대한 설명을 토대로 하며, 사전에 수록되어 있다(Allport & Odbert, 1936). 따라서 어휘적 접근의 논리적 출발점은 자연 언어(natural language)이다. 두 번째 방법은 **통계적 접근**(statistical approach)이다. 이 접근은 요인분석(factor analysis) 등의 통계 절차를 이용하여 중요한 성격특성을 확인한다. 세 번째 방법은 **이론적 접근**(theoretical approach)으로 연구자는 이론에 근거해서 중요한 특성을 규정한다.

어휘적 접근

어휘적 접근은 중요한 성격특성을 결정하기 위한 방법으로 **어휘 가설**(lexical hypothesis)에서 출발한다. 이 가설은 모든 중요한 개인차는 자연 언어 내에 부호화되어 있다는 것이다. 시간이 흐르면서 사람들 간의 중요한 개인차가 파악되고 이러한 개인차에 대해 서로 의사소통하기 위해 단어가 만들어진다. 사람들은 지배적, 창의적, 믿을 만한, 협조적인, 다혈질의, 자기 중심적인 등과 같은 단어를 만들어서 이 개인차를 묘사한다. 특성에 대한 용어는 사람들을 설명하고 정보를 전달하는 데 유용하기 때문에 특성 용어의 사용은 집단 내에 퍼져서 일반화된다. 사람들을 묘사하고 설명하는 데 유용하지 않은 특성 용어는 자연 언어 내에서 부호화되는 데 실패하게 된다.

　영어에는 조종하는, 오만한, 나태한, 다정한 등과 같은 다양한 특성 형용사가 많다. 사전에는 18,000개나 되는 특성 형용사가 있다(Norman, 1967). 어휘적 접근에 따르면 이러한 결과는 특성 형용사가 사람들의 의사소통에 매우 중요하다는 것을 의미한다.

　어휘적 접근에 의하면 중요한 특성을 결정하는 두 가지 기준은 **동의어 빈도**(synonym

frequency)와 **범문화적 보편성**(cross-cultural universality)이다. 동의어 빈도 기준이란 어떤 속성을 기술하는 특성 형용사가 다수 존재한다면 그것은 이 속성이 개인차를 설명하는 데 중요하다는 의미이다. "그 속성이 중요할수록 속성의 미묘한 차이를 구분하기 위한 보다 많은 동의어가 해당 언어 내에서 발견된다."(Saucier & Goldberg, 1996, p. 24) '지배성' 특성의 경우 기술하는 용어가 많이 있는데 지배적인, 다른 사람을 쥐고 흔드는, 자기주장이 강한, 영향력 있는, 밀어붙이는, 강압적인, 우두머리의, 군림하는, 영향력이 큰, 우세한, 권위 있는, 오만한 등이 있다. 동의어가 많고 각 용어가 지배성의 미묘한 차이를 전달한다는 것은 지배성이 중요한 특성일 뿐 아니라 그 미묘한 차이가 사회적 의사소통에서 중요하다는 의미이다. 따라서 동의어 빈도는 특성의 중요성을 나타내는 기준이 될 수 있다.

어휘적 접근에 따라 특성의 중요성을 결정하는 두 번째 기준은 범문화적 보편성이다. "인적 교류에서 개인차가 중요할수록 그에 관한 어휘가 해당 언어에 많이 존재할 것이다."(Holdberg, 1981, p. 142) 즉, 어떤 특성이 모든 문화권에서 중요하다면 각 문화권의 구성원들은 이 특성을 기술하는 용어를 만들어낼 것이다. 이는 그 특성이 인간사에 보편적으로 중요하다는 것을 의미한다. 반면 어떤 특성이 단일 언어 또는 소수 언어에만 존재한다면 이는 특정 지역에만 관련이 있다는 것이며 이러한 용어는 성격특성의 보편적 분류에 포함되기는 어렵다(McCrae & Costa, 1997).

예를 들면 베네수엘라의 야노마모 인디언 언어에는 'unokai'와 'non-unokai'라는 단어가 있다. 'unokai'는 "다른 사람을 죽임으로써 남자다움을 획득한 남자"를 뜻하고, 'non-unokai'는 "다른 사람을 죽임으로써 남자다움을 획득하지 못한 남자"를 의미한다(Chagnon, 1983). 야노마모 문화권에서 'unokai'는 신분이 높고, 두려움의 대상이 되며, 더 많은 아내를 거느리고, 지도자로 간주되기 때문에 이 개인차는 결정적으로 중요하다. 반면 미국 문화권에서는 이러한 사람은 살인자라고 부르고, 'unokai'를 의미하는 단일 용어는 없다. 따라서 이러한 개인차는 야노마모인들에게는 결정적으로 중요하지만 성격특성의 보편적 분류체계에는 포함되기 어렵다.

어휘적 전략의 한 가지 문제는 성격이 형용사, 명사, 동사 등 다양한 분류 단어를 통해 표현된다는 것이다. 예를 들어 영어에는 똑똑하지 못한 사람을 묘사하는 수십 개의 명사가 있다: 새대가리, 돌대가리, 멍청이, 바보, 백치, 빈 머리, 얼간이, 굼벵이, 지진아, 바보천치, 멍텅구리, 우둔한 사람 등이다. 성격 명사에 많은 연구가 진행되고 있지는 않지만 여전히 개인차의 중요한 영역에 대해 유용한 정보를 제공하고 있다.

어휘적 접근은 중요한 개인차를 파악할 수 있는 시작점이 되었다(Ashton & Lee, 2005). 이러한 정보를 폐기하는 것은 "인간을 지난 역사 과정에서 축적되어 온 방대한 지식의 원천으로부터 불필요하게 분리하는 것이다."(Kelly, 1992, p. 22) 어휘적 접근은 중요한 개인차를 파악하기 위한 좋은 시작점이지만 이 방법만을 독점적으로 사용해서는 안 된다.

통계적 접근

통계적 접근은 성격 항목에 대한 문제은행(item pool)으로부터 중요한 특성을 파악하는 방식이다. 성격 항목의 문제은행에는 특성 단어나 행동, 경험, 정서 등에 대한 질문이 포함된다. 어휘적 접근을 활용했던 대부분의 연구자들은 통계적 접근으로 전환해서, 특성 형용사에 대한 자기평정을 이용하여 성격특성의 기본 범주를 추출해냈다. 시작점은 성격과 관련된 수많은 문장을 표집한 후 이에 대해 자기평정을 하는 것이다(예 : "나는 내 입장을 다른 사람에게 쉽게 납득시키는 편이다."). 일단 방대하고 다양한 항목을 표집하고 나면 이후 통계적 접근을 이용한다. 각 항목에 대해 스스로 평정하고 통계 절차를 이용하여 항목의 군집을 파악하는 것이다. 통계적 접근의 목표는 성격 지도의 주요 범위 혹은 '조직'을 파악하는 것이다. 이것은 세계 지도에서 위도와 경도가 지도를 조직화하는 것과 마찬가지이다.

　가장 일반적으로 사용되는 통계 절차는 **요인분석**(factor analysis)으로 그 핵심 논리는 단순하다. 요인분석은 공변하면서(다른 변인과 함께 변하는) 다른 군집과는 공변하지 않는 항목 군집을 파악하는 것이다. 공간에 비유해서 생각해보자. 대학 캠퍼스에는 물리학 교수, 심리학 교수, 사회학 교수의 연구실이 있다. 대개 심리학 교수의 연구실은 물리학이나 사회학 교수보다는 같은 심리학과 교수와 가까이 배치되는 경향이 있다. 물리학이나 사회학 교수도 마찬가지이다. 요인분석은 교수 연구실의 세 가지 군집을 파악해내는 절차라고 할 수 있다.

　성격 항목의 군집을 파악하는 방식의 주요 이점은 공통 속성을 가진 성격 변인들을 결정할 수 있다는 점이다. 요인분석은 광대하고 다양한 성격특성을 보다 적은 수의 유용한 근원적인 요인으로 줄이는 데 유용하다. 이 방법으로 수천 개의 성격특성들을 조직화할 수 있다.

　〈표 2.2〉는 요인분석이 작동하는 방식을 조사한 예이다. 이 표는 1,210명의 참가자가 여러 가지 특성-기술 형용사를 이용하여 자신을 평가한 자료를 요약한 것이다. 형용사로는 재치 있는, 재미 있는, 인기 있는, 근면한, 생산적인, 단호한, 상상력이 풍부한, 창의적인, 독창적인 등이 있다.

　〈표 2.2〉에 나온 수치는 **요인부하**(factor loadings)라고 하는데, 특정 요인이 항목의 변량을 '설명하는' 지표를 나타낸다. 요인부하는 그 항목이 내재된 요인과 상관관계가 있는 혹은 '부하된' 정도를 나타낸다. 이 검사에서는 3개의 명확한 요인이 확인되었다. 첫 번째 요인은 '외향성'으로 재치 있는, 재미있는, 인기 있는 등의 항목에 높은 부하를 나타내고 있다. 두 번째 요인인 '야심'은 근면한, 생산적인, 단호한 등이 해당된다. 세 번째 요인인 '창의성'은 상상력이 풍부한, 창의적인, 독창적인 등이 해당된다. 요인분석은 3개의 개별적인 특성 용어 군집이 서로 공변하면서 다른 군집과는 독립적이라는 것을 보여준다. 이러한 통계 절차가 없다면 연구자는 앞서의 9개 형용사가 각각 개별적인 것이라고 생각할 수밖에 없을 것이다. 요인분석은 근면한, 생산적인, 단호한 등이 3개의 개별적인 특성이 아니라 하나의 특성으로 간주하기에 충분할 만큼 공변하고 있다는 것을 보여준다.

　통계적 접근을 사용하여 중요한 특성을 파악할 때 주의할 점이 있다. 이 방법은 자료를 투입한 만큼 결과를 도출한다는 것이다. 만일 중요한 성격특성이 요인분석 절차에 포함되지 않는다면 결과에서도 빠지게 될 것이다. 따라서 연구자들은 초기 항목의 선정에 주의를 기울이는 것이 중요하다.

　그동안 요인분석 및 이와 유사한 통계 절차는 성격 연구자들에게 매우 중요한 것이었다.

표 2.2 성격 형용사 등급의 요인분석 예			
형용사	요인 1(외향성)	요인 2(야심)	요인 3(창의성)
재치 있는	**.66**	.06	.19
재미 있는	**.65**	.23	.02
인기 있는	**.57**	.13	.22
근면한	.05	**.63**	.01
생산적인	.04	**.52**	.19
단호한	.23	**.52**	.08
상상력이 풍부한	.01	.09	**.62**
창의적인	.13	.05	**.53**
독창적인	.06	.26	**.47**

주의 : 숫자는 요인부하를 나타내며 항목이 내재된 요인과 갖는 상관의 정도
출처 : Mattews & Oddy(1993)에서 인용

가장 중요한 기여는 방대하고, 복잡하고, 다양한 성격 항목들을 더 적은 수의 포괄적이고 기본적인 의미 있는 요인들로 축소한 것이다.

이론적 접근

개인차에 대한 중요한 차원을 파악하기 위한 이론적 접근은 중요한 변수를 정의하는 이론에서부터 출발한다. 통계적 접근은 어떤 변수가 중요한지에 대한 예단이 없다는 점에서 비이론적으로 간주되는 반면, 이론적 접근은 사전에 중요한 변수를 설명한다는 점에서 차이를 보인다.

예를 들면 프로이트는 '구강기 성격'이나 '항문기 성격'의 측정이 중요하다고 생각했는데, 이것은 이 개념이 이론에 근거한 중요 구성 개념이기 때문이다. 매슬로(1968)와 같은 자기실현 이론가에게는 자기실현 욕구에 대한 개인차 측정이 중요하다(Williams & Page, 1989). 즉, 이론은 어떤 성격 변수가 중요한지를 결정한다.

이론적 접근의 한 예로 **사회성적 지향**(sociosexual orientation)이론을 생각해보자(Simpson & Gangestad, 1991; Penke & Asendorph, 2008a). 이 이론에 따르면 남녀는 두 가지 중 하나의 대안적 성관계 전략을 추구한다. 첫 번째 전략은 단일의 헌신적 관계 추구로 일부일처와 자녀에 대한 막대한 투자를 특징으로 한다. 두 번째 전략은 다양한 상대와 성관계를 하고, 파트너를 자주 바꾸고, 자녀에게 덜 투자하는 것이다(이를 남성에게 적용한다면 첫 번째 전략을 '아버지', 두 번째는 '바람둥이'라고 부를 수 있을 것이다). 사회성적 지향이론은 개인이 추구하는 성관계 전략이 중요한 개인차라고 주장한다. Gangestad와 Simpson은 사회성

연습문제

지시 : 다음 질문에 솔직하게 응답하라. 행동을 묻는 질문에 대해서는 빈칸에 답을 쓰라. 생각과 태도에 대한 질문에서는 해당되는 숫자에 동그라미를 쳐라.

1. 작년 한 해 동안 성관계를 한 파트너는 몇 명입니까? _____

2. 향후 5년 동안 몇 명의 파트너와 성관계를 할 것으로 예상합니까?
   구체적이고, 현실적으로 추정해주십시오.
   _____

3. 특정 시기를 한정했을 때, 몇 명의 파트너와 성관계를 합니까? _____

4. 현재 파트너 이외에 다른 사람과 성관계를 맺는 상상을 얼마나 자주 합니까?

      1. 전혀 안 한다.

      2. 2~3개월에 한 번

      3. 한 달에 한 번

      4. 2주에 한 번

      5. 한 주에 한 번

      6. 한 주에 몇 번

      7. 거의 매일

      8. 적어도 하루에 한 번

5. 사랑 없이 성관계를 해도 괜찮다.

      1   2   3   4   5   6   7   8   9

  전혀 동의하지 않는다   매우 동의한다

6. 여러 파트너와 가볍게 성관계하는 것이 편하다.

      1   2   3   4   5   6   7   8   9

  전혀 동의하지 않는다   매우 동의한다

7. 상대방에게 (정서적, 심리적으로) 애착을 가진 후에야 성관계에 대해 편안하게 느끼고 즐길 수 있다.

      1   2   3   4   5   6   7   8   9

  전혀 동의하지 않는다   매우 동의한다

적 지향에 대한 척도를 개발하였다. 연습문제를 참고해보자.

중요한 특성을 탐색하는 접근에 대한 평가

요약하면 이론적 접근법은 개인차의 중요성이 이론에 의해서 결정된다는 것이다. 다른 접근법들과 마찬가지로 이론적 접근은 강점과 한계점을 가지고 있다. 강점은 이론의 강점과 같다. 만일 어떤 변수의 중요성에 대한 강력한 이론이 있다면, 지도나 나침반이 없는 항해와

같은 목적지 없는 방황을 하지 않을 것이다. 동시에 한계점은 이론의 한계와 같다. 이론에 허점이나 편향이 있는 경우에는 중요한 개인차를 결정하는 데 생략이나 왜곡이 발생할 수 있다.

현재 성격특성 심리학 분야의 상황은 "많은 꽃이 피도록 내버려둔다."는 말로 표현할 수 있다. 어떤 연구자들은 이론적 접근으로 개인차를 측정하고, 다른 연구자들은 요인분석이 중요한 개인차를 파악할 수 있는 유일한 합리적인 방법이라고 믿는다. 또 다른 연구자들은 여러 세대의 집단 지성을 반영한 어휘적 접근이 중요한 개인차를 찾아낼 수 있는 최고의 방법이라고 생각한다.

실제로 많은 성격 연구자들은 세 가지 접근을 조합해서 사용한다. 한 예로 Norman(1963), Goldberg(1990), Saucier(2009)는 어휘적 접근을 사용해서 첫 번째 성격 세트를 결정한다. 그다음에는 요인분석으로 수많은 특성을 분류하여 적은 수로 줄인다(5~6가지). 이 방법은 성격과학에서 주요했던 두 가지 문제, 즉 개인차의 주요 영역을 결정하는 문제 및 파악된 개인차들의 구조를 설명하는 방법을 찾아내는 것 등을 해결했다(Saucier & Goldberg, 1996). 이처럼 어휘적 접근은 특성 용어의 표본을 정하는 데 사용되었고, 요인분석은 이들 특성 용어의 구조와 순서를 알아낼 수 있게 하였다.

성격의 분류체계

지난 100여 년간 수많은 성격 분류체계가 개발되었다. 이 중 많은 체계는 성격심리학자들의 연구에 의해 만들어진 단순한 특성 목록이었다. 성격심리학자 로버트 호건(Robert Hogan)은 "성격이론의 역사는 사적 악령이 공적 고통이라고 주장하는 사람들이 만들어낸 것"이라고 하였다(Hogan, 1983). 성격특성에 관한 책을 출판하는 두 명의 편집자(London & Exner, 1978)는 성격 분류에 대한 합의된 체계가 없기 때문에 특성을 알파벳 순서로 나열하였다. 분명 우리는 성격특성을 조직화하는 견고한 기반을 만들어낼 수 있다. 이 장의 뒷부분에서 제시하는 특성의 분류체계는 무작위로 나열된 것이 아니고 확실한 경험적 및 이론적 타당성을 가진 체계이다.

아이젠크의 성격 위계 모형

한스 아이젠크(Hans Eysenck)는 1916년 출생하였고, 생물학에 기초한 성격의 분류체계 모형을 개발하였다. 아이젠크는 히틀러가 부상하던 시기에 독일에서 자랐다. 아이젠크는 나치 정권에 대한 강한 반감을 가지고 있었으며 18세에 영국으로 이주했다. 그는 런던대학교에서 물리학을 전공하려고 했으나 입학의 필요조건을 충족시키지 못해서 우연히 심리학을 전공하게 되었다.

제2차 세계대전이 끝난 후 아이젠크는 박사학위를 취득하였고 런던 모슬리 병원에 세워진 새로운 정신과 연구소 내 심리학과의 학과장이 되었다. 이후 아이젠크의 연구 성과는 방대하였는데, 40개가 넘는 저서와 700여 개의 논문을 발표했다. 1998년 사망할 때까지 당시 생존한 심리학자 중 가장 많이 연구에 인용된 사람이었다.

아이젠크는 유전성이 높고 정신생리적 기반을 가진 특성에 대한 성격 모형을 개발하였다. 이러한 기준의 세 가지 주요 특성은 외향성-내향성(E), 신경증-정서적 안정성(N), 정신증(P) 등이다. 이들은 PEN이라는 약자로 통용된다.

기술

앞서 언급한 세 가지 특성에 대해서 설명해보자. 아이젠크는 각 특성이 위계의 가장 위쪽에 위치한다고 시사한다. [그림 2.1]에 따르면 외향성(extraversion, E)은 사교성, 활동성, 활기, 모험성, 주도성 등의 하위 특성들을 포함하고 있다. 이러한 하위 특성들은 모두 동일한 상위 요인인 외향성과 공변하기 때문에 더 넓은 특성인 외향성에 포함된다고 할 수 있다. 외향성이 높은 사람들은 파티를 좋아하고, 친구가 많으며, 이야기 나눌 사람들을 주변에 두려고 한다(Eysenck & Eysenck, 1975). 또한 짓궂은 장난치기를 좋아하고, 걱정 없이 천하태평이며, 높은 활동 수준을 보인다.

런던 사무실의 한스 아이젠크
출처 : Courtesy of Randy J. Larsen

반면 내향성(introverts)이 높은 사람들은 혼자서 시간 보내기를 좋아한다. 조용히 시간 보내기나 독서와 같은 취미를 선호한다. 내향성이 높은 사람은 종종 냉담하고, 거리를 유지하는 것처럼 보이며, 소수의 친한 친구를 갖고 있다. 내향성이 높은 사람은 외향성이 높은 사람에 비해 진지하고 절제를 선호한다. 또한 체계적이고, 일상적이며, 예측 가능한 생활 양식을 선호한다(Larson & Kasimatis, 1990).

"밖으로 더 나와야 해!"

내향적인 사람은 외향적인 사람들에 비해 혼자 보내는 시간이 많다.

출처 : Richard Jolley/www.CartoonStock.com

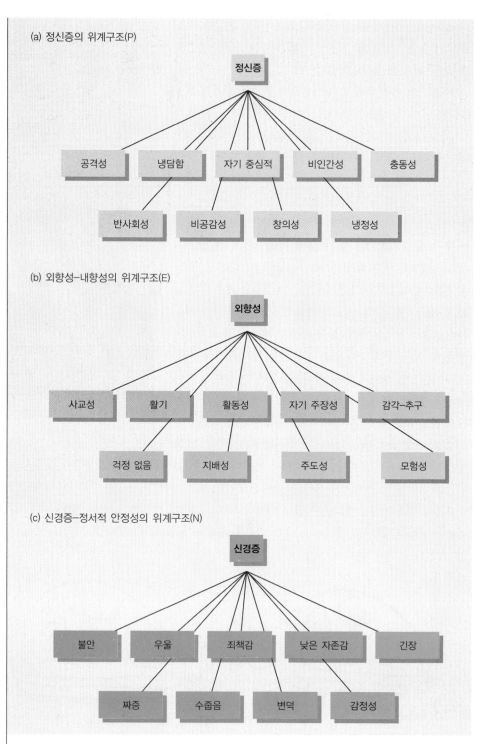

그림 2.1

아이젠크의 주요 성격특성의 위계구조. 각 위계의 최상층에는 각각의 '초-특성(super-trait)'이 있으며, 위계의 아래쪽에는 좀 더 협소한 개념의 특성이 있다. (a) 정신증의 위계구조(P), (b) 외향성-내향성의 위계구조(E), (c) 신경증-정서적 안정성의 위계구조(N)

신경증(neuroticism, N) 특성은 불안, 짜증, 죄책감, 낮은 자존감, 긴장, 수줍음, 변덕 등이 포함된 좀 더 구체적인 특성군으로 구성되어 있다. 개념적으로는 불안과 짜증과 같은 하위 특성들은 서로 분명하게 다른 것이라고 할 수 있다. 그러나 경험적으로 불안한 사람은 쉽게 짜증을 낸다. 따라서 요인분석은 이 2개의 하위 특성이 실제로 연결되어 있다는, 즉 공존하는 경향이 있다는 것을 보여주는 유용한 도구이다.

신경증(N)이 높은 사람은 일반적으로 걱정이 많다. 자주 불안하고, 우울하며, 잠들기 어려워하는 등 다양한 정신 신체적 증상을 경험한다. 5,847명을 대상으로 한 범국가적 연구 결과에 따르면 신경증이 높은 사람들은 특히 우울과 불안장애에 취약하다(Weinstock & Whisman, 2006). 신경증이 높은 사람들의 대표적 특징은 부정적 정서에 과잉반응을 보인다는 것이다. 또한 일상생활의 정상적인 스트레스에 대해 더 강한 각성반응을 보인다. 스트레스를 유발하는 원인이 사라진 후에도 평정 상태로 돌아가는 것을 어려워한다. 자신에게 반대하는 사람에게 더 오랫동안 화를 내며 잘 용서하지 못한다(Maltby et al., 2008). 이들은 위협적이거나 따돌림과 같은 상황에 예민하다(Denissen & Penke, 2008b; Tamir, Robinson, & Solberg, 2006). 반면 신경증이 낮은 사람들은 정서적으로 안정되어 있고 침착하고 차분하며 스트레스에 대해 반응이 느리다. 또한 어려운 일을 겪은 후에도 원래 자신의 상태로 쉽게 돌아간다.

아이젠크 분류체계의 세 번째 특성은 정신증(psychoticism, P)이다. [그림 2.1]에서 볼 수 있듯이 정신증은 공격성, 자기 중심적, 창의성, 충동성, 비공감성, 반사회성 등의 하위 특성들의 조합이다. 요인분석은 이와 같은 특성들이 정신증의 하위 특성으로 군집화될 수 있다는 것을 보여준다. 예를 들어 요인분석 결과에 따르면 충동성과 비공감성은 함께 나타나는 경향이 있다. 즉, 생각 없이 행동하는 사람들(충동성)은 타인의 관점에서 상황을 보는 능력이 부족한 경향이 있다(비공감성).

정신증 점수가 높은 사람들은 대개 혼자 지내며 '외톨이'로 불린다. 이들은 공감 능력이 부족하기 때문에 잔인하거나 비인간적일 수 있다. 남성은 여성에 비해 정신증 점수가 2배 이상 높다. 또한 종종 동물에게 잔인한 행동을 한 경험이 있다. 예를 들어 정신증 점수가 높은 사람들은 개가 차에 치이거나 누군가 사고로 다치는 상황에서 웃음을 터트리기도 한다. 정신증 점수가 높은 사람들은 가족 또는 사랑하는 사람을 포함한 모든 타인의 고통이나 아픔에 둔감하고 공격적이다. 낯설고 이상한 대상에 흥미를 보이며, 위험성을 무시하고 새로운 것을 추구한다. 이들은 다른 사람을 놀리고 때로 반사회적 경향을 보인다.

정신증(P) 척도는 여러 가지 흥미로운 기준을 예측하게 해준다. 이 척도가 높은 사람은 낮은 사람에 비해 폭력적인 영화를 즐기며 폭력적인 장면을 재미있다고 평가한다(Bruggemann & Barry, 2002). 정신증 척도가 높은 사람들은 낮은 사람들에 비해 불편한 그림이나 사진을 선호한다(Rawling, 2003). 마키아벨리즘 척도(정신증 척도와 연관성이 많다)에서 점수가 높은 남성은 성적으로 문란하고, 적대적인 성적 태도를 보이며, 제3자에게 성적 비밀을 발설하기도 한다. 이들은 사랑하지 않을 때도 사랑을 가장하여 성관계를 갖고, 술을 마시면서 성 파트너를 구하며, 심지어 강제 성행위를 시도하기도 한다(McHoskey,

2001). 또한 정신증 척도가 높은 사람들은 성범죄자가 될 위험성이 높다(O-Connell & Marcus, 2016). 정신증 척도가 낮은 사람들은 매우 종교적이지만 정신증 척도가 높은 사람들은 종교에 대해 냉소적인 경향이 있다(Saroglou, 2002). 마지막으로 정신증 척도가 높은 사람은 폭행, 절도, 공공기물 파손 등과 같은 범죄 행위에 연루되는 경향이 있다(Carrasco et al., 2006; Pickering et al., 2003).

아이젠크가 세 가지 상위 특성에 붙인 이름 중 특히 정신증(P)은 논란을 불러일으켰다. 여러 사람들은 이 특성을 정신증 대신 '반사회적 성격'이나 '사이코패스'로 부르는 것이 더 정확하고 적절하다고 하였다. 명칭과는 별개로 정신증은 성격의 정상 범주 연구에서 중요한 특성으로 나타난다. 현대 성격 연구에서 정신증은 '어둠의 3인조(dark triad)', 즉 사이코패스, 나르시시즘, 마키아벨리즘의 부활이라고 할 수 있다(Furnham et al., 2013). 어둠의 3인조 특성은 악질적인 상사나 악독한 지도자, 학교 시험에서의 부정행위, 연애 관계에서 기만과 강압, 화이트칼라 범죄 등을 포함한 여러 형태의 반사회적 행동과 관련이 있다.

다음에는 아이젠크 분류체계의 두 가지 측면인 위계적 속성과 생물학적 기반에 대해 자세히 살펴보고자 한다.

아이젠크 체계의 위계적 구조

[그림 2.1]은 아이젠크의 위계 모형으로 각 상위 특성이 가장 위에 있고, 보편적 특성이 두 번째 수준에 있다. 세 번째 수준은 습관적 반응(habitual acts)이라고 한다. 예를 들어 사교성에 포함된 습관적 반응은 통화하기, 다른 학생과 어울리기 위해 자주 쉬는 것 등이 포함된다. 보편적 특성은 다양한 습관적 반응들을 포함하고 있다.

위계 모형의 가장 낮은 수준에는 특정한 행동들이 있다(예 : "나는 수업시간에 친구와 이야기를 나눈다." 또는 "나는 오전 10시 반에 휴식시간을 취하고 커피를 마시며 사람들과 이야기한다."). 특정한 반응이 빈번하게 반복되면 제3수준인 습관적 반응이 된다. 습관적 반응의 군집이 보편적 특성을 형성한다. 보편적 특성의 군집은 위계의 가장 위에 있는 상위 특성을 형성한다. 이 위계는 각 성격과 관련된 반응을 정확한 중첩 체계 안에 넣을 수 있다는 이점이 있다. 따라서 제4수준의 반응인 "나는 파티에서 미친 듯이 춤을 춘다."는 제3수준에서는 파티에 자주 가는 습관 반응, 제2수준의 사교성, 제1수준의 외향성으로 설명할 수 있다.

생물학적 기반

아이젠크의 성격 체계는 두 가지 생물학적 근거, 즉 유전율(heritability)과 생리적 기질(physiological substrate)을 기반으로 한다. 첫째는 아이젠크는 이 중 높은 유전율이 성격의 '기본'이라고 할 수 있는 주요 기준이라고 판단하였다. 행동유전학은 아이젠크에 의한 성격 분류체계의 세 가지 상위 특성인 P, E, N을 뒷받침하고 있다. 물론 다른 많은 성격특성들도 마찬가지지만 PEN 또한 중간 정도의 유전율을 가지고 있다.

두 번째 생물학적 기준은 기본적인 성격특성이 인식 가능한 생리적 기질을 가지고 있는

가이다. 즉, 뇌와 중추신경계 내에서 성격특성에 영향을 미치는 것으로 추정되는 속성을 확인할 수 있다는 것이다. 아이젠크는 외향성(E)이 중추신경계 각성이나 반응성과 관련이 있다고 가정하였다. 또한 아이젠크는 내향성이 외향성에 비해 더 쉽게 각성되는(자율신경계가더 반응적임) 경향이 있다고 예측했다. 반면 신경증(N)은 자율신경계의 변동성 수준과 관련이 있다고 가정했다. 마지막으로 정신증(P) 척도는 높은 테스토스테론 수준과 신경전달물질 억제제인 MAO의 수준이 낮은 것과 관련이 있다고 보았다.

요약하면 아이젠크의 성격 체계는 개별적인 특징을 갖고 있다. 성격특성은 위계적인 체계로 구성되어 있으며 광범위한 상위 특성, 보편적 특성, 구체적 반응 등을 포함한다. 이 체계에서 상위 특성은 중간 정도의 유전율을 가진다. 아이젠크는 이들 특성이 생리적 기질과 연결되어 있다고 생각하였고, 대부분의 성격 체계에는 포함되지 않은 중요한 수준의 분석을 추가하였다.

아이젠크의 성격 체계는 새로운 발견들도 있지만 몇 가지 한계점이 있다. 한 가지는 아이젠크가 제시한 상위 특성 이외에도 많은 성격특성이 중간 정도의 유전율을 보인다는 것이다. 두 번째 한계는 아이젠크의 체계에 몇 가지 중요한 특성들이 빠졌다는 것이다. 이 점은 성격심리학자 Cattell도 지적한 바 있으며 최근에는 Lewis Goldberg, Paul Costa, Robert McCrae도 주장하였다.

성격의 원형 분류체계

사람들은 수백 년간 원형(circles)에 흥미를 가지고 있다. 원형은 완전성(wholeness)과 단일성(unity)을 상징하며 시작점과 종착점이 없다. 성격심리학자들 역시 원형에 관심을 가졌으며 원형을 이용하여 성격을 표현하였다.

20세기 들어 성격의 원형 개념을 주장한 두 명의 저명한 학자는 티모시 리어리(Timothy Leary, 하버드대학교의 LSD 실험으로 알려져 있다)와 현대 통계 기법으로 원형 모형을 제안한 제리 위긴스(Jerry Wiggins)이다[원형(circumplex) 모형은 원을 달리 부르는 말이다].

위긴스(1979)는 모든 중요한 개인차가 자연 언어에 있다는 어휘적 가설에서 출발하였다. 그러나 그는 특성 용어의 개인차에 집중하여 성격을 분류하였다. 그에 따르면 사람들이 서로를 규정하는 한 가지 개인차는 **대인관계 특성**(interpersonal traits)이라는 것이다.

또 다른 종류의 개인차는 '과민한, 침울한, 느릿느릿한, 욱하는' 등과 같은 기질(temperament) 특성, '도덕적인, 원칙적인, 정직하지 못한' 등과 같은 인격 특성, 구두쇠인, 인색한 등과 같은 물질 특성, 독실한, 종교적인 등과 같은 태도 특성, '영리한, 논리적인, 통찰력 있는' 등과 같은 정신 특성, '건강한, 굳센' 등과 같은 신체 특성 등이 있다.

위긴스의 원형 모형은 세 가지 장점이 있다. 첫째는 대인관계 행동에 대한 **명확한 정의를** 제공한다는 것이다. 따라서 원형의 특정한 영역에서 지위나 사랑이 교환되는 과정의 위치를 찾는 것이 가능하다. 여기에는 사랑을 주는 것(예 : 친구를 안아주는 것)이나 지위를 인정해 주는 것(예 : 부모에게 존경이나 존중을 보여주는 것)뿐만 아니라 사랑을 부인하는 것(예 : 남자친구에게 소리 지르기)과 지위를 부인하는 것(예 : 대화를 나눌 만큼 중요하지 않다고

제리 위긴스는 원형 모형의 특성을 측정할 수 있는
척도를 개발하였다.

출처 : Courtesy of Krista Trobst

생각하여 어떤 사람을 무시해버리는 것) 등이 포함된다. 따라서 위긴스의
원형 모형은 대인관계 과정에 대한 분명하고 정확한 정의를 제공해준다는
이점이 있다(그림 2.2 참조).

위긴스 모형의 두 번째 강점은 원형이 모형 내의 특성 간의 관련성을 규정한
다는 것이다. 이 모형에 따르면 세 가지 유형의 관련성이 있다. 첫 번째는
인접성(adjacency)으로 원형 내 특성이 서로 얼마나 가까운가를 말한다. 원
형 내 인접한 특성은 정적 상관관계가 있다. 예를 들어 '수다스러운-외향
적'은 '따뜻한-우호적'과 상관이 있다. '오만한-계산적'은 '적대적-걸핏
하면 다투는'과 상관이 있다.

두 번째 관련성은 **양극성**(biopolarity)이다. 양극 특성은 원형의 반대편
에 위치하면서 서로 부적 상관관계를 가진다. 예를 들어 지배적과 순종적,
차가운과 따뜻한 등은 양극에 있으므로 부적 상관관계가 있다. 양극성을
규정하는 것은 대부분의 대인관계 특성이 상반되는 반대 특성을 갖고 있
기 때문에 유용하다.

세 번째 관련성은 **직교성**(orthogonality)이다. 이것은 모형 내 특성이 서
로 수직으로 위치하며 전혀 상관이 없다는 것을 의미한다. 즉, 이들 특성
간에는 상관이 0이다. 예를 들면 지배성과 우호성이 직교성을 가진다는
것은 두 가지 특성이 서로 관련이 없다는 것이다. 지배성은 호전적 방식(예 : "내 뜻을 관철
시키기 위해서 소리를 지른다.") 혹은 우호적 방식(예 : "나는 친구에게 도움을 주기 위해서
모임을 조직한다.")으로 표현될 수 있다. 이와 유사하게 공격성(호전성)은 적극적/지배적 방
식으로 표현되거나(예 : "나는 적을 응징하기 위해 권위자로서의 지위를 이용한다.") 순종적
방식(예 : "나는 사람에게 화가 나면 말수가 적어진다.")으로 표현될 수 있다. 직교성은 특
성이 실제 행동으로 표출되는 서로 다른 방식을 명확하게 규정할 수 있다는 장점이 있다.

원형 모형의 세 번째 장점은 그동안 대인관계 행동에 대한 **연구**에 문제가 있었음을 보여준다
는 점이다. 예를 들어 성격심리학자들은 주도성과 공격성에 대한 연구를 많이 진행한 반면,
잘난 체하지 않는다거나 계산적인 등과 같은 특성에는 별로 주의를 기울이지 않았다. 원형
모형은 대인관계 지형에 대한 지도를 제공하여 그동안 간과된 심리기능 영역에 주의를 돌리
게 하였다.

요약하면 위긴스의 원형 모형은 주요 개인차의 사회적 영역에 대한 흥미로운 지도를 제
공한다. 대인관계 특성에 대한 원형 구조는 성인뿐 아니라 아동을 대상으로도 연구되었고
(Di Blas, 2007) 대인관계의 민감성을 조사하는 데도 사용되었다(Hopwood et al., 2011). 예
를 들어 사람들은 자신과 반대 극에 있는 성격을 가진 사람들을 불편하게 느끼는 경향이 있
다. 또한 이 모형은 대인관계 기능의 일부 부적응적 측면에 적용될 수 있다. 순종적이고 친
화적인 사람은 과도하게 순응적이고(예 : 가게에서 거스름돈을 덜 받아도 이야기를 하지 않
는다), 수동적인 방식으로 공격성을 표현할 수 있다(예 : 다른 사람에게 불만이 있을 때 말
을 하지 않는다)(Hennig & Walker, 2008). 여러 가지 장점에도 불구하고 원형 모형에는 몇

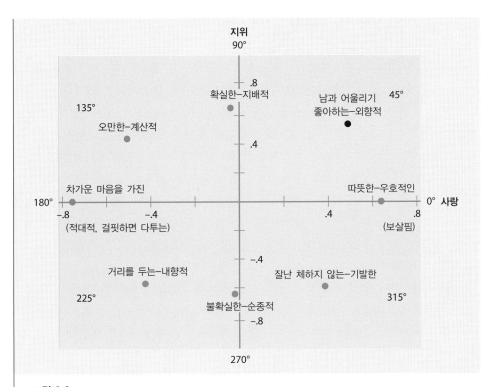

그림 2.2

성격의 원형 모형

출처 : "Circular Reasoning About Interpersonal Behavior," by J. S. Wiggins, N. Phillips, and P. Trapnell, 1989, Journal of Personality & Social Psychology, 56, p. 297. Copyright 1989 by the American Psychological Association. 허락하에 재인쇄함

가지 한계점이 있다. 가장 중요한 한계는 대인관계 지도가 단지 두 가지 차원에 한정되어 있다는 것이다. 이 두 가지 차원에 포함되지 않은 다른 특성들 역시 중요한 대인관계적 속성을 나타낼 수 있다. 가령 성실성이 높은 사람은 친구, 배우자, 자녀 등에 대한 사회적 책임감이 높다는 점에서 대인관계적이라고 할 수 있다. 또한 신경증이나 정서적 안정성은 다른 사람과의 대인관계 상호작용에서 가장 강하게 드러날 수 있다(예 : "파티 주최자가 자신이 온 것을 알아차리는 데 너무 오래 걸렸다는 데 과민하게 반응해서 파트너와 함께 떠나겠다고 고집했다."). 원형 모형보다 좀 더 포괄적인 성격 분류체계는 5요인 모델이다.

5요인 모델

5요인 모델은 지난 수십 년간 성격 연구자들의 가장 큰 관심과 지지를 얻은 성격특성 분류체계이다. 이 모델은 **5요인 모델**(five-factor model), Big 5(Big Five 또는 익살스럽게 The High Five)라고 부르기도 한다. Big 5를 구성하는 특성은 (I) 외향성(surgency or extraversion) (II) 우호성(agreeableness) (III) 성실성(conscientiousness) (IV) 정서적 안정성(emotional stability) (V) 지적-개방성(openness-intellect) 등이다. 이 5개 차원의 성격특성 분류체계는 일부 설득력 있는 주창자들에 의해 시작되었고(John, 1990; McCrae & John, 1992; Rammstetd,

Goldberg, & Borg, 2010; Saucier & Goldberg, 1998; Wiggins, 1996), 강력한 비판도 있었다(Block, 1995; McAdams, 1992).

5요인 모델은 어휘적 접근과 통계적 접근을 조합한 방식을 기초로 하였다. 어휘적 접근은 Allport와 Odbert(1936)가 영어사전을 조사하여 17,953개의 특성 용어를 찾아내는 선구적 작업으로 시작되었다. Allport와 Odbert는 특성 용어를 4개의 항목으로 구분하였다. (1) 안정적 특성(예 : 안정적인, 지적인), (2) 일시적 상태, 기분, 활동(예 : 불안해하는, 흥분한) (3) 사회적 평가(예 : 매력적인, 거슬리는), (4) 은유적, 신체적, 불확실한 용어(예 : 다작하는, 야윈).

첫 번째 범주인 안정적 특성에 대한 용어는 총 4,500개로 이후 Cattell(1943)이 성격특성에 대한 어휘 분석을 하는 데도 사용되었다. 당시에는 컴퓨터 용량이 제한되어 있었기 때문에 Cattell은 이 목록으로 요인분석을 수행하지는 못했다. 대신 이 목록에서 몇 가지를 제외하거나 통합한 후에 총 171개의 작은 군집(특성군)으로 축소시켰다. 그 후 최종적으로 35개의 군집으로 줄였다.

Fiske(1949)는 Cattell의 35개 특성 군집 중 22개의 하위군으로 요인분석을 하여 5요인의 결과를 얻었다. 그러나 상대적으로 작은 표본을 이용한 단일 연구였으므로 성격특성의 포괄적 분류체계에 대한 강력한 지지 근거가 되기는 어려웠다. Fiske는 5요인 모델의 정확한 구조를 제시하지는 않았지만 일종의 5요인 모델을 처음 발견한 사람으로 알려져 있다.

Tupes와 Christal(1961)은 5요인 분류체계에 주요한 기여를 한 두 번째 사람들이다. 이들은 8개의 표본을 대상으로 22가지 단순화된 특성의 요인구조를 연구하여 5요인 모델을 도출하였다. 여기에는 긍정성, 우호성, 성실성, 정서적 안정성, 문화 등이 포함되어 있었다. 이 요인 구조는 이후 Norman(1963)이 재검증하였고 여러 다른 연구자들이 지지하였다. Norman(1963)이 규정한 Big 5의 주요 특징은 〈표 2.3〉에 제시하였다.

지난 30년간 Big 5에 대한 연구가 폭발적으로 증가하였다. 성격특성 심리학에서 Big 5 분류체계는 다른 어떤 특성 분류체계보다 더 큰 공감대를 형성하고 있다. 그러나 몇 가지 논란도 있다. 그중 세 가지 주요 문제점은 '(1) 5요인 모델의 경험적 증거는 무엇인가? (2) 다섯 번째 요인의 정체감은 무엇인가? (3) Big 5 분류체계가 충분히 포괄적인가, 아니면 Big 5가 포함하지 못한 주요한 특성 차원이 존재하는가?'이다.

5요인 모델의 경험적 증거는 무엇인가

5요인 모델은 영어의 특성 단어를 사용한 연구에서 반복적으로 검증되었다(Goldberg, 1981, 1990; John et al., 2008; McCrae & Costa, 2008). 수십 명의 연구자들이 서로 다른 표본을 사용하여 5요인을 반복적으로 도출하였다. 이 모델은 지난 50여 년간 반복 검증되었고 다른 언어와 다른 항목 형태에서도 반복 검증된 바 있다(Rammstetd et al., 2010).

현대적 형태의 Big 5 분류체계는 2개의 주요한 방식으로 측정되어 왔다. 한 가지 방법은 수다스러운, 따뜻한, 체계적인, 우울한, 상상력이 풍부한 등과 같은 단일한 특성 형용사에 대한 자기보고이다(Goldberg, 1990). 또 다른 방법은 "내 삶의 속도는 빠른 편이다."(McCrae & Costa, 1999)와 같은 항목에 대한 자기보고이다.

표 2.3 Norman의 Big 5 특징	
I. 외향성 혹은 긍정성 　수다스러운-조용한 　사교적인-은둔적인 　모험적인-조심스러운 　개방적인-은밀한	IV. 정서적 안정성 　차분한-불안한 　침착한-흥분한 　건강을 염려하지 않는-건강을 염려하는 　냉정한-긴장한
II. 우호성 　온화한-짜증스러운 　협조적인-부정적인 　부드러운-고집불통의 　질투가 적은-질투가 많은	V. 문화-지성, 개방성 　지적인-경솔한/편협한 　예술적인-비예술적인 　상상력 있는-단순한/직접적인 　세련된/정제된-투박한/천박한
III. 성실성 　책임감 있는-무책임한 　양심적인-비양심적인 　꾸준한-잘 중단하는 　노심초사하는/잘 정돈된-부주의한	

출처 : Norman(1963)

Lewis R. Goldberg는 단일한 특성 형용사를 사용하여 Big 5에 대해 가장 체계적인 연구를 해왔다. Goldberg(1990)에 따르면 Big 5의 주요 형용사는 다음과 같다.

1. 긍정성 혹은 외향성 : 수다스러운, 자기 주장적인, 진취적인, 대담한 vs 수줍은, 조용한, 내향적인, 수줍음을 타는, 억제된

2. 우호성 : 공감적인, 친절한, 따뜻한, 이해심 있는, 진실한 vs 동정심이 없는, 불친절한, 냉혹한, 잔인한

3. 성실성 : 체계적인, 정돈된, 질서정연한, 현실적인, 신속한, 꼼꼼한 vs 체계가 없는, 무질서한, 어수선한, 부주의한, 엉성한, 비현실적인

4. 정서적 안정성 : 차분한, 이완된, 안정적인 vs 침울한, 불안한, 불안정한

5. 지성 혹은 상상력 : 창의적인, 상상력이 풍부한, 지적인 vs 창의적이지 않은, 상상력이 부족한, 지적이지 않은

Big 5를 측정하기 위해 널리 사용되는 두 번째 방식은 문장 형태의 측정이다. 이는 Paul T. Costa와 Robert R. McCrae가 개발하였고 NEO-PI-3라고 한다. 이것은 NEO(neuroticism-extraversion-openness) PI(Personality Inventory) R(Revised)(McCrae, Costa, & Martin, 2005)의 약자이다. NEO-PI-R로 특성을 분류할 때 이용되는 문장의 예는 다음과 같다. 신경증(N)을 측정하는 문항은 "나는 기분이 자주 변한다.", 외향성(E) 문항은 "나는 상황을 책임지는 것이 편하지 않다."(역채점), 개방성(O)은 "나는 새로운 외국 음식을 시도해보는 것을 좋아한다.", 우호성(A)은 "나를 아는 대부분의 사람들은 나를 좋아한다.", 성실성(C)은 "나

연습문제

아는 사람, 친구, 룸메이트, 가족들의 Big 5 특성을 측정하는 방법을 개발해보자. 각각의 Big 5 특성을 이해할 수 있을 때까지 〈표 2.3〉에 있는 형용사를 주의 깊게 읽어보자. 그다음 제1장에 있는 성격 자료에 대한 여러 가지 정보를 생각해보자.

	매우 낮음	약간 낮음	보통	약간 높음	매우 높음
외향성					
우호성					
성실성					
정서적 안정성					
개방성–지성					

1. 자기보고 : 주로 질문지에 있는 질문을 하는 것이다.
2. 관찰자보고 : 연구 대상을 아는 누군가에게 그 사람에 대해 질문하는 것이다.
3. 검사 자료 : 특성을 나타낼 수 있는 객관적 대상이나 상황, 생리적 측정치 등을 얻는 것이다.
4. 생활결과 자료 : 특성을 드러내는 개인 삶의 측면을 찾아낸다. 예를 들어 내향적인 사람은 다른 사람과의 접촉이 적은 직업을 선택할 수 있다.

자료의 조합을 이용하여 연구 대상의 Big 5 특성을 평가한다. 우선 5개의 특성 각각에 대해 설문지 항목, 인터뷰, 혹은 생활결과 등과 같이 각 특성을 측정한 방법의 목록을 만든다. 그다음에는 연구 대상이 5개 특성에서 어느 정도라고 생각하는지 체크한다.

는 내 물건을 깔끔하고 깨끗하게 보존한다. " 등이다.

이러한 5요인이 성격의 다양성과 복잡성을 다 포착해내기에는 너무 적다고 생각할 수도 있다. 그러나 5개의 포괄적 성격요인에 포함된 일련의 구체적인 측면은 각 요인의 미묘함과 뉘앙스를 표현해준다. 예를 들어 성실성이라는 포괄적 특성에는 자기절제, 의무감, 유능함, 질서, 신중함, 성취 노력 등과 같은 6개의 측면이 포함되어 있다. 신경증에 대한 측면에는 불안, 자의식, 우울, 상처받기 쉬움, 충동성, 적대감 등이 있다. 각 포괄적 요인에 대한 측면들은 성격을 기술하는 데 풍부함, 복잡성, 미묘함 등을 부가해준다.

Goldberg의 분류와는 달리 NEO-PI-3 특성은 N, E, O, A, C의 순서로 제시된다. 다른 이름으로 불리기도 했으나 내재된 성격특성은 Goldberg의 특성들과 거의 동일하다. 특성에 대한 단일 단어 측정과 문장 항목 측정에서 동질적인 요인구조가 도출되었다는 것은 5요인 모델이 신뢰할 만하고 반복검증의 증거라고 할 수 있다(Rammstetd et al., 2010).

다섯 번째 요인의 정체감은 무엇인가

5요인 모델은 많은 연구자들과 다양한 표본 및 항목 형태에 걸쳐서 반복적으로 검증되어 왔지만 다섯 번째 요인의 내용과 반복검증성에 대해서는 여전히 논란이 있다. 여러 연구자들은 다섯 번째 요인을 문화, 지성, 지능, 상상력, 개방성, 경험에 대한 개방성, 심지어 유동 지능, 이상주의 등으로 다양하게 불러왔다(Brand, Egan, 1989; De Raad, 1998 참조). 이러한 차이가 생기는 주요 이유는 여러 연구자들이 요인분석을 한 문제은행이 서로 다르기 때문이라고 볼수 있다. 어휘적 접근(lexical approach)에서 출발해서 형용사를 검사 항목으로 사용한 연구자들은 대개 지성이라는 개념과 이름을 사용한다(Saucier & Goldberg, 1996). 반면 질문지 항목을 이용한 연구자들은 그 내용을 더 잘 반영한다는 이유로 개방성, 혹은 경험에 대한 개방성을 선호하는 편이다(McCrae & Costa, 1997, 1999, 2008).

이러한 차이를 해결할 수 있는 한 가지 방법은 어휘 가설로 돌아가서 여러 문화와 언어에 걸쳐서 무엇이 나타나는지 살펴보는 것이다. 어휘적 접근에 따르면 어떤 특성이 전세계에 걸쳐 서로 다른 언어에서도 나타나는 범문화적 보편성을 가지고 있다면, 그 특성은 그렇지 않은 특성에 비해 더 중요하다고 할 수 있다. 그렇다면 비교문화 자료는 어떤 결과를 보여주고 있는가? 터키에서 수행된 한 연구에서 명확하게 나타난 다섯 번째 요인은 개방성이었다(Somer & Goldberg, 1999). 네덜란드에서 수행된 또 다른 연구에서 나타난 요인은 진보성 대 보수성이었다(De Raad et al., 1998). 독일 연구에서 도출된 다섯 번째 요인은 지성, 재능, 능력이었다(Ostendorf, 1990). 이탈리아에서는 관습성 대 저항 및 비판성으로 나타났다(Caprara & Perugini, 1994). 이 모든 연구 결과를 감안하면 다섯 번째 요인으로 개방성과 지성이 가장 공통적인 내용을 반영하기는 하지만 정확히 특정하기는 어려워 보인다(John, Naumann, & Soto, 2008).

요약하면 특성의 네 가지 요인은 여러 문화권과 언어에 걸쳐서 반복검증되어 왔지만 다섯 번째 요인에 대한 내용, 명칭, 반복검증성 등은 불분명하다(De Raad et al., 2010). 아마도 문화권에 따라 다른 것으로 보인다. 즉, 어떤 문화권에서는 이 요인을 지성이라고 하고 어떤 문화권에서는 보수성 혹은 개방성이라고 한다. 향후 보다 광범위한 비교문화 연구가 필요하며 특히 서구문화의 영향을 최소한으로 받고 전통적인 문화를 좀 더 고수하고 있는 아프리카 문화권에 대한 연구가 필요할 것으로 보인다.

5요인과 경험적으로 관련 있는 것은 무엇인가

지난 20년 동안 5요인이 어떤 요인과 관련되는가에 대한 경험적 연구가 활발하게 이루어지고 있다. 이 장에서는 최근의 흥미로운 결과 중 일부를 요약하고자 한다.

외향성(extraversion). 외향적인 사람들은 파티를 좋아한다. 빈번하게 사교 모임에 참석하며, 따분한 모임에서 분위기를 살리고, 말하는 것을 매우 즐긴다. 연구 결과에 따르면 **사회**

적 관심(social attention)은 외향성의 핵심 특징이다(Ashton, Lee, & Paunonen, 2002). 외향성의 사람들은 "사람이 많을수록 더 즐겁다."고 느낀다. 사회적 상황에서 내향적인 사람들이 눈에 잘 띄지 않는 데 반해 외향적인 사람들은 자신이 속한 사회 환경에 큰 영향을 미치며 주로 리더의 위치를 맡는다. 내향성의 남성이 여성에 대해 수줍어하는 반면 외향성의 남성은 모르는 여성들 앞에서 대담한 경향이 있다(Berry & Miller, 2001). 외향적인 사람은 더 행복하며 다른 사람들 앞에서 외향적으로 행동할 때 긍정적 감정을 강렬하게 경험한다(Fleeson, Malanos, & Achille, 2002; Oelermns & Bakker, 2014). 외향성은 직장생활에도 영향을 준다. 외향적인 사람들은 자신의 업무에 더 몰두하고 일을 즐기며(Burke, Mattheiesen, & Pallesen, 2006) 또한 회사 조직에 더 헌신한다(Erdheim, Wang, & Zicker, 2006). 실험 연구에 따르면 외향적인 사람들이 내향적인 사람에 비해 더 협조적이기 때문에 (Hirsh & Peterson, 2009) 업무를 더 긍정적으로 평가한다. 외향적인 사람은 격렬한 신체활동을 자주 하기 때문에 내향적인 사람보다 신체적으로 튼튼하다(Fink et al., 2016; Tolea et al., 2012). 그러나 여기에는 불리한 면도 있다. 외향성 사람은 내향성 사람에 비해 더 빨리 차를 몰고 운전하면서 음악을 듣는 경향이 있다. 그 결과 더 빈번하게 차 사고를 당하고 심지어 도로에서 사망할 확률도 높다(Lajunen, 2001). 또한 외향성 사람은 내향성에 비해 은퇴를 준비하기 위한 저축을 적게 한다(Hirsh, 2015). 외향성 사람은 여가시간을 해변이나 바닷가에서 보내는 것을 선호하는 반면 내향성은 산에서의 고독을 즐긴다(Oishi et al., 2015).

우호성(agreeableness). 외향성 사람의 좌우명이 '분위기를 띄우자'라고 한다면 우호성이 높은 사람의 좌우명은 '모두 잘 지내자'이다. 우호성이 높은 사람들은 협상을 통해 갈등을 해결하기를 선호한다. 반면 우호성이 낮은 사람들은 자신의 힘을 내세워서 사회적 갈등을 해결하려고 한다(Graziano & Tobin, 2002; Jensen-Campbell & Graziano, 2001). 우호적인 사람들은 사회적 갈등 상황에서 뒤로 물러나는 경향이 있고 조화로운 사회적 관계와 가정의 화목을 선호한다. 우호적인 사람들은 또한 매우 친사회적이고 공감적이며 도움이 필요한 사람들을 도와주기를 즐긴다(Caprara et al., 2010). 이들은 친사회적 행동을 높이 평가하는 동시에 반사회적 행동을 하는 사람을 가혹하게 비난하는 경향이 있다(Kammrath & Scholer, 2011). 우호적인 아동은 초기 아동기 동안 따돌림 경험을 덜한다(Jensen-Campbell et al., 2002). 이탈리아 정치가들은 우호성에서 높은 점수를 보인다고 한다(Caprara et al., 2003). 우호성이 높은 사람들은 다른 사람의 마음을 잘 알아차리며(Nettle & Liddle, 2008) 공감 능력이 좋아서 다른 사람의 죄를 더 쉽게 용서하는 경향이 있다(Strelan, 2007).

우호성의 반대 특성으로는 공격성이 있다. Wu와 Clark(2003)은 공격성이 일상의 여러 가지 행동들과 밀접하게 연관되어 있다고 하였다. 그 예로 화가 나서 다른 사람을 때리는 것, 일이 잘 풀리지 않을 때 분통 터뜨리기, 문을 쾅 닫기, 고함치기, 논쟁하기, 주먹 쥐기, 언쟁하기, 의도적으로 무례하게 굴기, 다른 사람의 물건 부수기, 다른 사람을 밀치거나 때리기, 수화기를 쾅 내려놓기 등이 있다. 누군가와 언쟁을 벌일 때면 그 사람의 우호성-공격성 특성의 수치가 궁금해질 것이다.

요약하면 우호적인 사람은 사람들과 잘 지내고 다른 사람들로부터 호감을 얻으며 갈등을 피한다. 또한 가정의 화목을 위해 노력하며 자신의 호감도가 자산으로 작용할 수 있는 직업을 선호한다. 비우호적인 사람은 공격적이며 사회적 상황에서 사람들과 갈등을 야기하기 쉽다.

성실성(conscientiousness). 외향적인 사람이 파티를 열고 우호적인 사람이 다른 사람과 어울릴 때 성실한 사람들은 근면하게 일하여 성공한다. 성실한 사람들의 특징은 열심히 일하고, 시간을 잘 지키며, 신뢰할 수 있는 행동을 하고, 학교에서 높은 학점을 받는다(Conrad, 2006; Noftle & Robins, 2007; Poropat, 2009). 그로 인해 높은 직무 만족도, 높은 직업 안정성, 긍정적이고 충실한 대인관계(Langford, 2003) 등과 같은 삶의 결과를 나타낸다. 반면 성실성이 낮은 사람들은 학교나 직장에서 학습 또는 업무 수행 능력이 떨어지는 경향이 있다. 성실성이 높은 사람들이 직장에서 성공하는 이유는 다음과 같은 세 가지 주요 요인 때문인 것으로 보인다. 첫째, 성실성이 낮은 사람들이 대개 "일을 미룰 수 있을 때까지 미뤄라."가 좌우명인 반면 성실성이 높은 사람들은 일을 미루지 않는다(Lee, Kelly, & Edwards, 2006). 둘째, 성실성이 높은 사람들은 완벽주의적인 경향이 있으며 스스로에게 높은 기준을 부과하고(Cruce et al., 2012; Stoeber, Otto, & Dalbert, 2009) 성취 동기가 높다(Richardson & Abraham, 2009). 셋째, 성실성이 높은 사람들은 부지런하고 성공하기 위해 긴 시간 동안 열심히 일한다(Lund et al., 2006). 성실성이 높은 사람들은 운동 계획도 잘 지키며(Bogg, 2008) 그 결과 중년이 되어서도 살이 찌지 않는 경향이 있다(Brummett et al., 2006). 성실성이 높은 사람들은 장기적인 목표에 열정과 꾸준함을 보인다(Duckworth et al., 2007). 또한 그들은 은퇴한 후에 자원봉사를 하는 경향이 있다(Mike et al., 2014).

성실성이 낮은 사람들은 콘돔을 사용하지 않는 것과 같은 위험한 성생활을 하고(Trobst et al., 2002) 연애 중에도 다른 상대에게 관심을 보인다(Schmitt & Buss, 2001). 감옥 재소자 중에서 성실성이 낮은 사람은 더 빈번히 체포된다(Clower & Bothwell, 2001). 요약하면 성실성이 높은 사람은 학교와 직장에서의 수행이 좋고 규칙을 위반하지 않으며 보다 안정적이고 안전한 연애 관계를 맺는 경향이 있다. 그러나 성실성이 높은 사람은 한 가지 단점이 있다. 성실성이 높은 사람이 장기간 실직 상태에 놓이면 심리적 건강에 상당한 타격을 입는다(Boyce et al., 2010).

정서적 안정성(emotional stability). 모든 사람은 살면서 스트레스와 어려움을 겪는다. 정서적 안정성은 이러한 스트레스에 대처하는 방식과 관련이 있다. 정서적으로 안정된 사람들은 파도가 심하더라도 가려던 방향에서 벗어나지 않는 배와 같다. 정서적으로 불안정한 사람들은 파도에 흔들리고 경로를 이탈한다. 정서적 불안정성의 전형적 특징은 신경증으로 기분이 시시때때로 변하는 것이다. 정서적으로 안정된 사람에 비해 불안정한 사람들은 기분이 좋았다 나빴다 하며 변덕스럽다(Murray, Allen, & Trinder, 2002).

정서적으로 불안정한 사람은 하루 종일 피곤하고(De Vries & Van Heck, 2002), 사랑하는 사람이 사망한 후 더 큰 슬픔과 우울을 경험한다(Winjgaards-de Meij et al., 2007). 심리적 측면으로 보면 정서적으로 불안정한 사람들은 생활에서 일어난 중요한 사건을 회상하지 못하거나 삶 혹은 타인과 단절되어 있다고 느끼기 쉽다. 때때로 낯설고 익숙하지 않은 장소에서 눈을 뜨는 것처럼 느끼는 해리 경험을 하기 쉽다(Kwapil, Wrobel, & Pope, 2002). 또한 신경증이 높은 사람들은 자살 사고가 빈번하다(Chioqueta & Stiles, 2005; Stewart et al., 2008). 신경증이 높은 사람들은 자신의 건강 상태가 좋지 않다고 보고하고, 여러 가지 신체 증상을 보이며 건강을 향상시킬 수 있는 행동은 거의 하지 않는다(Williams, O'Brein, & Colder, 2004). 또한 문제에 대처하는 수단으로 술을 마시는 것과 같이 건강을 해치는 행동을 하기 쉽다(Theakson et al., 2004).

대인관계 측면에서 정서적 불안정성이 높은 사람들은 대인관계에 기복이 있다. 예를 들면 성적인 면에서 정서적으로 불안정한 사람들은 성에 대한 불안을 더 많이 보고하며(예 : 수행에 대한 걱정) 성관계에 대한 두려움도 크다(Heaven et al., 2003; Shafer, 2001). 정서적으로 불안정한 사람은 유산과 같이 스트레스가 심한 사건에 대해 '외상후 스트레스장애'를 겪을 가능성이 크고 상실이라는 심리적 트라우마를 오랫동안 심하게 경험할 수 있다(Englehard, van den Hout, & Kindt, 2003).

정서적 불안정성은 직업적 성공을 방해한다. 이는 정서적으로 불안정한 사람들이 직무에 의례히 동반되는 스트레스나 긴장감에 지쳐서 포기하거나 피로감을 크게 경험하기 때문이기도 하다. 또한 이들은 "일을 하기도 전에 좋지 않은 결과가 나올 것을 대비해서 실패에 대한 핑계를 미리 마련하는 경향"을 보인다(Ross, Canada, & Rausch, 2002). 이러한 경향은 "자존감을 보호하기 위해 경쟁적 상황이나 성공적 성취를 방해하는 장애물을 만들어내는 경향"으로 정의된다(Ross et al., 2002, p. 2). 정서적으로 불안정한 사람들은 과제에 대한 마

성격특성은 문자 그대로, 그리고 은유적으로 누가 산에 오를지를 예측한다.
출처 : ⓒ OJO/Getty Images RF

감 시간과 같은 압박이 있을 때 숨막혀 한다(Byrne et al., 2015). 그렇지만 신경증이 높은 사람들은 업무 변화가 심하고 과도하게 바쁜 직무 환경에서 정서적으로 안정적인 사람보다 더 뛰어난 성취를 하기도 한다(Smillie et al., 2006). 요약하면 낮은 정서적 안정성으로 인한 감정적 변동성은 성생활부터 성취까지 삶의 여러 영역에 영향을 미친다.

　　지적 - 개방성(intellect-openness). 다음의 문장에 동의하는가 혹은 동의하지 않는가? "한밤중에 깨어서 내가 어떤 일을 경험한 것인지 혹은 꿈을 꾼 것인지 헷갈린다.", "나는 꿈을 꾸면서 그것이 꿈이라는 것을 알아차린다.", "나는 꿈의 내용을 통제하거나 내 의지대로 전개시킬 수 있다.", "꿈은 내게 닥친 문제나 걱정을 해결하는 데 도움을 준다."(Watson, 2003) 만약 이 문장들에 동의한다면 개방성이 높게 나올 것이다. 개방성이 높은 사람들은 꿈을 더 잘 기억하고, 백일몽을 더 자주 경험하며, 생생한 꿈을 꾸고, 예지몽을 꾸기도 하고, 문제를 해결하는 꿈을 꾸기도 한다(Watson, 2003).

　　개방성은 새로운 음식을 먹어보는 시도를 하거나 새로운 경험을 좋아하는 것 등과 관련 있으며 불륜에 대해서도 '개방성'을 나타낸다(Buss, 1993). 개방성을 나타내는 원인 중 하나는 정보처리에 대한 개인차에 있다. 개방성이 높은 사람들은 이전에 경험한 자극을 무시하거나 잊지 못한다(Peterson, Smith, & Carson, 2002). 개방성이 높은 사람들은 지각과 정보를 처리하는 게이트가 말 그대로 더 열려 있어서 다양한 정보원에서 많은 정보를 받아들인다. 개방성은 창의성과 관련 있는 것으로 추정된다(Nusbaum & Silva, 2010). 개방성이 낮은 사람들은 시야가 좁고 경쟁적 자극을 무시하기 쉽다. 개방성이 높은 사람들은 소수자에 대한 편견이 적고 인종에 대한 부정적 고정관념이 적다(Flynn, 2005). 이들은 문신이나 피어싱을 더 자주한다(Nathanson, Paulhus, & Williams, 2006; Tate & Shelton, 2008). 개방성이 높은 사람들은 정치적으로 진보적인 경향이 있는데, 이들의 진보성은 특히 테러리즘과 같은 외부 위협이 있을 때 더욱 뚜렷하게 나타난다(Sibley et al., 2012). 이들은 미술에 뛰어난 재능을 보이며(Kaufman et al., 2016), 음악적 교양이 뛰어나다(Greenberg et al., 2015). 개방성은 페이스북과 같은 소셜네트워크에서 이성 간의 우정이 더 빈번하다는 점을 예측하게 해준다(Lonnqvist et al., 2014). 요약하면 개방성은 침입적 자극부터 대체 가능한 애인에 이르는 여러 가지 매혹적인 변수들과 관련성을 보인다.

　　Big 5 변수 간의 조합(combinations of Big Five variables). 삶의 여러 가지 과정과 결과는 단일한 성격 성향보다 여러 성격 성향의 조합에 의해서 더 잘 예측된다. 다음은 그 예이다.

- 좋은 성적은 높은 성실성 및 높은 정서적 안정성으로 가장 잘 예측할 수 있다(Chamorro-Premuzic & Furnham, 2003a, 2003b). 그 이유는 정서적으로 안정되고 성실한 사람들이 해야 할 일을 미루지 않기 때문이다(Watson, 2001).
- 학업에서의 부정행위는 낮은 성실성과 낮은 우호성에서 가장 빈번하게 나타난다(Giluk et al., 2015).
- 컴퓨터를 잘하는 재능은 높은 성실성, 높은 개방성 및 내향성으로 예측된다.
- 밀그램 실험과 같은 권위에 대한 복종은 높은 성실성 및 우호성과 관련이 있다(Begue et

al., 2014).

- **교육적 성취와 수입**은 높은 정서적 안정성과 개방성, 성실성 등으로 예측된다(O'Connell & Sheikh, 2011).

- 콘돔 미사용이나 여러 파트너와 성관계를 하는 것과 같은 **위험한 성생활**은 높은 외향성, 높은 신경증, 낮은 성실성, 낮은 우호성 등으로 가장 잘 예측된다(Miller et al., 2004; Trobst et al., 2002).

- **알코올 소비**는 높은 외향성과 낮은 성실성으로 가장 잘 예측된다(Paunonen, 2003; Hong & Paunonen, 2009). 핀란드의 5,000명 노동자에 대한 연구에서는 낮은 성실성이 장기간의 알코올 소비 증가와 중독자가 되는 것을 예측하였다(Grano et al., 2004).

- 불법 약물남용과 같은 **약물사용장애**는 높은 신경증 및 낮은 성실성과 관련이 있다(Kotov et al., 2010).

- **병적 도박**은 높은 신경증과 낮은 성실성의 조합이 가장 잘 예측한다(Bagby et al., 2007; Myrseth et al., 2009; MacLaren et al., 2011).

- 화가 났을 때 신경증이 높은 사람은 타인에 대해 공격적일 수 있고, 우호성이 높은 사람은 화를 누그러뜨리는 경향이 있다(Ode, Robinson, & Wilkowski, 2008).

- 에베레스트를 등반하는 사람은 외향적이고, 정서적으로 안정적이며, 정신증이 높은 경향이 있다(Egan & Stelmack, 2003).

- **행복감**과 일상생활에서의 긍정적 정서 경험은 높은 외향성과 낮은 신경증으로 가장 잘 예측할 수 있다(Cheng & Furnham, 2003; Steel & Ones, 2002; Stewart, Ebmeier, & Deary, 2005; Yik & Ruxxell, 2001).

- 캠퍼스나 지역사회에서 **자원봉사에 참여**하는 것은 높은 우호성과 높은 외향성의 조합으로 가장 잘 예측된다(Carlo et al., 2005).

- 자신에게 잘못한 사람을 **용서하는 경향**은 우호성과 정서적 안정성이 높은 사람들의 특징이다(Brose et al., 2005; Steiner et al., 2012).

- 업무에서 유능한 **리더십**은 높은 외향성, 높은 우호성, 높은 성실성 및 높은 정서적 안정성으로 가장 잘 예측된다(Silverthorne, 2001).

- 미국 내의 **이주 경향**은 높은 개방성과 낮은 우호성으로 예측된다(Jokela, 2009). 그러나 몇몇 연구는 높은 개방성과 높은 외향성이 새로운 주로 이주하는 것을 예측한다고 보고하기도 한다(Canache et al., 2013).

- **자녀를 갖는 것**은 높은 외향성(사회성)과 높은 정서적 안정성으로 예측된다(Jokela et al., 2009).

- 파트너와의 **친밀한 접촉과 호의적 태도**는 높은 우호성과 높은 개방성과 가장 강하게 관련 있다(Dorros, Hanzel, & Segrin, 2008).

단일 요인보다 여러 성격요인의 조합이 중요한 삶의 결과를 더 잘 예측한다. 향후 이러한 조합에 초점을 둔 미래의 연구를 기대해볼 수 있을 것이다.

5요인 모델은 포괄적인가

5요인 모델을 비판하는 사람들은 이 모델이 중요한 성격요인을 빠뜨리고 있다고 주장한다. 한 예로 Almagor, Tellegen과 Waller(1995)는 두 가지 요인인 긍정적 평가(예 : 뛰어난 vs 평범한)와 부정적 평가(예 : 끔찍한 vs 괜찮은)를 추가한 일곱 가지 요인을 제시하였다. 5요인 모델의 주창자 중 하나인 Goldberg는 Big 5에 비해 적은 변량을 설명하기는 하지만 독실함과 영성이 개별적 요인으로 나타난다는 것을 발견했다(Goldberg & Saucier, 1995).

Lanning(1994)은 캘리포니아 성인에 대한 Q-Sort 평가에서 여섯 번째 요인인 매력을 반복적으로 발견했다. 여기에는 신체적으로 매력적인, 자신이 매력적이라고 생각하는, 멋진 등이 포함된다. 유사한 맥락에서 Schmitt와 Buss(2000)는 성적 영역과 관련된 섹시함(예 : 섹시한, 아름다운, 매력적인, 매혹적인, 자극적인, 관능적인, 유혹적인) 및 **충실함**(예 : 충실한, 일부일처의, 헌신적인, 불륜을 벌이지 않는)과 같은 신뢰할 만한 개인차를 발견했다. 이러한 개인차 영역은 5요인과 관련이 있다. 섹시함은 외향성과 정적 상관관계를 보이며, **충실함**은 우호성 및 성실성과 정적 상관관계를 보인다. 그러나 이러한 상관관계만으로는 다양한 개인차를 설명하지 못하기 때문에 5요인 모델은 성적인 면의 개인차를 완벽하게 설명할 수 없다.

Paunonen과 동료들은 5요인 모델이 설명하지 못하는 10개의 성격특성을 규정하였다. 이 특성에는 관습성, 유혹성, 조작, 절약성, 유머, 진실성, 여성성, 영성, 위험감수 경향, 자기중심성 등이 있다(Paunonen, 2002; Paunonen et al., 2003). 다른 연구자들은 10개 특성이 Big 5와 높은 상관관계를 보이지는 않지만 성격의 다른 측면들을 강조한다고 하였다. 즉, 5요인 모델이 나타내는 포괄적인 특성이기보다는 구체적인 수준의 특성이라는 것이다.

5요인 모델 지지자들은 경험적 증거가 있다면 현재 5요인에 다른 요인을 포함시킬 수 있다고 생각한다(Costa & McCrae, 1994; Goldberg & Saucier, 1995). 그러나 Big 5 이외의 추가 요인에 대한 증거를 발견하지 못하고 있다. 몇몇 연구자들은 긍정적 및 부정적 평가가 개별적 요인이라기보다는 참가자들이 모든 문항을 좋은 방향이나 나쁜 방향으로 평가하는 데서 나타난 잘못된 요인이라고 주장한다(McCrae & John, 1992). Costa와 McCrae(1995)는 Lanning(1994)이 발견한 매력도 요인 중 '멋진'을 일종의 성격이라고 할 수 있지만 전체적인 매력도를 성격특성으로 간주하기는 어렵다고 주장하였다.

Big 5 이외의 성격특성에 대한 또 다른 접근은 성격 형용사보다는 **성격 기술 명사**(personality-descriptive nouns)에 대한 연구를 근거로 한다. Saucier(2003)는 성격 명사 영역에서 8개의 흥미로운 요인을 발견했다. 여기에는 얼간이(예 : 바보, 멍청이, 얼간이), 자기/귀염둥이(예 : 예쁜이, 자기, 인형 같은 여자), 철학자(예 : 천재, 예술가, 개인주의자), 범법자(예 : 술고래, 주정뱅이, 반항아), 장난꾼(예 : 익살꾼, 실수를 저지르는 사람, 농담꾼), 운동광(예 : 운동선수, 강인한, 인간기계) 등이 포함된다. 이탈리아어에 대한 성격 명사 연구 결과에 따르면 정직성, 겸손함, 영리함 등과 같은 Big 5와 다소 차이가 있는 구조가 발견되었다(Di Blas, 2005). Saucier는 "명사는 형용사와는 다른 내용을 강조한다는 점에서 형용사에 기반한 성격 분류체계는 포괄적이지 못할 수 있다."고 결론 내렸다(Saucier, 2003, p. 695).

HEXACO 모델

Big 5 이외의 성격요인을 찾기 위해 어휘적 접근을 이용하여 여러 언어권의 다양한 특성 형용사를 조사하였다(De Raad & Barelds, 2008). 그 결과 몇몇 연구는 5요인보다 6요인 모델을 제시하였다. 7개 언어(네덜란드어, 프랑스어, 독일어, 헝가리어, 이탈리어, 한국어, 폴란드어)를 이용한 연구에 따르면 제6요인으로 정직-겸손을 발견하였다(Ashton et al., 2004). 정직-겸손 요인의 한쪽 끝에는 정직한, 진실한, 믿을 만한, 이타적인 등과 같은 특성 형용사가 있으며 반대 끝에는 거만한, 자만하는, 탐욕스러운, 젠체하는, 자부심이 강한, 자기 중심적인 등과 같은 형용사가 있다. 또한 그리스어(Saucier et al., 2005)와 이탈리아어(Di Blas, 2005) 연구에서도 정직-겸손 요소를 발견하였다.

다양한 언어에서의 연구와 증거에 의하면 성격에 대한 가장 포괄적 분류체계는 **HEXACO 모델**(HEXACO model)이다. 이 모델은 정직-겸손(H), 정서성(E), 외향성(X), 우호성(A), 성실성(C)과 경험에 대한 개방성(O) 등이 포함된다(Ashton et al., 2014). 미묘한 차이가 있기는 하지만 6개 요인 중 5개는 Big 5에 가깝다. 이 중 가장 큰 차이는 **정직-겸손**(honesty-humility) 요인이다. 이 요인은 전세계 언어의 어휘 기반 연구로부터 찾았으며 가장 최근에는 폴란드어에서 검증되었다(Gorbaniuk et al., 2013). 정직-겸손 요인은 강한 구성 타당도를 가지고 있다. 정직-겸손에 높은 점수를 나타내는 사람들은 사회적 규칙을 조금 어겼을 때도 진실하고 겸손한 사과를 할 가능성이 크다(Dunlop et al., 2015). 또한 실험실의 게임에서 협조적인 행동을 보인다(Ashton et al., 2014). 정직-겸손이 높은 사람들은 종교적으로 신실하며(Silvia et al., 2014), 성적이거나 도덕적 일탈에 대한 혐오감을 쉽게 나타낸다(Tybur et al., 2013).

정직-겸손이 낮은 사람들은 대인관계에서 착취적이고, 업무 환경에서 다른 사람을 고의적으로 방해하거나 범죄 행위에 연루될 가능성이 크다(Johnson et al., 2011; Zettler & Hilbig, 2010). 이들은 약속을 어기거나 게임에서 부정행위를 할 가능성이 크고(Fiddick et al., 2016), 자기 자랑을 많이 한다(Hilbig et al., 2014). 또한 낮은 점수를 나타내는 사람은 연애 관계에서 거절당하는 것을 경계하고, 이전의 연애 파트너에 대해 복수를 하려고 한다(Sheppard & Boon, 2012).

정직-겸손의 반대 끝에는 자기 중심주의, 나르시시즘, 착취적 대인관계 등과 같은 비호감적인 대인관계 특성을 포함하고 때로 '어둠의 3인조'(나르시시즘, 마키아벨리즘, 사이코패스)라고도 한다. 이들은 5요인 모델이 포함하지 않는 중요한 기질로 보인다(Paulhus & Williams, 2002; Veselka, Schermer, & Vernon, 2012). 이러한 결과는 성격의 기본 요인에 대한 확장의 필요성을 시사한다(Ashton & Lee, 2008, 2010; Lee & Ashton, 2008).

5요인 모델을 6요인의 HEXACO 모델로 확장하는 것은 성격심리학의 흥미롭고 새로운 발전이자 과학의 중요한 진전을 보여준다.

요약과 평가

이 장은 특성 성격심리학의 세 가지 중요한 주제에 초점을 맞추었다. 첫째는 특성을 어떻게 개념화할 것인가, 둘째는 가장 중요한 특성을 어떻게 파악할 것인가, 셋째는 특성의 포괄적인 분류체계를 어떻게 구성할 것인가이다.

특성을 개념화하는 데는 두 가지 기본적인 방식이 있다. 첫 번째 개념화는 특성이 행동을 유발하는 개인의 내적 속성으로 외적 행동 표현을 야기한다는 것이다. 두 번째 개념화는 특성이 외현적 행동에 대한 기술적 요약이며, 행동을 유발하지 않고, 원인은 개별적인 것으로 간주하는 것이다. 가장 중요한 특성을 파악하기 위해 세 가지 주요한 접근법을 사용한다. 첫 번째 접근은 어휘적 접근으로 모든 중요한 특성이 자연 언어에서 발견된다는 것이다. 언어 접근은 동의어 빈도와 범문화적 보편성이 중요한 특성을 파악하는 기준이다. 두 번째 접근은 통계적 접근이다. 이 접근은 요인분석과 같은 통계 절차를 활용하여 공변하는 특성의 군집을 파악하는 것이다. 세 번째 접근은 이론적 접근으로 어떤 특성이 중요한지 결정하기 위해 현존하는 이론을 이용한다. 실제로 성격심리학자들은 이 세 가지 접근을 혼합해서 사용한다. 예를 들어 전체적인 특성을 파악하기 위해 어휘적 접근으로 시작하고, 공변하는 특성 군집을 파악하기 위해 통계 절차를 사용하여 주요 요인을 구성하는 것이다.

세 번째 주요 주제는 성격특성의 포괄적 분류체계를 구성하는 것으로 몇 가지 결론을 도출해 왔다. 아이젠크는 외향성, 신경증, 정신증 등의 포괄적 특성과 그 하위 특성으로 활동 수준, 기분성, 자기 중심성 등과 같은 구체적인 특성을 포함하는 위계적 모형을 개발했다. 아이젠크의 분류체계는 요인분석을 기반으로 하였고 특성에 대한 유전율 및 기저의 생리적 기초 등의 생물학적 이론을 포함하였다.

성격의 원형 분류체계는 전체를 포괄하는 성격 영역보다는 대인관계 특성 영역에 초점을 맞추어 발달하였다. 원형 모형은 두 가지 주요 차원인 지위(지배성)와 사랑(우호성)을 중심으로 조직화되어 있다.

5요인 모델 중에서 외향성과 우호성 특성은 원형 모형의 지배성 및 우호성과 유사하다. 그러나 5요인 모델은 성실성, 정서적 안정성, 지적-개방성 등을 포함하고 있다. 5요인 모델은 포괄성이 부족하고 심리적 내적 과정을 이해하는 데 부적절하다는 비판을 받아 왔다. 최근 연구 결과에서는 흥미로운 여섯 번째 요인인 정직-겸손이 발견되었으며 Big 5 모델의 확장이 요구된다. 새로운 범문화적 연구 결과들은 6요인 성격 구조를 주장하며 HEXACO 모델을 지지하고 있다. 이 모델은 정직-겸손(H), 정서성(E), 외향성(X), 우호성(A), 성실성(C), 경험에 대한 개방성(O) 등을 제안한다. 이러한 발달은 지난 20년간의 성격 분류체계에 중요한 진전이 될 것이다.

핵심용어

대인관계 특성(interpersonal traits)

동의어 빈도(synonym frequency)

범문화적 보편성(cross-cultural universality)

사회성적 지향(sociosexual orientation)

사회적 관심(social attention)

성격 기술 명사(personality-descriptive nouns)

성실성(conscientiousness)

양극성(bipolarity)

어휘 가설(lexical hypothesis)

어휘적 접근(lexical approach)

외향성(extraversion)

요인부하(factor loadings)

요인분석(factor analysis)

우호성(agreeableness)

이론적 접근(theoretical approach)

인접성(adjacency)

정서적 안정성(emotional stability)

정직-겸손(honesty-humility)

지적-개방성(intellect-openness)

직교성(orthogonality)

통계적 접근(statistical approach)

5요인 모델(five-factor model)

Big 5 변수 간의 조합(combinations of big five variables)

HEXACO 모델(HEXACO model)

특성심리학의 이론과 측정

ⓒ moswyn/Getty Images RF

3

성 향 적 영 역

인터넷 데이트 서비스에
가입하게 되면 대체로 성
격특성에 대한 질문지에
응답해야 한다.

출처 : ⓒ Wavebreak Media
Ltd /123RF RF

사라는 수학과 컴퓨터 공학을 복수 전공하는 대학교 2학년생이다. 그녀는 수줍은 성격으로 특히 비슷한 또래의 남성들과 있을 때 수줍어한다. 사라는 데이트를 하고 싶어 하지만 원하는 남성상이 매우 까다롭다. 그녀는 웹 기반 데이트 서비스가 상대를 찾는 데 효과적인 방법이라고 생각했다. 그녀는 인터넷 데이트 서비스에 가입했는데 첫 번째 단계는 광범위한 성격검사를 완성하는 것이었다. 그녀는 좋아하는 것과 싫어하는 것, 습관, 특성, 다른 사람들은 그녀에 대해서 어떻게 생각하는지 등과 같은 많은 질문에 답했다. 심지어 사고 싶은 차와 운전 스타일에 대해서도 답했다. 검사를 마친 후에 사이트에서는 그녀에게 맞는 몇몇 남성의 프로필을 보냈다. 사라는 그중 한 사람에게 흥미를 느껴서 몇 시간 동안 온라인으로 대화를 했고 전화통화도 했다. 그들은 공통점이 많았고 사라는 그와의 대화가 편하다고 느꼈다. 그들은 대화를 즐겼고 다음 단계로 저녁 데이트를 약속했다. 만날 약속을 잡으면서 그들이 같은 아파트 단지에 살고 있으며, 아마도 서로를 본 적이 있고 말을 건네 본 적도 있을 수 있다는 것을 알고는 놀랐다. 그러나 실제로 이들을 만날 수 있게 한 것은 성격에 따라 사람을 짝짓는 인터넷 데이트 서비스 프로그램이었다.

첫 번째 데이트를 결정하는 핵심적인 열쇠는 상대와 얼마나 공통점이 있는가, 즉 성격이 얼마나 비슷한가라는 점이다.

출처: ⓒ Alan Bailey/Getty Images RF

현재 다양한 인터넷 데이트 서비스가 있으며, 성격심리학자들은 이 서비스가 사람들을 좀 더 잘 짝지을 수 있도록 도움을 주고 있다. 예를 들어 웹사이트 eHarmony.com은 480개 항목의 성격 질문지를 이용해서 주요 성격특성을 파악하여 소개하는 종합적 짝짓기 체계를 사용한다. Chemistry.com, PerfectMatch.com, okcupid.com 등과 같은 인터넷 서비스 역시 광범위한 성격 자료를 수집하여 효과적인 짝짓기를 시도하고 있다. 성격심리학자들은 지난 50여 년간 성격 유사성이 서로에게 끌리는지 여부와 일단 관계가 안정된 후 만족하는지(Decuyper, De Bolle, & De Fruyt, 2012)의 여부에 대한 중요한 예측 요인이라는 증거를 축적해 왔다.

성격특성에 따른 짝짓기는 성격에 대한 측정이 타당한 경우에만 적용될 수 있다. 사람들은 자신의 신체적 특징을 다르게 표현할 수 있는데(예 : 체격이 크면서도 작다고 하거나 대머리이면서도 머리카락 숱이 많고 굽실굽실하다고 할 수도 있다) 성격도 마찬가지이다. 예를 들어 공격적이고 학대적인 성격을 감추려고 할 수 있다. 결과적으로 이러한 데이트 서비스는 안전에 대한 우려가 있기 때문에 잠재적 문제 고객을 탐지할 수 있는 성격평가기법을 사용하고 있다. 예를 들면 어떤 사이트는 경미한 행실 문제를 알아보기 위해 "나는 부탁을 거절당했을 때 화가 나지 않는다." 혹은 "나는 때로 선의의 거짓말을 한다." 등과 같은 문항을 포함한다. 이러한 일반적인 결점도 부인하는 사람은 모든 질문에서 스스로를 실제와 다르게 표현할 수 있기 때문에 경계 신호로 간주한다. 사실상 eHarmony.com은 이러한 질문에 대한 응답을 기반으로 약 16% 고객의 사이트 가입을 거부하고 있다(U.S News & World Report, September 29, 2003).

성격검사를 사용하는 것은 성격특성의 측정에 대한 몇 가지 의문점을 제기한다. 특성이 일관된 행동 패턴을 반영하는가? 즉, 특성을 기반으로 미래 행동을 정확하게 예측할 수 있는가? 성격특성은 상황, 특히 사회적 상황과 어떻게 상호작용하는가? 성격검사에서 진실을 말하지 않는 것을 탐지할 방법이 있는가? 질문지에서 거짓으로 좋게 보이거나 혹은 나쁘게 보이려고 하는가?

성격 측정은 직장이나 가석방 심사, 조직 내 부서 배치 등과 같은 선발 절차에도 사용할 수 있다. 이러한 결정을 하기 위해 성격 측정을 사용하는 것은 어떤 법적 문제가 있을까? 선발 절차에서 공통적으로 생기는 문제가 있는가? 고용주는 잠재적으로 부정직한 고용인을 걸러낼 목적으로 '진실성' 검사를 사용할 수 있을까? 능력검사나 소위 지능검사를 기반으로 대학, 법과대학, 의학대학의 입학을 선별하는 것은 어떠한가?

이러한 많은 질문들은 추상적으로 보이지만 성격특성에 대한 판단에 중요하다. 이들은 성격검사를 업무, 산업, 교육 등에 있어서 후보자들을 선정하고 훈련하며 승진하는 것과 관련해서 활용하는데, 이에 대한 어떤 주제가 논쟁이 되는지 이해할 필요가 있다.

이론적 주제

성격특성이론은 인간 본성의 기본적 구성요소에 대한 여러 관점을 제시한다. 앞에서 살펴본 바와 같이 여러 이론은 특성을 구성하는 것이 무엇인지, 몇 가지 특성이 존재하는지, 기본적 특성을 탐색하는 데 가장 좋은 방법이 무엇인지 등에 대한 견해차이가 있다. 이러한 차이에도 불구하고 특성이론들은 성격에 대해 세 가지 중요한 가정을 공유하고 있다. 이 가정은 개별 이론 및 성격특성 분류체계를 넘어서 특성심리학의 기본적 가정을 형성하고 있다. 세 가지 가정은 다음과 같다.

- 의미 있는 수준의 개인차
- 시간에 따른 안정성
- 상황에 따른 일관성

의미 있는 수준의 개인차

특성심리학자들은 사람들의 개인차가 성격특성으로 설명될 수 있기 때문에 의미 있는 수준의 개인차에 관심을 갖는다. 어떤 사람은 말을 많이 하는 것을 좋아하지만 다른 사람들은 그렇지 않다. 어떤 사람은 활동적이지만 다른 사람은 소파에 가만히 앉아서 TV를 보는 데 많은 시간을 보낸다. 어떤 사람은 어려운 수수께끼를 푸는 것을 좋아하지만 어떤 사람들은 정신적 도전을 피한다. 특성심리학은 개인차 연구를 강조하기 때문에 **차이심리학**(differential psychology)이라고 불리기도 하는데 다른 성격심리학 분야와 관심사가 다르기 때문이다(Anastasi, 1976). 차이심리학에는 성격특성뿐 아니라 능력, 적성, 지능 등의 개인차도 포함한다. 이 장에서는 주로 성격특성에 초점을 맞출 것이다.

역사적으로 특성 관점은 정확한 측정에 관심을 기울여 왔다. 특성 관점은 주로 양적 접근 방식을 이용하며 개인이 평균에서 얼마나 떨어져 있는지를 강조한다. 성격을 연구하는 모든 관점과 방법 중 특성 접근은 양적 접근을 강조한다는 점에서 가장 수학적이고 통계적이라고 할 수 있다(Paunone & Hong, 2015).

그렇다면 어떻게 몇 개의 핵심적인 성격특성으로 사람들의 방대한 개인차를 설명하고 대변할 수 있을까? 몇 개의 특성으로 어떻게 개개인의 독특성을 표현할 수 있을까? 특성심리학자들은 어떤 면에서 화학자와 유사하다. 이들은 몇 가지 주요 특성을 다양한 양으로 조합하여 모든 개인의 독특한 특성을 재창조해낼 수 있다. 이 과정은 세 가지 주요 색깔을 혼합하는 것과 유사하다. 연보라에서 암갈색에 이르는 색채 스펙트럼의 모든 색은 빨강, 초록, 파랑의 세 가지 주요 색의 다양한 조합을 통해 만들어진다. 특성심리학자는 모든 성격이 복잡성이나 특이성과 관계없이 2~3개의 기본적이고 주요한 특성을 조합한 산물이라고 한다.

시간에 따른 안정성

모든 특성이론이 공유하는 두 번째 가정은 성격이 시간에 걸쳐서 안정적이라는 것이다. 특성심리학자들은 어떤 사람이 특정한 관찰 시기에 매우 외향적이라면 다음 날, 다음 주, 다음 해, 그리고 10년 후에도 외향적이라고 가정하는 경향이 있다. 수많은 연구 결과들은 여러 가지 포괄적 성격특성이 시간에 걸쳐 상당한 안정성을 보인다는 관점을 나타낸다. 지성, 정서적 반응성, 충동성, 수줍음, 공격성 등과 같은 특성은 몇 년간, 혹은 몇십 년간의 측정 간격에도 높은 검사-재검사 상관을 보인다. 외향성, 감각 추구, 활동 수준, 수줍음 등과 같이 생물학적 근거가 있는 성격특성 역시 놀라울 정도의 시간적 안정성을 나타낸다. 그러나 관심사나 의견과 같은 태도는 덜 안정적이다(Conley, 1984a, 1984b). 사람들은 성인기 동안 행동방식의 중요한 변화를 보이는데, 특히 군에 복무하는 것과 같은 중요한 삶의 '전환점'을 겪은 후에 더욱 그렇다. 예를 들어 Jackson과 동료들(2012)은 고등학교 동안 우호성과 개방성이 낮은 사람들이 졸업 후에 군에 입대할 가능성이 크다고 보고하였다. 이들은 훈련 후 더 낮은 우호성을 보이며 이러한 낮은 우호성은 군에서 제대하여 대학에 입학하거나 취업할 때까지 적어도 5년간 지속된다. 중요한 삶의 '전환점'이 없는 경우 광범위한 성격특성은 대체적으로 시간적 안정성을 유지한다(Allemand, Gomez, & Jackson, 2010).

어떤 특성이 시간에 걸쳐 안정적이라고 해도 실제 행동으로 표현되는 방식은 변화될 수 있다. 아동기일 때 비우호성이 높은 아동은 짜증을 내거나 씩씩거리기, 주먹으로 치기, 대상이 없는 분노를 보이기 쉽다. 성인이 되었을 때는 다른 사람과 어울리기 힘들어하고 대인관계나 직장생활을 유지하는 것을 어려워할 수 있다. 한 예로 연구자들은 아동기의 짜증과 20년 후의 직업 유지 간의 −.45의 상관을 발견했다(Caspi, Elder, & Bem, 1987). 이러한 결과는 특성에 대한 표현이 시간에 따라 달라진다고 할지라도 내재한 특성의 안정성(비우호

Hartshorne과 May 연구는 학습과 놀이 상황에서 상황 간 일치성을 검증하였으며, 연구자들은 정직과 같은 특성은 상황 간 일치도가 분명치 않다고 하였다. 그러나 이 연구는 각 상황에서 한 가지 상황만을 측정했다는 점에서 비판받는다. 각 상황에서 여러 경우를 측정한 결과를 모아 분석한 결과에서는 상황 간 일치도가 더 높은 것으로 나타났다.

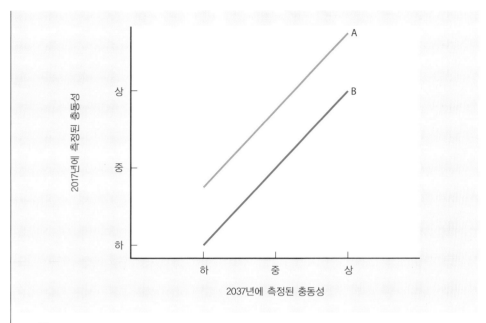

그림 3.1
20년 차이로 측정된 충동성 점수 간의 가설적 회귀선. A는 연령에 따른 충동성 차이를 의미하며, 이는 모든 사람이 나이가 들수록 충동성이 줄어든다는 점을 반영한다. B는 20년이 지나도 충동성 정도가 변하지 않는다는 것을 보여준다. 2개의 선은 순위 안정성을 보여주지만 또한 검사-재검사 간 상관이 높다는 것도 확인할 수 있다.

성)이 유지되는 증거라고 할 수 있다.

　활동 수준, 충동성, 사회병질 등과 같이 연령에 따라 그 강도가 약해지는 특성은 어떨까? 시간에 따른 변화가 있다면 어떻게 특성이 안정적이라고 할 수 있을까? 예를 들어 범죄 경향은 대개 연령에 따라 감소하므로 20세의 반사회적 인격장애는 나이가 들면서 사회에 덜 위협적이다. 이 질문에 대한 답은 **순위 안정성**(rank order stability) 개념에 있다. 만일 모든 사람이 시간에 걸쳐 유사한 비율로 특정한 특성의 감소를 보인다면 상대적 순위가 유지될 것이다. 연령에 따른 일반적 변화는 특성 측정치의 각 점수를 빼거나 더함으로써 산출할 수 있다. [그림 3.1]은 연령에 따른 충동성의 일반적인 감소가 20년 간격으로 측정된 측정치의 실제 상관에는 영향을 미치지 않는다는 것을 보여준다. 사람들은 나이가 들면 충동성이 감소하지만 어렸을 때 충동성이 가장 높은 사람은 나이가 들어서도 가장 충동적이다. 뒷부분에서는 안정성과 변화에 대한 전체적인 개념과 함께 순위 안정성 개념을 다시 다루게 될 것이다.

상황에 따른 일관성

특성심리학자들의 세 번째 가정은 특성이 모든 상황에 걸쳐 **일관성**(consistency) 있게 나타난다는 것이다. 시간에 따른 특성의 안정성에 대한 증거는 많이 제시되고 있지만 상황에 따른 특성의 일관성은 아직 뜨거운 논쟁거리이다(최근 리뷰 Leikas, Lonnqvist, & Verkasalo, 2012 참조). 특성심리학자들은 일반적으로 사람의 성격이 상황에 따라 일관성을 보인다고 믿었다. 예를 들어 어떤 청년이 '진정으로 친절하다'면 그는 직장, 학교, 혹은 여가 활동에서도 친절하고, 또한 낯선 사람, 여러 다른 연령대의 사람들, 권위자 등에게도 친절할 것이다.

그러나 어떤 사람이 '진정으로 친절하다'고 할지라도 친절하게 행동하지 않는 상황이 있을 것이다. 따라서 친절한 행동은 상황에 따라 달라질 수 있다. 예를 들어 파티에 갔을 때는 낯선 사람과 대화를 시작하기 쉽지만 도서관에 있을 때는 그렇지 않을 것이다. 만일 상황이 사람의 행동방식을 통제한다면 특성이 상황에 걸쳐 일관적이라는 생각은 행동을 설명하기 위한 접근으로 적절하지 않을 수 있다.

상황에 따른 일관성에 대한 주제는 오랫동안 심한 변동을 보였다. Hartshorne과 May(1928)는 여름 캠프에 참가한 대규모 초등학생들을 대상으로 정직성에 대한 연구를 하였다. 연구자들은 여러 가지 상황에서 정직하거나 정직하지 않은 행동들을 관찰했다. 예를 들어 여름캠프에서 야외경기를 할 때 부정행위와 학교시험에서의 부정행위를 반복적으로 관찰하였다. 이 두 가지 상황에서 측정된 정직성의 상관은 낮은 편이었다. 여름캠프에서 한 깡통차기 게임에서 부정행위를 하는 것은 이 아동이 학교시험에서 옆 사람의 답을 베끼는 행동을 할지 여부에 대한 정보를 주지 못한다. Hartshorne와 May는 다른 사람을 돕는 특성과 자기통제 특성에 있어서도 상황 간 상관이 낮다고 보고하였다.

40년 후 Walter Mischel(1968)은 성격과 평가(*Personality and Assessment*)라는 유명한 책을 출간하였다. 이 책에서 그는 상황 간 유사 행동의 상관이 낮다고 보고한 Hartshorne와 May의 연구 결과와 같은 많은 연구 결과에 대해 요약했다. 여러 결과를 검토한 후 Mischel은 "행동의 일관성은 나타나지 않았으며, 광범위한 경향성으로서의 성격특성 개념은 지지될 수 없다."고 하였다(p. 140).

Mischel(1968)의 저서는 성격특성의 기초, 즉 상황에 걸쳐 일관성을 보인다는 가정에 의문을 제기한 것이었다. 그는 성격심리학자들이 성격특성으로 행동을 설명하기보다는 상황에 초점을 맞추어야 한다고 제안했다. 만일 상황마다 행동이 달라진다면 행동을 결정하는 것은 내재된 성격특성이라기보다는 상황의 차이라고 할 수 있다. 이 입장은 **상황주의**(situationism)라고 하며 다음의 예로 설명할 수 있다. 한 젊은 여성은 학교에서 아는 사람들에게는 친절하지만 낯선 이들에게는 소극적이다. 다른 젊은 남성은 학교에서는 좋은 학점을 얻기 바라지만 스포츠에서 다른 사람보다 뛰어난지 여부에 대해서는 신경 쓰지 않는다.

저서 출판 후 20년간 특성 접근에 대한 Mischel의 비판은 특성심리학계의 주의를 끌었다. 많은 연구자들은 Mischel이 새로운 이론과 자료들을 이용하여 상황주의적 접근에 대응하였다(A. H. Buss, 1989; Endler & Magnusson, 1976). 또한 Mischel은 특성 개념의 유용성이 한계가 있다는 입장을 강화하기 위해 새로운 개념과 새롭게 수집한 자료로 대응해 왔다(Mischel, 1984, 1990; Mischel & Peake, 1982).

오랜 논쟁은 아직 끝나지 않았지만(현재 상황에 대한 요약은 Benet-Martinez et al., 2015 참조) Mischel과 특성심리학자들 모두 자신의 관점을 어느 정도 수정했다. Mischel은 상황이 항상 행동에 영향을 미치는 가장 강력한 결정요인이라는 견해는 완화했지만 여전히 특성심리학자들이 포괄적 특성의 중요성을 과장해 왔다는 비판을 견지하고 있다(Mischel &

자세히 보기

오늘날의 상황주의

유명한 과학서 저자인 말콤 글래드웰(*The Tipping Point and Blink*의 저자)은 2008년에 *Outliers*라는 책을 출간하였다(*Outliers*는 표본 내의 다른 사람들과 매우 다른 개인을 일컫는 통계적 용어이다). 글래드웰은 이 책에서 뛰어난 사람에 대해 다루고 있다. 즉, 어떤 사람은 스포츠, 과학, 경영 등과 같은 특정한 영역에서 뛰어난 성공을 보이는 반면 어떤 사람은 평범한 수준에 머문다는 것이다. 이 질문은 성격심리학의 핵심이라고 할 수 있는 개인차 개념에 대한 것으로 그는 극단적인 상황 접근의 예를 제시한다.

글래드웰에 의하면 뛰어난 사람들은 자신에게 유리한 특별한 기회나 삶의 상황이 그들을 뛰어나게 만들었다고 제안한다. 그의 견해에 의하면 성공적인 사람에게는 성공에 도움이 되는 인생의 상황이 있었고, 이를 이용하여 성공할 수 있었다는 것이다. 예를 들어 주요 컴퓨터 회사(예 : 마이크로소프트, 애플, 선 마이크로시스템즈)의 설립자들은 모두 1953년부터 1956년 사이에 태어났는데, 이 때문에 그들은 괴짜 10대 소년일 때 초기 원형 컴퓨터를 가지고 놀 수 있었다. 이들은 이 원형 컴퓨터에 많은 시간을 보냈으며 성장하여 컴퓨터 산업에서 뛰어나게 성공할 수 있었다.

글래드웰은 이러한 사례들을 제시하면서 어떤 사람의 성공을 이해하기 위해서는 적절한 시기와 결정적인 상황에 노출되었는가를 아는 게 중요하다고 주장하였다. 이는 성공의 요인이 개인이 아니라 노출된 상황에 있다고 보는 점에서 전적으로 상황적 견해의 확장판이라고 할 수 있다. 글래드웰에 따르면 성공은 기회, 타이밍, 운, 노력 때문이고 재능, 지능, 흥미, 동기, 성격 등과 같은 개인 내적 특성과는 아무런 상관이 없다는 것이다. 글래드웰은 상황주의자로서 뛰어난 성공을 이해하는 데 있어서 한쪽의 입장을 대변하고 있다.

이 책의 저자인 우리들도 빌 게이츠, 스티브 잡스, 빌리 조이 등과 마찬가지로 1953년과 1956년 사이에 태어났다. 우리들도 초기 컴퓨터에 노출되었고 괴짜 10대 시절에 많은 시간을 컴퓨터에 할애했다. 그러나 우리 중 아무도 컴퓨터 거대기업의 대표가 되지 않았다. 이 차이를 설명하는 것은 무엇인가? 우리는 모두 사람에게 극단적으로 관심이 있었으며, 자라면서 인간에 대해 공부하고 싶어 했다. 우리는 심리학에서 박사학위를 받고 성격 분야에서 상을 받은 연구를 수행했다는 점에서 어떤 내적 능력을 갖고 있었을 수 있다. 분명 빌 게이츠나 스티브 잡스와 유사한 삶의 상황을 경험했지만 우리의 관심, 동기, 능력, 성격 등은 그들과 달랐을 것이다. 이러한 개인적 특성의 차이로 인해 우리는 성격심리학자가 되고 잡스와 게이츠는 컴퓨터 거물이 되었다고 생각한다. 성격특성, 즉 능력, 지능, 관심, 성격 등이 삶의 결과를 전적으로 결정한다는 것은 순전히 성격 입장일 수 있다. 이러한 접근을 근거로 한 비과학자들의 저서들은 글래드웰과 마찬가지로 한쪽의 입장을 대변하고 있다(예 : 트래비스 브래드베리의 *The Personality Code*, Putnam Press 출판)

개인적 특성과 삶의 상황 간 상호작용은 대부분의 삶의 결과를 이해할 수 있게 해줄 것이다. 예외적인 일은 준비된 사람이 기회를 만났을 때 생긴다. 만일 어떤 사람이 빌 게이츠나 스티브 잡스와 같은 개인적 특성을 갖고 있지만 초창기 컴퓨터를 갖추지 못한 가난한 도심지역 학교 출신이었다면 이런 경력을 갖지 못했을 것이다. 그러나 어떤 사람이 잡스나 게이츠와 동일한 삶의 경험을 했지만 기본적 관심, 능력, 성격이 달랐다면 역시 컴퓨터 산업을 시작하지 않았을 것이다. 적절한 상황이 적절한 개인적 특성을 가진 사람에게 일어났을 때 예외적인 결과를 만들어낸다. 글래드웰의 책은 이야기의 절반인 상황만을 말하고 있지만 전체 이야기는 더 복잡하고 더 흥미롭다.

Shoda, 2010). Mischel의 비판 이전에는 특성심리학자들이 성격검사 점수를 통해 사람들의 행동을 예측하는 것이 일반적이었다. Mischel은 심리학자가 어떤 사람이 특정한 상황에서 어떻게 행동할지를 예측하는 데 그다지 뛰어나지 못하다는 것을 지적하였다. 특성심리학자 역시 견해를 수정하였다. 특성심리학자들이 수용한 변화는 **개인과 상황 간 상호작용**(person-situation interaction)과 성격특성을 측정하는 도구로써 **집적**(aggregation) 혹은 평균을 활용한 것이다.

개인과 상황 간 상호작용

제1장에서 개인과 상황 간 상호작용이라는 주제를 살펴보았다. 이 장에서는 Mischel의 특성 일관성 비판에 대한 대응으로서 상호작용에 초점을 맞추어 좀 더 자세하게 알아보고자 한다. Mischel과 특성심리학자의 논쟁에서 볼 수 있듯이 특정한 상황에서 어떤 행동을 하는 이유에 대해서는 두 가지 설명이 존재한다.

1. 행동은 개인 특성의 함수이다.　　　　$B = f(P)$.
2. 행동은 상황 요인의 함수이다.　　　　$B = f(S)$.

이러한 두 가지 설명은 모두 어느 정도 맞는다고 할 수 있다. 예를 들어 사람들은 장례식과 스포츠 경기에서 다르게 행동하는데, 이는 Mischel이 강조했듯이 상황 요인이 특정한 방식으로 행동을 좌우한다는 것을 보여준다. 그러나 어떤 사람들은 스포츠 경기를 볼 때도 일관되게 조용한 반면 어떤 사람들은 장례식에서도 말이 많고 사교적이다. 이러한 예는 특성에 대한 전통적 입장인 성격이 사람의 행동을 결정한다는 것을 강조하는 것이다.

두 가지 관점을 통합하는 방법은 성격과 상황이 상호작용해서 행동을 유발한다는 것이다.

$$B = f(P \times S)$$

이 공식은 행동이 성격특성과 상황 요인이 상호작용하는 함수라는 것을 나타낸다. 예를 들어 화를 잘 내는 특성, 즉 작은 좌절에도 공격적으로 반응하는 성향에 대해 생각해보자. 어떤 여성이 이 특성이 높다고 하더라도 주변 사람들은 좌절적인 상황에 대응하는 것을 보기전에는 그녀의 기질을 모를 수 있다. 급한 성미는 관련된 상황에서만 표현될 수 있기 때문이다. 즉, 급한 성격을 가진 사람(성격의 영향)이 좌절적인 상황(예 : 자판기가 돈만 들어가고 물건이 나오지 않을 때)에 맞닥뜨렸을 때 화를 표출할 수 있다(예 : 큰소리로 욕을 하면서 자판기를 발로 계속 찬다). 어떤 사람이 화가 난 이유를 설명하려면 특정한 상황(예 : 좌절)과 성격특성(예 : 급한 기질)을 모두 고려해야 한다. 이러한 관점을 개인과 상황 간 상호작용이라고 하며 현대 특성이론의 일반적인 견해이다. 이러한 관점에 대한 또 다른 형태는 '만일 그렇고, 또한 ~하다면, 그럴 것이다(if⋯ if⋯ then⋯)' 진술(Shoda, Mischel, & Wright, 1994)이다. 예를 들어 **만일**(if) 급한 기질을 가진 사람이 **만일**(if) 좌절감을 느끼는 상황에 빠졌다면 **그 결과**(then)로 공격성이 나타날 것이다."

상호작용 관점에 따르면 개인차는 적절한 상황하에서만 차이가 만들어진다고 할 수 있다. 어떤 특성은 어떤 상황에 국한되어 있다. 예를 들어 시험 불안 특성에 대해 생각해보자. 어떤 청년은 대체로 느긋하고 자신만만하다. 그러나 중요한 시험을 치러야 할 때와 같은 특정한 상황 조건에서는 매우 불안해진다. 다른 때는 느긋하던 사람이 특정한 상황에서는 괴로워하고 불안해하며 냉정을 잃는다. 이러한 예는 특정한 상황이 어떻게 성격에서 벗어난 행동을 유발할 수 있는지 보여준다. 이것을 **상황 특수성**(situational specificity)이라고 하며 특정한 상황에서 특정한 행동을 하는 것을 말한다. 이것은 행동이 상황에 의해 유발된 것으로 추론할 수 있는 경우이다.

어떤 특성과 상황 간 상호작용은 매우 드물게 나타나는데, 이것은 매우 드문 상황만이 특성 관련 행동을 유발하기 때문이다. 예를 들어 어떤 친구가 용감한지는 알아내기 어렵다. 따라서 학교에 인질극과 같은 특정한 종류의 상황이 일어날 경우에만 누가 용감하고 누가 용감하지 않은지 알 수 있다.

중요한 것은 성격특성이 상황 요인과의 상호작용을 통해 행동을 유발한다는 점이다. 성격심리학자들은 '모든 행동을 항상' 예측할 수 있다는 것을 포기하고 대신 '어떤 때의 어떤 행동'을 예측할 수 있다는 개념을 받아들였다. 예를 들어 불안 특성의 경우 누가 어떤 상황에서 불안해지고(예 : 시험과 같은 평가 상황) 어떤 상황에서는 불안해지지 않을지(예 : 집에서 가족과 있는 편안한 시간)를 예측할 수 있다는 것이다.

Debbie Moskowitz(1993)의 연구는 개인과 상황 간 상호작용에 대한 흥미로운 예를 제시하고 있다. 성격특성 중 하나인 지배성(다른 사람에게 영향을 미치고자 하는 기질)과 친절함(다정하고 붙임성이 있는 성향)은 오랫동안 성차가 크다고 알려져 왔다. 남성은 여성에 비해 지배성이 높고 여성은 남성에 비해서 친절함이 높다는 것이다(Eagly, 1987). 그러나 Moskowitz의 연구는 이러한 특성들이 상황 변인과 상호작용한다는 것을 보여주었다. 구체적으로 말하면 한 개인의 지배성이나 친절함의 수준은 측정 시기에 교류하는 사람이 누구냐에 의존한다는 것이다. 예를 들어 동성 혹은 이성과 상호작용하는지 또는 아는 사람 혹은 낯선 사람과 상호작용하는지 여부에 따라 달라진다는 것이다. Moskowitz(1993)의 연구에 따르면 여성이 다른 여성을 대할 때는 남성에 비해서 친절하지만 낯선 이성을 대할 때는 남성에 비해 친절하지 않다. 남성은 동성친구를 대할 때 여성보다 지배적이지만 낯선 사람을 대할 때는 여성과 차이가 없다. 이 연구에 의하면 지배성과 친절함의 성격특성 표현은 상호작용하는 상대에 따라 달라질 수 있으며, 사회적 상황에 따라 남녀 차이가 나타나거나 나타나지 않을 수 있다는 것이다. Moskowitz와 Fournier(2015)는 개인과 상황 간 상호작용에 대한 최근 연구의 요약과 추가적 예를 제시한다.

그러나 어떤 상황은 매우 강렬해서 거의 대부분 사람들이 유사하게 반응한다. 예를 들면 Larsen, Diener, Emmons(1986)는 생활사건에 대한 정서적 반응의 연구로 매일 일어나는 일상적인 사건에 누가 정서적으로 과잉 반응하는지 조사하였다. 참가자들은 2개월간 매일 생활 사건을 기록하고 정서 상태를 평정하였다. 연구자들은 특성에 대한 정서적 반응성을 이용하여 타이어 펑크, 데이트에서 바람맞기, 비가 오는데 야외 행사에 참석하기 등과 같은 경도에서 중등도의 스트레스 사건에 누가 과잉 반응할지를 예측할 수 있었다. 하지만 애완동물의 사망 같은 심각하게 나쁜 일이 일어났을 때는 거의 모든 사람이 강한 정서적 반응을 보였다. 연구자들은 거의 모든 사람이 유사하게 반응하는 상황을 가리키는 것으로 **강한 상황**(strong situation)이라는 용어를 제안했다.

장례식, 예배, 붐비는 엘리베이터 등과 같은 강한 상황은 단일한 행동을 유도하는 것으로 보인다. 반면 상황이 약하거나 모호할 때 성격이 행동에 미치는 영향은 극대화된다. 로르샤흐 잉크반점 검사는 약하거나 모호한 상황을 이용하는 고전적 예이다. 이 검사에서는 잉크반점을 해석하라고 하는데 실제로는 이 잉크반점에서 본 것에 대한 설명으로 구조를 제

성격은 사람들이 어떤 상황에 참여할지를 결정한다. 예컨대 축구와 같은 레크리에이션에 참여할지 장거리 달리기 같은 팀 활동에 참여할지는 외향성 수준에 달려 있다. 연구에 따르면 외향성인 사람들은 팀 활동을, 내향성인 사람들은 혼자 하는 레크리에이션을 선호한다.

출처 : ⓒ Corbis/Glow Images RF

시하라는 요청을 받는다. 실제 삶에서는 많은 상황이 모호하다. 예를 들면 낯선 사람이 당신을 보면서 웃는다면 친절한 웃음인지 비웃음인지 혹은 낯선 이가 당신의 눈을 오랫동안 바라본다면 어떤 의미인지 등이 있다. 이와 같이 많은 상황에서 타인의 행동, 동기, 의도 등을 해석해내야 한다. 잉크반점의 해석과 같이 성격은 사회적 상황을 해석하는 방식에 영향을 미친다. 예를 들어 마키아벨리즘 성향(예 : 다른 사람을 이용하고 조작하며 계산적인 성향)을 가진 사람은 타인이 일부러 못된 행동을 한다는 생각을 자주 한다(Golding, 1978). 특히 모호한 사회적 상황에서는 마키아벨리즘 성향의 사람들이 다른 사람을 위협적이라고 해석할 가능성이 크다. 이는 명확한 유형의 개인×상황(P×S) 상호작용이다. 즉, 모든 사람이 특정한 상황에서 유사하게 행동하는 것은 아니라는 것이다. Kihlstrom(2013)은 이를 고정된 유형의 상호작용이라고 불렀다. 성격특성과 상황특성은 개별적인 영향이라고 할 수 있고, 한 번에 하나씩 작용하는 것보다 동시에 작용할 때 더 많은 것을 설명하는 경우를 말한다.

상황 선정

그러나 좀 더 역동적인 형태의 P×S 상호작용은 상황이 성격과 독립적이지 않은 경우이다 (Kihlstrom, 2013). 이러한 역동적 유형에서 성격은 사람이 처한 상황을 구성하는 데 일정한 역할을 하게 된다. 이를 '역동적'이라고 하는데, 성격과 상황 간의 인과적 영향이 쌍방향이라는 의미이다. 즉, 상황은 부분적으로 성격의 함수이며 성격 역시 부분적으로 상황의 함수가 된다.

성격이 상황에 영향을 주는 방식에 따라 세 가지 유형의 P×S 상호작용이 있다. 첫 번째 유형의 역동적 상호작용은 **상황 선정**(situational selection)으로 개인이 자신의 상황을 선택하는 경향이다(Ickes, Snyder, & Garcia, 1997; Snyder & Gangestad, 1982). 사람들은 무선적으로 상황을 선택하는 것이 아니라 자신이 시간을 보낼 상황을 선정한다. Snyder(1983)는 이 개념을 다음과 같이 간결하게 표현했다. "사람이 삶을 살아갈 환경을 선택하는 것은 자신의 성격을 반영한다. 신중하고, 내성적이며, 사려 깊은 사람은 신중하고 내성적이고 지적인 상황에서 살아가기를 선택한다."(p. 510)

연구자 Diener, Larsen, Emmons(1984)는 특정한 성격특성이 그 사람이 특정한 상황에 진입할지 여부를 예측할 수 있게 해주는지에 대해 관심을 가졌다. 연구자들은 참가자들에게 무선 호출기를 착용하게 한 후 6주간 매일 두 번 무선 호출하여 각 참가자들의 84개 상황을 표집하였다. 무선 호출기가 울리면 참가자들은 자신이 어떤 상황에 있는지에 대한 간단한 질문에 응답한다. 그 결과 특정한 성격특성은 개인이 특정한 상황을 얼마나 자주 선택하는지 여부를 예측하였다. 예를 들어 성취 동기는 일을 하는 데 더 많은 시간 보내기, 질서에 대한 욕구는 익숙한 상황에서 시간 보내기, 외향성은 사회적 여가 활동 선정(예 : 조깅이나 수영과 같은 단독 스포츠보다는 야구, 배구와 같은 팀 스포츠) 등과 관련이 있었다.

성격이 상황 선정에 영향을 준다는 개념은 삶에서 하는 선택을 연구함으로써 성격을 탐색할 수 있음을 의미한다. 사람들은 선택의 시점에서 대개 자신의 성격에 맞는 상황을 선택한다(Snyder & Gangestad, 1982). 성격의 영향은 실제적인 삶의 차이를 야기할 만큼 클 필요는 없다. 예를 들어 10%의 시간을 일에 더 쓰는 것을 선택하는 것(예 : 10% 많이 공부하거나 일하는 것)은 학위를 취득하거나 높은 연봉을 받는 것과 같이 실제 삶에서는 큰 차이를 가져온다. 예를 들어 여가 시간을 선택하는 방식과 그 선택이 자신의 성격을 얼마나 반영하는지에 대해 생각해보라.

개인과 상황 간의 관계는 쌍방향이다. 지금까지 성격이 상황 선정에 미치는 영향만 강조하였지만 상황 역시 개인의 성격에 영향을 준다. 심리학자 Will Fleeson과 동료들의 연구(Fleeson, Malanos, & Achille, 2002)는 상황이 성격에 영향을 미치는 방식을 보여준다. 외향성 특성은 오랫동안 긍정적 정서와 관련이 있다고 알려져 왔다. Fleeson과 동료들은 연구 대상을 세 명씩 실험에 들어오게 하여 무선적으로 '내향적' 혹은 '외향적' 조건에 배정하였다. 외향적 조건의 지시사항은 참가자들에게 수다스럽고 대담하며 활기차게 집단 토론에 참가해야 한다는 것이었다. 내향적 조건에서는 참가자들에게 토론에서 신중하고 순응적이며 조심스럽게 행동해야 한다고 강조했다. 지시를 받은 후 참가자들은 비행기 충돌사고 후에 필요한 가장 중요한 10가지 항목 혹은 대학 캠퍼스의 주차 문제를 해결하기 위한 10가지 해결책에 대해 토론하였다.

토론하는 동안 관찰자들은 각각의 참가자가 얼마나 긍정적으로 보이는지 평정했다. 토론 후에 각 참가자는 토론하는 동안 긍정적 감정을 얼마나 느꼈는지에 대해 자기보고식 평정을 하였다. 외향적 조건의 참가자들은 긍정적 감정에 대한 자기보고 및 관찰된 긍정성 모두에서 내향적 조건의 참가자들보다 높게 나타났다. 또한 이 효과는 개인의 실제 외향성 수준과는 관계가 없었다. 이 연구는 외향적 상황에 처하는 것(활기 차고 말이 많은 사람들과 함께 있는 것)이 긍정적 정서성을 높일 수 있다는 것을 보여준다. 또한 개인과 상황 간 상호작용에서 개인이 상황에 영향을 줄 뿐 아니라 상황 역시 개인에게 영향을 줄 수 있다는 것을 분명하게 보여준다.

유발

두 번째 유형의 개인과 상황 간 상호작용은 **유발**(evocation)이라고 하며, 특정한 성격특성이 환경으로부터 특정한 반응을 유발하는 것을 말한다. 예를 들어 무례하고 다른 사람을 조종하는 사람들은 타인으로부터 적대감이나 회피와 같은 특정한 반응을 유발한다. 즉, 사람들은 타인의 특정 반응을 불러일으킴으로써 자신의 환경을 창출한다. 이혼을 세 번 하는 등 여성과의 관계를 유지하는 데 어려움이 있는 남성 환자를 생각해보자(Wachtel, 1973). 그는 치료자에게 자신이 사귄 모든 여성이 성질이 못되고 악의적이며 독살스러웠다고 불평했다. 처음에는 관계가 만족스럽게 시작되지만 항상 여성이 화가 나서 자신을 떠나게 된다고 불평했다. Wachtel(1973)은 이 남성이 관계에서 여성의 특정 반응을 유발하는 행동을 했을 것으로 추정했다.

유발 개념은 정신분석에 대한 장에서 논의하게 될 전이(transference) 개념과 유사하다. 전이는 정신분석을 하는 동안 분석가와 환자가 중요한 타인과의 대인관계 문제를 재연할 때 발생한다. 환자는 자신이 전형적으로 다른 사람에게 불러일으키는 반응과 감정을 치료자에게 유발한다. Malcom(1981)은 남성 분석가가 한 여성 환자가 특히 지루하다고 느낀 것에 대한 사례를 보고했다. 분석가는 그녀의 문제가 너무 따분하고 시시해서 치료하는 동안 깨어 있기가 어려웠다. 그러나 몇 주간 이러한 반응을 경험한 후 분석가는 환자가 다른 남자들을 지루하게 만드는 것처럼 자신을 따분하게 만들고 있다는 것을 깨달았다. 그녀는 스스로 재미없게 만들어서 다른 남자의 관심을 피하고 멀어지게 하였다. 그러나 치료하는 동안 그녀는 종종 외롭다고 호소했다. 이 사례는 사람들이 타인의 반응을 어떻게 유발하며, 이로 인해 일상생활에서 특정한 사회적 상황을 만들어내고 재창조함을 보여준다.

조작

개인과 상황 간 역동적인 상호작용의 세 번째 형태는 **조작**(manipulation)으로, 이는 다양한 형태로 타인의 행동에 영향을 미치는 것이라고 정의할 수 있다. 조작이란 개인이 타인에게 강요하고 영향을 미치고 변화시키기 위해 특정 전략을 의도적으로 사용하는 것이다. 선택이란 외부 환경을 선택하는 것을 의미하는 데 반해 조작은 이미 처해진 환경을 변화시킨다는 차이가 있다는 점에서 조작과 선택은 다르다. 각 사람이 사용하는 조작 전략에는 개인차가 있다. 예를 들어 어떤 사람들은 타인을 칭찬하고 따뜻하게 대하고 배려하는 행동 등과 같은 매력 전략을 사용하는데, 이는 다른 사람에게 영향을 주기 위해 호의를 베푸는 것을 말한다. 또 다른 사람들은 타인을 무시하거나 반응하지 않는 것과 같은 묵살의 조작 전략을 사용한다. 세 번째 전략은 강요이며 이는 자신이 원하는 것을 얻기 위해 타인에게 요구하고, 소리 지르고, 비난하고, 욕하고 위협하는 것이다(Buss et al., 1987).

집적

앞서 Mischel과 특성심리학자들은 행동이 개인의 특성과 상황 간 상호작용의 결과라는 것을 인정하였다. 또한 특성심리학자들은 성격특성을 측정하는 데 집적(aggregation)의 중요성을 제안하였다. 집적이란 행동에 대한 단일 관찰보다는 몇 가지 단일한 관찰을 더하거나 평균을 산출하는 것으로 더 정확한 성격특성 측정치를 얻어내는 과정이다. 예를 들어 야구선수의 타격 능력(어떤 특성)에 대한 측정치로서 평균 타격의 개념을 생각해보자. 평균 타격은 선수가 타석에 선 단일한 경우에 안타를 칠지 여부를 알려주는 좋은 예측 요인은 아닐 수도 있다. 사실 심리학자 Abelson(1985)은 야구선수가 전체 시즌 동안 보이는 타격을 분석했다. 평균 타격은 안타를 치는 변량의 0.3%만을 설명했다. 이것은 아주 낮은 설명의 양인데, 그렇다면 왜 그토록 평균 타격에 신경을 쓰며 평균 타격이 좋은 선수들은 더 많은 연봉을 받는 것인가? 이는 선수가 전체 시즌 동안 장기적으로 수행하는 것이 중요하기 때문이다. 이것이 바로 행동의 집적 원칙(principle of aggregation)이다.

평균 타격과 성격 간 유사성 비유와 마찬가지로 배우자의 쾌활한 품성 때문에 결혼했다고 가정해보자. 분명 배우자가 쾌활하지 않은 날이 있을 것이다. 그러나 중요한 것은 배우자의 행동이 장기적으로 어떠한가(예 : 배우자가 대체적으로 쾌활한가)지 그날, 혹은 그 순간의 기분이 아닐 것이다.

단일 항목으로 지능검사를 한다고 생각해보자. 한 개 항목의 검사가 전반적 지능에 대한 좋은 측정이라고 생각하는가? 단일 항목으로는 전체 지능에 대한 정확하고 적절한 측정치를 산출할 수 없다. 만일 성격심리학 교수가 기말고사에서 단 한 개의 질문에 대한 답으로 전체 학점을 결정한다고 생각해보라. 이 단일 질문은 전체 수업에 대한 지식을 측정할 수 없음이 분명하다. 단일 질문 혹은 단일 관찰은 무엇에 대해서도 좋은 측정치가 되기 어렵다.

앞서 Hartshorne과 May(1928)의 연구에서 여름캠프의 한 번의 경기에서 아동이 부정행위를 했는지 여부로 정직성을 측정했던 연구를 기억해보자. 단일한 정직성 측정치가 참가자의 실제 정직성을 정확하게 반영한다고 생각하는가? 아닐 것이다. 이는 Hartshorne와 May가 다양한 정직성 측정에서 이러한 작은 상관을 발견해낸 주요한 이유일 것이다(이들이 단일 항목 측정치였기 때문이다).

성격심리학자 Seymour Epstein은 성격을 측정하기 위해 몇 가지 질문이나 관찰 결과를 집적하는 것이 더 낫다는 것에 대한 논문을 출판하였다(1979, 1980, 1983). 더 많은 검사는 단일 검사보다 신뢰할 수 있기 때문에 특성에 대한 더 나은 측정치를 얻을 수 있다. 만일 누군가가 성실한지 여부를 알고 싶다면 성실성과 관련된 많은 행동(정리를 얼마나 잘했는지, 시간을 잘 지키는지 등)을 여러 상황에서 관찰하여 행동을 집적하거나 평균을 내야 한다. 단일 상황에서의 단일 행동은 성격과는 관련이 없고 그 상황에서만 일어날 수 있는 일회적인 행동이라고 할 수 있다. 그러나 개인 행동의 평균, 혹은 경향성은 성격에 대한 최선의 척도가 될 수 있다.

특성심리학자가 이타심, 배려심, 성실성 등을 측정하기 위한 질문지를 개발한다고 생각해보자. 심리학자는 질문지에 다음의 항목을 포함했다. "지난 몇 년간 눈 속에 차가 박힌 사람을 돕기 위해 가는 길을 멈춘 적이 몇 번 있습니까?" 만일 눈이 거의 오지 않는 지역에 사는 사람이라면 아무리 타인에게 도움을 주는 사람일지라도 대답은 '전혀 없음'일 것이다. 이제 전체 문항에 응답한다고 생각해보자. 자선 단체에 얼마나 자주 기부하는가, 헌혈에 얼마나 자주 참여했는가, 지역사회 자원봉사에 참여했는가 등과 같은 전체 질문에 대한 응답은 단일 질문에 대한 응답에 비해 이타적 특성에 대한 더 나은 측정치를 제공해줄 것이다.

심리학자들은 1980년대에 집적의 가치를 '재발견'했다. 찰스 스피어먼(Charles Spearman)은 1910년에 이미 많은 항목이 있는 검사가 적은 항목의 검사보다 대체적으로 더 신뢰할 수 있다는 논문을 출판했다. 스피어먼은 스피어먼–브라운 예측 공식에서 항목이 길어질수록 검사의 신뢰도가 얼마나 증가하는지 알려준다. 이 공식은 측정과 통계에 대한 주요 교재에 실려 있었지만 성격심리학자들이 널리 적용하지는 않았고, 1980년대 초에 Epstein(1980, 1983)이 이 원칙을 상기시켰다. 이후 다른 연구자들도 집적의 원리를 통해 성격 측정치와 행동 측정치의 상관이 얼마나 높은지에 대한 다양한 증거들을 제시했다. 예로 Diener와 Larsen(1984)의 연구에 따르면 하루의 활동 수준과 또 다른 하루의 활동 수준 간의 상관은 겨우 .08이다. 그러나 3주간 활동 수준의 평균을 내고 또 다른 3주간의 활동 수준의 평균을 내서 상관을 산출하면 .66으로 높아진다. 집적은 단일 관찰에 비해 개인의 평균적인 특성에 대한 더 안정적이고 신뢰성 있는 측정치라고 할 수 있다.

집적의 개념은 중요한 측정 원리일 뿐 아니라 성격특성이 일상생활에 미치는 영향을 개념화하는 데 중요하다. 가장 중요한 점은 특성이 그 시간에 그 사람의 단일한 행동이라기보다는 평균적 행동에 대한 것이라는 점이다. 즉, 특성은 성향이나 평균을 예측하는 데는 탁월하지만 단일 상황에서의 단일 행동을 예측하는 데는 뛰어나지 못하다는 것이다. 어떤 사람이 시간을 잘 지킨다고 할 때 이는 대체적으로 약속한 제시간에 온다는 의미이다. 그러나 예를 들어 약속에 맞춰 오는 길에 타이어가 펑크 났다거나 해서 때로 늦을 수도 있다. 또한 내일 약속시간에 맞추어 나타날지 미리 알 수는 없다. 그러나 추측건대 시간을 잘 지키는 사람이라면 제시간에 올 것이라고 예측할 수 있다. 만일 어떤 일이 일어나서 일정을 방해한다면 예측은 틀릴 수 있다. 그럼에도 불구하고 중요한 것은 개인의 평균적 경향성이다. 예를 들어 추천서를 쓸 때는 어쩔 수 없이 늦은 몇 번의 경우는 무시하고 그 사람이 매우 신뢰성 있고 시간을 잘 지킨다고 말할 것이다. 특성은 특정한 상황에서 일어난 일이 아니라 평균적 경향성에 대한 것이다.

성격과 예측

오랫동안 산업계와 정부는 여러 면으로 성격 측정을 활용해 왔다. 미국 연방 및 주 교도소 시스템은 재소자들에 대한 결정을 내릴 때 성격 측정을 이용하고 있다. 산업계에서는 특정한 직무, 고용 배제, 승진 결정 등에서 사용해 왔다. 고용주들은 정서적 안정성이 특정한 직업의 필수조건(예 : 소방관)이라고 생각하거나 어떤 직업은 정직성이 특히 중요하다고 생각하고 있다(예 : 보석가게의 점원, 혹은 금전 수송차량의 운전자). 또 다른 직업은 높은 조직화, 사회적 기술, 복잡한 환경에서 작업하는 능력 등을 필요로 한다. 어떤 사람이 특정한 직무 환경에서 일을 잘 할 수 있는지 여부는 직무에서 필요로 하는 특성과 개인의 특성이 잘 맞는지에 의해 결정될 수 있다. 즉, 성격특성은 그 사람이 특정한 직무를 잘 수행할 수 있는지를 예측할 수 있게 해준다. 이러한 점에서 특성 측정을 기반으로 채용 여부를 결정하는 것은 적절하다고 할 수 있다.

직무에서의 성격 측정 활용

고도로 경쟁적인 노동 환경에서 많은 고용주들은 노동력을 향상시키기 위해 고용검사를 실시하고 있다. 포춘지 선정 100대 회사의 다수가 심리검사를 포함한 고용선정검사를 사용하고 있다. 미국 경영자협회 조사에 따르면 응답자의 44%가 고용자를 감별하거나 선택할 목적으로 검사를 사용한다고 응답했다. 직무 환경에서는 인지능력검사(예 : 이해, 읽기 속도)가 가장 많이 사용되는 검사이긴 하지만 성격검사를 사용하는 빈도 역시 증가하고 있다.

직무에서 사용되는 성격검사는 주로 특정한 특성이나 기질에 대한 자기보고 척도이고 그 외에 사용 가능한 검사는 매우 많다. 어떤 성격검사는 정상 범위의 성격 기능을 측정하는 데 반해 어떤 검사는 정신병리나 이상 수준의 기능을 파악하는 데 초점을 맞춘다. 미네소타 다면적 성격검사(MMPI)나 캘리포니아 성격검사(CPI)의 경우 다양한 성격특성을 측정하는 데 반해 다른 검사들은 고용주가 주로 관심 있는 단일한 성격특성을 측정하기도 한다.

고용주들은 여러 가지 목적으로 서로 다른 성격검사를 사용한다. 직무 환경에서의 성격검사 사용은 주로 인사 선발, 정직성 검사, 고용업무 태만 등의 세 가지 이유 때문이다.

인사 선발

때로 고용주는 특정한 직업에 특히 적합한 사람을 선발하고자 성격검사를 사용한다. 예를 들면 보험회사는 영업부에 맞는 특성인 외향성이 높은 지원자를 선발하기 위해 외향성-내향성 측정치를 사용할 수 있다. 또한 고용주는 특정한 특성을 가진 사람을 배제하기 위해 성격검사를 사용하기도 한다. 경찰청은 MMPI나 유사 검사를 사용해서 정신적 불안정성이나 사이코패스 성향이 높은 지원자를 걸러낼 수 있다. 고용주의 **인사 선발**(personnel selection)을 보완하기 위해서 수많은 성격검사와 지원서가 활용되고 있다.

정직성 검사

정직성 혹은 진실성을 측정하는 성격검사는 산업계에서 가장 많이 활용되고 있는 성격검사일 것이다. 이 검사들은 소매 판매점이나 금융 서비스업에서 관리자 없이 돈이나 물건을 다루는 저임금 노동자를 선발할 때 주로 사용된다. 또한 진실성 검사는 결근과 같이 직무 상황의 비생산적 행동이나 절도 성향을 예측하기 위해 고안되었다.

미국 산업계에서 연간 고용인의 절도로 인한 경제적 손실은 매년 150억 달러에서 250억 달러에 이른다. 더구나 매년 기업 도산 이유의 상당 부분이 고용인의 절도 때문이다. 이 때문에 많은 고용주들은 절도 행위의 위험성이 높은 고용인을 알아내는 검사 기법에 관심을 가지고 있다. 진실성 검사에는 두 가지 종류가 있는데 **진실성에 대한 외현적/암묵적 측정**(overt and covert integrity measures)이다. 두 가지 모두 자기보고 척도에 기반하고 있다. 외현적 검사는 절도, 무단결근 등과 같은 과거에 저지른 반직무적 행동과 전반적인 범죄력, 청소년기 일탈 행동 및 학교에서의 징계 유무 등에 대해 질문하는 것이다. 여기에는 절도와 처벌에 대한 태도, 절도에 대해 생각해본 적이 있는지, 자신의 정직성에 대한 전반적 평가 등을 포함한다. 반면 암묵적 검사는 반직무적 행동에 대해 직접 질문하지 않고 대신 반직무적 행동과 상관이 높은 성격 측면을 측정한다. Big 5 특성에서 성실성은 직무에서의 문제 행동과 가장 큰 역상관이 있다(Berry et al., 2007). 따라서 암묵적 검사는 성실성에 대한 많은 문항을 포함하며 또한 신뢰성, 사교성, 우호성 등에 대한 문항도 있다. 역채점 방식으로 평가하는 권위에 대한 적대감, 스릴 추구, 사회적 둔감성 등에 대한 문항도 포함한다(Sackett et al., 1989). 27개국의 직무 진실성에 대한 범문화적 연구에 따르면 정부 부패지수가 높은 국가의 노동자들은 직무 진실성이 가장 낮다(Fine, 2010).

고용업무 태만 문제

고용주가 성격검사를 이용하는 세 번째 이유는 고용인이 고객이나 다른 직장동료에게 직무 중 위해를 가했을 때 고용주가 법적 책임을 지는 경우가 발생할 수 있기 때문이다. 이 경우 고용주는 폭력에 대해 불안정하거나 취약한 사람을 고용했다는 책임 때문에 **고용업무 태만** (negligent hiring)으로 기소될 수 있다. 대부분의 주에서 벌어지고 있는 고용업무 태만에 대한 재판에서 고용주는 고용인의 범죄에 대한 보상 책임의 증가로부터 자신을 보호하고 있다. 이 경우 고용주는 타인에게 위해를 가할 가능성이나 특성이 있는 지원자를 고용했다는 이유로 기소된다. 이러한 재판의 판결은 고용주가 사전에 이러한 특성을 검사했는지 여부에 달려 있다. 성격검사는 고용인이 지원자의 직무 적합성을 조사하기 위해, 즉 고용업무 태만을 줄이기 위해 하는 행동이 될 수 있다.

고용 상황에서의 성격검사에 대한 법적 문제

고용 상황에서 성격검사 등의 사용과 관련된 법적 문제는 1964년 제정된 시민권법에서 극장, 식당, 호텔, 투표소 등을 포함한 공공장소에서 인종차별을 금지하는 조항과 관련이 있다. **1964년 제정 시민권법 제7장**(Title VII of the Civil Rights Act of 1964)은 고용주가 모든 사람에게 동등한 고용의 기회를 주어야 한다고 규정한다. 고용법에 대한 첫 번째 시민권법 재판은 **그릭스 대 듀크 파워**(Griggs v. Duke Power) 재판이다. 듀크 파워사는 1964년 이전에 특정한 직종의 고용이나 직무배치에서 흑인을 배제하는 명백한 차별을 가해 왔다. 시민권법이 제정된 후 듀크 파워사는 이 직종에서 특정한 적성검사 통과를 포함하는 다양한 필요조건을 제정했지만 결과적으로는 차별을 강화해 왔다. 1971년 대법원은 듀크 파워사가 사용해 온 검사가 표면적으로는 중립적이지만 차별을 유지하는 작용을 한다는 이유로 금지하도록 판결했다. 또한 법원은 어떤 선발 절차도 특정한 집단(예 : 인종, 여성)에 차별을 두어서는 안 된다고 판결했다. 이 대법원의 결정은 고용주로 하여금 선발 절차가 차별을 야기하거나 특정한 집단에 불리하지 않음을 증명해야 한다는 책임을 부과한 것이었다.

그다음으로 고용인 선발에 대한 중요한 사건은 1978년 노동부가 제정한 **인사선발절차에 대한 표준지침**(Uniform Guidelines on Employee Selection Procedures)이다. 이 지침은 현재도 사법부가 광범위하게 적용하고 있다. 이 지침의 목적은 모든 정부법의 필수조건을 충족시킬 수 있는 고용선발지침을 제공하는 것으로 특히 인종, 피부색, 종교, 성별, 출신국가 등에 대한 차별을 금지하고자 하는 것이다. 이 지침은 인사선발절차 및 성격검사의 적절한 사용에 대한 세부사항을 포함한다. 또한 차별과 유해한 영향을 규정하고 있으며 검사에 대한 평가 방법, 타당성 증거 기록 방법, 고용주가 어떤 정보를 기록해야 하는지 등에 대한 지침을 포함하고 있다.

또 다른 중요한 고용법 소송 사례는 **워드 코브 운송회사 대 안토니오 판결**(Ward's Cove

자세히 보기

여성 과소예측 효과

가장 익숙한 상황 선정은 SAT, ACT 같은 대학입학시험일 것이다. 이 시험들은 대학에서의 수행 능력을 예측하는 것으로 대학 지원자들 중 학생을 선택하는 데 유용하다.

대학입학시험은 대개 대학생활 중 학점을 예측하게 해주는데 SAT 점수와 GPA(학점평균) 간의 상관 범위는 .30~.50 수준이다(College Board Online, 2009). 예를 들어 이 책의 저자 중 한 명은 최근 세인트루이스의 워싱턴 대학생에 대한 분석 결과 SAT 점수와 신입생의 첫 학기 학점 간에 .33의 상관이 있다는 것을 발견했다. 따라서 SAT 점수는 대학의 학점을 예측하는 데 일정한 예언타당도를 가지고 있다고 결론 내릴 수 있다.

그러나 SAT 점수에 의한 대학 학점 예측에서 남녀가 서로 다른 결과를 보인다. SAT 점수는 남성에 비해 여성의 GPA 점수를 과소예측한다. 즉, 여성은 SAT 점수가 예측하는 것보다 대학에서의 수행이 더 우수한 경향이 있다. 이러한 결과는 30년간 관찰되었으며 현재는 **여성 과소예측 효과**(female underprediction effect)라고 불린다(Hyde & Kling, 2001).

여성 과소예측 효과가 의미하는 것은 무엇일까? 한 가지는 여성이 남성에 비해 전반적으로 대학 학점이 좋다는 것이다. 심리학자는 이러한 결과에 대해 몇 가지 설명을 제시하고 있다. 예를 들어 여성이 남성에 비해 학생으로서 우수하며 교육에서 더 많은 것을 얻는다. 또는 여성이 남성에 비해 성실성이 높고, 성실성의 특징인 시간을 잘 지키고, 조직화가 잘 되며, 열심히 일하는 특징들의 조합이 대학에서의 성공에 기여한다는 것이다.

여성 과소예측 효과는 여성에 대한 또 다른 시사점이 있다. 만일 대학이 입학 자격으로 엄격한 SAT 점수 커트라인을 적용한다면 입학 후에 남성에 비해 수행이 좋을 수도 있는 여성이 입학에서 탈락할 수 있다. 여성이 남성에 비해 수행을 잘하지만 이들의 SAT 점수가 대학 수행 능력을 과소예측하기 때문에 SAT 커트라인 이하의 점수를 받은 여성이 커트라인 이상의 점수를 받은 남성에 비해 더 나을 수 있다. 이로 인해 몇몇 연구자들은 SAT가 대학 입학 결정 도구로 여성에 대한 부정편향이 있다는 결론을 내렸다(Hyde & Kling, 2001).

SAT 점수의 성별 편향을 수정하는 한 가지 방법으로 남녀에게 서로 다른 커트라인을 적용하는 것이라고 생각할 수 있다. 그러나 다른 집단에 다른 커트라인을 적용하는 것은 불법이다. 결과적으로 대부분의 대학은 SAT 점수의 성편향을 보완하기 위해 다른 정보를 통합하여 입학 기준을 정하고 있다. 이는 각 지원자의 여러 정보를 고려하는 것으로 고등학교 학점(여성은 남성에 비해 고등학교 학점도 높다)이 포함된다. 따라서 입학 결정은 SAT 점수에만 의존하지는 않는다. 대부분의 대학에서 입학 결정은 단일 측정도구의 편향을 조정하기 위해 지원자에 대한 여러 정보를 통합한 종합적 지표를 사용한다.

Packing Co. v. Antonio)이다. 워드 코브 운송회사는 알래스카의 연어 운송회사로 운송 업무는 압도적으로 유색인종 노동자들로 채워진 반면, 비운송 업무는 대부분 백인 노동자들이 하고 있었다. 1974년 유색인종 운송 노동자들은 회사에 대한 법적 소송을 시작하면서 고용과 승진 실태에 대한 다양한 혐의를 제기하였다. 예를 들어 족벌주의, 편의에 의한 재고용, 객관적인 채용 절차의 부족, 다양한 고용부서 문제 등이 노동 현장의 인종 계층화에 기여하고 있다고 주장하였다. 이 소송 청구는 시민권법 제7장과 상이한 재정 부서에서 처리되었다. 1989년 대법원은 소송을 제기한 고용인들은 노동에서의 계층화를 유발한 구체적인 고용절차를 설명해야 한다고 하였다. 그러나 법원은 고용인들이 차별을 증명할 수 있다고 할지라도 고용절차가 고용주의 적법한 고용목표에 부합한다면 합법적이라고 결정했다.

워드 코브 판결은 그릭스 판결 결과를 약화시켰으며, 사측이 자신의 요구에 부합한다는 것을 증명할 수 있다면 차별적 고용을 유지할 수 있다는 법률상의 여지를 제공했다. 예를 들어 어떤 검사가 대부분의 흑인 지원자를 배제시키고 있다고 하더라도 회사가 이 검사의 직무 관련성을 입증할 수만 있다면 이 검사를 사용할 수 있다는 것이다. 이 판결은 의회로 하여금 1991년 새로운 시민권을 제정하도록 촉구하였고 시민권법 제7장에 대한 몇 가지 중요한 개정이 이루어졌다. 1991년 제정된 시민법은 인종, 피부색, 종교, 성별, 출신국가 등을 포함하여 보호 집단을 확장하였다. 새로운 제정법은 고용검사에서 인종에 따라 서로 다른 커트라인을 적용하는 것을 금지하였다. 그러나 가장 중요한 것은 고용주가 차별의 영향과 직무 수행 능력 간의 밀접한 관련성을 입증해야 하는 책임을 져야 한다는 점이다.

성격과 분명한 관련성이 있는 또 다른 중요한 사례는 1989년 대법원의 **프라이스 워터하우스사 대 홉킨스 판결**(Price Waterhouse v. Hopkins)이다. 앤 홉킨스는 회계법인의 중간 간부로 회사 파트너로의 승진 대상이었다. 일반적인 승진 심사 후 회사는 기존의 파트너들에게 각자 앤 홉킨스를 평가하도록 요청하였다. 그 결과 그녀가 부정적이고, 대인관계 기술이 부족하며, 여성으로서 거칠고, 지나치게 남성적이라는 비판적인 평가가 나왔다(그들은 그녀가 화장을 더 하고 더 여성적으로 걷고 말해야 한다고 생각했다). 그녀는 회사를 상대로 성차별에 대한 소송을 제기하였고 그녀에 대한 평가가 성별에 대한 고정관념을 기반으로 이루어졌다고 주장하였다. 이 소송은 결국 대법원으로 갔고 프라이스 워터하우스사는 차별을 인정했지만 성적 고정관념은 한 가지 요인일 뿐이고 홉킨스의 파트너십을 거절할 다른 이유가 있다고 주장했다. 또한 성적 차별이 아니어도 홉킨스가 여전히 제외되었을 것이라고 주장했다.

홉킨스가 승소한 또 다른 법적 문제는 그녀가 회사 내의 성 고정관념 때문에 파트너에서 배제되었다는 것이었다. 결국 파트너들은 여성이 직장에서 어떻게 행동해야 할지에 대한 문화적 고정관념과 그녀를 비교하였고, 홉킨스가 그 이미지에 맞지 않는다고 결정했다는 것이었다. 미국 심리학회는 이 소송에 합류해서 이러한 고정관념이 존재하며 문화적 기대와 부합하지 않는 여성이 기대에서 어긋났다는 이유로 부당한 대우를 받는다는 전문적 증거를 제시하였다. 대법원은 성 고정관념이 존재하고 이것이 직장 내 여성에 대한 편향을 유발한다는 주장을 수용했다. 법원에 의해 앤 홉킨스는 회계법인에서 정규 파트너가 되었다. 그녀는 오랜 법정 다툼을 법적이고 개인적인 관점으로 묘사한 책 *So Ordered: Making Partner the Hard Way*(Amherst: University of Massachusettes Press, 1996)를 저술했다.

차별효과

차별효과(disparate impact) 소송에서 원고는 고용절차가 보호 집단의 사람들에게 불이익을 준다는 것을 입증해야 한다. 대법원은 차별효과를 입증하는 데 필요한 차별 수위를 규정하지 않았다. 대부분의 법원은 우연에 의한 확률보다 충분히 크다면 차별이 있다고 규정하고 있다. 통계적 유의성 평가는 이를 확인하기 위해 활용된다. 그러나 어떤 법원에서는 인사선발절차에 대한 표준지침에서 제시하고 있는 80% 법칙을 선호한다. 이 법칙에 따르면 어떤 인종, 성별, 소수민족집단 등의 선발률이 선발률이 가장 높은 집단의 80% 이하라면 차별효과가 있다는 것이다.

일단 법원이 차별효과가 있다고 인정하면 고용주는 선발 절차가 직무와 관련이 있고 직무의 필요성과 일치한다는 것을 입증해야 할 책임을 지게 된다. 표준지침은 고용주가 직무 관련성을 보여줄 수 있는 내용 타당도, 준거 타당도, 구성 타당도 등의 세 가지 방법을 제시해야 한다는 것이다. 내용 타당도는 검사가 직무와 매우 유사할 때 사용되는데, 타이피스트의 경우 타이프 시험을 보는 것을 말한다. 이 유형의 타당도는 성격검사가 특정한 능력보다는 일반적 특성을 측정하기 때문에 적용되기 어렵다. 준거 타당도는 검사 수행과 결정적이거나 중요한 직무 행동을 비교하는 것이다. 이는 표준지침에서 선호되지만 기술적으로 항상 가능하지는 않다. 구성 타당도는 효율적인 직무 수행과 특정한 특성 간의 관련성이 확인될 경우 인사선발에 특성의 측정이 사용될 수 있다는 것이다. 예를 들어 소비자에 대한 서비스 직종은 특정한 대인관계 기술을 필요로 할 수 있다. 이러한 형태의 타당도는 특정한 특성과 직무 수행 간의 관련성에 초점을 맞추기 때문에 성격검사에 가장 적절하다. 만일 어떤 검사가 직무와 관련이 있고 표준지침의 타당도 조건을 만족시킨다면 대부분의 경우 대법원은 차별효과 소송을 기각할 수 있다.

성격검사가 대개는 보호집단에 불이익을 주지 않기 때문에 성격검사와 관련된 차별효과 소송은 상대적으로 드물다. 진실성 검사는 차별효과 영향을 거의 받지 않는 선발 기법으로 알려져 있다. 더욱이 진실성 검사는 절도와 업무방해 행위 등을 예측하는 데 타당도가 있다는 광범위한 통계적 증거를 제시하고 있으며, 이는 고용주의 책무를 충족시키는 것이다. 다른 성격검사들도 직무와 관련성이 있다는 유사한 증거가 존재한다. 그러나 어떤 경우에는 고용주 자신이 타당도 연구를 수행해야 할 때도 있다.

인종 혹은 성별 규준

1991년 제정된 시민법은 고용주가 서로 다른 집단에 대해 다른 기준이나 커트라인을 적용하는 것을 금지하고 있다. 예를 들어 회사가 인사선발에서 남성에 비해 여성에게 높은 커트라인을 적용하는 것은 불법이다. 마이어스-브릭스 유형검사(MBTI)를 포함한 몇몇 성격검사들은 **인종 혹은 성별 규준**(race or gender norming)에 따라 다르게 채점할 것을 추천한다. 그러므로 이러한 검사는 명백히 불법이기 때문에 고용주는 이러한 검사를 피해야 하며 모든 지원자에게 동등한 표준적 규준을 적용하는 성격검사를 선택해야 한다.

미국 장애인 차별금지법

미국 장애인 차별금지법(Americans with Disabilities Act, ADA)은 고용주가 선발 과정에서 장애 여부에 대한 질문이나 의학적 검사를 하지 못하도록 규정하고 있다. 더욱이 장애가 명백하다 하더라도 고용주는 장애의 특성이나 심각도에 대해 물어서는 안 된다. 결과적으로 고용주는 지원자에게 심리검사를 할 때 의학적 검사가 아니라는 것을 확인해야만 한다. 심리검사가 정신장애나 손상에 대한 진단이나 탐지한다는 증거가 있다면 의학적 검사로 간주될 수 있다.

예를 들어 MMPI와 같은 심리검사는 정신장애를 진단하기 위해 고안되었다. 고용주는 이 검사를 정신장애를 파악하기 위해 사용하지 않고 대신 지원자의 선호도나 습관을 파악하기 위해 사용한다고 할 수 있다. 그러나 검사 결과는 회사를 위해 일하는 심리학자가 해석한다. 게다가 이 검사는 정신장애나 손상에 대한 진단을 위해 임상 현장에서 일상적으로 사용되는 것이다(예 : 편집증적 경향이나 우울증 여부의 확인). 이러한 경우 이 검사는 의학적 검사로 간주되어 ADA를 위반하는 것이 된다.

MMPI와 같이 일차적으로 정신병리를 진단하기 위해 고안된 임상적인 성격검사는 ADA의 의학적 검사 금지 규정을 위배하는 것일 수 있다. 결과적으로 고용주는 MMPI 및 이와 유사한 검사를 선발 목적으로 사용하는 것을 피해야 한다. 정상 범위의 성격기능 검사와 진실성 검사는 의학적 검사로 간주하지 않는다.

개인의 사생활 권리

고용주가 성격검사를 사용하는 데 있어서 가장 큰 법적 문제는 사생활 보호에 대한 것이다. 고용 상황에서의 **사생활 권리**(right to privacy)는 더 큰 범위의 사생활 보호 권리에서 나온 것이다. 고용주의 사생활 침해에 대한 소송은 미국헌법, 헌법, 성문법, 관습법 등에 근거한다.

매케나 대 파고(Mckenna v. Fargo) 소송에서 뉴저지의 연방 지방법원은 시 소방청이 소방관 채용 시 성격검사를 사용할 권리를 지지했다. 이 소송은 사생활 권리 침해에 대한 것이었다. 법원은 성격검사가 지원자의 사생활 권리를 침해할 수도 있지만 시 소방청이 직무 압력 하에서 불안정해질 수 있는 지원자를 선별하는 것이 사생활 침해를 정당화하기에 충분하다고 결정했다. 매케나 판결은 성적 · 종교적 · 정치적 태도 등에 대한 성격검사 문항이 지원자의 사생활 권리를 침해할 수 있다는 것을 밝혔다. 그러나 이 판결은 또한 정부가 국민의 안전을 보호하는 소방관과 같이 설득력 있는 필요성을 가질 때는 위반이 정당화될 수 있음을 인식시켰다.

또 다른 사례에서 캘리포니아 상고법원은 안전요원에게 실시되었던 성격검사의 일부 문항이 헌법의 사생활 권리를 침해했다고 판결했다. 사로카 대 데이턴 허드슨(Saroka v. Dayton Hudson) 재판에서 원고는 대형 마켓인 타깃의 안전요원에 지원하였고 MMPI와 캘리포니아 성격검사(CPI)를 모두 작성하라는 요구를 받았다. 두 검사는 성격특성과 적응을 측정하기 위해 광범위하게 사용되고 있으며, 종교, 성행동, 종교적 믿음 등과 같이 매우 개인적인 주제에 대한 질문을 포함하고 있다. 원고는 자신에게 요구된 질문이 매우 사적이며 민감한 개인적 행동을 드러내도록 하는 것이며 업무와는 관련이 없다고 주장하였다. 법원은 이에 동의하였으나 타깃은 선발 절차의 결과가 실질적인 영업상의 이득과 관련이 있다는 주장을 펼쳤다. 법원은 타깃이 정서적으로 안정적인 사람을 안전요원으로 채용할 권리가 있다고 인정했다. 그러나 법원은 타깃이 지원자의 종교적 믿음이나 성적 지향과 정서적 안정성 간의 관련성을 보여주지 못했다고 결론 내렸다. 타깃은 특정한 질문의 구성 타당도나 준거 타당도를 입증하지 못했기 때문에 재판에서 졌다.

인사 선발 : 직무에 적합한 사람 선택하기

경찰관은 직무에 적합한 사람을 선택하는 것의 중요성에 대한 좋은 예가 될 수 있다. 2014년 퍼거슨 모와 같이 최근 경찰관이 무장하지 않은 용의자에게 총격을 가한 일을 비롯해 이와 유사한 수많은 사건은 이 직무에 적합한 사람을 선발하는 것이 얼마나 중요한지를 강조

성격이 직업의 적합성 또는 만족도 등에 일정한 역할을 하는 직업이나 직무를 생각해보자. 은행 투자업무, 프로그래밍, 자동차 판매원 등 어떤 직업이나 직무도 가능하다. 한 가지 직업을 선택한다. 이 직업이나 직무를 잘하는 데 필요한 것이 무엇인지 생각해보고 2~3개의 핵심 조건 목록을 만들어본다. 이 단계를 **직무분석**(job analysis)이라고 한다. 이 단계에서는 특정한 직업과 관련된 핵심적인 필요조건을 파악해보는 것이다. 예를 들어 사회적 기술은 자동차 판매자에게는 핵심 조건이다. 이제 각 핵심 조건이 직무 요건에 필요한 성격이나 능력 특성인지 파악해본다. 예를 들어 구인광고에서 경찰관을 뽑는 자료를 찾아본다. 만일 핵심 조건 목록에 특정한 성격특성에 대한 직무분석이 있다면 성격 측정이 이 직업 지원자를 선정하는 데 유용할 가능성이 있다. 이 연습은 성격심리학자들이 산업 현장에서 일할 때 실제로 적용하는 것이다.

한다. 적합하지 않은 사람을 배제시키는 것도 마찬가지로 중요하다. 성격검사는 경찰관 지원자 중 잘못된 사람을 배제시키는 데 자주 사용되고 있다. 가장 자주 사용되는 검사 중 하나는 MMPI-II로 다양한 정신장애를 알아내기 위해 고안된 것이다. MMPI-II는 550문항으로 중요한 심리적 문제를 가진 사람을 파악하는 것이 일차적 목적이다. 정신적 문제 및 정서적 어려움과 관련된 척도 점수가 높은 사람은 경찰관 지원 시 배제될 수 있다(Barrick & Mount, 1991).

성공적인 경찰관 업무 수행에 필요한 성격특성에 대해서는 별로 알려진 바가 없었으나 Hargrave와 Hiatt(1989)는 CPI와 경찰 직무 수행 간의 관련성을 연구하였다. 이들의 연구에서 훈련 중인 간부 후보생의 13%가 교관으로부터 '부적합'으로 판정받았다. 부적합으로 판정된 후보생들은 CPI 검사에서 동조성과 사회적 안정감을 포함한 9개 척도에서 '적합' 집단과 차이가 있었다. 또 다른 표본에서 Hargrave와 Hiatt(1989)는 심각한 문제를 갖고 있는 경찰관 45명의 CPI 검사 결과가 문제가 있는 집단과 문제가 없는 집단을 구별했다고 하였다. 이러한 결과는 CPI가 경찰관 선발에 유용하며 선발 목적으로 사용될 수 있음을 시사하였다(Black, 2000; Coutts, 1990; Grant & Grant, 1996; Lowry, 1997; Mufson & Mufson, 1998).

16성격 요인(16PF) 검사는 역시 직업 광고 및 선발에도 사용되고 있다. 경찰관에 가장 적합한 16PF 프로파일은 대담함과 자신감, 타인에게 영향을 주거나 통제하고, 목표를 성취하려는 특성 등을 강조하고 있다(Krug, 1981). 모험에 대한 강한 욕구와 타인에게 영향을 미치려는 강한 욕구는 도전적이고 책임을 맡는 경력에 대

경찰관의 성격 프로파일은 대담함과 자기 확신(타인에게 방향을 지시하고 통제하는), 모험을 추구하는 욕구가 높고, 타인에게 지지를 바라는 욕구가 낮다는 점을 강조한다 (Krug, 1981).

출처 : ⓒ Getty Images RF

한 선호와 관련이 있다. 경찰관 성격 프로파일에 의하면 타인의 지지에 대한 욕구는 낮은데 이는 자기 확신이 강한 성격을 시사한다. 이 모든 성격특성을 조합하면 '남성적인' 프로파일 이라고 할 수 있다. 그럼에도 불구하고 미국 표본의 경우 전형적인 경찰관 프로파일은 남녀 에서 동등한 비율로 나타난다(Krug, 1981). 심리학적으로 남녀는 전형적 경찰관에 가장 적 합한 성격특성을 동등하게 갖추고 있다고 할 수 있다.

직무에서의 선발 : 마이어스-브릭스 유형검사(MBTI)

기업은 성공과 실패가 달려 있는 중요한 의사결정에 직면한다. 서로 다른 직종은 다른 특성 을 요구하며, 성격은 직종에서의 성공 가능성에 결정적인 역할을 할 수 있다. 현재까지 업 무 환경에서 가장 광범위하게 사용되어 온 것은 **마이어스-브릭스 유형검사**(Myers-Briggs Type Indicator, MBTI)(Myers et al., 1998)이다. 이 검사는 모녀인 캐서린 브릭스(Katherine Briggs)와 이사벨 마이어스(Isabel Myers)가 함께 융의 개념을 기반으로 개발하였다. 이 검사 는 8개의 기본적인 선호도를 검사하여 성격에 대한 정보를 제공한다. 예시 문항에는 "논리 보다 감정을 중요하게 여기나요? 감정보다 논리를 중요하게 여기나요?"가 있다. 이러한 유 형의 항목이 '강제 선택' 방식으로 제시되는데 선호도가 중간 어딘가에 위치한다고 느끼더 라도 개인이 한쪽에 반응해야 한다. 8개의 기본적 선호도는 〈표 3.1〉에 나와 있다.

이 8개의 기본 선호도는 4개의 점수로 축소되는데 외향형 또는 내향형, 감각형 또는 직관 형, 사고형 또는 감정형, 판단형 또는 인식형 등이 해당된다. 이 4개의 점수가 조합하여 유 형이 만들어진다. 개인은 4개의 점수를 기반으로 16개의 유형 중 한 가지에 해당된다. 예를 들어 ESTP 유형은 외향형, 감각형, 사고형, 인식형이라는 의미이다. MBTI 저자에 따르면 이 유형은 업무에서 뛰어난 리더십을 발휘한다. 위기에 처했을 때 기꺼이 책임을 맡으며, 다 른 사람에게 자신의 견해를 설득하는 데 뛰어나고, 자기 주장적이고, 직접적인 방법으로 집 단이 목표를 달성할 수 있도록 이끈다. 또한 즉각적인 결과를 보기 원한다.

이와 반대로 INFJ는 내향형, 직관형, 감정형, 판단형인 사람이다. 이 유형은 ESTP와는 기본적으로 다른 리더십 스타일을 보인다. INFJ는 책임과 권리를 가지는 대신 조직의 비전 을 개발하고자 하며, 협조를 요구하기보다는 타인이 협조하도록 하고, 다른 사람에게 명령 이 아닌 영감을 주고, 확고함과 진실성을 갖고 일하며, 꾸준히 직무 목표를 달성해낸다. 이 러한 특성의 차이는 쉽게 서로 다른 유형의 리더가 서로 다른 조직 환경에서 더 적절할 수 있음을 상상할 수 있다. 예를 들어 위기 상황에서는 ESTP가 사람들을 조직해서 즉각적인 위협에 대처해내는 데 나을 수 있다. 업무의 정체기에는 INFJ가 조직의 장기적 비전을 반영 해내는 데 적합할 수 있다.

매년 대략 300만 명의 사람들이 MBTI를 받는다(Gardner & Martinko, 1996). 이 검사는 교육, 상담, 직업 상담, 직장내 팀 구축 등을 위해 개발되었지만 인사 선발에서도 광범위하 게 사용되고 있다(Pittenger, 2005). 이러한 광범위한 활용은 사람들이 이 검사가 측정하는 성격특성을 쉽게 이해할 수 있는 직관적인 이점 때문이라고 할 수 있다.

그러나 MBTI에는 몇 가지 문제가 있다. 첫 번째는 이 검사의 기반이 되는 융의 **심리적 유형**

표 3.1 MBTI가 측정하는 8개의 기본 선호

외향형 외부에서 에너지를 얻는다. 사람들과 사귀고, 행동과 활동을 좋아한다.	**내향형** 사고와 아이디어의 내적 세계에서 에너지를 얻는다.
감각형 오감을 통해 정보를 얻는 것을 선호하며, 실제로 존재하는 것에 주의를 기울인다.	**직관형** 육감으로부터 정보를 얻는 것을 선호하며, 현재보다 가능성을 인식한다.
사고형 논리, 조직, 분명하고 객관적인 구조를 선호한다.	**감정형** 정보를 처리하는 데 있어서 사람, 가치 지향적 방식을 선호한다.
판단형 정돈되고 통제된 삶을 선호한다.	**인식형** 자발적인 삶, 그때그때의 활동에 대해 유연하고 여유가 있다.

출처 : Myers et al.(1998), Hirsh & Kummerow(1990)

(psychological types) 이론이 학술계나 심리학 연구자들의 광범위한 지지를 받지 못하고 있다는 점이다. 사람들은 외향형이나 내향형과 같이 유형화되지 않는다. 대신 대부분의 성격특성은 정규분포 형태를 보인다. [그림 3.2]는 내향성-외향성 유형의 모형 자료와 종 모양의 정규분포를 나타내는 내향형-외향형에 대한 실제자료를 대비해서 보여준다. 인간의 특성 중 유형 모형처럼 쌍봉 분포를 보이는 것은 거의 없다. 생물학적 성별은 쌍봉 분포에 부합하는 한 가지 특성으로 여성 유형의 사람과 남성 유형의 사람이 많이 있고 중간에는 거의 분포가 없는 것이다. 그러나 외향형-내향형 분포는 이와 전혀 다르다. 중간에 한 개의 극이 있는데 대부분의 사람들은 순수하게 내향적이거나 순수하게 외향적이지 않고 이 중간 어딘가에 위치한다. 대부분의 성격특성은 이러한 정상분포를 따르기 때문에 성격의 '유형' 개념은 정당화되기 어렵다.

정규분포하는 특성을 유형으로 만들기 위해서는 사람들을 범주로 분류하는 기준점수를 사용할 수 있다. 대부분의 MBTI 사용자들은 표준화 표본을 통해 중앙값을 기준점수로 사용하는데(50%를 기반으로 위/아래로 나누는 점수) 이 문제는 어떤 표본에서든 상당수의 사람들이 중앙값 오른쪽에 군집화된다는 것이다. 만일 중앙값이 다른 방향으로 1점이나 2점 움직일 경우 기준점수를 결정하는 데 사용된 표본의 특성 차이 때문에 많은 수의 사람이 반대 범주로 재분류될 것이다. 내향형-외향형에서 20점의 점수를 받은 사람은 한 표본에서는 내향형(만일 중앙값이 21일 경우)으로, 다른 표본에서는 외향형으로 분류될 것이다(만일 중앙값이 19점일 경우). 따라서 개인의 동일한 점수(20점)가 분류에 사용되는 중앙값에 따라 매우 다르게 해석될 수 있다. 기준점수와 유형 분류에 대한 문제에도 불구하고 다수의 MBTI 사용자들이 계속해서 채점체계에 따른 유형 분류를 지속하기 때문에 전문적 상담연

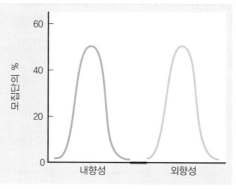
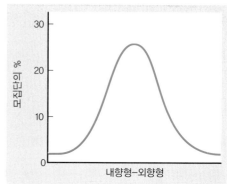

A. 모집단의 분포가 쌍봉 모양이라고 했을 때 외향성과 내향성의 가설적 데이터. 이 분포에 따르면 다수의 사람들이 외향성 혹은 내향성일 것이며, 중간에 속하는 사람은 거의 없을 것이다.

B. 내향형과 외향형의 분포가 종 모양 혹은 정규분포라고 했을 때 전형적 데이터. 이 분포에 따르면 대다수 사람들은 외향형과 내향형 중간에 위치할 것이며, 극단적인 사례는 매우 적을 것이다.

그림 3.2
내향형-외향형의 분포가 유형 모형(A)인지 정규분포 모형(B)인지에 따른 그래프. 실제 자료는 유형 모형이 아닌 정규분포 모형을 따른다.

구에서는 비판을 제기하고 있다.

MBTI의 또 다른 문제는 점수의 신뢰성이 떨어진다는 점이다. 신뢰도는 시간 간격을 두고 분리해서 두 번 측정한 후 추정할 수 있다. MBTI의 경우에는 집단 분류에 기준점수가 사용되는데, 많은 사람들이 기준점수와 유사한 점수에 분포하고 있기 때문에 재검사 시 원래 점수에서 작은 차이를 보여도 다른 성격유형으로 재분류될 가능성이 커진다. MBTI의 검사-재검사 신뢰도 연구 결과, 5주 간격의 검사-재검사 후 참가자들의 50%가 한 개 이상의 유형 범주에서 다른 분류를 보였다(McCarley & Clarskadon, 1983). 이러한 이유 때문에 과학적 성격심리학자들이 성격 측정에 유형 채점 체계의 사용을 권고하지 않는 것이다.

유형 채점 체계의 또 다른 문제는 이 체계가 범주 간에는 큰 차이를 가정하면서 범주 내의 차이에 대해서는 가정하지 않는다는 점이다. 예를 들어 모든 외향형의 사람들은 유사하고 내향형의 사람들은 외향형과는 매우 다를 것으로 가정하지만 실제로는 그렇지 않다. 외향형으로 분류된 두 사람을 생각해보자. 한 사람은 중앙값에서 1점만 높고 또 다른 사람은 31점이나 높다. 이 경우 두 외향성 유형은 서로 크게 다를 가능성이 크다(이들은 동일한 유형 범주이지만 척도 점수가 30점이나 다르다). 이제 중앙치에서 1점이 낮은 내향성인 사람과 중앙치보다 1점 높은 외향성인 사람을 생각해보자. 이 외향성과 내향성인 사람은 서로 구분이 잘 안 될 가능성이 있다(이들은 서로 다른 유형 범주에 속하지만 척도 점수는 2점밖에 차이가 안 난다). 이러한 이유로 심리학자들이 성격검사에서 유형 채점 체계 사용을 피하고 있다.

MBTI에 대한 여러 타당도 연구는 주로 유형 범주와 직업 선호도를 관련시킨 것이다. 그러나 이들 연구는 통계적 차이의 유의성에 대한 충분한 세부사항을 보고하지 않았다는 비판을 받아 왔다. 예를 들어 Gardner와 Martinko(1996)는 경영자의 MBTI에서 유형 분포에 대한 13개 연구를 검토하였다. 이들 모든 연구는 다른 범주 빈도를 보고했지만 여러 경영 분야에서 성격 차이가 있다는 통계 검증을 증명할 만한 척도 점수의 평균을 제시하지 않았다. 그 외에 또 다른 연구자들(예 : Hunsley, Lee, & Wood, 2003)은 MBTI의 예언 타당도(predictive validity)에 대해서 적절한 검증이 이루어지지 않았다고 지적했다(예 : MBTI가 미래의 직업 선택이나 직무 만족도를 예언한다는 것). 또한 어떤 연구도 MBTI의 증분 타당도를 조사하지 않았다(예 : MBTI가 전통적인 성격검사 이상으로 직업 선택이나 직무 만족도 예측을 유의하게 증가시키는지의 여부).

심리학자들은 몇 년에 한 번씩 MBTI에 대한 증거를 다시 검토 및 요약하고 있다. 1991년 Bjork와 Druckman은 MBTI를 검토한 후 다음과 같이 결론 내렸다. "지금까지는 직업 상담 프로그램에서 MBTI 사용을 정당화할 만한 잘 설계된 연구가 부족하다."(p. 99) Boyle(1995)은 몇 년 후 자료들을 검토한 후 MBTI의 유용성을 지지하는 분명한 과학적 증거를 발견할 수 없다고 하였다. 2003년 Hunsley, Lee, Wood는 현대적 성격 측정에 대한 최근 증거를 검토하고 다음과 같이 결론 내렸다. "MBTI가 현대적인 성격 측정 도구라고 하기에는 불충분하다."(pp. 63-64) 심지어 Pittenger(2005)는 최근 검토한 연구에서 MBTI에 대한 모든 과학적 연구를 평가한 후 다음과 같이 결론 내렸다. "근로자의 선택, 부서 배정, 그 외의 고용평가 등에 있어서 MBTI를 추천할 만한 적절한 자료가 없기 때문에 MBTI의 활용은 정당화될 수 없다."(p. 219)

MBTI의 과학적 근거에 대한 부정적 의견에도 불구하고 MBTI는 왜 상담 및 직무 상담에서 여전히 인기 있는 도구인가? 여기에는 몇 가지 이유가 있다. 첫째, 출판사의 성공적인 영업 캠페인으로 인해 MBTI에 대한 인지도가 높아졌다. 또한 쉬운 채점방식과 해석지침을 함께 제시하므로 성격심리학에 대한 전문적인 훈련을 받지 않은 사람들이 사용하기 쉽고 이해하기도 쉽다. 더욱이 검사에 대한 해석은 직업과 대인관계에 대해 이해하기 쉬운 예측을 제시한다. 점성술이 인기 있는 것과 같이 사람들은 기술과 예측에 과학적 증거가 별로 없다고 할지라도 자신과 자신의 미래에 대해 듣기를 좋아한다.

그렇다면 MBTI를 적절하게 활용할 수 있는 방법은 무엇일까? 직업 선택이나 진로 결정에서 단일한 자료로 사용되어서는 안 되지만 진로 탐색, 팀 구축, 대인관계 상담 등과 같은 영역에서 일정한 역할을 할 수 있다. 매우 다른 성격을 가진 사람들은 세상을 보는 방식이 다르기 때문에 만일 검사가 이러한 다양성에 대한 이해를 촉진한다면 유용할 것이다. 또한 사람들이 성격과 행동 간의 관련성에 대해 생각해보도록 하는 데 유용하다. 우리가 다른 사람에게 하는 행동방식과 다른 사람들이 우리에게 하는 행동방식을 이해하는 것이 성격의 영향을 받는다면, 이는 다른 사람을 이해하고 잘 지내는 능력을 향상시킬 수 있을 것이다. 예를 들어 '교사 직무향상 워크숍'에서 MBTI를 받은 교사가 자신의 가르치는 스타일에 대해 생각하고 자신이 가르치는 학생들이 다 같지는 않다는 인식을 갖게 될 수 있다. 또한 집단 활동이나 팀 구축이 필요한 집단원들의 단결심을 향상시키는 촉매제로 작용할 수 있다. 예를 들어 '기업 수련회'에서 경영자 집단이 검사를 받고 성격 차이에도 불구하고 팀으로 잘 작업할 수 있는 방법을 탐색할 수 있다. 이와 같이 이 검사가 성격 측정에 대한 적절한 도구는 아니지만 사람들이 성격에 대해 생각하도록 하는 데 유용성을 갖고 있다.

직무에서의 선발 : 호간 성격검사

앞서 언급한 문제 때문에 MBTI는 고용인을 선택하는 데 사용하지 않는 것이 좋다. 대안이 될 수 있는 검사는 무엇일까? 성격검사에 대한 수많은 책이 출판되어 있으며(Spies & Plake, 2005), 수백 개의 성격검사 회사가 고용인 선택에 도움을 주고 있다. 다음의 예는 분명한 과학적 증거에 기반한 절차를 사용하고 있는 한 회사와 성격검사에 대한 설명이다. 이 회사는 Hogan Assessment Systems이며 주요 검사는 호간 성격검사(Hogan Personality Inventory, HPI)이다.

이 측정 회사의 설립자인 로버트 호간(Robert Hogan)은 수년간 털사대학교의 심리학과 교수였다. 그는 1970년대부터 1980년대까지 성격심리학을 가르치고 연구해 왔으며, 성격심리학 분야에서 가장 명망 있는 과학 저널인 *Journal of Personality and Social Psychology*의 편집장이었다. 이 시기 동안 호간의 연구는 주로 당대의 기업 환경에서 중요한 성격 측면을 파악하는 것이었다. 처음에는 성격의 Big 5 모델을 활용하여 이들 특성이 기업에서 어떤 작용을 하는지에 초점을 두었다. 또한 업무에서 중요한 성격의 사회적 측면에 대한 이론을 개발하였고, 사회적 삶에서 중요한 주제는 다른 사람과 잘 지내고 다른 사람과의 경쟁에서 이기려는 동기라고 결론 내렸다.

대부분의 업무 환경에서 사람들은 집단으로 일을 하며 모든 집단은 지위의 위계가 있다. 호간의 이론에 의하면 사람들은 집단 내에서 다음의 세 가지를 원한다. (1) 수용, 존경과 인정을 포함 (2) 지위와 자원의 통제 (3) 예측성(Hogan, 2005). 호간의 연구에 따르면 관리자가 소속한 집단 내에서 이들 중 한 가지 이상의 동기를 위반하게 될 때 업무상의 문제가 발생할 수 있다. 예를 들면 직원을 무시하거나, 세세한 점까지 관리하며 직원에게 통제권을 주지 않거나, 의사소통을 하지 않고 피드백을 주지 않아서 직무를 예측할 수 없도록 하는 것이다.

호간이 개발한 성격 질문지 **호간 성격검사**(Hogan Personality Inventory, HPI)는 업무에 중요한 세 가지 동기와 관련 있는 성격의 Big 5 측면을 측정하는 것이다. 이 질문지에서 측정하는 특성은 〈표 3.2〉에 나와 있다. 호간과 역시 심리학 연구자인 아내 조이스 호간(Joyce Hogan)은 이 질문지를 사용하여 다양한 업계에서 일하는 사람들의 유능성에 대한 연구를 시작하였다. 이들은 특정한 직무를 위한 필요조건이 성격특성 중 어떤 조합과 부합하는지에 대해 조사하였다. 곧 타당도 연구를 수행하면서 성격검사가 특정한 업무에 대한 적응성을 예측하는지 알아보았다. 또한 연구 결과를 통해 성격검사가 다양한 유형의 직종에서 직업 성취도를 잘 예측하는지 여부를 분석하였다. 이 검사는 수많은 연구를 통해 높은 수준의 신뢰도, 조직 적합도, 성취도 등을 포함한 중요한 직업적 결과를 예측하는 데 수용할 만한 타당도를 획득했다. 조이스 호간과 홀랜드(2003)는 호간 성격검사에 대한 28개의 타당도 연구를 메타분석한 결과 몇 가지 중요한 직무 관련 기준을 예측하는 데 성격척도의 타당도가 높다는 결론을 얻었다.

1987년 로버트와 조이스 호간은 Hogan Assessment Systems라는 회사를 설립하고 고용인

표 3.2   HPI의 7가지 주요 척도와 6개의 직업 척도

주요 척도		직업 척도	
적응	자신감, 자존감, 압력하에서 침착함, 신경증의 반대 특성	서비스 지향	고객에게 주의를 기울이고, 친절하며 정중함
야심	주도권, 경쟁심과 리더 역할에 대한 갈망	스트레스 내성	스트레스를 다룰 수 있고, 비난을 받을 때 차분함을 유지함
사회성	외향성, 사교성과 사회적 상호작용에 대한 욕구	신뢰성	정직성, 진실성, 긍정적 시민의식
대인관계 민감성	온화함, 매력, 좋은 대인관계를 유지하는 능력	사무직 잠재력	지시를 따르고, 세부사항에 주의를 기울이며, 분명하게 의사소통함
신중함	자제력, 책임감과 성실성	판매직 잠재력	에너지, 사회적 기술, 고객의 문제를 해결하는 능력
탐구심	상상, 호기심, 비전과 창의적 잠재력	관리직 잠재력	리더십 능력, 계획, 결정을 내리는 기술
학습적 접근	배우는 것을 즐김, 업무와 기술에 있어서 최신 경향을 유지함		

을 선발하는 데 성격검사를 사용하는 회사에 대한 자문을 시작하였다. 곧 로버트 호간은 털사대학교를 떠나고 회사가 경영적으로 성격검사를 활용하도록 돕는 데 모든 노력을 기울였다. 이들 부부는 기업에서 성격검사를 사용하는 것이 타당하다는 것을 입증하는 과학적 접근을 계속했다. 성격을 통해 직무 성공을 예측하는 것에 대한 최근의 리뷰에는 어떤 특성이 직업을 갖는 것을 예측하는 반면 다른 특성은 직업을 유지하는 것을 예측한다는 흥미로운 논의를 포함하고 있다.

고용인 선발에 있어서 호간 성격검사(HPI)가 MBTI보다 더 나은 검사인 이유는 무엇일까? 첫째, 호간 성격검사는 Big 5 모델을 기반으로 직무 적용을 위해 수정한 것이다. 호간 성격검사의 구성과 개발은 표준적인 통계 절차를 따르고 있어서 높은 수준의 신뢰도(검사-재검사 상관은 .74에서 .86에 이른다)를 보여주고 있고, 오늘날까지 호간 성격검사에 대한 400개가 넘는 타당도 연구가 진행되어 왔다. 이들 연구는 호간 성격검사가 수많은 직업 범주에서 이직률, 결근율, 영업실적 향상, 소비자 서비스, 고용인 만족도, 전반적인 업무 수행도 등을 포함한 다양하고 중요한 직무 결과를 예측하는 능력을 조사하는 것이다. 즉, 이 검사는 다양한 직무 범주에서 직업적 성공을 예측할 수 있다는 것이다. 호간 성격검사의 성격 프로파일은 미국 산업 범주에 포함된 200개의 서로 다른 직업 범주에 대해 제공하고 있다. 이 회사는 호간 성격검사를 받은 수백만 명의 사람들에 대한 데이터베이스를 보유하고 있다.

호간 성격검사는 그렇다-아니다 항목으로 실시하는데 20분 정도의 시간이 소요된다. 어떤 항목도 사생활을 침해하거나 거스르지 않으며 성별, 인종, 민족성 등에 기반한 부정적 영향을 보이는 척도를 포함하지 않는다. 이 검사는 또한 수많은 외국어로도 실시가 가능하다. Hogan Assessment Systems는 앞서 언급한 인사선발절차에 대한 표준지침이 제안하고 있는 절차를 엄격히 따르고 있으며 기록들을 보관한다. 만일 호간 성격검사를 사용한 회사가 고용인으로부터 고소당한다면 Hogan Assessment Systems는 소송을 방어하는 데 필요한 검사 개발과 타당도에 대한 보고서와 자료를 제시해줄 것이다. 호간 성격검사를 이용한 선발 절차와 타당도 연구는 법원에서 문제시된 바가 없다. 검사 개발자는 미국심리학회(APA)와 산업조직심리학협회의 회원이며 두 학회 모두 회원들에게 평가 업무에 대해 전문적 수준의 윤리적·법적·과학적 기준을 요구하고 있다.

지난 20년간 검사에 대한 연구와 효과를 포함한 긍정적 평가 때문에 기업에서 호간 성격검사의 사용은 급격하게 성장했다. Hogan Assessment Systems는 포춘지 100대 기업 중 60%의 회사에 자문을 하며 전세계 100여 개가 넘는 고객들에게 평가 서비스를 제공하고 있다. 현재 한 달에 300~500개의 회사가 고용인을 선정하거나 향상시키기 위해 이 회사의 서비스를 활용하고 있다.

Hogan Assessment Systems는 고용인의 능력 개발과 같은 다른 서비스도 제공하고 있지만 여기서는 호간 성격검사를 이용한 고용인 선발에 대한 사례를 기술할 것이다. 업계 선두의 금융 서비스 회사가 Hogan Assessment Systems를 통해 재무 상담사를 뽑는 사전고용 평가절차를 개발했다. 우선 업무 요건을 분석하고 관련 직종에서의 수행에 대한 타당도 연구와 비교하여 성격 프로파일이 결정된다. 이러한 절차에 의해 새롭게 고용된 사람이 몇 년 근무한 후, 회사는 선발 절차 도입 전후의 재무 상담사의 수행을 비교함으로써 선발 절차의 효과를 평가하였다. 이들은 성격 프로파일을 통해 고용된 재무 상담사가 매년 20% 이상의 서비스 수수료를 더 벌었고, 재무액은 32% 이상 증가했고, 거래실적은 42% 상승하였다는 것을 발견했다. 분명 '적절한 자료'를 통해 지원자를 선정하는 것은 이 회사에 이득이 되었다. 호간 성격검사를 사용하여 고용인을 선정한 다른 회사의 예는 www.hoganassessments.com에서 찾을 수 있다.

성격요인은 누가 특정한 직업 환경에서 일을 잘하는지 예측하는 데 중요한 역할을 할 수 있다. 성격검사를 이용하여 특정한 직종의 고용인을 선정할 때 모든 성격검사가 잘 예측할 것이라고 생각해서는 안 된다. 성격에 대한 적절한 이론에 기반하고 분명한 과학적 근거를 갖추고 있으며 수용할 만한 신뢰도와 회사의 요구에 부응하는 분명한 타당도를 가진 평가 체계만이 좋은 결과를 담보한다.

개념적 주제 : 성격발달, 안정성, 응집성과 변화

여기서는 성격발달에 대한 정의, 시간에 따른 성격의 안정성에 대한 주요 관점, 성격이 변하는 것의 의미 등에 대해 알아볼 것이다. 성격발달 연구는 수많은 연구적 관심을 불러일으켰으며, 2개의 과학적 학술지 *Journal of Personality*(Graziano, 2003)와 *European Journal of*

Personality(Denissen, 2014; Specht et al., 2014)가 이 주제에 관한 특별호를 출판하였다.

성격발달이란 무엇인가

성격발달(personality development)이란 시간에 따른 연속성, 일관성, 안정성 및 시간에 따라 변화하는 방식으로 정의될 수 있다. 안정성과 변화라는 두 가지 측면에는 각각의 정의와 조건이 있다. 수많은 형태의 성격 안정성과 마찬가지로 많은 형태의 성격 변화가 존재한다. 가장 중요한 형태의 안정성은 순위 안정성, 평균 수준 안정성, 성격 응집성 등이 있다. 이에 대해 각각 다룬 후에 성격 변화에 대해 탐색할 것이다.

순위 안정성

순위 안정성(rank order stability)이란 집단 내 개인의 위치가 유지되는 것을 말한다. 대부분의 사람들은 14세에서 20세 사이에 키가 크지만 이러한 발달은 모든 사람에게 유사한 영향을 미치기 때문에 키 순위는 상당히 안정적으로 유지된다. 14세에 키가 큰 사람들은 20세에도 대개 키가 큰 편에 속한다. 이는 성격특성에도 유사하게 적용될 수 있다. 지배성이나 외향성의 경우 다른 사람과의 비교 위치가 시간에 걸쳐 유지되는 경향이 있다면 순위 안정성이 높다고 할 수 있다. 즉, 예를 들어 순종적인 사람이 들고 일어나서 지배적인 사람을 제압하는 것과 같이 사람들의 순위가 바뀐다면 이 집단은 순위 불안정성, 혹은 순위 변화가 나타난 것이라고 할 수 있다.

평균 수준 안정성

또 다른 종류의 성격 안정성은 수준의 항상성, 즉 **평균 수준 안정성**(mean level stability)이다. 정치적 성향을 고려해보자. 한 집단에서 진보나 보수의 평균 수준이 시간에 걸쳐 동일하다면 그 집단은 높은 평균 수준 안정성을 보인다고 할 수 있다. 만일 사람들이 나이가 들면서 급격히 보수적이 되는 것과 같이 정치적 성향의 평균 수준이 변화한다면 표본은 **평균 수준 변화**(mean level change)를 보인다고 할 수 있다.

성격 응집성

좀 더 복잡한 성격발달 유형은 특성의 **표현**이 변화하는 것이다. 지배성에 대해 생각해보자. 8세에 지배적이고 20세에도 역시 지배적인 사람을 생각해보자. 8세 소년은 자신의 지배성을 거친 신체놀이에서 힘으로 표현하거나, 경쟁자를 '계집애'라고 부르거나, 컴퓨터 게임을 독점하겠다고 고집을 피우는 것 등으로 표현할 수 있다. 20세에는 정치적 토론에서 자신의 견해를 고수하기 위해 다른 사람을 설득하거나, 대담하게 데이트를 신청하거나, 여럿이 함께 식사할 장소를 자신이 결정하겠다고 주장하는 방식 등으로 나타날 수 있다.

이러한 형태의 성격발달, 즉 다른 개인과 비교할 때 순위는 유지되지만 특성의 표현 방식이 변화하는 것을 **성격 응집성**(personality coherence)이라고 한다. 성격 응집성에서는 특성에 대한 정확한 행동 표현이 동일하게 유지될 필요는 없다. 8세와 20세의 행동에서 중복이 거

연습문제

"어떤 것은 변하고, 어떤 것은 변하지 않은 채 남아 있는지"를 알아보기 위해 고등학교 시기 이전(예 : 중학교 시절)과 이후 시기(예 : 대학 재학 시)를 비교해본다. 이 시기 동안 눈에 띄게 변한 세 가지 특징을 생각해본다. 특징은 관심사, 태도, 가치관, 시간이 날 때 하고 싶어 하는 일 등이 될 수 있다. 변하지 않은 세 가지 특징을 생각해본다. 특징은 성격, 흥미, 가치, 다양한 주제에 대한 태도 등이 될 수 있다. 다음의 기록 형태로 적어본다.

	나는 중학교 때 어땠나?	고등학교 이후에는 어땠나?
변한 특성	1. _____	1. _____
	2. _____	2. _____
	3. _____	3. _____
변하지 않은 특성		1. _____
		2. _____
		3. _____

의 없다는 점에서 표현은 매우 다를 수 있다는 것을 보여준다. 행동 표현은 모두 변하지만 지배적인 행동의 전반적인 수준은 유지된다는 점에서 결정적인 것이 유지된다고 할 수 있다. 따라서 성격 응집성은 연속성과 변화 요소를 동시에 포함하는 것이다. 즉, 내적 특성은 연속적이지만 특성의 외적 표현은 변화한다.

성격 변화

시간에 따른 변화에 있어서 성격발달 개념은 정교화될 필요가 있다. 모든 변화가 발달을 의미하는 것은 아니기 때문이다. 예를 들어 한 강의실에서 다른 강의실로 걸어갈 때 당신과 주변과의 관계는 바뀐다. 그러나 이 경우 '발달'이라고 말하지는 않는데, 이러한 변화는 외적인 것이지 내부에 있는 것이 아니기 때문이다.

또한 모든 내적 변화를 발달로 간주할 수는 없다. 만일 감기에 걸려서 신체가 중요한 변화를 겪게 되었다고 해보자. 체온은 상승하고, 코는 막히고, 머리는 아플 것이다. 이러한 변화는 지속되지 않으며 곧 건강해지기 때문에 발달이라고 할 수 없다. 마찬가지로 술이나 약물복용 등으로 인한 성격의 일시적 변화는 성격의 지속적 변화를 유발하지 않는 한 성격발달이라고 할 수 없다.

반면 나이가 들면서 일관되게 성실하고 책임감이 많아진다면 이는 일종의 성격발달이라고 할 수 있다. 만일 나이가 들면서 에너지가 점차 없어진다면 이것 역시 일종의 성격발달이라고 할 수 있다.

요약하면 성격 변화는 다음의 두 가지로 정의할 수 있다. 첫째, 변화는 외부 환경의 단순

자세히 보기

모한다스 카람찬드 간디는 1869년 인도의 평범한 가정에서 태어났다. 그의 어머니는 매우 종교적인 사람으로 그녀의 신념과 종교적 실천은 어린 간디에게 영감을 주었다. 간디 가족은 전통적인 힌두교 교리를 따랐을 뿐 아니라 불교와 이슬람 경전도 읽고 기독교 성가도 불렀다. 간디는 개인적 욕구를 포기하고 인류에 대한 봉사에 자신을 바친다는 삶에 대한 개인적 철학을 발달시켰다.

간디는 영국에서 법을 공부하고 남아프리카에서 몇 년간 변호사 개업을 한 후 인도로 돌아왔다. 이때 인도는 영국령하에 있었으며, 대부분의 인도인들은 제국주의의 압제에 분개하고 있었다. 간디는 인도인으로서의 규율을 지키는 이상을 따르고, 영국의 압제로부터 해방하기 위해 일생을 헌신했다. 예를 들어 영국이 모든 인도인들의 지문을 채취하겠다고 결정하자 간디는 소극적 저항이라는 아이디어를 제안하여 모든 인도인이 지문 채취에 가지 않도록 선동하였다. 간디는 1919년부터 1922년까지 인도 전역에서 영국과 관련된 일에 대한 비폭력 파업과 참여 거부를 주도하였다. 그는 영국과 관련된 모든 일에 평화적으로 비협조하는 캠페인을 조직하였으며, 인도인들에게 영국인이 운영하는 학교에 아이를 보내지 말고, 법원에 참여하지 않고, 영어를 사용하지 않도록 촉구하였다. 때로 영국군은 파업과 참여 거부를 하는 인도인 군중을 공격하였고 그로 인해 많은 인도인들이 살해당했다. 인도인들은 간디를 사랑했다. 그들은 무리지어 간디를 따랐고 그가 하는 모든 행동과 말을 기록했다. 그는 살아 있는 전설이 되었고 사람들은 그를 마하트마, 즉 위대한 영혼이라고 불렀다. 오늘날 우리는 그를 '마하트마 간디'라고 알고 있다.

1930년 간디는 인도인의 자체적 소금생산을 금지하는 영국법에 대한 비폭력 저항을

개인의 안정성 사례

주도하였다. 그는 자신의 추종자들과 함께 인도 해안을 행진하면서 바다에서 소금을 채취하였다. 몇천 명의 군중이 그를 따르며 시민 불복종에 동참하였다. 영국 정부는 영국법에 따라 이 불복종에 대해 60,000명 이상의 인도인을 구금하였다. 인도 감옥은 외국법을 어겼다는 이유로 외국인 통치차들에 의해 구금된 현지인들로 넘쳐났다. 결국 영국인 통치자들은 이 상황에 대해 당혹감과 수치심을 갖게 되었다. 세상의 눈에는 이 연약한 남자 간디와 그의 비폭력 추종자들이 영국 제국하의 인도령에 대한 근간을 흔드는 것으로 보였다.

간디는 인도 정부의 공식적 인물이 아니었음에도 불구하고 영국은 간디와 함께 인도를 영국령으로부터 해방시키는 협상을 시작하였다. 이 협상 동안 영국은 간디를 괴롭히고 감옥에 구금하였다. 이로 인해 인도인들은 시위를 하였고 천여 명에 가까운 사람들이 살해되었다. 이것은 제국주의 지배자들에게 수치심을 유발했고, 간디는 결국 몇 년 후인 1947년에 석방되었으며, 영국은 인도에 독립을 내주었다.

간디는 영국의 통치를 인도 자체 통치로 평화롭게 전환하도록 협상했다. 전생애 동안 그는 전세계의 가장 영향력 있는 지도자 중 하나였다. 그의 사상은 이후 억압받는 많은 집단의 분쟁에 영향을 미쳤다.

1948년 암살자가 근거리에서 그에게 세 발의 총을 쏘았다. 암살자는 힌두교 광신자로 간디가 자신의 지위를 이용해서 인도 내 이슬람교도에 대한 혐오를 전파해야 한다고 믿었다. 대신 간디는 관용과 신뢰를 설파하였고, 이슬람교도와 힌두교도가 새로운 인도 제국을 만드는 데 함께 참여해야 한다고 하

마하트마 간디는 격동의 시기를 살면서 인류 역사상 가장 큰 사회적 혁명을 이끌었다. 삶의 조건이 바뀌었지만 그의 성격은 변하지 않았다. 예를 들어 성인기 내내 세계의 대부분의 지도자들이 입었던 양복과 넥타이 대신 한 겹의 천만을 걸치고 살면서 자기-부정과 자기-충족성을 실천했다.

출처 : ⓒ Dinodia Photos/Hulton Archive/Getty Images

였다. 이처럼 가장 비폭력적이고 관용적인 사람은 폭력의 희생자가 되었다.

간디는 '인도의 아버지'가 되었지만 그는 성인기 이후에도 본질적으로 같은 사람이었다. 그는 살면서 매일 비싼 비누 대신 재로 몸을 씻었고 비싼 날 대신 오래되고 잘 들지 않는 면도칼로 면도했다. 거의 매일 자신의 집을 청소하고 마당을 쓸었고, 매일 오후 한두 시간 물레를 돌렸다. 이 실을 가지고 자신과 추종자들을 위한 옷을 지었다. 그는 어린 시절에 배운 금욕과 자급자족을 실천하였다. 그의 성격은 사는 동안 놀라울 만큼 안정적이었으며, 역사상 가장 폭풍과도 같았던 사회적 변혁의 중심에 있을 때도 마찬가지였다.

비순응성의 표현은 유아기의 떼쓰기에서 성인기에는 논쟁적이고, 걸핏 하면 화를 내는 행동으로 변화된다. 연령에 따라 행동이 변하긴 하지만 기저의 특성은 동일하게 나타난다. 이런 유형의 일관성을 성격 응집성이라고 한다.

출처 : ⓒ Kristy-Anne Glubish/Design Pics RF(왼쪽), ⓒ Chris Ryan/age fotostock RF(오른쪽)

한 변화가 아닌 개인의 내적 변화이다. 둘째, 변화는 일시적인 것이 아니라 비교적 지속적이어야 한다.

요약과 평가

이 장에서는 다양한 특성이론이 공통적으로 가지고 있는 중요한 주제와 개념에 대해 알아보았다. 특성에 접근하기 위한 전형적인 방식은 개인차를 강조한다는 것이다. 특성심리학은 차이에 대한 연구와 차이의 범주화를 이용하여 사람들 간의 차이가 가져오는 결과를 분석한다. 특성심리학은 사람들이 소유한 다양한 특성 때문에 시간에 걸쳐 행동이 비교적 일관된다고 가정한다. 특성심리학자들은 또한 연구하는 특성과 관찰되는 상황에 따라 행동이 어느 정도 일관적이라고 가정한다. 그렇지만 어떤 상황은 행동에 미치는 영향력이 매우 강력하다. 어떤 상황은 너무 강력해서 성격특성의 영향력을 압도하기도 한다. 중요한 교훈은 상황의 힘이 약하고 모호할 때나 모든 사람이 동일한 행동을 하지 않을 때 특성이 개인의 행동에 영향을 미칠 가능성이 크다는 것이다.

대부분의 특성심리학자들은 성격특성 점수가 행동의 평균적 경향성에 대한 것이라는 점에 동의한다. 특성 측정치 점수는 어떤 사람이 다양한 상황에서 평균적으로 어떻게 행동하는지에 대한 것이다. 특성심리학자들은 특정한 상황하에서의 특정한 행동보다는 평균적인 행동 경향성을 더 잘 예측한다. 예를 들어 어떤 사람이 적대감 특성에서 높은 점수를 나타냈더라도 성격심리학자는 그 사람이 내일 싸움에 휘말릴지 여부를 예측하지는 못한다. 그러나

그 사람이 적대감이 낮은 사람에 비해 향후 몇 년간 더 많은 싸움에 휘말릴 것이라는 것은
자신 있게 예측할 수 있다. 즉, 특성은 행동의 평균적 경향성을 반영한다.

　특성심리학자들의 관심은 이러한 기술을 고용인 선발과 배치 및 성격이 차이를 만들 수
있는 상황에 적용하도록 하는 것이다. 고용주가 중요한 고용이나 승진을 결정하기 위해 특
성 측정 검사를 사용할 경우 기억해야 할 법적 문제가 있다. 예를 들어 성격검사가 여성이나
특정한 소수 집단과 같은 보호 집단을 불공평하게 차별해서는 안 된다. 또한 검사는 직무 수
행과 같은 중요한 실제적 생활 변인들과 관련이 있어야 한다. 성격검사와 관련된 고용법에
대한 몇 가지 중요한 법적 사례도 검토하였다. 또한 고용 선발 상황에서 대중적인 인기를 얻
고 있는 두 가지 도구를 검토하였다. MBTI는 광범위하게 사용되고 있지만 낮은 수준의 측
정 신뢰도와 검증되지 못한 타당도로 인해 비판받아 왔다. 또 다른 도구인 호간 성격검사는
고용인 선발을 위한 성격검사에서 가장 최적의 사례로 간주되고 있다.

핵심용어

강한 상황(strong situation)

개인과 상황 간 상호작용(person-situation interaction)

고용업무 태만(negligent hiring)

그릭스 대 듀크 파워(Griggs v. Duke Power)

마이어스-브릭스 유형검사(Myers-Briggs Type Indicator, MBTI)

미국 장애인 차별금지법(Americans with Disability Act, ADA)

사생활권리(right to privacy)

상황 선정(situational selection)

상황 특수성(situational specificity)

상황주의(situationism)

성격 응집성(personality coherence)

순위 안정성(rank order stability)

심리적 유형(psychological types)

여성 과소예측 효과(female underprediction effect)

워드 코브 운송회사 대 안토니오 판결(Ward's Cove Packing Co. v. Antonio)

유발(evocation)

인사 선발(personnel selection)

인사선발절차에 대한 표준지침(Uniform Guidelines of Employee Selection Procedures)

인종 혹은 성별 규준(race or gender norming)

일관성(consistency)

조작(manipulation)

직무 분석(job analysis)

진실성에 대한 외현적/암묵적 측정(overt and covert integrity measure)

집적(aggregation)

차별효과(disparate impact)

차이심리학(differential psychology)

평균 수준 변화(mean level change)

평균 수준 안정성(mean level stability)

프라이스 워터하우스사 대 홉킨스 판결(Price Waterhouse v. Hopkins)

호간 성격검사(Hogan Personality Inventory, HPI)

1964년 제정 시민권법 제7장(Title VII of the Civil Right Act of 1964)

생물학적 영역

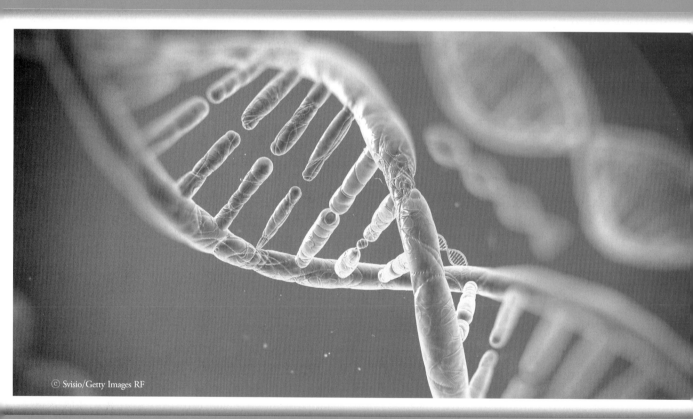

제2부

© Svisio/Getty Images RF

생물학적 영역은 우리의 행동, 생각 및 감정에 영향을 미치거나 영향을 받을 수 있는 몸 내부에 있는 신체적 요소 및 생물학적 체계와 관련되어 있다. 예를 들어 우리의 몸 내부에 있는 신체적 요소 중 성격에 영향을 미칠 수 있는 유형 중 하나는 유전자이다. 유전자 구성은 머리카락이 곱슬인지 직모인지, 눈동자가 푸른색인지 밤색인지, 또는 크고 무거운 뼈로 이루어지는지, 가벼운 뼈로 이루어지는지 등을 결정한다. 또한 얼마나 활동적인지, 급하고 무뚝뚝한 성격인지 아닌지, 혹은 다른 사람들과 함께 있는 것을 좋아하는지, 혼자 있는 것을 좋아

하는지 등에도 영향을 미친다. 유전자가 성격에 기여하는지 여부와 어떻게 기여하는지에 대해 이해하는 것은 생물학적 영역에 들어간다.

생물학과 성격이 만나는 또 다른 영역은 사람들 사이의 차이의 원인이 될 수 있는 뇌와 같은 생리적인 체계에 있다. 예컨대 어떤 사람은 뇌의 왼쪽 부분보다 오른쪽 부분에서 좀 더 활동적일 수 있다. 경험적으로 우리는 이러한 활성화의 불균형이 고통과 부정적인 정서를 좀 더 강하게 경험하는 기질과 관련이 있다는 것을 알고 있다. 여기서 사람들 사이의 신체적 차이는 정서적 스타일의 차이와 연관되어 있다. 생리적 특징들은 성격의 양상을 보여준다.

성격심리학 문헌에는 성격과 상관관계가 있는 것으로 측정되는 생리적 측정에 대한 여러 가지 예가 있다. 한 예로는 수줍음이 많은 아동이 수줍어하지 않는 아동에 비해 낯선 사람과 함께 있을 때 심박동수가 올라가는 것을 보여주는 결과가 있다(Kagan & Snidman, 1991). 심박동의 반응성을

없애는 것이 수줍은 아이를 덜 수줍어하게 할 수 있을까? 아마도 아닐 것이다. 이것은 생리적 반응이 성격특성을 만들거나 원인이 되는 근본적 기질이라기보다는 문제가 되는 특성과 상관관계가 있기 때문이다.

이것은 성격에 대한 생리적 상관관계 연구가 쓸모없는 노력이라는 말이 아니다. 그와는 반대로 생리적 척도는 종종 성격에 대한 중요한 의미를 내포한다는 말이다. 예를 들어 A유형인 사람의 높은 심혈관 반응성은 심장병 발병의 심각한 결과를 초래할 수 있다. 이러한 이유로 성격과 상관관계가 있는 생리적 기준을 찾는 것은 과학적으로 유용하고 중요한 과제이다.

반면에 성격에 대한 몇 가지 현대 이론들은 근원적인 생리학이 특정한 성격차이의 기질을 만들거나 형성하는 데 보다 중심적인 역할을 한다고 주장한다. 여기에서 우리는 이 이론들에 대해 좀 더 자세히 살펴볼 것이다. 각 이론은 특정 성격특성이 근본적인 생리적 차이에 근거한다는 개념을 갖고 있다. 각 이론은 또한 근원적인 생

리적 기질이 변한다면 그 특성과 관련된 행동 패턴도 역시 달라질 것이라고 추정한다.

세 번째 생물학적 접근은 다윈의 진화론을 기초로 한다. 종의 구성원들이 생존하고 번식하는 것을 도와주었던 적응은 진화된 특성으로 전해졌다. 예를 들면 직립 보행할 수 있었던 영장류는 들판에 서식할 수 있었고, 두 손은 도구를 사용할 수 있었다.

심리학자들은 현재 심리적 특징의 진화에 대한 증거를 고찰하고 있다. 그들은 자연 선택과 같은 진화의 원리를 이용하고, 이를 심리적 특성의 분석에 적용하고 있다. 이를테면 자연 선택은 우리 조상들에게 집단 협력을 선택하기 위해 작용했을 것이다. 집단 안에서 일하고 협력할 수 있었던 인간들은 생존하고 번식할 가능성이 더 높았고, 협력하는 것을 좋아하지 않았던 인간들은 조상이 될 가능성이 낮았다. 그 결과 협동적 단체의 일원이 되고자 하는 욕망은 오늘날 인간에게 존재하는 진화된 심리적 특징일 수 있다.

유전과 성격

ⓒ Svisio/Getty Images RF

4

생 물 학 적 영 역

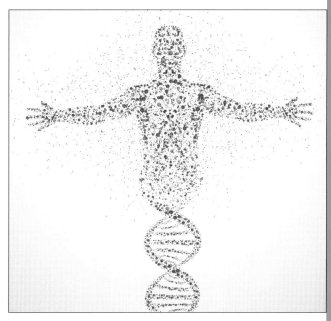

과거에 대한 기록은 유전자 청사진에 적혀 있다.

출처 : ⓒ Lonely/Shutter-stock.com RF

일란성 쌍둥이인 짐 형제는 태어나자마자 서로 다른 가정으로 입양되어 자랐다. 이들은 따로 떨어져 살다가 39세가 되었을 때 처음으로 만났다. 쌍둥이 중 한 명인 짐 스프링어는 미국 중서부에 쌍둥이 형제 짐 루이스가 살고 있다는 것을 알게 되었다. 1979년 2월 9일 처음으로 그에게 전화를 걸었고, 통화는 즉각적으로 이루어졌다. 전화통화 후 3주가 지나서 짐은 상대방 결혼식에서 들러리가 되었다.

짐 쌍둥이 형제가 처음 만났을 때 둘은 놀라울 정도로 비슷했다. 둘 다 몸무게가 82kg이었고, 키는 183cm였다. 둘 다 결혼을 두 번 하였으며 첫 번째 부인의 이름은 린다, 두 번째 부인의 이름은 베티였다. 둘 다 제임스라는 이름의 아들이 있었다. 직업 또한 비슷했다―두 명 다 파트타임 보안관으로 일했다. 둘 다 살렘 담배를 피웠으며, 밀러 라이트 맥주를 마셨고, 비슷한 종류의 두통 증상이 있었고, 손톱을 물어뜯는 습관이 있었다. 이들 모두 아내를 위해 연애편지를 써서 집안 곳곳에 두었다. 또한 표준화된 검사에서 두드러지게 비슷한 성격점수를 보였다(Segal, 1999).

물론 짐 형제가 모든 면에서 똑같은 것은 아니었다. 한쪽은 글을 더 잘 썼으며, 다른 한쪽은 말을 더 잘했다. 또한 머리 손질을 다르게 하였다. 한 명은 머리카락이 이마를 덮는 헤어 스타일을 하였으나 다른 한 명은 머리를 뒤로 넘겼다. 그러나 이들이 유아기 때부터 완전히 다른 가정에서 성장했음을 고려해보면 유사성이 더욱 두드러졌다. 이것은 단지 하나의 일란성 쌍둥이 사례에서 관찰된 결과이기 때문에 다른 쌍둥이들 역시 그럴 것이라고 결론 내릴 수는 없다. 하지만 짐 쌍둥이 형제의 사례는 "유전은 성격 형성에서 어떤 역할을 하는가?" 하는 흥미로운 질문을 불러일으킨다.

인간의 게놈

게놈(genome)이란 한 개체가 가진 전체 유전자 세트를 의미한다. 인간 게놈에는 20,000~25,000개의 유전자가 들어 있다. 이 유전자들은 23쌍으로 이루어진 염색체 안에 위치한다. 모든 사람은 한 쌍의 염색체에서 한쪽은 어머니에게서 물려받고, 다른 한쪽은 아버지로부터 물려받는다. 인간 게놈을 이해하는 방법 중 하나는 그것을 23장으로 이루어진 책으로 생각하고, 각각의 장은 하나의 염색체 쌍으로 생각하면 된다. 각 장은 수천 개의 유전자를 갖고 있으며, 각각의 유전자는 긴 DNA 분자 사슬로 이루어져 있다. 놀라운 사실은 우리 몸의 모든 세포에 있는 핵이 어머니와 아버지로부터 받은 두 개의 완전한 인간 게놈 집합체를 담고 있다는 것이다. 유전자를 하나도 갖고 있지 않은 적혈구와 단 한 개의 인간 게놈 복사본만을 갖고 있는 난자세포와 정자세포만이 예외에 속한다. 우리 몸 안에는 핀의 머리보다 작은 세포가 대략 100조(백만×백만) 개 정도 있기 때문에 인간은 대략 100조 개의 게놈 복사본을 몸 안에 갖고 있다고 할 수 있다.

인간 게놈 프로젝트는 인간 게놈 전체를 해독해서 인류의 특정한 DNA 서열을 알아내고자 하는 연구로, 그 규모가 수십억 달러에 달한다. 2000년 6월 26일, 과학자들은 인간 게놈의 첫 번째 초안을 완성하였음을 발표하여 헤드라인을 장식했다. DNA 서열을 밝힌다는 것이 DNA 분자의 모든 기능을 밝힌다는 것을 의미하지는 않는다. 과학자들은 이제 생명의 '책'을 갖게 되었지만, 아직 유전자들이 육체, 정신, 행동 등에 어떤 역할을 하는지 앞으로 밝혀내야 한다.

발견된 사실 중 일부는 인간 게놈에 대한 표준적인 가정을 근본적으로 뒤엎고 있는 것으로 보인다. 특히 두 가지 사실은 주목해볼 만하다. 첫째, 인간의 유전자 개수는 쥐나 벌레의 추정치와 비슷하였으나, 단백질로 부호화되는 방식이 다른 종들에 비해 훨씬 더 다양한 것으로 나타났다. 대체 가능한 해독 방식은 엄청나게 다양한 단백질을 만들어내며(쥐와 벌레에서 볼 수 있는 것보다 훨씬 더 많은) 어쩌면 이것이 설치류와 인간 사이의 복잡한 차이에 대한 이유가 될 수 있다. 둘째, 단백질로 부호화된 유전자들은 인간 게놈의 2% 정도를 차지하며 이것은 일부일 뿐이다. 과학자들은 나머지 98%의 DNA를 목적이나 기능이 없는 부분이라고 믿어 **유전과정의 폐기물**(genetic junk)이라고 여겼다. 그렇지만 유전학자들은 이 '폐기물 DNA'가 폐기물이 아님을 밝혀내고 있다. 오히려 이 DNA 덩어리들은 인간에게 영향을 미치며, 사람의 신체적인 크기부터 성격까지 모든 것에 영향을 미칠 가능성이 있다(Gibbs, 2003; Plomin, 2002). 인간 게놈에 숨겨진 복합체들('모조 유전자'나 '리보 스위치'와 같은 이름이 붙은)이 있다는 것은 유전자와 인간 행동 사이의 밝혀지지 않은 연관성을 이해하려면 아직 갈 길이 멀다는 것을 의미한다.

인간 게놈에 있는 대부분의 유전자들은 지구상에 있는 사람들 모두에게 동일하다. 이것은 정상적으로 발달한 인간이 공통적으로 눈 2개, 다리 2개, 이 32개, 손가락 10개, 심장 1개, 간 1개, 허파 1개 등이 있는 이유이다. 일부 유전자들은 사람에 따라 다르게 나타난다. 그러므로 비록 모든 사람의 눈은 2개지만 어떤 사람들은 푸른 눈, 갈색 눈, 심지어 보라색 눈동자를 갖는다. 사람에 따라 다른 일부 유전자들은 눈 색깔, 키, 뼈의 너비 등과 같은 신체적인 특징에 영향을 미치고, 인간의 성격을 규정하는 발달에 영향을 준다.

유전과 성격에 대한 논란

성격심리학에서 발달유전학 연구만큼이나 논란이 많은 분야는 없을 것이다. 연구자들은 유전학 및 환경적 차이가 개개인의 성격에 영향을 미치는 정도를 밝히려고 노력하고 있다. 행동유전학에 관한 연구 결과가 종종 헤드라인이나 표지에 실리는데, 1996년 1월 2일 뉴욕타임스는 획기적인 결과 하나를 보도했다. "스릴을 즐기는 것은 변이형 유전자와 관련이 있다." 이 기사는 새로움을 추구하는, 즉 외향적이고, 충동적이고, 낭비벽이 있으며, 화를 잘 내고, 흥분을 잘하는, 탐험적인 유전자를 발견했다고 보도하였다. 2012년 11월 5일 뉴스 기사는 "완벽주의자가 되는 것은 당신의 유전자에 달려 있다."(http://www.newstrackindia.com/newsdetails/2012/11/05/161-Being-perfectionist-lies-in-your-genes.html)라고 선언하였다. 일부 대중매체들은 부모가 아이에게 바라는 점을 유전적 목록에서 선택하는 '디자이너 베이비'를 제안하고 있다. 그렇지만 이런 제안은 성격의 핵심적 특징이 부모에 의한 사회화나 개인적인 경험이 아닌 개개인의 유전적 차이라고 주장하기 때문에 논란의 여지가 많다.

일부 논란은 이념적인 문제에서 비롯된다. 다수의 사람들은 행동유전학에서의 발견이 특정한 정치적 의제로 사용되지 않을까(혹은 잘못 사용되지 않을까) 우려한다. 만약 스릴을 추구하는 정도가 특정 유전자에서 비롯된 것이라면 폭주를 위해 차를 훔치는 소년 범죄자들을 규제하지 말아야 하는 것일까? 어떤 사람들은 행동 패턴이나 성격특징을 유발하는 유전적 구성 성분을 찾게 된다면 성격의 변화 가능성에 대한 비관론이 팽배해지지 않을까 우려한다.

또 다른 논란은 우생학에 대한 것이다. **우생학**(eugenics)은 어떤 특징을 갖고 있는 사람의 생식은 장려하고, 그러한 특징이 없는 사람의 생식은 막아서 인류의 미래를 설계할 수 있다는 생각이다. 많은 사람들은 유전학 연구 결과가 일부 사람들의 생식을 막고자 하거나, 심지어 '완벽한 인종'을 만들기 위해 어떤 사람들을 제거해야 한다는 사람들을 뒷받침해주는 근거가 될까 걱정한다.

하지만 성격의 유전학을 연구하는 현대 심리학자들은 연구를 통해 밝혀진 사실들을 어떻게 활용할 것인지, 그리고 잠재적인 오용에는 어떤 것이 있는지에 대해 매우 조심스러운 태도를 취한다(Plomin et al., 2013). 그렇지만 이들은 무지한 것보다는 아는 것이 낫다고 말한다. 예를 들면 과잉행동은 유전자의 영향으로 나타난다. 그렇지만 부모가 육아방식에 원인이 있다고 생각하여 육아방식을 바꾸려고 노력한다면 결국 실패하고 좌절과 분노를 겪게 될 것이다. 그뿐만 아니라 심리학자들은 유전적 연구 결과가 사람들이 걱정하는 좋지 않은 방향으로 이어질 것이라고 생각할 필요는 없다고 말한다. 성격특징이 유전에서 비롯되었다는 것을 안다는 것이 성격을 고치는 데 환경이 아무 역할도 못한다는 것은 아니다. 소용돌이치는 논란 아래에 무엇이 있는지 알아보기 위하여 이제는 유전학과 성격 분야로 넘어가 보자.

행동유전학의 목표

행동유전학의 주요 목표를 이해하기 위해 구체적인 예(개인의 키 차이)를 살펴보자. 예를 들어 어떤 사람들은 농구선수 르브론 제임스(207cm)처럼 키가 크고, 어떤 사람들은 영화배우 대니 드비토(152cm 정도)처럼 키가 작다. 유전학자들은 "무엇이 사람의 키를 크거나 작게 하는가?"와 같은 질문에 초점을 맞춘다.

이론적으로 키에 영향을 미치는 요인은 여러 가지가 있을 수 있다. 예를 들면 성장기의 식습관이 키 차이의 원인이 될 수 있다. 유전적 차이 또한 키의 차이를 어느 정도 설명할 수 있다. 유전적 연구의 가장 중요한 목표 중 하나는 개개인의 차이에 기여할 수 있는 유전적 차이와 환경적 차이의 백분율을 밝히는 것이다.

키의 경우에 있어서 환경적 이유와 유전적 이유 두 가지 모두가 중요하다. 분명히 아이들은 부모의 키를 닮는 경향이 있다. 키가 큰 부모는 평균보다 키가 큰 아이를 낳고 키가 작은 부모는 평균보다 키가 작은 아이를 낳는다. 유전적 연구에 따르면 키 차이의 대략 90%는 유전적 차이 때문에 발생한다. 나머지 10%는 환경 차이에서 비롯되는데, 이를 사소하다고 볼 수는 없다. 미국의 성인 평균 키는 지난 한 세기 동안 대략 2인치 정도 증가했는데 이런 변

키를 결정하는 데 있어서 유전은 90%의 차이를 설명하고, 식습관과 같은 환경적 요인은 10%의 차이를 설명한다. 배우인 대니 드비토는 농구선수인 르브론 제임스보다 거의 55cm 정도 작다.

출처 : ⓒ Helga Esteb/Shutterstock.com RF(왼쪽), ⓒ Jason Miller/Getty Images Sport/Getty Images(오른쪽)

인간의 특징 중 주로 유전적 영향을 받는 것에는 무엇이 있을까? 예를 들면 눈동자 색의 차이 같은 것을 고려해보자. 유전적 요소의 영향을 받지 않을 것 같은 특징으로는 무엇이 있을까? 예를 들어 음식을 먹을 때 포크를 사용하는 것과 젓가락을 사용하는 것 간의 개인 차이를 생각해보자. 어떤 차이는 유전적 차이에 의해 영향을 받고 어떤 것은 받지 않는다는 것을 어떻게 증명할 수 있을까?

화는 섭취한 음식의 영양가가 높아지면서 초래된 결과이다. 이 예시는 다음과 같은 교훈을 준다. 사람들 간의 차이는 유전적 차이 때문일 수도 있지만 이것이 환경이 특징을 바꾸는 데 있어 아무런 역할을 하지 않는다는 것은 아니다.

앞서 제시된 행동유전학적 방법들은 키와 몸무게, 지능, 성격특성, 심지어 진보주의나 보수주의와 같은 태도 등에 대한 개인차의 원인을 밝히는 데 활용될 수 있다. 행동유전학자들은 단순히 유전적 요인과 환경적 요인에 대한 **분산의 백분율**(percentage of variance)을 알아내는 것에 만족하지 않는다. 분산의 백분율은 개인이 서로 얼마나 다른지를 나타내며, 이것은 다시 다양한 원인에 의한 백분율로 나눌 수 있다. 행동유전학자들은 또한 어떤 유전자와 환경이 어떤 방식으로 상호작용하고, 어떤 연관성이 있는지를 밝히는 것에도 관심이 있다. 그리고 부모에 의한 사회화 과정의 어느 시점에서 환경이 영향을 미치는지 정확히 알아내고자 한다. 예를 들면 아이가 만나는 교사인지, 아니면 또래의 영향인지를(Harris, 2007) 밝히고자 하며, 이런 주제는 이 장의 끝부분에서 다룰 것이다. 우선 우리는 행동유전학의 핵심(유전율이란 무엇인지와 유전학자들이 어떤 방법을 사용하여 해답을 얻는지)에 대해서 살펴볼 것이다.

유전율이란 무엇인가

유전율(heritability)이란 한 집단에서 관찰되는 분산 중 유전의 분산으로 설명할 수 있는 비율을 가리키는 통계량이다(Plomin et al., 2001). 유전율은 어떤 유전적 차이가 키, 외향성, 감각 추구 등과 같은 관찰값에 어느 정도의 차이를 유발하는지를 의미한다. 유전율은 심리학에서 가장 오해를 많이 받는 개념 중 하나이다. 하지만 정확하게 정의할 수 있다면 유전율은 성격의 유전 및 환경적 결정인자를 알아내는 데 유용한 정보가 된다.

유전율은 공식적인 정의에 의해 결정되는데, 유전형 분산에서 비롯된 표현형 분산의 비율이다. **표현형 분산**(phenotypic variance)은 키, 몸무게, 성격 등과 같이 사람들 사이에서 관찰되는 차이를 나타낸다. **유전형 분산**(genotypic variance)은 각 사람들이 가진 유전자 총집합의 개인 차이를 의미한다. 그러므로 .50의 유전율은 관찰된 표현형 분산의 50%가 유전형 분산

연습문제

다음과 같은 말의 의미에 대해 함께 이야기해보라. "정상적인 발달 과정을 거치는 모든 사람은 언어를 사용하지만, 어떤 사람들은 중국어를 사용하고 다른 사람들은 프랑스어, 영어를 사용한다." 사용된 언어의 분산의 어느 정도가 유전자 혹은 양육된 환경의 분산으로부터 기인하는가?

으로부터 기인한다는 뜻이다. .20의 유전율이 의미하는 것은 표현형 분산 중 20%만이 유전형 분산으로부터 기인한다는 것이다. 여기에서 환경 요소는 단순히 표현형 분산 중 유전형 분산으로부터 기인하지 않는 부분이다. 그러므로 .50의 유전율이 의미하는 것은 환경 요소가 .50이라는 뜻이다. .20의 유전율이 의미하는 것은 환경 요소가 .80이라는 뜻이다. 이러한 예시들은 가장 간단한 경우들을 설명한 것이며, 유전적 요인과 환경적 요인들 사이에 연관성 및 상호작용이 없다고 가정한 것이다.

환경적 기여도 유전율과 비슷한 방식으로 정의된다. 개인이 모여 있는 집단에서 관찰되는 분산 중 환경(비유전적) 차이로부터 기인하는 비율을 **환경률**(environmentality)이라고 부른다. 일반적으로 유전율이 크면 환경률이 작으며 그 반대도 마찬가지이다.

유전율에 대한 오해

사람들은 흔히 유전율이 어떤 한 사람에게 적용된다고 오해하지만 그것은 사실이 아니다. 키의 개인차는 90% 유전 가능하다고 말하는 것은 의미가 있지만 "메레디스 키의 90%는 유전 가능하다."라고 하는 것은 전혀 말이 되지 않는다. 예를 들어 그녀의 키 중 160cm는 유전자 때문이고 나머지 18cm는 환경 때문이라고 할 수 없다는 것이다. 한 개인에게 있어서 유전자와 환경은 불가분하게 얽혀 있다. 두 가지 모두 키를 결정하는 데 역할을 하며 이들의 영향은 분리될 수 없다. 그러므로 유전율은 개인이 아닌 표본이나 전집에서의 차이만을 의미한다.

또 다른 오해는 유전율이 일정하다는 것인데 이것은 그런 종류의 숫자가 아니다. 유전율은 특정하게 배열된 환경과 특정한 순간의 인구집단에만 적용될 수 있는 통계량이다. 만일 환경이 바뀔 수 있다면 유전율도 바뀔 수 있다. 예를 들면 이론상 유전율은 한 인구집단에서는 높을 수 있지만(예 : 스베아족 사이에서) 다른 곳에서는 낮을 수 있다(예 : 나이지리아인 사이에서). 그리고 유전율은 어떤 때는 낮았다가 어떤 때는 높을 수도 있다. 유전율은 항상 집단 내에 있는 유전적 차이의 범위와 환경적 차이의 범위 모두에 의존한다. 유전율은 사람과 장소에 일반화할 수 없다.

유전율에 대한 마지막으로 흔한 오해는 유전율이 정확한 통계량이라는 것이다(Plomin et al., 2001). 이런 생각은 사실과 아주 다르다. 예를 들면 오차나 낮은 신뢰성은 유전율을 왜곡시킬 수 있다. 또한 유전율은 표본에 따라 달라지는 상관계수를 사용해 계산하기 때문에 정밀함이 더욱 떨어질 수 있다. 요컨대 유전율은 기껏해야 그저 유전형 차이에서 비롯된 표현형 차이의 백분율에 대한 추정치일 뿐이다. 유전율은 정확하지도 않고, 개인에 대한 언급도 아니며, 영원히 고정된 것도 아니다(유전율이 의미하는 바와 그것의 한계에 대한 더 자세한 표현을 보려면 Johnson et al., 2011 참조).

유전-환경 논쟁

유전율이라는 용어의 뜻을 명확하게 하기 위해서는 성격을 결정하는 데 유전이 더 중요한지 아니면 환경이 더 중요한지에 대한 **유전-환경 논쟁**(nature-nurture debate)을 명료하게 정리할 필요가 있다. 명료화는 개인 수준의 분석과 전집 수준의 분석을 분명히 구별하는 데서부터 이루어진다.

　개인 수준에서 유전-환경 논쟁은 있을 수 없다. 모든 개인은 독특한 무리의 유전자들을 갖고 있다. 그러한 유전자들은 그 사람의 생애에 뚜렷한 특징을 부여하기 위해 환경을 필요로 한다. 지금 이 페이지를 읽고 있는 각각의 사람들은 분리할 수 없게 얽혀 있는 유전자와 환경의 산물이다. "샐리에게 있어서 유전자와 환경 중 무엇이 더 중요한가?"라고 묻는 것은 아무 의미가 없다. 개인적 분석 단계에서는 논쟁할 만한 이슈가 없다. 이에 대한 비유로 케이크를 굽는 것을 고려해보라. 각각의 특정한 케이크는 밀가루, 설탕, 계란, 물 등으로 이루어져 있다. 완성된 케이크에 더 많이 '기인하는' 것이 밀가루인지 계란인지 묻는 것은 의미가 없다. 두 가지 모두 필수적인 재료이며 서로 떼어놓을 수 없게 합쳐져 있고 완성된 케이크 안에서 구분이 불가능하다. 한 개인의 유전자와 환경도 한 케이크의 밀가루와 계란과 같다. 두 재료 모두 필수적이지만 무엇이 중요한지 알기 위해 그들을 논리적으로 해체할 수 없다.

　하지만 집단적 단계에서 우리는 유전자와 환경의 영향을 구분할 수 있다. 이것이 행동유전학자들이 기능을 하는 분석 단계이다. "특성 X의 개별적 차이에 있어 더 중요한 것은 유전적 차이인가, 아니면 환경적 차이인가?"라고 묻는 것은 아주 좋은 의미가 된다. 집단적 단계에서 우리는 차이를 두 가지 근원으로 분할할 수 있다: 유전자에 있는 차이와 환경에 있는 차이. 또한 한 시점의 특정한 집단 간 차이를 설명하는 것에 있어 무엇이 더 중요한지에 대해 의미 있는 서술을 만들어낼 수 있다. 케이크를 예시로 고려해보자. 당신이 100개의 케이크를 갖고 있다면, 달콤함 정도의 차이가 사용한 밀가루의 차이에 의해 더 기인했는지 혹은 사용한 설탕의 차이에 의해 기인했는지 묻는 것은 이치에 맞다.

　이제 사람들 사이의 신체적 차이에 대해 살펴보자. 예를 들어 사람들 사이의 키 차이는 대략 .90 정도의 유전율을 보인다. 사람들 사이의 몸무게 차이는 대략 .50 정도의 유전율을 보인다. 그리고 배우자 선호도(결혼 상대로 바라는 특징들)는 대략 .10 정도의 매우 낮은 유전율을 보인다(Waller, 1994). 그러므로 키에 있어서 유전적 차이가 환경적 차이보다 더 중요하다고 하는 것은 이치에 맞다. 몸무게는 유전자와 환경적 요인들이 거의 동일하다. 그리고 배우자 선호도에 있어서는 환경적 차이가 압도적으로 중요하다.

　다음에 어떤 사람과 유전-환경의 주제에 대해 토론할 기회가 생기면 "당신은 개인적 단계에서 묻는 것인가요, 아니면 집단 내부에서 개인 간의 차이 단계에서 묻는 것인가요?"라고 물어보라. 분석의 단계가 지정될 때에만 대답이 의미를 가질 수 있다.

행동유전학 연구를 통해 밝혀진 중요한 사실

이 절에서는 성격의 유전율에 대해 알려진 사실에 대해 알아볼 것이다. 다양한 연구에서 도출된 결과는 놀랍다.

성격특성

행동유전학적 설계에서 가장 흔히 자주 연구하는 성격특성은 외향성과 신경증이다. 외향성이란 한편에는 사교적이고 말수가 많은 사람들이 위치하고 다른 반대편에는 조용하고 내성적인 사람들이 위치하는 차원이라는 것을 상기하자. 신경증은 한쪽에는 걱정이 많고, 불안해하고, 감정적으로 변덕스럽다고 특징지어진 사람들이 위치하고, 다른 한쪽에는 차분하고 감정적으로 안정된 사람들이 위치한다. Henderson(1982)은 25,000쌍 이상의 쌍둥이들에 대한 문헌들을 검토하였다. 그는 두 가지 성격특성 모두 상당한 유전율을 보인다는 것을 발견하였다. 예를 들면 4,987쌍의 쌍둥이들을 대상으로 한 스웨덴 연구에서 외향성에 대한 연관 정도는 일란성 쌍둥이에서 +.51이었고 이란성 쌍둥이에서 +.21이었다(Floderus-Myrhed, Pedersen, & Rasmuson, 1980). 두 연관 정도의 차이를 두 배 곱하는 간단한 공식을 사용하면 .60의 유전율이 나온다.

신경증으로부터 나온 발견들도 유사하다(Floderus-Myrhed et al., 1980). 일란성 쌍둥이의 신경증 연관 정도는 +.50이지만 이란성 쌍둥이의 연관 정도는 겨우 +.23이다. 이것은 유전율이 .54라는 것을 시사한다. 쌍생아 연구들은 매우 유사한 결과들을 보여주는데, 이는 외향성과 신경증은 유전적 영향이 절반가량 되는 특성들이라는 것을 시사한다. 호주에서 실시된 대규모 쌍생아 연구는 신경증의 유전율이 47%라는 것을 찾아냈다(Birley et al., 2006). 다양한 측정 방법을 사용한 좀 더 최근의 연구들도 신경증과 외향성에서 유사한 중간 정도의 유전율을 찾아냈다(Loehlin, 2012; Moore et al., 2010).

외향성과 신경증에 대한 입양 연구에서 나온 사실들은 좀 더 낮은 유전율을 시사한다. 예를 들어 Pedersen(1993)은 입양아들과 그들의 생물학적 부모 간의 차이에 기반한 유전율 추정치를 외향성에 대해 40%, 신경증에 대해 30%라는 것을 발견하였다. 입양 부모와 그들의 입양아 사이에서의 상관 정도는 거의 제로에 가까웠으며, 이런 결과는 외향성과 신경증이 환경으로부터 **직접적인 영향을 받는 정도**

그 사람이 얼마나 활기차고 활동적인가를 나타내는 활동 수준은 중간 정도의 유전율을 보인다.

출처 : ⓒ Maskot/Alamy Stock Photo RF

는 아주 작다는 것을 시사한다.

활동 수준의 개별적 차이 또한 행동유전학적 분석의 대상이 되어 왔다. 제3장을 보면 기계 기록 장치인 액토미터로 측정한 활동 수준의 개별적 차이는 어릴 때 나타나며 시간이 흘러도 안정적이라는 내용이 있다. 활동 수준은 독일의 성인 일란성 쌍둥이와 이란성 쌍둥이 300쌍 표본으로부터 산출되었다(Spinath et al., 2002). 연구자들은 각자의 몸에서 움직임으로 소모된 신체 에너지를 자동 손목시계와 같은 움직임 측정계를 사용하여 측정하였다. 이 장치를 작동시키면 신체 움직임의 빈도와 강도가 기록되었다. 활동 정도는 .40의 유전율을 보였으며, 사람들 간 동적 에너지의 차이가 절반 정도는 유전적 차이로부터 기인한 것임을 시사한다.

활동 수준은 중간 정도의 유전율을 보인다. 폴란드에서 1,555쌍의 쌍둥이들을 대상으로 연구한 결과 활동성, 감성, 사교성, 고집, 공포, 주의산만 등을 포함한 모든 기질은 평균 50%의 유전율을 보였다(Oniszczenko et al. 2003). 3세, 7세, 10세 쌍둥이들을 연구한 네덜란드 연구에 따르면 공격성은 심지어 51~72% 사이의 유전율을 보였다.

행동유전학 연구에서는 다른 성격 성향도 검토하였다. 미네소타 쌍생아 등록기관에 등록된 353쌍 남성 쌍둥이들을 대상으로 한 연구에서는 정신병질적(psychopathic) 성격특성의 유전율에 대해 조사하였다(Blonigen et al., 2003). 여기서 연구한 것은 마키아벨리즘(다른 사람들을 조종하는 것을 즐김), 냉정함(냉담한 감정 스타일), 부적응적 충동성(사회적 관습에 무관심함), 대담무쌍함(위험을 무릅쓰는 사람, 예상 가능한 피해에 대해 불안을 느끼지 않음), 외부 비난(자신의 문제에 대하여 다른 사람을 탓함), 스트레스 면역(스트레스 상황에 불안을 느끼지 않음) 등과 같은 특성이다. 이와 같은 '정신병질적' 성격특성들은 중간에서 높은 정도의 유전율을 보였다. 예를 들어 냉정함은 r_{mz} 값이 +.34였지만 r_{dz} 값은 −.16이었다. 대담무쌍함은 r_{mz} 값이 +.54였으며 r_{dz} 값은 .03밖에 되지 않았다. MZ(일란성)와 DZ(이란성)의 연관성 차이에 2를 곱하는 방법을 사용하면 정신병질적 성격 성향은 상당한 유전율을 보인다(Vernon et al., 2008; Niv et al., 2012). 스웨덴에서 백만 명 이상의 사람들을 대상으로 한 대규모 연구에서도 폭력적인 범죄의 유전율이 대략 50% 정도로 나타났다(Frisell et al., 2012).

성격의 유전율이 인간에게만 한정된 것은 아니다. Weiss, King, Ennns(2002)는 침팬지를 대상으로 지배성(높은 외향성, 낮은 신경증)과 웰빙(행복해 보이고 만족하는)의 유전율을 관찰했다. 웰빙은 중간 정도인 .40의 유전율을 보인 반면 지배성은 .66으로 좀 더 높은 유전율을 보였다. 이런 결과는 성격에 영향을 주는 유전자가 인간뿐 아니라 다른 영장류에게 확장될 수도 있음을 시사한다.

성격 연구가 확장되면서 더욱 포괄적인 성격 목록들을 사용한 행동유전학 연구들이 다양한 문화권의 나라에서 실시되고 있다. 일본에서 296쌍의 쌍둥이들을 대상으로 연구한 결과 클로닝거(Cloninger)의 '기질 및 성격의 7요인'에 속하는 자극 추구, 위험 회피, 보상 의존성, 인내심 등과 같은 기질들은 중간 정도의 유전율을 보였다(Ando et al., 2002). 관찰방법을 사용한 독일의 쌍둥이 연구에서도 성격의 5요인에 포함된 기질의 유전율은 40%로 나타났다(Borkenau et al., 2001). 캐나다와 독일에서 자기보고 방식으로 연구한 결과 역시 비슷한 결론을 보였다(Jang et al., 2002; Moore et al., 2010).

미네소타 쌍생아 연구(Bouchard & McGue, 1990; Tellegen et al., 1988)는 성격특성에 대한 아주 흥미로운 연구이다. 연구자들은 따로 자란 45쌍의 일란성 쌍둥이와 역시 따로 자란 26쌍의 이란성 쌍둥이를 비교했다. 그 결과는 〈표 4.1〉에 제시되어 있다. 결과는 놀랍다. 예를 들어 어떤 일을 하는 데 있어서 기존의 방식을 선호하는 전통주의적 태도가 어떻게 저렇게 높은 유전율을 보일 수 있는가? 자아 존중감처럼 환경의 영향을 받을 것이라고 생각하는 요인조차도 중간 정도의 유전율을 보인다(Kamakura, Ando, & Ono, 2007). 심지어 부모와 교사에 의해 결정된다고 여기는 특성인 동정심, 진실성, 용기, 관용 등조차도 전통적인 성격특성과 관련성이 높고, 중간 정도의 유전율을 보이는 것으로 나타났다(Steger et al., 2007).

또한 부모의 일관성 없는 보상과 부적절한 애착 때문에 아이들이 신경증적 성격을 갖게 된다는 전통적인 시각이 있지만 연구 결과에서는 신경증의 유전율이 매우 높은 것으로 나타났다. 이러한 결과는 이 장의 뒷부분에서 살펴볼 '공유 환경과 비공유 환경의 영향 : 수수께끼'라는 절에서 나오겠지만 성격특성이 어디에서 비롯되는가에 대한 다양한 의문을 던져준다.

외향성, 우호성, 성실성, 신경증, 경험에 대한 개방성과 같은 주요한 성격특성에 대한 행동유전학적 데이터를 요약해보면 유전율은 50% 가까이로 추정된다(Bouchard & Loehlin,

표 4.1 따로 길러진 일란성 쌍둥이 사이에서의 연관 정도	
성격특성	쌍둥이 연관 정도
웰빙	.49
사회적 능력	.57
성취 지향성	.38
사회적 친밀도	.15
신경증	.70
소외	.59
공격성	.67
통제 억제	.56
낮은 위험 부담성	.45
전통주의	.59
몰두 혹은 상상력	.74
평균 쌍둥이 연관 정도	**.54**

출처 : Bouchard & McGue(1990), Tellegen et al.(1988)

2001; Caspi, Roberts, & Shiner, 2005). 최근 100,000명 이상의 참가자를 대상으로 한 성격특성의 메타분석 결과에 따르면 유전율은 50%보다 약간 낮은 40%로 나타났다(Vukasovic & Bratko, 2015). 그러나 다른 메타분석에 의하면 신경증은 48%, 외향성은 49%의 유전율을 보였다(van den Berg et al., 2014). 성격의 유전율이 이처럼 높은 것은 성격특성이 시간이 지나도 변하지 않고 상당히 안정적이기 때문이다(Blonigen et al., 2006; Briley & Tucker-Drob, 2014; Caspi et al., 2005; Johnson et al., 2005; Kamakura et al., 2007; Kandler et al., 2010; van Beijsterveldt et al., 2003). 종합해보면 중요한 성격특성은 중간 정도의 유전율을 보인다. 반면 이런 연구는 성격특성의 상당 부분이 환경의 영향이라는 것을 시사한다.

태도와 선호도

안정적인 태도는 성격의 일부로 간주된다. 그렇지만 개인에 따른 태도 차이는 상당히 크다. 태도는 시간이 흘러도 안정적인 경향을 보인다. 적어도 행동으로 연결되는 경우가 많다. 따라서 행동유전학자들은 태도의 유전율에 대해 조사하였다. 미네소타 쌍생아 연구에 따르면 전통주의(현대의 가치들에 비해 보수적 가치들을 선호하는 태도)는 .59의 유전율을 보였다.

654명의 입양된 아동과 입양되지 않은 아동을 대상으로 추적 연구한 '콜로라도 입양 프로젝트'에 따르면 보수적 태도에 대한 유전적 영향은 의미 있는 수준이었다(Abrahamson, Baker, & Caspi, 2002). 보수적인 태도는 '사형', '동성애자의 권리', '검열', '공화주의자' 등과 같은 특정 단어나 구절에 대해 찬성 혹은 반대하는가를 통해 측정되었다. 연구 결과에 따르면 유전에 따른 차이는 빠르면 12세 때부터 나타나기 시작했다. 또 다른 연구에서 확인된 유전율은 중간 수준이었다(Renner et al., 2012). 예를 들어 5개국에서 쌍둥이를 대상으로 연구한 결과 19개의 정치적 이데올로기의 유전율은 30~60% 사이로 나타났다(Hatemi, 2014).

직업 선호도 역시 유전의 영향을 받는 것으로 나타났다. 직업 선호는 그때그때 기분에 따라 이루어지는 것이 아니며, 한 개인의 생업, 부의 수준, 사회적 지위 등에 중요한 영향을 미친다. 435명의 입양아와 10,880명의 실제 자녀를 대상으로 이루어진 캐나다와 미국의 연구(Ellis & Bonin, 2003)에서 참가자들은 미래 직업에 대한 14개의 질문에 대해 1(전혀 흥미롭지 않은)부터 100(매우 흥미로운) 사이에서 대답하였다. 질문은 높은 수입, 경쟁, 권위, 남들이 부러워할 만한가, 위험 부담, 위험 요소, 타인에 대한 통제, 다른 사람들이 두려워하는가, 감시가 적은가, 독립, 직업 안정성, 팀의 일부인가, 명확한 책임, 타인을 돕는 일인가 등과 같은 것들이었다. 연구 결과 직업 선호도는 부모의 교육 수준, 직업에서의 지위, 소득 등 부모의 사회적 지위를 포함한 일곱 가지 요인과 관련 있는 것으로 나타났다. 이런 요인에 대해 친자녀는 71%의 연관성을 보였으나 입양아는 3%만 관련이 있었다(이런 결과는 양육된 환경이 별다른 효과를 미치지 않음을 시사한다). 저자들은 "이 연구는 유전자가 직업 선호에 영향을 준다는 사실뿐 아니라 이러한 선호가 사회적 지위 성취에도 영향을 준다는 것을 시사한다."(p. 929)고 결론 내렸다. 요약하자면 경쟁에 대한 욕구와 부유함과 같은 직업적 요인에 대한 선호는 실제로 더 높은 지위와 더 많은 소득을 성취할 수 있는 직업 선택으로

이어질 수 있다. 삶의 많은 부분을 차지하는 직업 선택과 이러한 직업들로부터 나오는 권위와 소득의 어느 정도는 부모로부터 물려받은 유전자의 영향을 받는다.

하지만 모든 태도와 신념이 중간 정도의 유전율을 보이는 것은 아니다. 400쌍의 쌍둥이를 대상으로 한 연구에 따르면 신에 대한 믿음, 종교 의식에 참여하는 정도, 인종차별 폐지에 대한 태도 등과 같은 경우 유전율은 0으로 나타났다(Loehlin & Nichols, 1976). 입양되거나 입양되지 않은 아이들을 대상으로 한 연구에서도 종교적 태도에 대한 유전의 영향은 확인되지 않았다(Abrahamson et al., 2002). 다른 연구 또한 청소년기에 '예배에 참석하는 빈도' 등으로 측정된 종교적 독실함은 유전율이 12%로 매우 낮게 나타났다(Koenig et al., 2005). 하지만 성인기(평균 연령 33세)의 경우 독실함의 유전율은 44%로 증가하였다. 이런 결과는 청소년기에서 성년기로 접어들수록 독실함에 대한 유전자의 영향이 더욱 커진다는 것을 시사한다(Button et al., 2011).

일부 태도가 어떻게 유전되는지는 아무도 모른다. 사람들을 더 보수적으로 만드는 특정한 유전자가 존재하는가, 아니면 다른 특성의 한낱 부산물일 뿐인가? 미래의 행동유전학 연구에서는 이런 의문에 대해 답을 제공할 수 있을 것이다.

음주와 흡연

음주와 흡연은 흔히 감각 추구(Zuckerman & Kuhlman, 2000), 외향성(Eysenck, 1981), 신경증(Eysenck, 1981) 등과 같은 성격적 성향이 행동으로 구현된 것으로 간주된다.

흡연이나 음주 습관은 사람에 따라 다르며 이런 차이는 시간이 지나도 안정적으로 유지되는 경향을 보인다. 음주나 흡연 습관 역시 유전의 영향을 받는다. 호주의 쌍둥이 연구에 따르면 일란성 쌍둥이 중 하나가 담배를 피울 경우 다른 한쪽이 담배를 피울 확률은 그렇지 않은 경우에 비해 16배 더 높았다(Hooper et al., 1992). 이란성 쌍둥이의 경우 이 같은 비율은 7배밖에 되지 않으며, 이는 유전율의 증거를 시사한다. 1,300쌍의 성인 쌍둥이를 대상으로 이루어진 네덜란드 표본에서도 비슷한 결과가 나타났다(Boomsma et al., 1994). 이러한 연구들은 유전적 영향과 동시에 환경적 요소의 중요성도 시사한다.

음주에 관한 유전율 연구는 좀 더 복합적인 결과를 보인다. 어떤 연구는 남자아이들에게서만 유전율을 확인했을 뿐 여자아이들에게서는 확인되지 않았다(Hooper et al., 1992). 또 다른 연구는 반대로 여자아이들에게서만 유전율을 발견했을 뿐이다(Koopmans & Boomsma, 1993). 하지만 대부분의 연구는 양쪽 성에서 중간 정도의 유전율을 보였으며, 그 범위는 .36에서 .56 사이였다(Rose, 1995).

일상적인 음주와 달리 알코올 중독에서 유전율은 더욱 높은 것으로 나타났다. 대부분의 연구에서 유전율은 .50 혹은 그 이상으로 나타났다(Kendler et al., 1992). 어떤 연구에서는 알코올 중독의 유전율이 여성은 67%, 남성은 71%였다(Heath et al., 1994). 같은 연구에 따르면 알코올 중독과 '품행장애(반사회적 행동)' 사이에 유전적 관련성이 있는 것으로 나타났으며, 이런 결과는 같은 유전자가 알코올 중독과 반사회적 행동에 영향을 미칠 수 있음을 시사한다.

자세히 보기

성적 지향

성적 지향(sexual orientation)은 동일한 성을 가진 사람에게 끌리는지 혹은 반대의 성을 가진 사람에게 끌리는지와 같은 성적 욕구의 대상을 가리킨다. 이런 차이는 시간이 지나도 일정한 경향을 보인다. 게다가 어떤 사회적 집단에 가입하는지, 어떤 여가 활동을 추구하는지, 라이프스타일은 어떤지 등은 삶의 중요한 부분에 영향을 미친다. 앞서 언급한 성격의 정의에 따르면 성적 지향은 분명 성격의 범위에 포함된다.

동성애는 유전되는가? 심리학자 Michael Bailey는 이런 의문에 대해 가장 규모가 큰 연구를 하였다. Bailey와 그의 동료들은 동성애자인 쌍둥이 형제와 동성애자인 입양아들에 대해 조사했다. 그 결과 유전율 추정치는 30%에서 높게는 70%까지 나타났다. 레즈비언과 그들의 입양된 자매에서도 비슷한 정도의 유전율이 확인되었다(Bailey et al., 1993).

이런 결과는 *사이언스* 지의 '깜짝 놀랄 만한 발견(LeVay, 1991)'에 이어서 실렸다. 뇌 연구자인 Simon LeVay는 동성애자와 이성애자 남성의 시상하부에 차이가 있음을 발견하였다. 시상하부의 한 부분인 내측 시삭 전야가 남성-특이적인 성적 행동을 조절하는 역할을 한다는 것이다(LeVay, 1993, 1996). LeVay는 에이즈로 죽은 동성애자 남성의 뇌를 에이즈나 다른 이유로 죽은 이성애자 남성의 뇌와 비교하였다. 동성애자 남성의 경우 시상하부의 내측 시삭전야(남성-특이적 성적 행동을 조절한다고 알려진 부위)의 크기가 이성애자 남성에 비해 두세 배 더 작다는 것이 발견되었다. 뇌 연구는 비용이 아주 많이 들기 때문에 이 연구에 사용된 표본은 상당히 적었다. 게다가 이 연구를 지지하는 반복검증 연구는 아직 이루어지지 않고 있다.

행동유전학자인 Dean Hamer는 남성의 성적 지향이 X 염색체에 있는 유전자에 의해 부분적으로 영향을 받는다는 연구를 게재했다(Hamer & Copeland, 1994). 하지만 이런 결과 역시 다른 연구를 통해 재현되어야 하며, 어떤 연구자들은 이 연구의 타당성에 문제를 제기하였다(Bailey, Dunne, & Martin, 2000).

당연히 이 분야에 대한 논란은 상당히 많고, 연구 결과에 대해서도 다양한 의견이 있다. 게다가 동성애에 대한 유전 연구는 이 결과를 비판하는 사람들에게도 관심을 끌었다. 이들은 광고를 통해 모집된 표본의 경우 동성애자들을 대표할 수 없다고 하였다(Baron, 1993).

이런 연구가 갖고 있는 또 다른 약점은 성적 지향과 같은 요인을 무시했다는 것이다. 동성애자 남성은 어린 시절 여자아이 같은 소년이었고, 레즈비언 여성들은 남자아이 같은 소녀였던 것으로 나타났다. 이런 관련성은 상당히 높았을 뿐 아니라 다양한 자료를 통해 확인되었다.

아동기에 자신의 성 역할에 어느 정도 순응했느냐 여부 역시 중요하다는 주장이 있

최근에 이루어진 잘 통제된 연구에 따르면 동성애의 일치율은 20%로 이전에 생각했던 것보다 높다.
출처 : ⓒ Jakob Helbig/Getty Images RF

다. 이 분야의 선두적인 연구자에 따르면 "성 역할 비순응성 외에 신뢰할 만하고 강력하게 동성애 경향을 예측하는 다른 개인차를 생각하기는 어렵다."는 반론을 제기했다(Bem, 1996, p. 323).

Bailey와 동료 연구자들은 이런 약점(대표성이 부족한 표본과 아동기 성 역할 비순응성을 고려하지 않은 점)을 해결하기 위하여 최대 규모의 '성인의 성적 지향에 관한 쌍생아 연구'에 착수했다(Bailey, Dunne, et al., 2000).

(계속)

이 연구에는 25,000쌍 정도의 쌍둥이가 참여하였으며, 그중 일란성 쌍둥이 1,000쌍과 이란성 쌍둥이 1,000쌍 정도로 구성되었다. 이들의 평균 나이는 29세였고, 자신이 12세 이전에 어떤 성 고정관념이 있었으며, 어떤 활동과 게임에 참여했는지에 대한 질문에 답했다. 또한 성인이 되었을 때 어떤 성적 지향을 가졌고 어떤 성적 행동을 했는지에 대해 답했다. 예를 들면 "성적 공상을 할 때 대상은 주로 여자인가요? 남자인가요?"와 같이 보다 세부적인 질문에 답하기도 했다.

여성의 경우 동성애적 관계만을 하기보다는 약간의 동성애적 감정을 느끼는 반면 남성들은 전적으로 동성애 성향이거나 전적으로 이성애적 성향을 보였다. 남성 중 3%

가 뚜렷한 성적 끌림과 성적 판타지를 갖는 반면 여성은 1%만이 이런 경향을 보였다.

위의 연구에 따르면 동성애적 경향이 가계를 통해 이어지는 정도가 이전 연구에 비해 낮은 것으로 나타났다. 일란성 남자 쌍둥이는 20%, 일란성 여자 쌍둥이는 24%의 일치율을 보였다. 여기에서 일치율이란 쌍둥이 중 한 명이 동성애자일 때 다른 한쪽도 동성애자일 확률을 의미한다. 이전 연구에서는 40~50%의 일치율을 보였다. Bailey는 이런 결과는 동성애자 잡지의 광고를 통해 참가자를 모았기 때문에 유전의 영향을 과대평가한 결과라며 반론을 제기했다.

Bailey 등(2000)의 연구는 쌍둥이들이 모인 대형 집단에서 무작위적으로 대상을 골랐기 때문에 선택의 편향이 없었으며, 연구

결과에 따르면 성적 지향에 대한 유전적 영향은 이전 연구에 비해 낮은 것으로 나타났다. 반면 아동기 성 역할 비순응성은 남성(50%의 유전율)과 여성(37%의 유전율) 모두에서 상당한 정도의 유전율을 보였다. 이런 결과는 아동기 성 역할 비순응도가 성인기 성적 지향의 유전적 요소일 수 있다는 Bem(1996)의 이론을 뒷받침한다.

요약하면 행동유전학과 뇌 연구에서 밝혀진 결과는 성적 지향—개인이 어울리는 사회적 그룹, 개인이 추구하는 여가 활동, 개인이 채택하는 라이프스타일 등과 연결된 개별적 차이—이 부분적으로 유전될 수 있다는 가능성을 암시한다.

결혼과 삶의 만족도

유전자는 심지어 결혼 여부에도 영향을 주는 것으로 나타났다(Johnson et al., 2004). 어떤 사람이 결혼을 할 것인지 여부에 대한 유전율 추정치는 놀랍게도 68%에 달했다. 이런 결과는 성격특성 때문에 나타났을 수 있다. 결혼한 남성은 미혼 남성에 비해 신분 상승, 직업적 성공, 재정적 성공 등과 같은 특성인 사회적 힘과 성취 수준이 높았다. 이러한 특성은 여성들이 결혼 상대를 고를 때 중요하게 고려하는 것이다(Buss, 2016). 따라서 결혼 여부에 대한 유전적 성향은 적어도 부분적으로는 잠재적 결혼 상대가 바라는 유전적 성격특성을 통해 일어난다.

유전자는 결혼 만족도에서도 흥미로운 역할을 한다. 첫 번째, 여성의 결혼 만족도에 영향을 미치는 개인적 특성의 경우 대략 50%의 유전율을 보였다(Spotts et al., 2004)(이 연구에서 기혼 남성의 결혼 만족도에 대한 유전율은 평가할 수 없었다). 두 번째, 기혼 여성의 성격특성 중 낙천주의 기질, 온정성, 낮은 공격성 등과 같은 특성은 여성 자신의 결혼 만족도뿐 아니라 그들 남편의 결혼 만족도에도 영향을 미쳤다(Spotts et al., 2005). 따라서 여성과 남성 모두의 결혼 만족도는 아내의 유전적인 성격특성에 따라 중간 정도 영향을 받는다. 반면 남편의 성격은 자기 자신이나 배우자의 결혼 만족도에 뚜렷한 영향을 미치지 못했다. 종합하면 결혼생활의 질과 결혼생활 유지 여부는 유전 가능한 성격특성에 의해 일부 영향을 받는다고 할 수 있다(Jerskey et al., 2010).

만약 유전 가능한 성격이 결혼 만족도에 기여한다면, 삶의 만족도에는 어떤 영향을 미칠까? 당연히 큰 역할을 하는 것으로 나타났으며(Bartels, 2015), 목적 의식을 갖는 것, 개인의 성장을 지향하는 것, 스스로의 삶을 통제하고 있다는 느낌, 긍정적인 사회적 관계를 갖는

것 등 네 가지 요인은 심리적 웰빙과 전반적인 삶의 만족도를 잘 예측한다(Archontaki et al., 2012). 앞에서 언급된 많은 연구는 유전과 더불어 환경 역시 삶의 만족에 주요한 역할을 한다는 것(Hahn et al., 2013)을 보여준다.

공유 환경과 비공유 환경의 영향 : 수수께끼

다수의 성격특성이 중간 정도의 유전율을 보이기는 하지만 같은 연구에서 환경의 영향 또한 중요한 것으로 나타났다. 만약 성격특성이 30~50%의 유전율을 보인다면, 이런 결과는 동일한 특성의 상당 부분은 환경에 의해(50~70%) 영향을 받는다는 것을 시사한다. 그렇지만 개인차를 측정하는 모든 수치는 측정 오차를 포함하기 때문에 환경이나 유전의 영향이 아닌 측정 오차의 가능성일 수도 있다.

　행동유전학자들이 분명히 구분하려는 것은 **공유 환경의 영향**(shared environmental influences)과 **비공유 환경의 영향**(non-shared environmental influences)의 차이다. 한 가족 내에 있는 형제자매는 일부 환경을 공유한다. 집에 몇 권의 책이 있는지, TV 혹은 DVD 플레이어가 있는지, 컴퓨터가 있는지, 어떤 음식이 어느 정도 있는지, 부모의 가치관과 태도는 어떤지, 어떤 학교 · 교회 · 유대교회 · 모스크에 다니는지 등. 이러한 것들은 공유하는 환경이다. 다른 한편으로 형제자매가 **모든** 환경을 공유하지는 않는다. 어떤 아이들은 부모로부터 특별 대우를 받을 수도 있으며 어울리는 친구들도 다르다. 같은 집이라도 자기 방은 다를 것이며, 어떤 아이는 여름캠프에 가고, 어떤 아이는 가지 않을 수도 있다. 이런 특징은 형제자매에게 다른 경험이기 때문에 비공유 환경이라고 부른다.

　우리는 환경이 성격에 중요한 영향을 미친다는 것을 알고 있다. 그러면 공유 환경 또는 비공유 환경 중 어느 환경이 더 중요한가? 몇몇 행동유전학 설계는 환경적 영향이 공유하는 원천에서 더 많이 비롯되는지 혹은 비공유 원천에서 더 많이 비롯되는지 여부를 알 수 있게 해준다. 이 방법의 세부사항들이 이 책에서 검토하기에는 너무 전문적이지만, 만일 관심이 있다면 좀 더 자세한 내용은 Plomin과 동료들의 연구(2013)에서 확인할 수 있다.

　요점은 다음과 같다: 대부분의 성격 변수에서 공유 환경은 거의 또는 전혀 영향을 미치지 않는다. 입양 연구는 대부분의 환경을 공유하지만 유전자는 전혀 공유하지 않는 입양된 형제자매들 사이의 성격 변수에 대한 평균 상관관계가 단지 .05에 불과하다는 것을 보여준다. 비록 이 형제자매가 함께 자라지만 — 같은 부모, 같은 학교, 같은 종교적 훈련 등등 — 공유 환경에서 일어나는 모든 일(예 : 가정교육, 양육 방식, 가치 교육 등)은 그들의 성격이 비슷해지도록 하지 않는다.

　대신 대부분의 환경적 원인은 형제자매가 다르게 경험하는 환경의 측면으로부터 비롯되는 것으로 보인다. 따라서 이것은 집에 있는 책의 숫자가 아니다. 이것은 자녀 양육에 대한 부모의 가치관이나 부모의 태도가 아니다. 차라리 성격에 미치는 중요한 환경적 영향은 아이들 개인의 고유한 경험에 있는 것으로 보인다.

연습문제

흡연의 성향에 기여하는 공유 환경 영향을 나타내는 것에 대해 생각하는 바를 토론해보자. 즉, 흡연을 시작하고 계속 흡연을 하는 대부분의 사람들에게 영향을 미칠 수 있는 환경은 무엇인가?

어떤 고유한 경험이 중요한가? 자, 여기서 우리는 장벽을 만나게 된다. 수십 년에 걸쳐 연구된 대부분의 사회화 이론들은 오로지 빈곤 및 자녀양육에 대한 부모의 태도 등과 같은 공유 환경에 초점을 맞추었다. 심리학자들이 비공유 환경에 대해 연구하기 시작한 것은 최근의 일이다.

심리학자들이 발견할 것에는 두 가지 가능성이 있다. 한 가지 가능성은 중요한 돌파구이다 — 여러 해 동안 단지 공유 환경에만 초점을 맞추어 온 심리학자들이 간과한 결정적으로 중요한 환경적 변수의 발견. 다른 동료들의 영향력은 하나의 좋은 대안일 수 있다(Harris, 2007). 또 다른 가능성은 덜 만족스럽다. 성격에 영향을 미치는 환경적 변수가 많고 각각은 변화의 아주 작은 부분만을 설명할 수 있다는 것을 상상할 수 있다(Willerman, 1979). 만약 이것이 사실이라면 우리는 많은 작은 효과들에 갇혀 있게 된다.

이것은 공유 환경이 아무것도 설명해주지 않는다는 것을 의미하는 것일까? 심리학자들이 공유 효과에만 중점을 두어서 그들의 생각이 완전히 잘못되었다는 것인가? 그 답은 아니요이다. 행동유전학 연구가 어떤 분야에서는 대단히 중요한 공유 환경의 영향력을 드러냈다: 태도, 종교적 믿음, 정치적 성향, 건강행동, 어느 정도의 언어지능(Segal, 1999). 예를 들면 함께 양육되었지만 유전적으로는 전혀 관련이 없는 입양된 형제자매가 음주와 흡연 패턴에서 여자아이는 .41, 남자아이는 .46의 상관관계가 있다(Willerman, 1979). 따라서 흡연과 음주가 상당한 유전적 구성요소를 가지고 있지만 또한 많은 공유 환경 구성요소가 있다.

또 다른 연구는 공유 환경이 '적응(adjustment)' 영역에서 몇 가지 성격 군집을 설명했다는 것을 발견했다(Loehlin, Neiderhiser, & Reiss, 2003). 이들은 반사회적 행동(예 : 행동문제와 규칙 위반), 우울 증상(예 : 침울, 내향성), 자율기능(예 : 기본적인 욕구와 여가 활동에서 자신을 돌볼 수 있는 능력) 등을 포함한다. 관찰 측정 — 비디오 녹화된 행동의 특성 평가 — 을 이용한 성인 쌍둥이에 대한 연구는 공유 환경이 자기보고를 이용한 연구에서 전형적으로 드러나는 것보다 Big 5 성격특성을 설명하는 데 더 중요할 수 있다고 시사한다(Borkenau et al., 2001). 만일 이 연구가 향후 연구에서 반복검증된다면, 공유 환경이 성격특성에 거의 영향을 미치지 않는다는 현재의 일반적 통념에 도전하는 데 지대한 영향을 미치는 결과를 가져올 수 있다.

분자유전학

행동유전학의 과학에서 가장 최근의 발전은 **분자유전학**(molecular genetics)의 탐구이다. 분자유전학 방법은 성격특성과 관련된 특정한 유전자를 확인하도록 고안되었다. 세부 사항들은 매우 기술적이지만, 연합법(association method)이라고 불리는 가장 보편적인 방법은 연합기법이라고 부르는 방식으로 어떤 특성을 가진 사람이 특정한 유전자를 더 많이 가졌는지 혹은 덜 가졌는지를 확인하는 것이다(Benhamin et al., 1996; Ebstein et al., 1996).

가장 많이 실행된 유전자는 **DRD4 유전자**(DRD4 gene)로, 이 유전자는 11번 염색체의 단완(short arm)에 위치해 있다. 이 유전자는 도파민 수용체라고 불리는 단백질을 코드화한다. 도파민 수용체의 기능은 예상한 바와 같이 신경전달물질인 도파민이 있을 때 반응을 보이는 것이다. 도파민 수용체가 뇌에 있는 다른 신경세포로부터 도파민을 만나게 되면 전기신호를 방출하여 다른 신경세포를 활성화시킨다.

유전자 DRD4는 성격특성 중 새로운 경험, 특히 마약이나 위험한 성적 경험, 도박 및 고속 주행과 같이 위험해 보이는 자극을 추구하는 성향과의 연관성에 대해 많은 연구가 이루어졌다(Zuckerman & Kuhlman, 2000). DRD4 유전자의 이른바 긴 반복 버전을 가진 사람들은 이 유전자의 짧은 반복 버전을 가진 사람들보다 자극 추구 성향이 더 높다는 것이 발견되었다(Benjamin et al., 1996). 연구자들은 이런 결과를 근거로 긴 DRD4 유전자를 가진 사람은 도파민에 대해 상대적으로 둔감하다는 가설을 세웠다. DRD4는 유전자 때문에 '도파민의 신나는 기분'을 주는 경험을 추구하게 된다는 것이다. 그에 반해서 짧은 DRD4 유전자를 가진 사람들은 이미 뇌에 존재하는 도파민에 대해 매우 반응적인 경향이 있으며, 따라서 도파민을 불편한 수준으로 올릴 수 있는 새로운 경험을 찾지 않는 경향이 있다.

DRD4 유전자와 자극 추구 사이의 연관성은 여러 실험을 통해 반복검증되었지만, 연관성을 찾는 데 실패한 실험도 여러 번 있었다(Plomin & Crabbe, 2000). 예를 들어 한 연구는 DRD4 유전자가 자극 추구 척도와 전혀 관련이 없었다는 것을 발견했다(Burt et al., 2002). 유치원 아동들을 대상으로 한 두 번째 연구에 따르면 DRD4 유전자는 어머니가 보고한 아동의 공격성 정도와 상당한 관련을 보였지만 공격적인 행동 척도와는 유의미한 관련이 확인되지 않았다(Schmidt et al., 2002). 세 번째 연구는 높은 자극 추구가 다른 유전자의 다른 대립 유전자와 연계되어 있었다는 것을 발견했다 — the A1 allele of the D2 dopamine receptor gene(DRD2)(Berman et al., 2002).

DRD4 연구의 또 다른 문제는 연관성의 크기가 작다는 것이다. 최초의 연구자들(Benjamin et al., 1996)은 DRD4 유전자가 자극 추구 성향의 변이 중 4%만을 설명한다고 추정한다. 또한 자극 추구에 있어서 동등하게 중요한 10개의 다른 유전자가 있을 수 있다고 추측되어 왔지만 아직 조사된 것은 아무것도 없다. 그리고 성격의 양상에 따라 달라지는 500개의 유전자가 있을 수도 있다(Ridley, 1999). 따라서 어떤 단일 유전자가 성격변이를 상당 부분 설명하는 것으로 확인될 가능성은 없는 것 같다. D4 수용체(DRD4)에 대한 메타분석은 자극 추구와 충동성 사이의 신뢰할 만한 연관성을 발견했다(Munafo et al., 2008). 일례

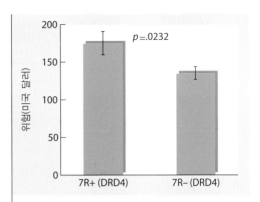

그림 4.1

DRD4 7R+를 가진 남성이 재정적 위험이 있는 게임에서 돈을 더 많이 건다.

출처 : Dreber et al.(2009)

로서 한 실험은 DRD4의 7-repeat(7R) 대립유전자를 가진 남성이 7R 대립유전자 결핍인 남성보다 재정적으로 위험 부담이 있는 일에 관여할 가능성이 더 크다는 것을 발견했다(Dreber et al., 2009)(그림 4.1).

흥미롭게도 DRD4의 7R 대립유전자는 서로 다른 지리적 지역에서 극적으로 다른 비율로 발생한다. 이런 현상은 아시아보다 미국에서 높은 비율로 발생하고, 사람들이 새로운 환경으로 이주하거나 자원이 풍부한 환경에 거주할 때 진화적 선택에 의해 선호된다는 가설이 세워졌다(Chen et al., 1999; Penke, Denissen, & Miller, 2007). 이 가설에 대한 경험적 증거는 39개의 집단 2,320명 사람들의 이주 패턴에 대한 연구에서 확인되었다(Chen et al., 1999). 이주민들은 한곳에 머물러 생활하는 사람들에 비해 DRD4의 7R 대립유전자의 비율이 높았다. 이는 이 유전자를 가진 사람들의 선택적 이동에 의해, 새로운 환경에서 그 유전자를 선택적으로 선호하기 때문에, 혹은 둘 다에 의해 야기될 수 있다. 한곳에 머물러 생활하는 사람들과 유목민 간 DRD4의 7R 대립유전자의 차이는 이 유전자가 돌아다니며 생화하는 사람들에게 더 유리하다는 가설을 지지하는 증거가 된다(Eisenberg et al., 2008). 또한 7R 대립유전자를 가진 남성은 자원을 얻거나 배우자에게 접근하려고 할 때 치열한 경쟁에서 유리할 수 있다(Harpending & Cochran, 2002).

이처럼 분자유전학을 통해 도출된 결과가 흥미롭기는 하지만, 이를 해석할 때 주의할 부분이 있다. 몇몇 경우에서 연구자들은 특정 유전자와 불안 및 주의력결핍장애와 같은 성격과 관련된 특성들 사이의 연관성을 발견했지만, 후속 연구자들은 이러한 연관성을 반복검증하지 못했다(Plomin & Crabbe, 2000; McCue, 2010; Turkheimer et al., 2014). 그뿐만 아니라 몇몇 유전자-성격 관련성은 한 성별에서는 발견되었지만 다른 성에서는 찾지 못했다. 예를 들어 한 연구에서 A 대립유전자 1개를 가진 여성이 G 대립유전자 2개를 가진 여성보다 더 심한 애착 불안을 경험했다는 것을 발견했다(Chen & Johnson, 2012). 그렇지만 이 유전자-성격 관련성은 남성에게서는 발견되지 않았다. 그러나 향후 10년 또는 20년 동안의 연구는 특정 성격에 대한 특정 유전자를 밝혀낼 수 있을 것이다. Genome-Wide Association Studies(GWAS)로 알려진 유망한 방법은 성격과의 연관성을 알기 위해 전체 유전체를 신속하게 조사할 수 있으며 더 빠른 과학적 진보를 가져올 것이다(Turkheimer et al., 2014). 외향성에 대한 GWAS 연구는 하나의 유력한 가설을 만들어냈다(van den Berg et al., 2016). 그러나 성격특성이 수많은 유전자와 연관되어 있을 수 있으며, 각각은 아주 작은 효과만을 설명하며, 성격에 대한 분자유전학을 이해하는 것은 앞으로도 여러 해가 걸릴 것으로 보인다.

마지막으로 이 분야의 최근 연구는 단일 유전자와 성격 또는 행동 사이의 직접적인 관계를 찾기보다는 분자유전학 기법을 이용한 유전-환경 상호작용을 탐구하기 시작하고 있다(예 : Caspi et al., 2003; South & Krueger, 2008). 상기에 언급한 바와 같이 스트레스를 유발하는 생활사건들이 우울한 증상들을 야기하지만, 이는 오직 5-HTT 유전자를 가진 사람에서만 나타난다(Uher et al., 2011). 이 유전자의 다른 변종을 가지고 있는 사람은 스트레스가 많은 생활사건들이 우울한 증상들을 초래하지 않았다. 이는 분자유전학 기법과 유전-환경 상호작용의 중요한 개념을 결합하는 힘을 보여주는 하나의 사례이다.

행동유전학, 과학, 정치, 가치

행동유전학 연구의 역사는 주목할 가치가 있는 몇 가지 흥미로운 전환과 선회를 가져왔다(Plomin et al., 2013 참조). 지난 세기 동안 미국에서 행동유전학 연구는 '냉담한 반응'으로 표현될 수 있는 반응을 받았다. 일부 성격특성이 중간 정도의 유전성을 갖고 있다는 연구 결과는 지배적인 패러다임인 환경주의(특히 행동주의)에 위배되는 것으로 보였다. 지배적인 **환경주의자들의 견해**(environmentalist view)는 성격이 양육 방식과 같은 사회화 관습에 의해 결정된다는 것이었다. 그뿐만 아니라 사람들은 행동유전학에서 나온 연구 결과의 오용 가능성에 대해 걱정했다. 나치 독일의 이미지는 지배자 민족이라는 사악한 개념으로 떠올랐다.

성격의 유전적 연구에 관한 논쟁의 상당 부분은 종종 성격 변수로 여겨졌던 지능에 관한 연구에 중점을 두었다. 많은 사람들은 이 연구들로부터 나온 결과들이 어떤 사람들은 본질적으로 다른 사람들보다 우월하거나 열등하다는 꼬리표를 붙이는 데 잘못 사용될 것이라고 우려했다(Herrnstein & Murray, 1994 참조). 다른 사람들은 연구 결과들이 일부 사람들에게 교육이나 직업 소개에서 특별대우를 위해 오용될 것이라고 걱정한다. 아직도 사람들은 표준 지능검사가 사회지능, 정서지능 및 창의성 등과 같은 지능의 다양한 측면을 포착하지 못한다고 우려하고 있다. 이 모든 것은 타당한 우려이며, 행동유전학 분야에서 나온 연구 결과들은 신중하게 보아야 하며 인간의 본성과 사회의 좀 더 넓은 관점에서 책임감을 가지고 해석해야 한다고 시사한다.

지난 10년 동안 태도가 바뀌었고, 심리학 분야는 이제 행동유전학의 연구 결과들을 상당히 주류로 여긴다. 행동유전학 연구는 지난 수십 년 동안 있었던 격렬한 논쟁을 일으키지 않는 경향이 있다. 실제로 성격에 대한 정교한 행동유전학 연구로부터 나온 결과들은 스트레스가 많은 삶의 사건이 우울증에 미치는 영향과 같은 중요한 개인적 및 사회적 문제들을 해결하는 데 결정적인 것으로 보인다.

과학과 정치, 지식과 가치 사이의 관계는 복잡하지만 서로 직면할 필요가 있다. 과학적 연구가 정치적 목적을 위해 오용될 수 있기 때문에, 과학자들은 연구 결과들을 신중하고 정확하게 제시하는 데 대한 중요한 책임이 있다. 과학은 가치와 별개일 수 있다. 과학은 존재하는 것을 발견하기 위한 일련의 방법이다. 가치는 사람이 존재하기를 원하는 것에 대한 개념이다―원하거나 구하는 것. 과학자들이 자신의 가치에 의해 확실히 편향될 수 있기는 하지만, 과학적 방법의 장점은 자기교정이 된다는 것이다. 이 방법은 연구가 공개되어 다른 과학자들이 결과를 확인하고, 절차상의 오류를 발견할 수 있으며, 따라서 시간이 지남에 따라 생길 수 있는 어떤 편견도 수정할 수 있다. 이것은 물론 과학자들이 편견이 없다는 것을 의미하지는 않는다. 사실 과학의 역사는 가치가 제기된 질문의 본질과 특정한 연구 결과나 이론들에 대한 수용 또는 거부 등에 영향을 미쳤던 사례들로 가득 차 있다. 그럼에도 불구하고 과학적 방법은 장기적으로 이러한 편견들을 교정하는 시스템을 제공한다.

생리적 특징에 기반한 성격이론

이 절에서는 생리적 특징에 기반한 성격이론을 알아볼 것이다. 이 영역에서 가장 많은 연구가 이루어진 이론은 왜 어떤 사람들은 내향적이고 다른 사람들은 외향적인지에 대한 것이다.

외향성-내향성

어떤 사람은 말하기를 좋아하고, 사교적이며, 새로운 사람들을 만나거나 새로운 곳에 가는 것을 좋아하며, 활발하고, 때때로 충동적이고 모험심이 강하며, 쉽게 지루해하고, 규칙적인 일과 단조로움을 싫어한다. 이런 사람에게 외향성-내향성 질문지를 실시한다면 외향성에서 높은 점수를 받을 것이다. 외향성-내향성에 관한 질문지 중 가장 유명한 것은 아이젠크의 성격 질문지이다(표 4.2 참조).

외향적인 사람과는 반대로 조용하고 내성적이며, 여러 사람과 있기보다는 혼자 있거나 소수의 친구들과 있는 것을 선호하고, 정기적인 일과 스케줄을 편하게 느끼며, 예기치 않은 것보다 익숙한 것을 더 좋아하는 사람도 있다. 이런 사람은 외향성-내향성 질문지에서 내

표 4.2 아이젠크의 성격 질문지의 외향성 척도 항목		
외향성 항목		
모든 문항에 대해 한 가지 대답만 동그라미 쳐라.		
예	아니요	당신은 말하기를 좋아합니까?
예	아니요	당신은 아주 활기가 넘치는 편입니까?
예	아니요	당신은 활기 넘치는 파티에서 하고 싶은 대로 할 수 있습니까?
예	아니요	당신은 새로운 사람들을 만나는 것을 좋아합니까?
예	아니요	당신은 사회적 상황에서 전면에 나서지 않는 편입니까? (역채점)
예	아니요	당신은 자주 외출을 하는 편입니까?
예	아니요	당신은 사람 만나는 것보다 독서를 좋아합니까? (역채점)
예	아니요	당신은 친구가 많은 편입니까?
예	아니요	당신을 낙천적인 사람이라고 불러도 됩니까?

채점 방식 : '역채점'이라고 표시된 질문의 대답을 반대로 바꾼 뒤, '예'라고 대답한 질문의 개수를 센다. 대학생들의 평균 점수는 6 정도이다.

출처 : Eysenck, Eysenck, & Barrett(1985)

향성 점수가 높을 것이다. 내향적인 사람들과 외향적인 사람들이 다른 이유를 생리적 특징으로 설명한 것이 아이젠크의 이론이다.

아이젠크(1967)의 저서 *The Biological Basis of Personality*에는 생리적 특징에 기반한 초기의 성격이론에 대한 사례가 제시되어 있다. 아이젠크는 내향적인 사람의 뇌에 있는 **상향적 망상 활성화 체계**(ascending reticular activating system, ARAS)가 외향적인 사람들에 비해 각성 수준이 더 높다고 하였다. ARAS는 뇌교에 있는 구조로서 피질의 각성을 제어한다고 알려져 있다. 1960년대 무렵 연구자들은 ARAS가 신경 자극이 피질로 들어가기 위해 지나가는 관문이라고 생각했다. 만약 이 문이 약간 닫혀 있다면 피질의 휴지기 **각성 수준**(arousal level)은 낮아질 것이며, 관문이 열려 있다면 휴지기 각성 수준이 높아질 것이다. 아이젠크 이론에 따르면 내향적인 사람의 ARAS는 너무 많은 자극을 받아들이기 때문에 휴지기 피질의 각성 수준이 상대적으로 높다. 내향적인 사람은 이미 상승된 각성 수준을 같은 수준으로 계속 유지해야 하기 때문에 내향적인 행동(조용하고 자극이 낮은 환경, 도서관과 같은 곳을 찾는 것)을 하게 된다. 반대로 외향적인 사람은 각성 수준을 증가시켜야 하기 때문에 외향적인 행동을 더 많이 하게 된다(Claridge, Donald, & Birchall, 1981).

아이젠크는 '최적의 각성 수준(optimal arousal lavel)'이라는 헵(Hebb, 1955)의 개념을 자신의 이론에 포함시켰다. 이 개념은 과제에 따라 적합한 각성 수준의 정도가 다르다는 것인데, 예를 들어 시험을 치러야 하는데 각성 수준이 떨어져 졸리고 피곤한 상태라고 해보자. 각성 수준이 낮은 것은 높은 상태(극도로 걱정이 많고 불안해하는)만큼이나 방해가 될 것이다. 문제에 초점을 맞추어 주의를 기울이고 기민하게 내용을 파악할 수는 있지만 불안에 이르지 않을 정도의 각성 수준이 가장 적합할 것이다.

당신은 말하기를 좋아하는 사람인가? 사람들과 어울리는 것을 좋아하는가? 시끌벅적하고 흥분된 분위기를 좋아하는가? 이러한 질문에 '아니요'라고 대답하는 것은 내향적인 성격임을 시사한다.

출처 : ⓒ Kennan Harvey/Getty Images RF

친구들에게 농담이나 재미있는 얘기를 하는 것을 좋아하는가? 사람들과 섞여 있는 것을 좋아하는가? 파티에 어울리는가? 이런 질문에 '예'라고 대답한다면 외향적 성격일 가능성이 크다. 아이젠크의 외향성-내향성 이론에 따르면 외향성이란 다른 사람을 필요로 하는 것이 아니라 각성과 자극을 필요로 하는 것이다.

출처 : ⓒ Blend Images/Getty Images RF

연습문제

레몬 주스 실험 : 이 실험은 외향적인 사람보다 내향적인 사람이 더 반응적이라는 사실을 보여주기 위한 것이다. 우선 양쪽에 솜이 달린 면봉 가운데 실을 묶어 수평으로 균형을 잡는다. 침을 세 번 삼킨 뒤 혀끝을 면봉 한쪽에 20초 동안 댄다. 면봉을 뗀 후 레몬 주스 네 방울을 혀에 떨어뜨리고 다른 쪽 면봉을 혀끝에 댄다. 면봉을 떼고 실을 잡는다. 외향적인 사람의 경우 면봉은 수평을 유지하는데 그 이유는 레몬 주스에 강하게 반응하지 않아 침을 많이 만들어내지 않았기 때문이다. 반면 내향적인 사람은 레몬 주스를 떨어뜨린 후 혀에 댔던 쪽 면봉이 더 무거워져 수평을 유지하지 않을 것이다. 이런 결과는 내향적인 사람이 레몬 주스에 반응해 더 많은 침을 분비했음을 의미한다. 이 실험은 Corcoran(1964)이 먼저 시행했으며, 이후 아이젠크 역시 비슷한 실험을 했다(Eysenck & Eysenck, 1967).

내향적인 사람이 외향적인 사람에 비해 각성 수준의 기저선이 높다면(즉, 휴지기의 각성 수준), 최적의 각성 수준 역시 외향적인 사람에 비해 높을 것이다. 이와 같이 높은 각성 수준 때문에 내향적인 사람들은 사회적 상호작용과 같은 자극을 피하려고 한다. 반면 외향적인 사람들은 각성수준을 높여야 하기 때문에 자극이 되는 활동에 참여하고 행동을 덜 억제하게 된다. 일반적으로 내향적인 사람(예 : 조용하고 차분한)과 외향적인 사람(예 : 사교적이고 호감 가는)을 나타내는 특성은 최적의 각성 수준을 유지하기 위해 각성 수준을 낮추려고 조절하거나(내향적인 사람들의 경우) 높이려고 조절하는(외향적인 사람들의 경우) 시도라고 할 수 있다.

아이젠크의 이론이 발표되자 이를 검증하려는 연구가 수행되었다(Eysenck, 1991; Matthews & Gilliland, 1999; Stelmack, 1990 참조). 내향적인 사람의 각성 수준이 외향적인 사람에 비해 높다면, 내향적인 사람은 피질 활동을 반영하는 뇌파(EEG)나 자율신경계 활동을 측정하는 피부전도도의 반응성이 더 높을 것이다. 연구자들은 이런 가정을 검증하기 위해 여러 종류의 생리적 측정치를 비교해보았다(Gale, 1986). 내향적인 사람과 외향적인 사람에게 아주 약한 자극을 주거나 자극을 거의 주지 않은 경우, 두 집단의 차이는 작거나 거의 존재하지 않았다. 하지만 중간 정도의 자극에 대한 신경계의 반응성을 관찰했을 때 내향적인 사람의 반응성은 외향적인 사람에 비해 더 빠르고 컸다(Bullock & Gilliland, 1993; Gale, 1983).

아이젠크는 두 집단의 휴지기 각성 수준이 동일하다는 사실을 발견하고 자신의 이론을 수정했다(Eysenck & Eysenck, 1985). 처음 이론을 발표했던 1967년 무렵에는 휴지기 혹은 기저 수준의 각성과 자극에 대한 각성 반응성을 구분하지 않았기 때문이다. 이후 다수의 연구에 의해 내향적인 사람과 외향적인 사람의 실제 차이는 기저 각성 수준의 차이가 아니라 **각성도**(arousability) 혹은 각성 반응성의 차이로 밝혀졌다. 잠을 자거나 어두운 방에 누워 눈을 감고 있는 경우 외향적인 사람과 내향적인 사람의 뇌 활동 수준에는 차이가 없다(Stelmack, 1990). 하지만 중간 정도의 자극을 가했을 때 내향적인 사람은 외향적인 사람에 비해 생리적 반응이 더 크다(Gale, 1987).

이런 연구를 통해 추론할 수 있는 결과는 외향적인 사람들은 내향적인 사람들에 비해 더 높은 수준의 자극을 선호한다는 것이다. 비슷한 결과가 간접 증거를 통해서도 확인되었다. 버튼을 누르면 TV 채널이 바뀐다거나 프로젝터의 슬라이드가 넘어갈 경우 외향적인 사람들이 내향적인 사람들에 비해 버튼을 더 빨리 눌렀다(Brebner & Cooper, 1978). 시끄러운 열람실에서 공부하는 대학생은 조용한 곳에서 공부하는 대학생보다 외향성 점수가 더 높았다(Campbell & Hawley, 1982).

심리학자 Russell Geen(1984)은 과제를 수행하는 동안 소음 정도를 조절할 수 있게 했을 때 외향적인 사람이 내향적인 사람에 비해 더 시끄러운 정도의 소음을 고를 것이라는 가설을 검증했다. 참가자들에게 시끄러운 환경에서 과제를 수행하게 될 것이며(TV가 켜진 상태와 같은), 소음을 끌 수는 없지만 볼륨 조절은 가능하다고 하였다. 그 결과 외향적인 사람은 내향적인 사람에 비해 더 큰 정도의 소음을 선택했다. 스스로 선택한 소음 수준에서 학습했을 때 두 집단의 수행은 차이가 없었다. 그러나 내향적인 사람들에게 외향적인 사람들이 선택한 수준의 소음을 들려주었을 때 이들의 수행 수준은 저하되었다. 마찬가지로 외향적인 사람들에게 내향적인 사람들이 선택한 수준의 소음이 주어졌을 때 이들의 수행 역시 하락하였다. 이 연구는 외향적인 사람들이 내향적인 사람들보다 더 강렬한 자극을 선호한다는 것뿐만 아니라 선호하는 수준 밖의 자극이 주어지면(내향적인 사람들에게는 높고, 외향적인 사람들에게는 낮은 수준) 성취 수준이 하락하는 점으로 보아 집단의 최적 자극 수준이 서로 다르다는 것을 보여준다.

상과 벌에 대한 민감도

제프리 그레이(Jeffrey Gray)는 **보상 민감성 이론**(reinforcement sensitivity theory)이라고 하는 영향력 있는 이론을 제안하였다(Gray, 1972, 1990). 그는 동물을 대상으로 뇌기능을 연구한 결과 뇌에 있는 두 개의 생물학적 시스템이 성격에 영향을 미친다고 하였다. 첫 번째는 도파민 시스템을 통해 보상에 반응하고 접근 행동을 조절하는 **행동 활성화 체계**(behavioral activation system, BAS)이다. BAS는 잠재적인 보상 자극을 감지했을 때 접근 행동을 촉발시킨다. 예를 들어 아이스크림 트럭이 음악을 틀고 온다는 것을 알고 있는 아이의 BAS는 음악 소리(보상에 대한 신호)가 들렸을 때 밖으로 뛰어나가 트럭을 찾고자 하는 욕구(접근 동기 조성)를 발생시킨다. 또 다른 뇌 시스템은 처벌에 대한 신호, 좌절감, 불확실성 등에 반응하는 **행동 억제 체계**(behavioral inhibition system, BIS)이다. BIS가 활성화되면 행동을 중단 혹은 억제하거나 회피하는 행동을 하게 된다. 집 밖의 길거리로 뛰어나간 것 때문에 엄마로부터 야단을 맞거나 벌을 받았을 경우 길거리는 BIS에게 처벌에 대한 신호가 되며 그 결과 행동을 억제하게 된다. 간단하게 말하면 BAS는 접근 행동을 유발하는 액셀러레이터이고, BIS는 행동을 멈추게 하는 브레이크와 같다.

그레이의 이론에 따르면 BIS 혹은 BAS의 상대적 민감도는 사람에 따라 다르다. BIS의 반응성이 높은 사람은 특히 처벌이나 좌절감의 신호에 민감하고, 불안, 두려움, 슬픔과 같은 불쾌한 감정에 취약하다. BIS는 성격의 **불안**(anxiety) 차원을 맡고 있다. 반면 BAS 반응성이 높은 사람은 보상에 민감하다. 이들은 긍정적인 감정의 영향을 많이 받고 자극에 접근하려는 경향을 보인다. 또한 목표에 접근할수록 행동 억제력이 감소된다. 그레이에 따르면 BAS는 반응 억제불능을 나타내는 성격의 **충동성**(impulsivity) 차원을 담당한다.

연구자들은 BAS(충동성)와 BIS(불안)를 아이젠크가 정의한 외향성-내향성의 개념적 공간 내 어디에 둘지에 대한 논쟁에 초점을 맞추었다(그림 4.2 참조). 이 책의 저자 중 한 명은 그레이와 그의 동료들과 몇 차례 의견 교환을 하였다(Pickering, Corr, & Gray, 1999; Rusting & Larsen, 1997, 1999). 그레이와 아이젠크의 성격 구조는 BAS가 외향성과 동등하고 BIS가 신경증과 동등하다는 면에서 직접적인 관련성을 보인다. Canli와 동료 연구자들(2001)은 이미 외향적인 사람들(내향적인 사람들에 비하여)의 뇌가 보상을 주는 이미지에 대하여 더 반응적이고, 신경증 성향이 높은 사람들의 뇌는 부정적인 감정에 더 반응적이라는 것(신경증이 낮은 사람들에 비해)을 밝혀냈다. BIS와 BAS는 처벌을 피하거나 혹은 보상에 접근하는 기질적 경향성을 나타내기 때문에 많은 연구자들은 BIS와 BAS 구조를 신경증 및 외향성과 유사한 것으로 본다(Davidson, 2003; Kosslyn et al., 2002; Knutson & Bhanji, 2006; Sutton, 2002). 그레이는 자신의 이론을 수정했으며, 그 결과 BIS는 신경증에, BAS는 외향성에 훨씬 더 가까워졌다(Pickering et al., 1999).

그레이에 따르면 개인마다 보상과 처벌에 반응하는 정도가 다르기 때문에 사람들은 불안한/신경증적인 행동이나 충동적/외향적인 행동을 보이게 된다. 만일 어떤 사람이 다른 사람에 비해 불안, 발작, 두려움, 걱정, 우울, 공포증, 강박, 충동 등에 더 민감하다고 한다면, 그

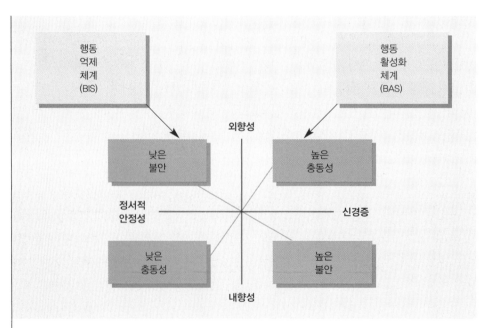

그림 4.2

아이젠크의 외향성 및 신경증 차원과 그레이의 충동성 및 불안 차원 사이의 관계

레이는 이들이 너무 민감한 행동 억제 체계를 가졌기 때문이라고 할 것이다. 그런 사람들은 처벌이나 좌절 경험을 빨리 알아차리고 민감하게 반응한다. 또한 불확실성이나 새로운 자극에 고통을 느낀다. 마찬가지로 긍정적인 감정, 접근 행동, 다른 사람들과의 상호작용 등에 민감한 사람은 더 예민한 행동 활성화 체계를 갖고 있을 것이다.

그레이 이론에 자극을 받은 연구자들은 BIS 민감도(불안과 두려움, 위험 요소와 불확실성 회피에 대한 경향성)를 측정하는 설문지를 만들었다(MacAndrew & Steele, 1991). 이들은 두려움이 많은 집단과 적은 집단을 구별하는 질문이 무엇인지 결정하였다. "나는 가족의 규칙으로부터 자유롭고 꽤 독립적이다.", "나는 아주 자신만만하다.", "나는 남의 약점을 이용하는 사람을 비난하지 않는다."와 같은 경우가 해당된다. 연구자들은 불안과 공황발작 병력이 있는 여성 정신질환자들을 선택하여 BIS가 높은 집단을 구성하였다. 또한 자신의 안전을 개의치 않는 사람들, 위험을 무릅쓰거나 위험을 무시하는 사람들로 낮은 BIS 집단을 구성했다. 이들은 정기적이고 불법적인 위험수위가 높은 성적 행동이나 약물복용으로 유죄 판정을 받은 매춘부들이었다. 매춘부들과 불안증 환자들은 설문지에서 서로 매우 다른 반응을 보였다. 매춘부들은 불안증상을 보이는 집단에 비해 설문지 측정에서 낮은 점수를 받았다. 이런 결과는 설문지 결과가 위태로운 상황, 위험 및 대담무쌍함 등에 대한 내성의 척도를 어느 정도 타당하게 측정한다는 것을 보여준다.

그레이 이론을 활용한 두 번째 연구 집단은 심리학자 Charles Carver와 그의 동료들이었다(Carver, Sutton, & Scheier, 1999; Carver & White, 1994). Carver와 White는 BIS와 BAS 정도를 측정하는 도구를 만들어 타당화하였으며, 다른 연구를 통해서도 타당성이 확인되었다. 예를 들어 Zelenski와 Larsen(1999)은 자신들의 연구를 통해 이 측정도구가 BIS와 BAS를 상당히 정확하게 측정한다고 하였다. Carver와 동료 연구자들(1999)은 외향성 혹은 충동성, 신경증 혹은 불안 차원에 있어서 개인차를 어떻게 통합할지에 대해 검토하였다. 이들의 연구에 따르면 각 체계는 주요한 정서적 특성과 관련이 있고, 대뇌 편측성을 보이며, 처벌이나 보상에 따른 학습의 차이를 유발한다. 또한 뚜렷한 개인차를 보이기 때문에 성격의 두 가지 중요한 차원, 즉 '2요인(Big Two)'이라고 하였다.

그레이는 주로 동물을 대상으로 연구하였는데, 이 연구에서는 약물이나 수술을 이용하여 뇌의 특정 부분을 제거하고 이것이 동물의 처벌이나 보상을 통한 학습에 영향을 주는지 실험하였다. 그레이의 이론은 학습의 두 가지 주요 원칙—강화(정적 혹은 부적)와 처벌(강화 상실)—과도 연관되어 있다. 일부 연구에 따르면 두 형태의 학습은 서로 다른 신경계의 지배를 받는 것으로 나타났다. 강화나 처벌을 통해 학습할 때 사람이나 동물 모두 뇌의 다른 기전이 관여하고 있음이 관찰되었다(Gray, 1991).

Larsen, Chen 그리고 Zelenski(2003)는 참가자에게 난이도 높은 과제를 수백 번 정도 수행하도록 하였다. 연구에 참가한 사람들은 컴퓨터 화면에 갑자기 나타나는 단어의 색상을 가능한 한 빠르고 정확하게 말해야 했다. 이 과제는 1초 안에 대답을 해야 하는 난이도가 높은 것이었고, 사람들은 전체 시행 중 반 정도에서 정답을 맞혔다. 연구자들은 참가자를 두 집단으로 나누어 한 집단은 정확하고 빠르게 답할 때마다 보상을 주었고, 그 결과 이들은 20

분 동안 5달러를 벌었다. 다른 집단은 틀린 답을 하거나 제시간에 답을 하지 못할 때마다 처벌을 받았다. 실험을 시작할 때 이들은 10달러를 갖고 있었으나 실험이 진행되면서 5달러를 잃었다. 집단에 따라 시행에 대해 보상을 받거나 처벌을 받았으나 결과적으로 모든 참가자들은 5달러를 가진 상태로 실험이 끝났다. 참가자 중 BAS 점수가 높은 사람은 보상을 받기 위해 일할 때 더 빠르고 정확하게 과제를 수행했으며, 따라서 BAS 점수는 보상 조건에서 수행을 증가시키는 것으로 나타났다. 반면 BIS 점수가 높은 사람은 처벌을 받을 때 더 수행이 우수했고, 이런 결과는 처벌 조건에서의 수행 예측인자가 되었다.

그레이의 이론을 검증하기 위해 충동성에 대한 실험도 이루어졌다. 감옥 재소자 중에는 행동조절력이 낮은 사람들이 많이 있는데, 특히 어떤 행동이 즉각적인 보상을 줄 때 충동성은 더욱 높았다. 예를 들어 17세 남자가 거리에 주차된 비싼 스포츠카를 보았다고 하자. 그 차를 운전하면 얼마나 재미있을까 생각하는데 자동차 열쇠가 시동장치에 꽂혀 있는 것을 보았다. 주변 어디에도 주인은 보이지 않고 거리는 한산해 보인다. 그는 문 손잡이를 향해 손을 뻗는다. 이런 접근 행동을 억제하는 능력에 따라 평균적인 사람들과 충동적인 사람들이 분류된다.

열망하는 목표나 보상이 존재할 때 충동적인 사람은 회피 성향이 강한 사람에 비해 접근 경향성이 훨씬 강해지고 이를 잘 억제하지 못한다. 우리 주변에서도 스스로를 곤경으로 몰아넣거나 다른 사람의 마음을 상하게 하는 말을 생각 없이 하는 사람들을 꽤 볼 수 있다. 이들은 자신의 행동이 누군가의 마음을 상하게 할 수도 있고, 그들이 자신에 대해서 나쁘게 생각할 수 있음에도(후회함으로써 '벌'을 받는) 불구하고 자신의 행동을 조절하지 못한다.

그레이 이론에 따르면 충동적인 사람들은 행동 억제 체계가 약하기 때문에 처벌에 의한 학습이 잘 이루어지지 않는다. 이것이 사실이라면 충동적인 사람이 충동적이지 않은 사람들보다 처벌에 의한 학습 과제를 잘 수행하지 못한다는 것이 입증되어야 한다. 충동성이 높은 대학생, 청소년 범죄자, 사이코패스, 감옥에 있는 범죄자 들을 대상으로 연구한 결과(Newman, 1987; Newman, Widom, & Nathan, 1985) 충동성이 높은 사람은 처벌에 의한 학습이 잘 이루어지지 않았다.

룸메이트가 아파트를 치우도록 가르치고 싶다면 무언가를 치울 때마다 사탕을 주고 칭찬을 하는 것이 효과적일 수 있다. 혹은 방을 어지를 때마다 소리를 지르고 화를 낼 수도 있다.

연습문제

누군가에게 새로운 것을 가르치는 상황을 생각해보자. 예를 들면 당신의 룸메이트가 방을 깔끔하게 치우도록 가르치고 싶다. 그 행동을 가르치기 위해 어떻게 보상을 사용할 것인지 논의해보라. 또는 같은 행동을 어떻게 가벼운 처벌을 통해 가르칠 것인지도 의논해보아라. 어떤 것이 더 효과적일 것 같은가? 보상이나 처벌의 효과가 룸메이트의 성격에 의해 영향을 받는가?

만약 룸메이트가 충동적인 성격이라면 보상 전략을 사용하는 것이 처벌 전략을 사용하는 것보다 더 효과적일 것이다. 반면에 불안이 높은 사람이라면 보상보다는 처벌을 사용하는 것이 더 효과적일 수 있다.

감각 추구

생리적 기반에 근거한 또 다른 성격 차원으로는 **감각 추구**(sensation seeking)를 들 수 있다. 감각 추구는 신나고 흥분되는 활동을 추구하고, 위험을 감수하며, 지루함을 피하려는 경향성이다. 감각 자극의 필요성에 대한 연구는 **감각 박탈**(sensory deprivation)에 관한 연구에서 비롯되었다.

참가자들로 하여금 빛이나 소리가 없고 최소한의 감촉만 느낄 수 있는 작은 방에 들어가 있도록 했다. 이들은 이 방에서 12시간을 보냈다. 처음에는 편안함을 느꼈지만 곧 지루해졌고 불안을 느꼈으며, 심지어 환각과 망상을 경험하게 되었다. 헵(Hebb, 1955)의 초기 연구에 따르면 이런 상황에 놓인 참가자들은 감각이 박탈된 상황에 있는 것보다 차라리 여섯 살짜리가 술을 마시는 것이 얼마나 위험한지에 대한 녹음을 계속 들으려고 하였다. 다른 연구에서는 예전 주식시장 자료를 반복해서 듣기도 했다. 이런 결과로 볼 때 사람이 감각이 박탈된 환경에 놓이게 되면 지루하다고 느꼈던 어떤 것이라도 느끼려고 애쓴다는 것을 알 수 있다.

헵의 최적의 각성 수준에 대한 이론

헵은 **최적의 각성 수준**(optimal level of arousal)이라는 이론을 개발하였으며, 이 이론은 아이젠크의 외향성 이론에도 이용되었다. 헵은 사람들이 최적의 각성 수준에 도달하기 위해 애쓴다고 하였다. 만일 각성 수준이 낮은 상태라면 각성이 증가되는 것이 보상이 되며, 반대로 각성 수준이 과다하게 높다면 각성 수준의 감소가 보상이 된다.

그 당시 연구자들은 긴장 상태의 완화가 모든 동기의 목표라고 생각한 데 반해 헵은 사람들이 긴장과 자극을 추구한다고 했기 때문에 여기에 대한 논란이 많았다. 그렇지만 헵의 이론이 틀렸다면 퍼즐을 푸는 것을 좋아하고, 약간의 좌절감을 즐기고, 롤러코스터를 타는 것처럼 가끔은 위험을 감수하거나 약간의 두려움을 느끼는 활동을 하려는 사람을 어떻게 설명할 수 있겠는가? 신경계는 최소한의 어떠한 감각 입력을 필요로 하는 것으로 보인다.

주커만의 연구

주커만과 하버(Zuckerman & Haber, 1965)는 사람에 따라 감각 박탈 경험을 괴로워하는 정도가 다르다는 것을 알게 되었다. 연구 결과 어떤 사람들은 감각 박탈을 아주 불쾌해 했으며, 감각을 느낄 수 있게 해주는 녹음자료나 읽을거리

감각 추구 이론은 어떤 사람들이 왜 흥분되는 행동을 그러한 경험이 위험을 동반할 수도 있음에도 불구하고 주기적으로 추구하는지 설명하기 위하여 제안되었다.

출처 : ⓒ Purestock/ SuperStock RF

를 더 많이 요구했고, 실험을 더 빨리 중단했다. 주커만은 박탈에 대해 내성이 낮은 사람이 감각에 대한 요구가 더 높다고 하였다. 또한 이런 사람들은 감각 박탈 실험에서뿐만 아니라 일상에서도 자극을 추구하는 모습을 보이기 때문에 감각 추구자라고 하였다.

주커만은 새로운 자극이나 흥분되는 경험을 필요로 하고 스릴과 흥분을 즐기는 정도를 측정하는 질문지를 개발했다. 이 설문지의 이름은 감각 추구 척도이며 문항은 〈표 4.3〉에 나와 있다(Zuckerman & Aluja, 2015).

질문지는 사람들이 감각 박탈을 어느 정도 견딜 수 있는지를 예측한다. 감각 추구 성향이 높은 사람들은 감각 박탈을 힘들어했고, 낮은 사람들은 감각 박탈 상태를 오래 견딜 수 있었다. 1960년대 초, 주커만은 감각 추구 성격 차원과 관련된 다른 특징들을 연구하기 시작했다. 감각 추구 성향에 대한 설명은 아이젠크가 외향성을 설명했던 방식과 아주 비슷하다. 실제로 외향성과 감각 추구 사이에는 중간 정도의 높은 상관관계가 있다.

주커만과 그의 동료들은 40년 이상 감각 추구에 대한 연구를 하였고, 그 결과 다양한 사실이 밝혀졌다. 폭동 진압에 자원한 경찰관은 그렇지 않은 사람들보다 주커만 척도의 감각 추구 점수가 더 높았다. 스카이다이빙을 하는 사람은 하지 않는 사람들에 비해 감각 추구 점수가 더 높았다. 대학생 실험 자원자 중 감각 추구 점수가 높은 학생들은 평범한 연구(학습, 수면, 사회적 상호작용에 관한 연구들)보다는 특이한 연구(ESP, 최면, 약물에 관한 연구들)에 참가하는 경향을 보였다. 도박행동 연구에서도 이들은 더 위험한 내기를 하였다. 또한 감각 추구 경향이 낮은 사람에 비해 섹스 파트너가 더 많았고, 성적 행동에서 다양성을 보였으며, 더 이른 나이에 성 경험을 하는 것으로 보고하였다.

주커만에 따르면 감각 추구 행동은 생리적 특징에서 비롯된다. 주커만은 최근 연구

표 4.3 감각 추구 척도의 항목

각 항목은 감각 추구의 여러 측면을 보여준다.

스릴과 모험 추구 : 아웃도어 스포츠, 비행, 스쿠버 다이빙, 낙하산 점프, 모터사이클 타기, 등산 등과 같은 위험 요소를 동반한 활동을 의미한다. 예를 들면 "가끔은 약간 무서운 느낌이 드는 활동하는 것을 좋아한다."(높음) vs "분별 있는 사람은 위험한 활동을 피한다."(낮음)

경험 추구 : 새로운 감각이나 새로운 경험, 또는 규범이나 관행을 따르지 않는 방식 등을 의미한다. 예를 들면 "두렵고, 관습에서 벗어나고, 혹은 불법적이더라도 새롭고 신나는 활동들을 좋아한다."(높음) vs "경험 그 자체를 위한 경험에는 관심이 없다."(낮음)

탈억제 : '통제 불능' 상태가 되는 것을 선호하거나 난잡한 파티, 도박, 성적 다양성 등에 관심을 갖는 것을 반영한다. 예를 들면 "즐거운 일들의 대부분은 불법적이거나 비도덕적이다."(높음) vs "가장 즐거운 일들은 법적 제한 내에 있으면서 도덕적인 것이다."(낮음)

권태 민감성 : 반복, 규칙적인 일, 단조로움, 예측 가능하고 지루한 사람 등을 싫어하고 변화가 없으면 차분히 있지 못하는 것을 반영한다. 예를 들면 "늘 똑같은 얼굴을 보는 것은 지루하다."(높음) vs "나는 일상의 친구들이 주는 편안한 익숙함을 좋아한다."(낮음)

모든 감각 추구 척도 항목들과 채점 안내사항은 Zuckerman(1978)에서 찾을 수 있다.

자세히 보기

성격과 문제행동 : 도박

19세의 그레그 호간은 펜실베이니아 리하이대학교의 회장이었고 침례교 목사의 아들이었다. 그는 리하이대학교의 오케스트라에서 첼로를 연주했으며, 시그마 파이 엡실론 남학생 사교 클럽의 멤버였고, 대학 내에 있는 교회에서 조교로 활동하였다. 2005년 12월 9일, 호간은 펜실베이니아 앨런타운에 있는 와코비아 은행(세계 3대 은행 중 하나)에 들어가 창구 직원에게 자신이 무장을 하고 있다며 돈을 내놓으라는 쪽지를 건넸다. 그는 2,871달러를 갖고 나왔고, 그다음 두 명의 친구와 함께 영화 '나니아 연대기'를 보았다. 이후 대학 오케스트라의 리허설을 가려고 준비하던 중, 경찰차 7대가 집 주변을 둘러쌌다. 결국 그레그 호간은 저녁 리허설에 가지 못했고, 은행 강도 혐의로 체포되었다. 그는 재판에서 유죄를 인정하였으며 10년 형을 선고받았지만 22개월 만에 집행 유예로 풀려났다. 단 집행 유예가 끝나는 2016년까지 카지노나 도박을 하는 곳에 출입하는 것이 금지되었다.

그레그 호간은 도박 충동을 참지 못하고 인터넷 도박 사이트에서 5,000달러 이상의 빚을 지는 절망적인 상황에 처했다. PokerPlus.com에서 시행된 연구에 따르면 180만 명 정도의 사람이 매달 온라인 포커를 치고, 하루에 2억 달러 정도의 돈을 건다. 국립도박중독협의회의 추산에 따르면 한 주에 3백만 명 이상의 학생들이 돈을 걸고 도박을 한다. 또한 이 연구는 주기적으로 포커를 치는 대학생 10명 중 2명이 중독으로 발전한다고 주장한다. 도박 중독자 중 80% 정도가 도박 빚을 갚기 위해 범죄를 저지르게 된다. 문제가 되는 수준의 도박은 중독성 성격특징으로 알려져 있다.

'중독성 성격'이라는 것이 있는가? 어떤 사람들은 도박에 더 빠지기 쉬운가? 이 질문에 대답하기 전에 미국에서는 도박의 범위를 어떻게 정하는지 알아보자. 병적 도박장애(pathological gambling disorder, PGD)는 끊임없는 도박행동으로 그 사람의 삶과 가족 관계, 학교나 직장생활에서 문제를 야기하는 것이다. 병적 도박장애의 진단은 진단기준에 있는 10개

어떤 사람에게는 카드놀이가 오락이지만 어떤 사람에게는 충동적 도박이 될 수도 있다.
출처 : ⓒ JGI/Jamie Grill/Blend Images LLC RF

항목 중 5개 이상이 충족될 때 내릴 수 있다(American Psychiatric Association, 1994). 진단기준에는 도박을 멈추거나 제어하는 것이 불가능하고, 흥분을 얻기 위해 더 자주, 더 큰 액수로 도박을 하며, 문제가 있음에도 도박을 계속하는 것, 도박을 숨기기 위해 거짓말하는 것, 불법적인 행동으로 도박 자금을 마련하는 것, 도박을 하지 못하면 초조함과 성급함을 동반한 '금단' 증상을 겪는 것, 부정적인 감정에서 벗어나기 위해 도박을 하는 것 등의 항목이 포함되어 있다. 이 같은 기준은 약물이나 알코올 중독 기준과 아주 비슷하다. 도박장애의 경우에만 해당하는 것으로는 '손실금을 쫓는 것'(손실을 되찾기 위해 계속 배팅하는 것)과 도박 빚 때문에 다른 사람들에게 금전적 도움을 요청하는 것 등이 있다.

병적인 도박행동은 니코틴 의존, 대마초 사용, 약물중독, 알코올 의존 등과 같은 다른 중독 행위와 함께 나타나는 경우가 많다(Slutske, Caspi, et al., 2005). 병적이거나 문제가 되는 정도로 도박을 하는 사람들은 그렇지 않은 사람들에 비해 알코올 의존을 보이는 경우가 2~4배 정도 많았다. 이런 현상은 2개 이상의 장애가 동시에 같은 사람에게서 일어나는 **공존이환**(comorbidity)의 한 예이다.

어떤 성격특성이 도박중독과 관련이 있는지에 대한 질문으로 돌아가 보자. 다수의 상관관계 연구에 따르면 충동성과 감각 추구는 도박중독과 관련을 보인다(McDaniel & Zuckerman, 2003; Vitaro, Arsenault, & Tremblay, 1997). 물론 이런 결과를 통해서 성격특성 때문에 도박행동을 하게 되는지 아니면 도박이 사람들로 하여금 더 충동적이고 감각을 추구하게끔 만드는지 알지 못한다. 그렇지만 심리학자 Wendy Slutske, Eisen을 포함한 그의 동료들(2005)의 연구에 따르면 21세 때 도박중독을 보인 사람들은 18세 때 위험 감수와 충동성의 성격특성이 높았던 것으로 밝혀졌다. 이 연구는 높은 충동성이나 감각 추구 성향과 같은 성격특성이 도박중독을 일으킬 가능성이 높음을 시사한다.

유전 연구 또한 도박중독이나 다른 중독(예 : 알코올)에 관여하는 유전 요인들이 서

(계속)

로 많이 중복된다는 것을 보여준다. 낮은 행동 제어력(충동성과 위험 감수)은 이와 관련된 성격특성으로 나타날 수 있으며, 병적 도박이나 다른 중독장애의 공존이환 원인이 될 수도 있다.

아이오와 도박과제는 충동성 및 결과에 대한 무감각을 연구하기 위해 개발되었다. 피험자는 다양한 카드 세트 중에서 하나를 선택해야 하는데, 어떤 세트는 초기에 아주 큰 보상을 주지만 동시에 큰 벌을 준다. 이 카드로 계속 게임을 하게 되면 시간이 지날수록 돈을 잃을 확률이 높아진다. 반면 어떤 카드는 초기 보상이 낮지만, 처벌 또한 낮고 덜 빈번하기 때문에 나중에는 돈

을 따도록 되어 있다. 이런 상황에서 대부분의 사람들은 위험한 것보다 안전한 것(보상이 적지만 또한 잃는 일도 적은 것)을 선택하도록 학습되었다. 반면에 감각 추구 성향이 높은 충동적인 사람들(Crone, Vendel, & van der Molen, 2003)과 알코올과 약물 중독자들(Bechara et al., 2001)의 경우 더 위험한 카드를 택하는 경우가 많았고, 결과적으로 돈을 잃었다. 흥미롭게도 뇌의 특정한 부위(전두엽 피질)에 손상을 당한 사람들은 위험한 카드를 선택할 가능성이 컸고, 이득은 적고 손실이 많은 경우에도 이런 결과를 피하도록 하는 학습이 이루어지지 않았다(Bechara, Tranel, & Damasio, 2005). 아이오와 도박과제에 따르면 나이가 들고 청소년기가 지나면서 위험한 결과를 피하도록

하는 학습이 더 잘 이루어졌으며, 이는 전두엽 발달과 관련이 있다. 이런 결과는 청소년기에는 결과를 수용하는 뇌 센터가 충분히 발달하지 않았기 때문에 도박을 해서는 안 된다는 것을 시사한다.

요약하자면 평상시에 재미로 하는 도박조차도 어떤 사람들에게는 문제가 될 수 있다. 이는 충동성과 감각 추구 성향이 높을 경우에 도박 문제나 다른 중독 문제를 일으킬 수 있기 때문이다(Zuckerman, 2012). 아마도 그러한 성격특성과 중독 행동은 공통적인 유전 경로에서 비롯되는 것일 수 있다. 심지어 결과를 예상하는 능력과 자기통제를 담당하는 특정 뇌 영역인 전두엽 피질에서도 같은 경로가 발현될 수 있다.

(1991b, 2005, 2006)에서 감각 추구의 차이를 초래하는 신경전달물질의 역할에 초점을 맞추었다. **신경전달물질**(neurotransmitters)은 신경세포에 있는 화학물질로서 한 세포에서 다른 세포로 신경 자극을 전달하는 역할을 담당한다.

신경세포와 세포 사이에는 시냅스(synapse)라고 하는 작은 공간이 있다. 신경 자극이 목표에 도달하려면 시냅스를 통과해야 하는데 신경전달물질은 신경 자극이 시냅스를 건너 계속 길을 갈 수 있게 해주는 화학물질이다.

신경전달물질은 자극이 지나간 후에 분비되어야 한다. 그렇지 않으면 너무 많은 신경 전달이 일어나기 때문이다. 비유를 들면 한 번에 한 사람씩 들어가는 회전문이 있다고 해보자. 회전문이 열린 채로 있다면 많은 사람이 동시에 뛰어가 문을 지나치게 될 것이다. 반면에 문이 닫혀 있다면 아무도 지나가지 못할 것이다. 신경 전달 시스템은 신경 전달이 적절한 정도로 이루어지고 유지되도록 하는 시냅스의 화학적 균형 같은 것이며, 정확하게 균형이 이루어지는 게 중요하다.

모노아민 산화제(monoamine oxidase, MAO) 같은 효소들은 신경전달물질이 적절한 수준으로 유지되도록 한다. MAO는 신경전달물질이 신경 자극을 지나가도록 한 뒤 그것을 분해한다. MAO가 과량 존재한다면 신경전달물질을 너무 많이 분해하여 신경 전달 정도가 줄어들 것이다. 만약 MAO의 양이 너무 적다면 과량의 신경전달물질이 시냅스에 남아 있게 되면서 신경 전달 정도가 지나치게 많아질 것이다. 손가락으로 바닥에서 10원짜리 동전을 집어 드는 것처럼 정교한 움직임이 필요한 경우를 생각해보자. MAO가 너무 적을 경우 손가락은 떨리고 경련을 보일 것이다(너무 많은 신경 전달). MAO가 너무 많다면 손가락은 감각이 약해지고 움직임이 느려져 제어능력이 떨어지게 된다. MAO 수준이 딱 맞을 때에만 신경전달물질

의 수준도 적당하게 조절되며 근육, 생각, 감정 등을 조절하는 신경계도 제대로 기능한다.

감각 추구 성향이 높은 사람들은 낮은 사람에 비해 혈류 내 MAO의 양이 적다는 연구가 많다(Zuckerman, 1991b, 2005). 감각 추구 경향이 높은 사람들의 MAO 양이 상대적으로 적다는 것은 신경세포에 더 많은 신경전달물질이 있다는 의미이다. 그렇다면 감각 추구 성향은 아마도 신경계의 신경전달물질의 수준이 높다는 사실에서 비롯되었을 수 있다. 주커만 (1991a) 역시 불법적인 성행위, 약물사용, 난잡한 파티 등과 같은 감각 추구 행동은 최적 각성 수준을 찾기 위한 것이 아니라 시냅스의 생화학적 브레이크가 너무 적기 때문이라고 하였다.

신경전달물질과 성격

주커만의 이론이 신경전달물질을 분해하는 MAO의 양에 관한 것이라면 다른 연구자들은 신경전달물질의 양 자체가 개인차를 유발한다고 가정하였다(Depue, 2006). 실제로 신경전달물질은 성격 차이를 유발할 수 있다. 신경전달물질 중 하나인 **도파민**(dopamine)은 쾌락과 관련이 있는 것으로 보인다. 예를 들어 동물이 먹이를 얻고자 하는 것과 마찬가지로 우리는 도파민을 얻고자 애쓴다. 도파민은 보상 시스템으로 작용하기 때문에 심지어 기분을 좋게 하는 화학물질로 부르기도 한다(Hamer, 1997). 코카인과 같은 약물은 도파민과 유사한 기능을 한다. 하지만 약물을 사용할수록 본래의 도파민 수준을 낮추기 때문에, 신경계에서 약물이 사라지면 불쾌감을 느끼고 다시 약물을 구하려는 충동을 불러일으킨다.

두 번째로 중요한 신경전달물질은 **세로토닌**(serotonin)이다. 세로토닌의 역할은 우울이나 불안과 같은 기분장애와 관련이 있는 것으로 알려져 있다. 프로작, 졸로프트, 팍실과 같은 약물은 세로토닌 재흡수를 막아 시냅스에 세로토닌이 오래 머물도록 하여 우울감을 줄여준다. 우울감을 느끼지 않는 피험자들에게 프로작을 투여한 연구에서 이들은 대조집단에 비해 부정적인 행동을 덜 하였고, 더 사교적인 모습을 보였으며, 사회적 활동에 더 많이 참여한 것으로 보고되었다(Knutson et al., 1998). 한 연구에서는 원숭이들을 관찰했는데 서열이 높고 털 단장을 더 하는 원숭이들의 경우 세로토닌 수준이 더 높은 것으로 나타났다. 반면 세로토닌 수준이 낮은 원숭이들은 걱정이 많고 공격적인 행동을 보였다(Rogness & McClure, 1996). Depue(1996)는 동물연구들을 개관한 결과 세로토닌 수준이 낮은 동물의 경우 짜증을 더 많이 냈다고 하였다.

세 번째로 중요한 신경전달물질은 **노르에피네프린**(norepinephrine)으로, 이는 시냅스 신경계를 활성화시켜 투쟁-도피 반응을 유발한다. 모든 신경이론은 도파민, 세로토닌, 노르에피네프린 등의 세 가지 신경전달물질에 기반을 두고 있다. 이 중 가장 종합적인 이론은 세 종류의 신경전달물질의 양에 따라 세 가지 성격특성이 결정된다는 클로닝거(Cloninger)의 **3차원 성격 모델**(tridimensional personality model)(Cloninger, 1986, 1987; Cloninger, Svrakic, & Przybeck, 1993)이다. 도파민 수준이 낮으면 이를 증가시키는 물질이나 경험을 추구한다는 점을 상기해보면, 새로움과 스릴, 흥분 등은 도파민 수준을 올려주는 보상을 제공한다. 따라서 **자극 추구 행동**(novelty seeking)은 낮은 도파민 수준에서 비롯된다.

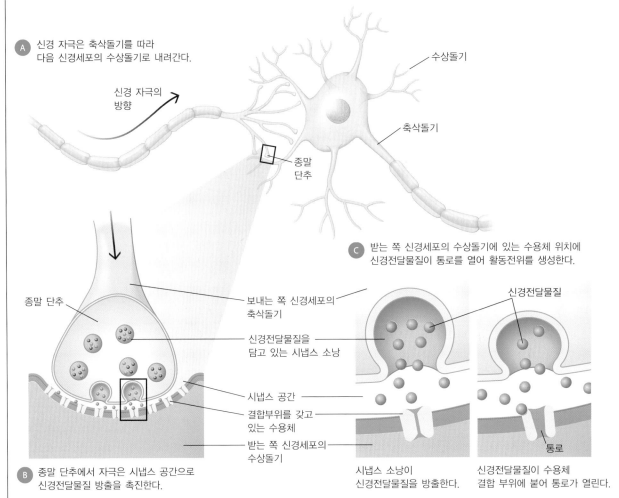

Ⓐ 신경 자극은 축삭돌기를 따라
다음 신경세포의 수상돌기로 내려간다.

신경 자극의
방향

수상돌기

축삭돌기

종말
단추

Ⓒ 받는 쪽 신경세포의 수상돌기에 있는 수용체 위치에
신경전달물질이 통로를 열어 활동전위를 생성한다.

신경전달물질

종말 단추

보내는 쪽 신경세포의
축삭돌기

신경전달물질을
담고 있는 시냅스 소낭

시냅스 공간

결합부위를 갖고
있는 수용체

받는 쪽 신경세포의
수상돌기

통로

Ⓑ 종말 단추에서 자극은 시냅스 공간으로
신경전달물질 방출을 촉진한다.

시냅스 소낭이
신경전달물질을 방출한다.

신경전달물질이 수용체
결합 부위에 붙어 통로가 열린다.

시냅스 두해, 두 신경세포 사이이 접합점이다. 시냅스는 전기적 신호를 한 신경세포에서 다음 신경세포로 전달한다. 전기적 신호가 시냅스에 도달
하면, 소낭으로부터 신경전달물질을 방출시킨다. 소낭은 막을 통해 터지면서 나오며, 신경전달물질은 마이크로 단위의 공간인 시냅스 공간을 건너
서 수용체 신경세포에 결합하며, 전기적 자극을 전달한다.

클로닝거의 모델에서 제안하는 두 번째 성격특성은 **위험 회피**(harm avoidance)이며, 이는
세로토닌 대사 이상에서 비롯된다. 세로토닌 수준이 높아지거나 낮아질 경우 위험 회피 성
향이 강해진다는 주장이 있지만, 클로닝거(개인적 대화, 2003년 10월)는 위험 회피와 세로
토닌의 양 사이의 관계가 단순히 선형적인 것은 아니라고 하였다. 뇌 척수액에서 5-HIAA
와 같은 주요 세로토닌 대사 부산물 수준이 아주 낮은 수준을 보일 때 심각한 우울증 가능
성을 생각해볼 수 있지만, 불안하거나 스트레스 상황에서는 오히려 세로토닌 수준이 상승할
수 있다. 선택적 세로토닌 흡수 억제제(프로작, 졸로프트, 팍실 등과 같은 항우울제)는 시냅
스의 세로토닌 수준을 증가시켜 우울감을 감소시킨다. 약물을 투여하면 처음에는 불안이 증
가되지만 나중에는 세로토닌에 대한 민감성이 줄어들어 스트레스 취약성을 감소시킨다. 따

라서 급성 스트레스 상황에서 스트레스 반응을 유발하는 세로토닌의 역할과 세로토닌 수준이 지나치게 낮아 지속적으로 위험 회피 성향을 보이는 것은 구별해야 한다. 위험 회피 성향이 낮은 사람들은 에너지가 넘치고, 외향적이며, 긍정적으로 보이는 반면, 위험 회피가 높은 사람들은 신중하고, 감정 표현을 억제하며, 수줍음이 많고, 불안 수준이 높아 보인다. 이들은 위험하거나 불쾌한 일이 생길 것이라는 예상 때문에 계속해서 위험 신호를 탐색한다.

클로닝거 이론에서 제안된 세 번째 성격특성은 **보상 의존**(reward dependence)이다. 이는 낮은 수준의 노르에피네프린과 관련이 있는 것으로 보인다. 보상 의존성이 높은 사람들은 끈기가 강하다. 이들은 오래 일하며, 일하는 데 많은 노력을 기울이고, 다른 사람들이 포기할 때조차 계속 노력한다.

신경전달물질 체계를 통해 성격에 영향을 주는 유전자

신경전달물질 체계와 관련 있는 유전자 연구도 많이 이루어졌다. 예를 들어 낮은 수준의 도파민과 자극 추구 성향 간에 관련이 있다면 도파민 전달에 관여하는 유전자를 찾아보는 연구가 필요할 것이다. 핀란드의 Keltikangas-Järvinen과 동료들(2003)은 타입 4 도파민 수용체 유전자(DRD4)가 자극 추구 수준의 증가와 관련이 있다는 것을 발견했다. 자극 추구와 유전자 간의 관계를 알아보는 연구들을 메타분석한 결과, DRD4 유전자 내에서 특정한 유형의 유전적 코드가 반복된다는 사실이 확인되었다(Schinka, Letsch, & Crawford, 2002). 이후에 이루어진 메타분석(Munafo, Yalcin, Willis-Owen, & Flint, 2008)은 DRD4의 특정한 변이와 자극 추구 및 충동성 정도 간에 의미 있는 정도의 상관이 있다고 결론 내렸고, 이런 결과는 DRD4의 유전적 변이들이 자극 추구 성향과 관련 있음을 시사한다. 성격특성의 기반이 되는 유전자를 찾는다는 것은 속담에 나오는 것처럼 건초더미에서 바늘을 찾는 것 같을 수 있지만 연구자들은 똑같은 거대한 건초더미에서 다양한 다른 바늘들을 계속 찾아내고 있다. 이 분야의 유명한 연구자인 Dean Hamer는 "10년 후면 다수의 유전자가 대부분의 성격특성과 관련이 있다는 것이 밝혀질 것이다."(Azar, 2002에서 인용됨)라고 논평하였다. 유전자 염기서열을 분석하는 새로운 기술이 개발되면서 이 같은 탐색은 더 쉬워지겠지만, 특정한 성격특성을 발현시키기 위해 유전과 환경이 어떻게 상호작용하는지에 대한 해답도 찾아야 할 것이다.

클로닝거 모델은 그레이, 아이젱크, 주커만의 이론과 공통점이 많다. 자극 추구는 그레이 이론의 BAS에 의한 보상 민감성과 매우 비슷하다. 물론 각 이론은 성격특성에 대해 다른 설명을 한다(Depue & Collins, 1999). 그레이는 보상과 처벌을 통한 학습에 관련된 뇌 체계가 중요하다고 하고, 아이젱크는 뇌와 신경계의 관련성을 주장한다. 주커만은 시냅스 및 시냅스에서 발견된 신경화학물질에 집중하는 반면, 클로닝거는 특정 신경전달물질을 지적한다. 이들의 이론은 모두 똑같은 성격특성을 의미하는 것일 수 있으며, 다만 우리 몸 안의 어떤 수준에서 어떤 작용이 일어나는지에 대해 설명하고 있는지도 모른다. 지금부터는 생리적 반응과 관련은 없지만 생물학적 기반을 갖는 두 가지 성격 차원인 아침형-저녁형과 뇌 비대칭에 대해 알아볼 것이다.

아침형 인간-저녁형 인간

어떤 사람은 늦게까지 깨어 있다가 늦게 자고, 늦은 오후나 저녁에 가장 공부가 잘 된다고 한다. 또 어떤 사람은 아침형 인간으로 알람이 없어도 규칙적으로 일찍 일어나고, 저녁에는 일찍 잠들고, 중요한 일은 아침에 하려고 한다. 아침형 인간인가 저녁형 인간인가 하는 것은 비교적 안정적인 특징이다. 성격심리학자들은 이런 특징에 흥미를 갖고 있으며, 이러한 차원을 가리키기 위해 **아침형-저녁형**(morningness-eveningness)이라는 용어를 만들었다(Horne & Ostberg, 1976).

아침형과 저녁형 사람들의 차이는 '종달새'와 '올빼미'로 불리기도 하는데, 생물학적 리듬 때문에 이런 차이가 생기는 것으로 알려졌다. 우리 몸에서 일어나는 많은 생물학적 과정은 24~25시간 주기로 변화하며, 이것을 **일주기**(circadian rhythms)라고 부른다. 일주기 중 가장 관심을 모은 것은 체온과 내분비 변화율이었다. 예를 들면 체온은 저녁과 밤 사이(오후 8시에서 9시 사이)에 최고점을 보이고, 이른 아침(오전 6시 정도)에 최저 수준을 보인다. [그림 4.3]은 시간에 따른 체온 변화를 보여준다.

일주기를 연구하기 위해서는 일시적 격리방식을 이용한다. 참가자들은 전적으로 실험자가 통제하는 시간 단서에 따라 살게 된다. 창문이 없기 때문에 낮인지 밤인지 알 수 없고, 아무 때나 요구하면 음식을 주기 때문에 아침인지, 점심인지, 저녁인지 알지 못한 채 식사를 했다. 생방송 TV나 라디오도 없었다. 오락활동을 위해서는 비디오 테이프와 오디오 테이프가 제공되었다. 참가자들은 이러한 환경에서 몇 주 혹은 그 이상 동안 생활했는데, 이 중 다수의 학생들은 중요한 시험 공부나 박사 학위논문을 쓰는 기회로 활용했다.

만일 우리가 이런 연구에 참가했다고 생각해보자. 아무 때나 자고, 원하는 만큼 자고, 필요하다고 느낄 때 먹고, 하고 싶을 때 일하고, 영화를 보고 싶다면 영화를 볼 것이다. 이것은 시간의 **자유 러닝**(free running)이라고 하며, 행동이나 생명 작용에 영향을 줄 수 있는 시간 단서가 없는 상태를 말한다. 이런 상황에서 평균적인 사람을 대상으로 매 시간 체온을 측정한 결과 대략 24~25시간 정도의 주기를 보이는 것으로 나타났다(Aschoff, 1965; Finger, 1982; Wever, 1979).

24~25시간 리듬은 평균적인 것이다. 실제 생물학적 리듬은 사람들 사이에 큰 차이를 보

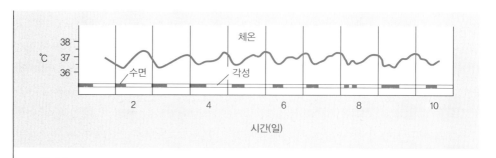

그림 4.3

체온의 일주기

연습문제

주변에서 아침형 인간을 본 적이 있는가? 어떤 일을 근거로 이렇게 생각하는가? 아침형 인간과 저녁형 인간이 다른 면에서도 차이를 보일까? 예를 들면 아침형과 관련 있는 다른 성격특성들이 있는가? 벤자민 프랭클린은 "일찍 자고 일찍 일어나는 것은 사람을 건강하고 부유하고 지혜롭게 만든다."라고 말했다. 실제로 아침형 인간으로 사는 게 더 나은 결과를 초래할까? 어떤 연구를 하면 이 질문에 대답할 수 있을까?

인다(Kerkhof, 1985). 일시적 격리 연구에서 일주기가 가장 짧은 사람은 16시간이었고, 가장 긴 사람은 50시간이었다(Wehr & Goodwin, 1981). 일시적 격리 상황에서 자유 러닝을 했을 경우, 전자는 16시간의 수면-각성 주기를 보였으나 후자의 경우 수면-각성 주기는 50시간이나 되었다.

이 같은 개인차는 일시적 격리 상황에서만 보인다. 실제 삶에서는 빛-어둠 주기와 같은 24시간 리듬으로 변동하는 단서들이 우리를 둘러싸고 있다. 이러한 단서들은 우리를 24시간 주기에 맞춰 끌고 간다. 이보다 짧거나 긴 생물학적 주기를 가졌더라도 24시간 주기에 잘 적응하기는 하지만 생물학적 리듬이 최고인 시간과 최저인 시간에서는 차이를 보인다. 약간 긴 일주기를 가진 사람(26시간과 같은)과 약간 짧은 리듬을 가진 사람(22시간과 같은)의 경우를 생각해보자. 그 둘은 같은 24시간 하루에 맞춰지겠지만, 체온이 최고에 이르는 시간이 첫 번째 사람에게는 약간 늦고(아마도 오후 10시 정도), 두 번째 사람에게는 좀 더 빨리 일어날 것이다(아마도 오후 6시 정도).

생물학적 주기가 짧은 사람들은 이른 시간에 체온과 각성 수준이 최고에 이르기 때문에 일주기가 긴 사람에 비해 빨리 잠이 온다. 26시간 일주기를 가진 사람이 24시간에 맞춰 생활할 경우, 아침 시간이 되어도 2시간이 더 남은 것처럼 느껴지기 때문에 일찍 일어나는 게 힘들다. 반면 22시간 리듬을 가진 사람은 '하루'를 22시간 만에 끝냈으며, 24시간 시계가 다 되기 전에 다른 하루를 시작할 준비가 되어 있기 때문에 일찍 일어나는 게 쉽다.

일주기에 대한 개인차 연구를 살펴보면 어떤 사람들은 왜 아침형 인간이고, 어떤 사람들은 왜 저녁형 인간인지 이해할 수 있다. 짧은 생물학적 리듬을 가진 사람들이 아침형 인간이 되고, 긴 생물학적 리듬을 가진 사람들이 저녁형 인간으로 생활한다. Horne과 Ostberg(1976, 1977)는 아침형-저녁형을 측정하는 19개 문항으로 된 설문지를 개발하였다(표 4.4 참조). 각 문항은 하루의 시작을 이른 시간에 하는 것을 선호하는지 아니면 늦은 시간에 하는 것을 선호하는지에 대해 묻는다. 48명의 참가자를 대상으로 며칠 동안 한 시간 간격으로 체온을 잰 결과 설문지 점수와 체온이 최고점이 되는 시간 간의 상관은 -.51로 나타났다. 이 연구는 처음 스웨덴에서 이루어졌지만 비슷한 결과가 미국(Mont et al., 1983), 이탈리아(Mecacci, Scaglione, & Vitrano, 1991), 스페인(Adan, 1991, 1992), 크로아티아(Vidacek et al., 1988), 일본(Ishihara, Saitoh, & Miyata, 1983) 등에서도 나타났다.

표 4.4   아침형-저녁형 설문지 항목

지시

대답하기 전에 각 질문을 주의 깊게 읽으시오. 자신의 생각을 기초로 대답하되 일단 체크한 문항을 고치지 마시오. 질문마다 선택지가 있으며, 질문 하나에 대해 한 가지만 선택해서 응답하시오. 가능한 한 솔직하게 답하시오.

1. '가장 좋다고 느끼는' 리듬을 고려해 마음대로 하루 계획을 짤 수 있다면 언제 일어날 것입니까?
    1. 오전 11:00와 정오 사이
    2. 오전 9:30과 오전 11시 사이
    3. 오전 7:30과 오전 9:30 사이
    5. 오전 6:00와 오전 7:30 사이
    6. 오전 6:00 이전
2. '가장 좋다고 느끼는' 리듬을 고려해 마음대로 하루 계획을 짤 수 있다면 언제 잠자리에 들겠습니까?
    1. 적어도 새벽 1:30 이후
    2. 자정과 새벽 1:30 사이
    3. 오후 10:30과 자정 사이
    4. 오후 9:30과 10:30 사이
    5. 오후 9:00 이전
3. 보통 아침에 일어나는 것이 얼마나 쉽습니까?
    1. 절대로 쉽지 않다.
    2. 쉽지는 않다.
    3. 꽤 쉽다.
    4. 매우 쉽다.
4. 아침에 일어나서 30분 동안 얼마나 정신이 드나요?
    1. 전혀 정신이 들지 않는다.
    2. 그렇게 정신이 들지는 않는다.
    3. 꽤 정신이 든다.
    4. 매우 정신이 든다.
5. 아침에 일어나서 30분 동안 식욕이 어떻습니까?
    1. 매우 없다.
    2. 꽤 없다.
    3. 꽤 좋다.
    4. 매우 좋다.

출처 : Horne & Ostberg(1976)에서 인용

여러 문화와 국가에 걸쳐 밝혀진 연구 결과의 일치는 아침 혹은 저녁 활동에 대한 선호가 생물학적 특징에 기반한 안정된 기질임을 입증한다. Horne과 Ostberg가 만든 아침형-저녁형 측정치 역시 시간에 따른 안정성을 보였다. 크로아티아의 한 연구자는 90명의 대학생을 대상으로 측정하고, 7년 후 다시 측정하였는데(Sverko & Fabulic, 1985) 두 측정치 간의 상관 역시 의미 있는 수준이었다. 물론 다수가 아침형 인간으로 살고 있었으나 직업 때문에 그

랬을 것이라고 예상할 수 있다.

아침형–저녁형 개념의 타당성을 입증하기 위해 많은 연구가 이루어졌다. 한 연구에서 (Larsen, 1985) 대학생들은 연속된 84일 동안 그들이 하루에 언제 가장 컨디션이 좋다고 느꼈는지, 언제 일어났는지, 언제 잠자리에 들었는지에 대해 보고하였다. Horne과 Ostberg 설문지 결과는 일어나는 시간과 퇴근 시간뿐 아니라 하루 중 가장 기분 좋다고 느낀 시간과도 상관이 높았다. 아침형인 사람은 일찍 일어났고 일찍 잠자리에 들었으며, 기분이 가장 좋다고 느끼는 시간이 저녁형인 사람에 비해 더 이른 것으로 보고하였다.

만약 아침형–저녁형이 일치하지 않는 사람들이 같이 살게 되면 어떤 일이 일어날까? 어떤 사람은 늦게까지 깨어 있고 늦게 잠드는 것을 좋아하는 반면에, 한 사람은 주말에도 일찍 일어나고 일찍 자려고 할 것이다. 이렇게 다른 사람들이 함께 살면 어떻게 될까? Watts(1982)는 미시간주립대학교의 1학년 학생들을 대상으로 이 같은 연구를 했다. 참가자들은 아침형–저녁형 설문지(MEQ)를 완성했고, 한 명의 룸메이트와 살면서 서로의 관계에 대해 여러 가지 측면에서 점수를 매겼다. Watts는 MEQ 점수의 차이가 더 클수록 관계의 질이 떨어지는 것을 발견하였다. 아침형–저녁형의 유형이 매우 다를 경우 관계가 그리 좋지 않다고 느꼈고, 함께 계속 살지 않을 가능성이 컸다. 아침형–저녁형의 차이 혹은 일주기 요인의 차이는 함께 살아야 하는 사람들에게 스트레스를 주는 것으로 보인다.

일주기성의 일치도는 친근한 사이에서도 발견된다. Randler와 Kertz(2011)는 84쌍의 커플을 연구하였는데, 두 사람의 친밀함과 아침형–저녁형 설문지 점수 간에는 의미 있는 상관이 나타났다. 이런 결과는 일주기성이 짝짓기에도 영향을 미친다는 사실을 시사한다. 반면 일주기의 일치율과 함께 산 기간 사이의 관련성은 높지 않는데, 이 같은 사실은 일주율에 따른 적극적인 짝짓기가 주로 관계 초반에 나타난다는 것을 시사한다. 이에 대해 연구자들은 아침형과 저녁형 사람들은 서로 다른 시간적 환경에 거주하기 때문에 자신과 비슷한 일주기를 가진 사람과 만나거나 짝을 지을 확률이 높을 것으로 추측된다. 예를 들면 아침형은 저녁형에 비해 더 이른 시간에 사회적 접촉을 할 것이다(Randler & Jankowski, 2014). 이른 시간에 만날 만한 사람들이 누구이겠는가? 아마도 다른 아침형 사람일 것이다.

아침형 인간이라는 것은 생물학적 기반에 의해 하루 중 아침 시간을 선호한다는 의미이지만 선호도와는 반대되는 상황들이 많다. 저녁형인 대학생이 오전 8시 강의를 들어야 하거나 아침형인 사람이 야간 근무에 배정되었다고 생각해보자. 자신의 일주기 유형과 반대로 생활하는 것은 어렵지만 불가능하지는 않다. 사람들은 보통 변화된 스케줄에 적응하지만 저녁형 사람들이 수면–기상 주기의 변화에 더 잘 적응한다는 증거들이 있다(Ishihara et al., 1992). 시차를 유발하는 비행이나 밤새 일하는 것 혹은 밤샘 공부를 하는 것 등에 대해 아침형보다는 저녁형인 사람이 더 잘 적응한다.

뇌 비대칭성과 감정 양식

뇌의 좌측과 우측은 특화되어 있으며, 이 같은 비대칭성은 다양한 정신기능을 조절한다. 특히 관심을 받는 영역은 좌반구와 우반구(전두엽) 부위의 활성화 차이이다. 뇌는 지속해서 미세한 전기적 활동을 하기 때문에 민감한 장치를 두피에 부착하면 이런 활동을 측정할 수 있다. 이 같은 전기적 활동을 기록한 것을 **뇌파**(electroencephalograph, EEG)라고 부른다. 뇌파는 뇌의 신경적 활성에 따라 빠르거나 느린 파동을 보인다. 특정 뇌파 유형을 **알파파**(alpha wave)라고 부르는데, 이것은 1초에 8~12번 정도 진동한다. 일정 시간 동안 나타난 알파파의 양은 그 시간 동안 이루어진 뇌 활성의 역지표이다. 알파파는 차분하고 느긋할 때, 약간 졸릴 때, 주변에 주의를 기울이지 않고 있을 때 나타난다. 뇌파를 측정하는 동안 나타난 알파파가 적을수록 그 부위의 뇌는 더 활성화되었다고 추정할 수 있다.

EEG는 뇌의 어떤 영역에서도 측정된다. 이러한 뇌파 측정을 이용하여 좌측과 우측 전두엽의 활성화 정도를 비교한 정서 연구가 많이 이루어졌다. 연구 결과 사람이 즐거운 정서를 경험하는 동안 좌반구가 우반구에 비해 활성화 정도가 높았고, 불쾌한 정서를 경험하는 동안에는 우반구 전두엽이 더 활성화되었다. Davidson과 동료들(1990)은 참가자들을 대상으로 재미있는 영화와 혐오감을 주는 영화를 보여주었다. 영화를 보는 동안 참가자들의 모습을 녹화했고 EEG도 측정했다. 즐거운 영화를 보며 미소 짓는 동안에는 우측보다 좌측 반구의 전두엽이 더 활성화되었다. 혐오 표정을 짓고 있을 때(아랫입술이 아래로 내려가고, 혀를 내밀고, 코가 찡그려지는)는 우측 반구의 활성이 더 높았다.

유아를 대상으로 한 연구에서도 비슷한 결과가 나타났다. Fox와 Davidson(1986)은 10개월 된 유아에게 단 용액이나 쓴 용액을 입에 넣어주었다. 달콤한 용액을 맛본 유아들은 우측보다 좌측 뇌에서 활성화 수준이 높았으며, 쓴 용액을 맛본 경우에는 우측 뇌의 활성화 수준이 더 높았다. 또 다른 연구에서는 엄마가 10개월 유아를 혼자 두고 나간 뒤 낯선 사람이 방에 들어오게 하였다(Fox & Davidson, 1987). 이런 상황에서 어떤 아기들은 울고 야단법석을 떨었지만 다른 아기들은 그렇지 않았다. 울었던 아기들과 그렇지 않았던 아기들을 두 집단으로 나누었을 때, 운 아기들은 울지 않았던 집단에 비해 우뇌의 활성화 수준이 더 높았다. 이러한 결과는 고통을 받거나 받지 않는 경향성(그리고 EEG 비대칭)이 고정된 특징이라는 것을 시사한다. Fox와 동료들(Fox, Bell, & Jones, 1992)은 7개월 된 유아 집단의 뇌파를 측정한 뒤 12개월에 다시 측정하였다. 그 결과 두 시점에 측정된 EEG의 반구 비대칭은 상관이 높았으며, 이런 결과 역시 전두엽의 비대칭이 고정적임을 시사한다. 비슷한 결과가 성인에게서도 나타났으며, EEG 비대칭 정도의 검사-재검사 신뢰도는 .66에서 .73 범위를 보였다(Davidson, 1993, 2003). 이러한 연구는 **전두엽 비대칭**(frontal brain asymmetry)이 생물학적 기질이나 특성을 나타낸다는 점을 시사한다.

EEG의 비대칭이 즐겁거나 불쾌한 감정 상태에 대한 취약함을 나타낸다는 연구도 있다. Tomarken과 동료들(Tomarken, Davidson, & Henriques, 1990), Wheeler와 동료들(Wheeler, Davidson, & Tomarken, 1993)은 정상인을 대상으로 비대칭 정도와 감정을 유발하는 영화에 반응하는 정도 간의 상관을 알아보았다. 참가자들이 쉬고 있을 때 EEG 비대칭을 측정한 뒤 즐겁거나 무서운 영화를 보여주었다. 이들은 영화를 보고 어떤 감정을 느꼈는지도 보고하였다. 휴식 상태에서 우측 활성화가 높은 참가자가 좌측 활성화가 높은 참가자에 비해 부정적인 정서 반응이 더 강할 것이라는 가설이 세워졌다. 반면 좌측이 더 활성화된 참가자들

EEG 없이 뇌의 비대칭성 측정하기. EEG가 뇌 활성의 비대칭을 측정하는 유일한 방법은 아니다. 좌측 혹은 우측 뇌 중 어느 쪽이 더 활성화되는지 여부는 어려운 질문에 대답하려고 집중할 때 눈을 돌리는 방향으로 알 수 있다. 어려운 질문에 대답할 때('랩소디'와 '행복'이 들어간 문장을 만들어 보시오) 사람들은 어느 한 방향으로 눈을 움직이며 생각한다(Davidson, 1991). 오른손잡이인 사람이 오른쪽으로 눈을 돌리면 이것은 좌측 활성화를 의미하며, 왼쪽으로 눈이 돌아간다면 우측 활성화를 의미한다. 어려운 질문을 하고("집에서 가장 가까운 가게로 갈 때 모퉁이를 몇 번 돌아야 하나요?") 눈이 어느 쪽으로 움직이는지 본다면 우측 혹은 좌측 비대칭의 경향성을 알 수 있다. 이 방법은 당연히 EEG만큼 신뢰도가 높지는 않지만 좌측 혹은 우측 비대칭의 대략적인 측정치가 될 수 있다.

대부분의 사람들은 완벽하게 한쪽 방향으로만 움직이지는 않는다. 그렇기 때문에 여러 개의 질문을 하고 **주로** 어느 방향으로 눈이 움직이는지 보는 것이 중요하다(그림 4.4 참조). 오른쪽을 자주 보는 사람들은 좌측 반구가 우세할 확률이 높고 즐거운 감정들에 더 많이 느낄 것이다(행복, 기쁨, 열광 등). 왼쪽을 더 자주 보는 사람들은 오른쪽 반구가 우세할 확률이 높고 암묵적으로 부정적인 감정에 더 취약할 것이다(고통, 불안, 슬픔 등).

사람들이 어떤 감정을 느끼는지에 대해서는 여러 가지 요소가 영향을 미친다. 여기서 말하고자 하는 것은 뇌 활성화의 특이한 패턴이 특정한 감정을 느낄 가능성에 기여함으로써 우리의 감정에 영향을 줄 수 있다는 것이다.

그림 4.4
이러한 응시 패턴은 본문의 연습 문제를 완성하는 용도로 왼쪽과 오른쪽 응시 방향을 보여주는데, 반대 방향 뇌 반구의 활성화와 연관되어 있다.

은 행복하고 즐거운 느낌을 주는 영화에 대해 더 강한 긍정적인 정서를 보일 것이다. 연구 결과 우측-우세 참가자들은 두려움을 주는 영화에 대해 더 큰 괴로움을 느꼈고, 좌측-우세 참가자들은 즐거움에 대한 반응이 더욱 컸다.

원숭이들에게서도 비슷한 결과가 나타났다. 원숭이들은 기분이 어떤지 말할 수 없으므로 **코르티솔**(cortisol) 수준으로 감정반응을 측정하였다. 코르티솔은 스트레스 호르몬이며 우리 몸으로 하여금 싸우거나 도피할 준비를 하게 만든다. Davidson과 동료들(Kosslyn et al., 2002)은 뇌의 우측이 더 활성화된 원숭이들이 반대 특징의 원숭이들보다 코르티솔 수준이 더 높다는 것을 발견했다. 6개월 된 아기에게서도 동일한 결과가 나왔다. 낯선 남자가 아기에게 다가가 2분 동안 바라본 결과 우측 활성화가 더 큰 아기들은 낯선 사람의 출현에 대해 높은 코르티솔 수준을 보였다. 또한 우측 편향 활성화 수준이 가장 높은 유아들은 덜 활성화된 유아들보다 더 많이 울고 공포스러운 표정을 보였으며 그 상황에서 벗어나려는 시도를 더 많이 했다(Buss et al., 2003).

현재까지 발표된 100건이 넘는 연구에서 대부분의 연구 결과는 비대칭 정도가 긍정적 혹은 부정적 자극에 대한 감정적 반응의 차이를 유발한다고 결론 내렸다. 이에 대한 가능한 설명은 비대칭성을 감정적 자극과 감정적 반응 사이의 중재자로 생각하는 것이다(Coan & Allen, 2004). 긍정적 자극은 긍정적인 감정 반응을 유발하지만 이러한 효과는 좌측 전두엽 비대칭을 보이는 사람에게서 특히 강하다. 마찬가지로 부정적 자극은 부정적인 감정 반응을 일으킬 것이지만, 이러한 효과는 우측 전두엽 비대칭을 가진 사람에게서 특히 강할 것이다. 처음 대학에 입학한 학생들의 경우 향수병은 우측 전두엽 비대칭을 보이는 신입생에게서 더 강한 것으로 나타났다(Steiner & Coan, 2011).

뇌 비대칭성 연구는 감정 자극에 대해 느끼는 즐겁거나 불쾌한 감정의 정도가 사람에 따라 다르다는 점을 시사한다. Fox와 Calkins(1993)는 이것을 반응에 대한 역치로 설명한다. 역치라는 개념은 특정한 감정을 느끼기 위해서 필요로 하는 감정 자극의 양을 의미한다. 우뇌-전두엽-활성화 패턴을 보이는 사람은 부정적인 감정에 대한 역치가 더 낮을 수 있다. 이런 사람들에게 불쾌한 감정을 느끼게 하려면 적은 양의 부정적인 사건만으로도 충분하다는 것이다. 좌뇌-전두엽-활성화 패턴을 보이는 사람에게 유쾌한 감정적 반응을 느끼게 하는 데 필요한 유쾌한 자극의 정도는 더 낮다.

요약과 평가

행동유전학적 방법이 발전되고 있을 당시에 심리학 분야는 행동주의 패러다임이 지배적이었다. 따라서 행동유전학 연구에서 발견된 사실은 크게 주목받지 못했다. 사회과학자들은 행동유전학 연구에서 밝혀진 결과가 이념적 목적으로 잘못 쓰이지 않을까 우려하였다.

지난 20년 동안 여러 가지 행동유전학적 방법에 의해 입증된 근거를 토대로 유전율의 경험적 증거들이 축적되었다. 행동유전학적 방법으로는 선택적 교배 연구, 가족 연구, 쌍생아 연구, 입양 연구 등 네 가지 방법이 주로 쓰이는데, 선택적 교배 연구는 윤리적 이유로 사람들을 대상으로 이루어질 수 없다. 가족 연구 역시 유전적 영향과 환경적 영향을 구별하기 어렵다는 문제가 있다. 쌍둥이 연구의 경우 동일한 환경을 가정할 수 있어야 한다는(일란성 쌍둥이들이 이란성 쌍둥이들보다 더 다르게 대우받지 않았다는 가정) 점과 대표성을 지녀야 한다(쌍둥이들은 쌍둥이가 아닌 사람들과 같다는 개념)는 점에서 잠재적인 문제가 존재한다. 입양 연구 역시 특정 가족에 입양된 특정 아동을 대상으로 해야 한다는 점에서 한계가 있다. 이런 가정이 충족되는지 여부는 연구에 따라 다르다. 따라서 성격의 유전율은 서로 다른 방법을 사용해서 나온 결과들을 포괄해서 도출해야 한다. 예를 들어 쌍둥이 연구와 입양 연구에서 나온 결과가 동시에 한 결론으로 수렴된다면 한 가지 방법만을 사용했을 때보다 더 믿을 만하다고 할 수 있다.

같은 환경에서 함께 자란 다수의 쌍둥이들을 대상으로 한 연구, 따로 자란 소수의 일란성 쌍둥이를 대상으로 한 연구, 입양 연구 등과 같은 다양한 방식의 연구는 행동유전학 연구 결과의 신뢰도를 높여준다. 이들 연구에 따르면 외향성과 신경증을 포함한 성격의 5요인은 모두 중간 정도의 유전율을 나타낸다. 더불어 같은 연구는 환경적 영향의 중요성을 시사한다. 종합해보면 성격특성의 30~50%는 유전 가능하며 50~70%는 환경의 영향에 의해 결정된다.

환경적 영향의 대부분은 공유하지 않는 특성으로 보인다. 이는 같은 가족일지라도 형제자매가 다르게 경험하는 것들이다. 환경적 영향의 중요성을 주장하는 대부분의 이론이 부모의 가치 및 자녀 양육 스타일을 강조한 점을 고려해볼 때 공유하지 않는 환경이 중요하다는 결과는 상당히 놀라운 것이다. 그러므로 행동유전학 연구는 성격에 영향을 미치는 것이 본성이냐 양육이냐 하는 질문에 대해 중요한 통찰을 제공한다.

앞으로 성격 연구가 해야 할 과제는 공유하지 않은 환경이 어느 정도 영향을 미치는지 정확히 알아내는 것이다. 개인이 지각하는 환경과 객관적 환경을 구분하는 것이 이 연구의 핵심이 될 것이다.

연구 결과를 해석하기 위해서 유전율과 환경률이 의미하는 바를 항상 염두에 두어야 한다. 유전율이란 특정한 인구 집단이나 표본 안에서 관찰되는 개인차 중 유전에서 비롯된 부분의 비율이다. 유전율이란 개인에 대한 결과를 의미하는 것은 아니다. 한 사람에게 유전 및 환경의 영향은 불가분하게 뒤섞여 있으며 서로 분리될 수 없다. 유전율이 밝혀졌다고 해서 환경이 개인차를 유발할 수 없다는 것 또한 아니다. 유전율은 고정된 통계량이 아니다. 즉, 한 집단에서는 낮고 다른 집단에서는 높을 수 있으며, 어떤 때는 낮고 어떤 때는 높을 수 있다. 환경률은 환경의 차이로 설명 가능한 개인차의 비율이며, 고정되어 있는 게 아니라 시간과 상황에 따라 변할 수 있다. 때로 강력한 환경의 영향은 유전율을 낮출 수도 있다. 요점은 유전율과 환경률 둘 다 공간과 시간에 고정되어 있는 것이 아니라는 것이다.

성격에 영향을 미치는 생물학적 특징에 대한 연구는 오래전부터 이루어져 왔다. 생리적 요인들이 성격에 영향을 미치는 방식을 연구하기 위해 생리적 측정치와 성격특성 간 관계를 알아보는 방법이 있다. 예를 들어 대학생들의 표본에서 휴지기의 심박수와 신경증 질문지 점수 간에는 부적 상관관계가 있다. 이런 결과는 아마도 신경증과 관련된 만성적인 불안 수준이 높아져 있기 때문일 것이다. 즉, 신경증적 요인과 연관된 생리적 변인이 성격 차원과 관련이 있기 때문이다. 심박수의 증가가 사람을 신경증적으로 만들까? 아마도 아닐 것이다. 빠르게 뛰는 심장은 신경증과 동시에 발생하거나 혹은 연관되어 나타나는 것이다.

두 번째 방법은 생리적 상태가 성격특성의 생리적 기질일 가능성을 알아보는 것이다. 특정 성격 차원의 생물학적 토대에 대한 여섯 가지 이론을 살펴보았다: 외향성(신경증적 흥분

성 혹은 각성도), 보상과 처벌의 신호에 대한 민감성(BIS와 BAS 체계에 기반), 3차원 성격
모델(신경전달물질에 기반), 아침형-저녁형(체온의 일주기), 감정 양식(뇌 반구 전두엽 피질
의 비대칭). 이런 이론에 따르면 생리적 변수와 성격특성 간 관련성은 단순한 수준 이상이었
다. 따라서 성격특성을 결정하는 행동 패턴에 대한 생물학적 토대가 있음을 가정할 수 있다
(표 4.5 참조).

표 4.5   특정한 성격특성에 대한 생물학적 이론

생리적 반응 정도와 관련 있음

성격특성	생물학적 기반
외향성-내향성	뇌의 각성 수준(초기 이론에서) 신경계의 각성 수준
보상과 처벌에 대한 민감성	보상에 반응하는 행동 활성화 체계(BAS) 위협과 처벌에 반응하는 행동 억제 체계(BIS)
감각 추구	최적의 각성 수준(초기 이론에서) 모노아민 산화제(MAO) 수준
3차원 성격 모델 　자극 추구 　위험 회피 　보상 의존	 도파민 세로토닌 노르에피네프린

생리적 반응과 관련을 보이지 않음

성격특성	생물학적 기반
1. 아침형-저녁형	일주기의 길이 　짧다＝아침형 　길다＝저녁형
2. 감정 양식	전두엽 활성화의 비대칭 　좌측＝긍정적 방향으로 편향 　우측＝부정적 방향으로 편향

핵심용어

각성도(arousability)

각성 수준(arousal level)

감각 박탈(sensory deprivation)

감각 추구(sensation seeking)

게놈(genome)

공유 환경의 영향(shared environmental influencess)

공존이환(comorbidity)

노르에피네프린(norepinephrine)

뇌파(electroencephalograph, EEG)

도파민(dopamine)

모노아민 산화제(monoamine oxidase, MAO)

분산의 백분율(percentage of variance)

분자유전학(molecular genetics)

보상 의존(reward dependence)

보상 민감성 이론(reinforcement sensitivity theory)

불안(anxiety)

비공유 환경의 영향(non-shared environmental influencess)

상향적 망상 활성화 체계(ascending reticular activating system, ARAS)

성적 지향(sexual orientation)

세로토닌(serotonin)

신경전달물질(neurotransmitters)

아침형-저녁형(morningness-eveningness)

알파파(alpha wave)

위험 회피(harm avoidance)

유전-환경 논쟁(nature-nurture debate)

유전과정의 폐기물(genetic junk)

유전율(heritability)

유전형 분산(genotypic variance)

일주기(circadian rhythms)

자극 추구 행동(novelty seeking)

자유 러닝(free running)

전두엽 비대칭(frontal brain asymmetry)

최적의 각성 수준(optimal level of arousal)

충동성(impulsivity)

코르티솔(cortisol)

표현형 분산(phenotypic variance)

행동 억제 체계(behavioral inhibition system, BIS)

행동 활성화 체계(behavioral activation system, BAS)

환경률(environmentality)

환경주의자들의 견해(environmentalist view)

3차원 성격 모델(tridimensional personality model)

DRD4 유전자(DRD4 gene)

성격에 대한 진화적 관점

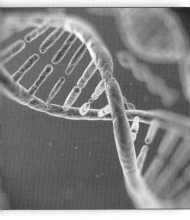

ⓒ Svisio/Getty Images RF

5

생 물 학 적   영 역

인간의 본성 중 어느 정도가 과거 조상들이 문제를 해결하고, 생존하고, 번식하면서 진화된 행동 패턴의 결과일까?

출처 : ⓒ P. Rotger/Iberfoto/ The Image Works

백만 년 전 우리의 조상이 살았던 것처럼 산다고 상상해보자. 새벽에 일어나는 것이나 밤 동안의 추위를 대수롭지 않게 생각할 것이다. 불에 타고 있는 장작을 불쏘시개로 휘젓고, 해가 지평선 위로 떠오르면 같은 무리 사람들이 불가로 모여든다. 위에서 꼬르륵 소리가 나기 시작하면 밥 생각이 난다. 무리 중 일부가 먹을거리를 구하기 위해 나선다.

수렵과 채집이 끝나면 사람들은 다시 거주지로 모여들고, 해질녘이 되면 무리는 불 주변으로 모여든다. 오늘의 수렵채집은 성공적이었으며 분위기는 따뜻하고 활기차다. 어떤 짐승을 잡았는지 보고 감탄하면서 오늘의 사냥에 대한 이야기를 나눈다. 배가 불러지면 내일 거주지를 옮겨야 할지 아니면 그냥 있어야 할지에 대해 의논한다. 사냥에 성공한 젊은이는 연인과 눈길을 맞추고, 그녀는 수줍게 시선을 돌린다. 다른 사람들은 이 분위기를 알아챈다. 짝짓기는 어디에서나 관심을 끈다. 사람들이 졸려 하면서 아이들을 재우고 젊은 연인들은 무리에서 빠져나온다. 이들의 따뜻한 포옹은 모든 사람의 삶의 주기에서 수백만 번 반복되어 왔던 것이다.

진화심리학은 최근 들어 급성장하고 있는 과학적 관점으로 인간의 성격에 대한 중요한 통찰을 제공한다. 이 장에서 우리는 인간 본성, 성차, 개인차를 살펴보며 진화심리학 이론들이 성격심리학자들의 발견과 어떻게 맞아 떨어지는지 알아볼 것이다. 우선 진화이론의 기본에 대해 알아보자.

진화와 자연 선택

우리 모두는 오랜 기간 끊이지 않고 삶을 이어온 조상으로부터 왔으며, 이들은 생식 가능한 연령까지 살아남아 결국 생식에 성공했다. 한 명의 조상이라도 생식에 실패했더라면 우리는 오늘 이곳에 있지 못했을 것이다. 이런 의미에서 볼 때 살아 있는 모든 인간은 진화적으로 성공한 사람들이다. 이런 조상으로부터 왔기 때문에 우리는 그들을 결국 성공하게끔 만든 적응의 유전자를 갖고 있다. 이런 관점에서 볼 때 인간 본성, 즉 우리를 인간이라고 정의하게 하는 적응의 총화는 진화 과정의 결과물이다.

시간이 지나면서 유기체의 구조가 변한다는 것은 찰스 다윈(Charles Darwin) 이전부터 알려진 사실이다. 화석에 남아 있는 멸종한 공룡의 뼈는 과거에 살았던 모든 종이 지금까지 살아 있는 것은 아니라는 사실을 암시한다. 고생물학적 기록을 보면 동물의 신체 형태는 변화된 것으로 나타나며, 어떠한 것도 고정된 상태로 남아 있지는 않다는 점을 보여준다. 종들의 신체구조를 보면 환경에 잘 적응해 온 것으로 보인다. 기린의 긴 목은 키가 큰 나무의 잎을 먹을 수 있게 발달해 왔다. 거북이의 껍데기는 보호를 위해 만들어진 것처럼 보인다. 새들의 부리는 영양분이 많은 견과류를 까는 데 적합한 것 같다. 환경에 대한 적응과 시간에 따른 변화를 무엇으로 설명할 수 있을까?

자연 선택

찰스 다윈은 시간에 따른 변화나 적응을 위해 어떻게 체계가 변해 왔는가가 아닌 과정이 중요하다고 하였다. 과정이란 유기체가 특정 상황에 적응하고, 그 상태에서 시간이 지나면 변화가 생긴다는 것을 의미하며, 그는 이것을 **자연 선택**(natural selection) 이론이라고 불렀다.

또한 다윈은 각각의 종이 살아남고 생식할 수 있는 것보다 더욱 많은 자손들을 만든다는 것을 알게 되었다. 그는 유기체의 적응에 도움이 되는 변화나 변이(variants)를 보인 개체만이 살아남기 때문에 더 많은 자손이 필요하다고 했다. 이렇게 살아남은 자손들은 조상의 생존과 번식을 도와준 변이의 유전자를 물려받을 것이다. 이런 과정을 반복하면서 성공적인 변이는 선택되고, 실패한 변이는 제거된다. 따라서 자연 선택 과정에 따라 종의 특징은 점차적으로 변하고, 성공적인 변이를 이어받은 종의 수는 증가하고, 결국 전체 개체에 퍼지면서 도움을 주지 못한 변이를 대체한다. 더 시간이 지나면 성공적인 변이는 전체 종의 특성이 된다. 반면 실패한 변이는 빈도가 줄어들고 종으로부터 사라진다.

다윈은 생존 선택이라고 부르기도 하는 자연 선택의 과정을 보면서 생존을 지연시키는 조건이 무엇인지 생각했고, 이것을 **자연의 적대적 속성**(hostile forces of nature)이라고 불렀다. 여기에는 식량 부족, 병, 기생충, 포식자, 극단적인 날씨 등과 같은 것들이 포함된다. 자연의 적대적 속성 안에서 살아남게 도와주는 변이는 번식의 성공 가능성을 높인다. 예를 들어 지방, 당, 단백질이 풍부한 음식은 식량 부족에서 살아남도록 한다. 여러 항체가 모여 이루어진 면역계는 개체가 질병과 기생충으로부터 살아남도록 했다. 혐오감 등의 감정을 포함하는 행동 면역계는 질병을 옮기는 타인과의 접촉을 피하도록 했다(Schaller, 2016). 뱀과 거미에 대한 공포는 독으로부터 살아남는 것을 도왔다. 이처럼 자연의 적대적 속성 때문에 생긴 생존과 번식의 어려움을 해결하기 위한 길고 반복적인 자연 선택 과정을 적응이라고 부른다.

자연 선택 이론을 제안하기 전까지도 다윈은 생존에 반하는 것처럼 보이는 많은 기제들이 있다는 것을 발견했다. 다양한 종들의 수컷에서 볼 수 있는 정교한 깃털, 큰 뿔, 그리고 다른 눈에 잘 띄는 특징들은 생존에 도움이 되지 않는다. 포식자에게는 네온사인 광고처럼 보이는 공작의 눈부신 깃털이 어떻게 진화할 수 있었는지에 대해 다윈은 의문을 가졌으며, 이에 대한 답으로 두 번째 진화이론인 성 선택이론을 제시하였다.

성 선택

다윈은 공작의 꼬리와 수사슴 뿔이 짝짓기 경쟁에서 성공률을 높이기 때문에 진화했다고 하였다. 생존의 이득이 아니라 짝짓기 이득 때문에 어떤 특성이 진화하는 것을 **성 선택**(sexual selection)이라고 한다.

성 선택은 두 가지 형태로 나누어진다. 첫 번째는 동일한 성을 가진 개체들이 서로 경쟁한 결과 승자에게 더 많은 기회를 준다는 것이다. 수사슴 두 마리가 뿔을 겨누고 싸우는 것은 전형적인 **동성간 경쟁**(intrasexual competition)이다. 힘과 지능의 우위, 동료에 대한 매력도 같은 것들은 승리에 도움이 되고, 승리자는 더 많은 짝짓기를 통해 이런 유전자를 물려준다.

동성간 경쟁에서의 성공은 짝짓기에서의 성공과 연결된다. 경쟁에서 이기도록 도와주는 특성은 더 많이 후대로 넘겨지게 되고 개체군 내에서 진화하게 된다.
출처 : NPS photo by Jeff Foot.

두 번째, **이성간 경쟁**(intersexual competition)에서는 같은 성의 개체가 가진 특정한 자질의 차이가 짝짓기에 도움이 된다는 것이다. 이러한 특성을 가진 개체가 짝짓기 대상으로 선택될 가능성이 크기 때문에 유전자가 번창하면서 진화된다. 특성을 갖지 못한 동물들은 짝짓기에서 제외되고, 그들의 유전자도 사멸된다.

유전자와 포괄적 적합성

유전자(genes)는 부모로부터 아이에게 유전되는 DNA의 꾸러미이다. 유전자는 쪼개지지 않고 온전하게 자식에게 유전되는 가장 작은 단위이다. 현대의 진화생물학자들에 따르면 진화는 상대적인 번식의 성공으로 정의되는 **차등 유전자 번식**(differential gene reproduction)이라는 방식으로 작동한다. 다른 개체들보다 더 많이 번식하는 개체의 유전자가 덜 번식하는 개체의 유전자보다 이후 세대에게 더 많이 전달된다는 것이다. 생존은 번식의 성공에 매우 중요하기 때문에 생존을 증가시키는 특징도 후대에 전달된다. 짝짓기에 성공하는 것도 번식의 성공에 매우 중요하기 때문에 동성 경쟁이나 혹은 짝짓기에 성공하는 자질 또한 전달된다. 이처럼 생존과 짝짓기 경쟁에서의 성공은 차등 유전자 번식을 통해 이어진다. 그 결과 번식을 돕는 특성을 부호화하고 있는 유전자는 선택되고, 시간이 지나면서 진화한다.

차등 유전자 번식에 기반한 현대의 진화생물학 이론을 **포괄적 적합성 이론**(inclusive fitness theory)이라고 부른다 (Hamilton, 1964). '포괄'이라는 부분은 번식을 촉진하는 특성이 개인적인 번식에 직접 영향을 줄 필요는 없고, 유전적 친척에게 영향을 줄 수 있으면 된다는 것이다. 예를 들어 우리가 여자 형제나 여자 친척들을 보호한다면 이들은 더 잘 생존하거나 번식하게 될 것이다. 우리는 자신의 여자 형제와 유전자를 공유하기 때문에(형제자매의 경우 평균 50%) 그녀가 잘 생존하고 번식하도록 돕는 것 또한 성공적인 유전자 번식으로 이어진다.

이런 행동이 진화하기 위해서는 번식을 위해 감수해야 할 비용이 친척에게 있는 유전자 번식으로 인한 이득보다 적어야 한다는 것이다. 예를 들어 급류에 뛰어들어 물에 빠진 여자 형제를 구하는 것은 자신의 목숨을 위태롭게 하는 것이며, 이러한 이타적 행동이 진화에 의해 선택되기 위해서는 그녀를 구하는 것이 자신의 죽음보다 두 배 이상의 승산이 있어야 한다. 그러므로 포괄적 적합성은 '개인의 번식 성공 정도(대략적으로 자신이 낳을 수 있는 아이의 수)＋유전적 친척의 번식에 영향을 주는 정도×친척과의 유전적 연

도움에 대한 형질은 포괄적 적합성을 통해 진화할 수 있다.

출처 : ⓒ UpperCut Images/Getty Images RF

관도'라고 할 수 있다. 포괄적 적합성 이론에 따르면 유전적 친척들의 안녕을 위협하지만 너무 위협이 되지 않는 방향으로 적응을 유도한다. 포괄적 적합성 이론은 다윈의 이론을 정교화하고 확장시킨 것이며, 이타심과 같은 인간의 특성을 이해하는 데 있어서 상당한 진보를 이루게끔 했다.

진화 과정의 산물

살아 있는 모든 인간은 진화 과정의 결과물이며, 생존 및 번식과 유전적 친척들을 돕는 데 성공한 조상의 후예이다. 진화 과정은 일련의 여과 장치처럼 작용한다. 세대가 바뀔 때마다 일부 유전자만이 이 여과 장치를 통과한다. 되풀이되는 여과 과정은 오직 세 가지만이 지나갈 수 있게 한다 : 적응, 적응의 부산물, 잡음 혹은 무작위 변이.

적응

적응은 선택적 과정의 주요 결과물이다. 적응은 "세상의 구조와 맞아 떨어지면서 적응 문제를 해결해주기 때문에 유기체 내에서 신뢰할 만한 발달을 보이는 특별한 구조"라고 정의할 수 있다(Tooby & Cosmides, 1992, p. 104). 잘 알려진 인간 적응에는 달콤하고 지방이 많은 음식, 가까운 친척을 보호하려는 욕구, 건강한 사람과 같은 특정한 짝에 대한 선호 등이 있다.

　적응의 정의에 등장하는 요인들을 살펴보자. 신뢰할 만한 발달이라는 말은 적응 과정이 삶에서 꾸준히 나타난다는 것을 의미한다. 예를 들어 시각계는 계속 발달한다. 그렇지만 시력이 계속 발달한다는 의미는 아니다. 신뢰할 만한 발달이라고 말하는 것은 눈의 발달이 기형이나 외상의 영향 받을 수도 있기 때문에 진화라는 것이 '유전적 결정론'을 의미하지는 않는다는 것이다. 환경은 항상 적응을 요구하며, 환경 요인은 적응을 방해할 수도 있고 강화할 수도 있다.

　세상의 구조와 맞아 떨어진다는 것은 적응이 특정한 상황에 맞춰 나타나거나 구조화된다는 것을 의미한다. 환경 요인이 반복되어야 적응이 진화한다. 예를 들어 독사는 반복적으로 위험해야 하고, 잘 익은 과일은 반복적으로 영양가가 높아야 하며, 막힌 동굴은 반복적으로 보호기능을 해야 한다.

　적응은 적응 문제를 해결할 수 있어야 한다. **적응 문제**(adaptive problem)라는 것은 생존이나 번식을 막는 어떤 것들 혹은 생존이나 번식 기회를 증가시키는 해법을 의미한다. 좀 더 정확하게 말하면, 모든 적응은 그들이 진화하는 동안 개체의 생존과 번식을 돕거나 유전적 친척들의 성공을 도와줌으로써 적합도를 높여야 한다.

　적응의 특징은 **특별한 구조**, 즉 전문화된 문제 해결 기제

모든 적응은 역사적으로 이루어진 선택의 결과물들이다. 이러한 의미에서 우리는 현대 세상에서 고대의 뇌를 가지고 살고 있다. 예를 들어 과거 사람들은 150명 정도 무리지어 살았으나 지금은 이런 모습을 찾아보기 힘들다.

출처 : ⓒ ranplett/Getty Images RF

로 보는 것이다. 특정한 문제를 푸는 데 있어서 **효율성**이나 **정밀성, 신뢰도**와 같은 특성은 주요한 기준이다. 적응은 특정 자물쇠에만 맞는 열쇠와 같다.

고대 인간들은 50명에서 150명 정도의 소규모로 무리를 지어 사냥과 채집을 함께하는 방식으로 진화하였다(Dunbar, 1993). 반면 현대사회는 많은 사람들이 거대한 도시에서 수천 혹은 수백만 명에 둘러싸여 생활한다. 고대의 환경에서는 적응에 도움이 되었을 특징(사회 불안 혹은 낯선 사람에 대한 공포 같은 것)은 현대에 와서 적응적이지만은 않다. 이처럼 일부 성격특성은 고대 환경의 흔적일 수도 있다.

적응의 부산물

진화 과정에서는 **적응의 부산물**(byproducts of adaptations)도 생긴다. 예를 들어 전구는 빛을 만들어내기 위해 생산되었고, 전구의 기능은 빛을 내는 데 있다. 하지만 전구에서는 열도 발생하는데, 설계가 그렇게 되어서가 아니라 부수적인 산물이 생긴 것뿐이다. 같은 방식으로 인간의 적응에서도 **진화의 부산물**(evolutionary byproducts)이 생길 수 있다. 예를 들어 인간의 코는 냄새를 맡기 위해 만들어진 것인데 안경 받침으로도 쓰인다. 어떠한 기능이 부수적으로 생겼는지(예 : 안경을 받치는 것)를 알기 위해서 부수적 기능의 본래 적응기능을 알아보아야 한다.

잡음 혹은 무작위 변이

진화 과정의 또 다른 산물은 **진화 과정의 잡음**(evolutionary noise), 혹은 무작위 변이이다. 전구의 예를 다시 생각해보자. 전구의 기능에는 영향을 주지 않지만 표면 질감의 차이와 같은 사소한 것들이 있다. 유전자에 중립적 돌연변이가 생기고, 이것이 적응에 문제를 일으키지 않는다면 이러한 변이는 세대를 따라 영속될 수 있다.

요약하자면 진화 과정에는 적응, 부산물, 잡음의 세 가지 산물이 있다. 적응은 선택 과정의 주요한 산물이며, 그래서 진화심리학은 인간의 심리적 적응을 밝혀내는 데 주로 초점을 맞춘다. 어떠한 것이 부산물인지 알기 위해서는 본래의 적응기능을 확인하는 게 필요하다. 그리고 진화의 잡음은 중립적이어서 선택 과정에 영향을 미치지 않는 부산물을 의미한다.

진화심리학

진화적 관점의 개념은 점균류부터 인간까지 지구의 모든 생명체에 적용될 수 있다. 우리는 이제 이러한 이 관점을 인간의 심리학에 적용해볼 것이며, 이를 진화심리학이라고 부른다.

진화심리학의 전제

진화심리학은 종 특이성, 무수히 많음, 기능성 등을 전제로 한다.

종 특이성

적응은 특정한 적응 문제를 풀기 위해 설계된 것이므로 **종 특이적**(domain specific) 특징을 보인다. 우리가 마주하는 무수한 물체 중에서 음식을 선택하는 문제를 생각해보자. "제일 먼저 마주치는 것을 먹어라."와 같은 규칙은 영양가 높은 음식을 먹을 수 있는 기회를 차단하기 때문에 그리 적응적이지 않다. 또한 생존을 방해하는 독이 든 식물, 나뭇가지, 흙, 배설물들을 먹을 수도 있다. 칼로리가 높은 지방과 당이 많이 포함된 잘 익은 과일을 좋아하는 것은 이런 음식이 생존에 도움이 되기 때문이다. 따라서 적응성이 낮은 규칙들은 해답을 찾는 데 방해가 될 수 있다.

종 특이성을 보이는 다른 이유는 문제에 따라 다른 해답이 필요하기 때문이다. 음식을 선택하는 데 도움을 주는 냄새의 신호는 성공적인 짝을 고르는 데 도움이 되지 않는다. 음식을 고르듯 짝을 고른다면 이상한 상대를 고르게 될 것이다. 성공적으로 짝을 고르기 위해서는 다른 기제가 필요하다. 종 특이성은 각각의 적응적 문제에 대해서 적어도 어느 정도 특화된 방식이 있다는 것을 시사한다.

무수히 많음

인간은 진화 과정에서 여러 종류의 적응 문제에 부딪혀 왔기 때문에 무수히 많은 적응 메커니즘을 갖고 있다. 신체를 예를 들어보면 혈액을 뿜어 올리는 심장, 독성을 중화하는 간, 목이 막히는 것을 막아주는 후두, 체온을 조절해주는 땀샘 등 수많은 생리적 및 해부적 메커니즘이 있는 것과 마찬가지이다.

진화심리학자에 따르면 인간의 마음 또한 수많은 적응 메커니즘을 갖고 있다. 대표적으로 두려움이나 공포증을 들 수 있다. 대부분의 사람들은 뱀, 높은 곳, 어두움, 거미, 절벽 끝, 낯선 사람 등을 무서워한다. 두려움의 영역만 해도 수많은 심리적 메커니즘이 있는데, 그 이유는 자연의 적대적 힘이 너무 크기 때문이다. 또한 배우자 선택, 사회적 교환에서 사기꾼을 감지하는 법, 주거지 선택, 아이 양육, 전략적 동맹을 맺는 데에도 다양한 심리적 메커니즘이 있다. 진화심리학자들은 인간이 반복적으로 겪는 다양한 적응 문제에 대한 영역 특이적인 적응이 아주 많을 것이라고 본다.

기능성

세 번째 전제는 **기능성**(functionality)으로 심리적 메커니즘이 특정한 적응과제를 해결하기 위해 설계되었다는 개념이다. 만약 간을 연구하는 사람이 간의 기능을 이해하지 못한다면 이해의 폭은 한정될 것이다(예 : 독을 걸러서 배출하는 것). 심리적 메커니즘을 이해하는 데 있어서도 적응적 기능을 알아보는 것이 중요하다. 왜 특정한 짝을 선호하는지의 기능을 알지 못하면(예 : 건강하고 생식력이 좋은 짝을 선택하는 것) 이해가 어려운 것과 마찬가지다.

진화 가설에 대한 경험적 연구

진화심리학자가 어떻게 가설을 검증하는지 알기 위해서는 [그림 5.1]에 나와 있는 분석의 계

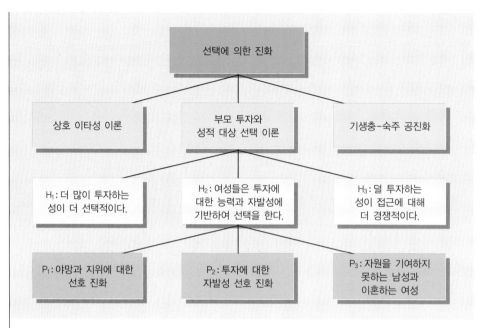

그림 5.1
진화적 분석의 계층 구조는 진화적 분석의 개념적 단계들을 보여준다. 계층 구조의 맨 위는 자연 선택 이론이다. 다음 아래 단계는 특정한 가설과 예측들이 도출될 수 있는 중간 수준 진화이론이다. 계층 구조의 각 단계는 그것으로부터 나온 예측들에 대한 경험적 증거들을 누적하여 합산한 만큼으로 평가된다.

출처 : Buss(1995a)에서 인용

층 구조를 이해할 필요가 있다. 계층의 맨 위에는 선택 과정에 의한 진화가 있다. 이 단계의 가설은 직접적인 실험을 통해 사실로 밝혀진 것이다. 이 수준에서 밝혀진 이론 중 틀린 것으로 입증된 사례는 하나도 없기 때문에 대부분의 과학자들은 이론을 받아들이고 그다음 단계의 가설을 시험한다.

다음 수준은 중간 수준의 진화이론으로 부모의 투자와 성의 선택과 같은 것들이 있다. 이 이론은 자식에게 더 많이 투자하는 성(남성 혹은 여성)이 짝짓기 상대를 고를 때 더 '까다롭거나' 안목이 높을 것이라고 예상한다. 그리고 자식에게 덜 투자하는 남성 혹은 여성은 이성에게 접근하기 위한 경쟁을 더 많이 할 것으로 예상된다. 이러한 가설로부터 특정한 결과를 예측하며 이를 검증하기 위한 연구가 이루어진다. 인간의 경우 체내 수정과 40주에 걸친 임신의 부담을 생각해볼 때 여성이 더 많은 투자를 한다고 볼 수 있다.

그러므로 여성은 배우자를 고르는 데 있어서 정자만 제공하면 되는 남자보다 상대의 선택에 더 많은 노력을 투자해야 한다. 이런 가설로부터 두 가지 사실을 예측해볼 수 있다. (1) 여성은 자신과 아이들에게 자원을 투자하려고 하는 남성을 배우자로 고르려고 할 것이다. (2) 그러한 자원을 지속적으로 제공하지 못하는 남성과 이혼하려고 할 것이다.

이런 예측이 맞는지 알아보기 위해 경험적 연구를 해볼 수 있으며, 결과가 이를 뒷받침하지 않는다면 중간 수준 이론의 신뢰도는 떨어진다. 반대로 발견된 결과가 예측이나 가설과 일치한다면 이론의 신뢰도는 높아지게 된다.

연역적 추론방식(deductive reasoning approach), 혹은 '하향' 방식은 이론으로부터 자료를 도출하는 과학적 연구방법이다. **귀납적 추론방식**(inductive reasoning approach), 혹은 '상향' 방식은 자료로부터 결과를 도출하는 경험적 연구방식이다. 귀납적 추론방식에 따르면 우선 현상이 관찰되고, 그다음 관찰에 맞는 이론을 발전시킨다. 천문학자가 이론을 세우기 전에 팽창하고 있는 은하수를 관찰하는 것처럼, 심리학자들은 이론 이전에 다수의 현상들을 관찰한다. 예를 들어 남성이 여성보다 신체적 공격을 더 많이 하는 것처럼 보일 수 있다. 선택에 의한 진화이론에서 이러한 성차를 미리 예측할 수는 없지만 이런 현상은 이론을 세우는 데 좋은 기초가 된다. 귀납적 및 연역적 추론방식은 단지 진화적 이론뿐 아니라 성격심리학의 모든 이론에 적용할 수 있다.

공격성의 성차를 설명하는 이론이 일단 제기되면 그다음에는 "이 이론이 맞는다면 아직 관찰되지는 않았지만 더 나아가 예측할 수 있는 것은 무엇이 있을까?"라고 생각해볼 수 있다. 이론의 가치와 유지 가능성이 이후 추론에 의해 결정된다. 만약 새로운 이론이 현상의 많은 부분을 설명할 수 있고 사실임이 확인된다면 그 이론은 옳다는 것이 입증된다. 반대로 설명 가능한 현상이 적다면 그 이론에 대해서는 의문이 제기된다. 예를 들어 여성에 대해 성적 접근이 어려운 남성의 경우 더 공격적인 전략을 사용할 것이라는 가설이 있다. 이것을 짝 박탈 가설(Lalumiere et al., 1996)이라고 부른다. 하지만 지금까지의 증거들은 이 가설을 뒷받침하는 데 실패하였다. 여성을 유혹하는 데 어려움을 겪는 남성이 여성을 유혹하는 데 성공적인 남성들에 비해 성적 공격을 더 많이 하지 않았다. 그러므로 짝 박탈 가설은 틀린 것으로 보인다.

진화적 가설은 가끔 모호하고 추측에 근거한 '그저 그런 이야기'라는 비판을 받곤 했다. 그러나 대부분의 진화적 이론은 정밀한 실험을 통해 입증되었다(Buss, 2005a; Confer et al., 2010; Kenrick & Luce, 2004). 과학자들 역시 진화적(그리고 비진화적) 가설들을 가능한 한 정밀하게 입증할 의무가 있다.

이러한 배경을 유념하고 성격 분석의 세 가지 주요 단계 인간 본성, 성차, 개인차에 대한 진화적 관점을 알아보자.

인간 본성

심리학의 역사에서 유명한 성격이론은 보편적인 인간 본성을 설명하는 것들이다. 예를 들어 지그문트 프로이트(Sigmund Freud)의 정신분석 이론은 성과 공격성이 인간의 중심 동기라고 하였다. 알프레드 아들러(Alfred Adler)는 우월성에 대한 욕구가 중요하다고 하였다. 로버트 호간(Robert Hogan)은 지위 획득과 집단에 소속되려는 욕구(출세와 사교 등)에 따라 사람들이 움직인다고 하였다. 가장 급진적인 행동학자인 B.F. 스키너(B.F. Skinner)도 인간 본성은 영역 일반적 학습 메커니즘으로 구성되었다고 하였다. 모든 성격이론은 다음과 같은 질문에 대해 답을 찾으려고 한다. "만약 인간이 고릴라, 개, 쥐와 다른 본성이 있다면 그것은 무엇이며, 어떻게 그것들을 발견할 수 있을까?"

진화심리학의 관점은 인간 본성의 구성 요소들을 발견하기 위해 다양한 방법을 제안한다. 이러한 관점에서 인간 본성은 진화 과정의 주요 산물이다. 생존과 번식을 성공적으로 돕는 심리적 기제가 덜 성공적인 심리적 기제보다 더 많이 복제될 것이다. 시간이 지나면 이러한 메커니즘은 집단 내에 퍼져나갈 것이며 종의 특성이 될 것이다. 인간의 본성은 무엇으로 구성되어 있는지 여기에 대한 진화적 가설에 대해 알아보자.

소속에 대한 욕구

호간(Hogan, 1983)에 따르면 가장 기본적인 인간의 동기는 지위와 소속에 대한 욕구이다. 살아 남고 번식하기 위해 풀어야 했던 가장 중요한 사회적 문제는 다른 구성원들과 협동적인 관계를 맺고 위계에 대해 협상하는 것이었다. 지위와 인기를 얻는 것은 더 나은 보호, 더 많은 음식, 더 호감 가는 배우자 등과 같은 번식과 관련된 자원을 얻는 것이었다.

호간에 따르면 집단 내에서 외면당하는 것은 엄청나게 큰 상처가 될 수 있다. 그러므로 배제되지 않기 위한 심리적 메커니즘이 진화되었을 것이라고 예측할 수 있다. Baumeister와 Tice(1990)는 사회적 상황에서 부정적으로 평가받는 데 대한 괴로움, 즉 **사회 불안**(social anxiety)의 기원이 여기에서 비롯되었으며, 사회 불안은 사회에서 배제되는 것을 방지하는 종 특이적 적응이라고 제안하였다. 만일 집단에서 소외당하는 것에 무관심하다면 무리로부터 보호받지 못하고 생존에 어려움을 겪을 수도 있다. 또 배우자를 찾는 데 문제를 겪을 수도 있다.

사회 불안에 대한 가설이 옳다면 이것으로부터 무엇을 예측할 수 있을까? 사회 불안을 일으키는 사건이 무엇인지 알아볼 수 있을 것이다(Buss, 1990). 사람들은 타인에게 피해를 끼치는 사람을 피할 것이라는 예측이 가능하다. 위험한 상황에서 비겁하게 행동하거나 타인을 공격하거나 다른 사람의 배우자를 유혹하거나 물건을 훔치는 것 등은 타인에게 피해가 되는 행동이다.

Baumeister와 Leary(1995)는 소속에 대한 욕구가 인간 본성의 중심 동기라는 경험적 증거를 제시하고, 집단이 적응에서 중요한 역할을 한다고 하였다. 첫 번째 역할은 음식, 정보, 그리고 다른 자원들을 공유할 수 있다는 것이다. 두 번째는 외부의 위협으로부터 보호해주거나 경쟁 무리로부터도 방어해준다. 세 번째로 집단 내에는 번식에 필요한 짝들이 모여 있다. 그리고 네 번째로 집단은 보통 친족을 포함하기 때문에 도움을 받을 수도 있고, 유전적 친척들을 도울 기회도 생긴다.

Baumeister와 Leary의 이론을 지지하는 증거도 많다. 우선 반복되는 외부의 위협은 무리의 결속력을 높이는 것으로 보인다(Stein, 1976). 제2차 세계대전에 참전하고 퇴역한 군인들을 전쟁 40년 후 조사한 결과 이들이 경험한 가장 강한 사회적 결속은 전투를 함께한 전우와의 경험이었다(Elder & Clipp, 1988). 이러한 효과는 사망자가 있는 부대에서 더 강했는데, 외부의 위협이 극심할수록 사회적 유대는 더 강해진다는 것을 시사한다.

인간은 무리를 지어 생활하도록 진화되었다. 그 결과로 무리로부터 소외당하는 사람은 불안을 느끼게 된다.

출처 : ⓒ SW Productions/Getty Images RF

　자원을 얻을 수 있는 기회 또한 응집력을 강화시키는 것으로 보인다. 참가자들을 무작위로 두 집단에 배치했을 경우, 혼자서 배치되는 것은 결속력을 증가시키지 않았다(Rabbie & Horwitz, 1969). 반면 동전 던지기를 해서 트랜지스터 라디오와 같은 상을 받았을 때 상을 받은 집단과 그렇지 못한 집단 모두에서 응집력이 증가하였다. 구성원들과 자원 획득이 관련되어 있을 때 사람들은 유대감을 더 느낀다.

　근본적인 동기로서 소속에 대한 욕구의 중요성을 뒷받침하는 추가적인 근거는 사회적 상호작용이 자존감에 영향을 미친다는 연구에서도 확인할 수 있다(Denissen et al., 2008). 다른 사람들과 많은 시간을 보내는 사람들은 자존감이 더 높았고, 그날그날 느끼는 자존감의 정도는 사회적 상호작용의 질 및 양과 관련을 보였다. 심지어 친구, 친척들과 자주 상호작용하는 나라의 경우 그렇지 않은 나라에 비해 자존감 수준이 높았다. 이러한 결과는 자존감의 기능 중 하나는 소속에 대한 내부적 추적 장치라는 점을 일깨운다(Denissen et al., 2008).

　소속 욕구를 위한 적응 메커니즘은 꽤 이른 나이부터 발달한다. 5~6세 정도 되는 아이들을 대상으로 한 연구에서, 어떤 아이들은 다른 아이들이 하고 있는 비디오 게임에서 배척당했다(Watson-Jones et al., 2016). 배척당한 아이들은 그 후 불안, 순응, 모방행동 등을 더 많이 보였다. 연구자들은 이러한 반응이 배척당한 후 집단에 포함되기 위해 나타난 것이라고 하였다.

사회적 배제로 인해 야기되는 고통과 관련된 뇌 회로 연구도 많이 이루어졌다(MacDonald & Leary, 2005; Panksepp, 2005). 사회적 거절이나 배제는 말 그대로 고통스러운 것이다. 뇌 연구는 사회적 배제가 신체적인 고통과 관련된 회로인 전두 대상피질에 의해 조정된다고 하였다. 사회적으로 배제되었을 때 아프다, 상처받았다, 손상됐다 등과 같은 단어들을 쓴다는 사실은 신체적 고통과 사회적으로 야기된 고통을 조정하는 뇌 회로가 같은 것일 수도 있다는 점을 시사한다.

인간들은 항상 무리로 살아왔고, 과거 환경에서 무리를 잃는다는 것은 죽음을 의미하였기 때문에 인간 본능의 일부로 소속에 대한 욕구를 갖는 것은 당연한 일로 보인다.

도움과 이타성

진화적 관점에서 보았을 때 도움과 이타성은 충분히 예측할 수 있는 본성이다(Burnstein, Crandall, & Kitayama, 1994). Burnstein과 동료들은 다른 사람들을 돕는 행동의 정도는 도움을 제공하는 사람의 포괄적 적응도를 높이는 수혜자의 능력에 비례한다고 하였다. 이 가설에 따르면 도움을 제공하는 사람과 수혜자의 유전적 연관 정도가 감소할수록 도움 또한 감소하여야 한다. 평균적으로 25%만의 유전자를 공유하는 조카보다는 50%의 유전자를 공유하는 형제자매를 도울 가능성이 더 크다는 것이다. 사촌과 같이 12.5%만의 유전자를 공유하는 경우 도움의 제공은 더 적을 것이다. 도움의 정도를 유전적 연관도와의 함수로 밝히거나, 이타성 이면에 친족관계가 있음은 어떤 심리적 이론에서도 이루어지지 못했던 것이다.

미국과 일본에서 이루어진 연구에서 참가자들은 다른 사람들이 자는 방에서 불이 났다는 상상을 해보라는 지시를 받았다. 만일 한 명밖에 구할 수 없다면 누구를 도울 것인지 결정하라고 했을 때 [그림 5.2]에서 볼 수 있듯이 유전적 연관성과 비례하는 결과를 보였다. 생사의 갈림길에서 이런 결과는 더욱 명백해지는 것으로 나타났다(Fitzgerald & Colarelli, 2009).

유전적 연관도는 인간의 이타성을 진화의 관점에서 어떻게 볼 수 있는지에 대한 단서를 제공한다. Burnstein 등(1994)은 나이 든 친척을 돕는 것은 나이 어린 친척을 돕는 것에 비해 번식의 성공에 적은 영향을 주기 때문에 어린 친척을 돕는 경우가 더 많을 것이라고 가정했다.

이들의 연구에서 10세 아이보다는 1세의 유아가 더 많은 도움을 받았으며, 10세 아이는 45세 성인보다 더 많은 도움을 받았다(Burnstein et al., 1994). 도움을 가장 적게 받은 사람은 75세의 사람이었다. 일본과 미국에서도 같은 결과를 보였는데, 이는 생사의 갈림길에서 사람들은 나이 어린

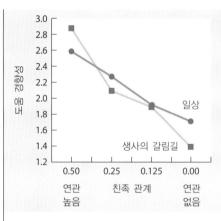

그림 5.2

생사의 갈림길 vs 일상에서 친족을 돕는 경향성. 유전자의 공유는 특히 생사의 갈림길 상황에서 돕고자 하는 경향성을 예측한다.

출처 : "Some Neo-Darwinian Decision Rules for Altruism: Weighing Cures for Inclusive Fitness as a Function of the Biological Importance of the Decision," by E. Burnstein, C. Crandall, and S. Kitayama, 1994, *Journal of Personality & Social Psychology, 67,* pp. 773-789, Figure 2, p. 778. Copyright ⓒ 1994 by the American Psychological Association. 허락하에 재인쇄함

구성원을 더 돕는다는 사실을 시사한다. 재미있는 사실은 생사의 상황에서는 이런 경향이 강했지만 사소한 도움이 필요한 상황에서는 반대의 경향을 보였다는 점이다. 누군가를 위해 작은 심부름을 한다거나 하는 일상의 도움에서는 45세보다 75세가 더 많은 도움을 받았다(그림 5.3 참조).

더 어린 사람들을 돕는 경향성은 기근과 같이 치명적인 상황에서 더 분명해진다(Burnstein et al., 1994). 연구 참가자들에게 아프리카 국가에 널리 퍼진 기근과 질병으로 사람들이 고통받는 상황을 상상하도록 했을 때, 나이와 도움의 정도는 곡선 관계를 보였다. 이러한 상황에서는 10세 아동이 가장 많은 도움을 받았다. 가장 도움을 적게 받은 것은 75세였다. 다른 연구에서는 친족 간의 친밀도에 따라 신체적 고통을 견디는 정도가 비례한다는 사실이 확인되었다(Madsen et al., 2007). 또한 목숨이 위험한 상황에서 친족 옆에 있는 것이 그렇지 않은 상황에 비해 생존 확률을 높이는 것으로 나타났다(Grayson, 1993; Sear & Mace, 2008). 사람들은 먼 친척보다 유전적으로 가까운 친척들에게 현금과 자산을 남겨준다는 유언을 남기는 경향이 있다(Judge & Hrdy, 1992).

이러한 연구는 도움이 인간 본성의 중심적인 요소이지만 영역 특이적이라는 점을 시사한다. 심지어 조부모의 투자 패턴에서도 유전적 연관성이 중요한 것으로 나타났다(Laham, Gonsalkorale, & von Hippel, 2005).

보편적인 감정

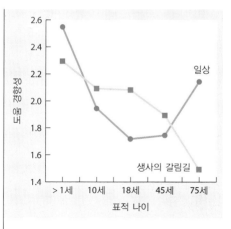

그림 5.3

도움 경향성을 생사의 갈림길 상황 vs 일상의 상황에서 수혜자의 나이를 함수로 나타냄. 도움이 상대적으로 사소할 때, 사람들은 가장 도움을 필요로 하는 어린이와 노인을 돕고자 한다. 하지만 비용이 많이 드는 도움 상황에서 어린이가 노인보다 더 많은 도움을 받는다.

출처 : "Some Neo-Darwinian Decision Rules for Altruism: Weighing Cures for Inclusive Fitness as a Function of the Biological Importance of the Decision," by E. Burnstein, C. Crandall, and S. Kitayama, 1994, *Journal of Personality & Social Psychology, 67,* pp. 773-789, Figure 3, p. 779. Copyright ⓒ 1994 by the American Psychological Association. 허락하에 재인쇄함

두려움, 분노, 질투 등과 같은 감정에 대한 진화심리학자의 관점에는 세 가지가 있다. 첫 번째, 적응에는 보편성이 중요하기 때문에 얼굴 표정에 나타나는 감정이 여러 문화에서 동일한 방식으로 해석될 것이라는 입장이다(Ekman, 1973, 1992a, 1992b). 만약 행복을 표현하기 위해 모든 사람이 웃는 것과 같은 방식으로 행동한다면 그것은 인간 본성의 핵심일 수 있다. 두 번째 진화적 관점은 감정이 다양한 사회적 상황에서 '적합성 행동 유도'를 신호하는 적응적 심리 메커니즘이라는 것이다(Ketelaar, 1995). 이러한 관점에 따르면 원시적 환경에서 감정은 사람들로 하여금 적합성을 높이는 행동을 하게끔 하고(예 : 무리 내에서 지위가 상승할 때 느끼는 행복), 반대로 적합성을 방해하는 상황을 피하게 한다(예 : 두들겨 맞거나 학대당하거나 외면당하는 것). 세 번째, 타인의 심리적 메커니즘을 이용하기 위해 감정이 설계되었다는 '조작가설'이다. 예를 들어 격하게 화를 내는 것은 말로 화내는 것보다 위협의 신호를 분명하게 표현한다(Sell et al., 2009).

세 가지 관점은 모두 감정이 보편적이고 공통적인 방식으로 인식된다는 명제에 근거한다. Ekman(1973, 1992a, 1992b)은 여러 문화에 걸쳐 감정 표현을 연구했다. 그는 일곱 가지 감정 행복, 혐오, 분노, 공포, 놀람, 슬픔, 경멸을 드러내는 표정의 사진을 모아 일본, 칠레, 아르헨티나, 브라질, 미국 사람들에게 보여주고 어떤 표정이 어떤 감정을 표현하는지 물었다. 그 결과 문화권이 다름에도 모든 사람들은 같은 대답을 하였고, 이탈리아, 스코틀랜드, 에

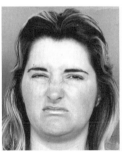

다양한 문화의 사람들에 의해 정확하게 감별된 일곱 가지 감정 표현 사진이다. 당신은 어떤 사진이 이러한 감정들과 연관되는지 감별할 수 있겠는가? 행복, 혐오, 분노, 공포, 놀람, 슬픔, 경멸.

출처 : ⓒ Paul Ekman Group LLC

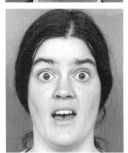

스토니아, 그리스, 독일, 홍콩, 수마트라, 터키에서 이루어진 연구에서도 같은 결과를 보였다(Ekman et al., 1987).

인상적인 것은 외부인과의 접촉이 없는 Fore of New Guinea에서의 연구이다. 그들은 영어를 쓰지 않았고 TV나 영화를 본 적이 없으며, 백인과 살아본 경험도 없었다. 그럼에도 불구하고 이들 역시 같은 응답을 하였다(Ekman et al., 1987). Ekman의 연구는 감정이 보편적으로 표현되고 인식되기 때문에 성격의 중심 요소이며, 적응에 중요한 역할을 한다는 점을 보여준다.

지금까지 우리는 인간 본성 중 몇 가지에 대해서만 검토하였다: 소속에 대한 욕구, 배척에 대한 사회 불안, 돕고자 하는 충동, 보편적인 감정 등. 진화적 관점은 큰 소리·어둠·거미·낯선 이에 대한 아동기의 두려움, 화·질투·열정·사랑과 같은 감정, 아이들 사이의 놀이의 보편성, 지각된 개인적인 위반에 대한 보복과 복수, 근본적인 동기로서의 지위 분투, 지위와 평판을 잃는 것에 대한 정신적 고통 등과 같은 다른 많은 가능한 인간 본성의 요소들에 해결의 빛을 던질지도 모른다.

성차

진화심리학에 따르면 남녀가 비슷한 적응 문제에 부딪혔을 때는 **동일**하거나 **비슷**하게 적응한다. 사람은 누구나 체온 조절이라는 적응 문제를 갖고 있기 때문에 여성과 남성 모두 땀샘을 갖고 있다. 여성과 남성 모두 음식을 먹어야 하기 때문에 둘 다 지방, 당류, 염류 등을 선호한다.

자세히 보기

혐오감 : 질병 회피 가설

혐오감은 미생물의 공격으로 질병에 걸리는 것을 방어하는 적응적 메커니즘으로 보인다(Curtis et al., 2004; Oaten, Stevenson, & Case, 2009). 혐오는 역겨움에 수반되는 감정이며, 구토를 유발하기도 하고, 혐오감을 주는 자극을 피하게 만든다. 혐오감이 질병에 대한 방어로 진화한 게 사실이라면 여러 가지 사실을 예측해볼 수 있다. 우선 질병을 옮기는 것에 대한 혐오감이 가장 커야 하고, 혐오 유발 요인은 문화를 통틀어 보편적이어야 한다는 것이다. 경험적 연구에 따르면 이 두 가지 가설은 모두 사실로 밝혀졌다(Curtis & Biran, 2001). 네덜란드에서 서아프리카까지 조사해보았을 때 사람들은 기생충이나 비위생적인 방식 때문에 오염 가능성이 있는 음식을 유난히 혐오스럽게 느꼈다. 예를 들면 썩은 고기, 더러운 음식, 냄새가 좋지 않은 음식, 먹다 남은 음식, 곰팡이가 핀 음식, 죽은 벌레가 있는 음식, 더러운 손으로 만진 음식은 혐오감을 유발하며, 애벌레, 바퀴벌레, 대변에 닿은 음식들은 특히 강한 혐오 반응을 유발시켰다. 질병 회피 가설의 세 번째 가정은 혐오감이 면역계를 활성화시켜야 한다는 것이다. 사람들에게 오염된 음식을 보여주는 것만으로도 체온이 올라간다는 연구가 있는데 체온은 주요 면역

반응 중 하나이다(Stevenson et al., 2012).

미국인과 일본인에게 가장 징그럽다고 생각하는 것들을 나열하게 한 결과 대변 및 다른 노폐물들이 반응의 25%로 가장 자주 언급되었다(Rozin, 1996). 대변은 기생충과 독소 등 해로운 물질이 많으며, 인간에게 특히 위험하다. 다른 연구에 따르면 학생들에게 대변을 담았었다고 알려준 컵은 철두철미하게 씻고 살균해도 사용하지 않았다(Rozin & Nemeroff, 1990). 혐오감이 보편적이라는 사실은 혐오감을 표현한 표정이 보편적으로 인식된다는 것이다. 태어날 때부터 시각장애나 청각장애가 있었던 사람들에게도 같은 방식으로 인식되었다(Oaten et al., 2009).

또 하나 생각해볼 수 있는 점은 성별에 따라 혐오감의 정도가 다르다는 것이다. 여성들은 아기나 어린아이들을 돌보기 때문에 자신과 이들을 질병으로부터 지켜야 한다. 실제로 질병을 옮기는 매체의 이미지를 보여주었을 때 여성은 남성에 비해 더 징그러워하고, 질병의 위협을 더 크게 느꼈다(Curtis et al., 2004). 혐오 민감성에 대한 개인차도 확인되었는데, 이것은 가장 중요한 성격 변인으로 추정된다. 오염에 대해 가장 민감하고, 가장 강한 혐오감을 보이는 사람은

실제로 감염 정도가 낮은 것으로 나타나 혐오의 보호적인 기능에 대한 가능성이 확인되었다(Stevenson et al., 2009). 병원균에 대한 혐오 점수가 높았던 사람들은 낮은 사람에 비해 매력적이지 않은 사람에 대해 매력도를 더욱 낮게 평가했다는 흥미로운 연구가 있다(Park et al., 2012).

질병이 있거나, 벌어진 상처가 있거나, 항문 성교를 하는 등 위생이 좋지 못할 가능성이 있는 사람들 또한 혐오감을 일으켰다(Tyber et al., 2009). 실제로 성적 접촉은 중요한 병의 전달 근원이 될 수 있다(Tyber et al., 2013). 입, 피부, 항문, 생식기 등은 숙주에서 숙주로 옮겨 가는 주요한 출입 통로이다. 키스, 스킨십, 구강-생식기 접촉, 생식기-생식기 접촉 등을 포함한 다양한 성적 행동은 질병에 걸릴 위험을 높인다. 최근 연구들은 성적 혐오가 감염 가능성이 있는 성적 파트너들을 피하기 위한 단순한 오염 회피 이상으로 발전되고 전문화된 적응일지도 모른다고 제안한다(Tyber et al., 2013). 요약하면 많은 경험적 증거들이 혐오의 질병 회피 가설(생존을 위태롭게 할 수 있는 경로를 피하기 위하여 진화된 감정)을 지지한다.

반면 인간의 진화 역사에서 남성과 여성은 다른 적응 문제를 겪어 왔다. 여성에게는 출산이라는 과제가 있기 때문에 혈류로 옥시토신을 분비해 분만 수축을 하는 것과 같이 남성들에게 없는 특정한 적응 메커니즘을 진화시켜 왔다.

남성과 여성은 정보 처리에 있어서도 다른 문제에 부딪혀 왔다. 수정이 여성의 몸 안에서 일어나기 때문에 남성은 수정된 아이가 친자인지 여부를 알 수 없다는 것이다. 남성들은 자손이 아닐 수도 있는 아이에게 자원을 투자해야 하기 때문에 자신이 친부일 확률이 높은 아이에게는 투자를 하고, 다른 남자의 아이일 수도 있는 아이에게는 투자를 줄이는 방식으로 적응해 왔다.

　　남성들이 친부 여부에 대한 문제를 의식적으로 자각하는 것은 아니다. "내 아내가 다른 사람과 성관계를 했다면 내가 친부가 아닐 수도 있고, 그럼 내 유전자 복제가 안 될 거야." 라고 생각하는 대신 "정말 화나는군!"이라고 생각한다. 만약 아내가 피임약을 먹고 있다면 "약을 먹고 있으니 다른 남자와 성관계를 해도 상관없어. 결국 내가 유전적 아빠일 테니!"라고 생각하지도 않는다. 대신 달콤한 음식에 대한 갈망, 오염된 음식에 대한 혐오, 동료를 바라는 마음이 눈먼 열정인 것처럼 질투도 마찬가지이다. 질투라는 '지혜'는 수백만 년 동안 전해져 내려왔다(Buss, 2000a).

　　여성은 가뭄이나 겨울처럼 음식이 부족한 시기에 임신이나 수유를 할 수도 있기 때문에 그 기간에 자원을 공급받아야 한다는 문제를 갖는다. 선조들은 이런 적응 문제 역시 성공적으로 해결했다. 예를 들어 자원을 축적하는 능력이 있고, 그것을 기꺼이 주려고 하는 배우자를 찾는 것이다(Buss, 2003). 이 문제를 해결하지 못한 여성은 자신뿐 아니라 아이들의 생존 확률을 위태롭게 하였기 때문에 우리의 조상이 되지 못했다.

　　진화적으로 예측되는 성차(evolutionary-predicted sex differences) 가설은 남녀가 특정한 적응 문제에 대해 다르게 반응할 것이라고 가정한다(Buss, 2009a, 2009b). 진화심리학자에 따르면 여성과 남성은 오랜 역사에서 다른 적응 문제에 부딪혀 왔지만 심리적인 면에서는 본질적으로 동일하다고 본다(Symons, 1992). 따라서 "남성과 여성이 심리적으로 다른가?"가 아니라 다음과 같이 질문해야 한다.

1. 남성과 여성이 서로 다른 적응 문제에 부딪히는 영역은 무엇인가?
2. 성차에 따른 적응 문제 때문에 남성과 여성이 따로 진화시켜 온 심리적 메커니즘에는 어떤 것이 있는가?
3. 성차를 드러내는 데 영향을 주는 사회적 · 문화적 · 맥락적 요인은 무엇인가?

　　지금부터는 공격성, 질투, 성의 다양성에 대한 욕구, 그리고 짝 선호에 대해 살펴본다. 여성과 남성이 서로 다르도록 예측된 주요 영역 중 일부를 검토할 것이다.

공격성의 성차

지금까지 알려진 사실 중 최초의 살인 희생자는 50,000년 전에 죽은 네안데르탈인이다(Trinkaus & Zimmerman, 1982). 그는 왼쪽 가슴에 칼을 맞았는데, 이것은 공격자가 오른손 잡이임을 의미한다. 고생물학 탐사가 점점 정교해지면서 선사시대에 있었던 폭력에 대한 증거들이 많이 발견되었다(Buss, 2005b). 유골을 검사한 결과 두개골과 갈비뼈의 골절이 많았는데, 이런 상처는 곤봉이나 찌르는 무기가 아니면 설명이 어렵다. 이런 무기의 일부 조각은 가슴뼈 안에 남아 있기도 한다. 따라서 폭력의 역사는 매우 오래전부터 시작되었다.

　　1965년부터 1980년 사이에 일어난 시카고 살인 사건 중 86%는 남성이 저지른 것이며, 희생자의 80% 역시 남성이었다(Daly & Wilson, 1988). 문화에 따라 비율이 다르기는 하지만 대부분 비슷한 것으로 나타났다. 따라서 왜 남성이 여성보다 공격성이 높은지, 그리고 희생자가 되는 정도도 높은지에 대한 설명이 필요하다.

동성간 경쟁 모델은 진화적 관점의 기초가 된다. 여성이 남성보다 자식에게 투자를 더 많이 할 경우 여성은 남성의 번식에 귀중한 자원이 된다. 따라서 생존능력보다는 자손에 투자를 많이 하는 여성에게 접근하는 것이 번식의 성공률을 높일 수 있다. 다시 말해서 인간 여성은 적은 숫자의 자식만 낳을 수 있기 때문에 자식을 잘 돌봐줄 배우자를 찾는 게 중요하고, 남성들은 그런 여성을 찾기 위해 경쟁해야 한다는 것이다(Archer, 2009; Trivers, 1972).

사람은 포유류이기 때문에 임신과 수유라는 짐이 있는 여성의 경우 의무적으로 투자해야 하는 자원의 양이 남성보다 훨씬 많다. 반면 남성은 번식의 최대 한계가 여자보다 훨씬 더 높아 여성보다 더 많은 자식을 가질 수 있다. 따라

남성은 공격이나 폭력과 같이 더 위험한 전략을 쓰는 경향이 있다.
출처 : ⓒ Ollyy/Shutterstock.com RF

서 번식을 하느냐 하지 못하느냐의 차이는 남성에게 훨씬 더 크다. 남성 중에서도 어떤 남성은 많은 자식을 두고, 어떤 남성은 그렇지 못할 수 있는데 이것을 **일부다처 효과**(effective polygyny)라고 한다.

번식의 개인차가 크면 동성간 경쟁이 치열해진다. 캘리포니아 북부 해변가에 사는 바다표범의 경우처럼 번식기가 되면 5%의 수컷이 새끼 중 85%의 아버지가 되는 극단적인 경우도 있다(Le Boeuf & Reiter, 1988). 번식 가능한 자식의 수가 다를수록 두 성의 신체 크기와 구조가 다를 가능성이 크다. 이것을 **성적 동종이형**(sexually dimorphic)이라고 부르며, 일부다처 효과가 클수록 두 성 간의 크기와 형태는 다르다(Plavcan, 2012; Trivers, 1985). 바다표범의 경우 수컷의 몸 크기는 암컷보다 4배나 크다(Le Boeuf & Reiter, 1988). 침팬지는 수컷이 암컷보다 2배 정도 커서 동종이형의 정도가 낮다. 사람의 경우 상체의 힘과 같은 특정 신체 부위는 두 성 간에 차이를 보이지만 신체 크기에서는 남성이 여성보다 12% 정도만 더 큰 것으로 나타났다(Lassek & Gaulin, 2009). 영장류의 경우 일부다처 효과가 클수록 성적 동종이형 경향성이 높고, 번식의 차이도 크다(Alexander et al., 1979; Plavcan, 2012).

일부다처 효과에 따르면 남성에 따라 번식 정도가 달라질 수 있고, 그 결과 번식 성공률이 낮은 남성의 유전자는 자손에게 전달되지 못한다. 이러한 상황에서는 동성간 경쟁이 심해져 폭력적인 싸움과 같이 위험 부담이 큰 전략을 선택할 가능성이 커진다.

실제로 오랜 역사 동안 여성은 신체가 더 크고 힘이 더 센 남성을 배우자로 선택하였다(Buss, 2012; Plavcan, 2012). 어떤 연구에서는 범죄를 두려워하는 여성일수록 좀 더 공격적이고 신체가 강한 배우자를 선호하는 경향을 보였다(Snyder et al., 2011). 근육량이 많은 남성일수록 성적 파트너가 더 많았고, 성 경험을 더 일찍 한다는 연구도 있으며(Lassek & Gaulin, 2009), 청소년기에 다른 남성으로부터 폭력을 경험한 남성일수록 성적 파트너의 수가 적다는 연구도 있다(Gallup et al., 2009).

남성이 더 폭력적인 이유는 역사적으로 이어져 온 일부다처 효과의 산물이기 때문에 여러 문화에 걸쳐 발견되는 살인의 흔적은 진화적 관점에서 이해될 수 있다. 인간의 진화 과정에

서 살아남기 위해 남성은 여성을 유혹하는 데 필요한 사회적 지위와 자원을 얻기 위해 위험한 동성간 경쟁을 치러야 했다. 남성이 여성보다 평균 5~7년 정도 먼저 죽는다는 사실은 공격적이고 위험 부담이 큰 전략을 사용해 왔다는 여러 표지 중 하나이다(Promislow, 2003).

남성은 다른 남성이 여성에게 접근하는 것을 막아야 하기 때문에 훨씬 더 공격적이다. 마찬가지로 폭력의 피해자가 될 가능성도 훨씬 크고, 부상을 입거나 죽을 수도 있다. 이처럼 공격성의 패턴은 동성간 경쟁에 대한 진화이론으로 잘 설명할 수 있다(Buss & Duntley, 2006; Griskevicius et al., 2009). 심지어 심리적·행동적 성차가 사회적 역할 때문이라고 주장하는 심리학자들도 공격성에 대해서는 진화심리학자의 의견에 동의한다(Archer, 2009).

질투의 성차

정자와 난자의 수정이 여성의 신체 안에서 이루어지기 때문에 남성과 여성은 서로 다른 적응 문제를 갖게 된다. 진화 과정에서 남성은 자기 자식이 아닐 수도 있는 자식에게 투자하는 위험을 무릅써야 했다는 것이다. 그렇지만 여성은 누가 자기 자식인지 분명히 알 수 있다. 남성에게 있어서 자신의 배우자가 다른 남성과 성관계를 하여 임신을 한다면 자신의 유전자를 물려주는 데 상당한 위협을 초래하는 행동으로 느껴진다.

여성 입장에서는 자신의 배우자가 다른 여성과 성관계를 한다는 자체가 자기 자식이 확실한 내 자식이라는 자체를 위협하지는 않지만 불륜이 자신의 번식에 큰 위험을 초래할 수 있다. 배우자의 자원, 시간, 헌신, 투자 등이 다른 여성에게 향할 수도 있다는 점을 각오해야 한다.

이러한 이유 때문에 진화심리학자들은 남성과 여성에 있어 질투의 단서에 대한 가중치가 달랐을 것이라고 주장해 왔다. 이 관점에 따르면 남성은 여성에 비해 불륜의 단서에 대해 더 많이 질투를 한다고 가정할 수 있다. 여성은 상대가 다른 사람과 정서적 친밀감을 느끼며 오랜 기간 헌신할 때 더 질투를 많이 느낀다. 이러한 가정을 시험해보기 위해 아래의 연습문제를 살펴보자.

[그림 5.4]에서 볼 수 있듯이 남성은 여성에 비해 애인이 다른 사람과 성관계하는 상상을 할 때 훨씬 더 고통스러워했다(Buss et al., 1992). 대조적으로 여성들은 애인이 다른 사람에

연습문제

과거에 만난 사람이나 현재 사귀고 싶은 사람, 혹은 미래에 만났으면 하는 진지하고 헌신적인 애인에 대해 상상해보자. 그리고 상대방이 다른 사람에게 관심을 보이기 시작할 때 다음 중 어떤 것이 더 괴롭고 화가 나는가?

1. 애인이 상대에게 감정적으로 깊이 끌린다고 상상할 때
2. 애인과 다른 사람과의 정열적인 성관계를 상상할 때

게 감정적으로 끌리는 것에 대해 더 괴로워했다. 이런 결과는 여성들이 상대의 성적 불륜에 무관심하다거나 남성들이 상대의 감정적 불륜에 무관심하다는 의미가 아니다. 두 사건 모두 여성과 남성을 화나게 만든다. 하지만 어떤 상황을 상상했을 때 더 화가 나는지 선택하도록 했을 때 여성과 남성 간의 차이가 컸으며, 이는 진화이론에서 예측된 그대로이다. 이런 사실은 생리적 고통 정도를 측정했을 때도 그대로 나타난다(Buss et al., 1992; Pietrzak et al., 2002). 애인이 다른 사람과 성관계하는 것을 상상했을 때 남성의 심박수는 분당 5회 증가했으며, 이것은 한 번에 세 잔의 커피를 마시는 것과 같았다. 피부 전도도 역시 증가했고, 얼굴을 찌푸리는 반응도 보였다. 반대로 여성은 애인이 다른 사람과 감정적으로 관여되는 것을 상상했을 때 생리적 고통의 정도가 더 강했다.

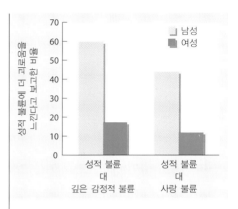

그림 5.4

감정적 또는 사랑에 대한 불륜보다 성적 불륜에 더 괴로움을 느낀다고 보고한 비율. 큰 성 차이가 발견되었는데, 여성보다 훨씬 더 많은 남성이 성적 불륜에 더 괴로움을 느낀다고 했으며, 압도적 다수의 여성이 감정적 혹은 사랑에 대한 불륜에 더 괴로움을 느낀다고 보고하였다.

출처 : "Sex Differences in Jealousy: Evolution, Physiology, and Psychology," by D. M. Buss, R. Larsen, J. Semmelroth, and D. Weston, 1992, *Psychological Science*, 3, pp. 251-255, Figure 1, top panel, p. 252. Copyright ⓒ 1992 Association for Psychological Science. SAGE Publications, Inc.의 허락하에 재인쇄함

모든 심리학자가 진화적 설명에 동의하는 것은 아니다. DeSteno와 Salovey는 상대방에 대한 '믿음'에 따라 다른 반응을 보일 수도 있다고 하였다. 남성의 경우 연인이 다른 남성과 성관계를 한다고 상상했을 때 정서적인 면에서 친밀하다고 생각할 수 있다. 불륜은 '더블 샷(double-shot)'이라는 것이다. DeSteno와 Salovey에 의하면 남성이 감정적 불륜보다 성적인 것에 더 화를 내는 이유는 성적인 불륜이 있었다면 정서적인 불륜까지도 포함하는 '더블 샷'이라고 '믿기' 때문이다. 여성의 경우 연인이 다른 여성에게 정서적 친밀감을 느낀다면 성적인 관계도 있었을 것이라는 반대 방향의 믿음을 갖는 것이지 정서적 배반에 더 화를 내는 것은 아니라는 것이 이들의 설명이다.

진화이론은 '더블 샷' 가설을 반대한다. 남성과 여성의 발생학적 차이가 심리적 반응의 차이를 설명하는 데 충분하다는 것이다. Buss와 그의 동료들(1999)은 더블 샷 가설과 진화이론 중 어느 것이 현상을 설명하는 데 적합한지 알아보기 위해 3개의 문화권에서 4개의 연구를 하였다. 1,122명의 미국 대학생을 대상으로 애인이 다른 이성과 성관계는 없지만 감정적으로 끌릴 때와, 감정적으로 친밀하지는 않지만 성관계를 맺을 때를 상상해보도록 하였다. 이들의 응답을 분석한 결과 남녀는 35%의 차이를 보였으며, 이는 진화 모델을 지지하는 것이다. 여성들은 성관계가 없어도 정서적으로 친밀해지는 것에 대해 더 화를 냈고, 남성들은 정서적 친밀감이 없다 해도 성관계를 상상하면 더 화를 냈다. 만약 더블 샷 가설이 옳다면 불륜의 성적 요소와 감정적 요소가 분리될 경우 남녀 간 차이는 없어야 한다. 결과는 그렇지 않았다.

234명의 여성과 남성을 대상으로 한 두 번째 연구에서(Buss et al., 1999) 참가자들은 애인이 다른 사람과 성적인 관계와 정서적 관계를 동시에 맺는 최악의 시나리오를 상상하게 하고, 어떤 점에 대해 더 화가 나는지 물어보았다. 그 결과는 진화적 관점과 정확하게 일치하였다. 남성은 63%, 여성은 13%가 성관계를 맺은 것에 대해 더 화가 난다고 하였다. 대조적으로 87%의 여성과 37%의 남성은 정서적 친밀감 때문에 더 화가 난다고 하였다. 문화권이 다른 스웨덴에서도 같은 결과가 나왔으며(Wiederman & Kendall, 1999), Wiederman과

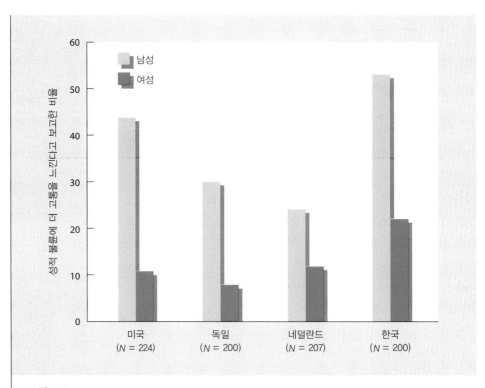

그림 5.5

네 문화권에서의 질투에 대한 성 차이. 네 문화 모두에서 여성보다 더 많은 수의 남성이 파트너의 성적 불륜에 대해 상상하면서 고통을 느꼈다. 대부분의 여성들은 파트너의 감정적 불륜에 더 고통을 느꼈다.

출처 : "Sex Differences in Jealousy in Evolutionary and Cultural Perspective: Tests from the Netherlands, Germany, and the United States," by A. P. Buunk, A. Angleitner, V. Oubaid, and D. M. Buss, 1996, *Psychological Science, 7*, pp. 359-363, Figure 1, p. 361. Copyright ⓒ 1996 Association for Psychological Science. SAGE Publications, Inc.의 허락하에 재인쇄함

Kendalk는 "더블 샷 가설과는 반대로, 남성이나 여성이 불륜을 저지른 애인에게 화를 내는 것은 다른 사람과의 관계가 더 만족스럽기 때문인지와는 관계가 없었다."(p. 121)

중국, 독일, 네덜란드, 한국, 일본, 영국, 루마니아에서도 같은 결과가 나왔고(Brase, Caprar, & Voracek, 2004), 스웨덴과 노르웨이와 같이 성 평등 수준이 높은 문화권이나 (Bendixen, 2015), 나미비아의 힘바 같은 전통적인 문화에서도 마찬가지 결과가 나왔다 (Scelza, 2014). 이런 결과는 질투에 따른 성차가 보편적인 것을 시사한다. 반면 더블 샷 가설은 문화에 따른 보편성이 확인되지 않았다.

Schutzwohl과 Koch(2004)는 새로운 연구방법을 시도하였다. 연구자는 참자가들에게 자신이 겪은 불륜 이야기를 들려주었다. 이야기 중에는 성적 불륜 여부를 감지할 수 있는 중요한 단서 5개(예 : 두 사람이 성관계를 하려고 하는데 그가 성적으로 흥분되지 않는다)와 정서적 불륜에 대한 단서 5개(예 : 당신이 사랑한다고 말해도 그가 더 이상 대답하지 않는다)가 들어 있었다. 일주일 후 갑작스럽게 이야기를 회상하도록 했을 때 남성은 자발적으로 감정적인 불륜보다 성적 불륜에 대한 단서를 더 잘 기억해냈으며(42% 대 29%), 여성은 성적 불

룬보다 감정적 불륜에 대한 단서를 더 많이 기억했다(40% 대 24%). 이 결과는 질투의 성차가 분명히 있으며, '실험의 결함'으로 보기는 어렵다는 점을 시사한다(Schutzwohl & Koch, 2004).

질투심의 성차에는 다른 측면이 있는 점도 확인되었다. 한 연구에 따르면 여성은 자신의 파트너가 감정적으로 바람을 피우는 것이 아니라는 것을 알게 되었을 때 심리적 안도감을 더 많이 느꼈고, 반면 남성은 성적 불륜이 아니라는 점을 알게 되었을 때 더 큰 안도감을 경험하였다(Schutzwohl, 2008). 또한 여성은 파트너에게 다른 이성에 대한 감정이 어떤지 물어보았고, 남성은 성적인 관계 여부에 대한 질문을 더 많이 하는 것으로 나타났다(Kuhle, Smedley, & Schmitt, 2009). 질투의 성향이 높거나 오랜 기간 질투심을 보였던 사람들의 경우 감정 대 성적 불륜에 대한 질투 반응에서 성차가 더욱 뚜렷했다(Miller & Maner, 2009). 이런 결과는 개인의 특성과 진화이론의 통합이 필요하다는 점을 시사한다(Miller & Maner, 2009).

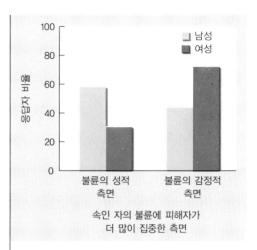

그림 5.6

남성과 여성은 파트너의 불륜의 어떤 측면에 더 많이 집중하는가에 있어 서로 다르다.

출처 : Kuhle(2011)

과학적 입증을 위해서는 서로 다른 연구에서 같은 결과가 나와야 하는데, 진화이론은 이런 점에서도 일관된 결과를 보여주고 있다. 앞선 연구에 이어 질투의 성차를 입증하고 설명하는 다수의 연구가 이루어졌다(예 : Brase et al., 2004; Buss & Haselton, 2005; Cann, Mangum, & Wells, 2001; Dijkstra & Buunk, 2001; Fenigstein & Pelz, 2002; Geary et al., 2001; Maner & Shackelford, 2008; Murphy et al., 2006; Pietrzak et al., 2002; Sagarin, 2005; Sagarin et al., 2003, 2009; Schutzwohl & Koch, 2004; Shackelford, Buss, & Bennett, 2002; Shackelford et al., 2004; Strout et al., 2005). 47개의 서로 다른 연구를 메타분석한 결과 역시 질투의 성차에 대한 진화이론을 지지하고 있다(Sagarin et al., 2012; Zengel, Edlund, & Sagarin, 2013).

마지막으로 불륜을 추궁하는 질문을 부호화한 결과 남성은 성적인 측면에 대해 더 많이 추궁했고("다른 남자와 성관계를 했어?"), 여성은 감정적 측면에 대해 추궁한다는("다른 여자를 사랑해?") 사실이 발견되었다(Kuhle, 2011)(그림 5.6 참조).

성적 다양성에 대한 욕구의 성차

진화심리학에 따르면 여성과 남성은 성적 다양성에 대한 욕구에서 차이를 보인다(그림 5.7). 부모의 투자와 성 선택이론에 따르면 자식에게 적게 투자하는 경우에는 심사숙고해서 짝을 선택하기보다는 다수와 짝짓기를 하려는 경향을 보일 것이다. 실제로 우리의 조상은 남성이 다수의 여성에게 접근해 번식에 성공했다.

원하는 대로 이루어진다고 하면 지금부터 한 달 동안 몇 명과 성관계를 하고 싶은가? 1년 동안에는? 평생은 어떤가? 미혼의 대학생에게 이런 질문을 한 결과 여자 대학생은 다음 달에 1명, 평생은 4~5명 정도를 원한다고 대답하였다(Buss & Schmitt, 1993). 남자 대학생은 다음 달에 2명, 다음 몇 년 동안에는 8명, 평생은 18명이 적당하다고 하였다. 진화이론에서 예

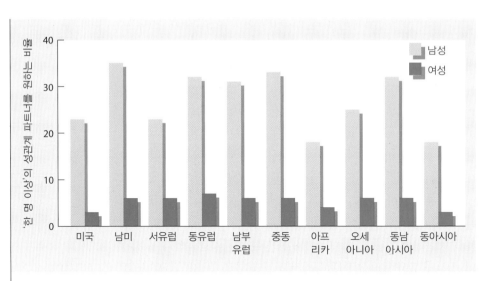

그림 5.7

"원하는 대로 이루어진다고 하면 지금부터 한 달 동안 몇 명의 파트너와 성관계를 하고 싶습니까?"
전체 표본 크기 16,288명

출처 : International Sexuality Description Project, courtesy of David P. Schmitt

측하는 것처럼 남성과 여성은 다른 반응을 보였다.

남성과 여성이 원하는 파트너 수가 다르다는 점은 다양한 문화권에서 반복적으로 확인되었다. David Schmitt와 동료들(2003)은 짐바브웨, 슬로바키아, 아르헨티나 등 52개국 10개 지역에서 16,288명을 모아 연구하였다. "원하는 대로 할 수 있다면 다음 달에 몇 명의 파트너와 성관계를 하고 싶습니까?"와 같은 질문을 문화에 맞게 적당한 언어로 번역하여 물어본 결과 남성은 대략 13명, 여성은 2.5명의 파트너를 원한다고 하였다. 성적 다양성에 대한 욕구가 성별에 따라 다른 현상은 보편적이며 뚜렷한 것으로 보인다. 얼마나 자주 성관계에 대해 생각하는지에 있어서도 성별에 따른 차이가 있다. 여성은 일주일에 9번 정도, 남성은 37번 정도 성관계에 대해 생각한다는 사실을 밝힌 연구도 있다(Regan & Atkins, 2006).

파트너 선호의 성차

진화심리학에 따르면 장기간 함께 살 배우자를 선택할 때 어떤 점을 중요하게 보는지에 있어서도 남성과 여성은 차이를 보인다. 여성은 부모로서 자식에게 투자해야 할 짐이 남성에 비해 더 크고 무겁기 때문에 능력과 경제력을 갖춘 남성을 선호한다. 남성은 반대로 여성의 신체적 매력에 더 가치를 두는데, 그 이유는 신체를 통해 생식력의 단서를 찾아볼 수 있기 때문이다. 대학생들을 대상으로 질문한 결과 신체적 매력의 순위는 남성이 4.04, 여성은 6.26으로 나타났다('1'이 가장 높은 순위, 가장 낮은 순위는 '13'). 높은 소득의 경우 순위는 여성이 8.04, 남성은 9.92로 나타났다(Buss & Barnes, 1986). 이런 결과는 남성이나 여성 모두 외모와 자원보다 다른 것들을 더 중시한다는 점을 시사한다. '친절하고 이해심 깊음'(순

자세히 보기

낯선 사람과 성관계하기

성적 다양성에 대한 욕구의 성차를 보여주는 연구가 있다. 플로리다대학교의 한 연구에서 보조 연구자들은 이성 학생들에게 자신을 소개한 뒤 "안녕하세요. 학교에서 몇 번 봤는데 매력적이시네요. 오늘 밤 저와 데이트 하실래요?"라고 말했다(Clark & Hatfield, 1989). 다른 보조 연구자는 "오늘 밤 제 아파트에 함께 가실래요?"라고 물어보았다. 세 번째 집단은 "오늘 저녁에 저랑 같이 잘래요?"라고 물어보았다.

남성 보조 연구자가 접근한 여성 중 55%는 데이트에 응했고, 6%는 남성의 아파트에 가는 데 동의했으며, 성관계에 동의한 여성은 한 명도 없었다. 여성 보조 연구자의 제안을 받은 남학생의 경우 50%는 데이트에 동의했고, 69%는 아파트에 가는 데 동의하였으며, 75%는 성관계에 동의하였다.

이처럼 성관계를 제안 받았을 때 여성과 남성의 반응은 매우 달랐다. 성관계를 제안했을 때 여성들은 모욕감을 느꼈고, 다수는 이상한 사람이라는 식의 반응을 보였다. 반면 남성들은 우쭐해하였다.

이 같은 결과는 남성과 여성이 성적 다양성에 대한 욕구에서 차이를 보인다는 진화적 가설을 뒷받침한다. 남성은 여성보다 성적 환상이 많고, '파트너 바꾸기'와 같은 공상을 더 많이 한다. 즉, 두 명 이상의 파트너와 성관계하는 공상을 갖는다는 것이다(Buss, 2003). 한 메타분석에 의하면 어쩌다 만난 사람과 성관계하는 것에 대해 남녀는 매우 큰 차이를 보였고, 남성이 여성에 비해 더 긍정적인 반응을 보였다(Oliver & Hyde, 1993).

기자인 Natalie Angier는 여성도 남성만큼 쉽게 침대에 뛰어들 수 있지만 안전을 걱정해서 단념하는 것이라며 이의를 제기하였다(Angier, 1999). 노스텍사스대학교의 Russell Clark은 다양한 지역에서 다양한 사람들을 대상으로 연구한 결과 진화 가설이 맞는다는 것을 확인하였다(Clark, 1990). 그의 연구에 의하면 낯선 사람이라 해도 절반 정도의 여성은 데이트에 응했는데 안전을 걱정한다면 설명이 어려운 결과이다. 또한 참가자들 중 거절한 사람에게 이유를 물었는데 여성과 남성 모두 남자친구 혹은 여자친구가 있다고 대답하거나 상대방을 잘 모르기 때문이라고 하였다.

낯선 사람과의 성관계에 동의하는 남성과 여성의 차이는 프랑스, 독일, 덴마크를 포함한 다른 나라에서도 반복적으로 확인되었다(Hald et al., 2010; Guéguen, 2011).

여성에게 있어서 어쩌면 데이트가 성관계보다 안전해 보이고, 안전이 보장된다면 낯선 사람과 성관계하기를 원할 수도 있다. Clark(1990)은 다른 실험에서 믿을 만한 친구를 통해 낯선 사람을 만났을 경우를 관찰했다. 이들의 친구는 낯선 사람이 따뜻하고, 진실되고, 신뢰할 수 있고, 매력적이라고 장담했다. 그리고 난 뒤 이들은 "데이트하실 생각 있으세요?" 혹은 "자러 갈 생각 있으세요?"라는 질문을 받았다.

여성과 남성 중 압도적인 다수가 데이트에 동의하였다. 여성의 91%와 남성의 96%. 하지만 성관계를 제안한 경우에는 성차가 큰 것으로 나타났다. 남성의 50%와 여성의 5%만이 동의하였으며, 동의하지 않은 여성 중 안전 때문이라고 한 여성은 한 명도 없었다. 상대의 신뢰성을 더해 안전을 보장한 경우 성관계에 응할 확률은 0~5%로 약간 늘기는 했지만 여전히 성차는 남아 있다. 대부분의 여성들은 가까운 친구가 상대의 따뜻함과 진실성을 보장했을 때 데이트에는 동의했지만 95%는 성관계에 동의하지 않았다.

여성이 성관계에 대한 관심이 적어서 이런 결과가 초래된 것은 아니다. 여성 대부분은 누구와 잘지를 선택하는 데 신중하며, 전혀 모르는 사람과 침대에 뛰어드는 것은 대부분 피한다. 성적 요구에 대해 남성들은 대부분 "몇 시요?"라거나 "저는 좋아요."라며 상대방의 전화번호와 집이 어디인지를 물었다.

이러한 결과는 이탈리아, 독일, 미국 등 여러 나라에서 비슷하게 나타났다(Schutzwohl et al., 2009). 아주 매력적인 보조 연구자가 다가갔을 때 83%의 남성과 24%의 여성이 동의하였다. 상대방의 매력이 높아졌을 때 여성이 동의하는 비율이 높아지긴 하지만 남성이 동의하는 정도는 훨씬 높아졌다.

이러한 차이는 불륜에 대한 욕망에도 비슷하게 작용한다. 새크라멘토 주립단과대학의 Ralph Johnson(1970)이 자신의 연구에서 혼외정사에 대한 욕구에 대해 질문했을 때 48%의 미국 남성과 5%의 여성이 동의했다고 하였다. 769명의 남성과 770명의 여성을 대상으로 한 Lewis Terman(1938)의 연구에서는, 남성의 72%와 여성의 27%가 혼외관계를 원한 적이 있다고 응답했고, 만일 기회가 주어진다면 낯선 사람과 성관계를 할 것이라고 대답한 사람은 기혼 남성에서 46%, 기혼 여성에서 6%였다(Sigusch & Schmidt, 1971).

물론 여성의 경우 성적 욕망을 털어놓는 것을 더 꺼릴 수 있으므로 과소평가되었을 수 있다. 그럼에도 불구하고 성관계 파트너의 다양성에 대한 욕구의 성차는 뚜렷하다.

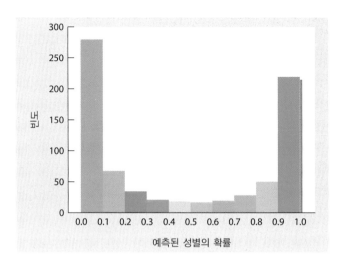

그림 5.8

우리는 남성이든 여성이든 간에 그 사람의 잠재적 배우자에 대해 드러난 재정적 전망, 잘생긴 외모, 순결, 야망, 나이에 대한 선호도 등을 가지고 92.4%의 정확도로 생물학적 성을 예측할 수 있다.

출처 : Findings and graph courtesy of Daniel Conroy-Beam; for more information, see Conroy-Beam, Buss, Pham, & Shackelford, 2015

위 : 2.20)과 '함께 있으면 재밌는 사람'(순위 : 3.50) 등과 같은 점을 소득 수준이나 외모보다 중시하는 것으로 나타났는데, '친절함'의 경우 배우자가 나에게 친절하게 대해주는 것은 선호했지만 다른 사람에 대한 친절함은 선호하지 않았다(Lukaszewski & Roney, 2010). 이처럼 결혼상대를 고를 때 성격을 중시하기는 하지만 외모와 능력에 대한 평가는 남성과 여성에서 다르게 나타났다.

이 같은 차이는 잠비아, 중국, 인도네시아, 브라질, 인도, 노르웨이 남성에게서도 같았으며(Buss, 1989; Kamble et al., 2014; Souza et al., 2016), 심리적 성차는 키와 상체 근력에서 차이가 나는 정도와 비슷했다(Conroy-Beam & Buss, 2015; 그림 5.8 참조). 경제력과 관련된 야망, 부지런함, 신뢰성 등과 같은 요인은 여성에게 중요한 요소로 작용했고, 우선순위를 정할 때 사회적 지위는 '필수품'처럼 작용했다(Li et al., 2011).

요약하면 성격은 배우자 선택에 있어서 주요한 역할을 하며 몇 가지 특징에 있어서는 남녀 간 차이를 보인다. 진화 가설은 이 같은 차이를 잘 설명하고 있지만 다른 가설 역시 지속적으로 연구되고 있다.

개인차

성격심리학의 중심에 있는 개인차에 대한 연구는 진화심리학자들에게 가장 도전적인 과제였다. 경험적 기초가 많이 축적된 성차와 달리 적응의 개인차에 대한 자료는 부족하기 때문에 이 부분의 이론은 어느 정도 추측에 근거할 수밖에 없다.

연습문제

아래는 잠재적 배우자의 특징이다. 미래의 배우자가 갖추었으면 하는 순서에 따라 각각의 성격특성을 나열하라. 가장 바람직한 특성에 1, 두 번째로 바람직한 특성에 2, 세 번째로 바람직한 특성에 3을 주고, 13번째까지 순위를 매겨라.

___ 친절하고 이해심이 깊음   ___ 살림을 잘함   ___ 대학 졸업자
___ 신앙심이 깊은   ___ 지적인   ___ 신체적으로 매력적인
___ 흥겨운 성격   ___ 좋은 수입 능력   ___ 건강한
___ 창의적이고 예술적인   ___ 아이를 원하는
___ 느긋한   ___ 좋은 유전자

진화심리학에는 개인차를 설명할 수 있는 다양한 방법이 있다(Buss, 2009b; Buss & Hawley, 2011; Penke et al., 2007). 가장 흔한 설명으로는 개인차가 종 특이적인 심리적 메커니즘에 작용하는 환경의 차이 때문에 생긴다는 것이다. 손이나 발에 생기는 굳은살에 비유하면 굳은살이 생기는 정도는 개인이 마찰에 얼마나 노출되었느냐의 차이에 따른다. 사람들이 갖고 있는 굳은살 생성 메커니즘은 모두 동일하기 때문에 메커니즘을 활성화시키는 환경의 차이는 개인차를 초래한다. 같은 원리를 심리적 개인차에 적용시켜 보면 질투의 개인차는 파트너의 불륜이나 '배우자 밀렵꾼'에 관한 단서에 노출된 차이로 설명할 수 있을 것이다(Buss, 2012).

두 번째, 개인차는 그 사람이 갖고 있는 특성들 간의 관련성에서 비롯된 것일 수 있다(Buchard & Loehlin, 2001). 예를 들어 "체격이 크고, 힘이 센 사람에게 격한 성미는 도움이 될 수 있지만 작고 약한 사람에게는 이롭지 않다."(p. 250)는 것이다. 어떤 특성이 드러나는지 여부는 환경이 아니라 그 사람이 가지고 있는 다른 특성들에 영향을 받는다.

세 번째, 개인차는 빈도-의존적 선택, 즉 어떤 특성이 다른 특성의 빈도에 의존해 드러날 수도 있다는 것이다. 예를 들어 다수가 서로 협력하는 집단이 있다면 사기꾼 기질이 유리할 수 있다. 다만 사기꾼의 수가 늘어날수록 사람들은 이들을 처벌하는 방어를 진화시킬 것이고, 결과적으로 사기가 성공할 확률은 낮아질 것이다.

네 번째, 시간과 공간의 특징에 따라 최적의 수준이 달라지기 때문에 개인차가 초래된다고 가정할 수 있다. 진화 과정(시간 혹은 공간)에서 음식이 부족한 기간이라면 위험을 무릅쓰는 성격특성이 선호될 것이다. 음식을 얻고 굶주림을 막기 위해서는 포식자를 만날 수도 있는 모험을 무릅써야 하기 때문이다. 음식이 풍부한 시기에는 위험을 줄이기 위하여 더 신중한 성향을 선호한다.

종합해보면 진화의 틀은 개인차에 대해 여러 가지 설명을 가능하게 해준다. (1) 환경에 따라 우연히 발현되기도 하고, (2) 다른 특성과의 관련성에 따라 생기기도 하며, (3) 시간과 공

간에 따라 최적 수준이 달라지기 때문일 수도 있고, (4) 빈도 의존적 선택에서 기인하기도 한다.

개인차를 유발하는 환경 요인

아동기에 아버지가 있었느냐 없었느냐가 성적 전략의 차이를 초래한다는 이론이 있다(Belsky, Steinberg, & Draper, 1991). 생애 초기 5년 동안 아버지가 없는 집에서 자란 아이들은 부모로부터 꾸준히 혹은 예측 가능하게 자원을 제공받지 못했을 수 있다. 그뿐만 아니라 이러한 아이들은 결혼관계가 영원하지 않을 수도 있다고 여긴다. 그 결과 성적으로 빨리 성숙하고, 성경험을 일찍 하며, 상대방을 자주 바꾸는 식으로 성적 전략을 발전시킨다. 게다가 외향적이고 충동적인 성격특성은 이 같은 전략을 발전시키는 데 일조한다. 이들에게 다른 사람은 믿을 수 없으며, 모든 관계는 일시적이라고 느껴 일시적인 성관계조차도 기회가 있으면 놓치지 않으려고 한다.

반응적 유전율에 따르면, 날씬하고 철사 같은 체격의 남성은 다부진 남성보다 공격적인 행동을 하는 경향이 낮다.

출처 : ⓒ Radius Images/Alamy Stock Photo RF

생애 초기 5년 동안 아버지가 믿을 만한 사람이고, 자식에게 헌신한다고 느낀 사람은 다른 사람들은 신뢰할 만하며, 관계들은 영속적일 것이라고 기대한다. 이런 경험은 장기간 짝짓기 전략으로 이어져 지연된 성적 성숙이나 성경험을 시작하는 시기가 늦춰지고, 장기간 안전하게 애착을 느낄 수 있는 상대와 관계를 맺으려 하고, 소수의 자녀를 두고 헌신적으로 돌본다.

이 같은 이론은 경험적 연구를 통해 어느 정도 입증되었다. 예를 들어 이혼한 가정의 아이들은 그렇지 않은 가정의 아이들보다 성적으로 문란한 것(Belsky et al., 1991)으로 나타났고, 아버지가 없는 가정에서 자란 소녀들은 초경 시기가 빨랐다(Kim, Smith, & Palermiti, 1997). 단기적인 짝짓기 전략 쪽으로 편향된 남성이나 여성은 이혼할 확률이 높고, 결과적으로 자신의 유전자를 자식들에게 물려줄 가능성이 낮아진다(Bailey, Kirk, et al., 2000). 이런 결과는 상관 연구를 통해 밝혀졌기 때문에 인과관계로 볼 수는 없다. 결정적인 자료가 부족하기는 하지만(Del Giudice & Belsky, 2011), 일관적으로 나타나는 개인차는 진화이론의 가능성을 높인다.

다른 특성 때문에 발현되어 유전되는 개인차

성격에 대한 진화 가설 중 하나는 개인의 강점 및 단점과 관련된 것이다. 예를 들어 남성의 경우 사회적 상호작용에서 힘을 사용한 공격적 전략과 협조적으로 행동하는 비공격적 전략 중 하나를 선택할 수 있다. 전략의 성공 여부는 체격과 힘, 싸우는 능력에 달려 있으며, 마르거나 뚱뚱한 사람보다 근육질인 사람이 성공할 가능성이 크다. 만일 사람이 스스로를 힘에 근거해 평가하게끔 진화해 왔다면 힘의 우위에 따라 어떤 전략을 쓸지 판단할 것이며, 개인에 따라 자기평가 방식은 안정성을 보일 것이다. 연구 결과에 따르면 공격적 경향이 직접 유전된다는 증거는 뚜렷하지 않았다. 이것은 **반응적 유전성**(reactively heritable), 즉 유전된 체격으로부터 파생된 것이다(Tooby & Cosmides, 1990). 공격적 전략은 그 전략이 유용한 상황에서만 체격이 유전된다는 증거가 있다(Ishikawa et al., 2001). 몸무게가 많이 나가는 프로 하키 선수나 젊은 남자는 공격적 전략을 선택하는 경향이 높았는데 몸무게는 힘과 관련이 있기 때문이다(Archer & Thanzami, 2009; Deaner et al., 2012). 힘이 센 남자가 더 빨리 화를 내고, 전쟁의 효과를 믿는 경향을 보였다(Sell et al., 2012). 힘과 신체적 매력이 어떻게 조합되었느냐에 따라 외향성, 리더십, 협상 능력 등에서도 개인차가 나타났다(Lukaszewski, 2013; Lukaszewski & Roney, 2011; von Rueden et al., 2015). 이런 성향을 통해 남자의 단기적인 짝짓기 전략이 어떤 방식으로 이루어지는지 예측할 수 있다(Lukaszewski et al., 2014). '유전적 자질에 대한 자기평가'라는 개념은 적응적인 개인차가 어떻게 발전해 왔는지를 이해하는 데 단서를 준다. 최근의 연구는 공격성이나 외향성 같은 특징을 넘어 조건 의존적 성격 모델의 통합으로 확장되고 있다(Lewis, 2015).

빈도-의존적 전략의 개인차

선택에 의한 진화의 과정은 유전적 변이를 이용하는 경향이 있다. 다시 말하면 보다 성공적인 유전적 변이가 덜 성공적인 변이, 즉 유전적 변이가 거의 또는 전혀 나타나지 않는 종-전형적 적응을 일으키는 변이를 대체하는 경향이 있다는 것이다. 예를 들어 인간의 보편적인 설계는 눈이 두 개라는 것이다.

특정 상황에서 둘 또는 그 이상의 유전적 변이는 집단 내에서 진화할 수 있다. 가장 확실한 예는 생물학적 성이다. 성적인 번식 종 내에서 두 개의 성은 **빈도-의존적 선택**(frequency-dependent selection) 때문에 대략 같은 수가 존재한다. 만일 한 성이 다른 성에 비해 드물게 된다면 진화는 더 드문 성에 대한 개체수의 증가를 초래할 것이다. 빈도-의존적 선택은 남성과 여성의 빈도가 거의 동일하게 유지되도록 한다.

일부에서는 여성의 짝짓기 전략에서 인간 개인차가 빈도-의존적 선택에 기인한다고 제안한다(Gangestad & Simpson, 1990; Gangestad & Thornhill, 2008). 이들은 동일한 짝짓기 전략을 추구하는 사람들 사이에서 경쟁이 가장 치열해지는 경향이 있다는 관찰로부터 출발한다(Maynard Smith, 1982). 이것은 대체 전략의 진화를 위한 토대를 마련한다.

Gangestad와 동료들에 따르면, 여성의 짝짓기 전략은 잠재적 배우자의 두 가지 주요 자질에 초점을 맞춰야 한다: 남성이 제공할 수 있는 부모로서의 투자와 남성 유전자의 특징. 여성과 자녀들에게 기꺼이 투자할 수 있는 남성은 대단히 가치 있는 생식 자산이 될 수 있다. 마찬가지로 남성의 투자 능력과는 관계없이, 여성은 자신의 자녀들에게 전해질 수 있는 양질의 유전자를 가진 남성을 선택함으로써 이득을 얻을 수 있다. 남성은 건강한 신체, 외양적 매력 또는 섹시함의 유전자를 가지고 있을 수 있고, 따라서 이는 여성의 아들이나 딸에게 전해진다.

그러나 양육 능력에 따른 남성의 선택과 유전자에 따라 남성을 선택하는 것 사이에는 상호 절충(trade-off)이 있을 수 있다. 예를 들면 많은 여성들에게 매우 매력적인 남성은 오직 한 여성에게만 전념하는 것을 꺼릴 수 있다. 따라서 남성의 유전자를 추구하는 여성은 남성으로부터 부모로서의 투자가 없는 단기간의 성적 관계를 받아들여야 할 수도 있다.

이론가들에 따르면 이와 같은 다양한 선택 작용(forces)은 두 가지의 대안적인 여성 짝짓기 전략을 초래했다. 높은 투자를 할 수 있는 배우자를 찾는 여성은 성관계를 지연시키고 교제를 오래 끄는 **제한적 성적 전략**(restricted sexual strategy)을 채택할 수 있다. 이것은 여성으로 하여금 남성의 헌신 수준을 평가할 수 있고, 이전에 헌신한 다른 여성이나 자녀가 존재하는지에 대해 감지할 수 있게 하고, 동시에 남성에게 여성의 성적 충실함에 대한 신호를 보냄으로써 미래의 자손에 대한 친자 관계를 보증할 수 있게 할 것이다.

반면에 양질의 유전자를 가진 남성을 추구하는 여성은 성관계를 늦춰야 할 이유가 없다. 여성에 대한 남성의 헌신 수준은 상관이 없고, 따라서 남성의 이전 헌신 관계에 대한 장기간의 평가는 필요하지 않다. 이를 **무제한적 짝짓기 전략**(unrestricted mating strategy)이라고 한다.

이 이론에 따르면 여성의 두 가지 짝짓기 전략—제한적 및 무제한적—은 진화하였고 빈도-의존적 선택에 의해 유지되고 있다. 개체 내에서 무제한적 전략을 이용하는 여성의 수가 증가하면, 다음 세대에서 '성적으로 매력 있는 자손(sexy sons)'의 수도 증가한다. 그러나 '성적으로 매력 있는 자손'의 수가 증가하면, 그들 사이의 경쟁 또한 증가한다. 그러면 한정된 여성 집단을 위해 경쟁하는 성적으로 매력 있는 자손이 너무 많기 때문에 그들의 평균 성공률은 떨어진다.

이제 투자하는 남성을 찾는 제한적 전략의 여성들의 수가 개체 내에서 증가할 때 무슨 일이 일어나는지 생각해 보자. 너무 많은 여성들이 투자하는 남성을 찾기 때문에, 여성들은 기꺼이 투자하려는 남성들을 위해 서로 경쟁하게 된다. 따라서 투자하는 남성을 찾는 여성의 수가 증가하면, 그 전략의 평균 성공률이 떨어지게 된다. 요약하면 빈도-의존적 선택의 이면에 있는 핵심 아이디어는 두 가지 전략 각각의 성공은 각 전략이 개체 내에서 얼마나 흔한지에 달려 있다. 기존 전략이 자주 일어남에 따라 성공률은 점점 낮아진다. 전략이 덜 자주 일어난다면 성공률은 점점 높아진다.

이 이론에 대한 몇 가지 증거가 있다(Thornhill & Gangestad, 2008). 여성의 짝짓기 전략(제한적 대 무제한적)에 대한 개인차는 유전적으로 보인다. 무제한적 성적 전략을 추구하는 여성은 외양적 매력이나 건강한 신체와 같은 좋은 유전자와 관련된 남성의 자질에 좀 더 가치를 두는 것으로 보인다(Greiling & Buss, 2000; Thornhill & Gangestad, 2008). 또한 성적 전략은 사회적 상황의 측면에 어느 정도 적응적이고 반응적이라는 증거가 있다. 그러므로 사람들은 새로운 관계에 들어갈 때 사회성적 욕망이 제한된 방향으로 움직이고, 기존의 로맨틱 파트너와 헤어지게 되면 다시 좀 더 무제한적으로 된다(Penke & Asendorpf, 2008a). 그럼에도 불구하고 사회성적 욕망의 성향적 구성요소는 무제한적 개인이 로맨틱한 관계를 더 빨리 끝내고, 새로운 파트너와 더 쉽게 성적인 관계를 가지는 경향이 있고, 기존의 관계 내에서 성적으로 불성실할 가능성이 높다는 결과에 반영된다(Penke & Asendorpf, 2008a).

빈도-의존적 선택에서 비롯된 성격적 차이에 대한 또 다른 가정된 예는 **사이코패스**(psychopathy)에 초점을 맞춘다: 무책임하고 신뢰할 수 없는 행동, 자기중심성, 충동성, 지속적인 관계 형성의 불능, 피상적인 사회적 매력 및 사랑, 수치심, 죄책감, 공감 등과 같은 사회적 정서의 결핍 등으로 특징지어진 성격특성 집단(Cleckley, 1988; Lalumiere, Harris, & Rice, 2001). 사이코패스는 사회적 상호작용에서 기만적인 '속임수(cheating)' 전략을 추구한다. 사이코패스는 여성보다 남성에게서 더 흔하지만 양성 모두에게서 발생한다(Mealey, 1995). 사이코패스는 다른 사람들의 협조적 성향을 착취하는 전략을 추구한다. 협동을 가장한 후에, 일반적으로 인정된 관계를 버리거나, 속이거나 또는 유린한다. 이러한 속임수 전략은 주류 사회나 전통적인 사회 계층 구조에서 다른 사람들보다 뛰어날 가능성이 거의 없는 사람들이 추구할 수 있다(Mealey, 1995).

개인차에 대한 진화 이론에 따르면, 사이코패스 전략은 빈도-의존적 선택에 의해 유지될 수 있다. 속임수를 쓰는 사람의 수가 증가함에 따라 협력자들에 대한 평균 비용이 증가한다. 이로 인해 적응은 협력자들이 속임수를 탐지하고 처벌하기 위해 진화하고 따라서 전반적인 효율을 낮출 것이다(Price, Cosmides, & Tooby, 2002). 사이코패스가 탐지되고 처벌받음에 따라 전략의 평균 성공률은 낮아진다. 그러나 사이코패스의 빈도가 너무 많지 않는 한, 주로 협력자로 구성된 개체로 유지될 수 있다.

이러한 개인차 집단의 진화 이론에 부합하는 몇 가지 경험적 증거가 있다. 첫째, 행동유전학 연구는 사이코패스가 중간 정도의 유전성이 있다고 제안하고 있다(Willerman, Loehlin, & Horn, 1992). 둘째, 사이코패스는 종종 착취적인 성적 전략을 추구하며, 이는 사이코패스의 유전자가 증가하거나 유지되는 주요 경로일 수 있다(Rowe, 2001). 예를 들어 사이코패스 남성은 성적으로 좀 더 조숙하고, 많은 수의 여성과 성관계를 갖고, 더 많은 사생아를 낳는 경향이 있고, 그들이 결혼할 경우 사이코패스가 아닌 남성에 비해 이혼할 가능성이 더 크다(Rowe, 2001). 단기적인 착취적 성적 전략은 지리적 이동성이 높은 개체 내에서 증가할 수 있으며, 이는 이러한 전략과 관련된 평판에 드는 비용이 줄어들기 때문이다(Buss, 2012). 이것은 사회가 점점 더 지리적 이동성이 높아짐에 따라 현시대에 사이코패스의 증가를 목격할 수 있다는 불안한 생각을 야기한다. 증거는 개인차 집단에 대한 빈도-의존적 이론을 지지한다. 이것은 일반적인 성격 변이의 일부이며 '병리(pathology)'에 기인하는 것은 아니다(Lalumiere et al., 2001). 요컨대 성격특성 집단(신뢰할 수 없음, 자기중심성, 충동성, 피상적인 사회적 매력, 공감 부족 및 다른 사회적 정서)에서 개인차는 진화적으로 빈도-의존적 선택으로부터 유래되었을 수 있다(Millon, 1990, 1999 참조).

Big 5, 동기부여, 진화와 관련된 적응 문제

진화심리학자들은 진화의 틀 내에서 Big 5 성격 성향의 중요성을 이해하려고 시도하고 있다 (Buss, 1991b, 1996; Buss & Greiling, 1999; Denissen & Penke, 2008a; Ellis, Simpson, & Campbell, 2002; Nettle, 2006). 하나의 접근법은 5요인 모델의 안정적인 개인차를 특정한 종류의 적응적 문제에 대한 '동기적 반응(motivational reactions)' 또는 해결책에서의 개인차로 여긴다(Buss, 2009a; Denissen & Penke, 2008a, 2008b; Ellis et al., 2002; Nettle, 2006). 따라서 우호성은 자원을 둘러싼 분쟁에서 이기적으로 행동하는 것에 비해 협력하는 성향의 차이를 반영한다. 정서적 안정성은 사회적 배제의 적응적 문제에 대한 민감성의 차이를 반영한다. 예를 들어 신경증이 높은 사람은 사회적 위험에서 경계심을 높이는 데 도움이 될 수 있으나 스트레스와 우울이 증가할 수 있다(Nettle, 2006; Tamir et al., 2006). 외향성은 장기적인 짝짓기를 통한 보다 안정적인 가정생활을 선택하는 것에 비해 단기적 짝짓기에서의 성공이라고 특징지어지는 위험을 감수하는 사회적 전략의 추구를 반영한다(Nettle, 2006). 성실성은 즉각적인 적응적 이득을 차지할 수 있는 보다 충동적인 해결책에 비해 지연된 만족감과 목표 추구의 끈기에 대한 장기적인 전략을 반영한다.

다른 수준은 다른 상황하에서 적응적이기 때문에 이러한 차원의 유전적 개인차는 개체군 내에서 유지될 수 있다. 최적 수준은 시간과 공간에 따라 달라진다. 기술적인 용어로 이러한 성격 차이는 **균형 선택**(balancing selection)에 의해 유지되며(Penke et al., 2007), 이는 특성 차원에서 다른 수준이 다른 환경에서는 적응적이기 때문에 유전적 변이가 선택에 의해 유지될 때 나타난다.

상호 보완적인 진화적 접근법은 성격의 주요 요인들을 다른 사람들의 '적응적 요소들' 중에서 가장 중요한 특징들의 군집으로 개념화하는 것이다(Buss, 1991b, 2011). 이 관점에 따르면 인간은 사회 적응적 문제를 해결할 수 있는 가장 적절한 개인차를 감지하고 기억하도록 설계된 '차이-탐지 메커니즘(difference-detecting mechanisms)'으로 진화되었다. 구체적으로 말하면, 5요인은 다음과 같은 질문들에 대한 중요한 해답을 제공할 수 있다.

- 사회적 위계에서 계급이 상승하여 위계 내에서 지위를 얻을 것 같은 사람은 누구인 가?(지배성, 외향성)
- 좋은 협력자이자 보답하는 사람이 될 것 같은 사람은 누구이며, 충실한 친구 또는 로맨틱 파트너가 될 사람은 누구인가?(우호성)
- 필요할 때 신뢰할 수 있고 의지가 되며 도움이 되기 위해 부지런히 일할 사람은 누구인 가?(성실성)
- 나의 자원을 고갈시키고, 그들의 문제가 나에게 짐이 되고, 나의 시간을 독점하며, 역경에 잘 대처하지 못하는 사람은 누구인가?(정서적 안정성)
- 나는 가치 있는 조언을 얻기 위해 누구에게 가야 하는가?(개방성, 지성)

한 연구에서 Ellis와 동료들(Ellis et al., 2002)은 Big 5와 진화심리학의 이론적 통합을 발전시켰고, 5요인의 위치 선정이 적응적으로 관련된 개인차와 상관되었는지 여부를 알아보기 위한 연구를 수행하였다. 그들은 로맨틱 관계와 관련 있는 두 가지 추가적인 개인차를 포함하였다: 신체적 매력(건강과 생식력의 표시)과 신체적 기술(친구나 로맨틱 파트너를 위험으로부터 보호할 수 있는 능력의 표시). 그들은 요인분석을 이용하여 Big 5가 실제로 중대한 적응적 문제에 대한 해결책과 밀접한 관련이 있었다는 것을 발견했다. 예를 들어 로맨틱 관계에서 우호성이 높은 사람들은 또한 매우 협력적이고, 파트너에게 헌신하고, 파트너를 사랑한다고 평가되었다. 외향성이 높은 사람은 사회적으로 우세하고, 그룹에서 리더 역할을 맡고, 사회적 위계에서 자신을 승격시키는 성향을 보여주는 것으로 평가되었다. 책임감이 많고 유능한 사람(성실성의 표시)은 어려울 때 신뢰할 수 있고, 세심하게 계획하며, 미래의 소득에 대한 좋은 잠재력을 보여주었다.

이 연구는 진화적 틀 안에서 5요인 모델을 탐색하는 시작에 불과하다. 그러나 이것은 사회적 환경에 살고 있는 사람들의 개인차가 적응적으로 중대하다는 점을 강조한다. 인간이 중대한 사회 적응적 문제—궁극적으로 생존 및 번식과 관련된 문제들—를 해결하는 데 가장 적절한 개인차를 정확하게 인지하고, 탐지하고, 명명하고, 기억하는 심리적 민감성을 진화시켰다는 가설을 세우는 것은 타당하다.

진화심리학의 한계

성격에 대한 모든 접근 방식과 마찬가지로, 진화론적 관점도 여러 가지 중요한 한계를 가진다. 첫째, 적응은 수천 또는 수백만 세대의 오랜 세월에 걸쳐서 이루어지며, 우리는 시간을 거슬러 돌아가서 인간에게 정확한 선택적 힘이 무엇이었는지에 대해 절대적인 확신을 가지고 밝혀낼 수 없다. 과학자들은 과거의 환경과 과거의 선택 압력에 대한 추론을 만들어낸다. 그렇지만 우리의 현재 메커니즘은 과거를 보기 위한 창을 제공한다. 예를 들어 뱀이나 높이에 대한 공포는 이것이 우리의 진화적 과거에서 위험요소였다는 것을 시사한다. 인간은 어떤 것들을 아주 쉽게 배울 준비가 되어서 이 세상에 나온 것 같다(예 : 뱀, 거미, 낯선 사람에 대한 공포)(Seligman & Hager, 1972). 남성의 강한 성적 질투는 불확실한 아버지가 우리의 진화적 과거에 적응적인 문제였다는 것을 시사한다. 우리가 집단으로부터 따돌림을 당하는 것에 대해 극심한 고통을 느끼는 것은 진화적 과거에서 집단 구성원이 생존과 번식에 중요했었다는 것을 시사한다. 그러므로 진화된 메커니즘에 대해 점점 더 많은 것을 배우는 것은 우리 조상들의 환경에 대한 지식 부족의 한계를 극복하는 중요한 도구이다.

두 번째 한계는 진화 과학자들이 진화된 심리적 적응의 본질, 세부 사항 및 설계 특징의 이해에 대한 표면을 단지 건드렸다는 것이다. 예를 들어 질투의 경우에 이를 촉발시키는 단서들의 범위, 사람이 질투할 때 활성화되는 생각과 정서에 대한 정확한 본질, 경계심이나 폭력과 같은 명백한 결과로서의 행동의 범위 등에 대한 지식이 부족하다. 더 많은 연구가 수행되고 있으므로 이 한계는 피해갈 수 있을 것으로 보인다.

세 번째 한계는 현대의 상황이 여러 면으로 조상 때의 상황과 달라서 과거에는 적응적이었던 것이 현재에는 적응적이지 않을 수 있다는 것이다. 인간의 조상들은 가까운 친척의 맥락에서 대략 50~150명 정도의 작은 집단으로 살았다(Dunbar, 1993). 오늘날 우리는 수천 명의 낯선 사람들과 큰 도시에서 살고 있다. 따라서 선택 압력이 변하고 있다는 것을 명심하는 것이 중요하다. 이런 의미에서 인간은 고대의 뇌를 가지고 현대세상에서 살고 있다고 할 수 있다.

네 번째 한계는 때때로 동일한 현상에 대해 서로 다르고 경쟁적인 진화론적 가설을 생각해내는 것이 쉽다는 것이다. 더 크게 확장하여 이것은 진화적 설명을 언급하지 않는 성격 이론을 포함한 모든 과학에 적용된다. 경쟁 이론들의 존재는 골칫거리가 아니라 과학의 본질적인 요소이다. 과학자들의 중요한 의무는 충분히 정확한 방식으로 가설들을 제시하여 특정한 경험적 예측이 그 가설들로부터 나올 수 있도록 하는 것이다. 이렇게 하여 경쟁 이론들이 서로 격돌하고, 경험적 증거는 경쟁이론을 평가하는 데 사용될 수 있다.

마지막으로 진화 이론들은 때때로 시험할 수 없고 따라서 입증할 수 없다고 몰리기도 한다. 이 장에서 제시된 공격성, 질투 등에 대한 특정 진화이론은 이 비난이 그중 몇몇에게는 확실히 잘못된 것이라는 것을 보여준다(Buss, 2009a, 2012 참조). 그럼에도 불구하고 일부 진화론적 가설(표준 '사회적' 가설들과 같은 것)들이 실제로 너무 많은 과학적 가치를 지니기에는 너무 모호한 방식으로 구성되었다는 것은 의심할 여지가 없다. 이 문제에 대한 해결책은 모든 경쟁이론들에 대해 동일하게 높은 과학적 기준을 적용하는 것이다. 과학적으로 유용하기 위해서는 이론과 가설이 예측을 수반하고 가능한 한 정확하게 구성되어야 하며, 그에 따라 경험적 연구는 그 가치를 시험하기 위해 수행될 수 있다.

요약과 평가

선택이라는 개념은 진화나 시간 흐름에 따른 생명체의 형태 변화에 있어서 중요한 단서이다. 생존과 번식, 유전적 친척의 번식 성공을 가능하게 하는 유전적 변화는 보존되고 퍼져나가는 경향이 있다.

진화심리학의 첫 번째 전제는 적응이 영역 특이적으로 이루어진다는 것이다. 특정한 적응 방식은 특정한 적응 문제를 풀기 위해 설계된 것이다. 음식 선택과 같은 문제를 해결하는 데 좋은 방식이 배우자 선택과 같은 다른 문제에는 큰 도움이 되지 않을 수 있다. 둘째로, 진화 과정에서 부딪혀 온 적응 문제에 부합하는 적응 방식은 수없이 많다. 셋째로, 적응은 기능적인 것이기 때문에 어떤 문제를 해결하기 위해 발달된 것인지 알지 못하면 적응은 이해할 수 없다.

진화적 가설들을 검증하기 위한 경험적 연구는 두 가지 방식으로 이루어진다. 부모의 투자와 성 선택과 같은 중간 수준의 가설 검증은 하향 방식으로 이루어질 수도 있으며, 현상을 관찰한 다음 이론을 발달시키는 상향 방식을 쓸 수도 있다. 이후 현상에 대한 이론에 기반해 아직 밝혀지지 않은 사실들을 검증해 나간다.

진화심리학적 분석은 인간 본성과 성차, 개인차에 모두 적용될 수 있다. 소속에 대한 욕구와 유전적 친척과 같은 특정한 타인을 돕고자 하는 욕구 행복, 혐오, 분노, 공포, 놀람, 슬픔, 경멸과 같은 기본적인 감정은 인간 본성의 진화를 잘 보여주는 사례이다. 예를 들어 혐오는 질병에 감염된 사람과 오염된 음식을 포함해 질병 매개자를 피하도록 해주는 보편적인 감정이다. 성차의 경우 반복적으로 다른 적응적 문제에 부딪혀 온 영역에서만 남녀의 차이가 나타난다. 폭력과 공격성에 대한 성향, 질투심을 유발하는 사건들, 신체적 외모나 자원같은 자질은 특정 배우자 선호와 관련이 있다.

개인차에 대한 설명은 다음과 같다. 환경이 종 특이적 메커니즘에 영향을 미치는 정도에 따라 개인차가 나타난다는 것이 첫 번째 가설이다. 둘째 개인차는 그 사람이 갖고 있는 다른 특성의 영향으로 나타날 수 있다. 체격이 크고 힘이 센 사람은 공격적인 성향을 보이기 쉽고, 작고 약한 사람의 경우 공격성은 덜 나타날 수 있다는 것이다. 셋째, 개인차는 빈도에 따라 달라질 수 있다. 넷째, 어떤 심리적 특성의 최적값이 시간과 공간에 따라 변하기 때문에 개인차가 나타난다는 것이다.

Big 5 성격 성향은 진화심리학 렌즈를 통해 연구되기 시작했다. 한 가지 접근은 개인차 적응 문제를 해결하려는 전략적 변이로 보는 것이다. 예를 들어 우호성은 자연을 차지하기 위해 다툴 때 협력 대 이기적 행동 전략 중 어느 것을 채택할지에 대한 개인차를 반영한다. 이와 같은 적응상의 개인차는 여러 특성 차원의 수준이 다른 환경에 적응적이기 때문에 유전적 변이가 선택을 통해 유지될 때 균형 선택으로 지속될 수 있다.

두 번째 접근은 타인을 5요인상에서 평가하는 것이 사회적 상황에서 주요 문제를 풀기 위해 적응적으로 관련된 정보를 제공한다는 것을 제안한다. 협력을 위해서는 누구를 믿어야 하는가(높은 우호성)? 사회적 지위가 향상될 사람은 누구일까(높은 외향성)? 의심의 여지 없이 미래의 진화 연구는 집단생활의 맥락에서 직면하는 중요한 사회 적응 문제에서 개인차를 탐구하는 것이다.

현 단계에서 진화심리학은 몇 가지 제한이 있다. 첫째는 인간이 진화해 온 환경과 과거 우리 선조들이 부딪혔던 환경에 대한 정확한 지식이 부족하다는 것이다. 또한 진화 과정에서 특정한 요인을 활성화시키고 그 결과로 드러나는 행동과 같은 현상의 본질과 세부 사항, 작동 방식에 대해서도 정보가 부족하다. 그럼에도 불구하고 진화적 관점은 인간 본성, 성차, 개인차를 이해하는 데 있어서 유용한 도구임이 분명하다.

핵심용어

귀납적 추론방식(inductive reasoning approach)

균형 선택(balancing selection)

기능성(functionality)

동성간 경쟁(intrasexual competition)

무제한적 짝짓기 전략(unrestricted mating strategy)

반응적 유전성(reactively heritable)

빈도–의존적 선택(frequency-dependent selection)

사이코패스(psychopathy)

사회 불안(social anxiety)

성 선택(sexual selection)

성적 동종이형(sexually dimorphic)

연역적 추론방식(deductive reasoning approach)

유전자(genes)

이성간 경쟁(intersexual competition)

일부다처 효과(effective polygyny)

자연 선택(natural selection)

자연의 적대적 속성(hostile forces of nature)

제한적 성적 전략(restricted sexual strategy)

적응 문제(adaptive problem)

적응의 부산물(byproducts of adaptations)

종 특이적(domain specific)

진화 과정의 잡음(evolutionary noise)

진화의 부산물(evolutionary byproducts)

진화적으로 예측되는 성차(evolutionary-predicted sex differences)

차등 유전자 번식(differential gene reproduction)

포괄적 적합성 이론(inclusive fitness theory)

정신내적 영역

제3부

ⓒ Science Photo Library RF/Getty Images RF

이제 정신내적 영역을 살펴볼 것이다. 이 영역은 행동, 생각, 감정에 영향을 미치는 정신내적 요인들에 관한 것이다. 이 영역의 선구자는 지그문트 프로이트이다. 프로이트는 신경과 전문의였고, 생물학의 영향을 크게 받았다. 그는 종종 정신에 생물학적 은유를 적용하였다. 예를 들면 정신은 서로 독립적으로 작동하지만 서로 영향을 미치는 별도의 '장기 체계(organ system)'

라고 제안했다. 프로이트의 목표는 정신내적 요소들을 분석하고 요소들이 함께 어떻게 작용하는지를 설명하는 것이었다. 그는 이 체계를 '정신분석'이라고 명명하였으며, 이를 이용해 성격에 대한 정신내적 이론을 제시하고, 사람들의 변화를 돕고자 하였다.

이 장에서는 주로 프로이트 본래의 아이디어와 공식적 측면에서 고전 정신분석학의 기초를 다룬다. 우리는

"인간의 정신은 의식적인 부분과 무의식적인 부분으로 나누어진다."는 프로이트의 가장 영향력 있는 개념을 제시할 것이다. 그 밖에 프로이트는 인간의 마음에 세 가지 힘 '원초아, 자아, 초자아'를 제시하였고, 이러한 힘들은 성과 공격성 혹은 삶과 죽음의 본능이라는 두 가지 동기를 통제하기 위해 끊임없이 상호작용하고 있다고 하였다. 우리는 또한 성격발달에 대한 프

로이트의 아이디어와 그가 성인의 성격을 결정하는 데 있어서 어린 시절 사건들의 중요성을 어떻게 강조하였는지를 제시한다.

억압, 무의식의 과정, 회상기억(recalled memory)과 같은 프로이트의 몇 가지 아이디어는 오랜 세월에도 불구하고 건재하고, 오늘날에도 성격에 대한 활발한 연구 주제가 되고 있다. 그러나 프로이트의 많은 제자들은 그의 아이디어 중 몇 가지를 수정하였고, 우리는 그 내용에 대해서도 논의할 것이다. 이것은 성격발달이 프로이트가 원래 제안했던 것처럼 아동기에 멈춘다기보다는 성인이 되어서도 계속된다는 아이디어를 포함한다. 현대 정신분석학의 또 다른 핵심적인 발전은 이후의 관계에 영향을 미친다는 양육자에 대한 아동 애착의 중요성에 대한 것이다.

정신내적 영역은 마음속에서 함께 작용하고 서로 상호작용하는 힘(force) 및 환경과 관련이 있다는 점에서 다른 모든 영역과는 다르다. 이 영역은 생물학적 영역 또한 사람 안의 힘을 강조한다는 점에서 어느 정도는 생물학적 영역과 유사하다. 그러나 정신내적 영역에서 중요한 것은 정신적(psychic) 기능에 있다. 생물학적 영역에서 우리는 뇌, 유전자, 혈류 속의 화학물질 등과 같은 신체적(physical) 기능의 측면에 관심을 갖는다.

정신내적 영역을 연구하는 심리학자들의 기본적인 가정은 의식의 밖에 있는 마음의 영역이 있다는 것이다. 각 사람 안에는 자신도 알지 못하는 자신의 한 부분이 있다. 이것을 무의식적 정신(잠재의식, unconscious mind)이라고 부른다. 또한 고전 정신분석은 무의식적 정신은 자신만의 동기, 의지 및 에너지를 가진 자신만의 삶을 갖고 있다고 가정한다.

정신내적 영역에 대한 또 다른 가정은 대부분의 일들이 우연히 발생하지 않는다는 것이다. 이것은 모든 행동, 생각 및 경험은 무엇인가를 의미하거나 개인의 성격에 대한 무엇인가를 드러낸다고 가정한다. 예를 들어 말실수는 우연히 일어나는 것이 아니라 정신내적 갈등 때문에 발생한다. 한 사람이 어떤 사람의 이름을 잊어버리는 것은 우연이 아니고, 그 사람의 이름을 기억할 수 없게 만드는 어떤 것 때문이다. 또는 사람이 하늘을 날아다니는 꿈을 꾸는 이유는 무작위로 꾸는 것이 아니고 , 무의식적인 바람이나 욕망이 꿈속에서 표현되기 때문이다. 사람이 행동하거나, 말하거나 또는 느끼는 모든 것은 의미를 지니고 있고, 정신내적 요소와 힘의 면에서 분석될 수 있다.

제7장에서는 또한 성격의 동기적 측면에 관한 연구를 조사하였다. 여기에서 심리학자들은 대부분의 사람들이 정도를 달리하는 일반적인 동기를 강조한다. 동기의 개인차는 심리학자들이 "사람들이 자신이 원하는 것을 왜 원하는가?"에 대한 답을 찾도록 돕는다. 이 영역에서 가장 일반적으로 연구되어 온 세 가지 동기는 성취, 친밀감, 권력 욕구이다. 우리는 이 세 가지 동기에 관한 기초적인 연구 결과 일부를 제시할 뿐만 아니라 이 욕구를 평가하기 위해 개발된 투사법에 대해서도 기술한다. 또한 동기가 의식적인지, 무의식적인지를 시사하는 현재의 견해와 무의식적 동기가 의식적인 동기보다 다양한 행동에 영향을 끼친다는 견해를 기술한다.

동기에 관한 대부분의 연구는 결핍 동기를 강조한다. 즉, 뭔가 부족하기 때문에 발생하는 동기이다. 하지만 한 가지 특이한 동기는 결핍에 근거하지 않으며, 대신 성장과 변화에 기초한다. 이 동기는 우리가 우리 존재 자체가 되고, 우리가 되고자 하는 개인으로서 잠재력을 실현하려는 보다 추상적인 동기에 관한 것이다. 자기실현 동기는 외부 인식을 통해 특정 행동에 헌신하게 만들지만 모든 것이 다 그렇다는 것은 아니며, 단지 바로 지금 하는 것이 옳다는 느낌 때문에 하는 것이다.

우리는 성격에 대한 정신내적 영역에 대한 주요 아이디어와 연구 결과들을 탐구한다. 앞서 살펴본 바와 같이 다른 모든 영역과 마찬가지로 정신내적 영역도 성격에 영향을 미치는 일련의 요인들만을 나타내는 것이 아니라는 점을 명심하는 것이 중요하다. 성격은 많은 요인들에 의해서 결정된다. 성격은 퍼즐과 같이 많은 부분들로 구성되어 있다. 이제 인간 정신의 더 깊은 곳에 존재하고 있는 부분에 대해서 생각해보자.

© Science Photo Library RF/
Getty Images RF

성격에 대한 정신분석적 접근

6

정 신 내 적 영 역

어린 시절의 일들이 치료
회기의 주제가 되는 경우
는 흔하다.

출처 : ⓒ Lisa F. Young/
Alamy Stock Photo RF

로 스 차이트 박사는 브라운대학교의 정치학과 국제관계 전공 교수이다. 1992년, 그는 여동생으로부터 조카가 소년 성가대에 들어갔다는 전화를 받았다. 그 역시 같은 성가대에서 활동했기 때문에 기뻐할 만한데도 불구하고 차이트 교수는 이상하게도 불행한 기분이 들었다. 이후 몇 주 동안 차이트 교수는 점차 우울해졌고, 자주 짜증을 냈으며, 부부 간의 다툼이 잦아졌다. 그렇지만 이런 상태가 여동생과의 통화와 관련 있다는 생각은 전혀 하지 못했다.

얼마 지나지 않아 차이트 교수는 25년 동안 본 적도 없고 생각해본 적도 없었던 한 남자에 대한 기억을 떠올렸다. 그의 이름은 윌리엄 파머였는데, 차이트 교수가 10세 무렵부터 3년 정도 참석했던 소년 합창단 여름캠프의 관리자였다. 38세가 된 차이트 교수는 25년 만에 처음으로 한밤중에 그가 자신에게 다가와 가슴과 배를 만지고 잠옷 안에 손을 넣었던 사실을 기억해냈다.

차이트 교수는 성추행에 대한 정보를 모으기 위해 사설탐정을 고용하였다. 그가 소년 합창단에 있었을 당시의 감독자는 87세가 되었으며, 버클리에 살고 있었다. 차이트 교수가 감독자를 만나 파머라는 이름을 말하자 그녀는 당시 그가 남자아이들과 지나치게 '어울리는 것' 때문에 해고할 수밖에 없었다고 하였다. 그 말을 듣고 차이트 교수는 추행을 당했던 기억이 진짜라는 것을 알게 되었다. 또한 자신이 성추행당한 유일한 소년이 아닐 수 있었음을 깨닫게 되었다.

차이트 교수는 합창단 명단에서 25년 전에 함께 캠프에 갔던 118명의 소년을 찾아냈고, 그들을 만나본 결과 파머에게 성추행을 당했지만 조용히 있었던 사람들이 있음을 알게 되었다. 미시간대학교의 교수에서부터 중서부에 사는 도서관 사서, 샌프란시스코의 노숙자는 모두 파머에게 추행을 당했다고 하였다. 당시 캠프에 함께 있었던 간호사는 파머가 아픈 아이와 함께 양호실 침대에 있는 것을 보았다고 하였다. 당시 간호사는 이 일을 캠프 감독자에게 말했지만 그는 아무 조치도 취하지 않았다.

추행에 대한 기억이 진짜라고 확신하게 된 차이트 교수는 파머의 소재지를 찾아 전화를 했다. 파머는 25년 전 여름캠프에서 만난 차이트 교수를 금방 기억해냈고, 무슨 일로 전화했는지 물었다. 차이트 교수가 당시 여름캠프에서 자신과 다른 소년들에게 한 짓에 대해 조금이라도 후회하고 있는지 물었다. 차이트 교수는 파머와 거의 한 시간 동안 이야기하며 대화 내용을 녹음했다. 파머는 자신이 성추행했던 것을 인정했으며, 캠프의 감독자는 그 일에 대해 알고 있었지만 그냥 두었다는 사실도 말했다. 그 이후로 그는 아동 성추행 때문에 직업을 여러 번 잃었고, 당시 자신의 행동이 범죄임을 깨달았다고 인정하였다.

1993년 8월 19일, 차이트 교수와 그의 부모는 캠프의 담당직원들이 '부주의하게 혹은 의도적으로' 아이들을 성추행하도록 내버려두었다는 죄목으로 샌프란시스코 소년 합창단에 소송을 제기하였다. 합창단의 변호사들은 처음에는 죄를 부정하였다. 차이트 교수는 소년 합창단에게 유죄를 인정하고, 캠프에 참가하는 아이들을 위한 보호기구를 세우고, 금전적 보상으로 45만 달러를 지불하라고 요구하였다. 차이트 교수는 5명의 증인과, 파머와의 대화를 녹음한 자료를 제출하였다. 소송은 1년 뒤 끝났으며, 소년 합창단은 차이트 교수에게 사과하였고, 합창단 구성원들을 성추행으로부터 보호하는 안전장치를 만들었으며, 35만 달러를 지불하였다. 차이트 교수는 현재 브라운대학교의 교수로 로드아일랜드 윤리위원회 위원장이며, 토브맨 공공정책센터 및 브라운대학교의 미국 협회와 제휴해서 일하고 있다. 그는 아동기 성학대에 대한 여러 개의 중요한 논문(Cheit, Shavit, & Reiss-Davis, 2010) 및 동기화된 망각(DePrince et al., 2012)에 대한 책을 저술하였다.

당시 캘리포니아 주법은 아동학대의 피해자가 독립적인 보강 증거를 확보했을 때 기억해낸 지 3년 이내로 형사고발이 가능하도록 시한을 마침 변경했는데 이런 점에서 차이트 교수는 운이 좋았다. 1994년 7월 12일, 파머는 텍사스의 집에서 체포되었으며, 소년 합창단 캠프가 있었던 캘리포니아 플루머 카운티로 이송되었다. 카운티 지방검사에 따르면, 파머는 1967년과 1968년 차이트 교수를 포함한 3명의 소년에게 했던 6번의 아동 성추행으로 기소되었다. 파머는 25년 전 일로 기소된 셈이며, 그는 범행을 부정하였다. 이 사건의 세부적인 면은 Chu(1998) 및 Schachter(1997)의 저서를 포함한 여러 책에 언급되었다.

사람이 성학대와 같은 충격적인 사건을 잊어버릴 수 있을까? 수년 동안 잊혀졌던 기억이 우연한 전화 통화 같은 사건으로 다시 상기될 수 있을까? 한 번 상기된 기억이 이유를 알 수 없는 우울이나 짜증 같은 증상을 유발할 수 있을까? 어떤 심리학자들은 사람들이 때로는 왜 자신이 문제행동을 하는지 모른다고 한다. 어떤 치료자들은 정신적 문제의 원인이 즉각적으로 자각하기 어려운 그 사람의 무의식 내에 있다고 믿는다. 또한 과거의 외상 사건이 완전히 잊혀질 수 있음에도 불구하고 몇 년 뒤 심리적 문제를 일으킬 수 있다고 주장한다(Bass & Davis, 1988). 캘리포니아와 같은 여러 주에서 아동학대가 그 사람에 의해 상기된 지 3년 이내로 기소할 수 있도록 제한을 둔 이유도 여기에 있다. 치료자들은 무의식의 기억을 의식화시키도록 도와서 환자들이 잊어버린 충격적 기억을 상기하도록 한다면 회복의 길에 이를 수 있다고 믿는다(Baker, 1992).

정신적 문제의 원인과 치료에 대한 이런 관점은 지그문트 프로이트(1856~1939)에 의해 발전된 성격이론, 흔히 정신분석이라고 하는 이론에서 비롯된 것이다. 이 장에서는 고전적인 정신분석 이론의 기본 요소들을 검토해보고, 이론의 특정한 측면을 검증하기 위해 시행되었던 경험적 연구에 대해 탐색해볼 것이다. 그리고 아동기 기억 억압, 무의식적 동기화 및 정신분석의 다른 측면 등에 대한 과학적 증거에 대해 알아볼 것이다. 프로이트의 발상 중 많은 것들이 세월의 시험을 견디지 못했지만, 어떤 것들은 지금까지 살아남았으며, 연구의 주제가 되고 있다. 정신분석 이론은 프로이트 한 사람에게서 비롯된 것이기 때문에, 우선 프로이트의 간략한 일대기를 살펴보자.

지그문트 프로이트의 일대기

지그문트 프로이트(Sigmund Freud)는 1856년 모라비아의 프라이버그(현재 체코공화국의 일부)에서 태어났으며, 네 살 때 온 가족이 비엔나로 이주하여 여생을 그곳에서 보냈다. 프로이트는 매우 뛰어난 학생이었으며, 비엔나대학교에서 의학 학위를 획득하였다. 처음에는 신경학 연구를 하였으나 개업을 한다면 아내와 자라나는 아이들을 지원하기 위해 더 많은 돈을 벌 수 있겠다는 것을 알게 되었다. 프로이트는 장 마르탱 샤르코(Jean-Martin Charcot)와 함께 파리에서 최면을 배우고 비엔나로 돌아와 '신경질환(nervous disorders)' 환자들을 대상으로 진료를 하기 시작했다. 이 시기에 프로이트는 인간의 마음 일부가 의식적 자각 바깥에 있다는 생각을 하게 되었다. 무의식은 의식이 자각하지 못하는 부분이다. 프로이트는 사람들의 삶과 삶의 문제를 이해하기 위해 무의식의 영향을 경험적으로 연구하였다. 프로이트는 무의식이 그 자체의 힘과 동기, 고유한 논리로 작동한다고 추측하게 되었다. 프로이트는 자기 경력의 나머지 부분을 무의식의 본성과 논리를 탐구하는 데 바쳤다.

프로이트가 첫 번째로 단독 저술한 책, 꿈의 해석(*The Interpretation of Dreams*)은 1900년에 출판되었다. 거기서 그는 어떻게 무의식이 꿈에 나타나며 꿈이 어떻게 우리의 가장 내밀한 비밀, 욕망, 동기 등을 포함하고 있는지 묘사하였다. 꿈 분석은 그의 치료의 주춧돌이 되었다. 처음에 이 책의 판매량은 저조했으나 정신적 문제를 이해하고자 하는 다른 의사들의 관심을 끌었다.

82세의 프로이트. 훼손된 턱과 인후암, 병을 치료하기 위한 시술의 흔적을 숨기기 위해 옆모습을 찍은 이 사진을 고집했다. 그는 이 사진을 찍은 뒤 1년도 지나지 않은 1939년에 사망하였다.

출처 : © Keystone/Archive Photos/Getty Images

1902년 무렵 프로이트를 추종하는 소규모의 무리(예 : 알프레드 아들러)는 매주 수요일 저녁에 모임을 가졌다. 프로이트는 이 모임에서 20개 정도의 시가를 피우며 자신의 이론에 대해 이야기하고, 통찰을 공유하고, 환자의 치료 경과를 의논하였다. 이 시기에 프로이트는 그의 이론을 조직화하였으며, 동료 의사들을 통해 이런 이론이 적합한지 검증했다. 1908년이 되자 수요 모임은 상당히 커졌으며, 프로이트는 이에 자극받아 비엔나 정신분석협회를 만들었다(Grosskurth, 1991).

프로이트는 1909년에 클라크대학교의 총장이었던 심리학자 그랜비 스탠리 홀(G. Stanley Hall)의 초대로 정신분석 강의를 위해 미국을 방문했는데, 이는 생애 유일한 경험이었다. Rosenzweig(1994)는 자신의 저서에서 미국 여행의 세부적인 면을 흥미롭게 묘사하였다. 1910년에 국제정신분석협회가 설립되었고, 프로이트의 이론은 세계에 알려지게 되었다.

프로이트와 프로이트의 저서는 찬사와 비판을 모두 받았다. 일부 사람들은 그의 발상이 인간 본성의 작동 방식에 대한 훌륭한 통찰이라고 받아들였지만 어떤 사람들은 과학적 근거 혹은 이념적 바탕에 근거하여 반대하였다. 소위 대화치료(talking cure)라는 그의 치료 방식은 우스꽝스럽게 보이기도 하였다. 성인의 성격은 아동기에 자신의 성적·공격적 충동과 어떻게 대항했는지의 결과라는 프로이트의 이론은 빅토리아 시대의 표준적인 도덕률에 따르면 틀린 것이었다. 비엔나 정신분석협회의 일부 창립 회원마저도 그의 이론에 등을 돌렸다. 그럼에도 불구하고 프로이트는 자신의 이론을 개선시켜 나갔고, 치료에 적용했으며, 20권 정도의 책과 수많은 논문을 썼다.

1938년에 독일이 오스트리아를 침공하면서 나치는 유대인을 박해하기 시작하였다. 유대인이었던 프로이트 역시 나치를 두려워했으며, 나치당은 다른 지식인의 책과 함께 프로이트의 책을 태워 버렸다. 프로이트와 그의 아내, 여섯 아이는 부유한 후원자와 함께 런던으로 갔다. 프로이트는 턱과 인후에 암이 생겨 오랜 기간 고통받다 사망하였다.

런던에 있던 프로이트의 집은 그의 딸이자 유명한 정신분석가였던 안나 프로이트(Anna Freud)가 소유하고 있다가 그녀가 사망하자 프로이트 박물관이 되었다. 방문객들은 이곳에서 프로이트가 남긴 연구를 볼 수 있고, 그의 서재를 걸어볼 수 있다. 프로이트가 환자를 치료했던 서재에서는 동양산 융단이 덮인 유명한 소파를 아직도 볼 수 있다. 고대 공예물, 작은 조각상, 우상들이 그가 지녔던 고고학에 대한 남다른 열정을 보여준다. 프로이트는 인간의 마음에 대한 독창적인 고고학자로 불린다.

정신분석 이론의 근본 가정

인간 본성에 대한 프로이트의 모델은 인간의 행동을 유발시키는 **정신적 에너지**(psychic energy)라는 개념에 기반하여 만들어졌다. 사람들로 하여금 어떤 것은 하도록 만들고, 어떤 일은 하지 않게 하거나, 어떤 일이라도 모두 하도록 만드는 힘은 무엇일까? 프로이트는 모든 사람에게 이런 에너지가 내재되어 있으며 이를 정신적 에너지라고 하였고, 이 에너지는 에너지 보존 법칙에 따라 작동한다고 믿었다. 개인이 갖고 있는 정신적 에너지의 양은 평생 보존되며, 정신적 에너지의 방향이 수정될 때 성격 변화가 이루어진다는 것이다.

기본적 본능 : 성과 공격성

정신적 에너지의 근원은 무엇일까? 프로이트는 정신적 시스템에 필요한 모든 에너지를 공급하는 강한 선천적 힘이 있다고 믿었다. 그는 이러한 힘을 **본능**(instincts)이라고 불렀다. 본능에 대한 프로이트의 이론은 다윈의 진화이론에 깊이 영향을 받은 결과였다. 다윈이 진화에 대한 책을 출판한 것은 프로이트가 출생하고 몇 년이 지났을 때였다. 프로이트는 자신의 초기 이론에서 본능에는 자기보호 본능과 성적 본능, 두 가지 범주가 있다고 하였다. 묘하게도 이것은 다윈의 자연 선택의 두 가지 요소인 생존에 의한 선택과 번식에 의한 선택과 상응한다. 그러므로 프로이트의 초기 이론은 다윈의 진화이론에서 빌려왔을 수도 있다(Ritvo, 1990).

하지만 생애 후기에 프로이트는 자기보호와 성적 충동을 하나로 합쳐서 생의 본능이라고 불렀다. 더불어 죽음의 본능이라는 개념을 발전시켰는데, 여기에는 제1차 세계대전의 공포를 목격한 것이 어느 정도 영향을 미친 것 같다. 프로이트에 따르면 인간은 파괴에 대한 근본적인 본능을 갖고 있으며, 흔히 이 본능은 타인에 대한 공격성으로 표출된다고 가정하였다. 프로이트는 생의 본능을 **리비도**(libido)라고 했으며, 죽음의 본능을 **타나토스**(thanatos)라고 불렀다. 리비도는 보통 성적인 의미로 받아들여지지만 프로이트는 이 용어를 욕구 충족을 위한, 삶을 유지하는, 쾌락 지향적인 충동 모두에 사용하였다. 타나토스는 죽음의 충동으로 알려졌지만 프로이트는 타인 혹은 자기 자신을 파괴하거나 해치거나 공격하는 모든 충동에 대해 사용하였다. 프로이트는 초기 이론에서 리비도를 자주 언급했는데, 아마도 이런 주제가 자신의 삶과 연관이 컸기 때문일 수 있다. 삶의 후반부 죽음에 임박했을 때 프로이트는 타나토스에 대해 더 많은 저술을 남겼다.

처음에 프로이트는 삶과 죽음에 대한 욕망이 서로 반대 방향으로 작용한다고 믿었지만 이후에는 이들이 다양한 방식으로 결합될 수 있다고 하였다. 먹는 행위에 대해 생각해보자. 먹는 행위는 생존에 필수적인 영양소 섭취를 가능하게 해주므로 삶의 충동에서 비롯된 것이 명백하다. 그와 동시에 먹는 행위는 잡아뜯거나, 물어뜯거나, 씹는 행위를 동반하는데 프로이트는 이를 타나토스의 공격성 표현으로 보았다. 강간은 극단적인 죽음의 충동으로 보았는데, 그 방향이 다른 사람을 향하고 있으며, 성적 에너지와 결합되어 있기 때문이다. 성적 본능과 공격적 본능이 하나의 동기로 결합한 것은 특히 불안정하다.

개개인은 정해진 양의 정신적 에너지를 소유하고 있기 때문에 하나의 행동을 향한 에너지는 다른 행동을 일으키지 못한다. 죽음의 충동을 경쟁적인 스포츠와 같이 사회적으로 허용되는 방향으로 돌린 사람들은 파괴적인 방향으로 소모할 에너지가 그만큼 적어진다. 정신적 에너지는 개인에게 제한된 양만이 주어져 있기 때문에 한 방향으로만 사용되거나 여러 방향으로 유도될 수 있다.

무의식적 동기 : 때로 우리는 자신이 왜 그런 행동을 하는지 모른다

그림 6.1

인간의 마음을 빙산에 비유한 그림. 의식은 수면 위에 있는 부분이고, 전의식은 물 아래에 있지만 보일 수 있는 부분이며, 가장 큰 무의식은 표면 아래에 잘 숨어 있는 부분이다.

프로이트는 인간의 마음이 세 부분으로 이루어져 있다고 하였다. **의식**(conscious)은 현재 자각하고 있는 모든 생각과 느낌, 현재 알고 있는 지각 내용이 들어 있는 부분이다. 당신이 현재 지각하고 있거나 생각하고 있는 그 어떤 것들도 당신의 의식 안에 있다. 그러나 이러한 생각들은 이용 가능한 정보 중 아주 일부에 불과하다.

우리는 떠올리려고 하면 생각해낼 수 있는 방대한 양의 기억과 꿈, 생각을 갖고 있다. 어제 무엇을 입었는가? 6학년 때 가장 친한 친구는 누구인가? 어머니에 대해 갖고 있는 가장 초기의 기억은 무엇인가? 이러한 정보들은 **전의식**(preconscious)에 저장되어 있다. 현재 생각하고 있지는 않지만 쉽게 회상할 수 있고 의식으로 만들 수 있는 것은 전의식에서 찾아볼 수 있다.

무의식(unconscious)은 인간 마음의 가장 큰 부분을 차지한다. 마음의 지형을 묘사할 때 빙산 모델이 자주 쓰인다. 물 위의 빙산 부분은 의식을 나타낸다. 수면 바로 아랫부분은 전의식이다. 완전히 숨어 있는 부분은 압도적인 부분을 차지하는 무의식을 나타낸다. [그림 6.1]은 프로이트가 1932년에 만들었던 의식의 세 단계를 보여준다. 가장 윗부분은 인식과 의식이며, 프로이트는 이것을 줄여서 'pcpt-cs.'라고 하였다. 중간 부분은 전의식이며, 가장 아랫부분은 무의식이다. 무의식에는 받아들일 수 없는 정보들, 의식으로부터 너무 잘 숨어 있어 전의식 수준에서조차 알아낼 수 없는 것들이 숨어 있다. 그러한 기억과 감정, 생각, 충동은 문제를 일으키거나 불쾌감을 주기 때문에 인지하는 사람을 불안하게 만들 수 있다. 정신분석 문헌에는 고통을 초래할 수 있는 무의식적 주제가 다수 나타나 있다. 근친상간, 형제·부모·배우자에 대한 증오, 아동기 트라우마에 대한 기억과 같은 것들이다.

사회는 성적, 공격적 본능 표현을 허용하지 않기 때문에 사람들은 충동을 조절하는 방법을 배워야 한다. 충동을 조절하는 한 가지 방법은 충동이 의식적 지각으로 들어오는 것을 막는 것이다. 부모에게 엄청나게 화가 난 아이를 고려해보자. 이 아이는 순간적으로 부모가 죽었으면 하는 바람을 가질 수 있다. 그 생각은 아이에게 매우 고통스러울 수 있으며, 너무 고

연습문제

어릴 적 처음 살았던 집이나 아파트를 회상해보자. 대부분의 사람들은 4~5세 정도의 기억을 떠올릴 수 있다. 집 혹은 아파트의 구조, 방의 위치를 기억해보자. 지하실이 있었다면 거기에서부터 시작하여 1층, 그리고 2층이 있었다면 그곳의 평면도를 그려보라. 각 방에 표시를 하고 거기에서 있었던 기억이 떠오르도록 두어보자. 10년 혹은 더 긴 기간 생각해보지 않았던 사람이나 사건을 기억해낼 수 있을 것이다. 또한 그 기억에 대한 감정이 함께 떠오를 것이다. 어떤 기억은 즐겁고, 어떤 기억은 불쾌할 수 있다. 의식적 자각으로 불러낼 수 있는 기억은 전의식에 있던 것들이며, 이런 연습을 통해 돌아오지 않는 기억들은 무의식에 있는 것들이다.

통스러운 나머지 의식적 자각에서 제지되어 무의식으로 추방될 수 있다. 모든 종류의 용납될 수 없는 성적·공격적 충동, 생각, 느낌 들은 특정 아동기 동안 무의식에 축적될 수 있다.

정신결정론 : 어떤 일도 우연히 일어나지 않는다

프로이트는 어떤 일도 우연히 일어나지는 않는다고 하였다. 모든 행동과 생각, 느낌 뒤에는 이유가 있다. 우리가 하는 행동이나 생각, 말, 느낌은 모두 마음(의식, 전의식, 무의식)의 표현이다. 프로이트의 저서 일상의 정신병리학(*The Psychopathology of Everyday Life*)에 따르면 누군가의 이름을 잘못 부르거나, 약속을 놓치거나, 다른 사람의 물건을 망가뜨리는 것과 같은 일상의 작은 '사고들'은 흔히 **동기화된 무의식**(motivated unconscious)의 표현이다. 텍사스 주의 공화당원 딕 아미는 공개적으로 동성애자인 매사추세츠 하원의원 바니 프랭크를 '바니 패그(동성애자라는 의미의 단어)'라고 하였으며, 한 심리학 교수는 지그문트 프로이트를 '지그문트 프로드(사기꾼이라는 의미의 단어)'라고 하였다. 이런 식의 착각은 본인에게는 당황스러운 일이지만 프로이트에 따르면 동기화된 무의식을 나타내는 행동이다. 말의 실수나 지각, 사람의 이름을 잊는 것, 누군가의 물건을 망가뜨리는 데는 이유가 있다. 만약 무의식의 내용을 알 수 있다면 이유 또한 알 수 있을 것이다.

프로이트는 정신장애(mental illnesses)의 증상 역시 무의식적 동기에 기인할 수 있다고 하였다. 프로이트는 환자 12명의 자세한 병력을 제공하였을 뿐 아니라 수십 명의 특정한 환자들에 대한 사례연구를 통해 심리적 문제들이 무의식적 기억이나 욕망에 기인한다는 이론의 뒷받침을 제공하였다. 예를 들어 안나 O. 사례의 경우 직접 만나거나 치료하진 않았지만 그녀의 의사였던 요제프 브로이어는 프로이트에게 자문을 의뢰했다.

당시 안나 O.는 결핵으로 죽은 아버지를 돌보다가 병이 든 21세 여성이었다. 그녀의 병은 심한 기침에서 시작했으며, 이후 우반신이 마비되면서 시각과 청각에 장애가 오고 액체 종류를 마시지 못했다. 브로이어 박사는 안나 O.의 병을 히스테리로 진단하였으며, 증상 완화에 도움이 될 만한 새로운 치료법을 개발했다. 이 치료기법은 안나 O.와 증상에 대한 대화로 이루어졌으며, 특히 증상이 나타나기 전의 사건에 대해 이야기가 주를 이루었다. 예를 들어 심한 기침에 대해 얘기할 때는 아버지를 돌보던 시기 결핵 때문에 아버지가 심한 기침을 했던 기억에 대해 이야기하였다. 그녀는 아버지와 아버지의 죽음에 대한 자신의 느낌을 이야기하면서 점차 기침이 줄어들고 결국 사라졌다. 액체를 마시지 못하는 것에 대해 얘기할 때(그녀는 과일과 멜론으로 갈증을 해소하고 있었다), 갑자기 어떤 여자의 컵에 든 물을 마시는 개를 떠올렸다. 당시에는 완전히 혐오감이 들게 했던 사건이었지만 까맣게 잊고 있었던 것이었다. 이 기억을 떠올린 후 그녀는 물 한 잔을 부탁하여 그 자리에서 모두 마셨다.

브로이어와 프로이트가 볼 때 히스테리 증상들은 우연히 일어나는 것이 아니었다. 그것들은 억눌린 외상기억에 대한 신체적 표현이었다. 안나 O.를 치료한 경험을 통해 브로이어는 히스테리 증상들을 치료하기 위해서는 증상을 초래한 사건에 대한 기억을 떠올리도록 돕는 것이 치료법이라고 결론 지었다. 외상 사건(예 : 아버지의 죽음)을 떠올리면 그 기억에 대한 감정을 표현함으로써 감정적 카타르시스 혹은 정화가 이루어질 수 있다는 것이다. 이런 과

자세히 보기

무의식의 예 : 맹시와 의식하지 못한 상태의 숙고

뇌의 일차 시각 중추에 손상을 초래하는 부상을 입거나 뇌졸중을 겪으면 시력의 일부, 혹은 전부를 잃을 수 있다. 이런 종류의 실명에서 눈은 여전히 뇌로 정보를 보낸다. 보지 못하는 이유는 눈 때문이 아니라 물체 인식을 담당하는 뇌 센터에 문제가 생겼기 때문이다. '피질손상'으로 실명을 겪는 사람의 경우 볼 수 없는 물체들에 대해 판단을 내리는 흥미로운 능력을 보인다. **맹시**(blindsight)라고 부르는 이 현상은 1960년대에 처음 보고된 이후 심리학자들의 관심을 끌었다 (Leopold, 2012).

피질손상으로 실명한 사람의 눈앞에 빨간 공을 두고 볼 수 있는지 물어보면 그녀는 아니라고 대답한다. 그러나 빨간 공을 가리켜 보라고 할 경우 볼 수 있는 능력이 없음에도 그녀는 공을 똑바로 가리킨다!

맹시는 무의식의 증거로 받아들여진다. 마음의 한 부분이 모르고 있는 부분을 다른 마음의 부분은 알고 있다. 실명한 사람을 대상으로 입증된 증거들은 이 외에도 많이 있다. 예를 들어 실명한 사람의 앞에 물체가 놓여 있을 때(그 사람은 그것이 있는지 없는지 모르는 상태) 그 사람은 물체의 색깔을 우연에 의한 확률보다 훨씬 더 잘 맞힌다. 이런 사실은 무의식적 정보(그 사람 앞에 물체가 있든지 없든지 간에)가 마음의 어딘가에서 가공되고 있음을 시사한다(왜냐하면 그 사람은 제시된 물체의 색을 알고 있으므로).

'무의식적' 지각은 눈에서 뇌로 들어가는 신경 회로를 통해 설명할 수 있다. 시신경은 눈에서 뇌로 정보를 옮기며, 이 정보의 대부분은 선조피질의 일차 시각 중추로 간다. 하지만 시각 중추로 들어가기 전에 분리된 회로를 통해 일부 정보는 뇌의 다른 부위로 간다. 이 부위는 움직임 또는 색을 인식하거나 감정 평가에 관여한다. 만약 시각 중

추가 완전히 파괴된다면 물체가 무엇인지는 인식하지 못하겠지만 그것이 어떻게 움직이는지 혹은 그것에 대해 어떻게 느끼는지는 알 수도 있다.

가장 명백하고 흥미로운 맹시의 예는 보지 못하는 자극에 대해 감정적 의미를 인식하는 것이다. 한 연구에서 맹시를 가진 사람에게 볼 수 없는 시각적 단서(원을 그린 그림)와 불쾌한 충격을 함께 제시하여 조건화시켰다. 원 이외의 다른 시각적 단서들(정사각형, 직사각형 그림 등등)은 충격과 짝지어지지 않았다. 조건화 기간 이후에 실명한 피험자에게 다양한 모양을 보여준 결과 피험자는 동그라미에는 두려운 반응을 보였지만 정사각형과 정사각형에는 그렇지 않았다 (Hamm et al., 2003). 이 연구자들은 정서적 조건화의 경우 물체를 의식적으로 마음에 떠올릴 필요는 없다고 하였다. 피질손상에 의해 실명된 사람들을 대상으로 한 다른 연구에 따르면 얼굴 표정 그림을 '보여주면' 이들은 얼굴을 볼 수 없지만 얼굴에 드러난 감정을 '추측'할 수 있었다. 시각 중추를 수반하지 않는 뇌의 어떤 수준에서 많은 감정이 처리되는 것이 분명하다.

무의식의 다른 예는 **의식하지 못한 상태의 숙고** (deliberation-with-out-aware-ness)라는 현상, 혹은 '하룻밤 자면서 생각해볼게'와 같은 효과에 영향을 미

친다. 이 말은 만약 어떤 사람이 어려운 결정과 마주하게 되어 의식에서 일정 기간 그것을 몰아내면, 무의식이 그 사람의 인지 바깥에서 그것을 계속 숙고하여 '갑작스럽게' 옳은 결정을 내리도록 도와준다는 것이다.

무의식적 의사결정 현상은 몇몇 연구의 주제가 되어 권위 있는 저널인 사이언스 지에 발표되었다(Dijksterhuis et al., 2006). 연구자들은 간단한 결정에서는 의식적 숙고가 가장 잘 작동하지만 결정이 복잡해지고 많은 요인이 동반되면 무의식적 숙고가 가장 잘 작동할 것이라 가정하였다. 그들은 피험자에게 네 가지 종류의 자동차를 제시하고 가장 좋은 자동차를 고르라는 과제를 주었다. 간단한 조건에서 피험자들은 자동차의 네 가지 속성을 고려하였지만, 복잡한 조건의 피험자들은 열두 가지 속성을 고려하였다. 가장 좋은 자동차는 75%의 긍정적인 속성을 갖고 있었고, 두 가지는 50%, 그리고 하나는 25%의 긍정적인 속성을 갖고 있었

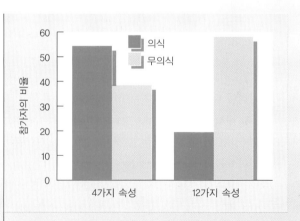

그림 6.2

결정의 복잡성과 생각의 작용 양식에 대한 함수로 나타낸 참가자 중 가장 바람직한 차를 고른 사람의 비율

출처 : Dijksterhuis, A., Bos, M. W., Nordgren, L. F., and van Baaren, R. B. (2006). On making the right choice: The deliberation withoutattention effect. Science, 311, 1005-1007.

다. 자동차에 대한 모든 정보를 읽은 뒤 절반의 피험자들은 의식적 숙고 조건에 배정되었고, 다른 절반은 무의식적 숙고 조건에 배정되었다. 의식적 숙고 조건에서 피험자들은 가장 좋은 자동차를 결정하기 전 4분 동안 정보에 대해 생각하도록 하였다. 무의식적 숙고 조건에서는 4분 동안 철자 바꾸기 퍼즐을 풀게 하여 주의를 산만하게 만든 다음 가장 좋은 자동차를 고르게 하였다.

[그림 6.2]에 나타난 것처럼 간단한 결정 조건에서는 의식적 숙고를 한 피험자들이 가장 좋은 결정을 하였다. 하지만 결정이 복잡할 때는 '무의식적' 숙고 조건의 피험자들이 가장 좋은 결정을 하였다. 저자들은 추가적 연구에서도 비슷한 효과를 입증했다. 비록 이 연구들은 소비자 품목(예 : 자동차)을 대상으로 하였지만, 무의식적 숙고 효과가 어떠한 종류의 결정(예 : 어떤 진로를 택할 것인가, 어떤 사람에게 투표할 것인가, 어떤 사람과 결혼할 것인가 등등)에도

적용될 수 있다. 저자들(Dijksterhuis et al., 2006)은 어떠한 결정에서도 "간단한 문제는 의식적으로 생각하고, 더 복잡한 문제는 생각을 무의식에 위임하는 것이 도움이 된다."(p. 1007)라고 주장하였다.

무의식적 의사결정에 대한 연구의 최근 리뷰에 따르면 연구 결과를 해석하는 데 주의가 필요하다(Newell, 2014). 하지만 이 리뷰에는 기능적 뇌영상을 이용한 최근의 연구(Brooks & Stein, 2014) 결과는 배제되었다. 예를 들어 한 연구(Creswell, Bursley, & Satpute, 2013)에서 피험자의 절반은 결정에 대해 의식적으로 숙고하고, 나머지 절반은 주의를 산만하게 하는 과제를 수행하면서 무의식적으로 숙고하는(정신을 산만하게 하는 과제가 끝난 뒤에 결정을 해야 한다는 것을 알고 있었으므로) 동안 뇌영상 검사를 하였다. 세 번째 집단은 주의를 산만하게 하는 과제만을 수행하였다. 연구 결과 산만한 과제/무의식적 숙고 집단에서 산만한 과제

집단의 뇌 활성화 패턴을 뺐을 때 남아 있는 뇌 활성은 숙고 집단과 일치하는 것으로 나타났다. 다시 말하면 주의가 산만해져 숙고하기 어려웠던 집단도 뇌 활성화 패턴에 따르면 뇌의 다른 부분에서는 숙고하였다는 것이다.

의식하지 못한 상태의 숙고에 대한 연구에 대한 비판도 있다. 어떤 사람들은 연구 결과가 피험자들의 '무의식'이 능동적으로 옳은 결정을 내린다는 것을 증명하는 것은 아니라고 주장한다(Aczel et al., 2011). 또한 결정은 기억을 기반으로 하기 때문에 '무의식'과 같은 것에는 전혀 의존하지 않는다는 주장도 있다(Lassiter et al., 2009). 이 장에서 계속 보겠지만 정신분석과 연관된 많은 것들이 논란의 여지가 있으며 논의의 대상이 되고 있다. 그럼에도 불구하고 정신분석적 발상은 다양하고 새로운 연구 주제가 되고 있다.

정은 증상의 원인을 제거하기 때문에 증상은 사라진다.

프로이트는 브로이어가 개발한 방법을 채택하였고 이를 개선하여 '대화치료'를 발전시켰다. 프로이트는 정신적 증상들이 치료되려면 우선 증상의 무의식적 원인을 발견해야 한다고 믿었다. 사람을 동요시키고 불안하게 만들며, 심지어 역겨움을 주는 기억을 떠올리는 작업은 무의식에 의해 자주 억압되고 다시 무의식 속으로 밀려난다(Masson, 1984). 프로이트는 자신의 이론에서 안나 O. 사례의 중요성을 인정했으며, 브로이어 박사의 공로를 인정하였다.

정신분석이 가치가 있다면 그 가치는 나의 것이 아니다.
정신분석의 초창기에 나는 기여한 바가 없다. 비엔나 의사인 요제프 브로이어 박사가 히스테리로 고통받고 있던 소녀에게 이 방법을 적용하던 시기에 나는 학생이었으며 기말고사 공부를 하고 있었다(1909년, 매사추세츠 클라크대학교에서 있었던 프로이트의 강의 중에서).

위 인용문에서 프로이트는 그답지 않게 겸손하다. 그는 브로이어에게서 증상의 형성과 대화치료의 개념을 차용하여 무의식, 억압, 발달의 단계 등 다른 개념들과 이것들을 결합시켰으며, 이것들을 가지고 성격에 대한 단일이론으로는 아직까지 경쟁 상대가 없는 거대이론을 만들어냈다.

성격의 구조

정신분석 이론은 사람들이 문명화된 사회의 제약 안에서 어떻게 자신의 성적, 공격적 본능에 대응하는지 설명한다. 성적, 공격적 본능은 종종 현실이나 사회와의 갈등을 초래한다. 마음의 한 부분은 충동을 만들어내며, 다른 부분은 문명화된 사회가 바라는 것을 감지한다. 그리고 다른 부분은 현실과 사회의 경계 안에서 충동을 만족시키기 위해 노력한다. 어떻게 마음은 그렇게 많은 부분을 가질 수 있으며, 이런 부분이 성격을 형성하기 위해 어떻게 함께 작동하는가?

　마음을 배관시설에 비유하면 질문에 대한 답을 이해하는 데 도움이 될 것이다. 마음이라는 배관시설에 물이 담겨 압력을 가하고 있다고 생각해보자. 여기에서 압력은 성적, 공격적 본능에서 나오는 정신적 에너지를 의미하며, 이 에너지가 점차 쌓이면 방출이 필요해진다. 프로이트 이론에 따르면 내부 압력을 방출하는 방법에는 세 가지 방식이 있다. 첫 번째 배관공은 최소의 압력만 가해져도 밸브를 열자고 하며, 두 번째 배관공은 엉망진창이 되기 전에 압력의 방향을 다른 곳으로 돌려 압박을 없애자고 하며, 세 번째 배관공은 모든 밸브를 닫은 채로 유지하자고 주장한다. 각각의 '정신적 배관공'이 무엇을 의미하는지 프로이트 이론을 통해 알아보자.

원초아 : 정신적 에너지의 저수지

프로이트는 인간 마음의 가장 원시적인 부분에 원초아가 있다고 하였다. 프로이트는 모든 추진력과 충동의 원천으로서 태어날 때부터 갖고 태어난 것이 **원초아**(id, 독일어로 '그것') 라고 하였다. 앞서 말한 배관에 비유하면 원초아는 최소의 압박 혹은 긴장 상태에도 바로 압력을 낮추려고 하는 배관공이다. 원초아는 응석받이 아이 같다—이기적이고, 충동적이며, 쾌락을 사랑한다. 프로이트에 따르면 원초아는 즉각적으로 욕구를 충족시키려고 하는 **쾌락 원리**(pleasure principle)에 따라 작동한다. 원초아는 즉각적인 욕구 충족이 지연되는 것을 견디지 못한다. 유아기 시절에는 모든 사람이 원초아의 지배를 받는다. 장난감을 잡으려던 아기는 자기 마음대로 안 됐을 때 무조건 울고불고한다. 아기가 하려는 것이 때로는 말도 안 되는 것일 때도 있다. 그렇지만 원초아는 쾌락 원리에 따라 작동하기 때문에 이성의 말을 듣지 않고, 논리를 따르지 않으며, 즉각적인 만족감을 제외하면 어떤 가치나 도덕도 따르지 않는다. 인내심은 거의 없다.

　또한 원초아는 의식적 생각의 논리나 현실의 원리와는 무관한 **일차 과정 사고**(primary process thinking)에 따라 작동한다. 꿈과 공상은 일차 과정 사고의 예이다. 일차 과정 사고가 현실의 일반적인 법칙을 따르지는 않지만(예 : 꿈에서 사람들은 날 수도 있고, 벽을 통과할 수도 있다) 프로이트는 일차 과정 사고에도 원칙이 있으며, 이러한 원칙들을 발견할 수 있다고 믿었다. 만약 원초아의 욕구가 외부의 사물이나 사람을 필요로 한다면 그리고 그 물체나 사람을 얻을 수 없다면 원초아는 그 사물이나 사람에 대한 정신적인 이미지나 판타지를 만들 것이다. 구할 수 없는 어떤 것을 상기하면서 이미지를 만들어 일시적으로 만족감을 느끼

성격에 대한 정신분석 이론에서 아이와 부모의 갈등은 정상적이고, 필수적이며, 성격발달에 있어 중요한 부분을 차지한다.
출처 : ⓒ georgerudy/123RF RF

는 것을 **소망 충족**(wish fulfillment)이라고 부른다. 예를 들어 어떤 대상에 대해 매우 화가 나지만 분노의 대상이 너무 강력할 경우 복수하는 상상은 소망을 성취하는 방법이 될 수 있다. 욕구는 현실에서 충족되지 않았기 때문에 이런 전략은 일시적으로 원초아를 기쁘게 하는 정도에 불과하다. 따라서 사람들은 원초아를 만족시킬 다른 방법들을 찾거나 아니면 그들을 억제해야 한다는 과제에 당면한다.

자아 : 성격의 운영자

자아는 원초아 본능에 의해 발생한 압력을 사회적으로 수용 가능한 혹은 문제가 덜 되는 방향으로 수정하여 발산하는 배관공이다. **자아**(ego)는 원초아를 현실 안에 있도록 제약하는 마음의 한 부분이다.

프로이트에 따르면 자아는 생후 2~3년 이내('미운 두 살' 이후)에 발달하기 시작한다. 자아는 **현실 원리**(reality principle)에 따라 작동한다. '현실 점검(reality check)'이라는 말은 자아가 원초아를 충족시켜 주려고 노력하는 동안 그 사람이 처한 현실을 고려해야 하며, 원초아의 어린애 같은 욕구에만 집중하면 안 된다는 것을 의미한다. 자아는 원초아의 갈망이 사회적 혹은 물질적인 현실과 갈등을 겪는다는 것을 알고 있다. 아이는 가게 선반에서 사탕을 그냥 집어갈 수 없으며, 동생이 화나게 한다고 그때마다 때릴 수 없다. 이런 행동이 즉각적인 긴장 상태를 줄일 수는 있겠지만 사회 및 부모의 규칙과 충돌하게 된다. 자아는 이 같은

자아의 고갈 : 자기-통제는 한정된 자원인가?

프로이트의 마음의 구조에 따르면 자아란 내부와 외부의 압력 사이의 갈등을 풀어 현실과 타협하게 해야 하는 부분이다. 예를 들어 도시의 '홍등가'를 걷는 남자는 매춘부에게 가고 싶다는 원초아의 욕구를 느낄 수 있다. 그리고 동시에 교회를 찾고 싶어 하는 초자아로부터의 욕구를 느낄 수도 있다. 하지만 이쪽으로 갈지 아니면 다른 쪽으로 갈지는 그의 자아에 달렸다. 프로이트에 따르면 마음은 폐쇄된 에너지 시스템이다. 한 곳에 자기통제 에너지가 사용되면 다른 곳에 쓸 수 있는 에너지는 적어진다. 현실에 둘러싸인 갈등을 해결하는 데 사용된 정신적 에너지 때문에 원초아와 초자아 사이에는 다른 갈등을 풀 에너지가 줄어든다는 것이다.

심리학자 Roy Baumeister와 그의 동료들은 이 같은 개념(자기통제를 위한 노력 때문에 정신적 에너지가 고갈될 수 있으며, 이 같은 결과는 차후 자기통제 상황에 쓸 수 있는 에너지를 적게 만든다)을 실험의 주제로 삼았다. 전반적인 결과는 자아와 정신적 에너지에 대한 프로이트의 기본적 개념을 지지한다. 이러한 연구를 좀 더 자세히 살펴보자.

맛 인지에 대한 한 연구에 참여한 참가자들은 실험 참가 직전에 끼니를 건너뛰고 오라는 안내를 받았다. 실험실에 도착하자 이들은 방에 혼자 남게 되었고 테이블 위에는 무(radish) 한 그릇과 갓 구운 초콜릿 칩 쿠키가 한 무더기 있었다(Baumeister, Bratslavsky, et al., 1998). 참가자 중 한 그룹은 "실험이 시작되기를 기다리는 동안 2~3개의 무를 먹고 쿠키는 먹지 말라."는 지시를 받았다. 다른 그룹은 "2~3개의 쿠키를 먹고, 무는 먹지 말라."는 지시를 받았다. 세 번째 그룹은 대조군으로서, 기다리는 동안 음식에 노출되지 않았다. 기다리는 동안 '무를 먹은' 그룹은 즉각적으로 쿠키를

먹고자 하는 욕구를 견디기 위해 자기통제가 필요했을 것이다. 연구자들은 이들에게 또한 도저히 풀 수 없는 기하학 문제를 풀도록 하였으며, 원할 때 언제든지 문제풀이를 그만둘 수 있다고 하였다. 실험 결과 '무를 먹어야 했던' 참가자들은 쿠키를 먹었거나 아무것도 먹지 않은 그룹에 비해 문제풀기를 더 빨리 포기했다. 중요한 것은 쿠키 조건의 참가자들이 문제를 풀었던 시간은 아무것도 먹지 않은 대조군과 다르지 않았다는 것이다. '무' 조건의 참가자들은 문제풀기 이후 쿠키 혹은 아무것도 먹지 않은 조건의 참가자들보다 피로감을 더 많이 보고했다. 이러한 결과는 **자아 고갈**(ego depletion) 이론과 일치한다. '무' 조건의 참가자는 쿠키를 눈앞에 둔 유혹을 이기기 위해 자기통제 노력을 해야 했으며, 그 결과 문제풀기에 사용 가능한 정신적인 에너지가 감소했다. 그 결과 이들은 더 빨리 포기하였고, 실험 후에 더 큰 피로를 느꼈다.

지금까지 자아의 고갈에 대한 수백 개 이상의 연구가 출판되었다(Baumeister, 2014). 대부분의 연구는 참가자들을 두 그룹으로 나누어 한 그룹은 자기통제 과제를 수행하고, 두 번째 그룹은 자기통제가 필요하지 않는 비슷한 과제를 수행하도록 하였다. 그다음 모든 참가자는 자기통제와 관련이 없는 두 번째 과제를 수행하도록 하였다. 만약 자기통제 과제가 정신적 자원을 고갈시킨다면 과제 수행은 자원을 고갈시켜 두 번째 자기통제 과제에 쓸 에너지를 감소시킬 것이다. 그 결과 자기통제 과제를 수행하지 않은 그룹에 비해 수행한 집단은 두 번째 과제에서 성취 정도가 더 낮았다(Baumeister, Vohs, & Tice, 2007). 인지적 노력의 자기통제에 대한 고갈 효과를 살펴보는 연구는 다양한 방법으로 수행되었

다. 어떤 연구자는 자아의 고갈이 인지과제를 수행하는 데 미치는 영향을 연구하였다(Gailliot & Baumeister, 2007). 또 어떤 연구자는 성적 충동, 공격성, 폭력적 행동과 같은 원초아의 욕망이 자기통제에 미치는 영향에 대해 알아보았다(Dewall et al., 2007; Stucke & Baumeister, 2006). 예를 들어 공격성에 대한 연구에서 자아가 고갈된 그룹은 음식을 먹는 충동에 저항해야 했던 반면에 대조군은 그들이 원하는 만큼 먹을 수 있었다. 이후 두 번째 과제에서 자아가 고갈된 그룹은 모욕에 대해 더 폭력적으로 반응하였다(Stucke & Baumeister, 2006). 성적 규제에 대한 연구에서 자아가 고갈된 그룹은 자아가 고갈되지 않은 그룹에 비해 부적절한 성적인 생각들을 억누르지 못했고, 배우자나 연인 이외의 사람과의 성관계를 고려하는 경향성도 더욱 높았다(Gailliot & Baumeister, 2007).

우리는 모두 용납할 수 없는 충동에 대해 항상 저항해야 한다. 지루한 수업에서 조는 것, 먹지 않아야 할 음식을 먹는 것, 일해야 할 때 노는 것, 운동해야 할 때 쉬는 것, 상대에게 상처 줄 수 있는 말을 하는 것, 공격적 행동이나 부적절한 성관계를 맺는 것과 같이 여러 문제 행동에 대해 저항해야 한다(이 같은 행동목록은 일상의 유혹에 저항하는 사람들에 대한 연구 결과에 기반하여 만든 것이다. 목록은 Hoffman, Baumeister, et al., 2012; Hoffman, Vohs, & Baumeister, 2012에서 찾아볼 수 있다). 프로이트의 가르침에 따르면 이러한 행동에 저항하기 위해 자기통제의 힘을 발휘하는 것은 자아의 주요 기능이다. 또한 프로이트는 정신은 폐쇄된 에너지 시스템이며, 특정한 갈등에 대처하기 위해 사용된 에너지는 비슷한 시기에 나타난 다른 갈등을 대처하는 데 사용될 수

없다고 하였다. 자아 고갈 실험에서 나온 다수의 결과는 특정 상황에서 자기통제를 행사하는 것은 다음 상황에서 행사할 수 있는 자기통제의 양을 줄인다는 것을 보여준다.

일차 시도 후 이차 시도를 하는 운동선수들에 대한 연구(Engler & Bertrams, 2014)에서부터 기업주가 윤리적으로 행동한 다음 날에는 더 착취적인 행동을 보인다는 연구도 있다. 대부분의 연구는 자아 고갈이 자기통제의 행사로 인해 자제력이 줄어든 상태라는 증거를 보여준다. 자아의 고갈은 자기통제를 약화시켜 억제력을 떨어뜨리고, 수행을 저하시킨다. 프로이트는 정신적 에너지가 한정된 양으로 폐쇄된 시스템에 존재한다고 느꼈기 때문에 고갈될 수 있다고 예측했을 것이다. 최근 연구들은 고갈되지 않도록

보호하는 것이나(긍정적인 특성과 같은; In Den Bosch-Meevissen, Peters, & Alberts, 2014) 자아 고갈에서 빠르게 회복하도록 돕는 (자연에 있는 것과 같은; Chow & Lau, 2015) 요소들에 대해 탐구하는 중이다.

그렇다면 우리는 맞닥뜨리는 연속적인 유혹 때문에 만성적으로 지친 자아를 끌어안고 계속 살아야 하는가? Baumeister는 우리의 자기통제 능력을 근육에 비유하면서 긍정적인 견해를 표명했다(Baumeister et al., 2007). 이 비유에 따르면 자기통제는 근육과 같다. 과다하게 사용하면 일시적으로 약해지면서 자기통제 과제에 적절하게 반응할 수 없다. 하지만 약간 지친 운동선수도 경쟁의 결정적인 순간에서는 큰 힘을 발휘할 수 있다. 최근의 증거들은 외부의 동기

나 노력에 의해(예 : 현금 인센티브) 자기통제를 행사하려는 의도를 높이고, 다수의 유혹을 극복할 수 있다는 것을 보여준다. 게다가 Baumeister는 근육을 훈련시키듯 연습을 통해 자기통제를 훈련할 수 있다고 믿었다. 가볍지만 규칙적인 자기통제를 연습하는 사람들(예 : 다이어트)은 다른 삶의 분야에서도 자기통제를 더 잘한다(예 : 규칙적인 운동). 게다가 자아 고갈의 효과에 대항하는 조건들, 이를테면 긍정적인 감정과 유머, 유혹적인 상황에 들어가기 전에 어떻게 대처할지 계획을 세우는 것, 강력한 사회적 가치를 따르는 것 역시 도움이 된다. 〈표 6.1〉에서는 자기통제 연구에서 밝혀진 주요 변수들을 나열하였다.

표 6.1 자아 고갈 연구에서 밝혀진 주요 변수

자기통제를 필요로 하는 반응	자아 고갈에 민감한 행동
• 생각을 조절하는 것 • 감정을 관리하는 것 • 원치 않는 충동을 극복하는 것 • 주의를 통제하는 것 • 행동을 안내하는 것 • 여러 가지 선택을 하는 것	• 다이어트하는 사람들 사이에서 음식을 먹는 것 • 과소비 • 화가 나 있는 상태에서 공격적 행동을 하는 것 • 성적 충동 • 논리적이고 지능적인 의사결정을 하는 것
자기통제를 요구하는 사회적 행동	**자아 고갈의 유해한 영향에 대항하는 방법**
• 인상 관리를 위해 자기표현을 하는 것 • 나쁜 행동에 친절하게 반응하는 것 • 요구가 많거나 까다로운 사람을 대하는 것 • 다른 인종과 상호작용하는 것	• 유머와 웃음 • 다른 긍정적인 감정들 • 현금 인센티브 • 특정한 유혹에 대처하려는 의지를 갖고 시도하는 것 • 사회적 가치를 추구하는 것(예 : 다른 사람을 돕는 것, 좋은 파트너 상대가 되는 것)

행동이 문제로 이어질 수 있으며, 따라서 상황에 따라 직접적인 원초아 충동의 표현을 억제하거나 방향을 바꾸거나 지연시켜야 한다는 것을 알고 있다.

자아는 원초아 욕구를 발산시킬 수 있는 적절한 상황이 나타날 때까지 지연시키는 역할을 한다. 자아는 문제를 풀거나 만족을 얻기 위한 전략으로 **이차 과정 사고**(secondary process thinking)를 이끌어낸다. 이 과정은 물리적인 현실의 제약들을 고려해 언제 어떻게 욕구를

표현할지를 포함한다. 예를 들어 동생을 때리는 것보다는 놀리는 게 덜 혼나면서도 원초아의 공격적 욕구를 충족시킬 수 있는 방법일 것이다. 하지만 어떤 욕구들은 상황과는 무관하게 사회적 현실과 관습적인 도덕에 의해 받아들여지지 않는다. 마음의 세 번째 부분, 초자아는 사회적 가치와 이상을 옹호하는 역할을 한다.

초자아 : 사회의 가치와 이상의 지지자

아이가 5세 정도 되면 초자아라고 부르는 마음의 세 번째 부분이 발달한다. **초자아**(superego)는 가치, 도덕, 사회의 이상을 내면화한 마음의 부분이다. 이것은 부모와 학교, 종교 조직 등 다양한 사회화 대리인에 의해 아이에게 서서히 주입된다. 프로이트는 아이의 자제력 및 양심 발달에 있어 특히 부모의 역할을 강조하였으며, 초자아의 발달이 아이와 부모와의 인식과 밀접하게 연관이 있다고 하였다.

배관시설 비유로 돌아가보자. 초자아는 모든 밸브를 항상 잠그고 있고, 심지어 압력을 통제하기 위하여 밸브를 더 잠그고 싶어 하는 배관공이다. 초자아는 우리가 '잘못된' 어떤 것을 할 때 우리로 하여금 죄책감, 부끄럼, 혹은 당황스러움을 느끼게 하고, 어떤 '옳은' 일을 할 때 자부심을 느끼게 하는 성격의 부분이다. 초자아는 어떤 것이 옳고 어떤 것이 그른지를 결정한다. 도덕적 목표 및 완벽한 이상향을 설정하며, 어떤 것들은 좋고 어떤 것들은 나쁘다는 판단의 근원이다. 어떤 사람들은 이것을 양심이라고 한다. 옳고 그름을 집행하는 초자아의 주요 도구는 죄책감이라는 감정이다.

초자아는 원초아와 마찬가지로 현실에 묶여 있지 않다. 초자아의 기준이 완벽주의적이고 비현실적이며 가혹하다고 하더라도 미덕과 자아 존중감에 대한 기준을 세우는 것은 현실과는 무관하게 이루어진다. 어떤 아이들은 도덕적 기준의 발달이 낮은 수준에 머물기 때문에 다른 사람들을 해치더라도 죄책감을 느끼지 않는다. 어떤 아이들은 완벽을 요구하는 초자아 때문에 내적 기준이 높은 수준으로 발달된다. 이들에게 초자아는 불가능할 정도로 높은 도덕적 기준을 강요하며, 이 같이 비현실적인 기준을 맞추는 데 실패가 반복되면 만성적 수치심에 시달릴 수 있다.

원초아, 자아, 초자아의 상호작용

마음의 세 부분(원초아, 자아, 초자아)은 끊임없이 상호작용한다. 이들은 서로 다른 목표를 갖고 개인 안에서 분쟁을 유발한다. 한 부분은 하나를 원하고, 다른 부분은 다른 것을 원한다. 예를 들어 젊은 여성이 패스트푸드 카운터의 줄 끝에 서 있는 상황을 생각해보자. 그녀 앞에 있는 남성이 20달러 지폐를 지갑에서 떨어뜨린다. 이 상황은 성격의 세 부분 사이에서 분쟁을 일으킨다. 원초아는 "갖고 도망가! 그냥 집어 들어. 앞을 가로막는 사람이 있으면 밀어버려."라고 말한다. 초자아는 "훔치지 말지어다."라고 말한다. 상황의 현실 및 원초아와 초자아의 요구와 마주한 자아는 "계산원이 떨어진 20달러 지폐를 봤나? 다른 손님들은 봤을까? 들키지 않고 지폐 위에 발을 올릴 수 있을까? 지폐를 주워서 그 사람에게 돌려주는 게 맞을지도 몰라. 어쩌면 그가 보상을 줄지도 몰라."라고 말한다. 이런 상황은 젊은 여성에게 불안을 초래한다. 불안은 불쾌한 상태로 무언가 잘못되었으며 조치가 있어야 한다는 신호로 작용한다. 자아 통제력은 현실과 원초아의 충동, 초자아가 가하는 가혹한 통제에 의해 위협을 받는다는 신호이다. 불안은 심장 박동 증가와 손의 땀, 불규칙한 호흡과 같은 신체적 증상으로 나타날 수 있다. 이런 상태에 처한 사람은 자신이 극심한 공포의 벼랑에 있다고 느낄 것이다. 어떤 증상을 느끼는 욕망이 현실 혹은 내면화된 도덕과 갈등에 처한 사람은 이러한 상황에서 더 불안을 느낄 것이다.

불안에서 자유로운 균형 잡힌 마음은 강한 자아에서 비롯된다. 원초아 반대쪽 면에 있는 초자아의 상충되는 힘의 균형을 잡는 것이 자아이다. 만약 이 두 가지 상충되는 힘들이 자아를 압도하면 그 결과로 불안이 나타난다.

성격의 역동

불안은 불쾌한 경험이기 때문에 사람들은 불안을 일으키는 상황을 해결하려고 노력한다. 이러한 자신을 불안으로부터 방어하려는 노력을 **방어기제**(defense mechanisms)라 하며, 모든 형태의 불안에 대해 사용된다.

불안의 유형

프로이트는 불안의 유형에는 객관적 · 신경증적 · 도덕적 불안의 세 가지 유형이 있다고 하였다.

객관적 불안(objective anxiety)은 공포심이며, 현실적 · 외부적 위협에 대한 반응으로 발생한다. 예컨대 체격이 크고, 사납게 생긴 남자가 칼을 들고 어두운 골목에 서 있는데 우연히 마주쳤다면 대부분의 사람들은 객관적 불안(두려움)을 느낄 것이다. 이 경우 자아통제는 내부적 갈등보다는 외부적 요인에 의해 위협을 받고 있는 것이다. 객관적 불안을 제외한 다른 두 유형 불안은 내부로부터의 위협에서 비롯된다.

두 번째 유형의 불안, 즉 **신경증적 불안**(neurotic anxiety)은 원초아와 자아 사이의 직접적인 갈등이 있을 때 발생한다. 자아가 받아들일 수 없는 원초아의 욕망을 통제할 수 없다는 위협을 받을 때 신경증적 불안이 발생한다. 가령 누군가에게 성적으로 끌릴 때마다 불안을 느끼는 여성이나 성적 흥분에 대한 생각만으로 공황상태에 빠지는 사람은 신경증적 불안을 경험하고 있는 것이다. 다른 사람들 앞에서 용납되기 어려운 생각이나 욕망을 자기도 모르는 사이에 누설할까 봐 과도하게 걱정하는 남성 또한 신경증적 불안에 의해 괴롭힘을 받는 것이다.

세 번째 유형의 불안인 **도덕적 불안**(moral anxiety)은 자아와 초자아의 갈등에 의해 발생한다. 예를 들어 현실적으로 도달할 수 없는 수준의 기준을 갖고 있으면서 이런 '적절한' 기준에 맞추어 살지 못한다는 것에 만성적인 수치심 혹은 죄책감에 시달리는 사람은 도덕적인 불안을 겪고 있는 것이다. 섭식장애인 폭식증을 겪고 있는 여성은 '금지된' 음식을 먹은 뒤 이것을 만회하기 위해 5km를 달리고 윗몸일으키기 100개를 할 것이다. 자기 자신을 벌 주는 사람들, 자존감이 낮은 사람들, 혹은 대부분의 시간 동안 무가치하다고 느끼고 부끄러워하는 사람들은 도덕적 불안을 겪을 가능성이 크다. 너무 강력한 초자아가 그 사람을 끊임없이 점점 더 높은 기대에 도전하게끔 하기 때문이다.

자아는 원초아의 충동과 초자아의 요구, 외부 세계의 현실 간 균형을 맞추어야 하는 어려운 과제에 직면한다. 그것은 마치 원초아가 "지금 당장 해줘!"라고 외치고, 초자아는 "절대 안 돼!"라고 말하고, 불쌍한 자아는 가운데에 끼어서 "어쩌면 내가 잘 해결할 수 있을지도 몰라."라고 말하는 것이다. 이런 식의 대화는 대부분 의식 바깥에서 이루어지고 있다. 가끔 원초아와 자아, 초자아 사이의 갈등은 다양한 생각과 느낌, 행동에서 위장된 방식으로 표현되기도 한다. 그러한 갈등은 대부분 불안을 동반하기 때문에 지금부터는 사람들이 불안에 맞서 그들을 방어하는 데 사용하는 다양한 메커니즘에 대한 논의해보기로 하자.

방어기제

앞서 언급한 세 유형의 불안에 대해 자아는 위협에 대처하고 방어함으로써 불안을 낮추는 기능을 한다. 두 가지 유형의 불안뿐 아니라 객관적 불안까지도 조절하기 위해 자아는 다양한 방어기제를 사용한다. 정신 내부의 갈등이 자주 불안을 일으키기는 하지만 사람들은 성공적으로 갈등을 방어해서 의식 수준에서는 불안을 느끼지 않는다. 예를 들어 심리적 갈등이 신체 증상으로 바뀌는 전환 반응에서 심리적 갈등은 질병이나 특정 신체 부위가 약화되는 것과 같이 신체 증상으로 나타난다. 이상한 일이지만 이런 사람들은 다리의 감각을 잃거나 낫지 않는 두통을 앓으면서도 불안해하지 않고 증상에 무관심하다. 증상은 그들이 불안을 피하는 것을 도와주며, 심지어 불안을 느끼지 않게끔 할 수도 있다. 방어기제의 두 가지 기능은 (1) 자아를 보호하고 (2) 불안과 고통을 최소화하는 것이다. 프로이트가 광범위하게 기술하였고, 성격심리학 분야의 연구자들에게 많은 관심을 끌었던 방어기제에 대해 살펴보자.

억압

정신분석 이론이 수립되는 초기에 프로이트는 용납할 수 없는 생각과 느낌, 욕구가 의식적인 자각에 도달하는 것을 막는 과정을 **억압**(repression)이라고 불렀다. 억압은 다른 모든 형태의 방어 메커니즘의 전신이다. 억압은 용납할 수 없는 주제가 의식으로 떠올랐을 때 겪을 수 있는 불안을 막아준다는 점에서 일종의 방어로 볼 수 있다. 프로이트는 임상 경험을 통해 사람들이 불쾌한 상황보다 그 사건을 둘러싼 즐거운 상황을 더 잘 기억하는 경향이 있다는 것을 경험하면서 불쾌한 기억들이 종종 억압된다고 결론 내렸다.

초반에 프로이트는 억압의 개념을 자아가 금지된 충동을 무의식 안에 유지하려는 종합적인 전략이라고 하였다. 이 용어는 현재까지도 '잊혀진' 소망, 욕망, 사건 들을 가리키는 데 쓰인다. 이후 프로이트는 몇몇 종류의 방어기제를 추가적으로 언급하였다. 현실의 일부 측면을 어느 정도 억압하는 모든 종류의 방어기제는 불안을 줄이고 정신적 시스템에서 자아기능을 보호하기 위해 현실의 일부를 부정하고 왜곡시킨다.

다른 방어기제

프로이트의 딸인 안나 프로이트(Anna Freud, 1895~1982)는 뛰어난 정신분석가였으며, 다양한 방어기제들을 찾아 이를 기술하는 데 큰 역할을 하였다(A. Freud, 1936/1992). 그녀는 자아가 자존감을 타격하는 것들과 정신적 존재를 위협하는 것들로부터 보호하기 위하여 매우 창의적이고 효과적으로 방어기제를 발휘한다고 믿었다.

프로이트의 제자였던 페니헬(Fenichel, 1945)은 방어의 개념을 수정하여 방어기제가 어떻게 자존감을 보호하는지에 초점을 맞추었다. 사람들은 자신의 시각으로 자기 자신을 보려고 하며, 우호적이지 않은 방향으로의 변화나 자아상에 타격이 가해지면 이를 방어하려고 한다. 이를테면 용납하기 어려운 성적 공상이나 공격적 소망을 갖고 있음을 인지하는 것은 자기상에 타격이 될 수 있으며, 빅토리아 시대의 사람에게는 특히나 그럴 것이다. 최근의 사회에서는 실패, 쑥스러움, 페이스북에서 '친구 삭제'를 당하는 것들처럼 자존감을 위협하는 다른 사건들이 있을 수 있다. 대부분의 현대 심리학자들도 자존감에 위협이 가해질 경우 사람들은 이를 방어하려는 경향을 보인다고 믿으며(Baumeister & Vohs, 2004), 관련 연구들은 정신분석적 방어기제 개념에 뿌리를 두고 있다(Baumeister, Dale, & Sommer, 1998). 방어기제를 측정하기 위한 설문지(Cramer, 1991)와 이것을 사용한 경험적 연구들이 축적되고 있는데 청소년기에는 동일시가 흔한 방어기제이며, 이후 시기에는 다음에서 다루는 부정이 가장 흔한 방어기제가 된다(Cramer, 2012).

부정 현실의 상황이 극도의 불안을 자극할 때 사람은 **부정**(denial)이라는 방어기제에 의지할 수 있다. 경험을 기억의 밖으로 밀어내는 억압과 대조적으로 부정은 눈앞의 현실이 실제와는 다른 것이라고 고집한다. 부정은 사실을 보는 것을 거부하는 것이다. 아내에게 버림받은 남자는 아직도 그녀를 위해 저녁 테이블에 아내의 자리를 마련하고, 언젠가는 그녀가 다시 돌아올 것이라 주장할 수 있다. 매일 밤 이런 시나리오를 반복하는 것은 아내가 실제로 사라졌다는 것을 인정하는 것보다 더 받아들이기 쉬울 수 있다. 덜 극단적인 형태의 부정은 불안을 자극하는 상황을 재평가하여 덜 위축되도록 하는 것이다. 예를 들어 어떤 남성은 자신의 아내가 어떤 이유 때문에 떠나야 했다고 스스로를 납득시킬 수 있다. 그녀가 떠난 것은 그녀의 잘못이 아니며, 가능하기만 하다면 돌아올 것이라고 하는 것이다. 이 경우 그는 그의 아내가 스스로 선택하여 그를 떠났다는 것을 부정하고 있다.

흔히 볼 수 있는 부정의 형태는 호의적이지 않은 피드백을 받았을 때 이것을 틀리거나 무관한 것으로 일축해 버리는 것이다. 상사로부터 나쁜 평가를 받았을 때 일부 사람들은 자신에 대한 시각을 바꾸기보다 그러한 평가를 거부한다. 그들은 어쩌면 개인적인 책임을 인정하는 것이나 그들 자신에 대한 시각을 바꾸기보다는 운이 나빴거나 상황 문제 탓으로 돌린다. 실패에 대해서는 자신의 통제 밖에 있는 외부의 사건을 탓하고, 성공에 대해서는 자신에게 이유를 돌리는 경향은 너무 흔해서 심리학자들은 이를 **기본적 귀인오류**(fundamental attribution error)라고 부른다. 이런 경향은 부정의 특정한 형태라고 볼 수도 있다.

건강심리학자들 또한 부정에 흥미를 갖는다. 하루 두 갑의 담배를 피우며 어떻게 건강을 걱정하지 않을 수가 있을까? 개인적 취약성을 부정하거나, 흡연과 질병이 관련 있다는 증거들을 부정하거나, 건강하게 오래 살고자 하는 소망을 부정하는 것이다. Baumeister와 동료들(1998)은 사람들이 자신의 건강하지 못한 행동에서 초래될 수 있는 위험을 최소화하는 경향이 있다는 연구 결과를 개관하여 발표했다.

부정은 종종 백일몽과 공상에서 나타난다. 백일몽은 그 일이 어떻게 되었다면 좋았을 텐데 하는 생각이다. 백일몽은 그 일이 그렇게 되지 않았다면 어땠을지에 초점을 맞추어 현재의 상황을 부인한다. 그렇게 함으로써 현 상황이 불안을 덜 야기하도록 하거나 그럴 가능성에 대해 방어하는 것이다. 가령 당혹스러운 행동을 한 사람은 자신이 그 멍청하고 당황스러운 일을 하지 않았다면 어땠을지에 대해 공상할 수 있다.

전위 전위(displacement)는 위협이나 받아들일 수 없는 충동을 위협적이지 않은 표적으로 방향을 돌리거나 통로를 바꾸는 것을 의미한다. 예를 들어 직장에서 상사와 다툰 여성은 상사에게 매우 화가 났지만 상사가 자신의 직장생활을 어렵게 만들 수 있기 때문에 자아는 그녀의 감정을 통제한다. 그녀는 분노를 남편에게 전위시켜 소리를 지를 수도 있고, 잔소리를 하거나 그를 과소평가할 수도 있다. 이러한 방식이 결혼생활에 문제를 야기할 수 있지만 상사에게 화를 내서 생기는 문제는 피할 수 있다. 때로 전위는 도미노 효과를 갖고 있어서 아내가 남편을 질책하면, 남편은 아이들에게 소리를 지르게 되고, 아이는 집에서 키우는 개를 괴롭힐 수 있다. 이처럼 전위는 공격적 본능의 방향을 바꾸기도 하지만 성적 충동의 방향을 바꾸기도 한다. 예를 들어 한 남성이 직장에서 아래 직급의 여성에게 성적 끌림을 느끼지만 이 여성은 그에게 관심이 없다. 이때 남성은 여성을 희롱하는 것보다 이 성적 에너지를 자신의 아내에게 전향시켜 여전히 아내에게 매력을 느낀다고 생각할 수 있다. 프로이트는 공포조차도 전위를 통해 전향될 수 있다고 했으며, 그 예로 아버지를 두려워했지만 그 공포의 방향을 말들에게 바꾼 소년의 경우(역주 : '리틀 한스'의 예)를 들었다.

이러한 예를 보면 사람들이 의식적으로 자각하면서 어떤 감정을 표현할지 계산해서 선택하는 것으로 보이겠지만 전위 과정은 자각하지 못한 상태에서 일어난다. 의도적으로 분노의 방향을 옮기는 것은 전위가 아니며, 상황을 처리하기 위해서 한다고 하더라도 그렇다. 진짜 전위는 그 사람이 가진 부적절하거나 받아들일 수 없는 감정들(예 : 분노 혹은 성적 끌림)을 인식하지 않고 무의식적으로 하는 것이며, 감정은 더 적절하거나 허용되는 다른 사람 혹은 물체로 전위된다.

연구자들은 공격 충동의 전위에 대해 연구하려고 노력해 왔다. 한 연구에서 실험자는 실험 집단의 참가자들이 좌절감을 느끼도록 했고, 대조집단은 그렇게 하지 않았다. 이후 그들은 실험자, 실험자의 조수, 혹은 다른 참가자에 대해 공격적으로 행동할 기회를 갖게 되었다. 좌절감을 느낀 참가자들은 더 공격적이었지만, 그들은 실험자, 조수, 혹은 다른 학생들에 대해 똑같은 정도의 공격성을 보였다(Hokanson, Burgess, & Cohen, 1963).

그들에게 대상은 중요하지 않았으며 다른 연구에서도 같은 결과가 나왔다. 연구를 하는 동안 피험자들은 실험자나 다른 참가자와 무관하게 화가 났으며, 화나게 한 대상이나 그 친

자세히 보기

억압에 대한 경험적 연구

프로이트가 정신분석 개념을 소개한 이후에 많은 정신분석학자들이 억압에 대해 관심을 갖긴 했지만 1990년대까지 여기에 대한 경험적 연구는 드물었다. 이것은 아마도 연구를 위해 억압을 측정 가능한 것으로 정의하는 것이 어려웠기 때문일 것이다. 연구자들은 위협적이거나 스트레스가 많거나 불안을 일으키는 상황에 대처하기 위해 억압을 사용하는 사람을 확인하는 설문지를 만들었다.

프로이트는 억압의 필수적인 부분은 불쾌하고, 고통스럽고, 혹은 충격적인 감정들(Bonanno, 1990)이라고 하였다. 또한 억압이 불쾌한 감정들을 내쫓고 '의식으로부터 거리를 두게 하는' 과정이라고 하였다(Freud, 1915/1957, p. 147). 65년 이후에 Weinberger, Schwartz, Davidson(1979)은 불안과 방어를 측정하는 질문지 점수의 다양한 조합을 통해 억압을 측정할 수 있다고 처음으로 제안하였다. 연구자들은 연구 참가자들에게 불안과 방어 정도를 측정하는 설문지를 실시했다. 불안 설문지는 공개 연설과 같은 행동을 할 때 경험하는 강한 불안 증상을 포함하였다(예 : 심장이 쿵쿵 뛰는 것). 방어 정도를 묻는 설문지는 험담을 해보았는지, 너무 화가 나서 무언가를 부수고 싶은 적이 있었는지, 혹은 누군가에게 부탁을 받았을 때 분개한 적이 있는지 같은 일반적인 결점에 대한 질문으로 구성되었다. 분명히 대부분의 사람은 이러한 사소한 일에 대해 한 번쯤은 죄책감을 느꼈을 것이다. 따라서 이러한 행동을 하지 않았다고 일관되게 부정하는 피험자들은 방어적 정도에 높은 점수를 받게 된다. 연구자들은 피험자들의 불안과 방어 정도 점수를 결합하여 그 결과를 4분면 구분 체계로 [그림 6.3]에 나타

내었다. 억압에 대한 이후의 연구들은 억제자 집단을 다른 세 집단과 비교하였다.

초기 연구에서 Weinberger와 동료들(1979)은 피험자가 설문지를 끝낸 다음 한 목록의 단어와 비슷한 단어를 다른 목록에서 찾아 연결시키는 과제를 수행하도록 했다. 몇몇 구절들은 분노와 성적인 내용을 포함하고 있었다. 피험자들이 단어를 맞추려고 할 때 연구자들은 그들의 생리적 반응을 관찰하였다. 또한 과제수행 이후에 괴로움의 수준을 측정하기 위해 자기보고 질문지를 실시했다. 억제자 집단이 보고한 주관적인 고통의 수준은 가장 낮았으나 생리적 각성(심박, 피부 전도도) 수준은 가장 높았다. 억제자들은 구두로는 그들이 고통받지 않았다고 하였지만, 생리적으로는 매우 고통받은 것으로 보였으며, 다른 연구자들도 비슷한 발견을 하였다(Asendorpf & Scherer, 1983; Davis & Schwartz, 1987). 이러한 실험 결과는 억압이 불쾌한 경험들을 의식적 자각의 바깥으로 밀어낸다는 프로이트의 견해와 일치한다. 게다가 억압된 불쾌한 경험들이 자각의 바깥에 있음에도 불구하고 개인에게 영향을 계속 미친다는 프로이트의 발상과도 일치한다(이런 경우 그 사람이 불안해하는 것을 의식적으로 자각하지 못했을지라도 억압된 경험들은 그 사람의 생리적 각성 수준에 영향을 주었다).

억압을 측정하는 다른 방법은 피험자에게 즐거운 그리고 불쾌한 감정과 연관된 어린 시절 경험들을 떠올려 보라고 하는 것이다.

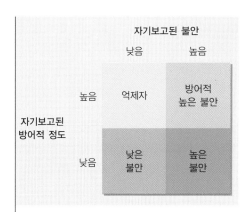

그림 6.3
불안과 방어 정도를 측정하여 억제자를 찾음. 불안하다는 것을 부정하지만 방어적 정도가 높은 피험자들이 억제자일 가능성이 크다.

이 연구는 심리학자 Penelope Davis와 Gray Schwartz가 1987년에 수행한 것이다. 그들은 피험자들에게 행복, 슬픔, 분노, 놀라움 등과 연관된 어린 시절 경험을 떠올려 묘사하도록 하였다. 그 결과 방어가 강하고 불안이 낮은 억제자들이 다른 피험자들에 비해 부정적 감정 경험을 적게 회상하였으며 부정적 경험을 겪은 나이가 상당히 늦은 것으로 나타났다. 놀랍게도 억제자들은 긍정적 기억에 대해서도 잘 떠올리지 못했다. 이 발견은 억압의 대가가 어떤 것이 될 수 있는지 보여준다. 즐거운 감정이나 불쾌한 감정적 기억들이 의식적 회상에서 줄어들거나 사라질 수 있다는 것이다.

Penelope Davis(1987)는 억제자들이 감정적 기억을 잘 떠올리지 못한다는 발상을 좀 더 확장하였다. 첫째, 억압 효과는 자신에 대한 기억에서 가장 뚜렷하게 나타난다는 것을 찾아내었다. 그의 연구에 따르면 억제자들은 다른 사람들에게 일어난 나쁜 일들을 기억하는 데에는 문제가 없었지만 자

(계속)

신이 겪었던 불쾌한 기억은 회상하기 어려워했다.

둘째, 억압 효과는 공포 및 자아의식과 관련된 기억에서 가장 강한 것으로 보인다. 프로이트(1915/1957)는 "억압의 동기와 목적은 불쾌함을 피하는 것밖에 없다."(p. 153)라고 했지만 Davis에 의하면 억압의 동기는 공포와 자아 의식과 연관된 경험에서 특별히 강했다. 왜 그럴까? 이러한 감정은 주의의 초점이 자신이 평가적 상황이나 위협적인 상황에 놓여 있을 때 종종 유발된다. 예를 들어 실존에 대한 위협 때문에 공포를 느끼는 상황을 생각해보자. 의식 수준에서 다른 사람들로부터 부정적으로 평가될 수 있다는 위협은 크게 다가오며, 약점이 노출되었다거나 취약한 상황에 놓였다고 느끼도록 만든다.

Hansen과 Hansen(1988)은 억제자의 기억이 비억제자들에 비해 덜 정교하고, 덜 세밀하며, 풍부하지 않다는 것을 발견하였다. 저자들은 억제자들의 정서적 기억이 빈약해지는 이유가 무엇인지에 대해 의문을 제기했다. 두 가지 설명이 가능한데 첫 번째는 억제자들이 감정적 경험에 대해 잘 회상하지 못한다는 것이다. 이 말은 억제자들은 실제로 다양한 감정적 경험을 했고, 실제로 그 경험들은 기억 안에 있지만 그것들을 회상하거나 재연하는 데 어려움이 있는 것뿐이라는 것이다. 그렇지 않으면 억제자들은 특정한 경험들이 그들의 기억으로 들어오는 것을 막았을 수도 있다. 억제 효과는 회상 단계보다는 부호화 단계에서 일어났을 수도 있다.

억압에 대한 대부분의 연구들은 과거의 사건들에 대한 기억들을 검토하는 것이지만 몇몇 연구(Hansen, Hansen, & Shantz, 1992)는 억압 효과가 부정적인 사건에 대한 기억을 감소시킬 뿐 아니라 부정적 사건이 일어났을 때 그 사람의 반응에도 영향을 미칠 것이라고 주장하였다. 이것은 프로이트 역시 예상했던 것이며, 이런 현상은 억제자들이 부정적 감정을 비억제자들만큼 강하게 느끼지 않는다는 것을 시사한다. 우리는 억제자들이 단순히 나쁜 사건들에 대해 빈약한 기억을 갖는 것인지, 혹은 나쁜 사건들이 일어났을 때 부정적인 감정을 덜 느끼는 것인지, 혹은 둘 다인지에 대해 질문을 던질 수 있다.

Cutler, Larsen, Bunce(1996)의 연구에서 억제자들과 비억제자들은 40가지 다른 감정에 대해 연속된 28일 동안 매일 일기를 썼다. 피험자들은 감정에 대해 한 달 동안 매일 보고한 다음, 지난달을 돌이켜 각 감정을 얼마나 회상할 수 있는지 점수를 매기게 하였다. 그리고 연구자들은 감정을 느꼈을 때와 회상하였을 때의 정도를 측정하였다. 이러한 방법은 억제자들이 부정적 감정을 적게 보고하는지 혹은 적게 회상하는지 혹은 둘 다인지를 측정할 수 있게 하였다. 결과에 따르면 억제자들은 비억제자들에 비하여 불쾌한 감정을 더 적게, 덜 강렬하게 경험하는 것으로 나타났다. 하지만 불쾌한 감정에 대한 억제자들의 기억은 비억제자들에 비하여 약간만 덜 정확할 뿐이었다. 억압의 효과는 불쾌한 사건을 경험하는 동안 일어나는 것으로 보이며, 억제자들은 어떻게든 나쁜 사건에 대한 감정적 반응을 줄였다.

Weinberg 등(1979)이 방어 정도와 낮은 불안의 결합으로 억압 정도를 측정한 지 40여 년 이후에 상당수의 경험적 연구가 진행되었다(Myers, 2010). 연구 대부분은 억압의 부정적 결과에 대해 주목하였다. 하지만 더 최근의 연구는 억압의 잠재적 이득에 초점을 맞추었다. 이를테면 테러리스트의 공격 이후에 사람의 유해를 다루는 이스라엘의 구조 대원에 대한 연구에서 억압적 대응 방식을 가진 대원들은 그렇지 않은 대원들보다 회복력이 더 크고, 스트레스 증상은 덜 보이는 것으로 나타났다(Solomon & Ginzburg, 2007). 다른 연구에서는 억압의 효과가 기억 회상보다 부호화 과정에서 나타난다는 것을 확인하였고(Derakshan, Eysenck, & Myers, 2007; Myers, 2015), 이런 결과는 억압이 기억의 실패에 의한 것이라기보다 부정적 감정의 초기 단계에서 경험을 억제하기 때문이라고 제안한다. 끝으로, 연구자들은 억압적 대응 방식의 특성과 연관된 뇌 회로를 밝혀내기 시작하고 있다(Klucken, Kruse, Schweckendiek, & Stark, 2015).

프로이트는 억압의 기능이 불쾌한 경험을 의식적 자각 밖에 두기 위한 것이라고 하였다. 우리는 이제 억압의 효과가 나쁜 사건에 대해 반응하는 동안 주로 일어난다는 것을 안다. 억제자들은 나쁜 기억을 갖고 있지 않다. 대신 그들은 어떻게든 불쾌한 사건들이 처음부터 그들의 기억 속으로 들어오지 않게 한다.

구에 대해 공격적으로 행동할 기회가 주어졌다. 화가 난 참가자들은 더 공격적이었지만 대상이 누구인지는 상관이 없었다.

이러한 결과를 전위의 증거로 볼 수 있을까? Baumeister와 그 동료들(1998)은 그렇지 않다고 결론 내렸다. 화가 난 사람들은 공격적으로 행동하고, 언쟁을 하였지만 그것이 방어적이라는 증거는 없다. 그들은 전위가 흥미로운 역동적인 개념이지만 충동이 폐쇄된 시스템 안에서 방향을 바꾸거나 전위에 의존하는 유압유와 같다는 개념을 지지하는 증거는 적다고 주장한다.

합리화 대학생과 같이 교육을 많이 받은 사람들에게서 흔히 볼 수 있는 방어기제는 **합리화**(rationalization)이다. 합리화는 사회적으로 용인되기 어려운 결과에 대하여 받아들일 수 있는 이유를 만들어내는 것이다. 합리화의 목표는 실제 이유보다 더 받아들이기 쉬운 설명을 만들어 불안을 줄이는 것이다. 예를 들어 학기말 과제에서 낙제점을 받은 학생은 교수가 과제에 대해 명확한 지시를 해주지 않았다고 고집을 부리며 자신을 해명할 수 있다. 남자친구와 헤어진 여자는 자신의 친구에게 처음부터 그를 그렇게 많이 좋아하지는 않았다고 말할 수 있다. 이러한 해명은 그 사람이 생각하는 만큼 자신이 똑똑하지 않거나 호감 가지 않는다는 대안보다 훨씬 더 받아들이기 쉽다.

반동 형성 용납되지 않는 충동을 억제하기 위해 반대의 충동을 나타내는 반응을 지속적으로 보일 수 있다. 이러한 전략을 **반동 형성**(reaction formation)이라고 한다. 예를 들어 상사에 대해 화가 난 여성을 다시 상상해보자. 그녀의 자아가 화를 다른 대상으로 옮기는 대신에 무의식적으로 반동 형성을 한다면 그녀는 상사에게 특별히 공손하고 배려하는 모습을 보이며 일부러 과하게 친절한 태도를 취할 수 있다.

　Cooper(1998)는 반동 형성의 예로 '친절이 지나쳐 오히려 화를 입힘'이라는 개념을 제안했다. 여자친구에게 화가 난 남자가 있는데 그는 자신의 화를 의식하지 못한다. 그는 자신이 얼마나 화가 났는지 모르고 있다. 밖에 비가 오자 그는 그녀에게 우산을 빌려준다. 그녀는 받지 않으려고 하지만 그는 고집을 부린다. 여기서 그는 적개심을 친절로 대체하고 있다. 하지만 그의 공격성은 끈질긴 고집과 우산을 받지 않으려는 그녀의 바람을 무시하는 것으로 나타난다. 정신분석에 따르면 이런 역동은 방어에 의해 나타난 것이다. 사람들은 자신도 모르게 그런 행동을 하면서 소망과 의도를 감추려고 할 수 있다.

　반동 형성의 메커니즘은 그들이 할 것이라고 생각하는 것들과 정확히 반대로 행동할 것이라는 예측을 가능하게 한다. 또한 어떤 사람이 특정 행동을 과도하게 할 때나 별 다른 이유 없이 너무 착하게 행동할 때 조심해야 한다고 경고한다. 아마 그런 경우에서 그 사람의 속뜻은 그가 하는 행동과 반대될 수 있다.

투사에서 우리는 우리 자신에게 가장 싫어하는 특성 혹은 욕망들을 다른 사람들에게서 본다. 그렇게 하면 우리는 자신이 그러한 특징을 갖고 있는 것은 인정하지 않으면서 상대방을 폄하할 수 있다.

출처 : ⓒ Westend61 GmbH/Alamy Stock Photo RF

투사 **투사**(projection)는 우리 자신을 가장 동요시키는 특성과 욕구들을 다른 사람들에게서 본다는 개념에 기반한다. 우리는 글자 그대로 우리의 용납되지 않는 특성들을 다른 사람들에게 '투사'(탓을 하는)한다. 그렇게 되면 우리 자신을 싫어하는 대신에 용납되지 않는 특성들이나 욕구들을 가졌다는 이유로 타인을 싫어할 수도 있다. 동시에 우리가 그런 것들을 가졌다는 것을 인정하지 않으면서 특정한 성향이나 특징들을 폄하할 수 있다. 우리가 자신 안에서 몹시 싫어하는 특성들을 가졌다는 이유로 다른 사람들은 표적이 된다.

예를 들어 도둑이 종종 다른 사람들이 자신의 것을 훔칠지도 모른다고 걱정하고 다른 사람들을 믿을 수 없다고 말하는 것은 투사에 해당한다. 혹은 어떤 여성이 성생활에 전혀 관심이 없다고 부인하면서 자신이 아는 모든 남자들은 "머릿속에 오로지 성관계 생각밖에 없다."라고 주장하는 것도 마찬가지이다. 외도를 하는 남자들이 다른 남편들보다 아내의 외도를 더 의심한다. 무언가를 강렬하게 싫어하거나 다른 사람에게 화를 내는 것은 종종 그 사람의 가장 내밀한 불안과 갈등을 보여주는 것이다. 다른 사람들을 항상 '멍청하다'라고 모욕하는 사람은 사실은 자신의 지적능력에 대한 불안을 숨기고 있는 것일지도 모른다.

다른 예로 동성애 반대 캠페인에 참여한 사람을 고려해보자. 어떤 사람들은 공개적으로 도덕적 분노를 표현하고 심지어 이러한 성적 지향을 가진 사람들에게 폭력을 가해야 한다고 제안하기도 한다. 1998년 6월, 트렌트 로트가 TV에서 동성애자들은 알코올 중독 혹은 병적 도박과 같은 질병을 가진 것이라 선언하였을 때 그는 상원 다수당의 대표였다. 동시에 기독교 근본주의 신자들은 동성애는 질병이며, 게이는 치료받아야 한다는 TV 광고를 방송하고 있었다. 기독교 방송의 근본주의 설교가였던 패트 로버트슨은 동성애자들이 최근 플로리다의 올랜도에 모였기 때문에 이곳에 허리케인이 올 수도 있다고 하였다. 이런 행동은 동성애를 혐오하는 사람이 자신의 성적 지향에 대한 의구심의 방어기제로 투사를 사용하는 것이 아닐까?

현대 심리학 연구에서는 **합의성 착각 효과**(false consensus effect)라고 하는 투사와 유사한 효과가 있다고 하였다. 이것은 1977년 Ross, Greene, House에 의해 처음 묘사되었고, 많은 사람들이 다른 사람들도 그들과 비슷할 것이라 추정하는 경향을 가리킨다. 외향적인 사람들은 다른 사람들도 외향적일 것이라 생각하고, 양심적인 사람들은 다른 사람들도 양심적일 것이라 생각하는 것이다. 다른 사람들도 자신과 같은 선호와 동기, 특성들을 공유할 것이라 생각하는 것이 합의성 착각 효과인 것이다.

Baumeister와 동료들(1998)은 자신의 단점에 대해 합의성 착각을 갖는 것이 방어기제일 수 있다고 주장하였다. 예를 들어 신용카드의 한도가 초과된 사람이 자신뿐이라는 것은 자기만이 도덕적 결핍을 가졌다는 뜻이 된다. 하지만 다른 사람들 또한 신용 한도를 초과하거나 초과에 가깝다고 믿는 합의성 착각 믿음은 그 사람의 자아 개념에 보호적으로 작용할 수 있다. 불량한 행동에 대해 "에이, 다른 사람들도 다 하고 있었어요."라고 설명하는 청소년은 "다른 사람들도 나쁘기 때문에 나는 그렇게 나쁜 건 아니야."라며 방어적인 합의성 착각을 사용하고 있을 수 있다.

승화 프로이트에 따르면 **승화**(sublimation)는 가장 적응적인 방어기제이다. 승화는 용납할 수 없는 성적 혹은 공격적 본능을 사회적 행동들에 쏟는 것이다. 화가 났을 때 그 화에 매달리거나 심지어 전위와 같은 덜 적응적인 방어기제를 사용하기보다 장작을 패러 나가는 것이 더 적응적이다. 축구나 복싱을 보는 것이 누군가를 때리는 것보다 더 바람직하다. 등산 혹은 군에 자원하는 것은 죽음에 대한 동경을 승화시킨 형태일 수 있다. 프로이트는 단 한 번 미국을 방문했는데, 그때 뉴욕의 고층 건물을 짓는 데 들어가야 했던 승화된 성적 에너지에 대해 반복해서 언급했다고 한다. 직업 선택(예 : 운동선수, 장의사, 혹은 응급실 간호사)은 용납되지 않는 충동들의 승화로 해석될 수도 있다. 승화의 긍정적 측면은 원초아의 표현을 제한적으로 허용해서 자아가 원초아를 저지하는 데 에너지를 쓰지 않아도 되게끔 한다. 프로이트는 문명의 가장 큰 성취는 성적 및 공격적 충동의 효과적인 승화 때문이었다고 주장하였다.

일상에서의 방어기제

삶은 우리 모두에게 많은 심리적 충격과 상처를 준다. 원하는 일자리를 얻지 못한다거나 아는 사람이 상처를 주는 말을 할 때 혹은 스스로 평범하다는 것을 깨닫게 될 때가 그런 순간이다. 우리는 예기치 않은 일이나 실망스러운 일을 항상 마주쳐야 하며, 방어기제는 이런 일들이 발생하는 것과 그것들이 야기하는 감정에 대응하는 데 도움을 줄 수 있다(Larsen, 2000a, 2000b; Larsen & Prizmic, 2004). 우리 모두는 스트레스를 처리해야 하며 방어기제가 돕는다면 훨씬 더 수월해진다.

하지만 방어기제 때문에 상황이 악화되기도 한다(Cramer, 2000, 2002). 투사를 많이 사용한다면 다른 사람들이 그를 피하게 될 것이다. 전위를 자주 사용하는 사람이라면 친구가 많지 않을 것이다. 게다가 방어기제의 사용은 정신 에너지를 소모하기 때문에 다른 목적을 위해서는 에너지를 쓸 수 없다. 방어기제가 언제부터 문제가 되는지 어떻게 알 수 있을까? 이를 알 수 있는 방법은 두 가지가 있다. 생산적 능력 발휘에 방해를 받거나 관계를 유지하는 데 어려움이 생기면 방어기제의 사용이 문제가 되기 시작한 것이다. 일 혹은 관계 중 어느 한쪽이라도 부정적인 영향을 받기 시작했다면 심리적 문제가 생긴 건 아닌지 생각해보아야 한다. 게다가 문제를 쉽게 해결하거나 문제에 직면할 만한 에너지가 없는 경우도 있다. 일시적으로 방어기제는 매우 유용하다. 이처럼 경우에 따라 사용된다면 방어기제는 일이나 사회생활에 방해가 되지 않을 것이다. 프로이트에 따르면 성숙한 성인은 생산적으로 일할 수 있는 능력과 만족스러운 관계들을 만들고 유지할 수 있는 존재이다. 다만 성숙한 성인이 되기 위해서는 성격발달의 여러 단계를 통과하는 것을 거쳐야 한다.

성격발달의 심리성적 단계

프로이트에 따르면 모든 사람들은 성격발달에서 일련의 단계를 거친다. 각각의 단계는 갈등을 수반하는데, 이러한 갈등을 어떻게 해결하는지가 다양한 성격의 측면을 결정한다. 따라서 개인차의 근원은 아이가 어떻게 각 발달 단계의 갈등을 풀어 왔는지에 달려 있다는 것이 정신분석 이론의 발달이론이다. 모든 단계를 거친 후 최종적으로 성격이 만들어진다. 모든 단계는 어린 시절에 일어나기 때문에, "아이는 어른의 아버지이다."라는 유명한 구절은 프로이트 학설의 핵심 개념을 잘 보여준다.

아이는 발달 초기에 부딪히는 세 단계에서 특정한 갈등을 대면하고 해결해야 한다. 갈등은 특정한 유형의 성적 만족을 얻는 방법을 중심으로 돌아간다. 이러한 이유로 프로이트의 발달이론은 **심리성적 단계이론**(psychosexual stage theory)이라고 부른다. 이 이론에 따르면 아이는 각 단계에서 리비도의 에너지를 특정한 신체 부분에 투여함으로써 성적 만족을 추구한다. 발달 과정의 단계는 성적 에너지가 신체 어디에 투여되었는지에 따라 명명되었다.

아이가 특정 발달 단계에서 갈등을 해결하는 데 실패하면 그 단계에 갇히게 되는데, 이것을 **고착**(fixation)이라고 한다. 갈등을 성공적으로 해결하면 더 성숙한 방식으로 성적 만족을 얻는다. 반면 특정 단계에 고착되면 성적 만족을 얻는 데 있어 미숙한 방식을 취하게 된다. 발달의 마지막 단계에서 성숙한 성인은 건강하고 친밀한 관계와 일에서 기쁨을 얻는다. 하지만 이 단계로 향하는 길에는 많은 발달적 갈등과 고착의 가능성이 있다. 이제부터는 각 단계를 살펴보고 그때 일어나는 갈등과 고착의 결과에 대해서 알아보자.

프로이트가 **구강기**(oral stage)라고 부르는 첫 번째 단계는 태어난 지 첫 18개월 동안 일어난다. 이 시기에 즐거움과 긴장 감소의 주요 원천은 입, 입술, 혀이다. 직접 보지 않아도 아기들의 입이 얼마나 바쁜지 누구나 알고 있다(예 : 방울이나 장난감 같이 새로운 것을 접하면 대개 입에 먼저 넣는다). 이 단계의 주요 갈등은 어머니의 가슴이나 우유병에서 떨어져야 하는 젖떼기이다. 이 갈등은 생물학적 · 심리적 요소 두 가지 모두를 갖고 있다. 생물학적 관점에서 보았을 때 원초아는 입을 통해서 영양을 섭취하고 입을 통한 즐거움을 즉각적으로 얻고 싶어한다. 심리적 관점에서의 갈등은 과도한 즐거움 및 의존과 홀로 남겨져 자립해야 하는 두려움 중 하나를 선택해야 한다는 것이다. 아이들은 젖떼기 과정에서 구강기 고착의 정도에 따라 고통스럽거나 외상적인 경험을 하기도 한다. 성인 중에서도 특히 입으로 무언가를 '넣는 것'으로부터 즐거움을 느끼는 사람들은 아마도 이 단계에 고착되어 있을 것이다(예 : 과식하거나 담배를 피우는 사람). 손톱 물어뜯기, 엄지손가락 빨기, 혹은 연필 씹기와 같은 문제도 같은 의미로 이해할 수 있다. 구강기에 고착된 사람은 심리적으로 과도하게 의존적인 모습을 보일 수 있다. 아기처럼 돌봐주길 원하거나 보살핌이나 돌봄을 받고자 하기 때문에 다른 사람들이 그를 위해 대신 결정을 내려줘야 한다. 어떤 정신분석학자들은 약물중독(왜냐하면 '넣는 것'으로부터 즐거움을 느끼기 때문에)도 구강기 고착의 징후라고 주장한다.

깨무는 것과 관련된 갈등도 있다. 이것은 이가 난 다음에 깨물고 씹는 즐거움을 알게 된 다음 일어날 수 있다. 일반적으로 부모는 아이가 깨물지 못하도록 하는데, 특히 다른 아이들이나 어른을 깨물면 더욱 그렇다. 그러므로 아이는 깨물고 싶은 욕구와 부모의 제한 사이에서 갈등을 겪게 된다. 이 단계에 고착된 사람들이 어른이 되면 적대적이고 싸우기 좋아하거나 남을 비웃는 성격을 보일 수 있다. 그들은 계속해서 심리적으로 '물고' 말로 공격하는 것으로부터 만족감을 얻는다.

두 번째 발달 단계는 **항문기**(anal stage)이며, 일반적으로 18개월부터 3세 사이에 일어난다. 이 단계에서는 괄약근이 성적 즐거움의 근원이다. 아이는 첫 대변 배출로부터 기쁨을 느끼고, 배변 훈련 동안에는 대변을 보유하는 것으로부터 기쁨을 느낀다. 원초아는 직장에 어떤 압력이 가해지기만 해도 즉각적인 긴장 감소를 원하며, 이것은 욕구가 언제 어디서나 생기면 배변을 하는 것으로 이루어진다. 하지만 부모는 배변 훈련 과정을 통해 자기조절을 가르치려고 한다. 이 자기조절 능력을 쟁점으로 하여 많은 갈등이 생겨난다. 어떤 아이들은 조절능력이 너무 부족해 게으르고 지저분한 사람이 된다. 어떤 아이들은 반대의 문제를 보이기도 한다. 그들은 자기조절의 정도를 너무 과하게 발달시켜 사소한 자기조절 행동에서조차도 즐거움을 얻는다. 강박적이고, 과하게 깔끔하고, 엄격하며, 전혀 지저분하지 않은 어른들은 항문기에 고착되어 있을 가능성이 크다. 배변 훈련은 아이에게 처음으로 선택과 의지력을 행사할 기회를 제공한다. 부모가 변기 의자에 아이를 앉히고 "이제, 네가 할 일을 해."라고 말하면, 아이는 "싫어!"라고 말하고 버틸 기회를 갖는다. 이런 상황은 인색하고, 억제적이며, 다른 사람들이 원하는 것을 주지 않고, 과도하게 완고한 태도의 신호가 될 수 있다.

3세에서 5세 사이에 일어나는 세 번째 단계는 **남근기**(phallic stage)라고 부르는데, 그 이유는 아이가 자신의 몸에 음경이 있다는 것을(혹은 갖고 있지 않다는 것을) 발견하기 때문이다. 이 단계의 주요한 사건은 아이가 자신의 생식기를 발견하고 그것을 만지면서 즐거움을 얻을 수 있다는 것을 알게 되는 것이다. 프로이트에 따르면 이것은 외부로 향한 성적 욕망을 깨우는 것이며, 처음에 그 욕망은 반대 성의 부모에게 향하게 된다. 남자아이는 어머니와 사랑에 빠지고, 여자아이는 아버지와 사랑에 빠진다. 프로이트의 이론에 따르면, 이 같은 감정은 부모자식 간의 사랑을 넘어선다. 남자아이는 어머니를 욕망하고 그녀와 섹스하기를 원한다. 아이에게 아버지는 자신이 어머니를 소유하고 모든 관심을 받는 것을 방해하는 경쟁 상대로 보인다. 이 시기의 주요 갈등은 아버지를 제거함으로써 어머니를 독점하고자 하는 무의식적인 소망으로, 프로이트는 이것을 **오이디푸스 콤플렉스**(Oedipal conflict)라고 불렀다 (오이디푸스는 그리스 신화의 인물인데 자기도 모르는 채 아버지를 죽이고 어머니와 결혼한다). 아버지는 엄마의 관심을 사이에 둔 경쟁자이며, 아버지는 두들겨 맞고 쫓겨 나가거나 죽어야 한다. 하지만 아이가 아버지를 때리거나 죽이는 것은 잘못된 것이다.

오이디푸스 콤플렉스에서 아이는 같은 성의 부모를 사랑하면서 경쟁한다. 더욱이 남자아이는 크고 강력한 아버지가 이 모든 것을 막을 수 있기 때문에 두려워하면서 자라게 된다. 프로이트는 남자아이들은 아버지가 이 갈등의 뿌리에 있는 자신의 음경을 가져감으로써 선제 공격을 할 것으로 믿는다고 주장하였다. 음경을 잃을까 두려워하는 것, 즉 **거세 불안**(castration anxiety)은 어머니를 향한 성적 욕망을 포기하게 만든다. 아이가 할 수 있는 최선은 어머니를 가진 사람, 다른 말로는 아버지와 비슷한 사람이 되는 것이다. 아버지와 비슷해지고자 하는 것을 **동일시**(identification)라고 하는데, 이 과정은 오이디푸스 콤플렉스와 남근기의 성공적 해결의 실마리가 된다. 프로이트는 오이디푸스 콤플렉스의 해결이 초자아와 도덕의 시작 및 남성으로서 성 역할의 시작이라고 믿었다.

여자아이에게 있어서 이 상황은 비슷하면서도 다르다. 유사점은 음경의 존재 여부가 갈등의 중심에 있다는 것이다. 프로이트의 주장에 따르면 여자아이들은 음경이 없는 것에 대해 어머니를 탓하게 된다. 아이는 아빠를 욕망하면서 동시에 그의 음경을 선망하게 된다. 이것을 **남근 선망**(penis envy)이라고 부르며, 거세 불안과 대응관계에 있다. 남근 선망은 남자아이가 아버지를 두려워하는 것처럼 어머니를 두려워할 필요는 없다는 점에서 다르다. 따라서 여자아이들은 아버지에 대한 욕망을 포기해야 될 강한 동기가 없다.

프로이트의 제자였던 칼 융은 이 단계를 **엘렉트라 콤플렉스**(Electra complex)라고 이름 붙였다. 엘렉트라 또한 그리스 신화의 인물이다. 프로이트는 이 개념을 거부했고 여자아이가 남근기 갈등을 어떻게 해결하는지에 대해 모호한 태도를 취했다. 그는 여자아이가 이 갈등을 해결하는 시기는 남자아이에 비해 늦고, 완전히 해결되지 않을지도 모른다고 했다. 또한 오이디푸스 콤플렉스의 성공적인 해결은 초자아의 발달로 이어지기 때문에 여자들은 남자보다 도덕적으로 열등하다고 믿었다. 오늘날 프로이트의 주장은 받아들여지지 않고 있으며, 성차별적 태도에 대해 강한 비판을 받고 있다(Helson & Picano, 1990).

심리성적 발달의 다음 단계는 **잠재기**(latency stage)로 6세 정도부터 사춘기까지 일어난다. 이 기간은 아이가 학교에 가서 어른으로서 역할을 하기 위해 필수적인 기술과 능력들을 배우는 시기이기 때문에 심리적 발달은 거의 일어나지 않는다고 추정하였다. 이 기간에는 특정한 성적 갈등이 없기 때문에 프로이트는 이것을 심리적 휴식기, 즉 잠재기라고 믿었다. 대신 후대의 정신분석가들은 이 기간 동안 개인은 스스로 결정하고 친구를 사귀고 상호작용하는 법을 배우고 정체감을 발달시키며 일의 의미를 배우는 것과 같은 매우 많은 발달이 일어난다고 주장하였다. 프로이트 이론에 대해 수정된 현대의 관점은 이 장의 후반에서 다룰 것이다.

잠재기는 사춘기에 나타나는 성적 자각으로 끝이 난다. 만일 오이디푸스 또는 엘렉트라 콤플렉스가 해결되었다면, 심리성적 발달의 마지막 단계인 **생식기**(genital stage)로 넘어간다. 이 단계는 사춘기 무렵 시작되며 성인기 내내 지속된다. 여기서 리비도는 생식기에 집중되지만 남근기와 관련된 자기-조작(self-manipulation)의 방식은 아니다. 이것은 특정한 갈등이 수반되지 않는다는 점에서 이전 단계와는 다르다. 사람들은 이전 단계에서의 갈등을 해결했을 때에만 생식기에 도달한다. 프로이트는 이런 의미에서 성격발달이 대략 5~6세경에 완성된다고 하였다: 성인기의 성격은 유아기와 아동기에 발생하는 갈등이 어떻게 해결되는지에 달려 있다.

프로이트의 심리성적 단계이론은 정상적 및 비정상적 성격발달에 관한 이론이다. 간단히 말해 이 이론은 우리 모두가 성적 쾌락에 대한 욕구(원초아)를 가지고 태어났지만 문명사회의 제약은 우리가 이러한 욕구를 충족시킬 수 있는 방법을 제한한다고 시사한다. 우리 모두는 쾌락에 대한 자신의 욕구와 부모 및 사회 전반에 의한 요구 사이에서 예측 가능한 갈등과 충돌을 겪는다. 우리가 겪는 갈등의 본질과 단계는 보편적이지만 구체적인 예와 결과는 각각 다르다. 성격 중 일부분은 우리가 갈등을 해결하는 특정한 방식에 의해 각 단계에서 형성된다. 예를 들어 구강기에 충분한 만족을 얻지 못하거나(너무 일찍 젖을 뗀 경우) 너무 과하게 만족되었다면(너무 늦게 젖을 뗀 경우), 그 사람은 전 생애에 걸쳐서 구강 만족을 위한 부적절한 요구가 계속될 수 있다(아마도 의존적인 성격, 섭식장애, 알코올, 마약 문제 등의 형태).

프로이트는 심리성적 발달의 각 단계에 대하여 전투에 동원된 군대의 은유를 발전시켰다. 만일 한 단계의 해결이 불완전한 경우, 일부 병사들은 특정한 갈등을 감시하기 위해 남겨져야 한다. 이것은 마치 심리성적 갈등이 다시 발생하지 않도록 특정한 정신적 에너지가 경계하는 것과 같다. 특정 단계의 해결이 제대로 되지 않을수록 더 많은 심리적 병사들이 뒤에 남겨져야 한다. 이로 인한 한 가지 결과는 다음 단계의 성숙에 사용할 수 있는 정신적 에너지가 적어진다는 것이다. 생식기 단계로 나아간 병사들이 더 많아질수록, 성숙하고 친밀하며 생산적인 관계에 투자될 수 있는 정신적 에너지가 더 많아지며 성인기의 성격 적응이 더 좋아진다. 행복도 삶의 만족도도 직접적으로 프로이트의 성공적인 성격발달 개념의 일부가 아니라는 점은 흥미롭다. 대신에 성공적인 성격발달은 생산적이고 성숙한 성관계를 유지하는 능력으로 정의되었다.

정신분석은 왜 중요한가

프로이트의 이론은 20세기 전반에 걸쳐 마음이 어떻게 작동하는지에 대해 엄청난 영향을 미쳤다. 이 같은 영향은 다양한 분야에서 지속적으로 볼 수 있다. 첫째, 정신분석적 개념은 현재의 심리치료에도 영향을 미치고 있다. 미국 심리학회에서 두 번째로 큰 분야는 정신분석 분야이다. '대화치료'의 기본 개념은 프로이트에서 유래를 찾을 수 있다. 전통적 정신분석을 하고 있지 않는 심리치료자라 하더라도 치료회기에서는 자유연상(치료의 한 부분으로 떠오르는 것, 아무것이나 말하는 것) 혹은 전이(대인관계의 문제를 치료사와 함께 재창조하는 것)와 같은 정신분석적 개념을 활용한다.

정신분석이 영향을 미치고 있는 다른 분야는 연구 영역으로 프로이트 학설의 개념에 대한 관심이 부활한 것이다. 심리학자들은 무의식(Bornstein, 1999), 정신적 에너지(Baumeister et al., 2007), 방어기제(Cramer & Davidson, 1998) 등과 같은 분야에 다시 관심을 보이고 있다. 비록 프로이트 학설 전체를 지지하지 않는다 하더라도 연구자들은 일부 개념을 입증하는 경험적 연구 결과를 찾고 있다.

세 번째 분야는 대중문화에서 찾을 수 있다. 프로이트의 개념 중 다수가 일상 언어와 자기 자신, 타인의 행동을 이해하는 논리에 통합되어 있다. 예를 들어 "그 사람은 권위에 대한 갈등이 있기 때문에 선생님과 잘 지내지 못해."라는 말은 프로이트 학설에서 비롯된 것이다. 누군가 현재 겪고 있는 문제가 제대로 양육받지 못했기 때문이라고 한다면 이 역시도 프로이트적 해석이다. 어떤 사람이 성적으로 심리적 갈등이 있어 데이트를 피하고 다른 활동에 모든 시간을 쏟고 있다고 생각한다면 이것도 프로이트적 주제에 따르는 것이다. 프로이트의 여러 발상이 행동에 대한 일상적인 설명과 말에 들어 있기 때문에 우리는 스스로 느끼는 것에 비해 프로이트 이론에 대해 더 많이 알고 있을 것이다.

마지막 이유는 아직도 심리학자들이 고심하고 있는 많은 주제와 질문의 토대에 프로이트 이론이 깔려 있기 때문이다. 그는 연속된 발달적 사건에 의해 성격이 형성된다고 하였다. 그리고 내부 갈등을 푸는 방법을 고안해냈다. 성격의 근본적 구조를 제안하였고 이러한 요소들 사이의 주요 역동 관계가 무엇인지에 대해 기술하였다. 그는 마음이 그 자체로는 의식되지 않는다고 하였다. 이러한 모든 발상은 현대 심리학자들의 연구 분야로 이어져 오고 있다.

프로이트는 인간 본성을 이해하기 위해 흥미롭고, 영향력 있고, 논란거리가 많은 이론을 제안하였다. 그 결과 이 이론이 현재 성격 연구에서 큰 역할을 하지 못하더라도 성격에 대해 배우는 사람이라면 누구도 이 이론을 지나칠 수 없다. 정신분석 이론의 일부는 여전히 현재 성격 연구와 이론의 다양한 부분에 정보를 주고 있으며, 따라서 고전적인 프로이트의 이론과 현대적 수정본을 잘 살펴보는 것은 가치 있는 일이다.

프로이트의 공헌에 대한 평가

프로이트의 성격이론은 현대 성격심리학자들 사이에서 많은 논란을 일으켰다. 일부 성격심리학자들(Eysenck, 1985; Kihlstrom, 2003b)은 정신분석 이론이 폐지되어야 한다고 주장한다. 또 다른 심리학자들은 정신분석이 건재한 상태라고 주장한다(Westen, 1992, 1998; Weinberger, 2003). 정신분석 이론의 정확도, 가치, 그리고 중요성에 대한 의견은 학자에 따라 극적으로 다르며, 정신분석의 가치에 대한 토론은 종종 격렬한 논쟁을 불러일으킨다(Barron, Eagle, & Wolitsky, 1992).

정신분석을 둘러싼 논란은 Newmann과 Larsen(2011)이 쓴 *Taking Sides: Clashing Views in Personality Psychology*에서 다루고 있다. 이 책은 좋은 보충 자료가 될 것이다. 한쪽 극단에는 정신분석이 프로이트에 의해 제기된 거대한 사기이며 전혀 가치가 없다는 비평가들이 있다. 다른 쪽 극단에는 최근 수 세기 동안 인간 본성에 대한 가장 완벽한 이론이라고 주장하는 지지자들이 있다. 아마도 진실은 극단적 입장의 중간 어디쯤에 있을 것이다.

정신분석 지지자들은 프로이트의 이론이 서양 사상에 중대한 영향을 미쳤다고 주장한다. 정신분석의 많은 용어들(원초아, 자아, 초자아, 오이디푸스 콤플렉스, 남근 선망, 항문기 등)은 우리의 일상 언어에 들어와 있다. 심리학뿐 아니라 사회학, 문학, 미술, 역사, 인류학, 의학 등에서도 중요한 역할을 하였다. 프로이트의 저서는 심리학 분야의 문헌 중 가장 자주 인용되었다. 이후에 이루어진 학문발달의 많은 영역이 프로이트가 깔아 놓은 토대를 빌려 오거나 그 위에 세워졌다. 프로이트는 현대 성격심리학의 형태를 다듬었고 반세기 동안의 발전 과정을 거쳐왔으며, 심리성적 발달에 대한 이론은 발달심리학의 태동에 중요한 역할을 하였다. 불안, 방어, 무의식에 대한 견해는 현대 임상심리학의 많은 분야에서 수정된 형태로 나타난

고전적 프로이트 이론에 따르면 인간 본성은 성과 공격성이라는 이중의 동기에서 동력을 받는다. 이러한 동기는 현대 문학, 영화, 비디오 게임, 인터넷 콘텐츠에 잘 녹아 들어가 있다.

출처 : ⓒ David McNew/Getty Images News/Getty Images

다. 그가 개척한 심리치료 기법은 수정된 형태이기는 하지만 자주 활용된다. 현대의 치료자들이 카우치를 버렸지만 그들은 아직 환자들의 꿈, 자유연상에 대해 묻고 저항의 형태를 확인하고 해석하며, 전이를 통해 작업한다. 만약 프로이트가 성과 공격성을 지나치게 강조했다고 생각한다면, 인기 있는 영화, 폭력적인 비디오 게임, 인터넷 포르노의 확산 등을 돌아보는 것만으로도 그의 이론이 어느 정도 맞는다는 것을 알 수 있다.

정신분석 비평가들 또한 설득력 있는 논리를 갖고 있다(Kihlstrom, 2003b). 그들에 의하면 프로이트의 이론은 역사적 가치만을 갖고 있으며, 성격심리학의 현대적 연구 분야에 대해서는 그다지 유용한 정보를 주지 못한다고 한다. 연구 결과를 출판하는 주류 학술지에 고전적 정신분석과 직접 관련이 있는 것은 아주 적다. 비평가들은 정밀한 조사 없이는 과학적인 기반에서 그 가치를 공정하게 평가받지 못할 것이라고 주장한다. 프로이트는 정신분석의 타당성을 인정받는 데 있어서 실험이나 가설 검증이 필요하다고 믿지 않았다(Rosenzweig, 1994). 과학적 방법은 이론의 오류를 증명하기 위해 이루어지기 때문에 자기 수정적인 과정이다. 만약 정신분석이 과학적으로 검증되지 않는다면 그것은 반박의 대상이 아니며, 단순히 과학적으로 지지받지 않을 뿐이라고 하였다. 그 결과 일부 심리학자들은 정신분석이 과학적 사실이라기보다는 신념의 문제라고 주장한다.

정신분석에 대한 또 다른 비판은 이것을 토대로 세워진 증거의 속성과 관계가 있다. 프로이트는 주로 사례연구 방법에 의존하였고, 그가 연구한 사례들은 그의 환자들이었다. 누가 그의 환자들이었는가? 그들은 프로이트와 잦은 회기를 할 만큼 시간이 많고, 청구서를 지불할 만큼 소득이 많은 부유하고, 교육 수준이 높고, 말이 많은 여성들이었다. 그의 관찰은 치료회기 동안에만 이루어졌다. 이러한 것들은 협소한 부분에 대해서만 얻어진 제한된 관찰에 한정되어 있다. 이러한 관찰을 통해 프로이트는 인간 본성에 대한 보편적인 이론을 구성하였다. 그는 관찰의 원자료가 아닌 자료에 대한 해석을 증거로 제공하였다. 가공되지 않은 데이터를 제공하여 결과를 다른 이들이 점검하고 확인할 수 있게 한 과학자들과는 다르게 프로이트는 환자들의 행동 그 자체를 보고하거나 묘사하는 대신 환자들의 행동에 대한 자신의 해석을 사용했다. 만약 가공되지 않은 관찰이 가능하다면 사람들이 프로이트와 같은 결론을 내릴지 알 수 없는 일이다. 오늘날의 정신분석은 근거로 쓸 수 있도록 치료회기를 녹음할 수도 있다. 그러나 녹음되고 있다는 것을 아는 환자들이 자연스럽게 반응하기 어렵다는 분석가들의 주장 때문에 이런 경우는 드물다.

프로이트 이론의 특정한 부분에 대한 의견 차이도 있다. 예를 들어 프로이트가 자신의 발달이론에서 성적 욕구를 지나치게 강조한 것은 부적절하며, 그의 집착을 보여주고, 실제의 발달보다는 그가 살던 시대를 반영한다고 믿는 사람들이 많다. 어떤 사람들은 프로이트가 말한 것처럼 성격발달이 5세경에 거의 끝난다는 개념에 동의하지 않는다. 이들은 사춘기나 성년기 동안에 엄청난 성격 변화가 일어날 수도 있다는 것을 지적한다. 다음 절에서 우리는 프로이트의 발상을 기반으로 하지만 확장된 성격발달 이론에 대해 살펴볼 것이다. 무의식에 대한 현대적 견해와 대인관계의 중요성을 포함한 다른 현대 정신분석적 견해에 대한 쟁점들도 검토할 것이다(Kihlstrom, Barnhardt, & Tataryn, 1992).

어떤 심리학자들은 인간 본성에 대한 프로이트의 견해에 전적으로 이의를 제기한다. 프로이트의 이론은 인간의 본성이 폭력적이고, 성적이고, 자기 중심적이며, 충동적이라고 본다. 또한 초자아를 통한 사회 억제적 영향이 없다면 인간은 자멸할 것이라고 주장하였다. 다른 심리학자들은 인간 본성에 대해 더 중립적이거나 긍정적인 속성을 주장한다. 마지막으로 프로이트가 여성에 대해 갖고 있는 견해는 남성에 비해 열등하다는 것이다(Kofman, 1985). 그는 여성의 초자아는 남성보다 약하기 때문에(낮은 도덕성은 여성들을 더 원초적으로 만든다) 여성들의 문제는 남성보다 치료하기 어렵다고 하였다. 또한 일반적으로 여성들은 남성처럼 되고 싶어 하는 무의식적 소망이 있다고(엘렉트라 콤플렉스에서 남근 선망 요소) 주장하였다. 페미니스트 학자들은 프로이트가 남성이 지배하는 사회에서 여성에게 배정된 역할과 실제 능력 및 억압된 잠재력 사이에서 혼란을 겪었다고 비판하고 있다. 프로이트에 대한 페미니스트의 비판을 살펴보려면 *Feminism and Psychoanalytic Theory*(Chodorow, 1989)가 도움이 될 것이다.

정신분석적 접근 : 현대의 쟁점

다음은 1994년 캘리포니아 법원에서 판결한 판례이다(Ramona v. Isabella, California Superior Court, Napa, C61898). 판례는 1999년 존스턴에 의해 상세히 묘사되어 있다.

홀리 라모나는 폭식증으로 상담치료를 받는 23세 여성이었다. 그녀의 치료자 마르체 이사벨라는 홀리 라모나에게 폭식증이 있는 여성은 다수가 어린 시절에 성적 학대를 당한 적이 있다고 말했다. 치료 과정 중 최면 약물(소듐 아미탈)을 주기도 했으며, 홀리 라모나는 어린 시절에 있었던 성적 학대 사건을 기억해내기 시작하였다. 치료자의 유도심문에 따라 홀리는 5세에서 7세 사이에 아버지가 반복적으로 그녀를 강간했다는 기억을 '복구'하기 시작했다. 치료자는 소듐 아미탈은 '자백제'이기 때문에 그 약의 효과로 성적 학대를 기억해냈다면 그것은 실제로 일어났을 것임에 틀림없다고 그녀에게 말했다.

홀리의 아버지인 개리 라모나는 딸의 비난에 심하게 충격을 받았다. 홀리가 근친상간 혐의를 밝혔을 때 그의 아내는 그와 이혼했고, 나머지 가족들은 그를 떠났으며, 보수가 많은 큰 와이너리 경영진 자리도 잃었고, 지역사회에서의 평판도 망쳤다. 라모나 씨는 결백을 주장하였고, 딸에게 근친상간의 거짓 기억을 심은 치료자들을 고소하였다.

이처럼 전례 없는 사건에 대해 개리 라모나는 그와 그의 가족들에게 미친 피해에 대해 치료자들을 고소하기로 결정했다. 그에게 강간당했다는 기억이 그녀의 폭식의 원인이며, 당시 일을 기억해내기 전까지 좋아질 수 없다는 계속된 암시를 통해 만들어진 것이라고 비난했다. 라모나 씨는 이러한 거짓 기억을 심은 것은 치료자의 업무상 과실이라고 생각했기 때문에 의료 과실 소송을 제기했다.

치료자들은 개리 라모나가 자신들의 환자가 아니었기 때문에 의료 사고 소송에 대해 법적 근거를 갖고 있지 않다고 주장했다. 그러나 중요한 분기점이 된 판결에서 판사는 환자의 가

1994년 3월 24일, 개리 라모나(왼쪽)와 그의 변호사가 부적절한 암시와 약물을 이용해 그의 딸에게 성추행 기억을 심은 치료자를 고소했고 재판을 위해 나파 카운티의 고등법원으로 걸어가고 있다.

출처 : ⓒ Al Francis/AP Images

족으로서, 치료자들의 의료 과실 혐의에 의해 큰 영향을 받은 한 사람으로서 라모나 씨는 의료 과실 소송을 제기할 권리가 있다고 하였다.

　7주 동안 이어진 재판 동안 라모나 씨는 딸을 학대했다는 것을 부정했고, 반면 홀리는 어린 시절에 그가 여러 차례 그녀를 강간했다는 주장을 반복하였다. 이 사건은 어떤 사람의 말이 다른 사람의 말과 상반되는 전형적인 사건으로 보였다. 이러한 사건에서 흔히 있는 일이지만 문제 해결을 위해 전문가가 소환되었다. 유명한 기억 연구자이자 심리학자인 엘리자베스 로프터스(Elizabeth Roftus)는 재판에서 "1년 동안 강간당하고, 그에 대해 완전히 잊을 수 있다는 근거는 없다."라고 진술했다. 법적 문제를 주로 다루는 정신과 의사 파크 디에츠(Park Dietz)는 홀리 라모나가 학대당했다는 것을 기억해냈음에도 불구하고 처음에 누가 학대했는지에 대해서는 기억해내지 못했다고 증언했다. 소듐 아미탈을 복용한 후에만 대답했으며, 그동안 치료자들은 홀리에게 학대자가 아버지라고 암시했으며, 그녀는 학대자가 그녀의 아버지라고 '기억'했다. 심리치료사이자 심리학자이며 최면에 대한 권위자인 마틴 오른(Martin Orne) 또한 소듐 아미탈이 주입된 상황에서 이루어진 면담은 "본질적으로 믿을 수 없는 것"이며, "홀리 라모나의 기억은 무엇이 진실인지 알지 못할 만큼 너무나 왜곡되어 있다."고 증언했다. 마침내 하버드 심리학 교수인 해리슨 포프(Harrison Pope)는 홀리 라모나가 "조잡하고 부주의한 치료를 받았고, 끔찍한 결과가 초래되었다."고 하였다.

　배심원단은 치료자들이 의료 과실에 대해 유죄이며, 라모나 씨에게 피해 보상금으로 475,000달러를 지급하라고 결정했다. "학대에 대한 거짓된 기억의 메시지를 보내려는" 시도가 있었다는 배심원 대표의 판결문은 언론에 공개되었다. 라모나 씨의 변호인은 이 판결이 다른 치료자들, 특히 성인의 심리학적 문제가 억압된 어린 시절의 트라우마의 결과라고 믿는 치료자들에 대한 경고라고 하였다. 치료자 마르체 이사벨라는 이 판결을 "정신건강 전문가에 대한 일격"이라고 묘사하면서 "억압된 기억들은 사실이다."라고 주장하였다.

이 사건은 이 장 처음에 서술된 차이트 교수의 사건과 왜 다른 결과가 나왔을까? 두 사건 간의 주요한 차이점은 로스 차이트는 그의 복구된 기억을 지지해주는 상당히 확증적인 증거가 있었다는 것이다. 홀리 라모나와 달리 로스 차이트의 기억은 다른 많은 사람들의 증언과 가해자 스스로의 자백을 녹음한 자료를 통해 입증되었다.

그렇지만 우리의 무의식이 끔찍한 사건에 대한 기억을 묻을 수 있고, 수십 년 후에 이 기억들을 정확히 되찾을 수 있다는 정신분석적 개념에 대해 이런 사건이 시사하는 것은 무엇일까? 하나의 사건으로는 무의식에 의해 억압된 어떤 것도 증명하지 못한다. 사람들은 모든 종류의 사건들을 잊는다. 지난주 화요일 저녁에 무엇을 먹었는지 기억할 수 있는가? 제대로 된 단서를 주면 정확하게 기억할 수 있는가? 다른 단서를 준다면 지난주 화요일 저녁에 무엇을 먹었는지에 대해 잘못된 기억을 할 수 있는가?

보통의 망각과 억압된 것과의 차이는 무엇인가? 억압에 대한 믿을 만한 과학적 증거가 있는가? 홀리 라모나의 사건처럼 실제로 일어나지 않은 사건을 '기억'하도록 할 수 있는가? 이러한 질문에 대답하기 위해 신-정신분석 운동으로 알려진 최근의 정신분석적 접근법을 알아보자.

신-정신분석 운동

전통적인 정신분석은 1900년대 초반에 프로이트에 의해 개발된 인간 본성에 관한 상세하고 포괄적인 이론이다. 프로이트의 아이디어 중 여러 가지 발상들은 구시대 것이 되었지만 현대의 정신분석가 Drew Westen(1998)은 시대에 뒤떨어진 것이 될 수밖에 없다고 주장한다. 프로이트는 1939년에 죽었고, "자신의 이론을 천천히 수정해 나갔다."(p. 333) Westen은 "프로이트는 엘비스 프레슬리처럼 수년 전 죽었음에도 여전히 자주 인용된다."(p. 333)고 유머스럽게 말했다. 오늘날 프로이트의 발상 중 여러 가지는 더 이상 최상의 것은 아니지만 일부는 다른 학자들에 의해 수정되고 발전되었다.

예를 들어 Westen(1990, 1998)은 현대 정신분석의 가장 적극적인 지지자 중 한 명이다. Westen은 프로이트의 과학적 유산에 대한 저술에서 현대 정신분석가들은 더 이상 원초아, 초자아, 억눌린 성욕에 대해 많이 쓰지 않아야 한다고 주장한다. 그뿐만 아니라 치료를 잊혀진 기억을 찾는 고고학적인 탐험에 비유하지 말아야 한다고도 했다. 대신 친밀감을 맺는 데 어려움을 겪거나 잘못된 만남에 쉽게 빠져드는 것과 같은 아동기 관계의 양상이나 성인기에 겪는 대인갈등에 주목해야 한다고 하였다(Greenberg & Mitchell, 1983). Westen(1998)은 현대 정신분석의 원칙을 다음과 같이 다섯 가지로 정의하였다.

1. 프로이트가 제안한 무의식이 인간 정신의 모든 영역에 영향을 미치는 것은 아니지만

삶에 커다란 역할을 한다.

2. 행동은 감정, 동기, 생각과 같은 정신적 처리 과정 중에서 발생한 갈등의 타협을 반영하는 경우가 많다(Westen & Gabbard, 2002a).

3. 어린 시절은 성인기의 대인관계 형성에 있어서 매우 중요한 역할을 한다.

4. 자기 자신과 인간관계에 대한 정신적 표상은 대인관계의 상호작용에서 가이드 역할을 한다(Westen & Gabbard, 2002b).

5. 성격발달은 성적인 감정이나 공격적인 감정을 조절하는 것뿐만 아니라 타인과의 관계에서 미성숙하고 의존적인 방법에서 성숙하고 독립적인 인간관계 유형으로 변화하는 것까지를 포함한다.

신-정신분석 관점은 널리 통용되고 있으며, 일부 영역에서는 본래의 프로이트 이론보다 경험적인 입증이 더 많이 이루어졌다. 정신분석의 최근의 주제를 알아보기 위해 억압과 기억에 대해 살펴보자.

억압과 기억에 대한 최근 연구

동기화된 억압에 대해 학자들의 의견은 서로 대립된다. 임상적 문헌의 논평 중 하나는 "억압의 증거는 압도적이고 명백하다."(Erdelyi & Goldberg, 1979, p. 384)고 결론 내렸다. 또 같은 문헌의 다른 논평에서는 "억압의 개념은 아직 실험적 연구로 입증되지 않았다."(Holmes, 1990, p. 97)고 판단했다.

심리학 교수이자 세계적으로 유명한 기억 연구자인 엘리자베스 로프터스는 복원된 기억의 진위성에 대해 가장 많은 연구를 하였다. 로프터스는 억압된 기억에 대한 논쟁에 가장 많이 관여했고, '억압된' 그리고 '회복된' 성폭행 기억의 개념이 과학적으로 어떤 위치에 있는지 간결하게 요약했다(Loftus, 2009).

그녀는 '억압된 기억의 진실'(Loftus, 1993)이라는 제목의 논문에서 중요한 사건에 대한 기억을 갑자기 회복한 여러 사람의 사례에 대해 논하였다. 그들 중 몇몇은 진짜 기억임이 밝혀진 반면 다른 사람들은 거짓이거나 부정확한 기억이었다. 그러나 홀리 라모나의 기억이 거짓으로 밝혀졌다고 해도 복구된 모든 기억이 **거짓 기억**(false memories)이라고 결론 지어서는 안 된다고 하였다. 앞에서 언급한 로스 차이트의 사건이 진실로 밝혀졌다고 해서 복구된 모든 기억이 진짜라고 가정해서도 안 된다. 로프터스는 부정확하거나 거짓된 기억을 만들어내는 과정에 대해 알아내는 것이 더 중요하다고 하였다.

사람들이 거짓 기억을 갖게 하는 데 영향을 주는 요인 중에 하나는 대중서이다. 다수의 대중서가 학대 피해자의 안내서가 될 수는 있다. 이것들은 학대의 고통스러운 기억과 함께 살아가는 사람들에게 일종의 위로가 될 수 있다. 때때로 이러한 기억이 없는 사람들에게는 그들이 학대당한 기억이 없음에도 학대가 있었을 수도 있다는 강한 암시를 준다. 이런 유형에 속하는 대중서인 **치유를 위한 용기**

엘리자베스 로프터스 교수는 라모나 재판에서 증언했고, 억압된 기억에 대한 논쟁에서 다수의 과학적 정보를 제공했다.

출처 : ⓒ Don Shrubshell, Pool/AP Images

(Boss & Davis, 1988)에는 이런 글이 나온다.

> 당신은 아마 기억이 없다고 생각할 것이다…. "나는 학대당했어."라고 말하기 위해서 당신은
> 법정에 설 수도 있다는 회상을 할 필요는 없다. 당신이 학대당했다는 인식은 때로 사소한 감정,
> 직감에서 시작된다…. 당신의 느낌이 맞다고 가정하라…. 만약 당신이 학대당했다고 생각하고
> 당신의 삶에서 증상이 나타난다면 당신이 맞는 것이다.(p. 22)

치유를 위한 용기에서 말하는 학대로 인한 증상들은 무엇인가? 이 책에는 낮은 자존감, 자기파괴적 생각, 우울감, 성기능 장애와 같은 것들이 열거되어 있다. 이 책은 특정한 기억이 없음에도 불구하고 많은 사람들이 학대당했었다고 결론 짓는다는 강한 메시지를 준다. 그러나 낮은 자존감, 우울감, 성기능 장애에는 다양한 원인이 있다. 또한 이러한 증상들은 공포증이나 불안증 같은 다른 많은 정신적 장애들과도 연관이 있고, 이런 장애들은 분명 학대당한 과거가 없어도 생길 수 있다.

이런 인용문은 어떤 사람들로 하여금 자신이 학대당했었음에 틀림없다는 잘못된 기억에 대한 강한 암시를 준다. 이렇게 생각하기 시작한 사람은 설득력 있고 일관성 있는 학대 이야기를 만들기 위해 세부사항들을 채워 넣을 수 있다. 로프터스(1993)는 자신의 실험을 통해 교통사고 영상을 본 뒤 바로 질문을 받은 참가자들은 영상에 정지 신호가 없음에도 불구하고 차 한 대가 정지 신호에 달렸다고 결론 짓도록 유도될 수 있다는 점을 입증했다. 그리고 참가자들은 더 많은 질문을 통해 참가자들이 차가 정지 신호에도 달렸기 때문에 책임이 있다고 확신하게 되었다(Bernstein & Loftus, 2009).

거짓 기억들의 원인이 되는 또 다른 요인은 치료자의 행동이다. 로프터스는 치료자가 그녀의 우울증은 어린 시절 성폭행에서 비롯된 것이라고 결론 내린 후 자신에게 편지를 쓴 여성에 대해 말한다. 환자는 학대에 대한 기억이 없음에도 불구하고 자신의 치료자가 진단에 대해 확신했다고 말했다.

환자는 자신이 사건을 기억할 수가 없어도 이런 끔찍한 일이 있었다는 것을 이해할 수 없다고도 했다. 로프터스는 아버지의 자살로 심란해서 치료자를 찾아간 한 남자를 통해 또 다른 경우를 이야기했다. 환자는 삶에서 겪었던 고통스러운 사건들에 대해 이야기했지만 치료자는 계속해서 뭔가 다른 것이 있을 것이라고 했다. '다른 무언가'에 대해 알지 못했기 때문에 환자는 더욱 우울해졌다. 그러자 치료자는 "당신은 내 환자 중 종교적 학대 피해자와 같은 유형의 특징을 보입니다."라고 말했다(Loftus에서 인용, 1993, p. 528).

치료는 환자가 자신의 어린 시절을 회상하도록 하기 위해 다양한 기법을 사용한다. 최면은 환자들이 이완되고 암시에 의해 유도된 최면 상태와 같은 가수 상태에서 자유롭게 어린 시절 경험을 회상하도록 하는 데 쓰이는 방법이다. 그러나 다수의 과학적 연구에 따르면 최면은 기억을 향상시키지 않는다(Nash, 1987,1988). 이것은 최면 상태의 목격자들의 증언이 왜 재판소에서 쓰이지 않는지를 설명해준다. 최면 상태의 목격자들은 최면에 빠지지 않은 목격자에 비해 사실을 더 정확하게 회상하지는 못한다(Kihlstrom, 2003c; Wagstaff, Valla, & Perfect, 1992). 사실상 최면은 기억의 왜곡을 증가시키는 것 같다(Spanos & McLean,

자세히 보기

그래서 당신은 거짓 기억을 원한다

15개의 단어를 주의 깊게 들은 후 여기에 대해 시험을 보는 심리 실험에 참여했다고 상상해보자. 단어는 침대, 휴식, 각성, 피곤, 꿈, 기상, 낮잠, 담요, 졸음, 잠, 코골이, 수면, 평화, 하품, 그리고 나른함이다. 이제 단어 목록을 덮고 다음의 단어들이 목록에 있었는지 표시를 해보아라.

	목록에 있는가?	
	그렇다	아니다
낮잠	——	——
어머니	——	——
침대	——	——
TV	——	——
잠	——	——
의자	——	——

당신이 다른 사람들과 비슷하다면 당신은 잠이라는 단어에 그렇다고 체크했을 것이다. 목록에 잠이 있을 것이라고 너무 확신해서 이 단어가 목록에 없음에도 실험자에게 항의하는 사람들이 상당히 많다. 그러므로 만약 당신이 그렇다고 체크했다면 기억을 회상할 때 잠이 목록에 있었다는 것을 의미하는 것이고, 진짜로 잠이라는 단어를 보았다고 기억한다면 그것은 거짓 기억을 가졌다는 의미가 된다. 약 80%의 정상 피실험자들에게 본래 목록에 잠이 있었다고 믿는 거짓 기억이 유발되었다(Roediger, Balota, & Watson, 2001; Roediger, McDermott, & Robinson, 1998).

이 절차는 심리학자 Henry Roediger와 Kathleen McDermott(1995)에 의해 개발되었다. 그들은 기억의 **활성화 확산**(spreading activation) 모형에 근거해서 이 같은 기법을 고안했다. 이 기억 모형은 정신적 요소들(단어나 이미지 같은)이 기억 속의 다른 요소들과의 연상에 따라 저장되도록 한다는 것이다.

예를 들어 대부분 사람들의 기억 속에서 의사는 간호사와 개념 간의 밀접한 연관 또는 유사성으로 연상된다. 이 두 개념 간의 심리적 연상은 쉽게 입증될 수 있다. 문자의 나열(의사)이 단어인지 아닌지를 인식하는 속도는 연관된 개념(간호사)이 선행되었을 때가 관련 없는 단어(탁자)일 때보다 더 빠르다. 즉, 기억 속에서 간호사가 활성화되면 관련 네트워크를 따라 퍼지고 관련된 다른 개념들(의사 같은)을 활성화하여 더 빨리 알아차리도록 한다는 것이다.

이것이 어떻게 잠에 대한 거짓 기억을 설명할 수 있을까? 잠은 당신의 기억 속에서 침대, 휴식, 각성, 피곤, 꿈, 기상, 낮잠, 담요, 졸음과 같은 다른 단어들과 연관관계를 형성하면서 저장된다. 이 연관관계는 [그림 6.4]에 묘사되어 있다.

앞의 목록에 있는 단어들이 활성화되면 회상 목록(잠)의 주요 개념이 기억의 네트워크에 떠오르거나 점화된다. 잠(예 : 침대, 휴식, 피곤…)이라는 단어가 활성화되면 관련 단어들이 요약되어 이후에 잠의 개념을 더 빨리 기억하고 알아차릴 수 있도록 만든다.

또한 연구자들은 거짓 기억의 가능성은 주요 단어(예 : 잠)와 관련된 단어의 개수와 관련이 있다고 하였다. 목록 내에 있는 주요 문항들 간의 연합 강도를 합친 것이 거짓 회상 정도를 결정한다는 것이다. 연합 강도는 침대와 같은 단어에 대해 질문을 받았을 때 잠이라는 주요 단어가 얼마나 자주 사람들의 머릿속에 떠오르는지에 따라 결정된다.

심리학자들은 거짓 회상의 가능성을 결정하는 것은 모든 다양한 단어의 연관성과 목록 내 단어들의 주요 단어에 대한 연합 강도의 합이라고 결론 내렸다(Roediger et al., 2001).

이 같은 사안은 거짓 기억들에 대한 정신분석적인 발상과 어떤 관련이 있을까? 첫 번째, 과학적 입증을 중시하는 대부분의 인지심리학자들로 하여금 거짓 기억이 일어날 수 있음을 알려준다. 앞서 입증된 연구 결과는 인간이 **구성적 기억**(constructive memory)을 갖는다는 것을 시사한다. 즉, 기억은 무엇인가를 기억해내는 데 있어서 다양한 방식(더하거나, 빼거나 등등)으로 기여하거나 영향을 준다. 인간의 기억은 원래 그대로의 것이지만 과거의 객관적인 사실을 회상하기보다는 실수를 하기도 쉽고, 오류가 발생하거나 변형될 수도 있다. 변형은 서로 강한 관련성을 가진 요소들이 반복적으로 모였을 때 일어나기 가장 쉽다. 이런 상태에서는 새로운 요소가 나타나지 않아도 사람들은 관련된 무엇인가를 알아차리거나 회상하기 쉽다. 예컨대 어떤 사람이 심문을 받는 동안 사건에 대해 반복적으로 다양한 측면에서 질문을 받는다고 상상해보자. 그리고 몇 시간 후 처음의 정보와 관련되었으나 새로운 무엇인가에 대해 질문을 받는다고 해보자. 아마도 이 사건이 실제로 일어나서라기보다 이전에 주어진 정보들과 이 사건이 연관이 있기 때문에 새로운 사건을 일어난 것으로 회상하기 더 쉬울 것이다. 이 같은 과정은 단어 목록에 대한 순수한 인식의 실수가 어떻게 홀리 라모나의 사건 같은 더 크고 극적인 거짓 기억을 발생하게 하는지 이해할 수 있도록 한다.

(계속)

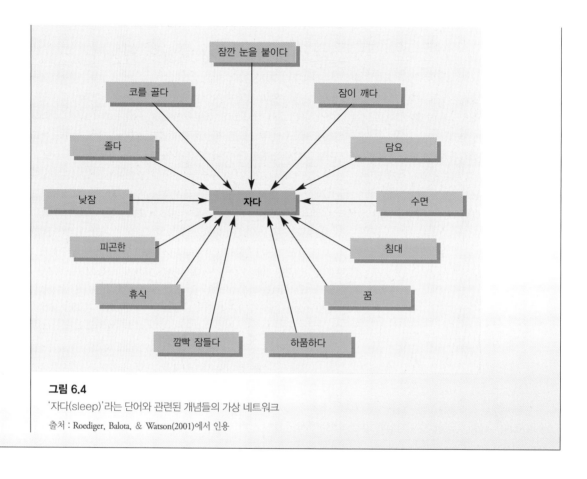

그림 6.4

'자다(sleep)'라는 단어와 관련된 개념들의 가상 네트워크

출처 : Roediger, Balota, & Watson(2001)에서 인용

1986). 어떤 사건에서 피암시성이 높은 사람이 최면 상태에 빠졌을 때 저지르지 않은 범죄의 '기억들'을 만들어냈다는 보고가 있다(Ofshe, 1992). 때때로 사람들은 최면 상태에서 상상력이 더 풍부해지고, 더 감정적이 되며, 종종 비정상적인 신체 감각을 경험하기도 한다(Nash, 2001). 최면 상태에서 어린 시절로 되돌아간 후 사람들은 기이한 우주선과 함께 외계 생명체에게 납치되었다고 기억해낸다는 보고도 있다(Loftus, 1993).

로프터스와 동료들은 심리치료 중에서 거짓 기억을 만들어내는 데 기여하는 기법에 주목해 왔다(Loftus, 2000; Lynn er al., 2003). 최면의 사용, 암시를 주는 면담, 증상을 과거의 트라우마의 징후로 해석하는 것, 트라우마를 회상하도록 권위적인 인물로서 압력을 가하는 것, 그리고 꿈의 해석 등이 있다. 이러한 기법들은 실제로 일어나지 않은 사건을 기억하도록 만들 수 있다(Tsai, Loftus, & Polage, 2000). 로프터스와 동료들은 실험 연구를 통해 다양한 사건에 대해 상상하게 하는 것은 이후 사건을 좀 더 친숙하게 느끼도록 만들고, 상상의 사건이 실제 일어났던 것처럼 느끼도록 더 정교한 기억을 갖게 된다는 것을 입증하였다(Thomas, Bulevich, & Loftus, 2003). 기억이 상상을 거쳐서 정교해질 때 상상 속의 사건과 실제 사건을 혼동하게 만드는 이런 효과를 **상상 팽창 효과**(imagination inflation effect)라고 한다. 예를 들어 어렸을 때 미키마우스와 악수를 했었다는 것을 암시하는 광고를 보여주면 이후 사람들은 어렸을 때 미키와 악수를 했었다는 확신을 하게 된다. 다른 연구의 연구자들은 사람들에게 벅스 버니와 악수를 했다는 상상을 한 뒤 비슷한 효과가 나타난다는 것을 확인했다 (Braun, Ellis, & Loftus, 2002). 벅스 버니와의 악수를 했다는 것처럼 특별한 일도 그 일에 대해 상상하게 하면 실제로 일어났었을 것이라는 잘못된 확신을 갖게 할 수 있다. 로프터스와 다른 연구자들은 법정에서 억압된 기억을 증거로 허용할 것인지에 대해 이 연구가 시사하는 바가 무엇인지를 지적했다(Hyman & Loftus, 2002; Loftus, 2003). 로프터스는 또한 피험자에게 사건에 대해 질문할 때 잘못된 정보에 노출시키는 방식으로 거짓 기억이 주입될 수도 있는 거짓 정보의 패러다임을 만들었다. 그녀는 이런 기법으로 개인적으로 아주 힘든 사건에서도 기억을 바꿀 수 있다는 것을 보여주었고(Morgan et al., 2012), 이들을 추적 관찰한 결과 이런 기억들은 1년 반이 지난 후에도 지속되는 것을 보여주었다(Zhu et al., 2012).

왜 어떤 치료자들은 환자들에게 거짓 기억들을 유도하는가? 많은 치료자들은 효과적인 치료는 반드시 환자의 억압된 기억들에 대한 극복과 고통스러운 과거를 극복하는 데서 비롯된다고 믿는다. 또한 치료자들은 다른 많은 사람들처럼 **확증편향**(confirmatory bias)에 영향을 받는다. 그들은 이전에 보던 것만 보려고 하고, 믿음을 거스르는 증거는 보지 않으려 한다. 만약 치료자가 어린 시절의 트라우마가 성인기에 보이는 대부분의 문제의 원인이라고 믿는다면, 그(또는 그녀)는 어린 시절 트라우마의 기억을 입증하려고 할 것이다. 그러면 남의 말을 잘 듣고 영향을 받기 쉬운 환자들은 현재의 어려움을 만들어낸 어린 시절에 일어났음에 틀림없는 어떠한 사건들을 상상하는 데 긴 시간을 보내게 된다. 그동안 치료자는 어린 시절 학대에 대한 기억을 회상하고 맞섬으로써 도움을 받은 다른 환자들의 이야기와 환자의 사례를 연관 짓는다. 어떻게 하면 좋아지는지에 대해 '권위'를 지닌 치료자는 환자가 만들어낼 수 있는 어떤 가능한 트라우마의 기억도 진짜임을 증명할 준비가 되어 있다. 이런 상태는 기억이 진짜가 아님에도 불구하고 치료자와 환자는 진실성에 대한 확신을 갖고 현실을 공유하는 상태이다.

그러나 이 같은 사실은 아동학대의 진실과 균형을 이루어야 한다. 설문조사에 따르면 아이들에게 가해지는 학대는 많다. 2006년 미국에서는 약 905,000명의 아이가 아동학대를 당했다. 이 중 64%는 방치, 16%는 물리적 학대, 9%는 성적 학대, 그리고 심리적 학대와 의료적 방치는 각각 9%였다. 한 해 동안 1,530명의 아이들이 학대와 방치로 사망한 것으로 추정된다. 사망자 중 78%는 4세 이전에 사망했다(미국 보건사회복지부, 2008)!

무의식에 대한 최근의 관점

동기화된 무의식이라는 개념은 전통적인 정신분석 이론의 핵심이다. 또한 대부분의 현대 심리학자들은 전통적인 정신분석 이론과 다른 형태이긴 하지만 무의식을 믿는다. 무의식 과정에 대한 연구로 심리학에 큰 영향을 준 사회심리학자 John Bargh(2005)는 "사람들은 때때로 자신의 행동 이유와 원인을 인식하지 못한다. 최근 실험적 증거는 의식적 인식과 행동을 관할하는 정신적 과정 사이에 깊고 근본적인 간극이 있음을 보여준다."(p. 38)고 하였다. Bargh는 대학생들에게 언어에 대한 실험이라고 알려준 뒤 서로 다른 단어들을 제시하는 실

자세히 보기

어린 시절의 성학대가 성인기 문제의 원인인가? 과학 논문에서 시작된 논란의 해부(Rind et al., 1998)

1998년, *Psychological Bulletin*에는 심리학자인 Bruce Lind, Phillp Tromovitch, Robert Bauserman이 저술한 '대학생을 대상으로 한 아동 성학대(CSA)의 추정에 대한 메타분석'이라는 논문이 실렸다. 저자들의 목표는 아동 성학대(child sexual abuse, CSA)가 남녀 모두에게 심한 또는 장기적인 정신적 피해의 원인이 되는지를 알아내는 것이었다. 그들은 대학생을 대상으로 이루어진 59개의 연구를 검토했다. 이 연구들의 메타분석 결과 평균적으로 CSA의 과거가 있는 경우 그렇지 않은 경우에 비해 적응 수준이 약간 낮다는 것을 찾아냈다. 그러나 불우한 가정 환경이 CSA 경험과 관련이 있는 것으로 나타나 CSA 단독으로 적응 문제(불우한 가정 환경과 독립적으로)의 원인이 된다고는 할 수 없었다. 저자들은 CSA가 더 심하고 오래 지속되는 정신적 피해의 원인인 것 같지는 않다고 결론 지었다.

이 논문은 수 년 동안 이어진 거센 논쟁의 발화점이 되었다. 대부분 사람들은 아동에 대한 성적 학대가 아동 학대처럼 장기간의 피해를 유발하기 때문에 나쁘다고 가정한다. 그러나 이 연구는 어린 시절의 성적 학대가 장기간의 상당한 피해를 준다고 보기 어렵다고 했다. 결과적으로 많은 사람들은 어린 시절의 성학대가 그리 나쁘지 않다는 주장에 분노해서 논쟁에 참여했다.

다른 집단은 또 다른 이유 때문에 격분했다. 정신분석적 성향을 가진 심리학자들은 성인기의 심리적 문제들은 어린 시절의 트라우마에 근거가 있다는 중요한 가정에서 시작했다. Lind의 논문은 성인기의 적응 문제들과 어린 시절의 성학대의 연관성이 약하다는 것을 보여줌으로써 중요한 가정에 반대하는 입장을 취하고 있다. 소아성애(아이와 성인 간의 성적 접촉)를 지지하는 단체들은 Lind의 논문을 그들의 웹사이트에 올리면서 열렬히 환영했고, 이 논문을 아이와 성인 간의 성적 관계가 허용될 수 있다는 자신들의 도덕적 입장을 지지하는 근거로 삼았다. 1999년, *Psychological Bulletin* — 미국 심리학회 — 의 편집자는 심리학회는 아동성애를 지지하지 않고, "아이에 대한 성적 학대는 잘못된 것이고, 피해자들에게 해롭다."는 성명을 발표했다. 1999년에 미국 하원 의회에서는 Lind와 동료들(1998)의 연구를 규탄하고 아이와 성인 간의 성행위는 본질적으로 '폭력적이고 파괴적'이라고 선언하는 결의안을 통과시켰으며, 상원 의회에서도 결의안은 만장일치로 통과되었다.

이 논쟁에 비추어 볼 때 Lind와 동료들의 연구에 대해 무엇이라고 말할 수 있을까? 저자들은 CSA가 해롭고 장기적인 문제를 일으킨다는 일반적인 가정에 맞섰다. 대부분의 문화는 성인이 아이와 성적 접촉을 갖는 것은 잘못되었다고 여긴다. 그러나 Lind와 동료들은 CSA의 '해로움'이 논쟁 중이기 때문에 그것의 '부당성'은 논의되어야 할 것이라고 주장했다. 다시 말해서 어떤 행동이 나쁜 결과를 초래하지 않을 수도 있기 때문에 우리는 정말 CSA가 잘못된 것인지에 대해 의심을 할 수 있다. 또한 저자들은 결과 해석에도 꽤 도발적인데, CSA에 대한 논의에 있어 피해자나 가해자, 심지어 학대라는 단어는 도덕과 관련되고 비과학적인 용어이므로 포함되어서는 안 된다고 주장했다.

Lind와 동료들의 논문에 대한 반박은 방법론적과 해석적인 유형으로 나뉜다. 방법론적인 측면에서 중요한 것은 대학생들 자료만을 분석했다는 것이다. 대학생 집단은 대학에 진학하지도 못할 만큼 심한 정신적 충격을 받은 CSA의 피해자들이 제외될 수 있다는 것이다. 또한 CSA의 이력을 가진 사람은 그렇지 않은 사람에 비해 대학에서 중퇴할 가능성이 클 수도 있다. 대학에 다니지 않는 사람들을 제외했기 때문에 Lind와 동료들(1998)은 성인기의 적응에 CSA가 미치는 영향을 실제보다 저평가했을 수도 있다. 방법론적인 측면에서는 CSA가 지나치게 넓은 범위를 포함한다는 점이 지적되었다. CSA는 강제적인 성행위부터 성관계를 하자는 말(실제로 성적 접촉이 없이)같이 '가벼운' 것까지 포함했기 때문에 Lind와 동료들은 진짜 CSA가 적응에 미치는 영향을 약화시켰을 수도 있다.

마지막 방법론적인 문제는 Lind와 동료들이 조사한 대부분의 연구들이 대학생들의 후향적인 자기보고식 정보에만 의존했다는 것이다. 더 효과적인(더 어렵기는 하지만) 방법은 최근 학대를 당한 아이를 파악해서 그들이 성인이 될 때까지 수 년에 걸쳐 추적관찰하고 적응 수준을 평가해 학대당하지 않은 대조군과 비교하는 전향적인 연구이다.

Lind와 동료들이 그들의 결과를 해석한 방식에 대해 다른 의견을 가진 사람도 있을 수 있다. 예를 들어 그들은 CSA와 불우한 가정 환경 간 연관이 있기 때문에 적응도가 떨어지는 결과의 원인이 CSA인지 알 수 없다고 주장한다. 그렇다면 불우한 가정 환경(다른 형태의 학대나 방치, 심한 다툼, 정신질환 등…)은 CSA의 유무와 상관없이 적응력 문제를 보일 수 있는 위험요인이 될 수도 있다. 그러나 Lind와 동료들은 불우한 가정 환경이 아동 성학대의 원인이 되었는지, 또는 결과가 되었는지에 대해서 심각하게 고려하지 않았다. 대부분의 연구들이 후향적인 자기보고에 기반해 이루어졌기 때문에 우리는 이 가능성 중 어떤 것이 불우한 가정 환경과 CSA 사이의 관계에 맞는 해석인지 알 수 없다(Lilienfeld, 2002).

또 다른 견해는 저자들이 CSA와 불안, 우울, 자살, 이혼, 편집증 같은 적응 결과의 관계가 '작다'는 말의 의미에 대한 것이다. 효과크기가 통계적으로 작다는 것의 정의 (예 : .30보다 작은 효과크기)를 따르는 것은 사실이다. 그러나 작은 효과일지라도 사람들에게는 매우 중요한 결과를 초래할 수 있으며, 다수의 사람들에게 영향을 줄 수도 있다. 또한 개인적으로 특정 유형의 증상을 더 심하게 보일 수 있지만 증상은 개인에 따라 다를 수도 있다. 즉, CSA 집단을 전체적으로 보았을 때 특정 증상이 아주 심하지 않더라도 개인적으로는 큰 고통을 겪을 수도 있다. 이런 이유로 통계적으로 도출된 효과의 크기가 임상적인 중요성을 충분히 반영하지 못할 수 있다.

해석에 대한 마지막 우려는 CSA가 아주 해롭지는 않다는 연구 결과가 CSA가 도덕적으로 범죄가 아니라고 암시한다는 점이다.

이것은 파멸에 이르는 길이다. 이러한 입장은 무엇인가가 나쁜 행동이기 위해서는 해롭다는 것을 보여주어야만 한다는 주장이다. 이런 입장은 도덕적 기준을 과학적 기준으로 대체하고, 과학은 단지 상관관계를 기록할 뿐 옳고 그름을 판단하지 않는다. 이것은 궁극적으로 무언가가 잘못되었다는 것을 어떻게 결정할 수 있는지에 대한 질문으로 압축된다. 법적인 입장에서 볼 때 나쁜 행동은 대부분의 사람들이 나쁘고 부적절하다고 느끼는 사회적인 표준에 의해 정해진다. 사회는 보통 아이들이 자신의 삶에 대해 이성적이고 현명한 판단을 내릴 수 없다고 믿는다. 예를 들어 미국 사회에서 아이들은 재무계약을 맺을 수 없고, 학교를 다닐지 말지에 대한 결정을 내릴 수 없으며, 의료적 시술에 대한 동의도 할 수 없고, 연구에 참여할 수도 없으며, 흡연이나 음주를 할 수 없다. 이러한 목록에 더해서 아이는 성관계를 허락할 수 없다는 사회적인 믿음이 있다. 아이와의 성적 행위를 부적절하다고 여기는 도덕적인 근거는 아이들은 자신이 무엇에 대

해 동의하는 것인지에 대해 알지 못하고, 성인이 결정을 강요할 때 동의 또는 거부할 수 있는 절대적인 자유가 없기 때문이라는 사회적 신념에 기반한다. 이러한 입장은 1999년 미국 심리학회 대표인 레이먼드 파울러가 국회의원 딜레이에게 보낸 공개 서한에서 "아이는 성인과의 성 행위에 있어서 동의할 수 없다." 그리고 그런 행동은 "해롭지 않고 수용 가능한 것으로 생각하거나 분류되어서는 안 된다."(미국 심리학회, 1999)라고 잘 요약되어 있다. 사회가 아이는 삶에서 결정을 내리기에 성숙하지 못하다고 믿기 때문에 그들의 미성숙함을 이용하려는 사람들로부터 보호받을 필요가 있다. 이러한 관점에서 Lind와 동료들의 논문 결과는 CSA가 나쁜 행동인지를 아닌지에 대해 적절하지 않다. 이 논문을 둘러싼 엄청난 논쟁은 연구 결과를 질책하기보다는 저자가 '해로움(harmfulness)'과 '잘못됨(wrongness)'을 혼동하여 과학을 도덕의 대체로 사용한 것에 있다.

험을 통해 자신의 아이디어를 입증했다. 참가자 중 절반에게는 '무례함'과 비슷한 뜻을 가진 단어가 제시되었고, 나머지 절반에게는 '예의 바름'과 비슷한 뜻을 가진 단어가 제시되었다. 실험이 끝난 후 참가자들은 다른 방에서 무례하게 또는 예의 바르게 행동할 수 있는 상황극에 참여하게 되었다. 참가자들은 언어 실험이 미칠 수 있는 영향에 대해서 알아차리지 못했으나 그럼에도 불구하고 상황극에서 '이전' 실험에서 노출된 단어들과 일치하는 태도를 보였다(Bargh, 2005). 대부분의 심리학자들은 무의식이 우리의 행동에 영향을 준다고 믿지만 프로이트처럼 무의식이 스스로 자율적인 동기를 가질 수 있다는 것에는 동의하지 않는다 (Bargh, 2006, 2008).

우리는 무의식을 **인지적 무의식**(cognitive unconscious)과 **동기화된 무의식**(motivated unconscious)의 관점, 두 가지 다른 시각으로 볼 수 있다. 인지적 무의식의 관점에서 우리는 알아차리지 않아도 정보가 기억 속으로 들어온다는 것을 쉽게 알 수 있다(Kihlstrom, 1999). 예를 들어 **역치하 지각**(subliminal perception)이라는 현상을 살펴보자. 스크린에 "콜라 사세요."라는 정보가 인식할 수 없이 빠른 속도로 비추어졌다. 즉, 번쩍거리는 것을 보았다고 말할 수 있지만 뭐라고 적혀 있는지는 구분할 수 없었다. 심지어 콜라라는 단어가 다른 단어 (예 : 집과 같은 단어)에 비해 가능성이 더 높은지조차도 추측할 수 없었다. 그러나 문자의

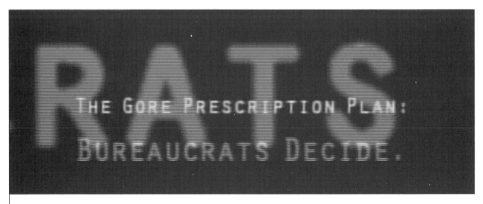

2000년 미국의 대통령 선거운동에서 공화당은 민주당의 상대편인 엘 고어의 의심스러운 모금 운동에 대한 광고를 내보냈다. 광고에서 고어에 대한 정보가 나오는 동안 RATS라는 단어가 알지 못하는 사이에 나타났다. 고어 선거팀은 이것을 발견하자 유권자의 의견에 영향을 끼치려고 역치하 자극을 제시한 부시의 선거운동에 격렬한 분노를 표현하고 공개적으로 맹비난했다. 부시는 이 같은 선전에 대해 어떠한 역할도 하지 않았다고 하였고, 부시 선거팀은 빠르게 광고를 취소하였다. 양 선거팀 모두 이러한 역치하 메시지가 유권자에게 폭넓은 영향을 미친다고 믿었다는 사실은 많은 사람들이 무의식적 동기부여를 믿는다는 것을 보여준다. 연구자들은 역치하 수준의 정치적 광고가 대중의 의견에 미치는 영향력에 대하여 논쟁 중이다(Weinberger & Westen, 2007).

출처 : © Reuters/Newscom

나열이 단어였는지 아닌지를 판단해달라고 한다면 당신은 아마도 콜라나 다른 탄산음료와 관련이 없는 다른 단어에 비해 **콜라**라는 단어를 더 빨리 판단할 것이다. 그러므로 역치하 정보는 기억 속에서 연관된 자료들을 점화한다. **점화**(priming)는 점화되지 않는 자료에 비해 의식적인 인식이 연관된 자료에 더 쉽게 접근하도록 만든다. 이처럼 잠재적인 점화를 사용한 결과들은 정보가 의식적인 경험을 통하지 않고도 생각 속으로 들어와서 영향을 줄 수 있음을 분명하게 보여준다(잠재적 발화에 대한 설명은 www.millisecond.com/products/demos/subliminal/subliminal.web에서 볼 수 있다).

만약 누군가가 "콜라 사세요!"라는 잠재적인 메시지를 받는다면, 그들은 자발적으로 나가서 그렇게 할 가능성이 커질까? 결국 이것은 정신분석적 견해 중 동기화된 무의식—무의식 중의 무엇인가가 행동을 유발할 수 있다—과 맞아 떨어진다. 광고주들이 무의식적으로 소비자를 자극하는 잠재적인 메시지를 이용하는 게 가능할까? 소위 자살과 폭력을 옹호하는 메시지를 담은 록 음악의 잠재적인 영향에 대해서도 같은 질문을 제기할 수 있다. 역치하 지각에 대한 다수의 주요 연구에 따르면 무의식적 정보는 사람들의 동기에 영향을 줄 수 없는 것으로 나타났다. 이는 노래 속의 폭력적인 잠재적 메시지에 노출된 보통의 10대들이 뛰쳐나가서 폭력적인 행동을 할 개연성이 낮다는 의미이다. 마찬가지로 잠재적으로 "콜라 사세요!"라는 구절에 노출된 평균적인 사람들은 그렇게 할 가능성이 작다.

인지적 무의식의 관점에 따르면 무의식적 생각의 내용은 의식 속의 생각처럼 조종할 수 있다. 각 개인의 생각은 억압되거나 용납되지 않는 욕구나 바람이라서가 아니라 의식적으로 인식되지 않았기 때문에 무의식적이다. 예를 들어 우리는 셔츠의 단추를 잠그는 것은 의식적으로 그 행동에 집중하지 않고도 할 수 있기 때문에 무의식적이라고 할 수 있다. 타자 치는 것 또한 그 일에 능숙한 사람이라면 무의식적으로 할 수 있다. 믿음이나 가치 같은 다른 정신적인 내용 또한 무의식적일 수 있다. 이러한 요소들은 위협적이지만 우리의 행동에 영향을 가할 수 있기 때문에 무의식적인 것은 아니다. 점화의 예시에서 볼 수 있듯이 무의식적인 생각이 차후의 생각이나 행동에 영향을 줄 수 있음에도 이러한 효과들은 전통적인 정신분석 이론의 유도된 무의식과는 맞지 않는다(Kihlstrom, 2003b;Nash, 1999). 예를 들어 현대의 심리학자들이 제안하는 인지적 무의식은 100년도 더 된 프로이트의 것과는 꽤 다르다. 프로이트에 따르면 무의식은 격렬하게 연기를 내뿜는 분노와 성욕의 가마솥이었다. 이것은 원시적이고 비이성적인 규칙에 따라 작동되며, 의식적 행동과 생각, 느낌에 광범위하고 전반적인 영향을 준다. 현대 심리학에서의 무의식은 평화롭고 온화하며, 프로이트의 것에 비해 더욱 이성적이다. 또한 무의식이 아직도 행동, 생각, 느낌 등에 영향을 미치는 것으로 생각됨에도 불구하고 프로이트의 가르침에 비해 그 효과는 좀 더 제한적으로 보이며, 규칙에 의해 제약을 받고, 구체적이다.

자아심리학

정신분석의 수정이론 중 한 흐름은 주요 관심사를 원초아에서 자아로 옮겼다. 프로이트식의 정신분석은 원초아, 특히 성욕과 공격성에 초점을 맞추었고, 자아와 초자아가 어떻게 원초아의 요구에 반응하는지에 중심을 두었다. 프로이트 학설의 정신분석은 **원초아심리학**(id psychology)이라고 할 수 있으며, 이후의 정신분석학자들은 자아의 건설적인 측면에 관심을 기울였다. 프로이트의 제자 중 한 명인 에릭 에릭슨(Erik Erikson)은 자아를 인격의 강하고 독립적인 부분이라고 강조했다. 또한 자아는 환경을 관리하고, 목표를 성취하고, 한 인간의 정체감을 확립하는 데 관여한다고 했다. 에릭슨에서 시작된 정신분석적 접근은 **자아심리학**(ego psychology)이라고 부른다.

　자아의 기본적인 기능은 안정적인 정체감을 확립하는 것으로 보인다. 정체감은 우리가 누구인지, 우리를 유일무이하게 만들고 시간이 지나도 지속적으로 온전함을 느끼게 해주는 내적인 감각이라고 생각된다. 당신은 아마 **정체감 위기**(identity crisis)라는 말을 들어본 적이 있을 것이다. 이 용어는 에릭슨이 만든 것으로, 강한 정체감을 발달시키지 못한 사람이 느끼는 절망과 혼돈을 의미한다. 당신 역시 자신에 대해 확신하지 못했을 때, 당신이 누구인지 또는 당신이 다른 사람들에게 어떻게 보이는지, 당신의 삶에서 무엇에 가치를 두고 추구하는지, 당신의 삶의 방향성은 어디인지 등에 대해 불확실하게 느낄 때 정체감 위기를 느꼈을 것이다. 정체감 위기는 청소년기 동안 흔하게 나타나지만 몇몇 사람들에게서는 더 늦은 시기에 나타나거나 더 오래 지속된다. 이것은 중년기의 위기라고 부르며 보통 정체감 위기와 함께 시작된다(Sheldon & Kasser, 2001).

　에릭슨의 기여 중 하나는 모든 사람의 성격에서 중요한 발달적 성취로서 정체감의 개념을 개발한 것이다. 정체감은 한 사람이 그 스스로에 대해서 발달시키는 이야기라고 볼 수 있다(McAdams, 1999, 2008, 2010, 2011). 그 이야기는 다음과 같은 질문에 대한 대답이다. 나는 누구인가? 사회에서 나의 위치는 어디인가? 내 삶의 통합적인 주제는 무엇인가? 내가 존재하는 목적은 무엇인가? McAdams(예 : 2016, McAdams & Manczak, 2015)는 한 사람을 구성하는 서사적인 이야기가 정체감이라고 보았다. 사람은 자신의 인생 이야기를 재배열하고 새롭게 구성할 수 있는데 정체감과 관련해서는 한 사람의 유일무이한 이야기라는 점을 중시한다. McAdams는 일단 이야기가 일관성 있는 주제를 가지고 진행되면 이야기에는 거의 변화가 생기지 않는 것으로 보았다. 그러나 특정 사건들은 정체감에 큰 변화를 초래할 수 있고, 졸업, 결혼, 아이의 출생, 40대로의 변화 또는 퇴직 같은 이야기가 포함될 수도 있다. 또한 배우자의 사망, 실직, 예기치 않게 부자가 된 것 같은 뜻밖의 사건 또한 이야기의 일부가 될 수 있다. Cox와 McAdams의 연구(2012)는 대학생이 스스로 쓴 글을 통해 봄방학 동안 가난한 사람들과 함께 일하는 봉사활동만으로도 정체감에 대한 서사를 바꿀 수 있음을 보여준다. McAdams(2008)는 어떻게 우리 모두가 삶의 이야기를 형성하는지, 그리고 이야기의 소유권을 갖는 것이 성인이 되는 것과 어떻게 연관되는지 설명한다.

> 사람들은 청소년기와 성인 초반부터 서사적인 정체감을 형성하기 시작하며, 성인기 초기에 이를 때까지 지속적으로 이런 이야기를 만든다…. 우리가 만든 이야기는 우리의 삶이 근본적으로 실제 우리의 모습과 우리가 상상하는 모습을, 우리의 머리와 신체는 누구인지, 가족, 지역사회, 일터, 인종, 종교, 성, 사회적 지위, 문화 등의 사회적 맥락에서 우리가 누구인지에 조화시키기 위한 노력에 대한 것이다. 자아는 사회적 관점에서 서사적인 정체감을 통해 인식된다.(pp. 242-243)

에릭슨의 발달의 8단계

프로이트는 성격이 5세 전후에 형성된다고 했지만 에릭슨은 이에 반대하면서 발달에서 중요한 시기는 인생 전반에 걸쳐 나타난다고 하였다. 예를 들어 프로이트는 심리학적으로 많은 것이 일어나지 않는 시기라고 생각해서 6세부터 사춘기까지를 잠복기라고 불렀다. 그러나 이 시기는 아이가 학교에 가기 시작하는 시기이다. 아이들은 일하는 방법과 함께 성공과 성취로부터 만족감을 얻는 법을 배운다. 사회성을 키우고 동료들과 나누는 방법, 협력하는 방법을 배운다. 교사는 책임을 갖고, 권위를 대표한다는 등의 사회 구조에 대해서도 배운다. 프로이트가 조용하다고 생각했던 이 몇 년 동안 더 많은 발달이 일어난다고 에릭슨(1963, 1968)은 주장했다. 에릭슨은 성격의 발달이 성인기뿐 아니라 노인기에서도 지속적으로 일어난다고 믿었다(Erickson, 1975). 그리고 우리 모두가 거치는 **발달의 8단계**(eight stages of development)를 다음과 같이 요약하였다(그림 6.5).

이처럼 에릭슨은 프로이트가 제시한 발달 단계의 기간뿐 아니라 각 단계에서 일어나는 갈등과 위기에 대해서도 동의하지 않았다. 프로이트는 위기가 본질적으로 성적인 것이라고 본 반면 에릭슨은 사회적 특징에서 비롯되었다고 보았다. 그는 아이가 태어나 처음으로 경험하는 사회적 관계는 부모라고 결론 내렸다. 위기는 부모를 신뢰하도록 배우고, 부모로부터 자율적이 되는 것을 배우며, 성인으로서 어떻게 행동해야 할지를 배우는 과정에서 발생할 수 있다. 에릭슨은 이 같은 위기를 **심리사회적 갈등**(psychosocial conflicts)이라고 불렀으며, 프로이트의 심리성적 갈등보다 더 중요하다고 하였다.

에릭슨은 프로이트의 발달이론에는 동의하지 않았지만 몇 가지 입장에 대해서는 찬성하

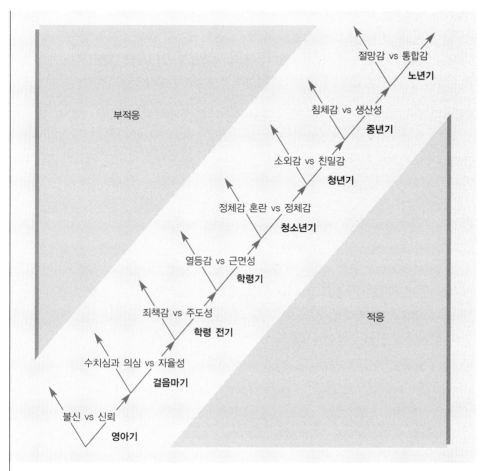

그림 6.5
에릭슨의 발달의 8단계

였다. 첫 번째, 에릭슨은 프로이트처럼 **발달의 단계 모형**(stage model of development)을 채택하였다. 사람들은 특정 단계를 따라 발달하며, 각각 단계를 특징짓는 특정 주제가 있다는 것이다. 두 번째, 각 단계에는 **발달적 위기**(developmental crisis)라고 하는 갈등이 나타나며, 건강한 발달을 위해서는 갈등을 해결해야 한다. 세 번째, 만약 위기가 성공적이고 적응적으로 해결되지 못하면 발달은 멈추어 이 시기에 사로잡혀 있을 수 있다는 '고착'의 개념을 채택하였다. 지금부터 8단계에 대해서 알아보자.

신뢰 대 불신 아이들은 완전히 의존적인 상태에서 태어난다. 이때 첫 번째 질문은 아마도 "누가 나를 돌봐줄 것이고 그들이 제대로 해낼 수 있는가, 그들이 내가 배고플 때 음식을 주고, 내가 추울 때 옷을 입혀 주고, 내가 울 때 안정시켜 주고, 항상 나를 돌보아 줄 수 있는가?"일 것이다. 만약 아이들이 돌봄을 잘 받고, 그들의 기본적인 요구가 충족된다면 그들은 자신을 돌보아 주는 사람에 대해서 신뢰를 형성하기 시작한다. 에릭슨에 따르면 이런 신뢰감은 아이가 자라는 동안 다른 사람들이 접근할 수 있고, 믿을 수 있고, 보통은 좋고, 사랑스럽다고 믿게 되는 미래의 관계 형성의 기반을 형성한다. 그러나 몇몇의 영아들은 여러 가지 이유로 인해 제대로 돌봄을 받지 못하거나 필요로 하는 사랑을 전혀 받지 못한다. 이런 영아들은 아마 다른 사람은 믿을 수 없다는 감정을 발달시키고, 평생 다른 사람을 불신하고 의심하고, 소외감과 다른 사람들 속에서 사회적 불안감을 발달시킬 수도 있다.

자율성 대 수치심과 의심   2세 전후해서 대부분의 아이들은 일어설 수 있고, 걸을 수 있다. 이 이유로 많은 부모들이 이 단계를 '미운 두 살'이라고 부른다. 아이는 새로운 능력이 발달하면서 부모가 걸으라고 말할 때 뛰고, 조용히 하라고 할 때 비명을 지르고, 그들의 힘을 시험해보는 실험을 시작한다. 그들은 "내가 얼마나 세상을 통제할 수 있을까?"에 대한 답을 찾으려 한다. 좋은 결과는 아이가 무엇인가를 조정하고 지배하는 감각을 느끼고, 탐험과 배움에 대한 자신감과 자율성을 발달시키는 것이다. 만약 아이가 독립적일 때 부모가 엄격하고 제한적으로, 또는 벌을 줌으로써 이러한 자율성을 금지한다면, 아이는 자신이 생각하는 목표에 대해서 수치와 의심을 가질 것이다. 또한 과도하게 보호하려는 부모 또한 아이의 자연적인 탐험 욕구나 넓은 범위의 삶의 사건들과 경험들을 마주하는 것을 막을 수 있기 때문에 문제를 일으킬 수 있다. 예를 들어 아이가 다른 아이와 소란스럽게 노는 것을 막는 부모는 아이가 자라면서 다른 사람들과 어울리는 능력에 대해서 스스로를 의심하게 할 수 있다.

주도성 대 죄책감   3세 전후해서 아이들은 주로 성인을 모방하고 성인처럼 옷을 입으며, 성인처럼 놀고 성인처럼 행동한다. 이 단계의 아이들은 놀이를 하는 동안 성인의 일에 대한 첫 연습을 시작한다. 우리는 성인으로서 어떻게 함께 일하고, 리더를 따르고, 분쟁을 해결하는지를 배워야 한다. 아이들은 놀 때 게임을 준비하고, 리더를 고르고, 목표를 만들면서 이러한 기술들을 연습한다. 그리고 학교 활동을 하는 동안 목표 달성과 분명한 목적을 가지고 일하는 것을 배운다. 모든 것이 잘 진행된다면, 이 단계의 아이는 야망과 목표 추구로 변화할 수 있는 주도성을 발달시킬 수 있다. 만약 잘 진행되지 않는다면, 실패에 물러나거나 심지어 목표 추구의 주도성조차 갖지 못할 수도 있다.

근면성 대 열등감   성공 경험이 있는 것은 좋지만 우리 모두는 한계가 있고 수많은 경쟁 속에 있다. 4세 전후로 시작해서 아이들은 다른 사람, 특히 또래의 아이들과 자신을 비교하기 시작하고, 많은 수(모두는 아님)는 경쟁과 성취의 감정을 발달시킨다. 만약 사람들이 충분한 성공 경험을 갖는다면 그들은 자신의 강점과 능력을 믿을 수 있고, 충분히 열심히 노력한다면 자신이 하고자 하는 대부분의 것들을 이룰 수 있다고 믿게 될 것이다. 이러한 근면성(원하는 것을 얻기 위해 일할 수 있는 것)은 아이들이 사회의 생산적인 구성원으로 자라날 수 있게 한다. 그러나 많은 실패의 경험은 열등감을 느끼게 하고, 앞으로의 삶을 살아가는 데에 재능이나 능력을 갖고 있지 않다고 생각하게 한다.

정체감 대 정체감 혼란   청소년기 동안에 사람들은 급격한 신체적인 변화들을 경험한다. 어린 시절에서 성인기로 넘어가는 이 시기는 준비 여부와 상관없이 인생에서 특별히 힘든 시기가 될 수 있다. 에릭슨은 정체감의 성취가 발달의 가장 중요한 목표 중의 하나라고 하면서 이 시기에 특별한 주의를 기울였다.

　이 단계에서 청소년들은 그들 자신에게 "나는 누구인가?" 그리고 "내가 나 자신을 생각하는 것처럼 타인도 나를 생각할까?"라는 질문을 하기 시작한다. 많은 사람들은 이 단계에서 다양한 다른 정체감을 시도해보는 수많은 실험을 한다. 한 고등학생은 첫 학기에 운동선수의 역할을 시험해볼 수 있다. 다음 학기에는 펑크록 가수의 역할을, 그다음 학기에는 새로 태어난 기독교인을, 그다음 학기에는 고스족(Goth)이 될 수도 있다. 이 시기에 10대들이 정체감을 찾아 다양한 방법과 장소들에서 정체감을 실험해보는 것은 일반적이다. 한 학생은 '스스로를 찾기 위해서' 하와이에 가려고 했다고 말했다. 현실에서 당신이 어디를 가든, 어디에 있든 상관이 없으며 정체감을 찾는 것은 특별한 장소에서 일어나는 것이 아니다. 그러나 이 단계의 많은 사람들은 진짜 '나'를 찾기 위한 노력의 일부로 단체에 가입하고, 여러 나라를 돌아다니고, 다양한 이유와 이상에 몰두하고, 또는 약물과 정치, 종교를 경험해본다. 마침내 대부분의 사람들은 무엇이 중요하고, 무엇에 가치를 두고, 삶에 걸쳐 추구할 것에 대한 몇 가지 결정을 내리고, "나는 누구인가?"에 대한 결론을 내리면서 어느 정도의 일관된 자기 이해를 성취한다. 이 단계에서 실패한 사람들은 역할 혼동이 생기게 되고 자신이 누구인지, 또는 그들이 생각하는 삶의 의미는 무엇인지에 대한 확신 없이 성인기로 진입하게 된다. 이러한 사람들은 모든 종류의 역할 안에서 방황하게 되고, 보통 관계와 직업, 목표와 가

리 말보(왼쪽)와 존 무함마드는 2002년 워싱턴 DC에서 몇 사람에게 총을 쏘아 살인한 혐의로 체포되었다. 변호사는 범죄 당시 17세였던 리 말보는 자신보다 나이가 많은 존 무함마드에게 상당한 영향을 받았기 때문에 어떠한 책임도 질 필요가 없다고 했다. 말보는 정체감 혼란을 겪었던 것으로 보인다.
출처 : ⓒ Davis Turner‑Pool/Getty Images News/Getty Images(왼쪽), ⓒ Jahi Chikwendiu‑Pool/Getty Images News/Getty Images(오른쪽)

치가 불안정하다.

사람들은 어떤 가치, 업적, 관계 그리고 이데올로기에 헌신하는 정도에 따라서 다른 사람과 다르다(Marcia, 2002). 대부분의 사람들은 자신이 누구인지에 대한 강한 믿음을 갖지 못하는 **정체감 혼란**(identity confusion)의 시기를 지나게 된다. 몇몇 문화권에서는 보통 청소년기에 아이를 지나 성인기 시작을 기념하는 의례적인 **통과의례**(rite of passage)를 거친다. 예를 들어 몇몇 남서부 아메리카 인디언들은 청소년기 남성들을 홀로 황무지에 굶주린 채로 동이 틀 때까지 내버려둔다. 이러한 의식이 끝난 후, 청소년은 새로운 성인의 정체감을 부여받고 때로는 새로운 이름도 받는다. 보통의 아메리카 대중문화에서는 통과의례를 거치지 않지만 로마 천주교의 확인 의식이나 유대교의 바르미츠바처럼 특정 종교인들은 이런 의식을 하기도 한다.

정체감 혼란을 해결하기 위해서 몇몇 사람들은 길거리 범죄조직 같은 바람직하지 않은 사회적 역할에 기초하여 만들어진 **부정적 정체감**(negative identity)을 만들기도 한다. 불행하게도 현대 대중문화는 바람직하지 않은 역할 모델들을 다수 보여준다. 대부분의 청소년들은 쉽게 외부의 영향에 휘둘리는데, 그 이유는 이 시기가 청소년들이 본보기를 찾는 시기이기 때문이다. 이것이 대부분의 주에서 소년 법원 체계를 성인 법원에서 분리해 놓는 이유이고, 젊은이들은 성인 범죄자들과 접촉할 수 없다.

정체감은 반드시 성취되어야 한다. 정체감을 얻기 위해 노력할 필요도 없고, 노력 없이도 얻을 수 있다고 생각하는 사람이 있다면 그의 정체감은 피상적이고 변덕스러운 것이 된다(Marcia, 1966). Marcia(2002)에 의하면 성숙한 정체감이란 위기를 거치고, 가치·관계·경력에 대한 분명한 헌신과 함께 생겨난다. 정체감의 위기를 겪지 않거나 부모의 가치를 그대로 수용하는 것처럼 다른 대체적인 것을 탐험해보지 않은 채 정체감이 형성될 경우 이것을 **정체감 압류**(identity foreclosure)라고 한다. 정체감 상실 상태의 사람들은 보통 도덕적이고 관습적이지만 태도에 대한 근거를 묻는다면 자신의 믿음이나 주장에 대해 적절한 근거를 대지 못한다.

정체감 발달과 관련된 개념 중 마지막으로 짚어볼 것은 정체감 **유예**(moratorium)이며, 이 개념은 특히 대학생들에게 중요하다. 대부분의 사람들은 정체감에 전념하기 전에 여러 가지 대안을 탐색하는 시간을 갖는다. 어떤 의미에서 대학교는 젊은이들이 어떤 '진짜' 위치를 갖기 전에 다양한 역할과 책임을 탐구해볼 수 있는 시기일 수도 있다. 어떤 사람은 특정 이상이나 가치에 전념하기 전에 전공을 바꾸거나 친밀한 사회 집단을 바꾸고, 다른 관계를 탐색하고, 다양한 배경을 가진 사람들을 만나고, 한 학기 정도 외국에서 공부하거나 다양한 분야의 학문을 배울 수 있다. 에릭슨은 특정 정체감에 전념하기 전에 대안에 대한 탐구가 중요하다고 강조했다(1968). 대안을 고려해보고 '이것저것 둘러보는' 시간을 보낸 후에야 정체감에 전념할 준비가 되어 남은 인생을 여기에 바칠 수 있다고 주장했다. 이 말은 정체감의 발달이 단계적으로 나아가는 것임을 의미한다(Newman & Newman, 1988).

친밀감 대 소외감   10대 후반부가 되었을 때 우정과 친밀한 관계에서 경험하는 것 같은 다른 사람과 관계를 맺는 것은 중요한 관심사이다. 이 시기 사람들은 주변 사람들과 만족스럽고 친밀한 관계로 발전시키려는 욕구를 갖는다. 또한 이런 관계를 통해 감정적으로 성장하고, 타인을 돌보고, 부양하도록 자라난다. 대다수의 사람들에게 이것은 결혼을 통해 한 사람에게 헌신하는 형태로 이루어진다. 그러나 결혼이라는 사회적 계약 없이 친밀함을 찾는 사람들도 많다. 친밀한 감정이 전혀 없이도 결혼이 이루어지는 것처럼 결혼이 친밀성을 보증하는 것은 아니다.

소외감은 친밀감을 찾거나 유지하는 데 실패한 결과이다. 미국에서 결혼한 사람들의 비율은 1970년 72%에서 2000년 59%까지 감소했다. 미국에서 이혼한 사람들의 수는 1970년 430만 명이었지만 2000년에는 2천만 명까지 증가했다. 2006년에 18세 이상의 결혼하지 않은 사람들의 수는 5,500만 명을 넘어섰다. 독신으로 사는 것은 분명히 장점이 있다(DePaulo, 2006). 그러나 대부분의 사람들은 친밀한 관계를 맺는 것을 원한다고 말한다. 이 단계에서 관계형성에 실패하면 행복과 삶의 만족에 때때로 심각한 장애를 겪는다(Diener & Biswas-Diener, 2008).

생산성 대 침체감 이 단계는 성인기의 대부분을 차지하며, 삶에서 중요하게 여기는 무언가를 만들어낼 수 있는가 여부가 주요 질문이다. 때로 이것은 그 사람이 중요하게 여기는 직업의 형태로 나타난다. 혹은 소중한 아이들을 낳아 키우는 것일 수도 있다. 경우에 따라서 보살핌은 취미 또는 생산적이고 그가 중요시 여기는 무엇인가를 줄 수 있는 봉사활동으로도 성취될 수 있다. 이 단계에서 위기는 사람들이 한 발짝 물러나 자신의 성인기를 돌아보았을 때 쳇바퀴를 돌 듯이 살아왔다는 정체된 감정을 느낄 수도 있다는 것이다. 다시 말하면 정말로 중요하게 여기는 무언가 없이는 사람들은 그들의 삶이 단지 '그럭저럭 살아가는' 것이고, 중요한 것이 아니라고 느낄 수도 있으며, 삶이 어떻게 흘러가든 신경 쓰지 않게 될 수도 있다. 자신이 무엇을 하고 있는지 제대로 신경 쓰지 않고 기계적으로 살아가는 사람들은 가짜처럼 보이기 쉽다. 예를 들어 교재 따위에는 신경 쓰지 않으면서 그냥 수업에 들어와서 단조롭게 강의를 하고 떠나버리는 교수를 만날 수 있다. 반면 강의 주제에 대해 깊이 생각하고, 흥미와 열정을 가진 생동감 있는 강의를 하고, 가르치는 사람으로서의 자기 역할에 명확한 만족감과 의미를 느끼는 교수를 만날 수도 있다(유튜브에서 랜디 포시 교수의 '마지막 강의'를 보라). 이것이 생산성과 침체감의 차이이다.

인생의 후반부에도 아직 하나 발달 단계가 더 남아 있고, 직면해야 할 질문이 남아 있다. "이것이 가치 있었는가? 내가 사는 동안 원했던 것들 대부분을 이루었는가?" 이 질문에 어떻게 대답하는지가 남은 시간이 비통함과 절망감 또는 만족과 통합으로 채워질지를 결정한다.

출처 : ⓒ Purestock/SuperStock RF

통합감 대 절망감 이 시기는 발달의 마지막 단계에 해당하며, 삶의 마지막 동안 나타나지만 이 단계도 위기와 직면해야 할 문제가 있다. 이 단계는 우리가 생산적인 역할을 끝내고 난 후 다가온다. 아마 사랑했던 직업에서 퇴직하고, 사랑하며 키웠던 아이들이 집을 떠나 자신만의 삶을 시작하고, 의미를 찾았던 취미나 봉사활동들이 더 이상 우리에게 가능하지 않을 때일 것이다. 우리는 성인기 역할에서 철수하고 죽음을 마주할 준비를 하면서 인생에서 물러나는 단계를 시작한다. 이 단계에서 우리는 각자의 삶을 되돌아보고 판단을 내린다. "그 일이 할 가치가 있었는가?", "내가 삶에서 원했던 것들 대부분을 이루었는가?" 만족감을 느끼며 살아오면서 삶의 통합감을 이루었다면 이런 사람은 죽음의 필연성에 대해 어렵지 않게 직면할 수 있을 것이다(다시 한 번 삶의 마지막에서 통합감의 예시로 유튜브에서 랜디 포시 교수의 '마지막 강의'를 보라). 그러나 자신의 삶에 만족하지 못하고, 잘못된 관계를 회복하고 틀린 것을 바로잡기 위해 시간이 필요하다고 느낀다면 절망감을 경험할 것이다. 삶의 마지막에 이르러 후회가 많은 사람은 멸시하는 태도와 짜증이 심한 고집불통의 늙은이가 된다. 반면 대체로 괜찮게 삶을 살아왔고, 삶이 그런대로 괜찮았다고 느끼며 후회가 적은 사람들은 삶의 마지막 시기에 통합감을 마주하게 된다.

대상관계 이론

프로이트 생각에서 파생된 새로운 접근 방식은 너무나 광범위해서 이들 모두를 '분석적'이라는 용어에 합쳤다. 그것은 바로 대상관계 이론이다. 프로이트는 성격의 발달에서 성욕을 강조했다. 성인의 성격을 다양한 신체 부분에서 오는 성적 쾌락에 대한 욕구, 부모와 사회적 제도, 그리고 문명화된 사회의 제약 사이에서 오는 불가피한 갈등을 어떻게 수용하는지의 결과물로 보았다. 성욕을 강조하는 프로이트의 이론에 대해 최근 분석심리학자들은 모두가 이를 재고하고 있다. 이같은 동향, 즉 **대상관계 이론**(object relations theory)은 사회적 관계를 강조하고 그 근원을 어린 시절에서 찾는다.

오이디푸스 시기를 생각해보자. 프로이트는 반대 성의 부모에 대한 성적 이끌림, 그리고 여기에 동반되는 동성의 부모에 대한 공포, 분노, 화를 강조했다. 프로이트 이후의 분석심리학자들은 어린 시절의 상황에서 사회적 관계 형성이 성격 형성에서 중요하다고 보았다. 이후 분석학자들은 성욕을 강조하기보다는 의미 있는 사회적 관계의 발달이 이 시기의 과업이라고 하였다. 결국 우리가 처음으로 의미 있는 관계를 맺는 사람은 우리의 부모이다.

대상관계 이론은 무엇을 강조하는가에 따라 다양한 견해가 있지만 기본적인 중심 전제는 같다. 첫 번째 전제는 아이의 내적 소망, 욕구, 충동이 중요한 외부 사람들, 특히 부모와 맺고 있는 관계만큼 중요하지 않다는 것이다. 두 번째 전제는 다른 사람, 특히 어머니는 아이에 의해 정신적 대상의 형태로 **내재화**(internalized)된다는 것이다. 아이는 무의식적으로 어머니의 정신적 표상을 만들어낸다. 따라서 아이는 내부에 자신과 관계를 맺고 있는 무의식적인 '어머니'를 갖는다. 심지어 진짜 어머니가 없는 상황에서도 아이는 내적인 대상과 관계를 가질 수 있다. 그래서 대상관계 이론이라는 용어가 탄생했다.

아이가 내재화하는 관계 대상은 어머니와의 관계발달을 기반으로 한다. 만약 어머니와 영아 사이의 관계가 잘 이루어진다면 영아는 돌봄과 양육, 신뢰할 만한 어머니로 대상을 내재화한다. 이 이미지는 아이가 성장해서 관계를 형성하는 사람을 어떻게 보는지의 기반과 핵심이 된다. 만약 어머니가 자주 아이를 혼자 내버려 두거나 제때 먹을 것을 주지 않아 어머니를 믿을 수 없는 대상으로 내재화한다면, 아이는 다른 사람을 믿기 어려워할 수도 있다. 어린 시절 동안에 정신적 외상을 초래할 만큼 부모와 분리를 경험한 아이—애착 붕괴를 경험한—는 뚜렷한 성격 문제를 갖게 될 수도 있다(Malone, Westen, & Levendosky, 2011). 영아가 발달시키는 첫 사회적 애착은 미래의 모든 의미 있는 관계의 기틀을 형성한다. 이것은 어린 시절의 발달이 성인기에 나타나는 결과들을 결정한다는 의미의 "아이는 어른의 아버지이다."라는 전통적인 정신분석학적 견해와도 흐름을 같이한다. 신-분석학의 경우 성인의 성격을 결정하는 것은 돌보는 사람과의 어린 시절 초반부의 경험, 특히 처음으로 돌보아 주는 사람과의 애착이다.

초기 아동기의 애착

발달심리학에서 초기 아동기의 애착에 대한 연구는 두 가지 갈래로 이루어졌다. 첫 번째 연구는 Harry Harlow와 다른 사람들에 의해 이루어진 아기 원숭이에 대한 연구이다. Harlow는 연구 과정에서 어린 원숭이를 그들의 진짜 어머니로부터 떼어내고 철사와 천으로 이루어진 모형 엄마와 함께 길렀다.

이렇게 만들어진 가짜엄마는 진짜엄마가 제공하는 털 손질, 껴안기, 잡기와 같은 사회적 접촉을 주지 못한다. 가짜엄마와 길러진 어린 원숭이는 청소년기와 성인기에 발달 문제를 보였는데 보통 불안해하고 정상적인 성적 관계를 형성하지 못하는 불완전한 성인으로 자랐다(Harlow, 1958; Harlow & Suomi, 1971; Harlow & Zimmerman, 1959). 어린 원숭이들은 가짜엄마보다 진짜엄마를 더욱 선호하고, 선택권을 주었을 때 철사로 된 엄마보다 천으로 된 엄마를 더 선호했다. Harlow는 영아와 첫 양육자 사이의 **애착**(attachment)은 따뜻하고 반응을 보이는 엄마와의 신체적인 접촉을 필요로 하고, 영아의 심리적인 발달에 매우 중요하다고 결론 지었다.

생후 첫 6개월 동안 엄마나 첫 양육자에 대해 형성한 애착은 인간을 포함한 모든 영장류에서 중요하다. 인간 영아의 애착은 사물을 넘어 사람에 대한 선호를 발달시킬 때 시작된다. 예를 들어 아이는 장난감보다 사람 얼굴을 들여다보는 것을 좋아한다. 그러면서 점차 익숙한 사람들에게 국한되기 시작하고, 그 결과 아이는 낯선 사람보다 전에 본 적이 있는 사람을 보는 것을 더 좋아한다. 그리고 마침내 선호도는 더욱더 좁혀져서 엄마나 첫 양육자를 다른 어떤 사람보다 좋아하게 된다.

영국 심리학자인 John Bowlby(1969a, 1969b, 1980, 1988)는 어린아이가 어떤 방법으로 부모나 양육자에 대한 애착을

애착은 영아와 첫 양육자 사이의 강한 유대이며, 인간을 포함하는 모든 영장류의 발달에 중요하다.

출처 : ⓒ IMPALASTOCK/iStockphoto/Getty Images RF

발달시키는지를 연구 주제로 삼았다. Bowlby는 엄마가 짧은 시간 아이를 남겨두고 떠나는 것과 같이 일시적으로 애착관계가 파괴되었을 때 어떤 일이 일어나는지에 초점을 맞추었다. 몇 명의 아이들은 엄마가 돌아와서 계속 돌보아 줄 것이라고 믿는 것처럼 보였다. 이 아이들은 엄마가 돌아왔을 때 기뻐했다. 반대로 다른 아기들은 분리에 대해 부정적으로 반응했고, 엄마가 떠났을 때 불안해하고 괴로워했다. 그들은 엄마가 돌아와야만 진정되었다. Bowlby는 이러한 아이들이 **분리 불안**(separation anxiety)을 경험한 것이라고 했다. Bowlby는 또한 엄마가 떠났을 때 우울해 보이는 세 번째 유형의 아이들도 관찰하였다. 엄마가 돌아왔을 때조차 이 아이들은 엄마에게 떨어진 채로 있거나 화를 냈다.

심리학자 Mary Ainsworth와 그녀의 동료들은 분리 불안 연구를 위해 20분 동안 진행되는 실험 과정을 개발하였는데 아이들이 엄마와의 분리에 어떻게 반응하는지를 구분하는 방법이다. 이것을 **낯선 상황 절차**(strange situation procedure)라고 부른다. 이 절차에서 엄마와 아기는 편안한 거실과 비슷한 실험실 안으로 들어간다. 엄마는 앉아 있고, 아기는 자유롭게 장난감이나 방의 다른 것들을 탐색한다. 몇 분 후에 친절하지만 낯선 어른이 방으로 들어온다. 그러면 엄마는 일어나서 낯선 어른과 아기를 남겨놓고 방을 나간다. 몇 분 후 엄마는 방으로 돌아오고 낯선 이는 떠난다. 엄마는 혼자서만 아기와 함께 몇 분의 시간을 더 보낸다. 그동안 내내 아기는 비디오 녹화가 되고, 이후에 아이의 반응을 분석한다.

Ainsworth와 동료들(Ainsworth, 1979; Ainsworth, Bell, & Staylon, 1972)은 많은 연구를 통해서 Bowlby가 기술한 것과 같은 세 가지 패턴의 행동을 찾아냈다. **안전 애착 형성**(securely attached)으로 분류된 집단의 아기들은 분리를 참고 견뎌냈고, 방 안을 계속 탐색했으며, 인내심을 갖고 기다리거나 심지어 낯선 사람이 다가왔을 때 낯선 이에게 안겨 있기도 했다. 이 집단의 아기들은 엄마가 돌아왔을 때 엄마를 만나는 것을 기뻐했고, 엄마와 잠시 동안 소통하고 나서 새로운 환경을 탐색하기 시작했다. 그들은 엄마가 돌아왔다는 것을 확신하는 것 같았고, 그래서 안전이라는 용어를 사용한다. 이 집단의 아기들은 세 집단 중 가장 다수를 차지했다(66%가 이 집단에 포함).

회피적 애착 형성(avoidantly attached) 집단으로 불리는 두 번째 집단은 엄마가 돌아왔을 때 회피하는 모습을 보였다. 이 집단의 아기들은 엄마가 떠났을 때 동요하지 않은 것처럼 보였고, 돌아왔을 때에도 냉정한 듯이 큰 관심을 두지 않았다. 약 20%의 아기들이 이 분류에 포함되었다.

세 번째 부류의 아기들을 Ainsworth는 **양가적 애착 형성**(ambivalently attached) 집단으로 불렀다. 이 집단의 아기들은 엄마가 떠나는 것에 매우 불안해했다. 심지어 다수는 엄마가 방을 떠나기도 전에 울고, 격렬하게 저항하기 시작했다. 엄마가 떠난 후 이 아기들을 진정시키기는 어려웠다. 그러나 엄마가 돌아왔을 때, 이 아기들은 양가적인 행동을 보였다. 그들의 행동은 엄마에게 가까워지려는 욕구와 분노를 함께 보여주었다. 그들은 엄마에게 다가갔지만 곧 꼼지락대며 저항하고, 안기는 것을 거부했다.

이처럼 세 집단의 아기들은 다르게 행동했다. Ainsworth와 Bowlby(1991)의 후속 연구에 따르면, 안전 애착 아기들의 엄마들은 다른 집단에 비해 아기들에게 더 많은 애정과 자극을 주었고, 관심을 더 많이 보였다. 이러한 연구들은 아기에 대한 양육자의 관심 정도가 이후의 삶에서 아이와 부모 사이에 더 좋은 관계를 맺게 한다는 명확한 증거가 되었다. 예를 들어 생후 몇 달 된 아이가 울 때의 반응도는 한 살 된 아기에 대한 반응도보다 상관이 낮다는 연구가 있다. 이런 발견에 대해 학습 이론가들은 믿을 수 없다고 했지만 마침내 부모 역할이 중요하다는 점을 입증하는 데 영향을 주었다(Bretherton & Main, 2000).

회피와 양가적 집단 아기 엄마들은 아기에 대해 주의를 덜 기울이고, 요구에 덜 반응했다. 이런 엄마들은 아기의 요구에 잘 맞추지 못했고, 친밀도가 낮은 것처럼 보였다. 이런 엄마에 대해 어떤 아이들은 화를 내거나(양가적인 아기들), 감정적으로 분리되려고 하였다(회피하는 아기들). Fraley, Roisman, Haltigan(2013)은 사회적인 적응도가 낮은 세 살짜리 아이와 학습 능력이 낮은 열 다섯 살짜리의 부적응 정도가 엄마의 무관심과 관련이 있다고 하였다. 물론 여기에 대해 대안적인 설명이 있겠지만 엄마의 관심 부족이 어린 시절 부정적인 결과를 가져올 수 있다는 결과는 일관성 있게 나타나고 있다.

Bowlby는 초기의 연구 결과를 근거로 부모, 특히 엄마에 대한 아기들의 반응들은 이후 성인 관계에서 **작동 모형**(working models)이 된다고 하였다. 작동 모형은 관계에 대한 무의식적인 기대의 형태로 내재된다. 만약 아이들이 스스로를 원치 않는 아이라고 믿거나 엄마가 자신을 돌보아 줄 것이라고 믿을 수 없다는 경험을 한다면 그들은 다른 사람들 역시 자신을 원하지 않을 것이라는 예상을 내재화할 것이다. 반면 요구가 충족되고, 부모가 그들을 진짜로 사랑한다고 믿게 되면, 다른 사람들 또한 그들을 사랑할 수 있다고 예상할 것이다(Bowlby, 1988). 양육자와의 첫 접촉에서 발달되는 관계에 대한 기대는 무의식의 한 부분이 되는 것 같고, 그것은 우리가 성인이 되었을 때 맺는 관계에 강한 영향을 행사한다.

'낯선 상황' 패러다임은 아이들이 양육자와 일시적으로 분리되었을 때 어떻게 대처하는지를 아는 데만 유용한 것은 아니다. 일부 연구자들은 결혼한 커플이 살아가면서 일시적으로 분리되는 유사한 패러다임에 대해 연구하였다(Cafferty et al., 1994). 이들은 배우자와 떨어져 있거나 사막의 폭풍 작전 동안 해외에 배치되어 있는 주방위군이나 다른 예비역 부대의 구성원들에 대한 종단적인 연구를 시행했다. 그들은 분리에 대해 느끼는 감정의 개인차(안전 애착의 사람들은 괴로워하지 않았다)와 다시 결합한 후 결혼 관계에서의 적응(양가적 애착의 사람들이 가장 큰 어려움을 겪었다)에 따라 애착 방식을 예측할 수 있다는 것을 발견했다. 결혼 관계가 일시적으로 파괴되었을 때 사람들은 그들이 처음으로 분리를 경험했을 때 대처했던 방식과 비슷하게 반응하고 적응하였으며, 이것은 첫 양육자와 함께 생후 첫 시기에 그들이 발달시킨 애착 방식의 영향을 받은 결과이다.

성인기의 관계

어린 시절의 애착 방식이 성인기 관계 형성 방식과 관련이 있는지 여부를 검증해 온 한 애착 연구는 대상관계 이론의 가능성을 검증해 왔다. 2010년에 *Journal of Social and Personal Relationships*의 주요 주제는 어린 시절의 애착 방식이 청소년기와 성인기의 관계에 어떻게 관련이 있는가에 대한 것이었다(Shaver, 2012). 이 방향을 따라 시작된 연구에서 심리학자 Cindy Hazan과 Philip Shaver(1987)는 성인기 관계 형성의 패턴이 아이들과 마찬가지로 안전, 회피, 양가적 애착의 패턴을 보인다고 하였다. 성인기 **안전한 관계 방식**(secure relationship style)에서는 만족스러운 우정이나 관계를 발달시키는 데 문제가 거의 없다. 안정적인 사람들은 다른 사람을 믿고 그들과 유대를 발달시킨다. 성인기 **회피적 관계 방식**(avoidant relationship style)은 타인에게 믿음을 갖는 데 어려움을 겪는다. 회피적인 사람들은 타인의 의도를 의심하고 약속하는 것을 두려워한다. 그들은 실망하고, 버림받고, 분리될 것이라고 예상하기 때문에 타인에게 의존하는 것을 두려워한다. 마지막으로, 성인기 **양가적 관계 방식**(ambivalent relationship style)은 상처받기 쉽고 관계의 불확실성을 특징으로 한다. 양가적인 성인들은 과도하게 의존적이 되어, 배우자나 친구들에게 부담이 된다. 그들은 관계 형성에 심각한 어려움을 보인다. 그들은 세심한 관리가 필요하고, 지속적인 안심과 관심을 필요로 한다.

심리학자 Philip Shaver와 그의 동료들은 부모와 아기 사이의 애착 방식과 이후의 성인기 관계 형성 방식 사이에 상관관계가 있음을 보여주었다. 예를 들어 한 연구에 따르면 양가적 관계 방식의 성인들은 안전한 관계 방식의 성인들에 비해 부모가 불행한 결혼생활을 한 경우가 많은 것으로 나타났다(Brennan & Shaver, 1993). 반면에 안전한 관계 방식을 가진 성인들은 행복한 결혼생활을 하는 부모와 신뢰할 수 있고 지지적인 가족들 사이에서 자란 경우가 많았다. 양가적 관계 방식을 가진 사람들은 가족 구성원들이 무관심하고 다정하지 않으며, 부모와의 관계에서 큰 따뜻함이나 신뢰를 느껴본 적이 없었던 경향이 있었다.

사람들은 보통 분류가 어렵고, 정규분포 곡선에 따라 점수를 매겨서 나타내는 것이 고작이다. 그러나 애착 방식의 영역에서 사람들을 세 가지 범주에 따라 분류한다: 안전, 회피,

연습문제

1. 대체로 다른 사람을 편안하게 느끼고, 그들과 친한 친구가 되는 것이 쉽다. 나는 쉽게 타인에게 의존하고, 그들이 나에게 의존하면 기쁘다. 남겨지거나 버려지는 것에 대해 걱정하지 않고, 타인과 가까워지는 것이 쉽다.

2. 나는 때때로 타인과 너무 가까워졌을 때 긴장된다. 타인을 너무 많이 믿는 것을 좋아하지 않고, 또한 사람들이 나에게 의존할 때 좋아하지 않는다. 사람들이 나에게 너무 가까이 오거나 나와 정서적 교류를 원할 때 불안해진다. 사람들은 종종 내가 느끼는 것보다 좀 더 사적이고 친밀하기를 원한다.

3. 나는 종종 대인관계에서 타인이 나와 있기를 정말로 원하지 않거나 상대가 나를 진짜로 사랑하지 않을까 봐 걱정한다. 내 친구들이 원하는 정도보다 나와 더 많이 나누고 더 친해지기를 바랄 때가 많다. 내가 그들과 친해지고, 그들을 내 세계의 중심으로 만들 준비가 되었을 때 사람들이 떠나버린다면 공포스러울 것이다.

첫 번째 내용은 안전 관계 방식, 두 번째는 회피 관계 방식, 그리고 세 번째는 양가적 관계 방식이다. 상대에 따라 다른 방식으로 관계를 맺을 수도 있고, 자신의 관계 방식에 완전히 들어맞는 내용이 없을 수도 있다.

양가적. 애착 방식이 진짜 유형이나 범주일까? 최근 연구들은 차원을 기반으로 더 나은 방식을 통해 애착 방식이 표현될 수 있는지를 안전의 정도, 회피의 정도, 양가성의 정도를 예시로 들어 보여준다(Fraley, Hudson, Heffernan, & Segal, 2015). 사실 안전한 방식의 차원에 기반한 측정은 실제 수치에 더 잘 들어맞는다. 이처럼 애착 방식을 차원에 따라 측정하는 것은 실제 자료에 더 잘 들어 맞는다. 한 사람의 성인기 애착 방식을 결정하는 것은 어떤 방식이 가장 비슷한지를 이야기함으로써 이루어진다. 연습문제를 읽어보고 당신을 가장 잘 묘사하는 것을 선택해보라.

애착 이론의 주요 주제는 성인기의 연애에서 나타나는 애착 방식이 과거의 애착 방식, 특히 맨 처음의 관계 방식을 반영한다는 것이다(Fraley & Roisman, 2015에서 최근의 관점 참조). 최초의 관계에 대한 표현은 이후 관계 형성의 원형이 될 수 있다. 심리학자 Chris Fraley는 애착 방식의 장기간 효과에 대한 메타분석 연구를 발표했다(Fraley, 2002a, 2002b). Fraley는 다수의 연구들을 검토하고 변화와 안정도의 여러 모형을 비교한 후 영아부터 성인까지의 안전 애착의 안정도가 중간 정도로 일관성 있다고 결론 지었다. 초기 애착의 안정성과 이후 모든 시점에서의 애착의 안정성 간 상관관계에 대한 최적 추정치는 거의 비슷했다. .39는 0보다는 유의하게 크지만, 효과의 크기는 중간 정도이다. 사람들을 1년간 추적하며 성인

대상관계 이론가들은 성인기 관계 형성의 특징과 질은 특히 초기 아동기에 경험한 관계들에 의해 정해진다고 믿는다.

기 애착 방식을 평가한 연구에서 애착 방식은 시간이 흘러도 5대 성격요인만큼이나 안정적인 것으로 나타났다(Fraley et al., 2012). Fraley는 다양한 사람들로 하여금 자신의 애착 방식 중에서 비슷한 점을 찾을 수 있도록 만든 온라인 퀴즈를 공개했다(www.yourpersonality.net/relstructures/).

성인이 관계를 맺는 방식은 연애 관계의 이해에 있어서 가장 중요한 요인이다. 사람들은 대인관계에서 무엇을 찾는 것일까? 연애 상대에게는 무엇을 기대하는 것일까? 사람들은 상상 또는 실제의 파트너들에게서 버림받거나 헤어졌을 때 어떻게 견뎌낼까? 연구자들은 애착 방식에 따라 다르게 대답할 것이라고 하였다(Hazan & Shaver, 1987). 회피 애착 방식의 사람들은 연애를 피하고, 진짜 사랑은 보기 힘들고 영원하지 않다고 믿는다. 그들은 친밀감을 두려워하고, 깊은 정서적 관계를 맺기 어려워한다. 그들은 파트너에게 지지적인 모습을 보이지 않으려 하고, 적어도 감정적이지 않으려고 하는 경향이 있다.

양가적 애착 방식의 성인들은 짧고 빈번한 연애 관계를 갖는 경향이 있다. 그들은 쉽게 사랑에 빠지고 사랑을 끝내지만, 관계에서 행복을 느끼는 일은 드물다. 그들은 관계 형성에서 자포자기하는 모습을 보이고, 파트너를 잃는 것에 대해 두려움을 보인다. 타인을 기쁘게 하는 데 핵심을 두기 때문에 갈등이 생기면 빠르게 타협하고, 갈등을 피하기 위해서 스스로를 변화시킨다. 예상할 수 있듯이 양가적 성향의 성인들은 파트너와 이별할 때 스트레스가 매우 크다.

안전 애착 방식의 성인들은 안전 애착 아이들이 엄마가 방을 떠나도 조용하게 남아 있었던 것처럼 스트레스 없이 파트너와 이별할 수 있다. 안정적 성인들은 보통 연애 관계에서 더 따뜻하고 지지적이며, 그들의 연인은 회피적·양가적 성인들의 파트너들에 비해 관계에서 더 많은 만족감을 느낀다(Hazan & Shaver, 1994). 안전한 방식의 성인들은 필요할 때 파트너에게 쉽게 정서적 지지를 준다. 안전한 애착 방식의 성인들은 회피적·양가적 성인들에 비해 그들이 필요로 할 때 더 지지를 찾는다. 보통 안전한 방식의 성인들은 신뢰할 수 없는 연애 관계를 잘 헤쳐나간다. Holland, Fraley, Roisman(2012)은 애착 방식이 연애 초반보다는 사귄 후 1년이 지난 후에 더 큰 영향을 보이는 것처럼 관계가 발전한 이후에 더 구별이 가능하다고 하였다. 누군가를 진짜로 알아가는 데에 어느 정도 시간이 필요하다.

심리학자 Jeff Simpson에 의해 이루어진 연구는 성인 관계에서 애착 관계의 작용을 보여준다(Simpson et al., 2002). 이 연구에서는 이성애자 커플들을 피험자로 사용했다. 각 커플은 그들 중 남성들이 실험 과정에서 고통스럽고 불쾌한 경험을 겪게 될 것이라고 들었다. 그들은 각자 떨어졌고, 남성은 맥박 측정 기계가 있는 방으로 안내 받았다. 그리고 다음과 같은 설명을 들었다.

> 지금부터 몇 분 동안 당신은 상당한 불안과 고통을 유발하는 실험적 절차를 겪을 것입니다. 절차의 특성상 더 이상의 설명은 어렵습니다. 그렇지만 실험이 끝난 후 어떠한 의문이나 걱정에 대해서도 질문할 수 있습니다. (p. 603)

이 말은 남성 피험자를 불안하게 만들기 위한 것이었다. 그들은 거짓말 탐지기가 있는 어둡고, 창문이 없는 방으로 옮겼다. 실험자는 장비가 "아직 완전히 준비가 되지 않았다."고 말했고, 그래서 피험자는 '스트레스 단계'가 시작할 때까지 몇 분 정도 기다려야 했다. 그동안 여성들은 자신의 파트너가 5~10분 정도 '스트레스와 수행 회기'를 거치게 될 것이라고 들었다. 커플은 함께 대기하였는데, 이 시간 동안 5분 정도 비디오가 녹화되었다. 5분이 지난 후 실험자는 방으로 들어가 피험자들에게 실험이 끝났음을 알려주고, 이 실험의 목적을 설명하였으며, 원한다면 비디오테이프를 지울 수 있다고 말했다(아무도 지우지는 않았다).

실험자들은 행동에 따라 비디오테이프를 분류했다. 분류는 주로 여성들이 자신의 파트너에게 지지를 제공하는 정도와 남성이 파트너에게 지지를 원하는 정도에 핵심을 맞추었다. 실험 시작 전, 실험자들은 인터뷰 방식을 사용해 부모 및 다른 애착 인물과의 어린 시절 기억에 대해 질문하였다. 또한 이 인터뷰를 통해서 피실험자가 어린 시절 첫 양육자에 대해 회피 애착 또는 안전 애착인지의 정도를 평가했다.

그 결과 부모와 회피적 애착 경험을 가진 여성은 파트너가 요구할 때조차도 지지와 격려를 덜 하는 모습을 보였다. 안전 애착 여성은 상대가 원하면 지지를 제공했지만 요구하지 않으면 덜 제공하였다. 연구자들은 이런 방식을 조건적 지지라고 하면서, 관계에서 가장 이상적이라고 하였다(George & Solomon, 1996). 남성이 다른 사람에게 도움을 구한다는 점에서 보았을 때 애착 방식의 어떤 변수도 행동을 예상하지 못했다. 그러나 심각하거나 지속되는 스트레스 요인에 대해서는 다른 결과가 나타났다. 심각하고 만성적인 스트레스(미사일 공격을 당하거나 전투 훈련을 받는 중인 사람들)에 대한 연구에 따르면 애착 방식은 도움을 구하는 행동과 관련을 보였다(Mikulincer, Florian, & Weller, 1993; Mikulincer & Florian, 1995). 특히 안전 애착을 형성한 남녀는 고통스러울 때 서로에게 도움을 구했지만 회피적인 애착의 사람들은 상대방에게서 거리를 두려고 하고, 스트레스가 있을 때 혼자 시간을 보내고 싶어 하고 스트레스 요인에서 멀어지려고 하였다. 이처럼 스트레스가 심하거나 만성적일 때 애착 방식은 도움을 찾는 방식과 관련을 보인다.

애착 방식의 개인차는 연애 관계를 넘어서서 광범위한 관계에 영향을 미친다. 친밀감, 타인과의 어울림, 타인에 대한 신뢰, 관계의 탐색 같은 삶의 모든 영역은 서로 다른 애착 방식을 가진 사람들에게 다르게 지나간다(Elliot & Reis, 2003). 애착 이론은 쌍둥이들 사이의 관계(Fraley & Tancredy, 2012), 애완견과의 관계(Zilcha-Mano, Mikulincer, & Shaver, 2012), 심지어 신과의 관계(Granqvust et al., 2012)를 이해하는 데에도 적용될 수 있다. 또한 부모가 자신을 기른 방식이 자녀를 키우는 데도 영향을 줄 수 있다. Szepsenwol 등(2015)은 어린 시절에 불안전 애착 방식을 가졌던 사람이 부모가 되었을 때 더 부정적이고 비우호적인 양육 태도를 보일 가능성이 크다는 것을 보여주었다. Karanzas와 Simpson(2015)은 어른과 아이의 역할이 뒤바뀐 상황에서 성장한 아이들이 나이든 부모의 양육자가 되었을 때까지 애착 방식 이론을 확장시켰다. 즉, 아이가 부모의 부모가 되는 것이다. 이 같은 경험은 친밀감과 보살핌을 주고받는 관계에서 처음 경험한 관계가 영향을 미쳤을 것이다.

만약 어린 시절에 특정한 애착 방식을 발달시켰다면, 이런 방식이 성인 시기의 삶을 결정하는 것일까? 이 질문에 대해서는 많은 이론적 논쟁이 있으며, 경험적 연구가 이루어져 왔다

(Cassidy & Shaver, 1999; Simpson & Rholes, 1998). 애착 이론가들은 결핍이 심각한 경험일지라도 극복할 수 있다고 믿는다. Ainsworth와 Bowlby(1991)는 아이들이 영아기의 불행한 양육 경험 때문에 영원히 손상된 채 살 수는 없다고 주장했다. 그들은 차후의 긍정적인 경험들이 이전의 부정적인 관계들을 상쇄한다고 하였다. 인생을 나쁘게 시작했음에도 불구하고, 사랑받고 애정 어린 돌봄을 받는 관계에 노출된 사람은 대상관계의 작동 모형을 수정할 수 있다. 새로운 관계가 긍정적이고 충분히 지지적이라면 다른 사람과 관계를 맺는 방식에 대해 긍정적인 기대를 갖게 되고, 안정적이고 신뢰할 수 있는 새로운 정신적 표상을 내재화할 수 있다(Fraley, 2007).

요약과 평가

프로이트는 인간 본성에 대해 대단히 영향력 있는 이론을 제안하였다. 그의 이론은 마음이 의식적, 무의식적 부분으로 어떻게 구획화되어 있는지를 강조한 점에서 유일무이하다. 프로이트는 마음 안에 성과 공격성이라는 두 가지 동기를 길들이려고 끊임없이 상호작용하는 세 가지 주된 힘(원초아, 자아, 초자아)이 있다고 하였다. 이러한 동기들은 너무 큰 불안을 불러일으켜 무의식으로 추방할 수밖에 없는 충동과 생각, 기억을 생성한다. 이처럼 수용하기 힘든 생각과 욕망, 기억들을 의식적 자각 밖에 두려면 억압과 같은 방어기제가 필요하다. 방어기제 중 일부는 여전히 성격심리학자들의 연구 주제가 되고 있다. 프로이트는 또한 모든 사람이 일련의 발달 단계를 거치고, 각 단계는 성적 취향의 표출에서 비롯된 갈등을 포함한다고 하였다. 이러한 갈등을 해결하고, 문명화된 사회의 제약 안에서 욕구를 만족시키는 방법을 배우는 것이 성격의 발달이다. 성인들이 서로 다른 이유는 아이였을 때 특정한 유형의 갈등을 다루는 서로 다른 전략을 배웠기 때문이라는 것이다.

또한 프로이트는 심리치료 이론과 기법을 발달시켰는데, 이를 정신분석이라고 부른다. 치료 목표는 환자의 무의식을 의식화하여 문제의 외상적 근거를 이해하도록 돕는다. 이 분야에서는 정신분석이 얼마나 가치 있는지에 대한 열띤 토론이 벌어지고 있다. 정신분석적 개념이 과학적 검증을 거칠수록, 연구자들이 정신분석적 가설에 대해 잘 통제된 실험을 할 수록, 프로이트의 이론은 가치 있고 타당한 것으로 밝혀질 것이다.

프로이트가 제안한 성격이론은 인간 본성의 작동 방식에 대해 지금까지 제안된 이론 중 가장 포괄적인 것이다. 하지만 대부분의 성격심리학자들은 프로이트가 제안한 그대로를 무비판적으로 수용하지는 않는다. 그 대신 이론을 부분적으로 받아들이거나 수정된 이론을 받아들인다. 이를테면 많은 심리학자들은 무의식이 있다는 것에는 동의하지만 동기 유발에 대한 프로이트 이론에는 동의하지 않는다.

우리는 프로이트의 일부 발상에 대한 대안들도 살펴보았다. 법정에서 회상된 기억이 진실이 아닌 것으로 드러난 판례를 보면서 억압된 기억에 대해 알아보기 시작하였다. 이 판례에 따르면 실제로 기억을 잊게 하거나 억압하게 만든 학대나 트라우마가 실제로 있었다고 의심해서는 안 된다. 사실상 이러한 판례들은 존재하고 있으며, 대단히 충격적인 경험들이 의식에서 밀려 나올 수 있다는 개념에 들어맞는다. 그리고 억압된 기억이라는 주제에 좀 더 균형 있게 접근할 것을 제안한다. 억압된 기억이 나타날 수는 있지만 모든 경우가 진짜는 아니다. 어떤 기억은 선의의 치료자나 사건을 추궁하는 사람들에 의해 새롭게 심어질 수도 있다. 우리는 또한 거짓 기억들로부터 진실을 어떻게 구분하는지에 대해서도 알아보았다. 중요한 것은 대상자의 기억을 입증해줄 수 있는 누군가를 찾아 사건을 확증하는 것이다.

무의식에 대한 최근 견해는 억압된 기억에 대해 다른 설명을 제공한다. 대부분의 현대 인지심리학자들은 무의식을 믿지만 프로이트가 주장했던 동기화된 무의식은 믿지 않는다. 어떤 정보가 역치하 지각처럼 의식적 경험 없이도 생각 속으로 들어올 수 있지만, 그 정보가 프로이트 주장처럼 동기 효과를 없애는 것은 아니다.

프로이트 이론에 대한 또 다른 이론은 원초아에 비해서 자아의 역할을 더 강조한다. 이것은 정신적 삶을 이끄는 두 원동력을 공격성과 성적 원초아 충동으로 본 프로이트와는 대조적이다. 에릭 에릭슨은 사회적 과업의 중요성과 발달을 생애 전반에 걸쳐 일어나는 것으로 보았다는 점에서 전통적인 프로이트 견해와는 다른 이론을 제안하였다.

대상관계는 프로이트의 죽음 이후에 정신분석에서 가장 중요한 발전으로 꼽힌다. 대상관계라는 용어는 친밀한 다른 사람의 행동 양상뿐 아니라 행동 양상을 만드는 심리적·인지적·동기부여 과정들이 지속되는 것을 말한다. 대상관계 이론은 타인과 관계를 맺는 행동들이 어린 시절에 일어난 양육자들과의 경험을 기반으로 하는 정신적 상태에 의해 어떻게 영향을 받는지에 대한 내용을 핵심으로 한다. 이 이론은 아기와 첫 양육자, 보통은 엄마와의 애착 형성에 대한 연구로 시작되었다. 이러한 유대는 성인까지도 지속되는 양상을 보인다. 또 한 가지 중요한 것은 자라나는 아이가 부모 사이에서 관찰한 관계에 대한 경험이다. 이것은 사람들이 어떻게 어울리고 관계에 적절한 행동은 무엇인지에 대한 정신적 표상의 형태로 내재화된다.

프로이트의 이론과 관점 중 일부는 현재에도 의미가 있다. 그러나 현대의 정신분석가들은 원초아의 충동에 대한 무의식의 대립에 중심을 두기보다는 대인관계의 행동 양상과 이에 동반되는 감정과 동기에 초점을 맞춘다. 현대 정신분석가들은 성격을 부모와의 성적 갈등의 결과로 보기보다는 성장에 따라 사회적 위기를 해결해 나가고, 다른 사람과의 관계에서 더 성숙한 수준으로 향해 나아가는 결과물로 보려고 한다. 마지막으로 현대의 정신분석 이론은 한 사람의 관점을 기반으로 하는 전통적 정신분석 이론과 다르게 프로이트의 연구를 확장시키고 발전시키려는 사람들이 관찰한 바를 경험적인 연구와 연결시키고자 한다.

핵심용어

객관적 불안(objective anxiety)

거세 불안(castration anxiety)

거짓 기억(false memories)

고착(fixation)

구강기(oral stage)

구성적 기억(constructive memory)

기본적 귀인오류(fundamental attribution error)

남근기(phallic stage)

남근 선망(penis envy)

낯선 상황 절차(strange situation procedure)

내재화(internalized)

대상관계 이론(object relations theory)

도덕적 불안(moral anxiety)

동기화된 무의식(motivated unconscious)

동일시(identification)

리비도(libido)

맹시(blindsight)

무의식(unconscious)

반동 형성(reaction formation)

발달의 8단계(eight stages of development)

발달의 단계 모형(stage model of development)

발달적 위기(developmental crisis)

방어기제(defense mechanisms)

본능(instincts)

부정(denial)

부정적 정체감(negative identity)

분리 불안(separation anxiety)

상상 팽창 효과(imagination inflation effect)

소망 충족(wish fulfillment)

승화(sublimation)

신경증적 불안(neurotic anxiety)

심리사회적 갈등(psychosocial conflicts)

심리성적 단계이론(psychosexual stage theory)

안전 애착 형성(securely attached)

안전한 관계 방식(secure relationship style)

애착(attachment)

양가적 관계 방식(ambivalent relationship style)

양가적 애착 형성(ambivalently attached)

억압(repression)

엘렉트라 콤플렉스(Electra complex)

역치하 지각(subliminal perception)

오이디푸스 콤플렉스(Oedipal conflict)

원초아(id)

원초아심리학(id psychology)

유예(moratorium)

의식(conscious)

의식하지 못한 상태의 숙고(deliberation-without-awareness)

이차 과정 사고(secondary process thinking)

인지적 무의식(cognitive unconscious)

일차 과정 사고(primary process thinking)

자아(ego)

자아 고갈(ego depletion)

자아심리학(ego psychology)

작동 모형(working models)

잠재기(latency stage)

전위(displacement)

전의식(preconscious)

점화(priming)

정신적 에너지(psychic energy)

정체감 압류(identity foreclosure)

정체감 위기(identity crisis)

정체감 혼란(identity confusion)

조자아(superego)

쾌락 원리(pleasure principle)

타나토스(thanatos)

통과의례(rite of passage)

투사(projection)

합리화(rationalization)

합의성 착각 효과(false consensus effect)

항문기(anal stage)

현실 원리(reality principle)

확증편향(confirmatory bias)

활성화 확산(spreading activation)

회피적 관계 방식(avoidant relationship style)

회피적 애착 형성(avoidantly attached)

동기와 성격

ⓒ Science Photo Library RF/
Getty Images RF

7

정 신 내 적   영 역

올림픽 금메달리스트 마이클 존슨(사진에서 오른쪽)은 200m 경기와 400m 경기에서 서로 다른 전략을 사용하였다.

출처 : ⓒ Mark Dadswell/ Getty Images Sport/Getty Images

1996년 8월의 뜨거운 어느 밤, 애틀랜타에서 신호총이 발사되었다. 이것은 올림픽 경주의 200m 결승전 시작을 의미하는 것이었다. 몇 년 전 400m 경주에서 금메달을 받은 마이클 존슨은 출발선에서 폭발적으로 뛰어나갔다. 그는 올림픽 경주 200m와 400m에서 모두 금메달을 받는 역사상 첫 번째 선수가 될 것인가? 마이클은 출발할 때 약간 비틀거렸지만 곧 그의 주특기인 업라이트 주법으로 달렸다. 그가 트레이드 마크인 황금 슈즈를 빛내며 반환점을 돌았을 때 관중들은 그가 금메달을 받는 것 이상의 기량으로 뛰고 있다는 것을 알 수 있었다. 마이클이 상대방 선수들과의 간격을 넓혀감에 따라 관중들은 자신들이 특별한 것을 보고 있음을 알았다. 마이클은 2위 선수보다 5m 앞섰고, 결승선을 통과했을 때 타이머는 19.32초를 기록했다. 마이클 자신을 포함한 사람들 모두는 이 결과를 믿을 수 없어서 말을 제대로 할 수 없었다. 단거리 경주에서 그가 종전에 세운 기록에 거의 0.3초라는 기록할 만한 차이로 세계기록을 깼다.

마이클은 어떻게 200m에서 세계기록을 세우고 400m에서 금메달을 따게끔 자신에게 동기부여를 했을까? 육상선수들에 따르면, 400m와 200m는 상당히 다르다고 한다. 400m 경주에서 선수는 전략적이어야 하고, 전술을 계획하는 데 시간이 필요하다. 반면에 200m는 주자가 전력을 다하여 공격적으로 뛰는 것을 요구한다.

전하는 바에 따르면 마이클은 400m 경주 전에 헤드셋으로 재즈를 듣고, 200m 경주 전에는 갱스터랩을 듣는다고 한다. 그는 200m 경주 전에는 스스로 공격적으로 느끼도록 노력하고, 자신이 '위험지대(danger zone)'라고 부르는 것에 들어가려고 애쓴다. 애틀랜타에서 200m 경주 시작 전 준비운동에서 마이클은 '위험지대(DANGER ZONE)'라고 쓰인 티셔츠를 입었다. 그는 "지금 나는 200m에 대해 생각해야 한다."라고 말했다. "나는 위험지대에 들어가야 한다. 나는 좀 더 공격적이 되어야 한다." 그는 투쟁 본능으로 200m 경주에 임했고 단지 경쟁자를 이기는 것이 아니고 압도적으로 이기기 위해 공격적으로 달려 나갔다. 마이클이 200m 경주에서 결승점에 도달했을 때 그의 얼굴에서 보인 공격성은 마치 상대방을 폭행할 것 같은 표정이었다. 그러나 그가 공격하는 단 하나는 세계기록이었다. 그는 다른 어떤 사람보다 빨리 달릴 수 있도록 자신에게 동기를 부여했을 뿐이다.*

우리는 제1장에서 성격심리학자들이 "왜 사람들은 그렇게 행동하는가?"라고 질문하는 것을 보았다. 동기심리학자(motivational psychologists)들은 질문을 조금 다르게 표현한다. "그들이 원하는 것은 무엇인가?" 모든 성격심리학자들은 행동을 설명하려고 한다. 그러나 동기부여에 관심을 가지고 있는 성격심리학자는 사람들로 하여금 자신이 하는 일을 하도록 몰아붙이는 욕망이나 동기를 찾는다(Cantor, 1990).

이 장에서는 인간의 동기부여에 대한 몇 가지 주요 이론을 다루고, 이러한 이론에 대한 연구 결과를 검토할 것이다. 우리가 다룰 헨리 머레이(Henry Murray)와 에이브러햄 매슬로(Abraham Maslow)의 이론과 같은 몇 가지 이론은 서로 상당히 다르다. 사실 대부분의 성격심리학 책에서는 두 이론을 다른 장에서 다룬다. 그렇지만 두 이론은 두 가지 면에서 공통점이 있다. 첫째, 모든 사람의 성격은 몇 가지 다양한 수준의 동기들로 구성된다. 둘째, 이러한 동기는 주로 의식의 내부 또는 외부의 정신 과정을 통해 작용하며 정신내적인 영향이 사람의 행동을 야기한다(King, 1995).

기본 개념

동기(motives)는 특정한 사물이나 목표를 쟁취하기 위한 행동을 야기하거나 지시하는 내적 상태이다. 동기는 종종 결핍(deficit), 즉 어떤 것에 대한 부족이 원인이 된다. 예를 들면 사람이 오랜 시간 동안 먹지 않으면 배고픔에 의해 동기부여가 된다. 동기는 형태와 양적인 면에서 서로 다르다. 예를 들면 배고픔은 갈증과 다르고, 이 두 가지는 성취나 뛰어나려고 하는 동기와 다르다. 동기는 사람과 환경에 따라 강도가 달라진다. 예를 들면 사람이 단지 식사를 거른 것인지 또는 며칠 동안 안 먹은 것인지에 따라서 배고픔 동기의 강도는 다양하다. 또한 동기는 종종 **욕구**(needs), 즉 내부의 긴장 상태에 근거한다. 욕구가 만족되었을 때 긴

---

* 2000년 시드니 올림픽에서 마이클 존슨은 400m 경기에서는 금메달을 땄지만 200m 경기에서는 탈락하였다. 이후 존슨은 은퇴하였지만 올림픽계에서는 같은 해 경기에서 200m와 400m 경기에서 동시에 금메달을 딴 유일한 남자선수로 남아 있다.

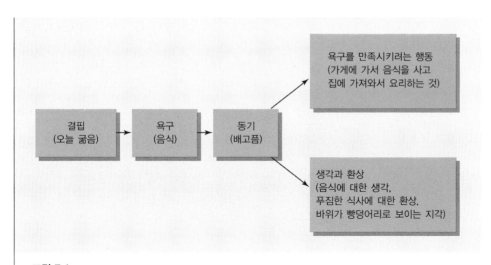

그림 7.1

결핍은 욕구를 유발하고, 현실에서 특정한 행동을 촉진하거나 또는 환상에서 만족스러운 생각을 만들어냄으로써 그 욕구를 충족시킬 수 있는 동기를 이끌어낸다.

장은 줄어든다. 먹고 싶은 욕구는 배고픔의 동기를 만들어낸다. 결과적으로 배고픔의 동기는 사람이 음식을 찾고 끊임없이 음식에 대해 생각하고 음식이 아닌 물건조차 음식으로 보게 만든다. 예를 들면 배고픈 사람이 하늘을 보고 "우와, 저 구름은 햄버거처럼 보인다."라고 말할 수도 있다. 동기는 사람이 욕구를 만족시킬 수 있는 특정한 방식으로 인지하고 생각하며 행동하도록 몰고 간다. [그림 7.1]은 욕구와 동기의 관계를 보여준다. 이 장의 뒤에 나오는 자기실현(self-actualization) 부분에서 볼 수 있듯이 어떤 동기들은 욕구의 결핍이 아니라 성장 욕구에 근거한다.

동기를 정신내적 영역(intrapsychic domain)으로 보는 이유는 다음과 같다. 첫째, 동기 연구자는 내면(internal)의 심리적 욕구와 사람들이 예측 가능한 방식으로 생각하고 인지하며 행동하도록 몰고 가는 충동의 중요성을 강조한다. 동기는 자신이 원하는 것을 스스로 명확하게 알지 못한다는 의미에서 무의식적이라고 할 수 있다. 사람들이 특정한 환상에 몰두하는 이유를 전혀 의식하지 못할 수도 있는 것과 같이 그들을 특정한 방식으로 행동하도록 만드는 것을 의식 수준에서는 모를 수 있다. 이와 같은 유사성은 동기와 다른 정신내적 구조에 관심을 두는 심리학자들이 공유하는 투사법에 대한 신뢰와 연결된다. 동기심리학자들은 정신분석가처럼 환상, 자유연상, 투사법에 대한 반응 등이 생각, 느낌, 행동 이면의 무의식적인 동기를 드러낸다고 믿는다(Barenbaum & Winter, 2003).

동기심리학자들은 또한 제1부에서 다룬 성향심리학자들과 다음과 같은 핵심 개념을 공유한다. (1) 사람마다 동기의 형태와 강도가 서로 다르다, (2) 이러한 차이점은 측정 가능하다, (3) 이러한 차이점은 사업 성공이나 결혼생활 만족도와 같은 삶의 중요한 성과와 관련이 있거나 그 원인이 된다, (4) 사람들 간 동기의 양적 차이는 시간이 흘러도 지속된다, (5) 동기는 "사람들은 왜 그렇게 행동하는가?"라는 질문에 답을 준다. 동기적 접근은 정신내적 영역과 성향적 영역 사이의 중간 지점으로 생각할 수 있다(Winter et al., 1998). 동기는 마음 안에 존재하고 매일의 행동, 생각, 느낌에 영향을 미치는 의식적 인식 밖에서 작동한다는 견해가 존재하기 때문에 우리는 동기를 정신내적 영역으로 간주하는 게 맞는지에 대해 논의해볼 것이다.

헨리 머레이는 현대의 동기이론을 개발한 첫 번째 연구자 중 하나로 1930년대부터 1960년대까지 활발한 연구를 했던 심리학자이다. 머레이가 궁극적으로 심리학 분야로 진출한 것은 이례적인 선택이었다. 그는 의과대학에 진학하여 내과의사가 되었고, 외과에서 인턴으로 근무하였다. 그러고 나서 발생학에 관해 연구하였고, 그 뒤에 케임브리지대학교에서 생화학 박사학위를 취득하였다. 영국에서 공부하는 동안 머레이는 유명한 정신분석가 칼 융을 만나기 위해 1925년 봄방학에 취리히에 갔다. 그는 3주 동안 매일 융을 만났고, 이 만남은 그를 '다시 태어난 사람'이 되도록 만들었다(Murray, reprinted in Shneidman, 1981, p. 54). 머레이에게 정신분석과의 만남은 엄청난 영향을 주었고, 그로 하여금 의사라는 직업과 연구를 버리고 전적으로 심리학으로 관심을 돌리게 하였다. 그러고 나서 머레이는 정신분석 훈련을 받았고, 하버드에 자리를 잡고 은퇴할 때까지 그곳에 있었다(Murray, 1967).

욕구

머레이의 이론은 욕구(needs)라는 용어를 정의하면서 시작하였다. 그는 욕구를 분석적 개념의 충동(drive)과 비슷한 개념으로 간주하였다. 간단히 말해 머레이에 의하면 욕구는 "주어진 어떤 상황에서 어떤 방식으로 반응하는 잠재력이나 준비성이다. 이것은 특정한 경향이 되풀이되어 일어나기 쉽다는 것을 의미하는 명사이다."(Murray, 1938, p. 124) 욕구는 지각을 구성하고, 우리가 보고 싶거나 볼 필요가 있는 것을 볼 수 있게 한다. 예를 들면 지배 욕구가 높은 사람은 일상적인 사회 상황조차도 다른 사람들을 지배하려는 기회로 볼 수 있다.

또한 욕구는 개인이 욕구를 충족하기 위해 필요한 것을 할 수밖에 없게 만든다. 예를 들어 성취 욕구를 가진 사람은 업무에서도 뛰어난 사람이 되고 싶어서 열심히 일하고 희생을 치르기도 한다. 머레이는 욕구는 긴장 상태를 나타내고 욕구 충족은 긴장을 완화한다고 믿었다. 그러나 그것은 사람이 만족감을 갖기 위해서 긴장을 감소시키는 과정이지 그 자체가 긴장이 없는 상태는 아니라는 것이다. 머레이는 실제로 긴장감을 줄이는 즐거움(즉, 롤러코스터나 공포영화가 끝나는 것)을 경험하기 위해 긴장감의 증가(예 : 롤러코스터 타기나 공포영화 보기)를 추구할 수도 있다고 믿었다.

전략정보국(미국 중앙정보국의 전신), 즉 OSS에 대한 연구를 바탕으로 머레이는 〈표 7.1〉에 설명한 바와 같이 기본적인 욕구 목록을 제시했다. 각 욕구는 다음과 관련이 있다. (1) 특정한 바람이나 의도, (2) 특정한 정서 세트, (3) 특정한 행동 성향. 그리고 각 욕구는 특성이란 이름으로 기술될 수 있다. 사람과의 관계를 유지하고 지지를 얻기 위한 바람인 소속의 욕구를 고려해보자. 이 욕구와 관련된 기본적인 정서는 대인관계에서의 따뜻함, 쾌활함, 친밀감 등이고 관련된 행동 성향은 다른 사람을 인정하는 것, 함께 시간을 보내는 것, 관계를 유지하기 위해 노력하는 것 등이다. 강한 소속 욕구를 가진 사람의 주요 특성은 친절함,

표 7.1   4개 상위 범주로 구성된 머레이의 욕구에 관한 간략한 설명

야망의 욕구

- **성취** : 타인, 물건, 아이디어 등을 숙달하고 조종하고 조직하는 것. 어려운 일을 가능한 한 빠르고 독자적으로 달성하는 것. 장애물을 극복하고 뛰어난 성과를 보이는 것. 재능을 발휘하여 경쟁자를 능가하는 것
- **과시** : 자신에게 시선을 집중시키거나 자신의 말에 귀 기울이게 하는 것. 타인에게 인상을 남기는 것. 다른 사람들을 흥분시키고 매혹시키며 즐겁게 해주고 흥미를 갖게 하며, 재미있게 해주고 호기심을 자극하거나 놀라게 하는 것
- **질서** : 물건을 순서대로 정리하는 것. 깨끗함, 정리, 균형, 단정함, 정확함을 추구하는 것

지위 방어 욕구

- **지배** : 설득, 명령, 암시, 유혹 등을 통해 다른 사람의 행동에 영향을 주거나 지시하려고 하는 것. 자신의 환경, 특히 사회적 환경을 통제하는 것. 다른 사람들을 억누르거나 금지시키는 것

사회적 권력 욕구

- **비하** : 모욕, 비판, 비난을 받아들이는 것. 외부 압력에 수동적으로 복종하는 것. 자신을 운명에 맡기는 것. 열등감, 실수, 잘못을 인정하는 것. 죄를 고백하고 속죄하는 것. 고통과 불행을 찾아내는 것
- **공격** : 힘으로 상대방을 이기려고 하는 것. 피해에 대해 복수하는 것. 다른 사람을 공격하거나 상처 입히거나 죽이는 것. 힘으로 상대방을 응징하거나 대항하는 것
- **자율** : 구속을 떨쳐버리고 경계를 이탈하는 것. 억압과 구속에 저항하고 자유를 추구하는 것. 지배당하지 않는 것. 자신의 희망에 따라 자유롭게 행동하고 얽매이지 않는 것
- **비난 회피** : 무슨 수를 써서라도 굴욕을 피하는 것. 곤란이나 비난을 초래하는 상황을 회피하는 것. 다른 사람들의 경멸, 조롱, 무관심에 대한 걱정이나 실패에 대한 두려움 때문에 행동을 자제하는 것

사회적 애정 욕구

- **소속감** : 비슷한 사람들과 협력하거나 호혜적인 상호작용을 즐기는 것. 타인과 가까워지는 것. 좋아하는 사람의 애정을 얻고 호감을 주는 것. 친구에게 성실한 것
- **양육** : 어려움에 처한 사람들을 돌봐 주는 것. 어린이 또는 약하거나 불구이거나 미숙하거나 허약하거나 굴욕을 받거나 외롭거나 낙담하거나 혼란스러워하는 약자의 요구를 채워주고 연민을 느끼는 것. 위험에 처한 사람을 도와주는 것. 다른 사람을 도와주고, 지원해주고, 위로하고, 보호하고, 양육하고, 먹이고, 치료해주는 것
- **원조** : 다른 사람들로부터 원조를 받는 것. 다른 사람들로부터 자신의 욕구를 충족시키고, 보살핌을 받고, 지원을 받고, 보호 받고, 조언 받고, 응석 부리고, 위로 받는 것. 항상 지지자나 헌신적인 보호자를 두는 것

출처 : *Explorations in personality*, by J. H. Murray, New York, Oxford University Press에서 인용

친근감, 충실함, 호의 등과 같은 속성이다.

    머레이는 **욕구의 위계**(hierarchy of needs)가 있다고 믿었다. 개인의 욕구들은 다양한 수준의 강도로 존재하는 것으로 생각될 수 있다. 예컨대 사람은 강한 지배성의 욕구, 보통의 소속 욕구, 낮은 성취 욕구를 가질 수 있다. 각 욕구는 개인 안에서 다양한 다른 욕구들과 상

호작용한다. 이러한 상호작용은 동기 **역동**(dynamic)의 개념을 만들어낸다. **역동**이라는 용어
는 사람 내부의 상호 영향을 나타내는 데 사용된다. 이 경우 한 사람 안에 있는 힘들의 상호
영향을 말한다. 지배 욕구가 강한 사람이 소속감이 높은 경우 또는 낮은 경우에 따라, 전반
적인 행동에 커다란 차이가 생긴다. 만약 높은 지배성 욕구와 높은 소속감 욕구가 연결되면
(예 : 관계를 유지하고 발전시키려는 강한 바람), 지배적인 방식으로 다른 사람들을 편하게
하기 위한 사회성과 리더십 기술을 발전시킬 가능성이 크다. 만약 강한 지배 욕구와 약한 소
속 욕구가 결합되면 반대로 다른 사람들의 정서를 고려하지 않고 단순히 그들을 지배하려고
할 수 있다. 이는 다른 사람들에게 논쟁적이고 시비조이며, 그저 불쾌하고 다른 사람을 쥐고
흔든다는 인상을 줄 수 있다.

압력

성격심리학에 대한 머레이의 또 다른 공헌은 환경에 대한 사고방식이다. 머레이에 따르면
환경 내부 요소들은 인간의 욕구에 영향을 미친다. 예를 들면 소속의 욕구가 높은 사람은 얼
마나 많은 사람들이 있는지, 그들이 상호작용하는지, 접근하기 쉽고 외향적으로 보이는지와
같이 자신이 처한 환경의 사회적 측면에 예민할 것이다. 머레이는 환경에 대한 욕구의 측면
을 나타내기 위하여 **압력**(press)이라는 용어를 사용했다. 예를 들면 소속 욕구는 적절한 환경
의 압력(예 : 친절한 사람들의 존재)이 없다면 그 사람의 행동에 영향을 미치지 않을 것이다.
소속의 욕구가 강한 사람은 약한 사람보다 다른 사람들의 존재를 인지하고 그들과 상호작
용할 수 있는 더 많은 기회를 찾아낼 가능성이 클 것이다.

　또한 머레이는 이른바 실제 환경[**알파 압력**(alpha press) 또는 객관적 실재]과 인지되는 환
경[**베타 압력**(beta press) 또는 지각된 실재]이 있다는 개념을 도입했다. 주어진 상황에서 한
사람이 보는 것은 다른 사람이 보는 것과 다를 수 있다. 만약 두 사람이 길을 걸어 내려가는
데 제3의 사람이 다가와 두 사람에게 미소를 지으면 무슨 일이 일어날지 생각해보자. 소속
욕구가 높은 사람은 그 미소를 호의의 신호와 대화를 시작하려는 비언어적인 권유로 볼 수
있다. 소속 욕구가 약한 사람은 같은 미소를 능글맞은 웃음으로 보고, 낯선 사람이 비웃고
있다고 의심스럽게 생각할 수도 있다. 객관적으로(알파 압력) 이것은 같은 미소이다. 주관적
으로(베타 압력) 두 사람의 소속 욕구의 차이 때문에 두 사람에게 이 일은 매우 다른 사건이
되었다.

통각과 TAT

머레이는 사람의 욕구는 환경, 특히 모호한 환경을 인식하는 방식에 영향을 미친다고 생각
했다(낯선 사람이 미소를 지을 때와 같은 것). 어떤 상황에서 환경을 해석하고, 일어나고 있
는 일의 의미를 인지하는 행동을 **통각**(apperception)이라고 부른다(Murray, 1933). 욕구와
동기가 통각에 영향을 미치기 때문에 만약 사람의 주요 동기를 알고 싶으면 우리는 그 사람
에게 다양한 상황, 특히 모호한 상황에서 일어나고 있는 일을 해석해보라고 요청할 수 있다.
　머레이와 그의 동료 크리스티아나 모건(Christiana Morgan)은 욕구와 동기가 세상을 인

식하는 방식에 영향을 미친다는 단순한 통찰을 얻었고, 이 두 가지 구성개념을 평가하기 위해 공식적인 기법을 개발하였다(Morgan & Murray, 1935). 그들은 이것을 **주제 통각 검사**(Thematic Apperception Test, TAT)라고 불렀다. 주제 통각 검사는 검은색과 흰색의 모호한 그림 조합으로 구성되어 있다. 그리고 사람들에게 그림을 보여주고 그 그림에서 무슨 일이 일어나고 있는지에 대해 이야기를 만들도록 하였다. 예를 들면 사람이 창틀에 앉아 있는 그림에서 그 사람은 안으로 들어가거나(물건을 훔치기 위해 집으로 들어감) 밖으로 나가는 것일 수 있다(자살하기 위해 뛰어내림). 그림들 중 몇 장은 작은 시내의 기슭에 있는 보트 그림처럼 사람이 없는 그림이다. 이러한 그림은 아마 가장 모호한 그림일 것이다. 그 보트를 누가 거기에 두었을까? 그들은 오는 것일까, 가는 것일까? 왜 그들은 지금 그림 속에 없는가? 이 그림은 무슨 일이 일어나고 있는지가 너무 모호하기 때문에 이야기를 만들기가 쉽다.

주제 통각 검사는 사람들에게 그림을 보여주고 창의적으로 이야기를 만들라고 지시한다. 각 그림에서 일어나고 있는 일을 해석하여 처음과 중간, 끝이 있는 이야기를 만들게 한다. 그러고 나서 심리학자는 특정 동기와 관련이 있는 다양한 유형의 이야기들을 묶는다. 예를 들면 해안가에 보트가 있는 주제 통각 검사(TAT) 카드에 대해 다음과 같은 반응이 있다고 하자. "여기에 있는 보트는 어린 소년이 농작물을 시장에 가져갈 때 쓰는 것이다. 소년은 농작물과 함께 팔 수 있는 야생 딸기를 따려고 멈추었다. 이 소년은 열심히 일하였고, 마침내 대학에 진학해서, 농작물을 전문적으로 연구하는 유명한 과학자가 되었다." 이 이야기는 많은 성취 이미지를 드러내고 있기 때문에 피검자는 높은 성취 욕구를 가지고 있다고 볼 수 있다.

모건과 머레이는 1935년에 주제 통각 검사를 발표했다. 그 이후로 많은 연구자들이 주제 통각 검사 실시방법을 수정했다(예 : 카드 수를 줄이고, 다른 그림들을 선정하고, 한 번에 많은 사람들에게 이미지를 보여주기 위한 영사기나 컴퓨터를 사용하는 것). 주제 통각 검사 원그림들이 오래되었기 때문에(예 : 1930년대의 옷이나 머레이 스타일) 새로운 버전의 주제 통각 검사(TAT) 그림이 개발되었다. 이는 욕구 관련 주제를 추구한다는 면에서 원그림과 동일하다(Schultheiss & Brunstein, 2001). 주제 통각 검사 같은 투사법은 (1) 피험자에게 그림과 같은 **모호한** 자극이 주어진다, (2) 무슨 일이 일어나고 있는지에 대해 해석하고 기술하게 한다는 본질적인 특징이 있다.

성취 욕구는 개인이 만든 이야기에서 일을 더 잘하고 싶고, 성공을 기대하고, 성공에 대한 긍정적인 느낌을 가지며, 장애물을 극복하는 것 등이 언급된 수를 세어 점수를 내는 식으로 측정된다(Schultheiss & Brunstein, 2001; Shultheiss & Pang, 2007). 주제 통각 검사 연구에 따르면 개인마다 그림의 주제에 다르게 반응하는 것으로 나타났다. 예를 들면 성취 욕구가 높은 사람이 낮은 사람보

이 그림은 모건과 머레이가 TAT에 사용한 그림 중 하나로 미국 정부기록보관소에 있는 것이다. 사진 속의 소년에 대한 이야기를 만들 수 있는가? 소년이 무엇에 대해 생각하는지 확신할 수 있는가? 이 다음에는 무슨 일이 일어날까?

출처 : Farm Security Administration-Office of War Information Photograph Collection, Library of Congress, LC-USF34-055829-D.

다 성취를 주제로 한 그림에 다양한 반응을 보였다(Kwon, Campbell, & Williams, 2001; Tuerlinckz, De Boeck, & Lens, 2002).

어떤 성격 연구자들은 일반적으로 투사검사, 특히 주제 통각 검사가 질문지나 정보제공자 보고와 같은 방법들보다 신뢰도가 떨어진다고 주장한다. 어떤 이들은 심지어 검사라는 용어를 사용해서는 안 된다고 주장한다(McGrath & Carroll, 2012). 그럼에도 불구하고 주제 통각 검사는 욕구나 동기뿐만 아니라 방어기제(Hibbard et al., 2010), 애착 유형(Berant, 2009), 심리성적 단계(Huprich, 2008) 등과 같은 정신분석 구성개념의 평가에 계속 이용되고 있다. 연구들은 주제 통각 검사(McAdams et al., 1996)와 다른 그림 이야기 완성검사(Schultheiss & Schultheiss, 2014)가 성취, 권력, 친밀감 주제를 평가하는 데 특정한 기준을 이용하여 채점할 때 신뢰할 만하고 유효할 수 있다고 하였다.

우리는 주제 통각 검사를 이용하여 욕구의 상태 수준과 욕구의 특성 수준을 구별할 수 있다. **상태 수준**(state levels)은 특정 환경에서 변동할 수 있는 특정 욕구의 순간적인 양을 나타낸다. 예를 들면 어떤 일에 실패하고 있는 사람(예 : 9회에서 5 대 4로 지고 있는 야구선수)은 성취 동기 상태가 급격히 증가할 수 있다. 주제 통각 검사는 다양한 동기, 특히 성취, 권력, 친밀감 욕구가 상태 수준의 변화에 민감하다는 것을 보여준다(Moretti & Rossini, 2004). **특성 수준**(trait levels) 평가는 특정한 특성에서의 평균 성향 또는 설정점을 측정하는 것이다. 이러한 주장은 특정한 욕구의 일반적인 또는 평균적인 양이 사람마다 서로 다르다는 것에 기반한다. 욕구의 특성 수준을 평가하는 것은 이러한 기준을 사용하는 성격심리학자들의 주요한 목표이다(Schultheiss, Liening, & Schad, 2008).

동기를 평가하는 새로운 도구로 **중다-동기 망**(multi-motive grid)을 들 수 있다. 이것은 주제 통각 검사와 자기보고 질문지의 특징을 결합한 것이다(Schmalt, 1999). 이 검사에서는 중요한 동기 세 가지(성취, 권력, 친밀감) 중 하나를 유발하기 위해 14개의 그림을 사용한다. 연구자들은 이 그림을 중요한 동기 상태에 관한 질문과 함께 보여주었다. 그림이 동기를 유발할 수 있으며, 이는 연구 참여자가 질문에 어떻게 대답하는지에 영향을 미칠 것이다. 이 기법은 비교적 최근에 개발된 것이지만 신뢰도가 높은 것으로 나타났다(Langens & Schmalt, 2008; Sokolowski et al., 2000). 성취 욕구에 대한 동기 망 평가가 실험과제 수행을 예측했기 때문에 타당도 또한 높았다(Schmalt, 1999).

비록 일부 연구자들이 주제 통각 검사의 검사-재검사 신뢰도가 낮다고 주장하지만 주제 통각 검사는 오늘날에도 널리 사용되는 성격평가 기법이다(Smith & Atkinson, 1992). 몇몇 연구자들은 동일한 욕구에 대해 주제 통각 검사와 질문지 간에 상당히 낮은 상관관계를 보고하여 주제 통각 검사가 유효한 측정도구인지 의문을 야기한다. 이것은 '자세히 보기'에서 다룰 것이다.

자세히 보기

동기 측정도구로서 TAT와 질문지 : 동기의 다른 양상을 측정하는가?

심리학자 David McClelland와 그의 동료들은 주로 주제 통각 검사에 중점을 두었다. 주제 통각 검사를 비판하는 사람들은 주제 통각 검사가 검사-재검사 신뢰도가 낮고, 한 그림에 대한 반응이 다른 그림에 대한 반응과 상호 관련성이 없을 수 있다고 주장하고 있다. 즉, 내적 신뢰도가 낮다는 것이다 (Entwisle, 1972). 주제 통각 검사를 실제 동기행동 예측에 사용하면(예 : 주제 통각 검사 성취 욕구 점수를 성취검사에 기반한 대학성적 평점이나 성과 예측에 사용할 경우) 종종 상관관계가 낮거나 일관성이 없다 (Fineman, 1977). Smith와 Atkinson(1992)은 주제 통각 검사 지지자들의 반응과 함께 주요 비판점들을 검토하였다.

주제 통각 검사의 약점으로 인해 동기를 측정하는 질문지 개발이 촉진되었다 (Jackson, 1967). 이 질문지는 사람들에게 동기와 바람에 대해 직접적으로 질문하고, 높은 동기 수준을 나타내는 행동을 실제로 하는지 질문한다. 이 질문지는 검사-재검사 신뢰도와 예언 타당도가 적절한 것으로 보인다(Scott & Johnson, 1972). 그러나 문제는 동일한 동기가 주제 통각 검사와 질문지 측정치 간 상관관계가 없다는 것이다(Fineman, 1977; Thrash & Elliot, 2002도 참조). 이에 많은 연구자들은 주제 통각 검사나 다른 투사법은 포기하는 것이 낫다고 제안하였다. 하지만 McClelland와 그의 동료들은 이러한 비판을 잠자코 받아들이지는 않았다(McCelland, 1985; Weinberger & McClelland, 1990; Winter, 1999). McClelland는 주제 통각 검사를 적절하게 시행하고 채점하기만 하면 검사-재검사 신뢰도가 높아진다고 주장했다. 덧붙여 그는 주제 통각 검사가 질문지보다 사업 성공과 같은 삶의 장기적인 결과를 더 잘 예측하게 해준다고 주장했다. 그는 질문지 측정은 실험실에서 게임을 하는 동안 사람이 얼마나 경쟁적으로 행동하는지와 같은 단기적인 행동을 더 잘 예측한다고 주장했다. McClelland는 주제 통각 검사와 질문지가 서로 다른 유형의 두 가지 동기를 측정하기 때문에 상호 관련성이 없다고 보았다. 두 가지 동기를 차례로 논의해보자.

한 유형은 **암묵적 동기**(implicit motivation)이다. 이러한 동기들은 성취 욕구(nAch), 권력 욕구(nPow), 친밀감 욕구(nInt) 등과 같은 욕구들에 기반하며, 공상에 기반한 도구(예 : 주제 통각 검사)로 측정된다. 암묵적이라고 부르는 이유는 이야기를 만들어낸 사람이 심리학자에게 자신에 대해 외현적으로 말하는 것이 아니기 때문이다. 대신 그 사람은 다른 사람들에 대해 이야기하지만 그 이야기에는 이야기하는 사람의 암묵적 동기가 반영되어 있다고 생각된다: 무의식적인 바람, 열망, 무언의 욕구와 욕망(Schuler, Sheldon, & Frohlich, 2010) 등. 주제 통각 검사 그림을 보고 이야기를 만드는 것이 비록 무의식적일지라도 자신의 실제 동기를 반영한다고 추측된다(Hofer, Bond, & Li, 2010).

다른 유형의 동기는 외현적(explicit) 또는 **자기귀인 동기**(self-attributed motivation)라고 부른다. 이것은 McClelland가 의식적인 동기에 대한 자기 인식이나 "바람직한 목표와 행동방식에 대한 규범적 신념"을 주로 반영한다고 주장한 것이다(McClelland, Koestner, & Weinberger, 1989, p. 690). 이러한 자기귀인 동기는 자신에게 중요한 것이 무엇인지에 대한 의식적인 인식을 나타낸다. 그것은 개인의 의식적인 자기 인식이다.

McClelland는 암묵적 동기와 자기귀인 동기가 본질적으로 동기의 다른 양상을 나타내고, 그것은 삶의 다른 성과를 예측할 수 있다고 주장했다. 암묵적 동기는 장기적이고 시간이 경과함에 따른 자연스러운 행동 경향을 예측한다. 예를 들면 질문지 측정과 비교하여 성취 욕구에 대한 주제 통각 검사 평가는 장기적인 사업 성공을 잘 예측하고 주제 통각 검사로 평가된 권력 욕구는 사업 매니저로서의 장기적인 성공을 더 잘 예측한다(Chen, Su, & Wu, 2012; McAdams, 1990). 반면에 자기귀인 동기는 즉각적이고 특정한 상황에 대한 반응과 행동 및 태도를 더 잘 예측한다(왜냐하면 이것은 사람의 의식적인 바람과 욕구를 측정하기 때문이다). 예를 들면 성취 욕구 질문지는 심리학 실험에서 보상을 얻기 위해 얼마나 열심히 하는냐를 더 잘 예측하고, 권력 욕구 질문지는 사회적 불균형에 관해 스스로 보고한 태도를 더 잘 예측한다(Koestner & McClelland, 1990; Woike, 1995).

연구 문헌은 적어도 성취동기에 대해서는 암묵적 동기와 외현적 동기의 차이를 지지한다(Spangler, 1992; Thrash & Elliot, 2002). Spangler는 성취 욕구에 관한 100개 이상의 연구를 살펴보고 메타분석을 시행하였다. 메타분석에 사용된 연구의 절반은 주제 통각 검사(암묵적 동기)를 사용하였고 나머지 절반은 성취동기 질문지(자기귀인 동기)를 사용하였다. 그러고 나서 Spangler는

(계속)

성취를 통해 예측할 수 있는 변수들을 주의 깊게 살펴보았다. 그는 이 연구들을 특정 작업에 대한 단기 반응(예 : 대학에서의 학점, 능력검사 수행, 실험실 성취검사 수행 등)과 장기 성취(예 : 평생 수입, 조직 내 지위, 출판물의 수, 지역단체 참여도 등)로 분류하였다. 그 결과는 주제 통각 검사 기반 측정이 설문 측정보다 장기적 결과를 더 잘 예측하는 반면, 질문지는 단기적 반응을 더 잘 예측한다는 것을 발견했다. 성격심리학은 동기에 대한 암묵적 측정과 외현적 측정의 일치 여부를 이해하는 데 많은 관심을 가지고 있다(Thrash, Elliot, & Schultheiss, 2007).

유망한 연구 분야는 특정한 암묵적 동기와 관련된 특정한 호르몬을 관찰하는 것이다(Schultheiss, 2014). 몇몇 연구는 생식선 스테로이드 호르몬, 특히 남자의 테스토스

테론과 여자의 에스트라디올은 권력 욕구와 관계가 있다는 것을 발견했다. 친밀감 욕구는 프로게스테론 호르몬 분비와 관계가 있다. 그리고 성취 욕구는 바소프레신과 관련이 있다는 제한된 증거가 있다. 이러한 새로운 발견들은 적어도 시상하부 기능과 암묵적 동기가 관련되어 있음을 시사한다.

또한 사람이 스트레스를 받을 때 분비되는 호르몬(특히 코르티솔) 또한 암묵적 동기와 관련되어 있다. 높은 권력 욕구를 가진 사람은 특히 자신의 지배력에 대한 도전에 스트레스를 받고 사회적 패배를 잘 참지 못한다. 이러한 상황에서 권력 욕구가 약한 사람보다 권력 욕구가 강한 사람이 더 많은 코르티솔을 분비한다(Schultheiss, 2014). 암묵적 성취 욕구가 강한 사람은 약한 사람에 비해 일대일 경쟁에서 스트레스를 받

지 않는다(코르티솔을 더 적게 분비한다) (Schultheiss, Wiemers, & Wolf, 2014). 대체로 호르몬은 생물학적으로 강력한 행동 조절물질이고 암묵적 동기의 개인차와 유의하게 관련되어 있는 것으로 나타난다.

Spangler의 메타분석은 주제 통각 검사와 질문지 측정이 동기의 장단기적 영향을 이해하는 데 중요한 역할을 할 수 있음을 시사한다. 만약 어떤 사람의 성취 욕구가 오늘 혹은 내일 나타날지에 대해 알고 싶다면 질문지를 이용하는 것이 가장 좋을 것이고, 그 사람에게 성취 욕구에 대해 물어보는 것도 괜찮다. 하지만 집단 내에서 누가 가장 평생토록 많은 수입을 갖게 될지 또는 조직에서 가장 높은 지위로 올라갈 것인지를 알고 싶다면 TAT를 사용하여 성취 욕구를 측정하는 것이 더 나을 것이다.

3대 동기 : 성취, 권력, 친밀감

머레이가 수십 개의 동기를 제시했지만 연구자들은 성취 욕구, 권력 욕구, 친밀감 욕구와 같은 몇 개에만 주의를 집중한다. 기본적인 인간의 동기에 대해 우리가 알고 있는 것을 재검토해보자.

성취 욕구

성취 욕구에 의해 동기부여된 행동은 심리학자들의 오랜 관심사였다. 대부분의 연구가 이것에 집중되어 있기 때문에 이 동기부터 다룰 것이다.

일을 더 잘하는 것

하버드대학교의 머레이에 이어 심리학자 David McClelland가 동기 연구의 전통을 이어받았다. McClelland는 **성취 욕구**(need for achievement, nAch)에 관한 연구로 잘 알려져 있다. 성취 욕구(nAch)는 더 잘하고 싶고, 성공하고 싶고, 유능해지고 싶은 바람으로 정의할 수 있다. 다른 동기들이 그렇듯이 성취 욕구는 특정(성취 관련) 상황에서 그 사람을 행동하도록 자극할 것이다. 성취 욕구는 도전과 다양한 자극에 의해 힘을 얻는다. 흥미와 놀라움을 동반한다. 호기심과 탐색하려는 경향과 관련 있다(McClelland, 1985). 성취동기가 높은 사람은 업무 완수 또는 그 기대를 통해 만족감을 얻는다. 그들은 도전적인 활동에 참여하는 것을 즐긴다.

특성 수준의 측면에서 볼 때 성취 욕구가 높은 사람은 너무 어렵지도 않고 그렇다고 너무

쉽지도 않은 중간 수준의 도전을 선호한다. 이러한 선호는 성취 욕구가 높은 사람이 그렇지 않은 사람들보다 더 잘하려는 동기를 가지고 있음을 의미한다. 그들은 성취 불가능한 일에는 관심을 두지 않을 것이다. 그 일은 모든 사람에게 어려운 것이기 때문에 해낼 수 있는 확률이 낮을 것이며, 너무 쉬운 일은 누구에게나 쉬울 것이다. 모든 사람이 성공하는 일이라면 성취 욕구가 높은 사람이 그 일을 더 잘하는 것도 아닐 것이다. 이론상 성취 욕구가 높은 사람은 중간 정도의 도전 과제를 선호할 것이라고 볼 수 있다. 수십 개의 연구들은 이러한 가설을 지지한다. 한 연구는 다양한 게임에서 아이들의 도전 선호도를 실험하였다(예 : 아이들이 다양한 거리에 놓인 나뭇가지에 고리를 넣는 고리 던지기 게임). 높은 성취 욕구를 가진 아이들은 중간 정도의 도전을 선호하였다(예 : 중간 정도 거리의 나뭇가지에 고리를 던

애플 컴퓨터나 픽사 만화와 같이 성공적인 회사의 리더로서 고인이 된 스티브 잡스는 일관성 있게 더 나아지려고 노력했다. 그는 높은 성취 동기의 좋은 사례이다.

출처 : ⓒ Justin Sullivan/Getty Images New/Getty Images

진다). 반면에 성취 욕구가 낮은 아이들은 아주 쉬운 수준, 즉 가까운 나뭇가지를 선택하거나 성공이 거의 불가능해 보이는 것을 시도했다(McClelland, 1958). 이러한 결과는 실험실 밖에서도 입증되었다. 높은 성취 욕구를 가진 청소년은 중간 정도로 어려운 대학 전공을 선택하고 중간 정도의 어려움이 있는 직업을 찾으려고 하였다(Koestner & McClelland, 1990).

성취 욕구가 높은 사람의 특징을 요약하면 (1) 너무 과하지 않은 적당한 도전을 요구하는 활동을 선호한다. (2) 개인적 책임이 부여되는 성과 과제를 즐긴다. (3) 수행에 대한 피드백이 주어지는 일을 선호한다.

성취 욕구의 증가

성취동기 연구는 성취 관련 측정치와 주제 통각 검사 성취 욕구 점수 간의 관계를 다루는 식

연습문제

255쪽에 있는 주제 통각 검사 그림을 보고 그 그림이 무엇인지에 대하여 짧은 이야기를 써보자. 머리에 떠오르는 대로 쓰지 말고 성취 욕구가 높은 것으로 평가될 수 있는 이야기를 쓰도록 해보라. 어떠한 주제에 대해 이야기를 할 것인가? 어떤 행동이나 결과가 높은 성취 욕구를 나타내는 것으로 해석될 수 있는가? 의식적으로 그 이야기에 표현하려고 하는 것은 심리학자가 사람들이 자연스럽게 쓰는 이야기 속에서 찾고자 하는 주제와 행동이다. 어떤 사람들은 자연스럽게 그들의 이야기 속에 이러한 주제와 행동을 넣는다. 그래서 여기저기에서 성취와 관련된 행동들을 보이고 있는 것 같다. 다른 사람들은 그 안에 이야기와 등장인물이 전투적이지도 않고, 성취 지향적이지도 않은 방식으로 행동하는 것을 보여준다. 그리고 이것은 애매한 상황에 대한 이야기를 만들 때 완벽하고 자연스럽게 나온다.

으로 이루어졌다. 성취 욕구와 사업적 성공의 관계가 이러한 유형이다. 소규모 사업을 시작
하고 관리하는 것은 성취 욕구가 강한 사람에게 강한 만족감을 주는 것 같다. 이것은 도전
적인 일에 참여하고, 결정하고, 행동하는 것에 대한 책임을 지고, 작업의 성공에 대한 신속
하고 객관적인 피드백을 얻을 수 있는 기회를 준다. 몇몇 나라에서 진행된 연구는 성취 욕
구가 높은 남성이 낮은 동료보다 사업에 더 관심을 갖는다는 것을 발견했다(McClelland,
1965). 농부(일종의 소규모 사업자)를 대상으로 한 연구에서 성취 욕구가 강한 사람이 약한
사람보다 혁신적인 농업기술을 채택할 가능성이 컸고, 시간 경과에 따라 생산량도 증가하
였다(Singh, 1978). 자영업자들과 대기업 근로자들을 비교한 연구에서 자영업자들은 상당히
높은 성취 욕구를 가진 것으로 나타났다(Lee-Ross, 2015).

사업가적 성향에 관한 연구는 사업에만 국한되지 않았다. 몇몇 연구는 대학생들의 공부
하는 습관을 검증하였다. 성취 욕구가 강한 학생들은 좋은 성적을 받기 위하여 좀 더 신중
한 것으로 보인다. 수강신청을 하기 전에 그 과목에서 요구하는 사항을 조사하고, 시험을
보기 전에 교수와 이야기하고, 성적이 나온 후 시험에 대해 교수에게 연락할 가능성이 크
다(Andrews, 1967). 이와는 매우 다른 표본인 육체 노동자의 경우에는 해고된 후에 성취
욕구가 높은 사람이 낮은 사람보다 문제 해결을 위한 활동에 더 활발하게 참여했다. 그들
은 좀 더 일찍 새로운 일을 찾기 시작했고, 상당히 많은 구직 전략을 활용했다(Koestner &
McClelland, 1990).

사업가적 성향에 관한 최근의 연구는 소규모로 창업한 학생 집단(높은 사업가적 잠재력)
과 경제학 전공 학생 집단(낮은 사업가적 잠재력)을 비교했다. 결과는 소규모 창업생들이 경
제학 전공생들보다 상당히 높은 성취동기를 가진 것으로 나타났다(Sagie & Elizur, 1999).
Langens(2001)의 연구 또한 높은 성취 욕구 훈련이 사업 성공을 촉진시킬 수 있음을 입증한
다. 이것은 성취동기가 높은 사람은 좀 더 잠재적인 위험과 불확실성, 즉 성공은 개인의 책
임 문제이고, 위급한 문제 해결이 일상적으로 이루어지는 직업에 관심을 가지는 것으로 보
인다.

또한 성취 욕구의 표현 방식에는 문화 간 차이가 있다. 미국의 경우 가장 높은 성취를 보
인 고등학교 학생들은 스스로 좋은 성적을 받기 위해 노력한다. 많은 학생과 부모는 성취를
위해 많은 노력을 기울인다. 시험 부정행위는 흔한 일이고, 어떤 학생들은 부정행위를 잘못
으로 보지 않는다. 심리학자 Demerath(2001)는 높은 성취를 보이는 학생의 몇몇 부모는 자
녀들을 특수교육 대상 학생으로 분류하고자 하였으며, 이것이 그 학생들에게 표준화 검사에
서 추가 시간을 받을 자격을 주는 것을 의미한다고 했다. Demerath가 파푸아뉴기니에 갔을
때 그는 학생들 사이에서 아주 다른 규준을 발견했다. 그곳에서 학교는 잘하는 것이 중요한
경쟁적이지 않은 곳인 것 같았다. 한 개인으로서 잘하는 것이 특히 다른 사람들의 희생을 의
미하는 것이라면 눈살을 찌푸릴 일이다. 사실 뉴기니 사람들은 이것을 '과한 행동'이라고 부
르고 허영심의 한 형태로 본다. 뉴기니와 미국이라는 문화적 측면에서 보면 성취 욕구가 표
현되는 방식의 차이는 이해가 된다. 파푸아뉴기니 사람들은 농업과 어업을 하며 살고, 아프
거나 무슨 일이 있거나 일을 할 수 없을 때 다른 사람들이 협력하여 돕는다는 것을 알고 있어

야 한다. 집단문화에서는 개인의 성취보다는 집단의 성취를 돕는 것이 더 가치 있는 일이다.

성차의 결정

1950년대와 1960년대에 이루어진 성취 욕구에 관한 많은 연구들은 남성만을 대상으로 이루어졌다. 아마 이것은 하버드대학교(머레이와 맥클리랜드가 많은 연구를 한 곳)가 당시에 기본적으로 남성 조직이었기 때문이다. 또는 성취는 오직 남성들의 삶에서만 중요하다는 그 시대의 편향된 믿음 때문일 수도 있다. 이유가 어떻든 1970년대와 1980년대까지 여성의 성취에 대한 노력은 거의 알려지지 않았다. 그 이후에 남녀의 유사점과 차이점이 발견되었다. 성취 욕구가 높은 남녀 모두 중간 정도의 도전, 성과에 대한 개인적 책임, 피드백이 있는 과제를 선호하였다. 두 가지 부분에서는 남녀 차이가 나타난다. 성취 욕구에 의해 예측되는 삶의 성과와 아동기의 경험이다. 이러한 차이점을 차례로 검토해보자.

남성을 대상으로 한 연구에서는 성취 욕구에 의해 예측되는 일반적인 삶의 성과를 주로 사업 성과에 초점을 맞추었다. 그러나 여성을 대상으로 한 연구에서는 여성이 가족에 가치를 두는지 아니면 가족과 일 모두에 가치를 두는지에 따라 다른 '성취 경로'로 구분된다. 가족과 일 모두에 가치를 두는 성취 욕구가 높은 여성은 낮은 여성들보다 성적이 좋고, 대학에 진학하여 졸업하고, 늦게 결혼해서 가족을 형성하였다. 오로지 가족에만 집중하는 여성들은 신체적 외모를 강조하고, 친구들과 자신의 남자친구에 대해 자주 이야기하는 것과 같은 데이트나 구애와 관련된 활동에 시간을 쓰는 것으로 보인다(Koestner & McClelland, 1990). 이러한 연구 결과들은 연구자들이 특정 성취 욕구로 성공을 예측하기 전에 연구 대상들이 갖는 목표를 알아야 한다는 점을 강조한다.

남녀의 또 다른 주요 차이점은 성취 욕구와 관련된 아동기 경험이다. 여성들의 성취 욕구는 스트레스가 많고 어려움을 겪었던 초기 가정생활과 관련이 있다. 성취 욕구가 높은 여자아이의 어머니는 딸에게 비판적이고, 공격적이며, 경쟁적이라는 점이 발견되었다(Kagan & Moss, 1962). 학업성적이 높은 여학생의 어머니는 학업성적이 낮은 여학생의 어머니보다 딸들에게 배려와 애정을 덜 쏟았다(Crandall et al., 1964). 반면 성취 욕구가 높은 남성은 유년 시절에 부모에게 지지와 보살핌을 받았다는 특징이 있다. 이와 관련된 흥미로운 연구 결과는 아동의 성취 욕구 수준이 부모가 이혼했거나 별거한 가정 환경과 관련이 있다는 것이다. 미국 내 대표적인 연구는 아동기에 부모가 이혼했거나 별거한 가정의 여성은 부모와 함께 지낸 여성보다 높은 성취 욕구 점수를 나타내는 것을 발견했다. 남성은 이와는 반대 결과가 나왔다(Veroff et al., 1960). 싱글맘과 사는 것은 젊은 미혼여성에게 성취의 롤 모델을 제공할 수도 있는 반면 남

콘돌리자 라이스는 초등학교 때 굽히지 않는 성격의 학생이었다. 그녀는 10세 때 클래식 피아노를 배웠고, 아이스 스케이트 선수로 4시 30분에 일어나 학교에 가기 전에 2시간씩 연습하였다. 38세에 스탠퍼드대학교의 부총장이 되었고, 2005년에서 2009년에는 백악관 국가안보보좌관과 국무부 장관이 되었다.

출처 : ⓒ Mark Wilson/Getty Images News/Getty Images

자아이에게는 남성이 가정생활에 필요 없다고 인식하게 될 수 있고 남성을 싫어하게 만들 수도 있다.

최근의 몇몇 연구는 경쟁적인 성취 상황에서 성차를 실험했다. 한 연구에서 연구자는 남녀 각 40명에게 정답 하나당 50센트를 주기로 하고 간단한 덧셈문제를 가능한 한 많이 풀라고 했다(Niederle & Vesterlund, 2005). 한 조건에서 참가자들은 많은 문제를 풀기 위해 시계 반대방향으로 돌아가며 경기를 했다. 다른 조건에서 게임은 토너먼트로 바뀌었다. 남성 2명 또는 여성 2명으로 팀을 이루어 나누어 게임을 진행했다. 이기는 팀은 맞힌 문제당 2달러를 받았고 진 팀은 아무것도 받지 못했다. 연구자는 두 조건에서 남녀 모두 동일하게 잘했다는 결과를 얻었다. 그리고 실험자는 세 번째 라운드로 각 참가자가 개별 게임을 할 것인지, 토너먼트로 할 것인지 선택하게 하였다. 흥미롭게도 오직 35%의 여성만이 토너먼트를 선택한 반면에 75%의 남성은 토너먼트 설정을 선택하였다. 연구자는 심지어 남녀가 같이 일을 하는 조건에서도 여성은 다른 사람들과 직접적으로 경쟁하는 것을 원치 않는 경향이 있다고 결론 내렸다. 특히 자신이 이기는 것이 다른 사람이 지는 것을 의미하는 경우, 여성은 성취 노력을 표현하는 방식이 보다 조심스러웠다.

아동의 성취동기 촉진

어린 시절의 성취에 성차가 있음에도 불구하고 McClelland는 부모의 특정한 행동이 아동에게 높은 성취동기를 촉진시킬 수 있다고 믿었다. 이러한 방법 중 하나는 **독립성 훈련**(independence training)에 있다. 부모는 아이들에게 자율성과 독립성을 증진시키는 방식으로 행동할 수 있다. 예를 들면 스스로 밥을 먹도록 교육받은 유아는 식사시간 동안 부모에게서 독립적이 된다. 일찍 배변훈련을 받은 아이는 더 이상 부모의 도움에 의존하지 않는다. 한 장기적 연구는 유아기의 엄격한 배변훈련이 26년 후에 높은 성취 욕구와 관련이 있다는 것을 발견했다(McClelland & Pilon, 1983). 아이에게 인생의 다양한 일들을 독립적으로 하도록 훈련하는 것은 그 아이에게 자신감과 숙달감을 증진시켜준다. 이것은 부모가 아이들의 성취 욕구를 증진시킬 수 있는 한 방법일 수 있다.

성취 욕구와 관련된 부모의 두 번째 방법은 아이를 위한 도전적 기준을 설정하는 것이다(Heckhausen, 1982). 부모는 아이가 자신에게 기대하는 것이 무엇인지를 알게 할 필요가 있다. 그러나 이러한 기대는 아이의 능력을 초과하지 않아야 한다. 그렇지 않으면 아이는 포기할 수도 있다. 이 아이디어는 부모가 아이에게 도전할 수 있는 목표를 제시하고 이러한 목표를 향해 갈 수 있도록 지지하며 목표를 달성했을 때 보상을 준다는 것이다(표 7.2 참조). 성공을 자주 경험하는 것은 성취 욕구를 개발하기 위한 한 가지 처방인 것 같다. 예를 들면 ABC를 배우는 것은 4세 유아에게 도전적인 과제이다. 부모는 아이와 함께 열성적으로 ABC 노래를 부르고 처음으로 혼자서 알파벳을 암송했을 때 칭찬과 포옹으로 보상을 해주는 등 아이가 이 과제를 할 수 있도록 격려할 수 있다.

성취동기 발달이론은 Carol Dweck(2002)이라는 심리학자가 제안하였다. 이 이론은 사람은 자신의 능력과 역량을 발전시킨다는 믿음을 강조한다. 간단히 말해 이 이론을 말해

표 7.2	아동의 성취 욕구를 높이는 양육

- 엄격하지만 현실적인 기준 세우기
- 성공을 칭찬하고 성취를 축하하기
- 실패를 인정하지만 실패에 머무르지 않기, 실패가 배움의 일부임을 강조하기
- 실패에 대한 두려움에 빠지는 것을 피하는 대신 성공 동기를 강조하기
- 능력보다 노력을 강조하기. "너는 똑똑해서 그것을 할 수 있어."라고 말하는 대신 "만약 네가 정말 노력한다면 너는 그것을 할 수 있어."라고 말하기

주는 가장 적합한 믿음은 능력은 고정되어 있지 않고, 유연하며, 노력을 통해 계발될 수 있다는 것이다. Dweck(2002)은 '똑똑한' 사람조차도 자신의 능력이 고정되어 있거나 주어졌고 또는 유전적으로 결정되었다고 믿는다고 했다. 또한 이들은 현재 성과는 장기적인 잠재력을 보여줄 뿐이며 진정으로 재능이 있는 사람은 성취하기 위한 노력이 필요 없다고 믿는다. Dweck은 이렇게 믿는 사람은 결과적으로 낮은 성취 욕구를 가질 것이라는 의미에서 '어리석은 것'이라고 주장한다. Dweck이 생각하는 좀 더 적합한 생각은 능력은 변할 수 있고, 성과는 최종적으로 성취할 것이 아닌 단지 지금의 상태를 나타내는 일시적 지표라는 것이다. 또한 사람의 진정한 잠재력은 오로지 지속적인 노력을 통해서만 실현될 수 있다는 것이다. 이러한 새로운 이론은 학교와 다른 교육기관에 영향을 주었다(Elliot & Dweck, 2005). Dweck(2006)은 또한 이러한 새로운 이론이 스포츠, 사업, 인간관계에서의 성취와 어떻게 관련되는지에 관한 대중서를 썼다.

최근의 대규모 연구에서 Dweck과 동료들(Paunesku et al., 2015)은 학생들에게 지능을 고정되고 유전적이라고 보는 대신 유연하고 변화 가능한 속성으로 보도록 훈련하는 것이 성적을 향상시킨다는 것을 보여주었다. 인지와 성격에 대해 논의할 때 Dweck의 이론에 대해 더 이야기할 수 있을 것이다. 지금은 노력에 의해 좀 더 똑똑해질 수 있다는 믿음이 실제로 더 똑똑해지기 위한 전제 조건으로 보인다는 점에 대해 간단히 다루었다.

권력 욕구

심리학자들이 관심을 가지는 또 다른 동기는 권력 욕구, 즉 다른 사람들에게 영향을 미치고 싶은 욕구에 관한 것이다.

타인에게 미치는 영향

McClelland는 원래 성취동기의 연구자로 알려졌지만 다른 동기에 관해서도 연구하였다. 그의 제자인 David Winter는 **권력 욕구**(need for power, nPow)에 관한 연구에 집중했다. Winter(1973)는 권력 욕구를 다른 사람에게 영향을 미치고자 하는 의향이나 선호라고 정의했다. Fodor(2009)는 좀 더 자세하게 정의 내렸다. 권력 욕구가 높은 사람은 다른 사람에게 인상을 남기고, 영향을 끼치며, 통제의 필요성을 느끼고, 그들의 권력 지향적 행동을 타인들로부터 인정받으려는 필요를 느낀다. 그들은 다양한 방법을 통해 다른 사람들에게 영향

을 미치려고 한다. 특히 다른 사람들에게 강압적인 행동을 하거나 통제하기 위해 맹렬한 노력을 한다. 또는 값진 개인 소지품을 보이며 과시하는 것과 같은 방법으로 영향을 미치려고 한다. 그들은 다른 사람들이 감탄과 경악과 공포 등과 같은 반응을 보여주기를 원한다. 한 연구에서는 권력 욕구가 높은 사람이 다른 사람의 얼굴 표정을 빨리 인식한다는 가설에 대해 살펴보았다(Donhauser, Rosch, & Schultheiss, 2015). 다른 사람들에게 영향을 미치고 싶은 욕망과 그 욕망에 의한 영향은 종종 주변 사람들의 얼굴에 나타나기 때문에 높은 권력 욕구를 가진 사람은 다른 사람들이 드러내는 정서를 읽고 자신의 지배력의 강도를 평가한다. 연구자들은 권력 욕구가 다른 사람 얼굴 표정을 빠르게 인식하는 것과 상호 관련성이 있다는 것을 보여주었다. 권력 욕구가 강한 사람은 주변 사람들이 드러내는 정서를 읽어냄으로써 자신이 그들에게 성공적으로 영향을 미쳤는지의 여부를 측정하는 것 같다. 성취 욕구와 같이 권력 욕구는 권력을 행사할 수 있는 적절한 상황이 되었을 때, 행동을 북돋우고 지시하는 것으로 추정된다. 주제 통각 검사 역시 권력 욕구 연구를 위한 뛰어난 평가도구이며, 피험자의 이야기에서 권력의 주제와 관련 있는 이미지를 점수화한다. 그 이미지들은 강경하거나 단호한 행동, 다른 사람들의 강한 반응을 유발하는 행동, 그 사람의 지위나 평판의 중요성을 강조하는 문구 등의 기술을 포함한다.

연구 결과

권력 욕구에 관한 다수의 연구에서 개인차의 상관연구를 수행하였다(Kuhl & Kaźen, 2008). 권력 욕구는 다른 사람과 논쟁하는 것, 대학에서 연구진으로 차출되는 것, 도박을 할 때 큰 위험을 무릅쓰는 것, 소집단에서 중심적이고 활동적으로 행동하는 것, Winter가 '명품'이라고 부르는 스포츠카, 신용카드, 기숙사 방문에 이름판을 거는 것 등과 정적 상관관계가 있다(Winter, 1973).

　권력 욕구가 높은 사람이 통제에 관심 있다는 것은 명백하다—상황에 대한 통제와 타인에 대한 통제(Assor, 1989). 권력 욕구가 강한 남성은 남성의 통제 아래 있고 남성에게 의존하는 여성을 이상적인 아내상으로 여긴다. 이것은 아마도 이러한 관계가 남성에게 우월감을 제공하기 때문일 것이다(Winter, 1973). 또한 권력 욕구가 강한 남성은 배우자를 학대할 가능성이 크다(Mason & Blankenship, 1987). 권력 욕구가 강한 사람은 잘 알려지지 않거나 인기가 없는 사람을 친구로 선호한다. 아마도 이러한 사람들은 그 사람의 명성이나 지위에 위협이 되지 않기 때문이다(Winter, 1973).

성차

권력동기에 관한 연구에서 평균 수준의 권력 욕구나 권력동기를 유발하는 상황에서 성차는 발견되지 않았다. 남녀는 또한 공식적인 사회적 권력(취임), 권력 관련 경력(관리자가 되는 것), 명품(스포츠카) 수집 등과 같은 권력 욕구와 관련된 삶의 성과에서도 다르지 않았다.

　가장 크고 일관성 있는 성차는 권력 욕구가 강한 남성은 충동적이며 다양한 양상의 공격적 행동을 벌인다는 것이다. 권력 욕구가 높은 남성은 낮은 남성보다 데이트 관계에서 불만이 많고 다른 사람과 논쟁을 벌이며 이혼할 가능성이 크다. 또한 권력 욕구가 높은 남성은 낮은 남성보다 여성을 성적으로 착취하는 행동을 하고, 상습적으로 성 파트너를 바꾸고, 이른 나이에 성경험을 할 가능성이 크다. 또한 강한 권력 욕구를 가진 남성이 그렇지 않은 사람보다 알코올을 남용하는 경우가 많다(권력을 가졌다는 느낌은 종종 술을 마신 상태에서 증가한다). 이러한 상관관계는 여성에게서는 발견되지 않았다.

만약 **책임감 훈련**(responsibility training)을 받았다면 '방탕하고 충동적인' 행동(음주, 공격성, 성적 착취 등)이 일어날 가능성이 작다(Winter & Barenbaum, 1985). 어린 형제를 돌보는 것은 책임감 훈련의 한 예이다. 자신의 아이를 갖는 것은 책임 있게 행동하는 것을 배울 수 있는 또 다른 기회를 제공한다. 이러한 책임감 훈련을 받은 사람들을 대상으로 하였을 때 권력 욕구는 방탕하고 충동적인 행동과 관계가 없다(Winter, 1988). 이러한 결과로 인해 Winter와 다른 사람들(Jenkins, 1994)은 생물학적 성 그 자체로서가 아닌 사회화 경험에 의해 권력 욕구가 부적응적인 행동으로 표현될 것인지가 결정된다고 주장하였다.

건강 상태와 권력 욕구

상상할 수 있듯이 권력 욕구가 높은 사람은 좌절감과 갈등에 잘 대처하지 못한다. 권력 욕구가 높은 사람이 자신의 생각대로 하지 못할 때나 또는 그들의 권력이 도전받거나 막혔을 때, 그들은 강한 스트레스 반응을 나타낼 가능성이 크다. McClelland(1982)는 이러한 장애물을 **권력 스트레스**(power stress)라고 불렀고, 억압된 권력과 관련된 스트레스 때문에 권력 욕구가 높은 사람은 다양한 질환과 질병에 취약하다는 가설을 세웠다. 대학생들을 대상으로 한 연구에서 권력동기가 억압되거나 압박받았을 때, 피험자의 면역기능의 효율이 줄어들었고, 감기나 독감 같은 병에 자주 걸렸다고 보고했다(McClelland & Jemmott, 1980). 그 후의 남성 죄수에 대한 연구는 권력 욕구가 높은 죄수가 가장 높은 수준의 질병과 가장 낮은 수준의 면역 항체를 보여주는 것과 같은 비슷한 결과를 발견했다(McClelland, Alexander, & Marks, 1982). 다른 연구들은 권력 욕구가 높은 사람 중 권력동기가 억압되는 것이 고혈압과 관련된다는 것을 입증했다. 이러한 관계는 또한 장기적인 연구에서도 발견되었다. 이 연구는 30대 초반의 남성에게서 측정된 권력동기의 억압은 20년 후의 고혈압의 징후를 의미 있는 수준으로 예측했다는 것을 밝혔다(McClelland, 1979).

한 흥미로운 실험 연구는 사람들의 집단 토론을 통하여 권력 스트레스를 유발하는 실험을 하였다. 이 실험에서는 집단의 멤버들이 리더에게 동의하지 않고 다투도록 미리 코치 받은 것을 모른 채, 집단 토론을 이끌도록 하였다(Fodor, 1985). 집단의 리더는 근육이 긴장된 것으로 나타났다. McClelland의 이론과 일치하여, 갈등 상황에서 가장 큰 근육긴장 반응은 권력 욕구가 높은 집단 리더에게서 발견되었다.

전쟁, 평화, 권력

흥미로운 일련의 연구에서 심리학자 David Winter(1993, 2002)는 국가 차원에서 권력 욕구를 연구하였고, 그것을 확장해서 전쟁과 평화와 연관시켰다. 전통적으로 권력 욕구는 주제

266

대통령 후보자를 포함해 국가적 리더가 하는 연설은 권력이라는 측면에서 분석할 수 있다. Winter(2002)는 이들의 권력 이미지를 보여주는 말 뒤에는 행동이 따라오며, 종종 이런 말 이후 전쟁이 발발했다. 정치가의 말은 미래 행동을 예측할 수 있는 그들의 동기를 보여준다.

출처 : ⓒ actionsports/123RF RF

통각 검사에 반응한 이야기를 평가함으로써 측정한다. 그러나 권력 욕구는 동화부터 대통령의 연설에 이르기까지 어떤 문서에 관한 평가로도 이루어질 수 있다. Winter는 300년 동안 영국 총리가 행한 의회 연설의 내용을 분석하였다. 각 연설은 권력 이미지가 존재하는지로 평가되었다. 그러고 나서 그는 이러한 이미지 점수를 영국 역사상 3세기 동안의 전쟁 활동을 예측하기 위해 이용하였다. Winter는 의회 연설에서 권력 이미지가 높았을 때 전쟁이 시작되었다는 점을 발견하였다. 일단 전쟁이 진행 중이면 오직 연설에서 권력 관련 표현이 보이지 않은 후에만 전쟁이 끝났다. 비슷한 분석은 제1차 세계대전 중 영국과 독일의 교신, 1960년대 쿠바 미사일 위기 동안 미국과 소련의 교신에서도 이루어졌다(Winter, 1993). 이 경우 권력 이미지의 증가는 군사행동에 선행하였고 반면에 권력 이미지의 감소는 군사적 위협의 감소보다 먼저 일어났다.

이 연구의 연장선상에서 Winter와 그의 지도학생들은 의사소통에서의 권력 이미지가 어떻게 갈등을 확대시킬 수 있는지도 실험하였다(Peterson, Winter, & Doty, 1994). 이는 실제 갈등 상황에 놓인 피험자에게 주어진 편지에 답장을 쓰게 하는 것이었다. 높은 권력 이미지와 낮은 권력 이미지를 나타내는 두 가지 버전의 편지를 만들었다. 편지의 내용은 동일하게 하였다. 그러고 나서 피험자의 응답을 권력의 주제로 분석하였다. 피험자는 자신의 권력 이미지를 가지고 권력 이미지에 반응하였다. 상대방이 더 많은 권력 이미지로 자신과 유사하게 반응한다면 갈등이 어떻게 폭력을 가중시킬 수 있는지는 뻔하다.

위기에 빠진 정부 간의 의사소통에 관한 좀 더 최근의 연구는 이와 유사한 동기 패턴을 드러낸다(Langner & Winter, 2001). 4번의 국제적 위기를 겪는 동안의 공식문서를 분석한 결과, Langner와 Winter는 양보하는 것은 통신문에 표현된 친화 동기와 관련이 있는 반면에 권력 이미지는 보다 적은 양보와 관련 있다는 것을 발견하였다. 그들은 실험 연구에서 권력이나 친화 동기는 피험자가 협상 상대로부터 서로 다른 의사소통의 표시를 읽게 함으로써 점화될 수 있고, 이렇게 정해진 동기는 그들이 협상 중에 양보할 가능성을 예측하게 해준다는 점을 발견했다. 이러한 성격 연구는 정부들이 위기를 피하기 위해 서로 대응할 수 있는 방식을 이해하는 데에 광범위한 함의를 제공한다.

요약하면 권력 욕구는 다른 사람들에게 영향을 미치려는 욕망이다. 이것은 주제 통각 검사와 연설이나 다른 형태의 의사소통과 같은 문자화된 문서로 측정할 수 있다. 또한 이러한 것들에서 지위 추구, 평판에 대한 중요성, 다른 사람이 자신이 원하는 것을 하게 만드는 시도 등과 관련된 주제의 흔적을 찾아봄으로써 알 수 있다. 예를 들면 Winter(1988)는 리처드 닉슨의 연설에서 성취, 권력, 친밀감의 욕구에 관한 흥미로운 분석을 제시하였다. Winter(1988)는 전 대통령인 빌 클린턴의 인기와 더불어 몇몇 문제들에 그의 동기들을 연관시키면서 그의 연설에 비슷한 분석을 적용한다. Krasno(2015) 또한 빌 클린턴 대통령의 동기를 분석하였는데 클린턴 대통령이 특히 성취 욕구뿐만 아니라 친밀감 욕구가 높다는 점을 발견하였다.

친밀감 욕구

'3대(Big Three)' 동기의 마지막은 다른 사람들과 따뜻하고 만족스러운 관계에 관한 바람에 대한 것이다.

친밀감

많이 연구되는 세 번째 동기는 **친밀감 욕구**(need for intimacy, nInt)이다. 이 동기와 가장 밀접한 관계가 있는 연구자는 McClelland의 제자인 Dan McAdams이다. McAdams는 친밀감 욕구를 "다른 사람들과 따뜻하고 친밀하며 소통하는 상호작용에 대한 반복적인 선호와 경향"으로 정의하였다(McAdams, 1990, p. 198). 친밀감 욕구가 높은 사람은 낮은 사람보다 일상생활에서 좀 더 친밀하고 의미 있는 인간적 접촉을 원한다.

연구 결과

McAdams와 다른 사람들은 친밀감 욕구가 낮은 사람과 높은 사람이 서로 어떻게 다른지를 알아보기 위해 수년간에 걸쳐 다수의 친밀감 욕구 연구를 해왔다. 다른 동기와 마찬가지로, 주제 통각 검사는 종종 친밀감 동기의 강도를 측정하는 데 사용된다. 친밀감 욕구가 낮은 사람과 비교하여 친밀감 욕구가 높은 사람에게서 다음과 같은 특징들이 발견된다. (1) 하루 중 관계에 대한 생각에 더 많은 시간을 보낸다. (2) 다른 사람들과 있을 때 더 즐거운 정서를 보고한다. (3) 미소, 웃음, 시선접촉이 많다. (4) 말을 먼저 꺼내고 편지를 많이 쓴다. 친밀감 욕구가 높은 사람이 단순히 외향적이라고 생각할 수 있지만 연구 결과는 이러한 해석을 뒷받침하지 않는다. 친밀감 욕구가 높은 사람은 시끄럽고, 사교적이며, 외향적인 익살꾼이라기보다는 소란스러운 파티보다 진실되고 의미 있는 대화하기를 좋아하는 몇 명의 매우 좋은 친구를 둔 사람일 가능성이 크다. 친구와 함께 보내는 일반적인 시간을 묘사할 때, 친밀감 욕구가 높은 사람은 집단 상호작용 대신 일대일로 이야기하는 경향이 있다. 친구와 만날 때 친밀감 욕구가 높은 사람은 친구의 이야기를 듣고 자신의 느낌, 희망, 믿음, 바람과 같은 마음속 이야기나 개인적 화제에 관해 의논하는 편이다. 아마 이것은 친밀감 욕구가 높은 사람에 대해 동료들이 '진실되고', '애정이 깊고', '지배적이지 않으며', '자기중심적이지 않다'고 평가하는 이유일 것이다(McAdams, 1990).

　몇몇 연구는 친밀감 욕구와 웰빙의 관계에 관해 이루어졌다. 장기 연구에서 하버드대학교를 졸업한 남성 표본 중 30세에 측정된 친밀감 욕구는 17년 후(47세)의 전반적인 적응(예 : 직업과 가정생활에 대한 만족, 스트레스 대처, 알코올 문제 없음 등)과 의미 있는 관계가 있었다(McAdams & Vaillant, 1982). 다른 연구는 친밀감 욕구가 남녀 모두에게 특정한 감정 및 긍정적인 삶의 성과와 관련이 있다는 것을 보여주었다. 여성에게 친밀감 욕구는 삶의 행복도 및 만족도와 관련이 있다. 남성에게 친밀감 욕구는 생활의 긴장완화와 관련이 있다. 권력동기나 성취동기와 달리(욕구 수준이 관계가 있다고 할 정도까지의 성차가 발견되지 않았다) 친밀감 욕구는 성차가 일관성 있게 존재한다. 평균적으로 여성이 남성보다 친밀감 욕구가 높다(McAdams, 1990; McAdams & Bryant, 1987).

　　요약하면 친밀감 욕구는 다른 사람들과의 따뜻하고 친밀한 관계에 대한 바람이다. 친밀감 욕구가 강한 사람은 다른 사람들과의 교제를 즐기고 친밀감 욕구가 낮은 사람보다 표현이 더 풍부하고 속을 잘 털어놓는다. 친밀감 욕구가 높은 사람은 소란스러운 집단 구성원이 되기보다는 소수의 가까운 친구를 사귀기를 선호한다는 점에서 친밀감 동기는 외향성과 구별된다. 친밀감 욕구는 남녀가 동등한 수준을 보여주었던 성취나 권력 욕구와는 대조적으로 여성이 남성보다 높은 경향이 있다.

　　지금까지 다룬 성취 욕구, 권력 욕구, 친밀감 욕구는 성격심리학의 전형적 학문 영역에 들어간다. 그러나 학문적인 성격 연구보다는 좀 더 임상심리학에 뿌리를 둔 또 다른 동기부여 전통에 관한 것이 있다. 이 전통은 성격심리학에 영향을 끼치게 되었고, 이 전통에서 나온 개념은 동시대의 일부 분야에 나타나 있거나 담겨 있다.

인본주의적 전통 : 자기실현의 동기

1995년 미국의 전설 그레이트풀 데드의 리드 기타리스트 제리 가르시아는 심부전으로 53세에 세상을 떠났다. 많은 신문기사에서 기자들은 종종 가르시아는 그의 생활방식을 감안할 때 생각보다 오래 살았다고 보도했다. 그의 밴드는 30년 동안 끊임없이 순회공연을 하였고 가르시아는 상습적으로 코카인, 헤로인, 알코올 등을 포함한 다수의 마약을 남용한 것으로 알려졌다.

　　과거의 다른 연예인들도 마약과 알코올을 남용하였고, 그로 인해 세상을 떠났다. 가르시아보다 훨씬 더 젊은 나이의 존 벨루시(33세), 커트 코베인(27세), 지미 핸드릭스(27세), 재니스 조플린(27세), 짐 모리슨(27세), 키스 문(31세), 엘비스 프레슬리(42세) 등이 이러한 연예인들이다. 이러한 죽음을 빌미로 대중들은 예술가들에게서 종종 드러나는 개인적 책임감과 자기파괴에 관한 해묵은 논쟁에 잠시 빠지곤 한다. 어떤 이들은 이러한 예술가들이 시대와 문화의 희생자라고 주장한다. 예를 들면 가르시아는 1960년대 반문화의 최고 또는 최악을 대표하는 짐을 지고 있는 것으로 생각된다. 그와 그의 밴드는 종종 그 시대의 타임캡슐로 여겨졌다.

　　또 다른 관점은 가르시아가 천천히 그러나 고의적으로 자신을 파괴하여 스스로 목숨을 끊었다는 것이다. 이러한 관점은 가르시아가 자신의 죽음에 책임이 있다는 것을 내포한다. 가르시아가 사망한 주의 MTV 인터뷰에서 당시 대통령이었던 빌 클린턴은 이러한 관점을 표현했다. "그는 뛰어난 재능을 가지고 있었지만 또한 끔찍한 문제(헤로인 중독)를 지니고 있었다. 천재가 되기 위해 파괴적인 생활방식을 할 필요는 없다." 이것이 함축하는 것은 가르시아의 천재성과 자기파괴적 성향은 그의 성격의 두 가지 분리된 부분이고 하나가 다른 하나를 필연적으로 만들어낸 것이 아니었다는 것이다. 클린턴 대통령의 관점에서 가르시아는 자신의 자유의지로 자신을 죽게 했고, 자신이 선택한 수년 동안 지속해온 생활방식으로 인해 자신의 죽음에 책임이 있다는 것이다.

가르시아는 문화의 희생자인가 아니면 자신에 의한 자기파괴에 책임이 있었는가? 그 해답은 동기에 관한 자유의지를 어떻게 생각하느냐에 달려 있다. 앞서의 '자세히 보기'에서 암묵적 동기에 대해 논의하였다. 자신의 행동, 삶의 선택, 주제 통각 검사와 같은 투사검사의 반응 등을 이끌어내는 동기는 대체로 인식하지 못하는 동기들이다. 대부분의 경우 암묵적 동기에 근거한 선택은 자유의지 없이 만들어진다. 사실 가르시아에게 그가 자신의 동기를 인식하였는지, 자기파괴적 삶들을 선택할 때 자신이 무엇을 하고 있는 것인지 인식하였는지에 대해 물어봐야 한다.

동기에 대한 **인본주의적 전통**(humanistic tradition) 접근에서는 욕구, 선택, 개인적 책임감 등을 의식적으로 인식하는 것을 강조하는 것이 특징이다. 인본주의 심리학자들은 의미 있고 만족스러운 삶에 영향을 미치는 **책임감**만큼이나 인간의 삶에서 선택의 역할을 강조한다. 인본주의적 전통 접근법에 따르면, 어떤 개인의 삶의 의미는 그 사람이 하는 선택과 이러한 선택에 대한 책임감에서 찾을 수 있다. 중년기의 어떤 사람들은 일상에서 많은 선택을 하지 않고 일이나 개인적 관계 혹은 두 영역 모두에서 틀에 박힌 생활을 하고 있다고 결론 내린다. 예를 들면 2000년 오스카상을 수상한 영화 '아메리칸 뷰티'는 자신이 선택하지 않은 삶을 살고 있다는 것을 깨달은 남자의 절망과 자신의 인생에 대해서 책임을 다하고 개선하기 위한 필사적인 시도를 그린다. 이러한 깨달음에 어떤 사람들은 과격한 시도를 통해 자신의 삶에 대한 책임감을 되찾는다. 직업의 변경, 이혼, 먼 곳으로의 이사, 다른 과감한 선택 등은 중년의 책임감과 위기의 증상으로 나타난다.

인본주의적 전통의 두 번째 주요 특징은 인간의 성장에 대한 욕구와 잠재력 실현에 중점을 둔다는 것이다. 이 견해에 따르면 인간 본성은 긍정적이고 낙관적이며 정신분석과는 현저한 대조를 이룬다. 정신분석에서는 인간 본성은 비관적이고, 인간을 원시적이고 파괴적인 천성을 가진 잔뜩 달아오른 도가니와 같다고 본다. 인본주의적 전통은 낙관적 대조를 이룬다. 즉, 바라거나 심지어 이상적이기까지 한 인간 잠재력을 향한 긍정적 성장 과정을 강조한다. 인간의 잠재력은 자기실현 동기의 개념으로 요약된다.

자기실현(self-actualization)을 간략하게 정의해보자. 첫째, 우리는 다른 동기적 접근과 구별되는 인본주의적 전통의 세 번째 특징을 주목해야 한다. 인본주의적 전통에서는 동기의 많은 부분을 성장의 욕구, 되고자 하는 사람이 되려는 것에 기반하는 것으로 여긴다. 프로이

그레이트풀 데드의 제리 가르시아는 1995년 약물재활센터에서 사망하였다. 어떤 사람들은 그가 시대의 희생자이며, 60년대 반문화의 비전이라고 하였다. 다른 사람들은 그가 파괴적인 삶의 스타일을 선택한 음악의 천재라고 하였다. 개인의 책임이라는 주제는 동기에 대한 인본주의적 관점에서 중요한 것이다.

출처 : ⓒ Bob Minkin/ZUMA Press/Newscom

트, 머레이, 맥클리랜드 등의 이론을 포함한 다른 전통들은 동기를 특정한 **결핍**이나 부족에서 비롯된다고 본다. 이것은 미묘하지만 중요한 차이이고 동기이론과 연구에서 역사적 변화를 나타낸다. 우리가 검토한 모든 동기는 성취, 권력, 친밀감은 결핍 동기이다. 인본주의적 전통에서 모든 동기 중 가장 인간적인 것(자기실현 동기)은 결핍에 근거하지 않는 것으로 보인다. 대신에 이것은 성장기반 동기, 즉 발전하고 번성하며 점점 더 무엇이 될 운명인가에 대한 동기이다. 1960년대에 에이브러햄 매슬로(Abraham Maslow, 1970)가 만든 자기실현이라는 용어는 "사람이 점점 더 특유하게 되는 것이고 될 수 있는 능력이 있는 모든 것이 되는 것"이 되는 과정이라는 것이다(p. 46).

매슬로의 공헌

자기실현을 위한 동기에 관한 논의는 매슬로의 공헌에서 시작해야 한다(Maslow & Hoffman, 1996). 그의 몇몇 아이디어는 이 분야에서 이론과 연구의 토대를 이룬다.

욕구의 위계

매슬로(1908~1970)는 욕구의 개념으로 시작했지만 주로 목표에 따라 욕구를 정의하였다. 매슬로는 좀 더 기본적인 욕구가 위계의 하위에 있고, 상위에는 자기실현 욕구가 있다는 식의 위계가 있다고 믿었다(그림 7.2). 그는 욕구 위계(hierarchy of needs)를 다섯 수준으로 나누었다.

욕구 위계의 맨 아래 기초 단계는 **생리적 욕구**(physiological needs)이다. 이것은 즉각적인 생존을 위한 중요한 기본적 욕구(예 : 음식, 물, 공기, 수면 등의 욕구 등)와 종의 장기적인 생존 욕구(예 : 성욕)를 포함한다. 다음으로 높은 욕구는 **안전 욕구**(safety needs)이다. 이것은 살아갈 수 있는 곳, 즉 은신처와 위험에 대한 위협이 없는 상태, 즉 안전과 관계가 있다. 매슬로는 정돈되고 체계적이며, 예측 가능한 삶을 건설하는 것 또한 안전 욕구의 영향하에 있다고 믿었다. 장거리 여행 전에 자동차를 검사하는 것은 안전 욕구의 표현으로 볼 수 있다.

지금까지 언급된 두 단계에서 우리는 몇 가지 중요한 점을 관찰할 수 있다. 첫째, 높은 수준의 욕구 만족을 시키기 전에 낮은 수준의 욕구가 먼저 만족되어야 한다는 것이다. 매슬로의 공헌 중 하나는 욕구를 특정 순서로 정리해서 그 욕구들이 서로 어떻게 관련되는지에 대한 이해를 제공했다는 것이다. 즉, 각각의 욕구가 서로 관련되는 방식의 이해를 제시하고 욕구를 특정한 순서로 정리했다는 것이다. 우리는 충분한 음식과 물을 가진 후에야 동료에게 존중과 존경받는 것에 대해 걱정할 것이다. 물론 이러한 위계를 따르지 않는 예도 있다(예 : 예술작품에 자신을 표현하는 것을 지속하기 위해 적절한 음식 없이 자주 굶어가며 지내는 예술가). 대부분의 성격이론처럼 매슬로의 이론은 보통 사람에게 적용하거나 일반적인 인간의 본성을 기술한다. 비록 규칙에는 항상 예외가 있지만 평균적으로 매슬로의 가장 낮은 위계부터 높은 위계로 밟아 올라가는 것 같다. 또한 매슬로는 높은 단계의 욕구보다 낮은 위계의 욕구가 삶에서 더 일찍 나타나는 식으로 욕구 위계가 인간발달 과정에서 나타난다고 하였다.

그림 7.2

매슬로 동기이론의 욕구 위계. 욕구들은 위계적으로 단계별로 조직화되어 있다. 위계가 낮은 욕구(차지하는 면적이 크고 색깔이 진하게 표시)는 위계가 높은 욕구보다 좀 더 긴급하다.

두 번째로 관찰할 수 있는 것은 높은 단계의 욕구보다 낮은 단계의 욕구가 만족되지 않았을 때 더 강력하고 절실하다는 것이다. 높은 단계의 욕구들은 생존에 의미가 적어서 낮은 단계의 욕구보다는 덜 급박하다. 다시 말해 사람이 높은 위계의 욕구를 만족시키는 일을 할 때, 동기는 약하고 쉽게 무너진다는 것이다. 매슬로(1968)는 "(자기실현을 향한) 이러한 내적 경향은 동물의 본능처럼 강하지도, 압도적이지도, 확실하지도 않다. 이것은 약하고, 민감하며, 미묘하고, 습관이나 문화적 압력과 잘못된 태도 등에 의해 쉽게 정복된다."고 주장했다(p. 191).

사람은 전형적으로 동시에 여러 가지 욕구를 충족시키려고 애쓴다. 이것은 주어진 시간 안에 다른 욕구들에 해당하는 다양한 일들을 하는 사람의 예에서 쉽게 알 수 있다(예 : 먹고, 현관에 새로운 자물쇠를 설치하고, 가족 모임에 가고, 좋은 점수를 받기 위해 시험공부를 하는 등). 그러나 우리는 주어진 시간에 한 사람이 에너지의 **대부분**을 소비하는 수준을 결정할 수 있다. 요점은 비록 우리가 주로 자기실현 욕구를 위해 노력하지만 우리는 더 낮은 위계의 욕구를 계속 충족시키기 위해 특정한 것(예 : 식료품을 사는 것)을 해야 한다는 것이다.

특히 모험 영화와 같은 많은 영화의 줄거리는 사람들이 욕구 위계에서 낮은 쪽으로 한 발 물러설 수밖에 없는 상황에 처하게 만든다 — 안전이나 심지어 생리적 욕구에 초점을 두어 갑작스러운 변화가 필요한 상황. 영화 '에일리언'과 '다이하드' 시리즈들은 이러한 현상을 보여주는 영화들이다. '디 엣지'라는 영화에서 배우 앤서니 홉킨스와 알렉 볼드윈은 비행기가 황야에 추락하여 크고 굶주린 집요한 회색곰에게 쫓길 때, 욕구 위계의 낮은 쪽으로 내려

'디 엣지'라는 영화는 매슬로의 위계에서 높은 존중감 단계에 있던 두 남성이(거대하고 집요한 회색곰 때문에) 갑작스럽게 몇 단계 추락할 수밖에 없는 이야기로 구성된다.

출처 : ⓒ Moviestore collection Ltd/Alamy Stock Photo

가게 된다.

매슬로의 욕구 위계 세 번째 단계는 **소속 욕구**(belonging-ness needs)이다. 인간은 매우 사회적인 종이고 대부분의 사람들은 집단에 속하고자 하는 강한 욕구를 가지고 있다(가족, 여학생/남학생 모임, 교회, 클럽, 팀 등)(Baumeister & Leary, 1995). 다른 사람들에게 받아들여지고 집단에 환영받는 것은 생리적 욕구나 안전 욕구보다 어느 정도는 좀 더 심리적 욕구에 해당된다. 어떤 관찰자들은 현대사회가 이미 정해진 소속 집단이 있어서 자동적으로 그 집단(예 : 여러 세대로 구성된 확대가족, 모든 사람이 공동체의 일원이라고 느끼는 작은 마을 등)에 속했던 과거보다 소속 욕구를 충족시킬 기회가 적다고 주장하고 있다. 외로움은 이러한 욕구가 충족되지 않고 있다는 신호이다. 사회 집단으로부터의 소외는 또 다른 것이다. 소위 길거리 갱들의 인기는 소속 욕구의 강도를 나타내는 증거이다. 갱들은 소외되거나 지배적인 문화의 일원이 될 수 있는 집단으로부터 배척당했다고 느낄 수 있는 사람들에게 집단의식을 제공한다.

소속 욕구가 기본적이라는 근거는 진화론에서 비롯된다. 과거 진화론에서 대규모 사회 집단에 속하는 것은 생존에 필수적인 것이었다. 사람들은 떼를 지어 사냥을 했고 함께 살았으며 떼를 지어 이동하였다. 집단에 속한다는 것은 구성원이 작업을 나누고 서로 보호하며 자녀를 함께 키우고 중요한 자원을 공유하는 것을 가능하게 하였다. 집단에 속한다는 것은 생존 가치가 있었다. 각 개인은 집단에 속해 살아감으로써 자신의 생존을 보장받을 뿐 아니라 각 구성원이 집단 내에서 중요한 역할을 맡고 있기 때문에 모든 구성원은 서로의 생존을 위해 이용되었다. 오늘날에는 반드시 집단생활이 생존을 지탱하는 것은 아니다. 그럼에도 불구하고 현대의 인간은 아직 교회, 직장, 클럽, 남학생/여학생 모임, 다양한 관심사 집단 등과 같은 특정 집단에 속하고자 하는 강한 바람을 가지고 있다.

매슬로의 욕구 위계의 네 번째 위계는 **자존감 욕구**(esteem needs)이다. 실제로 두 가지 유형의 존중이 있다. 다른 사람으로부터의 존중과 자기존중은 흔히 다른 사람으로부터의 존중에 의해 좌우된다. 우리는 다른 사람들이 우리를 유능하고 강하며 성취할 능력이 있는 사람으로 보기를 원한다. 우리는 다른 사람들이 우리의 성취와 능력을 존경해주기를 바란다. 또한 우리는 이러한 존경을 자기존중으로 해석하고자 한다. 우리는 자신에 대해 좋은 느낌을 갖고, 가치 있고, 귀중하며, 유능하다고 느끼고 싶어 한다. 성인의 일상생활 중 많은 활동은 다른 사람들로부터 인정과 존중을 받고 자신감을 강화하는 방향으로 맞추어져 있다.

매슬로의 욕구 위계의 정점은 **자기실현 욕구**(self-actualization need), 즉 자신의 잠재력을 발전시키려는 욕구, 되고자 하는 사람이 되는 것이다. 먼저 자신이 되고자 하는 사람이 어떤 사람인지 찾아야 한다고 할 때, 이것이 어렵다고 생각할 수도 있다. 그러나 자기실현을 하는 사람은 자신이 누구인지를 알고 자신의 삶이 나아가야 할 방향에 대해 의심하지 않는 것처럼 보인다. 그들은 일반적인 행복도 측정에서 높은 점수를 받는 경향이 있다(Bauer, Schwab, & McAdams, 2011).

연구 결과

매슬로는 동기에 관해 실험적인 연구가 아닌 그의 아이디어와 생각에 기반을 둔 이론을 발전시켰다. 예를 들면 다른 사람들은 자기실현의 측정도구를 개발하였지만 그는 그렇게 하지 않았다(Flett, Blankstein, & Hewitt, 1991; Jones & Crandall, 1986). 그의 이론은 연구자들의 손에서 어떻게 되었을까? 모든 연구가 매슬로의 이론을 지지하지 않음에도 불구하고(Wahba & Bridwell, 1973) 몇몇 연구는 그의 주요 원리를 뒷받침한다(Hagerty, 1999). 한 집단의 연구자들은 매슬로의 욕구 위계 중 박탈당했을 때, 낮은 단계의 욕구가 높은 단계의 욕구보다 강하다는 아이디어를 검증하였다(Wicker et al., 1993). 이들은 매슬로의 이론을 보여줄 수 있는 다양한 목표를 가진 피험자들을 제시했다. 즉, 충분한 음식과 물을 가지고 있는 것, 안전하고 두렵지 않은 느낌, 특별한 집단의 구성원이 되는 것, 다른 사람들로부터 탁월한 학생이라고 인정받는 것, 정신적으로 건강하고 자신의 모든 능력을 발휘하는 것 등을 제시했다.

그러고 나서 그들은 피험자에게 각각의 목표에 대해서 몇 가지 질문을 하였다. 만약 이것을 성취하면 얼마나 기분이 좋을 것 같은가? 만약 이것을 성취하지 못하면 얼마나 기분이 나쁠 것 같은가? 연구자가 발견한 것은 피험자가 낮은 목표를 성취하지 못한 것에 대한 생각을 했을 때 느끼는 부정적인 반응이 가장 강했다는 것이다. 피험자는 자기실현 욕구를 충족되지 못한 것에 대한 생각을 했을 때보다 충족하지 못한 안전 욕구를 생각했을 때 더 속상해했다. 긍정적인 반응 평가에서는 정반대의 패턴이 발견되었다. 피험자에게 목표 성취에 대해 질문했을 때, 그들은 위계에서 더 높은 목표를 달성하는 것에 더 긍정적인 정서를 나타냈다. 예를 들면 다른 사람들로부터 존경받는 것은 음식이나 물을 충분히 소유하는 것보다 자신에 대해 더 좋은 느낌을 갖게 한다. 이 연구는 동기에 대한 매슬로의 위계적 배열을 뒷받침하고, 사람이 다양한 욕구 수준에서 성취 또는 좌절에 반응하는 방식의 차이를 강조한다. 더 낮은 욕구가 '우세한'(순수한 생존을 위해 긴요한 것) 욕구이고, 그래서 충족되지 않았을 때 낮은 욕구가 높은 욕구보다 강하다는 매슬로의 아이디어는 뒷받침되었다. 이에 더하여 매슬로는 사람들이 낮은 욕구보다 더 높은 욕구 만족에 가치를 둔다고 믿었고, 이러한 믿음은 사람들이 낮은 목표보다 높은 목표 성취를 만족이 더 큰 것으로 평가한다는 발견을 통해서도 알 수 있다.

한 연구는 전반적인 행복에 있어서 그들이 매슬로 욕구 위계에서 어느 단계에 놓여 있는가라는 관점으로 정의된 집단을 비교하였다(Diener, Horowitz, & Emmons, 1985). 모든 피험자에게 "당신을 가장 행복하게 하는 것은 무엇인가?"라는 질문을 했다. 연구자들은 이 질문의 대답이 매슬로 위계에서 각 피험자의 욕구 수준을 나타낸다고 가정했다. 예를 들면 한 피험자는 "좋은 식사와 그것을 소화할 수 있는 능력"이라고 말했고, 이것은 생리적인 수준으로 기록되었다. 그 결과는 욕구의 수준과 전반적인 행복 간의 어떠한 관계도 보여주지 않

자세히 보기

매슬로 욕구 위계의 재해석 : 진화-기반 모델

심리학자 Doug Kenrick과 동료들(Kenrick et al., 2010)은 인간의 근본적인 욕구에 대한 매슬로의 위계 모델에 재해석을 제안하였다. 이것은 매슬로의 주요 공헌에 대한 최초의 대규모 점검이기 때문에 우리는 이것을 '자세히 보기'의 주제로 선택하였다. 비록 이러한 재개념화가 매슬로의 아이디어와 진화심리학의 기본 개념을 통합하기는 해도 언젠가는 이것이 인간의 욕구와 동기를 연구하는 데 더 유용한 기초를 제공하는지를 알게 될 것이다.

매슬로는 1943년에 욕구 위계를 발표하였고 성격심리학과 발달심리학을 포함한 심리학의 많은 하위 분야에 큰 영향을 미쳤다. 그러나 오늘날 많은 사람들은 이 이론을 흥

미롭기는 하지만 현대의 이론과는 대부분 단절되어 있는 이상한 탁상공론식의 이론이라고 본다. Kenrick과 동료들은 만약 위계가 진화심리학으로부터 이론적·실험적 발전의 통합에 의해 개선될 수 있다면 새로운 의미를 가질 수 있음을 시사한다. 그들은 매슬로의 몇 가지 주요 아이디어를 포함한 새로운 모델을 제시한다(이것은 여전히 위계적 모델이다. 몇 개의 본래 욕구는 유지된다. 이것은 욕구의 발달에 순서가 있음을 가정한다). 그러나 추가되는 것은 각 특정한 욕구의 진화적 기능에 근거를 둔 모델의 이론적 설명이다. 이 모델은 [그림 7.3]에 제시된다.

매슬로 욕구 모델의 기발하고 지속적인 부분은 위계, 즉 특정 동기들이 다른 동기들

보다 우선한다는 아이디어이다. 그러므로 욕구들은 특정한 순서로 조직화된다. 또한 욕구가 충족되지 않을 경우, 피라미드의 아래쪽에 있는 욕구들이 피라미드의 높은 쪽의 욕구보다 더 강하고 끈질기다. 이것은 아마도 아래쪽 욕구가 생존에 더 중요하기 때문일 것이다. 이에 더하여 사람이 성숙하면 욕구는 욕구 위계의 아래에서 위로 이동하는 식으로 발달된다.

이러한 모든 요소들은 Kenrick 등(2010)의 재해석에서도 유지된다. 생리적, 안전 또는 자기보존, 소속, 자존감 등의 동기들과 관련된 기본 욕구들 또한 유지된다. 왜냐하면 이들은 생존, 즉 주요 진화적 목적에 중요하기 때문이다. 그러나 앞에서 배운 바와 같이

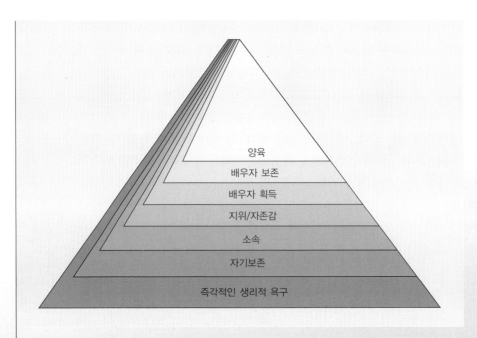

그림 7.3
인간의 기본적인 동기에 관한 최신 위계 모델

출처 : "Renovating the Pyramid of Needs: Contemporary Extensions Built Upon Ancient Foundations," by D. T. Kenrick et al., Perspectives on Psychological Science, 5, 292-314.

생존은 진화 과정의 일부일 뿐이다. 번식 없는 생존은 진화의 막다른 끝이기 때문에 중요한 것은 번식이다. 그래서 Kenrick 등은 배우자를 찾고 유지해서 자신의 아이들을 성공적으로 양육하여 결국 자신의 유전자가 미래 세대로 이어지는 것을 보장해주는 번식을 할 것이라는 중요한 욕구들을 추가하였다.

Kenrick 등은 이 위계에서 진화와 관련된 특정 기능을 수행하는 각 욕구를 기능적으로 설명한다. 매슬로의 궁극적인 욕구인 자기실현 욕구는 생존과 번식에 대한 명백한 기능이 없으므로 Kenrick 등은 이러한 욕구를 모델에서 제외하였다.

Kenrick 등의 수정된 욕구 모델을 출판한 학술지 또한 이러한 새로운 모델을 비평하는 4개의 논문을 게재하였다. 한 비평(Kesebir, Graham, & Oishi, 2010)은 인간 욕구의 이론은 동물 중심이 아닌 인간 중심이 되어야 한다고 주장했다. 결국 Kenrick 등의 모델은 인간의 본성에 대해 인간의 독특한 점이 무엇인가를 무시하고 인간에게 적용하는 것 못지않게 쥐나 도마뱀에게도 적용된다. 또 다른 사람들은 자기실현은 진화적으로 중요한 것으로 보일 수 있고, 근본적인 인간 욕구의 목록에서 빠져서는 안 된다고 주장했다(Peterson & Park, 2010). 또 다른 사람들은 Kenrick 등의 모델에는 자신의 유전자를 미래 세대에 이어지는 것을 보장하는 것 외에 삶의 목적이 없

다고 주장했다(Ackerman & Bargh, 2010). Kenrick과 동료들은 이러한 비평에 대해 진화가 인간의 고유한 욕구와 동기를 이해하는 데 적절할 수 있다는 이유와 방법에 대해 신중하게 응답하였다(Schaller, Neuberg, Griskevicius, & Kenrick, 2013).

인간 욕구에 대한 Kenrick의 모델은 매슬로의 버전에는 결여된 어떤 것을 토대로 한 통합된 이론이다. 또한 Kenrick 모델에 근거한 이론은 다수의 실험적 증거들을 가지고 있고, 과학자들 사이에서 보편적으로 받아들여지고 있다. 이것이 최종적인 결정인지 아닌지 또는 이것이 욕구와 동기에 대한 성격 분야를 진보적으로 움직일 것인지 또는 어떻게 움직일 것인지는 여전히 지켜볼 만하다.

앉다(이 연구는 질문지 측정에 의해서 평가되었다). 행복을 위해서 사람이 노력하는 욕구의 수준이 무엇인지는 중요한 것처럼 보이지 않는다. 자기실현 욕구를 위해 노력하는 사람이 다른 욕구들을 위해 노력하는 사람들보다 더 행복해질 가능성은 전혀 없다. 매슬로는 또한 자신의 저서에서 행복은 반드시 자기실현 욕구에 따라 작동하지 않는다고 밝히고 있다.

이러한 결과에서 우리는 "자기실현을 하는 사람과 그렇지 않은 사람을 구별할 수 있는 특성은 무엇인가?"라는 질문을 할 수 있다. 자기실현을 하는 사람을 가장 잘 기술하는 특정한 특성에 대한 매슬로의 연구에 대해 논의해보자.

자기실현을 하는 사람의 특징

자기실현에 대해 더 알아보기 위해 매슬로는 자기실현을 했다고 생각하는 몇몇 사람에 대한 사례연구를 시행했다. 매슬로는 약 1%의 인구가 성장 동기화되어 있으며, 자신이 될 수 있는 모든 것이 되려고 노력한다고 추정했다. 매슬로가 연구하는 자기실현을 이룬 사람의 목

연습문제

당신이 알거나 또는 당신에게 깊은 인상을 준 사람을 생각해보자. 자기실현을 한 사람이라고 생각되는 사람을 골라본다. 자기실현한 사람과 관련이 있는 매슬로의 15가지 특징 목록(표 7.3)을 검토한 뒤에 당신이 선택한 사람이 가지고 있는 것으로 보이는 특성들을 확인한다. 15가지 특징을 보여주기 위하여 그 사람의 삶에서 구체적인 예들을 제시해본다.

록에는 익명을 유지하고 있는 몇 명의 생존 인물들을 포함했다. 그는 또한 몇몇의 역사적 인물들, 앨버트 아인슈타인, 엘리너 루스벨트, 토머스 제퍼슨 등의 저서나 다른 신상 정보들을 통해 연구한 후 이 집단에서 확인할 수 있는 공통된 특징들을 찾아보았다. 이 연구를 통해 그는 자기실현한 사람들에게서 공통적으로 발견되는 15가지 특성의 목록을 만들었다(표 7.3 참조). 매슬로가 연구한 대부분의 사람들은 유명하고 많은 이들은 과학, 정치 또는 인문

표 7.3   매슬로의 사례연구에 따른 자기실현하는 사람의 특징

1. **현실에 대한 효율적인 인식.** 자신의 희망이나 욕망이 인식을 윤색하게 하지 않는다. 결국 거짓과 가짜를 탐지해낼 수 있다.
2. **자신, 타인, 자연이나 운명에 대한 인정.** 자신을 포함해서 사람들은 실수를 하고 약점을 가지고 있다는 것을 깨닫고 이러한 사실을 받아들인다. 자연의 사건, 심지어 재해까지도 삶의 일부라는 것을 인정한다.
3. **자연스러움.** 그들의 행동은 단순함과 정직하고 꾸밈없음을 나타낸다. 결과를 만들기 위해 잘난 체하거나 압박하지 않는다. 자신의 충동을 믿는다.
4. **문제 집중.** 자기 시대의 철학과 도덕 문제에 관심을 갖는다. 사소한 문제들은 별로 관심이 없다.
5. **고독에 대한 친밀감.** 혼자 있을 때 편안하다.
6. **문화와 환경으로부터의 독립.** 일시적 유행을 타지 않는다. 스스로 결정한 관심사를 따르는 것을 선호한다.
7. **감상에 대한 지속적인 참신성.** 아무리 자주 일어나는 일이라도 모든 일이 마치 처음 일어나는 것처럼 여기는 '초심자의 마음'을 가진다. 평범한 것들에 감사하고 일상적인 일들에 즐거움과 경외심을 발견한다.
8. **절정을 자주 경험함.** 절정의 경험은 극심한 경탄, 경외, 환상의 순간적인 느낌으로, 때때로 '바다같은 느낌'으로 불린다. 이것은 절정을 느낀 사람에게 매우 의미 있는 특별한 경험이다.
9. **인류를 돕고자 하는 진정한 바람.** 자기실현을 한 모든 이들은 동료 인간에게 깊고 진지한 동정을 가지는 경향이 있다.
10. **비교적 적은 사람들과 깊은 유대.** 비록 다른 사람들에게 깊게 마음을 쓰지만 매우 좋은 비교적 적은 수의 친구를 둔다. 사생활을 선호하고 그들을 잘 알고 있는 오직 몇몇의 사람만을 인정하는 경향이 있다.
11. **민주적인 가치.** 모든 사람을 존경하고 소중하게 여긴다. 인종, 종교, 성, 나이 등과 같은 표면적인 특징에 근거한 고정관념으로 사람에게 편견을 갖지 않는다. 다른 사람들을 집단의 일원으로서가 아닌 한 개인으로 대우한다.
12. **수단과 목표를 구별할 수 있는 능력.** 어떤 일을 단순히 성취할 수 있는 목표를 위해 하는 것이 아니라 그 일 자체를 위해 일하는 것을 즐긴다.
13. **철학적 감각의 유머.** 대부분의 유머는 사람이나 집단의 인지된 열등감을 비웃기 위한 시도이다. 대신 그들이 재미있다고 생각하는 것은 일반적인 인간의 어리석음의 예이다.
14. **창조성.** 창조성은 사물들 사이의 관계를 볼 수 있는 능력으로 생각될 수 있다—이전에는 누구도 볼 수 없었던 관계. 평범한 사물들에서조차 새로운 인지를 하기 때문에 창조적일 가능성이 크다.
15. **문화화에 대한 저항.** 문화는 우리에게 행동하는 방식, 옷 입는 법, 다른 사람들과 상호작용하는 방법 등을 이야기한다. 자기실현을 한 사람들은 문화적 속박의 규칙에서 동떨어져 있다. 그들은 종종 대중과 다르게 행동하고 다른 것처럼 보인다.

출처 : Maslow(1954/1987)에서 인용

학 분야에 지대한 공헌을 했다. 〈표 7.3〉에 있는 특징의 목록을 살펴볼 때, 이 이론이 자기실현을 위해서 "뛰어난 공헌을 해야만 한다."는 것을 뜻하는 것이 아니라는 점을 명심해야 한다. 매슬로가 연구한 사람들의 특별한 자질 때문에 성격을 공부하는 학생들은 종종 이러한 잘못된 해석을 한다. 평범한 사람이나 비범한 사람이나 자기실현을 성취하는 것은 모두 가능하다.

자기실현과 관련된 개념은 심리학자 Mihaly Csikszentmihalyi가 제안한 몰입의 개념이다 (Csikszentmihalyi, Abuhamdeh, & Nakamura, 2005). **몰입**(flow)은 사람이 어떤 일을 할 때 시간, 피로, 모든 것을 잊고, 그 일 자체에만 완벽하게 빠지는 것을 나타내는 주관적인 상태로 정의된다. 몰입의 상태에서 사람은 자신의 능력을 최대로 발휘할 수 있다. 비록 몰입 경험은 드물지만 특정한 상황하에서 일어나기 쉽다. 그 사람의 기술과 도전적 상황 간에 균형이 있다. 명백한 목표가 있다. 자신이 한 것에 대한 즉각적인 피드백이 있다.

로저스의 공헌

매슬로는 자기실현한 사람의 특징에 초점을 맞추었지만 심리학자 칼 로저스(Carl Rogers, 1902~1987)는 자기실현을 촉진하고 달성하는 방식에 중점을 두었다. 40여 년간 왕성하게 활동하는 동안 로저스는 성격이론과 심리치료의 방법(내담자 중심치료)을 발전시켰다. 매슬로처럼 로저스는 사람을 기본적으로 선하고 인간 본성은 근본적으로 인정이 많고 긍정적이라고 믿었다. 그는 자연스러운 인간 상태는 충분히 기능하고 있지만 사람이 특정한 상황에 놓이면 자기실현을 향한 움직임이 지지부진해진다고 느꼈다. 그의 이론은 사람이 어떻게 방향을 잃게 되는지를 설명한다. 나아가 그는 사람들로 하여금 잠재력을 달성하는 쪽으로 다시 정상 궤도에 들어설 수 있도록 도와주는 기술을 제안했다. 자기실현에 대한 그의 일반적인 인간중심 접근법(person-centered approach)은 집단, 교육, 기업 조직, 심지어 정부 등에도 적용이 확대되고 있다(Rogers, 2002, 그의 사후에 출판된 자서전).

로저스 접근의 핵심은 **충분히 기능하는 사람**(fully functioning person), 즉 자기실현을 향해 가는 과정에 있는 사람이다. 충분히 기능하는 사람은 지금 현재로는 아직 자기실현을 하지 못했을 수도 있으나 그 목표를 향한 움직임이 막히거나 샛길로 빠지지 않는다. 몇몇 특징들은 충분히 기능하는 사람으로 기술된다. 이러한 사람들은 새로운 경험에 열려 있고 일상생활에서 다양성과 새로움을 즐긴다. 충분히 기능하는 사람은 또한 현재에 중심을 두고 있다. 그들은 과거나 후회에 머무르지 않는다. 그들은 미래에도 살지 않는다. 충분히 기능하는 사람들은 또한 자기자신, 자신의 느낌, 스스로의 판단을 믿는다. 결정을 해야 하는 상황에 직면했을 때, 그들은 참고하기 위해 무의식적으로 다른 사람들을 둘러보지 않는다(예 : "부모님을 행복하게 하는 것은 무엇일까?"). 대신 그들은 자신이 옳은 일을 한다고 신뢰한다. 충분히 기능하는 사람은 종종 비관습적이고 자기에게 스스로 의무와 책임을 부과한다.

사람은 어떻게 충분히 기능할 수 있게 되는가? 이것은 로저스의 자아발달 이론이 작동하게 되는 부분이다.

자기로의 여행 : 긍정적 관심과 가치의 조건

로저스에 따르면 모든 아이들은 태어나면서부터 부모와 다른 사람들에게 수용되고 사랑받기를 원한다. 그는 이러한 타고난 욕구를 **긍정적 관심**(positive regard)에 대한 바람이라고 불렀다. 보통 부모는 조건에 따라 긍정적 관심을 제공한다. 예를 들면 "네가 착한 아이라는 것을 보여주려면 전과목 A학점을 받아라."나 "만약 네가 교내 연극에서 주연을 맡으면 정말로 좋을 텐데."와 같은 말로 표현되는 조건들이다. 또 다른 예로 부모가 아이에게 스포츠를 하도록 강요하면 아이는 자신이 스포츠를 좋아해서가 아니라 부모로부터 사랑과 긍정적 관심을 받기 위해 스포츠를 할 수도 있다. 물론 부모가 아이에게 기대를 한다는 것은 좋지만 부모의 사랑이 아이가 이러한 기대에 부응하는지에 따라 달라지는 것은 좋지 않다.

긍정적 관심을 받기 위해 부모나 중요한 타인에 의해 제시된 요구사항을 **가치의 조건**(conditions of worth)이라고 한다. 아이들은 자신이 행복해지는 것을 깨닫는 대신 이러한 가치의 조건에 부응하는 데 열중할 수 있다. 아이들은 자신의 삶에서 부모와 중요한 타인으로부터 사랑, 존경, 긍정적 관심을 받기 위해 특정한 방식으로 행동한다. 특정한 조건에 부합할 때만 받을 수 있는 긍정적 관심은 **조건적인 긍정적 관심**(conditional positive regard)이라고 부른다.

많은 가치의 조건들을 경험한 아이들은 자신의 바람이나 원하는 것과는 접촉할 수 없다. 그들은 다른 사람들을 기쁘게 하기 위해 삶을 살기 시작한다. 그들은 다른 사람들이 원하는 사람이 되고, 자기이해는 단지 다른 사람들이 너그럽게 봐주는 속성으로만 이루어진다. 그들은 충분히 기능하는 사람이 되는 이상적 상태로부터 점점 멀어진다. 가장 중요한 것은 다른 사람들을 기분 좋게 하는 것이다. "그들은 어떻게 생각할까?"—"이 상황에서 내가 진정으로 원하는 것은 무엇일까?"가 아니다—는 이러한 사람들이 되풀이하여 자신에게 묻는 질문이다.

성인이 되어도 그들은 여전히 다른 사람들이 자신을 어떻게 생각하는지에 몰두한다. 그들은 자신의 자기 주도적 감각이 아닌 주로 다른 사람들로부터 인정을 받기 위해 일을 한다. 그들은 긍정적 관심을 받기 위해 다른 사람들에게 의존하고, 끊임없이 다른 사람들을 만족시키기 위한 가치의 조건을 찾는다. 그들은 자신의 약점을 숨기고 단점을 왜곡하며 아마 자신의 잘못을 부정하기까지 한다. 그들은 자신을 제외한 모든 사람을 행복하게 하기 위한 방식으로 행동한다. 그들은 자신의 삶에서 원하는 것이 무엇인지를 잊어버리고 오랫동안 다른 사람들을 기쁘게 하기 위해 맞추어 살고 있다. 그들은 자기 주도성을 잃어버렸고 자기실현을 향해 움직이지 않는다.

어떻게 하면 이러한 결과를 피할 수 있는가? 로저스는 부모와 중요한 타인으로부터의 긍정적 관심은 아무런 조건도 포함되지 않아야 한다고 믿었다. 조건이나 유관성(contingency) 없이 자유롭고 편견 없이 긍정적 관심이 주어져야 한다. 로저스는 이것을 **무조건적인 긍정적 관심**(unconditional positive regard)이라고 불렀다. 부모와 중요한 타인이 조건 없이 아이를 받아들이고, 단지 그 아이이기 때문에 사랑하고 존중한다는 것을 전달해야 한다. 부모는 훈

육아나 지도를 할 때조차도 아이에게 무조건적 인정을 보여줄 필요가 있다. 예를 들면 만약 아이가 잘못을 하면 부모는 무조건적인 긍정적 관심과 함께 잘못을 교정해줄 수 있다. "넌 나쁘지 않고 너를 사랑해. 다만 네가 한 일은 나쁜 것이니 네가 더 이상 이런 일을 하지 않았으면 해."

충분한 무조건적인 긍정적 관심을 통해 아이들은 자신을 부정하기보다는 경험을 받아들이는 것을 배운다. 그들은 다른 사람들에게 자신을 왜곡하기 위해 노력하거나 다른 사람들이 원하는 모습이나 본보기에 맞추기 위해 행동이나 경험을 바꿀 필요가 없다. 이러한 사람들은 자신의 약점이나 단점조차도 받아들이는 것에 자유롭다. 왜냐하면 그들은 무조건적인 **긍정적 자기관심**(positive self-regard)을 경험했기 때문이다. 그들은 자신에게 무조건적인 긍정적 관심을 제공할 수 있고 자신이 누구인가를 받아들인다. 그들은 자신을 믿고, 자신의 관심사를 따르며, 옳은 일을 하기 위해 자신의 느낌에 의존한다. 요약하면 그들은 충분히 기능하는 사람의 특징을 갖기 시작하고 그들이 되고자 하는 자신을 실현하기 시작한다.

자신과 타인 속에서 자기실현 촉진

자기실현의 측면에서 앞으로 나아가지 못하고 있는 사람은 불안감을 자주 겪는다. 로저스에 따르면 **불안**(anxiety)은 자신의 자기개념과 맞지 않는 경험의 결과이다. 초등학교부터 고등학교까지 부모를 행복하게 하기 위한 노력으로 좋은 성적을 받기 위해 열심히 공부한 젊은 여성을 상상해보자. 자기개념의 일부분은 "나는 똑똑하고 우수한 성적을 받는다."이다. 그리고 대학에 들어가 몇 개의 과목에서 조금 낮은 점수를 받는다. 이러한 경험은 도저히 이해가 안 되는 것이다. 이것은 그 여성의 똑똑하고 우수한 성적을 받아야 하는 자기개념과 맞지 않는다. 그래서 이것은 그녀를 불안하게 한다. 그녀는 "그들은 어떻게 생각할까?"라고 자신에게 말하고, 부모를 언급하며 "부모님이 이 점수를 알게 되었을 때?"라고 말한다. 이러한 새로운 경험은 그녀의 자기 이미지에 위협이 되고, 과거에 이러한 자기 이미지가 부모로부터 긍정적 관심을 받을 수 있게 하였기 때문에 이것은 그녀에게 절대적으로 중요하다. 로저스는 사람은 자기개념과 경험 사이의 불일치를 줄이기 위해 불안에 대항해 자신을 방어할 필요가 있었다고 믿었다. 충분히 기능하는 사람은 자기개념을 바꾸기 위해 경험을 통합할 수도 있다(예 : "어쩌면 나는 그렇게 똑똑하지 않을 수도 있어. 또는 항상 완벽한 점수를 받을 필요는 없어").

불안을 줄이는 방법은 방어기제를 이용하여 경험을 바꾸는 것이다. 로저스는 **왜곡**(distortion)이라는 방어기제를 강조하였다. 왜곡을 하는 사람은 위협을 줄이기 위해 자기 이미지보다는 자신의 경험을 변경한다. 예를 들면 사람은 "이 과목의 교수는 공정하지 못해!" 또는 "이 점수는 정말 내가 얼마나 잘했는지 보여주지 않아!"라고 말할 수도 있고, 다른 방법으로 경험을 왜곡하기도 한다. 또는 자신이 높은 점수를 받을 가능성이 있는 쉬운 수업만 듣기로 결정할 수 있다. 어떤 수업을 듣느냐에 대한 그녀의 결정은 자신의 관심사나 바람에 근거를 둔 것이 아니라(자기실현의 논리처럼) 어떤 수업이 부모를 행복하게 해줄 수 있는 훌륭한 점수를 받을 가능성이 있는가이다(가치의 조건 논리). 단지 쉽게 좋은 성적을 받을 수

적용

폴 고갱은 다채로운 색상을 이용하고 원근법을 거부하는 대신 평면과 2차원적 형태를 이용해 남태평양 섬사람들을 그린 그림으로 매우 유명하다. 강렬하게 표현하면서도 단순한 스타일의 그의 그림은 현대 미술의 기초를 형성하는 데 도움을 주었다. 그러나 고갱이 처음부터 화가는 아니었다. 1872년, 고갱은 파리에서 증권 중개인으로 매우 성공적인 삶을 시작하였다. 덴마크인 아내 메테와 결혼하여 다섯 명의 자녀를 낳았고, 파리에서 만족스러운 중산층의 삶을 누렸다. 그러나 고갱은 항상 그림을 그리고 싶어 했다. 그는 자신이 위대한 화가가 될 수 있을 것이라고 느꼈으나 증권 중개인이라는 그의 직업은 그의 모든 시간을 소모하게 했다(Hollmann, 2001).

1874년 파리에서 고갱은 첫 번째 인상주의 작품 전시회에 참석하였다. 그는 그러한 스타일의 그림에 넋을 잃었다. 화가가 되고 싶은 강한 욕망이 있었지만 그의 모든 에너지를 증권 중개인이라는 직업에 쏟아부었고 수입은 모네, 피카소, 르누아르 등의 그림을 구입하는 데 사용하였다. 이것은 그가 미술가로서의 잠재력을 깨닫고 느끼기 위해 있을 수 있는 자신만의 밀실이었다.

다행인지 불행인지 고갱을 고용한 은행이 1884년에 어려움을 겪기 시작했다. 고갱은 일하는 시간을 줄여 그림을 그리기 시작했다. 수입은 줄어들어 그의 가족은 물가가 비싼 파리에서 생활비가 적게 드는 루앙으로 이사해야만 했다. 고갱이 더 많은 시간을 그림에 쏟고 적은 시간을 증권 중개인

폴 고갱의 '황색 그리스도가 있는 자화상'(개인 소장품). 폴 고갱의 삶은 책임과 선택, 자기실현에 대한 복잡한 질문에서부터 시작되었다.

출처 : National Gallery of Art, Washington

의 일에 할애하면서 그의 수입은 점점 더 줄어들었고 결혼생활은 괴로워졌다. 이유는 다르지만 고갱뿐 아니라 그의 아내도 행복하지 않았다. 고갱은 새로운 화가의 삶을 원했고, 그의 아내는 예전의 삶과 고갱이 증권 중개인, 은행, 중산층의 파리 생활로 돌아가기를 더 원했다.

부부 불화가 있은 후에 고갱은 절대적 진정성과 분명한 목적성을 가지고 그의 아내와 다섯 아이를 떠났고 미술가로서의 자신의 잠재력을 깨닫기 시작했다. 그는 멘토로 인상주의 화가인 반 고흐, 드가, 피카소 등을 받아들였다. 1891년, 그는 자신의 그림 스타일과 어울리는 새로운 삶을 찾기 위해 문명으로부터 도피하기로 결정하고, 원시적이고 대담하며 진실한 삶을 찾아갔다. 프랑스를 잠깐 방문한 것을 제외하고 그는 1903년 세상을 떠날 때까지 머물렀던 타히티와 남태평양 섬들로 항해하였다(Gauguin, 1985). 타히티에서 토착민들을 그린 그의 그림들은 더욱 강렬하고 특색 있게 성장했고 현대화가 중 세계적으로 가장 위대한 화가로서의 잠재력을 성취하였다.

고갱의 삶에서 너무나 명백한 상충적 책임에 대해 윤리적 질문을 할 수 있다. 그는 흠잡을 데 없는 사랑하는 아내, 다섯 명의 부양 자녀와 책임 있는 은행가와 증권 중개인으로서 하나의 삶이 있었다. 다른 한편으로는 자신이 진정으로 뛰어난 예술가가 될 수 있는 잠재력을 가진 것을 느꼈다(정확하게). 그는 이러한 내면의 소명에 충실했어야 했는가, 아니면 남편, 아버지, 가족의 부양자로서 책임에 충실했어야 했는가? 가족을 버리고 자기실현을 추구한 그의 결정을 우리가 어떻게 판단해야 하는가? 예술가로서의 그의 성공은 우리의 판단에 어떤 역할을 하는가? 예를 들면 만약 그가 가족을 포기하고 예술가로서 비참하게 실패했다면 어떻게 될까? 당면한 책임과 다른 사람이 되라는 내면의 외침 사이에 충돌이 있을 때, 삶에서 무엇에 우선권을 주어야 하는가? 이러한 것들은 사람들이 때로 자기실현을 향해 가는 도중에 부딪히게 되는 어려운 윤리적인 질문이다.

있는 수업을 듣는 것은 자신을 똑똑한 사람이라 여기는 자기개념과 상충하고 그녀가 자신에게서 보고 싶어 하는 방식과 정확하게 맞지 않는 경험 때문에 불안해진다.

한 연구는 자기실현 경향과 정서지능 간의 관계를 발견하였다(Bar-On, 2001). **정서지능**(emotional intelligence)은 다섯 가지로 구성되어 있는 비교적 새로운 개념이다: 자신의 정서를 알 수 있는 능력, 정서를 조절할 수 있는 능력, 자신에게 동기부여할 수 있는 능력, 다른 사람이 어떻게 느끼는지를 아는 능력, 다른 사람이 느끼는 방식에 영향을 미치는 능력. Bar-On(2001)의 연구에서 자기실현 경향은 자신의 재능과 기술을 실현하기 위해 노력하는 것으로 정의되었고, 이러한 경향은 정서지능과 서로 관련이 있다는 것이 발견되었다. 저자는 자기실현을 위해 정서지능이 IQ, 즉 인지적 지능보다 더 중요할 수도 있다고 주장한다. 사람들은 IQ나 교육이 부족하기 때문이 아니라 자기 정서와의 접촉이 끊어졌기 때문에 자기실현을 향한 행로에서 벗어날 수도 있다.

치료에 대한 로저스의 접근은 사람이 자기실현을 향한 길로 돌아오게 하기 위해 개발되었다. 로저스의 치료법은 **내담자중심 치료**(client-centered therapy)라고도 불렸는데, 프로이트의 정신분석과는 매우 달랐다. 내담자중심 치료에서 내담자(로저스가 환자보다 선호하는 용어)에게 그들의 문제에 대해 설명해주지 않는다. 또한 내담자는 문제를 해결하기 위해 어떤 행동을 취해야 할지에 대해 어떠한 지시도 받지 않는다. 치료자는 내담자를 직접적으로 바꾸는 어떤 시도도 하지 않는다. 대신 치료자는 내담자가 스스로 자신을 바꿀 수 있는 적합한 조건을 만들려고 애쓴다.

내담자중심 치료에는 세 가지 **핵심 조건**(core conditions)이 있다(Rogers, 1957). 이러한 조건들은 치료를 계속 진행하기 위해서 치료 상황에 반드시 존재해야 한다. 칼 로저스가 '글로리아'와의 치료회기를 찍은 필름은 널리 이용되고 있으며, 때로 치료자를 위한 훈련에 이용된다. 이 필름에서 로저스는 글로리아와의 대화에 이러한 세 가지 조건을 전문적으로 활용한다(Wickman & Campbell, 2003의 필름 분석 참조). 첫 번째 핵심 조건은 치료자가 만드는 **진솔한 수용**(genuine acceptance)의 분위기이다. 치료자는 진정으로 내담자를 받아들일 수 있어야 한다. 두 번째 조건은 치료자는 내담자에게 무조건적인 긍정적 관심을 표현해야 한다. 이것은 치료자가 내담자에 대한 판단을 내리지 않고 내담자가 말하는 모든 것을 받아들인다는 의미이다. 내담자는 자신이 '잘못'된 것을 말하거나 치료 과정에서 어떤 호의적이지 않은 것이 나오더라도 치료자가 자신을 무시하지 않을 것이라는 것을 믿는다. 이 분위기는 내담자가 자신의 관심사를 탐색하기 시작하는 데 안전감을 제공한다.

치료 과정의 세 번째 조건은 **공감적 이해**(empathic understanding)이다. 내담자는 치료자가 자신을 이해한다고 느껴야 한다. 내담자중심 치료자는 마치 내담자가 자신인 것처럼 그들의 생각과 느낌을 알려고 애쓴다. **공감**(empathy)은 상대방의 관점에서 상대방을 이해하는 것이다(Rogers, 1975). 치료자는 내담자가 말하는 내용과 느낌을 다시 언급하며 공감적 이해를 전달한다. 내담자가 말한 숨은 의미를 해석하는 대신(예 : "당신은 너무 강한 초자아를 가지고 있습니다. 이것은 원초아로 인한 행동에 대해 당신을 벌주고 있는 것입니다.") 내담자중심 치료자는 단순히 내담자가 하는 말을 듣고 그것을 다시 반영하면 된다. 이것은 거울을 보는 것과 유사하다. 훌륭한 로저스 학파의 치료자는 그 사람의 느낌과 생각을 반영하고 치료자가 내담자를 이해함으로써 내담자는 자신을 잘 이해하게 된다. 그래서 치료자는 내담자들

연습문제

공감적 경청은 상당히 쉽게 계발할 수 있는 대화의 기술이다. 당신은 친구와 연습할 수 있다. 당신과 역할극을 할 사람을 찾고 그 사람에게 자신의 삶에서 작은 문제를 이야기하라고 한다. 당신이 할 일은 내담자중심 접근의 역할극을 하는 것이다. 이것은 반영을 포함한 두 가지 활동이라는 것이다. 첫째, 친구가 한 말의 내용을 그대로 다시 말한다. 이것은 그 사람이 말한 것을 되풀이해 말하는 것이다(예 : "내가 들은 너의 말은···."). 두 번째 반영 행동은 친구의 느낌을 다시 말한다. 이것은 친구가 언급한 어떠한 느낌도 받아들이고 당신이 이해한 느낌들을 정확하게 친구에게 다시 말해본다는 것이다(예 : "너는 이러한 상황에서··· 느끼고 있는 것처럼 보여."). 그 친구는 당신의 말을 정정하거나 상황이나 느낌을 자세히 설명할 것이다. 몇 분 후에 역할을 바꾸고 당신이 작은 문제를 이야기하는 동안 친구는 공감적 경청을 한다. 이것이 제대로 되었다면 당신은 친구가 진정으로 당신을 이해하고 있다고 느끼고, 당신이 그 상황에 대한 문제점이나 감정을 살펴볼 용기를 얻었다고 느끼게 될 것이다.

을 완전하고 왜곡되지 않은 방식으로 이해할 수 있다.

　　치료자는 그 내용을 다시 말하고("내가 들은 너의 말은….") 그 사람의 느낌을 반영함으로써("이것은 마치 네가 …를 느끼고 있는 것처럼 들린다.") 이해한 바를 표현한다. 단순하게 들릴 수도 있지만 이것은 사람들이 자신을 이해하고 자신에 대해서 생각하는 방식을 바꿀 수 있도록 도와주는 매우 효과적인 접근법이다.

　　로저스가 치료적 변화를 위해 필요한 조건 중의 하나로 공감을 기술한 논문(Rogers,

적용

거울의 비유는 내담자중심 기법이 어떻게 작동하는지를 아는 데 유용하다. 당신이 외모를 바꾸고 싶어서 외모를 살펴보기 위해 거울을 보고 어떻게 보이는지 본다고 상상해보자. 마찬가지로 만약 내적 자기를 바꾸고 싶다면 자신을 고찰하고 변화를 심사숙고하기 위해 내담자중심 치료자의 공감적 이해와 긍정적 분위기를 이용할 수 있다. 아래의 예는 반영의 기술을 설명한다.

내담자 : 내년에 어떤 수업을 들어야 할지 모르겠어요. 누군가가 나를 위해 이런 결정을 해줬으면 좋겠어요.

치료자 : 당신은 당신이 해야 할 일을 말해주는 누군가를 찾고 있군요.

내담자 : 네, 하지만 그건 불가능하다는 걸 알아요. [한숨] 나조차도 알 수 없다면 어느 누구도 나에게 맞는 것을 결정할 수 없을 거예요.

치료자 : 당신은 수업 일정을 결정하는 데 많은 문제가 있다는 것이 짜증스럽다는 것을 알았군요.

내담자 : 음, 어떤 친구도 결정을 하는 데 이렇게 많은 문제가 있지는 않아요.

치료자 : 당신은 자신의 상황이 일반적이지 않다고 느끼는군요. 이것은 친구의 경험과 같지 않아요.

내담자 : 네, 그리고 이것이 나를 미치게 해요. 나는 단지 4~5개의 수업을 고르고 그 결정을 받아들일 수 있었으면 좋겠어요. 하지만 아무래도 그럴 수 없을 것 같아요. 나도 이게 바보 같은 짓이라는 걸 알아요.

치료자 : 당신은 이것이 하찮은 것이라고 생각하는군요. 그러나 당신이 결정을 할 수 없는 것처럼 보이는 것이 당신을 화나게 했군요.

내담자 : 그런데 이것이 대단치 않은 것이라는 걸 당신도 알지요? 만약 수업이 잘 풀리지 않으면 항상 수업을 바꿀 수 있다는 것을 알아요. 나는 단지 시도해볼 필요는 있다고 봐요.

치료자 : 당신은 몇 개의 선택권이 있어요. 만약 수업이 맞지 않다면 거기에서 나올 수 있어요.

치료자는 결코 내담자에게 지시하거나 문제의 해석을 제공하지도 않는다. 이것은 로저스 치료법이 때때로 비지시적 치료법이라고 불리는 이유이다. 치료자의 해석이 아닌 내담자의 상황에 초점을 맞춘다. 내담자는 치료자가 명확하게 이해하게 하기 위해 이야기함으로써 자기이해를 증진시킨다. 내담자는 자신의 본래의 관심보다는 좋은 성적을 받기 위해 수업을 듣는 것과 같은 자신이 경험을 거부하거나 왜곡하고 있다는 사실을 받아들이게 될 수도 있다. 내담자가 수업 일정을 결정하는 데 많은 어려움을 겪는 이유에 대해 치료자를 이해시키기 위해서 이야기하면서 내담자는 자신이 주로 부모를 행복하게 하기 위해서 수업을 듣는다는 것을 깨닫게 될 수도 있다. 수용적인 분위기에서 그녀는 달갑지 않은 것을 깨달을 수도 있고 그녀가 이러한 새로운 이해를 받아들이기 위해 자기개념을 바꿀 수 있는 방법을 찾아갈 수도 있다.

1957)을 출판한 이후로 많은 심리학자들은 공감의 본질을 이해하려고 시도하였다. 어떤 사람은 천부적으로 공감을 잘하는가, 아니면 공감은 훈련에 의해 습득되고 향상될 수 있는 기술인가? 839쌍의 쌍둥이를 대상으로 한 연구는 타인의 관점을 이해하는 능력은 크게 유전적이지는 않다는 점을 시사한다(Davis, Luce, & Kraus, 1994). 이러한 결과는 사람이 필연적으로 타인의 관점에 대한 공감적 이해를 잘하는 성향을 가지고 태어나지는 않는다는 점을 함축한다. 다른 연구들은 공감은 효과적으로 배울 수 있다는 것을 보여준다. 예를 들어 한 연구에서 연구자들은 또래 상담을 통해 훈련 전후의 공감 능력을 측정했다(Hacher et al., 1994). 그들은 경청 기술을 강조한 훈련 프로그램이 전체 공감점수를 유의미하게 증가시켰다는 것을 발견했다. 그 훈련은 특히 대학과 고등학교 학생들이 타인의 관점을 받아들이고 타인의 관심사를 이해하는 능력을 향상시키는 데 도움을 주었다. 흥미롭게도 비록 여대생이 초기에는 공감 능력의 수준이 더 높았지만 결국 남녀 모두 동일하게 학습한다는 것이 밝혀졌다.

다른 연구에서도 공감 능력은 연습을 통해 증가했다(Marangoni et al., 1995). 대학생들은 개인적 문제에 대해 인터뷰를 하고 있는 세 사람의 비디오를 보았다(예 : 최근의 이혼, 아내와 직장 여성으로서의 어려움 등). 이 연구자의 가설은 입증되었다. 공감 능력이 더 깊은 피험자들은 적은 사람보다 인터뷰를 하는 사람의 생각과 느낌을 더 정확하게 예측했다. 이에 더하여 피험자가 연습을 많이 할수록 인터뷰하는 사람의 생각과 느낌을 더 잘 이해하게 되었다. 결정적으로 어떤 피험자는 단순히 다른 사람들보다 공감적 이해를 더 잘했다. 모든 사람의 능력이 연습으로 향상될 수 있음에도 불구하고 몇몇 피험자들은 한결같이 다른 사람들보다 나았다. 어떤 사람이 특히 공감적 이해를 잘하게 하는 특징을 이해하려는 시도는 미래 연구의 중요한 주제이다.

로저스 이론은 여러 가지 이유로 성격심리학에서 중요하다(Bohart, 2013). 그의 이론은 인생에 걸친 자기계발에 관련되어 있고, 이러한 계발을 방해하거나 촉진할 수 있는 특정한 과정을 포함한다. 그는 초기 경험의 중요성에 대한 새로운 관점을 제시하고, 안전 애착과 유사한 어떤 것을 무조건적인 긍정적 관심이라고 부른다. 정신분석처럼 그는 불안의 중요한 역할을 심리학적 체계와 조화를 이루지 못하고 있다는 신호로 본다. 또한 전통적인 정신분석과 마찬가지로 그는 한 사람이 완전한 잠재력의 실현을 향해 가는 길에서 겪는 개인적 좌절을 극복할 수 있도록 도와주기 위한 심리치료 체계를 제시한다. 그의 연구는 지난 반세기에 걸쳐 심리치료의 실행에 큰 영향을 미쳤다(Patterson, 2000 참조).

요약과 평가

동기는 왜 사람들은 그 일을 하는가를 설명하기 위해 이용될 수 있다. 동기적 설명은 사람이 특정한 방식으로 생각하고, 행동하며, 느끼도록 이끄는 목표를 의미한다는 점에서 독특하다. 많은 동기들은 결핍에서 발생한다. 예를 들면 성취를 위해 동기부여된 어떤 사람은 삶에서 아직 충분히 성취하지 않았다고 느껴야 한다. 자세하게 논의한 세 가지 동기(성취, 권력, 친밀감)는 모두 결핍 동기이다. 네 번째 주요한 동기인 자기실현의 동기는 결핍 동기가 아니고 성장 동기이다. 왜냐하면 이것은 무언가 될 운명에 점점 다가가려는 바람을 나타내기 때문이다.

헨리 머레이는 다양한 인간 욕구의 목록을 최초로 작성한 사람 중의 하나였다. 그는 이러한 욕구들은 강도가 다르고 욕구들의 강도는 또한 시간 경과와 다른 상황에서 변동한다고 가정했다. 머레이의 강조점은 어떤 사람은 어떻게 다른 사람보다 더 강하고 지속적인 성취 욕구를 가지는가와 같은 기본적 욕구에서 사람들이 서로 어떻게 다른지에 있다.

성취 욕구에서 개인차는 연구자들로부터 많은 관심을 받고 있다. 성취 욕구는 일을 더 잘하려고 하는 욕구이고, 자신의 목표를 얻기 위한 추구에서 역경을 극복하는 것이다. 성취 욕구가 높은 사람은 낮은 사람과 여러 가지 중요한 방식에서 다르다. 예를 들면 적절한 수준의 도전에 대한 선호, 자신이 통제할 수 있고 책임이 있는 상황에서 잘하려고 하는 성향, 자신의 작업에 대한 피드백을 받는 것에 대한 관심 등이다.

또 다른 결핍 동기인 권력 욕구 또한 주목받고 있는 연구 영역이다. 이 동기는 다른 사람들에게 영향을 미치고, 다른 사람들을 반응하게 하고 지배하려는 욕구이다. 권력 욕구가 높은 사람은 다른 사람들에게 영향을 미칠 수 있고, 스포츠카나 값비싼 스테레오 장비와 같은 힘의 상징이 되는 소유물을 획득할 수 있는 지위를 찾아낸다. 그들은 특히 힘이 강하지 않고 인기가 없는 친구를 선호한다. 권력 욕구가 높은 남성은 때로 무책임하거나 사회적으로 영향력을 행사하는 비윤리적인 술수에 연루된다.

친밀감 욕구는 따뜻하고 속을 터놓는 관계를 얻기 위한 동기이다. 친밀감 욕구가 높은 사람은 다른 사람들에 대해 생각하고 그들과 더 많은 시간을 보내는 경향이 있다. 대화와 자기 노출이 그들의 상호작용의 특징이며 집단 활동보다 일대일 상호작용을 선호한다.

주제 통각 검사는 사람들의 동기 수준을 평가하기 위한 투사법이다. 이 기법은 사람들이 보는 것은 자신의 욕구에 의해 영향을 받는다는 아이디어에 근거한다. 예를 들면 외로운 사람은 모든 상황을 다른 사람들과 함께하기 위한 기회로 볼 수도 있다. 주제 통각 검사는 그 사람이 자극받은 욕구와 일치하는 주제 통각 검사 이야기를 만들어내는 데 영향을 미친다는 것을 보여준다. 관련 연구들에 대한 최근의 개관논문에서 주제 통각 검사는 암묵적 동기를 평가하고 단기적 행동보다는 장기적 결과의 예측에 가장 적합할 수 있다고 시사한다. 중다-동기 망을 포함한 동기의 더 새로운 측정도구가 개발되고 있다.

자기실현 욕구는 동기심리학에서 근본적으로 결핍 동기를 강조한 전통과는 다른 접근법이다. 인본주의적 접근은 결정에 책임을 지고 긍정적인 방향으로 움직이고 성장하기 위해 노력하는 것을 강조한다. 인본주의적 전통은 인간 본성이 긍정적이고 인생을 낙관하며 대부분의 사람들은 만약 자기 마음대로 할 수 있다면 충분히 기능하는 사람이 될 것이라고 추정한다.

에이브러햄 매슬로는 낮은 수준의 욕구(생리적 욕구와 안전 욕구)부터 높은 수준의 욕구(자존감과 자기실현), 그리고 자기실현이 정점이 되는 동기의 위계 이론을 개발하였다. 매슬

로는 또한 자기실현을 하는 사람의 특징을 연구하였고, 자신이 되고자 하는 사람이 되려고
애쓰는 소수집단의 공통적인 특성과 행동 패턴의 목록을 발전시켰다.

심리학자 칼 로저스는 자기실현에 방해가 되는 장애물과 사람들이 그 장애를 극복하는
데 도움을 주는 치료 기법을 이론화하였다. 내담자중심 치료는 사람들이 성장과 긍정적 변
화를 위한 자신의 잠재력을 되찾을 수 있도록 도움을 주기 위해 고안되었다. 치료자는 무조
건적인 긍정적 관심의 분위기를 만들고 치료 효과를 향상하기 위해서 내담자와 공감적 이해
로 대화한다. 공감은 배울 수 있는 기술이라는 것이 연구를 통해 분명해져 로저스의 이론이
지지된 셈이다.

핵심용어

가치의 조건(conditions of worth)

공감(empathy)

권력 스트레스(power stress)

권력 욕구(need for power, nPow)

긍정적 관심(positive regard)

긍정적 자기관심(positive self-regard)

내담자중심 치료(client-centered therapy)

독립성 훈련(independence training)

동기(motives)

몰입(flow)

무조건적인 긍정적 관심(unconditional positive regard)

베타 압력(beta press)

불안(anxiety)

상태 수준(state levels)

생리적 욕구(physiological needs)

성취 욕구(need for achievement, nAch)

소속 욕구(belongingness needs)

안전 욕구(safety needs)

알파 압력(alpha press)

암묵적 동기(implicit motivation)

압력(press)

역동(dynamic)

왜곡(distortion)

욕구(needs)

욕구의 위계(hierarchy of needs)

인본주의적 전통(humanistic tradition)

자기귀인 동기(self-attributed motivation)

자기실현 욕구(self-actualization need)

자존감 욕구(esteem needs)

정서지능(emotional intelligence)

조건적인 긍정적 관심(conditional positive regard)

주제 통각 검사(Thematic Apperception Test, TAT)

중다-동기 망(multi-motive grid)

책임감 훈련(responsibility training)

충분히 기능하는 사람(fully functioning person)

친밀감 욕구(need for intimacy, nInt)

통각(apperception)

특성 수준(trait levels)

핵심 조건(core conditions)

인지적 · 경험적 영역

© Corbis/SuperStock RF

제4부는 인지적 · 경험적 영역을 다루며 사람의 지각, 생각, 감정, 욕구 및 다른 의식적 경험에 대한 이해를 강조한다. 여기서 주안점은 특히 그 사람의 관점에서 경험을 이해하는 것에 있다. 그러나 사람이 가지고 있는 경험의 종류 면에서 차이가 만들어질 수 있

다. 사람이 가진 경험 중 하나는 인지적 경험에 관한 것이다. 지각하고 주의를 기울이는 것, 그들의 삶에서 사건들을 해석하는 방식, 미래에 원하는 것을 얻기 위한 목표와 전략 및 계획.

사람들은 삶의 사건들을 인지적으로 해석하거나 이해하는 데 있어서 서

로 다르다. 우리는 사람들이 개인적 구성개념을 자신의 감각에 적용함으로써 경험을 구성한다는 이론을 소개할 것이다. 관련된 이론은 사람들이 삶의 사건에 대해 원인을 결정하는 방식에 관한 것이다. 사람들은 종종 사건의 책임에 대한 원인을 찾아서 사건

을 해석한다. 이것은 "이 일은 왜 일어났는가?", "이것은 누구의 잘못인가?"와 같은 것이다. 성격심리학자들은 사람들이 책임에 대한 귀인 방식과 나쁜 일에 대해 자신을 탓하는 경향에 있어서 어떻게 안정적인 개인차가 있을 수 있는지에 대해 광범위한 연구를 하고 있다.

인지적 경험은 또한 사람들이 목표를 달성하기 위해 개발한 전략을 위해 세운 계획과 목표 면에서 적용될 수 있다. 사람들은 다른 미래를 예상하고 다른 목표를 위해 노력한다. 목표를 이해하고 목표가 사회적 기준뿐 아니라 성격이 어떻게 표현되는지는 인간 본성 중 인지적·경험적 영역의 한 부분을 형성한다.

두 번째로 폭넓고 중요한 경험의 범주는 정서로서 인지와 관련이 있지만 별개의 것이다. 지난 수십 년간 정서에 대한 연구는 급격히 증가하였다. 우리는 정서적 생활방식에 관한 간단한 질문을 할 수 있다. 사람은 일반적으로 행복한가 아니면 대체로 슬픈가? 어떤 사람들은 왜 쉽게 열광적이 되는가? 무엇이 사람을 화나게 만들고, 왜 어떤 사람들은 자신의 분노를 통제할 수 있는 반면 다른 사람들은 통제하지 못하는가?

정서적 경험은 잠시 나타났다가 사라지는 상태로 측정된다. 지금 당신은 불안하거나 불안하지 않을 수 있다. 또는 지금 화가 나거나 화가 나지 않을 수 있다. 그러나 정서는 특성, 즉 특정한 상태의 빈번한 경험으로 간주될 수 있다. 예컨대 한 사람이 자주 불안해지거나 불안의 경험에 대한 역치가 낮을 수 있다. 그래서 우리는 불안 경향을 성격특성이라고 말할 수 있다.

정서를 특성이라고 가정했을 때, 이것은 내용을 나타내는 변인과 정서적 삶의 방식과 관련 있는 변인으로 나눌 수 있다. 내용에 있어서 우리는 사람이 경험할 가능성이 있는 정서의 종류를 제시한다. 정서적 삶의 내용은 즐거움과 불쾌함으로 나눌 수 있다. 즐거운 정서와 관련해서 전형적인 성격 관련 특성은 행복이다. 심리학자들은 최근에 행복에 대해 큰 관심을 기울이고 있다.

불쾌한 정서 특성의 문제에 있어서 세 가지 다른 성향적 정서에 대한 연구가 이루어졌다: 분노, 불안, 우울. 우울은 대부분의 사람들이 경험하며, 공공정신건강에 큰 영향을 미치는 일련의 증상이다. 불안 특성은 성격에 대한 문헌에서 신경증, 부정적 정서 및 정서적 불안정성을 포함한 다른 이름으로 언급된다. 분노 경향은 특성 같은 성향이고, 쉽게 혹은 빈번하게 화를 내는 경향을 나타내며 성격특성 심리학자들이 큰 관심을 가지고 있는 부분이다.

사람들은 또한 정서적 삶의 방식에 있어서 서로 다르다. 정서적 방식은 전형적으로 경험되는 정서 방식을 나타낸다. 예를 들면 어떤 사람들은 정서를 다른 사람들보다 높은 강도로 경험하는 경향이 있다. 이러한 높은 정서 강도를 가진 사람은 긍정적인 사건에 대해 매우, 아주 강한 행복감을 느끼고, 부정적인 사건은 그들을 매우 극심하게 불행하게 만든다. 따라서 이런 사람들은 날마다 심지어 하루 동안 더 넓은 정서적 변화를 경험한다.

세 번째 주요한 경험의 범주는 인지와 정서와는 별개이지만 평균적인 사람에게 매우 중요하다. 이것은 자기에 대한 경험이다. 이 경험은 하나의 대상으로서 자신에게 초점을 맞추고, 주의를 기울이며, 자신을 알게 되는 방식에서 고유하다. 자기에 대한 경험은 우리의 다른 경험과는 완전히 차이가 있다. 왜냐하면 자기를 경험할 때는 그 인식의 주체와 대상이 동일하기 때문이다. 심리학자들은 우리의 경험과 관련된 이와 같은 고유한 대상과 자기-인식에 주의를 기울여 왔으며, 자기에 초점을 둔 연구와 이론화는 성격 심리학에서 오래되고 풍부한 전통을 가지고 있다.

성격에서 인지적 쟁점과 자기에 대한 접근

ⓒ Corbis/SuperStock RF

8

290

인지적 · 경험적 영역

디알로의 총격사건 후 이를 애도하는 사람들. 무장하지 않은 아프리카계 남성을 총격한 경찰에 대한 항의 시위가 폭발했다. 법원은 디알로에게 일어난 일은 경찰관이 지각과 인지의 오류 때문에 저지른 끔찍한 사건이라고 하였다.

출처 : ⓒ Doug Kanter/
AFP/Getty Images

서아프리카에서 이민 온 22세 아마두 디알로는 1999년 2월 4일 자정을 갓 넘긴 시간에 직장 일을 마치고 브롱크스에 있는 자신의 집 현관에 서 있었다. 이때 NYPD 강력계 소속의 네 명의 사복 경찰이 탄 차가 지나가고 있었다. 경찰들은 총기위협 및 성폭행을 포함한 특정지역 범죄를 수사하고 있었다. 브롱크스 지역은 뉴욕 시에서 가장 위험한 지역 중 하나였다. 경찰들이 디알로를 지나쳐 갈 때 그는 어두운 출입구로 들어가고 있었다. 경찰은 디알로의 바로 앞까지 후진하였다.

디알로가 출입구에 다가서자 사복 경찰들이 차에서 내려서 디알로에게 접근했다. "경찰입니다. 이야기를 좀 나누고 싶습니다."라고 경찰이 말하자 디알로는 현관으로 돌아가려고 했고 두 명의 경찰은 "거기 그대로 서서 손을 우리가 보는 데 두십시오."라고 명령했다.

디알로는 오른손을 앞 주머니에 가져갔다. 그는 주머니에서 검은 물건을 꺼내면서 경찰들에게 돌아섰으며 구부리는 자세를 취하고 두 손을 맞잡았다. 경찰 한 명이 "총이다!"라고 외쳤다. 두 명의 경찰관이 총을 발사했다. 가장 가까이 있던 경찰이 디알로로부터 멀어지려고 하다가 넘어졌다. 다른 경찰은 그가 총에 맞았다고 생각했다.

이후 4초간 경찰들은 41발의 총알을 발사했고 이 중 19발은 디알로를 관통하여 그를 즉사시켰다. 경찰들이 디알로에게 접근했을 때 그가 쥐고 있는 것이 총이 아니라 지갑이라는 것을 발견했다.

이 비극적이고 논란이 되었던 사건의 세부적인 내용은 경찰에 대한 재판을 하는 동안 대중에게 알려졌다. 배심원들은 그날 밤 있었던 일은 일련의 끔찍한 사고였으며 지각과 인지의 오류가 파국적 결과를 초래했다는 결론을 내렸다. 경찰들은 총을 '보았고' 자신들 중 한 명이 총에 맞았다고 '생각했으며' 자신들이 쏜 총알을 보고 디알로가 대응사격을 했다고 '생각했다'. 이들의 행동은 이러한 인지적 오류(cognitive error)에 따른 것이었다. 현재 많은 경찰학교에서는 훈련 동안 디알로의 사례를 분석하고 있다. 이는 오해를 하게 된 요인을 분석하여 미래에 유사한 오지각을 피하고자 하는 것이다. 이 사례는 2004년 1월 뉴욕 시가 민사소송 합의로 디알로의 가족에게 300만 달러와 함께 비극적 오해에 대한 사과를 전하는 것으로 마무리되었다.

디알로의 사례는 인지 요인과 행동 간의 관련성을 보여준다. 사람들은 지각하고 생각한 다음에 행동한다. 이는 때로 매우 빠르게 한꺼번에 일어나며, 때로는 시간을 두고 한 번에 하나씩 일어나기도 한다. 사람은 언제나 먼저 정보를 처리하고 이 정보를 활용해서 행동한다. 대부분 처리된 정보는 정확하며 적절한 행동을 이끈다. 그러나 때로 **정보처리**(information processing)에 오류가 있으면 실수가 생긴다. 심리학자들은 인간이 정보를 처리하는 방식에 대해 관심을 기울이고 있다. 이 분야의 성격심리학자들은 한발 더 나아가서 정보처리의 개인차에 관심을 가진다. 즉, 사람들이 문제를 해결하는 데 사용하는 전략의 차이와 인지 및 사고하는 방식의 차이에 관심을 두고 있다.

다음의 사례는 지각의 개인차를 보여준다. 이는 디알로의 사례처럼 극적이지는 않지만 두 사람이 동일한 사물을 두고 매우 다른 것을 보고 있음을 보여준다.

한 강좌에 몇 명의 여성이 있다. 교수는 이 클럽에서 개를 입양했다는 이야기를 들었다. 흥미를 느낀 교수는 그중 한 명에게 개의 종류를 물었다. 그녀는 다음과 같이 말했다. "우리 개는 크고, 착하고, 산책을 좋아하고, 뛰어서 내 얼굴 핥는 것을 좋아해요. 나는 그 애를 사랑해요." 다음날 다른 학생에게 같은 질문을 할 기회가 있었다. 그녀는 "우리 새로운 개는 3세의 수컷 골든 리트리버예요. 4kg이 나가고, 키가 크고, 녹슨 것 같은 빨간색이에요."라고 대답했다. 같은 질문이 두 사람으로부터 이렇게 다른 정보를 이끌어낸다는 것은 흥미로운 일이다. 첫 번째 학생은 개의 혈통에 대해서는 아무런 정보를 주지 않은 대신 개에 대해서 어떻게 느끼는지 말했다. 두 번째 학생은 개에 대한 자세한 정보를 말했지만 그녀가 개를 어떻게 생각하는지에 대해서는 아무 말도 하지 않았다. 두 여성은 새로운 개에 대한 질문에 대해 매우 다른 방식으로 정보를 처리했다. 또한 이들은 살면서 일어나는 많은 일들에 대해 서로 다른 관점을 갖고 있을 가능성이 크다. 사람들 간에 이러한 생각의 차이는 성격에 대한 **인지적 접근**(cognitive approaches)의 초점이라고 할 수 있다.

심리학자들은 오래전에 사람들에게 정서를 유발하는 자극을 제시하면 어떤 생각을 하는지에 대한 연구를 진행한 바 있다(Larsen, Diener, & Cropanzano, 1987). 연구자들은 사람들에게 정서를 유발하는 슬라이드를 보여주고 각 슬라이드를 볼 때 무슨 생각을 했는지 물었다(이 기법을 생각 표집이라고 한다). 예를 들어 어떤 그림은 어머니가 머리에 심한 부상을 입어서 피를 흘리는 아이를 안고 있는 사진이었다. 연구자들은 이 연구에서 참가자들이 느끼는 것이 아니라 생각하는 것에 관심이 있었다. 즉, 정서적 장면에 노출되었을 때 어떤 정보가 처리되는가에 대한 관심이었다. 한 참가자는 다음과 같이 말했다. "내 동생이 언젠가 머리에 심한 상처를 입은 적이 있었는데 그 피가 기억나요. 엄마는 너무 화가 났고 동생은 소리 지르고 엄마는 출혈을 멈추려고 했어요. 나는 어찌할 바를 몰랐고 혼란스러웠어요." 다음 참가자는 같은 사진을 보고 다음과 같이 말했다. "머리의 상처가 심해 보여요. 왜냐하면 피부 표면 가까이에 혈액이 심하게 뭉친 게 있어요. 사진을 보면서 머리의 주요 동맥군을 생각했어요." 첫 번째 사람은 **개인화된 인지**(personalizing cognition)를 보였다. 즉, 이 장면은 자신의 삶에서 겪은 유사한 사건을 회상하도록 하였다. 두 번째 사람은 **객관화된 인지**(objectifying cognition)를 보였다. 즉, 사진은 사람 머리의 혈관 분포에 대한 객관적 사실을 회상하도록 하였다. 두 사람의 차이는 **인지**(cognition)의 차이이다.

이 장에서는 성격심리학자들이 관심을 가지고 있는 세 가지 수준의 인지를 다룰 것이다. 첫 번째 수준은 **지각**(perception)으로 정보가 감각기관에 입력되는 과정을 말한다. 지각과 감각기관은 동일하고, 지각하는 것은 실제 세상의 정확한 반영이라고 생각할 수 있기 때문에 사람들이 세상을 지각하는 방식에는 차이가 별로 없다고 생각할 수 있다. 그러나 이것은 사실이 아니다. 두 사람은 동일한 상황을 보면서 실제로는 매우 다른 것을 볼 수 있다.

[그림 8.1]에서 이 그림을 3차원으로 볼 수 있다. 즉, 2차원의 평면도 대신 깊이를 지각하는 것이다. 이것은 지각 체계가 깊이에 대한 단서를 3차원으로 해석했기 때문이다. 네커 큐브라고 알려진 이 그림의 또 다른 측면은 정육면체가 아래에서 위로 올라가는 것처럼 보이거나 혹은 왼쪽 아래로 내려가는 것처럼 지각된다는 것이다. 따라서 이 그림은 객관적으로 동일하지만 모든 사람이 같은 형태의 물체를 본다고 할 수 없다. 네커 큐브의 흥미로운 점은 대부분의 사람이 실제로는 정육면체를 거꾸로 볼 수 있다는 것이다. 만일 정육면체를 오랫동안 응시한다면 2개의 서로 다른 3차원 정육면체를 볼 수 있고, 2개의 정육면체가 오른쪽 위와 왼쪽 아래로 서로 겹쳐 있는 것을 알 수 있을 것이다.

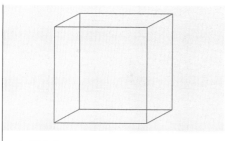

그림 8.1
네커 큐브

복잡한 사회적 세상을 바라볼 때 사람들이 서로 얼마나 다르게 보는지를 상상해보자. 사람들이 세상에서 보는 것은 지각 수준에서 다른 사람과 상당히 다르다. 더욱이 사람들이 세상을 보는 방식의 차이는 성격과 관련되어 있다. 로르샤흐 잉크반점과 같은 투사법 검사는 이러한 추론을 근거로 한다. 앞에서 논의했듯이 사람들이 잉크반점에서 보는 것은 성격의 영향을 받는다. 동일한 잉크반점을 보고 한 사람은 꽃이 핀 정원에 앉아 있는 나비 가족을 보는 반면, 또 다른 사람은 차에 치여 길에서 피를 흘리는 개를 본다. 그렇다면 이 두 사람이 매우 다른 성격을 갖고 있다고 생각할 수 있는가?

성격심리학자들이 관심을 갖는 두 번째 인지 수준은 **해석**(interpretation)이다. 이것은 세상의 다양한 사건을 이해하고 설명하는 것으로, 즉 해석은 사건에 의미를 부여하는 것이다. 어떤 사건을 겪을 때 "이것은 무슨 의미인가?" 혹은 "어떻게 이런 일이 일어났고 앞으로 어떻게 될 것인가?"를 스스로 묻는다면 해석을 하는 것이다. 예를 들어 차를 운전하면서 커브를 돌다가 경미한 사고로 앞 범퍼가 긁혔다고 하자. 누군가가 당신에게 "왜 이렇게 되었나요?"라고 묻는다면 빠르고 자동적인 해석을 통해 사실을 말할 것이다. "도로가 이상하게 생겼어요. 커브길이 너무 좁아서 많은 사람들이 덜컥거려요. 도로교통부가 문제예요." 또한 마찬가지로 사실을 반영하면서도 다른 해석을 제시할 수 있다. "나는 형편없는 운전자예요. 나는 차를 잘 다루지를 못해요. 운전을 그만두어야 할까 봐요."

이것은 여러 가지 가능한 해석 중 2개일 뿐이며 이 해석은 성격 측면을 드러낸다. 해석의 차이에 대한 개념은 주제 통각 검사의 근거이며 이것은 제7장에서 다루었다.

성격심리학자들이 관심을 갖고 있는 세 번째 수준의 인지는 **의식적 목표**(conscious goals)로, 사람들이 자신과 타인을 평가하기 위해 개발한 기준을 말한다. 사람들은 삶에서 무엇이 중요한지 또는 자신이 추구하기 적당한 과제가 무엇인지에 대한 구체적인 신념을 발달시킨다. 이 과제는 연령과 문화에 따라 달라지는데, 서구 문화권에서는 초기 성인기에 가족으로부터 독립을 하는 것이 주요 과제이다.

지각을 통해 드러나는 성격

대부분의 사람들은 진실이 외부에 있고, 마음속에 있는 표상은 이를 정확하게 복제하며 사실에 대한 완벽한 지각이라고 생각한다. 그러나 실제로는 그렇지 않다. 지각자는 그러한 정신적 표상에 기여하며, 심지어 지각에서조차 사람들이 어떤 장면에서 무엇을 보는지는 사람마다 차이가 있다. 이 개념을 확장시켜서 지각의 개인차를 조사하기 위한 두 가지 주제를 다룰 것이다. 이 주제는 지각적 차이가 안정적이고 일관되며 삶의 다른 측면과 의미 있게 관련된다는 것을 보여준다.

장 의존성/장 독립성

"나무만 보고 숲을 보지 못한다."는 말을 들어본 적이 있는가? 이것은 사람이 어떤 상황에 대해 세부사항만 보고 큰 그림을 보지 못한다는 것이다. 즉, 특정한 세부사항의 지각에서 벗어나 상황의 전반적 핵심을 파악하지 못한다는 것을 의미한다. 심리학자 Herman Witkin은 30여 년간 이러한 지각 방식의 차이에 관한 연구를 했다. 그는 이 주제를 **장 의존성**(field dependence) 대 **장 독립성**(field independence)이라고 명명했다. Witkin은 첫 번째 저서인 *Personality Through Perception*(Witkin et al., 1954)에서 성격은 사람들이 자신의 환경을 지각하는 방식의 차이를 통해 드러날 수 있다고 하였다.

Witkin은 처음에 사람들이 공간의 방향을 판단하기 위해 사용하는 단서에 관심을 가졌다. 사람이 기울어진 사물을 볼 때 기울어진 것이 자신의 신체가 아니라 사물이라는 것을 어떻게 알아내는가? 이러한 판단을 할 때 어떤 사람들은 사물을 둘러싼 환경의 단서(기울어진 다른 사물을 포함)에 의존하는 반면, 어떤 사람들은 자신이 똑바로 있다는 신체적 단서에 의

존해서 기울어진 것이 사물이라는 것을 판단한다. 이러한 개인차를 알아보기 위해 Witkin은
막대와 틀 검사(Rod and Frame Test, RFT)라는 장치를 고안했다. 이 장치를 사용한 검사에
서 참가자는 어두운 방에 앉아서 사각틀로 둘러싸인 반짝이는 막대기를 바라보라는 지시를
받는다. 실험자는 막대기, 틀, 참가자의 의자를 기울일 수 있다. 참가자의 과제는 다이얼을
돌려서 막대기가 완벽하게 똑바로 되도록 조정하는 것이다. 과제를 정확하게 수행하기 위해
참가자는 막대기가 나타날 때(예 : 혹은 실험자가 기울인 막대기를 둘러싼 사각틀) 시각 장
의 단서를 무시해야 한다. 만일 참가자가 기울어진 틀의 방향에 의존해서 막대기를 조정한
다면 그 사람은 시각 장에 의존적이라고 할 수 있으며, 이를 장 의존적(field dependent)이라
고 한다. 어떤 사람들은 외부 단서를 무시하고 자신의 신체로부터의 정보를 이용하여 막대
기를 똑바로 조정한다. 이러한 참가자는 판단을 위해 장의 지각이 아니라 자신의 감각에 의
존하는 것으로 이를 장과 독립적이라는 의미로 장 독립적(field independent)이라고 말한다.

막대와 틀 검사는 장 의존성/장 독립성을 측정하는 데 어려움이 있고 시간 소모적인 방
법이기 때문에 Witkin은 지각 차이를 측정하기 위한 새로운 방식을 고안했다(Witkin et al.,
1962). 장 의존성/장 독립성을 측정하기 위한 새롭고 효과적인 방법은 여러 가지 단순한 형
태로 구성된 복잡한 도형을 만들어내는 것이다. 몇 개의 작고 숨은 도형이 들어 있는 큰 그
림으로 구성된 아동용 퍼즐을 본 적이 있을 것이다. [그림 8.2]는 숨은 그림 찾기의 예이다.
Witkin은 복잡한 막대와 틀 검사 대신 장 의존성을 측정할 수 있는 검사도구로 아동용 퍼즐
과 유사한 숨은 그림 찾기 검사(Embedded Figures Test, EFT)를 고안했다. EFT에서 어떤 사
람은 복잡한 외부 대상 안에 있는 단순한 대상을 찾는 데 어려움을 겪는다. 이는 '나무'를
보지 못하고 '숲'만 보는 것으로 이들을 장 의존적이라고 한다. 반면 어떤 사람은 포함된 거
의 모든 대상을 빠르게 찾아내며 배경과는 별개로 사물을 독립적으로 보는데, 이들은 장 독
립적이라고 한다. EFT의 수행은 막대와 틀 검사의 수행과 강한 상관이 있다(Witkin, 1973).

장 의존성/장 독립성과 인생의 선택

성격이 영향을 미치는 또 다른 지각의 차이는 무엇일까? Witkin은 1979년 사망 직전에 장
의존성/장 독립성의 결과로 나타나는 두 가지 광범위한 영역, 즉 교육과 대인관계에 관한
자신의 연구를 요약하는 논문 몇 편을 썼다. 한 대규모 연구에서는 1,548명의 학생을 대학
입학 후부터 졸업까지 몇 년간 추적 연구하였다. 그 결과 장 독립성/장 의존성은 학생의 전
공 선택과 관련이 있었다. 장 독립적인 학생은 자연과학, 수학, 공학 등을 선택한 반면, 장
의존적 학생은 사회과학과 교육학을 선호하는 경향이 있었다(Wiktin, 1977; Witkin et al.,
1977).

Witkin과 Goodenough(1977)가 조사한 두 번째 연구 영역은 장 독립성/장 의존성과 대인
관계와의 관련성이다. 예상할 수 있듯이 장 의존적인 사람은 사회적 정보에 의존하며 다른
사람에게 자주 의견을 묻는다. 이들은 사회적 단서에 주의를 기울이고 다른 사람을 지향한
다. 다른 사람에게 관심이 많으며, 다른 사람과 신체적으로 접촉하는 것을 선호하고, 사회
적 상황에 끌리고, 다른 사람과 잘 지낸다. 반면 장 독립적인 사람들은 자율적으로 기능하

그림 8.2
숨은 그림 찾기, 큰 그림 안에 숨겨진 작은 그림을 가능한 한 많이 찾는 것이 목적이다.

며, 다른 사람에게 관심이 적고, 거리를 둔다. 이들은 다른 사람의 의견에 큰 관심을 두지 않으며 타인과 거리를 유지하고 비사회적 상황을 선호한다.

장 의존성/장 독립성에 대한 최근 연구

Witkin의 사망 후 몇십 년간 장 독립성과 장 의존성에 대한 연구는 별로 진행되지 않았다. 그러나 1990년대에 들어서면서 새로운 연구자들이 나타나기 시작했다(Messick, 1994). 한 가지 새로운 연구 영역은 감각 자극이 많은 상황에서 사람이 어떻게 반응하는가와 장 독립적인 사람이 주의를 산만하게 하는 장의 정보를 걸러내고 과제에 집중할 수 있는지의 여부에 대한 것이다. 예를 들어 100명의 경찰을 대상으로 한 연구에서는 총격이 벌어지는 상황의 시끄럽고 산만한 고강도 자극하에서 장 독립적인 경찰들이 자극을 무시하는 능력을 연구하였다. 이 연구와 이 장의 첫 부분에 언급한 디알로 사례는 유사하다. 브롱크스에서 사건이 일어난 그날 밤에 경찰들은 디알로에게 집중하려고 했다. 그러나 조명은 어둡고 주변에는 다른 사람들이 있었으며 네 명의 경찰은 서로를 인지해야만 했고 명령도 인식해야 했다. 즉, 그곳은 자극이 아주 많은 환경이었다. 장 독립적인 사람은 주의를 산만하게 하는 정보를 더 잘 무시하고 사건의 중요한 세부사항에 집중하는 데 더 유능할 것으로 추측된다. 자극이 많은 환경에서 100명의 경찰을 대상으로 연구를 수행한 연구자들(Vrij, van der Steen, & Koppelaar, 1995)은 정확한 예측을 했다. 즉, 장 독립적인 경찰들은 세부사항을 인지해야 하는 과제를 더 잘 수행했고, 소음이나 활동의 방해를 덜 받았으며 언제 총을 쏘아야 하는지 결정하는 데 더 정확했다는 것이다. 이 연구 결과에 따르면 장 독립적인 경찰들은 장 의존적인 경찰에 비해 자극이 많은 상황의 총격전에서 과제를 더 잘 수행하며 목격한 사건을 더 잘 묘사한다. 아마도 장 독립적인 경찰들은 자신을 둘러싼 장에서 일어나는 소음이나 움직임의 방해를 덜 받으면서 목표물에 잘 집중하는 것으로 보인다. 또 다른 연구에서는 사람들의 복잡한 사진이 제시되었을 때 장 독립적인 사람은 장 의존적인 사람에 비해 사진의 표정을 더 잘 알아채고 해독하였다(Bastone & Wood, 1997).

또 다른 고강도 자극 영역은 '월드 와이드 웹(www)'과 같은 소리와 영상이 혼합된 교육 자료에서 하이퍼미디어와 멀티미디어 기반 컴퓨터의 지시이다. 장 의존성은 웹 기반 지시에 대한 선호도 차이와 관련이 있다(Clewley, Chen, & Liu, 2011). 이러한 형태의 지시는 학생이 자신의 속도로 감각 정보의 미로를 탐색하는 동안 정보를 제시하는 멀티미디어 형식과 관련이 있다(컴퓨터 화면에 있는 문자, 그림, 영상, 소리).

중학교 2학년을 대상으로 한 연구에서 연구자들은 하이퍼미디어 환경에서 장 의존적 피험자에 비해 장 독립적 학생들이 더 잘 학습한다는 것을 발견했다. 아마도 장 독립적인 학생들은 정보가 제시된 다양한 미디어 시스템에서 단서를 더 쉽게 발견하는 것으로 보인다. 장 독립적인 학생들은 장 의존적인 학생에 비해 다양한 미디어 자료 내에 포함된 포인트를 더 빨리 찾아내며 교육 미디어 혹은 감각 장 간에 전환을 더 잘한다(Weller et al., 1995). 지각 유형에 대한 많은 연구는 지각 유형이 서로 다른 유형의 학습을 유도한다는 것을 시사한다. 예를 들어 장 독립적인 사람들은 자극이 많은 환경에서 선택적 주의를 기울이는 데 유

연구에 따르면 폭탄 처리반에서 일하는 사람들은 다른 테러 대응반에 비해 장 독립성에서 더 높은 점수를 받았다.

출처 : ⓒ deepspace/Shutterstock.com RF

능하다(중요하지 않은 정보를 차단하면서 구체적인 정보를 처리하는 것). 반면 장 의존적인 사람들은 정보를 묶음으로 처리하는 경향이 있으며 정보 범주 간의 연결성을 찾아내는 데 유능하다(Nicolaou & Xistouri, 2011; Oughton & Reed, 1999; Richardson & Turner, 2000).

몇몇 흥미로운 연구는 장 의존성과 정서적인 표정을 '읽거나' 해독하는 능력 간의 관련성을 연구해 왔다. 장 의존적인 사람들은 더 사회지향적이기 때문에 정서적 표정을 읽는 데 특히 유능할 것으로 생각할 수 있다. 반면 얼굴 표정을 복잡하게 배열된 정보라고 한다면 장 독립적인 사람들이 이러한 패턴을 분석하고 해석하는 데 더 유능할 수도 있다. 한 연구에서 Linda Bastone과 Heather Wood(1997)는 72개의 다른 얼굴로 정서적 표현을 제시하였다. 과제의 난이도를 높이기 위해 어떤 정서는 한쪽 눈 혹은 입만 정서를 표현하기도 하였다. 과제가 어려운 경우에만 장 독립적인 피험자가 장 의존적인 피험자에 비해 정서적 표현을 더 잘 해석하였다. 이러한 결과는 장 독립적인 사람들이 패턴을 찾아내서 해석하고 일반화하는 과제에서 더 우수하다는 개념을 지지하는 것이다.

패턴을 찾아서 정보를 조직화하고 일반화하는 것이 필요한 또 다른 영역은 제2언어를 학습하는 것이다. 심리학자들은 제2언어 습득과 성격의 역할과의 관계에 대해 조사하고 있으며 몇몇 연구들은 장 독립적인 사람이 제2언어를 학습할 때 장 의존적인 사람에 비해 더 큰 진전을 보였다고 하였다. 한 연구에서는 미국 대학생의 학습을 조사하였다.

장 독립적이 되는 것 혹은 장 의존적이 되는 것 중 어느 것이 더 나은 것일까? 대부분의 성격 차원과 마찬가지로 이들 성향에는 장단점이 있다. 또한 이러한 두 특성이 두 가지 분리된 범주가 아니라 연속선의 어느 지점을 나타낸다는 것을 기억해야 한다. 장 독립적인 사람들은 복잡한 상황을 분석하고 주변의 방해로부터 정보를 추출하는 데 유능하다. 또한 장 독립적인 사람들은 더 창의적인 경향이 있다(Miller, 2007). 그러나 이들은 상대적으로 사회적 기술이 낮고 다른 사람과 거리를 유지하는 것을 선호한다. 장 의존적인 사람들은 장 독립적인 사람들에 비해 사회적 기술이 뛰어나고, 다른 사람에게 끌리고 사회적 단서에 더 주의를 기울인다(Tamir & Nadler, 2007). 이와 같은 대조적인 지각 유형은 특정한 상황에 따라 더 적응적일 수 있기 때문에 어떤 지각 유형이 더 가치 있다고 말하기는 어렵다(Collins, 1994; Mathes et al., 2011).

가상현실은 교육, 과학과 같은 영역에서 풍부한 환경 자극을 제공할 수 있다. 장 독립적인 사람들은 가상현실 자극에 대해 더 효과적으로 기능을 발휘한다.

출처 : ⓒ Rommel Canlas/123RF RF

해석을 통해 드러나는 성격

변호사들은 둘 이상의 사람들이 동일한 사건을 목격한 후에 사건에 대해 서로 다른 해석을 할 수 있다는 것을 흔히 경험한다. 그래서 재판은 배심원들이 사실에 대한 특정한 해석에 도달하는가에 의존한다. 예를 들어 피고인이 다른 사람을 해칠 의도가 있었는가? 피고인은 사전에 범죄를 계획했는가? 피고인은 범죄 행위 이전에 자신의 행동에 대한 결과를 인지할 수 있었는가? 등과 같은 것이 있다. 많은 변호사들은 자신의 고객이 범죄를 저지르지 않았다고 변호하는 대신 범죄의 의도가 없었다고 주장한다. 예를 들어 메넨데스 형제는 부모를 권총으로 살해했다고 고백했다. 변호사는 살인이 형제가 자신을 방어하기 위한 행동이기 때문에 법적으로 의도적인 살인에는 무죄라고 주장했다. 배심원들은 형제가 부모를 살해할 의도가 없었고 자신을 방어하기 위한 행동이었다고 암시하는 것을 사실로 해석했다.

  우리의 일상생활은 법원에서의 사례처럼 극적이지 않다. 그럼에도 불구하고 우리는 매일 일어나는 사건들을 해석한다. 시험에서 왜 안 좋은 성적을 받았나? 살을 뺄 수 있을까? 여자친구/남자친구와 잘 지내지 못하는 것은 누구의 잘못일까? 이러한 해석은 때로 낮은 성적을 받은 것이 누구의 잘못인가와 같이 책임이나 비난에 관한 것이다. 또 다른 경우에는 살을 뺄 수 있을까와 같이 미래에 대한 기대와 관련이 있다. 책임이나 미래에 대한 기대와 같은 유형의 해석은 성격심리학자들의 연구 영역이다. 이들 주제를 다루기 전에 성격심리학의 인지혁명을 시작한 조지 켈리의 이론을 다룰 것이다.

켈리의 개인구성개념 이론

심리학자인 조지 켈리(George Kelly, 1905~1967)는 경력의 대부분을 오하이오주립대학교에서 보냈으며 성격심리학 내의 인지 전통(cognitive tradition)을 시작하는 데 중요한 역할을 하였다. 켈리는 임상심리학자였지만 모든 사람이 각자 자신의 상황을 이해하려고 하고 가까운 미래에 자신에게 일어날 일을 예측하고자 하는 동기를 갖는다고 믿었다. 그는 정신분석이 사람들에게 심리적인 문제를 설명하는 체계를 제공해주기 때문에 효과적이라고 생각했다(예 : "당신이 우울한 이유는 적대적이고 자학적인 초자아를 갖고 있기 때문이고, 이것은 아마도 항문기의 욕구가 잘 해결되지 못한 결과입니다."). 켈리는 설명의 내용보다는 사람들이 이를 믿고 자신의 상황을 이해하는 데 사용한다는 사실이 더 중요하다고 믿었다. 켈리는 모든 사람이 삶에서 의미를 찾으려는 주요한 동기가 있으며, 이 의미를 통해 자신의 미래를 예측하고자 한다고 생각했다(Fransella & Neimeyer, 2003).

  켈리의 인간 본성에 대한 관점은 과학자로서 인간을 보는 것이다. 그는 보통 사람들도 과학자와 마찬가지로 자신의 삶에서 일어나는 사건을 이해하고 예측하고 통제하려고 한다고 생각했다. 사람은 어떤 일이 일어난 이유를 알 때보다 어떤 일이 왜 일어났는지 알지 못할 때(예 : "내 여자친구가 왜 나를 버렸을까?") 더 큰 괴로움을 경험한다. 따라서 사람들은 과학자들이 실험실에서 일어난 현상에 대한 설명을 추구하는 것과 마찬가지로 자신의 삶에서 일어난 사건에 대해 설명을 추구한다.

과학자는 관찰을 해석하기 위해 **구성개념**(constructs)을 이용한다. 구성개념은 그 자체로 존재하는 것이 아니다. 구성개념은 일련의 관찰을 요약해주는 단어이며 관찰의 의미를 전달해준다. 예를 들어 중력이란 과학적 구성개념이다. 중력을 볼 수는 없지만 사과가 나무에서 떨어지는 것과 같이 사물을 관찰함으로써 중력의 효과를 볼 수 있다. 사람에게 적용될 수 있는 수많은 구성개념이 존재하는데 여기에는 똑똑한, 사교적인, 거만한, 수줍은, 일탈된 등이 있다. 물리적 세계를 해석하는 과학자처럼 사람은 언제나 구성개념을 사용해서 사회적 세계에 의미를 부여하고 해석한다.

개인이 사건을 해석하고 예측하는 데 주로 사용하는 구성개념을 **개인구성개념**(personal constructs)이라고 한다. 켈리의 생각은 사람들이 세상, 특히 사회적 세상을 해석하기 위해 습관적으로 적용하는 몇 개의 주요 구성개념을 갖고 있다는 것이었다. 어떤 사람도 동일한 개인구성개념을 가지고 있지 않기 때문에 각자 세상을 독특하게 해석하는 것이다. 켈리는 성격이란 개인이 세상을 해석하는 방식의 차이라고 생각했다. 이러한 차이는 사람들이 습관적으로 사용하는 개인구성개념의 차이로 인해 나타난다. 사람을 처음 만났을 때 무엇을 보는 경향이 있는가? 어떤 사람은 다른 사람을 처음 이해할 때 운동을 좋아하는지 여부가 중요한 역할을 할 수 있다. 그러나 또 다른 사람은 지적인가 아닌가의 개념을 적용할 수도 있다. 그 결과 사람들은 다른 사람을 자신이 선호하는 구성개념 체계의 독특한 '렌즈'를 통해 바라보기 때문에 한 사람에 대해 서로 다른 해석을 하게 될 수 있다(Hua & Epley, 2012).

켈리는 모든 구성개념은 양극단을 갖고 있다고 하였다. 즉, 구성개념은 양쪽 극이 서로 반대되는 특성으로 구성되어 있다. 전형적인 구성개념은 똑똑한-똑똑하지 않은, 협조적인-비협조적인, 키가 큰-키가 작은, 지루한-흥미로운 등과 같다. 사람들은 세상을 해석하는데 빈번하게 사용하는 일련의 특징적인 구성개념을 발전시킨다. 어떤 사람들은 자신이 만나는 대부분의 사람들을 똑똑한-똑똑하지 않은 구성개념을 적용하여 사회적 세상을 범주화한다. 또한 똑똑한 범주와 똑똑하지 않은 범주의 사람들에게 다르게 행동한다. 그러나 사람들을 처음부터 범주로 묶는 것은 개인 자신의 구성개념이다. 개인구성개념은 사회적 집단 부류를 만들어내는 데 사용된다.

여러 면에서 켈리는 시대를 앞서간 사람이었다. 그는 포스트모더니즘이 보편화되기 이전부터 포스트모던한 사람이었다. **포스트모더니즘**(postmodernism)은 모든 사람과 모든 문화가 자신만의 독특한 현실을 가지며 어떤 단일한 현실이 다른 현실보다 우월하다고 할 수 없다고 제안한다(Gergen, 1992). 켈리는 개인구성개념이 각 개인의 심리적 현실을 만들어낸다는 것을 강조하였고, 이는 포스트모던 학파와 일치하는 개념이다(Raskin, 2001).

켈리는 성격과 개인구성개념에 대한 복잡하지만 체계적인 이론을 제안하였다. 켈리의 저서(1955)와 그의 저서에 대한 요약(Fransella, 2003)에서 자세한 설명을 참고할 수 있다. 여기서는 기본적인 아이디어 몇 가지를 제시하고자 한다. 그는 사람이 사건을 예상하는 방식에 대한 심리적 과정을 기본적 가정으로 생각하였다(Kelly, 1955, p. 46). 이러한 기본적 가정을 설명하기 위해 켈리는 여러 가지 명제를 추가하였다. 예를 들어 두 사람이 유사한 구성개념 체계를 갖고 있다면 이들은 심리적으로 유사하다고 할 수 있다(공통성 명제). 어떤 커플이 서로 매우 다른데도 불구하고 개인구성개념이 유사하다면 이들은 세상을 비슷하게 해석하기 때문에 잘 지낼 가능성이 크다.

켈리는 많은 성격 이론가들과 마찬가지로 자신의 이론을 통해 불안 개념을 설명하는 데 많은 노력을 기울였다. 그는 불안이 인생의 사건을 이해하고 예측하지 못한 데서 온 결과라고 생각했다. 그의 설명에 따르면 불안은 사람의 개인구성개념이 상황을 이해하는 데 실패한 결과라고 할 수 있다. 사람들은 자신에게 일어난 일을 이해하지 못하고 예측 불가이며 통제를 벗어났다고 생각할 때 불안해진다. 그렇다면 구성개념은 왜 상황 이해에 실패하는가? 때로 이들은 새로운 경험에 대해 너무 경직되고 비투과적이다. 어떤 일이 일어나도 이해할 수가 없다. 아이들을 키워서 멀리 대학에 보낸 후에 일을 하기 원하는 여성을 생각해보자. 그녀의 남편은 좋은 결혼이란 "아내가 일할 필요가 없는 것"이라고 생각하고 있으므로 이 상황을 이해할 수 없다. 좋은 결혼 대 나쁜 결혼에 대한 그의 구성개념은 아내의 새로운 취업에 대한 욕구를 이해할 수가 없는 것이다.

구성개념이 실패하는 또 다른 예는 구성개념이 과도하게 투과적인 경우이다. 즉, 구성개념을 너무 과하게 적용하는 것이다. 어떤 사람은 자신이 만난 모든 사람을 똑똑하거나 똑똑하지 않은 사람으로 분류한다. 그 후 한 번 범주화하면 상반된 정보가 있어도 생각을 바꾸지 못한다면 구성개념을 과하게 적용한 것이다. 사람들은 이해할 수 없는 경험을 하거나 (예 : "네가 왜 떠나는지 이해할 수가 없어.") 예상하지 못한 경험을 하게 되면(예 : "나는 이런 일이 있을지 몰랐어.") 자신의 구성개념이 문제가 있다는 것을 알게 된다.

사람들이 구성개념 체계에 기반해서 자신의 경험을 이해한다는 켈리의 생각은 성격심리학 내에서 인지혁명의 일부였다. 개인구성개념 체계를 측정하는 방식에는 몇 가지 자기보고 방식이 있다(Caputi, 2012; Hardison & Neimeyer, 2012). 인지에 대해 강조한 또 다른 예는 켈리 이론과 동시대에 발전한 학습이론에서 볼 수 있다. 이제 성격에서의 인지적 접근에 대한 또 다른 중요한 발전을 다룰 것이다.

통제 소재

통제 소재(locus of control)는 어떤 사람이 자신의 삶에서 일어난 사건에 대한 책임을 지각하는 것을 의미하는 개념이다. 구체적으로 말해서 통제 소재는 사람들이 사건에 대한 책임을 자신, 즉 내부에 묻는지, 혹은 운명, 운, 우연 등과 같은 외부에 지우는지에 대한 것이다. 예를 들어 어떤 사람이 좋은 학점을 받았을 때 이것은 단순히 운이 좋아서인가 아니면 개인적인 노력 때문이라고 생각하는가? 건강이 안 좋은 사람을 보았을 때 운명이라고 생각하는가 아니면 자신을 돌보지 않아서라고 생각하는가? 이러한 질문에 대한 대답은 통제 소재에 대한 성격 차원을 드러낼 것이다. 이는 사건이 자신의 통제나 책임하에 있거나 혹은 있지 않다고 믿는 경향성을 말한다.

심리학자 Julian Rotter는 사회학습 이론을 주창하던 1950년대 중반에 통제 소재에 대한 연구를 시작하였다. Rotter는 사람들이 강화(reinforcement)를 통해 학습한다는 전통적인 학습이론을 적용하였다. Rotter는 이 개념을 확장하여 학습은 개인이 강화를 기대하는 정도,

즉 강화가 자신의 통제하에 있다고 생각하는 정도에 달려 있다고 제안하였다. 어떤 사람들은 특정한 행동이 강화물을 얻는 결과를 가져올 것이라고 기대한다. 다시 말해서 삶의 결과가 자신의 통제하에 있다고 믿는 것이다. 다른 사람들은 행동과 강화 간의 관련성을 찾는 데 실패한다. 이는 Rotter의 학습 행동에 대한 '기대 모형'이다. 흥미롭게도 기대는 개인을 각 상황으로 이끄는 특성이 있다. 이것은 강화에 대한 기대가 개인을 구분하는 특징을 나타낸다는 의미이다. 예를 들어 어떤 사람이 자기 주장적이고 요구적으로 행동하는 방식이 자신이 원하는 것을 얻게 한다고 기대하고 있다고 하자. 그가 직장에서 승진을 원한다면 상사에게 자기 주장적이고 요구적으로 행동하면 승진을 하게 될 것이라고 기대한다. 또 다른 사람은 정반대의 기대를 갖고 있어서 자기 주장적인 행동이 업무에 방해가 되며 승진을 못하게 할 것이라고 믿는다. 이 두 사람은 동일한 자기 주장적 행동 패턴에 대해 서로 다른 기대를 갖고 있다. 전자인 여성은 승진을 위해서 어떤 일을 할 수 있다고 생각하며, 후자인 남성은 상사가 결정을 내릴 때까지 기다려야 한다고 생각한다. 두 사람의 행동의 차이, 예컨대 일할 때 자기 주장적인 사람과 순응적인 사람의 차이는 특정한 행동(자기 주장성)이 강화(승진)를 가져올지 여부에 대한 기대의 차이 때문이다.

Rotter는 1966년에 내적 대 외적 통제 소재를 측정하는 질문지를 개발하였다. 〈표 8.1〉에 질문지 항목 일부를 제시하였다.

Rotter는 강화에 대한 개인의 기대는 다양한 상황에서 유지된다고 하였으며, 이를 **일반화된 기대**(generalized expectancies)라고 하였다(Rotter, 1971, 1990). 사람들이 새로운 상황에 처하게 되면 일반화된 기대에 근거해서 자신이 상황에 영향을 줄 수 있는 능력을 갖고 있는지를 파악하고 어떤 일이 생길지에 대한 기대를 갖게 된다. 예를 들어 어떤 젊은이가 자신은 상황에 별로 영향을 줄 수 없다고 믿는다면, 대학 입학과 같은 새로운 상황에서 상황이 자신의 통제 밖이라는 일반화된 기대를 갖게 될 것이다. 아마도 학점은 운이나 우연, 혹은 운명 탓이며 자신이 실제로 통제할 수 있는 일은 별로 없다고 생각할 것이다.

사건이 자신의 통제 밖에 있다는 일반화된 기대를 **외적 통제 소재**(external locus of control)라고 한다. 반면 **내적 통제 소재**(internal locus of control)는 강화하는 사건이 자신의 통제하에 있으며, 삶에서 일어나는 주요한 결과에 대해 자신이 책임이 있다는 일반화된 기대이다. 내적 통제 소재가 높은 사람들은 결과가 자신의 개인적 노력에 달려 있다고 믿는 반면 외적 통제 소재를 가진 사람들은 결과가 자신의 개인적 통제 밖에 있다고 생각한다. 내적 통제 소재를 가진 사람이 자신의 통제를 완전히 벗어난 상황에 당면하게 되면 문제가 생기지만 (Heidemeier & Göritz, 2013) 대개 내적 통제 소재가 웰빙을 가져올 수 있다.

내적 통제 소재는 다양한 실생활의 결과를 예측하는 것으로 나타났다. 예를 들어 10세에 내적 통제 소재를 가진 사람들은 외적 통제 소재를 가진 사람에 비해 30세가 되었을 때 비만 위험이 낮았다(Gale, Batty, & Deary, 2008). 대학생 대상의 또 다른 연구에 따르면 내적 통제 소재를 가진 사람은 외적 통제 소재를 가진 사람에 비해 제시간에 학위를 마치는 것으로 나타났다(Hall, Smith, & Chia, 2008). 또 다른 흥미로운 연구 결과는 내적 통제 소재를 가진 사람들이 외적 통제 소재를 가진 사람에 비해 신용등급이 높은 것으로 나타났다(Perry,

표 8.1	통제 소재 척도 예시문항

예	아니요	
_____	_____	1. 대부분의 문제는 성가시게 굴지 않으면 저절로 해결된다.
_____	_____	2. 나는 내가 감기 걸리는 것을 예방할 수 있다.
_____	_____	3. 어떤 사람들은 좋은 운을 갖고 태어난다.
_____	_____	4. 우수한 학점을 받으면 대개 준비를 잘했기 때문이라고 생각한다.
_____	_____	5. 자신의 잘못이 아니어도 내 탓을 할 때가 있다.
_____	_____	6. 어떤 사람이 충분히 연구한다면 어떤 문제든 해결할 수 있다.
_____	_____	7. 일은 제멋대로 흘러가기 때문에 너무 애쓸 필요는 없다.
_____	_____	8. 아침에 시작이 좋으면 어찌하든 간에 좋은 날이 되기 마련이다.
_____	_____	9. 부모는 아이들이 하는 말을 들어야 한다.
_____	_____	10. 바라는 것이 좋은 일이 일어날 수 있게 한다고 믿는다.

출처 : Rotter(1982)에서 인용

2008). 여러 면에서 내적 통제 소재는 자신의 삶에 대한 책임감을 갖는 경향, 체중관리를 더 잘하는 것, 소비를 잘 통제하기 때문에 신용등급이 높은 것 등과 관련이 있다.

260일간 홀로 세계를 항해한 29세 남성에 대한 흥미로운 사례연구에 의하면, 그 남성은 예상할 수 있듯이 통제 소재 측정도구에서 내적 통제로 나타났으며 그야말로 자신이 운명의 주인이었다. 사람들이 결과를 통제하기 어려워하는 또 다른 활동은 무대에 서는 것이다. 한 연구 결과, 외적 통제 소재를 가진 직업 배우들은 내적 통제 소재를 가진 배우에 비해 더 심한 무대공포증을 겪는 것으로 나타났다(Goodman, 2014).

통제 소재에 대한 일반적인 결과에 따르면 자신이 운명을 통제한다는 내적 통제 소재가 더 적응적이라고 할 수 있다. 그러나 통제를 포기해야 할 필요가 있는 상황에서는 어떨까? 예를 들어 자동운행차량을 운행할 때는 운전을 기계에 넘겨주고 컴퓨터에게 운명을 맡길 필요가 있다. 최근 연구에 따르면 내적 통제 소재를 가진 사람들은 외적 통제 소재를 가진 사람에 비해 자동운행차량 운전을 시도하지 않으려고 한다고 하였다(Choi & Ji, 2015). 다른 성격특성들과 마찬가지로 차원의 한쪽 극이 완전히 좋거나 완전히 나쁘다고 할 수 없다. 특정한 특성의 높은 수준이나 낮은 수준에 따른 장단점은 언제나 있다. 컴퓨터와 기계가 더 많은 일을 할수록 우리 삶의 일부분에 대한 통제를 넘겨주는 것이 적응적일 수도 있으며, 외적 통제 소재를 가진 사람들이 기꺼이 혹은 더 잘 그렇게 할 수도 있다.

연습문제

내적 통제 소재가 불리한 경우는 어떤 상황일까? 내적 지향을 가진 사람이 외적 지향을 가진 사람에 비해 상대적으로 더 많은 스트레스를 느끼는 상황은 무엇일까? 외적 통제 소재를 가진 사람의 기대에 부합하는 특징이나 상황은 무엇일까? 어떤 상황에서 외적 통제 소재를 갖는 것이 건강할까?

어떤 상황은 우리의 통제를 벗어나며 어떻게 행동하든 그 상황이 영향을 받지 않는다. 예를 들어 사랑하는 사람이 불치병으로 죽어 가고 있다. 이것은 누구의 잘못도 아니며 이 결과를 막을 수 있는 것은 아무것도 없다. 그러나 이러한 상황에서도 어떤 사람들은, 특히 가까운 친척들은 자신에게 책임이 있다고 느끼기도 한다. 이 경우 내적 통제 소재가 결과에 대한 개인의 통제에 장애물이 될 수 있다.

또 다른 예는 폭탄 테러나 대형 총격사건과 같이 많은 사람들이 심한 부상을 입거나 죽는 비극적인 사건에서 살아남은 사람들에게서 종종 보고되는 '생존자 증후군(survivor syndrome)'이다. 생존자들은 "만일 자신이 다르게 행동했다면 다른 사람은 안전하지 않았을까" 하는 마음을 보고한다. 사람들은 그 사건이 자신의 통제 밖에 있음에도 불구하고 결과에 대한 개인적 책임을 보고한다.

학습된 무력감

사람들이 세상을 해석하는 방식에 있어서 나타나는 또 다른 개인차는 **학습된 무력감**(learned helplessness)이다. 이 주제에 대한 연구도 Rotter의 연구와 마찬가지로 학습이론에서 시작하였다. 학습된 무력감에 대한 연구는 심리학자들이 개를 대상으로 전기쇼크를 이용한 회피학습 연구에서 발전하였다. 처음 몇 번의 쇼크 동안 개는 벨트를 잡아당기고 뛰어넘고 몸을 비틀어서 피하려고 한다. 그러나 결국 쇼크를 수용하는 것처럼 보이며 더 이상 피하지 않는다. 개는 자신이 피하지 못한다는 것을 아는 것으로 보이며 수동적으로 쇼크를 수용한다.

이제는 개를 다른 우리에 넣고 작은 장애물을 뛰어넘으면 우리의 다른 쪽으로 가서 전기쇼크를 피할 수 있다. 그러나 이전에 피할 수 없는 전기쇼크를 받은 개들은 새로운 상황에서 피하려는 시도조차 하지 않는다. 마치 피할 수 있는 희망이 없다는 것을 학습한 것처럼 보이고 고통스러운 상황을 피하려는 시도를 포기한 것으로 보인다. 이전에 쇼크를 받지 않은 다른 개들은 장애물을 뛰어넘어서 쇼크를 피하는 것을 빠르게 학습한다. 연구자들은 무력감을 학습한 개들이 피하려는 시도조차 하지 않는 것을 보고 놀랐으며 1분 후에 쇼크를 중단하였다.

그다음에 연구자는 개들을 장애물 위의 안전지대로 올려주었다. 안전지대에 도달하는 방법을 보여준 후 개들은 쇼크를 피하기 위해 점프하는 것을 빠르게 학습했다. 그러나 이러한 지도가 없으면 무력감을 학습한 개들은 불쾌한 상황에서 벗어나려는 시도 없이 고통스러운 운명을 단순히 수용하였다.

연구자들은 불쾌한 소음을 사용하여 학습된 무력감 상황을 재연하였다. 참가자들에게 문제를 주고 문제를 해결하면 불쾌한 소음을 피하거나 끌 수 있다고 지시한다(예 : 올바른 순서로 버튼을 누르는 것과 같은 문제)(Garber & Seligman, 1980; Hiroto & Seligman, 1975).

어떤 참가자들은(학습된 무력감 피험자) 해결할 수 없는 문제를 받는다. 이들에게는 불쾌한 소음이 피할 수 없는 것이며 불쾌하고 혐오스러운 소음을 통제할 방법이 없다. 그렇다면 피험자들이 이러한 무력감을 새로운 상황에도 일반화할까?

참가자들은 이제 새로운 상황에서 새로운 문제를 받았다. 이때는 불쾌한 소음은 없다. 연구자들은 참가자들에게 단순히 새로운 문제를 어떻게 푸는지에만 관심이 있다고 하였다. 이전 시행에서 학습된 무력감 조건에 노출된 참가자는 대개 이후의 문제에서도 최저 수행을 보였다. 마치 "이런 문제를 푸는 게 무슨 소용이 있나요? 문제가 너무 어려워요."라고 생각하는 것 같았다. 한 가지 문제 해결 상황에서의 무력감 경험을 새로운 상황에서도 일반화하는 것처럼 보였다.

학습된 무력감은 명백하게 통제 밖에 있는 불쾌한 상황에 처했을 때 나타날 수 있다. 예를 들어 남편의 학대를 멈추게 하기 위해 모든 것을 시도한 아내를 상상해보자. 그녀는 남편에게 친절하게 대해 보았지만 한동안 효과가 있다가 곧 남편은 다시 그녀를 학대했다. 그녀는 떠나겠다고 위협해보았지만 한동안 효과가 있는 듯하다가 다시 학대를 시작했다. 자신이 무슨 행동을 하든 문제를 해결하지 못하는 것처럼 보였다. 이러한 상황에 처한 여성은 학습된 무력감을 발달시킬 수 있다. 그녀는 문제를 해결하려는 시도를 포기한다. "무슨 소용이 있을까, 아무것도 도움이 안 되기 때문에 그냥 받아들여야 하는가 보다."라는 학습된 무력감을 나타낸다.

그러나 학습된 무력감을 가지고 있는 사람일지라도 단순히 상황을 '받아들여'서는 안 된다. 이들은 무력감을 학습한 개가 장애물을 뛰어넘는 훈련을 받은 것과 같이 외부의 관점이 필요하다. 이들은 상황을 객관적으로 보고 문제를 해결할 수 있는 전략을 제안해줄 누군가가 필요하다. 문제 상황에서 해결책이 없거나 피할 수 없는 것처럼 보일 때는 다른 사람에게 도움을 청하고 외부 의견을 구해야 한다(Seligman & Csikszentmihalyi, 2000).

학습된 무력감에 대한 원래 모형은 개에 대한 실험에서 시작되었으며 심화된 실험 연구를 통해 인간으로 일반화되었다. 인간은 적어도 자신의 삶에서 일어난 사건에 대해 생각하고 상황을 분석하며 행동에 대한 새로운 기대를 형성한다는 점에서 개보다 훨씬 복잡하다. 한 가지 상황에서 생긴 무력감이 다른 상황으로 일반화되는 것을 결정하는 요인은 무엇일까? 사람들은 어떤 상황에서 자신의 삶에 대한 통제권을 쥐도록 동기화되는가? 사람들이 상황에 대한 통제권을 갖거나 혹은 갖지 못한다고 결정하는 데 영향을 주는 요인은 무엇인가? 이러한 질문들에 대한 답을 구하기 위해 심리학자들은 학습된 무력감이 조건화되는 동안 사람들의 마음 안에서 벌어지는 일을 연구하기 시작하였다(Peterson, Maier, & Seligman, 1993). 최근 연구들은 인간(Hammack, Cooper, Lezak, 2012)과 동물(Bredemann, 2012)에서 학습된 무력감의 신경생물학을 검증하고 있다.

자기에 대한 기술적 요소 : 자기개념

자기에 대한 지식은 갑자기 생기는 것이 아니고 수년에 걸쳐 발달한다. 유아기에 시작되어 청소년기에 가속화되며 노년기에 이르러서 완성된다. 자기에 대한 개념은 자기를 이해하는 기초이며 "나는 누구인가?"에 대한 답이 된다.

자기개념의 발달

자기개념의 첫 번째 시작은 유아기이다. 유아는 어떤 것은 항상 같은 자리에 있고(예 : 내 몸) 어떤 것은 그렇지 않다는 것(예 : 엄마의 가슴)을 배운다. 유아는 자신의 몸과 그 외의 모든 것을 구분한다. 즉 '나'와 '내가 아닌 것'의 경계를 발견한다. 유아는 점차 자신과 다른 세상과의 구분을 깨닫게 되며, 이 경계는 자기에 대한 기본적인 의식과 자신의 신체에 대한 자각을 형성하도록 한다.

거울에 비친 자신의 모습을 보고 짖는 개를 본 적이 있는가? 개는 거울에 비친 것이 자신이라는 점을 인식하지 못하기 때문에 짖는다. 곧 개는 거울에 흥미를 잃고 거울에 비친 모습을 무시한다. 인간과 다른 영장류들은 거울에 비친 것이 자신의 반영이라는 것을 인지한다. 심리학자들은 원숭이나 인간이 거울에 비친 것이 자신이라는 것을 인식하는지에 대한 연구 기법을 고안했다. 연구자들은 거울에서만 볼 수 있도록 얼굴에 작은 표식을 하였다. 그다음에 거울을 볼 때 원숭이나 아동이 자신의 얼굴에 있는 표식을 만지기 위해 거울에 비친 상을 사용할 수 있는지 여부를 살펴보았다. 침팬지와 오랑우탄은 거울에 비친 자신을 인지하였으며 거울이 배치된 2~3일 후에는 표식을 찾아낸다(Gallup, 1977a). 짧은꼬리원숭이와 같은 하등 영장류는 거울에 노출된 지 2,400시간 이후에도 거울에 비친 것이 자신임을 인지하지 못한다(Gallup, 1977b). 거울 자기인식 테스트를 통과한 동물은 고등 유인원(난쟁이침팬지, 침팬지, 고릴라, 오랑우탄, 인간 등), 코끼리, 큰돌고래, 범고래, 까치의 한 종류 등이 있다(Prior, Schwarz, & Güntürkün, 2008).

거울을 통한 자기인식은 정상 아동의 경우 평균 18개월에 가능해진다(Lewis & Ramsay, 2004). 그러나 자기인식의 시작 시기는 다양하며 가장 처음으로 보고된 사례가 15개월이고, 24개월이 되면 거의 모든 아동은 자기인식을 한다. 흥미롭게도 가상놀이는 자기인식을 필요로 한다(Lewis & Ramsay, 2004). 인형에게 가상의 음식을 먹이거나 컵에서 가상의 음료를 마시는 행위에는 자신이 하는 일이 실제가 아니라는 인식이 필요하다. 15~21개월 아동 연구에 따르면 거울에서 자기인식을 보인 아동만이 가상놀이가 가능했다(Lewis & Ramsay, 2004). 더욱이 아동은 거울 테스트에서 자기인식 능력을 획득한 이후에야 인칭대명사(나, 내가, 나의)를 사용한다. 따라서 자기인식은 아동이 가상놀이와 인칭대명사를 통해 자신을 언어로 대변하는 것과 같은 좀 더 복합적인 자기인식을 할 수 있게 하는 중요한 인지발달의 성취로 보인다.

거울 테스트를 통한 자기인식은 어떤 종이 자기자각을 할 수 있는지 결정하는 기준이 된다.

출처 : ⓒ Life on white/Alamy Stock Photo RF

아주 어린 아동은 거울에 비친 자신의 모습에 흥미를 보이지만 여러 무리에서 자신의 사진을 인지하는 데는 시간이 걸린다. 아동은 2세 정도가 되어야 여러 사람 중에서 자신의 사진을 골라낸다. 이때는 아동이 부모가 세운 규칙을 따를 수 있는 시기이다. 아동은 어떤 행동은 좋고 어떤 행동은 나쁘다는 것에 대한 학습을 통해 자신의 행동이 기준에 반하는지 여부를 평가하게 된다. 좋은 일을 하면 웃고 나쁜 일이 생기면 찌푸린다. 아동은 기준과 비교하여 자신에 대한 감각을 발달시키는데, 이것이 자존감의 시작이다.

사람들이 스스로에 대해 규정하는 자기의 첫 번째 측면은 성별과 나이이다. 이것은 2~3세에 발생하는데, 이 시기에 아동은 자신을 소년이나 소녀라고 부르며 다른 아동도 소년이나 소녀로 부르기 시작한다. 연령에 대한 기초 지식 역시 발달하는데, 아동은 손가락으로 자신의 나이를 표현하는 법을 학습한다. 이 시기의 아동은 자기개념을 확장해서 가족을 포함하기도 한다. "나는 사라의 오빠예요."라고 말하는 것은 사라와 같은 가족 안에 있다는 것을 포함하는 자기개념을 시사한다.

3세에서 12세까지 아동의 자기개념은 주로 재능과 기술 발달에 기반한다. 아동은 자신이 무언가를 할 수 있거나 할 수 없는 사람으로 생각한다. 예를 들어 알파벳을 암기하거나, 구두 끈을 묶거나, 책을 읽거나, 학교에 혼자 걸어가거나, 시계를 볼 수 있고, 필기체를 쓸 수 있다거나 하는 등이다. 이 시기가 되면 자기개념은 주로 성별, 나이, 가족, 자신이 할 수 있거나 할 수 없다고 믿는 것 등에 의해 규정된다.

학교에 들어가는 5~6세가 되면 아동은 급격하게 자신의 기술과 능력을 다른 사람과 비교하기 시작한다. 이제 아동은 다른 아동보다 잘하거나 못하는 사람이다. 이것은 사회적 비교의 시작으로 대부분의 사람들은 남은 생애 동안 다양한 정도로 비교 활동을 하게 된다 (Baumeister, 1997). **사회적 비교**(social comparison)는 자신 혹은 자신의 수행을 참조 집단과 비교하여 평가하는 것이다. 이 발달시기 동안 아동은 "내가 친구보다 빠른가, 똑똑한가, 인기 있는가, 매력 있는가?" 등과 같은 질문을 스스로에게 빈번하게 한다.

또한 아동은 이 시기 동안 거짓말을 할 수 있고 비밀을 지킬 수 있다는 것을 배운다. 이것은 자기에게 숨겨진 부분, 즉 생각·감정·갈망 등과 같은 사적인 속성을 포함한 부분이 있다는 인지에 기반한다. "엄마는 나에 대해 모든 것을 알지는 못한다."는 인식은 큰 진전이다. 내적이고 **사적인 자기개념**(private self-concept)의 발달은 자기개념의 발달에서 중요하지만 어려운 것이다. 자신만이 보거나 들을 수 있는 상상의 친구를 발달시키는 것도 시작될 수 있다. 상상의 친구는 자신을 이해하는 데 있어서 비밀스럽고 내적인 부분이 있다는 것을 부모에게 표현하는 첫 번째 시도이다. 이후 아동은 자신만이 자신의 생각·감정·갈망에 접근할 수 있으며, 자신이 말하지 않는 한 누구도 자신의 이 부분에 대해 알 수 없다는 것을 완전히 인지하게 된다. 이것은 자기개념을 형성하는 데 있어서 큰 진전이다.

아동이 청소년으로 성장하면서 자기개념은 신체 외모나 소유물과 같은 구체적인 특성에서 좀 더 추상적인 심리용어에 기반한 개념으로 변화한다. 이러한 변화에 대해서 Montemayor와 Eisen(1977)은 다음과 같은 예를 제시한다. 다음의 문장은 각각 다른 연령의 아동이 "나는 누구인가?"에 대한 질문에 대답한 것이다.

다음은 9세의 4학년 아동의 대답이다. 그의 기술이 구체적이고 연령, 성별, 이름, 주소, 신체적인 자기 등과 같이 주로 실재하는 개념을 사용한다는 것을 주목해보자.

> 내 이름은 브루스예요. 나는 눈과 머리카락이 갈색이고 눈썹도 갈색이에요. 나는 9살이에요. 나는 스포츠를 좋아해요. 우리 가족은 일곱 명이에요. 나는 시력이 좋고 친구가 많아요. 나는 9월이면 10살이 돼요. 나는 1923 파인크레스트가에 살아요. 나는 남자애예요. 키가 213cm나 되는 삼촌이 있어요. 우리 학교는 파인크레스트에 있고 우리 담임선생님은 V 씨예요. 나는 하키를 해요.

다음은 11세 6개월의 6학년 소녀의 글이다. 그녀는 자신이 좋아하는 것을 빈번히 말하고 있으며, 그뿐만 아니라 추상적인 성격과 사회적 특성을 강조하고 있다.

> 내 이름은 엘리스예요. 나는 사람이고 여자애예요. 나는 믿을 만한 사람이에요. 예쁘고요. 공부는 그럭저럭해요. 나는 첼로와 피아노를 잘 연주해요. 나는 또래 애들보다 큰 편이에요. 몇몇 남자애와 여자애를 좋아해요. 나는 구식이에요. 테니스를 치고 수영을 잘해요. 다른 사람을 도와주려고 하는 편이에요. 누구나와 쉽게 친구가 돼요. 대부분 나는 착한 편이지만 간혹 화를 낼 때도 있어요. 여자아이들은 나를 많이 좋아하진 않아요. 남자애들이 나를 좋아하는지는 모르겠어요.

마지막 예는 17세의 12학년 소녀이다. 그녀가 자신을 기술하는 데 대인관계 특성, 전형적인 기분 상태, 이상적인 신념 등을 언급하는 것에 주목해보자.

> 나는 사람이고 여성이고 개성 있는 사람이에요. 나는 내가 누구인지 잘 모르겠어요. 나는 물고기자리예요. 나는 울적한 사람이에요. 나는 우유부단해요. 야심이 있어요. 호기심이 많아요. 나는 개성이 없어요. 나는 혼자 지내는 사람이에요. 나는 미국인이에요(신이여 도와주소서). 나는 민주당 지지자예요. 나는 자유로운 사람이에요. 급진적이에요. 보수적이기도 해요. 나는 가짜 자유주의자예요. 나는 무신론자예요. 나는 쉽게 분류되는 사람이 아니에요(나는 분류되고 싶지 않아요).

10대 시기에 나타나는 자기개념의 마지막 양상은 **조망 수용**(perspective taking)이다. 이것은 타인의 관점에서 볼 수 있는 능력, 즉 자신을 다른 사람이 바라보는 것처럼 바라보고 자신이 다른 사람에게 어떻게 보이는지 상상해보는 능력을 말한다. 이런 능력으로 인해 많은 10대가 이 시기 동안 극도의 자의식의 시기를 겪고 자신의 에너지 대부분을 남들에게 어떻게 보이는지에 대해 쓴다. 당신은 자신을 타인의 주의 대상으로 바라보는 **객관적 자기인식**(objective self-awareness)의 시기와 관련된 감정과 경험을 생생하게 회상할 수 있을 것이다. 우스운 유니폼을 입고 체육시간에 갔던 일이나 새로운 수영복을 입고 해변에 처음 가던 일을 기억해보라. 객관적 자기인식은 수줍음을 동반하는데 어떤 이들에게 이것은 만성적인 문제이다.

수줍음은 매우 공통적인 문제이며 특히 청소년기 동안은 더욱 그렇다. 수줍음이 많은 사람들은 다른 사람들과 상호작용하는 것을 불안해하기 때문에 어울릴 기회를 피한다. 직접 대면(face-to-face)하는 상호작용을 피하는 한 가지 방법은 온라인을 통해 상호작용하는 것이다. 이 경우 상호작용이 좀 더 통제 가능하고 천천히 진행되며 제한된 정보를 교환하기 때문이다(예 : 비언어적 정보는 없음). 또한 타인과 있을 때 상호작용을 피하는 한 가지 방법은 스마트폰에 주의를 두는 것이다. 연구자들은 사회불안(수줍음)을 가진 젊은이들이 인터넷을 과도하게 사용할 가능성이 크다는 것을 발견했다(Weinstein et al., 2015). 사실상 인터넷 사용은 수줍은 사람에게 문제가 되는 수준일 수 있고 스마트폰에 중독된 것처럼 보일 수 있다(Bian & Leung, 2015). 즉, 스마트폰에 집착하거나 사용시간을 조절하는 데 어려움을 겪고, 생산성이 감소하고, 전화기가 없으면 불안하거나 '정신 나간' 것처럼 보일 수 있다.

페이스북을 과도하게 사용하는 젊은이(학교생활에 방해가 될 정도)에 대한 또 다른 연구에 따르면 사회불안은 페이스북 사용 문제와 상관을 보였다(Lee-Won, Herzog, & Park, 2015). 다른 연구자들은 과도한 온라인 게임에 대한 연구에서 사회불안이 높은 사람이 사회불안이 없는 사람에 비해 주당 게임시간이 더 많았다고 보고하였다(Lee & Leeson, 2015). 최근 연구에 따르면 인터넷 사용문제에 대한 가장 강력한 성격 예측 요인은 수줍음 혹은 사회불안이었다(Carli & Durkee, 2016; Huan et al., 2014). 인터넷 사용이 사회적으로 도움이 되는 방식(의사소통, 다른 사람과의 연락, 정보수집 등)이 있는 반면, 상대방이 스마트폰에 집착하느라 자신이 무시되는 경험을 해보았을 것이다. 수줍은 사람에게는 인터넷이 실제로 증가시켜야 할 행동인 대면 사회화를 피할 방법이 되기 때문에 집착을 발달시킬 위험이 높다.

요약하면 자기개념은 여러 가지 다른 요인으로 구성된 개별적인 지식구조이며, 이것은 고향에 대한 인지도를 저장하는 것과 같이 기억에 저장된다. 자기감을 발달시키는 것은 타인의 눈으로 자신을 바라보는 능력에 있고, 이러한 조망은 가치 있는 기술일 수 있지만 때로 불편하고 수줍음을 유발할 수 있다.

자기를 발달시키는 과정에서 아이들은 타인과 자기를 비교한다. 어린아이들이 모인 집단에서 "나는 너보다 빨라."와 같은 말을 흔히 들을 수 있다. 이는 사회 비교의 시작이며, 여기에서부터 사람들은 자신을 규정하고 평가한다.

출처 : ⓒ Sergey Novikov/Shutterstock.com RF

자기도식 : 가능한 자기, 당위적 자기, 바람직하지 않은 자기

이제까지 자기개념 발달의 주요 단계를 검토하였다. 일단 자기개념이 형성되면 과거와 현재를 이해하고 미래 행동을 안내하는 틀과 연속성을 제공해준다.

자기개념은 기억에 있는 정보의 네트워크로 우리가 자신을 경험하는 방식에 있어서 일관성을 가져다준다(Markus, 1983). 예를 들어 사람들은 자신의 자기개념과 일치하는 정보를 더 쉽게 처리한다. 만일 자신이 매우 남성적이라고 생각한다면 "나는 자기 주장적이다.", "나는 강하다." 등과 같은 문장에 더 빠르게 동의할 것이다.

자기도식(self-schema)이라는 용어는 자기개념의 특정한 지식구조, 혹은 인지적 표상을 말한다. 어떤 사람은 자기 주장성, 힘, 독립성 등이 포함된 남성적이라는 의미에 대해 도식을 가지고 있을 수 있다. 이와 같이 자기도식은 과거 경험에 기반하고 자기, 특히 사회적 상

사회적 상호작용을 회피하는 방법 중 하나는 스마트폰에 전적으로 주의를 기울이는 것이다. 연구에 따르면 수줍음이 스마트폰 중독과 관련이 있는 것으로 나타났다.

출처 : ⓒ pathdoc/Shutterstock.com RF

호작용에서의 자기에 대한 정보처리를 안내하는 인지구조이다.

자기도식은 자기의 과거와 현재 측면에 대한 것이다. 그러나 상상할 수 있는 미래 자기에 대한 도식도 있다. **가능한 자기**(possible selves)라는 용어는 자신이 어떻게 될 것인가, 어떤 사람이 되기를 희망하며, 어떤 사람이 되는 것을 두려워하는가 등에 대한 여러 가지 생각을 기술한다(Markue & Nurius, 1987). 사람들은 때로 미래 자기에 대해 구체적인 소망, 불안, 환상, 공포, 희망, 기대 등을 갖는다(Oyserman, Destin, & Novin, 2015). 가능한 자기는 실제 과거 경험에 기반하지 않지만 전반적인 자기개념의 일부이다. 즉, 가능한 자기는 전반적인 자기개념을 구성하는 벽돌이라고할 수 있다. 예를 들어 당신은 자신이 과학자가 되고 싶다고 상상하던 사람인가? 이것이 당신에게 가능한 자기인가?

Buday, Stake, Petersen(2012)은 고등학교 때 과학자로서의 가능한 자기를 갖고 있는지 여부가 10년 후에 실제로 과학자가 되는지를 예측한다고 하였다. 또 다른 연구에 따르면 대학생이 미래의 직업에 대한 가능한 자기를 가지는 것이 적극적인 진로 행동을 예측한다고 하였다(예 : 대학 내 일자리 센터에 방문하거나, 취업 박람회에 빨리 등록하기 등)(Strauss, Griffin, & Parker, 2012). 미래의 직업적 자기는 특정한 직업에 대한 준비행동을 강력하게 동기화할 수 있다. 은퇴한 노인 역시 미래 자신의 이미지를 건강하고 날씬하게 보는 가능한 자기를 형성할 수 있다(Bolkan, Hooker, & Coehlo, 2015).

가능한 자기는 자기개념을 규정하는 데 일정한 역할을 하기 때문에 개인의 행동에 영향을 미칠 수 있다. 예를 들어 한 여자 고등학생은 우주비행사가 되는 게 어떤 것인지 아무것도 모를 수 있다. 그렇지만 이것은 그녀의 가능한 자기 중 하나이기 때문에 자신이 우주비행사가 된 이미지에 대해 여러 가지 생각과 감정을 가질 수 있다. 그녀에게 우주비행사, 항공우주국, 항공과학 등에 대한 정보는 개인적으로 의미가 있으며 최대한 이러한 정보를 구하려고 할 것이다. 따라서 가능한 자기는 그녀의 현재 결정에 영향을 준다(예 : 부가적인 수학 강의를 듣는 것). 가능한 자기는 현재와 미래를 연결하는 다리와 같고 미래의 자신에 대한 작업 모델이다(Oyserman & Markus, 1990). 그러나 가능한 자기가 형편없는 역할 모델일 경우 이러한 작업 모델은 문제행동을 유발할 수 있다. Oyserman과 Saltz(1993)는 일탈행동을 보이는 청소년 연구에서 많은 청소년들이 범죄자를 가능한 자기로 가지고 있으며, 직업을 갖거나 학교에서 다른 친구들과 어울리는 것과 같은 일반적인 가능한 자기를 가진 경우는 거의 없었다고 하였다. 8학년을 대상으로 한 연구에 따르면 자신을 문제성 음주자(예 : 가능한 자기로 '문제성 음주자'를 그리는 것)로 상상하는 것은 9학년에서 문제성 음주자를 경험할 가능성이 컸다(Lee et al., 2015).

가능한 자기는 우리가 일정을 맞추고 자기향상을 위해 노력하도록 한다. 가능한 자기(바

람직한 혹은 바람직하지 않은)에서 기인한 행동은 여러 가지 강렬한 느낌과 정서를 활성화
시킨다. 예를 들어 심혈관계 질환이 있는 가능한 자기를 가진 사람은 이러한 가능한 자기를
갖지 않은 사람보다 며칠간 운동을 거르는 것이 매우 괴로울 것이다.

심리학자 Tory Higgins(1987, 1997, 1999)는 자신이 되고 싶은 자기를 의미하는 **이상적
자기**(ideal self)와 다른 사람들이 자신에게 바란다고 생각하는 **당위적 자기**(ought self)를 구
분하였다. 당위적 자기는 자신이 되어야 할 자기로 타인에 대한 책임과 약속으로서 받아들
인 것이라고 할 수 있다. 이것은 제7장에서 다룬 칼 로저스의 가치의 조건화와 관련이 있다.
이상적 자기는 자신이 되고 싶은 것으로 자신의 바람과 목표에 기반하는 것이다. Higgins는
당위적 자기와 이상적 자기를 자기안내로 규정했는데, 이는 적절한 행동을 동기화시키고 정
보를 조직화하는 데 사용하는 일종의 규준이다. **자기안내**(self-guides)는 정서로부터 동기적
속성을 얻는다. Higgins는 두 가지 유형의 자기가 서로 다른 정서의 근원이라고 주장했다.
만일 실제 자기가 이상적 자기와 맞지 않으면 우울하고 낙담하고 실망할 것이다. 반면 실제
자기가 당위적 자기와 맞지 않는다면 죄책감, 괴로움, 불안을 느끼게 될 것이다.

요약하면 자기도식은 자기개념에 대한 인지적 지식구조이며 자기의 과거, 현재, 미래의
측면을 구성한다. 자기개념은 우리가 자신에 대해 알고 있고 믿는 자기도식의 합이라고 할
수 있다. 자기개념의 중요한 부분은 사람들이 소망하는 이상적 자기나 피하고 싶고 바람직
하지 않은 자기를 포함한 가능한 자기에 관한 것이다. 내가 어떤 사람이었고, 현재 어떠하
며, 미래에 어떻게 되고 싶은가가 자기개념을 규정한다.

요약과 평가

성격심리학에서 인지라는 주제는 광범위한 분야이다. 사람들은 사고하는 방식이 여러 면,
즉 삶에서 일어나는 사건들을 지각하고, 해석하고, 기억하고, 원하고, 예상하는 방식 등에서
차이를 보인다. 이 장에서는 세 가지 범주인 지각, 해석, 목표 등으로 조직화하여 다루었다.

처음에는 성격과 사람들 간 지각 차이의 관련성에 대한 것을 탐색하였다. 장 독립성/장
의존성은 숲 대신 나무를 보는 능력에 대한 것이다. 이러한 지각 유형의 개인차는 배경 정보
의 방해에도 불구하고 세부사항에 초점을 맞추는 능력과 관련이 있다. 지각 유형은 학습 유
형과 직업 선택에서 중요한 시사점을 갖는다.

또 다른 인지 유형은 사람들이 자신의 삶에서 일어나는 사건을 어떻게 해석하는가이다.
성격에 대한 이러한 접근은 조지 켈리의 연구에 기반을 두고 있다. 켈리의 개인구성개념 이
론은 사람들이 세상을 이해하기 위해 사용하는 구성개념을 통해 자신의 경험을 구조화하는
방식을 강조한다. 또 다른 개인차는 통제 소재로 사건이 자신의 통제하에 있거나 있지 않다
고 해석하는 경향성을 말한다. 많은 연구자들은 통제 소재 개념을 건강에 대한 통제 소재나
관계에 대한 통제 소재와 같은 특정한 삶의 영역에 적용하고 있다.

학습된 무력감은 피할 수 없는 혐오적 상황을 경험할 때 생기는 감정이다. 또한 무력감은

새로운 상황에 일반화되어 지속적으로 무력하게 행동하면서 자신의 문제에 대한 해결책을 찾아내는 데 실패하게 된다. 학습된 무력감 이론은 재구성되어 사람들이 자신의 삶에서 생기는 사건, 특히 불쾌한 사건에 대해 생각하는 방식을 통합하고 있다.

자기개념은 개인의 자기이해이며, 자신에 대한 이야기이다. 자기개념은 유아기에서 시작되는데, 이때 유아는 처음으로 자신의 몸과 그 외의 것을 구분한다. 이 희미한 자기개념의 빛은 반복적인 자기지각 경험을 통해 점차 발달해 성별, 연령, 가족 구성원과 같이 아동이 자기 정의로 사용하는 특징들의 한 무리가 된다. 아동은 기술과 재능을 습득하고 자신과 타인을 비교하기 시작하며, 자기개념을 정리해 나간다.

또한 사적인 속성과 비밀을 지키는 능력을 발달시키면서 사적 자기개념을 발달시키기 시작하는데, 이는 스스로에 대해 타인은 모르고 자신만이 알고 있는 것을 말한다. 그다음에는 자기에 대한 인지적 도식이 발달하기 시작한다. 이 개념 구조는 자기개념과 관련된 특성의 집합체이다. 사람들은 또한 미래의 자신, 바람직한(이상적) 자기와 바람직하지 못한 자기를 포함한 가능한 자기를 발달시킨다. 결국 자기개념은 다음의 질문에 대한 개인의 답이다. "나는 어떤 사람이었고, 현재 어떠하며, 미래에 어떻게 되기를 바라는가?"

핵심용어

가능한 자기(possible selves)

개인구성개념(personal constructs)

개인화된 인지(personalizing cognition)

객관적 자기인식(objective self-awareness)

객관화된 인지(objectifying cognition)

구성개념(constructs)

내적 통제 소재(internal locus of control)

당위적 자기(ought self)

막대와 틀 검사(Rod and Frame Test, RFT)

사적인 자기개념(private self-concept)

사회적 비교(social comparison)

외적 통제 소재(external locus of control)

의식적 목표(conscious goals)

이상적 자기(ideal self)

인지적 접근(cognitive approaches)

일반화된 기대(generalized expectancies)

자기도식(self-schema)

자기안내(self-guides)

장 독립성(field independence)

장 의존성(field dependence)

정보처리(information processing)

조망 수용(perspective taking)

지각(perception)

통제 소재(locus of control)

포스트모더니즘(postmodernism)

학습된 무력감(learned helplessness)

해석(interpretation)

정서와
성격

© Corbis/SuperStock RF

9

공포라는 감정은 독특한 표정으로 드러난다. 공포는 또한 아주 불쾌한 감정이며, 심장박동이 빨라지고, 다리와 팔에 있는 대근육으로 가는 혈액이 급증하는 등 생리적 변화를 초래한다. 이 같은 변화는 공포로 인해 놀란 사람의 투쟁-도피 반응과 같은 강력한 행동을 하도록 돕는다.

출처 : ⓒ moodboard/Getty Images RF

한번도 가본 적 없는 도시에 사는 친구를 방문하게 되었다고 생각해보자. 기차를 타고 그 도시의 역에서 내려 친구의 아파트까지 걸어가고 있다. 기차가 늦은 시간에 도착해서 낯선 동네에서 길을 찾기에 어두운 시간이다. 20분 정도 걸은 후 방향감각을 잃고 길을 잘못 들었다고 생각하기 시작했다. 늦은 시간이고 길에는 너무 많은 사람들이 있다. 이제 방향이 잘못되었다는 확신이 들었다. 골목을 통한 지름길로 가서 다시 기차역으로 돌아가기로 결심한다. 골목길은 어둡지만 기차역까지 더 빨리 갈 수 있기 때문에 골목길로 내려가기 시작한다. 긴장되고 불안하며 아주 불편한 상황이다. 그때 어깨 너머로 누군가가 따라오고 있다는 것을 알아차렸다. 심장이 뛰기 시작한다. 돌아서서 앞을 보니 또 다른 누군가가 골목길로 들어서고 있는 것을 본다. 갑자기 갇힌 느낌이 들면서 꼼짝할 수 없다. 궁지에 몰려 있는데 두 방향 모두 막혀 있다. 호흡이 빨라지고 혼란스러우며 약간 어지럽다. 심장은 쿵쾅거리는데 두 사람이 양방향에서 다가오고 있어서 어찌할 바를 모른다. 손바닥에서 땀이 나고 소리를 지르는 것처럼 목과 목구멍에서 긴장이 느껴진다. 이제 두 사람은 점점 더 가까이 다가온다. 앞뒤를 번갈아 보면서 속이 불편해진다. 뛰고 싶지만 어느 방향으로 뛸지 결정하기가 어렵다. 공포로 마비된 것같이 가만히 서서 떨면서 도망가야 할지 아니면 자신을 지키기 위해 싸워야 할지 알 수가 없다. 갑자기 두 사람 중 한 사람이 이름을 부른다. 친구가 룸메이트와 함께 기차역에서 집에 가는 길에 당신을 찾으러 왔다는 것을 깨닫는다. 안도의 한숨을 쉬고 공포는 순식간에 줄어들고 몸과 마음은 안정되고 열렬하게 친구를 환영한다. "널 보게 되어서 정말 반갑다."

이 사례에서 당신은 공포의 정서를 경험했을 것이다. 또한 친구를 만났을 때 안심했고, 아마도 고양감을 느꼈을 수도 있다. **정서**(emotions)는 세 가지 요인으로 정의된다. 첫째, 정서는 서로 구분되는 주관적 느낌, 혹은 **정동**(affects)이다. 둘째, 정서는 주로 신경계와 관련이 있는 신체 변화를 동반하는데 호흡, 심장박동, 근육 긴장, 혈류, 얼굴과 신체 표현의 변화 등을 유발한다. 셋째, 정서는 뚜렷한 **행동 경향성**(action tendencies)을 동반하거나 특정한 행동의 가능성을 증가시킨다. 공포의 정서에는 불안, 혼란, 공황의 느낌 등이 있다. 또한 이와 관련된 신체 변화는 심장박동 수가 증가하고, 소화기관으로 가는 혈류는 감소하며(속을 메스껍게 하는), 다리와 팔의 대근육으로 가는 혈류는 증가한다. 이러한 변화는 공포와 관련이 있을 수 있는 강렬한 활동을 준비하는 것이다. 공포와 관련된 활동 혹은 행동 경향성은 도망가거나 싸우는 것이다.

성격심리학자들이 정서에 관심을 가지는 이유는 무엇일까? 사람들은 동일한 사건에서조차 정서반응의 차이를 보이며 정서는 사람들을 구분하는 데 유용하다. 예를 들어 상당한 돈이 들어 있고 신용카드나 운전면허를 포함한 신분증이 들어 있는 지갑을 잃어버렸다고 상상해보자. 어떤 정서를 느낄 것인가? 분노, 당황, 무력감, 좌절감, 공황, 두려움, 수치심, 혹은 죄책감인가? 서로 다른 사람들은 삶에서 일어나는 일에 대해 서로 다른 정서반응을 보이며, 사람들의 정서적 반응이 왜, 그리고 어떻게 다른가를 이해하는 것은 성격 이해의 일부라고 할 수 있다.

정서에 대한 다른 이론들은 정서가 단기적 적응행동을 유발함으로써 생존에 도움을 주는 것과 같은 기능을 강조한다. 예를 들어 혐오감이 갖고 있는 적응적 가치는 사람이 몸에 좋지 않은 것을 먹었을 경우 곧바로 뱉도록 하는 것이다. 흥미롭게도 혐오감의 표현은 생각이나 심리적으로 혐오스러운 무엇인가에 의해 유발되었을 때에도 무언가를 뱉어낼 때처럼 코를 찡긋거리거나 입을 벌리거나 혀를 내미는 것으로 나타난다.

1872년 찰스 다윈은 저서 *The Expression of the Emotions in Man and Animals*에서 정서와 정서 표현의 **기능분석**(functional analysis)을 시사하는 언급을 했다. 그의 분석은 정서와 정서 표현이 개인의 적합성을 증가시키는 '이유'에 초점을 맞추고 있다. 그는 저서에 특정한 정서 표현과 관련하여 동물, 자신의 자녀, 다른 사람들에 대한 관찰을 기술하였다. 또한 자연 선택에 의한 진화가 신체 구조뿐 아니라 정서와 정서 표현을 포함한 '마음'에도 적용될 수 있다고 인식했다. 정서가 어떻게 진화적 적합성을 증가시킬 수 있는가? 다윈에 의하면 정서 표현은 한 동물이 다른 동물에게 무슨 일이 일어났는가에 대해 빠르게 정보를 전달하는 역할을 한다. 개가 이를 드러내고 등의 털을 세우는 것은 다른 동물에게 곧 공격할 것이라는 의사를 알리는 것이다. 다른 동물이 이러한 의사소통을 인식하면 물러나기를 선택해서 결과적으로 공격을 피할 수도 있다. 현대의 많은 정서 이론가들은 이러한 기능적 측면을 인정하였지만 대부분의 성격심리학자들은 사람들의 정서적 개인차에 관심을 가지고 있다.

정서 연구의 주제

정서 연구 분야는 몇 가지 주요 주제로 구분되어 있다(Davidson, Scherer, & Goldsmith, 2003). 여기서는 이 중 두 가지 주제인 정서 상태와 정서 특성에 대해 다룰 것인데, 먼저 정서 상태와 정서 특성 간의 차이에 대해 알아보자.

정서 상태 대 정서 특성

일반적으로 정서는 생겼다가 사라지는 상태로 생각하는 경향이 있다. 어떤 사람이 화가 났다면 곧 극복하게 된다. 어떤 사람은 슬프지만 기운을 내게 된다. **정서 상태**(emotional states)는 일시적인 것이다. 더욱이 정서 상태는 특정한 사람보다는 그 사람이 처한 상황에 더 크게 의존한다. 어떤 남성은 불공평한 대우를 받았기 때문에 화가 나고, 어떤 여성은 자전거를 도난당해서 슬퍼진다. 대부분의 사람들은 이러한 상황에서 화가 나거나 슬프다. 상태로서의 정서는 일시적이다. 정서는 구체적인 원인이 있으며, 환경에서 어떤 일이 발생하는 것과 같이 대개 개인 외부에서 비롯된다.

정서는 또한 성향 혹은 특성으로 간주될 수 있다. 예를 들어 우리는 종종 사람들을 묘사할 때 그 사람이 빈번하게 경험하거나 표현하는 정서를 이용한다. "메리는 쾌활하고 열정적이야." 또는 "존은 자주 화를 내고 흥분하는 편이야."라고 묘사한다. 이는 정서를 사용해서 성향 혹은 특징적인 정서 특성을 기술하는 것이다. 정서 특성은 개인의 정서적 삶에서 일관성을 가진다. 앞에서 언급했듯이 특성이란 어느 정도는 시간이 지나도 안정적이고 상황에 걸쳐서 일관적인 개인의 행동과 경험 패턴이다. 따라서 **정서 특성**(emotional trait)은 삶의 다양한 상황에서 일관되게 경험하는 정서적 반응 패턴이라고 할 수 있다.

정서의 범주적 접근 대 차원적 접근

정서 연구자들은 "정서에 대해 생각하는 최선의 방법은 무엇인가?"에 대한 답에 따라 두 가지 진영으로 구분될 수 있다. 어떤 연구자들은 정서를 분노, 기쁨, 불안, 슬픔 등과 같이 적은 수의 주요하고 개별적인 것으로 보는 것이 최선의 방법이라고 생각한다. 다른 연구자들은 정서를 쾌와 불쾌의 차원과 같은 광범위한 경험의 차원으로 간주하는 것이 최선이라고 생각한다. 주요 정서를 중요하게 생각하는 것은 **범주적 접근**(categorical approach)이라고 한다. 서로 다른 범주의 정서를 기술하는 수백 개의 용어가 있다. 예를 들어 Averill(1975)은 서로 다른 정서 상태를 기술하는 550개의 용어 목록을 완성하였다. 이것은 심리학자들이 수천 개의 특성 형용사에 내재한 기본적 요인을 조사한 후에 5개의 주요 성격특성이 있다고 결론 내린 것과 유사하다.

범주적 접근을 취하는 정서 연구자들은 정서의 복잡성을 줄이기 위해 수많은 정서 용어에 내재된 주요 정서를 조사하였다(Levenson, 2003). 그러나 성격특성 영역과는 달리 주요 정서에 합의하지 못했다. 심리학 영역에서 일치된 정서를 결정하지 못했기 때문에 연구자들에 따라 주요 정서로 규정하는 여러 가지 다른 범주가 존재한다. 예를 들어 Ekman(1992a)은 주

행복은 상태 혹은 특성으로 볼 수 있다. 행복을 경험하는 특성이 강한 사람은 자주 행복을 느끼고, 사소한 일에도 쉽게 행복을 느낀다. 전세계적으로 행복은 미소 짓는 표정을 통해 인식된다. 모든 문화권 사람들은 행복을 느낄 때 웃음을 짓는다.

출처 : ⓒ Ollyy/Shutterstock.com RF

요 정서가 여러 문화권에 걸쳐 나타나는 개별적인 얼굴 표정을 가져야 한다고 제안한다. 슬픔의 경험은 이마를 찡그리고 미간을 모으는 표정을 동반한다. 이 얼굴 표정은 전 세계적으로 슬픔의 정서를 묘사하는 것으로 받아들여진다. 마찬가지로 이를 드러내고 악무는 것은 분노와 관련이 있으며 전세계적으로 분노로 인식된다. 출생 시부터 시각장애가 있는 사람들도 슬플 때 이마를 찡그리고 화가 나면 이를 드러내며 행복하면 웃는다. 이들은 슬픔, 분노, 기쁨 등의 얼굴 표정을 본 적이 없기 때문에 경험으로부터 학습된 것은 아닐 것이다. 오히려 이 표현들은 인간 본성의 일부로 보인다. 개별적이고 전세계적인 얼굴 표정 범주에 기반한 Ekman의 주요 정서 목록은 혐오, 슬픔, 기쁨, 놀람, 분노, 공포를 포함하고 있다.

또 다른 연구자들은 주요 정서를 다른 범주로 분류한다. 예를 들어 Izard(1977)는 주요 정서가 고유한 동기적 속성으로 구분된다고 제안하였다. 즉, 정서는 개인이 특정한 적응적 행동을 취하도록 동기화하여 행동을 안내하는 것이라고 할 수 있다. Izard가 주요 정서로 간주하는 공포는 개인으로 하여금 위험을 피하고 안전을 추구하도록 동기화한다. 기본 정서 중하나인 흥미(interest)도 개인으로 하여금 새로운 기술을 학습하고 습득하도록 동기화한다. Izard의 범주에는 10개의 주요 정서가 포함되어 있다. 〈표 9.1〉은 다양한 범주에 기반한 주요 정서 목록을 제시하고 있다.

정서의 복잡성을 이해하기 위한 또 다른 접근은 이론적 기준이라기보다는 경험적 연구에 기반한 것이다. 이 **차원적 접근**(dimensional approach)에서 연구자들은 참가자들이 다양한 정서를 평정한 자료를 수집한 후 통계기법(주로 요인분석)을 사용해서 기본 차원을 파악하였다.

정동의 자기평정에 기반한 기본 차원에 대해서는 연구자들 간에 놀라울 만한 일치를 보인다(Judge & Larsen, 2001; Larsen & Diener, 1992; Watson, 2000). 대부분의 연구에 의하면 사람들은 정서를 2개의 주요 차원으로 하고 있다. 하나는 정서가 얼마나 기쁜가 혹은 불

표 9.1 주요 정서 목록을 제시한 이론가		
이론가	기본 정서	범주
Ekma, Friesen, & Ellsworth, 1972	분노, 혐오, 공포, 기쁨, 슬픔, 놀람	보편적인 얼굴 표정
Frijda, 1986	열망, 행복, 흥미, 놀람, 호기심, 비애	특정한 행동을 하려는 동기
Gray, 1982	격분, 공포, 불안, 기쁨	뇌 회로
Izard, 1977	분노, 만족, 혐오, 고통, 공포, 죄책감, 흥미, 기쁨, 수치심, 놀람	특정한 행동을 하려는 동기
James, 1884	공포, 애도, 사랑, 화	신체 관여
Mower, 1960	통증, 쾌감	학습되지 않은 정서 상태
Oatley & Johnson-Laird, 1987	분노, 혐오, 불안, 행복, 슬픔	인지 개입이 거의 없음
Plutchik, 1980	분노, 수용, 기쁨, 예견, 공포, 혐오, 슬픔, 놀람	생물학적 과정
Tomkins, 2008	분노, 흥미, 만족, 혐오, 공포, 기쁨, 수치심, 놀람	신경 활성화의 밀도

출처 : Ortony & Turner(1990)에서 인용

쾌한가이고 또 하나는 정서의 각성이 얼마나 높은가 혹은 낮은가이다. 이 두 가지 차원은 2차원 체계의 축에 배치되며 정서를 기술하는 형용사는 2개 차원의 둘레에 있는 원에 위치하게 된다. 이는 [그림 9.1]에 제시되어 있다.

이 모형은 모든 감정 상태가 유쾌/불쾌와 각성의 조합으로 기술될 수 있다고 시사한다. 예를 들어 어떤 사람이 불쾌한 감정을 매우 강한 각성(과민한, 불안한, 두려운) 혹은 낮은 각성으로 느낄 수 있고(지루한, 피로한, 지친), 쾌감을 강한 각성(흥분된, 열정적인, 고양된) 혹은 낮은 각성으로(차분한, 이완된) 느낄 수 있다. 따라서 쾌와 각성의 두 차원은 정서의 기본적인 차원이다.

정서에 대한 차원적 견해는 피험자가 자신의 정서 경험을 평정하는 연구에 기반한다. 서로 유사하게 경험하여 함께 발생된 정서는 공통 차원으로 이해할 수 있다. 가령 고통, 불안, 성냄, 적대감 등은 경험 차원에서 매우 유사하며, 고각성의 부정적 정서 차원의 한쪽 극단에 있는 것으로 보인다. 정서의 차원적 접근은 사람들이 정서를 어떻게 생각하는가보다는 정서를 어떻게 경험하는가에 대한 것이다. 반면 범주적 접근은 정서 간의 개념적 차이에 더 의존하고 있다. 차원적 접근은 사람이 경험하는 것이 다양한 정도의 유쾌와 각성이며 각 정서는 유쾌와 각성의 조합으로 기술될 수 있다고 본다(Larsen & Fredrickson, 1999; Larsen & Prizmic, 2006).

범주적 접근을 선호하는 연구자들은 정서를 차원보다는 개별적 범주로 생각하는 것이 유용하다고 생각한다. 예를 들어 분노와 불안은 높은 각성의 부정 정서라는 점에서 유사하지만 서로 다른 표정, 감정, 행동 경향성 등과 관련이 있다. 범주적 접근의 성격심리학자들은

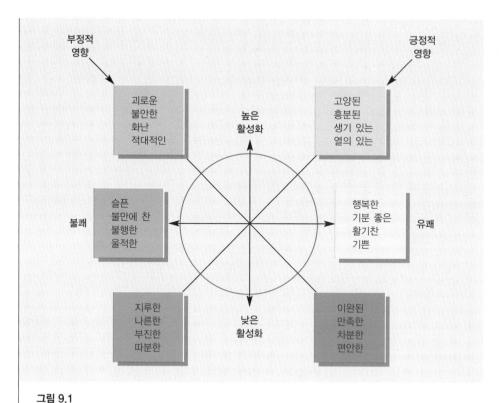

그림 9.1
정서에 대한 차원적 접근에 따르면 두 가지 일차적 차원이 있다. 높은 수준에서 낮은 수준까지의 각성, 유쾌감에서 불쾌감까지의 감정이 원형의 어느 지점에 위치한다. 이것을 정서의 원형 모형이라고 부른다.

사람들이 분노나 불안과 같은 주요 정서를 경험할 때 어떻게 다른지에 관심을 두고 있다. 또한 사람들이 주요 정서의 차원에서 서로 다르다고 생각하는 성격심리학자들도 있다. 예를 들어 삶에서 더 좋은 쾌감을 가진 사람들은 누구일까? 높은 각성의 불쾌감을 자주 느끼는 사람들은 누구인가? 이 장에서는 이러한 두 가지 접근에 대한 연구 및 결과에 대해서 다루게 될 것이다.

정서적 삶의 내용 대 유형

정서 연구자에게 유용한 또 다른 구분은 개인의 정서적 삶의 내용과 개인이 경험하고 표현하는 정서의 유형을 구별하는 것이다. **내용**(content)이란 개인이 경험하는 정서의 구체적 종류를 말하는 반면 유형이란 정서를 경험하는 방식을 말한다. 예를 들어 어떤 사람이 쾌활하다고 하는 것은 그 사람의 정서적 삶의 내용을 말하는 것인데, 이유는 빈번하게 경험하는 정서의 구체적인 종류를 의미하기 때문이다. 그러나 기분의 기복이 있다고 하는 것은 정서적 삶의 **유형**(style)을 말하는 것으로 정서가 자주 변한다는 것을 의미한다. 이러한 정서의 각 측면 및 내용과 유형은 특성과 유사한 속성이다(시간과 상황에 안정적이며 개인차가 있다는 점). 내용과 유형은 성격과 정서의 논의에 조직화된 주제를 제공한다. 먼저 정서적 삶의 내용에 대해 논의한 후 다양한 유쾌와 불쾌 정서(pleasant and unpleasant emotions)에 초점을 둘 것이다. 이후 정서적 유형을 고려하면서 정서적 삶의 강도와 변동성의 개인차에 초점을 맞출 것이다.

정서적 삶의 내용

정서적 삶의 내용이란 지속적으로 경험하기 쉬운 전형적인 정서를 의미한다. 예를 들어 화가 나 있고 불 같은 성질이 특징인 사람은 분노, 짜증, 적대감 등을 포함하는 정서적 삶을 가지고 있을 것이다. 정서적 삶에 긍정적 정서를 많이 가진 사람은 행복한, 쾌활한, 열정적인 등과 같은 특징이 많을 것이다. 따라서 내용이란 개념은 살면서 지속적으로 여러 상황에서 경험할 가능성이 높은 정서의 종류를 의미한다. 먼저 유쾌의 정서 성향에 대한 논의로 시작할 것이다.

유쾌의 정서

행복이나 기쁨은 주요 정서 목록에 주로 포함되는 유일한 유쾌의 정서들이다(어떤 이론가는 때로 흥미를 유쾌의 정서에 포함하기도 한다). 정서에 대한 특성 접근에 있어서 주요한 유쾌 성향은 행복과 삶에 대한 만족감이다.

행복과 삶에 대한 만족감의 정의 2000년 전 그리스 철학자 아리스토텔레스는 행복이 최고의 선이며 삶의 목표는 행복을 얻는 것이라고 하였다. 그는 행복이 고결한 삶을 살고 좋은 사람이 됨으로써 얻을 수 있다고 생각했다. 몇몇 현대 연구자들 역시 행복하기 위해서는 삶에 의미와 목적이 있어야 한다는 행복주의(eudaimonia)를 강조한다(King & Hicks, 2012). 다른 학자와 철학자들은 인간 행복에 대해 다른 근원을 제시한다. 예를 들어 18세기 프랑스 철학자 장 자크 루소는 아리스토텔레스와는 달리 행복으로 가는 길이 자신의 욕구에 만족하고 쾌락 추구에 있다고 하였다. 미국 심리학의 창시자인 윌리엄 제임스(William James)는 행복이 성취와 야심의 비율이라고 주장하였다. 그에 따르면 행복은 삶에서 더 많은 것을 성취하거나 야심을 줄이는 두 가지 방법으로 얻을 수 있다고 하였다.

철학자와 심리학자들은 수백 년간 행복의 근원에 대해 추측해 왔지만 행복에 대한 과학적 연구의 역사는 오래되지 않았다(Eid & Larsen, 2008 참조). 심리학자들은 1970년 중반부터 행복(주관적 안녕감이라고도 부른다)에 대한 진지한 연구를 시작했다. 이후부터 이 주제에 대한 과학적 연구는 급속히 증가하였다. 최근 행복에 대한 수백 개의 과학적 연구가 매년 심리학 저서로 출판되고 있다(Diener & Seligman, 2002). 또한 2000년에는 새로운 학술지 *Journal of Happiness Research*가 창간되어 매년 6개의 호

윌리엄 제임스는 행복을 야심에 대한 성취의 비율이라고 정의하였다.

출처 : ⓒ SPL/Science Source

에 행복에 관한 과학적 연구를 출간하고, 또 다른 학술지인 *Jounral of Positive Psychology* 역시 행복에 대한 과학적 연구를 출간하고 있다.

　행복(happiness)을 정의하는 방법은 연구자들이 행복을 어떻게 측정하는지 조사하는 것이다. 몇 가지 질문지가 설문 연구에 광범위하게 사용되고 있다. 행복은 주관적인 속성이기 때문에, 즉 자신의 삶에 대한 개인적 판단에 의존하므로 연구자들은 질문지에 의존해야만 한다. 삶에 대한 평가에 초점을 맞추는 질문지들은 "요즘 자신의 삶에 얼마나 만족합니까?"라고 질문하고, 또 다른 질문지는 정서에 초점을 맞추어 유쾌와 불쾌 정서 간의 균형에 대해 묻는다. Fordyce(1978)가 제안한 유형의 질문은 다음과 같다.

　행복한 시간은 전체의 몇 %입니까?　　　　　　　　　　_____

　중립적인 시간은 전체의 몇 %입니까?　　　　　　　　　_____

　불행한 시간은 전체의 몇 %입니까?　　　　　　　　　　_____

　백분율 합은 100이 되어야 한다.

　한 조사 자료에 따르면 대학생들은 평균적으로 65%의 시간이 행복하고, 15%의 시간이 중립적, 20%의 시간이 불행하다고 보고하였다(Larsen & Diener, 1985). 행복에 대한 % 척도는 구성 타당도 면에서 행복을 측정할 수 있는 좋은 도구이다. 예를 들어 이 척도는 매일매일의 기분이나 전반적인 행복도에 대한 또래 집단의 보고와 같은 행복에 관한 성격의 다양한 측면을 예측한다(Larsen, Diener, & Lucas, 2002).

　연구자들은 행복이 두 가지의 상호 보완적 요인을 가지고 있다고 생각한다. 한 가지는 인지적 요인으로 삶의 만족도로 구성된다. 즉, 삶이 목적과 의미를 가지고 있다는 판단이다. 또 다른 요인은 정서적인 것으로 시간에 걸친 부정 정서 대 긍정 정서의 평균적인 비율로 구성된다. 이것은 지속적인 부정 정서와 긍정 정서의 균형을 의미하는 쾌락적 요인이라고 한다. 이 두 가지 요인, 즉 삶의 만족도와 쾌락적 균형은 상관이 높다. 한쪽은 높고 한쪽은 낮은 경우(예 : 자신의 삶이 목적과 의미가 있다고 생각하지만 굶주리는 예술가가 작품을 만들어내느라 매일 고통스러워하고 있는 경우)가 있긴 해도 삶이 의미와 목적을 갖고 있다고 생각하는 대부분의 사람들은 삶에서 부정 정서보다 긍정 정서를 더 많이 경험한다. 결과적으로 대부분의 심리학자들은 이 특성을 일반적인 행복의 구성개념이라고 본다.

　실제로는 불행한데 행복하다고 느끼는 사람은 단지 이를 모르거나 혹은 부인하는 방식으로 스스로를 기만하는 것은 아닐까? 자신이 행복하고 만족하고 있다고 질문지에 거짓말을 하는 것은 쉽다. 이것은 사회적 바람직성의 개념이다. 행복 측정치는 사회적 바람직성 점수와 상관이 있다. 즉, 사회적 바람직성이 높은 사람들은 행복 척도에서 역시 높은 점수를 보인다. 또한 사회적 바람직성 척도는 행복에 대한 또래 보고와 같이 타인에 의해 보고된 행복 척도와도 상관이 있다. 이런 결과는 자신에 대해 긍정적 관점을 가지는 것이 행복한 사람이 되는 것이라는 점을 시사한다. 다시 말하면 행복해지는 한 방식은 자신에 대한 **긍정적 환상**(positive illusions)을 갖는 것이다. 이것은 정서적 안녕감의 일부로 자신은 선하고, 능력 있고, 바람직한 특징을 가지고 있다는 과장된 관점을 갖는 것이다(Taylor, 1989; Taylor et al.,

2000).

행복과 사회적 바람직성에 대한 자기보고 척도 간의 상관에도 불구하고 다른 결과들은 행복 척도가 타당하다는 것을 보여준다(Diener, Oishi, & Lucas, 2003). 이런 결과들은 행복에 대한 자기보고 척도와 자기보고 방식이 아닌 척도 간에 정적 상관관계를 보여준다. 자신이 행복하다고 보고하는 사람들은 친구나 가족들 역시 그가 행복하다고 보고하는 편이다(Sandvik, Diener, & Seidlitz, 1993). 또한 행복한 사람들의 일기를 연구한 결과에 따르면 이들은 불행한 사람에 비해 더 많은 긍정적인 경험을 보고하는 경향이 있었다(Larsen & Diener, 1985). 동일한 표본을 다른 임상심리학자들이 면담한 연구에서 심리학자들은 누가 행복하고 만족하고 누가 그렇지 않은가에 대해 높은 일치도를 보였다(Diener, 2000). 또한 Seidlitz와 Diener(1993)의 흥미로운 실험에서 참가자들에게 5분간 자신의 삶에서 행복한 사건을 가능한 한 많이 회상해보라고 하고, 또 5분간 불행한 사건을 가능한 한 많이 회상해보도록 하였다. 그 결과 행복한 사람은 불행한 사람에 비해 긍정적 사건을 더 많이 회상하고 부정적 사건을 더 적게 회상하는 것으로 나타났다.

행복과 안녕감에 대한 척도는 행복과 관련된 삶의 다른 측면도 예측한다(Diener, Lucas, & Larsen, 2003). 예를 들어 불행한 사람과 비교하여 행복한 사람들은 학대적이거나 적대적인 경향이 적고, 덜 자기 중심적이며, 질병을 더 적게 보고한다. 이들은 또한 다른 사람에게 도움을 주고 협조적이며, 더 많은 사회적 기술을 가지고 있고, 창의적이고, 에너지가 넘치며, 용서를 더 잘하고, 신뢰감이 더 높다(Myers, 1993, 2000; Myers & Diener, 1995; Veenhove, 1988). 요약하면 행복에 대한 자기보고는 타당하고 믿을 만한 것으로 보인다(Larsen & Prizmic, 2006). 결국 자신 말고 누가 개인의 주관적 안녕감을 판단할 수 있는 최적의 사람일 수 있을까? 〈표 9.2〉는 '삶의 만족도' 질문지의 예시항목을 제시하고 있다.

행복의 좋은 점은 무엇인가　오랫동안 행복이 결혼, 수명, 자존감, 직업에 대한 만족도 등과 같은 삶의 긍정적 요인들과 관련 있다고 알려져 왔다(Diener et al., 1999). 삶의 긍정적 요인과 행복 간의 상관은 삶의 여러 영역에서의 성공(예 : 좋은 결혼)이 사람을 행복하게 하는 것

표 9.2　삶의 만족도 질문지

다음의 5개의 문장에 대해 동의하는 정도를 숫자로 표시하라. 솔직하게 응답하라.

전혀 그렇지 않다	그렇지 않다	약간 그렇지 않다	약간 그렇다	그렇다	매우 그렇다
1	2	3	4	5	6

1. _____ 대체적으로 내 삶은 이상적이라고 생각하는 삶에 가까운 편이다.
2. _____ 인생을 다시 산다 해도 대부분 바꾸지 않을 것이다.
3. _____ 내 삶에 만족한다.
4. _____ 지금까지 삶에서 내가 원하는 중요한 것을 얻었다.
5. _____ 내 삶은 훌륭한 편이다.

출처 : Diener et al.(1985)

좋은 결혼이 사람을 행복하게 만드는가, 아니면 행복이 좋은 결혼의 이유인가?

출처 : ⓒ Antonio Guillem/Shutterstock.com RF

이라고 해석할 수 있다. 또 다른 예에서 재산과 행복 간의 작은 상관은 돈이 조금은 행복하게 한다는 의미로 해석할 수 있다. 이 분야 대부분의 연구자들은 성공적인 삶의 결과가 행복을 촉진하며 증가시킨다는 인과관계를 가정해 왔다.

그러나 몇몇 연구자들(Lyubomirsky, King, & Diener, 2005)은 성공이 행복을 가져온다는 인과적 방향 가설에 대해 의문을 제시했다. 이들은 인과성이 반대방향으로 가는, 즉 행복이 성공을 이끄는 삶의 영역이 있다고 제안하고 있다. 예를 들어 좋은 결혼이 행복하게 하는 것이 아니라 행복이 더 나은 결혼생활로 이끈다는 것이다.

행복과 안녕감에 대한 대규모 메타분석 연구에서 Lyubomirsky와 동료들(2005)은 행복과 삶의 결과 간의 인과관계에 대한 방향성을 구분한 많은 연구들을 재검토했다. 두 가지 유형의 연구가 인과관계의 방향성을 탐색하는 데 가장 유용하다. 그중 하나는 종단 연구로 적어도 두 번의 시기 동안 사람들을 측정한다. 만일 행복이 삶의 성공에 선행한다면 행복에서 결과로 가는 인과적 방향성의 증거를 얻게 될 것이다. 두 번째 유형의 연구는 실험적 연구로 표본의 절반(나머지 절반은 통제집단)에게 행복감을 느끼도록 조작(사람들이 좋은 기분을 느끼게 하는 것)하고 결과를 측정한다. 만일 그 결과가 통제집단에 비해 행복을 유발한 집단에서 높다면, 이것은 행복에서 결과로 가는 인과관계 방향성에 대한 증거라고 할 수 있다.

Lyubomirsky와 동료들(2005)의 종단 연구에 의하면 행복이 삶의 많은 영역에서 만족스럽고 생산적인 업무, 만족스러운 관계, 정신과 신체의 뛰어난 건강과 장수 등을 유발하거나 적어도 선행한다는 증거가 있다. 실험 연구에서 또한 행복이 유익하고, 이타적이고, 다른 사람과 함께 있고 싶어 하는 경향, 자존감 향상과 타인에 대한 호감, 면역체계의 적절한 기능, 효과적인 갈등해소 기술, 창의적이고 독창적인 사고 등을 포함한 여러 가지 긍정적 요인을 유발한다는 증거를 제시하였다.

행복이 삶의 여러 긍정적인 결과와 관련 있는 것으로 보이지만 어떤 상황들은 보다 복잡하며, 인과관계가 쌍방향일 수 있다는 **상호 인과관계**(reciprocal causality)를 보인다. 예를 들어 행복한 사람들은 도움이 필요한 사람을 더 잘 도와주는 경향이 있다. 또한 실험 연구에 따르면 도움을 필요로 하는 사람을 돕는 것은 행복을 증가시킨다. 이러한 상호 인과관계는 만족스러운 관계나 친밀한 관계를 맺는 것, 만족스러운 직업을 갖는 것, 높은 자존감 등을 포함한 삶의 여러 영역에 적용될 수 있다.

행복한 사람에 대해 알려진 것　심리학자 David Myers와 Ed Diener(1995)는 "누가 행복한가?"라는 초기 논문에서 행복한 사람에 대한 일반적인 사실들을 재검토했다. 예를 들면 "여성이 남성에 비해 행복한가, 아니면 그 반대인가?"와 같은 것이다. 미국에서 우울증 진단을 받는 여성은 남성에 비해 두 배이다. 이를 감안하면 남성이 여성에 비해 더 행복할 수 있다. 그러나 남성은 여성에 비해 알코올 중독이 두 배 정도 더 많다. 알코올을 사용하는 것은 남성이 우울을 완화시키는 한 가지 방법일 수 있고 실제 우울증은 남녀가 유사할 수도 있다. 그러므로 연구자들은 성별에 따른 행복도에 대해 연구할 필요가 있으며, 다행히도 성별과 행복의 관계에 대한 연구는 이미 철저하고 신뢰할 만한 재검토가 이루어졌다. Haring, Stock, Okun(1984)은 행복에 대한 전세계적인 연구 146개를 분석한 결과 성별이 행복의 차이에 대해 1% 미만을 설명한다고 하였다. 이러한 결과는 여러 문화권과 국가에서 남녀 차이가 실제적으로 거의 없다는 것을 의미한다. Michalos(1991)는 39개국 18,302명의 대학생에 대한 자료를 수집한 결과 남녀가 거의 동일하게 자신의 삶에 대해 만족한다고 응답했다고 밝혔다. Diener(2000) 역시 전반적 행복도에서 성차가 없다고 보고했다.

행복은 청년, 중년, 노년층 등 연령과 관련이 있을까? 중년의 위기나 청소년기의 스트레스와 같이 일반적으로 특정한 연령 시기가 다른 시기보다 스트레스가 더 많다고 간주된다. 이 때문에 삶의 특정한 시기가 다른 때보다 더 행복하다고 생각할 수 있다. Inglehart(1990)는 16개국 169,776명의 사람을 대상으로 이 질문에 대해 연구한 결과 사람을 행복하게 만드는 상황은 연령과 함께 변화하는 것으로 나타났다. 재정적 안정과 건강은 노년층의 행복에서 중요한 반면, 젊은 층에서는 학교나 직업에서의 성공이나 친밀한 관계에서의 만족이 행복에서 더 중요한 것으로 나타났다. 그러나 Inglehart는 전반적 행동 수준에서 삶의 특정 시기가 다른 시기보다 더 행복하다는 증거는 없다고 결론 내렸다.

인종은 행복과 관련이 있을까? 특정 인종 집단이 다른 집단에 비해 더 행복한가? Myers와 Diener(1995)는 인종에 대한 질문을 포함한 여러 설문 연구와 풍부한 자료를 요약한 결과 인종 집단은 주관적 안녕감과는 관련이 없다고 결론 내렸다. 예를 들어 아프리카계 미국인들은 유럽계 미국인에 비해 우울 수준이 약간 높지만 거의 유사한 정도의 행복감을 보고했다(Diener et al., 1993). Crocker와 Major(1989)는 사회적 약자 집단의 사람들이 행복을 유지하기 위해 자신들이 잘하는 활동에 가치를 부여하고, 자신을 소속 집단의 구성원과 비교하며, 문제의 책임을 자신의 통제를 벗어난 외부 사건으로 돌리는 방식을 사용한다고 설명하였다.

안녕감에 대한 국가 간 차이는 어떠한가? 특정한 국가의 사람들이 다른 국가의 사람들보다 행복한가? 이 질문에 대답은 "그렇다"이다. Diener 등(1995)은 55개국의 확률 조사를 사

표 9.3 국가별 주관적 안녕감 평균 점수

국가	주관적 안녕감	국가	주관적 안녕감
아이슬란드	1.11	방글라데시	−.29
스웨덴	1.03	프랑스	−.38
오스트레일리아	1.02	스페인	−.41
덴마크	1.00	포르투갈	−.41
캐나다	.97	이탈리아	−.44
스위스	.94	헝가리	−.48
미국	.91	푸에르토리코	−.51
콜롬비아	.82	타이	−.62
룩셈부르크	.82	남아프리카	−.63
뉴질랜드	.82	요르단	−.77
뉴아일랜드	.78	이집트	−.78
노르웨이	.77	유고슬라비아	−.81
핀란드	.74	일본	−.86
영국	.69	그리스	−.89
네덜란드	.68	폴란드	−.90
아일랜드	.57	케냐	−.92
브라질	.57	터키	−1.02
탄자니아	.51	인도	−1.13
벨기에	.51	대한민국	−1.15
싱가포르	.43	나이지리아	−1.31
바레인	.36	파나마	−1.31
독일 서독	.18	독일 동독	−1.52
오스트리아	.15	러시아	−1.70
칠레	.13	중국	−1.92
필리핀	.10	카메룬	−2.04
말레이시아	.08	도미니크공화국	−3.92
쿠바	.00		
이스라엘	−.18	평균	0.00
멕시코	−.28	표준 편차	1.00

출처 : Diener, Diener, & Diener(1995)

용하여 안녕감 점수를 조사하였다. 이 연구에 표집된 국가들은 전세계 인구의 75%에 해당한다. 그 결과는 〈표 9.3〉에 나와 있으며 국가의 안녕감 순위가 제시되어 있다. 안녕감이 높고 낮은 국가 간의 차이를 설명하는 요인은 무엇일까?

연구자들은 이들 국가의 환경적·사회적·경제적 정보를 수집하여 이들 변인이 평균적 국가 행복도와 관련이 있는지 검증하였다. 빈곤한 국가는 부유한 국가에 비해 행복도와 삶에 대한 만족도가 낮다. 국가는 또한 국민에게 제공하는 권리가 다르다. 연구자들은 시민권과 정치적 권리가 적게 주어진 국가가 시민권과 개인의 자유가 법에 의해 보호되는 국가에 비해 낮은 안녕감을 나타냈다고 보고하였다. 또 다른 국가적 변인인 인구밀도와 문화적 다양성은 안녕감과 경미한 정도의 상관을 보였다. Diener와 동료들(1995)은 국가의 경제적 성장이 사회의 주관적 안녕감의 차이에 대한 주요 원인이라고 결론 내렸다. 이와 유사한 작은 규모의 국가적 연구들 역시 비슷한 결과를 보고하였다(Easterlin, 1974; Veenhove, 1991a, 1991b).

이 같은 결과는 돈이나 수입이 사람들을 행복하게 만든다고 생각하게 한다. 사람들은 돈이 더 많거나 재산이 많아지면 더 행복해질 것이라고 생각한다. 어떤 이들은 복권에 당첨되면 남은 생애 동안 행복할 것이라고 믿는다. 여러 연구에 따르면 돈이 인간을 행복하게 하는지 여부에 대해 간단한 대답은 없다(Diener & Biswas-Diener, 2002, 2008).

연령, 성별, 인종, 수입 등과 같은 객관적 환경에 대한 연구 결과에 따르면 이러한 환경이 전반적 행복에 큰 영향을 미치지 않는 것으로 나타난다. 사람들은 인생의 갈등이나 실망스러운 사건과 같은 동일한 경험을 겪으면서도 서로 간 차이를 보이며, 어떤 사람들은 다른 사람들보다 일관되게 행복하다. Costa, McCrae, Zonderman(1987)이 5,000여 명의 성인을 대상으로 연구한 결과에 따르면 1973년에 행복한 사람들은 삶의 많은 변화를 겪은 10년 후에도 역시 행복하다고 보고하였다. 왜 어떤 사람들은 다른 사람들보다 일관되게 행복한지를 설명할 수 있는 다른 변인이 있을까?

성격과 안녕감　1980년 심리학자 Paul Costa와 Robert McCrae는 성별, 연령, 인종, 수입 등과 같은 인구통계학적 변인들이 행복 변량의 10~15%를 설명한다고 결론 내렸다(Lyubomirski,

연습문제

최근 누군가를 위해 무언가를 샀던 일을 회상하고 적어보자. 이에 대해 간단하게 기술한 후 자신을 위해 비슷한 정도의 돈을 쓴 경우를 생각해보자. 이제 두 가지 사건 중 어떤 일이 높은 수준의 행복감을 가져왔는지 생각해보자. Dunn, Aknin과 Norton(2008)이 *사이언스* 지에 출간한 연구에 따르면 참가자들은 다른 사람을 위해 돈을 쓴 것이 자신을 위해 쓴 것보다 더 큰 행복을 가져왔다고 보고하였다. 왜 그런 것일까? 참가자들에게 무작위로 다른 사람을 위해 돈을 쓰거나 혹은 자신을 위해 쓰도록 할당한 경우에도 남을 위해 쓴 사람들이 더 큰 행복을 나타냈으므로 이 결과는 신뢰할 만하다.

자세히 보기

돈이 사람을 행복하게 하는가?

팝 가수 마돈나는 'the material girl'이라는 노래에서 물질만능주의에 대한 찬사를 노래했다. 미국인들은 일반적으로 물질만능주의자로 간주된다. 조사 결과에 따르면 대학 신입생의 첫 번째 목표는 부자가 되는 것으로, 이는 다른 사람을 돕는 것, 잠재력을 실현하는 것, 가족을 부양하는 것 등과 같은 다른 목표를 앞선다(Myers, 2000). 이러한 태도는 비싼 차가 배를 견인하는 그림에 붙인 범퍼 스티커 문구 "게임이 끝나면 가장 많은 장난감을 가진 사람이 이긴다."로 요약될 수 있다. 많이 가진 자가 승자인가? 돈이 행복을 만들어내는가?

국가조사 자료를 살펴보면 잘사는 국가는 못사는 국가에 비해 평균 삶의 만족도가 높은 것으로 나타난다. Myers와 Diener(1995)는 국가의 안녕감 척도와 국민총생산(인구 수준에 의해 조정한) 간의 상관이 +.67로 나타났다고 하였다. 그러나 국가의 부유함에는 안녕감에 영향을 주는 보건서비스, 시민권, 여성의 권리, 노인에 대한 복지, 교육 등과 같은 요인들의 영향이 포함된다. 이것은 가능한 제3의 변인이 두 가지 변인의 관련성을 설명하는 고전적 예가 될 수 있다. 예를 들어 부유한 국가는 국민들에게 더 나은 보건 서비스를 제공하기 때문에 안녕감이 높을 수 있다.

이 연구 문제를 해결하기 위해 우리는 특정 국가 내의 소득과 행복 간의 관련성을 살펴보아야 한다. Diener와 Diener(1995)는 방글라데시나 인도와 같은 극빈국가에서의 재정 상태는 안녕감에 대한 중등도로 좋은 예측 요인이라고 보고했다. 그러나 사람들이 자신의 기본 욕구를 충족할 정도가 되면 재정 상태의 향상이 개인의 안녕감에 별다른 영향을 주지 않는 것으로 보인다. 유럽이나 미국과 같이 생활 수준이 높고 대부분의 사람들이 기본적인 욕구를 충족시키는 국가의 경우에 소득은 행복에 '놀라울 정도로 낮은(거의 무시해도 될 정도로)' 영향을 미친다(Inglehart, 1990, p. 242).

만일 우리가 한 국가 내에서 시간에 걸친 부의 변화를 살펴본다면 어떨까? 즉, 국가가 더 부유해지면 사람들이 더 행복해지는가? 예를 들어 미국의 경우 지난 50년간 국민총생산, 수입 등의 부는 급격히 증가하였다. 1957년부터 1990년대 후반까지 개인의 평균 세후 소득은 8,000달러에서 20,000달러로 두 배 이상 상승했다. 그렇다면 미국인은 1957년보다 오늘날 더 행복한가? Myers(2000)는 미국인이 오늘날 더 행복해지지는 않았다고 보고했다. 이것은 [그림 9.2]에서 보여주는데, 자신이 매우 행복하다고 보고한 미국인의 비율은 몇십 년간 거의 안정적인 편이며, 30% 안팎에서 약간의 변동을 보일 뿐이다. 이 시기에 국가의 부유함은 가파르게 증가한 데 반해, 개인의 행복은 안정적 비율로 유지되었다.

물론 [그림 9.2]에 나타난 국가의 부는 미국 국민에게 고르게 배분된 것은 아니다. 미국은 세계에서 경제 불평등이 가장 높은 국가 중 하나이며, 이는 2016년 대통령 후보인 버니 샌더스가 강조한 주제이기도 하다. 심리학자 Oishi와 Kesebir(2016)는 미국 내에서 부유함과 행복이 상관이 없는 이유가 국가 부의 불평등한 배분 때문이라고 주장했다. 이들은 경제 성장이 모든 국민에게 공평하게 공유되고 모든 사람이 경제 성장으로 이득을 얻었다면, 국가의 행복 수준은 부유함에 따라 증가했을 것이라고 추정했다. 그러나 여전히 현재의 자료는 부의 증가가 국가의 행복도에는 별 영향을 주지 않고 있다는 것을 나타낸다.

수입과 행복 간의 관련성이 적다는 결과는 많은 정치가, 경제학자 및 정책 입안자의 관점과는 상반된 것이다. 더욱이 일반적 상식이나 가난함 및 부정적 삶의 결과에 대한 자료들과도 상반된다. 예컨대 빈곤층의 우울증 비율은 높다(McLoyd, 1998). 경제적 빈곤은 삶에서 스트레스와 갈등을 증가시킨다(Kushlev, Dunn, & Lucas, 2015). 빈곤은 다양한 부정적 결과와 관련이 있는데, 여기에는 신생아 사망률, 살인과 같은 폭력 범죄가 포함된다(Belle et al., 2000). 빈곤이 이렇듯 불운한 상황과 관련되어 있음에도, 왜 수입은 행복과 관련이 없는가? 이에 대한 답은 부분적으로 수입의 역치 개념에 있을 것이다. 적어도 미국에서는 역치 이하의 수입을 버는 사람이 행복할 확률은 매우 낮다(Csikazentmihalyi, 2000). 그러나 일단 이 역치를 넘어가면 더 많은 돈을 버는 것이 행복을 증가시키지는 않는다(Diener & Biwas-Diener, 2002).

Myers와 Diener(1995)는 부유함과 건강과의 유사점을 제시했다. 건강이나 부유함이 없으면 불행해진다. 그러나 이 두 가지가 있다고 해도 행복이 따라온다는 보장은 없다. 부유함의 작용을 검증하는 흥미로운 실험이 있다. 사람들을 두 가지 집단으로 무선으로 배정한다. 첫 번째 집단에는 각각에게 백만 달러를 주고, 두 번째 집단에는 1달러를 준다. 그런 다음 6개월 후에 첫 번째 집단(새로운 백만장자들)이 두 번째 집단에 비해 더 행복해졌는지 본다. 물론 이 실험은 실제로 수행하기는 불가능하다. 미국의 각주에 복권이 도입된 후 많은 사람들이 하룻밤 사이에 백만장자가 되었다. Brickman, Coates, Janoff-Bulman(1978)은 복권 당첨자들과 많은 돈을 따지 않은 유사한 배경의 사람들과의 행복도 수준을 비교하였다. 당첨 후 6개월 동안, 새로 복권에 당첨된 사람들은 통

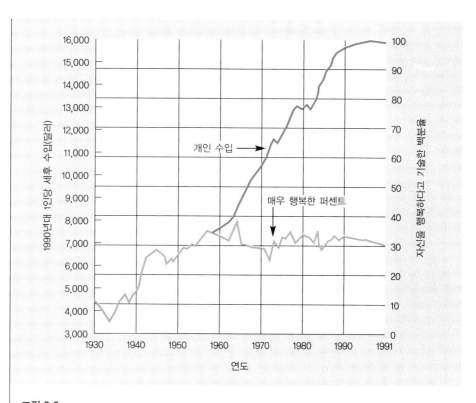

그림 9.2

미국에서 평균 수입의 큰 성장이 평균 행복의 증가를 동반해 왔는가? 수입 자료가 평균이라는 점을 감안한다
면 미국 표본에서 수입은 불균등하다는 것을 알 수 있다.

출처 : "The Funds, Friends, and Faith of Happy People," by D. G. Myers, 2000, *American Psychologist*, 55, pp. 56~67,
Figure 5. Copyright ⓒ 2000 by the American Psychological Association. 허락하에 재인쇄함

제집단에 비해 더 행복하지 않은 것으로 나
타났다. 복권에 당첨되는 것은 사람을 영구
적으로 행복하게 만드는 면에서 별로 효과
가 없었다. 외적 삶의 환경은 행복감이나 주
관적 안녕감에는 놀라울 정도로 작은 영향
만을 준다(Lucas, 2007).

　돈과 행복에 대한 결론은 무엇일까? 아
마도 가장 합리적인 결론은 매우 낮은 수준
의 수입보다도 적은 돈이라면 개인이 행복
하기는 어렵다. 기본적인 생활의 욕구를 충
족시키는 것(제5장에서 매슬로의 욕구 위
계에서 논의했듯이 음식, 거처, 안전을 포
함하는)은 결정적인 것으로 보인다. 그러

나 일단 이러한 욕구가 충족되면, 더 이상
의 부유함은 행복을 증가시키지 못한다. 이
를 지지하는 연구로는 Diener, Ng, Harter와
Arora(2010) 등이 수행한 지구상의 거의 모
든 사람을 대표하는 대규모 표본 연구가 있
다. 예를 들면 Diener와 동료들(1995)은 미
국의 경우 개인 소득과 행복 간의 상관이
+.12라고 하였다. 독일 표본의 경우 상관
은 .20으로 나타난다(Lucas & Schimmack,
2009). Fischer(2008)는 1972년부터 2004
년까지의 미국 자료에 따르면 시간당 임금
평균과 행복 간의 상관이 .19라고 보고했다.
부적 상관은 아니지만 돈이 사람을 행복하

게 만든다고 말하기는 어렵다. 부유한 사람
이 자신의 돈으로 무엇을 하는가가 돈이 많
다는 사실보다 그들의 행복과 더 관련이 있
다. 예를 들어 Dunn, Aknin과 Norton(2008)
은 다른 사람을 위해 돈을 쓰는 것이 자신을
위해 쓰는 것보다 행복에 더 큰 긍정적 영
향을 미친다는 것을 보여주었다. Aknin 등
(2013)에 의한 136개국 자료를 이용한 3개
의 개별 연구에 따르면, 자신의 돈을 다른
사람을 위해 쓰는 것(친사회적 소비)이 전세
계적으로 소비자의 개인적 행복에 기여하는
보상적 경험이다.

2007; Myers & Diener, 1995). 이는 주관적 안녕감에 대한 많은 변량들이 설명되지 않았다는 의미이다. Costa와 McCrae(1980)는 성격이 사람을 행복하게 하는 요인이 될 수 있는지 연구하였다. 그 시기까지 소수의 연구들은 행복한 사람들이 외향적이고, 사교적이고(Smith, 1979), 정서적으로 안정되어 있고, 신경증이 낮다고 하였다(Wessman & Ricks, 1966).

Costa와 McCrae는 이러한 정보를 통해서 행복에 영향을 주는 두 가지 특성은 외향성과 신경증이라는 것을 발견했고, 외향성과 신경증이 행복에 미치는 영향에 대해 구체적으로 예측하였다. 이 생각은 단순하고도 명쾌하며, 이는 행복이 상대적으로 높은 긍정 정서와 낮은 부정 정서라는 개념에서 시작한다. 외향성은 긍정적인 정서에 영향을 미치는 반면 신경증은 부정적인 정서를 결정한다.

후속 연구들은 Costa와 McCrae(1980; McCrae & Costa, 1991)의 모형을 지지하였다. 외향성과 신경증은 개인의 삶에서 긍정 정서와 부정 정서 정도를 예측했으며 주관적 안녕감과 상관을 나타냈다. 사실상 외향성과 신경증은 모든 인구통계학적 변인의 합(예 : 연령, 수입, 성별, 교육, 인종, 종교 등)보다 행복의 변량을 3배 넘게 설명한다. 성격특성의 적합한 조합(높은 외향성과 낮은 신경증)은 성별, 인종, 연령 등 모든 다른 인구통계학적 변인보다 행복에 더 크게 기여한다. 안녕감에 대한 이 모형은 [그림 9.3]에 제시되어 있다.

1980년에 이루어진 Costa와 McCrae의 최초 연구 이후 수십 개의 연구가 외향성과 신경증이 안녕감과 관련된 강력한 성격 변인이라는 것을 반복검증했다(Rusting & Larsen, 1998b에 요약되어 있음). 그러나 이들 연구는 보통 성격과 안녕감 질문지를 실시한 후 상관관계를 조사하는 형태의 상관 연구이다(Lucas & Dyrenforth, 2008).

상관 연구가 성격과 안녕감 간의 직접적인 인과관계가 있는지, 또는 성격이 특정한 삶의 방식을 유발하고 그 삶의 방식이 개인을 행복하게 하는지 여부를 밝힐 수는 없다. 예를 들어 신경증이 높은 사람은 걱정과 불평이 많다. 다른 사람들은 걱정이 많고 항상 불평하는 사람과 함께 있는 것이 불편해서 신경증이 높은 사람을 피할 수도 있다. 결국 그 사람은 외롭고 불행해질 수 있다. 그러나 불행감은 그 사람이 항상 불평해서 사람들을 떠나 보냈기 때문에

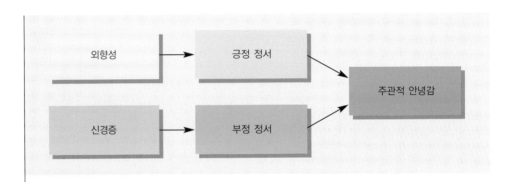

그림 9.3
외향성과 신경증은 개인으로 하여금 긍정 혹은 부정 정서에 취약하게 함으로써 주관적 안녕감에 영향을 미친다.
출처 : Costa & McCrae(1980)에서 인용

생길 수도 있다. 신경증은 다른 사람을 불편하게 만드는 것과 같은 특정한 삶의 조건을 유발할 수 있으며 이러한 조건이 결과적으로 그 사람을 불행하게 만들 수 있다(Hotard et al., 1989).

성격과 안녕감 간의 인과관계에 대한 또 다른 견해로는 성격이 유사한 상황에서 서로 다른 긍정 혹은 부정 정서로 반응하여 직접적으로 주관적 안녕감에 영향을 미칠 수 있다는 것이다. 신경증이 높은 사람은 낮은 사람에 비해 같은 상황에서 더 큰 부정 정서로 반응한다. [그림 9.4]는 성격과 안녕감 간의 관계에 대한 두 가지 다른 모형인 직접 모형과 간접 모형을 보여준다. 간접 모형(그림 9.4b)은 성격이 특정한 생활방식을 유발하고 그 생활방식이 정서적 반응을 유발한다는 것이다. 직접 모형(그림 9.4a)은 동일한 상황에서 외향성과 신경증의 수준에 따라 더 큰 긍정 정서, 혹은 더 큰 부정 정서로 반응한다는 것을 말한다.

Larsen과 동료들(Larsen, 2000a; Larsen & Ketelaar, 1989, 1991; Rusting & Larsen, 1998b; Zelenski & Larsen, 1999)은 외향성과 신경증의 성격특성이 정서 반응에 직접적으로 영향을 주는지 여부에 대한 몇 가지 연구를 수행했다. 연구에서 참가자들은 실험실에서 **기분 유도**(mood induction)를 받았다. 한 연구에서 참가자들은 매우 기분 좋은 장면(해변에서의 산책)의 이미지나 매우 불쾌한 장면(친구가 불치병으로 죽어 가고 있는 것)의 이미지에 대해 듣는다. 또 다른 연구에서는 기분 좋거나 불쾌한 이미지를 보도록 해서 참가자의 정서를 조작하였다. 실험 전에 참가자들은 외향성과 신경증 성격척도에 대한 질문지에 응답했고, 기분은 기분 유도 전과 후로 측정되었다. 연구자들은 외향성과 신경증 점수가 실험실의 기분 유도에 대한 반응을 예측할 수 있는지 알아보았다. 몇몇 연구에서 긍정적 기분 유도에 대한 반응을 가장 잘 예측한 것은 외향성 성격 변인이었다. 부정적 기분 유도에 대한 반응의 가장 좋은 예측변인은 신경증이었다. 외향적인 사람에게 좋은 기분이 들게 하는 것은 쉬우며 신경증적인 사람에게 부정적인 기분이 들게 하는 것 역시 쉽다. 이 실험 결과는 성격이 기분에 대한 증폭제로 작용한다는 것을 시사한다. 즉, 외향적인 사람은 긍정적인 사건에서 긍정적 기분을 증폭시키며, 신경증적인 사람은 부정적인 사건에서 부정적 정서를 증폭시킨다는 것이다. 이러한 결과는 성격이 정서에 직접적인 영향을 미친다는 것을 시사하며, 사람들은 통제된 환경하에서조차 자신의 성격에 의존해서 정서적 사건에 대해 다른 반응을 보인다는 것이다.

외향적인 사람이 기분 유도를 통해 긍정 정서를 좀 더 느끼게 된다는 결과, 즉 본전을 뽑게 된다는 것은 다른 심리학 실험실에서도 반복검증되었다(Gomez, Cooper, & Gomez, 2000; Gross et al., 1998). 그러나 몇몇 연구자들은 외향성이 긍정적 정서 반응에 미치는 영향을 확인하지 못했다. 예를 들어 Lucas와 Baird(2004)는 스탠드업 코미디 동영상으로 긍정 정서를 유발하였지만, 외향성 점수가 더 큰 긍정 반응을 예측하지 않았다고 하였다(4개 연구 중 적어도 2개에서는 외향성의 영향이 나타나지 않은 반면 네 번째 연구는 외향성 효과가 나타났다). 최근 Smillie와 동료들(2012)은 긍정 기분 유도는 복권 당첨이나 돈을 받는 것과 같은 보상이 되는 자극을 포함해야 한다고 주장했다. Smillie와 동료들(2012)은 5개의 실험에서 외향적인 사람들은 보상(돈), 바람직한 결과와 관련된 상황(성공 피드백), 식욕을 돋

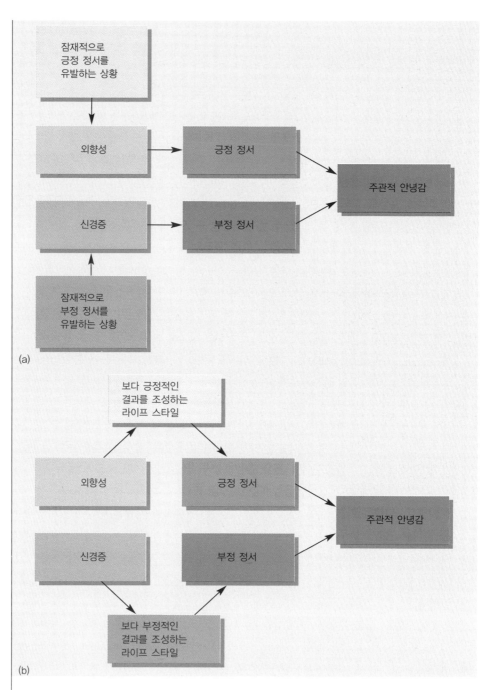

그림 9.4

성격 변인과 주관적 안녕감의 관계를 설명하는 두 가지 모형. (a) : 이 모형은 성격이 정서적 삶에 직접적인 영향을 미친다는 것을 보여주는 모형이다. 삶에서 겪는 사건은 성격에 의해 증폭되어 외향성인 사람에게는 긍정 정서를, 신경증적인 사람에게는 부정 정서를 더 강렬하게 느끼게 한다. (b) : 이 모형은 성격과 정서 간의 간접적인 관계를 보여준다. 성격은 사람들로 하여금 특정한 라이프 스타일을 발전시키며, 라이프 스타일은 외향성이 높은 사람에게는 긍정 정서를, 신경증이 있는 사람에게는 부정 정서를 조장한다.

적용

행복 증진 프로그램　심리학자들은 이제 행복과 관련 있는 것이 무엇인지에 대해 많은 것을 알게 되었다. 하지만 보통 사람들에게 행복 수준을 유지하거나 증진시키기 위해 추천할 수 있는 방법은 무엇일까? Buss(2000b)는 행복 가능성을 증가시키는 몇 가지 전략을 파악했다. Fordyce(1988) (Swanbrow, 1989도 참조)는 행복에 대해 알려진 것들을 일상생활에 적용한 실제적 프로그램을 개발했다. Larsen(2000a; Larsen & Prizmic, 2004)은 정서적 삶을 향상시키고 잘 대응할 수 있는 전략들을 제안했다. 대부분의 심리학자들은 행복이 증진시킬 수 있는 것이라고 믿는다(Csikzentmihalyi, 1999, 2000). 다음은 이들 심리학자들이 제안한 지침의 요약이다.

1. 다른 사람들, 특히 친구, 가족, 사랑하는 사람들과 시간을 보내라. 행복한 사람들의 공통적인 특징 중 하나는 사교적인 성향을 가졌으며 타인과 함께 있을 때 만족한다는 것이다. 다른 사람들에 대한 관심을 키워라. 친구나 사랑하는 사람과 시간을 더 보내라. 주변 사람들에 대해 더 알려고 해보라.

2. 직업에서 도전과 의미를 추구하라. 만족스러운 관계가 우선순위라면 두 번째는 즐길 수 있는 직업을 갖는 것이다. 행복한 사람들은 일을 즐기며 열심히 한다. 현재 직업(혹은 대학의 전공)이 보상을 주지 않는다면 더 가치 있는 것으로 바꾸는 것을 고려하라. 도전적이지만 당신의 능력으로 가능한 직업이 대개는 가장 만족스럽다.

3. 다른 사람에게 도움이 될 수 있는 방법을 찾아보라. 다른 사람을 돕는 것은 자신에 대해 좋은 느낌을 들게 하며 삶이 의미 있다는 느낌을 준다. 다른 사람을 돕는 것은 자존감을 향상시킨다. 남을 돕는 것은 이차적인 이득도 있다. 다른 사람을 도움으로써 자신의 문제에서 벗어나게 해주며 자신의 문제가 상대적으로 작게 보이도록 하는 효과가 있다. 자원봉사를 환영하는 수많은 단체들이 있다.

4. 자신을 위한 시간을 가져라. 기쁨을 주는 활동을 즐겨라. 좋아하는 취미나 활동을 할 수 있는 시간을 기다리는 대신 만들어라. 많은 사람들이 직무나 의무사항에 대한 계획을 세우기 위해 대학에서 일정표 쓰는 것을 배운다. 좋아하는 일을 위해서도 스케줄을 사용하라. 책을 읽고, 영화를 보고, 규칙적으로 운동하고, 무엇이든 즐길 수 있는 일을 할 시간을 마련하라. 무엇이 당신을 기쁘게 하는지 생각하고 바쁜 스케줄에 이 활동을 위한 시간을 마련하라.

5. 건강을 유지하라. 운동은 정서적 안녕감과 상관이 있다. 정서적 이득을 얻기 위해서는 강도가 센 운동을 하거나 자주 운동을 할 필요는 없다. 춤, 자전거 타기, 수영, 정원일, 걷기, 팀 스포츠 등에 참여하라. 건강을 유지하는 데 충분하고 움직이기만 한다면 무슨 활동인지는 중요하지 않다.

6. 계획은 세우지만 새로운 경험에 열려 있어라. 조직적인 삶을 사는 것은 많은 것을 성취하는 데 도움을 준다. 그러나 때로 삶에서 가장 즐거운 순간은 계획하지 않은 데서 온다. 여러 가지 다른 일이나 다른 경험을 하는 데 개방적이 되어라. 한 번도 가본 적이 없는 곳에 가보고, 일상적인 활동을 좀 다르게 해보고, 충동적으로 무언가를 시도해보라. 경직되지 말고 유연해지고 판에 박힌 것을 피하라.

7. 낙천적이 되어라. 웃는 얼굴을 하고, 행복한 휘파람을 불고, 힘들 때 밝은 면을 보도록 해보라. 행복하게 행동하고 사물의 긍정적인 면을 보는 것은 장기적으로 행복을 증진시킨다. 부정적인 생각을 피하라. 자신에게도 비관적인 말을 하지 마라. 스스로에게 이 컵에는 물이 반이나

(계속)

차 있다고 설득시켜라.

8. **부정적인 일을 부풀리지 마라.** 때로 나쁜 일이 생기지만 세상의 종말이 온 것은 아니다. 행복한 사람들은 다른 선택에 대해서도 생각하며 삶에서 잘 되어 가는 일을 생각한다. 그들은 문제를 해결하기 위해 할 수 있는 일과 미래에 피하고 싶은 것을 생각한다. 그들은 나쁜 일이 세상의 종말이라고 생각하지 않는다. 종종 자신에게 물어라. "여기서 생길 수 있는 최악의 상황이 무엇인가?" 이 질문은 거리를 두고 문제를 바라볼 수 있게 해준다.

단순히 행복하기를 바라는 것이 행복을 만들어주지 않는다. 심리학자들은 행복하기 위해 노력해야 한다고 말한다. 삶에서 일어나는 상실, 실패, 불쾌한 일들을 극복하기 위해 노력해야 한다. 위에 제시한 책략들은 행복해지기 위한 개인 프로그램으로 볼 수 있다.

우는 자극(맛있는 음식) 등에 더 반응하였다고 하였다. 해변에서 긴장이 풀린 장면이나 기분 좋은 영화 장면을 보는 것과 같이 단순히 즐거운 일을 하는 것은 즐길 만하지만 강화나 식욕 자극과 관련이 없으므로 외향적인 사람의 더 큰 긍정 정서 반응을 유발할 수 없다.

부정 정서

유쾌 정서와 달리 불쾌 정서는 여러 가지 다른 종류로 나타난다. 여기에서는 심리학자들이 성향적 특성으로 간주하는 불안, 우울, 분노와 같은 세 가지 중요한 불쾌 정서를 다룰 것이다.

특성 불안과 신경증 신경증 특성을 가진 사람들은 부정 정서에 취약하다. **신경증**(neuroticism)은 성격의 5요인(Big Five) 중 하나이며, 거의 모든 특성이론에 등장한다.

다른 연구자들은 신경증을 서로 다른 용어로 지칭하는데 정서적 불안정성, 불안 취약성, 부정적 정서성 등이다(Watson & Clark, 1984). 신경증 특성이 높은 사람들을 표현하는 데 유용한 형용사는 울적한, 민감한, 과민한, 불안한, 불안정한, 비관적인, 불평 많은 등이 있다. 한스 아이젠크(Hans Eysenck, 1967, 1990; Eysenck & Eysenck, 1985)는 신경증이 높은 사람은 좌절이나 갈등과 같은 불쾌한 사건에 과잉 반응하는 경향이 있으며, 기분이 상한 후에 정상적 상태로 돌아가는 데 더 오랜 시간이 걸린다고 했다. 이들은 쉽게 과민해지고 많은 일을 걱정하며 끊임없이 불평한다. "걱정할 거리가 남아 있는 한 행복하기 어렵다."는 속담이 있다. 실제로 걱정이 사람을 행복하게 하기란 어려운 일이다. 그러나 항상 걱정한다는 것은 걱정이 자신에게 필요한 것을 충족시킬 것이라는 암시일 수도 있다. 어떤 사람들은 자신의 건강에 대해 걱정한다("지금 기침을 하는 게 폐암의 증상이 아닐까?" 혹은 "이 두통이 뇌종양 때문은 아닐까?"). 다른 이

신경증적 성격특성이 높은 사람은 걱정을 많이 하는 경향이 있다. 이들은 건강, 사회적 상호작용, 업무, 미래 또는 단지 어떤 것에 대해 걱정할 수 있다. 또한 자신의 시간 대부분을 걱정과 불평하는 데 보낸다.

출처 : ⓒ Blend Images/Dream Pictures/Getty Images RF

들은 사회적 관계에 대해 걱정하며 모든 대화를 반추한다. 다른 이들은 일에 대해 걱정한다.

신경증 차원이 높은 사람들은 걱정과 불안뿐 아니라 자주 짜증을 낸다. 이것을 보여주는 흥미로운 방법은 지난주 동안 자신을 짜증나게 한 모든 일을 적게 하는 것이다. 공공장소에서 침을 뱉는 사람을 보는 것은 짜증나는 일이다. 코와 눈썹에 피어싱을 한 사람을 보는 것이 짜증나는 일일 수도 있다. 공공장소에서 키스하는 커플 역시 그렇다. 만일 어떤 사람이 이것을 모두 짜증나는 일로 적는다면 어떨까? 신경증이 높은 사람은 낮은 사람보다 더 많이 적을 것이다.

아이젠크의 생물학적 이론 앞에서 간단히 논의한 바와 같이 아이젠크(1967, 1990)는 신경증이 생물학적 기반을 갖고 있다고 주장했다. 그의 성격이론에 따르면 신경증은 뇌의 변연계가 쉽게 활성화되는 경향성 때문이라는 것이다. 변연계는 정서 및 투쟁-도피(fight-or-flight) 반응과 관련이 있는 뇌 부위이다. 어떤 사람의 **변연계**(limbic system)가 쉽게 활성화된다면 그 사람은 아마도 정서와 관련된 경험을 자주 하는데, 특히 도피와 관련된 정서(불안, 공포, 걱정)와 싸움과 관련된 정서(분노, 짜증, 성가심)를 경험할 것이다. 신경증이 높은 사람은 불안하고 짜증나고 쉽게 기분이 상하는데, 이 이론에 따르면 그들의 변연계가 더 쉽게 각성하여 이러한 정서를 유발한다는 것이다.

변연계는 뇌의 깊은 곳에 위치하기 때문에 이들의 활동은 두피 표면에 부착하는 EEG 전극에서는 잘 측정되지 않는다. MRI나 PET와 같은 새로운 뇌영상 기법은 성격 연구자들이 이러한 이론을 직접적으로 검증할 수 있게 해주었다(DeYoung, 2010). 그럼에도 아이젠크(1990)는 신경증에 대한 생물학적 기반을 지지하는 몇 개의 논리를 주장하였다. 첫째, 많은 연구는 신경증이 놀라울 정도로 안정적이라는 결과를 보고하고 있다. 예를 들어 Conley(1984a, 1984b, 1985)는 신경증이 45년 동안 높은 검사-재검사 상관을 보인다고 보고했다. 이러한 결과가 신경증의 생물학적 기반을 입증하는 것은 아니지만 안정성은 생물학적 설명과 일치하는 것이다. 두 번째 주장은 신경증이 여러 종류의 자료(예 : 자기보고, 또래보고)와 다른 문화권 및 환경 등에서 발견되는 주요 성격의 차원이라는 점이다. 물론 어디에나 존재한다는 편재성(ubiquity)이 생물학적 기반을 입증하는 것은 아니지만, 신경증이 여러 문화와 자료들에서 광범위하게 발견된다는 것은 생물학적 설명과 일치하는 것이다. 생물학적 설명을 지지하는 세 번째 주장은 신경증이 다양한 유전 연구에서 높은 유전율(heritability)을 보인다는 점이다. 부정적 정동 특성은 높은 유전율을 보이는 데 반해 긍정적 정동 특성은 중요한 공유 환경 요인을 보인다(Goldsmith, Aksan, & Essex, 2001). 신경증 성향은 일정 부분 유전되는 것으로 보인다. 대부분의 행동유전학자들은 정서적 특성에서 유전되는 것은 도파민 전달이나 세로토닌 재흡수와 같은 신경전달물질 기능의 개인차라고 믿는다(Canli, 2008).

정서 특성에 대한 또 다른 생물학적 기반 연구는 슬픈 사진을 보거나, 불안하거나, 화나게 하는 일을 생각하는 것 등과 같은 정서 정보를 처리하는 동안 활성화되는 뇌 영역이 어디인지 조사하고 있다(Sutton, 2002). 대부분의 연구에 따르면 정서 처리는 전측 대상회피질(anterior cingulate cortex)의 활성화 증가와 관련이 있다(Bush, Luu, & Posner, 2000; Whalen, Bush, & McNally, 1998). **전측 대상회**(anterior cingulate)는 뇌의 중앙 아래 깊은 곳에 위치하며 신경계의 진화 초기에 발달된 것으로 보인다. DeYoung과 동료들(2010)은 뇌의 여러 영역에서 뇌 조직의 부피를 측정하였다. 신경증은 위협과 처벌에 대한 평가 및 부정적 정서의 유발과 관련된 뇌 영역의 부피와 관련이 있었다. 뇌 구조와 신경증에 대한 또 다른 연구에서는 부정 정서 및 충동 조절과 관련이 있는 전전두피질 영역이 더 크고(Kapogiannis et al., 2013) 두툼하다는(Wright et al., 2006) 결과를 보고했다. 신경증과 뇌영상 연구 결과의 메타분석에 따르면(Servaas et al., 2013) 신경증은 공포를 학습하고 혐오 사건(예 : 쇼크)을 예측하며 불쾌한 정보(예 : 이미지)를 처리하는 동안의 뇌 활성화 차이와 관련 있다.

다른 연구자들은 부정 정서의 자기조절에 대한 생물학적 기반에 초점을 두었다. 예를 들어 Levesque, Fanny와 Joanette(2003)는 피험자에게 슬픈 영화를 보여주었다. 이 중 절반의 피험자에게는 슬픈 감정을 멈추거나 막을 수 있는 것은 무엇이든 하라고 하였으며 영화를 보는 동안 정서 반응을 보이지 말라고 지시했다. 이 과제에서 성공적이었던 피험자들은 우반구 복내측 **전전두피질**(prefrontal cortex)에서 활성화 증가를 보였는데, 이 부위는 뇌의 집행기능 통제 센터로 알려져 있다. 또 다른 연구에서는 이 영역이 정서 통제에서 매우 활성화된다고 보고했다(Beauregard, Levesque, & Bourgouin, 2001). 불쾌한 이미지에 대한 정서적 반응을 약화시키라고 구체적으로 지시했을 때 전전두 영역의 활성화 정도는 신경증과 정적 상관을 보인다. 즉, 높은 신경증을 가진 사람들은 자신의 부정 정서를 조절하는 데 더 많은 노력을 들인다는 것이다(Harenski, Kim, & Hamann, 2009). Schuyler(2014)는 불쾌한 이미지에 노출된 후 편도체 활성화의 회복 시간을 조사했다. 신경증이 높은 피험자는 편도체 회복이 느렸으며, 이는 적어도 편도체 활동 수준에 있어서 부정 정서가 더 오래 지속된다는 의미이다.

인지 이론　　신경증을 이해하는 또 다른 방식은 신경증을 인지 현상으로 보는 것이다. 몇몇 성격심리학자들은 신경증의 원인이 변연뇌(limbic brain)의 생물학이 아니라 개인의 전반적 인지 체계의 심리학에 있다고 주장한다. 이 이론가들은 신경증이 특정한 정보처리(예 : 주의, 사고, 회상) 유형 때문에 나타난다고 주장한다. 예를 들어 Lishman(1972)은 신경증이 높은 피험자가 낮은 피험자보다 불쾌한 정보를 더 잘 회상하는 경향이 있다는 것을 발견했다. 신경증과 즐거운 정보 회상과는 관련이 없었다. 신경증이 높은 피험자는 긍정 단어와 부정 단어 목록을 학습한 후 긍정 단어보다 부정 단어를 더 빨리 회상한다. Martin, Ward, Clark(1983)은 피험자에게 자신과 다른 사람에 대한 정보를 학습하도록 하였다. 이후 회상을 지시했을 때 신경증이 높은 피험자는 자신에 대한 부정적인 정보를 더 잘 회상하였지만 타인에 대한 부정적인 정보는 잘 회상하지 못했다. 신경증과 관련해서 매우 특정한 정보처리 특징이 있는 것으로 보인다. 즉, 자신의(타인에 대해서는 아닌) 부정적 정보(긍정적 정보는 아닌)에 대한 선호적 처리를 보인다. Martin과 동료들(1983)은 신경증이 높은 사람들이 낮은 사람에 비해 자기와 관련된 부정적인 단어를 더 잘 회상하는데, 이는 자신에 대한 부정적인 단어의 기억 흔적이 더 강하기 때문이라고 하였다(p. 500).

　연구자들은 신경증과 불쾌한 정보에 대한 선택적 기억 간의 관련성에 대한 설명을 위해 앞의 장에서 논의했던 확산적 활성화 개념을 사용한다. 정보는 다른 유사한 정보와 함께 연합되어 기억에 저장된다는 것을 떠올려보라. 많은 심리학자들은 정서 경험 역시 기억에 저장된다고 가정한다. 더욱이 신경증이 높은 일부 사람들은 부정 정서를 둘러싼 기억의 연합망이 더 풍부하다. 따라서 이들은 불쾌한 정서에 접근하기 더 쉬우며 결과적으로 불쾌한 정보를 더 많이 회상하게 된다.

　기억에서 불쾌한 정보 중 한 가지 유형은 질병, 상처, 신체 증상 등에 대한 기억이다. 신경증이 높은 피험자들이 기억에서 불쾌한 정보와 관련된 연결망이 더 풍부하다면 질병과 신체 증상에 대해 더 잘 회상할 확률이 높다. 신경증이 높은 사람에게 "지난 몇 달간 건강상태는 어땠나요?"와 같은 질문을 하면 장황한 호소와 구체적 증상의 세부사항이 담긴 긴 대답을 할 것이다. 여러 연구들이 신경증과 자기보고식 건강 호소 간의 관련성을 보고하였다. 예를 들어 Smith와 동료들(1989)은 피험자에게 지난 3주 동안 90개 증상을 각각 경험했는지에 대해 회상하도록 하였다. 신경증은 자기보고 증상과 $r = .4$에서 .5 수준으로 상관이 있었다. 이것은 신체증상 변량의 15~25%가 신경증의 성격 변인으로 설명될 수 있음을 의미한다.

　Larsen(1992)은 신경증이 높은 사람들의 신체질병 보고에서 편향의 원인을 조사했다. 그는 참가자들에게 매일 콧물, 기침, 목이 따끔함, 동통, 위통, 근육통, 두통, 식욕 부진 등과 같은 신체증상을 경험했는지 여부를 보고하도록 하였다. 참가자들은 두 달간 매일 연구자들에게 자신이 경험한 증상들을 보고하였다. 두 달간의 보고 단계가 완결된 후 Larsen은 참가자들에게 지난 2개월간 각 증상을 얼마나 자주 경험했는지 횟수를 가능한 한 정확하게 회상해보도록 하였다. 이 연구 설계는 연구자가 실제 증상의 개수와 회상된 증상의 개수를 비교할 수 있게 하였다. 그 결과 이 척도 모두 신경증과 관련 있는 것으로 나타났다. 즉, 신경증이 높은 참가자들은 신경증이 낮은 참가자들에 비해 매일 증상을 더 자주 보고했고 더 많이 회상했다. 게다가 매일 보고한 증상의 수를 통제한 후에도 신경증은 여전히 높은 증상 회상과 관련을 보였다.

　신경증이 높은 사람이 더 많은 증상을 보고하고 회상하지만 이들이 실제로 신경증이 낮은 사람에 비해 신체 질병이 더 많은 것은 아닐까? 하지만 이것은 의사조차 신체질환을 판단하기 위해 증상에 대한 환자의 자기보고에 의존하기 때문에 대답하기 어려운 질문이다. 이에 대한 답을 찾기 위해서는 질병에 대한 객관적 지표를 찾아보고 이들이 신경증과 관련이 있는지를 알아보아야 한다. 심혈관계 질환, 암, 조기사망 등과 같은 주요 질병 범주는 신경증과 상관이 있다 해도 경미한 수준이다(Watson & Pennebaker, 1989). Costa와 McCrae(1985)는 연구들을 검토한 후에 "신경증은 건강 자체가 아니라 건강에 대한 지각에 영향을 준다."고 결론 내렸다(p. 24). Holroyd와 Coyne(1987) 역시 유사한 결론에 도달했는데 신경증은 "생리적 경험을 편향되게 지각하는 유형이다."라고 하였다(p. 372).

　그러나 면역체계에 대한 연구는 신경증이 스트레스를 받는 동안의 면역기능 저하와 관련이 있다고 보고한다(Herbert & Cohen, 1993). Marsland와 동료들(2001)의 연구에서 피험자들은 B형 간염 백신을 맞은 후 항체 반응을 측정하였다(이것은 면역체계가 백신에 포함된 항원에 얼마나 잘 반응하는지를 측정하는 것이다). 신경증이 낮은 사람들은 백신에 대해 강한 면역 반응을 증가시키고 유지하는 것으로 나타났다. 이러한 결과는 신경증이 높은 사람들이 면역 관련 질환에 취약하다는 것을 시사한다.

면역체계는 여러 질환에서 중요한 역할을 하는데, 이는 신경증이 이물세포(foreign cells)에 대항하는 신체의 능력을 훼손함으로써 건강에 영향을 미친다는 것을 시사한다. 신경증과 폐암의 관계에 대한 연구에서 Augustine과 동료들(2008)은 폐암의 발병 연령이 신경증과 부적 상관관계가 있다는 것을 발견했다. 이러한 결과는 흡연의 시작 연령과 폐암에 걸리기 전에 하루 동안 피운 담배 개수를 통계적으로 통제한 후에도 유지되었다. 흡연력과 흡연량은 폐암의 조기 발병과 강력하게 상관이 있지만 신경증 역시 폐암의 조기 발병에 대한 추가적이고 독립적인 위험요인으로 작용한다. 신경증 평균점수에서 1표준편차 이상인 사람과 1표준편차 이하인 사람을 비교한 결과, 신경증이 높은 사람은 낮은 사람에 비해 평균 4.33년 빨리 폐암이 발병한 것으로 나타났다. 연구자들은 신경증이 면역체계에 영향을 줌으로써 폐암의 진행 속도와 관련이 있다고 추정하였다. 신경증과 관련된 만성 스트레스는 면역체계를 훼손하여(Irwin, 2002) 암의 진행을 막지 못하게 된다.

심리학자들은 신경증이 높은 사람들이 환경 내의 위협적이고 불쾌한 정보에 더 큰 주의를 기울인다고 본다(Dalgleish, 1995; Matthews, Derryberry, & Siegle, 2000). 신경증이 높은 사람들은 낮은 사람에 비해 강한 행동 억제 체계(behavioral inhibition system)를 가지고 있어서 처벌과 좌절의 단서에 특히 예민하고 위협 징후에 과민해진다. 연구자들은 신경증이 높은 사람들이 환경 내에서 끊임없이 위협적이고, 안전하지 않거나, 부정적인 것이 없는지 살피게 된다고 주장한다.

연구자들은 신경증과 주의편향을 조사하기 위해 스트룹 효과를 도입하였다. 스트룹 효과(Stroop, 1935)는 단어의 명칭과 색상이 일치하지 않을 때, 명칭과 색상이 동일한 경우보다 더 긴 반응 시간을 보이는 현상을 의미한다. 예를 들어 '파랑'이라는 단어가 빨강 잉크로 쓰여 있을 경우, '빨강'이라는 단어가 빨강 잉크로 쓰여 있을 때보다 단어가 쓰인 색상을 말할 때 시간이 더 많이 걸린다. 연구자들은 관련 차원(잉크의 색상)과 비관련 차원(단어의 명칭)이 주의 체계에서 갈등을 유발한다고 보고 있다. 만일 주의 체계가 비관련 차원(단어의 명칭)을 효과적으로 억제한다면 단어 정보를 억제하지 못하는 사람에 비해 더 빨리 색을 말할 수 있을 것이다.

스트룹 과제는 정서적인 단어의 주의편향이 개인에 따라 어떻게 다른가를 연구하기 위해 수정되었다. 이를 정서 스트룹 과제라고 하는데, 단어의 내용은 주로 불안이나 위협과 관련이 있는 공포, 질병, 암, 사망, 실패, 슬픔, 비참한 등이 포함된다(Larsen, Mercer, & Balota, 2006). 이 단어들은 색상 잉크로 쓰여 있으며 피험자는 단어의 내용은 무시하고 잉크 색상을 말하라는 지시를 받는다. 정서 간섭이란 중립 단어의 색을 말할 때보다 정서적인 단어의 색을 말할 때 시간이 더 걸리는 것을 의미한다(Algom, Chajut, & Lev, 2004). 신경증이 높은 사람들이 이러한 자극에 대해 주의편향을 갖고 있다는 것은 위협적인 단어가 더 현저하게 주의를 끈다는 것을 의미한다. 따라서 위협적인 단어는 색상을 말하려고 할 때 단어를 무시하기가 더 어려워진다. 결과적으로 신경증은 위협(예 : 질병, 실패)과 관련된 단어의 색상을 말할 때의 반응시간과 상관을 보였다.

Williams, Mathews, MacLeod(1996)는 이들 연구에 대한 포괄적인 개관 논문을 출판하였다. 이들 연구자들은 정서 스트룹 과제를 사용한 50여 개 이상의 실험을 검토하였다. 많은 연구에서 신경증이 높은 집단(혹은 불안장애 피험자)이 통제집단보다 비정서 단어에 비해 불안이나 위협 관련 단어의 색상을 말하는 데 시간이 더 걸렸다. 이러한 결과는 정서적인 단어가 신경증이 낮은 참가자에 비해 높은 참가자의 주의를 더 빼앗기 때문인 것으로 설명될 수 있다.

요약하면 신경증은 불안, 공포, 걱정, 성냄, 짜증, 고통 등 다양한 부정적 정서와 관련된 특성이다. 신경증이 높은 사람들은 기분이 불안정하고, 쉽게 기분이 상하며, 기분이 상한 후에 회복되는 데 오래 걸린다. 신경증의 부정적 정서에 대한 원인에 대해서는 생물학적 이론과 인지적 이론이 있으며 각각 과학적 연구에 기반한 지지 증거를 제시하고 있다. 또한 신경증이 높은 사람은 건강 문제를 더 많이 호소하는 경향이 있다. 더불어 신경증이 높은 사람들은 정서가 안정된 사람에 비해 위협 정보를 주의 깊게 살피고 삶에서 부정적 단서나 사건에 더 주의를 기울인다.

우울과 멜랑콜리아 우울(depression)은 또 하나의 특성적 차원이다. 이 장에서는 우울에 대해 알려진 일부만을 다룰 것이다. 미국인의 20%가 살면서 한 번은 우울증에 걸리는 것으로 추정되는 만큼 우울에 대해서는 수많은 문헌이 존재한다(American Psychiatric Association, 1994). 전체 내용이 우울에 대한 책도 있고, 이 주제를 전공하는 대학원도 있으며, 우울증 치료를 전문으로 하는 임상가도 있다. 우울증에는 여러 변이가 있고(Rusting & Larsen, 1998a) 연구자들은 우울증의 종류를 범주화하여 우울증의 파괴적인 영향으로 고통받는 사람들을 치료할 수 있는 방법을 찾고 있다. 우울증을 규정하는 증상 목록은 〈표 9.4〉에 제시되어 있다.

취약성-스트레스 모형 취약성-스트레스 모형(diathesis-stress model)은 우울증을 이해하기 위한 한 방법이다. 이 모형은 우울해지는 사람 중에는 기존의 취약성 또는 병적 소질이 존재한다고 제안한다. 우울증이 발병하기 위해서는 취약성과 함께 사랑하는 사람의 상실, 직장의 실패, 혹은 또 다른 주요한 부정적 생활사건 등과 같은 스트레스 생활사건이 필요하다. 취약성이나 스트레스 중 한 가지 요소만으로는 우울증을 촉발하는 데 충분하지 않다. 우울증의 취약성을 가진 사람에게 힘들거나 스트레스가 되는 일이 동시에 발생할 경우 우울증이 발병할 수 있다.

벡의 인지이론 많은 연구자들은 특정한 인지 방식이 사람을 우울증의 취약성이라고 강조한다(Larsen & Cowan, 1988). 이러한 주장을 하는 연구자 중 아론 벡(Aaron Beck, 1976)은 우울증의 인지이론에 대해 광범위한 저서를 출간하였다. 그는 취약성이 특정한 **인지도식**

표 9.4 우울증의 징후
다음 증상 중 5개 이상이 2주 동안 나타날 경우 우울증의 징후로 볼 수 있다.
• 하루 중 대부분, 거의 매일 우울한 기분
• 대부분의 활동에서 흥미나 즐거움의 저하
• 체중의 변화 : 다이어트를 하지 않는데 유의한 체중 감소 혹은 체중 증가
• 수면 패턴의 변화 : 불면증 혹은 평소에 비해 과다수면
• 움직임의 변화 : 좌불안석과 안절부절 혹은 속도가 느려짐
• 거의 매일 피로 혹은 에너지 저하
• 거의 매일 무가치감 혹은 죄책감
• 거의 매일 집중력 저하 혹은 우유부단
• 반복적으로 죽음이나 자살에 대해 생각함

출처 : American Psychiatric Association(2013)에서 인용

(cognitive schema), 즉 세상을 바라보는 방식이라고 하였다. 도식이란 정보를 처리하는 방식으로 일상생활에서 일어나는 사건을 조직화하고 해석하는 방식이다. 벡에 따르면 우울증과 관련된 인지도식은 정보를 부정적인 방식으로 왜곡시켜서 사람을 우울하게 만든다.

벡에 따르면 삶의 세 가지 중요한 영역이 우울 인지도식의 영향을 가장 많이 받는다. 이 **인지 삼제**(cognitive triad)는 자신, 세상, 미래에 대한 정보를 포함한다. 삶의 중요한 측면에 대한 정보는 우울도식에 의해 특정한 방식으로 왜곡된다. 예를 들어 우울한 사람들은 연습시험을 망치고 스스로에게 "나는 구제불능이야."라고 말한다. 이것은 자신에게 적용된 과잉 일반화 왜곡의 예이다. 과잉 일반화는 한 가지 상황을 가지고 여러 가지 다른 상황이나 자신에게 일어나는 모든 일에 일반화시키는 것이다. 이에 대한 일반 격언으로 '일을 부풀린다'는 말이 있다. 어떤 사람이 한 가지 시험에서 실패했다고 해서 모든 일에 구제불능이라는 의미는 아니다. 유사한 과잉 일반화 유형은 세상("조금이라도 일이 잘못되면, 결국 다 그렇게 되고 만다.")과 미래("뭐 하러 힘들게 시도하나, 내가 하는 일은 다 망하기 일쑤인데.")에 적용할 수 있다. 벡의 이론(1976)에 따르면 다른 인지적 오류로는 임의추론(증거가 지지하지 않는데도 부정적 결론으로 건너뛰는 것), 개인화(모든 일이 자신의 잘못이라고 가정하는 것), 파국화(언제나 최악의 일이 발생할 것이라고 생각하는 것) 등이 있다. 이들 인지적 요소들은 [그림 9.5]에 제시되어 있다.

벡의 이론에 따르면(1976) 우울증은 이러한 인지적 오류를 일상생활의 정보에 적용한 결과라고 할 수 있다. 이들 오류는 지각 없이 빠르게 작동하며 일련의 자동적인 부정적 사고로 이어져서 개인의 감정과 행동에 깊은 영향을 미친다("나는 형편없어. 세상은 나에게 적대적이야. 내 미래는 절망적이야."). 자신이 구제불능이라고 생각하는 사람은 구제불능으로 행동하며 더 나아지려는 노력을 포기하여 결국에는 **자기충족적 예언**(self-fulfilling prophecy)을 만들어낼 수 있다. 더욱이 우울한 감정은 더 큰 오류를 유발하여 더 부정적인 기분으로 이어

	정보처리		
	자신	세상	미래
과잉 일반화	"이 보고서에서 안 좋은 점수를 받았어…, 나는 제대로 하는 일이 하나도 없어."	"이 프로젝트에서 하나라도 틀어지면, 결국 다 틀어지게 돼 있어."	"뭐 하러 힘들게 시도해? 내가 하는 것은 다 망하기 일쑤인데."
임의추론	"선생님이 오늘은 나를 보러 오시지 않았어. 그녀는 나를 좋아하지 않는 거야."	"선생님은 신경 쓰지 않아, 학생을 신경 쓰는 선생님이란 원래 없어."	"앞으로 내가 배정받는 선생님은 이번처럼 다 형편없을 거야."
개인화	"우리 소프트볼팀이 오늘 졌어, 다 내 잘못이야."	"내가 초등학교 때 우리 팀은 언제나 졌어."	"나는 앞으로도 이기는 팀에 속하지 못할 거야."
파국화	"시험을 망친 것은 내가 무언가를 배울 수 없는 사람이라는 거야."	"이번 시험을 망쳤다는 것은 내가 의과대학에 들어갈 수 없다는 의미일 거야."	"의과대학에 들어갈 수 없다면 나는 당장 대학을 그만두어야 해."

그림 9.5
벡의 우울증 인지모형. 인지적 오류가 자신, 세상, 미래에 대한 정보처리에 어떻게 적용되는지를 보여준다. 이러한 인지적 오류가 우울증을 촉발한다.

지고 자기 영속적 사이클을 형성한다. 벡은 개인의 인지적 오류를 변화시킬 수 있는 치료를 고안하였다. 간단하게 말해서 이 치료는 개인의 오류에 도전하는 것으로 "이번 한 번의 시험에서 떨어졌다는 것이 진짜로 당신이 구제불능이라는 의미일까요?"와 같은 질문을 하는 것이다.

우울증의 생물학 뇌의 신경세포는 신경전달물질이라고 하는 화학적 메신저를 통해 서로 의사소통한다. 신경전달물질은 시냅스라고 부르는 뉴런 사이의 틈을 통해 전달된다(그림 9.6). 첫 번째 뉴런을 시냅스전 뉴런이라고 하고 두 번째 뉴런을 시냅스후 뉴런이라고 한다. 만일 신경전달물질이 시냅스후 뉴런에 충분한 강도로 도달하면 신경 신호는 의도한 활동을 마칠 때까지 계속해서 전달된다. 예를 들어 리모컨으로 채널을 돌리거나, 책에서 다음 문장을 읽거나, 좋아하는 누군가에게 호감 어린 눈빛을 보내는 등과 같은 활동을 완수할 때까지 계속된다. 어떤 사람이 우울하다는 것은 뇌의 신경전달물질의 수준에 불균형이 발생한 것이

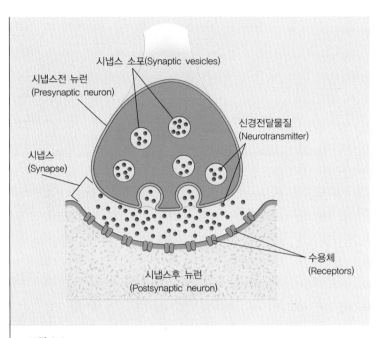

그림 9.6

두 개의 뉴런 사이의 시냅스 그림이다. 이 그림은 신경전달물질이 어떻게 방출되어
시냅스를 건너 시냅스후 뉴런의 수용체와 결합하여 신경 충격 전달이 완료되는지를
보여준다.

라고 할 수 있다. 우울한 사람은 때로 무슨 일을 하고 싶어도 에너지가 없는 것 같은 느낌을
보고한다. **우울증에 대한 신경전달물질 이론**(neurotransmitter theory of depression)은 정서적
문제가 신경계 시냅스의 신경전달물질 불균형 때문이라고 제안한다. 우울증과 가장 관련 있
는 것으로 알려진 신경전달물질은 노르에피네프린(노르아드레날린이라고도 불린다)과 세로
토닌이며, 이보다는 관련성이 적지만 도파민도 해당된다. 우울증을 치료하는 여러 치료제들
은 주로 이러한 신경전달물질들을 대상으로 한다. 예를 들어 프로작, 졸로프트와 팍실은 시
냅스에서 세로토닌의 재흡수를 차단하여 신경계에서 세로토닌의 수준을 증가시킨다. 토프
라닐은 세로토닌과 노르에피네프린의 균형을 유지하는 작용을 한다. 그러나 모든 우울증 환
자가 이 약으로 성공적인 호전을 보이는 것은 아니다. 이는 우울증이 여러 가지 변형을 가지
고 있으며, 어떤 이들은 생물학적 원인을 가지는 데 반해 다른 이들은 스트레스나 인지적 원
인에 더 영향을 받은 것일 수 있기 때문이다.

최근 연구에 따르면 어떤 사람들에게는 운동(exercise)이 우울증 치료에 유용하게 적용될
수 있다고 한다(Dubbert, 2002). 1996년 미국 위생국 연례보고서에서 David Satcher는 운동
이 우울증 예방을 포함한 건강 증진 및 질병 예방에 유용할 수 있다고 기술하였다. Dixon,
Mauzey와 Hall(2003)은 우울증이 있는 사람들을 상담할 때 운동을 활용하는 것에 대해 기술
하고 있다.

분노 성향과 잠재적 적대감　또 다른 중요한 부정 정서는 분노와 적대감이다. 심리학자들은 오랫동안 사람을 적대적이고 공격적으로 만드는 것이 무엇인지에 대해 관심을 가져왔다. 예를 들면 사회심리학자들은 평균적인 사람이 공격적이 되는 조건을 탐색해 왔다(Baron, 1977). 한 가지 결과는 대부분의 사람이 자신을 부당하게 대우하는 사람에 맞서서 공격적으로 행동한다는 것이다. 여기서 강조되는 점은 부당하게 대우받는 것과 같은 특정한 상황이 어떻게 대부분의 사람에게 공격성을 촉발하는가이다. 성격심리학자들은 어떤 상황이 대부분의 사람을 화나게 한다는 것에 동의하지만 그들은 분노 성향의 개인차에 관심을 두고 있다. 이들은 어떤 사람들이 좌절과 같은 유형의 상황에 대한 반응이 다른 사람에 비해 더 특징적으로 적대적이라는 관점에서 시작한다. **적대감**(hostility)은 일상의 좌절에 대해 분노와 공격성으로 반응하고, 쉽게 짜증나며, 빈번하게 분개하고, 일상생활에서의 상호작용에서 무례하고, 비판적이고, 반항적이고, 비협조적으로 행동하는 경향성으로 정의된다(Dembrowski & Costa, 1987).

성격심리학자의 관점에서 과학적 목표는 (1) 적대적인 사람들이 행동하는 방식과 무엇이 이러한 방식을 유지하게 하며 적대적이지 않은 사람들과 어떤 차이가 있는지를 이해하는 것, (2) 적대성이 어떤 중요한 삶의 결과를 야기하는지 등을 연구하는 것이다.

한 가지 연구 결과는 적대성이 심혈관계와 관련성이 있다는 것이다. 만성적인 적대감은 심장질환과 가장 큰 관련이 있는 A유형 행동 패턴의 요인으로 밝혀졌다. 적대감은 분노를 일으키는 사건의 빈도와 지속기간, 분노가 경미한 사건으로 촉발되는지 여부(예 : 줄을 서는 것), 일상생활에서 쉽게 기분이 상하거나 짜증이 나는지 여부 등에 대한 질문지를 통해 측정할 수 있는 성격특성이다(Siegel, 1986). 이 특성은 대부분의 사람들에게 불편한 감정과 충동을 유발하며, 적대적이고, 음울한 인생관을 유발한다. 어떤 사람들은 이러한 충동을 공격적인 행동으로 표현한다.

분노는 사람들로 하여금 통제를 잃게 만드는 정서이다. 교도소에 있는 폭력적인 수감자들 대부분은 이 강력한 정서를 스스로 조절하는 데 어려움이 있다. 연구자들은 오랫동안 폭력적인 사람과 비폭력적인 사람 간에는 생물학적 차이, 특히 뇌 기능의 차이가 있다고 추정해 왔다. 심리학자 Adrian Raine은 여러 해 동안 사회에서 가장 폭력적이고 공격적인 구성원에 대해 연구해 왔다(Raine, 2002; Brennan & Raine, 1997). 그는 폭력성 및 공격성의 개인차와 관련된 뇌 구조에 초점을 맞춘 분야를 '신경범죄학(neurocriminology)'이라고 지칭하였다(Glenn & Raine, 2014). Raine, Meloy, Bihrle(1998)는 극도로 폭력적인 살인자들에 대한 연구에서 이들이 정상적인 정서조절과 관련이 있다고 알려진 뇌의 전전두 영역에서 활성화가 감소했다는 것을 발견했다. 심리학자 Jonathan Pincus 역시 폭력범죄 연구를 전문적으로 해왔다. 그는 연구 개관에서 수많은

오랜 기간 극단적인 폭력을 행사한 전력이 있는 사람이 과연 완전히 신사적이고 애정 어린 아버지, 공동체의 주축으로 바뀔 수 있을까?

출처 : ⓒ Twin Design/Shutterstock.com RF

연쇄 살인범의 삶에 대한 자료를 제시하면서 살인자들이 거의 모든 경우에 폭행, 사고, 혹은 약물과용이나 알코올 남용 등을 통한 뇌손상을 겪었다고 하였다. 또한 거의 모든 살인자들은 심각하게 학대적인 가족 출신이었다. Pincus는 폭력적인 범죄자가 주로 전전두 영역의 뇌손상을 가지고 있다고 하였으며, 이것은 역시 자기조절과 관련된 영역이다(Densen et al., 2009).

대규모 연구에 따르면 폭력적이거나 가학적인 사람들이 모두 뇌 이상성을 보이는 것은 아니다. 그러나 뇌 이상성의 비율은 폭력 과거력이 있는 사람이 과거력이 없는 사람에 비해 유의하게 높다. 예를 들면 일본에서 62명의 범죄자를 조사한 연구자는 살인을 저지른 재소자와 비폭력 범죄를 저지른 재소자로 구분하였다. 그 결과 뇌 이상성은 비폭력 범죄자에 비해 살인자들에게서 더 빈번하게 나타났다(Sakuta & Fukushima, 1998). 호주 연구에서는 폭력성이 높은 범죄자와 폭력성이 낮은 범죄자를 비교하였다. 높은 폭력성 집단에서는 66%가 뇌 비정상성을 보인 반면 낮은 폭력성 집단에서는 17%만이 유사한 뇌 비정상성을 보였다(Aigner et al., 2000). 성범죄자 연구에서는 범죄자들이 피해자를 신체적으로 학대한 사람(예 : 살해하거나, 가학적으로 폭력행위를 한 사람)과 피해자를 신체적으로 학대하지 않은 사람(예 : 자신의 신체를 노출시킨 사람)으로 구분하였다. 그 결과 폭력적인 성범죄자 집단에서는 41%가 뇌 비정상성을 보였는데, 이는 비폭력적 성범죄자에 비해 유의하게 높은 비율이었다(Langevin et al., 1988). 매우 오랫동안 진행된 종단 연구에서는 110명의 과잉 활동적인(hyperactive) 소년과 76명의 정상적인 소년을 대상으로 6세에서 12세까지 뇌 활동을 측정하였다. 이들은 14세에서 20세까지 추적되었고 체포 기록을 함께 수집하였다. 그 결과 일탈 행동을 보인 청소년은 그렇지 않은 청소년에 비해 아동기에 비정상적인 뇌 패턴을 보였던 것으로 나타났다(Satterfield & Schell, 1984).

최근의 연구들(Hawes et al., 2016)은 아동기에 분노조절을 잘 하지 못하는 것이 성인기의 폭력과 공격성의 빈도를 높인다는 것을 밝히고 있다. 이 결과는 대부분의 사람들이 아동기에 자연스럽게 발달시키는 분노조절 기술의 발달에 대한 중요성을 강조한다. 폭력적인 성인에게서 종종 발견되는 뇌 비정상성이 자기조절과 정서, 특히 분노를 다루는 것과 관련된 뇌 영역과 관련이 있는가?

적대적이고 공격적인 사람들에게서 주로 전두엽 뇌손상이 관찰되며 정도가 약하지만 측두엽에서도 보인다. 이 영역은 충동조절에 중요한 영역으로 특히 공격적 충동과 공포 조건화에서 중요하다. 손상은 발달 과정에서 유발되거나 혹은 손상에 의해서 생길 수 있다. 예를 들어 접착제를 흡입하거나 부탄가스를 마시는 것은 알코올과 유사한 중독을 유발하며 반사회적 행동과 관련 있는 뇌손상을 유발할 수 있다(Jung, Lee, & Cho, 2004). 또 다른 예는 뇌에 낭종이 생긴 사람의 예이다. 낭종이 생기기 전에는 폭력적이지 않았지만 낭종이 커지자 뇌에 손상을 유발하였다. 그는 아내가 자신의 얼굴을 긁었다는 이유로 목을 졸라 숨지게 하였다(Paradis et al., 1994). Glenn과 Raine(2014)이 보고한 유사한 사례에 의하면 이전에 그런 적이 없었던 40세 남성이 갑작스럽게 성적으로 공격적인 행동을 하여 체포되었다. 실제 뇌 정밀 촬영 후 전전두엽에 큰 종양이 발견되었는데 종양을 제거하자 행동이 정상으로 돌아왔으며 성적 부적절성도 사라졌다. 폭력적이고 공격적인 사람에서 발견되는 이러한 유형의 뇌 비정상성은 공격적 충동을 억제하거나 통제하는 능력을 약화시키는 것으로 보인다.

정서적 삶의 유형

지금까지는 정서의 내용, 혹은 개인이 다른 사람과 어떻게 다른지를 정의할 수 있는 특징적인 정서의 측면에서 정서적 삶을 논의해 왔다. 또한 행복, 불안, 우울, 분노 등의 네 가지 정서적 특성을 검토하였고, 이제 정서 유형에 대해 논의할 것이다. 간단하게 구분하자면 내용은 정서적 삶이 무엇인가에 대한 것인 반면, 유형은 정서적 삶이 어떠한가에 대한 것이다.

정서 유형으로서의 정동 강도

정서가 어떻게 경험되는가를 생각할 때 가장 주요한 유형의 차이는 강도일 것이다. 우리는 자신의 정서 반응 경험을 통해 정서 강도가 매우 다양하다는 것을 알고 있을 것이다. 정서는 약하고 경미할 수도 있고, 강렬해서 통제 불능일 때도 있다. 개인의 정서 유형을 특징화할 때에는 정서 경험의 강도를 물어야 할 것이다. 정서 강도를 성격이론에 유용하게 적용하려면 강도가 사람들 간에 차이를 나타낼 정도로 안정적인 특성으로 기술되어야 한다.

정동 강도(affect intensity)는 개인이 이 차원에서 높다 혹은 낮다고 기술하여 정의할 수 있다. Larsen(2009)은 정동 강도가 높은 사람은 자신의 정서를 강하고 반응적이고 가변적으로 경험한다고 기술하였다. 정동 강도가 높은 사람은 대개 기분이 좋으면 급격히 올라가고 기분이 나쁘면 급격하게 떨어진다. 이들은 또한 정동 강도가 낮은 사람에 비해 두 가지 극단을 더 자주 빠르게 오간다. 정동 강도가 낮은 사람은 대개 자신의 정서를 약하게 경험하며 변동이 점진적이고 경미한 반응을 나타낸다. 이들은 안정적이고 침착하며 부정적인 정서의 늪에 빠져 괴로워하지 않는다. 또한 이들은 열정 혹은 기쁨이나 다른 강렬한 긍정적 정서가 고조되는 것도 잘 경험하지 않는 경향이 있다.

정동 강도의 높고 낮음에 대한 기술에서는 **보통**(typically and usually)이라는 용어를 사용한다는 것을 주목해야 한다. 이는 삶의 특정한 사건은 정동 강도가 가장 낮은 사람에게조차 강렬한 정서를 경험하게 하기 때문이다. 예를 들어 자기가 가장 원하는 학교에 입학허가를 받는 것은 거의 대부분의 사람들에게 고양감을 유발한다. 이와 마찬가지로 사랑하는 반려동물의 죽음은 대부분의 사람들에게 강렬한 슬픔을 유발한다. 그러나 이러한 사건은 매우 드물기 때문에 사람들이 일상적인 정서 유발 사건에 대해 전형적으로 반응하는 방식에 대해 아는 것이 유용하다.

[그림 9.7]은 Larsen과 Diener(1985)의 연구에서 두 명의 피험자가 매일의 기분을 기록한 자료를 제시한 것이다. 이들은 연속으로 84일 동안 자신의 기분에 대한 일지를 기록했다. A 피험자의 정서는 비교적 안정적이고 전체 3개월 동안 자신의 기준이 되는 기분 수준에서 크게 벗어나지 않는다. 그래프의 왼쪽 끝에 몇 개의 낮은 점으로 표시된 부분은 실제로 그녀가 학기 시작 시에 힘든 주를 보낸 시기이다. 그 외에는 매우 안정적이었다.

반면 B 피험자는 시간이 지날수록 기분의 극단적 변화를 보여준다. 이 피험자는 기준이

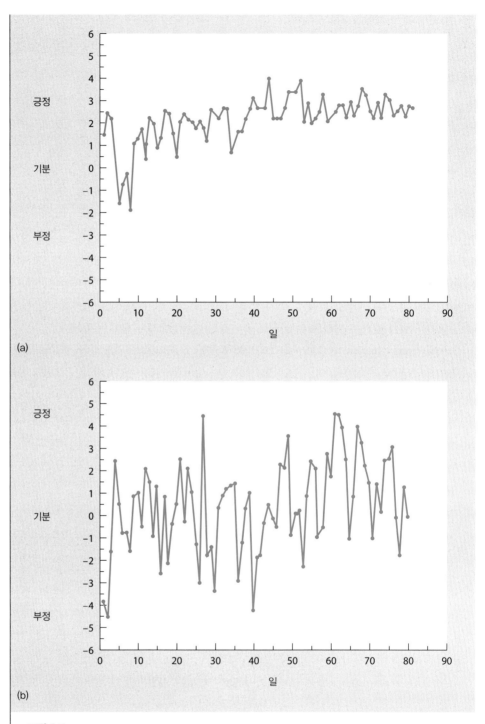

그림 9.7

3개월 연속 날마다 기분일지를 쓴 개별 피험자 자료이다. (a) A 피험자. (b) B 피험자 자료는 A 피험자보다 기분이 강렬하고 날마다의 기분 변동이 크다.

출처 : Larsen(1991)에서 인용

되는 기분 수준에 가까워진 적이 별로 없다. B 피험자는 강한 긍정적 기분과 강한 부정적 기분을 빈번하게 경험하며 빈번하고 빠르게 두 극단을 왔다갔다 한다. 즉, 이러한 높은 정동 강도는 기분의 큰 변동성을 보여주며 매일 긍정적 기분과 부정적 기분을 왔다갔다 한다. 흥미롭게도 B 피험자는 이번 학기 동안 세 번이나 병원에 갔는데, 한 번은 감염이었고 두 번은 피곤해서였다.

정동의 강도와 기분 가변성의 측정

정동 강도에 대한 초기 연구에서(Diener, Larsen, et al., 1985) 정서적 삶의 특징은 일일 경험 표집법을 이용하여 평가되었다. 즉, 자료는 [그림 9.7]의 (a), (b)에 제시된 것과 같이 수집되었다. 연구자들은 각 피험자의 총점을 합산하여 개인이 전 시간에 걸쳐 정동이 얼마나 강렬한지 혹은 변화했는지를 파악하였다.

정동 강도를 측정하는 종단적 방법은 안면 타당도가 높고 정동 강도의 구성개념을 잘 대변한다. 그러나 이 방법은 각 개인에 대한 신뢰할 수 있는 합산된 정동 강도 점수를 얻기 위해서 몇 주 이상이 걸린다. 그 결과 정동 강도에 대한 질문지가 개발되어서 개인의 정서 유형 강도를 비교적 빨리 측정할 수 있게 되었다. 〈표 9.5〉는 AIM(Affect Intensity Measure) 질문지에서 20개 문항을 제시하였다.

정동 강도 특성의 중요한 측면은 이 특성이 높거나 낮은 것을 좋거나 나쁘다고 하기 어렵다는 것이다. 긍정적 결과와 부정적 결과는 모두 높거나 낮은 점수와 관련이 있다. 예를 들어 정동 강도가 높은 사람은 삶에 열의가 많고, 열정, 기쁨 등과 같은 긍정 정서의 극치를 즐긴다. 반면 일이 잘 풀리지 않을 때는 슬픔, 죄책감, 불안 등과 같은 부정 정서 반응에 빠지기 쉽다. 또한 점수가 높은 사람들은 극단적인 정서를 빈번하게 경험한다(긍정과 부정 정서 모두). 이로 인해 정서에 따른 신체적 불편을 겪기 쉽다. 일반적으로 정서는 교감신경계를 활성화시키고 각성시킨다. 강한 긍정 정서 역시 교감신경계를 활성화시키고 신경계의 소진을 유발한다. 흥미로운 결과는 정동 강도가 높은 사람들이 더 많은 신체 증상을 보고하지만, 이 때문에 특별히 불행하거나 괴로워하지는 않는다는 점이다. 이들에 대한 면담 결과, 대개 자신의 정동 강도 수준을 변화시키고 싶어 하지 않았다. 이들은 정서적 관여, 오락가락, 매우 정서적인 라이프 스타일에 동반되는 신체적 각성 등을 선호하는 것으로 보였다(Larsen & Diener, 1987).

반면 정동 강도가 낮은 사람들은 안정적이고 기분이 쉽게 상하지 않는다. 부정적인 사건이 일어나도 차분한 정서 상태를 유지하며 부정적 정서의 늪에 빠지지 않는다. 이들은 정서적으로는 안정적이지만 긍정적인 정서도 강하게 경험하지 못한다. 즉, 정동 강도가 높은 사람의 삶에 에너지를 주는 높은 열정, 열의, 정서적 개입, 기쁨 등이 부족하다. 반면 정동 강도가 낮은 사람들은 정동 강도가 높은 사람들이 겪는 신체 증상이나 정신신체 증상들은 경험하지 않는다.

표 9.5 AIM 질문지

다음 문장은 일상적인 생활사건의 정서적 반응에 대한 것이다. 사건에 어떻게 반응하는지를 다음의 척도에서 해당되는 번호를 빈칸에 쓰라. 응답할 때 다른 사람이 어떻게 반응하는지 혹은 어떻게 반응해야 한다고 생각하는지가 아니라 자신이 어떻게 반응하는지를 기준으로 한다.

전혀 그렇지 않다	거의 그렇지 않다	때로 그렇다	대개 그렇다	거의 항상 그렇다	항상 그렇다
1	2	3	4	5	6

1. _____ 어려운 일을 해냈을 때 기쁘고 고무된다.
2. _____ 행복하다고 느끼면 기쁨이 넘치는 편이다.
3. _____ 다른 사람과 함께 있는 것을 매우 즐긴다.
4. _____ 거짓말을 할 때면 기분이 매우 좋지 않다.
5. _____ 개인의 사소한 문제를 해결하면 쾌감을 느낀다.
6. _____ 다른 대부분의 사람들보다 감정이 강렬한 편이다.
7. _____ 행복한 기분이 매우 강한 편이라 천국에 있는 것처럼 느낀다.
8. _____ 몹시 열정적이다.
9. _____ 불가능하다고 생각했던 과제를 마쳤을 때 기뻐서 어찌할 바를 모른다.
10. _____ 재미있는 일을 기대하면 심장이 마구 뛴다.
11. _____ 슬픈 영화는 나를 감동시킨다.
12. _____ 행복할 때는 열정적이고 각성되기보다는 편안하고 만족스러운 기분이다.
13. _____ 사람들 앞에서 처음 말을 시작할 때 목소리가 떨리고 심장이 두근거린다.
14. _____ 좋은 일이 생기면 다른 사람들보다 의기양양해진다.
15. _____ 친구들은 내가 감정적이라고 말한다.
16. _____ 삶에서 가장 좋았던 기억은 열정적이고 열의에 차 있었던 때보다는 만족스럽고 평화스러울 때이다.
17. _____ 심하게 다친 사람을 보게 되면 강한 연민을 느낀다.
18. _____ 기분이 좋아지면 매우 기뻐진다.
19. _____ 차분하고 침착하다.
20. _____ 행복할 때는 기쁨이 폭발하는 것 같다.

정동의 강도에 대한 연구 결과

Larsen, Diener, Emmons(1986)는 기분을 측정하는 연구에서 피험자들에게 매일 일어나는 사건을 기록하게 하였다. 62명이 연속 56일간 매일 최고와 최악의 사건을 기록하여 6,000개의 사건이 수집되었다. 또한 피험자들은 이 사건들이 주관적으로 얼마나 좋고 얼마나 나쁜지 매일 평정하였다. 이후 평정팀은 평균적인 대학생에게 유사한 사건들을 객관적으로 얼마나 좋은지 혹은 나쁜지를 평정하게 하였다. 그 결과 정동 강도가 높은 피험자는 자신의 삶에서 일어나는 사건들을 정동 강도가 낮은 피험자에 비해 더 심각하게 평정했다. 또한 객관적 평정자가 보통 수준으로 좋다고 평정한 사건(교수로부터 칭찬을 듣는 것)은 정동 강도가 높은 피험자가 '매우 좋은'으로 평정하였다. 이와 유사하게 객관적 평정자들이 '보통' 혹은

'나쁜'으로 평정한 사건(예 : 좋아하는 펜을 잃어버리는 것)은 정동 강도가 높은 피험자들에게는 '매우 나쁜'으로 평정되었다. 즉, 정동 강도가 높은 피험자는 자신에게 일어난 사건이 좋은 일이든 나쁜 일이든 정동 강도가 낮은 피험자에 비해 정서적인 영향을 더 크다고 평가하였다. 즉, 정동 강도가 높은 사람은 좋은 사건이든 나쁜 사건이든 정서 유발 사건에 대해 정서적으로 더 반응적이었다

이러한 결과에서 강조할 만한 점은 정동 강도가 높은 사람들이 긍정적 사건과 부정적 사건 모두에 반응적이라는 점이다. 즉, 정동 강도가 높은 사람들은 더 큰 **기분 가변성**(mood variability)을 보이며 시간에 걸쳐 정서적 삶에서 변동을 보인다. Larsen(1987)은 정동 강도가 높은 사람이 정동 강도가 낮은 사람보다 실제로 잦은 기분 변화를 보이며 그 강도가 큰 편이라고 하였다.

정동 강도 개념은 기분 가변성을 포함한 일반적이고 포괄적인 정서적 삶의 특징을 말한다. 예를 들어 Larsen과 Diener(1987)는 정동 강도가 높은 활동 수준, 사교성, 각성 등과 같은 성격 차원과 관련 있다고 보고하였다. 정동 강도가 높은 사람은 활발하고 활기찬 생활방식을 가지고, 사교적이고 타인과 함께 있는 것을 즐기며, 자극적이고 각성되는 일을 추구하는 경향이 있다. 인터뷰를 하는 동안 정동 강도가 높은 사람들은 살면서 최악의 일이 지루한 것이라고 하였다. 그들은 룸메이트에게 짓궂은 장난을 치는 것과 같이 삶에 활기를 불어넣는 일을 종종 한다고 보고하였다. 이러한 행동이 곤란한 상황을 만들기도 하지만 자극제가 되기 때문에 가치가 있다고 느낀다. 또 다른 정동 강도가 높은 피험자는 자신을 정서적으로 자극적인 생활방식에 빠진 '강렬함 중독자(intensity junkie)'라고 하였다. 정동 강도의 개인차에 대한 최근 개관은 Larsen(2009)을 참고하라.

정서적 삶의 내용과 유형 간의 상호작용

사람들이 살면서 느끼는 긍정 및 부정 정서의 상대적 양(내용)과 정동 강도(유형)는 서로 다르다. 정서적 삶을 성격 측면에서 이해할 때 쾌락의 균형(살면서 느끼는 기쁨의 정도)은 정서적 삶의 내용을 대변한다. 예를 들어 Larsen(2000b)에 의하면 평균적인 대학생은 10일 중 7일은 긍정적 정서의 균형을 보인다고 하였다. 즉, 10일 중 7일은 긍정적 정서가 우세하고 3일은 부정적 정서가 우세하다는 것이다. 그러나 여기에는 개인차가 큰 편으로, 어떤 사람들은 95% 이상의 날이 긍정적이라고 평가한 반면 어떤 사람들은 긍정적인 날을 20% 미만으로 평가한다. 긍정적 정서와 부정 정서의 이러한 균형, 즉 개인의 삶에서 좋은 날과 힘든 날의 균형은 정서적 삶의 내용을 가장 잘 보여준다(Zalenski & Larsen, 2000).

정동 강도는 정서적 삶의 유형을 나타내며, 전형적인 정서 반응의 강도를 말하는 것이다. 정서의 내용과 유형을 결합하면 많은 부분을 기술하고 설명할 수 있다. 흥미로운 것은 쾌락 균형과 정동 강도가 서로 관련이 없다는 것이다(Larsen & Diener, 1985). 즉, 낮은 강도의 긍정 정서를 빈번하게 느끼는 사람과 높은 강도의 긍정 정서를 빈번히 느끼는 사람이 있다는 의미이다. 유사하게 부정 정서를 빈번하게 낮은 강도로 느끼는 사람과 높은 강도로 느끼는 사람이 있다. 즉, 쾌락 균형은 정동 강도와 상호작용하여 서로 다른 성격을 특징짓는 정

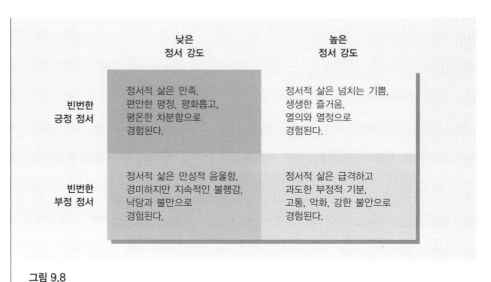

그림 9.8
내용(쾌락 균형)과 유형(정동 강도)의 함수로서의 정서적 삶의 질

서적 삶의 유형을 만들어낸다. [그림 9.8]은 쾌락 균형과 정동 강도의 상호작용이 정서적 삶에 미치는 영향을 보여준다.

　[그림 9.8]에서 정동 강도가 높거나 낮은 사람들은 정서적 삶의 내용을 매우 다르게 경험한다는 것을 알 수 있다. 정동 강도가 낮은 사람은 인내심이 많고, 침착하며, 기복이 적은 것이 특징이다. 만일 이 사람이 행복한 사람이라면(삶에서 부정 정서보다 긍정 정서가 더 많은 경우) 자신의 행복을 평온한 종류의 지속적인 만족으로 경험한다. 만일 그가 불행한 사람이라면(삶에서 부정 정서보다 긍정 정서가 적은 경우) 정서적 삶은 만성적이고도 다소 성가시고 짜증스러운 부정 정서로 구성될 것이다. 반면 정동 강도가 높은 사람의 정서적 삶의 특징은 돌발, 변덕, 변동 등이다. 만일 이 사람이 행복한 사람이라면, 그 행복은 열의와 흥분을 생생한 극치로 경험할 것이다. 그 사람이 불행한 사람이라면 대신 불안, 죄책감, 우울, 고립감과 같은 갖가지 부정적 정서를 겪을 것이다.

요약과 평가

정서는 상태 혹은 특성으로 생각할 수 있으며, 이는 경험 패턴, 생리적 변화, 행동 혹은 활동 경향성의 변화라고 할 수 있다. 정서 상태는 단기적이고 환경적 사건에 의해 발생한다. 그러나 특성으로서의 정서는 주로 성격에 기인한 일관적이고 안정된 패턴이다. 이 장에서는 정서를 특성으로 살펴보았다. 예를 들어 사람들은 얼마나 자주 화가 나고 행복하고 우울한지 등에 대해 서로 차이가 있다. 이러한 차이는 성격을 기술하는 데 유용하다.

　정서의 내용은 개인이 가질 수 있는 정서적 경험의 유형이다. 예를 들어 어떤 사람의 정서적 삶의 전형적인 내용을 알 수 있다면 그 사람이 시간에 걸쳐 경험할 가능성이 있는 정서의 종류를 알 수 있다.

정서의 내용은 크게 긍정 정서와 부정 정서로 구분될 수 있다. 긍정 정서 범주에는 행복 및 삶의 만족도 평가가 포함된다. 대부분 사람들의 주요 정서 목록에는 단지 한 가지의 주요 긍정 정서가 있는 데 반해 부정 정서는 다양하다. 특성 관점에서 논의한 긍정 정서는 행복 성향이다. 심리학자들은 어떤 사람이 다른 이들에 비해 더 행복한 이유와 행복 특성을 증진 시킬 수 있는 방식을 이해하기 위해 자료를 수집하고 이론을 만들어내고 있다.

성향적 불쾌 정서 접근에서는 불안, 우울, 분노의 세 가지 성향을 논의했다. 불안 특성은 성격 문헌에서 신경증, 부정적 정서성 등 다양한 이름을 가지고 있다. 불안 정서는 개별적인 인지 요소를 가지고 있으며 건강, 특히 자기보고로 측정된 건강과 관련이 있다. 또한 우울은 관련된 경험과 행동증후군으로 정의할 수 있고, 이에 대해 몇 가지 인지 이론을 논의했다. 분노 성향과 적대감은 특성 정서로 논의되었고, 이 성향과 건강 및 안녕감과의 관련성을 탐색하였다. 불안, 우울, 분노는 현재 신경과학자들의 관심 주제이며 각 정서에 대한 경험 및 조절과 관련 뇌 중추에 대한 자료가 축적되고 있다.

정서 유형은 개인이 정서를 경험하는 전형적인 방식이다. 여기서는 정동 강도 유형의 구성요소 혹은 정서를 경험하는 전형적인 강도에 초점을 맞추었다. 정동 강도가 높은 사람은 자신의 삶에서 일어나는 사건들이 긍정 사건이든 혹은 부정 사건이든 간에 더 큰 정서 반응을 보이며 기분이 날마다 잘 변한다. 정서의 내용과 유형은 개인 내에서 상호작용함으로써 정서적으로 다양한 삶을 살게 된다.

핵심용어

긍정적 환상(positive illusions)

기능분석(functional analysis)

기분 가변성(mood variability)

기분 유도(mood induction)

내용(content)

범주적 접근(categorical approach)

변연계(limbic system)

상호 인과관계(reciprocal causality)

신경증(neuroticism)

우울(depression)

우울증에 대한 신경전달물질 이론(neurotransmitter theory of depression)

유형(style)

인지 삼제(cognitive triad)

인지도식(cognitive schema)

자기충족적 예언(self-fulfilling prophecy)

적대감(hostility)

전전두피질(prefrontal cortex)

전측 대상회(anterior cingulate)

정동(affects)

정동 강도(affect intensity)

정서(emotions)

정서 상태(emotional states)

정서 특성(emotional trait)

차원적 접근(dimensional approach)

취약성-스트레스 모형(diathesis-stress model)

행동 경향성(action tendencies)

행복(happiness)

사회문화 및 적응 영역

사회문화적 영역에서 성격의 강조점은 성격이 우리 삶 속의 사회적 상황, 사회적 역할과 기대, 대인관계로부터 영향을 받고 표현된다는 점이다. 앞에서 지배성 대 복종성 또는 사랑 대 미움 같은 대인간 특성을 몇 가지로 분류하였다. 사실 대부분의 특성 형용사는 사람들이 타인에게 어떻게 행동하는지를 기술하는 데 중요하다. 대인간 특성은 우리 삶의 오랜 산물이다. 예를 들면 통제하려고 하거나 매사에 쉽게 가려는 경향은 배우자나 업무 파트너와의 갈등, 목표 달성에 사용하는 전략 같은 삶의 다른 측면에 영향을 미친다. 신경질적이거나 낙관적인지

의 여부는 이혼이나 세일즈 경력의 성공 같은 여러 가지 사회적 결과를 나타낼 가능성에 영향을 미친다. 대부분의 중요한 개인차와 성격특성은 대인관계에서 드러난다.

우리는 성격이 사회적 상호작용에 영향을 미치는 세 가지 핵심 과정을 기술한다. 첫 번째 과정은 선택으로, 사람들은 성격에 따라 특정한 사회적 환경을 선택한다는 것이다. 두 번째 과정은 유발이다. 우리는 사람들이 어떻게 타인들에게 고통과 긍정적인 느낌을 유발하는지에 대해 살펴본다. 마지막 과정은 타인에게 영향을 끼치기 위해 조작을 거치는 것으로, 이 또한 성격이 사회적 상호작용에 영향을 미치는 과정이다.

대인간 맥락에서 한 가지 중요한 것은 남녀 사이의 관계이다. 사회적 정체감의 핵심 부분은 젠더(역주-젠더는 사회문화적으로 받아들여지는 의미로, 성은 생물학적 차이로 나타나는 의미로 사용함)이다. 성격 측면에서 남녀 차이는 성격 심리학의 오랜 관심사이다. 어떤 연구자들은 남녀 차이를 최소화하기를 선호하는데, 이들은 성차라는 것은 작으며 동성 내의 변산성이 이성 간의 변산성을 능가한다는 점을 강조한다. 또 다른 연구자들은 성차에 초점을 두는데, 성차는 크고 여러 다른 문화에서 발견된다는 점을 강조한다. 남성은 공격성 점수가 높은 반면 여성은 신뢰와 양육 점수가 높은 경향이 있다. 성차는 어디에서 오는가?

우리가 젠더라고 부르는 것의 대부분은 문화, 즉 사회가 남녀에게 다른 규칙과 기대를 어떻게 형성하는지에 관한 것에서 기원한다.

다른 이론가들은 성차가 호르몬에서 기인한다는 점을 강조한다. 예를 들어 테스토스테론의 수준이 남녀에서 크게 다른데, 테스토스테론은 지배성, 공격성, 성적 취향과 같은 성격특성과 믿을 만하게 연관되어 왔던 호르몬이다.

또 다른 이론은 진화론이다. 이는 남녀가 처하게 되는 도전이 다르며 남녀가 각각 다른 도전을 해결하는 방향으로 진화되었음을 시사한다. 기원이 무엇이든 간에 젠더의 차이는 성격심리학자들의 오랜 관심사였으며, 그들은 젠더를 대인관계로 언급하고 대인관계 내에서 풀어가기 때문에 젠더는 분명 사회문화적 영역의 일부분이다.

사회적으로 중요한 또 다른 차이는 사람들이 속한 문화, 사회적 규칙 체계, 양육 의례에서 기인한다. 예를 들어 아기가 울 때마다 부모가 안아서 달래주는 문화가 있는 반면에 아기가 울게 내버려두는 문화도 있다. 이 다른 두 문화에서 자라는 것이 성인이 되었을 때 성격 차이를 일으키는가? 사실 문화가 다르면 사람의 성격도 다르지 않는가?

성격심리학의 중요한 목표는 문화가 성격을 어떻게 만들어 가는지를 이해하는 것이다. 다른 문화를 가진 사람들이 다르게 되는 방법을 알아내는 것 외에 문화성격심리학자는 문화 간 유사성 또한 탐색해 왔다. 문화 보편성의 한 가지 예는 특정한 정서 표현이 있다는 점이다. 문화적 보편성을 보여주는 성격의 또 다른 측면은 5요인 특성 모델로 기술된다.

이 장에서 우리는 성격의 보다 광범위한 사회적, 대인관계적 측면과 젠더를 포함한 문화적인 측면에 초점을 둔다.

성격과
사회적 상호작용 및 성차

10

온라인 데이트 사이트에 있는 프로필에는 보통 그 사람이 상대에게 원하는 성격특성이 언급된다 (예 : 배려심, 유머 감각, 다정함 등). 성격은 사회적 상호작용에서 중요한 역할을 한다.

출처 : ⓒ Brent Lewin/ Bloomberg via Getty Images

수와 조앤은 커피를 홀짝거리며 전날 저녁의 데이트에 관해 이야기하였다. 수는 "최소한 처음에는 마이클이 좋은 사람으로 보였어."라고 말했다. "그는 예의 바르고 좋아하는 음식이 뭐냐고 물어보고, 진정으로 나라는 사람을 아는 데 관심이 있는 것 같았어. 그러나 그가 웨이트리스에게 무례하게 말하는 것 때문에 기분이 조금 상했어. 또 그는 나에게 음식을 고르라고 강요하고 내가 좋아하지 않는 돼지고기 요리를 선택했어. 그리고 나서 저녁식사 내내 자신에 관한 이야기만 했어. 식사가 끝날 무렵 그는 내 방에 오려고 했는데, 나는 피곤했고 이미 밤이었어." 조앤은 "그가 너에게 키스했니?"라고 물었다. "음, 그래. 내가 먼저 그에게 굿나잇 키스를 시작했는데, 그는 정말 공격적으로 덤볐어. 그래서 내가 그를 밀쳐냈더니 예의 바른 행동은 사라지고 화가 나서 뛰쳐나가 버렸어. 어쨌든 그는 그렇게 좋은 사람은 아니었던 것 같아. 너의 데이트는 어땠니?"

이 대화에서 수는 자신의 데이트 상대인 마이클에 대한 귀중한 정보를 주었다—우리가 내리는 사회적 결정에서 매우 중요한 정보. 마이클은 웨이트리스에게 말할 때와 수에게 굿나잇 키스를 할 때 공격성을 드러냈다. 그는 저녁식사 내내 자기 자신에게만 초점을 맞추는 자기중심적인 성향을 보였다. 웨이트리스의 감정을 무시하는 태도와 갑작스러운 성적 공격성은 모두 공감이 부족해 보이는 행동이었다. 그의 얄팍한 겉치레 예의는 빠른 시간 내에 무너졌고 마찰을 일으키는 대인관계 성향이 드러나 수의 마음은 돌아섰다.

이 에피소드는 성격이 사회적 상호작용에 영향을 주는 몇 가지 중요한 방식을 보여준다. 성격은 세 가지 방식으로 상황과 상호작용한다: 선택, 유발, 조작. 이러한 세 가지 메커니즘은 성격이 대인관계 상황에 영향을 미치는 방식을 이해하는 데에 적용된다. 첫째, 다른 사람의 성격특성은 우리가 그들을 데이트 상대, 친구, 배우자로 선택(select)할 것인지 아닌지에 영향을 미친다. 이 에피소드에서 수는 마이클의 공격적이고 자기중심적인 성격특성 때문에 그에게 흥미를 잃었다. 사람의 성격특성은 또한 그들이 참여하여 지속하고자 하는 인간관계 상황에서 어떤 역할을 한다. 예를 들면 수와 성격이 다른 사람은 사실 마이클과 같은 남자에게 마음이 끌릴 수도 있고 그의 자기중심적인 특징을 참아낼 수도 있다.

둘째, 다른 사람의 성격특성은 우리에게 특정한 반응을 유발(evoke)한다. 마이클의 공격적인 표현은 수를 화나게 하고, 이것은 만약 그가 좀 더 친절하고 배려했더라면 유발되지 않았을 감정 반응을 일으켰다. 성격 관련 행동은 다른 사람에게 공격성에서부터 사회적 지지까지, 부부 간의 만족에서부터 배우자에 대한 부정까지 다양한 반응을 유발할 수 있다.

셋째, 성격은 우리가 다른 사람에게 영향을 미치거나 조작(manipulate)하려고 하는 방식과 관련 있다. 마이클은 먼저 매력적인 전략을 썼다. 그러고 나서 그는 오만한 전략을 선택했다. 결국 그는 수를 강압하려고 하였다. 마이클과 성격이 다른 남성은 이성이나 보상 같은 다른 전략을 이용했을 것이다.

이러한 세 과정(선택, 유발, 조작)은 성격이 사회적 환경과 상호작용하는 중요한 방식이다. 일상생활에서 사람은 가능한 모든 사회적 환경에 노출되지는 않는다. 특정 성격 성향을 지닌 사람은 선택적으로 사회적 상황을 찾거나 피한다. 고의는 전혀 아니지만 성격은 또한 때로 우리가 다른 사람으로부터 다른 반응을 일으키게 하고 다른 사람이 우리로부터 다른 반응을 유발하는 방식에 영향을 끼친다. 그리고 성격은 우리가 관계를 맺기 위해 선택한 사람들에게 의도적으로 영향을 미치고 그들을 변하게 만들며 이용하고 조작하는 방식에 영향을 준다.

선택

일상생활에서 사람은 어떤 상황은 선택하고 또 다른 상황은 피한다. 이러한 형태의 상황 선택은 전적으로 성격 성향과 자신을 바라보는 방법에 달려 있다. 다음 이야기는 선택 과정을 보여준다. 이 예에서 커플은 우연히 한 상황에 놓이게 되었고 그 상황으로부터 신속한 탈출을 선택하였다.

　　　시카고 출신의 여피 커플, 칩과 프리실라는 이제 방금 댈러스로 이사하였고, 로우어 그린빌 에비뉴에 있는 최신 유행의 몇몇 나이트 클럽들을 체험해보고 있다. 그들이 TV 시리즈 '건스모크'에 나오는 기묘하고 작은 웨스턴 바에나 있는 것처럼 보이는 자동식 문을 밀고 들어갔을 때, 바에 앉아서 그들을 노려보며 의자를 돌리고 있는 모터사이클 갱인 거구의 폭주족 6명과 맞닥뜨리게 되었다. 그 폭주족들은 평균 2개 이상의 문신을 했고 치아가 3개 이상 없었다. 그들이 내뿜는 가스는 인화성이 높은 냄새가 난다. 그들 중 두 명은 칩을 모욕적으로 빤히 쳐다보고 한 명은 프리실라를 사악하게 곁눈질한다. 서둘러 도망갈 준비를 하면서 "여기는 우리에게 맞지 않아 보여."라고 칩은 프리실라에게 말한다.(Ickes, Snyder, & Garcia, 1997, p. 165)

사회적 선택은 일상생활에 널리 퍼져 있다. 이러한 선택의 중요성은 외견상 하찮아 보이는 것("오늘 밤 이 파티에 참석하는 것이 나을까?")에서부터 심각한 것("이 사람을 배우자로 선택해도 괜찮을까?")에까지 이른다. 사회적 선택은 우리에게 하나의 길을 선택하고 다른 길을 피하도록 이끄는 결정 지점(decision points)이다. 우리의 사회적 상황과 세계의 본질을 정하는 이러한 결정은 종종 선택하는 사람의 성격특성에 근거한다. 외향적인 사람은 사회적 상황에서 더 많은 시간을 보내는 것을 선택하는 반면, 성실한 사람은 일과 관련된 활동을 좀 더 선택한다―청소년기부터 청년기까지 계속되는 선택(Wrzus, 2016). 우호적인 사람은 긍정적인 이미지를 묘사하는 사진이나 미디어를 보는 데 많은 시간을 할애하는 것을 선택한다. 무례한 사람은 자신을 좀 더 부정적인 이미지의 사진이나 미디어에 노출시킨다(Bresin & Robenson, 2014).

특히 짝 선택(mate selection)은 선택의 메커니즘에서 극적인 예이다. 오래 지속될 상대를 선택할 때, 한 명의 특정인과 오랫동안 친밀한 접촉을 한다. 이러한 선택은 당신이 노출되고 살아가게 될 사회적 환경을 바꾼다. 짝 선택에 따라 당신은 친구 및 가족 네트워크와 앞으로 경험하게 될 사회적 환경을 선택하는 것이다.

사람들은 짝이 될 만한 사람으로 어떤 성격특성을 가진 사람을 찾는가? 모든 사람에게 바람직한 일반적인 성격특성이 존재하는가? 짝으로 자신과 비슷한 성격을 가진 사람을 기대하는가, 아니면 자신과 성격이 다른 사람을 기대하는가? 그리고 시간이 흘러도 함께할 가능성 있는 짝은 어떻게 선택하는가?

배우자로 원하는 성격특성

우리가 관계가 오래 지속될 장기적인 파트너에게 원하는 것은 무엇인가? 이것이 5대양 6대주에 거주하고 있는 10,047명을 대상으로 한 국제적인 조사연구의 핵심이었다(Buss et al., 1990). 주요 인종집단, 종교집단, 정치집단을 대표하는 33개국 총 37개 표본을 선택하였다. 표본은 해안가에 사는 호주인부터 남아프리카의 줄루인까지 다양하다. 경제 상태는 중산층과 중상계층의 대학생부터, 구자라티 인디언이나 에스토니아인과 같은 사회경제적 지위가 낮은 집단까지 다양했다. 50명의 연구자가 자료를 수집했다. 표준 질문지가 각 문화의 언어로 번역되어 각 지역 거주자에게 시행되었다. 사람들이 지속적으로 짝에게 원하는 것이 무엇인가에 관한 연구 중 가장 규모가 큰 이 연구는 성격특성이 짝 선택에 중심 역할을 한다는 것을 보여준다. 다음 연습문제에 나오는 질문지를 완성하면, 당신의 선호도를 전 세계 표본과 비교해볼 수 있을 것이다.

〈표 10.1〉에서 볼 수 있듯이, 서로의 매력과 사랑은 세계 모든 사람들에게 필수적인 것으로 보이는 가장 인기 있는 요인이다. 성격특성은 그다음으로 배우자 선택 선호에서 중요하게 여기는 요소이다―신뢰할 수 있음, 정서적 안정성, 유쾌한 성향. 이들은 성격의 5요인

연습문제

지시 : 짝이나 배우자의 선택에서 다음 요인들을 평가하라.

요인별 점수

필수 불가결한 요인	3점
중요하지만 필수적이지는 않은 요인	2점
바람직하지만 매우 중요하지는 않은 요인	1점
관련성이 없거나 중요하지 않은 요인	0점

_____ 1. 훌륭한 요리와 살림 솜씨   _____ 10. 가정과 자녀들에 대한 기대

_____ 2. 유쾌한 성향   _____ 11. 유망한 사회적 상태

_____ 3. 사교성   _____ 12. 멋진 외모

_____ 4. 비슷한 학력 배경   _____ 13. 유사한 종교적 배경

_____ 5. 고상하고 단정함   _____ 14. 야심과 근면

_____ 6. 재정적 유망성   _____ 15. 유사한 정치적 배경

_____ 7. 순결(성관계 경험 없음)   _____ 16. 상호 간의 매력 또는 사랑

_____ 8. 신뢰성   _____ 17. 좋은 건강

_____ 9. 정서적 안정   _____ 18. 교육과 지능

이제 〈표 10.1〉에서 10,047명의 국제적 남녀 표본의 점수와 당신의 점수를 비교한다.

(five-factor) 모델에 있는 세 가지 요인과 상당히 유사하다. 신뢰성은 성실성과 유사하다. 정서적 안정성은 5요인 모델의 네 번째 요소와 같다. 유쾌한 성향은 우호성과 상당히 유사하다. 순위가 높은 또 다른 성격요인에는 사교성이 있다.

　　사랑을 제외하고 응답자가 처음 선택한 것은 성격특성이었다. 그러므로 성격요인은 전 세계적으로 장기적인 상대를 찾는 데 중심 역할을 한다. 이는 수십 년에 걸친 연구를 통해 입증된 결과이다(Fletcher et al., 2004; Kamble et al., 2011; Souza et al., 2016). 또한 성적 지향과 관계없이 우호성, 성실성, 정서적 안정성 등과 같은 성격특성을 우선하였다. 이런 특징은 이성애자와 비이성애자 남녀 모두에게 강하게 나타난다(Valentova et al., 2016). 이러한 성격특성이 약한 사람은 관계 '파괴자'가 되기 쉽다(Jonason et al., 2015).

동질적 성격으로 짝짓기 : 유사성 추구

지난 세기에 걸쳐 누가 누구에게 끌리느냐에 관한 두 가지 경쟁적 과학이론이 발전해 왔다. **보완 욕구 이론**(complementary needs theory)은 사람들이 자신과 비슷한 성향보다 다른 성격 성향을 가진 사람에게 끌린다는 것을 전제로 한다(Murstein, 1976; Winch, 1954). 예를 들면 지배적인 사람은 자신이 통제하고 지배할 수 있는 사람이 필요할 수 있다. 보완 욕구 이

표 10.1	국제적 표본의 남녀별 평정 요약					
	남성			**여성**		
순위	변수	평균	표준편차	변수	평균	표준편차
1.	상호 간의 매력 또는 사랑	2.81	0.16	상호 간의 매력 또는 사랑	2.87	0.12
2.	신뢰성	2.50	0.46	신뢰성	2.69	0.31
3.	정서적 안정과 성숙	2.47	0.20	정서적 안정과 성숙	2.68	0.20
4.	유쾌한 성향	2.44	0.29	유쾌한 성향	2.52	0.30
5.	좋은 건강	2.31	0.33	교육과 지능	2.45	0.25
6.	교육과 지능	2.27	0.19	사교성	2.30	0.28
7.	사교성	2.15	0.28	좋은 건강	2.28	0.30
8.	가정과 자녀들에 대한 기대	2.09	0.50	가정과 자녀들에 대한 기대	2.21	0.44
9.	고상하고 단정함	2.03	0.48	야심과 근면	2.15	0.35
10.	멋진 외모	1.91	0.26	고상하고 단정함	1.98	0.49
11.	야심과 근면	1.85	0.35	비슷한 학력 배경	1.84	0.47
12.	훌륭한 요리와 살림 솜씨	1.80	0.48	재정적 유망성	1.76	0.38
13.	재정적 유망성	1.51	0.42	멋진 외모	1.46	0.28
14.	비슷한 학력 배경	1.50	0.37	유망한 사회적 상태나 지위	1.46	0.39
15.	유망한 사회적 상태나 지위	1.16	0.28	훌륭한 요리와 살림 솜씨	1.28	0.27
16.	순결(성관계 경험 없음)	1.06	0.69	유사한 종교적 배경	1.21	0.56
17.	유사한 종교적 배경	0.98	0.48	유사한 정치적 배경	1.03	0.35
18.	유사한 정치적 배경	0.92	0.36	순결(성관계 경험 없음)	0.75	0.66

출처 : Buss et al. (1990), p. 19, Table 4.

론에 따르면 복종적인 사람은 자신을 지배하고 통제할 수 있는 상대를 선택한다. 쉽게 말해서 '정반대 매력'을 말한다.

그에 반해 **매력 유사성 이론**(attraction similarity theory)은 자신과 비슷한 성격특성을 가진 사람에게 끌리는 것을 전제로 한다. 지배적인 사람은 '자신을 밀어내는' 사람을 좋아하기 때문에 지배적인 사람에게 끌릴 수 있다. 외향적인 사람은 함께 파티에 갈 수 있는 외향적인 파트너를 좋아한다. 쉽게 말해 '유유상종'이다. 지난 세기에 걸쳐 이 두 가지 이론을 지지하는 많은 사람들이 있었는데 드디어 결론이 나왔다. 즉, 매력 유사성 이론을 지지하는 증거가 압도적이고, 보완 욕구 이론을 뒷받침하는 증거는 없다(Buss, 2016). 사실 확실하게 입증되는 '정반대 매력'의 유일한 특성은 생물학적 성이다. 남성은 여성에게 끌리고 여성은 남성에게 끌리는 경향이 있다. 물론 그럼에도 항상 개인차는 있겠지만, 이 연구는 일반적으로 자신과 성격이 유사한 타인에게 끌린다는 것을 보여준다.

짝 선택에 관한 연구 논문에서 가장 일반적인 결론 중 하나는 자신과 비슷한 사람과 결혼하는 **유사성 짝짓기**(assortative mating)로 알려진 현상이다. 거의 대부분의 변수에서(단일 행동에서부터 인종적 지위) 사람들은 자신과 비슷한 사람을 배우자로 선택하는 것 같다. 키,

사람들은 종종 자신과 비슷한 사람들에게 호감을 느 낀다. 이를 유사성 짝짓기라고 부른다.

출처 : ⓒ Andrew Rich/Vetta/Getty Images RF

몸무게 그리고 놀랍게도 코의 폭, 귓불 길이 등과 같은 신체적 특징에서 조차도 커플은 정적 상관을 보인다. 심지어 얼굴만을 근거로 탐지된 성 격조차(오로지 사진으로만 판정한 성격특성 평가)도 유사성 짝짓기를 보 여준다(Little, Burt, & Perrett, 2006). 가장 오래 함께한 커플은 가장 비 슷한 성격을 보여주었는데, 이것은 처음 선택 과정에서 이미 시작되었고 더 많이 이별하는 커플들과는 다른 양상이었다(Humbad et al., 2010).

그러나 이러한 정적 상관은 적극적으로 비슷한 상대를 선택하기 때문 에 생기는 것인가? 단지 우연인가? 예를 들면 근접성 자체가 원칙적으로 정적 상관을 어느 정도 설명할 수 있다. 사람은 가까이에 있는 사람과 결 혼하는 경향이 있다고 알려져 있다. 낭만적 사랑에 대한 개념은 제외하 고서라도, 비록 인터넷 데이트 사이트가 그 효과를 어느 정도 축소시키 지만 '오직 한 사람'은 종종 운전해서 만날 수 있는 거리 내에 산다. 그리고 가까운 곳에 있 는 사람들은 공통된 특징을 가질 수 있기 때문에 결혼한 커플에서 발견되는 정적 상관은 적 극적으로 비슷한 상대방을 선택하는 대신 단지 가까운 곳에 있는 사람과 결혼한 부수적인 효과(side effect)일 수 있다. 지능, 동기, 사회적 기술 등이 유사한 사람들을 입학시키는 대학 과 같이 문화적으로 동질적인 기관은 유사성 짝짓기를 촉진시킬 수 있다.

이러한 예측을 확인하기 위해 Botwin과 동료들은 두 피험자 표본을 연구했다: 데이트 중 인 커플과 신혼부부(Botwin et al., 1997). 참가자들은 잠재적 배우자의 성격특성에 대한 선 호를 40개 영역에서 평정하였다. 이것은 먼저 5요인으로 채점되었다: 외향성, 우호성, 성실 성, 정서적 안정성, 지적-개방성. 이어서 성격 성향을 40개 영역에서 평정하였다. 두 번째 단계에서는 세 가지 자료가 이용되었다: 자기보고, 파트너보고, 독립된 면담. 배우자 선호 도의 상관관계는 2개 성격 평정 간에 계산되었다: 파트너보고와 면담을 합산한 후 산출한 평균과 자기보고 간의 상관.

〈표 10.2〉와 같이 이러한 상관관계는 일관성 있게 정적 관계를 나타냈다. 외향성에서 높 은 점수를 받은 사람은 배우자로 외향적인 사람을 선택하고 싶어 했다. 성실성에서 높은 점 수를 받은 사람은 성실한 배우자를 원했다. 물론 이 연구의 결론은 한 가지 중요한 고찰에 의해 지지된다. 아마 이상적인 배우자의 성격에 대한 선호도는 자신이 이미 만나고 있는 상 대방에 의해 영향을 받을 수도 있다. 정서적으로 안정적인 사람은 이미 정서적으로 안정적 인 사람과 짝을 이루었고, 이러한 선택은 그들이 자신이 선택한 사람에게 진정으로 끌린다 고 함으로써 정당화된다. 이것이 자신의 성격과 자신이 원하는 상대방의 성격 간에 정적 상 관을 만든다. 결혼하지 않은 사람을 대상으로 한 연구에서도 같은 결과가 발견된다. 사람은 자신과 비슷한 사람을 선호한다는 점에서 매력 유사성 이론이 지지된다(Buss, 2012).

이러한 자료는 남편과 아내 사이의 성격 변인에 대한 정적 상관관계가 최소한 어느 정도 는 선택하는 사람의 성격특성에 근거를 둔 것임을 보여준다. 다음 연구는 사람이 적극적으 로 외향성, 우호성, 성실성, 정서적 안정성, 지적-개방성 등의 면에서 자신과 비슷한 로맨틱 파트너를 선호하는 것을 보여준다. 그러나 대부분의 사람들은 '이상적인' 로맨틱 파트너의

표 10.2 성격과 배우자 선호의 상관

| 특성 | 데이트 중인 커플 | | | | 결혼한 커플 | | | |
| | 남성 | | 여성 | | 남성 | | 여성 | |
	자기보고	타인보고	자기보고	타인보고	자기보고	타인보고	자기보고	타인보고
외향성	.33[*]	.42[**]	.59[***]	.35[**]	.20[*]	.15	.30[**]	.25[**]
우호성	.37[*]	.17	.44[***]	.46[***]	.30[**]	.12	.44[***]	.31[**]
성실성	.34[**]	.45[***]	.59[***]	.53[***]	.53[***]	.49[***]	.61[***]	.53[***]
정서적 안정성	.29[*]	.36[**]	.52[***]	.30[*]	.27[**]	.21[*]	.32[***]	.27[**]
지적-개방성	.56[***]	.54[***]	.63[***]	.50[***]	.24[*]	.31[**]	.48[***]	.52[****]

[*] $p < .05$

[**] $p < .01$

[***] $p < .001$

주 : 표에 있는 각 상관계수는 개인의 성격특성과 원하는 상대방의 성격특성 간의 관계를 나타낸다. 남성의 경우, 외향성에 대한 자기보고 칸의 .33[*]은 외향성이 높은 남성은 외향성이 높은 배우자를 선호한다는 것을 나타낸다. 표에 있는 모든 상관계수가 양수(+)라는 것은 사람들은 일반적으로 자신과 성격이 비슷한 배우자를 선호한다는 점을 시사한다.

출처 : Botwin, Buss, & Shackelford(1997)

성격으로 자신보다 외향성, 우호성, 성실성, 정서적 안정성, 지적-개방성 등의 모든 특성이 높은 사람을 고려한다(Figueredo, Sefcek, & Jones, 2006). 요약하면 성격특성은 선택의 사회적 메커니즘에서 중추적인 역할을 하는 것으로 보인다.

사람들은 자신이 원하는 상대를 만나는가? 그러면 행복한가?

인간의 삶에서 우리가 항상 원하는 것을 다 얻지는 못한다는 것은 진실이며, 이것은 배우자 선택에 있어서도 맞는 말이다. 당신은 친절하고, 이해심 많고, 신뢰할 수 있고, 정서적으로 안정적이며, 지적인 배우자를 원할 수 있다. 그러나 이러한 바람직한 배우자는 항상 그들을 찾는 사람들의 수에 비해 공급이 부족하다. 그래서 많은 사람들은 결국 이상에 못 미치는 사람과 결혼하게 된다. 그러므로 이상에서 벗어나는 배우자를 만난 사람은 소망을 이뤄주는 배우자를 만난 사람보다 만족스럽지 않을 것이라고 추측하는 것은 타당하다.

〈표 10.3〉은 개인이 배우자로서 이상적으로 생각하는 성격특성과 이미 결혼한 배우자의 실제 성격특성을 표현한 선호 간의 상관관계를 보여준다(Botwin et al., 1997, p. 127). 네 가지 하위집단 중 세 집단인 데이트 중인 여성, 기혼여성, 기혼남성에서 파트너에게 바라는 성격과 현재의 파트너가 가진 실제 성격특성 사이에 보통 정도의 상관이 나타난다. 하지만 그 방향은 일관적으로 정적 상관이다. 바라는 것과 얻은 것 사이의 관련성은 특히 외향성과 지적-개방성에서 강하게 나타난다. 요컨대 일반적으로 사람들은 성격의 관점에서 원하는 배우자를 구하는 것 같다.

표 10.3 배우자 성격 선호도와 실제 파트너의 성격

파트너의 성격	데이트 중인 커플				결혼한 커플			
	여성의 선호도		남성의 선호도		남성의 선호도		여성의 선호도	
	자기평가	타인의 평가	자기평가	타인의 평가	자기평가	타인의 평가	자기평가	타인의 평가
외향성	.25	.39**	.28*	.24	.39***	.49***	.31***	.32**
우호성	.28*	.32	.24	.02	.20*	.40***	.03	.25
성실성	.28*	.29*	.24	.26	.36***	.46***	.13	.24
정서적 안정성	.36**	.12	.40**	.10	.27**	.37**	.07	.12
지적-개방성	.33***	.41**	.40**	.11	.24***	.39***	.14	.39****

*p < .05
**p < .01
***p < .001

출처 : Botwin, Buss, & Shackelford(1997)

자신이 원하는 성격의 배우자를 얻은 사람이 그렇지 않은 사람보다 더 행복할까? 이 문제를 알아보기 위해서 Botwin과 동료들(1997)은 이상적인 배우자 성격을 표현한 것과 배우자의 실제 성격을 평가한 것 간의 차이 점수를 산출하였다. 이 차이는 먼저 배우자 성격의 주요 영향을 통제한 후 결혼 만족도를 예측하는 데 사용되었다. 결과는 일관성이 있었다. 파트너의 성격은 결혼 만족도에 상당한 영향을 주었다. 특히 우호성, 정서적 안정성, 지적-개방성이 높은 성격특성을 가진 사람과 결혼한 경우, 특히 부부 관계가 행복했다. 그러나 실제 파트너의 성격과 이상적인 성격 간의 차이는 결혼 만족도를 예측하지 않았다. 다시 말해서 행복한 결혼의 비결은 유쾌하고 정서적으로 안정되고 개방적인 파트너를 만나는 것이지, 파트너가 자신이 원하는 것에서 벗어나는지 여부와는 무관하다(Luo et al., 2008).

참가자의 결혼 만족도 점수와 자기보고를 통해 얻은 배우자의 성격 점수 간의 상관관계는 〈표 10.4〉에서 볼 수 있다. 특히 우호적인 파트너를 만나는 것은 남녀 모두에게 행복한 결혼생활에 대한 강력한 예측변수이다. 우호적인 파트너와 결혼한 사람은 성생활에 더 만족하고 자신의 배우자를 더 사랑스럽고 매력적이며 웃음을 공유할 수 있는 근원이자 대화를 이끄는 원천으로 본다. 무례한 파트너와 결혼한 사람은 가장 불행한 결혼생활을 하고 아마도 이혼할 위험 또한 가장 높다.

결혼 만족도와 일관성 있게 관련된 다른 성격요인들은 성실성, 정서적 안정성, 지적-개방성 등이다. 성실성 점수가 높은 아내를 둔 남자는 다른 남편들보다 결혼생활에서 성적으로 상당히 더 만족한다. 성실성이 높은 남편을 둔 아내들은 일반적으로 더 만족하고 남편과 대화함으로써 더 행복해한다. 이는 결혼생활을 오래 한 125쌍을 대상으로 한 연구 결과이다(Claxton et al., 2011). 남녀 모두 정서적 안정성이 높은 배우자를 둔 경우는 일반적으로 더

	배우자가 보고한 성격특성 평정				
결혼생활 만족도	E	A	C	ES	I-O
남편					
일반적 측면	.12	.32***	.06	.27**	.29**
비밀을 털어놓을 수 있는 배우자	-.05	.27**	.07	.11	.05
성적 측면	-.08	.31**	.32***	.25**	.04
격려와 지지의 원천이 되는 배우자	.03	.29**	.11	.26**	.18
사랑과 애정 표현	.07	.31**	.14	.21*	.26**
배우자와 보내는 시간의 즐거움	.11	.30**	.13	.28**	.08
배우자와 함께 웃는 빈도	.19*	.23*	.19	.11	.24**
대화를 자극하는 원천이 되는 배우자	.06	.12	-.04	.21*	.17
아내					
일반적 측면	.07	.37***	.20*	.23*	.31***
비밀을 털어놓을 수 있는 배우자	.06	.25**	.15	.24**	.27**
성적 측면	.08	.19*	.14	.09	.13
격려와 지지의 원천이 되는 배우자	.04	.47***	.06	.20*	.31***
사랑과 애정 표현	-.04	.29**	.14	.28**	.33***
배우자와 보내는 시간의 즐거움	.06	.27**	.06	.33***	.18
배우자와 함께 웃는 빈도	-.02	.27**	-.02	.10	.08
대화를 자극하는 원천이 되는 배우자	.23*	.24*	.25**	.18	.45***

표 10.4 결혼 만족도의 측면과 성격특성에 대해 배우자가 보고한 성격 평정

주 : E = 외향성, A = 우호성, C = 성실성, ES = 정서적 안정성, I-O = 지적-개방성

*p < .05

**p < .01

***p < .001

출처 : Botwin, Buss, & Shackelford(1997)

만족하고 배우자를 격려와 지지해줄 수 있는 원천으로 보며 배우자와 함께 시간 보내는 것을 즐긴다. 데이트 중인 대학생과 한 사람과 매일 지속적으로 관계를 형성하고 있는 나이 많은 성인의 경우, 정서적으로 불안정한 성격일수록 관계는 불만족스럽다(Slatcher & Vazire, 2009). 실제 19쌍에 대한 메타분석은 친밀한 연애 관계에서 정서적 안정성과 우호성이 만족을 예측하는 강력한 변수였다는 것을 발견했다(Malouff et al., 2010). 커플 중 한 명 또는 두 명 모두 신경증적 성향이 높은 것은 관계 불만족을 초래한다(Schaffjuser et al., 2014). 정서적으로 불안정한 사람과 결혼한 사람들에게 도움이 될 만한 것을 말하자면, 성관계를 자주 가지는 것이 신경증적 성향으로 인한 불행한 결혼생활을 막을 수 있다는 연구결과가 보고되었다는 것이다(Russell & McNulty, 2011).

　성격과 결혼 만족도 간의 또 다른 관련성은 결혼한 첫해부터 그 후 수년간에 걸쳐 나타난다. 일반적으로 사람들은 결혼한 첫해에 자신의 배우자를 우호성, 성실성, 외향성, 지적-개방성에서 모두 높다고 평가한다(Watson & Humrichouse, 2006). 그러나 그 후 2년간 배우

자의 성격에 대한 평가는 '허니문 효과(honeymoon effect)'라고 불리는 용어와 같이 점점 더 부정적이 되어 간다. 그리고 시간이 지남에 따라 배우자 성격에 대해 가장 두드러지게 부정적으로 평정하는 사람은 결혼생활의 행복이 급감한다. 한 가지 설명은 점점 불행한 결혼생활을 하는 배우자가 실제로 점점 언짢은 성격이 되어 간다는 것이다. 반대로 파트너의 성격에 대해 긍정적 환상을 유지하는 사람은 높은 만족도를 유지한다(Barelds & Dijkstra, 2011). 결혼생활 만족의 또 다른 핵심적인 예측변수는 배우자 가치(mate value)이다—원하는 특성을 가진 배우자 선택에 성공하였는지의 여부. 배우자 가치가 높은 파트너와 결혼한 사람은 그렇지 않은 사람보다 부부 관계에서 더 행복한 경향이 있다(Conroy-Beam et al., 2016).

요약하면 배우자의 성격은 결혼 만족도에 중요한 역할을 한다. 우호성, 성실성, 정서적 안정성, 지적-개방성 등이 높은 배우자를 선택한 사람들은 결혼생활에서 가장 행복한 것으로 보인다. 대부분의 사람들이 그런 사람을 원하기 때문에 이 요소들은 높은 배우자 가치와 관련된 특성이다. 이러한 성격요인이 낮은 배우자를 선택한 사람들은 결혼생활이 가장 불행하다. 그러나 이상적인 배우자의 성격요인과 실제 배우자의 성격요인 간의 차이는 결혼 만족의 원인으로 보이지 않는다.

성격과 커플의 선택적 파탄

우리는 배우자 선택 과정에서 성격의 역할을 두 가지 방법으로 조사했다. 첫째, 보편적인 선택 선호도가 있는 것 같다. 이는 신뢰성이나 정서적 안정성과 같이 모든 사람이 잠재적 배우자로부터 원하는 성격특성을 말한다. 둘째, 모든 사람이 공유하는 소망을 넘어서 사람들은 자신과 성격이 비슷한 파트너를 선호한다(attraction similarity theory). 다시 말해 지배적인 사람은 지배적인 사람을 선호하고 성실한 사람은 성실한 사람을 선호한다는 것이다. 그러나 선택 과정에서 성격이 작동하는 세 번째 역할이 있다—결혼의 선택적 파경에서의 역할.

남녀 간의 갈등이론에 따르면 파탄(breakup)은 한 사람의 욕구가 충족되었을 때보다 침해되었을 때 더 자주 일어난다(Buss, 2016). **욕구 위배**(violation of desire) 이론에 따르면, 신뢰성이나 정서적 안정성과 같은 특성이 부족한 사람과 결혼한 사람들은 결혼생활을 끝내는 경우가 더 많을 것이라고 예측할 수 있다. 또한 자신과 비슷한 성격특성을 가진 사람들을 선호한다는 점에서 볼 때, 성격이 유사하지 않은 커플이 유사한 커플보다 더 자주 파경에 이를 것이라고 예측할 수 있다. 이러한 예측변수들은 연구 결과를 통해 입증된 것인가?

다양한 종류의 연구를 통해 정서적 불안정(emotional instability)은 결혼생활의 불안정과 이혼을 가장 일관성 있게 예측하는 성격 변수이고, 이것을 측정치로 포함하는 거의 모든 연구에서 중대한 예측변수로 부상하고 있다(Kelly & Conley, 1987; Solomon & Jackson, 2014). 한 가지 이유는 정서적으로 불안정한 사람은 높은 수준의 질투를 드러낸다. 그들은 파트너의 불륜을 더 많이 염려하고 파트너와 다른 사람들과의 사회적 접촉을 막으려고 하며, 파트너가 실제로 다른 사람과 성관계를 했을 때 더 폭발적인 반응을 보인다(Dijkstra & Barelds, 2008). 신경증적 성향이 높은 사람은 또한 더 많은 갈등과 의견충돌을 일으키고 다툼 후에 더 오랫동안 감정적 혼란이 지속되는 경향이 있다(Solomon & Jackson, 2014). 특히 남편의 낮은 충동억제와 낮은 성실성(즉, 충동적이고 신뢰할 수 없는 것)은 결혼의 파경을 잘 예측하는 변수이다(Bentler & Newcomb, 1978; Kelly & Conley, 1987). 정서적 불안정과 낮은 성실성보다 일관성이 적고 강력하지는 않지만, 낮은 우호성은 결혼생활의 불만족과 이혼을 예측한다(Burgess & Wallin, 1953; Kelly & Conley, 1987). 이러한 파탄의 한 가지 이유는 성격과 사회적 행동 간의 또 다른 관련성에서 찾아볼 수 있다. 52개국을 대상으로 한 연구는 우호성과 성실성이 낮을수록(충동성이 높을수록) 연애 관계에서 성적 불륜이 많았음을 발견했다(Schmitt, 2004). 흥미롭게도 외향성과 지배성의 성격특성이 결혼생활의 만족이나 파경과 관계가 없음에도 불구하고, 이러한 성격특성은 더 높은 정도의 성적 무분별과 관련이 있다(Markey & Markey, 2007; Schmitt, 2004). 8,206명을 대상으로 한 최근의 연구는 개방성이 높은 것 또한 관계 파탄을 예측한다는 결과를 보여주었다(Solomon & Jackson, 2014). 연구자들은 개방성이 사람들로 하여금 '연애할 대상을 좇는 시선'을 갖게 함으로써 성적으로 더 개방적이며 아마도 관계에서 지루함을 느끼게 하는 것으로 보인다.

대부분의 사람들이 바라는 신뢰성, 정서적 안정성, 우호성 같은 성격특성들이 부족한 사람과 결혼하는 것은 가장 큰 파경의 위험에 놓이는 것이다. 사람들은 신뢰할 수 있고 정서적으로 안정된 배우자를 적극적으로 찾으려고 하며, 이러한 배우자를 선택하는 데 실패한 사람은 이혼할 위험이 크다.

또 다른 연구는 현재 사귀고 있는 203쌍의 커플을 대상으로 2년 동안 그들의 운명을 조사하였다(Hill, Rubin, & Peplau, 1976). 그동안 대략 절반 정도의 커플은 헤어졌고 나머지 절반은 함께 지내고 있었다. 성격과 가치가 서로 유사한 정도는 함께 지내는 것을 예측했다. 성격과 가치 면에서 가장 유사성이 낮은(즉, 다른) 사람들은 헤어질 가능성이 더 컸다.

요약하면 성격은 배우자 선택에서 두 가지 핵심 역할을 한다. 첫째, 초기 선택 과정의 하나로서 끌리는 상대와 바라는 상대를 결정한다. 둘째, 성격은 상대방과의 만족도에 영향을 미침으로써 커플의 선택적 결별을 결정한다. 비슷하고, 우호적이고, 성실하고, 정서적으로 안정된 파트너를 선택하지 못한 사람은 이런 파트너를 선택한 사람보다 더 잘 헤어지게 된다.

수줍음과 위험 상황에서의 선택

성격 연구자들은 또한 선택에 관한 다른 몇 개의 영역을 분석하고 있다. 그중 하나는 수줍은 성격 성향과 관련된 것이다. **수줍음**(shyness)은 사회적 상호작용, 또는 사회적 상호작용이 예상될 때조차도 긴장감, 걱정, 불안 등과 같은 감정을 느끼는 성향이다(Addison & Schmidt, 1999). 수줍음은 흔한 현상으로 90% 이상의 사람들이 살면서 어느 순간에는 경험한다(Zimbardo, 1977). 그러나 어떤 사람들은 성향적으로 소심한 것 같다. 그들은 다양한 사회적 상황에서 불편하게 느끼는 경향이 강해 사람들과 상호작용해야 하는 상황을 피하려고 한다.

수줍음이 상황 선택에 미치는 영향은 잘 알려져 있다. 고등학교와 초기 성인기 동안 수줍은 사람들은 사회적 상황을 피하는 경향이 있고 그 결과 고립된다(Schmidt & Fox, 1995). 수줍음이 심한 여성은 또한 산부인과 진료를 받기 위해 의사에게 가지 않으려고 할 가능성이 크고, 그로 인해 건강상 심각한 위험에 빠지게 될 수도 있다(Kowalski & Brown, 1994).

그들은 또한 성관계 전에 파트너와 피임과 같은 불편한 화제를 꺼낼 가능성이 작아서 성적으로 위험한 상황에 처할 가능성이 커진다(Bruch & Hynes, 1987).

수줍음은 또한 도박을 할 때 위험한 상황을 선택할 것인지 여부에 영향을 미친다(Addison & Schmidt, 1999). 한 실험에서는 Creek(1983)의 수줍음 척도(shyness scale)를 통해서 수줍어하는 사람들을 가려낼 수 있었다. 척도에는 "나는 낯선 사람과 이야기하는 것이 힘들다." 또는 "나는 사회적 상황에서 어색함을 느낀다."와 같은 항목들이 포함되어 있다. 실험실에서 각 참가자는 다음과 같은 지시를 받았다. "실험 중에 당신은 이 박스에서 포커칩을 고르는 것에 따라 돈을 딸 기회가 생긴다. 이 박스에는 1번부터 100번까지 적혀 있는 100개의 포커칩이 있다." 참가자들은 이길 가능성이 높지만(95%의 이길 수 있는 확률) 매우 적은 금액(예 : 25센트)을 받을 수 있거나, 5%의 승산이 있지만 이겼을 경우 4.75달러를 받을 수 있는 게임을 고를 수 있는 선택권이 주어졌다. 실험자들은 또한 참가자들이 게임을 선택하는 동안 심장박동수를 기록했다.

수줍어하지 않는 사람들과 달리 수줍어하는 여성들은 대체로 승산이 더 높고 금액이 작은 내기를 선택하였다. 그에 반해서 수줍어하지 않는 여성은 승리의 가능성은 작지만 이겼을 경우 더 많은 이익을 얻을 수 있는 더 위험한 내기를 선택했다. 이 실험 동안 수줍은 참가자들은 심장박동수가 높게 증가되었다. 이것은 두려움(fearfulness)이 참가자들로 하여금 위험한 게임을 피하게 만들었음을 시사한다.

수줍은 사람들은 종종 사회적 상황에서 긴장감이나 불안을 느끼고, 다른 사람들과 상호작용해야 하는 상황에 참여하는 것을 피한다.
출처 : ⓒ Wavebreakmedia/Getty Images RF

이러한 연구는 수줍음 성격 성향이 특정 상황의 선택이나 회피에 중요함을 보여준다. 수줍은 여성은 다른 사람들을 피함으로써 사회적 고립을 야기하며 위험한 내기를 하지 않게 된다. 그들은 또한 산부인과 진료를 위해 의사에게 가는 것을 꺼리고 콘돔 구입을 피함으로써 수줍음이 덜한 여성보다 자신을 심각한 건강상의 위험에 빠뜨린다. 요약하면 수줍음은 상황에 대한 회피나 선택적 참여에 상당한 영향을 미치는 것으로 보인다.

다른 성격특성과 상황 선택

다른 성격특성들도 특정 상황의 회피나 선택적 참여에 영향을 미치는 것으로 보인다(Ickes et al., 1997). 예를 들어 공감을 잘하는 사람은 지역활동 자원봉사와 같은 상황에 참여할 가능성이 크다(Davis et al., 1999). 정신증적(psychoticism) 성향이 높은 사람은 정상적이거나 안정적인 사람보다 변덕스럽고 즉흥적인 상황을 선택하는 것으로 보인다(Furnham, 1982). **마키아벨리즘**(Machiavellianism) 성향이 높은 사람은 다른 사람과 대면하는 상황을 선호하는데, 아마 그 상황이 다른 사람을 이용하기 위한 자신의 사회적 조작 기술을 능숙하게 다룰 수 있는 좋은 기회를 제공하기 때문이다(Geis & Moon, 1981). 외향성이 높은 사람은 더 많은 친구들을 선택하는 경향이 있다. 이에 비해 우호성이 높은 사람은 다른 사람들로부터 친구로 더 자주 선택되는 경향이 있다(Selfhout et al., 2010).

감각 추구(sensation seeking) 성향이 높은 사람은 마약이나 성 관련 연구와 같은 특이한 실험에 자원할 가능성이 크다(Zuckerman, 1978). 감각 추구 성향이 높은 사람은 위험한 상황을 더 자주 선택하는 것으로 밝혀졌다(Donohew et al., 2000). 감각 추구 성향이 높은 고등학생들은 낮은 친구들보다 술이나 마리화나를 더 자주 접할 수 있는 파티에 참석한다. 그들은 또한 술에 취했을 때 원치 않는 성관계를 좀 더 자주 갖는다. 또한 고위험 성행위가 이루어지는 사회적 상황을 선택하는 경향이 있다(McCoul & Haslam, 2001). 112명의 이성애자인 남성을 대상으로 한 연구에서 감각 추구 점수가 높은 남성은 그렇지 않은 남성보다 더 자주 무방비한 성관계에 노출될 가능성이 컸다. 감각 추구 성향이 높은 사람은 낮은 사람보다 더 많은 수의 파트너들과 성관계를 했다($r = .45$, $p < .001$). 이들은 위험한 도박과 위험한 성적 상황에 끌리는 경향이 있다(Webster & Crysel, 2012). 요약하면 성격은 노출되는 상황에서 특정한 종류의 활동을 회피하거나 선택적으로 참여하는 것에 영향을 미친다.

유발

다른 사람이 우리의 사회적 환경에 들어오게 되는 선택을 하면 두 번째 과정이 작동한다—다른 사람들로부터의 반응을 유발. **유발**(evocation)은 성격 속성이 다른 사람들로부터 반응을 이끌어내는 방식으로 정의된다. 앞 장에서 언급한 매우 활동적인 아이들을 상기해보자. 매우 활동적인 아이들은 덜 활동적인 또래들에 비해 다른 사람들로부터 적대감과 경쟁심을 이끌어내는 경향이 있다. 부모와 교사는 매우 활동적인 아이들과 권력투쟁(power struggles)

을 하게 되는 경향이 있다. 활동적이지 않은 아이들의 사회적 상호작용은 비폭력적이고 조화롭다. 이것은 유발이 작용하는 과정의 완벽한 예이다. 이때 활동 수준과 같은 성격특성은 다른 사람들로부터의 일련의 사회적 반응(적대감과 권력투쟁)을 예측 가능하게 해준다. 또 다른 예는 정직-겸손(honesty-humility)이 높은 사람들이 신뢰와 협력을 불러일으키는 것에서 볼 수 있다(Thielmann & Hilbig, 2014). 아마 이 특성이 높은 사람은 다른 사람들을 신뢰하는 경향이 있기 때문에 또한 다른 사람들이 그들을 신뢰할 수 있는 기대를 불러일으킨다.

공격성과 적대감 유발

공격적인 사람들이 다른 사람들로부터 적대감을 일으킨다는 것은 잘 알려져 있다(Dodge & Coie, 1987). 공격적인 사람은 다른 사람들이 자신에게 적대적일 것이라고 생각한다. 한 연구는 공격적인 사람이 길거리에서 사람들과 부딪치는 것과 같은 다른 사람의 모호한 행동을 대체로 의도적인 적대감으로 해석하는 것 같다고 보고하였다(Dill et al., 1999). 이것은 **적대적 귀인 편향**(hostile attributional bias)으로 다른 사람들의 애매한 행동을 적대적인 의도에 의한 것이라고 추측하는 경향을 의미한다.

공격적인 사람들은 다른 사람들을 적대적이라고 생각하기 때문에 다른 사람을 공격적인 태도로 대하는 경향이 있다. 이렇게 공격적인 취급을 받은 사람은 그 공격성을 되갚아준다. 이러한 경우 다른 사람들의 공격적 반응은 원래 공격적인 사람이 줄곧 의심했던 것을 확인시켜 주는 것이다. 즉, 다른 사람들이 그들에 대해 적대감을 가지고 있었다고 생각한다. 그러나 공격적인 사람이 깨닫지 못하는 것은 다른 사람으로부터의 적대감은 그들 자신이 만들어낸 것이라는 점이다. 공격하는 사람은 타인을 공격적으로 대함으로써 공격성을 유도한다.

파트너 분노 유발

친밀한 관계에서 성격은 최소한 두 가지 방법으로 갈등을 유발하는 역할을 할 수 있다. 첫째, 파트너에게 감정 반응을 초래하는 행동을 할 수 있다. 예를 들면 지배적인 사람은 습관적으로 거들먹거림으로써 파트너를 화나게 한다. 또는 성실성이 낮은 남편은 개인적인 몸치장을 무시하고 옷들을 바닥에 던져서 아내를 화나게 할 수도 있다. 요약하면 성격특성은 그들이 하는 행동을 통해서 다른 사람에게 **감정을 유발**(emotions evocation)할 수 있다.

두 번째 형태의 유발은 다른 사람으로부터 행동을 유도하고 이것이 다시 원래 행동을 이끌어낸 사람을 화나게 만든다. 예를 들면 공격적인 남성은 배우자로부터 완전한 묵살을 유도할 수 있다. 즉, 그녀가 그에게 말을 하지 않을 것이기 때문에 이것은 그를 화나게 한다. 잘난 체하는 아내는 남편의 자존감을 상하게 하고 남편은 자신감이 부족하기 때문에 그로 인해 아내는 또 화가 나게 된다. 요약하면 사람의 성격특성은 다른 사람에게 행동하는 방식에 영향을 주는 직접적인 방법으로나 다른 사람을 화나게끔 유도하는 것과 같은 간접적인 방법으로 다른 사람들을 화나게 할 수 있다.

이러한 형태의 유발에 대한 연구에서는 관련된 두 사람 모두의 성격특성을 평가하는 연구가 필요하다. 한 연구에서 남편과 아내의 성격특성을 세 가지 자료를 통해 평가하였다: 자기보고, 배우자보고, 독립된 면담(2명에게)(Buss, 1991a). 친밀한 관계에서의 분노를 다양한 정보원을 통해 조사하였다(Buss, 1989). 이 도구의 단축형은 다음 연습문제에서 볼 수 있다.

통계분석 결과 성격특성은 배우자를 화나게 만들 수 있음을 예측한다는 것을 알아냈다. 그 결과는 남녀가 비슷했다. 그래서 우리는 결과를 확인하기 위해 여성을 화나게 하는 남성의 성격특성을 사용해 연습해볼 것이다.

연습문제

지시 : 우리는 가끔 다른 사람들을 속상하고 화나게 만든다. 당신의 지인과 로맨틱 파트너를 생각해보자. 다음 목록은 그 사람이 당신에게 속상함이나 분노를 유발할 가능성이 있는 목록이다. 목록을 읽고 지난해 파트너나 가까운 친구가 당신을 짜증나게 하거나, 화나게 하거나, 귀찮게 또는 분노하게 한 항목에 표시하라.

_____ 1. 그 사람은 마치 내가 어리석거나 열등한 것처럼 취급했다.

_____ 2. 그 사람은 나에게 너무 많은 시간을 요구했다.

_____ 3. 그 사람은 나의 감정을 무시했다.

_____ 4. 그 사람은 손바닥으로 나를 때렸다.

_____ 5. 그 사람은 다른 누군가를 친밀하게 여겼다.

_____ 6. 그 사람은 청소를 도와주지 않았다.

_____ 7. 그 사람은 자신의 외모에 대해 너무 많이 불평했다.

_____ 8. 그 사람은 침울하게 행동했다.

_____ 9. 그 사람은 나와의 성관계를 거절했다.

_____ 10. 그 사람은 이성이 마치 성적 대상인 것처럼 이야기했다.

_____ 11. 그 사람만 술에 취했었다.

_____ 12. 그 사람은 사교모임에서 적절하게 옷을 입지 않았다.

_____ 13. 그 사람은 내가 못생겼다고 말했다.

_____ 14. 그 사람은 나를 성적인 목적으로 이용하려고 하였다.

_____ 15. 그 사람은 이기적으로 행동했다.

이러한 행동들은 이성을 화나거나 분노하게 할 수 있는 147가지 행동이 수록된 광범위한 도구에서 추출한 것이다. 이 행동들은 아래 요인들과 일치한다. (1) 거들먹거리며 잘난 체하는 것, (2) 소유욕/질투, (3) 무시/거절, (4) 학대, (5) 외도, (6) 이해심이 없음, (7) 신체적으로 자신에게만 몰두, (8) 침울, (9) 성적 거부, (10) 다른 사람의 성적 대상화, (11) 알코올 남용, (12) 단정하지 못함, (13) 파트너의 외모에 대한 모욕, (14) 성적 공격성, (15) 자기 중심성. 가까운 사람의 성격은 그 사람이 이와 같이 화나게 만드는 행동을 할 것인지를 잘 예측해준다는 것을 알 수 있다.

출처 : Buss(1991a)

지배적인 성향이 강한 남편은 거들먹거리는 행동으로 아내를 화나게 하는 경향이 있다. 아내의 의견을 어리석거나 열등한 것으로 여기고, 자신의 의견에 더 가치를 둔다. 그에 반해서 성실성이 낮은 남편은 혼외정사(다른 어떤 사람을 친밀하게 만나거나, 다른 여자와 성관계를 하는 것)를 가짐으로써 아내를 화나게 하는 경향이 있다. 개방성이 낮은 남편은 거절 행동(아내의 감정을 무시하는 것), 학대(아내를 때리거나 폭력을 행사하는 것), 신체적으로 자신에게 몰두(자신의 얼굴이나 머리에 지나치게 신경을 쓰는 것), 성적 거부(아내의 성적인 접근을 거절하는 것), 알코올 남용(술 마시는 것) 등으로 아내의 분노를 유발하는 경향이 있다.

그러나 지금까지 분노와 속상함을 유발하는 가장 강한 예측변수는 무례함과 정서적 불안정 같은 성격특성이다. 무례한 남편은 다음과 같은 방식으로 아내를 화나고 분노하게 한다. 아내를 열등하게 취급하고 잘난 체하는 것, 아내와 충분한 시간을 보내지 않고 감정을 무시하는 것과 같은 무시와 거절, 폭력 · 폭언 등과 같은 학대, 불륜을 저지르는 것, 알코올의 남용, 못생겼다고 말하는 것과 같이 아내의 외모를 비하하는 것, 자기중심적인 성향을 드러내는 것. 이 연구에서는 남편의 낮은 우호성이 아내의 화를 유발하는 가장 좋은 예측변수로 드러났다. 또 다른 연구는 무례한 사람이 자신의 분노, 질투, 반사회적 행동 때문에 깊은 갈등 관계를 유발하는 경향이 있다는 것을 발견했다(Lemay & Dobush, 2014).

정서적으로 불안정한 남편은 또한 아내를 속상하게 만들고 분노를 유발한다. 잘난 체하고, 학대하고, 외도하고, 거칠고, 알코올을 남용하는 것에 더하여 질투하거나 상대를 소유

아내의 분노와 결혼 불만족을 가장 강력하게 예측하는 것은 남편의 무례함과 정서적 불안정성이라는 성격특성이다.

출처 : ⓒ Stuart Jenner/Getty Images RF

하려고 하고, 침울한 기분과 짜증스러운 행동 등으로 아내를 화나게 만든다. 이를테면 정서적으로 불안정한 남성은 아내에게 과도한 관심을 요구하고, 아내의 시간을 독점하며, 지나치게 의존적이고, 질투심에 버럭 화내는 것으로 아내를 화나게 하는 경향이 있다.

몇몇 다른 연구들은 우호성과 정서적 안정성이 인간관계에서 갈등을 유발하거나 악화시키는 데 중요한 역할을 한다는 것을 확인했다. 한 연구는 갈등에 대한 가상일기와 일반적인 일기를 모두 사용하였는데, 이 연구에서 우호성이 높다고 평가된 사람은 대인관계에서 갈등을 덜 유발하는 경향이 있다는 것이 밝혀졌다(Jensen-Campbell & Graziano, 2001). 우호성이 높은 사람은 갈등이 생겼을 때 '타협'을 이용하여 대처하는 경향이 있다는 것이 한 가지 설명이 될 수 있다. 반면 우호성이 낮은 사람은 갈등에 대처하기 위해 타협하려고 하지 않고 언어적 모욕이나 신체적 폭력을 사용할 가능성이 크다. 결혼한 커플 중 아내가 우호성이 높은 커플은 성관계가 좀 더 빈번한 경향이 있다. 이것은 아마도 그들이 성적인 제안이나 유발에 좀 더 수용적이기 때문일 것이다(Meltzer & McNulty, 2016). 갈등의 유발 요인이 되는 낮은 우호성의 중요성은 직장을 포함한 매우 다양한 대인관계에까지 영향을 미친다(Bono et al., 2002).

성격과 갈등 간의 관련성은 적어도 청소년 초기에 이미 나타난다. 우호성이 낮은 어린 10대들은 더 많은 갈등을 유발할 뿐 아니라 고등학교에서 또래들에 의해 괴롭힘을 당하게 될 가능성이 크다(Jensen-Campbell et al., 2002). 우호성이 높은 사람들은 또한 갈등 상황에서 조화로운 사회적 상호작용을 이끌어내는 효과적인 갈등해결 전략을 사용하는 경향이 있다(Jensen-Campbell et al., 2003). 우호성이 높은 사람들은 실험실에서 이루어지는 경제 게임에서 신뢰와 협력을 유발하는 경향이 있다(Zhao & Smilie, 2015). 부정적 정서가 높은 사람(신경증적 성향이 높은 사람)은 또한 모든 관계에서 더 큰 갈등을 경험할 가능성이 있었다. 반면 긍정적 정서(우호성과 사촌격인 특성)가 높은 사람은 모든 관계에서 갈등을 덜 경험했다(Robins, Caspi, & Moffitt, 2002). 사실 미국, 호주, 네덜란드, 독일 등의 연구들은 우호성과 정서적 안정성이 관계에서 만족감을 유발하는 가장 지속적이고 전도성 있는 특성이라는 것을 밝혀냈다(Barelds, 2005; Donnellan, Larsen-Rife, & Conger, 2005; Heaven et al., 2003; Neyer & Voigt, 2004; White, Hendrick, & Hendrick, 2004).

요약하면 성격은 유발 과정에서 핵심적인 역할을 한다―한마디로 분노를 유발한다. 이러한 분노의 가장 강력한 예측변수는 단연 낮은 우호성과 낮은 정서적 안정성이다. 그러나 그와 같은 사람을 가까운 친구나 배우자로 선택하면 안 된다(다시 말해 정서적으로 불안정하고 무례한 사람을 피하는 것)는 것으로 결론 짓는 것은 시기상조다. 하지만 당신이 이러한 성격특성을 가진 사람과 결혼하거나 친구가 된다면 그들은 화를 유발하는 방식으로 행동할 가능성이 있다는 것을 알아두어야 한다.

적용

심리학자 John Gottman은 결혼한 사람들에 대한 연구를 30년 동안 수행하고 있다. 그의 주요 질문은 "행복한 커플과 불만족스럽고 불행한 커플을 구별 짓는 것은 무엇인가?" 하는 것이다. 수년간 행복한 결혼생활을 하는 사람들과 이혼신청을 했던 사람들 수천 쌍을 연구한 끝에, 그는 행복한 커플과 불행한 커플은 여러 가지 면에서 다르다는 것을 발견했다. 그는 이 연구 결과를 결혼생활 실용서에 실었다(Gottman & Silver, 1999). 그가 제시한 긍정적인 관계를 위한 일곱 가지 원칙은 다음과 같다. 이 중 몇 가지는 파트너의 반응을 유발하는 것과 관련된다.

1. 파트너에 대한 공감적 이해를 발전시켜라. 그들의 '세계', 취향, 삶의 중요한 사건 등을 파악하라. 예를 들어 하루에 한 번 파트너에게서 중요하거나 의미 있는 사건을 찾도록 한다—그들이 기대하고 있는 것이나 그들에게 일어난 중요한 사건 등. 하찮게 들릴 수도 있지만, 매일 "오늘 하루 어땠어?"라고 묻는다.
2. 서로를 계속 좋아하고 애정을 키워라. 당신이 이 사람을 좋아하는 이유를 기억하고 그것을 상대방에게 이야기한다. 예를 들면 사진앨범을 함께 보관하고 가끔 다시 보면서 파트너와 함께 했던 즐거운 시간과 당신이 이 특별한 사람과 함께 있는 것이 얼마나 즐거웠는지를 자신에게 상기시켜라.
3. 스트레스를 받을 때 멀리 떨어져 있기보다 서로를 향해 다가가라. 또한 좋은 시간을 함께하라. 다시 말해 파트너의 고마움을 당연하게 여기면 안 되며 일상생활에서조차 결코 무시하면 안 된다.
4. 비록 당신이 전문가라고 생각할지라도 힘/권력을 공유하라. 파트너가 당신에게 영향을 미치도록 허용하라. 가끔 도움을 청한다. 파트너의 의견을 묻는다. 파트너의 의견이 당신에게 중요하다는 것을 알린다.
5. 언쟁을 할 때는 오직 해결할 수 있는 문제에 대해서만 언쟁을 하라. 언쟁을 할 때
   • 부드럽게 시작한다.
   • 존중하면서 진행한다.
   • 감정이 상했을 때 일단 멈추고 상한 감정을 바로잡는다.
   • 기꺼이 타협한다.
6. 어떤 문제들은 결코 해결되지 않을 수도 있다는 것을 알아두어라. 예를 들면 둘 중 하나는 종교가 있고 다른 하나는 종교가 없고, 둘 다 자기 입장을 지키고 싶어 한다. 이러한 해결할 수 없는 문제에는 머무르지 않고 이러한 것들이 영원한 다툼의 주제가 되지 않도록 한다. 특정한 문제에 대한 의견 차이를 인정한다.
7. '나(I)'와 '나(I)' 대신에 '우리(we)'가 되도록 하라. 관계를 중시하고 자신의 욕구와 함께 관계를 고려한다. 오직 무엇이 "나에게 가장 좋은가?" 대신에 무엇이 "우리에게 가장 좋은가?"에 대해 생각한다.

출처 : Gottman & Silver(1999)에서 인용

호감, 즐거움, 통증 유발

호감 유발은 사람이 인간 사회에서 받을 수 있는 가장 중요한 영향 중 하나이다. 다른 사람의 호감을 얻는 것은 적응, 정신건강, 심지어 학업 성적의 향상과도 관련이 있다(Wortman

& Wood, 2011). 어떤 성격특성은 한결같이 다른 사람들로부터 호감을 유발한다. 이는 우호성, 외향성의 사교적 요소, 정직-겸손 요인 등과 관련된 것들이다(Wortman & Wood, 2011). 이러한 특성을 가진 사람들은 다른 사람들에게 즐거움을 유발하고 이로 인해 자신을 좋아하게 만든다(Saucier, 2010). 외향성은 온라인 소셜 네트워크에서도 호감을 증가시킨다(Stopfer et al., 2013). 그에 반해 우호성과 정직-겸손이 낮은 사람들은 다른 사람들에게 통증(pain)을 유발한다. 그들은 다른 사람들을 불쾌하고 귀찮고 짜증나게 하고 심지어 겁먹거나 두렵게까지 만든다. 요약하면 성격은 다른 사람들에게 호감, 즐거움, 또는 통증 등의 감정을 유발함으로써 한 사람의 사회적 세계에 발자취를 만들어낸다.

기대 확증을 통한 유발

기대 확증(expectancy confirmation)은 어떤 사람의 성격특성에 대해 가지는 다른 사람들의 믿음 때문에 그 사람이 그 믿음에 일치되게 행동하게 하는 현상이다. 기대확증 현상은 또한 자기충족적 예언으로 불리기도 한다. 단지 믿음이 타인의 행동 유발에 이토록 강력한 역할을 할 수 있을까?

기대 확증 연구에서 Snyder와 Swann(1978)은 사람들에게 적대적이고 공격적인 사람을 다룰 수 있을 것이라고 믿게 하고 두 사람을 소개해주었다. 그리고 나서 의심스러울 것이 없는 대상의 행동을 살펴보게 하였다. 연구자들은 사람들이 그 믿음으로 인해 의심스러울 것 없는 대상에게도 공격적으로 행동한다는 것을 발견했다. 흥미로운 결과는 의심스러울 것이 없는 대상이 실제로 더 적대적인 태도로 행동하였다는 것이다. 즉, 이 대상은 적대감을 예상한 사람에 의해 적대적인 행동이 유발되었다. 이 예에서 다른 사람의 성격에 대한 믿음은 실제로 그들로 하여금 최초의 믿음을 확증하는 행동을 하게 만들었다(Synder & Cantor, 1998).

성격에 대한 기대는 일상생활에서 광범위한 유발 효과를 일으킬 수 있다. 우리는 종종 실제로 사람을 직접 만나기 전 또는 만난 직후에 그 사람의 평판에 대한 정보를 듣는다. 우리는 그 사람이 똑똑하고, 사회적으로 능숙하고, 자기중심적이며, 선수이거나 교묘하게 사람을 조작한다는 말을 듣는다. 다른 사람의 성격특성에 대한 이러한 믿음은 우리의 최초의 믿음을 확증하는 행동 유발에 지대한 영향을 미칠 수도 있다. 때로 자신의 성격을 바꾸기 위해서는 당신을 아는 사람이 없는 곳으로 이사해야만 한다고 말할 수 있다. 기대 확증의 과정을 통해 이미 당신을 알고 있는 사람들은 자신도 모르게 자신의 믿음을 확증하기 위한 행동을 당신에게 유발할 수 있고 이것이 변화 능력을 제한하기도 한다.

조작 : 사회적 영향 전술

조작 또는 사회적 영향은 사람이 다른 사람의 행동을 변화시키려고 의도적으로 시도하는 모든 방법을 말한다. 조작(manipulation)이라는 용어에 꼭 악의적인 의도가 들어갈 필요는 없다. 부모는 자녀가 주차된 차들 사이를 가로질러 가지 않게 할 수 있는데, 이것을 악의적인 행동이라고 부르지는 않을 것이다. 사실 사회생활은 다른 사람들에게 줄곧 영향을 미치는 것이다. 그러므로 조작이라는 용어는 여기에서 부정적인 의미 없이 서술적으로 사용된다.

진화론적 관점에서 자연 선택은 주어진 환경에서 대상을 성공적으로 조작하는 사람을 지지하는 것이다. 조작할 수 있는 대상 중 어떤 것은 집을 지을 수 있는 원자재, 도구, 옷, 무기 등과 같은 무생물이다. 조작할 수 있는 또 다른 대상은 다른 종의 약탈자나 먹잇감 등과 같은 종의 배우자, 부모, 경쟁자, 협력자 등을 포함하는 살아 있는 생명체이다. 타인을 조작하는 것은 한마디로 그들의 심리와 행동에 영향을 미치는 다양한 수단이다.

성격심리학에서 조작 과정은 두 가지 관점에서 다룰 수 있다. 첫째, "어떤 사람들은 다른 사람들보다 항상 조작하는 데 더 능숙한가?"라고 질문할 수 있다. 둘째, "모든 사람이 다른 사람에게 영향을 미치려고 시도하는 상황에서 성격특성은 그들이 어떤 종류의 전술을 사용할 것인지를 예측할 수 있게 하는가?"라고 물을 수 있다. 예를 들면 외향적인 사람은 좀 더 자주 매력적인 전술을 사용하고, 반면 내성적인 사람은 침묵이라는 전략을 사용하는가?

조작에 대한 11가지 전술 분류

분류(taxonomy)는 단순한 분류체계이다. 즉, 특정 주제 분야 내에서 집단을 구별하고 명명하는 것이다. 식물과 동물의 분류는 모든 주요한 식물과 동물 집단을 확인하고 이름을 붙임으로써 발전되었다. 주기율표는 알려진 우주의 원소 분류체계이다. 앞에서 언급한 5요인 성격특성(big five personality traits)은 성격에 대한 주요 특성 분류이다. 여기에서 우리는 조작 전략 분류의 발달을 살펴본다—사람이 사회적 세계에서 다른 사람들에게 영향을 미치기 위해 사용하는 주요 방식들을 확인하고 이름을 붙이는 시도.

조작 전략의 분류는 2단계 절차를 통해 발전되었다: (1) 영향력 행사를 위한 행위의 지명, (2) 이전에 지정된 행위에 대한 자기보고와 관찰자보고를 통한 요인분석(Buss, 1992; Buss et al., 1987). 행동 지명 과정은 다음과 같았다. "우리는 다른 사람들에게 영향을 줌으로써 자신이 원하는 것을 얻는 것에 관심이 있다. 당신 주변 사람[로맨틱 파트너, 가까운 친구, 어머니, 아버지 등]에 대해 생각해보자. 당신은 어떻게 이 사람이 어떤 일을 하게 만들 것인가? 당신은 무엇을 할 것인가? 이 사람이 이 일을 하게 하기 위해서 당신이 하는 특정한 행동(behaviors)이나 행위(acts)에 관해 써보자. 할 수 있는 한 많은 다른 종류의 행동 목록을 만든다."

이 목록을 만든 후에 연구자들은 이것을 자기보고나 관찰자보고를 통해 수행될 수 있도록 질문지로 전환했다. 당신이 사회적 영향력을 행사하기 위해 이용한 전술을 알아내기 위해 다음 연습문제를 실습함으로써 이것이 실행되는 방식을 직접 볼 수 있도록 하였다.

많은 참가자들이 83개의 영향력 또는 전술 행동으로 구성된 도구에 응답하였다. 영향력이나 전술 행동의 군집을 확인하기 위해 요인분석이 사용되었다. 〈표 10.5〉에 제시한 것과 같이 이 과정을 통해 모두 총 11가지 전술이 발견되었다. 비록 이 분류가 다양한 상황에 걸쳐서 사용된 조작 전술을 확인해주지만, 어떤 전술은 사용하는 사람의 목적에 따라 좌우될 것이라는 것을 기억하는 것이 중요하다. 예를 들면 부모는 때때로 아들이나 딸의 배우자 선

연습문제

지시 : 당신의 파트너가 당신을 위해서 어떤 일을 하기를 원할 때, 당신은 무엇을 할 것 같은가? 아래의 각 항목을 보고 당신은 파트너가 어떤 일을 하게 하려고 할 때, 당신이 각 항목을 할 가능성이 얼마인지 평가한다. 아래 항목이 당신이 파트너가 어떤 일을 하기를 원하는 모든 상황에 적용되지는 않을 것이다. 그러므로 일반적으로 각 항목을 실제로 할 가능성을 평가하라. 만약 당신이 그것을 할 가능성이 아주 높으면 항목 옆에 있는 빈칸에 '7'을 적는다. 만약 당신이 그것을 할 가능성이 전혀 없을 경우, 항목 옆 빈칸에 '1'을 적는다. 만약 당신이 그것을 할 가능성이 어느 정도 있으면, 항목 옆 빈칸에 '4'를 적는다. 그 행동을 할 중간 정도의 가능성이 있으면 중간 정도의 평가를 준다.

_____ 1. 나는 그 사람을 칭찬해서 그 사람으로 하여금 그것을 하게 할 것이다.

_____ 2. 나는 애교를 부려서 그 사람으로 하여금 그것을 하게 할 것이다.

_____ 3. 나는 그 사람에게 부탁할 때 사랑스럽고 로맨틱하게 한다.

_____ 4. 나는 그 사람에게 부탁하기 전에 작은 선물이나 카드를 준다.

_____ 5. 나는 그 사람이 그것을 할 때까지 그 사람에게 대답하지 않는다.

_____ 6. 나는 그 사람이 그것을 할 때까지 그 사람을 무시한다.

_____ 7. 나는 그 사람이 그것을 할 때까지 말을 하지 않는다.

_____ 8. 나는 그 사람이 그것을 할 때까지 그 사람이 좋아하는 것을 하지 않는다.

_____ 9. 나는 그 사람이 그것을 하도록 요구한다.

_____ 10. 나는 그 사람이 그것을 할 때까지 그 사람에게 소리를 지른다.

_____ 11. 나는 그 사람이 그것을 하지 않은 것에 대해 비난한다.

_____ 12. 만약 그 사람이 그것을 하지 않으면 어떤 것으로 그 사람을 위협한다.

_____ 13. 나는 그 사람이 그것을 해야만 하는 이유를 제시한다.

_____ 14. 나는 그 사람이 그것을 함으로써 생길 수 있는 모든 좋은 것들을 언급한다.

_____ 15. 나는 그 사람이 그것을 하기를 원하는 이유를 설명한다.

_____ 16. 나는 그 사람을 위해서 기꺼이 그것을 할 수 있다는 것을 보여준다.

_____ 17. 나는 그 사람이 그것을 할 때까지 입을 뿌루퉁하게 하고 있다.

_____ 18. 나는 그 사람이 그것을 할 때까지 샐쭉해 있다.

_____ 19. 나는 그 사람이 그것을 할 때까지 징징거리며 우는 소리를 한다.

_____ 20. 나는 그 사람이 그것을 할 때까지 운다.

_____ 21. 나는 자신을 비하해서 그 사람이 그것을 하게 할 것이다.

_____ 22. 나는 자신을 낮추어서 그 사람이 그것을 하게 할 것이다.

_____ 23. 나는 겸손하게 행동해서 그 사람이 그것을 하게 할 것이다.

_____ 24. 나는 순종적으로 행동해서 그 사람이 그것을 하게 할 것이다.

4개 항목을 합산하여 점수를 알 수 있다. 1~4항목 : 매력적인 전술, 5~8항목 : 묵살 전술, 9~12항목 : 강압 전술, 13~16항목 : 논리 전술, 17~20항목 : 퇴행 전술, 21~24항목 : 자기비하 전술. 당신이 가장 많이 사용할 경향이 있는 전술은 가장 점수가 높은 합계의 항목들이다. 당신이 가장 덜 사용하는 전술은 가장 낮은 합계의 항목들이다. 이것은 Buss(1992) 연구에서 사용된 도구의 단축형이다.

표 10.5	11가지 조작 전술의 분류
전술	예시 행동
매력	나는 그녀에게 이것을 하도록 요청할 때 사랑스럽게 하려고 한다.
강제	나는 그가 그것을 할 때까지 소리를 지른다.
묵살	나는 그녀가 그것을 할 때까지 그녀에게 대답하지 않는다.
논리	나는 그가 그것을 하기를 원하는 이유를 설명한다.
퇴행	나는 그녀가 그것을 할 때까지 징징거리며 우는 소리를 한다.
자기비하	나는 순종적으로 행동해서 그가 그것을 하게 할 것이다.
책임호소	나는 그녀가 그것을 하도록 노력하게 만든다.
강경한 태도	나는 그를 때려서 그가 그것을 하게 할 것이다.
즐거움 유도	나는 그녀에게 이것을 하는 것이 얼마나 재미있는지 보여준다.
사회적 비교	나는 그에게 다른 모든 사람은 이것을 한다고 말한다.
금전적 보상	나는 그녀에게 돈을 주어서 이것을 하게 할 것이다.

주 : 이러한 전술은 조작 전술에 성차가 있는지의 여부, 성격특성이 그 사람이 사용하는 조작 전술과 관련이 있는지의 여부 등과 같은 후속 분석을 위한 기초를 제공하였다.

택을 조작하려고 한다. 그들은 '샤프롱'(과거, 사교행사 때 젊은 미혼 여성을 보살펴 주던 나이 든 여인)(예 : 자식이 배우자 후보와 함께 있을 때 주위를 배회하는 것)처럼, 그 상황에 특정 전술을 사용한다.

조작 전술의 성차

남성과 여성은 조작 전술을 사용하는 것에 차이가 있는가? Buss(1992)는 대체로 차이가 없다는 것을 발견했다. 여성과 남성은 사회적 영향력을 행사하기 위한 거의 모든 전술을 동일하게 사용하였다. 한 가지 예외는 있었는데, 바로 퇴행의 전술이다. 데이트하는 커플과 결혼한 커플에서 여성은 남성보다 더 빈번한 퇴행 전술, 즉 울음, 징징거림, 뿌루퉁함, 샐쭉함 등을 사용하는 것으로 보고했다. 그러나 차이는 아주 작았고, 일반적으로 남녀의 조작 전술 실행이 비슷하다는 결론을 뒷받침하였다. 부모는 또한 아들과 딸의 배우자 선택에 관해 어느 정도 다른 조작 전술을 사용한다. 그들은 딸을 감시하고 옷 선택을 통제하며 딸이 부모가 좋아하지 않는 배우자 후보를 만나는 것을 노골적으로 막는다(Apostalou & Papageorgi, 2014; Perilloux et al., 2008).

조작 전술의 성격 예측 요인

흥미로운 질문은 특정한 성격특성을 지닌 사람이 특정한 조작 전술을 사용할 가능성이 더 큰지에 관한 것이다. 200명 이상의 참가자(Buss, 1992)가 네 가지 관계에 대해 영향력을 사용한 정도를 평정했다: 배우자, 친구, 아버지, 어머니. 그다음에 참가자의 성격특성과 그들이 사용하는 조작의 각 전술 간에 상관을 산출하였다.

자세히 보기

마키아벨리즘 성격

마키아벨리즘(Machiavellianism)이란 용어는 1513년에 나온 고전적인 논문 '군주론'의 저자인 이탈리아 외교관 니콜로 마키아벨리에서 유래되었다(Machiavelli, 1513/1966). 마이카벨리는 외교관직을 수행하면서 리더가 권력을 얻거나 잃는 것과 같이 흥망성쇠를 거듭한다는 것을 관찰했다. '군주론'은 권력을 획득하고 유지하는 것에 대한 조언을 담은 책으로 마이카벨리 자신이 섬겼던 통치자가 정권을 잃은 후에 새로운 통치자의 환심을 사기 위해 썼다. 이 조언은 다른 사람들을 조작하기 위한 전술에 기초한 것으로 신뢰, 명예, 품위와 같은 전통적 가치는 전적으로 결여되어 있다. 예를 들면 이 책의 한 구절에서 "사람은 매우 단순하고 즉각적인 욕구에 복종하는 경향이 있어서, 속이는 사람은 자신의 속임수에 당하는 희생자가

없어서 고생하지 않을 것"이라고 언급한다(p. 63). 마키아벨리즘은 결국 사회적 상호작용의 조작 전략과 개인의 이득을 위해 다른 사람을 도구로 이용하는 성격과 관련이 있다.

2명의 심리학자 Richard Christie와 Florence Geis는 마키아벨리즘에 대한 개인차를 측정하기 위해 자기보고 척도를 개발하였다(Christie & Geis, 1970). 다음은 마키아벨리즘 성향이 검사에 제시된 샘플 항목으로 괄호 안의 참·거짓에 따라 마카아벨리즘 성향이 있는 것으로 해석한다.

- 사람들을 다루는 가장 좋은 방법은 그들이 듣기를 원하는 것을 말해주는 것이다(참).
- 어떤 사람을 전적으로 믿는 사람은 고생을 자초한다(참).
- 정직은 모든 경우에 가장 좋은 방책이다(거짓).
- 만약 그렇게 하는 것이 유용하지 않다면, 그것을 한 진짜 이유를 누구에게도 말하지 않는다(참).
- 세상에서 성공하는 대부분의 사람들은 깨끗하고 도덕적인 삶을 영위한다(거짓).
- 대부분의 범죄자들과 다른 사람들 간의 가장 큰 차이는 범죄자들은 잡혔다는 것이다(참).
- 중요한 사람들에게 아첨하는 것은 현명한 처신이다(참).

항목들에서 보는 바와 같이 마키아벨리즘 척도에서 높은 점수(하이 마하)를 받은 사람은 조작하는 데 능숙하고, 냉소적인 세계관을 가지고, 다른 사람을 개인적 목적을 위한 도구로 여기며, 다른 사람을 믿지 못하고, 공감력이 부족하다. 마키아벨리즘 척도에서 낮

은 점수(로우 마하)를 받은 사람은 다른 사람을 믿고, 공감하고, 모든 것은 분명히 옳거나 그르다는 것을 믿고, 인간 본성은 기본적으로 선하다는 관점을 가진다.

높거나 낮은 점수를 받은 사람은 사회적 행동에서 두 가지 대체 가능한 전략을 제시한다(Wilson, Near, & Miller, 1996). 하이 마하는 착취하는 사회적 전략을 나타낸다. 이는 교우관계를 배신하고 다른 사람들을 기회주의적으로 이용하는 사람이다. 이론적으로 이러한 전략은 규칙에 의해 고도로 제한된 상황이 아닌, 혁신의 여지가 있는 사회적 상황에서 가장 잘 작동한다. 정치 컨설팅이나 독립 기업의 세계는 비교적 자유로울 수 있고 이것은 하이 마하가 작동할 수 있는 자유를 용납한다. 반면 대학과 같은 보다 구조화된 세계는 하이 마하가 기술을 발휘할 수 있는 기회를 더 적게 용납할 수도 있다.

그에 반해서, 로우 마하는 때때로 맞대응(되갚음)이라는 협력의 전략을 보여준다. 이러한 전략은 상호주의에 근거한다. 당신이 나를 도와주고 그 보답으로 나는 당신을 도울 것이다. 그 결과로 우리 둘 다 잘될 것이다. 이것은 장기적인 사회적 전략이고, 이에 반해서 하이 마하의 전략은 단기적이다.

하이 마하의 성공은 상황에 크게 의존한다. 한 연구에서는 증권 중개인의 매출성과를 예측하기 위해 두 가지 다른 조직 상황을 실제로 설정하였다(Shultz, 1993). 예를 들어 한 조직 NYNEX는 영업사원들이 혁신적이거나 즉흥적으로 할 수 있는 여지가 거의 없는 매우 구조적이고 제한된 규칙이 있는 증권중개업체이다. 종업원에게 두 권의 규정 매뉴얼을 따르도록 요구한다. 두 번째 조직 상황은 메릴 린치와 같은 증권중개업체로 구조가 좀 더 느슨하고 술수를 쓸 수 있

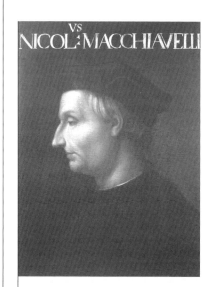

마키아벨리즘이라는 특성은 니콜로 마키아벨리에서 딴 명칭이며, 마키아벨리는 타인을 조작하기 위한 전략에 관한 책을 저술하였다.

출처: ⓒ BeBa/Iberfoto/The Image Works

(계속)

는 기회를 좀 더 많이 용납한다.

증권 중개인의 판매 성공은 두 가지 조직적 상황에서 수수료 금액을 통해 평가되었다. 메릴 린치와 같이 구조가 느슨한 조직에서 하이 마하는 더 많은 고객을 확보하였고, 로우 마하보다 거의 2배의 수수료를 벌었다. 이러한 인상적인 결과에 기초하여, 마키아벨리즘이 일반적으로 사회적 영향력 행사에 성공적인 전략이라고 결론 짓고 싶어질 수도 있다. 그러나 좀 더 긴밀하게 구조화된 조직에서 로우 마하는 하이 마하가 번 것보다 2배의 수수료를 벌었다. 이 연구는 마키아벨리즘의 영향력에 대한 사회적 전략의 요점을 보여준다. 이 성공은 매우 상황 의존적이라는 것이다. 그러므로 마키아벨리즘은 항상 작동하는 사회적 전략이 아니다. 규칙이 엄격한 사회적 상황은 하이 마하가 처벌받지 않고 다른 사람들을 속이고 거짓말하며 배반하는 것을 허용하지 않는다. 이러한 상황에서 하이 마하는 발각되고 그들의 평판에 손상을 입은 채로 살아가며 종종 해고당한다. 좀 더 유동적인 직장 상황에서 하이 마하는 권모술수를 쓸 수 있고 이 상황에서 다른 상황으로 빠르게 옮겨갈 수 있다. 또한 이렇게 규제가 덜한 환경에서 가능한 기회를 이용할 수 있기 때문에 하이 마하는 성공한다.

마키아벨리즘은 실무자들이 다른 사람들을 빨리 배신하게 되는 사회적 전략이다(Wilson et al., 1996). 한 실험실 연구에서 참가자들에게 노동자-관리자 상황에서 돈을 훔칠 수 있는 기회가 주어졌다(Harrell & Hartnagel, 1976). 참가자들은 노동자의 역할을 하였다. 노동자들은 자신을 신임하고 노동자들을 엄중히 감시할 필요가 없다고 말하는 사람에 의해 관리되었다. 로우 마하의 오직 24%가 돈을 훔친 반면, 하이 마하의 81%가 돈을 훔쳤다. 그뿐만 아니라 로우 마하가 적은 돈을 훔친 반면, 하이 마하는 많은 돈을 훔쳤다. 또한 하이 마하는 자신의 도둑질을 감추려는 경향이 있고 관리자가 도둑질에 관해 질문할 때 좀 더 자주 거짓말을 했다.

로우 마하보다 하이 마하가 거짓말을 잘하고 다른 사람의 믿음을 배신할 뿐 아니라 또한 그럴듯한 거짓말들을 만들어낸다는 증거가 있다(Exline et al., 1970; Geis & Moon, 1981). 한 연구에서 하이 마하와 로우 마하에게 작업 중 부정행위를 하라고 지시하며 실험자에게 부정행위에 대해 거짓말하라고 하였다(Exline et al., 1970). 그리고 나서 실험자는 점점 더 의심했고 참가자들에게 부정행위를 했는지 여부를 질문했다. 하이 마하는 로우 마하보다 눈맞춤을 더 지속적으로 유지할 수 있었다. 자백한 수는 로우 마하보다 하이 마하에서 적었다. 결국 로우 마하보다 하이 마하가 좀 더 거짓말을 잘하는 것으로 판단된다.

하이 마하가 사용한 조작 전술은 로맨틱 관계 영역과 성적 영역에도 해당된다. 로우 마하 동료들과 비교하여, 하이 마하는 성관계를 하기 위해서 사랑을 가장하고(예 : "나는 정말 그런 의미가 아니지만, 성관계를 하기 위해서 때때로 '사랑해'라는 말을 한다."), 파트너를 성관계로 유도하기 위해서 술에 취하게 하고, 성관계를 꺼리는 파트너와의 성관계를 성취하기 위하여 완력을 사용할 가능성이 더 크다(McHoskey, 2001). 그들은 추행을 저지르기 더 쉽다(Zeigler-Hill et al., 2016). 그리고 그들은 상대 경쟁자에 대한 악의적인 소문을 퍼뜨리는 경향이 있다(Gconcalves & Campbell, 2014; Lyons & Hughs, 2015). 하이 마하는 그들의 로맨틱 파트너를 속이고 외도할 가능성이 크다(Jones & Weiser, 2014). 흥미롭게도 마키아벨리즘과 조작의 특정한 전술 간의 이러한 관계는 여성보다 남성에서 더 강하다.

마키아벨리식 전략은 많은 이득이 있으나 또한 손실도 있다. 하이 마하의 배신, 부정행위, 거짓말 등으로 인해 그들에게 이용된 사람들의 보복이나 복수의 위험이 있다. 더욱이 로우 마하보다 하이 마하가 자신의 평판에 손상을 입을 가능성이 더 크다. 착취적이라는 평판을 얻게 되면 다른 사람들이 상호작용을 거부하고 그들을 피할 가능성이 크다.

마키아벨리식 전략에 대한 논의는 또한 성격이 사회적 상호작용에 영향을 미치는 핵심 과정을 보여주며, 성격과 사회적 상호작용의 세 가지 주요 과정을 되짚어 보게 한다. 첫째, 하이 마하는 착취적 전략의 전개를 제한할 수 있는 규칙에 얽매이지 않고, 느슨하게 구조되어 있는 상황을 선택하는 경향이 있다. 둘째, 하이 마하는 착취당하는 사람들의 분노나 보복과 같은 특정한 반응을 유발하는 경향이 있다. 셋째, 하이 마하는 착취적이고 자기 잇속만 차리며 기만적인 전술을 사용하여 예측할 수 있는 방식으로 다른 사람들을 조작하려는 경향이 있다.

지배성(외향성) 점수가 높은 사람은 그들이 원하는 것을 얻기 위해서 요구, 위협, 욕설, 비판 등과 같은 강압을 이용하는 경향이 있다. 지배성이 강한 사람은 또한 다른 사람에게 행동방침을 정해주고, 이것을 따르는 것이 그들의 의무라고 말함으로써 책임감에 호소하는 방식을 이용하는 경향이 있다.

지배성이 낮은 사람(비교적 순종적인 사람)은 다른 사람들에게 영향을 미치는 수단으로 자기비하 전술을 사용했다. 예를 들면 자신을 낮추거나 다른 사람들이 그들이 원하는 것을 하도록 하기 위해 약하게 보이려고 했다. 흥미롭게도 순종적인 사람이 지배적인 상대방보다 더 자주 강경한 태도 전술(속임수, 거짓말, 비하, 심지어 폭력)을 사용하는 경향이 있었다.

우호성이 높은 사람이 사용하는 두 가지 주요한 영향력 전술은 즐거움의 유도와 논리이다. 우호적인 사람은 다른 사람들에게 그 활동이 얼마나 재미있을 것인가를 보여주고 이야기한다. 또한 다른 사람들이 특정한 행동을 하기 원하는 이유를 설명하고, 그것을 함으로써 얻을 수 있는 모든 좋은 점을 언급한다. 아이들이 자신의 친구 선택에 대해 부모를 조작하는 방식에 관한 연구에서 우호성이 높은 아이는 논리 전술을 사용하였고 또한 부모가 자신을 믿도록 설득하는 것으로 드러났다(Aprstalou et al., 2015).

'묵살'은 매우 무례한 특성을 지닌 사람들이 종종 채택하는 조작 전략이다.

출처 : ⓒ Image Source/Getty Images RF

이에 반해 무례한 사람들은 강압과 묵살을 빈번하게 사용한다—크로아티아인을 대상으로 한 연구에서 나온 결과(Butkovic & Bratko, 2007). 그들은 자신이 원하는 것을 얻기 위해 위협하고 비판하며 소리치고 괴성을 지를 뿐 아니라 또한 싸늘하게 쳐다보고 부탁을 들어줄 때까지 말하기를 거부한다. 또한 우호성이 낮은 사람은 자신에게 잘못했다고 생각되는 사람에게 복수할 기회를 노릴 가능성이 있다. 그들은 조작을 통해 이익을 추구하는 전술보다는 손실을 입는 전술을 이용한다(McCullough et al., 2001). 우호성이 낮은 사람은 집단자원 사용에서 좀 더 이기적인 경향이 있는 반면에 우호성이 높은 사람은 집단의 자원이 부족하거나 절박할 때 좀 더 자제력을 발휘한다(Koole et al., 2001).

성실성은 사회적 영향의 단 한 가지 전술인 논리와 관계가 있다. 성실한 사람은 다른 사람이 어떤 일을 하기를 원하는 근거를 설명하고 그것을 원하는 논리적 설명을 제시하고 그것을 해야 하는 이유를 설명한다. 한 연구에서 성실성이 낮은 사람의 체포 기록과 상습적인 범행(감옥에서 풀려난 후 다시 체포되는 것)을 볼 때 그들은 자원을 얻기 위해 범죄라는 전술을 사용할 가능성이 더 크다는 점을 알 수 있었다(Clower & Bothwell, 2001).

정서적으로 불안정한 사람은 다른 사람을 조작하기 위해 매우 다양한 전술을 사용한다—강경한 태도, 강압, 논리, 금전적 보상 등. 그러나 정서적으로 불안정한 사람이 가장 일반적으로 사용하는 전술은 퇴행이다. 이러한 사람들은 자신이 원하는 것을 얻기 위해 뿌루퉁하고 샐쭉하고 징징거리며 운다(Butkovic & Bratko, 2007 참조). 어떤 의미에서 이러한 종류의 행동은 정서적 불안정의 핵심 정의(변덕스러운 감정의 표현, 약간 긍정적이고 약간 부정적인 것)에 가깝다. 그러나 이러한 결과의 흥미로운 부분은 정서적 변덕스러움이 전략적으로 동기를 부여한다는 것이다. 그들이 원하는 것을 얻기 위해 다른 사람에게 영향을 미치려는 목적에 사용된다.

지적-개방성이 높은 사람은 어떤 전술을 사용할까? 당연히 똑똑하고 직관력 있는 사람은 다른 모든 전술 중 특히 논리를 사용하는 경향이 있다. 그들은 또한 즐거움 유도와 책임감 호소(responsibility invocation)를 사용한다. 하지만 이 결과는 직관적으로는 명백하지 않다. 지적-개방성이 낮은 사람이 사용하는 전술을 추측할 수 있겠는가? 그들은 사회적 비교를 사용하는 경향이 있다. 그것을 하는 어떤 사람과 파트너를 비교하면서 다른 모든 사람이 그것을 한다고 말하고, 다른 사람에게는 만약 그들이 그것을 하지 않는다면 어리석어 보일 것이라고 이야기한다.

최근 한 연구는 '어둠의 3인조' 성격특성(나르시시즘, 사이코패스, 마키아벨리즘)과 사회적 영향력 전술 간의 관련성을 살펴보았다(Jonason & Webster, 2012). 어두운 특성이 높은 사람은 매우 다양한 전술(강압, 강경한 태도, 상호관계, 사회적 비교, 금전적 보상, 심지어 매력 등)을 통해서 다른 사람을 조작하려는 경향이 있었다. 세 가지 어두운 특성이 높은 사람은 특히 자신과 사회적으로 관련되어 있는 사람을 괴롭히는 경향에서 나타나는 바와 같이 강경한 태도 전술을 이용하는 경향이 있었다(Baughman et al., 2012).

요약하면 이러한 결과들은 성격 성향이 사람의 머릿속에 수동적으로 머물러 있는 정적 개체가 아니라는 강력한 증거를 제시한다. 성격 성향은 사회적 상호작용에 깊은 함의를 지닌다 ― 이 경우 사람들이 자신이 처한 사회적 환경에서 다른 사람들을 조작하기 위해 사용하는 전술이다.

제자리로 돌아가기 : 성격과 사회적 상호작용의 개요

이 장에서 가장 중요한 메시지는 성격이 사람 안에 수동적으로 존재하는 것이 아니고 각 개인의 사회적 환경에 깊이 영향을 미친다는 점이다. 성격이 개인의 사회적 환경에 영향을 미칠 수 있는 세 가지 과정(선택, 유발, 조작)은 〈표 10.6〉에 강조되어 있다.

이러한 근본 메커니즘은 사회적 환경과 더불어 물리적 환경에서도 작동한다. 먼저 선택에 대해 생각해보자. 물리적 영역에서 내성적인 사람은 지방이나 시골에 사는 것을 선택할 가능성이 더 크다. 반면 외향적인 사람은 도시생활이 제공하는 사회적 상호작용의 모든 기회를 누릴 수 있는 도시에서의 삶을 선택할 가능성이 크다. 사회적 영역에서 외향적인 사람은 또한 외향적인 배우자를 선택할 가능성이 크고, 반면 내성적인 사람은 나란히 앉아 함께 조용히 책을 읽을 수 있는 내성적인 배우자를 선택할 가능성이 크다.

유발 과정에서 볼 때 무겁게 걸어가는 시끄럽고 육중한 사람은 눈 덮인 산을 올라갈 때 눈사태를 일으킬 가능성이 더 크다. 사회적 영역에서 나르시시스트는 그들의 추종자들로부터 존경을 유발하고, 그들의 방종하고 자기중심적인 성향을 싫어하는 사람들로부터 멸시를 받는다. 조작 과정에서 성격은 그들이 사는 공간을 만들고 개조하는 방식에 영향을 미친다(Gosling et al., 2002). 예를 들면 성실한 사람은 자신의 공간을 말끔하고 깨끗하고 번잡하지 않게 유지한다. 성실성이 낮은 사람은 자신의 공간을 더 지저분하고 번잡하고 더럽게 만든다. 지적-개방성이 높은 사람은 자신의 공간을 세련되고 색다른 물건들로 장식하고 다양한

나르시시즘과 사회적 상호작용

나르시시즘은 높은 수준의 자기몰두와 자만심을 최상위에 놓고, 자신의 욕구와 필요를 다른 사람들의 것보다 우위에 두며, 유별나게 과장하고, 엄청난 특권의식을 보여주고, 다른 사람들의 감정, 욕구, 욕망 등에 대한 공감이 부족한 것 등을 특징으로 하는 성격차원이다(Raskin & Terry, 1988). 나르시시즘이 높은 사람은 **과시욕이 강하고**(다른 사람에게 강한 인상을 주기 위해 돈을 과시하는 것) **과장되고**(자신이 얼마나 대단한지에 대해 이야기하는 것) **자기중심적이고**(자신을 위해 가장 좋은 음식을 먹는 것) 대인관계에서 **다른 사람을 착취하는**(이기적인 목적을 위해 다른 사람을 이용하는 것) 경향을 보았다(Buss & Chiodo, 1991). 흥미롭게도 리얼리티 TV 쇼에 나오는 여자 연예인은 평균보다 더 나르시시스트 경향을 보인다(Young & Pinsky, 2006). 그럼에도 불구하고 나르시시스트는 자신은 인기 있다(잘생겼다 등)고 생각하는 것 또한 사실이지만 경험적 증거는 그들이 평균보다 단지 조금 더 매력적임을 시사한다(Bleske-Rechek, Remicker, & Baker, 2008; Holtzman & Strube, 2010). 성격심리학자들은 성격이 사회적 선택, 유발, 조작 등에 미치는 영향에 대한 흥미로운 사례를 제시함으로써 사회적 상호작용에서 나르시시즘의 영향을 입증하고 있다.

　선택의 관점에서 나르시시스트는 자신을 존경하고 자신에 대해 가지고 있는 대단히 긍정적인 시선을 반영하는 사람을 선택하는 경향이 있다. 그들은 주변 사람들이 자신을 특별하고 아름답거나 멋진 사람으로만 보기를 원한다(Buss & Chiodo, 1991). 사실 나르시시스트는 자신을 '특출한 사람'으로 보기 때문에 '영광을 누릴 기회'가 많아질 것이라고 인식할 수 있는 사회적 상황을 선택

하고, 자신이 인지하는 훌륭함을 다른 사람들이 알아채지 못하는 상황은 피하는 경향이 있다(Wallace & Baumeister, 2002). 비록 그들은 스스로를 권위 있는 위치에 놓는 경향이 있기는 하지만(Buss & Chiodo, 1991), 자신의 훌륭함을 과시할 기회를 주지 않는 사회적 상황을 격렬하게 피한다(Wallace & Baumeister, 2002). 그러나 인생은 때때로 추락할 수도 있고 나르시시스트도 때때로 거절당하기도 한다. 거절당했을 때 나르시시스트는 자신을 모욕했다고 생각되는 사람에게 몹시 화를 내며 맹렬히 비난하는 경향이 있다(Carpenter, 2012; Horton & Sedilides, 2009; Jones & Paulhus, 2010). 아마 이것은 그들의 자존감이 실패로 인해 손상되기 쉽기 때문일 것이다(Zeigler-Hill et al., 2010). 흥미롭게도 나르시시스트는 사회적 상황에 대한 인지가 매우 선택적이다. 그들은 나르시시즘이 낮은 사람보다 좀 더 자주 자신을 대인관계 침해행위의 희생자로 간주한다(McCullough et al., 2003).

　결혼 영역에서 나르시시스트는 자신이 파트너보다 '더 나은 사람'이거나 좀 더 바람직한 사람이라고 생각하기 때문에 나르시시스트의 로맨틱 파트너는 다른 사람들의 파트너보다 좀 더 불안정할 수 있다(Campbell & Foster, 2002; Campbell, Rudich, & Sedikedes, 2002). 나르시시스트는 자신의 로맨틱 파트너의 헌신을 의심하지 않는다(Foster & Campbell, 2005). 한 실험에서 나르시시스트에게 현재의 로맨틱 파트너가 그들의 관계에서 자신보다 헌신적이지 않은 근거 목록을 작성해보라고 했을 때 나르시시스트는 매우 어려워했고, 심지어 그 목록을 완성하지 못했다! 이 실험을 한 후에 나르시시스트(나르시시즘이 낮은 사람과 비

교하여)는 자신의 로맨틱 파트너에게 상당히 낮은 수준의 헌신을 보였고 다른 사람의 데이트 신청을 아주 기꺼이 받아들였다. 나르시시즘은 다른 사람들을 용서하지 못하는 것과 관련이 있고, 이러한 특성은 또한 로맨틱한 관계의 기능을 손상시킬 수 있다(Exline et al., 2004).

　나르시시스트는 또한 사회적 환경에서 다른 사람들로부터 예측 가능한 반응을 유발한다. 그들은 과시욕이 강하고 자신을 관심의 중심에 끌어넣기 때문에 때때로 사람들을 분열시킨다. 어떤 사람들은 나르시시스트를 훌륭하고 다른 사람들을 즐겁게 해주며 지루하게 하지 않는다고 여기는 반면, 어떤 사람들은 그들을 이기적이고 무례하다고 생각한다(Campbell et al., 2002). 자신의 주장이 정당함을 보여주기 위해 지위를 이용하는 것과 같은 자기 권력의 과장 때문에 그들은 때때로 다른 사람들의 분노를 유발한다. 나르시시스트는 자신의 행동이나 옷을 통해 다른 사람들로부터 반응을 유발한다. 그들은 자신의 섹시한 이미지를 게시하는 것과 같은 자기홍보의 형태로 페이스북 페이지를 장식하는 경향이 있다(Buffardi & Campbell, 2008; Ong et al., 2011). 나르시시스트는 더 많은 '셀카'를 게시하고 더 자주 프로필 사진을 업데이트하며 더 많은 시간을 인스타그램에서 보낸다(Marshall et al., 2015; Moon et al., 2016; Sorokowski et al., 2015; Weiser, 2015). 그들은 비싸고 화려한 옷을 입을 가능성이 더 크다. 만약 그들이 여자라면 더 진한 화장을 하고 노출이 심한 옷을 입는다-다른 사람의 성적 접근을 유발할 수 있는 행동(Vazire et al., 2008).

　나르시시스트는 또한 예측할 수 있는 형태의 조작 전술을 사용한다. 그들은 다른 사

(계속)

람들을 고도로 이용하고 자신을 '사용자'라고 여길 것이다. 그들은 친구를 자신의 부나 연줄을 위해서 이용한다. 높은 권력자의 위치에 있을 때, 그들은 하급자를 착취하기 위해서 자신의 지위를 이용하고 다른 사람들 앞에서 어떤 사람을 모욕하기 위해 지위를 악용하는 데 망설임이 없다. 그들은 자신의 실패에 대해 다른 사람을 폄하하는 방식으로 반응하고, 아마도 자신의 실패에 대한 책임을 다른 사람에게 돌리려고 시도할 것이다(Park & Colvin, 2014; South, Oltmanns, & Turkheimer, 2003). 결혼 영역에서 그들은 자신의 뜻대로 조작하는 게임 플레이를 하고 성적으로 강압적이고 공격적인 전술을 사용할 가능성이 크다(Blinkhorn et al., 2015; Haslam & Montrose, 2015). 그들은 또한 실패에 직면했을 때 다른 사람들을 향해 분노와 공격성을 분출한다. 나르시시즘의 구성요소인 특권과 착취는 특히 공격성에 대한 좋은 예측변수이다(Reidy et al., 2008). 요약하면 나르시시즘 성격은 그들이 하는 사회적 선택, 그들이 다른 사람들로부터 유발하는 반응, 자기중심적인 목적을 성취하기 위한 조작의 전술 등과 많은 관련성을 보인다.

장르의 책들과 CD를 소유한다. 사회적 영역에서 무례한 사람은 정서적으로 안정적인 사람보다 조작의 전술로 '묵살'을 사용할 가능성이 크다. 지적-개방성이 높은 사람은 제멋대로 하기 위해 근거와 논리를 사용하는 경향이 있다. 그리고 나르시시스트는 자신의 실패를 다른 사람의 탓으로 돌리려고 한다.

요약하면 성격은 그 사람이 들어가거나 피하기로 결정한 환경뿐 아니라 그 사람이 선택하는 배우자나 친구(선택), 다른 사람들이나 물리적 환경으로부터 이끌어낸 반응(유발), 물리적·사회적 환경이 변경되는 방식(조작) 등에 영향을 미친다. 이러한 세 가지 과정을 [그림 10.1]에 제시하였다.

앞으로의 연구는 [그림 10.1]에 있는 인과관계의 화살표가 양방향으로 움직이는지의 여부를 밝히는 게 관건이다. 예를 들면 비슷한 성격의 배우자를 선택하는 것이 그 성격을 강화

표 10.6 성격과 환경을 연결하는 인과 메커니즘 : 물리적 영역과 사회적 영역의 예시		
메커니즘	물리적 환경	사회적 환경
선택	내성적인 사람은 시골생활을 선택한다.	외향적인 사람은 외향적인 배우자를 선택한다.
	추운 기후를 피한다.	정서적으로 안정적인 사람은 안정적인 룸메이트를 선택한다.
유발	무겁게 걷는 사람은 눈사태를 유도한다.	무례한 사람은 관계 갈등을 유발한다.
	서투른 사람은 소음과 달가닥거리는 소리를 유발한다.	나르시시스트는 추종자들로부터 존경을 유발한다.
조작	성실한 사람은 공간을 깨끗하고 단정하게 하고 번잡하지 않게 만든다.	무례한 사람은 '묵살'을 이용한다.
	개방성이 높은 사람은 공간을 다양한 책들과 CD들과 같은 소장품으로 세련되고 다채롭게 만든다.	나르시시스트는 다른 사람을 탓한다.

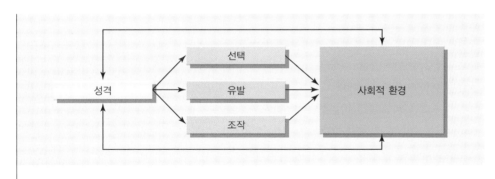

그림 10.1
성격과 사회적 상호작용

하고 시간 경과에 따라 그 성격을 더 안정적으로 만드는 사회적 환경을 만드는가(Neyer & Lehnart, 2007)? 무례한 사람들에 의해 유발된 갈등이 많은 부정적인 피드백을 받고 그로 인해 무례한 성격이 유지되는 사회적 환경을 만드는가? 정서적으로 불안정한 사람이 사용하는 매우 다양한 조작 전술―강경하고 위협적인 태도부터 뿌루퉁함, 징징거림, 삐죽거리는 것까지―이 실제로 더 큰 혼란에 의해 흔들리고 그로 인해 신경증적인 성격 성향을 유지시키는 사회적 환경을 만드는가? 향후 10년 안에 연구를 통해 틀림없이 이러한 질문에 대한 답이 나올 것이다.

성격의 성차

우리는 아동들의 기질(temperament)에 대한 성차를 논의하는 것으로 시작한다. 성격의 5요인 모델(five-factor model)은 성격으로부터 생기는 성차에 관한 많은 연구 결과를 정리하는 데 편리한 체계를 제공한다(표 10.7 참조). 그다음에 우리는 성적 취향, 범죄 관련성과 신체적 공격성, 우울증과 정신병, 집단 내에서 남녀의 상호작용 패턴 등과 같은 다른 성격 영역에서의 성차를 논의할 것이다.

아동의 기질

기질에서 성차의 중요성은 메타분석 연구자들이 적절히 요약하였다. "기질의 성차에 관한 질문은 성격과 사회적 행동 분야에서 이루어지고 있는 성차 연구의 가장 근본적인 질문 중 하나임에 틀림없다. 기질은 생물학에 기반하는 감정 및 행동의 일관성을 반영하고, 이것은 인생 초기에 나타나며 정신병리나 성격과 같은 많은 다른 영역에서의 패턴과 결과를 예측한다. 종종 다른 요인들과 함께 예측한다."(Else-Quest et al., 2006, p. 33) 이 저자들은 3세부터 13세까지 아동들의 기질에서 성차에 관한 가장 방대한 메타분석을 수행하였다.

그들이 발견한 성차는 상당히 큰 차이에서부터 무시해도 될 정도의 작은 차이까지 다양하였다. **억제 조절**(inhibitory control)은 $d = -0.41$로 가장 큰 성차를 보였는데, 이것은 중간 정도로 간주된다. 억제 조절은 부적절한 반응이나 행동에 대한 조절 능력을 나타낸다. 더 최근의 연구는 충동성 특성에서 남아들이 충동 조절 능력이 떨어진다($d = -0.72$)는 매우 큰 성차를 발견하였다(Olino et al., 2013). 연구자들이 요약한 바와 같이 "이러한 결과는 여아들이 자신의 행동을 규제하거나 할당하는 능력이 전반적으로 더 좋다는 것을 나타낼 수 있다."는 것과 함께 사회적으로 바람직하지 못한 행동을 억누를 수도 있다는 의미이다(Else-Quest et al., 2006, p. 61). **지각 감수성**(perceptual sensitivity) — 환경으로부터의 미묘한 자극을 감지하는 능력 — 또한 여아들이 유리하다는 결과가 밝혀졌다($d = -0.38$). 평균적으로 여아들은 남아들보다 외부 세상으로부터의 미묘하고 낮은 강도의 신호에 더 민감한 것으로 보인다. 억제 조절은 나중에 성실성의 발달과 관련이 있다. 흥미롭게도 성인 남녀는 성실성에서 큰 차이가 없기 때문에 이와 같은 성차는 서서히 사라지는 것으로 보인다.

조급성(surgency) — 접근행동, 높은 활동성, 충동성 등을 포함하는 것 — 은 남아들이 여아들보다 높은 점수를 보였다($d = 0.38$). 아마 높은 조급성과 낮은 억제 조절이라는 조합은 남아들이 삶의 초반에 학교에서 더 많은 훈육 곤란에 처하게 되는 경향이 있다는 것을 설명해준다. 조급성의 몇몇 하위 구성요소는 활동성 수준($d = 0.33$)이나 높은 강도의 쾌락($d = 0.30$)에서와 같이 약간 작은 성차를 보여주었고, 이것은 남아들이 여아들보다 치고받는 놀이를 할 가능성이 더 높다는 것과 일치한다.

낮은 억제 조절과 높은 조급성 결합은 또 다른 신뢰할 수 있는 성차를 설명할 수도 있다. 바로 신체적 공격성(physical aggressiveness) 영역에서의 차이이다. 실제 행동 부호화에 근거한 행동 빈도수 측정도구를 이용하여 Zakriski, Wright, Underwood(2005)는 남녀 집단의 차이가 $d = 0.60$임을 발견하였는데, 이는 남아들이 여아들보다 신체적으로 더 공격적이었다는 점을 시사한다(약 13세).

억제 조절이나 조급성과 달리 여아들과 남아들은 사실상 분노, 까다로움, 고통의 양, 슬픔 등과 같은 요소들을 포함하는 **부정적 정서성**(negative affectivity)으로 대표되는 변수에서는 차이가 없었다. 그러나 부정적인 감정에 대한 심층분석에서는 여아가 더 두려워하는 대신 남아는 분노 표현이 더 높았다($d = -0.34$)(Olino et al., 2013).

요약하면 3~13세 사이 아이들의 기질에 대한 메타분석은 중간 정도의 작은 성차를 시사한다. 여아들은 억제 조절력이 높고 두려움 또한 강하다는 점을 보여준다. 남아들은 조급성, 활동성, 충동성이 높고 감정 표현의 영역에서 더 많은 분노를 보여준다. 이것은 평균적인 성차이지만 분포는 상당히 중복된다.

5요인 모델

5요인 모델은 남녀가 다른지 여부를 평가할 수 있는 광범위한 성격특성을 제공한다.

외향성

이 성격특성의 성차에 대해서는 세 가지 외향성 차원을 연구해 왔다: 사교성, 자기 주장성, 활동성. 여성은 남성보다 사교성에서 조금 높은 점수를 받았으나 그 차이는 미미하다. 마찬가지로 남성은 활동성 점수가 조금 더 높다. 50개의 다른 문화권을 대상으로 한 성격 연구는 외향성에서 비교적 작은 성차($d = 0.15$)를 보였다(McCrae et al., 2005b). 외향성에 대한 성차 분석은 좀 더 흥미로운 모습을 보였다(De Bolle et al., 2015). 여성은 온정성($d = -0.29$)과 사교성($d = -0.26$)에서 높은 점수를 받은 반면, 남성은 자기 주장성($d = 0.24$)과 자극 추구($d = 0.25$)에서 높은 점수를 받는다. 70개국 127개의 표본연구($N = 77,528$)에서 나타난 결과는 남성이 여성보다 권력의 가치에 보다 큰 중요성을 둔다는 점이다(Schwartz & Rubel, 2005).

자기 주장성에서 중간 정도의 성차는 집단 상황의 사회적 행동에서 나타난다. 다수의 연구는 혼성 집단에서 여성보다 남성이 대화 중 더 자주 끼어든다는 점을 시사한다(Hoyenga & Hoyenga, 1993). 남녀 갈등의 중요한 원천(대화 중 원치 않는 훼방)은 자기 주장성에서 보이는 중간 정도의 성차에서 기인한다고 할 수 있다.

우호성

우호성에서 여성은 남성보다 높은 점수를 받고, 50개 문화권을 대상으로 한 연구는 작은 정도부터 중간 정도까지의 성차를 나타냈다($d = -0.32$)(McCrae et al., 2005b; Schmitt et al., 2008). 65세부터 98세까지의 고령자 또한 우호성에서 여성이 남성보다 높은 점수를 받았는데($d = -0.35$) 이것은 중간 정도의 성차를 시사한다(Chapman et al., 2007; Wood, Nye, & Saucier, 2010). 우호성은 신뢰성과 상냥함의 두 가지 측면이 연구되었다. **신뢰성**(trust)은 다른 사람들과 협력하고 그들에 대해 미심쩍은 점을 선의로 해석하고 동료들을 기본적으로 선하다고 여기는 성향이다. **상냥함**(tender-mindedness)은 다른 사람들에게 공감하고 억압받는 사람들을 동정하는 애정 어린 성향이다. 〈표 10.7〉에서 알 수 있듯이 여성은 남성보다 신뢰성에서 높은 점수를 받는다. 여성은 또한 대체적으로 남성보다 상냥하다(배려와 희생). 이 차원에서는 명백하게 큰 효과크기($d = -0.97$)를 보여주어 여성이 남성보다 마음이 상당히 더 부드러움이 시사되었다. 우호성의 또 다른 측면은 온화성(modesty)이다. 일반적으로 여성이 남성보다 더 온화하다($d = -0.26$)(De Bolle et al., 2015). 최근의 연구는 이러한 성차에서 맥락 특이성(context-specificity)에 초점을 맞추고 있다. 여성은 혼성 사회적 상호작용에서 남성보다 더 협조적인 것으로 보인다(Balliet et al., 2011). 반면 남성은 동성 사회적 상호작용에서 여성보다 약간 더 협조적이다(Balliet et al., 2011).

우호성과 관련된 또 다른 결과는 미소(smiling)와 연관된다. 메타분석에서는 효과크기 -0.60을 보여 여성이 남성보다 더 자주 미소 짓는다는 것을 시사하였다(Hall, 1984). 만약 미소가 우호적인 성격 성향을 반영한다면 여성은 남성

연구들은 여성이 남성보다 자연스럽게 더 자주 미소 짓는다고 한다. 하지만 연구자들은 이 성차가 의미하는 것에 동의하지 않는다. 어떤 연구자들은 미소가 우호성의 징후라고 하지만 또 어떤 연구자들은 미소가 복종의 신호이거나 사회적 상황에서 긴장을 푸는 방법이라고 한다.

출처 : ⓒ Realistic Reflections RF

보다 더 우호적이라고 결론 지을 수 있다. 그러나 어떤 연구자들은 미소를 우호성보다는 복종의 신호로 본다(Eagly, 1995). 게다가 어떤 이들은 미소를 많이 짓는 사람은 지위가 낮은 사람들이라고 주장한다. 미소가 어떤 상황에서는 우호성을 반영하고 어떤 상황에서는 복종을 나타낸다.

공격성 공격성은 우호성의 반대쪽에 위치한다. 남성이 여성보다 신체적으로 공격적이라는 것은 놀라운 일이 아닐 것이다. 이것은 공격적인 판타지와 실제행동을 측정한 성격검사에서 나타난다(Hyde, 1986). 일반적으로 공격성의 효과크기는 TAT($d = 0.86$)와 같은 투사검사에서 가장 크고, 다음으로 동료보고($d = 0.63$)이고, 가장 작은 것은 자기보고($d = 0.40$)이다. 공격성에 관한 판타지 측정은 사람이 얼마나 자주 다른 사람을 공격하는 것을 상상하는가를 평가하는 것이고, 이것은 효과크기 0.84로 큰 성차를 보인다.

이러한 성차는 일상생활에서 중대한 결과를 가져올 수 있다. 폭력 범죄의 효과크기는 특히 눈에 띈다. 전 세계적으로 남성은 총 살인의 약 90%를 저지르고 대부분의 살인 희생자들은 또 다른 남성들이다(Buss, 2005b; Daly & Wilson, 1988). 그뿐만 아니라 남성은 폭행부터 폭력조직 간의 싸움까지 모든 종류의 폭력 범죄를 저지른다. [그림 10.2]는 미국 내에서의 폭력 범죄 체포 비율을 연령과 성별의 함수로 보여준다. 알다시피 남성은 여성보다 이러한 범죄를 훨씬 더 많이 저지른다. 폭력 범죄의 가장 큰 성차는 사춘기 바로 직후부터 나타나고 청소년기와 20대 초반에 최고조에 달한다. 50세 이후에 폭력 범죄는 줄어들기 시작하고 남녀는 범죄의 공격성에서 서로 더 비슷해진다.

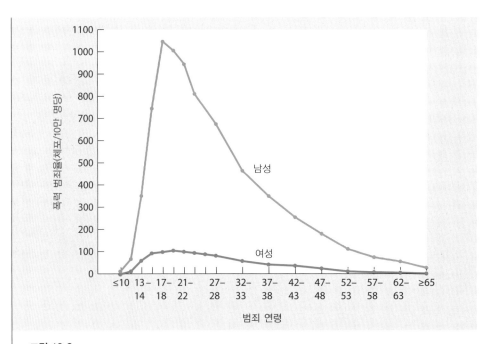

그림 10.2

미국의 폭력 범죄 체포 비율의 연령과 성별 함수

이러한 결과는 미국에만 국한되지 않는다. 남아 있는 기록에 근거할 경우 모든 문화권에서 대다수의 살인과 폭력 범죄는 젊은 남성이 저질렀다(Daly & Wilson, 1988; Pinker, 2011). 심리학적으로 성차의 주요 원인은 여성이 남성보다 훨씬 더 처벌에 민감한($d = -.33$) 반면, 남성은 자신이 받을 수 있는 처벌을 의식하지 못하고 더 위험을 감수하는 경향이 있는 것 같다는 점에서 찾아볼 수 있을 것이다(Cross, Copping, & Campbell, 2011). 이러한 문화 보편적인 결과는 성차에 관한 몇 가지 진화론적 설명을 제공하는 이론에 신빙성을 부여한다. 이러한 형태의 공격성은 신체적 폭력과 관련 있다는 점을 명심하는 것이 중요하다. 다른 형태의 공격성, 특히 언어적 모욕이나 다른 사람들에 대한 험담과 같은 '관계적 공격성'은 성차가 전혀 없거나 여성이 약간 높은 점수를 받는 경향을 보여준다(Hess et al., 2010; Ostrov & Godleski, 2010).

성실성

50개 문화권을 대상으로 한 연구에서 성실성은 전반적인 수준에서 무시해도 될 정도의 성차를 나타냈다($d = -0.14$)(McCrae et al., 2005b). 성실성의 성차에서는 단 한 가지 측면인 정리정돈이 세심하게 검토되고 있다. 비록 대규모 범문화 연구에서 정리정돈이 약간 큰 성차를 드러냈지만($d = -0.24$), 여성은 정리정돈에서 남성보다 약간 높은 점수를 받기도 하였다($d = -0.13$)(De Bolle et al., 2015). 이러한 성차는 남녀가 이 측면에서 본질적으로 동일하다고 결론 지을 수 있을 만큼 작다는 것이다. 그럼에도 불구하고 심지어 매우 작은 효과크기도 때로 시간이 지남에 따라 대량 누적효과를 가져올 수 있다. 예를 들면 집 청소와 같은 경우 결혼한 커플에서 정리정돈의 작은 차이가 1년에 걸쳐 상당수의 논쟁을 야기할 수도 있다.

정서적 안정성

정서적 안정성은 5요인 모델에서 가장 가치 판단적인 차원일 수 있다. 제2장을 상기하면 이 양상의 한쪽 극단은 변함없고 침착하고 안정적인 사람들이다. 이러한 극단을 '정서적으로 안정적'이라고 부를 수 있다. 정반대의 극단은 기분의 변덕스러움이나 불안정성이 특징이다. 비록 많은 사람들이 이 극단을 '정서적으로 불안정'하다거나 '신경증적' 양상이라고 분류함에도 불구하고, 어떤 이들은 이것을 '정서적으로 표현력이 있는'이라고 명명할 수 있다. 유념해야 할 것은 이 차원이 양극단의 명칭이라기보다는 심리적 의미(이것이 포함된 실제적 특성)라는 것이다.

50개 문화권의 연구는 5요인 모델에서 정서적 안정성이 여성이 남성보다 중간 정도이지만 가장 큰 성차($d = -0.49$)를 보여주었다(McCrae et al., 2005b; see also Schmitt et al., 2008). 아랍 10개국 쿠웨이트, 사우디아라비아, 에미리트, 오만, 이집트, 시리아, 레바논, 팔레스타인(나블루스와 가자), 요르단, 이라크 등의 연구에서는 불안 측정에서 비슷한 성차가 발견되었다(Abdel-Khalek & Alansari, 2004). 65세부터 98세의 노인들 또한 정서적 안정성에서 여성이 남성보다 낮은 점수를 받아서 평균적인 성차($d = -0.52$)를 보여주었다(Chapman et al., 2007). 이 요인의 불안 양상은 여성이 불안한 방향으로 더 점수를 받는 것으로($d =$

−0.54), 전 문화권에서 가장 큰 성차를 보여준다(De Bolle et al., 2015). 좀 더 자세한 측정에서는 여성이 특히 두려움에서 높은 점수($d = -1.04$)를 받는 것으로 나타났다(Campbell et al., 2016).

경험에 대한 지적-개방성

55개 문화권에서의 연구 결과($d = -0.05$)와 마찬가지로 50개 문화권 연구에서도 경험에 대한 지적-개방성은 본질적으로 성차가 없었다($d = -0.07$)(McCrae et al., 2005b). Botwin과 동료들(1997)은 세 가지 자료를 이용하여 경험에 대한 지적-개방성의 성차를 조사하였다 —자기보고, 파트너보고, 독립된 면담(남녀 면담자 1명씩). 이러한 세 가지 자료를 분석한 결과 지적-개방성은 성차가 없었다. 그리고 청소년, 대학생, 성인 등을 대상으로 한 대규모 범문화 연구에서 경험에 대한 개방성은 전반적인 특성 수준에서 본질적인 성차를 보이지 않았다. 그럼에도 불구하고 패시트 분석은 여성이 개방성의 두 가지 측면에서 높은 점수를 받았음을 보여주었다—판타지와 아이디어(De Bolle et al., 2015). 〈표 10.7〉은 성격 5요인 모델의 주요 측면에서 성차에 관한 핵심 결과의 요약이다.

표 10.7 5요인 모델에서 각 성격 차원의 성차에 대한 효과크기	
차원	효과크기
외향성	
사교성	−0.26
온정성	−0.29
자기 주장성	0.24
활동성	0.09
흥미 추구	0.25
우호성	
신뢰성	−0.25
상냥함	−0.97
온화함	−0.26
공격적인 생각	0.84
성실성	
정리정돈	−0.24
정서적 안정성	
불안	−0.54
두려움	−1.04
지적-개방성	
아이디어	0.03
판타지	−0.31
느낌	−0.42

주 : 양수(+)는 남성이 여성보다 높은 점수를, 음수(−)는 여성이 남성보다 높은 점수를 받은 것을 나타낸다.

기본 정서 : 빈도와 강도

정서는 성격의 중심이기 때문에 정서에 한 장을 할애하였다(제9장). 범문화 연구는 남녀가 경험하는 정서가 어디에서 같고 어디에서 다른지를 정확하게 보여준다. 가장 큰 규모의 연구는 2,199명의 호주인과 41개의 각기 다른 나라 사람들 6,868명의 국제 표본 등을 조사한 것이다(Brebner, 2003). 네 가지 긍정 정서(애정, 기쁨, 만족, 자부심)와 네 가지 부정 정서 (공포, 분노, 슬픔, 죄책감) 등으로 이루어진 여덟 가지 기본 정서를 조사하였다. 참가자들은 평가척도를 사용하여 (1) 자신이 각 정서를 경험하는 빈도와 (2) 자신이 경험하는 각 정서의 강도를 평정하였다. 기초 결과는 〈표 10.8〉에 요약되어 있다.

국제 표본에서는 정서 경험에서 작지만 통계적으로 유의한 차이를 보였다. 이는 위의 모든 정서에서 여성이 남성보다 긍정 정서와 부정 정서 모두를 좀 더 빈번하고 강하게 경험한다는 것을 보여준다. 긍정 정서에서 애정과 기쁨은 가장 큰 성차를 보여준다. 반면 자부심은 빈도나 강도에서 성차를 보이지 않았다. 부정 정서에서는 여성이 특히 강도면에서 남성보다 두려움과 슬픔을 더 높게 경험한다. 그에 반해 죄책감은 강도에서 아주 적은 성차를 보이고 빈도에서는 차이가 없었다. 이것은 아마 여성이 남성보다 더 죄책감을 느끼는 경향이 있다는 고정관념과 상충되는 것이다. 이러한 결과는 두 가지 측면의 관점에서 적절한 조건을 갖추어야 한다. 첫째, 효과크기가 일반적으로 작다. 둘째, 정서에 관해 좀 더 전문적으로 탐색해보면 여성이 파트너의 정서적 불륜에 대한 반응으로 더 강한 질투심을 경험하는 것으로 나타나듯이 일부 성차는 반대 양상을 드러낸다는 다른 연구 결과들이 보고되었다.

여성이 남성에 대해 표현하는 가장 일반적인 불평 중 하나는 남성들이 자신의 정서를 충분히 표현하지 않는다는 것이다(Buss, 2016). 이에 반해 남성은 여성이 지나치게 감정적이라고 투덜댄다. 이 결과는 그와 같은 불평의 가능한 이유 한 가지를 암시한다. 남성들은 정서

표 10.8 정서 경험의 성차		
정서	빈도	강도
긍정 정서	0.20	0.23
애정	0.30	0.25
기쁨	0.16	0.26
만족	0.13	0.18
자부심	ns	ns
부정 정서	0.14	0.25
공포	0.17	0.26
분노	0.05	0.14
슬픔	0.16	0.28
죄책감	ns	0.07

주 : 표의 항목들은 효과크기(*d*)이다. 'ns'라는 명칭은 성차가 중요하지 않았다는 것을 나타낸다. 값이 클수록 여성이 남성보다 더 자주 또는 더 강하게 정서를 경험한다는 것을 나타낸다.

출처 : Brebner(2003)

를 여성만큼 자주 또는 강하게 말 그대로 **경험**(experience)하지 않기 때문에 그들은 아마 자신의 정서를 표현하지 않는 것이다.

다른 성격 차원

5요인 모델에 직접 포함되지는 않지만 5요인 모델과 몇 가지 성격 차원은 관계가 있다. 우리는 자존감, 성생활과 짝짓기에 대해 논의할 것이다.

자존감

자존감(self-esteem) 또는 자신에 대해서 얼마나 좋은 느낌을 가지는가는 우리의 주요 관심 주제이다. 이것은 자존감을 키우는 10가지 간단한 해결책과 같이 이 주제에 관해 인기를 끄는 책들이 많다는 사실이 반영한다(Schiraldi, 2007). 비록 연구자들이 운동 능력에 대한 존중이나 사회적 기술에 대한 존중 등과 같은 자존감의 다양한 양상들을 연구하고 있지만, 단연 가장 빈번하게 측정되는 요소는 "한 사람으로서 자신과 관련된 전반적인 존경의 수준"으로 정의할 수 있는 **전반적인 자존감**(global self-esteem)이다(Harter, 1993, p. 88). 전반적인 자존감은 매우 긍정적인 것에서부터 매우 부정적인 것에 이르기까지 자신에 대한 종합적인 평가를 반영한다(Kling et al., 1999).

전반적인 자존감은 기능의 많은 양상들과 관련되어 있고, 정신건강에서 가장 중요하다. 높은 자존감을 가진 사람은 스트레스와 일상생활의 부담에 좀 더 잘 대처하는 것으로 보인다. 실험실 연구에서 자신의 수행에 대한 부정적인 피드백에 직면했을 때 자존감이 높은 사람은 인지과제를 더 잘 수행한다. 자존감이 높은 사람은 자신의 성공에 대한 공은 인정하지만 실패에 대한 책임은 부정하는 경향이 있다(Kling et al., 1999).

이 분야의 메타분석은 성차에 대한 흥미로운 패턴을 나타냈다(Ferngold, 1994; Kling et al., 1999). 자존감은 남성이 여성보다 약간 높았지만 그 차이는 비교적 작았다($d = 0.21$)(Kling et al., 1999). 그러나 대단히 흥미로운 결과는 연구자가 참가자들의 연령에 따라 자존감의 성차를 분석할 때 나타났다. 아동(7~10세)은 자존감에서 단지 경미한 성차를 보여주었다($d = 0.16$). 그러나 아동이 청소년기에 근접했을 때 남녀 간의 차이는 벌어졌다. 11~14세에는 $d = 0.23$이 되었다. 그리고 성차는 15~18세 동안에 최고조에 달했다($d = 0.33$). 여성은 10대 중반에서 후반에 도달할 때까지 남성보다 낮은 자존감으로 고통받는다. 좋은 소식은 자존감의 차이가 성인기에 줄어들기 시작한다는 것이다. 19~22세 동안 효과크기는 0.18로 줄어든다. 23~59세 동안 남녀는 $d = 0.10$으로 훨씬 가까워진다. 60세 이상의 노년에는 오직 $d = -0.03$이 되는데, 이것은 남성과 여성이 자존감의 면에서 사실상 동일해진다는 것을 의미한다.

심지어 남녀 차가 가장 클 때인 청소년기에도 효과크기는 비교적 작은 것으로 나타났다. 여성의 자존감이 영구적으로 손상되었다는 팽배한 두려움은 이러한 경험적 증거에 비추어볼 때 다소 과장된 것으로 보인다. 그럼에도 불구하고 작은 차이의 자존감도 일상생활의 안녕감에는 극히 중요할 수 있다. 따라서 이러한 성차는 간과되어서는 안 된다. 청소년기에 여성이 남성과 비교하여 자존감을 잃는 것으로 보이는 이유와 자존감을 높이는 시도를 하는 프로그램이 성공적인지 여부를 연구하는 것은 연구자들에게 흥미로운 일일 것이다.

성생활, 정서적 투자, 짝짓기

제2장에서 보았듯이 성생활의 개인차는 5요인 모델과 어느 정도 중복되지만 완벽하게 겹치는 것은 아니다(Schmitt & Buss, 2000). 2개의 개관 연구는 성적 다양성에 대한 기대에는 큰 성차가 존재한다고 결론 지었다(Schmitt et al., 2012; Petersen & Hyde, 2010). 남성은 가벼운 성관계에 대해 더 관대한 태도를 취하고($d = .45$) 음란물을 더 자주 볼 가능성이 크다($d = .63$). 또한 남성은 여성보다 더 많은 성관계 파트너를 바라고 더 자주 성적 판타지에 빠지며 모르는 사람과의 성관계 제안도 더 자주 받아들이는 경향이 있다(Hald & Hogh-Olsen, 2010).

남성과 여성이 '그냥 친구(just friends)'가 될 수 있을까? 이성과 단순히 친구가 되는 것에서 남성이 여성보다 더 어려움을 겪고 있다는 것이 밝혀졌다. 남성은 이성과 우정으로 시작하더라도 실제로는 이성 친구에게 성적으로 끌리게 될 가능성이 크며, 만약 그들이 성관계를 하지 않는다면 이러한 우정은 끝날 가능성이 크다(Bleske-Rechek & Buss, 2001).

여성이 성관계를 원하지 않을 경우, 남성은 여성보다 성관계를 갖기 위해서 여성에게 힘으로 강요하는 방식과 같이 성적으로 공격적일 가능성이 더 크다(Buss, 2016). 그럼에도 불구하고 모든 남성이 성적으로 공격적인 것은 아니다. 몇몇 연구는 '적대적인 남성성'(여성에 대하여 지배적이고 모멸적인 태도)을 보이고 공감(empathy) 능력이 부족한 남성이 성적 공격성을 사용할 가능성이 더 크다는 것을 보여주고 있다(Wheeler, George, & Dahl, 2002). 이에 더해 나르시시즘이 있는 남성은 특히 강간-지지 신념을 표현하고 강간 피해자에 대한 동정심이 부족할 가능성이 크다(Bushman et al., 2003). 그래서 비록 남녀가 성적 공격성에서 전반적으로 다르다고 말할 수 있지만 이것은 실제로 일부 남성들에게만 국한된 것처럼 보인다. 다시 말해 나르시시즘 경향이 있고 공감 능력이 부족하며 적대적 남성성을 보이는 사람에게서 나타난다.

남성이 성적 다양성에 대한 기대에서 높은 점수를 받는다면 여성은 일반적으로 다정한, 사랑스러운, 로맨틱, 애정 어린, 안고 싶은, 연민 어린, 열정을 느끼는 등을 포함하는 '정서적 투자(emotional investment)'에 높은 점수를 받는다(Schmitt & Buss, 2000). 48개국을 대상으로 한 연구는 평균 효과크기가 $-.39$인 것을 발견했다(Schmitt et al., 2009). 연구자들은 이러한 성차를 여성이 아이들과 로맨틱 파트너 모두에게 높은 수준의 정서적 애착(emotional attachment)을 보인 것과 같이 애착에 대한 성차의 진화에서 유래한 것으로 해석한다(Schmitt et al., 2009). 18세에서 39세 사이의 여성들은 또한 생활 전반에서 가족과 로맨틱 파트너를 갈망하는 것으로 보고한다.

가벼운 성관계에 관해서 평균적으로 남성이 여성보다 더 흥미를 보이는 경향이 있다.

출처 : ⓒ Jon Feingersh/Blend Images LLC RF

요약과 평가

우리가 가진 성격특성들은 우리의 사회적 세계를 차지하고 있는 다른 사람들과 상호작용하는 방식에 영향을 미친다. 성격과 사회적 상호작용의 상호 영향은 성격심리학과 사회심리학 분야의 관계를 밀접하게 만들고 있다(Swann & Selye, 2005).

이 장에서는 성격이 사회적 상호작용에 영향을 미치는 것을 세 가지 핵심 과정으로 설명하였다. 첫째, 우리는 자신이 접하게 될 사회적 상황을 선택함으로써 사람들과 환경들을 선택한다. 예를 들면 배우자의 선택에서 모든 사람들은 신뢰할 수 있고, 정서적으로 안정되며, 호감 가는 성향을 가진 배우자를 찾는다. 그뿐만 아니라 유사성 짝짓기라고 알려진 과정을 통해 자신과 비슷한 성격의 배우자를 선택하는 경향이 있다. 배우자를 찾을 때 자신과 반대되는 성향의 사람에게 끌린다는 보완 욕구 이론은 실증적 뒷받침이 없다. 자신이 원하는 사람을 선택하지 못한 사람들(예 : 결국 정서적으로 불안정하고 무례한 배우자를 만나게 되는 것)은 결혼생활이 불행해지는 경향이 있고, 자신이 원하는 사람을 선택하는 데 성공한 사람들보다 좀 더 자주 이혼하는 경향이 있다.

선택의 과정은 로맨틱 파트너의 선택을 넘어 다른 영역으로도 확장된다. 예를 들면 수줍은 성격특성은 산부인과 검사를 피하는 것, 피임과 같은 주제를 꺼내지 못해서 성적으로 위험한 상황에 처하는 것, 도박 자금에 연루되는 위험 상황을 피하는 것 등과 관련이 있다. 마찬가지로 높은 감각 추구의 이성애자인 남성은 무방비한 성관계나 많은 파트너들과 성관계를 하는 것과 같이 위험한 성적 상황을 선택하는 경향이 있다.

둘째, 우리는 다른 사람들에게 정서와 행동을 유발한다. 이러한 유발은 어느 정도는 성격특성에 근거한다. 남녀가 자신의 로맨틱 파트너를 화나게 하고 마음 상하게 하는 방식들에 관한 연구에서 분노를 가장 강력하게 예측하는 변수는 낮은 우호성과 낮은 정서적 안정성이다. 예를 들면 우호성이 낮은 사람은 친구나 로맨틱 파트너를 포함한 사회적 상황에서 많은 갈등을 일으키는 경향이 있고, 고등학교 생활에서 사회적으로 괴롭힘을 당하는 경향이 있다. 더욱이 기대 확증으로 알려진 현상에서, 다른 사람의 성격특성에 관한 믿음은 그 사람이 우리가 기대한 바로 그 행동을 하도록 유발한다. 가령 어떤 사람이 적대적이라는 믿음은 그 사람으로부터 적대적인 행동을 하도록 이끌어내는 경향이 있다.

조작은 세 번째 과정으로 사람이 의도적으로 다른 사람을 이용하고 영향을 미치려는 방법으로 정의된다. 인간은 다른 사람들에게 영향을 미치기 위하여 매력, 묵살, 강압, 논리, 퇴행, 자기비하 등을 포함한 많은 전술을 사용한다. 남녀 거의 동일하게 이러한 전술들을 사용한다. 그러나 퇴행의 경우 여성이 조금 더 자주 사용한다. 성격특성은 우리가 다른 사람들에게 영향을 미치기 위해 이용하는 전술에서 핵심 역할을 한다. 예를 들면 정서적으로 불안정한 사람은 퇴행과 묵살을 사용하는 경향이 있다. 그들은 또한 근거와 금전적 보상을 사용하는 경향이 있긴 하지만 성격과 조작의 전술 사이에서는 어느 정도 비직관적인 관련성이 시사된다. 지적-개방성 높은 사람은 논리를 사용하는 경향이 있다. 지적-개방성 낮은 사람은 사회적 비교 전술을 사용하기 쉽다.

조작 전술과 관련된 한 가지 성격특성은 마키아벨리즘이라고 부른다. 마키아벨리즘 경향이 높은 사람은 다른 사람들이 듣고 싶어 하는 말을 하고, 자신이 원하는 것을 얻기 위해 아부하며 거짓말이나 사기에 매우 의존하는 경향이 있다. 한 예로 결혼의 영역에서 마키아벨리즘 경향이 높은 사람들은 성관계를 하기 위해 사랑을 가장하고, 파트너를 더 취약하게 만들기 위해 마약이나 술을 이용하며, 심지어 성관계를 갖기 위해 물리적 힘을 이용하여 승낙의 뜻을 표현하게 할 가능성이 크다. 마키아벨리즘 경향이 높은 사람들은 또한 때때로 배신하기 전에 협력을 가장함으로써 다른 사람들의 믿음을 배반한다. 그들은 또한 도둑질을 한 후 발각되었을 때 거짓말을 할 가능성이 마키아벨리즘 경향이 낮은 사람보다 더 높다. 마키아벨리즘 경향이 높은 사람의 성공은 상황에 크게 의존한다. 구조가 느슨한 사회적 상황과 직장 조직에서 마키아벨리즘 경향이 높은 사람들은 커다란 효과를 얻기 위한 전략으로서 권모술수를 쓸 수 있다. 그러나 좀 더 엄격하게 구조화된 규칙으로 조직화된 상황에서 마키아벨리즘 경향이 낮은 사람들은 마키아벨리즘 경향이 높은 사람보다 더 나은 결과를 낸다.

위의 세 가지 과정은 모두 나르시시즘의 성격 성향을 뒷받침하고 있다. 나르시시스트는 자신을 존경하는 사람을 선택하고 자신의 위대함을 믿지 않는 사람을 피하는 경향이 있다. 그들은 영광을 누릴 기회가 있는 사회적 상황에 선택적으로 참여하고 자신의 훌륭함이 다른 사람들에게 보이지 않을 기회는 피한다. 나르시시스트는 자신에게 굽신거리는 사람으로부터 존경과 존중을 유발하고, 경멸과 자만의 피해자에게는 분노와 혐오를 유발한다. 조작의 면에서 나르시시스트는 대인관계에서 심각하게 착취적이다. 즉, 자신의 부나 연줄을 위하여 친구들을 이용하고, 일이 잘못되었을 때 다른 사람에게 책임을 돌린다. 나르시시즘의 측면에서 이러한 과정을 검토하는 것은 성격이 우리가 창조해내는 사회적 상호작용과 우리에게 놓여 있는 사회적 환경에 어떻게 강하게 연결되어 있는지를 대단히 흥미롭게 보여준다.

요약하면 성격은 우리가 파트너와 사회적 세상을 선택하는 방식, 우리가 선택한 사람들로부터 반응을 유발하는 방식, 우리가 원하는 목표를 얻기 위해 사람들에게 영향을 미치는 방식 등을 통한 사회적 상호작용과 예측 가능하고 체계적으로 연결되어 있다.

현재 크고 작은 성차를 보여주는 영역은 명백하다. 남성은 자기 주장성, 공격성(특히 신체적 공격성), 가벼운 성관계 등의 성격 속성에서 일관적으로 높은 점수를 받는다. 여성은 불안, 신뢰, 상냥함(양육) 등에서 한결같이 높은 점수를 받는다. 비록 남녀 차이의 크기 자체는 크지 않더라도 여성은 남성보다 긍정 정서(예 : 애정, 기쁨)와 부정 정서(예 : 공포, 슬픔) 모두를 경험할 가능성이 더 크다. 비록 결과가 일부 남성(나르시시즘 경향이 있고 공감 능력이 부족하며 적대적 남성성을 보이는 사람)에게만 국한되어 있는 것처럼 보이지만, 남성은 성관계를 하기 위해서 여성에게 강압적인 시도를 하는 것과 같이 성적으로 공격적일 가능성이 크다. 여성은 정서적 투자에서 높은 점수를 받는 경향이 있다.

핵심용어

기대 확증(expectancy confirmation)

마키아벨리즘(Machiavellianism)

매력 유사성 이론(attraction similarity theory)

보완 욕구 이론(complementary needs theory)

부정적 정서성(negative affectivity)

분류(taxonomy)

상냥함(tender-mindedness)

수줍음(shyness)

신뢰성(trust)

억제 조절(inhibitory control)

욕구 위배(violation of desire)

유발(evocation)

유사성 짝짓기(assortative mating)

적대적 귀인 편향(hostile attributional bias)

전반적인 자존감(global self-esteem)

조급성(surgency)

지각 감수성(perceptual sensitivity)

스트레스, 대처, 적응, 건강

ⓒ Arthimedes/Shutterstock.com RF

11

병이 진행된 단계에 이른 AIDS 환자. AIDS는 바이러스가 원인이지만 특정한 행동을 통해 사람에서 사람으로 전달된다.

출처 : ⓒ Sergei Supinsky/ AFP/Getty Images

역사상 오랫동안 인간은 질환과 질병을 극복하기 위해 세균들과 싸우고 있다. 세균으로 인한 질병의 종류는 많고 전염병도 많다. 예를 들면 스페인 정복자들은 1520년에 스페인령이었던 쿠바에서 데리고 온 노예 몇 명과 멕시코에 상륙하였다. 그 노예 중 한 명은 천연두를 앓고 있었다. 천연두에 면역력이 없는 아즈텍 부족의 토착민들에게 천연두가 퍼졌다. 이 병으로 인해 쿠이틀라우악 황제를 포함한 아즈텍 사람의 절반이 죽었다. 천연두를 유발하는 세균으로 인해 스페인의 멕시코 정복은 아무 문제가 없었다. 면역력이 있는 스페인 사람을 제외하고 오직 아즈텍 사람들만을 죽게 하는 이 기이한 병에 대해 아즈텍 사람들이 얼마나 무력감을 느꼈을지를 상상해보라. 아즈텍인들은 스페인 사람들이 천하무적이라고 생각하였을 것이다. 스페인 사람들이 도착했을 때 멕시코 원주민은 2천만 명으로 추정되었지만 이후 100년 내에 160만 명으로 급감했다 (Diamond, 1999).

세계는 최근 또 다른 전염병을 겪고 있다: AIDS의 원인이 되는 HIV 바이러스. AIDS를 유발하는 미생물은 체액 안에 살고 있고 미생물을 함유한 체액이 교환될 때마다 사람에서 사람으로 옮겨진다. 의학은 2차 증상을 치료함으로써 이 질병에 걸린 사람의 생명을 연장할 수 있을 뿐 AIDS 치료법은 아직 발견되지 않았다. 1980년대에 AIDS가 처음 시작되었을 때 이 전염병의 폭발적인 확산은 의학 연구자들조차 깜짝 놀라게 했다.

AIDS의 급속한 확산은 매우 중요한 특징을 보여준다. 이 병의 원인이 바이러스임에도 불구하고 전염은 특정한 행동을 통해서 일어난다. 예를 들면 고위험 성행위(예 : 콘돔 미사용)는 AIDS 전염 가능성을 크게 증가시킨다. 또 다른 고위험 행동은 마약 중독자들이 정맥주사 바늘을 함께 사용하는 것이다. 의학 연구자들이 백신과 치료법을 찾는 동안 심리학자들은 사람들의 고위험 행동을 바꿀 수 있는 가장 좋은 방법을 찾고 있다.

이것은 병을 이해하는 데 있어서 행동의 중요성을 보여주는 한 가지 예시일 뿐이다. 수세기 전 인간을 괴롭혔던 대부분의 심각한 병들은 폐결핵, 인플루엔자, 나병, 소아마비, 흑사병, 콜레라, 천연두, 말라리아, 홍역, 광견병, 디프테리아 등과 같은 세균 감염이 원인이었다. 현대 의학이 효과적인 백신을 개발하였기 때문에 이러한 세균에 의한 질병들은 사망의 주요 원인에서 거의 완전히 사라졌다(적어도 미국에서는). 오늘날 대다수의 사망과 질병의 주된 원인은 흡연, 부실한 식사, 불충분한 운동, 스트레스 등과 같은 생활방식의 요인이지 세균들과는 관련이 없다. 다시 말해서 세균 감염은 치료되고 있기 때문에 행동 요인들이 질병 발병에 중요한 원인을 제공하고 있다는 것이다.

심리 및 행동 요인이 건강상의 중요한 결과를 초래할 수 있다는 인식은 **건강심리학**(health psychology) 분야를 부상시키고 있다. 이 분야의 심리학 연구자들은 정신과 신체의 관계뿐만 아니라 이 두 가지 구성요소가 질병이나 건강을 초래하는 환경(예 : 스트레스가 많은 업무, 세균)으로 인한 도전에 반응하는 방법을 연구하고 있다. 주목받는 심리적 변인들은 안정적인 행동 패턴과 관련이 있다. 예를 들면 스트레스에 잘 대처하는지, 운동을 하거나 전혀 안 하는지, 매일 7~8시간의 수면을 취하는지, 술을 적당하게 마시는지, 안전벨트를 착용하는지, 적정 체중을 유지하는지, 마약을 하지 않는지, 안전한 성관계를 하는지, 불필요한 위험을 피하는지 여부 등이 있다. 연구자들은 건강행동이라고 부르는 이러한 행동들이 기대 수명과 관련 있다는 것을 발견했다. 실제로 미국에서 연구자들은 건강행동 부족이 모든 조기 사망(65세 이전의 사망) 중 절반 이상의 원인이 된다는 점을 제시한다(Taylor, 1991).

성격은 다양한 방법으로 건강에 영향을 줄 수 있고, 성격심리학자들은 이 연구에 새로운 방법론을 개발하고 있다. 현재의 연구는 성격과 건강의 관계를 근본적으로 뒷받침하는 상세한 메커니즘 모델에 기반한다(Smith & Spiro, 2002; Smith, Williams, & Segerstrom, 2015). 수명 연구는 성격이 평생의 건강에 영향을 줄 수 있다는 것을 보여준다. 즉, 비록 그 영향이 주시되고 있는 특성(Aldwin et al., 2001)이나 연구 중인 특정한 건강 결과[예 : 내성적이고 정서를 억제하는 특징을 가진 암 취약 성격이나 적대적이고 공격적인 성향을 가진 관상동맥 질환 취약 성격(Eysenck, 2000)]에 따라 다르기는 하지만, 성격이 평생 건강에 영향을 줄 수 있다는 것을 나타낸다. 이 장에서 우리는 성격 및 개인차와 관련된 건강심리학 분야에 초점을 맞춘다. 이 분야의 주요 연구 문제 중 일부는 다음과 같다. "어떤 사람들이 다른 사람들보다 병에 걸릴 가능성이 큰가?", "어떤 사람들이 회복이 빠른가?", "어떤 사람들이 다른 사람들보다 스트레스를 더 잘 견딜 수 있는가?" 사람들 간에 이러한 차이점의 본질과 결과를 이해하는 것이 이 장의 초점이다. 성격이 건강에 어떻게 영향을 미치는지에 관한 사고방식을 논의하는 것으로 시작한다.

성격-질병 연계 모델

성격 연구자들은 성격이 어떻게 건강과 관련될 수 있는지에 대해 생각하는 몇 가지 방법을 제시하고 있다. 이 모델은 변인들 간의 인과관계를 화살표로 표시하며 핵심 변인들을 다이어그램으로 나타낸 것이다. 모델은 연구자들이 특정 변인들에 대해 생각할 수 있도록 안내하고, 특히 이러한 변인들이 어떻게 서로 영향을 미치는지를 생각하는 데 유용하다(Smith, 2006; Wiebe & Smith, 1997). 우리가 논의하게 될 대부분의 모델에서는 한 가지 변인(스트레스)이 가장 중요할 것이다. **스트레스**(stress)는 통제할 수 없거나 위협적인 일들에 의해 생기는 주관적인 느낌이다. 스트레스는 어떤 상황에서 인지된 요구들의 반응(response)이라는 것을 인식하는 것이 중요하다. 스트레스는 상황에 있는 것이 아니다. 스트레스는 사람들이 특정 상황에서 반응하는 방식을 나타낸다.

　　상호작용 모델(interactional model)이라고 부르는 성격-건강 관계의 초기 모델은 [그림 11.1(a)]에 표현되어 있다. 이 모델은 사람들에게 객관적인 사건들이 일어나지만 성격요인이 사람들의 대처능력에 영향을 미침으로써 사건들의 영향이 결정되는 것에 초점을 둔다. 이 모델에서 성격은 대처반응에 영향을 미친다. 즉, 사람이 그 사건에 반응하는 방식이다. 성격이 스트레스와 질병의 관계를 조절한다고(영향을 미친다고) 추정되기 때문에 이것을 상호작용 모델이라고 부른다. 세균이나 만성 스트레스에 노출되는 것과 같은 사건들은 질병의 원인이 되지만, 성격요인은 사람들이 이러한 사건들에 대해서 더 취약하거나 덜 취약하게 만든다. 예를 들면 사람이 감기 바이러스에 감염되었는데 정력적이고 경쟁적인 성격을 가진데다가 휴식을 취하지 않고 직장에서도 휴가를 내지 않으며 감기를 빠르게 회복하는 데 필요한 어떤 행동도 하지 않는다면 이 사람은 병이 점점 더 악화될 수 있고 아마 감기는 폐렴이 될 것이다. 그 이유는 성격이 그 사람이 바이러스성 감염에 얼마나 잘 대처하는지에 영향을 미쳤기 때문이다.

　　상호작용 모델은 성격이 특정 질병의 위험에 어떻게 영향을 미칠 수 있는지를 개념화하는 데 매우 유용하다. 그러나 이 모델은 상호작용의 근원이 되는 메커니즘을 명확하게 설명하지 못한다는 한계가 있다(Lazarus, 1991). 이에 연구자들은 [그림 11.1(b)]에 제시한 **교류 모델** (transactional model)이라는 두 번째 모델을 개발하였다. 이 모델에서 성격은 세 가지 잠재적 영향력을 가지고 있다. (1) 상호작용 모델처럼 대처에 영향을 미칠 수 있다. (2) 사람이 사건을 평가하거나 해석하는 방식에 영향을 미칠 수 있다. (3) 그 사건 자체에 영향을 미칠 수 있다. 여기서 마지막 두 과정은 각별히 주의를 기울여야 한다.

　　앞서 언급한 바와 같이 "성격은 스트레스와 질병의 관계를 조절한다."고 추정된다. 조절은 중요한 개념이기 때문에 이 용어의 의미가 무엇인지 설명할 것이다. 두 개의 다른 변인 사이에서 관계의 방향이나 정도에 영향을 미치는 변인을 **조절 변수**(moderator)라고 한다. 예를 들어 스트레스가 질병과 관련이 있다면 이 상관관계는 다른 사람들과 비교하여 어떤 사람에게는 더 강하다(신경증적 성향이 높은 경우). 그래서 우리는 신경증적 성격특성이 스트레스와 질병의 관계에서 조절 변수가 된다고 말할 수 있다. 성격과 건강의 상호작용 모델은

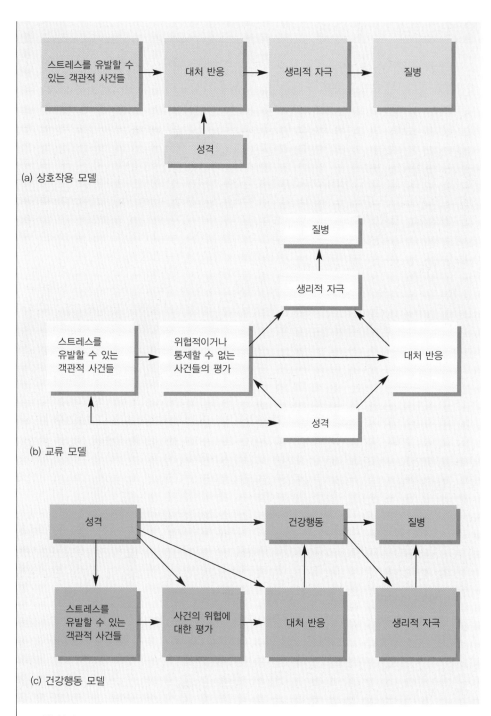

(a) 상호작용 모델

(b) 교류 모델

(c) 건강행동 모델

그림 11.1

스트레스가 질병에 미치는 영향에 대해 성격의 조절 역할을 나타내는 모델 세 가지. (a) 상호작용 모델 : 성격이 사람들의 대처 방식에 영향을 미친다는 것을 명시한다. (b) 교류모델 : 성격은 사람이 상황을 평가하고 영향을 미치는 방식과 더불어 대처하는 방식에 영향을 미친다는 것을 명시한다. (c) 건강행동 모델 : 사람들이 실천할 가능성이 있는 건강행동과 더불어 성격이 사람들로 하여금 상황에 대처하고 평가하며 영향을 미치는 방식에 어떻게 영향을 미치는지를 명시한다.

본질적으로 성격을 조절 변수라고 여긴다. 성격과 건강에서 조절 변수의 영향은 흔히 볼 수 있다. 예를 들면 불법마약을 사용할 것인지를 강하게 예측할 수 있는 요인은 불법마약을 하는 친구가 있는지 여부이다(자기사용과 동료사용은 연관성이 있다). 그렇지만 감각 추구 특성이 낮은 사람의 경우, 이 상관은 발견되지 않았고 그래서 감각 추구 특성은 불법마약에 대한 자기사용과 동료사용의 관계를 조절한다고 볼 수 있다(Marschall-Levesque, Castellanos-Ryan, Vitaro, & Seguin, 2014). 조절 변수는 위험을 증폭시키는 것으로 생각된다. 이 경우 높은 감각 추구 특성은 결국 자신이 마약을 할 가능성을 높이는 방향으로 작용하는, 마약을 하는 친구를 사귈 위험을 크게 증가시킨다. 우리가 건강심리학의 맥락에서 성격개념을 조절 변수로 소개하기는 하지만, 조절의 개념은 일반적이고 성격심리학의 다른 분야에서도 발견될 수 있다. 예를 들면 Senf와 Liau(2013)는 감사하는 마음을 더 많이 갖는 것이 사람들을 더 행복하게 할 것이라는 가설을 세우고 감사를 향상시키기 위한 프로그램을 개발하였다. 감사 훈련 프로그램은 효과적이었고 사람들은 감사 훈련 후에 평균보다 더 행복해했다. 그러나 이것은 특히 외향적인 사람에게 적용되었다. 외향적인 사람이 감사 훈련 후에 내성적인 사람보다 더 행복하다는 결과로 볼 때, 외향성은 감사 훈련과 행복의 관계를 조절하였다고 할 수 있다.

교류 모델에서 스트레스를 유발하는 것은 사건 자체가 아니고 사람이 사건을 평가하고 해석하는 방식이다. 행동을 결정하는 데 있어서 해석은 중요하다. 면접하러 가는 길에 교통체증을 겪는 것 같은 사건이 두 사람에게 일어날 수 있으나 두 사람은 이 일을 다르게 해석하고 그에 따라 다르게 경험할 수 있다. 한 사람은 교통체증을 큰 좌절로 해석함으로써 걱정, 스트레스, 불안으로 반응할 수 있다. 다른 사람은 교통체증을 휴식을 취하고 라디오 음악을 즐길 수 있는 기회로 해석할 수 있고 휴대전화로 면접 일정을 변경할 수도 있다. 두 사람은 같은 수준의 스트레스를 경험하지 않는다.

교류 모델의 세 번째 요점은 사건 그 자체로 구성되어 있다. 즉, 사람은 단지 상황에 반응하지 않는다. 이전 장에서 논의했던 바와 같이 사람들은 또한 자신의 선택과 행동을 통해 상황을 만든다. 사람들은 특정한 종류의 상황을 선택한다. 그들은 그러한 상황으로부터, 특히 그 상황 안에 있는 사람으로부터 특정한 반응을 유발한다. 그들은 상황에서 자신의 성격을 반영할 수 있는 모든 방법으로 사람들을 조작한다. 예를 들면 항상 불평 불만이 많은 신경증적 성향이 높은 사람은 다른 사람들이 그들을 피하는 상황을 자주 초래할 수 있다. 또는 무례한 사람은 논쟁에 휘말릴 수 있는 대인관계 상황을 만들 수 있다.

교류 모델의 이러한 두 부분—평가와 사건에 미치는 개인의 영향력—이 교류라고 불리는 이유이다. 이 두 가지 요소는 단지 스트레스가 많은 상황이 개인에게 영향을 미치는 것이 아니라는 것을 시사한다. 개인 또한 사건에 영향을 미친다. 그리고 이 영향은 사건에 대한 평가, 선택, 수정을 통해 발생한다. 사람과 사건의 상호 영향은 이 과정이 실제로 어떻게 작용하는지에 대한 아마 더 현실적이기는 하지만 모델을 더 복잡하게 만든다.

세 번째 모델인 **건강행동 모델**(health behavior model)은 교류 모델에 또 다른 요소가 추가된 것이다. 앞의 두 모델은 단순히 성격이 스트레스에 영향을 미친다는 주제의 확장이라는 점이 중요하다 — 질병 연계(illness link). [그림 11.1(c)]에 묘사된 세 번째 모델에서 성격은 스트레스와 질병 관계에 직접적으로 영향을 미치지 않는다. 대신 이 모델에서 성격은 건강을 증진시키거나 저하시키는 행동을 통해 간접적으로 건강에 영향을 미친다. 모든 사람들은 과식, 흡연, 안전하지 않은 성행위 등과 같은 건강에 좋지 않은 행동들이 특정한 질병의 발병 위험을 증가시킨다는 것을 알고 있다. 이 모델은 성격이 사람들의 다양한 건강증진 또는 건강을 저하시키는 행동을 하는 정도에 영향을 미친다는 것을 시사한다. 예를 들면 성실성이 낮은 사람은 흡연, 건강에 좋지 않은 식습관, 위험한 운전, 운동부족 등 건강을 해치는 다양한 행동을 한다(Bogg & Roberts, 2004).

이것은 매개의 개념을 대두한다. **매개**(mediation)는 조절과 비슷하고 이 두 용어는 세 가지 변인이 서로 관련되어 있는 특정한 방법을 기술한다. 그러나 매개가 다른 것은 하나의 변인이 다른 변인에 미치는 영향은 세 번째 변인을 '거치는' 점을 명시하는 것이다. 예를 들면 성실성은 건강행동을 통해서 또는 특정 행동에 의해서 수명에 영향을 미친다. 매개는 관찰된 관계를 이해할 수 있는 방법(즉, 성실성이 수명과 관련이 있다는 것)이고, 이것은 근본적인 메커니즘이나 매개변인(즉, 건강행동)에 의해 포착된 과정 등을 명시함으로써 나타난다. 이것은 단순히 만들어낸 예가 아니다. Turiano와 동료들(2015)은 14년 동안 6,000명 이상의 사람들에 대한 국가별 표본을 사용하여 그 기간에 성실성이 사망률의 13% 감소를 예측하였다는 점을 발견하였다. 게다가 건강행동들이 매개변인으로 연구되었을 때 과음, 흡연, 비만(모두 성실성과 부적 상관) 등이 성실성-사망률 관련성을 강력하게 매개한다는 점을 발견하였다. 이와 같은 결과들은 '매개'라는 개념을 통해 성격이 어떻게 작동하여 영향을 끼치는가를 강력하게 설명할 수 있음을 보여준다. 조절과 같이 매개는 종종 성격과 건강 연구에 이용되지만, 성격이 어떻게 영향력을 가질 수 있는지를 생각하는 방식으로서 매개 개념의 적용은 성격심리학의 많은 다른 영역으로 확장된다. 한 예로 초등학생들 중에 외향적인 아이들이 더 인기 있는 경향이 있다. 외향성과 인기는 상관관계가 있다. 그러나 인기에 있어서 외향성의 효과는 언어 유창성에 의해 매개된다(Ilmarinen, Vainikainen, Verkasalo & Lonnqvist, 2015). 결론적으로 외향성이 인기에 직접적으로 영향을 미치는 것이 아니라 외향성의 효과는 구술능력을 통한 간접적인 것이다. 적어도 이 나이에는 외향적인 아이가 언어 구사를 더 잘하고 그로 인해 친구들 사이에서 인기가 더 많아진다.

다시 성격과 건강 주제로 돌아가면 성실성은 분명히 좋은 건강과 관련 있는 성격특성이다(Hill & Roberts, 2011). 성격특성으로서 성실성은 식료품 쇼핑을 하기 전에 목록을 만드는 것, 활동계획의 일정을 잡는 것, 자신이 일하는 공간을 깔끔하고 정돈되게 유지하는 것, 해야 할 일을 적은 목록을 이용하는 것, 특별한 경우를 위해 차려입는 것 등과 같은 행동에서 뚜렷이 드러난다. Jackson과 동료들(2010)은 성실성을 나타내는 수백 가지 행동지표 목록을 제시한다. 성실성이 건강과 장수를 예측하는 이유는 무엇일까? 연구자들은 성실한 사람이 또한 자신의 건강행동에 대해서도 성실하다고 결론 지었다. 그들은 규칙적으로 치실을 사용하고 양치를 하며, 규칙적으로 운동을 하고, 자신의 식습관을 관찰하고, 건강에 좋은 것과 관련된 다른 행동들을 충실히 지키는 경향이 있다. 이와 같이 성실성은 주로 건강행동 모델에 의해 설명된 매개 메커니즘을 통해 건강에 영향을 미치는 것으로 나타난다.

성격과 건강의 관련성에 대한 네 번째 모델은 [그림 11.2(a)]에 제시한 **사전소인 모델**(predisposition model)이다. 앞의 세 가지 모델은 모두 동일한 주제의 변형들이었다. 성격은 스트레스와 질병의 관계에 직접적(상호작용 모델과 교류 모델) 또는 간접적(건강행동 모델)으로 영향을 미친다. 네 번째 모델은 앞의 세 가지 모델과는 완전히 다르고 성격과 질병 모두 내재된 사전소인의 표현으로 본다. 이 모델은 매우 단순한 개념으로 성격과 질병 둘 다의 원인이 되고 있는 제3의 변인 때문에 성격과 질병의 연관성이 존재한다는 것을 시사한다. 예를 들면 교감신경계 반응의 증가는 이후 질병들의 원인이 될 수 있고 또한 신경증을 초래하는

성실성은 양치질과 치실 사용 같은 건강행동과 연계되어 건강에 영향을 미친다.

출처 : ⓒ moodboard-Mike Watson Images/Brand X/Getty Images RF

행동과 정서의 원인이 될 수도 있다. 사전소인 모델은 체계적인 연구 주제는 아니지만 질병의 유전적 근거에 관심이 있는 연구자들을 안내할 수도 있다. 일부 유전적 사전소인은 안정적인 개인차와 특정 질병에 대한 민감성 측면에서 표현된다(Bouchard et al., 1990). 예를 들면 일부 연구자들은 자극 추구(감각 추구와 같은 특성)의 유전적 원인이 있고, 이러한 유전자 배열은 또한 사람이 마약중독이 되는 원인이 되거나 마약중독으로 진전될 가능성을 높이는 것으로 추측한다(Cloninger, 1999).

결론적으로 자극 추구 성격특성과 코카인, 필로폰, 헤로인 등과 같은 마약중독의 상관관계는 이러한 두 변인이 제3의 변인(유전자)에 둘 다 독립적인 원인이 되기 때문일 것이다. 이 단순한 모델은 인간 게놈 프로젝트(human genome project)가 유전체를 매핑하는 것에서 특정 유전자가 통제하는 것이 무엇인지를 이해하는 방향으로 진행되어 감으로써 아마 더 유용해진다.

고려해야 할 마지막 모델은 **질병행동 모델**(illness behavior model)로 질병 그 자체의 모델이 아니고 질병행동에 관한 모델이다. 질병 자체는 열, 고혈압, 종양과 같이 객관적으로 측정할 수 있는 병리적 생리 과정의 실재로 정의된다. 반면, 질병행동은 사람들이 다른 사람들에게 자신의 증상에 관해서 호소하고 의사를 찾아가고 학교나 직장을 쉬거나 약을 먹는 것과 같이 자신이 병에 걸렸다고 생각할 때 취하는 행동이다. 질병행동은 실제로 질병과 관련이 있지만 항상 그렇지는 않다. 일부 사람들은 질병행동을 단호히 거부하고 질병을 견딜 수도 있다(예 : 아플 때 일을 쉬는 것을 거부하는 것). 어떤 사람들은 실제 질병이 없음에도 불구하고 모든 종류의 질병행동을 한다.

[그림 11.2(b)]는 질병행동 모델을 보여준다. 성격은 사람이 신체감각을 인식하고 주목하는 정도와 그러한 감각을 병으로 여기고 해석하는 정도에 영향을 미친다는 점을 시사한다. 또한 사람이 그러한 감각을 인식하고 기술하는 방법은 증상에 대해 말하고 의사를 찾아가는 것과 같은 질병행동에 영향을 미친다. 제9장에서 논의한 바와 같이 신경증적 성격특성은 신

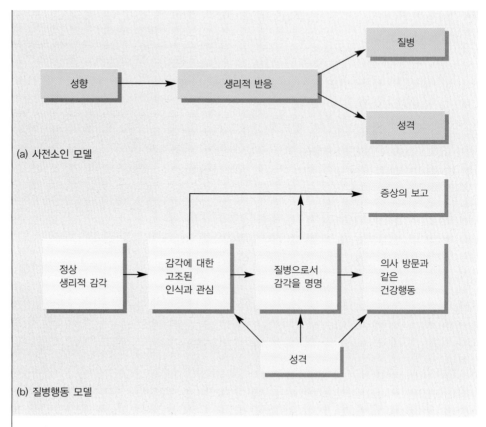

그림 11.2
성격과 건강의 관계에 대한 추가적인 모델. (a) 사전소인 모델 : 성격과 건강은 공통 사전소인으로 귀결된다는
것이다. (b) 질병행동 모델 : 성격이 의학적 치료를 찾거나 질병 증상들을 보고할 것인지에 어떻게 영향을 미치
는지를 보여준다.

체 증상을 호소하는 성향과 관련이 있다. 그러나 신체 증상과 질병행동에 대한 자기보고는
실제 질병 외의 요인들에 의해 영향을 받을 수 있고, 이러한 보고와 행동은 개인이 자신의
신체감각을 인식하고 기술하는 방식에 의해 결정된다.

성격을 신체건강과 연결시키는 이러한 모델들이 상호 배타적이 아니라는 점에 주목할 필
요가 있다. 말하자면 이것은 검토 중인 성격특성과 질병에 따라 모두 적용될 수 있다. 예를
들면 적개심이 심장병과 관련이 있을 수 있다는 것은 이것이 근본적으로 동일한 과정의 발
현이기 때문이고(사전소인 모델), 성실성은 특정한 건강행동을 통해서 질병과 관련 있을 수
있으며(건강행동 모델), 신경증적 성향은 스트레스 평가 및 노출에 미치는 영향을 통해서 건
강 악화와 관계 있을 수 있다(교류 모델)(Robert et al., 2007). 성격은 이러한 모든 다른 메커
니즘을 통해 건강에 영향을 미칠 수 있고, 성격과 건강의 관계에 관한 다양한 모델들은 연구
자들에게 그 가능성에 대해 명확하게 생각할 수 있는 도구를 제공한다.

대부분의 성격과 질병에 관한 모델들은 한 가지 중요한 변인, 바로 스트레스 개념을 포함
하고 있다. 스트레스는 중요하지만 많은 오해를 받고 있는 현상이다.

스트레스의 개념

당신이 수강하고 있는 화학수업에서 중요한 시험이 다가오고 있다고 상상해보자. 당신은 시험공부를 시작하기 위해 시험 이틀 전까지 기다렸다. 마침내 시험공부를 시작하기로 결정하고 노트를 찾기 시작했을 때, 지난 주말 집에 갔을 때 노트를 두고 온 것을 깨달았다. 당신은 공황 상태에 빠지고 부모님께 전화를 걸었다. 아버지는 노트를 PDF로 스캔해서 아침에 이메일로 보내주기로 하였다. 당신은 지금 매우 불안하고 잠자리에 들어간 후 몇 시간 동안 잠들 수가 없었다. 다음날 당신은 잠을 잘 자지 못해서 피곤하다. 이메일은 도착했으나 낮에는 다른 수업들이 있어서 밤에 집에서 공부해야만 할 것이다. 그날 밤 당신이 공부할 준비를 하고 있을 때 룸메이트가 당신은 깜박 잊고 있었던 오늘 저녁 파티를 상기시켜 주었다. 지금 당신은 공부하기 위해 도서관 같은 익숙하지 않은 어딘가로 가야 한다. 당신은 부랴부랴 도서관으로 달려가고 공부하기 위해서 호젓한 곳에 자리를 잡는다. 도서관은 조용했지만 당신은 공부에 집중할 수 없을 것 같아서 매우 불안하고 피곤하다. 자정에 도서관은 문을 닫고 당신은 집으로 돌아가려고 서두른다. 파티는 아직 끝나지 않았고 2시까지 계속되었다. 그동안 당신은 방에서 초조하게 공부하려고 했지만 사람들과 음악소리 때문에 집중할 수 없다. 마침내 당신은 과중한 부담감을 느끼고 사람들이 돌아간 후 포기하고 잠자리에 들었다. 그러나 당신은 잠을 잘 수 없다. 당신은 불안하고 좌절감을 느끼고 아침에 있을 중요한 시험에 전혀 준비가 되지 않은 느낌이다. 사실 당신은 불과 몇 시간 안에 시험을 볼 것이라는 것을 안다. 상황은 당신의 통제에서 벗어났다. 당신은 고통스러운 두통을 느끼고 비록 잠자리에 누워 있지만 심장은 쿵쾅거리고 손바닥은 땀에 젖었다. 당신은 무엇을 해야 할지 모르겠다. 당신은 공부하고 싶지만 몇 시간이라도 잠을 자는 것이 좋다는 것을 안다. 그리고 당신은 둘 중 어느 것도 할 수 없을 것 같다.

이것이 스트레스이다. 스트레스는 당신이 통제할 수 없을 것 같은 사건들에 압도당하는 느낌이다. 스트레스의 원인이 되는 사건들을 **스트레스 유발 요인**(stressors)이라고 하는데, 여기에는 몇 가지 공통속성이 있다.

1. 압도당하거나 과부하되는 느낌이며, 오래 견뎌낼 수 없는 극도로 심각한 것이다.
2. 스트레스 유발 요인은 종종 활동이나 사물을 원하거나 또는 원치 않는 것처럼 정반대의 경향을 보인다. 공부를 하고 싶으면서도 되도록 공부를 미루고자 한다.
3. 피할 수 없는 시험처럼 스트레스 유발 요인은 통제할 수 없고 우리 힘의 영향력 밖에 있다.

시험공부는 스트레스가 될 수 있지만 상황이 당신을 통제하느냐 당신이 상황을 통제하느냐에 따라 스트레스가 되지 않을 수도 있다. 사건이 통제할 수 없고 위협적인 것으로 보일 때 스트레스가 발생한다. 숙제를 계속해 가면서 매일 계획을 세우며 시기 적절하게 준비하는 것은 스트레스를 줄여준다.

출처 : ⓒ Caia Image/Glow Images RF

스트레스 반응

스트레스 유발 요인이 나타났을 때, 사람들은 일반적으로 정서 및 생리적 반응 패턴을 경험한다. 예를 들면 만약 당신이 자동차 앞으로 걸어가고 있을 때 운전자가 경적을 울리면 당신은 깜짝 놀랄 것이다. 심장은 빠르게 뛰고 혈압은 상승한다. 손바닥과 발바닥은 땀이 나기 시작한다. 이 반응패턴을 보통 투쟁-도피 반응(fight-or-flight response)이라고 부른다. 이러한 생리 반응은 교감신경계 활동의 증가에 의해서 통제된다(제4장의 신경계 반응에 관한 자세한 설명 참조). 심장박동과 혈압의 상승은 당신이 싸우거나 도망가는 것과 같은 행동을 취하도록 준비시킨다. 땀에 젖은 손바닥과 발은 아마 싸움이나 도피를 위한 준비일 것이다. 이러한 생리반응은 보통 매우 짧은 시간에 나타나고, 만약 스트레스 유발 요인이 누군가 당신을 놀라게 하기 위해 자동차의 경적을 울리는 것과 같이 사소한 것이라면 아마 당신은 1분이내에 정상 상태로 돌아올 것이다.

하지만 사람이 매일매일 특정한 스트레스 유발 요인에 노출된다면 생리적 투쟁-도피 반응은 **일반 적응증후군**(general adaptation syndrome, GAS)이라고 하는 일련의 사건 중 첫 단계가 되는 것이다. GAS라는 용어는 스트레스 연구의 선구자인 한스 셀리에(Hans Selye, 1976)가 만들었다. 셀리에는 [그림 11.3]에 제시한 바와 같이, GAS가 단계 모델로 전개되고 있다고 보았다. 첫 번째 단계인 **경보 단계**(alarm stage)는 교감신경계의 투쟁-도피 반응과 관련된 말초신경계 반응으로 구성되어 있다. 이는 신체가 도전을 준비하기 위해 호르몬을 분비하는 것을 포함한다. 만약 스트레스 유발 요인이 지속되면 다음 단계인 **저항 단계**(resistance stage)가 시작된다. 비록 즉각적인 투쟁-도피 반응이 가라앉더라도 신체는 평균 이상으로 자원을 이용하고 있다. 이 시점에서는 스트레스에 대해 저항하고 있지만 많은 노력과 에너지를 소모하는 것이다. 만약 스트레스 유발 요인이 계속 유지된다면, 그 사람은 결국 세 번째 단계인 **소진 단계**(exhaustion stage)로 들어간다. 셀리에는 이 단계를 생리적 자원의 고갈로 인해 사람이 질병과 질환에 가장 취약한 단계로 보았다.

주요 생활사건

대부분의 사람들에게 스트레스를 유발할 가능성이 있는 일반적인 사건들은 무엇인가? Holmes와 Rahe(1967)는 사람들이 삶에서 주된 적응을 요구하는 다양한 **주요 생활사건**

그림 11.3

셀리에가 제안한 일반 적응증후군(GAS)의 3단계

(major life events)을 연구하였다. Holmes와 Rahe는 연구에서 매우 다양한 생활사건에 대한 잠재적 스트레스 가치를 예측하고자 하였다. 그들은 가족 구성원의 죽음, 직장 해고, 징역구형 등과 같은 사건 목록에서부터 시작하였다. 그러고 나서 피험자들에게 각 사건이 얼마나 많은 스트레스를 유발할 것인가를 정하게 하였다. 사건마다 스트레스 점수가 부여되었다. 각 개인이 겪은 사건의 수와 모든 사건의 스트레스 점수를 합산하여 그 사람이 경험했던 스트레스의 양에 대한 유용한 추정치를 얻을 수 있었다.

〈표 11.1〉은 Holmes와 Rahe의 본래 연구에 근거하여 만들어진 대학생용 스트레스 사건 목록을 제시하고 있다. 이것은 대학-연령의 성인에게 적용하기 위한 목적으로 수정된 것으로 스트레스 수준에 대한 대략적인 지표로 간주될 것이다. 이 척도에서 사건 뒤에 있는 숫자는 그 사건과 연관이 있는 스트레스 '점수'를 나타낸다. 가까운 가족의 죽음, 친구의 죽음, 부모의 이혼 등은 가장 많은 스트레스를 유발할 가능성이 있는 사건들임을 알 수 있다. 흥미롭게도 대학 입학이나 중대한 성취, 또는 결혼과 같은 긍정적인 사건도 높은 스트레스를 유발할 가능성이 있다. 이것은 스트레스가 사건에 대한 주관적 반응이지만 긍정적인 사건이라도 스트레스 유발 요인의 세 가지 특징(극심함, 갈등, 통제불능)을 지니기 때문에 스트레스가 될 수 있음을 강조한다.

만약 당신이 〈표 11.1〉의 스트레스 검사에서 높은 수준의 스트레스가 나타난다면 당신은 다음과 같은 것들을 해볼 수 있다. 우선 반복적인 복통이나 두통과 같은 스트레스의 조기 징후를 관찰한다. 부정적인 생각, 비관적인 기분이나 최악의 상황을 상상하는 것을 피한다. 영양가 있는 식사를 하고 충분히 잠을 자고 운동함으로써 스트레스에 대비하여 신체를 무장한다. 규칙적으로 이완기법(relaxation technique)을 연습한다. 필요할 때에는 친구와 친척들에게 지원을 요청한다.

초기 연구에서 Holmes와 Rahe는 각 연구 참가자의 지난해 누적된 스트레스 점수를 합산했다. 그들은 가장 많은 스트레스 점수를 받은 사람이 또한 그 해에 심각한 병을 앓을 가능성이 가장 컸다는 점을 발견했다. 이 연구는 스트레스의 상승(심리적 현상)이 다수의 질병 위험의 증가와 관련이 있다는 점을 뒷받침하는 최초의 체계적인 근거 중 하나였다. 이러한 결과는 의학 연구자들에게 세균이나 장기의 기능부전 외의 요인들이 질병의 원인이 된다는 개념을 진지하게 받아들이도록 납득시켰다. Holmes와 Rahe 이후의 연구자들은 주요 생활사건들과 질병의 관계를 지속적으로 연구해 왔다(Schwarzer & Luszczynska, 2013 참조).

다른 연구자들은 스트레스가 질병과 관련이 있는지를 보기 위해 좀 더 실험적인 접근을 하였다. 예를 들면 Cohen, Tyrrell, Smith(1997)는 한 집단의 자원자들로부터 스트레스가 많은 생활사건들에 대한 보고자료를 입수하였고, Holmes와 Rahe의 준거에 따라 다양한 사건들의 스트레스

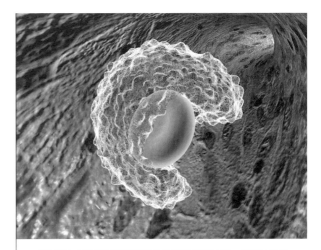

대식세포가 백혈병 관련 병원체 입자를 집어삼키는 세밀한 삽화
출처 : ⓒ Purestock/SuperStock RF

표 11.1 대학생 스트레스 검사

지시 : 아래 목록에서 지난해에 일어났던 각 사건에 표시한다. 스트레스 점수를 확인하고 지난해에 겪었던 사건에 해당하는 점수를 더한다. 만약 점수가 300점 이상이면 스트레스로 인해 건강상의 문제를 일으킬 위험이 있다. 점수가 150~300점이면 스트레스가 지속될 경우, 몇 년 후에 건강상의 문제를 경험할 가능성이 반반이다. 만약 점수가 150 이하라면 스트레스로 인해 심각한 건강상의 변화 위험이 비교적 낮다(DeMeuse, 1985; Insel & Roth, 1985).

학생 스트레스 척도

1.	가까운 가족의 죽음	100	17.	업무량 증가		37
2.	가까운 친구의 죽음	73	18.	탁월한 성취		36
3.	부모의 이혼	65	19.	대학에서의 첫 학기		35
4.	징역 구형	63	20.	생활환경 변화		31
5.	심각한 부상 또는 질병	63	21.	교수와의 심각한 논쟁		30
6.	결혼	58	22.	기대보다 낮은 성적		29
7.	직장 해고	50	23.	수면 습관의 변화		29
8.	중요 과목 낙제	47	24.	사회활동의 변화		29
9.	가족 구성원의 건강상의 변화	45	25.	식습관 변화		28
10.	임신	45	26.	만성적인 자동차 문제		26
11.	성관계 문제	44	27.	가족 수의 변경, 가족의 합가		26
12.	가까운 친구와 심각한 논쟁	40	28.	잦은 지각		25
13.	재정 상태의 변화	39	29.	대학 편입		24
14.	대학에서 전공 변경	39	30.	한 과목 이상의 수업 중도 탈락		23
15.	부모와의 문제	39	31.	경미한 교통법규 위반		20
16.	새로운 이성친구	38				
					합계	

출처 : "The Social Adjustment Rating Scale, "by T. H. Holmes and R. H. Rahe, 1967, *Journal of Psychosomatic Research*, vol. 11, pp. 213-217.

점수로 각 참가자의 스트레스 수준을 알 수 있었다.

참가자의 허락하에 연구자들은 절반의 참가자들에게 감기 바이러스가 함유된 점비약(nosedrops)을 투여하여 감기에 걸리게 하였다. 나머지 반의 참가자에게는 단순 점비약을 주어 통제집단으로 할당하였다. 무슨 일이 일어났을까? 지난해에 부정적인 생활사건들을 더 많이 겪었던 참가자들, 즉 생활에서 스트레스를 많이 겪었다고 보고했던 사람들이 감기 바이러스에 노출된 후에 감기가 발병할 가능성이 더 컸다. 연구자들은 이러한 결과가 일반 적응증후군(GAS)과 일치한다고 해석했다. 만성적인 스트레스를 받는 사람은 결국 신체적 자원이 고갈되어 세균 감염에 취약해진다.

스트레스 증가와 바이러스성 및 박테리아 감염 저항력 저하의 관계는 반복적으로 입증되고 있다(Cohen et al., 1995). 현재 대부분의 연구자들은 이러한 결과들이 스트레스가 면역체계에 영향을 미치기 때문이라고 해석한다. 즉, 스트레스는 세균에 효과적인 반응을 하기 위한 면역체계의 기능과 감염에 대한 면역력을 저하시켜 질병을 발생시키는 것으로 평가된다(Marsland et al., 2001; Miller & Cohen, 2001).

일상의 골칫거리

주요 생활사건들에 관한 연구 결과도 매우 흥미롭지만 스트레스를 연구하는 많은 연구자들은 새로운 질문을 제기하고 있다. 또 하나의 새로운 연구 방식은 주요 생활사건이 우리의 삶에서 상당히 드물게 일어난다는 관찰 결과에서 시작한다. 대부분 사람들에게 스트레스의 주요 원천은 **일상의 골칫거리**(daily hassles)라고 불리는 것들인 것 같다(Delongis, Folkman, & Lazarus, 1988; Lazarus, 1991). 비록 사소할지라도 일상의 골칫거리는 만성적이고 반복적이다. 일상의 골칫거리의 예는 항상 할 일이 많은 것, 쇼핑할 때 사람들과 실랑이를 벌이는 것, 교통혼잡으로 인해 자주 길이 막히는 것, 항상 줄을 서서 기다리는 것, 직장에서 불편한 상사와 일하는 것, 긴 통근 거리, 돈에 대한 걱정 등이다. 이 같은 일상의 골칫거리는 사람을 만성적으로 짜증나게 만들 수는 있지만, 이로 인해 주요 생활사건으로 유발되는 것과 동일한 일반 적응증후군이 시작되지는 않는다. 일상의 골칫거리에 대한 연구 결과는 주요 생활사건들과 유사하게 일상에서 많은 사소한 스트레스를 받는 사람들이 생각보다 심리적 및 신체적 증상에 시달리고 있다는 것을 보여주고 있다. 가장 일반적으로 경험하는 10가지 일상의 골칫거리는 〈표 11.2〉에 나열하였다.

다양한 스트레스

스트레스는 지각된 요구와 압박에 대한 심리적 및 신체적 반응이다. 스트레스 반응에서 사람들은 요구와 압박감에 대처하기 위해 신체 및 정서적 자원을 동원한다. 심리학자들은 스트레스를 네 가지 종류로 구별한다.

- **급성 스트레스**(acute stress). 대부분의 사람들이 스트레스라는 용어와 연관시키는 것이다. 급성 스트레스는 갑작스러운 요구로 인해 발병하고 긴장, 두통, 정서적 혼란,

표 11.2 가장 일반적인 일상의 골칫거리 10가지	
골칫거리	비율(%)*
체중에 대한 우려	52
가족 구성원의 건강	48
일반 상품들의 가격 인상	43
주택 유지보수	43
해야 할 일이 너무 많음	39
제자리에 없거나 잃어버린 물건들	38
정원일이나 집 밖의 유지 및 보수	38
재산, 투자, 세금	37
범죄	37
신체적 외모	36

*9개월 동안 이 비율은 골칫거리가 스트레스의 중대한 원천이었다는 것을 나타내는 사람들의 평균 비율을 나타낸다.

출처 : Kanner et al.(1991)에서 인용

2001년 9월 11일, 뉴욕에 있는 세계무역센터 주변에 있었던 많은 사람들은 외상 스트레스를 경험하였다. 그들 중 많은 사람들은 외상후 스트레스장애를 겪었다.

출처 : ⓒ Doug Kanter/AFP/Getty Images

위장장애, 불안한 느낌, 압박감 등을 경험하게 된다. 2001년 9월 11일은 많은 사람들에게 급성 스트레스를 일으킨 날이다. 심지어 그날의 끔찍한 사건과 직접적으로 관련되지 않은 사람들조차도 사건을 통제할 수 없다는 느낌에서 비롯된 스트레스를 경험하였다(Peterson & Seligman, 2003).

- **일화적 급성 스트레스**(episodic acute stress). 스트레스가 많은 주말근무 직업이나 매달 마감시간이 있는 직업과 같은 급성 스트레스의 반복적인 에피소드를 가리킨다는 의미에서 좀 더 심각하다. 일화적 급성 스트레스는 편두통, 고혈압, 뇌졸중, 불안, 우울증, 심각한 위장장애 등을 일으킬 수 있다.

- **외상 스트레스**(traumatic stress). 급성 스트레스의 심각한 경우이며, 이것의 영향은 수년간 또는 심지어 평생 파문을 일으킬 수 있다(Bunce, Larsen, & Peterson, 1995). 외상 스트레스는 주로 스트레스 반응과 관련된 증상의 관점에서 급성 스트레스와 다르다. **외상후 스트레스장애**(posttraumatic stress disorder, PTSD)라고 하는 증후군은 군대의 전투, 자연재해, 테러사건, 심각한 사고, 강간이나 끔찍한 폭행 등과 같은 목숨을 위협하는 사건들을 목격하거나 경험한 후 일어나는 일련의 증상들이다. 미국에 있는 많은 사람들은

9 · 11 테러 참사 후에 PTSD 증상을 경험했다. 코소보 내전에서 난민들을 대상으로 한 연구는 60% 이상의 사람들이 PTSD 증상들을 보였다고 보고했다(Ai, Peterson, & Ublhor, 2002). PTSD로 고통받는 사람들은 종종 악몽이나 강렬한 플래시백을 통해 그 경험을 다시 체험하고 수면 곤란을 겪으며 신체적 통증을 느끼고 감정이 무뎌지고 사람들로부터 분리되고 멀어진 느낌을 받는다. 이러한 증상들은 대인관계나 직장생활을 유지하는 데 어려움을 겪는 것 등과 같이 일상생활에 주는 커다란 충격이 상당히 심각하고 오래갈 수 있다.

- **만성 스트레스**(chronic stress). 또 다른 심각한 형태의 스트레스이다. 이것은 끝나지 않는 스트레스를 의미한다. 날마다 발생하는 만성 스트레스는 우리를 쥐어짜서 저항력을 사라지게 만들어 버린다. 면역체계 기능의 저하나 심혈관계 질환 등과 같은 심각한 시스템상의 질병이 만성 스트레스에 기인할 수 있다.

건강심리학자들은 스트레스가 **부가효과**(additive effects)를 나타낸다고 믿는다. 즉, 스트레스의 효과는 시간이 흐르면서 늘어나고 축적된다. 스트레스는 각 사람에게 다르게 영향을 미친다. 우리는 각자 요구와 압박감을 다르게 지각하고 다른 자원이나 대처 기술을 익힌다. 스트레스 과정에서의 이러한 개인차는 성격과 건강을 연구하는 심리학자들에게 핵심문제가 된다.

1차 및 2차 평가

모든 사람이 동일한 방식으로 스트레스 유발 요인에 반응하는 것은 아니다. 두 사람이 동일한 사건을 경험할 수 있지만 한 사람은 엄청난 충격을 받고 완전히 압도되는 반면에 다른 사람은 그 사건을 도전으로 받아들이고 적극적인 행동을 동원한다. 스트레스는 환경이나 사건 그 자체에 있지 않기 때문에 동일한 사건에 대해 반응하는 방식에서 사람들 간에 차이가 있을 수 있다. 좀 더 정확히 말하면 스트레스는 잠재적 스트레스 유발 요인에 대한 사람들의 주관적인 반응(subjective reaction)이다(Lazarus & Folkman, 1984). 많은 사람들은 마치 스트레스가 사건의 특징인 것처럼 말하기 때문에 이 점을 강조할 만한 가치가 있다. 대신 스트레스는 그 사건에 대한 반응이다. 예를 들면 두 사람이 유기화학 수업을 듣고 있다. 그들은 같은 시험을 보고 둘 다 낙제하였다. 한 사람은 이 사건으로 심하게 스트레스를 받는 반면에 다른 사람은 당연하게 받아들이고 실패에 대해 전혀 스트레스를 느끼지 않는다. 두 사람에게 같은 사건이 일어났지만 어떻게 한 사람은 스트레스 반응을 보이고 다른 사람은 그렇지 않은 것일까?

심리학자 Richard Lazarus(1991)에 따르면, 사람에게 스트레스가 유발되기 위해서는 두 가지 인지적 사건이 일어나야 한다. Lazarus가 **1차 평가**(primary appraisal)라고 불렀던 첫 번째 인지적 사건은 사람이 그 사건을 자신의 개인적 목표에 대한 위협이라고 지각하는 것이다. 두 번째 필연적인 인지적 사건, 즉 **2차 평가**(secondary appraisal)는 사람이 위협적인 사건의 요구에 대처하기 위한 자원을 가지고 있지 않다고 판단 내릴 때에 발생한다. 만약 이러한 평가 중 하나라도 충족되지 않는다면—그 사건을 위협이라고 인식하지 않거나 개인이 그 위협에 대처할 수 있는 자원이 많다고 느낄 경우—스트레스는 유발되지 않는다. 예를 들면 곧 있을 시험과 같은 사건이 어떤 사람에게는 목표를 위협하는 것으로 인식되지만 사건이 요구하는 책략을 가지고 있다고 느낀다면(예 : 공부를 하고 있거나 시험에 대비하고 있다) 그 사람은 시험을 스트레스라기보다는 도전으로 경험할 수 있다. 또는 사건(2차 평가)이 요구하는 책략을 가지고 있지는 않지만 그 사건이 자신의 장기적 목표(1차 평가)에 중요하지 않다고 생각하기 때문에 스트레스로 반응하지 않을 수 있다.

어떤 사람이 지속적으로 스트레스 반응을 피하게 만드는 것은 무엇인가? 스트레스와 그에 동반되는 불안과 압도당하는 느낌을 극복하는 데 사용하는 전략들은 무엇인가? 다음에서 우리는 스트레스에 대한 저항력과 관련 있는 몇 가지 성격특성들을 생각해볼 것이다.

대처전략과 대처 스타일

모든 사람은 살아가면서 언짢은 사건을 겪는다. 우리 모두는 일상에서 일시적인 패배, 상실, 좌절 등을 겪는다. 그렇지만 어떤 사람들은 스트레스가 많은 사건들에 더 잘 대처하고 더 잘 회복할 수 있는 것처럼 보이거나 혹은 이러한 사건들을 스트레스의 원천이 아닌 도전으로 보는 것 같다. 스트레스에 관해 연구하고 있는 한 가지 성격특성은 귀인 양식이다.

귀인 양식

귀인 양식(attributional style)은 나쁜 사건들의 원인을 설명하는 성향적 방식이다. 귀인 양식을 생각하는 방법은 다음과 같이 질문하는 것이다. "일이 잘못되었을 때 사람들은 일반적으로 어디에 책임을 두는가?" 귀인의 세 가지 중요한 양상은 외적 대 내적, 불안정 대 안정, 특정적 대 포괄적 등이다. 일반적인 귀인 양식을 평가하기 위해 다양한 측정도구들이 개발되고 있다. 이러한 측정도구 중 하나는 심리학자 Chris Peterson[*]과 그의 동료들(1982)이 개발한 귀인 양식 질문지(Attributional Style Questionnaire, ASQ)이다. 귀인 양식을 평가하는 또 다른 유용한 기법은 사람들의 글이나 말의 내용을 분석하는 것이다. 사람들은 종종 일상적인 대화나 페이스북 게시물 또는 블로그 등과 같은 글로 자연스럽게 사건들에 대해 설명한다. 이러한 설명을 말 그대로의 내용에서 찾아볼 수 있으며 이것은 내부성, 안정성, 포괄성 차원에 따라 평가할 수 있다. Peterson과 동료들(1992)은 이와 같은 귀인 양식 측정 기법을 개발하고 이를 CAVE(Content Analysis of Verbatim Explanations)라고 불렀다.

CAVE 기법은 참가자들이 인과론적 설명을 포함한 자료를 대중에게 공개하는 연구에 참여할 수 없거나 참여할 의향이 없는 경우, 이러한 참가자를 대상으로 연구를 가능케 해주는 이점이 있다(Peterson, Seligman, & Vaillant, 1988). 예를 들어 대통령 연설, 특히 신년연설은 종종 대단한 사건들에 대한 설명을 포함한다. 또 다른 예로 영화배우들은 종종 자신의 삶에서 일어난 사건들에 대한 설명이 들어간 인터뷰를 한다. 심리치료에 관한 기록 테이프는 종종 사건이 일어난 이유에 대한 사람들의 귀인을 포함하기 때문에 CAVE로 분석될 수 있다. 마찬가지로 노래가사, 아동의 이야기, 스포츠 소식의 기술, 신화 및 종교적인 글 등은 모두 그 사건들이 얼마나 내적이고 안정적이며 포괄적인지를 평가할 수 있는 설명이 들어 있다.

귀인 양식에 관해 많은 연구를 한 Peterson은 이러한 개인차의 구성개념을 설명하기 위해 낙관주의(optimism)라는 용어를 선호한다(Peterson, 2000). 나쁜 사건들을 안정적, 포괄적, 내적으로 설명하는 사람은 비관론자(pessimists)로 보이는 반면, 불안정하고 특정적이며 외적으로 설명하는 사람은 낙관주의자로 보인다. 낙관주의/비관주의는 사람마다 다른 특성 차원으로 여겨진다. 낙관주의자들은 생활사건들이 불안정하고 특정적이며 자신이 무엇을 하는지가 실제로 삶의 성과에 영향을 미친다고 믿는다. 한편 비관주의자들은 나쁜 사건이 일어나면 자신들은 상당히 무기력하고 나쁜 일들은 삶의 많은 측면에 부정적인 영향을 미치는 장기적인 원인이라고 믿는다(예 : 그들은 일을 침소봉대한다). 결론적으로 비관주의자들은 자신의 행동이 삶의 성과와 관련이 없다고 믿게 된다.

낙관주의에는 몇 가지 다른 정의가 있는데, 다른 기저의 구성개념으로 설명된다는 것이 차이점이다(Peterson & Chang, 2003). 예를 들면 Peterson과 동료들(Peterson & Steen,

---

[*] 이 책의 5판을 완성하고 있는 동안 Chris Peterson이 미시간 앤 아버에서 갑자기 사망하였다. Chris는 우리의 친구였고, 그를 그리워할 것이다. 좀 더 중요한 것은 성격심리학 분야는 인간 본성의 뚜렷한 부분에 매료되었던 창의적이고 한결같은 학자를 잃었다는 것이다.

온라인 기사나 블로그 게시물에서 사람들이 사건(사고, 자연재해 또는 스포츠 경기 등에 대한 이야기)에 대해 설명하고 있는 것을 찾는다. 그 이야기를 분석해본다. 특히 사람들의 다양한 인용구에 주의를 기울이고 세 가지 설명 양식의 예를 찾아본다.

- 내적 대 외적
- 안정 대 불안정
- 포괄적 대 특정적

사람들이 책임소재를 설명하는 방식의 관점에서 그 사건에 대한 그들의 견해가 어떤 특징을 가지고 있는지 생각해본다.

2002)의 낙관주의에 대한 생각은 나쁜 일들을 일시적이고 특정적이며 외적인 원인의 탓으로 돌리는 설명 방식을 나타낸다. 그렇지만 Scheier와 Carver는 낙관주의를 조금 다르게 정의하였다(1985; Carver & Scheier, 2000). 이 연구자들은 좋은 일들은 미래에 많이 일어날 것이고 나쁜 일들은 미래에 잘 일어나지 않을 것이라는 기대와 같은 **성향적 낙관성**(dispositional

2001년 9월 11일 사건이 일어난 뒤에 뉴욕 시의 시장인 루돌프 줄리아니는 그 사건을 외부적, 일시적, 특수적인 것으로 귀인하는 것이 포함된 공적 대처 스타일을 보여주었다.

출처 : ⓒ Henny Ray Abrams/AFP/Getty Images

자세히 보기

긍정 정서가 스트레스 대처에서 하는 역할

성격과 건강에 관한 대다수 연구는 부정 정서와 이것이 스트레스와 질병의 원인이 되는 방식에 초점을 맞춘다. 그러나 최근 몇 년 동안 일부 연구자들은 긍정 정서 및 긍정적 평가와 더불어 이것들이 어떻게 보호 기능을 할 수 있는지에 관심을 갖게 되었다(Tedeschi, Park, & Calhoun. 1998 참조). 일반적인 가설은 긍정 정서와 긍정적 평가는 스트레스가 건강에 미치는 부정적 영향을 낮추어 줄 수 있다는 것이다(Lyubomirsky, 2001).

수십 년 전 Lazarus, Kanner, Folkman (1980)은 긍정 정서가 스트레스 과정에서 세 가지 중요한 역할을 한다고 추정했다. (1) 대처를 위한 노력을 지속시킨다, (2) 스트레스로부터 휴식을 제공한다, (3) 사람들에게 사회적 관계의 복원을 포함한 소모된 자원을 회복할 수 있는 시간과 기회를 준다. 그렇지만 건강심리학 연구 분야의 어느 누구도 거의 20년 동안 이러한 아이디어에 깊게 주의를 기울이지 않았다.

심리학자 Barbara Fredrickson은 긍정 정서가 스트레스와 질병에 미치는 영향에 관한 연구를 선도하였다. 그녀는 긍정 정서에 관한 '확장 및 구축 모델(broaden and build model)'을 제안하였고, 이것은 긍정 정서가 관심, 인지, 행동의 범위를 넓히는 것을 시사하였다. 이것은 사람이 스트레스가 큰 상황에서 더 많은 선택권을 가지고 대안에 대해 생각하도록 도와준다. 그녀의 모델에서 '구축' 부분은 긍정 정서가 에너지를 비축하도록 도와주고, 특히 사람이 사회적 지원 네트워크를 증강하는 방식으로 사회적 자원 개발을 도와준다는 점을 시사한다. 그녀는 긍정 정서가 스트레스에 적응할 수 있는 대처와 적응을 가능하게 하는 데 중요하다는 것을 제안한다(Fredrickson,

1998, 2000). 실험 연구에서 Fredrickson과 Levenson(1998)은 긍정 정서 경험이 급성 스트레스 후에 그 스트레스로부터의 회복을 촉진한다는 것을 발견하였다. 구체적으로 말하면 이 연구자들은 참가자들의 불안과 위협 조작 상황에서의 심혈관 반응을 측정하였고, 이러한 스트레스 후에 긍정 정서를 겪은 참가자들이 그렇지 않은 참가자들보다 심장박동수 및 혈압이 더 빠르게 회복이 되었다는 것을 발견하였다.

심리학자 Susan Folkman과 Judith Moskowitz(2000)는 Fredrickson의 아이디어를 기반으로 사람들이 극심한 스트레스를 겪는 동안 긍정 정서를 경험할 것인지 여부를 알아내기 위해 몇 가지 중요한 메커니즘을 제시하고 있다. 그들은 AIDS로 죽어가는 파트너를 돌보는 동성애 남성에 관한 연구에서 이러한 긍정적 대처 메커니즘의 예를 제시한다. AIDS나 알츠하이머 같이 만성적으로 심신을 쇠약하게 하는 병을 앓고 있는 사람을 돌보는 것은 극도의 스트레스를 유발할 수 있고, 간병인에게 스트레스와 정신적 긴장이 동반되는 신체적 고통을 준다. 간병인 연구에서 Folkman과 Moskowitz는 부정 정서로부터 주로 위안받는 대처전략과는 대조적으로 스트레스를 받는 동안 긍정 정서를 만들어낼 수 있는 세 가지 대처 메커니즘을 발견하였다.

첫 번째 긍정적 대처전략은 **긍정적 재평가**(positive reappraisal)이다. 이것은 현재 일어나고 있거나 일어났던 일 중 좋은 점에 초점을 맞추는 인지 과정이다. 이러한 긍정적 대처전략은 벌어진 일을 개인의 성장 기회로 간주하고 그들의 노력이 다른 사람들에게 어떻게 득이 될 수 있는지를 살펴본다. 자신에게 일어나고 있는 일을 다르게 해석함으로써 사람들은 실제로 이러한 역경이

자신에게 용기를 주는 것으로 상황의 의미를 바꾼다. AIDS 간병인 연구에서 Folkman과 Moskowitz는 상황을 긍정적으로 재평가(예 : "나는 이 도전을 통해 좀 더 강해지고 좋은 사람이 될 것이다.")할 수 있는 간병인들은 간병 중에나 심지어 자신이 돌보는 사람이 사망한 후에도 더 나은 적응을 보여주었다는 것을 발견하였다(Moskowitz et al., 1996).

Folkman과 동료들이 찾은 두 번째 긍정적 대처전략은 **문제중심 대처**(problem-focused coping)이다. 이것은 스트레스의 근본 원인을 해결하거나 감당하려는 생각과 행동을 이용하는 것이다. 이 전략은 일반적으로 사람이 결과를 어느 정도 통제할 수 있는 상황에서 유용할 것이다. 그러나 Folkman과 Moskowitz는 이러한 전략이 외견상 통제할 수 없어 보이는 상황에서도 유용할 수 있는 방법이라고 언급한다. AIDS 간병인 연구에서 많은 간병인들이 죽어가고 있는 파트너를 돌보고 있었고, 이러한 상황은 멈추거나 번복할 수 없고 늦출 수도 없었다. 그렇지만 이렇게 외견상으로는 통제할 수 없는 상황에서도 일부 간병인들은 자신이 통제할 수 있는 것에 초점을 맞출 수 있었다. 예를 들면 많은 사람들은 처방전을 조제하고 약을 관리하며 침대시트를 바꾸는 등과 같은 작은 '해야 할 일'의 목록을 만들었다. 이러한 목록을 기록하고 완결한 항목을 표시하는 것은 간병인에게 저항할 수 없는 상황에서 무엇이든 할 수 있고 효율적이라고 느낄 수 있는 기회를 주었다. 요약하면 비록 작은 일일지라도 문제를 해결하는 것에 초점을 맞추는 것은 심지어 가장 스트레스가 많고 통제할 수 없는 상황에서조차도 사람에게 통제에 대한 긍정적인 느낌을 줄 수 있다.

세 번째 긍정적 대처 메커니즘은 **긍정적 사건 만들기**(creating positive events)이다. 이것은 스트레스로부터 긍정적인 중간 휴식을 만드는 것으로 정의된다. 이것은 다양한 방법으로 할 수 있다. 가끔 모든 것을 잠시 멈추고 자신이 받았던 칭찬이나 유쾌하고 재미있는 기억 또는 저녁노을 같은 긍정적인 것을 상기해본다. 이러한 종류의 중간 휴식은 사람에게 만성적인 스트레스로부터 일시적인 유예를 줄 수 있다. AIDS 간병인들은 긍정적인 일들을 기억하거나 파트너와 경치 좋은 곳을 드라이브하는 것 같은 긍정적인 일을 계획하는 것에 시간을 보냈다. 일부 간병인들은 긍정적인 위안을 찾기 위해 유머를 이용하였다고 보고하였다. 유머는 긴장을 감소시킬 수 있고 정신적 및 신체적 건강에

기여할 수 있다고 오랫동안 평가되고 있다(Menninger, 1963).

긍정 정서에 초점을 두는 것과 건강과 질병에서 긍정 정서의 역할은 새롭고 관련 연구 또한 매우 초기 단계이다. 초기 연구 결과들은 강한 흥미를 불러일으키고 있지만 새로운 질문 또한 제기한다. 예를 들면 다른 종류의 긍정 정서(흥분, 행복 또는 만족감)가 스트레스 과정에서 다른 역할을 하는가? 어떤 긍정 정서가 어떤 종류의 스트레스 대처에 가장 도움이 되는가? 그리고 끝으로 성격심리학자들이 특히 관심 갖는 부분은 스트레스에 대처하는 동안 긍정 정서를 만들어내는 능력의 개인차에 관한 질문이다(Affleck & Tennen, 1996). 예를 들면 스트레스에 대처하는 동안 유머를 구사할

수 있는 사람들은 어떤 사람인가? 외향적이거나 낙관주의 같은 특정한 성격특성만이 긍정 정서 대처양식과 관련이 있는가? 심리학자들은 심각한 삶의 스트레스를 경험하는 사람들을 위해 긍정 정서를 증가시킬 수 있는 간단하고 특정한 개입을 개발할 수 있는가? 예비 연구들은 긍정적 정서 개입이 실현 가능하고 스트레스에 대처하는 사람들을 돕는 데 효과적일 수 있음을 시사한다(Moskowitz, 2011). 이 같은 중요 질문들은 사람들이 재난, 곤경, 불행 속에서 긍정성을 가지고 살아남으려고 안간힘을 쓰는 이유를 이해하고자 하는 미래의 성격 연구자들에게 방향을 제시한다.

optimism)을 강조하였다. 예를 들면 낙관주의자들은 대부분의 생활 영역에서 성공할 것이라고 믿는다. 이 정의는 설명 방식이 아니고 미래에 대한 기대를 강조한다.

마지막으로 낙관주의와 관련된 네 번째 개념은 위험에 대한 인식에 관한 것이다. 다양한 사건들이 당신에게 일어날 가능성을 0에서부터 100까지의 척도를 이용하여 추정하는 질문을 받았다고 상상해본다. 0은 "그 일은 나에게 절대로 일어나지 않을 것이다."를 의미하고 100은 "그 일이 나에게 일어나는 것은 확실하다."를 의미한다. 발생할 가능성을 추정해야 할 사건들은 비행기 사고로 죽는 것, 암 진단을 받는 것, 심장마비를 일으키는 것, 번개를 맞는 일 등과 같은 것들이다. 낙관주의자들은 이러한 부정적인 사건들이 일어날 가능성을 보통 사람보다 더 낮게 지각한다. 그러나 흥미로운 것은 대부분의 사람들은 일반적으로 자신에게 그러한 사건이 일어날 위험성을 과소평가한다는 것이다. 이것을 **긍정 편향**(optimistic bias)이라고 한다. 일반적으로 사람들은 실제로 삶에 내재하는 위험들을 무시 또는 최소화하거나 견뎌낼 수 있는 것보다 더 많은 위험을 감수하게 만들 수 있다. 그럼에도 비관적인 사람들이 낙관적인 사람들에 비해 위험을 과대평가하는 경향을 보이며, 사람들이 일상생활에서 위험을 인식하는 정도는 극단적으로 다르다.

낙관주의와 신체적 웰빙

낙관주의에 관한 다양한 구성개념을 사용하는 많은 이론가들은 낙관주의에서의 개인차와 신체적 건강 및 웰빙과의 상관을 조사하였다. Peterson과 동료들은 낙관주의와 건강에 관한 연구를 자세하게 개관해 왔다(Peterson & Bossio, 1991; Peterson & Seligman, 1987). 요약하면 낙관주의는 일반적으로 스스로 자신의 건강이 좋다고 보고하는 것, 담당의사에 의한

일반적인 건강 평가, 의사를 방문하는 횟수, 심장질환 발병 후 생존기간, 면역기능, 유방암 수술 후의 빠른 회복, 장수 등을 예측하는 것으로 밝혀졌다(Carver et al., 1993; Scheier & Carver, 1992; Scheier et al., 1999). 그 밖에 낙관주의는 규칙적인 운동, 고지방 음식 피하기, 적당한 음주나 금주, 감기예방에 적절한 행동(예 : 휴식과 수분섭취)으로 대응하는 것과 같은 다수의 긍정적인 건강행동들과 관련이 있다는 것이 발견되었다.

많은 성격 연구들에서 낙관주의와 건강 또는 건강행동의 전형적인 상관은 .20과 .30 범위에 이른다. 이 연구는 상관 연구이기 때문에 건강과 낙관주의의 관련성이 포함된 인과관계를 실제로 알 수는 없다. 예를 들면 낙관주의는 병에 걸릴 가능성이 작음, 덜 심각한 병의 발병, 빠른 회복, 재발 가능성 감소 등과 관련이 있을 수 있다.

낙관주의와 건강에 관한 연구의 심층적인 예시로서 Peterson, Seligman과 그의 동료들(1998)의 연구를 자세히 검토하고자 한다. 이 연구는 거의 50년간 1,000명 이상의 사람을 대상으로 조사하였다. 연구자들은 좀 더 비관적인 방향으로 점수를 받은 참가자들이 낙관적인 참가자들보다 더 이른 나이에 사망할 가능성이 더 높았다는 것을 발견했다. Peterson과 동료들이 대규모 표본을 대상으로 연구한 덕분에 연구자들은 다양한 사망원인을 자세히 볼 수 있었는데, 이를 통해 낙관주의자와 비관주의자들의 가장 큰 차이가 무엇인지 알고자 하였다. 연구자들은 가장 큰 차이점이 암과 심장질환으로 인한 사망일 수 있다고 생각했고, 비관론자들이 치명적인 의학적 문제들을 더 많이 가질 수 있을 것이라고 예측했다. 그러나 사실은 그렇지 않았다. 연구자들은 사망원인에서 낙관주의자와 비관주의자의 실제 차이는 사고 빈도와 폭력사였다는 점을 발견하였다. 즉, 비관주의자들은 더 많은 사고사와 비명횡사를 당하고 이것이 낙관주의자들보다 평균 수명이 일반적으로 더 짧은 결과를 초래하였다. 이러한 효과는 특히 남성에게 강하게 나타났다.

특히 남성 비관주의자들은 잘못된 시간에 잘못된 장소에 있게 되는 습관이 있는 것으로 보인다. 이 연구는 참가자들이 실제로 하고 있었던 일과 돌발적으로 또는 끔찍하게 사망한 시기를 명확하게 알려주지는 않는다. 그렇지만 그들은 잘못된 상황에 놓이고, 특히 남성 비관주의자가 잘못된 상황에 자주 놓이게 되는 것을 선택할 개연성이 있다. Peterson과 Bossio(2001)가 말한 에피소드는 "나는 두 곳에서 코가 부러진 적이 있다."라고 말한 사람과 "음, 나라면 그와 같은 장소에서 떨어져 있을 것이다."라고 말한 사람에 관한 것이다. 비관적인 사람은 자주 그와 같은 잘못된 장소에 있을 가능성이 있다.

이 같은 결과는 사고 발생 빈도와 관련하여 비관주의자들에 대한 설명 양식과 함께 반복 검증되고 있다(Peterson & Bossio, 2001). 비관주의와 더 큰 사고 가능성의 관계는 비관주의자가 위험한 상황과 활동들을 더 선호하기 때문인 것으로 보인다. 아마 비관주의자들은 자극적이지만 위험한 상황과 활동을 선택함으로써 우울한 기분으로부터 탈출하고자 하는 동기를 갖는 것이라고 할 수 있다.

낙관주의가 갖는 건강상의 명백한 이득으로 인해 심리학자인 Marty Seligman과 그의 동료들은 낙관성 수준을 상승시키기 위한 치료법 개발을 시도하고 있다(2002; Seligman & Peterson, 2003). 특히 Seligman은 초등학교에서 사용하기 위해서 '비관주의 예방' 프로그램을 소개하고 있고 세부사항은 Weissberg, Kumpfer, Seligman(2003)과 Dr. Seligman's Authentic Happiness 웹사이트(www.authentichappiness.sas.upenn.edu.)에서 확인할 수 있다. 이 프로그램은 낙관주의 원리에 근거한 인지적 및 사회적 문제 해결 기술을 가르친다. 이 프로그램은 저소득층 미성년 중학생들(Cardemil, Reivich, & Seligman, 2002)과 중국 본토 성인들(Yu & Seligman, 2002)의 우울 증상을 예방하는 데 효과적이라는 것이 발견되고 있다.

정서 관리

우리는 정서를 느끼고, 정서는 때로 우리를 소유한다. 정서, 특히 부정 정서는 유난히 통제하기 어렵다. 그럼에도 불구하고 특정한 환경에서 우리는 부정적 정서 표현을 억제하려고 한다. 당신의 학교 팀이 방금 중요한 챔피언십에서 패배했고, 그래서 너무 기분이 나쁘고 우울하고 짜증이 나며, 심판에게 화가 나고 팀에게 실망했다고 상상해보자. 그러나 당신은 내일 중요한 시험이 있고 그래서 마음이 산란하다. 당신은 불쾌한 감정을 억제하고 공부에 집중해야 한다. 당신은 불안감을 통제하거나 실망감을 감추는 것과 같은 **정서적 억제**(emotional inhibition)의 예를 생각해볼 수 있다. 예를 들면 정말로 좋아하지 않는 선물을 받아본 적이 있는가? 아마 당신은 실망감을 숨긴 채 거짓된 긍정 감정을 가지고 미소 지으면서 "고마워, 정말 내가 갖고 싶었던 선물이야."라고 말했을 것이다.

우리 모두는 가끔 이러한 실망감을 숨겨야 한다. 그러나 일상적으로 정서를 억누르고 모든 것을 마음속에 가지고 있는 것은 어떠할까? 자신의 정서를 만성적으로 억제하면 어떠한 결과가 초래될까? 일부 이론가들은 정서적 억제가 바람직하지 않은 결과를 초래한다고 주장한다. 예를 들면 지그문트 프로이트는 대부분의 심리적 문제들은 억제된 부정 정서와 동기의 결과라고 믿었다. 억압과 다른 방어기제들은 용납할 수 없는 정서의 표면화, 즉 직접적으로 경험되고 표현되는 것을 막는 방법이다. 초기 심리학자들은 이러한 정서적 억제를 모든 심리적 문제의 본질적 부분으로 보고 용납할 수 없는 소망이나 충동을 무의식 속으로 몰아넣는 것이라고 보았다. 정신분석치료 또는 대화치료는 무의식의 정서를 의식적으로 자각하여 끌어내도록 고안되었고, 그래서 정서가 성숙한 방식으로 경험되고 표현될 수 있다고 보았다. 치료적 관계는 오랫동안 억제되었던 정서들을 경험하고 표현할 수 있는 장(place)으로 여겨졌다. 표현치료(expressive therapy)라는 다른 치료법이 있는데, 이는 억압된 감정을 표출하게 하는 것을 목표로 한다.

다른 이론가들은 정서적 억제를 좀 더 긍정적으로 본다. 발달적 관점에서 정서를 억제할 수 있는 능력은 약 3세 정도에 습득할 수 있는 것으로 이것은 주요한 발달적 성취이다. 정서적 억제는 아동이 슬프지만 스스로 울음을 그칠 수 있거나 화가 나도 공격하는 것을 억제할 수 있게 한다(Kopp, 1989; Thompson, 1991). 부정 정서를 억제하는 능력은 아동기에 배워야 할 매우 유용한 기술로 보인다. 아동들은 장난감을 뺏는 친구를 때리며 성질 부리는 것을 통제하는 법을 배울 필요가 있다. 우리 모두는 실망감이나 좌절감을 잘 통제하지 못하는 성인

어떤 여성이 진정 행복할까? 왼쪽에 있는 노스캐롤라이나 출신인 켈리 브래드쇼는 1998년 미스 아메리카 대회에서 자신의 이름이 먼저 불린 것을 들었다. 오른쪽에 있는 버지니아 출신의 니콜 존슨은 동시에 자신이 미스 아메리카라는 것을 알아차린다.

출처 : ⓒ Charles Rex Arbogast/AP Images

의 행동(예 : 성인의 짜증)을 종종 유치하게 본다. 그러나 어떤 사람들은 부정적인 감정, 심지어 격한 감정도 매우 잘 억제한다.

만성적으로 억제된 정서의 영향은 무엇인가? 이러한 질문을 직접적으로 다루는 적절한 연구는 소수이다. 예를 들면 심리학자 James Gross와 Robert Levenson(1993, 1997; Gross, 2002)은 이에 관한 연구들을 고안하였다. 이 연구에서 몇몇 참가자들은 비디오를 보는 동안 자신이 느끼고 있는 어떤 정서 표현도 억누르라는 요구를 받았다. 그들은 행복한 정서를 유발하기 위해 고안된 비디오(코미디)와 슬픈 정서를 유발하는 비디오(자녀의 장례식에서 몹시 슬퍼하고 있는 매우 감정적인 어머니의 모습)를 보았다. 참가자의 절반은 무작위로 억제 조건에 할당되었고, 그들은 "비디오를 볼 때 어떤 느낌이 들면 그러한 감정을 나타내지 않기 위해서 최선을 다한다. 다시 말해 당신을 보고 있는 사람이 당신이 느끼고 있는 어떤 감정에 대해서도 전혀 모르게 행동하도록 한다."라고 당부 받았다. 참가자의 나머지 절반은 억제가 없는 조건에 할당되었고, 그들에게는 단순히 비디오를 보라고 하고 감정을 억제하라는 어떠한 지시도 하지 않았다.

참가자들이 비디오를 보는 동안 자신의 감정을 얼마나 많이 표현하는지를 알아내기 위해 그 모습을 녹화하였다. 연구자들은 또한 앞에서 논의했던 것과 같은 몇 가지 생리적 측정치를 수집하였다. 그들은 또한 참가자들에게 비디오의 각 부분을 본 후에 그들의 느낌을 보고하라고 하였다.

이 결과에서 정서를 억제하라고 지시받았던 참가자들은 그렇지 않은 참가자들에 비해 생리적 각성 수준이 증가하였고, 심지어 비디오가 시작하기 전에도 생리적 각성 수준이 증가하였다. 이러한 광범위한 생리적 각성은 참가자들이 자신의 정서를 억제하기 위해 필요한 노력을 준비하고 있다는 것으로 해석되었다. 억제하지 않은 참가자들과 비교하여 억제한 참가자들은 또한 비디오를 보는 동안 증가된 교감신경계 각성을 나타내는 높은 생리적 활동을 보여주었다. 연구자들은 정서의 억제는 인위적 노력을 필요로 하고 정서적 각성에 더하여 생리적 비용을 소모한다고 하였다. 상상했던 것과 같이 억제 조건의 참가자들은 통제집단보다 정서 표현을 겉으로(outward) 덜 드러냈다. 예를 들면 억제된 참가자들의 얼굴 표정은 그러한 정서를 느꼈었다는 것을 암시하는 정도로 감정을 매우 조금 드러냈지만 사실 지시받은 대로 정서가 겉으로 드러나는 것을 억제했다. 자기보고에서 억제되지 않은 참가자들보다 억제된 참가자들은 재미라는 정서를 느끼는 조건에서 재미가 약간 덜한 것으로 보고했으나 슬픔을 느끼는 조건에서 더한 슬픔을 보고하지는 않았다.

정서에 관한 흥미로운 연구 분야에서 Gross와 동료들(Ochsner et al., 2002)은 뇌에서 정서 조절 센터의 위치를 찾으려고 하였다. 참가자들이 매우 부정적인 장면을 비정서적인 용어로 재해석하는 동안 연구자들은 fMRI를 이용하여 참가자의 뇌를 스캔하였다. 그들은 뇌 일부 영역이 부정 정서를 성공적으로 조절하는 것과 관련 있다는 것을 발견했다. 이 영역들은 주로 뇌의 전전두피질에 있었다. 뇌의 전두엽 부분은 계획 및 집행에 관여하고 사람이 정서를 통제하고 있을 때 활성화되는 것으로 보인다.

때로 정서를 억제하는 것은 필요하다. 아마 당신은 다른 사람들의 감정이 상하는 것을 원치 않을 것이다. 권력을 가진 누군가에게 적대감을 일으키고 싶지 않을 것이다. 또는 이미 공격적인 행동을 하는 사람을 더 화나게 만들고 싶지 않을 것이다(Larsen & Prizmic, 2004). 예를 들면 당신의 상사가 잘못된 이유로 당신에게 화를 낼 경우 당신은 상사에게 화가 나는 것을 느낄 수 있다. 그렇지만 그 사람이 상사이고 승진, 업무량, 업무환경에 관해 당신보다 훨씬 더 많은 힘을 가지고 있기 때문에 당신은 분노를 표출할 수 없다. 아주 단순하게 말하면 삶의 어떤 상황에서는 정서를 숨기는 것이 현명하다.

그렇지만 정서적 억제가 만성화되고 일상적으로 정서를 숨길 때 문제가 생길 수 있다. 성격특성상 자유로운 정서 표현을 억제하는 사람은 교감신경계의 만성적 각성의 영향으로 고통받을 수 있다. 예를 들면 Levy와 동료들(1985)은 부정적 감정을 마음속에 넣어두는 사람이 표현하는 사람보다 높은 사망률, 치료 후 높은 암 재발률, 면역체계의 억제 등을 보일 가능성이 크다는 것을 보여주고 있다. 자신의 부정적 감정을 표현하고 정서적으로 자신의 병과 싸우는 암 환자들은 때로 자신의 상황을 수용하고 정서를 억제하며 조용히 치료를 받아들이는 사람들보다 더 오래 산다(Levy, 1990; Levy & Heiden, 1990).

Noller(1984)는 로맨틱 관계에서의 정서 표현 연구에서 정서 표현의 중요성을 실제로 보여주었다. Noller는 사람들이 파트너에게 정서를 더 표현할수록 그들의 관계에서 문제가 더 적게 생겼음을 보고하였다는 것을 발견하였다. 다른 사람이 어떻게 느끼는지를 아는 것은

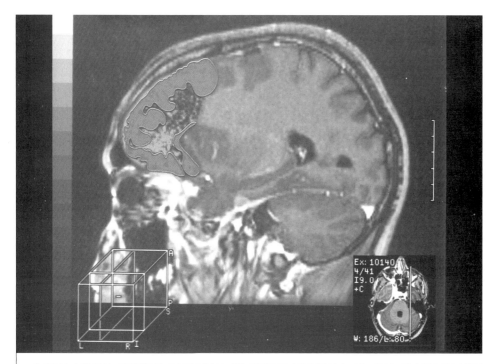

fMRI 뇌 스캔 예시. 파란색으로 표시된 부분이 대사 활동이 증가된 영역이다. 이는 정서조절에 중요한 뇌 영역인 전두 영역의 활동성 증가를 보여준다.

출처 : ⓒ James Cavallini/Science Source

당신이 그에 맞춰 행동을 바꿀 수 있게 해준다. 만약 파트너가 자신이 어떻게 느끼는지를 절대 표현하지 않는다면 무엇이 그 사람을 행복하게 하는지, 슬프게 하는지, 화나게 하는지 등을 아는 것이 어렵다.

다른 연구들은 정서 표현이 심리적 건강 및 전반적 적응에 좋다는 점을 시사한다. King과 Emmons(1990)는 참가자들에게 3주 동안 매일 어떻게 느꼈는지에 대한 일일보고를 요청하였다. 참가자들은 정서 표현에 대한 설문을 완성하였다. 연구자들은 이러한 정서 표현이 3주간 행복 수준의 상승과 불안 및 죄책감 감소와 관련이 있었다는 것을 발견하였다. 이와 유사하게 Katz와 Campbell(1994)은 정서 표현이 높은 자존감과 관련 있다는 것을 발견하였다.

노출

정서 표현과 관련된 것은 **노출**(disclosure)에 관한 주제로서 이것은 자신의 사적인 부분을 타인에게 이야기하는 것이다. 많은 이론가들은 다른 사람들에게 마음을 터놓지 않고 자신 안에만 가지고 있는 것이 스트레스의 원천이 될 수 있고 궁극적으로 심리적 고통과 신체적 질병으로 이어질 수 있음을 시사한다. 이 이론가들은 자신의 정서를 다른 사람들에게 터놓는 것은 치유력이 있고 대화치료는 우리가 속에 가지고 있는 것들을 드러내고 비밀을 보여주는 치료법이기 때문에 일부 효과가 있다고 주장한다.

심리학자 James Pennebaker는 노출 효과에 관한 연구의 선구자이다. 일반적인 연구에서 그는 참가자에게 자신에게 생긴 일 중 다른 누구와도 이야기하지 않았던 속상했던 일이나 충격적인 일에 대해 생각하라고 하고 그 비밀을 글로 적게 한다. 사람들은 난감한 순간, 성적으로 무분별했던 일, 불법적이거나 비도덕적인 행동, 굴욕적인 일 등과 같은 많은 불쾌한 사건들에 관해 적는다. 모든 참가자들이 간직하고 있었던 비밀을 빠른 속도로 찾아내는 것은 흥미롭다. 이것은 아마 우리 모두가 어느 정도의 비밀을 가지고 있다는 뜻이다.

Pennebaker는 충격적이고 부정적이거나 속상한 사건들에 대해 이야기하지 않는 것은 문제를 일으킬 수 있다고 주장한다. 그는 이러한 사건과 관련된 생각과 감정을 억제하기 위해서 신체적 에너지를 사용해야 한다고 말한다. 다시 말해 속으로 비밀을 간직하는 것은 쉽지 않고, 특히 이것이 심각한 트라우마라면 비밀로 하는 것은 속상하고 많은 에너지를 필요로 한다. 시간이 흐름에 따라 스트레스는 점점 커지고 모든 스트레스와 같이 수면장애, 짜증, 신체 증상(복통과 두통), 면역체계 기능저하로 인한 질병 등과 같은 스트레스 관련 문제의 가능성을 증가시킬 수 있다. Pennebaker에 따르면 비밀을 말하는 것이 이러한 스트레스를 완화시켜준다. 누군가에게 이야기하거나 글로 쓰는 것으로 충격적인 기억을 직면하는 것은 그 사람이 비밀을 지키는 일로부터 해방되는 것이다.

Pennebaker와 동료들은 노출을 주제로 많은 연구를 수행하였다. 한 연

심리학자 James Pennebaker가 시작한 연구는 사람들이 자신의 어려움과 트라우마를 타인과 함께 응시하는 것이 자신의 문제를 자신 안에 내버려두는 것보다 낫다는 점을 반복해서 보여준다.

출처 : ⓒ Roanld Wixman RF

구(Pennebaker & O'Heeron, 1984)에서 그들은 사고나 자살로 배우자를 잃었던 참가자에게 연락하였다. 분명히 예상 밖의 충격적인 죽음으로 인한 사랑하는 사람의 갑작스럽고 완전한 상실은 생존 배우자에게 커다란 충격이 되었을 것이다(Holmes과 Rahe의 목록에서 배우자의 죽음이 가장 큰 스트레스 사건이었음을 상기하라). 연구자들은 생존자들에게 친구, 가족 또는 성직자, 랍비, 목사, 치료사 등과 같은 전문적으로 도움을 주는 사람들과 얼마나 많이 그 비극에 대해 이야기하였는지를 물었다. 연구자들은 또한 배우자의 죽음 후의 참가자들의 건강에 대해 철저히 평가하였다. 그들은 참가자들이 다른 사람들과 비극에 관한 이야기를 많이 할수록 건강이 더 좋았다는 것을 발견했다. 다시 말해 충격적인 사건을 마음속에 간직하는 사람은 자신의 감정을 다른 사람에게 드러내는 사람보다 더 많은 건강문제로 고통받는 경향이 있다. 물론 이것은 상관 연구이기 때문에 자신의 문제에 관한 이야기를 하는 것이 더 좋은 건강의 원인이 되는지는 확실히 알 수 없다. 이것을 정확하게 밝히기 위해서 연구자들은 무선 할당 실험을 할 필요가 있다. 지금 여기에서 우리는 이러한 몇 개의 실험들을 재검토한다.

이 주제에 관한 실험 연구(Pennebaker, 1990)에 참가한 대학생들은 두 집단 중 하나에 무선 할당되었다. 한 집단에게는 고통스러웠던 경험을 상기하고 글로 쓰게 하였다. 다른 집단은 보통 아침식사로 무엇을 먹었는가와 같은 사소한 주제에 관해 쓰게 하였다. 학생들은 연속된 4일 동안 밤에 매일 15분 동안 해당 주제에 관해 글을 썼다. 트라우마에 대해 글을 쓴 참가자들은 글을 쓰는 동안 더 고통스럽고 불편한 느낌을 보고하였고, 글을 쓰는 동안 측정된 혈압은 사소한 주제 집단보다 더 많은 스트레스를 느꼈음을 시사하였다. 6개월 후 참가자에게 다시 연락을 취했고 건강에 관한 기록을 얻었다. 사소한 주제에 관해 썼던 학생들과 비교하여 지난 4일 동안 충격적인 사건에 대해 썼던 학생들은 그 후 6개월 동안 질병을 더 적게 앓았다. 더욱이 건강 서비스에 관한 기록은 트라우마에 대해 글을 썼던 참가자들이 사소한 주제로 글을 썼던 참가자들보다 교내 학생건강센터에 확실히 덜 자주 갔었다는 사실을 보여주었다. 흥미롭게도 비록 아무도 자신이 쓴 글을 읽지 않더라도 단지 화가 났던 사건에 대해 쓴다는 행동이 건강에 이로운 영향을 줄 수도 있다.

Pennebaker, Colder, Sharp(1991)의 또 다른 연구에서 참가자들은 대학생활을 이제 막 시작한 신입생이었다. 이들에게 3일 연속해서 밤에 자신의 어려움과 가족, 친구들을 떠나 대학에서 독립적인 생활을 시작하는 도전에 대한 느낌에 대해 쓰라고 하였다. 다른 참가자들(통제집단)은 사소한 주제에 관해 글을 쓰게 했다. 그리고 나서 그 학생들이 적어도 한 학기 동안 대학에 다니고 난 후 건강 상태를 측정하였다. 사소한 주제에 관해 썼던 학생들보다 자신의 감정과 문제에 관해 글을 쓴 학생들이 다음 학기 동안 학생건강센터를 더 적게 방문하였다.

또 다른 연구는 자신에 대한 언짢은 정보를 비밀로 간직하는 사람은 누군가에게 이야기하는 사람보다 불안이나 우울을 나타낼 가능성이 더 크다는 것을 보여준다(Larson & Chastain, 1990). 심리학자들은 가끔 트라우마나 끔찍한 사건을 경험한 내담자에게 그 트라우마에 대해 이야기하거나 글로 쓰라고 한다. 일부 심리학자들은 심지어 살면서 겪은 사건

연습문제

비밀을 드러내는 것, 심지어 글로 쓰는 것도 더 양호한 건강 상태와 관련 있다는 Pennebaker의 가설을 시험해 보기 위해 미니실험을 시도해본다. 2주 동안 매일 건강을 기록한다. 복통, 두통, 근육통, 인후통, 콧물 등이 있었는지의 여부를 매일 기록한다. 이 기간의 건강 상태를 기록한 후에 2주 동안 매일 일기를 쓰도록 한다. 이 일기에는 매일 경험하는 모든 스트레스와 그에 대한 느낌을 쓴다. 어떠한 어려움, 스트레스 또는 심지어 곤란하거나 괴로운 순간에도 주의를 기울인다. 2주 후 일기 쓰는 것을 멈추고 다시 매일 건강 상태에 대해 기록한다. 비록 이것이 진짜 실험은 아니지만(진짜 실험이 아니고 당신이 피험자와 실험자 둘 다 되어 보는 것) 당신은 이 주제의 연구 방법에 대한 감을 잡을 수 있고 일기를 씀으로써 건강 상태가 개선되는 변화도 볼 수 있을 것이다.

들에 관한 일기와 그 사건들에 자신이 어떻게 반응했는지를 간직하라고 추천한다. 이러한 일상적인 자기노출은 자신의 감정을 균형감 있게 볼 수 있도록 도와주고 인생에서 일어나는 사건들을 이해할 수 있게 해준다. 이 과정은 자신과 인생사에 대한 통찰력을 제공한다.

노출은 어떻게 작동하여 건강에 좋은 적응을 촉진하는가? Pennebaker의 메커니즘에 대한 첫 번째 설명은 비밀을 말함으로써 얻는 위안과 관련된 것이었다. 다시 말해 정보를 속으로 간직하는 것은 노력을 필요로 하기 때문에 스트레스를 받는 것이고, 정보를 노출하는 것은 수고로움을 없애고 스트레스를 없애는 것이다(Niederhoffer & Pennebaker, 2002). 이러한 설명은 기본적으로 노출이 정보 억제 비용을 줄인다는 것이다. Pennebaker(2003a)는 노출이 적응을 촉진하는 방식에 대한 두 번째 설명도 제시하였다. 이 설명은 사건에 대한 글을 쓰는 것이 어떻게 그 사람이 사건의 의미를 재해석하고 재구성할 수 있게 해주는지에 관한 것이다. 다시 말해 지나간 충격적인 사건에 대해 이야기하고 쓰는 것은 그 사건 안에서 어떤 긍정적인 의미를 찾음으로써 그 사건을 더 잘 이해하고(414~415쪽 '자세히 보기'에서 논의한 긍정적 재평가 과정) 그 사건을 자신의 현재 상황과 통합하게 만든다. 노출을 통해 두 가지 과정(억제 완화와 사건 재해석)이 일어날 수 있기 때문에 두 가지 설명 모두 참이다. 사실 Pennebaker(2003b)는 이 두 가지 조합이 성공적인 대화치료를 위한 기본 구성요소일 것이라고 추측하였다.

요약하면 노출에 관한 연구는 충격적인 사건들과 그 사건들에 대한 느낌을 마음속에 간직하는 것은 스트레스를 증가시킬 수 있다는 점을 시사한다. 실제로 감정을 말로 표현하는 것은 스트레스를 줄이는 효과를 미친다. 게다가 우리가 감정을 어떻게 말로 표현하는지는 중요하지 않다. 믿고 있는 친구나 친척에게 말하는 것, 심리치료사에게 가는 것, 교회에 고해하러 가는 것, 목사나 랍비와 이야기하는 것, 남편 또는 아내와 이야기하는 것, 일기 쓰기 등 어떤 것을 하든 관계없다. 건강상의 이득을 얻기 위해 얼마나 적은 노출이 필요한가를 검사하기 위해 고안된 한 연구는 이틀 연속으로 이루어지는 2분간의 글쓰기가 4~6주 후에 주목할 만한 건강상 이득을 야기하였다는 것을 발견하였다(Burton & King, 2008). 어떤 식으로든 충격적인 사건과 그것에 대한 반응을 노출하는 것은 모든 것을 속에 간직하는 것보다 건강에 훨씬 더 낫다.

A유형 성격과 심혈관질환

심혈관질환은 미국에서 사망과 장애의 가장 빈번한 원인 중 하나이다. 의료계 종사자들은 사람들을 이러한 질환에 걸리게 하는 요인들을 찾고 있다. 심혈관질환의 발병 요인으로 알려진 것들은 고혈압, 비만, 흡연, 심장병의 가족력, 비활동적 생활방식, 고콜레스테롤 등이다. 1970년대에 의사들은 새로운 위험 요인으로 특정한 성격특성을 고려하기 시작했다. 제9장에서 언급했던 바와 같이 이것은 일부 의사들의 관찰에서 발전하였는데, 이러한 관찰을 통해 심장마비를 일으킨 환자들이 다른 환자들과 비교하여 종종 다르게 행동하고 다른 성격을 가진 것처럼 보였다는 것을 알 수 있었다. 심장마비 환자들은 흔히 경쟁심이 강하고, 공격적이며, 더 활동적이고, 정력적으로, 말하고, 야심만만하고, 의욕이 넘쳤다(Friedman & Rosenman, 1974). 의사들은 이러한 행동 모음을 A유형 성격이라고 불렀다.

A유형 성격에 관한 연구 결과를 살펴보기 전에 몇 가지 오해를 짚어 보자. 비록 연구자들이 종종 A유형과 B유형 사람들을 언급하지만, 사람들이 이 두 가지 범주 중 하나에 속한다는 것은 아니다. 사람들을 각각의 범주로 분류할 수 있는 절대적인 성격 변인은 거의 없다. 생물학적인 성은 절대적인 변인의 한 예이다. 혈액형은 또 다른 것이다. 그러나 성격특성은 범주적이지 않다. 대신 대부분은 한 극단에서부터 다른 극단까지 다양한 차원을 가지며 대부분의 사람들은 그 중간 어딘가에 있다. A유형/B유형의 구분은 A유형이 한쪽 끝이고 B유형은 다른 쪽 끝으로 정의되고 누구도 명백하게 A유형이거나 B유형이 아니며 다수의 사람들이 중간에 있다는 것이다. 따라서 제2장에서 논의했던 바와 같이 A유형 성격 변인은 특성 또는 성향이다. [그림 11.4(a)]와 같이 범주 변인이 아닌 정상분포로 되어 있다. 심리학자들은 한쪽 끝(예 : A유형)을 참조하여 정상분포의 특징을 기술한다. 그렇지만 한쪽 끝에 해당하는 사람의 특성을 기술하는 것은 다른 쪽 끝에 있는 사람들(이른바 B유형)이 반대의 특성을 가진다는 것을 의미한다.

또 다른 오해는 A유형이 단일특성이라는 것이다. 실제로 A유형은 일련의 몇 가지 특성들로 구성된다. 더 구체적으로 말하면 A유형 성격은 세 가지 하위특성의 모음이다. 세 가지 하위특성 중 하나는 **경쟁적 성취동기**(competitive achievement motivation)이다. A유형 사람들은 열심히 일하고 목표 달성하기를 좋아한다. 그들은 승인, 권력, 장애물

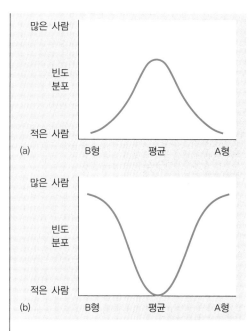

그림 11.4
A유형과 B유형은 실제 형태가 아니고 사람들의 범주를 나타내는 것도 아니다. 더 정확히 말하면, A유형은 정상분포를 나타내고 이것은 A유형 행동을 많이 보이는 사람에 의한 한쪽 끝과 A유형 행동을 아주 조금 보이는 사람의 다른 한쪽 끝을 나타낸다(a). 그렇지만 대부분의 사람들은 중간 또는 평균 범위 안에 있다. 이것은 거의 모든 성격특성에 해당된다. 정확한 형태 또는 범주 변인은 (b)와 같이 분포될 것이다. (b)에서 대부분의 사람들은 한쪽 끝이나 다른 쪽 끝이고 중간에 사람들이 없다. 이것은 A유형 성격에 해당하는 경우가 아니다.

극복 등을 좋아한다. 그리고 그들은 다른 사람들과 경쟁할 때 자신이 최선을 다하고 있다고 느낀다. 예를 들면 뜨루드 프랑스 자전거 대회에 대비하여 자선 자전거 경주에 나오는 사람은 경쟁적 성취동기를 드러낸다. **시간 조급성**(time urgency)은 A유형 행동 패턴의 두 번째 하위특성이다. A유형 사람들은 시간 낭비를 싫어한다. 그들은 항상 바쁘고 최소의 시간 안에 최대의 일을 해내야 한다는 압박감을 느낀다. 그들은 종종 책을 읽으면서 식사하는 것과 같이 한 번에 두 가지 일을 한다. 그들은 신호등의 빨간불은 장애물로 여기고, 무엇인가를 위해 줄을 서서 기다리는 것을 싫어한다. A유형의 세 번째 하위특성은 **적대감**(hostility)이다. 자신의 목적을 달성하는 데 방해가 되는, 즉 **욕구좌절**(frustration)될 때 A유형 사람들은 적대적이고 공격적일 수 있다. 그들은 쉽게 좌절하고 이러한 좌절감은 그들을 불친절하고 심지어 악의적으로 행동하게 만든다. 자동판매기를 쿵쾅거리며 두들기고 소리 지르는 남성은 아마 A유형 성격 스타일의 적대적인 요소를 보이는 것일 수 있다.

A유형 성격의 초기 연구들은 이것이 심혈관질환 발병의 독립적인 위험요소라는 점을 발견하였다. 독립적인 위험요소는 비만이나 흡연과 같은 알려진 다른 위험요소들과는 독립적으로 작동한다. 예를 들면 A유형 사람들은 반드시 담배를 더 많이 피우며 그러한 흡연이 심장병의 원인이 된다는 것은 아니다. 대신 A유형 성격은 흡연과는 무관하고 흡연만을 하거나 A유형 성격만을 가진 사람보다 A유형 성격이면서 동시에 흡연하는 사람이 심장병에 걸릴 위험이 더 높다는 것이다. 사실 한 연구는 비록 높은 콜레스테롤 수치와 흡연 또한 단독으로 심장병의 원인이 되지만 A유형 성격이 흡연 이력이나 콜레스테롤 수치보다 심장병을 더 잘 예측하는 요인이라는 것을 발견했다(Jenkins, Zyzanski, & Rosenman, 1976).

의사들은 A유형 성격에 대한 대부분의 초기 연구를 수행하였고, 이 성격 변인을 측정하기 위해 구조화된 면담을 개발하였다. 참가자들에게 표준질문들을 하였고 면담자는 참가자들의 대답과 질문에 대한 반응에 주목하였다. 하지만 면담자는 참가자들의 행동에 큰 관심이 있었다. 예를 들면 말의 속도는 어떠한가? 그들은 면담자의 말을 얼마나 자주 방해하였는가 또는 면담자가 하지도 않은 말을 했다고 하였는가? 면담하는 동안 잠시도 가만 있지 못했는가? 손과 머리를 사용하여 자주 격렬한 몸짓을 하였는가? 면담 중 면담자는 아주… 천천히 … 말함으로써… 참가자들을 짜증나게 하려고 하였다. A유형 사람들은 다른 사람들이 천천히 말할 때 특히 짜증을 냈고 그래서 참가자들은 방해하고 두서없이 말하거나 다른 사람이 빨리 말하게 하려고 자신이 말을 끝냈다.

1980년대에 A유형 성격에 관한 연구가 탄력을 받았을 때 연구자들은 좀 더 효과적인 측정도구를 고안하려고 하였다. 면담은 속도가 느리다. 한 번에 오직 한 사람만 면담할 수 있고 각 참가자를 측정하는 데 면담자 한 명이 필요하다. 요약하면 면담은 비교적 비용이 많이 들고 어떤 성격 변인을 측정하는 데 시간이 오래 걸리는 방법이다. 질문지는 일반적으로 빠르고 전체 참가집단에게 한꺼번에 줄 수 있으며 온라인으로 관리하고 자동으로 점수를 매길 수 있기 때문에 비용이 상당히 저렴하다. 그

한 번에 두 가지 활동을 자주 하는 것은 A유형 성격의 한 요소이다. 하지만 시간 조급성이 심장질환과 가장 관련성이 큰 A유형 성격의 한 부분은 아니다.

출처 : ⓒ Martinan/Getty Images RF

러므로 이 분야의 연구자들은 A유형 성격측정을 위한 질문지 개발에 노력하고 있다. 이후 A 유형 성격을 측정하기 위해 가장 광범위하게 사용하는 질문지 중의 하나는 Jenkins Activity Survey이다. 이 질문지는 A유형의 일련의 특성인 각 세 가지 요소를 활용한 질문들을 포함한다. "마감일이 다가옴에 따라 업무가 향상된다.", "나는 밥을 너무 빨리 먹는다는 말을 듣는다.", "나는 적절한 경쟁을 즐긴다."

구조화된 면담을 이용한 초기 연구자들은 종종 A유형 성격과 심장마비 및 심혈관질환 위험의 관계를 발견하였다. 이후 연구에서는 대부분 Jenkins 질문지를 사용하였는데 그와 같은 결과가 자주 반복검증되지는 못했다. 연구자들은 몇 년 동안 이 점을 이해할 수 없었다. 어떤 사람들은 한때 A유형 성격이 심장마비의 위험요인이었는지에 대해 궁금해하였으나 그 다음에는 상황이 바뀌어서 A유형 성격이 더 이상 심장마비의 위험요인이 아니었다. 다른 심리학자들은 어떤 것은 관계가 있고 다른 것은 관계가 없는 이유를 찾기 위해 연구들을 주의 깊게 살펴보기 시작하였다. 그 결과 질문지를 사용한 연구가 구조화된 면담을 사용한 연구보다 A유형 성격과 심장병의 관계를 발견해낼 가능성이 작았음이 드러났다(Suls & Wan, 1989; Suls, Wan, & Costa, 1996). 연구자들은 질문지가 구조화된 면담과는 달리 A유형 행동의 다른 양상을 측정하는 것으로 결론 지었다. 외관상으로 구조화된 면담은 A유형 행동 중 치명적인 구성요소를 많이 반영한다. A유형 행동 패턴 중 어느 부분이 가장 치명적이며 심장병과 가장 관련이 있는 부분인가?

적대감 : A유형 행동 패턴의 치명적 구성요소

의사들이 A유형 성격에 관한 면담을 개발하였을 때 그들은 적대감과 공격성에 대한 평가를 강조하는 경향이 있었다. 예를 들면 의사가 천천히 이야기했을 때 참가자가 짜증을 냈는지 여부, 참가자가 면담하는 동안 욕설을 하였는지 여부 또는 참가자가 활발하게 몸짓을 하거나 테이블을 쾅쾅거리며 두들겼는지 여부 등이 평가되었다. 나중에 개발된 질문지에서 더 중점을 둔 것은 시간 조급성과 성취였다. 예를 들면 참가자가 자신이 항상 바쁘고 마감시간이 가까워지면 수행이 더 나아졌거나 동료들보다 더 많이 성취하였다고 말했다.

연구자들은 질문지를 점점 더 사용하기 시작했고(왜냐하면 질문지가 면담보다 관리가 쉽고 빠르고 비용이 적게 들기 때문에) 일반적인 A유형 성격이 심장병을 예측하지 않는다는 증거들이 쌓이기 시작했다. 연구자들은 면담과 질문지를 비교하여 면담이 질문지보다 적대감 구성요소를 더 많이 포함하고 있다는 것을 알게 되었다. 이와 같이 연구자들은 실제로 심장병을 더 잘 예측하는 요인으로 일반적인 A유형 성격특성들보다는 적대감이 좀 더 구체적인 특성이라는 가설을 검증하기 시작하였다.

연구자들이 말하는 적대감의 특성은 무엇인가? 적대감이 높은 사람이 반드시 폭력적이거나 표면적으로 공격적이지는 않다. 그들이 반드시 독선적이거나 다른 사람들에게 많은 것을 요구하지는 않는다. 대신 이러한 사람들은 자신의 실망, 좌절, 불편 등에 무례하게 반응할 가능성이 있다. 욕구좌절은 자신의 중요한 목표가 차단되었을 때 느껴지는 주관적인 감정으로 이해할 수 있다. 예를 들면 당신이 자동판매기에서 시원한 음료수를 뽑아 마시고 싶은데 돈만 들어가고 당신이 요구한 음료수가 나오지 않았다. 이것이 좌절이다. 적대적인 사람은 이러한 좌절에 부루퉁해져서 기계를 두드리거나 욕을 하고 쓰레기통을 발로 차는 무례한 행동을 보인다. 적대적인 사람은 심지어 자신의 자동차 열쇠를 제자리에 두지 않거나 식료품점에서 줄 서서 기다리는 것과 같은 사소한 좌절에도 쉽게 짜증을 낸다. 이러한 상황에서 적대적인 사람은 눈에 띄게 화를 낼 수 있고 때로 심지어 무례하고 비협조적이거나 반항적이 되기까지 한다.

몇몇 연구들은 적대감이 심혈관질환의 강력한 예측 요인이라는 것을 밝혀냈다(Chida & Steptoe, 2009 메타분석 참조). 사실 심리학자 Dembrowski와 Costa(1987)는 적대감 질문지가 A유형 성격 질문지보다 동맥질환을 더 잘 예측한다는 것을 입증했다. 또한 최근의 연구들은 적대감이 혈중 **백혈구**(leukocyte) 수치의 상승으로 알 수 있는 전신 염증(systemic inflammation)과 관련 있다는 것을 보여주고 있다(Surtees et al., 2003). 의사들은 오랫동안 만성염증이 관상동맥 질환의 위험과 관련 있다고 알고 있었고, 이러한 위험에 처한 사람은 하루에 아스피린 한 알을 복용하라고 추천하고 있다. 왜냐하면 아스피린이 염증을 줄이기 때문이다. 만성적인 염증은 적대감이 건강의 종착지와도 같은 심혈관질환에 이르는 하나의 경로일 수 있다.

이러한 연구에 관한 희소식은 A유형 성격에 관한 모든 것이 심장과 동맥에 나쁜 것은 아니라는 것이다. 적대감이 명백하게 치명적인 구성요소라는 점을 감안할 때 우리는 A유형 성격의 '건강한' 버전을 상상할 수 있을까? 성공과 성취를 위해 노력하는 것은 좋지만 그 과정에서 적대적이고 공격적이어서는 안 된다. 목적을 달성하기 위해 노력하고 심지어 일중독자가 되는 것도 괜찮지만 일상생활에서 불가피하게 차질이 발생하더라도 좌절하지 않는다. 바쁘고 가능한 한 많을 일을 하려고 노력하는 것은 괜찮지만 모든 일을 성취할 수 없을 때 좌절하거나 화내지 않는다. 그리고 우호적이기만 한다면 경쟁을 즐기는 것도 괜찮다. 단 적대적이지 않아야 한다. 그리고 때로 가게에서 가장 길고 가장 느린 줄에 서게 되는 것은 좋은 치료법일 수 있고 긴장을 풀고 진정하며 이러한 상황에 적대감이나 분노를 느끼지 않는다(Wright, 1988). Davidson과 동료들(2007)은 간단한 적대감 관리치료(hostility-management

---

자세히 보기

D유형 성격과 심장병

A유형 특성, 특히 적대감 요소는 관상동맥 질환이 발생할 위험과 중간 정도의 상관관계를 보여준다. 그럼에도 연구자들은 심장병과 관계가 있을 수 있는 다른 성격요인들을 연구하고 있다. 특히 심근경색을 겪은 후 생존율 또는 발병했을 때 얼마나 빠르게 병이 진행되는지에 관해 조사하고 있다. 많은 사

람들은 고혈압, 심각하지 않은 동맥경화 또는 점진적 심부전과 같은 심장문제의 초기단계 징후를 가지고 있다. 전부는 아니지만 이러한 사람들 중 몇몇은 완전히 진행된 심근경색을 겪거나 심장병으로 죽음에 이르기도 한다. 연구자들은 A유형 이외에 특정 성격요인이 일단 시작된 심장병의 진행을

예측할 수 있는지 여부를 알아보고 있다.

최근 들어 많은 주목을 받고 있는 특성은 **D유형 성격**(type D personality) 또는 '괴로운(distressed)' 성격이라고 불리는 것이다(Denollet, 2000). A유형과 같이 D유형 특성 또한 진정한 의미에서 유형이 아니다. 대신 이것은 개인마다 다르게 나타나는 차원이다.

D유형 성격은 두 가지 근원적인 특성을 나타낸다. 그중 하나의 특성은 부정적 정서성인데, 이것은 모든 시간과 상황에 걸쳐 긴장, 걱정, 과민성, 불안 등과 같은 불편한 감정을 포함한 부정적 정서를 빈번하게 경험하는 경향으로 정의된다. 이것은 신경증적 특성과 매우 유사하고, 그 밖에 잦은 빈도의 부정적 정서, 자신에 대한 부정적 시각, 불평하는 경향, 평소 상황보다 스트레스가 많은 상황에 더 반응하는 것 등을 포함한다. D유형을 구성하는 두 번째 기저 특성은 **사회적 억제**(social inhibition) 또는 사회적 상호작용에서 감정, 생각, 행동 등의 표현을 억제하는 성향이다. 사회적으로 억제를 많이 하는 사람은 다른 사람들과 함께 있을 때 불안하고 걱정스러운 감정을 느끼며 사회적 평가와 타인으로부터 비난의 대상이 될까 봐 걱정한다. 결론적으로 그들은 다른 사람들과 있을 때 자신을 억제하고 사람들과의 거리를 유지한다. 그들은 자신에게 문제가 생겼을 때 사회적 지원을 찾을 가능성이 작다.

Denollet(2005)은 D유형 성격 구조를 측정하기 위해 14개 항목으로 구성된 자기보고식 성격 질문지를 발표하였다. 부정적 정서성 부분을 평가하는 항목은 "나는 종종 중요하지 않은 일에 대해 불평한다.", "나는 자주 기분이 안 좋다.", "나는 흔히 어떤 것을 걱정하고 있는 나 자신을 발견한다." 등이 포함된다. D유형 성격에서 사회적 억제 요소를 평가하는 항목은 "나는 대화를 시작하기가 힘들다고 생각한다.", "나는 자주 사회적 상호작용에서 어색함을 느낀다.", "사람들과 어울릴 때 나는 무슨 말을 해야 할지 모르겠다." 등을 포함한다. 이러한 척도는 짧고 사용이 편리하기 때문에 이 방법은 D유형 성격의 특징에 관한 연구에 관심을 불러일으키고 있다.

D유형에 관한 연구는 이러한 두 가지 특성(부정적 정서성과 사회적 억제)이 심장병 환자를 더욱 심각한 심장질환의 위험에 빠지게 하는 상승작용을 일으킨다는 점을 보여준다. 예를 들면 Denollet과 동료들(2003)은 얼마 동안 관상동맥 폐색을 겪었던 심장병 외래환자 400명(31~79세)을 연구하였다. 이 환자들의 생존상태를 알아보기 위해서 6년에서 10년 후에 추적 관찰하였다. 이 시기 동안 38명의 환자는 대부분 심장질환으로 사망하였다. D유형 특성이 높았던 환자들은 낮았던 환자들보다 추적 관찰 동안 사망할 가능성이 대략 4배 정도 높았다.

Kupper와 Denollet(2007)은 관상동맥 질환을 가지고 있는 사람들 사이에서 D유형 성격 차원이 사망률 증가 및 질병의 빠른 진행과 같은 좋지 않은 결과와 관련이 있다는 것을 보여주는 Denollet과 동료들이 수행한 몇 개의 연구를 재검토하였다. 15개 연구의 메타분석은 D유형 성격이 위험한 주요 심장질환과 작지만 신뢰할 수 있는 관련이 있다고 결론 내렸다(O'Dell et al., 2011). 다른 연구자들도 유사한 결과를 발견하였다. 예를 들면 Pelle와 동료들(2008)은 심장 회복치료 프로그램(규칙적인 운동, 스트레스 관리 기술, 식생활 개선, 체중조절, 금연 등)을 받고 있는 관상동맥 혈관질환 환자 368명을 조사하였다. 대부분의 환자들은 심장 회복 프로그램을 완료한 후 어느 정도 건강의 향상을 보여주었다. 그렇지만 D유형 특성이 강한 환자들은 회복 프로그램을 마친 후 D유형 특성이 낮은 사람들보다 좋지 못한 건강 상태를 보여주었다.

D유형 성격특성이 높은 심장병 환자들이 낮은 환자들보다 양호하지 못한 결과를 보여준다는 점을 감안하여 던질 수 있는 중요한 질문은 그러한 효과에 기저하는 메커니즘과 관련이 있다. 성격특성이 어떻게 부정적 결과의 위험을 증가시키는가? 진행 중인 연구는 이 질문에 해답을 주려고 시도하고 있고 두 가지 메커니즘이 유력한 것으로 보인다. 한 가지 메커니즘은 뇌의 스트레스 반응에 대한 장해(disturbance)를 포함한다. D유형 특성이 강한 사람은 과장된 스트레스 반응을 보이고 이것은 혈중 코르티솔 수준 상승으로 알 수 있다. 코르티솔은 스트레스 반응 동안 분비되는 호르몬이고 장시간에 걸쳐 높은 수준으로 지속될 경우에는 동맥폐색의 축적으로 이어져서 동맥에 염증을 증가시킬 수 있다(Whitehead et al., 2007). D유형과 신체건강의 연계성은 염증량을 측정함으로써 알 수 있다(Mommersteeg et al., 2012). D유형 성격특성이 심장병 환자들에게 더 나쁜 결과를 초래할 수 있는 두 번째 메커니즘은 행동 및 사회적 지원을 포함하는 생활방식 요인들이 건강에 영향을 미치는 것이다. 예를 들면 Williams와 동료들(2008)은 D유형 척도에서 점수가 높은 사람이 낮은 사람보다 음식을 제대로 먹지 않고 야외활동을 많이 하지 않으며 일상의 일들에 더 많이 신경을 쓰며 건강진단을 잘 받지 않았다는 것을 발견하였다. 마찬가지로 D유형 성격특성을 가진 사람들은 아닌 사람들과 비교하여 스스로 지각하는 사회적 지원이 낮다고 보고했다. 다른 결과들은 D유형 특성이 건강에 좋지 않은 행동들과 사회적 지원 부족을 통해서 건강에 영향을 미칠 수 있음을 시사한다(Gilmour & Williams, 2012). 성격이 심장건강에 영향을 미치는 과정과 방식에 대한 이해는 활동적이고 흥미로운 연구 영역이다.

therapy)가 관상동맥 치료와 관련된 입원비를 줄임으로써 병원비 절감의 효과를 가져올 수 있다고 예상한다.

적대적 A유형 행동은 동맥류를 어떻게 손상시키는가

A유형 행동, 특히 적대감 요소가 어떻게 심장과 동맥류에 유독한 효과를 일으키는가? 적대감이나 공격성과 같은 강렬한 느낌은 투쟁-도피 반응을 발생시킨다. 이 반응의 일부는 동맥 협착을 동반한 혈압 상승 및 심장박동과 각 심장박동으로 뿜어져 나오는 혈액량의 증가이다. 요약하면 사람의 신체는 갑자기 줄어든 동맥을 통해 더 많은 혈액을 퍼 올린다. 이러한 변화는 동맥 내벽의 마모를 일으킬 수 있는데, 이는 동맥 내벽에 미세한 찢김과 찰과상을 유발한다. 이러한 찰과상은 콜레스테롤과 지방이 부착될 수 있는 장소가 된다. 이러한 동맥 내벽의 기계적 마모에 더하여 투쟁-도피 반응 동안 혈액으로 분비된 스트레스 호르몬은 동맥손상으로 이어질 수 있고 이후 동맥 내벽에 지방 부착물이 축적된다. 이러한 지방 분자들이 동맥 안에 축적되면 동맥은 계속해서 좁아지게 된다. 이것을 **동맥경화증**(arteriosclerosis) 또는 경화(hardening)나 막힘(blocking)이라고 한다. 심장근육 자체에 영양을 공급하는 동맥이 막히게 되면 심장 혈액의 지속적인 부족으로 심장마비가 온다.

이 그림은 심장근육에 혈액을 공급하는 관상동맥의 단면인데 지금 극심한 동맥경화증을 보여준다. 이 동맥은 내벽에 플라크가 증가하여 동맥의 지름이 극단적으로 좁아져 있다.

출처 : ⓒ Marc Phares/Science Source

요약하면 A유형 성격에 대한 연구는 몇몇 흥미로운 우여곡절을 겪고 있다. 이 모든 것은 심장마비 환자들과 다른 질환을 겪는 환자들 간에 특정한 성격차이를 발견한 두 명의 심장병 전문의와 함께 시작되었다. 그들은 세 가지의 특성으로 구성된 A유형 성격을 정의하였다: 경쟁적 성취동기, 시간 조급성, 적대감. 수십 년간의 연구 끝에 심리학자들은 적대적 특성이 A유형 성격의 가장 유독한 구성요소라는 것을 발견했고, 오늘날 관상동맥 질환과 성격에 대한 대부분의 연구는 이러한 특정 특성에 초점을 맞추고 있다. 적대감이 어떻게 발달하고 유지되는가, 이것이 정확히 어떻게 동맥에 손상을 주는가, 이것은 특정한 상황에 의해 어떻게 유발되는가, 이것이 어떻게 극복되고 관리될 수 있는가 등에 대한 이해는 미래의 성격 연구자에게 매우 중요한 문제이다.

요약과 평가

이 장은 신체적 적응 및 건강에 관련된 성격심리학 부분에 초점을 맞춘다. 우리는 성격과 질병 연계에 관한 몇 가지 모델에서부터 시작하였다. 또한 성격이 건강과 다른 변인에 영향을 미칠 수 있는 특정한 방법을 기술하는 조절과 매개라는 중요한 개념을 소개하였다. 그다음에 극심한 사건들에 대한 주관적인 반응으로서 스트레스 개념을 살펴보았고, 이것은 종종 상반되는 감정을 수반하며 통제력이 거의 없거나 전혀 없다. 스트레스 반응에는 네 가지 구별되는 종류가 있다: 급성 스트레스, 일화적 급성 스트레스, 만성 스트레스, 외상 스트레스. 외상 스트레스는 외상후 스트레스장애를 일으킬 수 있고, 악몽, 플래시백, 수면장애, 다른 신체적 문제, 다른 사람들을 멀리하거나 현실로부터 분리되는 느낌 등을 경험한다. 스트레스는 사건 그 자체에 있는 것이 아니라 그 사건을 평가하는 방식에 있다는 것을 깨닫는 것이 중요하다. 1차 평가는 그 사건이 개인의 목표나 소망에 얼마나 위협적인지에 대한 평가이다. 2차 평가는 위협적인 사건의 도전을 충족시키기 위한 자신의 자원에 대한 평가이다. 이 두 가지 평가는 사건이 스트레스 반응을 이끌어내는 방식을 이해하는 데 중요하다. 연구를 통해 만성 스트레스에 대처하기 위한 긍정 정서의 역할을 분석하고 있다.

성격과 스트레스에 관한 많은 연구들은 사랑하는 사람을 잃는 것, 직장에서 해고되는 것 등과 같은 삶의 주요 사건들에 초점을 맞추기 시작했다. 심각하기는 하지만 이러한 사건들은 비교적 드물다. 좀 더 고질적인 것은 일상의 골칫거리이다. 이것은 상대적으로 심각하지는 않지만 일상생활에서 잦은 좌절과 실망을 준다. 스트레스 연구자들은 건강에 영향을 미치는 일상의 스트레스 유발 요인에 초점을 맞추기 시작했다.

성격심리학자들은 어떤 사람들이 다른 사람들보다 스트레스에 좀 더 잘 견디는 것처럼 보이는 이유를 이해하는 데 관심을 가지고 있다. 즉, 어떤 사람은 좌절과 실망을 좀 더 침착하게 받아들이고 종종 만성적인 스트레스에도 불구하고 건강을 해치는 결과에 시달리지 않는 것처럼 보인다. 이와 관련된 성격특성은 낙관주의로 이것은 스트레스 저항력, 건강한 신체, 적절한 면역기능, 수명 연장 등과 관련 있는 풍부한 결과들로 나타난다. 심리학자들은 사람들을 좀 더 낙관적으로 만들기 위한 훈련을 시키기 위해 초등학생용 프로그램을 개발하고 있다. 일반적으로 건강상 예후가 더 나은 것과 관련된 다른 성격특성들은 정서적 표현과 개인적 노출이다.

이 장은 또한 특정한 질환으로 미국에서 가장 흔하지만 심각한 질병 중 하나인 심장혈관계 질환에 초점을 맞추었다. 우리는 심장질환 발병의 위험요소인 성격특성 탐색에 대한 역사를 다루었다. A유형 성격은 그 영향이 점점 더 확실해질 때까지 조사결과가 점차 개선되어 가고 있는 혁신적인 연구의 흥미로운 예를 제공한다. A유형 성격의 경우 대부분의 연구자들은 현재 적대감 요소가 심장병을 일으키는 성향과 가장 관련되어 있다는 것에 동의한다. 다행히도 A유형 증후군 중 적대적인 부분을 가지고 있지 않다면 그 사람은 경쟁적인 일 중독자일 수 있고 단시간에 더 많은 일을 해낼 수 있다.

핵심용어

건강심리학(health psychology)

건강행동 모델(health behavior model)

경보 단계(alarm stage)

경쟁적 성취동기(competitive achievement motivation)

교류 모델(transactional model)

급성 스트레스(acute stress)

긍정 편향(optimistic bias)

긍정적 사건 만들기(creating positive events)

긍정적 재평가(positive reappraisal)

노출(disclosure)

동맥경화증(arteriosclerosis)

만성 스트레스(chronic stress)

매개(mediation)

문제중심 대처(problem-focused coping)

백혈구(leukocyte)

부가효과(additive effects)

사전소인 모델(predisposition model)

상호작용 모델(interactional model)

성향적 낙관성(dispositional optimism)

소진 단계(exhaustion stage)

스트레스(stress)

스트레스 유발 요인(stressors)

시간 조급성(time urgency)

외상 스트레스(traumatic stress)

외상후 스트레스장애(posttraumatic stress disorder, PTSD)

욕구좌절(frustration)

일반 적응증후군(general adaptation syndrome, GAS)

일상의 골칫거리(daily hassles)

일화적 급성 스트레스(episodic acute stress)

저항 단계(resistance stage)

적대감(hostility)

정서적 억제(emotional inhibition)

조절 변수(moderator)

주요 생활사건(major life events)

질병행동 모델(illness behavior model)

1차 평가(primary appraisal)

2차 평가(secondary appraisal)

D유형 성격(type D personality)

© Arthimedes/Shutterstock.com RF

요약과
미래의 방향

12

모든 부분 뒤에 숨겨진 전체를 이해하는 것은 성격심리학의 궁극적 목표이다.

출처 : ⓒ Peter Horree/ Alamy Stock Photo

이 책을 다 읽고 나면 다음과 같은 질문에 답을 할 수 있어야 한다. "그 사람은 왜 그렇게 행동했을까?", "왜 사람들이 하는 행동이 때로 수수께끼 같은가?" 성격심리학자들은 과학적 탐구를 통해 이 수수께끼를 풀고자 한다. 또한 성격심리학자들은 인간 행동의 다양성, 사람들이 하는 현명하거나 바보 같은 행동, 사람들이 스스로 문제를 해결하거나 만들어내는 방식, 개인의 행동에 대한 다양한 설명 등과 같은 인간 본성에 대한 깊은 호기심을 가지고 있다.

성격심리학의 궁극적 목표는 인간 본성을 완전히 이해하는 것이다. 그러나 전체를 이해하는 것은 어렵고 불가능한 일이다. 심리학자 Charles Carver(1996)는 "성격은 한 번에 담기에는 너무 큰 주제이다."(p. 330)라고 말했다. 크고 어려운 과제에 직면하면 과제를 작게 나누어서 보다 다루기 쉬운 영역으로 만드는 것이 때로 유용하다. 현대 의학은 이러한 접근법을 선택하였다. 의학 연구자들은 피부과 전문의, 심장 전문의, 폐 전문의 등과 같이 전문 영역을 나눈다. 이 책 또한 이러한 접근법을 이용하여 기능의 주요 영역에 각각 초점을 맞춤으로써 인간 성격에 대한 이해를 진전시키고자 하였다. 이 기능 영역은 심장과 피부 사이에 중요한 관련이 있는 것과 같이 서로 관련이 있다(예 : 심장은 피부세포에 영양을 공급하는 혈류를 보낸다). 인간의 성격을 충분히 이해하기 위해서는 각 기능 영역을 이해하는 것뿐 아니라 각 영역이 연결된 방식을 이해하고, 이를 통합하여 전체로 기능하는 개인으로 통합할 수 있어야 한다. 여기서는 문화와 진화생물학 간의 흥미로운 연결성과 같은 영역 간의 연결성을 강조하고자 한다.

성격심리학 분야의 현재 위치

현재는 성격심리학 분야의 흥미로운 시기이다. 성격의 특성, 구조, 발달 등에 대해서 상당한 합의가 이루어졌으며, 그 결과 이 분야는 몇십 년간 성장을 지속하고 번창하고 있다. 한 분야가 궤도에 올랐다는 것을 알 수 있는 것은 편람(handbook)의 존재이다. 성격심리학은 몇 개의 편람을 가지고 있으며(Buss & Hawley, 2011; Cooper & Larsen, 2014) 성격장애에 대한 편람도 나와 있다. 분야가 번창한다는 또 다른 증거는 분야의 발전을 위한 전문협회가 있다는 것이다. 성격심리학 분야에는 몇 개의 협회가 있는데 Society for Personality and Social Psychology, European Society of Personality Psychology, Association for Research in Personality 등이 포함된다. 마지막에 제시된 성격연구학회는 2001년에 설립되었으며, 특히 성격의 학제간 연구를 위해 만들어졌다. 이 학회는 매년 학술대회를 개최하고 협회에서 발간하는 공식적인 학회지 *Journal of Research in Personality*를 통해 성격에 대한 과학적 연구를 촉진하고 있다.

성격심리학자들은 자존감, 외향성, 우호성 등과 같은 구체적 특성과 정보의 무의식적 처리와 같은 구체적 과정 등과 같이 성격의 특정 요인에 초점을 맞춘 연구를 해오고 있다. 지난 100여 년간 성격심리학 분야는 이러한 방향으로 이동해 왔다. 지그문트 프로이트와 같은 초기 성격 이론가는 인간 전체에 대한 이론을 구성하였다. 모든 행동이 성적 욕구와 공격성의 욕구에 의해 동기화된다는 프로이트의 이론과 같은 거대 이론들은 인간 본성의 전체적 속성에 초점을 두었다.

약 50년 전부터 성격심리학자들은 성격의 거대 이론에서 방향을 전환하기 시작했다. 대신 성격심리학자들은 성격의 특정한 일부분에 대한 작은 이론들을 구성하고 전체 인간의 개별 요인에 초점을 맞추기 시작했다. 이를 통해 심리학자들은 매우 구체적인 질문에 대한 연구에 초점을 맞출 수 있었다. 예를 들어 사람들은 어떻게 자존감을 형성하고 유지하는가? 자존감이 높거나 낮은 사람들은 어떻게 다른가? 여성은 왜 사춘기가 시작하면 자존감이 하락하는가? 자존감은 어떻게 증가시킬 수 있는가? 등이 연구 과제가 될 수 있다. 분명히 자존감은 성격의 일부분일 뿐이다. 그럼에도 자존감에 대한 이해는 인간 전체에 대한 이해에 기여한다.

전체 성격은 이러한 일부분들과 이들 간 연결의 총합이다. 일부를 이해하는 것은 전체를 이해하기 위해 필요하다. 현대 성격 연구는 대부분 그 유명한 코끼리의 일부분에 관한 것이다. 이 부분들이 합해질 때, 즉 성향적 영역, 생물학적 영역, 정신내적 영역, 인지적·경험적 영역, 사회문화 및 적응 영역 등을 통합할 때 전체 성격을 이해하게 될 것이다.

맹인이 전체 코끼리를 이해하기 위해서는 각 부분을 이해하고 서로 힘을 합쳐서 전체 코끼리에 대한 합리적 이해를 모아야 한다. 이들은 서로 이야기를 나누면서 함께 전체 코끼리가 어떤지에 대한 합리적 이해에 도달해야 한다. 다양한 방법을 사용하여 코끼리에 접근하고, 자신이 아는 코끼리에 대해 명확하게 의사소통함으로써 체계화될 수 있다. 성격심리학자는 한 번에 성격의 한 가지 영역에만 초점을 맞춘다는 점에서 맹인과 유사하다. 그러나 성격심리학자들은 훌륭한 협동작업을 하고 있다. 한 영역의 학자들은 다른 영역에서 어떤 일이 일어나고 있는지 인지하고 있다. 이와 같이 인간 본성에 대한 다양한 지식 영역을 이해함으로써 전체를 파악할 수 있다.

성격심리학에 대한 현대의 대부분 연구와 이론은 6개의 주요 지식 영역(역주-본문에서는 우리 문화와 맞지 않거나 불필요한 내용을 간추려 사회문화적 영역과 적응 영역을 합쳐서 기술함)에 부합하는 것으로 보인다. 이 책은 그 구조에 따라 구성되어 있으므로 각 영역에 대해 간단하게 검토해보고자 한다.

지식 영역 : 어디까지 왔으며, 어디로 가는가

6개의 지식 영역은 각각 성격심리학 분야의 전문 영역을 대변한다. 각 지식 영역이 크고 복잡하게 성장하면 그 분야의 사람들은 전문화된다. 예를 들어 의학이 현재보다 단순하고 제한되어 있을 때 모든 의사는 일반의였다. 의학에 대한 지식 기반이 협소해서 모든 의사가 전체를 숙달할 수 있었기 때문이다. 오늘날 의학 분야는 너무 크고 복잡해서 한 사람이 모든 것을 할 수 없고 대부분의 의사는 전문의이다. 성격심리학도 마찬가지이다. 심리학자들은 6개의 지식 영역 중 한 가지에 전문화되어 있다. 이 장의 나머지에서는 각 지식 영역의 주요 특징을 검토하고 각 영역이 어떻게 발달할지에 대한 몇 가지 예측으로 마무리하고자 한다.

성향적 영역

성향적 영역은 사람들의 개인차를 만들어내는 안정적인 성격 측면에 대한 것이다. 예를 들어 어떤 사람은 사교적이고 수다스럽고 다른 사람은 내향적이고 수줍다. 어떤 사람은 정서적으로 반응적이고 기분 변화가 심한 반면 어떤 사람은 차분하고 침착하다. 어떤 사람은 성실하고 믿을 만하며 어떤 사람은 믿기 어렵다. 사람들을 서로 다르게 하는 방식은 여러 가지가 있으며 이러한 차이 중 많은 부분이 성격특성으로 설명될 수 있다.

이 분야 심리학자들의 주요 질문은 다음과 같다. 몇 개의 성격특성이 존재하는가? 이 특성들을 어떻게 찾아내고 측정할 수 있는가? 성격특성은 어떻게 발달하는가? 특성은 상황과 어떻게 상호작용하여 행동을 만들어내는가? 등이다.

성격심리학자는 특정한 특성(예 : 적대성)을 가진 사람에게서 특정 행동(예 : 논쟁)을 유발하는 조건이나 상황을 더 잘 이해하려고 할 것이다.

출처 : ⓒ Latin Stock Collection/Corbis RF

특성심리학자는 계속해서 개인과 상황 간의 상호작용(person-situation interaction)에 초점을 맞출 것이다. 심리학자들은 행동이 언제나 특정한 맥락에서 발생한다는 것을 인지해 왔다. 심리학자 Shoda와 Mischel(1996)이 제안한 공식에 따르면 "만일… 그렇다면…(if… then….)" 관계이다. Shoda와 Mischel은 성격이 "만일… 그렇다면…." 관계의 특정한 패턴이라고 하였다. 예를 들어 만일 어떤 청소년이 공격적이라면 특정한 상황이 만들어졌을 때 (예 : 또래가 괴롭히면) 특정한 행동(예 : 언어적 모욕)이 일어날 가능성이 크다는 것이다. 사람은 "만일… 그렇다면…." 관계의 개별적 프로파일로 특징지어질 수 있다. 어떤 사람이 우울하거나 화가 나거나 좌절하는 조건은 무엇인가? 각 개인은 구체적인 "만일… 그렇다면 …." 관계에 대한 개별적인 심리적 특징을 갖고 있다. 어떤 사람은 Z 상황이 있을 때 A 행동을 하는 반면 Z 상황이 발생하지 않으면 B 행동을 할 것이다. 두 사람이 똑같이 공격성이 높다고 할지라도 공격성을 촉발하는 상황은 다를 수 있다. 이것은 개인과 상황 간 상호작용의 한 가지 공식이라고 할 수 있다.

성향적 영역에서 강조되고 있는 것은 특성과 능력에 대한 정확한 측정이다. 성향적 영역은 성격을 측정하기 위해 양적 기법을 강조한다. 이 경향은 지속될 것이며, 특성심리학자들은 성격특성을 측정하는 새로운 방법과 성격 연구를 평가하기 위한 새로운 통계를 개발하고 있다. 측정 이론의 향후 발전은 성격특성의 측정이 어떻게 발전되고 평가되는지에 영향을 미치게 될 것이다. 예를 들어 검사 개발자들은 성격검사의 개별 문항의 정확성과 타당성을 측정하고자 노력하고 있다. 또 다른 통계적 발달은 성격 연구자들이 실험 절차 없이도 변인 간의 인과관계를 탐색할 수 있도록 하고 있다. 통계, 측정, 검사 등의 지속적인 발달이 성향적 영역의 미래가 될 것이다.

각 특성 이론들은 가장 중요한 개인차를 파악하기 위해 사용하는 절차에서 차이를 보인다. 어떤 이들은 어휘적 기법(lexical strategy) ― 언어 내에서 수천 개의 특성 언어로 시작하는 것 ― 을 사용한다. 또 다른 이들은 중요한 개인차를 파악하기 위해 통계적 기법을 사용한다. 미래에는 이들 연구자들이 협조하여 특성 구조가 서로 다른 절차를 통해서 발견될 수 있는지 여부를 검증하게 될 것이다. 또한 이 전략을 통해 아직 파악되지 않은 다른 특성들에 대한 탐구도 이어가게 될 것이다. 예를 들면 어휘적 접근에서 초기 연구자들은 성별과 관련된 형용사(한 성별에 비해 다른 성별에 더 자주 적용되는 형용사)를 제외하였다. 이러한 형용사를 제외한 결과, 연구자들은 성별이나 성차와 관련된 한 가지 이상의 특성을 놓치게 되었다. 최근 방대한 비교문화 연구로부터 알려진 여섯 번째 요인인 정직-겸손에 대한 탐구는 성향적 영역의 흥미롭고 새로운 발견이 되고 있다.

생물학적 영역

성격에 대한 생물학적 접근의 핵심 가정은 인간이 생물학적 체계라는 것이다. 이 영역은 성격에 영향을 주거나 관련이 있는 신체 요인과 신체 기제를 만들어내는 진화적 인과관계(evolutionary causal processes)를 다룬다. 이 영역이 다른 영역에 비해 기초적이거나 성격에 대한 진실에 근접한 것은 아니다. 생물학적 영역은 행동, 사고, 감정, 소망 등에 영향을 주거나 영향을 받는 신체 요인과 생물학적 체계를 포함한다. 생물학적 과정은 관찰 가능한 개인 차를 유발하거나, 또는 단순히 관찰 가능한 개인차와 상관이 있을 수 있다. 또한 개인 간 생물학적 차이는 성격차이를 유발하거나(외향성에 대한 생물학적 이론) 성격차이의 결과이다(적대적인 A유형 성격의 장기적인 결과로 심장질환이 나타나는 것).

미래에 활발히 진행될 가능성이 큰 한 가지 연구 분야는 접근과 회피의 심리학에 대한 것이다. 행동생물학 분야의 많은 연구자들은 인간 행동과 정서에 기반한 두 가지 경향을 인정하고 있다. (1) 긍정 정서를 느끼고 접근하는 경향, (2) 부정 정서를 느끼고 회피하거나 철수하는 경향. 제4장에서 검토한 많은 연구가 이 주제에 대한 것이다. 몇 가지 예는 긍정 정서 및 부정 정서와 관련된 뇌의 다른 부위에 대한 연구이다. Gray의 행동 접근과 행동 억제에 관한 이론과 보상 및 처벌에 대한 민감성 연구도 한 예이다. 이 연구 분야는 수렴될 가능성이 크고 접근과 회피 동기는 성격심리학의 중요한 주제가 될 것이다.

성격에 영향을 미치는 또 다른 중요한 신체적 요인은 유전자이다. 유전적 구성은 키가 클지, 작을지, 눈이 푸른색일지 혹은 갈색일지, 몸이 마를지, 과체중이 될지 등에 기여한다. 또한 유전적 구성은 성격과 관련된 행동 패턴에 영향을 주는데, 얼마나 활동적일지, 공격적일지, 다른 사람과 함께 있는 것을 좋아하는지, 혹은 혼자 시간을 보내는 것을 선호할지 등이 있다. 유전자가 성격에 어떻게 기여하는지 이해하는 것은 생물학적 영역의 몫이다.

행동유전학 연구는 유전 대 환경의 단순한 질문에서 시작하여 먼 길을 지나왔다. 대부분의 성격특성은 .30에서 .50에 이르는 중등도의 유전율을 보이는 것으로 알려져 있다. 특성 변량의 30~50%가 유전적 차이 때문이라면 50~70%는 측정 오류나 환경 때문이라는 것이다. 환경은 공유와 비공유 요인으로 나뉠 수 있다. 공유 환경은 형제자매가 함께 가지는 것으로 같은 부모, 부모의 유사한 양육 스타일, 유사한 학교와 종교 단체 등과 같은 것이다. 비공유 환경은 가족 외의 다른 친구나 또래, 다른 교사, 부모의 다른 대우, 사고와 질병 등과 같은 우연한 요인으로 구성된다. 연구자들은 성격에 중요한 역할을 하는 공유 및 비공유 환경 요인들을 구체적으로 파악하고 있다. 따라서 유전 연구는 지속적으로 환경 요인을 파악하는 데 초점을 둘 것이라고 예상할 수 있다.

다른 연구자들은 분자 수준에서 유전자에 집중하고 있다. 1990년대에 시작된 인간 게놈 프로젝트(Human Genome Project)는 인간 역사에서 가장 대규모의 광범위한 과학 프로젝트 중 하나이다. 이 프로젝트의 목표는 DNA의 각 가닥이 어떤 역할을 하는지 알아내는 분자기술을 사용하여 인간의 전체 게놈 지도를 그리는 것이다. 쌍둥이와 입양아 연구는 행동유전학의 주요 기법으로 친족 간의 유사성을 평가하여 특성의 유전적 요인을 추정하는 간접적

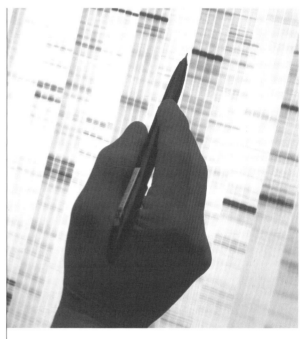

한 연구자가 DNA 염기서열 정보를 작업 중이다.
출처 : ⓒ Don Farrall/Getty Images RF

인 방법이다. 반면 분자유전학 연구는 직접적으로 개인 간 유전적 차이와 관련된 DNA 표식(markers)을 파악하는 것이다. 이미 연구자들은 분자기법을 통해 알코올 중독, 특정한 인지능력, 범죄, 충동 조절 등과 관련된 유전자를 찾아내고 있다. 연구자들은 신경전달물질을 합성하는 유전자를 파악하고, 결과적으로 이 신경전달물질이 어떤 특성과 연결되는지를 찾아낼 것이다. 성격심리학자와 분자유전학자들은 성격 차원과 관련이 있는 유전자 간 상호작용 및 유전자와 환경 간의 상호작용에 영향을 미치는 특정한 유전자의 정확한 위치를 찾아내기 위해 팀을 구성하였다(Plomin & Davis, 2009). 그럼에도 성격과 관련된 유전학은 처음에 예상했던 것보다 훨씬 더 복잡한 것으로 드러나고 있다. 단순한 단일 유전자가 아니라 수백 개의 유전자가 각 성격 차원의 작은 부분만을 설명하고 있다. 인간본성(nature)이 이토록 놀라울 만큼 복잡하다는 것은 놀랄 일도 아니다.

생물학적 영역은 또한 성격에 대한 진화론적 관점을 포함한다. 진화심리학의 관점에서 성격은 인간 본성, 성차, 개인차의 세 가지 수준으로 분석될 수 있다. 각 수준에 대해 진화론적 관점은 두 가지 질문을 제기한다. 인간의 진화 동안 인간이 직면한 적응적 문제는 무엇인가? 이 적응적 문제에 대한 반응으로 어떤 심리적 해결책이 진화해 왔는가?

적응적 문제는 특정한 것이기 때문에(예 : 먹이 선택의 문제는 짝 선택의 문제와는 다르다) 심리적 해결책 역시 특정하다. 따라서 진화론적 관점은 성격이 매우 복합적이며, 광범위한 진화심리학적 기제의 조합으로 구성되어 있고, 특정 적응 문제에 각각 대응할 것으로 예상한다. 진화론적 관점에 따르면 특정한 짝 선호, 질투, 두려움과 공포증, 친족에 대한 이타적 감정 등은 진화심리학 기제의 일부이다.

그러나 이 관점은 인간이 현대적인 삶의 환경에 최적으로 적응했거나 혹은 잘 적응하고 있다고 주장하지 않는다. 느린 진화 속도를 고려해볼 때 우리는 인터넷, 세계여행, 현대 의학의 기적 등이 가능한 새로운 세상에 살면서 석기시대의 뇌를 소유하고 있다. 따라서 적응이 진화했던 고대 세상과 우리가 만들어낸 현대 세상 간의 극심한 불일치에서 문제가 생겨날 수 있다.

진화론적 관점이 다른 관점을 대체하기는 어려우며(Buss & Hawley, 2011) 중요성을 계속해서 인정받을 것이다. 대신 진화심리학은 새로운 층위의 질문을 더할 것이며, 이러한 질문들이 경험에 근거한 답을 얻으면 그에 따라 필연적으로 통찰이 이루어질 것이다. 아마도 진화론적 접근이 묻는 가장 비판적 질문은 "각 심리적 기제의 적응적 기능은 무엇인가?"이다. 이러한 질문은 인간 성격이 더 복잡하고 현재는 알지 못하는 심리적 기제를 포함하고 있다는 발견으로 이어질 것이다. 프로이트가 상상한 것과 같이 단지 성과 공격성에 의한 동기에 그치는 것이 아니라 수십 개 이상의 동기를 발견하게 될 것이다. 인간 성격은 매우 복잡하다. 결국 성격이 단순하고 이해하기 쉬운 적은 수의 심리적 기제로 구성되어 있다면 이 책은 더 짧았을 것이다.

정신내적 영역

정신내적 영역은 행동, 사고, 정서 등에 영향을 주는 마음의 요인에 대한 것이다. 이 영역의 선구자는 지그문트 프로이트이고 현재는 그의 원래 생각을 뛰어넘는 새로운 접근으로 진전되고 있다. 이 영역은 성격의 기본적인 심리적 기제를 다루며 많은 부분이 의식적인 인지 밖에서 작동한다고 본다. 이 영역의 이론들은 동기 체계에 대한 기본 가정으로 시작하는데, 프로이트가 인간 행동의 에너지를 성과 공격적 충동이라고 가정한 것이 그 예이다. 연구에 따르면 비록 인지하지 못하더라도 동기는 강력할 수 있고, 실제 행동에 미치는 영향은 경험적으로 연구될 수 있다. 정신내적 영역은 또한 억압, 부정, 투사 등과 같은 방어기제를 포함하며 이들 중 일부는 실험 연구를 통해 탐색되고 있다.

이 책에서 정신분석에 대한 개념과 기여는 두 가지 영역으로 구분되어 있다. 첫 번째는 프로이트와 그의 제자가 제안한 고전적 정신분석 이론이며, 두 번째는 그의 기본 개념을 확장하고 변화시킨 현대 정신분석이론이다. 예를 들어 새로운 견해는 성격발달 과정에서 성적 갈등보다는 사회적 위기를 강조한다. 정신분석의 현대적 관점은 중요한 대인관계에서 내적 표상의 중요성을 강조한다. 이러한 견해는 아동기가 성인의 성격을 이해하는 데 결정적이라는 개념을 유지하지만 현재는 유아와 주양육자 간의 애착과 같은 관계에 강조를 두고 있다.

정신내적 영역의 심리학자들의 기본적인 가정은 의식 밖에 마음의 일부가 있다는 것이다. 한 개인 내에 있는 자신이 알지 못하는 마음의 일부를 무의식이라고 부른다. 고전 정신분석에서는 무의식적 마음은 그 나름대로의 삶이 있다고 본다. 무의식만의 동기, 의지, 에너지가 있다. 이것은 나머지 마음의 기능을 방해할 수 있다. 사실상 무의식은 모든 심리적 문제의 근원이라고 할 수 있다. 동기에 대한 현대적 연구(예 : 권력동기, 성취동기, 친밀감에 대한 동기 등)는 동기가 의식 밖에서 작동할 수 있다고 보고 있다.

심리학자들은 무의식적 심리 과정에 지속적으로 관심을 기울일 것이다. 많은 심리학자들은 무의식을 의식에 영향을 주는 자동적 정보처리 체계로 간주한다. 이들은 점화와 역치하 노출과 같은 무의식을 연구하는 인상적인 방법을 개발했다. 우리는 얼마나 많은 인지 활동이 의식 밖에서 이루어지며 무의식적 사고가 행동에 영향을 주는지에 대해 이제 막 배우는 단계에 있다.

인지적 · 경험적 영역

인지적 · 경험적 영역은 주관적인 경험과 사고, 감정, 신념, 자신과 타인에 대한 기대 등과 같은 또 다른 정신 과정을 중심으로 한다. 이 영역의 주요한 개념 중 하나는 자기(self)이다. 자기에 대한 일부 측면들은 자신을 어떻게 보는지, 즉 자신에 대한 지식, 과거의 자기 이미지, 미래의 가능한 자기에 대한 이미지 등으로 기술될 수 있다. 자신을 선하거나 악하다고 보는가? 과거의 성공이나 실패가 자신에 대한 관점에서 결정적인가? 긍정적인 미래를 가진 자기를 그리는가? 심리학자들은 자기개념과 정체감에 지속적인 관심을 기울일 것이다. 게다가 심리학자는 정체감이 하나의 이야기와도 같다는 생각을 포함시킬 것이며, 이해를 돕기 위한 서사나 사례사는 계속해서 성격심리학의 일부가 될 것이다.

성격심리학에 영향을 주는 현대적 은유는 컴퓨터 정보처리에 대한 은유일 것이다. 인간은 감각 정보를 받아들이고 정교한 인지 체계로 처리한다. 즉, 방대한 일련의 정보를 선택하고

유명한 영화배우 리처드 기어는 영화 속에서 자주 폭력적인 역할을 연기하지만, 사생활에서는 전혀 다르다. 불교신자인 그는 비폭력주의를 믿으며, 이 사진은 1998년 워싱턴 DC에서 개최되었던 티베트 봉기 국경일 행사에서 연설하는 모습이다. 자기 및 사회적 정체감의 발달은 특히 복잡하고 모순적인 삶 속에서 성격심리학자들을 계속해서 매료시킬 것이다.

출처 : ⓒ Mark Reinstein/The Image Works

수정한 후 기억에 저장하는데, 이는 실제 사건과 일대일로 대응하는 것이 아니다. 성격은 주의와 지각부터 기억과 회상에 이르는 모든 과정에 영향을 미칠 가능성이 있다. 심리학자들은 사람들이 자신의 경험을 구성해 나간다는 개념을 받아들일 것이다. 이것이 어떻게 작동하고 성격에 대해 무엇을 말해주는지를 이해하는 것이 이 영역에서 하나의 주제가 될 것이다.

인지적·경험적 영역의 또 다른 면은 사람들이 추구하는 목표이다. 이것은 개인이 성취하고자 하는 개인적 목표를 통해 성격에 접근하는 것이다. 성격심리학에서 목표에 대한 개념은 계속 중요할 것이다. 목표는 인지적·정서적·행동적 요인들을 가지고 있다. 목표는 사회 및 소속 기관의 기준이나 규범에 대한 개인적 표현이기도 하며, 목표 개념은 심리학자가 개인과 보다 확장된 사회 체계 간의 관련성을 이해하는 한 가지 경로이다.

또 다른 주관적 경험의 측면은 정서이다. 사람이 늘 행복하거나 슬플 수 있을까? 분노하거나 두렵게 하는 것은 무엇일까? 인지적·경험적 영역에 포함된 주관적 경험의 필수 요소들은 기쁨, 슬픔, 환희, 절망 등이 있다. 만일 어떤 사람에게 중요한 것이 무엇인지 알고 싶다면 그의 감정에 대해 질문해야 한다. 가장 최근에 화가 난 적은 언제인가? 무엇이 당신을 슬프게 하는가? 두려워하는 것은 무엇인가? 정서는 앞으로도 계속 성격의 중요한 개념이 될 것이다.

사회문화적 영역

이 책의 새로운 점은 성격에 대한 사회 및 문화적 측면을 강조했다는 점이다. 성격은 머리, 신경계, 혹은 개인의 유전자에 내재된 어떤 것만은 아니다. 성격은 삶 속에서 중요한 타인과 영향을 주고받는다.

인간은 환경의 수동적인 반응자가 아니며 성격은 사회적 상호작용에서 핵심적 역할을 한다. 사람은 어떤 대인관계 환경을 선택적으로 취하며 다른 상황은 선택적으로 피한다. 또한 적극적으로 짝과 친구를 선택한다. 때로 의도치 않게 타인의 반응을 유발하기도 한다. 또한 사회적 세계를 구성하는 사람들에게 적극적으로 영향을 미치고 조작한다. 성격은 선택, 유발, 조작 등 모든 과정에 영향을 미친다. 예를 들어 정서적으로 불안정한 사람은 비슷하게 불안정한 사람을 연애 상대로 선택하는 경향이 있고, 침울함으로 상대의 예상 가능한 분노 표출을 유발하며, 혹은 상대에게 영향을 미치는 전략으로 '묵살'을 사용한다. 요약하면 성격은 사회적 선택, 유발과 조작을 통해 자신을 표현한다.

한 가지 중요한 사회적 영역은 남녀 관계이다. 성격은 몇 가지 영역에서 남녀에게 다르게 작용한다. 정체감에 대한 본질적인 부분은 성별이다. 성별의 많은 부분들은 문화에 기원을 두는데 사회는 남녀에 대해 각각 다른 규칙, 역할, 기대 등을 만들어낸다. 성별의 또 다른 측면은 과거 남녀에게 다르게 작용한 압력을 반영하는 진화된 행동 패턴이 있다는 점이다. 성격심리학자들에게 성차는 지속적으로 강렬한 관심의 대상일 것이다. 성차를 이해하기 위해

여러 문화권 사람들과의 교류는 사실상 세상의 많은 부분에서 벌어지는 일상사이다. 다른 문화권의 사람들이 어떻게 서로 다르거나 유사한지를 이해하는 것은 성격심리학의 중요한 부분이 될 것이다.

출처 : ⓒ Rawpixel.com/Shutterstock.com RF

성격심리학자들은 인류학자, 동물행동학자, 사회학자, 생물심리학자와 같은 다른 분야 전문가들의 도움이 필요하다.

적응 영역

성격은 삶에서 일어나는 일의 주기적이고 반복적인 변화에 대처하고 적응하며 순응하는 방식에서 중요한 역할을 한다. 성격은 또한 심혈관계 질환과 같은 중요한 건강문제 및 흡연, 음주, 위험감수 등 다양한 건강과 연관 있는 행동과 관련이 있다. 성격은 심지어 수명과도 관련이 있다. 건강과 안녕감에서 성격의 역할은 미래의 성격심리학자가 밝힐 부분이다. 심리학은 긍정 정서의 역할을 탐색하는 것에 관심을 가지고 있으며, 긍정성에 대한 강조는 성격심리학의 일부가 될 가능성이 크다. 또한 몇몇 종단 연구는 이미 미국 전역에서 수십 년 전에 시작되었다. 이 연구의 참가자들은 이제 성인이 되었으며 연구자들은 생활방식과 성격이 장수와 건강에 미치는 장기적 영향에 대해 알아내기 시작하고 있다.

통합 : 21세기의 성격

지식 영역들은 서로 갈등하기보다는 상호 보완적이다. 사람이 가진 여러 측면은 서로 다른 관점을 통해 관찰하고 연구해야 한다. 사람들이 사회적 문제를 해결하기 위해 진화된 심리기제를 갖고 있다는 것은 정신분석이 틀렸다는 의미는 아니다. 이와 유사하게 성격특성의 일부 변량이 유전 때문이라고 하는 것은 성인이 되어서 자신의 성격을 발달시키고 변화시키지 못한다는 의미는 아니다.

흥미로운 성격 연구는 이들 영역의 경계에서 이루어지고 있다. 그 예로는 기능적 자기공명영상(fMRI)을 사용하여 뇌를 촬영하는 뇌 연구자와 대인관계 성향을 연구하는 심리학자 간의 공동작업, 문화 차이의 인과적 기원과 본질을 연구하는 문화심리학자와 진화심리학자의 공동작업, 성향 연구자와 안정적인 개인차에 기저하는 정보처리 기제를 연구하는 인지심리학자의 공동작업 등이 있다. 가장 흥미로운 작업은 연구자들이 각 영역의 이론을 확장하여 영역 내의 연결고리를 만들거나 성격심리학과 다른 과학적 영역 간에 연결고리를 만들어 내는 것이다.

21세기의 진보는 연구자가 영역을 넘나들고자 하는 의지와 능력에 달려 있다. 가장 흥미로운 진보는 다학제 팀으로 작업하는 연구자들이 이 분야에서 중요한 핵심 질문에 접근하기 위해 여러 다른 수준의 분석과 방법을 결합할 때 일어날 것이다. 지식 분야를 새롭고 흥미로운 방식으로 결합하는 기초 작업은 인간 본성을 이해하는 데 결정적인 영향을 미칠 것이다.

오늘날의 성격심리학 분야를 살펴보면 이미 영역 간에 세워진 가교의 예를 발견할 수 있다. 예를 들어 심리학자들은 접근과 회피 동기의 주제에 관해서는 뇌 활동을 통해 해당 현상을 연구함과 동시에 이 동기의 발달적 경과를 탐색하며, 예측 가능한 환경 요인이 유발한 문화적 차이를 조사하며, 이 특성이 장애에 미치는 영향을 탐구하고 있다. 이러한 발전 모델은 특성심리학자, 생물심리학자, 문화심리학자, 건강심리학자 등과 같은 다양한 과학자 집단이 모두 힘을 합쳐서 성격심리학 분야의 중요한 질문에 대해 작업하는 연구센터가 될 수 있다. 흥미로운 가능성을 상상하기란 어려운 일이 아니다. 머지않아 억압된 기억에 관심을 가진 심리학자들이 fMRI 뇌 영상을 이용하여 연구하고, 자존감에 관심 있는 심리학자는 신경화학(neurochemistry)과 문화 및 진화적 영향 모두를 탐색하게 될 것이다. 21세기로 나아가면서 인간 본성에 대한 지식의 발전은 진정 흥미진진해지고 있다.

용어해설

가능한 자기(possible selves) 가능한 자기의 개념은 여러 가지 방식으로 생각할 수 있으나, 두 가지가 특별히 중요하다. 첫 번째는 희망하는 자신, 우리가 되기를 원하는 사람과 관계가 있다. 두 번째는 두려운 자신, 우리가 되기를 바라지 않는 종류의 사람과 관계가 있다.

가치의 조건(conditions of worth) 로저스에 따르면 아이들이 긍정적인 관심을 얻기 위해 부모나 중요한 다른 사람들이 제시한 필요 조건을 가치의 조건이라고 부른다. 아이들은 자신들을 행복하게 하는 것을 발견하기보다는 이러한 가치의 조건에 부응하는 것에 집착하게 된다.

각성도(arousability) 외향성에 대한 아이젠크의 이론에서, 그는 외향적인 사람이 내성적인 사람보다 낮은 수준의 코르티솔 또는 뇌 각성을 보인다고 생각하였다. 좀 더 최근의 연구는 내향성과 외향성 사이의 차이는 신경계의 각성도에 더 있다고 제시한다. 즉, 동일한 수준의 감각 자극에서 외향성은 내향성보다 낮은 각성도 또는 반응성을 보여준다.

각성 수준(arousal level) 각성도 참조

감각 박탈(sensory deprivation) 감각 입력이 최소한으로 줄어든, 완전히 어둡고 물이 들어차 사람이 둥둥 떠 있는 방음이 된 공간에서 발생한다. 연구자들은 감각 입력이 박탈되었을 때 사람에게 무슨 일이 일어나는지를 보기 위해 감각 박탈 공간을 이용한다.

감각 추구(sensation seeking) 생리적 근거를 가진 것으로 가정되는 성격의 측면. 스릴 있고 흥미진진한 활동을 찾으며, 위험을 감수하고, 지루함을 피하는 경향을 나타낸다.

강한 상황(strong situation) 모든 사람으로부터 유사한 행동을 유도하는 특정한 상황

개별 사례적(idiographic) 시간의 경과에 따라 개인의 삶에 나타나는 일반적인 원칙을 관찰하기 위해 노력하는 한 개인에 대한 연구

개인구성개념(personal constructs) 일련의 관찰이나 현실에 대한 견해를 요약한 믿음이나 개념. 이것은 각 개인 특유의 것이고, 그 사람이 일상적으로 사건들을 해석하고 예측하는 데 사용한다.

개인과 상황 간 상호작용(person-situation interaction) 개인과 상황 간 상호작용 특성 이론은 한 행동을 이해할 때 특정한 상황(예 : 좌절)과 성격특성(예 : 급한 성격) 두 가지를 고려해야 한다고 명시한다.

개인과 환경의 상호작용(person-environment interaction) 상황에 대한 사람의 상호작용에는 인식, 선택, 유발, 조작 등이 포함된다. 인식은 환경을 '보거나', '해석'하는 방법과 관련이 있다. 선택은 우리가 상황, 친구, 취미, 대학 수강 과목, 직업 등을 선택하는 방식을 말한다. 유발은 우리가 의도하지 않고 다른 사람들에게서 생성하는 반응을 나타낸다. 조작은 우리가 다른 사람들에게 영향을 미치려고 시도하는 방식을 가리킨다.

개인차(individual differences) 모든 사람은 자신을 다른 사람들과 다르게 만드는 개인적이고 독특한 자질을 가지고 있다. 개인이 다른 사람들과 다르게 하는 수치, 기원 및 이러한 차이점의 의미에 관한 모든 방식의 연구는 개인차에 대한 연구이다.

개인화된 인지(personalizing cognition) 자신의 삶에서 유사한 사건들과 연결하여 정보를 처리하는 것. 이러한 방식의 정보처리는 사람이 새로운 사건을 개인적으로 관련 있는 방식으로 해석할 때 일어난다. 예를 들면 사람들이 자동차 사고를 보고, 자신이 자동차 사고를 당했던 것에 관해 생각하기 시작할 수도 있다.

객관적 불안(objective anxiety) 두려움은 사람에게 가해지는 실제적이고 외부적인 위협에 대한 반응으로 일어난다. 예를 들면 골목을 통해 지름길로 가다가 칼을 들고 있는 크고 공격적인 모습의 남성과 마주치는 것은 대부분의 사람들에게 객관적 불안(두려움)을 이끌어낼 수 있다.

객관적 자기인식(objective self-awareness) 자기자신을 다른

사람의 관심의 대상으로 보는 것. 객관적 자기인식은 종종 수줍음으로 경험되고, 어떤 사람들에게는 이것이 만성적인 문제이다. 비록 객관적 자기인식이 사회적 민감성의 시기로 이어질 수 있지만, 외부의 관점으로 자신을 생각할 수 있는 능력은 사회적 정체감의 시작이다.

객관화된 인지(objectifying cognition) 객관적인 사실과 연결하여 정보를 처리하는 것. 이러한 방식의 생각은 개인화된 인지와 대조가 된다.

거세 불안(castration anxiety) 프로이트는 어린 소년들이 그들의 아버지가 오이디푸스 콤플렉스에 대한 선제 공격을 할 것이고, 오이디푸스 콤플렉스의 근원이 되는 소년의 남근을 제거할 것이라고 믿게 된다고 주장하였다. 즉, 남근을 잃게 될 것이라는 두려움을 말한다. 이것은 어린 소년이 느끼는 어머니에 대한 성적 욕망을 포기하게 만든다.

거짓 기억(false memories) 선의의 치료자나 어떤 사건에 대해 심문하는 사람들에 의해 '주입된' 기억들

건강심리학(health psychology) 건강심리학 분야의 연구자들은 마음과 신체 사이의 관계와, 이러한 두 가지 구성요소가 건강이나 질병을 초래하는 환경(예 : 스트레스를 주는 사건, 세균)으로부터의 도전에 반응하는 방식을 연구한다.

건강행동 모델(health behavior model) 성격은 스트레스와 질병 사이의 관계에 직접적으로 영향을 미치지 않는다. 대신, 성격은 건강을 증진하거나 저하시키는 행동들을 통해 간접적으로 건강에 영향을 미친다. 이 모델은 성격이 사람들의 다양한 건강 증진 또는 건강 악화 행동들을 하는 정도에 영향을 미친다고 시사한다.

검사 자료(test data) 성격 관련 정보에 대한 일반적인 정보는 표준화된 테스트(T-data)로부터 나온다. 이 측정에서 참가자들이 동일한 상황에서 다른 사람들과 다르게 반응하거나 행동하는지를 보기 위해 표준화된 평가 상황에 놓이게 된다. 예로 학습능력적성시험(SAT) 같은 시험을 보는 것은 학교에서의 성공을 예측하는 데 이용되는 척도가 될 수 있다.

게놈(genome) 유기체가 보유하고 있는 완전한 유전자 세트. 인간 게놈에는 20,000~30,000개의 유전자가 들어 있다.

경고 단계(alarm stage) 셀리에의 일반 적응증후군의 첫 번째 단계. 경고 단계는 교감신경계의 투쟁-도피 반응과 관련된 말초신경계 반응으로 구성된다. 이것은 도전에 대해 우리 몸을 준비시키기 위한 호르몬의 분비를 포함한다.

경쟁적 성취동기(competitive achievement motivation) 성취 욕구라고도 불리며, A유형 행동 패턴의 하위특성이다. A유형 사람들은 열심히 일하고 목표를 달성하는 것을 좋아한다. 장애물들을 인정하고 극복하는 것을 좋아하며, 다른 사람들과 경쟁할 때 자신이 최고라고 느낀다.

경제성(parsimony) 이론이 포함하고 있는 전제와 가정이 적을수록 경제성은 더 크다. 이것은 단순한 이론이 복잡한 이론보다 항상 낫다는 것을 의미하는 것은 아니다. 인간 성격의 복잡성 때문에 복잡한 이론, 즉 많은 전제를 포함한 이론은 궁극적으로 적절한 성격이론을 위해 필요할 수도 있다.

경험 표집(experience sampling) 사람이 몇 주 혹은 그 이상 동안 매일의 기분이나 신체 증상 등에 대한 질문에 대답한다. 사람들은 측정을 완료하기 위해 보통 임의의 간격으로 하루에 한 번 이상 전자 신호로 연락한다. 경험 표집은 자기보고를 데이터 소스로 이용하고 있지만, 시간의 경과에 따른 행동 패턴을 감지할 수 있다는 면에 있어서 전통적인 자기보고 방법과는 다르다.

고용업무 태만(negligent hiring) 불안정하거나 폭력적인 성향을 가진 사람을 고용하는 것으로 인해 고용주가 때때로 당하는 고소. 고용주는 종종 고용인들이 저지른 범죄에 대한 보상을 요구하는 이러한 소송으로부터 자신을 방어하고 있다. 이러한 경우는 고용주가 다른 사람에게 위협을 가할 수 있는 자리에 그러한 사람을 고용하기 전에 위험한 특성을 사전에 발견했어야 하는지 여부에 전적으로 달려 있다. 성격검사는 고용주가 직장의 지원자에 대한 적합성을 합당하게 조사하려고 하였는지에 대한 증거를 제공할 수 있다.

고착(fixation) 에릭슨에 따르면 발달적 위기가 성공적이고 적응적으로 해결되지 않으면, 성격발달은 저지될 수 있고, 그 사람은 발달의 위기에 계속 고착되어 있을 수 있다.

공감(empathy) 로저스의 내담자중심 치료에서 공감은 한 사람을 그 사람의 관점에서 이해하는 것이다. 치료자는 내담자가 말하는 내용의 뒤에 숨은 의미를 해석하는 대신(예 : "당신은 엄격한 초자아를 가지고 있고, 이것이 원초아의 행

동에 대해 당신을 벌하고 있다.”), 단순하게 내담자가 하는 말을 듣고, 그것을 다시 반영한다.

공유 환경의 영향(shared environmental influences) 형제가 공유하는 환경의 특징. 예컨대 집 안에 있는 책의 수, TV와 VCR의 유무, 음식의 질과 양, 부모에 대한 가치와 태도, 부모가 아이들을 보내는 학교, 교회, 유대교 회당, 절 등이 미치는 영향

공존이환(comorbidity) 한 사람 안에 두 가지 혹은 그 이상의 장애가 존재하는 것

관찰자보고 자료(observer-report data, O-data) 사람들이 그들이 만나는 사람에 대해 만드는 인상과 평가. 모든 사람들에게는 이러한 인상을 형성시키는 수십 명의 관찰자들이 있다. 관찰자보고 방법은 이러한 소스들을 활용하고, 한 개인의 성격에 관한 정보를 수집하기 위한 도구를 제공한다. 관찰자는 다른 소스를 통해서는 얻을 수 없는 정보에 접근할 수 있고, 각 개인을 평가하는 데 다수의 관찰자들이 이용될 수 있다. 다수의 관찰자들을 이용하면 성격에 대해 좀 더 유효하고 신뢰할 수 있는 평가를 얻을 수 있다.

교류 모델(transactional model) 성격 및 건강의 교류 모델에서 성격은 세 가지 잠재적인 영향력을 가지고 있다. (1) 상호작용 모델에서와 같이 대처에 영향을 미칠 수 있다. (2) 사람이 사건들을 평가하거나 해석하는 방식에 영향을 미칠 수 있다. (3) 사건 자체에 대한 노출에 영향을 미칠 수 있다.

구강기(oral stage) 프로이트의 심리성적 발달 단계의 첫 번째 단계. 이 단계는 출생 후 최초 18개월 동안 일어난다. 이 시기 동안 쾌락과 긴장 감소의 주요 원천은 입, 입술, 혀 등이다. 아직도 ‘넣는 것’, 특히 입을 통하는 것(예 : 과식, 흡연, 말이 많은 것 등)으로부터 쾌락을 얻는 성인은 이 단계에 고착되어 있을 수 있다.

구성개념(constructs) 일련의 관찰들을 요약하고 이러한 관찰들의 의미를 전달하는 개념 또는 입증할 수 있는 가설

구성적 기억(constructive memory) 사람이 구성적 기억을 가지고 있다는 것은 사실로 인정된다. 즉, 기억은 상기해내는 다양한 방법(추가하거나 빼는 것 등)에 영향을 미치거나 또는 하나의 원인이 된다. 상기된 기억은 왜곡이 거의 없으며, 사실의 거울 영상이다.

구성 타당도(construct validity) 측정한다고 주장한 것을 측정하고, 연관성이 있다고 한 것과 연관성이 있고, 연관성이 없다고 한 것과 연관성이 없는 것을 검사하는 것

구조화된(structured) 자기보고 자료를 얻기 위한 다양한 방식 중 하나로, 강제-선택을 통한 진위형 질문. 예를 들면 “나는 시끄럽고 사람들이 많은 파티를 좋아한다.” ‘예/아니요’의 선택과 같은 구조화된 성격검사

권력 스트레스(power stress) David McClelland에 따르면 사람이 마음대로 할 수 없거나, 또는 자신의 권력이 도전 받거나 차단되었을 때, 권력 스트레스 반응을 보여줄 가능성이 있다. 종적인 연구에 의하면 이러한 스트레스는 면역 기능 감소 및 질병 증가와 관련이 있다.

권력 욕구(need for power) 다른 사람들에게 영향을 주는 것에 대한 선호. 권력 욕구가 높은 사람은 상황과 다른 사람들을 지배하는 것에 흥미를 느낀다.

귀납적 추론방식(inductive reasoning approach) 경험적 연구에 대한 상향식, 데이터 중심의 방법

균형 선택(balancing selection) 다른 수준의 성격특성이 다른 환경에서 적응적이기 때문에 선택에 의해 유전적 변이가 유지되는 경우

급성 스트레스(acute stress) 개인의 통제를 넘어선 것으로 보이는 요구나 사건들의 갑작스러운 시작이 원인이다. 이러한 유형의 스트레스 증상은 종종 긴장성 두통, 정서적 혼란, 위장장애, 불안감 및 압박감 등이 있다.

긍정 편향(optimistic bias) 대부분의 사람들은 일반적으로 자신의 위험을 과소평가하고, 평균적인 사람은 자신의 위험을 실제 평균 이하로 평가한다. 이것을 긍정 편향이라고 하고, 실제로 일반 사람들이 삶에 내재하는 위험을 무시하거나 최소화하게 하고, 또는 감당할 수 있는 것보다 더 많은 위험을 감수하게 할 수 있다.

긍정적 관심(positive regard) 로저스에 따르면 모든 아이들은 부모와 다른 사람들에게 받아들여지고 사랑받고 싶어서 태어났다. 그는 이러한 타고난 욕구를 긍정적 관심에 대한 욕망이라고 불렀다.

긍정적 사건 만들기(creating positive events) 스트레스로부

터 긍정적인 중간 휴식을 만드는 것. Folkman과 Moskowitz는 유머가 심지어 가장 암울한 스트레스를 받고 있는 동안에도 긍정적인 정서의 순간을 만들어내는 추가적인 이득을 줄 수 있다는 것에 주목한다.

긍정적 자기관심(positive self-regard) 로저스에 따르면 다른 사람들로부터 긍정적인 관심을 받은 사람은 긍정적 자기관심을 발전시킨다. 그들은 자신을 받아들이고 심지어 약점이나 결점도 인정한다. 높은 긍정적 자기관심을 가진 사람은 자신을 신뢰하고, 자신의 관심사를 따르고, 옳은 일을 하도록 스스로를 인도하기 위해 자신의 느낌에 의지한다.

긍정적 재평가(positive reappraisal) 사람이 자신에게 일어나고 있는 또는 일어났던 일들에서 좋은 점에 초점을 맞추는 인지적 과정. Folkman과 Moskowitz는 이러한 긍정적 대처전략의 형태는 개인적 성장의 기회로 보는 것 또는 자신의 노력이 다른 사람들에게 이득을 줄 수 있는 방식으로 보는 것 등을 포함한다고 언급한다.

긍정적 착각(positive illusions) 일부 연구자들은 행복해지는 것의 일부분은 자신에 대한 긍정적 착각을 가지는 것이라고 믿는다. 자신은 선량하고 재능 있고 바람직한 사람이라는, 자신의 성격에 대한 과장된 생각. 이러한 성격은 정서적 행복의 일부로 보이기 때문이다(Taylor, 1989; Taylor et al., 2000).

기능분석(functional analysis) *The Expression of the Emotions in Man and Animals*에서 찰스 다윈은 정서와 표현의 '이유'에 초점을 맞추어서 정서 및 정서 표현에 대한 기능분석을 제시하였다. 다윈은 정서 표현이 일어날 가능성이 있는 일에 대한 정보를 한 동물로부터 다른 동물에게 전달하는 것이라고 결론 지었다. 예를 들면 개가 이빨을 드러내 으르렁거리고, 등에 털을 곤두세우는 것은 다른 개들에게 자신이 공격할 것이라는 것을 전달하는 것이다. 만약 다른 개들이 그 개의 전달을 인식하면, 다른 개들이 안전을 위해서 피하는 것을 선택할 수도 있다.

기능성(functionality) 심리적 메커니즘이 특정한 적응적 목표를 달성하기 위해 설계되었다는 개념

기능적 자기공명영상(functional magnetic resonance imaging, fMRI) 특정한 부분의 두뇌 활동을 알아보기 위해 이용되는 비침습성 영상 기술. 뇌의 일부가 자극을 받으면, 산화된 혈액이 활성화된 부위로 흘러 들어가 혈액 내의 철 농도가 증가하게 된다. fMRI는 증가된 철의 농도를 감지하고, 특정한 작업을 수행하는 데 사용되는 뇌의 부분을 나타내는 다채로운 이미지를 출력한다.

기대 확증(expectancy confirmation) 다른 사람들의 성격특성에 대한 사람들의 믿음은 그들이 다른 사람들로부터 초기의 믿음과 일치하는 행동을 유발하는 원인이 된다는 현상. 자기충족적 예언과 행동 확증으로 불리기도 한다.

기본적 귀인 오류(fundamental attribution error) 나쁜 사건이 다른 사람에게 일어났을 때, 사람들은 그 사람이 가진 어떤 특성에 비난을 돌리는 경향이 있고, 반면에 나쁜 사건이 자신에게 일어났을 때에는 상황을 비난하는 경향이 있다.

기분 가변성(mood variability) 시간의 경과에 따른 사람의 정서적 생활의 빈번한 변동

기분 유도(mood induction) 기분에 대한 실험적 연구에서 기분 유도는 기분 차이(예 : 유쾌 대 불쾌)가 어떤 종속 변수를 초래하는지 여부를 알아내기 위해 조작으로 이용된다. 성격 연구에서 기분 영향은 성격 변수들과 상호작용하였을 수도 있다. 예를 들면 긍정적인 기분 영향은 외향성이 높은 사람에게 더 강할 수 있고, 부정적인 기분 영향은 신경증적 성향이 높은 사람에게 더 강할 수 있다.

남근기(phallic stage) 심리성적 발달 단계의 세 번째 단계. 3~5세 사이에 남자아이들은 자신이 남근을 가졌다는 것을, 여자아이들은 자신이 남근을 갖지 않았다는 것을 발견하게 된다. 프로이트에 따르면 이 단계는 또한 반대 성의 부모에 대한 성적 욕망의 자각을 포함한다.

남근 선망(penis envy) 거세 불안에 대한 여성의 대응물로, 심리성적 발달 단계의 남근기 동안 약 3~5세의 여자아이에게 일어난다.

낯선 상황 절차(strange situation procedure) Ainsworth와 동료들에 의해 개발된 것으로, 분리 불안에 대한 연구와 아이들이 엄마와의 분리에 반응하는 방식에서 아이들 사이의 차이를 확인하기 위한 것이다. 이 절차에서 엄마와 아기는 실험실 방 안으로 들어온다. 엄마는 자리에 앉고 아기는 방 안을 자유롭게 탐색하도록 둔다. 몇 분 후에, 친절하기는 하

지만 낯선 성인이 방으로 들어온다. 엄마는 일어서고 아기가 이 성인과 있도록 아이를 남겨두고 떠난다. 몇 분 후에 엄마는 방으로 돌아오고 낯선 사람은 떠난다. 엄마는 혼자 아기와 함께 몇 분 더 있다. 그동안 내내 아기는 비디오테이프에 녹화되고, 아기의 반응은 나중에 분석될 수 있다.

내담자중심 치료(client-centered therapy) 로저스의 내담자중심 치료에서 내담자에게는 결코 자신의 문제에 대한 해석이 주어지지 않는다. 또한 내담자에게는 문제를 해결하기 위해 취해야 할 행동방침에 대한 방향도 주어지지 않는다. 치료자는 내담자를 직접적으로 변화시키려는 어떤 시도도 하지 않는다. 대신 치료자는 내담자가 자신을 변화시킬 수 있는 분위기를 조성하려고 시도한다.

내용(content) 정서적 삶의 내용은 사람이 시간이 흐르면서 경험할 가능성이 있는 특징적이거나 일반적인 감정들을 나타낸다. 정서적 삶에 기쁜 감정들을 많이 가진 사람은 행복하고, 쾌활하고, 열정적인 사람이라고 특징지어질 수 있다. 그러므로 내용의 개념은 사람이 자신의 삶에서 시간의 흐름과 상황에 따라 경험할 수 있는 감정의 종류들을 고려하도록 유도한다.

내재화(internalized) 대상관계 이론에서 아이는 자신의 어머니에 대한 무의식의 정신적 표상을 만들 것이다. 이것은 그 아이가 심지어 '실제' 엄마가 부재 시에도 이러한 내재화된 '대상'과 관계를 가질 수 있게 해준다. 아이가 내재화한 관계 대상은 엄마와의 관계 발전을 기초로 한다. 그래서 이 이미지는 아이들이 차후의 관계를 발전시키는 사람과 함께 다른 사람들을 보는 방식에 대한 기본 원칙을 형성한다.

내적 통제 소재(internal locus of control) 강화된 사건들이 사람의 통제하에 있고, 사람이 중요한 삶의 결과에 대해 책임이 있다는 일반화된 기대

노르에피네프린(norephinephrine) 투쟁 또는 도피를 위해 교감신경계를 활성화하는 데 관련된 신경전달물질

노출(disclosure) 어떤 사람에게 자신의 어떤 사적인 면에 대해 이야기하는 것. 다수의 이론들은 비밀을 갖는 것은 스트레스의 근원일 수 있고, 궁극적으로 심리적 고통과 신체적 질병으로 이어질 수 있다고 시사하고 있다.

뇌파(electroencephalograph, EEG) 두뇌는 자연 발생적으로 소량의 전기를 생산하는데, 이것은 두피에 놓여진 전극으로 측정될 수 있다. EEG는 다른 유형의 정보처리 업무와 관련된 두뇌의 다른 영역에서 활성화되는 패턴에 대한 유용한 정보를 제공할 수 있다.

다중의 사회적 성격(multiple social personalities) 우리들 각각은 다른 사람들에게 우리 자신의 다른 면들을 보여준다. 친구들에게는 다정하고, 적에게는 무자비하고, 배우자는 사랑하고, 부모와는 갈등을 겪을 수 있다. 우리의 사회적 성격은 다른 사람과 맺는 관계의 유형에 따라 상황마다 다르다.

대상관계 이론(object relations theory) 유아기 관계에 중점을 둔 이론. 이 이론에는 서로 다른 강조점을 가진 몇 가지 버전이 있기는 하지만, 모든 버전의 핵심에는 일련의 기본적인 가정들을 가지고 있다. 아이들의 내적인 소망, 욕망, 충동 등은 외부의 중요한 사람들, 특히 부모와의 관계를 발달시키는 것만큼 중요하지 않고, 다른 사람들 특히 어머니는 그 아이에 의해 정신적 대상의 형태로 내면화된다.

대인관계 특성(interpersonal traits) 사람들이 서로에게 하는 것과 함께하는 것. 이것은 신경과민·우울·둔함·흥분하기 쉬움과 같은 기질 특성, 도덕적·원칙적·부정직과 같은 인격 특성, 인색함 또는 구두쇠와 같은 물질 특성, 경건하거나 영적인 것과 같은 정신 특성, 영리함·논리적·통찰력과 같은 정신 특성, 건강·강인함과 같은 신체 특성 등을 포함한다.

도덕적 불안(moral anxiety) 원초아 또는 자아와 초자아 사이의 충돌에 기인한 것. 예를 들면 표준에 '상응하는' 삶을 살고 있지 않다는 만성적인 수치심이나 죄책감으로 고통받는 사람은 비록 그러한 표준이 달성될 수 없더라도 도덕적 불안을 경험한다.

도파민(dopamine) 즐거움과 관련이 있는 것으로 보이는 신경전달물질. 도파민은 '보상 체계'와 같은 기능을 하는 것으로 보이며, 심지어 '기분 좋은' 화학물질로 불리기도 한다.

독립성 훈련(independence training) McClelland는 부모의 특정한 행동이 자녀에게 높은 성취감 동기부여, 자율성, 독립성 등을 촉진할 수 있다고 믿었다. 이러한 육아 습관 중 하나는 독립성 훈련에 중점을 두는 것이다. 자녀가 다양한 과제를 독립적으로 하도록 훈련시키는 것은 그 자녀의 지배력과 자신감을 촉진시킨다.

동기(motives)　특정한 사물이나 목표를 향한 행동을 자극하고 명령하는 내적 상태. 동기는 종종 무언가의 부족에 의해 야기된다. 사람과 그 상황에 따라서 동기들은 서로 유형, 양, 강도 등에서 차이가 있다. 동기는 욕구에 기초하고 있고, 사람들이 이러한 욕구를 만족시키는 데 도움을 주는 특정한 방식으로 인식하고, 생각하고, 행동하도록 몰고 간다.

동기화된 무의식(motivated unconscious)　무의식적인 정보(예 : 억압된 희망)가 실제로 그다음 행동에 동기부여를 하거나 영향을 미칠 수 있다는 정신분석적 개념. 이 개념은 프로이트에 의해 진전되었고, 정신질환 및 살면서 일어나는 다른 문제들의 무의식적 원천에 대한 그의 개념의 근거가 되었다. 많은 심리학자들은 무의식에 대한 개념에는 동의하지만, 오늘날 무의식적인 정보가 실제 행동에 많은 영향을 미칠 수 있는지 여부에는 의견이 일치되지 않고 있다.

동맥경화증(arteriosclerosis)　동맥의 경화 또는 폐색. 심장근육 자체에 영양을 공급하는 동맥이 막혔을 때, 후속적으로 심장의 혈액 부족 상태를 심장마비라고 부른다.

동성간 경쟁(intrasexual competition)　다윈의 동성간 경쟁에서 동성들은 서로 경쟁하고, 경쟁의 결과는 승자에게 이성에 대한 성적 접근을 더 많이 허용한다. 전투에서 뿔을 맞대고 대치하는 두 수사슴은 이것의 원형적인 이미지이다. 이러한 종류의 경쟁에서 성공을 이끄는 더 강한 힘, 지능, 또는 매력과 같은 특성은 진화한다. 왜냐하면 승리자는 좀 더 자주 짝짓기를 하고, 그래서 좀 더 많은 유전자를 전달할 수 있기 때문이다.

동의어 빈도(synonym frequency)　어휘적 접근에서 동의어 빈도는 속성이 그것을 설명할 수 있는 특성 형용사가 단지 한두 개가 아니라 오히려 여섯 개, 여덟 개, 혹은 열 개의 단어를 가지고 있다면, 그것은 개인차에 대한 더 중요한 측면임을 의미한다.

동일시(identification)　아동발달 과정. 이것은 동일한 성의 부모처럼 되고 싶다는 것으로 구성된다. 고전 정신분석에서 이것은 오이디푸스 또는 엘렉트라 콤플렉스 해결과 심리성적 발달에서 남근기의 성공적인 해결의 시작을 의미한다. 프로이트는 남근기의 해결은 초자아 및 도덕성의 시작과 성인 성 역할의 시작이라고 믿었다.

리비도(libido)　프로이트는 인간이 파괴를 향한 근본적인 본능을 가지고 있고, 이러한 본능은 종종 다른 사람들을 향한 공격성에서 드러난다고 가정하였다. 두 가지 본능은 일반적으로 리비도라고 불리는 생의 본능과 타나토스, 즉 죽음의 본능이다. 일반적으로 리비도가 사실상 성적으로 간주되긴 하였지만 프로이트는 또한 이 용어를 어떤 욕구 충족 충동, 생명 유지 충동, 또는 쾌락 지향 충동 등을 나타내는 데 사용하였다.

리커트 척도(Likert rating scale)　설명 문구에 첨부된 숫자를 제공하는 일반적인 평가 척도(예 : 0 = 강한 부정, 1 = 약간 부정, 2 = 동의도 부정도 안 함, 3 = 약간 동의, 4 = 강한 긍정)

마이어스-브릭스 유형검사(Myers-Briggs Type Indicator, MBTI)　기업계에서 가장 광범위하게 사용하는 성격검사 중 하나. 이 검사는 융의 개념을 바탕으로 하여 모녀 사이인 캐서린 브릭스와 이사벨 마이어스에 의해서 개발되었다. 이 검사는 '강제 선택' 또는 양자택일 형식의 질문을 이용하여 8가지 기본적인 선호도를 검사함으로써 성격 유형에 대한 정보를 제공한다. 개인의 선호도가 중간 어디쯤에 있더라도, 반드시 어느 쪽으로든 응답하여야 한다.

마키아벨리즘(Machiavellianism)　다른 사람들을 개인적인 이득을 위한 도구로 이용하는 경향을 나타내는 사회적 상호작용의 조작 전략. 마키아벨리즘 경향이 높은 사람은 사람들에게 자신이 듣고 싶은 것을 말하는 경향이 있으며, 자신이 원하는 것을 얻기 위해 아첨을 이용하고, 자신의 목적을 성취하기 위해 거짓말과 사기에 크게 의존한다.

막대와 틀 검사(Rod and Frame Test, RFT)　사람이 공간에서 방향을 판단하는 데 이용되는 단서들을 연구하기 위한 기구. 참가자는 어두운 방에 앉아 있고, 사각형 틀에 둘러싸인 반짝이는 막대를 보게 한다. 실험자는 막대의 기울기, 틀, 참가자의 의자를 조정할 수 있다. 참가자의 과제는 다이얼을 돌려서 막대가 완벽하게 직각으로 서도록 조정하는 것이다. 이것을 정확하게 하기 위해서 참가자는 막대가 나타나는 시야의 단서를 무시해야 한다. 이 테스트는 장 의존성-장 독립성에 대한 성격 범위를 측정한다.

만성 스트레스(chronic stress)　저항이 약화될 때까지 그 사람을 학대하는 폭력적인 관계와 같은 끝이 없는 스트레스.

만성 스트레스는 당뇨병, 면역 기능 감소, 또는 심혈관질환 등과 같은 심각한 전신 질환을 야기할 수 있다.

매개(mediation) 하나의 변수가 또 다른 변수에 미치는 영향이 세 번째 변수(매개자)를 거치는 상황을 묘사하는 것. 예를 들면 우리는 성실성이 장수와 상관관계가 있다는 것을 알고 있다. 그러나 성실성 그 자체가 장수의 원인은 아니다. 대신 연구자들은 장수에 대한 관계에서, 성실성의 영향은 규칙적인 운동 및 합리적인 식습관 등과 같은 다양한 건강행동을 통해서(매개되어서)라는 것을 밝혀냈다.

매력 유사성 이론(attraction similarity theory) 사람은 자신의 성격과 유사한 성격을 가진 사람들에게 매력을 느낀다는 이론. 다시 말해서 '유유상종' 또는 '끼리끼리 모인다'라고 말할 수 있다.

맹시(blindsight) 상해나 뇌졸중으로 인해 뇌의 주요시각 중추에 손상을 입은 사람은 시각 능력을 일부 또는 전부 잃게 된다. 이와 같은 맹시에서 눈은 여전히 정보를 전달하지만 사물 인지에 책임이 있는 뇌는 인지를 하지 못한다. 이러한 '피질성' 맹시를 겪는 사람들은 종종 실제 보지 못하는 대상에 대해 판단을 하는 놀라운 능력을 보여준다.

모노아민 산화제(monoamine oxidase, MAO) 신경세포 사이의 메시지를 전달하는 화학물질인 신경전달물질을 조절하는 것으로 알려진 혈액 내에서 발견되는 효소. MAO는 감각 추구 성격특성의 원인이 되는 요인일 수 있다.

몰입(flow) 사람이 시간, 피로 등 그 활동 자체를 제외한 모든 것을 잊어버렸다고 할 수 있을 정도로 완벽하게 그 활동에 몰두할 때를 보고한 주관적인 상태

무의식(unconscious) 무의식적인 마음은 의식적인 마음이 인식하지 못하는 마음의 부분이다.

무제한적 짝짓기 전략(unrestricted mating strategy) Gangestad와 Simpson(1990)에 따르면 양질의 유전자를 가진 남성을 찾는 여성은 자신에 대한 헌신의 정도에 관심을 갖지 않는다. 만일 남성이 단기적 성적 전략을 추구하고 있다면, 여성 측의 어떤 지연이 여성과 성관계를 가지려는 남성을 저지할 수 있기 때문에 여성의 짝짓기 전략이 적응적인 이유를 설명하지 못하게 된다.

무조건적인 긍정적 관심(unconditional positive regard) 아무 것도 하지 않고 받을 수 있는 애정, 사랑, 또는 존중. 자녀에 대한 부모의 사랑은 무조건적이어야 한다.

문제중심 대처(problem-focused coping) 스트레스의 근본 원인을 관리하거나 해결하는 생각과 행동. Folkman과 Moskowitz는 비록 작은 것일지라도 문제해결에 초점을 맞추는 것이 사람에게, 심지어 가장 스트레스가 많고 통제할 수 없는 상황일지라도, 통제에 대한 긍정적인 느낌을 줄 수 있다고 언급한다.

미국 장애인 차별금지법(Americans with Disability Act, ADA) ADA는 고용주가 선발 과정에서 지원자가 장애가 있는지 여부에 대해 의학적 검사나 질문을 할 수 없다는 것을 명시한다. 그 외에 명백하게 장애가 있더라도 고용주는 그 장애의 유형이나 심각성에 대해 질문할 수 없다.

반동 형성(reaction formation) 용납할 수 없는 충동의 표현을 억제하려는 시도를 나타내는 방어기제. 사람은 반대의 충동을 나타내는 행동을 끊임없이 할 수 있다. 반동 형성은 정신분석가들로 하여금 때때로 사람들이 할 것이라고 생각하는 것과는 다르게 정반대의 행동을 할 것이라는 것을 예측할 수 있게 해준다. 또한 이것은 우리가 사람이 어떤 일을 극단적으로 할 경우에 민감해지도록 경고한다. 반동 형성의 전형적인 특징은 과도한 행동이다.

반복 측정(repeated measurement) 측정의 신뢰도를 추정하는 방법. 반복 측정에는 여러 가지 형태가 있으며, 따라서 다른 버전의 신뢰성이 있다. 일반적인 절차는 동일한 표본의 사람에 대해 시간의 경과에 따라 한 달 간격으로 동일한 측정을 반복하는 것이다. 만약 두 번의 검사에서 대부분의 사람들이 유사한 점수를 산출하여 첫 번째와 두 번째 검사 사이에 높은 상관관계가 있다면, 그 측정 결과는 높은 검사-재검사 신뢰성을 가진다고 말할 수 있다.

반응적 유전성(reactively heritable) 유전적 특성의 부차적인 결과인 특성들

발견법적 가치(heuristic value) 성격이론을 평가하기 위한 평가 과학적 표준. 과학자들이 성격에 대한 중요하고 새로운 발견을 할 수 있도록 이끌어주는 이론은 이러한 지침을 제공하지 못하는 이론보다 우수하다.

발달의 단계 모형(stage model of development)　사람이 일정한 순서의 단계를 거치고, 특정한 문제가 각 단계를 특징짓는다는 것을 의미한다.

발달의 8단계(eight stages of development)　에릭슨에 따르면 8단계의 발달이 있다: 신뢰 vs. 불신, 자율성 vs. 수치심과 의심, 주도성 vs. 죄책감, 근면성 vs. 열등감, 정체감 vs. 정체감 혼란, 친밀감 vs. 소외감, 생산성 vs. 침체감, 통합감 vs. 절망감

발달적 위기(developmental crisis)　에릭슨에 따르면 성격발달의 각 단계는 발달의 다음 단계로 넘어가기 전에 해결되어야 할 필요가 있는 갈등이나 발달적 위기를 제기한다고 믿었다.

방어기제(defense mechanism)　자존감에 대한 불안과 위협에 대처하기 위한 전략

백혈구(leukocyte)　백색 혈액세포. 몸에 감염이나 상처가 있거나 또는 조직적인 염증이 몸에 생겼을 때, 백혈구의 수가 증가한다. 2003년 Surtees 등의 연구는 적대감과 증가된 백혈구 수치 사이의 직접적인 관련성을 규명하였다.

범문화적 보편성(cross-cultural universality)　어휘적 접근에서 범문화적 보편성은 만일 특성이 모든 문화에서 충분히 중요해서 그 문화의 구성원들이 그 특성을 설명하기 위해 자신들의 언어 내에서 용어를 성문화하였다면, 그 특성은 인간의 문제들에 보편적으로 중요하다는 것을 말한다.

범주적 접근(categorical approach)　감정이 소수의 기본적이고 뚜렷한 감정(분노, 기쁨, 불안, 슬픔)으로 가장 잘 설명된다고 제시하는 연구자들은 범주적 접근을 하고 있다고 할 수 있다. 범주적 접근을 하는 감정 연구자들은 매우 다양한 감정 용어들의 바탕이 되는 기본적인 감정들을 찾는 것으로 감정의 복잡성을 줄이려고 노력하고 있다. 감정에 대한 범주적 접근의 한 예는 Paul Ekman의 연구로, 그는 뚜렷하고 일반적인 얼굴 표정의 기준을 적용하였고, 기본적인 감정에 대한 그의 목록은 혐오, 슬픔, 기쁨, 놀람, 분노, 공포 등이다.

법칙 발견적(nomothetic)　모집단에 분포된 사람들의 일반적인 특성에 대한 연구로, 일반적으로 개인 간 또는 그룹 간 통계적 비교를 포함한다.

베타 압력(beta press)　머레이는 실제 환경(알파 압력 또는

객관적 현실)과 인식된 환경(베타 환경 또는 인식된 현실)이 있다는 개념을 도입하였다. 어떤 상황에서 한 사람이 '본' 것은 다른 사람이 '본' 것과 다를 수 있다. 만약 두 사람이 길을 걸어 내려가고 세 번째 사람이 그 두 사람에게 미소를 지었다면, 한 사람은 그 미소를 호의의 신호로 '볼 수' 있고 다른 사람은 그 미소를 기분 나쁜 웃음으로 '볼 수' 있다. 객관적으로(알파 압력) 이것은 동일한 미소다. 주관적으로(베타 압력) 이것은 두 사람에게 다른 사건일 수 있다.

변연계(limbic system)　정서 및 '투쟁-도피' 반응을 관할하는 뇌의 한 부분. 변연계가 쉽게 활성화되는 사람의 경우 그 사람이 정서에 관한 잦은 일화들이 있을 것이라고 예상할 수 있고, 특히 도주와 관련된 정서(불안, 두려움, 걱정)와 투쟁과 관련된 정서(분노, 짜증, 불쾌감) 등이 있다.

보상 민감도 이론(reinforcement sensitivity theory)　성격에 대한 Gray의 생물학적 이론. 최근 동물에 대한 뇌 기능 연구를 바탕으로, Gray는 뇌에 대한 두 가지 가정된 생물학적 체계를 기초로 하여 인간 성격의 모델을 구성하였다: 행동 활성화 체계(보상을 위한 신호와 같은 인센티브에 반응하고 접근 행동을 조절하는 것)와 행동 억제 체계(처벌, 좌절, 불확실성 등의 신호에 대해 반응적).

보상 의존(reward dependence)　Cloninger의 3차원 성격 모델에서 보상 의존의 성격특성은 낮은 수준의 노르에피네프린과 관련이 있다. 이 특성이 높은 사람은 끈질기고, 보상을 초래하는 방식의 행동들을 계속한다. 그들은 많은 시간 일을 하고, 자신의 일에 많은 노력을 하고, 종종 다른 사람들이 포기한 후에도 계속 노력한다.

보완 욕구 이론(complementary needs theory)　사람이 자신과 성격 성향이 다른 사람에게 마음이 끌린다는 것을 전제로 하는 매력 이론. 다시 말하면 '정반대되는 사람에게 끌리는 것'이다. 이것은 특히 생물학적인 성 선택에서 사실이다(즉, 남녀 모두 자신과 반대 성에게 매력을 느끼는 경향이 있다). 생물학적 성 선택 외에 매력에 대한 보완 욕구 이론은 어떤 실증적 지지도 받지 못하고 있다.

본능(instincts)　프로이트는 강한 선천적 힘이 정신 체계에 모든 에너지를 제공한다고 믿었다. 그는 이러한 힘을 본능이라고 불렀다. 프로이트의 초기 공식에는 본능에 대한 두 가

지 기본 범주가 있었다: 자기보호 본능과 성적 본능. 프로이트의 이후 공식에서 그는 자기보호 본능과 성적 본능을 하나로 통합하였고, 이것을 생의 본능이라고 불렀다.

부정(denial) 특정한 상황의 현실이 극도로 심한 불안을 유발할 때 사람은 부정이라는 방어기제에 의존한다. 부정의 상태에 있는 사람은 사물이 보이는 것과 다르다고 우긴다. 어떤 사람이 불안 유발 상황을 재평가하고 그것이 덜 위압적으로 보일 때, 부정은 또한 덜 극심할 수 있다. 부정은 종종 사람의 백일몽이나 판타지에서 나타난다.

부정적 정서성(negative affectivity) 분노, 슬픔, 어려움, 고통의 양 등과 같은 구성요소를 포함한다.

부정적 정체감(negative identity) '갱스터', 거리 부랑자의 여자친구, 또는 동네 깡패 일원 등과 같은 사회적으로 바람직하지 못한 역할에서 발견되는 정체감

분류(taxonomy) 분류체계에 주어진 학술적 명칭. 특정 주제 분야 내에서 그룹들을 식별하고 명명하는 것

분리 불안(separation anxiety) 분리 불안을 경험한 아이들은 엄마(또는 주 양육자)로부터의 분리에서 부정적으로 반응하고, 엄마가 아이를 남기고 나갈 때 불안해하고 고통스러워한다.

분산의 백분율(percentage of variance) 개인은 다양하거나 서로 다르고, 이러한 변동성은 유전자, 공유 환경, 비공유 환경 등과 관련이 있는 일부 특성에서 별개의 원인 또는 변동의 차이와 관련된 백분율로 나누어질 수 있다. 예를 들면 소득, 성별, 나이 등과 같은 다양한 인구통계적 변수와 관련이 있는 행복 지수에 대한 변동성의 비율이다.

분자유전학(molecular genetics) 성격특성과 같은 특정한 특성과 관련된 특정 유전자를 규명하기 위해 고안된 기술이다. 가장 일반적인 방법은 연합법(association method)으로 특정 유전자(또는 대립유전자)를 가진 사람이 특정한 특성 측정에서 더 높거나 혹은 더 낮은 점수를 받았는지를 확인하는 것이다.

불안(anxiety) 인지된 위협과 관련이 있는 불쾌하고, 높은 각성의 정서 상태. 정신분석학 전통에서 불안은 자아의 통제가 현실로부터 위협을 받고 있다는 신호, 원초아로부터의 충동의 신호, 또는 초자아에 의해 가해지는 가혹한 통제의 신호로 보인다. 프로이트는 세 가지 다른 형태의 불안을 확인하였다: 신경증적 불안, 도덕적 불안, 객관적 불안. 로저스에 따르면 불안의 불쾌한 정서 상태는 자신의 자아개념과 맞지 않는 경험을 한 결과이다.

비공유 환경의 영향(non-shared environmental influences) 형제가 공유하지 않는 환경의 특징들. 어떤 아이들은 부모로부터 특별한 또는 다른 대우를 받을 수 있고, 다른 집단의 친구들이 있을 수도 있고, 다른 학교에 보내질 수도 있고, 다른 아이들이 여름에 집에 머무는 동안 그 아이는 여름캠프에 갈 수도 있다. 이러한 특징들은 그들이 다른 형제들과 다르게 경험하기 때문에 '비공유'라고 한다.

비구조화된(unstructured) 자기보고 자료를 얻기 위한 다양한 방식 중 하나로 개방형 질문, 예를 들면 "당신이 가장 좋아하는 파티의 형태에 대해 말하시오."와 같은 비구조화된 성격검사

빈도–의존적 선택(frequency-dependent selection) 어떤 상황에서는 둘 또는 그 이상의 유전적 변이가 한 개체군 내에서 진화할 수 있다. 가장 분명한 예는 생물학적 성이다. 성적인 관계에 의해 번식하는 종 내에서 두 개의 성은 빈도–의존적 선택 때문에 거의 동일한 수로 존재한다. 만일 한 성이 다른 성에 비해 개체수가 적어지면, 진화는 더 적은 성의 수를 증가시킬 것이다. 이 예에서 빈도–의존적 선택은 남성과 여성의 빈도를 대략 동일하게 유지되도록 한다. 상이한 성격의 극단(예: 내향성과 외향성)은 빈도–의존적 선택의 결과일 수 있다.

사생활 권리(right to privacy) 개인의 사생활은 고용주들이 성격검사를 사용하는 데 있어서 최대 쟁점이 되는 법적 우려이다. 고용 환경에서의 사생활 권리는 개인의 사생활 권리의 광범위한 개념에서 발전하여 성장했다. 고용주를 상대로 사생활 침해 청구 소송은 연방 헌법, 주 헌법, 법령 및 관습법에 근거할 수 있다.

사이코패스(psychopathy) 종종 반사회적 성격장애와 동의어로 사용되는 용어이다. 이는 반사회적 특성의 개인차를 나타내는 데 사용된다.

사적인 자기개념(private self-concept) 내부의 사적인 자기

개념의 발달은 자기개념의 성장에서 중요하지만 종종 어려운 발달이다. 이것은 아이들이 오직 자신만이 볼 수 있고 들을 수 있는 가상의 친구를 발전시키는 것으로 시작할 수도 있다. 이 가상의 친구는 실제로 아이들이 부모와 의사소통을 하기 위한 첫 번째 시도일 수 있고, 그들의 자신에 대한 이해에 비밀스러운 내면이 있다는 것을 안다. 후에 아이들은 오직 자신들만이 자기의 생각, 느낌, 욕망 등에 접할 수 있고, 자신이 말하지 않는 한 어느 누구도 이 부분을 알 수 없다는 것에 대한 완전한 인식을 발전시킨다.

사전소인 모델(predispositional model) 건강심리학에서 사전소인 모델은 세 번째 변수가 성격과 질병 두 가지 모두의 원인이 되고 있기 때문에 성격과 질병 사이에 연관성이 존재할 수 있다는 것을 시사한다.

사회 불안(social anxiety) 사회적 상호작용 또는 심지어 사회적 상호작용에 대한 예측과 관련된 불편. 사회적으로 불안해하는 사람은 다른 사람들이 생각할 것을 지나치게 걱정하는 것으로 보인다. Baumeister와 Tice는 사회 불안이 사회적 소외를 막기 위한 기능을 하는 종 전형의 적응이라고 제시한다.

사회성적 지향(sociosexual orientation) Gangestad와 Simpson의 사회성적 지향에 대한 이론에 따르면 남성과 여성은 성적 관계 전략에 대하여 두 가지 대안 중 하나를 추구할 것이다. 첫 번째 짝짓기 전략은 일부일처제와 자녀들을 위한 엄청난 투자로 특징지어지는 하나의 헌신적인 관계의 추구를 수반한다. 두 번째 성적 전략은 높은 정도의 성적 문란성, 더 많은 파트너 바꾸기와 자녀에 대한 투자 감소로 특징지어진다.

사회적 관심(social attention) 외향적인 행동에 대한 목표와 보상. 외향적인 사람은 관심의 대상이 됨으로써 다른 사람들의 인정을 받으려고 하고, 많은 경우 암묵적인 인정을 통해 다른 사람들을 통제하거나 지시한다.

사회적 비교(social comparison) 사람이 자신의 기술 및 능력을 다른 사람들과 비교하는 것

상냥함(tender-mindedness) 다른 사람들에 대해 공감하고 탄압받는 사람들을 동정하는 배려 깊은 성향

상상 팽창 효과(imagination inflation effect) 기억은 상상 속에서 정교해지고, 이것은 실제로 일어난 사건과 상상 속의 사건을 혼동하게 만든다.

상태 수준(state levels) 동기와 정서에 적용될 수 있는 개념으로 상태 수준은 특정한 욕구나 정서에 대한 순간적인 양을 나타내며, 이것은 특정한 상황에 따라 변동될 수 있다.

상향적 망상 활성화 체계(ascending reticular activating system) 전반적인 피질 각성을 통제한다고 간주되는 뇌간 속 구조. 아이젠크가 원래 생각했던 구조는 내성적 및 외향적 성격 간 차이의 원인이 되었다.

상호 인과관계(reciprocal causality) 인과관계가 두 가지 방향으로 움직일 수 있다는 개념. 예를 들면 다른 사람을 돕는 것이 행복으로 이어질 수 있고, 행복은 사람이 다른 사람을 더 돕도록 유도할 수 있다.

상호작용 모델(interactional model) 객관적인 사건들이 사람에게 일어나면, 성격요인들이 사람의 대처 능력에 영향을 미쳐서 이러한 사건들의 영향을 결정한다. 성격이 스트레스와 질병 사이의 관계를 조정하는(즉, 영향력을 미치는) 것으로 추정되기 때문에 이것을 상호작용 모델이라고 부른다.

상황 선정(situational selection) 사람이 자신을 찾을 수 있는 상황을 선택하는 경향을 나타내는 상호 영향론의 유형. 다시 말하면 사람들은 일반적으로 자연스러운 삶에서 무작위적인 상황에 처해 있지 않는다. 그들은 자신이 시간을 보내게 될 상황을 선택한다.

상황주의(situationism) 성격심리학에서 기본적인 성격특성보다는 상황적 차이가 행동을 결정한다는 이론적 입장. 예를 들면 사람이 얼마나 친절하게 행동하는지, 또는 사람이 얼마나 많은 성취욕을 보여주는지는 그 사람이 가진 특성이 아니라 상황에 따라 달라질 것이라는 것이다.

상황 특수성(situational specificity) 행동은 보상 가능성과 같은 상황의 측면에 의해 결정된다.

생리적 욕구(physiological needs) 매슬로 욕구 위계의 기초. 이것은 사람의 직접적인 생존에 가장 중요한 것(음식, 물, 공기, 수면에 대한 욕구)과 종의 장기적인 생존에 대한 욕구(성욕)들을 포함한다.

생식기(genital stage) 프로이트의 심리성적 단계이론의 마지막 단계이다. 이 단계는 12세경에 시작해서 성인기 내내

지속된다. 리비도는 성기에 집중되지만 남근기와 관련된 자기-조작과 같은 방식은 아니다. 이전 단계에서 갈등을 해결한 사람이라면 심리적 에너지를 가득 가진 채로 생식기에 도달한다.

생활결과 자료(life-outcome data, L-data) 공개 조사가 가능한 개인의 생활사건, 활동 및 결과로부터 수집할 수 있는 정보. 예컨대 결혼과 이혼은 공식 기록에 남아 있는 사항이다. 성격심리학자들은 때때로 그 사람이 가입한 클럽이 있다면 그것에 대한 정보를 확보할 수 있다. 지난 몇 년간 그 사람이 받은 과속 벌금 고지서 수, 권총을 소지하였는지 여부. 이것들은 모두 성격에 관한 정보의 소스로 이용된다.

성격(personality) 개인 내에서 체계화되고 비교적 지속되며, 환경(정신내적, 물리적, 사회적 환경)과의 상호작용 및 적응에 영향을 미치는 심리적 특성 및 메커니즘의 집합

성격 기술 명사(personality-descriptive nouns) Saucier가 설명한 바와 같이, 성격 기술 명사는 형용사를 기본으로 하는 성격 분류를 중점으로 하는 내용과 다르며, 더 정확할 수도 있다. Saucier의 2003년 성격 명사 연구에서 그는 '얼간이', '귀염둥이', '철학자', '범법자', '장난꾼', '운동광' 등을 포함한 여덟 가지 요인을 발견하였다.

성격발달(personality development) 시간 경과에 따른 사람의 연속성, 일관성, 안정성 등과 시간의 흐름에 따라 변하는 방식

성격 응집성(personality coherence) 기본적인 특성이 안정적으로 유지되는 동안에도, 시간 경과에 따른 성격 변수 표현 방식의 변화. 성격 응집성에 대한 개념은 지속성의 요소와 변화의 요소 모두를 포함한다. 기본적인 특성에 대한 지속성, 그러나 그 특성의 외향적인 표현에 대한 변화. 예를 들면 정서적으로 불안정한 아이는 빈번하게 울고 심한 투정을 부리는 반면, 그런 성인은 걱정과 불평이 많을 수 있다.

성격이론 평가의 과학적 표준(scientific standards for evaluating personality theories) 다섯 가지 핵심 기준은 포괄성, 발견법적 가치, 실험가능성, 경제성, 영역과 수준에 걸친 공존가능성 및 통합성이다.

성실성(conscientiousness) 성실성은 5요인 모델의 세 번째 성격특성으로, 영어의 특성 단어를 항목으로 사용한 연구에서 반복검증으로 입증한 모델이다. 성실성을 나타내는 주요 형용사는 '책임감 있는', '양심적인', '인내심 강한', '까다로운/깔끔한' 등이 있다.

성적 동종이형(sexually dimorphic) 한 성별 내에서 번식의 격차가 큰 종은 성적으로 상당히 동종이형이거나, 크기나 구조가 매우 다른 경향이 있다. 효과적인 일부다처제가 더 치열할수록, 암수 크기나 형태가 더 많은 이형성을 갖는다.

성 선택(sexual selection) 생존적 이득보다는 짝짓기 이득으로 인한 특성의 진화. 다윈에 따르면 성 선택은 두 가지 형태를 갖는다: 동성간 경쟁과 이성간 선택.

성차(sex differences) 남녀의 일반적인 차이로 신장, 체지방 분포, 또는 성격 특징 등과 같이 차이의 원인에 대한 편견이 없는 것

성취 욕구(need for achievement) McClelland에 따르면 이것은 더 잘하고, 더 성공적이고, 더 만족감을 느끼고자 하는 욕망이다. 높은 성취감을 가진 사람은 과제를 완수하거나, 과제를 완수할 것이라는 예상으로부터 만족감을 얻는다. 그들은 도전적인 과제를 열심히 하는 과정을 소중히 여긴다.

성향적 낙관성(dispositional optimism) 미래에 좋은 일들은 많이 생길 것이고 나쁜 일들은 드물 것이라는 기대

세로토닌(serotonin) 우울증과 다른 기분장애에 역할을 하는 신경전달물질. 프로작, 졸로프트, 팍실과 같은 약물은 세로토닌의 재흡수를 막아 세로토닌이 시냅스에 더 오래 머무르게 하여 우울한 사람이 우울함을 덜 느끼게 한다.

소망 충족(wish fulfillment) 만약 원초아로부터 오는 충동이 외부 개체나 사람을 필요로 하고 그 개체나 사람을 구할 수 없으면, 원초아는 욕구를 만족시키기 위해서 그 개체나 사람에 대한 심적 이미지나 판타지를 만들 수 있다. 정신적 에너지는 그 판타지에 투자되고 충동이 일시적으로 충족된다. 이 과정을 소망 충족이라고 부르며, 구할 수 없는 어떤 것이 떠오르고 그 이미지가 일시적으로 만족을 주는 것이다.

소속 욕구(belongingness needs) 매슬로의 동기부여 위계의 세 번째 단계. 인간은 매우 사회적인 종이고, 대부분의 사람들은 집단에 속하고자 하는 강한 욕구를 가지고 있다. 다른 사람들에게 받아들여지고 집단에 환영 받는 것은 신체적 욕

구나 안전 욕구보다 어느 정도는 좀 더 심리적인 욕구를 나타낸다.

소진 단계(exhaustion stage) 셀리에의 일반 적응증후군 세 번째 단계. 셀리에는 우리의 생리적 자원이 소진되었기 때문에 이 단계가 질병과 질환에 가장 민감하다고 느꼈다.

수줍음(shyness) 사회적 상호작용을 하는 동안 또는 사회적 상호작용을 예상할 때 긴장, 걱정, 불안을 느끼는 경향 (Addison & Schmidt, 1999). 수줍음은 흔한 현상으로 90% 이상의 사람들이 살면서 어느 순간에 경험한 적이 있다고 보고한다(Zimbardo, 1977). 그러나 일부 사람들은 성향적으로 수줍음이 많은 것으로 보인다. 그들은 대부분의 사회적 상황에서 불편함을 느끼는 경향이 있고, 그래서 다른 사람들과 상호작용을 해야 할 수밖에 없는 상황을 피하는 경향이 있다.

순위 안정성(rank order stability) 시간이 지남에 따라 그룹 내에서의 상대적 위치 유지. 예를 들면 14세에서 20세 사이에 대부분의 사람들은 키가 자란다. 그러나 키 순위는 상당히 안정적으로 유지되는 경향이 있다. 왜냐하면 이러한 형태의 발달은 모든 사람들에게 거의 마찬가지로 영향을 미치기 때문이다. 14세에 신장이 큰 사람은 일반적으로 20세에 신장 분포에서 제일 큰 끝에 위치한다. 동일한 원리가 성격특성에도 적용될 수 있다. 만약 사람이 시간이 흐르면서 그룹 내의 다른 구성원들에 대해 지배성 또는 외향성의 위치를 유지한다면, 그 성격특성이 높은 순위 안정성을 가지고 있다고 말할 수 있다. 반대로, 만약 순위를 유지하지 않는다면, 그 집단은 순위 불안정성 또는 순위 변화를 보여준다고 말할 수 있다.

스트레스(stress) 통제할 수 없고 위협적인 사건에 의해 생기는 주관적인 느낌. 스트레스의 원인이 되는 사건을 스트레스 유발 요인이라고 한다.

스트레스 유발 요인(stressors) 스트레스의 원인이 되는 사건들. 이 사건들은 몇 가지 공통적인 속성을 가지고 있는 것으로 보인다. (1) 스트레스 유발 요인은 압도적이거나 부담이 되는 느낌의 상태를 초래하고, 사람이 그것을 오래 견딜 수 없다는 면에서 어떤 의미에서는 극단적이다. (2) 스트레스 유발 요인은 종종 우리에게 반대되는 경향을 초래한다. 예를 들면 공부하기를 원하지만 가능한 한 오래 미루고 싶다는 것

과 같이 어떤 활동이나 사물을 원하는 것과 원하지 않는 것이다. (3) 스트레스 유발 요인은 통제할 수 없고, 피할 수 없는 시험과 같이 우리 힘의 영향력 밖에 있는 것이다.

승화(sublimation) 용납될 수 없는 성적 또는 공격적 본능을 사회적으로 바람직한 활동으로 전환하는 것을 나타내는 방어기제. 프로이트에 따르면 승화는 가장 적응적인 방어기제이다. 일반적인 예는 화가 났을 때 그 화에 따라 행동하거나 심지어 전위와 같은 덜 적응적인 방어기제를 사용하는 것보다 장작을 패러 나가는 것이다.

시간 조급성(time urgency) A유형 성격의 하위특성. A유형 사람은 시간을 낭비하는 것을 싫어한다. 그들은 항상 바쁘고 가장 짧은 시간에 가장 많은 것을 해야 한다는 압박을 받는다고 느낀다. 종종 그들은 책을 읽으면서 밥을 먹는 것과 같이 한 번에 두 가지 일을 한다. 기다리는 것은 그들에게 스트레스이다.

신경전달물질(neurotransmitters) 한 세포에서 다른 세포로 신경 자극을 전달하는 역할을 하는 신경세포의 화학물질. 성격에 대한 일부 이론은 신경계에서 발견되는 각각 다른 양의 신경전달물질에 직접적으로 근거한다.

신경증(neuroticism) 성격에 대한 모든 주요한 특성 이론에서 어떤 형태로든 존재하는 성격의 측면. 다른 연구자들은 신경증에 대하여 다른 용어들을 이용하고 있다. 예를 들면 정서적 불안정, 불안 성향, 부정 정서 등이 있다. 신경증적 특성이 높은 사람들을 묘사하는 데 유용한 형용사는 '침울한', '과민한', '짜증난', '불안한', '불안정한', '비관적인', '투덜거리는' 등이 있다.

신경증적 불안(neurotic anxiety) 원초아와 자아 사이에 직접적인 충돌이 있는 곳에서 일어난다. 위험은 자아가 원초아의 용납될 수 없는 욕구에 대한 통제를 잃을 수도 있다는 것이다. 예를 들면 사람들 앞에서 어떤 용납될 수 없는 생각이나 욕구를 무심결에 말할 수도 있다는 것에 대해 지나치게 걱정하는 남성은 신경증적 불안에 시달린다.

신념(beliefs) 신념은 개인적으로 유용하고 어떤 사람들에게는 결정적으로 중요하지만, 신뢰할 수 있는 사실과 체계적인 관찰이 아닌 맹신에 기초한다.

심리사회적 갈등(psychosocial conflicts) 에릭슨에 의해 받아

들여진 것으로, 심리사회적 갈등은 사람의 일생에 걸쳐서 나타나고, 성격발달에 지속적으로 기여한다. 그는 부모를 신뢰하고, 부모로부터 자주적이 되고, 성인으로 행동하는 방법 등을 배우는 것에 대한 위기를 심리사회적 갈등으로 정의하였다.

심리성적 단계이론(psychosexual stage theory) 프로이트에 따르면 모든 사람은 성격발달에 있어서 일련의 단계를 거친다. 처음의 세 가지 단계 각각에서, 유아기 아이들은 특정한 갈등에 직면해 해결해야 하고, 이것은 성적 만족을 얻는 방법을 위주로 한다. 아이들은 신체의 특정한 부분에 리비도의 에너지를 투자하는 것으로 각 단계에서 성적 만족을 추구한다. 발달 과정의 각 단계는 성적 에너지가 투자된 신체 부위를 따서 명명된다.

심리적 메커니즘(psychological mechanism) 특성과 유사하지만, 메커니즘은 성격의 과정과 좀 더 관련이 높다. 예를 들면 대부분의 성격 메커니즘에는 정보처리 과정이 일부 포함된다. 심리적 메커니즘은 사람이 환경으로부터의 특정한 종류의 정보(입력)에 좀 더 민감하게 하거나, 특정한 선택(결정 규칙)에 대해 생각하게 할 가능성을 높이거나, 특정 범주의 활동에 대한 행동(출력)을 유도할 수도 있다.

심리적 유형(psychological types) 칼 융의 이론으로부터 발전된 용어로, 사람들이 '외향적인 유형'과 같은 성격에 대한 유형이나 뚜렷한 범주에 속한다는 것을 의미한다. 이러한 견해는 학문적 또는 연구지향적 심리학자들에 의해 널리 지지되지는 않는다. 왜냐하면 대부분의 성격특성은 일반적으로 인구집단에 분포되어 있으며, 범주가 아닌 차이의 차원으로 가장 잘 인식되고 있기 때문이다.

심리적 특성(psychological traits) 사람들이 독특하거나, 서로 다르거나, 유사한 방식을 형성하는 특징. 심리적 특성은 심리적으로 의미 있고, 성격의 안정적이고 일관성 있는 양상을 지닌 사람의 모든 종류의 측면을 포함한다.

아침형-저녁형(morningness-eveningness) 하루 중 다른 시간대에 활동이 왕성해지는 것의 선호도에 대한 사람 간의 안정적 차이. 아침형-저녁형에 대한 사람들 사이의 차이는 기본적인 생물학적 일주기 리듬의 길이에 대한 차이 때문인 것으로 보인다.

안정 애착 형성(securely attached) Ainsworth의 낯선 상황 패러다임에서 안정 애착을 형성한 유아는 분리에서 의연하게 참았고, 방을 탐색하거나, 참을성 있게 기다리거나, 또는 심지어 낯선 사람에게 다가가고, 때때로 낯선 사람이 안아 주기를 원했다. 이러한 유아는 엄마가 돌아왔을 때 엄마를 보고 반가워하였고, 일반적으로 잠시 동안 엄마와 소통한 후 새로운 환경을 탐색하러 돌아갔다. 그 유아들은 엄마가 돌아올 것이라는 것을 확신하는 것으로 보였다. 대략 66%의 유아가 이러한 범주로 분류된다.

알파 압력(alpha press) 베타 압력 참조

알파파(alpha wave) 1초에 8~12번 진동하는 특정한 유형의 뇌파. 주어진 시간에 존재하는 알파파의 양은 주어진 시간 동안의 두뇌 활동에 대한 역지표이다. 알파파는 사람이 차분하고 편안할 때 발산된다. 뇌파가 기록되는 지정된 시간에 알파파 활동이 많을수록 뇌의 그 부분이 덜 활동적이었다고 추정할 수 있다.

암묵적 동기(implicit motivation) 직접적인 자기보고 측정과는 반대로, 공상 기반 기법(TAT)에 의해 측정되는 동기. 예를 들면 사람의 특정한 암묵적 동기는 무의식적인 욕망과 염원, 무언의 욕구와 소망 등을 드러낸다고 생각된다. McClelland에 의하면 암묵적 동기가 시간의 경과에 따른 장기적인 행동 방향을 예측한다고 주장하고 있다. 가령 성취에 대한 암묵적 욕구가 장기적인 사업 성공을 예측할 수 있다는 것이다.

압력(press) 환경의 욕구 관련 측면. 예를 들면 친밀감에 대한 욕구는 적절한 환경적 압력(친절한 사람들의 존재) 없이는 사람의 행동에 영향을 미치지 않을 것이다.

애착(attachment) 유아가 사물보다 사람에 대한 선호를 발달시키는 것에서 시작한다. 그다음에 선호도는 아이가 낯선 사람과 비교하여 전에 보았던 사람들을 보는 것을 선호하도록 친밀한 사람들로 좁아지기 시작한다. 마침내 그 선호도는 아이가 엄마나 주 양육자를 다른 누구보다 선호하는 데까지 축소된다.

양가적 애착 형성(ambivalently attached) Ainsworth의 낯선 상황 패러다임에서 밝혀진 바와 같이 양가적으로 애착을 형성한 유아는 엄마와 떨어지는 것에 대해 심하게 불안해한다.

그들은 심지어 엄마가 방 밖으로 나가기도 전에 종종 격렬하게 울고 칭얼대기 시작한다. 엄마가 없는 동안 이러한 유아는 진정하기 어렵다. 그러나 엄마가 돌아오면, 이러한 유아는 양가적으로 행동한다. 그들의 행동은 분노와 엄마와 가까이 있고 싶은 욕망 모두를 보여준다. 그 유아들은 엄마에게 접근하지만, 안으면 버둥거리고 밀치며 저항한다.

어휘적 접근(lexical approach)　언어 분석을 통해 근본적인 성격특성을 알아내는 접근법. 예를 들면 다수의 동의어를 가진 특성 형용사는 동의어가 거의 없는 특성 형용사보다 더 근본적인 특성을 나타낸다.

억압(repression)　프로이트에 의해 논의된 첫 번째 방어기제들 중 하나. 이것은 용납될 수 없는 생각, 느낌, 또는 충동 등이 의식적 자각에 도달하는 것을 막기 위한 과정을 나타낸다.

억제 조절(inhibitory control)　부적절한 반응이나 행동을 통제하는 능력

엘렉트라 콤플렉스(Electra complex)　성격발달에 대한 정신분석 이론에서 오이디푸스 콤플렉스에 대응하는 여성 부분. 두 가지 모두 남근기 발달 단계를 나타낸다.

여성 과소예측 효과(female underprediction effect)　평균적으로 대학입학시험 점수는 남성과 비교하여 여성의 성적에서 학점을 과소예측한다. 여성은 입학시험 점수에서 예측할 수 있는 것보다 대학에서 더 잘하는 경향이 있다.

역동(dynamic)　사람 내에서의 힘의 상호작용

역치하 지각(subliminal perception)　의식적인 인식을 건너뛰는 지각으로, 일반적으로 매우 짧은 시간의 노출을 통해 이루어지며 보통 30밀리초 이하이다.

연역적 추론방식(deductive reasoning approach)　경험적 연구에 대한 하향식 이론 중심의 방법

영역과 수준에 걸친 공존가능성 및 통합성(compatibility and integration across domains and level)　연구의 주요 주제에 영향을 미칠 수 있는 다른 과학 분야의 원칙과 법칙을 고려한 이론. 예를 들면 화학의 알려진 원칙에 위배되는 생물학 이론은 치명적인 결함이 있는 것으로 판단될 수 있다.

영향력(influential forces)　성격특성 및 메커니즘은 우리의 행동, 자신을 바라보는 방식, 세상에 대해 생각하는 방식, 다른 사람들과 상호작용하는 방식, 느끼는 방식, 환경(특히 사회적 환경)의 선택, 삶에서 추구하는 목표나 욕망, 환경에 반응하는 방식 등에 영향을 미친다는 점에서 사람들의 삶에 영향력이 있다. 다른 영향력에는 물리적 및 생물학적 영향력뿐만 아니라 사회 및 경제적 영향 등을 포함한다.

오이디푸스 콤플렉스(Oedipal conflict)　프로이트의 남근기 동안 소년들에게 나타나는 주요 갈등. 이것은 소년들이 아버지를 제거하고 자신이 어머니를 전적으로 소유하겠다는 무의식적 소망이다(오이디푸스는 자신도 모르는 채 아버지를 죽이고 어머니와 결혼한 그리스 신화의 주인공이다).

왜곡(distortion)　로저스 성격이론의 방어기제. 왜곡은 그 경험이 자기 이미지에 덜 위협적으로 만들기 위해 그 경험의 의미를 바꾸는 것을 나타낸다.

외상 스트레스(traumatic stress)　급성 스트레스의 심각한 경우로 그 영향력은 수년 또는 심지어 평생 한 개인 내에서 파문을 불러일으킬 수 있다. 이것은 대부분 PTSD로 이어질 수 있는 잠재력의 측면에서 급성 스트레스와 다르다.

외상후 스트레스장애(posttraumatic stress disorder, PTSD)　군사적 전투, 자연재해, 테러리스트의 공격, 심각한 사고, 또는 격렬한 개인적인 폭행(예 : 강간) 등과 같은 생명을 위협하는 사건들을 경험하거나 목격한 후에 일부 사람들에게 나타나는 증후군. PTSD로 고통받는 사람들은 종종 악몽이나 강렬한 플래시백을 통해 수년 동안 촉발 경험을 재생한다. 수면의 어려움을 가지고 있고 신체적 불편함을 보고하고 제한적인 감정을 가지고 다른 사람들로부터 분리되거나 멀어진 느낌을 가진다. 이러한 증상들은 극심할 수 있고, 개인의 일상생활, 건강, 관계, 직업 등에 심각하게 손상을 줄 만큼 오래 지속될 수 있다.

외적 통제 소재(external locus of control)　사건을 자신이 통제 할 수 없을 것이라는 일반화된 기대

외향성(extraversion)　5요인 모델에서 첫 번째 기본적인 성격특성으로, 영어의 특성 단어를 항목으로 사용한 연구에서 반복검증으로 입증한 분류. 외향성을 나타내는 주요 형용사는 '말하기 좋아하는', '외향적인', '사교적인', '적극적인', '모험적인', '개방적인', '사람들과 어울리기 좋아하는', '스스

럼 없는', '직선적으로 말하는' 등이 있다.

요인부하(factor loadings)   한 항목에서 얼마나 많은 변화가 요인에 의해 '설명되는'가에 대한 지표. 요인부하는 그 항목이 근본적인 요인과 연관성이 있다.

요인분석(factor analysis)   성격 평가 또는 항목에서 기본적인 구조를 알아보기 위해 일반적으로 사용되는 통계적 절차. 요인분석은 본질적으로 서로 연관성을 가진(공변하는) 항목 그룹들을 확인하지만, 다른 그룹의 항목과는 연관성이 없는 경향이 있다. 이것은 어느 성격 변수가 어떤 공통의 기본 특성을 공유하는지, 또는 같은 그룹 내에 함께 속해 있는지에 대한 식별 수단을 제공한다.

욕구(needs)   한 사람 내에서의 긴장 상태. 욕구가 충족되었을 때 긴장 상태는 감소한다. 일반적으로 긴장 상태는 무언가의 부족으로 인해 생긴다(예 : 음식의 부족은 먹고자 하는 욕구를 야기한다).

욕구 위계(hierarchy of needs)   머레이는 각 개인이 욕구들에 대해 독특한 조합을 가지고 있다고 믿었다. 한 사람의 다양한 욕구들은 다른 수준의 강도로 존재하는 것으로 생각될 수 있다. 사람은 지배성에 대한 강한 욕구, 평균 정도의 친밀감, 낮은 수준의 성취감을 가질 수 있다. 어떤 욕구의 높은 수준은 각 개인 내에서 다양한 양의 다른 욕구들과 상호작용한다.

욕구 위배(violation of desire)   성 사이의 갈등에 대한 욕구 위배 이론에 따르면, 불화는 자신의 욕망이 충족되었을 때보다 욕망이 침해당했을 때 더 빈번하게 일어난다(Buss, 2003). 이 이론에 따르면 신뢰성 및 정서적 안정성 등과 같은 희망했던 특성이 부족한 사람과 결혼한 사람이 좀 더 빈번하게 결혼생활을 끝내게 될 것이라는 것을 예측할 수 있다.

욕구좌절(frustration)   좌절은 자극의 불쾌하고 주관적인 느낌으로, 이것은 사람이 중요한 목표를 이루는 것이 막혔을 때 생긴다. 예를 들면 목마른 사람이 고장난 음료수 자판기 때문에 자신의 마지막 돈까지 잃어버렸다면 욕구좌절을 느낄 가능성이 크다.

우울증(depression)   심리장애로, 증상은 우울한 기분이 하루 중 대부분의 시간 동안 지속된다. 활동에 대한 관심의 감소, 몸무게·수면 패턴·움직임의 변화, 피로 또는 에너지의 손실, 무가치하다는 느낌, 집중 곤란, 죽음과 자살에 대한 반복적인 생각

우울증에 대한 신경전달물질 이론(neurotransmitter theory of depression)   이 이론에 따르면 신경계의 시냅스에 있는 신경전달물질의 불균형이 우울증의 원인이 된다. 우울증을 치료하는 데 사용되는 일부 약물들은 이러한 특정한 신경전달물질을 대상으로 한다. 우울증을 겪고 있는 모든 사람이 이러한 약물들에 의해 성공적으로 치료되지는 않는다. 이것은 다양한 우울증이 있다는 것을 제시한다. 어떤 것은 생물학적인 문제에 근거가 있고, 반면에 다른 것들은 스트레스, 신체운동, 또는 인지치료에 좀 더 반응적이다.

우호성(agreeableness)   우호성은 5요인 모델의 두 번째 성격 특성으로 영어의 특성 단어를 항목으로 사용한 연구에서 반복검증으로 입증한 모델이다. 우호성을 나타내는 주요 형용사는 '온화한', '협력하는', '순한/조용한', '시기하지 않는' 등이 있다.

워드 코브 운송회사 대 안토니오 판결(Ward's cove packing CO. v. Antonio)   워드 코브 운송회사는 알래스카에 있는 연어 통조림 제조회사였다. 1974년, 유색인종 통조림 노동자들은 회사의 다양한 고용 및 승진 관행이 직장 내에서의 인종 차별적 계층화에 책임이 있다는 것을 주장하여 회사를 상대로 소송을 시작하였다. 그 주장은 시민권법 제7장의 차별효과 부분에 따라 진전되었다. 1989년, 대법원은 워드 코브에 대한 찬성 입장을 결정하였다. 비록 고용인들이 차별을 입증할 수 있더라도, 재판관은 회사가 '고용주의 정당한 고용 목표'를 제공한다면 고용 관행은 여전히 합법적인 것으로 간주될 수 있다고 결정했다. 만약 이것이 회사를 위한 것이었다면, 이 결정은 차별 효과를 인정한 것이다. 이 사건은 의회가 1991년 시민권법을 통과시키도록 촉발하였고, 원래 법령의 제7장에 몇 가지 중요한 수정 사항을 포함하였다. 그러나 가장 중요한 것은 새 법안이 고용주에게 차별 효과와 실제로 문제의 일을 수행할 수 있는 능력 사이의 긴밀한 연관성을 증명해야 한다는 요구로 고용주에게 입증 부담을 전가하였다.

원초아(id)   인간의 마음에서 가장 원시적인 부분. 프로이트는 원초아를 타고난 것이고 모든 욕구와 충동의 원천으로 보았다. 원초아는 응석받이 아이이다. 이기적이고, 충동적이

고, 쾌락 추구적이다. 프로이트에 따르면 원초아는 오로지 즉각적인 만족감에 대한 욕구인 쾌락 원리에 따라 작동한다.

원초아심리학(id psychology) 원초아에 초점을 맞춘 프로이트 버전의 정신분석, 특히 한 쌍의 본능인 성과 공격성 및 자아와 초자아가 원초아의 요구에 반응하는 방식. 그래서 프로이트 정신분석은 원초아심리학이라고 부를 수 있으며, 이것은 자아의 기능에 초점을 맞추었던 그 후의 발전과 구별된다.

위험 회피(harm avoidance) Cloninger의 3차원 성격 모델에서 위험 회피의 성격특성은 낮은 수준의 세로토닌과 관련이 있다. 세로토닌의 수준이 낮은 사람은 불쾌한 자극 또는 처벌이나 고통과 관련된 자극이나 사건에 민감하다. 결론적으로 세로토닌이 낮은 사람은 위험하거나 불쾌한 사건들이 자신에게 일어날 것이라고 기대하는 것처럼 보이고 그래서 이러한 위협적인 사건들의 신호에 대해 끊임없이 경계한다.

유발(evocation) Buss에 의해 논의된 개인과 상황 간 상호작용의 유형. 이것은 특정한 성격특성이 환경, 특히 사회적 환경으로부터 일관된 반응을 유발할 수 있다는 생각에 기초한다.

유사성 짝짓기(assortative mating) 사람이 자신과 비슷한 사람과 결혼하는 현상. 성격 이외에도 사람들은 또한 신장이나 몸무게와 같은 신체적 특징에서 유사성 짝짓기를 보여준다.

유예(moratorium) 정체감에 대한 노력을 하기 전에 다양한 선택사항을 탐색하는 데 걸리는 시간. 대학은 인생으로부터 '잠깐 중지된 시간'이라고 여겨질 수 있다. 학생들은 하나의 삶의 길에 전념하기 전에 다양한 역할, 관계, 책임 등을 탐색할 수 있다.

유전과정의 폐기물(genetic junk) 인간 염색체에서 단백질 부호화 유전자가 아닌 98%의 DNA. 과학자들은 이 부분들이 기능이 없는 잔여물이라고 믿었다.

유전자(genes) 특징 있는 묶음들에서 부모로부터 자녀들에게 상속되는 DNA의 다발들. 이것들은 분리되지 않고 본래대로 자손들에게 상속되는 가장 작은 개별 단위이다.

유전형 분산(genotypic variance) 특정한 특성의 표현형 발현에서 개인차의 원인이 되는 유전적 분산

유전-환경 논쟁(nature-nurture debate) 유전자 또는 환경이 성격 결정요인에 더 중요한지의 여부에 대한 진행 중인 논쟁

의식(conscious) 사람이 현재 알고 있는 모든 생각, 감정, 이미지를 포함하는 마음의 부분. 사람이 현재 생각하고 있는 모든 것은 그 의식적인 마음속에 있다.

의식적 목표(conscious goals) 자신이 바라고 믿는 것이 소중하고 가치 있는 추구라는 것에 대한 사람의 인식

의식하지 못한 상태의 숙고(deliberation-without-awareness) 결정을 해야 할 일에 직면했을 때, 만약 사람이 어느 정도의 시간 동안 그 일을 의식적인 마음에서 잊어버릴 수 있다면, '무의식적인 마음'은 그 일을 계속 신중하게 생각할 것이고, 종종 얼마간의 시간 후에는 그 사람이 '갑작스럽고' 올바른 결정을 내릴 수 있도록 도와준다는 개념

이론(theories) 이론은 다른 사람들에 의해 반복될 수 있고, 유사한 결론을 산출하는 체계적인 관찰을 기반으로 한다.

이론적 접근(theoretical approach) 개인차의 중요한 측면을 확인하기 위한 이론적 접근은 어떤 변수가 중요한지를 알아내는 이론으로 시작한다. 이론적 전략은 어떤 변수가 측정하기 위해 중요한지를 특정한 방식으로 나타낸다.

이성간 경쟁(intersexual competition) 다윈의 이성간 선택에서 한 성별의 구성원들은 그 짝의 특정한 특성에 대한 선호도를 기초로 하여 짝을 선택한다. 이러한 특성을 가진 동물들은 좀 더 자주 짝으로 선택되고 그들의 유전자가 번창하기 때문에 이러한 특성들은 진화한다. 바람직한 특성이 부족한 동물들은 짝짓기에서 배제되고 그로 인해 그 유전자는 소멸된다.

이차 과정 사고(secondary process thinking) 자아는 이차 과정 사고에 관여하고, 이것은 문제 해결 및 만족을 얻기 위한 전략의 고안과 발달로 이어진다. 이 과정은 보통 욕구나 충동을 언제 그리고 어떻게 표현하는지에 대한 물리적 현실의 제약을 고려해야 한다는 것을 포함한다. 일차 과정 사고 참조.

인간 본성(human nature) 우리 종의 전형적이고 거의 모든 사람이 가지고 있는 성격의 특성과 메커니즘

인본주의적 전통(humanistic tradition) 인간주의 심리학자들은 인간의 삶에서 선택의 역할 및 의미 있고 만족스러운 삶을 만드는 것에 대한 책임감 등의 영향 등을 강조한다. 인

본주의적 접근에 따르면 어떤 사람의 삶의 의미는 그 사람이 한 선택들과 이러한 선택들에 대해 가지는 책임감에서 찾아볼 수 있다. 인본주의적 전통은 또한 성장 및 자신의 완전한 잠재력 실현 등에 대한 인간의 욕구를 강조한다. 인본주의적 전통에 의하면 만일 인간을 자신의 방식대로 둔다면, 인간은 긍정적이고 만족스러운 방향으로 성장하고 발전할 것이라고 추정된다.

인사선발(personnel selection) 고용주는 때때로 특정한 일에 특별히 적합한 사람을 선택하기 위해 성격검사를 이용한다. 혹은 특정한 특성을 가진 사람을 탈락시키거나 걸러내기 위해 성격 평가를 이용하기를 원할 수도 있다. 두 경우 모두 고용주가 많은 지원자 중에서 특정한 자리에 알맞은 사람을 선택하는 것과 관계가 있다.

인사선발절차에 대한 표준지침(Uniform Guidelines of Employee Selection Procedures) 이 지침의 목적은 모든 연방법, 특히 인종, 피부색, 종교, 성별, 출신 국가에 근거한 차별을 금지하는 요건을 충족시키는 인사선발을 위한 일련의 원칙을 제공하는 것이다. 이것은 성격 검사의 적절한 사용과 고용 환경에서의 다른 선발절차에 대하여 세부 사항을 제공한다.

인접성(adjacency) 위긴스의 원형 모델에서 인접성은 특성이 원형의 둘레에서 서로 얼마나 가까운지를 나타낸다. 모델 내에서 인접하거나 서로 옆에 있는 변수들은 양의 상관관계를 갖는다.

인종 혹은 성별 규준(race or gender norming) 1991년 시민 권법은 고용주들이 다른 집단의 사람들에게 서로 다른 표준이나 커트라인 점수를 사용하는 것을 금지한다. 예를 들면 회사가 선발 테스트에서 남성보다 여성에게 더 높은 기준을 설정하는 것은 불법일 수 있다.

인지(cognition) 인식, 해석, 기억, 믿음, 예측과 같은 특정한 정신적 행위뿐 아니라 의식과 생각을 나타내는 일반적인 용어

인지도식(cognitive schema) 도식은 들어온 정보를 처리하고, 일상생활의 사실들을 정리 및 해석하는 방식이다. 벡에 따르면 우울이 포함된 인지도식은 들어온 정보를 부정적인 방식으로 왜곡하고, 이것이 사람을 우울하게 만든다.

인지 삼제(cognitive triad) 벡에 따르면 우울증의 인지도식에 의해 가장 영향을 받는 삶의 세 가지 중요한 부분이 있다. 이러한 인지 삼제는 자신, 세상, 미래에 대한 정보를 포함한다.

인지적 무의식(cognitive unconscious) 무의식에 대한 인지적 관점에서 무의식적인 마음의 내용은 의식에서의 생각과 동일하게 작동하는 것으로 여겨진다. 생각은 무의식이다. 왜냐하면 생각이 억압되었거나 용납될 수 없는 충동이나 바람을 나타내기 때문이 아니라 의식적인 지각 속에 있지 않기 때문이다.

인지적 접근(cognitive approaches) 사람들이 생각하는 방식의 차이는 성격에 대한 인지적 접근의 초점이 된다. 이러한 접근을 연구하는 심리학자들은 사람들이 서로 다른 이유와 방식을 이해하기 위한 노력으로, 사람들이 인식하고 해석하고 기억하고 계획하는 방식과 같은 인지의 구성요소에 초점을 맞춘다.

일관성(consistency) 특성 이론은 성격이 시간의 경과에 따라 어느 정도의 일관성이 있다고 가정한다. 만약 어떤 사람이 일정의 관찰 기간 동안 외향성이 높았다면, 특성심리학자들은 그 사람이 내일, 다음 주, 1년 후, 혹은 심지어 수십 년 후에도 외향적일 것이라고 가정하는 경향이 있다.

일반 적응증후군(general adaptation syndrome, GAS) GAS는 세 가지 단계로 이루어져 있다. 스트레스 유발 요인이 처음으로 나타났을 때, 사람들은 경고 단계를 경험한다. 만약 스트레스 유발 요인이 지속되면, 저항 단계가 시작한다. 만약 스트레스 유발 요인이 계속 유지되면, 그 사람은 결국 세 번째 단계, 소진 단계에 들어간다.

일반화된 기대(generalized expectancies) 다양한 상황을 견디는 강화에 대한 사람의 기대(Rotter, 1971, 1990). 사람들이 새로운 상황에 직면했을 때, 그들은 무슨 일이 일어날 것인지에 대한 기대를 자신이 그 사건에 영향력을 가지고 있는지 여부에 관한 일반화된 기대에 근거를 둔다.

일부다처 효과(effective polygyny) 여성 포유류는 임신과 수유의 신체적 부담을 갖기 때문에 최소한의 의무적인 부모 투자에는 상당한 성 차이가 있다. 이 차이는 성별 사이의 번식에 대한 격차의 차이로 이어진다. 대부분의 여성은 자손을 가질 것이고, 반면에 몇몇 남성은 많은 자손의 아버지가 될

것이고, 일부는 아무것도 갖지 않을 것이다. 이것은 일부 다처 효과로 알려져 있다.

일상의 골칫거리(daily hassles) 대부분 사람들의 삶에서 스트레스의 주요 원천. 비록 심각하지는 않지만 일상의 골칫거리는 만성적이고 반복적일 수 있다. 예를 들면 항상 할 일이 많은 것, 군중 사이에서 쇼핑하는 것, 돈에 대한 걱정 등이 있다. 이러한 일상의 골칫거리는 삶의 중요한 사건들에 의해 유발되는 것과 동일한 일반 적응증후군을 일으키지는 않지만 만성적으로 짜증이 나게 할 수 있다.

일주기 리듬(circadian rhythms) 많은 생물학적 과정은 대략 24~25시간 주기로 변동한다. 이것을 일주기 리듬이라고 부른다. 시간 격리 연구에 의하면, 일주기 리듬은 어떤 사람에게서는 16시간 정도로 짧고, 또 다른 사람은 50시간 정도로 긴 것으로 밝혀졌다(Wehr & Coodwin, 1981).

일차 과정 사고(primary process thinking) 의식적인 사고나 현실에 입각한 논리적인 규칙이 없는 생각. 꿈과 판타지는 일차 과정 사고의 예들이다. 비록 일차 과정 사고가 현실의 정상적인 규칙을 따르지는 않지만(예 : 사람들은 꿈에서 날아다니거나 벽 위를 걷기도 한다), 프로이트는 일차 과정 사고에서 작용하는 원리들이 있고, 이러한 원리들은 발견될 수 있다고 믿었다.

일화적 급성 스트레스(episodic acute stress) 매일 한 가지 이상의 일을 해야 하는 것, 어려운 인척과 시간을 보내야만 하는 것, 반복되는 월간 마감일을 맞추어야만 하는 것 등과 같이 급성 스트레스의 반복적인 일화들

자극 추구(novelty seeking) Cloninger의 3차원 성격 모델에 따르면 자극 추구의 성격특성은 낮은 수준의 도파민을 근거로 한다. 도파민의 낮은 수준은 도파민을 증가시키는 물질이나 경험을 얻기 위해 충동 상태를 만든다. 자극, 설렘, 흥분 등은 낮은 수준의 도파민을 보충할 수 있고, 그래서 자극 추구 행동은 이 신경전달물질의 낮은 수준이 원인으로 추정된다.

자기충족적 예언(self-fulfilling prophecy) 믿음이 현실이 되는 경향. 예를 들면 자신이 '완전한 실패'라고 생각하는 사람은 종종 완전히 실패한 것처럼 행동할 것이고, 심지어 더 나아지려고 노력하는 것을 포기할 수도 있다. 그래서 자기충족적 예언을 만든다.

자기귀인 동기(self-attributed motivation) McClelland는 자기귀인 동기가 주로 자신의 의식적인 동기에 대한 자기인식이라고 주장하였다. 이러한 자기귀인 동기는 자신에게 중요한 것에 대한 의식적인 인식을 반영한다. McClelland는 자기귀인 동기가 즉각적이고 특정한 상황 및 행동과 태도의 선택에 대한 반응을 예측한다고 주장하였다. 암묵적 동기 참조.

자기도식(self-schema) 자기개념에 대한 특정한 지식 구조 또는 인지적 표상. 자기도식은 자기개념에 대한 관련된 구성요소의 네트워크이다.

자기보고 자료(self-report data, S-data) 사람이 말로 자신에 대해 밝히는 정보로, 종종 설문이나 인터뷰를 기초로 한다. 자기보고 자료는 사람에게 질문을 제기하는 인터뷰, 사건이 발생할 때 그 사람이 그것을 기록하는 정기적인 보고서, 다양한 종류의 설문지 등을 포함한 다양한 수단을 통해 얻을 수 있다.

자기실현 욕구(self-actualization need) 매슬로는 자기실현을 "사람이 점점 더 고유하게 되는 것, 될 수 있는 모든 것이 되는 것"이라고 정의하였다. 매슬로의 욕구 위계의 정점은 자기실현 욕구이다. 매슬로는 자기실현을 묘사하는 것에 관심이 있었다. 칼 로저스의 연구는 사람이 자기실현을 성취하는 방식에 초점을 맞추었다.

자아(ego) 현실에서 원초아를 제한하는 마음의 부분. 프로이트에 따르면, 자아는 삶의 첫 2년 또는 3년 안에 성장한다. 자아는 현실 원리에 따라 작동한다. 자아는 원초아의 충동이 종종 사회적 및 물리적 현실과 충돌하므로, 원초아 충동의 직접적인 표현은 전용되거나 연기되어야 한다는 것을 이해한다.

자아 고갈(ego depletion) 자기통제의 노력이 정신 에너지의 감소를 야기하는 경우

자아심리학(ego psychology) 프로이트 이후 정신분석가들은 자아가 좀 더 관심을 받았어야 했고, 다양한 구성적 기능을 수행했다고 느꼈다. 에릭슨은 자아가 성격의 영향력 있고 독립적인 부분으로서 환경에 대한 숙달, 목표 달성, 그로 인한 정체감 확립 등에 관여한다고 강조하였다. 에릭슨으로부터 시작된 정신분석 접근을 자아심리학이라고 부른다.

자연관찰(naturalistic observation)   관찰자들은 참가자들의 평범한 생활 과정에서 일어나는 사건들을 목격하고 기록한다. 예를 들면 아이를 하루 종일 따라다니며 볼 수도 있고, 또는 관찰자가 참가자의 집에서 행동을 기록할 수 있다. 자연 관찰은 연구자들에게 개인 일상생활의 실제 상황에 대한 정보를 획득할 수 있는 장점을 제공하지만, 목격된 사건과 행동 표본을 통제할 수 없다는 희생을 감수해야 한다.

자연 선택(natural selection)   다윈은 유기체가 더 잘 생존하고 번식할 수 있게 해주는 변종이 더 많은 자손을 생산한다고 추론하였다. 그러므로 그 자손은 조상들의 생존과 번식을 초래하는 변종을 물려받을 것이다. 이 과정을 통해서 성공적인 변종은 선택되고, 성공하지 못한 변종은 퇴출된다. 그래서 자연 선택은 성공적인 변종의 빈도가 증가하고 결국에는 덜 성공적인 변종에 대체되어 유전자 풀(pool) 전체에 퍼지게 되면서, 시간의 경과에 따라 종이 점진적으로 변화하는 결과가 된다.

자연의 적대적 속성(hostile force of nature)   자연의 적대적 속성은 다윈이 생존을 방해하는 사건이라고 주장했던 것이다. 자연의 적대적 속성은 식량 부족, 질병, 기생충, 포식자, 극심한 기후 등을 포함한다.

자유 러닝(free running)   일주기 리듬에 대한 연구에서의 조건으로 참가자들이 시간을 알지 못하는 상태이다(예 : 식사는 사전에 정해진 시간이 아닌 참가자들이 원할 때 제공된다). 사람이 제때 내키는 대로 할 때, 행동이나 생물학에 영향을 미치는 시간 단서는 주어지지 않는다.

자존감 욕구(esteem needs)   매슬로 동기부여 위계의 네 번째 단계. 두 가지 유형의 자존감이 있다: 다른 사람으로부터의 존중과 자신으로부터의 존중. 후자는 종종 전자에 의해 결정된다. 사람들은 다른 사람들에게 유능하고, 강하고, 성취할 능력이 있는 사람으로 보이기를 원한다. 사람들은 다른 사람들에게 자신의 성취와 능력에 대해 존경받기를 원한다. 또한 자신에 대해 좋은 느낌을 갖기를 원한다.

작동 모형(working models)   부모, 특히 엄마에 대한 유아의 초기 경험과 반응은 나중의 성인 관계에 대한 Bowlby가 말한 '작동 모형'이 된다. 이 작동 모형은 관계에 대한 무의식적 기대의 형태로 내재화된다.

잠재기(latency stage)   프로이트의 심리성적 발달 단계의 네 번째 단계. 이 단계는 약 6세부터 사춘기까지 나타난다. 프로이트는 이 시기 동안에 특정한 성적 갈등이 거의 없다고 믿었고, 심리적 휴식기 또는 잠재기라고 하였다. 그 후의 정신분석가들은 자신에 대한 결정을 하는 것을 배우는 것, 다른 사람들과 상호작용하고 친구를 만드는 것, 정체감의 발달, 일의 의미를 배우는 것 등과 같은 많은 발달이 이 시기 동안 일어난다고 주장하고 있다. 잠재기는 사춘기에 의해 유발되는 성적 자각으로 끝이 난다.

장 독립성(field independence)   Witkin의 막대와 틀 검사에서 만약 참가자가 경사진 틀 방향으로 기울게 하기 위해서 막대를 조정한다면, 그 사람은 시야에 대해 의존적 또는 장 의존적이라고 말할 수 있다. 만약 참가자가 외부 단서를 무시하고, 대신에 막대를 수직으로 세우려고 조정하기 위해 자신의 신체로부터의 정보를 이용한다면, 그 사람은 그 장에 대해 독립적 또는 장 독립적이라고 말할 수 있다. 판단을 내리기 위해 그 장에 대한 인식이 아닌, 자신의 감각에 의존하는 것으로 보이는 것. 이러한 개인차는 멀티미디어 교육과 같은 복잡한 감각 분야에서 정보를 얻어내야 하는 상황에 영향을 미칠 수 있다.

장 의존성(field dependence)   장 독립성 참조

저항 단계(resistance stage)   셀리에의 일반 적응증후군 두 번째 단계. 여기서 비록 즉각적인 투쟁-도피 반응은 가라앉았지만, 몸은 평균 이상으로 자원을 이용하고 있다. 스트레스는 견디고 있지만, 그 노력은 사람의 자원과 에너지를 요구하고 있다.

적대감(hostility)   매일매일의 좌절에 대해서 분노와 공격성을 가지고 반응하는 경향으로, 매일의 상호작용에서 쉽게 짜증을 내고, 자주 분노를 느끼고, 무례하고, 비판적이고, 적대적이고, 비협조적인 태도로 행동한다(Dembrowski & Costa, 1987). 적대감은 A유형 행동 패턴의 하위특성이다.

적대적 귀인 편향(hostile attributional bias)   타인의 불확실하거나 분명하지 않은 행동에 대하여 적대적인 의도로 추측하는 경향. 공격적인 사람은 본질적으로 다른 사람들도 자신을 향해 적대적일 것이라고 예상한다.

적응(adaptation)   자연의 적대적인 힘에 의해 제기되는 생

존과 번식 문제에 대한 유전적 해결책. 적응은 선택적인 과정의 기본적인 산물이다. 적응은 "유기체에서 안정적으로 발달하는 구조로, 이것은 세상의 반복되는 구조와 맞물리기 때문에 적응적인 문제에 대한 해결책을 야기한다".

적응 문제(adaptive problem) 생존이나 번식을 방해하는 것. 모든 적응은 그들이 진화하는 동안 적합성에 기여해야 하며, 이것은 유기체가 생존하고 번식하고 또는 유전적 친척들의 번식 성공이 용이하도록 도움을 준다. 적응은 적응상의 문제를 해결하고 그에 따라 번식 성공에 도움을 주는 방식으로 세계의 반복적인 구조에서 발생하고 상호작용한다.

적응의 부산물(byproducts of adaptations) 적응이 아니고, 다른 적응의 부산물인 진화적 메커니즘. 예를 들면 코는 분명히 냄새를 맡기 위하여 만들어진 적응이다. 그러나 안경을 받치기 위해 코를 이용하는 것은 부수적인 부산물이다.

전두엽 비대칭(frontal brain asymmetry) 뇌의 전두엽 왼쪽과 오른쪽 부분에서의 활동량 비대칭. EEG 측정을 이용한 연구는 즐거운 감정과 좌뇌 활동성 증가, 부정적인 감정과 우뇌 활동성 증가와 관련이 있다고 하였다.

전반적인 자존감(global self-esteem) 가장 빈번하게 측정되는 자존감의 구성요소. "한 사람으로서 자신에 대해 갖고 있는 전반적 존중의 수준"으로 정의된다(Harter, 1993, p. 88). 전반적인 자존감은 매우 긍정적부터 매우 부정적인 수준까지 다양할 수 있고, 가장 폭넓은 수준에서의 자신에 대한 전반적인 평가를 반영한다(Kling et al., 1999). 전반적인 자존감은 기능하는 것의 다양한 측면들과 연결되어 있고, 일반적으로 정신건강에 가장 중요하다고 생각된다.

전의식(preconscious) 사람이 현재 깨닫고 있지는 않지만, 쉽게 되찾을 수 있고 의식할 수 있는 어떤 정보는 전의식의 마음 안에서 발견된다.

전전두피질(prefrontal cortex) 감정 조절에 상당히 활동적인 것으로 밝혀진 두뇌의 영역. 폭력적인 행동을 하는 많은 사람들은 부정적인 정서 통제의 원인이 되는 것으로 추정되는 뇌의 부분인 전두엽 영역에 신경학적 결함을 드러낸다.

전측 대상회(anterior cingulate) 전측 대상회는 뇌의 중심 깊숙이 위치하였고 아마도 신경계의 진화 초기에 진화되었을 것이다. 뇌 부분들의 증가한 활성화를 추적하기 위해 fMRI를 이용한 실험에서 전측 대상회는 사회적 배제를 포함한 감정과 관련이 있는 뇌의 영역으로 생각된다.

전위(displacement) 무의식적 방어기제로, 사람이 특정한 다른 사람에게 어떤 부적절한 충동이나 용납할 수 없는 느낌(예 : 분노, 성적 매력)을 가진 것에 대한 인정의 회피를 의미한다. 이러한 느낌은 좀 더 적절하거나 용납되는 또 다른 사람이나 사물에 전위된다.

점화(priming) 점화되지 않은 자료보다 의식적인 지각에 좀 더 접근하기 쉬운 관련된 자료를 만드는 기술. 식역하 점화를 이용한 연구는 의식적인 경험을 통하지는 않았지만 어떤 영향을 미칠 수 있는 정보가 마음 안으로 들어올 수 있다는 것을 보여준다.

정동 강도(affect intensity) Larsen와 Diener(1987)는 높은 정동 강도의 사람을 일반적으로 자신의 정서를 강하게 경험하고 정서적으로 반응적이고 가변적인 사람이라고 묘사한다. 정동 강도가 낮은 사람은 일반적으로 자신의 정서를 약하게 경험하고 점진적인 변동과 가벼운 반응을 나타낸다.

정보처리(information processing) 감각 입력을 정신적 표현으로 전환하고 그 표현을 조작하는 것

정서(emotions) 정서는 세 가지 구성요소에 의해 정의될 수 있다. (1) 정서와 관련된 뚜렷한 주관적인 느낌이나 감정. (2) 신체, 주로 신경계의 변화를 동반하고, 호흡, 심박수, 근육 긴장, 혈액 화학치, 얼굴 및 신체 표현 등과 관련된 변화를 초래한다. (3) 정서는 뚜렷한 행동 경향성 또는 특정한 행동이 나타날 확률의 증가를 동반한다.

정서 상태(emotional states) 사람이 상황이나 환경에 더 의존하는 일시적인 상태. 상태로서의 정서는 특정한 원인을 가지고 있고, 그 원인은 일반적으로 그 사람의 외부에 있다(무슨 일이 환경에서 일어난다).

정서지능(emotional intelligence) 다음의 능력으로 구성된 지능의 적응적인 형태. (1) 자신의 감정을 아는 능력, (2) 자신의 감정을 통제하는 능력, (3) 자신에게 동기부여하는 능력, (4) 다른 사람들이 어떻게 느끼는지를 아는 능력, (5) 다른 사람들의 감정에 영향을 줄 수 있는 능력. Goleman은 정서지능이 지능과 적성에 대한 전통적인 측정보다 전문적 지위, 결혼의 질, 급여 등을 더 강하게 예측한다고 단정하였다.

정서 특성(emotional traits) 주로 특정한 정서에 의해 특징 지어지는 안정적인 성격특성. 예를 들면 신경증적 특성은 주로 불안과 걱정의 정서에 의해 특징지어진다.

정서적 안정성(emotional stability) 정서적 안정성은 5요인 모델의 네 번째 성격특성으로, 영어의 특성 단어를 항목으로 사용한 연구에서 반복검증으로 입증한 모델이다. 정서적 안정성을 나타내는 형용사는 '차분한', '평온한', '침울하지 않은', '침착한' 등이 있다.

정서적 억제(emotional inhibition) 정서적 표현의 억제. 종종 특성으로 생각된다(예 : 어떤 사람들은 만성적으로 정서를 억제한다).

정신 에너지(psychic energy) 지그문트 프로이트에 따르면 각 개인 내에 있는 에너지의 원천으로, 그 사람이 어떤 것을 하고 다른 것을 하지 않는 것에 동기부여하는 것. 프로이트의 관점에서 이것은 모든 인간 활동에 동기부여하는 에너지이다.

정신내적 영역(intrapsychic domain) 성격의 정신 메커니즘을 다루며, 그중 다수는 의식의 영역 밖에서 작동한다. 이 영역에서 지배적인 이론은 프로이트의 정신분석이다. 정신분석 이론은 본능적 시스템에 대한 근본적 가정, 즉 인간 활동의 많은 부분을 이끌고 활력을 불어넣을 것으로 추정되는 성적, 공격적인 힘이다. 또한 억압, 거부, 투사와 같은 방어 메커니즘을 포함한다.

정직-겸손(honest-humility) 5요인 모델에 새롭게 추가된 성격특성으로 이 특성이 포함됨으로써 HEXACO 모델로 불리게 되었다. 정직-겸손을 나타내는 주요 형용사는 '진실한', '성실한', '공정한', '충직한' 등이다.

정체감 압류(identity foreclosure) 사람은 가치관, 관계, 또는 직업 등에 대한 확고한 의지를 가지고 위기에서 벗어나는 것이 아니라, 대안을 탐색하지 않고 정체감을 형성한다. 한 예는 젊은 사람들이 의심 없이 부모, 문화, 또는 종교 집단 등의 가치관을 받아들이는 것이다.

정체감 위기(identity crisis) 에릭슨의 용어는 사람이 정체감에 대한 강한 의식이 발달하지 않았을 때 느끼는 절망감, 불안, 혼란 등을 나타낸다. 정체감 위기의 시기는 일반적으로 청소년기에 겪는 경험이다. 그러나 일부 사람들은 늦은 나이에 나타나거나, 더 길게 지속되기도 한다. Baumeister는 두 가지 구별되는 유형의 정체감 위기가 있다고 제안하고, 이것을 정체감 부족과 정체감 갈등이라고 칭했다.

정체감 혼란(identity confusion) 사람이 가치관, 직업, 관계, 이념 등의 면에서 자신이 진정으로 누구인지에 대한 강한 인식이 아직 형성되지 않은 시기

제한적 성적 전략(restricted sexual strategy) Gangestad와 Simpson(1990)에 따르면 투자를 많이 하는 짝을 찾는 여성은 성관계의 지연과 장기적인 구애를 특징으로 하는 제한적 성적 전략을 채택할 것이다. 이를 통해 여성은 남성의 헌신 수준을 평가하고, 다른 여성과 아이들에 대해 이전에 헌신했었는지를 평가하며 여성의 성적 충실성을 남성에게 알림으로써 미래 자손의 친자 관계를 확신시킬 수 있다.

조건적인 긍정적 관심(coditional positive regard) 로저스에 따르면, 사람들은 자신의 삶에서 부모와 중요한 다른 사람들로부터 사랑과 존중 및 긍정적인 관심을 얻기 위해서 특정한 방식으로 행동한다. 어떤 조건을 충족시켜야만 얻을 수 있는 긍정적 관심을 조건적인 긍정직 관심이라고 한다.

조급성(surgency) 접근 행동, 높은 활동성, 충동 등을 포함하는 행동들의 집합

조망 수용(perspective taking) 10대 동안의 자기개념에 대한 최종 전개. 다른 사람들의 관점을 이해하는 능력, 또는 다른 사람들이 하는 것처럼 자신을 보는 것, 자기 자신으로부터 밖으로 나가서 자신이 다른 사람에게 어떻게 보이는지를 상상하는 것 등을 말한다. 많은 10대가 이 시기 동안 극심한 자의식의 시기, 즉 그들이 다른 사람에게 어떻게 보이는가에 많은 에너지를 집중하는 시기를 겪는다.

조작(manipulation) 실험을 하는 연구자들은 한 변수(조작된 변수 또는 독립변수)가 다른 변수(종속변수)에 미치는 영향을 평가하기 위해 조작을 이용한다.

조절 변수(moderator) 하나의 변수(조절 변수)가 다른 두 가지 변수 사이의 정도나 상관관계에 영향을 미치는 상황을 묘사한다. 예를 들면 만약 신경증이 높은 사람이 스트레스와 질병 사이에 강한 상관관계를 보여주었고 신경증이 낮은 사람이 스트레스와 질병 사이의 상관관계가 약하거나 없다는 것을 보여주었다면, 우리는 신경증이 스트레스-질병 관계의

조절 변수라고 말할 수 있다.

조직화(organized) '조직화'는 특정한 사람에 대한 심리적 특성 및 메커니즘이 단순히 무작위적 요소들의 집합이 아니라는 것을 의미한다. 오히려 메커니즘과 특성은 조직화된 방식으로 서로 연결되어 있기 때문에 성격은 일관성이 있다.

종 특이성(omain specific) 적응은 전문적인 적응상의 문제를 해결하기 위한 진화적 과정에 의해 '설계'되었다는 의미에서 종 특이성으로 추정된다. 종 특이성은 선택이 각 특정한 적응 문제를 위한 특정 메커니즘을 만드는 경향이 있다는 것을 시사한다.

좋은 이론(good theory) 연구자들에게 유용한 지침의 역할을 하고 알려진 사실들을 체계화하고 미래 관찰에 대한 예측을 하게 하는 이론

주요 생활사건(major life events) Holmes와 Rahe에 따르면, 주요 생활사건은 사람이 자신의 삶에서 주요한 적응을 하도록 요구한다. 죽음이나 이혼 또는 이별을 통해 배우자를 잃는 것은 가장 스트레스가 많은 사건이고 그 뒤를 잇는 것들은 수감되는 것, 죽음으로 가까운 가족을 잃는 것, 또는 심하게 다치는 것 등이 있다.

주제 통각 검사(Thematic Apperception Test, TAT) Murray와 Morgan이 개발한 것으로 검은색과 흰색의 모호한 사진들의 조합으로 구성되어 있는 투사적 평가 기법이다. 사람에게 사진을 보여주고, 각 사진에서 일어나고 있는 것을 해석하여 짧은 이야기를 쓰도록 한다. 그리고 심리학자는 특정한 동기들과 관련이 있는 이미지의 존재에 대한 이야기를 코드화한다. 오늘날 TAT는 여전히 대중적인 성격 평가 기법으로 이용되고 있다.

중다-동기 망(multi-motive grid) 동기를 평가하기 위해 고안되었으며, 이것은 성취, 권력, 또는 친밀감을 나타내는 14가지의 사진을 이용하고, 중요한 동기부여 상태에 대한 일련의 질문을 이용하여 피검자들로부터 대답을 이끌어낸다. 이 이론에서 그 사진들로부터 끌어낸 동기들은 피검자가 검사 질문에 대답하는 방식에 영향을 미칠 것이다.

지각 감수성(perceptual sensitivity) 환경으로부터 포착하기 힘든 자극을 감지하는 능력

지속(enduring) '지속'의 의미는 심리적 특성이 일반적으로 시간의 경과, 특히 성인기와 상황의 변화에도 일정하다는 것이다.

지적-개방성(intellect-openness) 지적-개방성은 5요인 모델의 다섯 번째 성격특성으로, 영어의 특성 단어를 항목으로 사용한 연구에서 반복검증한 모델이다. 개방성을 나타내는 주요 형용사는 '창의적인', '상상력이 풍부한', '지적인' 등이 있다. 개방성이 높은 사람은 자신의 꿈을 더 많이 기억하고, 생생하고 예언적이거나 문제 해결의 꿈을 꾸는 경향이 있다.

직교성(orthogonality) 원형 모델의 측면에서 논의된 바와 같이, 직교성은 모델에서 서로 직각(90도의 분리 혹은 서로에 대한 직각)인 특성들은 서로 관련이 없다고 명시한다. 일반적으로 직각이라는 용어는 특성 간의 상관관계가 0이라는 사실을 설명하는 데 사용된다.

직무분석(job analysis) 특정한 업무를 위한 고용에 대해 심리학자는 일반적으로 그 업무의 필요조건을 분석하는 것으로 시작하는 것으로 기업을 지원한다. 심리학자는 그 특정한 업무를 하고 있는 근로자나 그 업무를 관리하고 있는 감독관을 인터뷰할 수 있다. 심리학자는 그 일에 필요한 특정한 구두, 서면, 실적, 사회적 기술 등에 주목하여 그 업무를 하고 있는 근로자를 관찰할 수 있다. 또한 심리학자는 그 업무와 관련된 특별한 압박감이나 책임감을 확인하기 위한 노력으로 업무 환경의 물리적 및 사회적 측면을 고려할 수 있다. 이러한 직무분석을 기초로 하여, 심리학자는 그 업무를 잘 수행하기 위해 가장 잘 맞는 능력의 종류와 성격특성에 대한 몇 가지 가설을 전개시킨다.

진실성에 대한 외현적/암묵적 측정(overt and covert integrity measure) 두 가지 방식의 측정은 기업 및 산업에 이용되는 자기보고 측정의 진실성이다. 외현적 측정은 과도한 결근 혹은 절도와 같은 과거의 직장 내 진실성 위반과 직접적으로 관련된 질문을 포함한다. 암묵적 측정은 성실성과 같은 직장 내 진실성과 연관성이 있는 성격특성에 대한 질문과 같은 진실성과 간접적으로 관련이 있는 질문을 포함한다.

진화 과정의 잡음(evolusionary noise) 선택에 대하여 중립적인 무작위적 변화

진화의 부산물(evolutionary byproducts) 사실 적응으로 간

주되지 않는 변화로 진화된 부수적인 결과. 예를 들면 코는 안경을 받쳐 주지만, 이것은 코가 그것을 위해 진화한 것은 아니다.

진화적으로 예측되는 성차(evolutionary-predicted sex differences) 진화심리학은 남성과 여성이 동일하거나 유사한 적응 문제(예 : 두 성별 모두 온도 조절에 대한 적응 문제가 있기 때문에 모두 땀샘을 가지고 있다)에 직면한 모든 영역에서 동일하거나 유사할 것이고, 남성과 여성이 상당히 다른 적응 문제에 직면할 때 다를 것이라고 예측한다(예 : 신체적 영역에서 여성은 출산의 문제가 있고, 그래서 혈류로 옥시토신을 방출함으로써 분만을 위한 수축을 일으키는 메커니즘과 같은 남성에게는 부족한 적응이 진화하였다).

질병행동 모델(illness behavior model) 성격은 사람이 신체의 감각을 인식하고 주의를 기울이는 정도와, 이러한 감각들을 질병으로 해석하고 꼬리표를 붙이는 정도에 영향을 미친다.

집단 간 차이(difference among groups) 한 집단의 사람들이 공통적으로 특정한 속성을 가짐으로써 다른 집단의 사람들과 구별되는 것

집적(aggregation) 행동에 대한 여러 개의 단일 관찰을 합산하거나 평균을 내는 것이 단일 관찰보다 성격특성 측정에 더 나은 결과를 가져온다. 이러한 접근은 성격특성이 행동의 평균 성향, 즉 사람들이 평균적으로 어떻게 행동하는지를 나타낸다는 것을 의미한다.

차등 유전자 번식(differential gene reproduction) 다른 사람들보다 더 많이 번식한 유기체의 유전자는 덜 번식한 유기체의 유전자보다 더 큰 빈도로 미래 세대로 전해 내려간다는 이론. 일반적으로 생존은 번식 성공에 대단히 중요하기 때문에 더 많은 생존을 야기하는 특성들은 계속 이어지게 된다. 짝짓기 경쟁에서의 성공은 또한 번식 성공에 매우 중요하기 때문에 동성간 경쟁이나 짝 선택에서 성공을 야기하는 특징들은 계속 이어지게 된다. 그러므로 성공적인 생존 및 성공적인 짝짓기 경쟁은 차등 유전자 번식의 두 부분이다.

차별효과(disparate impact) 보호된 집단의 사람들에게 불리한 고용 관행. 대법원은 차별효과를 입증하기 위해 필요한 격차의 크기를 정의하지 않았다. 대부분의 법원은 격차를 우연히 발생하지 않을 것 같은 만큼 충분히 큰 차이로 정의한

다. 그러나 일부 법원은 인사선발절차에 대한 표준지침에 포함된 80%의 규칙을 선호한다. 이 규칙에 따르면 어떤 인종, 성별, 민족 집단 등의 선택 비율이 가장 높은 선택률을 가진 집단 비율의 4/5(또는 80%) 미만일 경우 역효과가 발생한다.

차원적 접근(dimensional approach) 연구자들은 다양한 감정들에 대해 피검자가 자신을 평가하도록 하여 데이터를 수집하고, 통계적 기법(대개는 요인분석)을 적용하여 평가의 근원이 되는 기본적인 차원을 확인한다. 대부분의 연구들은 피검자들이 단 두 가지 기본적인 차원을 이용하여 감정을 분류한다고 제시한다. 그 감정이 얼마나 좋은가 또는 불쾌한가와 감정이 얼마나 흥분되었는지 또는 가라앉았는지 등으로 분류한다.

차이심리학(differential psychology) 사람들 사이의 차이에 대한 연구에 중점을 두기 때문에 특성심리학은 때때로 이 하위 분야를 다른 분야의 성격심리학과 구별하기 위해 차이심리학으로 불렀다. 차이심리학은 능력, 적성 및 지능과 같은 성격특성 외에 개인차에 대한 다른 형태의 연구를 포함한다.

책임감 훈련(responsibility training) 자라면서 동생들을 돌보게 하는 것과 같은, 책임감 있게 행동하는 것을 배우는 기회를 제공하는 삶의 경험들. 권력 욕구와 관련이 있는 충동적 행동에서 중간 정도의 성차를 나타낸다.

초자아(superego) 사회의 가치, 도덕, 이상 등을 내면화하는 성격의 일부. 초자아는 우리가 잘못된 일을 했을 때, 죄책감, 수치심, 당황함을 느끼게 하고, 옳은 일을 했을 때 자부심을 느끼게 한다. 초자아는 완벽함에 대한 도덕적 목표 및 이상을 설정하고, 옳고 그른 것에 대한 판단의 근원이 된다.

최적의 각성 수준(optimal level of arousal) 헵(Hebb)은 사람들이 최적의 각성 수준에 도달하기 위해 동기부여된다고 믿었다. 사람들이 이 수준과 비교하여 낮게 각성되었다면 각성의 증가는 보상이다. 반대로 기준보다 높게 각성되었다면 각성의 감소가 보상이다. 최적의 각성 수준을 통해 헵은 어떤 주어진 과제에 대해 '딱 알맞은' 수준이 있음을 함축하였다.

충동성(impulsivity) 잠재적으로 보상이 있는 활동에서 자기통제가 낮아지는 경향, 생각하기 전에 행동을 하는 경향, 자신의 행동에 대한 결과를 예상하는 능력이 낮은 것을 나타내는 성격특성을 의미한다.

충분히 기능하는 사람(fully functioning person)   로저스에 따르면 충분히 기능하는 사람은 자기실현을 향해 가는 사람이다. 충분히 기능하는 사람은 실제로 아직 자기실현을 하지 않았을 수도 있지만 이 목표를 향해 움직이는 데 있어서 막히거나 샛길로 빠지지 않는다. 이러한 사람은 새로운 경험에 개방되어 있고 새로운 아이디어를 두려워하지 않는다. 그들은 삶을 최대한 받아들인다. 또한 충분히 기능하는 사람은 현재에 중심을 둔다. 그들은 과거나 후회에 연연하지 않는다. 충분히 기능하는 사람은 또한 자기 자신, 자신의 느낌, 자신의 판단을 신뢰한다.

취약성-스트레스 모형(diathesis-stress model)   우울해지는 사람들 중에는 기존의 취약성 또는 병적 소인이 존재함을 시사한다. 우울증을 촉발하기 위해서는 이러한 취약성에 더하여, 사랑하는 사람을 잃거나 어떤 다른 주요한 삶의 부정적인 사건과 같은 스트레스를 주는 일들이 일어나야 한다. 그 사건들은 우울증이 생기기 위해서 함께 일어나야 한다(나쁘거나 스트레스를 주는 일들이 우울증에 특정한 취약성을 가진 사람들에게 일어나야 한다).

친밀감 욕구(need for intimacy)   McAdams는 친밀감 욕구를 "다른 사람들과의 다정하고, 친밀하고, 의사소통적인 상호작용에 대한 반복적인 선호 또는 의향"이라고 정의한다(1990, p. 198). 친밀감 욕구가 높은 사람은 이 욕구가 낮은 사람보다 일상생활에서 좀 더 친밀하고 의미 있는 인적 교류를 원한다.

코르티솔(cortisol)   신체가 도피 또는 투쟁을 준비하기 위한 스트레스 호르몬. 혈액 내 코르티솔의 증가는 동물이 최근 스트레스를 경험하고 있다는 것을 나타낸다.

쾌락 원리(pleasure principle)   즉각적인 만족감에 대한 욕구. 원초아는 쾌락 원리에 따라 작동한다. 그러므로 이것은 이성에 귀 기울이지 않고 논리를 따르지 않고 가치나 도덕이 없고(즉각적인 만족감 외에) 인내심도 거의 없다.

타나토스(thanatos)   프로이트는 인간이 파괴를 향한 근본적인 본능을 가지고 있고, 이러한 본능은 종종 다른 사람들을 향한 공격성에서 분명해진다고 가정하였다. 두 가지 본능은 생의 본능(리비도)과 죽음의 본능(타나토스)이다. 타나토스가 죽음의 본능으로 간주되기는 하지만, 프로이트는 또한 이 용어를 다른 사람들이나 자신을 향한 파괴, 손상, 또는 공격의 충동 등을 나타내는 데 사용하였다.

통각(apperception)   개인의 욕구가 환경, 특히 모호한 환경을 어떻게 지각하는지에 영향을 끼친다는 개념. 환경을 해석하고 그 상황에서 진행되고 있는 것의 의미를 지각하는 행동

통계적 접근(statistical approach)   다수의 사람들이 특정 항목에 대한 자체 평가를 하고, 통계적 절차를 이용하여 함께 모여 있는 항목의 집단이나 무리를 확인한다. 통계적 접근의 목표는 성격 지도의 주요 범위 또는 '좌표'를 식별하는 것이다.

통과 의례(rite of passage)   일부 문화와 종교는 통과의례 의식 절차를 시행하는데, 일반적으로 청소년기에 시행되며 어린이가 성인기로 들어섰다는 의식이다. 이러한 의식 후에 때때로 청소년에게 성인 정체성을 부여하는 새로운 이름이 주어진다.

통제 소재(locus of control)   자신의 삶에서 일어난 사건에 대한 책임감의 인식. 이것은 사람이 책임을 전가하는 소재에 대한 성향을 나타내는 것으로 내부적으로는 자기 자신, 외부적으로는 운명, 행운, 또는 기회 등이 있다. 통제 소재 연구는 1950년대 중반 Rotter가 사회적 학습 이론을 발전시킬 때 시작되었다.

투사(projection)   우리는 때때로 자신에게서 발견되는 가장 화나게 하는 특성과 욕망을 다른 사람에게서 보게 된다는 것의 개념을 기초로 하는 방어기제. 우리는 말 그대로 자신의 용납될 수 없는 특징을 다른 사람에게 '투사한다'(즉, 탓한다).

투사법(projective techniques)   사람에게 모호한 자극을 제시하고 그 자극에 대한 어떤 질서를 부여하라고 요청한다. 예를 들면 그 사람이 잉크반점에서 본 것이 무엇인지에 대해 질문하는 것이다. 그 사람이 본 것은 그 사람의 성격에 대한 어떤 부분을 밝히기 위해 해석된다. 그 사람은 아마도 자신의 관심사, 갈등, 특성, 세상을 보거나 다루는 방법들을 모호한 자극 속에 '투사'한다. 성격을 평가하는 가장 유명한 투사기법은 로르샤흐 잉크반점 검사이다.

특성-기술 형용사(trait-descriptive adjectives)   개인의 특징적이고 심지어 시간의 경과에도 지속되는 고유한 속성인 특성들을 묘사하는 단어

특성 수준(trait levels) 동기와 정서에 적용될 수 있는 개념으로 특성 수준은 특정한 동기나 정서에 대한 사람의 평균 경향, 또는 설정값을 나타낸다. 이 아이디어는 사람이 특정한 동기나 정서의 일반적인 또는 평균적인 양이 각각 다르다는 것이다.

평균적인 성향(average tendencies) 특정 심리적 특성이 규칙성을 가지고 나타나는 경향. 예를 들면 평균적으로 말을 많이 하는 사람은 말이 적은 사람보다 더 자주 대화를 시작할 것이다. 이러한 개념은 성격을 측정할 때 집계의 원리가 작동하는 이유를 설명한다.

평균 수준 변화(mean level change) 단일 그룹 내에서 두 가지 분리된 경우를 검사했는 데 두 가지 경우에 걸친 그룹 평균의 차이는 평균 수준 변화로 간주된다.

평균 수준 안정성(mean level stability) 시간의 경과에 따라 특성이나 특징의 일관적 평균 수준을 유지하는 모집단이 있다. 만약 한 모집단 내에서 진보주의 또는 보수주의에 대한 평균 수준이 연령 증가와 동일하게 유지된다면, 그 모집단은 그 특성에 대해 높은 평균 수준 안정성을 나타낸다고 말할 수 있다. 만약 정치적 성향에 대한 평균 정도가 변한다면, 그 인구는 평균 수준 변화를 나타내고 있다고 말할 수 있다.

평정자 간 신뢰도(inter-rater reliability) 다수의 관찰자들은 한 개인의 성격에 대한 정보를 수집하고, 연구자들은 관찰자들 간의 의견 일치 정도를 평가한다. 다른 관찰자들이 서로 동의할 때 평정자 간 신뢰도의 정도는 증가한다. 다른 평정자들이 서로 동의하지 않을 때 그 측정은 낮은 평정자 간 신뢰도를 갖는다고 할 수 있다.

포괄성(comprehensiveness) 포괄성은 성격이론을 평가하는 데 사용되는 다섯 가지 과학적 표준 중 하나이다. 한 영역 내에서 더 많은 경험적 자료를 설명하는 이론은 일반적으로 더 적은 결과를 설명하는 이론보다 우수하다.

포괄적 적합성 이론(inclusive fitness theory) 차별적 유전자 번식을 기초로 하는 현대 진화이론(Hamilton, 1964). '포괄적'인 부분은 번식에 영향을 미치는 특성이 개인의 자손 생산에 영향을 미칠 필요가 없다는 것을 나타낸다. 그들은 생존 및 유전적 친척들의 번식에 영향을 미칠 수 있다.

포스트모더니즘(postmodernism) 성격심리학에서 현실은 구성개념이고 모든 사람과 문화가 현실에 대한 자신만의 고유한 견해를 가졌으며, 현실에 대한 어떤 견해도 다른 것보다 더 타당하거나 특권을 더 갖지 않는다는 개념

프라이스 워터하우스사 대 홉킨스 판결(Price Waterhouse v. Hopkins) 앤 홉킨스가 고용주인 프라이스 워터하우스를 상대로 소송을 제기한 대법원 소송사건. 앤 홉킨스는 회사가 성별 고정관념에 근거해서 그녀의 승진을 거부하였다는 이론으로, 이것은 시민권법 제7장에 위배된 성별을 근거로 그녀를 차별하였다는 주장이다. 대법원은 성별 고정관념이 존재하고, 시민권법 제7장이 허용하지 않는 직장 내 여성을 향한 편견을 불러일으킬 수 있다는 논쟁을 인정하였다. 법원의 명령에 의해 앤 홉킨스는 회계회사의 정규사원이 되었다.

학습된 무력감(learned helplessness) 불쾌하거나 피할 수 없는 환경에 직면했을 때 동물들(인간 포함)은 종종 그 상황을 받아들이고 수동적이 되며, 사실상 무력감을 배우게 된다. 연구자들은 만일 사람이 불쾌하거나 고통스러운 상황에 빠지게 되면, 그들은 상황을 변화시키려고 시도할 것이라고 추측하였다. 그러나 만약 상황을 변화시키려는 반복적인 시도가 실패하였을 경우, 그들은 체념하고 무력하다는 것을 받아들일 것이다. 그래서 비록 상황이 개선되어 불편으로부터 벗어날 수 있더라도, 그들은 무력하게 행동할 것이다.

합리화(rationalization) 용납될 수 없는 결과에 대해 용납될 수 있는 이유를 만들어내는 것과 관련된 방어기제

합의성 착각 효과(false consensus effect) 많은 사람들은 다른 사람들이 그들 자신과 비슷하다고 가정해야 한다는 경향(외향적인 사람은 다른 많은 사람들도 그들만큼 외향적이라고 생각한다). 많은 다른 사람들이 자신의 특성, 선호도, 또는 동기부여를 공유한다는 생각

항문기(anal stage) 프로이트의 심리성적 발달 단계의 두 번째 단계. 항문기는 일반적으로 18개월과 3세 사이에 나타난다. 이 단계에서 항문 괄약근은 성적 쾌감의 원천이고 아이는 첫 대변을 배출하며 배변훈련 동안 대변을 보유하는 것에서 쾌감을 얻는다. 정신분석 이론에 따르면 강박적이고 지나치게 깔끔하고 엄격하고 전혀 지저분하지 않은 성인은 항문기에 고착된 가능성이 있다.

해석(interpretation) 성격심리학자들에게 관심의 대상이 되

는 세 가지 수준의 인지 중 하나. 해석은 세상의 다양한 사건들은 이해하거나 설명하는 것이다. 심리학자들은 환자에게 그들 문제의 정신역동적 해석을 제공한다. 다양한 해석을 통해 환자들은 서서히 자신이 가진 문제의 무의식적 근원에 대해 이해하게 된다.

핵심 조건(core conditions) 칼 로저스에 따르면 내담자중심치료에서 진전이 일어나기 위해서는 세 가지 핵심 조건이 있어야 한다. (1) 치료자의 진정한 수용이 있어야 한다. (2) 치료자는 내담자에게 무조건적 긍정적 관심을 표현해야 한다. (3) 내담자는 치료자가 자신을 이해한다고 느껴야 한다(공감적 이해).

행동 경향성(action tendencies) 감정을 동반하는 특정 행동의 확률의 증가. 예를 들면 두려움과 관련이 있는 활동 또는 행동 경향성은 도주하거나 투쟁하는 것이다.

행동 억제 체계(behavioral inhibition system, BIS) Gray의 보상 의존 이론에서 처벌, 좌절, 불확실성 등의 신호에 대해 반응하는 체계. BIS 활성화의 효과는 행동을 멈추거나 억제하고, 또는 회피 행동을 유발한다. 이 체계는 신경증적 특성과 큰 관련이 있다.

행동 활성화 체계(behavioral activation system, BAS) Gray의 보상 민감도 이론에서 보상을 위한 신호와 같은 인센티브에 반응하고 접근 행동을 조절하는 체계. 어떤 자극이 잠재적인 보상으로 인정되면, BAS는 접근 행동을 작동시킨다. 이 체계는 외향적인 특성과 큰 관련이 있다.

행복(happiness) 연구자들은 행복을 두 가지 상호 보완적인 방법으로 이해한다. 삶이 만족스럽다는 판단의 측면과 삶에서 부정적인 감정과 비교하여 긍정적인 감정이 우세하다는 측면(Diener, 2000). 그러나 이것은 사람의 정서적인 삶과 자신의 삶에 만족하는 방식에 대한 판단은 상당히 연관성이 있다는 것을 나타낸다. 자신의 삶에서 불쾌한 감정에 비례하여 기분 좋은 감정을 많이 느끼는 사람은 또한 자신의 삶을 만족스럽다고 판단하는 성향이 있고 그 반대도 그렇다.

현실 원리(reality principle) 정신분석에서 이것은 쾌락 원리의 대응물이다. 이것은 현실의 요구에 따른 지침 행동을 나타내고, 이러한 지침을 제공하기 위해 자아의 힘에 의존한다.

호간 성격검사(Hogan Personality Inventory, HPI) Big 5 모델을 근거로 한 성격에 대한 설문지 측정이지만, 기업 세계에서 중요한 특성 평가를 강조하기 위해 수정되었고, 여기에는 다른 사람들과 잘 어울리는 동기, 다른 사람들보다 앞서 나가는 동기 등을 포함한다.

확증 편향(confirmatory bias) 이전의 예감을 확인하는 증거만을 찾고 그 믿음을 부정하는 증거를 찾지 않는 경향

환경(environment) 환경은 물리적 · 사회적 · 정신내적 환경일 수 있다. 시간의 어느 순간에 환경의 어떤 측면이 중요한가는 종종 그 환경에 있는 사람의 성격에 의해 결정된다.

환경률(environmentality) 환경적 차이(비유전적)에 기인할 수 있는 개인 집단에서 관측된 분산의 백분율. 일반적으로 말해서 유전 가능성이 클수록 환경률은 작아진다. 반대로 유전 가능성이 작을수록 환경률은 커진다.

환경주의자들의 견해(environmentalist view) 환경주의자들은 성격이 양육 방식이나 사회의 다른 에이전트와 같은 사회화 실천에 의해 결정된다고 믿는다.

활성화 확산(spreading activation) Roediger와 McDermott는 거짓 기억을 설명하기 위해 기억의 활성화 확산 모형을 적용하였다. 이 모형에 의하면 심적 요소(단어나 이미지 같은 것)는 기억에서 다른 요소들과의 결합과 함께 기억 안에 저장된다. 예를 들면 두 개념 간의 밀접한 관계나 유사성 때문에 대부분의 사람들의 기억 속에 의사는 간호사와 연관되어 있다. 결론적으로 어떤 의학적인 사건을 상기하는 사람은 의사가 아니라 간호사가 무언가을 하고 있다고 잘못 기억할 수도 있다.

회피적 관계 방식(avoidant relationship style) Hazen과 Shaver의 회피적 관계 방식에서 성인은 다른 사람을 신뢰하는 것을 배우는 것에 어려움이 있다. 회피적 성인은 다른 사람의 동기에 대해 계속 의심스러워하고, 헌신하는 것을 두려워한다. 그들은 실망하거나, 실망시키거나, 버려지거나, 또는 헤어지는 것을 예상하기 때문에 다른 사람을 신뢰하는 것을 두려워한다.

효과크기(effect size) 몇몇 실험이나 연구를 통해 평균화된 것으로서 특정한 차이가 얼마나 큰지, 또는 특정한 상관관계가 얼마나 강한지를 나타낸다.

1964년 제정 시민권법 제7장(Title VII of the civil right Act of 1964) 성별, 인종, 피부색, 종교, 출신 국가 등과 상관없이 고용주는 모든 사람에게 동일한 고용 기회를 제공하여야 한다는 것을 요구하는 1964년 민권법의 특정한 부문

1차 평가(primary appraisal) Lazarus에 따르면 사람에게 스트레스가 유발되기 위해서는 두 가지 인지적 사건들이 일어나야 한다. 일차 평가로 불리는 첫 번째 인지적 사건은 사람이 그 사건이 자신의 개인적 목표에 위협이 된다고 인식하는 것이다.

2차 평가(secondary appraisal) Lazarus에 따르면 사람에게 스트레스가 유발되기 위해서는 두 가지 인지적 사건들이 일어나야 한다. 2차 평가로 불리는 두 번째 필요한 인지적 사건은 사람이 위협적인 사건의 요구에 대처하기 위한 자원을 가지고 있지 않다고 판단을 내렸을 때이다.

3차원 성격 모델(tridimensional personality model) Cloninger의 3차원 성격 모델은 세 가지 특정한 성격특성을 세 가지 신경전달물질의 수준과 연결한다. 첫 번째 특성은 자극 추구라고 불리며, 낮은 수준의 도파민을 근거로 한다. 두 번째 성격특성은 위험 회피로 낮은 수준의 세로토닌과 관련이 있다. 세 번째 특성은 보상 의존으로, Cloninger는 이것을 낮은 수준의 노르에피네프린과 관련이 있다고 본다.

5요인 모델(five factor model) 어휘적 가설에 뿌리를 둔 특성 분류. '5요인 모델'과 'Big 5'라는 용어를 처음 사용한 심리학자는 Warren Norman으로, 다음의 다섯 가지 특성을 제시하는 요인 구조에 대한 그의 반복검증을 기초로 하였다: 조급성(외향성), 신경증적 성향(정서적 안정성), 우호성, 성실성, 경험에 대한 지적-개방성(지적 능력). 이 모델은 포괄적이지 않고 다섯 가지 특성을 만들어내는 근본적인 심리적 과정에 대한 이론적 이해는 제공하지 못한다는 이유로 비난

받고 있다. 그럼에도 불구하고 여러 성격심리학자들에게 강한 지지를 받고 있으며, 다양한 조사 연구 및 적용 환경에서 계속 이용되고 있다.

Big 5 변수 간의 조합(combinations of Big Five variables) '특성'은 종종 조합으로 검사된다. 예를 들면 외향성이 높은 두 사람의 검사에서 한 사람이 신경증적 외향성이고 다른 사람은 정서적으로 안정적인 외향성이라면 두 사람은 매우 다를 것이다.

D유형 성격(type D personality) 개인의 두 가지 근본적인 특성의 차이에 따른 차원. (1) 부정 정서 또는 시간과 상황에 걸쳐 부정적인 정서를 빈번하게 경험하는 성향(예 : 긴장, 걱정, 성급함, 불안), (2) 사회적 억제 또는 사회적 상호작용에서 정서, 생각, 행동 등의 표현을 억제하는 성향. 이 두 가지 특성이 강한 사람은 D유형 성격을 가졌다고 말할 수 있고, 이 성격은 일단 심장병이 발병하면 나쁜 결과를 초래할 위험이 있다.

DRD4 유전자(DRD4 gene) 도파민 수용체라고 불리는 단백질을 코드화하는 11번 염색체의 단완(short arm)에 위치한 유전자이다. 이 도파민 수용체의 기능은 신경전달물질인 도파민에 반응하는 것이다. 도파민 수용기가 뇌에서 다른 뉴런에서 나온 도파민을 만나면 전기 신호를 방출하여 다른 뉴런을 활성화시킨다.

HEXACO 모델(HEXACO model) 성격의 5요인에 '정직한', '진실한', '이타적인' 등과 '거만한', '자만하는', '탐욕스러운' 등과 같은 양극단의 특성 형용사로 설명되는 정직-겸손 요인을 더한 성격의 6요인 모델. 6요인 모델은 다양한 언어권에서 반복검증된 모델로서 정직-겸손(H), 정서성(E), 외향성(X), 우호성(A), 성실성(C), 경험에 대한 지적-개방성(O)을 포함한다.

참고문헌

Abdel-Khalek, A. M., and Alansari, B. M. (2004). Gender differences in anxiety among undergraduates from ten Arab countries. *Social Behavior and Personality, 32,* 649–656.

Abe, J.A.A. (2005). The predictive validity of the five-factor model of personality with preschool age children: A nine year follow-up study. *Journal of Research in Personality, 39,* 423–442.

Abelson, R. P. (1985). A variance explanation paradox: When a little is a lot. *Psychological Bulletin, 97,* 129–133.

Abrahamson, A. C., Baker, L. A., and Caspi, A. (2002). Rebellious teens? Genetic and environmental influences on the social attitudes of adolescents. *Journal of Personality and Social Psychology, 83, 6,* 1392–1408.

Ackerman, J. M., and Bargh, J. A. (2010). The purpose-driven life: Commentary on Kenrick et al. (2010). *Perspectives on Psychological Science, 5,* 323–326.

Aczel, B., Lukacs, B., Komlos, J., and Aitken, M.R.F. (2011). Unconscious intuition or conscious analysis? Critical questions for the deliberation-without-attention paradigm. *Judgment and Decision Making, 6,* 351–358.

Adan, A. (1991). Influence of morningness-eveningness preference in the relationship between body temperature and performance: A diurnal study. *Personality and Individual Differences, 12,* 1159–1169.

Adan, A. (1992). The influence of age, work schedule and personality on morningness dimension. *International Journal of Psychophysiology, 12,* 95–99.

Addison, T. L., and Schmidt, L. A. (1999). Are women who are shy reluctant to take risks? Behavioral and psychophysiological correlates. *Journal of Research in Personality, 33,* 352–357.

Affleck, G., and Tennen, H. (1996). Construing benefits from adversity: Adaptational significance and dispositional underpinnings. *Journal of Personality, 64,* 899–922.

Aharon, I., Etcoff, N., Ariely, D., Chabris, C. F., O'Connor, E., and Breiter, H. C. (2001). Beautiful faces have variable reward value: fMRI and behavioral evidence. *Neuron, 32,* 537–551.

Ai, A. L., Peterson, C., and Ubelhor, D. (2002). War-related trauma and symptoms of posttraumatic stress disorder among adult Kosovar refugees. *Journal of Traumatic Stress, 15,* 157–160.

Aigner, M., Eher, R., Fruenhwald, S., Frottier, P., Gutierrez-Lobos, K., and Dwyer, S. M. (2000). Brain abnormalities and violent behavior. *Journal of Psychology and Human Sexuality, 11,* 57–64.

Ainsworth, M. D. (1979). Infant-mother attachment. *American Psychologist, 34,* 932–937.

Ainsworth, M. D., Bell, S. M., and Stayton, D. J. (1972). Individual differences in the development of some attachment behaviors. *Merrill-Palmer Quarterly, 18,* 123–143.

Ainsworth, M. D., and Bowlby, J. (1991). An ethological approach to personality development. *American Psychologist, 46,* 333–341.

Aknin, L. B., Barrington-Leigh, C. P., Dunn, E. W., Helliwell, J. F., Burns, J., Biswas-Diener, R., and . . . Norton, M. I. (2013). Prosocial spending and well-being: Cross-cultural evidence for a psychological universal. *Journal of Personality and Social Psychology, 104*(4), 635–652.

Aldwin, C. M., Spiro, A., III, Levenson, M. R., and Cupertino, A. P. (2001). Longitudinal findings from the normative aging study: III. Personality, individual health trajectories, and mortality. *Psychology and Aging, 16,* 450–465.

Alessandri, G., Caprara, G. V., and De Pascalis, V. (2015). Relations among EEG-alpha asymmetry and positivity personality trait. *Brain and Cognition, 97,* 10–21.

Alexander, R. D., Hoodland, J. L., Howard, R. D., Noonan, K. M., and Sherman, P. W. (1979). Sexual dimorphisms and breeding systems in pinnipeds, ungulates, primates, and humans. In N. A. Chagnon and W. Irons (Eds.), *Evolutionary biology and human social behavior.* North Scituate, MA: Duxbury Press.

Algom, D., Chajut, E., and Lev, S. (2004). A rational look at the emotional Stroop phenomenon: A generic slowdown, not a Stroop effect. *Journal of Experimental Psychology: General, 133,* 323–338.

Alleman, M., Zimprich, D., and Hertzon, C. (2007). Cross-sectional age differences and longitudinal age changes in middle adulthood and old age. *Journal of Personality, 75,* 323–358.

Allemand, M., Gomez, V., and Jackson, J. J. (2010). Personality trait development in midlife: Exploring the impact of psychological turning points. *European Journal of Aging, 7,* 147–155.

Allik, J. (2012). National differences in personality. *Personality and Individual Differences, 53,* 114–117.

Allik, J., and Realo, A. (2009). Editorial: Personality and Culture. *European Journal of Personality, 23,* 149–152.

Allport, G. W. (1937). *Personality: A psychological interpretation.* New York: Holt, Rinehart and Winston.

Allport, G. W. (1961). *Pattern and growth in personality.* New York: Holt, Rinehart and Winston.

Allport, G. W., and Odbert, H. S. (1936). Trait-names: A psycho-lexical study. *Psychological Monographs, 47* (1, Whole No. 211).

Almagor, M., Tellegen, A., and Waller, N. G. (1995). The big seven model: A cross-cultural replication and further exploration of the basic dimensions of natural language trait descriptors. *Journal of Personality and Social Psychology, 69,* 300–307.

Alston, W. P. (1975). Traits, consistency and conceptual alternatives for personality theory. *Journal for the Theory of Social Behavior, 5,* 17–48.

Amelang, M., Herboth, G., and Oefner, I. (1991). A prototype strategy for the construction of a creativity scale. *European Journal of Personality, 5,* 261–285.

American Psychiatric Association. (2013). *Diagnostic and statistical manual of mental disorders* (5th ed.). Washington, DC: Author.

Anastasi, A. (1976). *Psychological testing.* New York: Macmillan.

Anderson, C., and Kilduff, G. J. (2009). Why do dominant personalities attain influence in face-to-face groups? The competence-signaling effects of trait dominance. *Journal of Personality and Social Psychology, 96,* 491–503.

Ando, J., Ono, Y., Yoshimura, K., Onoda, N., Shinohara, M., Kanba, S., and Asai, M. (2002). The genetic structure of Cloninger's seven-factor model of temperament and character in a Japanese sample. *Journal of Personality, 70, 5,* 583–610.

Andrews, J. D. W. (1967). The achievement motive in two types of organizations. *Journal of Personality and Social Psychology, 6,* 163–168.

Angier, N. (1999). *Woman: An intimate geography.* Boston: Houghton Mifflin.

Angleitner, A., and Demtroder, A. I. (1988). Acts and dispositions: A reconsideration of the act frequency approach. *European Journal of Psychology, 2,* 121–141.

Angleitner, A., Buss, D., & Demtröder, A. I. (1990). A cross-cultural comparison using the act frequency approach (AFA) in West Germany and the United States. *European Journal of Personality, 4,* 187–207.

Anusic, I., Lucas, R. E., and Donnellan, M. B. (2012). Cross-sectional age differences in personality: Evidence from nationally representative samples from Switzerland and the United States.

Journal of Research in Personality, 46, 116–120.

Apostolou, M., and Papageorgi, I. (2014). Parental mate choice manipulation tactics: exploring prevalence, sex and personality effects. *Evolutionary Psychology, 12,* 588–620.

Apostolou, M., Zacharia, M., and Frantzides, N. (2015). Children's tactics of mate choice manipulation: Exploring sex differences and personality effects. *Personality and Individual Differences, 80,* 6–11.

Archer, J. (2009). Does sexual selection explain human sex differences in aggression? *Behavioral and Brain Sciences, 32,* 249–311.

Archer, J., and Thanzami, V. (2009). The relation between mate value, entitlement, physical aggression, size and strength among a sample of young Indian men. *Evolution and Human Behavior, 30,* 315–321.

Archontaki, D., Lewis, G. J., and Bates, T. C. (2013). Genetic influences on psychological well-being: A nationally representative twin study. *Journal of Personality, 81*(2), 221–230.

Aron, A., Aron, E. N., Tudor, M., and Nelson, G. (2004). Close relationships as including other in the self. In H. T. Reis and C. E. Rustbult (Eds.), *Close relationships: Key readings* (pp. 365–379). Philadelphia: Taylor and Francis.

Aschoff, J. (1965). Circadian rhythms in man. *Science, 143,* 1427–1432.

Asendorpf, J. B., and Scherer, K. R. (1983). The discrepant repressor: Differentiation between low anxiety, high anxiety, and repression of anxiety by autonomic-facial-verbal patterns of behavior. *Journal of Personality and Social Psychology, 45,* 1334–1346.

Asendorpf, J. B., and Van Aken, M.A.G. (2003). Validity of five personality judgments in childhood: A 9-year longitudinal study. *European Journal of Personality, 32,* 649–656.

Ashmore, R. D. (1990). Sex, gender, and the individual. In L. A. Pervin (Ed.), *Handbook of personality: Theory and research* (pp. 486–526). New York: Guilford Press.

Ashton, M. C. (2007). Self-reports and stereotypes: A comment on McCrae et al. *European Journal of Personality, 21,* 983–986.

Ashton, M. C., and Lee, K. (2005). A defense of the lexical approach to the study of personality. *European Journal of Personality, 19,* 5–24.

Ashton, M. C., Lee, K., and de Vries, R. E. (2014). The HEXACO honesty-humility, agreeableness, and emotionality factors a review of research and theory. *Personality and Social Psychology Review, 18*(2), 139–152.

Ashton, M. C., Lee, K., and Paunonen, S. V. (2002). What is the central feature of extraversion? Social attention versus reward sensitivity. *Journal of Personality and Social Psychology, 83, 1,* 245–252.

Assor, A. (1989). The power motive as an influence on the evaluation of high and low status persons. *Journal of Research in Personality, 23,* 55–69.

Augustine, A. A., Larsen, R. J., Walker, M. S., and Fisher, E. B. (2008). Personality predictors of the time course for lung cancer onset. *Journal of Research in Personality, 42,* 1448–1455.

Averill, J. R. (1975). A semantic atlas of emotional concepts. *Catalog of Selected Documents in Psychology, 5,* 30.

Avinun, R., and Knafo, A. (2013). Parenting as a reaction evoked by children's genotype a meta-analysis of children-as-twins studies. *Personality and Social Psychology Review, 18,* 87–102.

Back, M. D., Schmukle, S. C., and Egloff, B. (2008). How extraverted is honey.bunny77@hotmail.de? Inferring personality from email addresses. *Journal of Research in Personality, 42,* 1116–1122.

Bagby, R. M., Vachon, D. D., Bulmash, E. L., Toneatto, T., Quilty, L. C., and Costa, P. T. (2007). Pathological gambling and the five-factor model of personality. *Personality and Individual Differences, 43,* 873–880.

Bailey, J. M., Dunne, M. P., and Martin, N. G. (2000). Genetic and environmental influences on sexual orientation and its correlates in an Australian twin sample. *Journal of Personality and Social Psychology, 78,* 524–536.

Bailey, S. L., and Heitkemper, M. M. (1991). Morningness–eveningness and early-morning salivary cortisol levels. *Biological Psychology, 32,* 181–192.

Bailey, J. M., Kirk, K. M., Zhu, G., Dunne, M. P., and Martin, N. G. (2000). Do individual differences in sociosexuality represent genetic or environmentally contingent strategies? Evidence from the Australian Twin Registry. *Journal of Personality and Social Psychology, 78,* 537–545.

Bailey, J. M., Pillard, R. C., Neale, M. C., and Agyei, Y. (1993). Heritable factors influence sexual orientation in women. *Archives of General Psychiatry, 50,* 217–223.

Baker, R. A. (1992). *Hidden memories.* Buffalo, NY: Prometheus Books.

Balliet, D., Li, N. P., Macfarlan, S. J., and Van Vugt, M. (2011). Sex differences in cooperation: A meta-analytic review of social dilemmas. *Psychological Bulletin, 137,* 881–909.

Bandura, A. (1977). *Social learning theory.* Englewood Cliffs, NJ: Prentice Hall.

Bandura, A. (1986). The explanatory and predictive scope of self-efficacy theory. *Journal of Social and Clinical Psychology, Special Issue: Self-efficacy theory in contemporary psychology, 4,* 359–373.

Bandura, A. (1989). Human agency in social cognitive theory. *American Psychologist, 44,* 1175–1184.

Bandura, A. (1997). *Self-efficacy: The exercise of control.* New York: Freeman.

Barelds, D.P.H. (2005). Self and partner personality in intimate relationships. *European Journal of Personality, 19,* 501–518.

Barelds, D.P.H., and Dijkstra, P. (2011). Positive illusions about a partner's personality and relationship quality. *Journal of Research in Personality, 45,* 37–43.

Barenbaum, N. B., and Winter, D. G. (2003). Personality. In D. K. Freedheim (Ed.), *Handbook of psychology: History of psychology* (pp. 177–203). New York: Wiley.

Bargh, J. A. (2005). Bypassing the will: Toward demystifying the nonconscious control of social behavior. In R. R. Hassin, J. S. Uleman, and J. A. Bargh (Eds.), *The new unconscious* (pp. 37–60). New York: Oxford University Press.

Bargh, J. A. (2006). *The new unconscious.* New York: Oxford University Press.

Bargh, J. A. (2008). Free will is un-natural. In J. Baer, J. C. Kaufman, & R. F. Baumeister (Eds.), Are we free? Psychology and free will (pp. 128–154). New York: Oxford University Press.

Bargh, J. A., and Morsella, E. (2008). The unconscious mind. *Perspectives on Psychological Science, 3,* 73–79.

Bargh, J. A., and Morsella, E. (2010). Unconscious behavioral guidance systems. In C. R. Agnew, D. E. Carlston, W. G. Graziano, and J. R. Kelly (Eds.), *Then a miracle occurs: Focusing on behavior in social psychological theory and research* (pp. 89–118). New York, NY: Oxford University Press.

Baron, M. (1993). Genetics and human sexual orientation. *Biological Psychology, 33,* 759–761.

Bar-On, R. (2001). Emotional intelligence and self-actualization. In J. Ciarrochi and J. P. Forgas (Eds.), *Emotional intelligence in everyday life: A scientific inquiry* (pp. 82–97). Philadelphia, PA: Psychology Press.

Baron, R. A. (1977). *Human aggression.* New York: Plenum Press.

Barrantes-Vidal, N., and Kwapil, T. R. (2014). The application of experience sampling methodology for the study of individual differences in real life. *Personality and Individual Differences, 60,* S6.

Barrett, H. C., Frederick, D., Haselton, M., and Kurzban, R. (2006). Can manipulations of cognitive load be used to test evolutionary hypotheses? *Journal of Personality and Social Psychology, 91,* 513–518.

Barrick, M. R., and Mount, M. K. (1991). The Big Five personality dimensions and job performance: A meta-analysis. *Personnel Psychology, 44,* 1–25.

Barron, J. W., Eagle, M. N., and Wolitzky, D. L. (1992). *Interface of psychoanalysis and psychology.* Washington, DC: American Psychological Association.

Bartels, M. (2015). Genetics of wellbeing and its components satisfaction with life, happiness, and quality of life: A review and meta-analysis of heritability studies. *Behavior Genetics, 45*(2), 137–156.

Bass, E., and Davis, L. (1988). *The courage to heal: A guide for women survivors of child sexual abuse.* New York: Perennial Library/Harper and Row.

Bastone, L. M., and Wood, H. A. (1997). Individual differences in the ability to decode emotional facial expressions. *Psychology: A Journal of Human Behavior, 34,* 32–36.

Bauer, J. J., Schwab, J. R., and McAdams, D. P. (2011). Self-actualizing: Where ego development finally feels good? *The Humanistic Psychologist, 39,* 121–136.

Baughman, H. M., Dearing, S., Giammarco, E., and Vernon, P. A. (2012). Relationship between bullying behaviours and the Dark Triad: A study with adults. *Personality and Individual Differences, 52,* 571–575.

Baumeister, R. F. (1986). *Identity: Cultural change and the struggle for self.* New York: Oxford University Press.

Baumeister, R. F. (1988). Should we stop studying sex differences altogether? *American Psychologist, 43,* 1092–1095.

Baumeister, R. F. (1991). The self against itself: Escape or defeat? In R. C. Curtis (Ed.), *The relational self: Theoretical convergences in psychoanalysis and social psychology* (pp. 238–256). New York: Guilford Press.

Baumeister, R. F. (1997). Identity, self-concept, and self-esteem: The self lost and found. In R. Hogan, J. Johnson, and S. Briggs (Eds.), *Handbook of personality psychology* (pp. 681–711). New York: Academic Press.

Baumeister, R. F. (2014). Self-regulation, ego depletion, and inhibition. *Neuropsychologia, 65,* 313–319.

Baumeister, R. F., Bratslavsky, E., Muraven, M., and Tice, D. M. (1998). Ego depletion: Is the active self a limited resource? *Journal of Personality and Social Psychology, 74,* 1252–1265.

Baumeister, R. F., Bushman, B. J., and Campbell, W. K. (2000). Self-esteem, narcissism, and aggression: Does violence result from low self-esteem or from threatened egotism? *Current Directions in Psychological Science, 9,* 26–29.

Baumeister, R. F., Campbell, J. D., Krueger, J. I., and Vohs, K. D. (2003). Does high self-esteem cause better performance, interpersonal success, happiness, or healthier lifestyles? *Psychological Science in the Public Interest, 4,* 1–44.

Baumeister, R. F., Dale, K., and Sommer, K. L. (1998). Freudian defense mechanisms and empirical findings in modern social psychology: Reaction formation, projection, displacement, undoing, isolation, sublimation, and denial. *Journal of Personality, 66,* 1061–1081.

Baumeister, R. F., and Leary, M. R. (1995). The need to belong: Desire for interpersonal attachments as a fundamental human motivation. *Psychological Bulletin, 117,* 497–529.

Baumeister, R. F., and Muraven, M. (1996). Identity as adaptation to social, cultural and historical context. *Journal of Adolescence, 19,* 405–416.

Baumeister, R. F., and Tice, D. M. (1990). Anxiety and social exclusion. *Journal of Social and Clinical Psychology, 9,* 165–195.

Baumeister, R. F., Tice, D. M., and Hutton, D. G. (1989). Self-presentational motivations and personality differences in self-esteem. *Journal of Personality, 57,* 547–579.

Baumeister, R. F., and Vohs, K. (2004). *Handbook of self-regulation.* New York: Guilford Press.

Baumeister, R. F., Vohs, K. D., & Tice, D. M. (2007). The strength model of self-control. *Current Directions in Psychological Science, 16,* 396–403.

Beaty, R. E., Kaufman, S. B., Benedek, M., Jung, R. E., Kenett, Y. N., Jauk, E., and . . . Silvia, P. J. (2016). Personality and complex brain networks: The role of openness to experience in default network efficiency. *Human Brain Mapping, 37*(2), 773–779.

Beauducel, A., Debener, S., Brocke, B., & Kayser, J. (2000). On the reliability of augmenting/reducing: Peak amplitudes and principal component analysis of auditory evoked potentials. *Journal of Psychophysiology, 14,* 226–240.

Beauregard, M., Levesque, J., and Bourgouin, P. (2001). Neural correlates of conscious self-regulation of emotion. *Journal of Neuroscience, 21,* RC165 (1–6).

Bechara, A., Dolan, S., Denbrug, N., Hindes, A., Anderson, S. W., and Nathan, P. E. (2001). Decision-making deficits, linked to a dysfunctional ventromedial prefrontal cortex, revealed in alcohol and stimulant abusers. *Neuropsychologica, 39,* 376–389.

Bechara, A., Tranel, D., and Damasio, H. (2005). Characterization of the decision-making deficit of patients with ventromedial prefrontal cortex lesions. *Brain, 123,* 2189–2202.

Beck, A. T. (1976). *Cognitive therapy and the emotional disorders.* New York: International Universities Press.

Beer, J. S., and Lombardo, M. V. (2007). Patient and neuroimaging methods. In R. W. Robins, R. C. Fraley, and R. F. Krueger (Eds.), *Handbook of research methods in personality psychology* (pp. 360–369). New York: Guilford Press.

Bègue, L., Beauvois, J. L., Courbet, D., Oberlé, D., Lepage, J., and Duke, A. A. (2015). Personality predicts obedience in a Milgram paradigm. *Journal of Personality, 83*(3), 299–306.

Belle, D., Doucet, J., Harris, J., Miller, J., and Tan, E. (2000). Who is rich? Who is happy? *American Psychologist, 55,* 116–117.

Belsky, J. (2000). Conditional and alternative reproductive strategies: Individual differences in susceptibility to rearing experience. In. J. Rodgers, D. Rowe, and W. Miller (Eds.), *Genetic influences on human fertility and sexuality: Theoretical and empirical contributions from the biological and behavioral sciences* (pp. 127–146). Boston: Kluwer.

Belsky, J., Steinberg, L., and Draper, P. (1991). Childhood experience, interpersonal development, and reproductive strategy: An evolutionary theory of socialization. *Child Development, 62,* 647–670.

Bem, D. J. (1996). Exotic becomes erotic: A developmental theory of sexual orientation. *Psychological Review, 103,* 320–333.

Bem, S. L. (1974). The measurement of psychological androgyny. *Journal of Consulting and Clinical Psychology, 42,* 153–162.

Bendixen, M., Kennair, L. E. O., and Buss, D. M. (2015). Jealousy: Evidence of strong sex differences using both forced choice and continuous measure paradigms. *Personality and Individual Differences, 86,* 212–216.

Benet-Martinez, V., Donnellan, M. B., Fleeson, W., Fraley, R. C., Gosling, S. D., King, L. A., Robins, R. W., and Funder, D. C. (2015). Six visions for the future of personality psychology. In L. Cooper and R. J. Larsen (Eds.), *Handbook of personality and social psychology: Personality processes and individual differences* (pp. 665–690). Washington, DC: American Psychological Association.

Benjamin, J., Li, L., Patterson, C., Greenberg, B. D., Murphy, D. L., and Hamer, D. H. (1996). Population and familial association between the D4 dopamine receptor gene and measures of novelty seeking. *Nature Genetics, 12,* 81–84.

Bentler, P. M., and Newcomb, M. D. (1978). Longitudinal study of marital success and failure. *Journal of Consulting and Clinical Psychology, 46,* 1053–1070.

Berant, E. (2009). Attachment styles, the Rorschach, and the Thematic Apperception Test: Using traditional projective measures to assess aspects of attachment. In J. J. Obegi and E. Berant (Eds.), *Attachment theory and research in clinical work with adults* (pp. 181–206). New York, NY: Guilford Press.

Berenbaum, S. A., and Beltz, A. M. (2011). Sexual differentiation of human behavior: effects of prenatal and pubertal organizational hormones. *Frontiers in neuroendocrinology, 32*(2), 183–200.

Berenbaum, S. A., and Snyder, E. (1995). Early hormonal influences on childhood sex-typed activity and playmate preferences: Implications for the development of sexual orientation. *Developmental Psychology, 31*, 31–42.

Berman, S., Ozkaragoz, T., Yound, R. M., and Noble, E. P. (2002). D2 dopamine receptor gene polymorphism discriminates two kinds of novelty seeking. *Personality and Individual Differences, 33*, 867–882.

Bernhardt, P. C., Dabbs, J. M., Jr., Fielden, J., and Lutter, C. (1998). Testosterone changes during vicarious experiences of winning and losing among fans at sporting events. *Physiology and Behavior, 65*, 59–62.

Bernstein, D. M., and Loftus, E. F. (2009). How to tell if a particular memory is true or false. *Perspectives on Psychological Science, 4*, 370–374.

Berry, D. S., and Miller, K. M. (2001). When boy meets girl: Attractiveness and the five-factor model in opposite-sex interactions. *Journal of Research in Personality, 35*, 62–77.

Berry, C. M., Sackett, P. R., & Wiemann, S. (2007). A review of recent developments in integrity test research. *Personnel Psychology, 60*, 271–301.

Bian, M., and Leung, L. (2015). Linking loneliness, shyness, smartphone addiction symptoms, and patterns of smartphone use to social capital. *Social Science Computer Review, 33*(1), 61–79.

Birley, A. J., Gillespie, N. A., Heath, A. C., Sullivan, P. F., Boomsma, D. I., and Martin, N. G. (2006). Heritability and nineteen-year stability of long and short EPQ-R Neuroticism scales. *Personality and Individual Differences, 40*, 737–747.

Bjork, R. A., and Druckman, D. (1991). *In the mind's eye: Enhancing human performance.* Washington, DC: National Academy Press.

Blachnio, A., Przepiorka, A., and Díaz-Morales, J. F. (2015). Facebook use and chronotype: Results of a cross-sectional study. *Chronobiology International, 32*(9), 1315–1319.

Black, J. (2000). Personality testing and police selection: Utility of the Big Five. *New Zealand Journal of Psychology, 29*, 2–9.

Bleidorn, W. (2012). Hitting the road to adulthood short-term personality development during a major life transition. *Personality and social psychology bulletin, 38*(12), 1594–1608.

Bleske-Rechek, A. L., and Buss, D. M. (2001). Opposite-sex friendship: Sex differences and similarities in initiation, selection, and dissolution. *Personality and Social Psychology Bulletin, 27, 10*, 1310–1323.

Bleske-Rechek, A., Remiker, M. W., and Baker, J. P. (2008). Narcissistic men and women think they are so hot—but they are not. *Personality and Individual Differences, 45*, 420–424.

Blinkhorn, V., Lyons, M., and Almond, L. (2015). The ultimate femme fatale? Narcissism predicts serious and aggressive sexually coercive behaviour in females. *Personality and Individual Differences, 87*, 219–223.

Block, J. (1971). *Lives through time.* Berkeley, CA: Bancroft Books.

Block, J. (1977). Advancing the psychology of personality: Paradigmatic shift or improving the quality of research. In D. Magnusson and N. S. Endler (Eds.), *Personality at the crossroads* (pp. 37–63). Hillsdale, NJ: Erlbaum.

Block, J. H., and Block, J. (1980). *The California Child Q-Set.* Palo Alto, CA: Consulting Psychologists Press.

Block, J. (2010). The five-factor framing of personality and beyond: Some ruminations. *Psychological Inquiry, 21*, 2–25.

Block, J., and Robbins, R. W. (1993). A longitudinal study of consistency and change in self-esteem from early adolescence to early adulthood. *Child Development, 64*, 909–923.

Block, J. H. (1983). Differential premises arising from differential socialization of the sexes: Some conjectures. *Child Development, 54*, 1335–1354.

Blonigen, D. M., Carlson, M. D., Hicks, B. M., Kreuger, R. F., and Iacono, W. G. (2008). Stability and change in personality traits from late adolescence to early adulthood: A longitudinal twin study. *Journal of Personality, 76*, 229–266.

Blonigen, D. M., Carlson, S. R., Krueger, R. F., and Patrick, C. J. (2003). A twin study of self-reported psychopathic personality traits. *Personality and Individual Differences, 35*, 179–197.

Blonigen, D. M., Hicks, B. M., Krueger, R. F., Patrick, C. J., & Iacono, W. G. (2006). Continuity and change in psychopathic traits as measured via normal-range personality: A longitudinal–biometric study. *Journal of Abnormal Psychology, 115, 1*, 85.

Bochner, S. (1994). Cross-cultural differences in the self-concept: A test of Hofstede's individualism/collectivism distinction. *Journal of Cross-Cultural Psychology, 25*, 273–283.

Bogg, T. (2008). Conscientiousness, the transtheoretical model of change, and exercise: A neo-socioanalytic integration of trait and social-cognitive frameworks in the predictions of behavior. *Journal of Personality, 76*, 775–802.

Bogg, T., and Roberts, B. W. (2004). Conscientiousness and health behaviors: A meta-analysis of the leading behavioral contributors to mortality. *Psychological Bulletin, 130*, 887–919.

Bohart, A. C. (2013). The actualizing person. In M. Cooper, M. O'Hara, P. F. Schmid, A. C. Bohart, M. Cooper, M. O'Hara, . . . A. C. Bohart (Eds.), *The handbook of person-centred psychotherapy and counselling* (2nd ed.) (pp. 84–101). New York, NY: Palgrave Macmillan.

Bolkan, C., Hooker, K., and Coehlo, D. (2015). Possible selves and depressive symptoms in later life. *Research On Aging, 37*(1), 41–62.

Bollich, K. L., Doris, J. M., Vazire, S., Raison, C. L., Jackson, J. J., and Mehl, M. R. (2016). Eavesdropping on character: Assessing everyday moral behaviors. *Journal of Research in Personality, 61*, 15–21.

Bolt, T. S., Hampton, R. S., Furr, R. M., Fleeson, W., Laurienti, P. J., and Dagenbach, D. (2016). Integrating personality/character neuroscience with network analysis. In J. R. Absher, J. Cloutier, J. R. Absher, J. Cloutier (Eds.), *Neuroimaging personality, social cognition, and character* (pp. 51–69). San Diego, CA, US: Elsevier Academic Press.

Bonanno, G. A. (1990). Repression, accessibility, and the translation of private experience. *Psychoanalytic Psychology, 7*, 453–473.

Bonanno, G. A., Wortman, C. B., Lehman, D. R., Tweed, R. G., Haring, M., Sonnega, J., Carr, D., and Nesse, R. M. (2002). Resilience to loss and chronic grief: A prospective study from preloss to 18-months postloss. *Journal of Personality and Social Psychology, 83, 5*, 1150–1164.

Bono, J. E., Boles, T. L., Judge, T. A., and Lauver, K. J. (2002). The role of personality in task and relationship conflict. *Journal of Personality, 70*, 311–344.

Boomsma, D. I., Koopmans, J. R., Van Doornen, L.J.P., and Orlebeke, J. M. (1994). Genetic and social influences on starting to smoke: A study of Dutch adolescent twins and their parents. *Addiction, 89*, 219–226.

Borkenau, P., Riemann, R., Angleitner, A., and Spinath, F. M. (2001). Genetic and environmental influences on observed personality: Evidence from the German observational study of adult twins. *Journal of Personality and Social Psychology, 80, 4*, 655–668.

Bornstein, R. F. (1999). Source amnesia, misattribution, and the power of unconscious perceptions and memories. *Psychoanalytic Psychology, 16,* 155–178.

Bornstein, R. F. (2005). The dependent patient: Diagnosis, assessment, and treatment. *Professional Psychology: Research and Practice, 36,* 82–89.

Botwin, M. D., and Buss, D. M. (1989). Structure of act-report data: Is the five-factor model of personality recaptured? *Journal of Personality and Social Psychology, 56,* 988–1001.

Botwin, M., Buss, D. M., and Shackelford, T. (1997). Personality and mate preferences: Five factors in mate selection and marital satisfaction. *Journal of Personality, 65,* 107–136.

Bouchard, T. J., and Loehlin, J. C. (2001). Genes, evolution, and personality. *Behavior Genetics, 31,* 243–273.

Bouchard, T. J., Lykken, D. T., McGue, M., and Segal, N. L. (1990). Sources of human psychological differences: The Minnesota study of twins reared apart. *Science, 250,* 223–228.

Bouchard, T. J., and McGue, M. (1990). Genetic and rearing environmental influences on adult personality: An analysis of adopted twins reared apart. *Journal of Personality, 58,* 263–292.

Bowlby, J. (1969a). *Attachment and loss: Vol. 1: Attachment.* New York: Basic Books.

Bowlby, J. (1969b). *Attachment and loss: Vol. 2: Separation, anger, and anxiety.* New York: Basic Books.

Bowlby, J. (1980). *Attachment and loss: Vol. 3: Loss, sadness, and depression.* New York: Basic Books.

Bowlby, J. (1988). *A secure base: Parent-child attachment and healthy human development.* New York: Basic Books.

Boyce, C. J., Wood, A. M., and Brown, G.D.A. (2010). The dark side of conscientiousness: Conscientious people experience greater drops in life satisfaction following unemployment. *Journal of Personality, 44,* 535–539.

Boyle, G. J. (1995). Myers-Briggs Type Indicator (NBTI): Some psychometric limitations. *Australian Psychologist, 30,* 71–74.

Bradberry, T. (2007). *The personality code.* New York: Putnam.

Brand, C. R., and Egan, V. (1989). The "Big Five" dimensions of personality? Evidence from ipsative, adjectival self-attributions. *Personality and Individual Differences, 10,* 1165–1171.

Branje, S.J.T., van Lieshout, C.F.M., and Geris, J.R.M. (2006). Big Five personality development in adolescence and adulthood. *European Journal of Personality, 21,* 45–62.

Brase, G. L., Caprar, D. V., and Voracek, M. (2004). Sex differences in responses to relationship threats in England and Romania. *Journal of Social and Personal Relationships, 21,* 763–778.

Braun, K. A., Ellis, R., and Loftus, E. F. (2002). Make my memory: How advertising can change our memories of the past. *Psychology and Marketing, 19,* 1–23.

Brebner, J. (2003). Gender and emotions. *Personality and Individual Differences, 34,* 387–394.

Brebner, J., and Cooper, C. (1978). Stimulus- or response-induced excitation: A comparison of the behavior of introverts and extraverts. *Journal of Research in Personality, 12,* 306–311.

Bredemann, T. M. (2012). Estrogen increases stress resilience and hippocampal synaptic physiology in the learned helplessness model of depression in female rats. *Dissertation Abstracts International: Section B: The Sciences and Engineering, 72*(12-B), 7734.

Breger, R., and Hill, R. (Eds.). (1998). *Cross-cultural marriage: Identity and choice.* New York: Berg.

Brendl, C. M., Markman, A. B., and Messner, C. (2001). How do indirect measures of evaluation work? Evaluating the inference of prejudice in the Implicit Association Test. *Journal of Personality and Social Psychology, 81,* 760–773.

Brennan, K. A., and Shaver, P. R. (1993). Attachment styles and parental divorce. *Journal of Divorce and Remarriage, 21,* 161–175.

Brennan, P. A., and Raine, A. (1997). Biosocial bases of antisocial behavior: Psychophysiological, neurological, and cognitive factors. *Clinical Psychology Review Special Issue: Biopsychosocial Conceptualizations of Human Aggression, 17,* 589–604.

Bresin, K., and Robinson, M. D. (2015). You are what you see and choose: Agreeableness and situation selection. *Journal of personality, 83*(4), 452–463.

Bretherton, I., and Main, M. (2000). Obituary: Mary Dinsmore Salter Ainsworth (1913–1999). *American Psychologist, 55,* 1148–1149.

Brickman, P., Coates, D., and Janoff-Bulman, R. J. (1978). Lottery winners and accident victims: Is happiness relative? *Journal of Personality and Social Psychology, 36,* 917–927.

Briley, D. A., and Tucker-Drob, E. M. (2014). Genetic and environmental continuity in personality development: A meta-analysis. *Psychological Bulletin, 140*(5), 1303–1331.

Brooks, S. J., and Stein, D. J. (2014). Unconscious influences on decision making: Neuroimaging and neuroevolutionary perspectives. *Behavioral and Brain Sciences, 37*(1), 23–24.

Brody, J. E. (1996, March 27). Personal health. *The New York Times,* Section B.

Brose, L. A., Rye, M. S., Lutz-Zois, C., and Ross, S. R. (2005). Forgiveness and personality traits. *Personality and Individual Differences, 39,* 35–46.

Brown, D. E. (1991). *Human universals.* New York: McGraw-Hill.

Brown, J. D., and Dutton, K. A. (1995). The thrill of victory, the complexity of defeat: Self-esteem and people's emotional reactions to success and failure. *Journal of Personality and Social Psychology, 68,* 712–722.

Brown, J. D., and Smart, S. A. (1991). The self and social conduct: Linking self-representations to prosocial behavior. *Journal of Personality and Social Psychology, 60,* 368–375.

Brown, R. P., and Zeigler-Hill, V. (2004). Narcissism and the non-equivalence of self-esteem measures: A matter of dominance. *Journal of Research in Personality, 38,* 585–592.

Bruce, J., Davis, E. P., Gunnar, M. R. (2002). Individual differences in children's cortisol response to the beginning of a new school year. *Psychoneuroendrocrinology, 27,* 635–650.

Bruch, M. A., and Hynes, M. J. (1987). Heterosexual anxiety and contraceptive behavior. *Journal of Research in Personality, 21,* 343–360.

Bruggemann, J. M., and Barry, R. J. (2002). Eysenck's P as a modulator of affective and electrodermal responses to violent and comic film. *Personality and Individual Differences, 32,* 1029–1048.

Brummett, B. H., Babyak, M. A., Williams, R. B., Barefoot, J. C., Costa, P. T., and Siegler, I. C. (2006). NEO personality domains and gender predict levels and trends in body mass index over 14 years during midlife. *Journal of Research in Personality, 40,* 222–236.

Buday, S. K., Stake, J. E., and Peterson, Z. D. (2012). Gender and the choice of a science career: The impact of social support and possible selves. *Sex Roles, 66,* 197–209.

Buerkle, J. V. (1960). Self attitudes and marital adjustment. *Merrill-Palmer Quarterly, 6,* 114–124.

Buffardi, L. E., and Campbell, W. K. (2008). Narcissism and social networking web sites. *Personality and Social Psychology Bulletin, 34,* 1303–1314.

Bullock, W. A., and Gilliland, K. (1993). Eysenck's arousal theory of introversion-extraversion: A converging measures investigation. *Journal of Personality and Social Psychology, 64,* 113–123.

Bunce, S. C., Larsen, R. J., and Peterson, C. (1995). Life after trauma: Personality and daily life experiences of traumatized persons. *Journal of Personality, 63,* 165–188.

Burgess, E. W., and Wallin, P. (1953). *Engagement and marriage.* New York: Lippincott.

Burke, R. J., Mattheiesen, S. B., and Pallesen, S. (2006). Personality correlates of workaholism. *Personality and Individual Differences, 40,* 1223–1233.

Burns, M. O., and Seligman, M. E. (1989). Explanatory style across the life span: Evidence for stability over 52 years. *Journal of Personality and Social Psychology, 56,* 471–477.

Burnstein, E., Crandall, C., and Kitayama, S. (1994). Some neo-Darwinian decision rules for altruism: Weighing cures for inclusive fitness as a function of the biological importance of the decision. *Journal of Personality and Social Psychology, 67,* 773–789.

Burt, S. A. (2009). A mechanistic explanation of popularity: Genes, rule breaking, and evocative gene-environment correlations. *Journal of Personality and Social Psychology, 96,* 783–794.

Burt, S. A., McGue, M., Iacono, W., Comings, D., and MacMurray, J. (2002). An examination of the association between DRD4 and DRD2 polymorphisms and personality traits. *Personality and Individual Differences, 33,* 849–859.

Burton, C. M., and King, L. A.(2008). Effects of (very) brief writing on health: The two-minute miracle. *British Journal of Health Psychology, 13,* 9–14.

Bush, G., Luu, P., and Posner, M. I. (2000). Cognitive and emotional influences in anterior cingulate cortex. *Trends in Cognitive Sciences, 4,* 215–222.

Bushman, B., and Baumeister, R. (1998). Threatened egotism, narcissism, self-esteem, and direct and displaced aggression: Does self-love or self-hate lead to violence? *Journal of Personality and Social Psychology, 75,* 219–229.

Bushman, B. J., and Baumeister, R. F. (2002). Does self-love or self-hate lead to violence? *Journal of Research in Personality, 36,* 543–545.

Bushman, B. J., Bonacci, A. M., van Dijk, M., and Baumeister, R. F. (2003). Narcissism, sexual refusal and aggression: Testing a narcissistic reactance model of sexual coercion. *Journal of Personality and Social Psychology, 84, 5,* 1027–1040.

Buss, A. H. (1989). Personality as traits. *American Psychologist, 44,* 1378–1388.

Buss, D. M. (1981). Predicting parent-child interactions from children's activity level. *Developmental Psychology, 17,* 59–65.

Buss, D. M. (1984). Toward a psychology of person-environment (PE) correlation: The role of spouse selection. *Journal of Personality and Social Psychology, 47,* 361–377.

Buss, D. M. (1987). Selection, evocation, and manipulation. *Journal of Personality and Social Psychology, 53,* 1214–1221.

Buss, D. M. (1989). Sex differences in human mate preferences: Evolutionary hypotheses tested in 37 cultures. *Behavioral and Brain Sciences, 12,* 1–49.

Buss, D. M. (1990). The evolution of anxiety and social exclusion. *Journal of Social and Clinical Psychology, 9,* 196–201.

Buss, D. M. (1991a). Conflict in married couples: Personality predictors of anger and upset. *Journal of Personality, 59,* 663–688.

Buss, D. M. (1991b). Evolutionary personality psychology. *Annual Review of Psychology.* Palo Alto, CA: Annual Reviews, Inc.

Buss, D. M. (1992). Manipulation in close relationships: Five personality factors in interactional context. *Journal of Personality, 60,* 477–499.

Buss, D. M. (1993). Strategic individual differences: The role of personality in creating and solving adaptive problems. In J. Hettema and I. Deary (Eds.), *Social and biological approaches to personality* (pp. 175–189) New York: Wiley.

Buss, D. M. (1995a). Evolutionary psychology: A new paradigm for psychological science. *Psychological Inquiry, 6,* 1–49.

Buss, D. M. (1995b). Psychological sex differences: Origins through sexual selection. *American Psychologist, 50,* 164–168.

Buss, D. M. (1996). Social adaptation and five major factors of personality. In J. S. Wiggins (Ed.), *The five-factor model of personality: Theoretical perspectives* (pp. 180–207). New York: Guilford Press.

Buss, D. M. (2000a). *The dangerous passion: Why jealousy is as necessary as love and sex.* New York: Free Press.

Buss, D. M. (2000b). The evolution of happiness. *American Psychologist, 55,* 15–23.

Buss, D. M. (2005a). *The handbook of evolutionary psychology.* New York: Wiley.

Buss, D. M. (2005b). *The murderer next door: Why the mind is designed to kill.* New York: Penguin.

Buss, D. M. (2009a). The great struggles of life: Darwin and the emergence of evolutionary psychology. *American Psychologist, 64,* 140–148.

Buss, D. M. (2009b). How can evolutionary psychology successfully explain personality and individual differences? *Perspectives in Psychological Science, 5.*

Buss, D. M. (2011). Personality and the adaptive landscape: The role of individual differences in creating and solving social adaptive problems. In D.M. Buss & P. Hawley (Eds.)(2011). *The evolution of personality and individual differences* (pp. 29–60). New York: Oxford University Press.

Buss, D. M. (2012). *Evolutionary psychology: The new science of the mind* (4th ed.). Boston: Allyn & Bacon.

Buss, D. M. (2016). *The evolution of desire: Strategies of human mating* (Revised and updated ed.). New York: Basic Books.

Buss, D. M., Abbott, M., Angleitner, A., Asherian, A., Biaggio, A., et al. (1990). International preferences in selecting mates: A study of 37 cultures. *Journal of Cross-Cultural Psychology, 21,* 5–47.

Buss, D. M., and Barnes, M. L. (1986). Preferences in human mate selection. *Journal of Personality and Social Psychology, 50,* 559–570.

Buss, D. M., Block, J. H., and Block, J. (1980). Preschool activity level: Personality correlates and developmental implications. *Child Development, 51,* 401–408.

Buss, D. M., and Chiodo, L. M. (1991). Narcissistic acts in everyday life. *Journal of Personality, 59, 2,* 179–215.

Buss, D. M., and Craik, K. H. (1983). The act frequency approach to personality. *Psychological Review, 90,* 105–126.

Buss, D. M., and Duntley, J. D. (2006). The evolution of aggression. In M. Schaller, D. T. Kenrick, and J. A. Simpson (Eds.), *Evolution and social psychology* (pp. 263–286). New York: Psychology Press.

Buss, D. M., Gomes, M., Higgins, D. S., and Lauterbach, K. (1987). Tactics of manipulation. *Journal of Personality and Social Psychology, 52,* 1219–1229.

Buss, D. M., and Greiling, H. (1999). Adaptive individual differences. *Journal of Personality, 67,* 209–243.

Buss, D. M., and Haselton, M. G. (2005). The evolution of jealousy. *Trends in Cognitive Science, 9,* 506–507.

Buss, D. M., and Hawley, P. (2011). *The evolution of personality and individual differences.* New York: Oxford University Press.

Buss, D. M., and Hawley, P. (Eds.) (2011). *The evolution of personality and individual differences.* New York: Oxford University Press.

Buss, D. M., Larsen, R. J., Semmelroth, J., and Westen, D. (1992). Sex differences in jealousy: Evolution, physiology, and psychology. *Psychological Science, 3,* 251–255.

Buss, D. M., and Schmitt, D. P. (1993). Sexual strategies theory: An evolutionary perspective on human mating. *Psychological Review, 100,* 204–232.

Buss, D. M., Shackelford, T. K., Kirkpatrick, L. A., Choe, J., Hasegawa, M., Hasegawa, T., and Bennett, K. (1999). Jealousy and the nature of beliefs about infidelity: Tests of competing hypotheses about sex differences in the United States, Korea, and Japan. *Personal Relationships, 6,* 125–150.

Buss, D. M., & Schmitt, D. P. (1993). Sexual strategies theory: An evolutionary perspective on human mating. *Psychological Review, 100,* 204–232.

Buss, D. M., and Schmitt, D. P. (2011). Evolutionary psychology and feminism. *Sex Roles, 64,* 768–787.

Buss, K. A., Schumacher, J.R.M., Dolski, I., Kalin, N. H., Goldsmith, H. H., and Davidson, R. J. (2003). Right frontal brain activity, cortisol, and withdrawal behavior in 6-month-old infants. *Behavioral Neuroscience, 117,* 11–20.

Butkovic, A., and Bratko, D. (2007). Family study of manipulation tactics. *Personality and Individual Differences, 43,* 791–801.

Butler, A. C., Hokanson, J. E., and Flynn, H. A. (1994). A comparison of self-esteem lability and low trait self-esteem as vulnerability factors for depression. *Journal of Personality and Social Psychology, 66,* 166–177.

Button, T.M.M., Stallings, M. C., Rhee, S. H., Corley, R. P., and Hewitt, J. K. (2011). The etiology of stability and change in religious values and religious attendance. *Behavior Genetics, 41,* 201–210.

Buunk, B., Angleitner, A., Oubaid, V., and Buss, D. M. (1996). Sexual and cultural differences in jealousy: Tests from the Netherlands, Germany, and the United States. *Psychological Science, 7,* 359–363.

Byrne, K. A., Silasi-Mansat, C. D., and Worthy, D. A. (2015). Who chokes under pressure? The Big Five personality traits and decision-making under pressure. *Personality and Individual Differences, 74,* 22–28.

Byrnes, J. P., Miller, D. C., and Schafer, W. D. (1999). Gender differences in risk taking: A meta-analysis. *Psychological Bulletin, 125,* 367–383.

Cafferty, T. P., Davis, K. E., Medway, F. J., O'Hearn, R. E., and Chappell, K. D. (1994). Reunion dynamics among couples separated during Operation Desert Storm: An attachment theory analysis. In K. Bartholomew and D. Perlman (Eds.), *Attachment processes in adulthood* (pp. 309–330). Philadelphia, PA: Jessica Kingsley.

Campbell, A., Coombes, C., David, R., Opre, A., Grayson, L., and Muncer, S. (2016). Sex differences are not attenuated by a sex-invariant measure of fear: The situated fear questionnaire. *Personality and Individual Differences, 97,* 210–219.

Campbell, J. B., and Hawley, C. W. (1982). Study habits and Eysenck's theory of extraversion-introversion. *Journal of Research in Personality, 16,* 139–146.

Campbell, W. K., and Foster, C. A. (2002). Narcissism and commitment in romantic relationships: An investment model analysis. *Personality and Social Psychology Bulletin, 28, 4,* 484–495.

Campbell, W. K., Rudich, E. A., and Sedikides, C. (2002). Narcissism, self-esteem, and the positivity of self-views: Two portraits of self-love. *Personality*

and Social Psychology Bulletin, 28, 3, 358–368.

Canache, D., Hayes, M., Mondak, J. J., and Wals, S. C. (2013). Openness, extraversion and the intention to emigrate. *Journal of Research in Personality, 47*(4), 351–355.

Canli, T. (2008). Toward a neurogenetic theory of neuroticism. In D. W. Pfaff and B. L. Kieffer (Eds.), *Molecular and biophysical mechanisms of arousal, alertness, and attention* (pp. 153–174). Malden: Blackwell.

Canli, T., and Amin, Z. (2002). Neuroimaging of emotion and personality: Scientific evidence and ethical considerations. *Brain and Cognition, 50,* 414–431.

Cann, A., Mangum, J. L., and Wells, M. (2001). Distress in response to relationship infidelity: The roles of gender and attitudes about relationships. *Journal of Sex Research, 38,* 185–190.

Cantor, N. (1990). From thought to behavior: "Having" and "doing" in the study of personality and cognition. *American Psychologist, 45,* 735–750.

Caplan, S. E. (2002). Problematic Internet use and psychosocial well-being: Development of a theory-based, cognitive-behavioral measurement instrument. *Computers in Human Behavior, 18,* 553–575.

Caprara, G. V., Alessandri, G., De Giunta, L., Panerai, L., and Eisenberg, N. (2010). The contribution of agreeableness and self-efficacy beliefs to prosociality. *European Journal of Personality, 24,* 36–55.

Caprara, G. V., Barbaranelli, C., Consiglio, C., Picconi, L., and Zimbardo, P. G. (2003). Personalities of politicians and voters: Unique and synergistic relationships. *Journal of Personality and Social Psychology, 84, 4,* 849–856.

Caprara, G. V., and Perugini, M. (1994). Personality described by adjectives: Generalizability of the Big Five to the Italian lexical context. *European Journal of Psychology, 8,* 357–369.

Caputi, P. (2012). An introduction to grid-based methods. In P. Caputi, L. L. Viney, B. M. Walker, and N. Crittenden (Eds.), *Personal construct methodology* (pp. 149–158). Hoboken, NJ: John Wiley & Sons.

Cardemil, E. V., Reivich, K. J., and Seligman, M. E. P. (2002). The prevention of depressive symptoms in low-income minority middle school students. *Prevention and Treatment, 5,* np.

Carli, V., and Durkee, T. (2016). Pathological use of the Internet. In D. Mucic, D. M. Hilty, D. Mucic, D. M. Hilty (Eds.), *e-Mental health* (pp. 269–288). Cham, Switzerland: Springer International Publishing.

Carlo, G., Okun, M. A., Knight, G. P., and de Guzman, M.R.T. (2005). The

interplay of traits and motives on volunteering: Agreeableness, extraversion and prosocial value motivation. *Personality and Individual Differences, 38,* 1293–1305.

Carpenter, C. J. (2012). Narcissism on Facebook: Self-promotional and anti-social behavior. *Personality and Individual Differences, 52,* 482–486.

Carrasco, M., Barker, E. D., Trembley, R. E., and Vitaro, J. (2006). Eysenck's personality dimensions as predictors of male adolescent trajectories of physical aggression, theft, and vandalism. *Personality and Individual Differences, 41,* 1309–1320.

Carron, A. V., Shapcott, K. M., and Martin, L. J. (2014). The relationship between team explanatory style and team success. *International Journal of Sport And Exercise Psychology, 12*(1), 1–9.

Carter, R. (1999). *Mapping the mind.* Berkeley: University of California Press.

Carver, C. S. (1996). Emergent integration in contemporary personality psychology. *Journal of Research in Personality, 30,* 319–334.

Carver, C. S., Pozo, C., Harris, S. D., Noriega, V., Scheier, M. F., Robinson, D. S., Ketcham, A. S., Moffat, F. L., and Clark, K. C. (1993). How coping mediates the effect of optimism on distress: A study of women with early stage breast cancer. *Journal of Personality and Social Psychology, 65,* 375–390.

Carver, C. S., and Scheier, M. F. (2000). Autonomy and self regulation. *Psychological Inquiry, 11,* 284–291.

Carver, C. S., Sutton, S. K., and Scheier, M. F. (1999). Action, emotion, and personality: Emerging conceptual integration. *Personality and Social Psychology Bulletin, 26,* 741–751.

Carver, C. S., and White, T. L. (1994). Behavioral inhibition, behavioral activation, and affective responses to impeding reward and punishments: The BIS/BAS scales. *Journal of Personality and Social Psychology, 67,* 319–333.

Cashden, E. (1980). Egalitarianism among hunters and gatherers. *American Anthropologist, 82,* 116–120.

Caspi, A., Elder, G. H., Jr., and Bem, D. J. (1987). Moving against the world: Life-course patterns of explosive children. *Developmental Psychology, 23,* 308–313.

Caspi, A., Harrington, H., Milne, B., Amell, J. W., Theodore, R. F., and Moffitt, T. E. (2003). Children's behavioral styles at age 3 are linked to their adult personality traits at age 26. *Journal of Personality, 71,* 495–513.

Caspi, A., and Herbener, E. S. (1990). Continuity and change: Assortative mating and the consistency of personality in adulthood. *Journal of Personality and Social Psychology, 58,* 250–258.

Caspi, A., Roberts, B. W., and Shiner, R. L. (2005). Personality development: Stability and change. *Annual Review of Psychology, 56,* 453–458.

Caspi, A., Sugden, K., Moffitt, T., Taylor, A., Craig, I. W., Harringon, H., et al. (2003). Influence of life stress on depression: Moderation by a polymorphism in the 5-HTT gene. *Science, 301,* 386–389.

Cassidy, J., and Shaver, P. (1999). *Handbook of attachment: Theory, research, and clinical applications.* New York: Guilford Press.

Cattell, R. B. (1943). The description of personality: Basic traits resolved into clusters. *Journal of Abnormal and Social Psychology, 38,* 476–507.

Cattell, R. B. (1973). *Personality and mood by questionnaire.* San Francisco: Jossey-Bass.

Cattell, R. B., Eber, H. W., and Tatsouoka, M. M. (1970). *Handbook for the 16 PF.* Champaign, IL: Institute for Personality and Ability Testing.

Chagnon, N. (1983). *Yanomamö: The fierce people* (3rd ed.). New York: Holt, Rinehart and Winston.

Chagnon, N. (1988). Life histories, blood revenge, and warfare in a tribal population. *Science, 239,* 985–992.

Chamorro-Premuzic, T., and Furnham, A. (2003a). Personality predicts academic performance: Evidence from two longitudinal university samples. *Journal of Research in Personality, 37,* 319–338.

Chamorro-Premuzic, T., and Furnham, A. (2003b). Personality traits and academic examination performance. *European Journal of Personality, 17,* 237–250.

Chan, W., McCrae, R. R., De Fruyt, F., Jussim, L., Löckenhoff, C. E., De Bolle, M., . . . and Nakazato, K. (2012). Stereotypes of age differences in personality traits: Universal and accurate? *Journal of Personality and Social Psychology, 103,* 1050–1066.

Chapman, B. P., Dubestein, P. R., Sorensen, S., and Lyness, J. M. (2007). Gender differences in five factor model of personality traits in an elderly cohort. *Personality and Individual Differences, 43,* 1594–1603.

Chapman, B. P., and Goldberg, L. R. (2011). Replicability and 40-year predictive power of childhood ARC types. *Journal of Personality and Social Psychology, 101,* 593–606.

Charles, S. T., Reynolds, C. A. and Gatz, M. (2001). Age-related differences and change in positive and negative affect over 23 years. *Journal of Personality and Social Psychology, 80, 1,* 136–151.

Chavira, D. A., Stein, M. B., and Malcarne, V. L. (2002). Scrutinizing the relationship between shyness and social phobia. *Journal of Anxiety Disorders, 16,* 585–598.

Cheek, J. M. (1983). *The revised Cheek and Buss Shyness Scale.* Unpublished manuscript, Department of Psychology, Wellesley College, Wellesley, MA.

Cheek, J. M. (1989). *Conquering shyness.* New York: Dell.

Cheek, J. M., and Buss, A. H. (1981). Shyness and sociability. *Journal of Personality and Social Psychology, 41,* 330–339.

Cheek, J. M., and Krasnoperova, E. N. (1999). Varieties of shyness in adolescence and adulthood. In L. A. Schmidt and J. Schulkin (Eds.), *Extreme fear, shyness, and social phobia: Origins, biological mechanisms, and clinical outcomes* (pp. 224–250). London: Oxford University Press.

Cheek, J. M., and Melchior, L. A. (1990). Shyness, self-esteem, and self-consciousness. In H. Leitenberg (Ed.), *Handbook of social and evaluation anxiety* (pp. 47–82) New York: Plenum Press.

Cheit, R. E., Shavit, Y., and Reisse-Davis, Z. (2010). Magazine coverage of child sexual abuse, 1992–2004. *Journal of Child Sexual Abuse: Research, Treatment, & Program Innovations for Victims, Survivors, and Offenders, 19,* 99–117.

Chen, C., Burton, M., Greenberger, E., and Dmitrieva, J. (1999). Population migration and the variation of dopamine D4 receptor (DRD4) allele frequencies around the globe. *Evolution and Human Behavior, 20,* 309–324.

Chen, F. F., and West, S. G. (2008). Measuring individualism and collectivism: The importance of considering differential components, reference groups, and measurement invariance. *Journal of Research in Personality, 42,* 259–294.

Chen, F. S., and Johnson, S. C. (2012). An oxytocin receptor gene variant predicts attachment anxiety in females and autism-spectrum traits in males. *Social Psychological and Personality Science, 3,* 93–99.

Cheng, H., and Furnham, A. (2003). Personality, self-esteem, and demographic predictions of happiness and depression. *Personality and Individual Differences, 34,* 921–942.

Chen, S., Su, X., and Wu, S. (2012). Need for achievement, education, and entrepreneurial risk-taking behavior. *Social Behavior and Personality, 40,* 1311–1318.

Chida, Y., and Steptoe, A. (2009). The association of anger and hostility with future coronary heart disease: A meta-analytic review of prospective evidence. *Journal of the American College of Cardiology, 53,* 774–778.

Chioqueta, A. P., and Stiles, T. C. (2005). Personality traits and the development of depression, hopelessness, and suicidal ideation. *Personality and Individual Differences, 38,* 1283–1291.

Chodorow, N. J. (1989). *Feminism and psychoanalytic theory.* New Haven, CT: Yale University Press.

Choi, J. K., and Ji, Y. G. (2015). Investigating the importance of trust on adopting an autonomous vehicle. *International Journal of Human-Computer Interaction, 31*(10), 692–702.

Chow, J. T., and Lau, S. (2015). Nature gives us strength: Exposure to nature counteracts ego-depletion. *The Journal of Social Psychology, 155*(1), 70–85.

Christ, S. E., White, D., Brunstrom, J. E., and Abrams, R. A. (2003). Inhibitory control following perinatal brain injury. *Neuropsychology, 17,* 171–178.

Christie, R., and Geis, F. L. (1970). *Studies in Machiavellianism* (pp. 53–76). New York: Academic Press.

Chu, J. A. (1998). *Rebuilding shattered lives: The responsible treatment of complex post-traumatic and dissociative disorders.* New York: Wiley.

Church, A. T. (2000). Culture and personality: Toward an integrated cultural trait psychology. *Journal of Personality, 68,* 651–703.

Church, A. T. (2009). Prospects for an integrated trait and cultural psychology. *European Journal of Personality, 23,* 153–182.

Church, A. T., Katigbak, M. S., Mazuera Arias, R., Rincon, B. C., Vargas-Flores, J. D. J., Ibáñez-Reyes, J., . . . and Ortiz, F. A. (2014). A four-culture study of self-enhancement and adjustment using the social relations model: Do alternative conceptualizations and indices make a difference? *Journal of Personality and Social psychology, 106,* 997–1014.

Church, A. T., Katigbak, M. S., Miramontes, L. G., del Prado, A. M., and Cabrera, H. F. (2007). Culture and the behavioural manifestations of traits: An application of the act frequency approach. *European Journal of Personality, 21,* 389–417.

Clapper, R. L. (1990). Adult and adolescent arousal preferences: The revised reducer augmenter scale. *Personality and Individual Differences, 11,* 1115–1122.

Clapper, R. L. (1992). The reducer-augmenter scale, the revised reducer augmenter scale, and predicting late adolescent substance use. *Personality and Individual Differences, 13,* 813–820.

Claridge, G. S., Donald, J., and Birchall, P. M. (1981). Drug tolerance and personality: Some implications for Eysenck's theory. *Personality and Individual Differences, 2,* 153–166.

Clark, R. D. (1990). The impact of AIDS on gender differences in willingness to engage in casual sex. *Journal of Applied Social Psychology, 20,* 771–782.

Clark, R. D., and Hatfield, E. (1989). Gender differences in receptivity to sexual offers. *Journal of Psychology and Human Sexuality, 2,* 39–55.

Claxton, A., O'Rourke, N., Smith, J. Z., and DeLongis, A. (2011). Personality traits and marital satisfaction within enduring relationships: An intra-couple discrepancy approach. *Journal of Social and Personal Relationships, 29,* 375–396.

Cleckley, H. (1941). *The mask of sanity: An attempt to reinterpret the so-called psychopathic personality.* Oxford, England: Mosby.

Cleckley, H. (1988). *The mask of sanity.* Augusta, GA: Emily S. Cleckley.

Cleveland, H. H., Udry, J. R., and Chantala, K. (2001). Environmental and genetic influences on sex-types behaviors and attitudes of male and female adolescents. *Personality and Social Psychology Bulletin, 27, 12,* 1587–1598.

Clewley, N., Chen, S. Y., and Liu, X. (2011). Mining learning preferences in Web-based instruction: Holists vs. serialists. *Journal of Educational Technology and Society, 14,* 266–277.

Clifton, A., Turkheimer, E., and Oltmanns, T. F. (2004). Contrasting perspectives on personality problems: Descriptions from the self and others. *Personality and Individual Differences, 36,* 1499–1514.

Cloninger, C. R. (1986). A unified biosocial theory of personality and its role in the development of anxiety states. *Psychiatric Developments, 3,* 167–226.

Cloninger, C. R. (1987). A systematic method for clinical description and classification of personality variants: A proposal. *Archives of General Psychiatry, 44,* 573–588.

Cloninger, C. R. (1999). *Personality and psychopathology.* Washington, DC: American Psychiatric Press.

Cloninger, C. R., Svrakic, D. M., and Przybeck, T. R. (1993). A psychobiological model of temperament and character. *Archives of General Psychiatry, 50,* 975–990.

Clower, C. E., and Bothwell, R. K. (2001). An exploratory study of the relationship between the Big Five and inmate recidivism. *Journal of Research in Personality, 35,* 231–237.

Coan, J. A., and Allen, J. B. (2004). Frontal EEG asymmetry as a moderator and mediator of emotion. *Biological Psychology, 67*(1-2), 7–49.

Coan, J. A., and Gottman, J. M. (2007). Sampling, experimental control, and generalizability in the study of marital process models, *Journal of Marriage and Family, 69,* 73–80.

Cohen, J. (1977). *Statistical power analysis for the behavioral sciences.* San Diego, CA: Academic Press.

Cohen, J., and Cohen, P. (1975). *Applied multiple regression/correlation analysis for the behavioral sciences.* Hillsdale, NJ: Erlbaum.

Cohen, S., Doyle, W. J., Skoner, D. P., Fireman, P., Gwaltney, J. M., Jr., and Newsom, J. T. (1995). State and trait negative affect as predictors of objective and subjective symptoms of respiratory viral infections. *Journal of Personality and Social Psychology, 68,* 159–169.

Cohen, S., Tyrrell, D. A. J., and Smith, A. P. (1997). Psychological stress in humans and susceptibility to the common cold. In T. W. Moller (Ed.), *Clinical disorders and stressful life events* (pp. 217–235). Madison, CT: International Universities Press.

Cohen-Bendahan, C. C., van de Beek, C., and Berenbaum, S. A. (2005). Prenatal sex hormone effects on child and adult sex-typed behavior: methods and findings. *Neuroscience & Biobehavioral Reviews, 29*(2), 353–384.

Coleman, R. (1992). *Lennon: The definitive biography.* New York: Perennial.

College Board Online. (2009). *SAT validity studies.* Retrieved from http://professionals.collegeboard.com/data-reports-research/sat/validity-studies.

Collins, J. N. (1994). Some fundamental questions about scientific thinking. *Research in Science and Technological Education, 12,* 161–173.

Confer, J. C., Easton, J. E., Fleischman, D. S., Goetz, C., Lewis, D. M., Perilloux, C., and Buss, D. M. (2010). Evolutionary psychology: Controversies, questions, prospects, and limitations. *American Psychologist, 65,* 110–126.

Conley, J. J. (1984a). The hierarchy of consistency: A review and model of longitudinal findings on adult individual differences in intelligence, personality, and self-opinion. *Personality and Individual Differences, 5,* 11–25.

Conley, J. J. (1984b). Longitudinal consistency of adult personality: Self-reported psychological characteristics across 45 years. *Journal of Personality and Social Psychology, 47,* 1325–1333.

Conley, J. J. (1985). Longitudinal stability of personality traits: A multitrait-multimethod-multioccasion analysis. *Journal of Personality and Social Psychology, 49,* 1266–1282.

Conley, J. J., and Angelides, M. (1984). *Personality antecedents of emotional disorders and alcohol abuse in men: Results of a forty-five-year prospective study.* Unpublished manuscript: Wesleyan University, Middletown, CT.

Connelly, B. S., and Ones, D. S. (2010). Another perspective on personality: Meta-analytic integration of observers' accuracy and predicative validity. *Psychological Bulletin, 136,* 1092–1122.

Connolly, I., and O'Moore, M. (2003). Personality and family relations of children who bully. *Personality and Individual Differences, 35,* 559–567.

Conrad, M. A. (2006). Aptitude is not enough: How personality and behavior predict academic performances. *Journal of Research in Personality, 40,* 339–346.

Conroy-Beam, D., Buss, D. M., Pham, M. N., and Shackelford, T. K. (2015). How sexually dimorphic are human mate preferences? *Personality and Social Psychology Bulletin, 41,* 1082–1093.

Conroy-Beam, D., Goetz, C. D., & Buss, D. M. (2016). What predicts romantic relationship satisfaction and mate retention intensity: mate preference fulfillment or mate value discrepancies? *Evolution and Human Behavior.*

Cooper, M. L., Wood, P. K., Orcutt, H. K., and Albino, A. (2003). Personality and the predisposition to engage in risky or problem behaviors during adolescence. *Journal of Personality and Social Psychology, 84, 2,* 390–410.

Cooper, S. H. (1998). Changing notions of defense within psychoanalytic theory. *Journal of Personality, 66,* 947–965.

Corcoran, D. W. J. (1964). The relation between introversion and salivation. *American Journal of Psychology, 77,* 298–300.

Cosmides, L., and Tooby, J. (1992). Cognitive adaptations for social exchange. In J. Barkow, L. Cosmides, and J. Tooby (Eds.), *The adapted mind* (pp. 163–228). New York: Academic Press.

Costa, P. T., and McCrae, R. R. (1980). Influence of extraversion and neuroticism on subjective well-being: Happy and unhappy people. *Journal of Personality and Social Psychology, 38,* 668–678.

Costa, P. T., and McCrae, R. R. (1985). Hypochondriasis, neuroticism, and aging: When are somatic complaints unfounded? *American Psychologist, 40,* 19–28.

Costa, P. T., Jr., and McCrae, R. R. (1988). Personality in adulthood: A six-year longitudinal study of self-reports and spouse ratings on the NEO Personality Inventory. *Journal of Personality and Social Psychology, 54,* 853–863.

Costa, P. T., Jr., and McCrae, R. R. (1989). *The NEO-PI/NEO-FFI manual supplement.* Odessa, FL: Psychological Assessment Resources.

Costa, P. T., Jr., and McCrae, R. R. (1992). Trait psychology comes of age. In T. B. Sonderegger (Ed.), *Nebraska symposium on motivation: Psychology and aging* (pp. 169–204). Lincoln: University of Nebraska Press.

Costa, P. T., Jr., and McCrae, R. R. (1994). Set like plaster? Evidence for the stability of adult personality. In T. F. Heatherton and J. L. Weinberger (Eds.), *Can personality change?* Washington, DC: American Psychological Association.

Costa, P. T., and McCrae, R. R. (1995). Solid ground in the wetlands of personality: A reply to Block. *Psychological Bulletin, 117,* 216–220.

Costa, P. T., Jr., and McCrae, R. R. (2005). The NEO-PI-3: A more readable revised NEO personality inventory. *Journal of Personality, 84,* 261–270.

Costa, P. T., McCrae, R. R., and Zonderman, A. B. (1987). Environmental and dispositional influences on well-being: Longitudinal follow-up of an American national sample. *British Journal of Psychology, 78,* 299–306.

Costa, P. T., and Widiger, T. A. (Eds.). (1994). *Personality disorders and the five-factor model of personality.* Washington, DC: American Psychological Association.

Costa, P. T., and Widiger, T. A. (Eds.). (2002). *Personality disorders and the five-factor model of personality.* (2nd ed.). Washington, DC: American Psychological Association.

Coutts, L. M. (1990). Police hiring and promotion: Methods and outcomes. *Canadian Police College Journal, 14,* 98–122.

Cox, K., and McAdams, D. P. (2012). The transforming self: Service narratives and identity change in emerging adulthood. *Journal of Adolescent Research, 27,* 18–43.

Craik, K. H. (1986). Personality research methods: An historical perspective. *Journal of Personality, 54,* 18–51.

Craik, K. H. (2008). *Reputation: A network analysis.* New York: Oxford University Press.

Cramer, P. (1991). *The development of defense mechanisms: Theory, research, and assessment.* New York: Springer-Verlag.

Cramer, P. (2000). Defense mechanisms in psychology today: Further processes for adaptation. *American Psychologist, 55,* 637–646.

Cramer, P. (2002). Defense mechanisms, behavior, and affect in young adulthood. *Journal of Personality, 70,* 103–126.

Cramer, P. (2012). Psychological maturity and change in adult defense mechanisms. *Journal of Research in Personality, 46,* 306–316.

Cramer, P., and Davidson, K. (1998). Defense mechanisms in contemporary personality research. *Special Issue of the Journal of Personality, 66.*

Crandall, V., Dewey, R., Katkovsky, W., and Preston, A. (1964). Parents' attitudes and behaviors and grade-school children's academic achievements. *Journal of Genetic Psychology, 104,* 53–66.

Crede, M., Tynan, M.C., and Harms, P.D. (in press). Much ado about Grit: A meta-analytic synthesis of the Grit literature. *Journal of Personality and Social Psychology.*

Creswell, J. D., Bursley, J. K., and Satpute, A. B. (2013). Neural reactivation links unconscious thought to decision-making performance. *Social Cognitive and Affective Neuroscience, 8*(8), 863–869.

Crocker, J., and Major, B. (1989). Social stigma and self-esteem: The self-protective properties of stigma. *Psychological Review, 96,* 608–630.

Cronbach, L. J., and Gleser, G. C. (1965). *Psychological tests and personnel decisions.* Urbana: University of Illinois Press.

Cronbach, L. J., and Meehl, P. E. (1955). Construct validity in psychological tests. *Psychological Bulletin, 52,* 281–302.

Crone, E. A., Vendel, I., and van der Molen, M. W. (2003). Decision-making in disinhibited adolescents and adults: Insensitivity to future consequences or driven by immediate reward? *Personality and Individual Differences, 35,* 1625–1641.

Cross, C. P., Copping, L. T., and Campbell, A. (2011). Sex differences in impulsivity: A meta-analysis. *Psychological Bulletin, 137,* 97–130.

Cross, S. E., Kanagawa, C., Markus, H. R., and Kitayama, S. (1995). *Cultural variation in self-concept.* Unpublished manuscript, Iowa State University, Ames.

Crowne, D. P., and Marlowe, D. (1964). *The approval motive: Studies in evaluation dependence.* New York: Wiley.

Cruce, S. E., Pashak, T. J., Handal, P. J., Munz, D. C., and Gfeller, J. D. (2012). Conscientious perfectionism, self-evaluative perfectionism, and the five-factor model of personality traits. *Personality and Individual Differences, 53,* 268–273.

Cruz, M., and Larsen, R. J. (1995). Personality correlates of individual differences in electrodermal lability. *Journal of Social Behavior and Personality, 23,* 93–104.

Csikszentmihalyi, M. (1999). If we are so rich, why aren't we happy? *American Psychologist, 54,* 821–827.

Csikszentmihalyi, M. (2000). *Beyond boredom and anxiety* (25th anniversary ed.). San Francisco: Jossey-Bass. (Original work published 1975)

Csikszentmihalyi, M., Abuhamdeh, S., and Nakamura, J. (2005). Flow. In A. J. Elliot and C. S. Dweck (Eds.), *Handbook of competence and motivation* (pp. 598–608). New York: Guilford Press.

Curtis, V., Aunger, R., and Rabie, T. (2004). Evidence that disgust evolved to protect from risk of disease. *Proceedings of the Royal Society of London B: Biological Sciences, 271*(Suppl 4), S131–S133.

Curtis, V., and Biran, A. (2001). Dirt, disgust, and disease: Is hygiene in our genes? *Perspectives in Biology and Medicine, 44*(1), 17–31.

Cutler, S. S., Larsen, R. J., and Bunce, S. C. (1996). Repressive coping style and the experience and recall of emotion: A naturalistic study of daily affect. *Journal of Personality, 65,* 379–405.

Dabbs, J. M., Jr., and Dabbs, M. G. (2000). *Heroes, rogues and lovers: Testosterone and behavior.* New York: McGraw-Hill.

Dabbs, J. M., Jr., and Hargrove, M. F. (1997). Age, testosterone, and behavior among female prison inmates. *Psychosomatic Medicine, 59,* 477–480.

Dabbs, J. M., Jr., Hargrove, M. F., and Heusel, C. (1996). Testosterone differences among college fraternities: Well-behaved vs. rambunctious. *Personality and Individual Differences, 20,* 157–161.

Dalgleish, T. (1995). Performance on the emotional Stroop task in groups of anxious, expert, and control subjects: A comparison of computer and card presentation formats. *Cognition and Emotion, 9,* 341–362.

Daly, M., and Wilson, M. (1988). *Homicide.* New York: Aldine de Gruyter.

Damasio, A. R. (1994). *Descartes' error: Emotion, reason, and the human brain.* New York: Putnam.

Danner, D. D., Snowdon, D. A., and Friesen, W. V. (2001). Positive emotions in early life and longevity: Findings from the nun study. *Journal of Personality and Social Psychology, 80,* 804–813.

Darwin, C. (1859) *The origin of species.* London: Murray.

Darwin, C. (1872/1965). *The expression of the emotions in man and animals.* Chicago: University of Chicago Press.

Davidson, K. W., Gidron, Y., Mostofsky, E., and Trudeau, K. J. (2007). Hospitalization cost offset of a hostility intervention for coronary heart disease patients. *Journal of Consulting and Clinical Psychology, 75,* 657–662.

Davidson, R. J. (1991). Cerebral asymmetry and affective disorders: A developmental approach. In D. Cicchetti and S. L. Toth (Eds.), *Internalizing and Externalizing Expressions of Dysfunction: Rochester Symposium and Developmental Psychopathology* (Vol. 2, pp. 123–154). Hillsdale, NJ: Erlbaum.

Davidson, R. J. (1993). The neuropsychology of emotion and affective style. In M. Lewis and J. M. Haviland (Eds.), *Handbook of emotions* (pp. 143–154). New York: Guilford Press.

Davidson, R. J. (2000). Affective style, psychopathology, and resilience: Brain mechanisms and plasticity. *American Psychologist, 55,* 1196–1214.

Davidson, R. J., Ekman, P., Saron, C. D., Senulis, J. A., and Friesen, W. V. (1990). Approach/withdrawal and cerebral asymmetry: Emotional expression and brain physiology. I. *Journal of Personality and Social Psychology, 58,* 330–341.

Davidson, R. J., Kabat-Zinn, J., Schumacher, J., Rosenkranz, M., Muller, D., Santorelli, S. F., Urbanowski, F., Harrington, A., Bonus, K., and Sheridan, J. F. (2003). Alterations in brain and immune function produced by mindfulness meditation. *Psychosomatic Medicine, 65,* 564–570.

Davidson, R. J., Scherer, K. R., and Goldsmith, H. H. (2003). *Handbook of affective sciences.* New York: Oxford University Press.

Davis, M. H., Luce, C., and Kraus, S. J. (1994). The heritability of characteristics associated with dispositional empathy. *Journal of Personality, 62,* 369–391.

Davis, M. H., Mitchell, K. V., Hall, J. A., Lothert, J., Snapp, T., and Meyer, M. (1999). Empathy, expectations, and situational preferences: Personality influences on the decision to participate in volunteer helping behaviors. *Journal of Personality, 67,* 469–503.

Davis, P. J. (1987). Repression and the inaccessibility of affective memories. *Journal of Personality and Social Psychology, 53,* 585–593.

Davis, P. J., and Schwartz, G. E. (1987). Repression and the inaccessibility of affective memories. *Journal of Personality and Social Psychology, 52,* 155–162.

De Raad, B. (1998). Five big, big five issues: Rationale, content, structure, status, and crosscultural assessment. *European Psychologist, 3,* 113–124.

De Raad, B., and Barelds, D.P.H. (2008). A new taxonomy of Dutch personality traits based on a comprehensive and unrestricted list of descriptors. *Journal of Personality and Social Psychology, 94,* 347–364.

De Raad, B., Barelds, D. P. H., Levert, E., Ostendof, F., Mlacic, B., De Blas, L., Hrebickova, M., et al. (2010). Only three factors of personality description are fully replicable across languages: A comparison of 14 trait taxonomies. *Journal of Personality and Social Psychology, 98,* 1060–1173.

De Raad, B., Perugini, M., Hrebickova, M., and Szarota, P. (1998). Lingua Franca of personality: Taxonomies and structures based on the psycholexical approach. *Journal of Cross-Cultural Psychology, 29,* 212–232.

De Vries, J., and Van Heck, G. L. (2002). Fatigue: Relationships with basic personality and temperament dimensions. *Personality and Individual Differences, 33,* 1311–1324.

Del Giudice, M., and Belsky, J. (in press). The development of life history strategies: Toward a multi-stage theory. In D. M. Buss and P. Hawley (Eds.), *The evolution of personality and individual differences.* New York: Oxford University Press.

del Prado, A. M., Church, A. T., Katigbak, M. S., Miramontes, L. G., Whitty, M. T., Curtis, G. J., et al. (2007). Culture, method, and the content of self-concepts: Testing trait, individual-self primacy, and cultural psychology perspectives. *Journal of Research in Personality, 41,* 1119–1160.

DeAngelis, T. (1991). Honesty tests weigh in with improved ratings. *APA Monitor, 22,* 6.

De Bolle, M., De Fruyt, F., McCrae, R. R., Löckenhoff, C. E., Costa Jr, P. T., Aguilar-Vafaie, M. E., . . . and Avdeyeva, T. V. (2015). The emergence of sex differences in personality traits in early adolescence: A cross-sectional, cross-cultural study. *Journal of Personality and Social Psychology, 108,* 171–185.

Deaner, R. O., Goetz, S. M. M., Shattuck, K., and Schnotala, T. (2012). Body weight, not facial width-to-height ratio, predicts aggression in pro hockey players. *Journal of Research in Personality, 46,* 235–238.

Deaux, K. (1984). From individual differences to social categories: Analysis of a decade's research on gender. *American Psychologist, 39,* 105–116.

Deaux, K., and LaFrance, M. (1998). Gender. In D. T. Gilbert, S. T. Fiske, and G. Lindzey (Eds.), *The handbook of social psychology* (vol. 1, 4th ed., pp. 788–827). Boston: McGraw-Hill.

Deaux, K., and Lewis, L. L. (1984). Structure of gender stereotypes: Interrelationships among components and gender label. *Journal of Personality and Social Psychology, 46,* 991–1004.

Decuyper, M., De Bolle, M., & De Fruyt, F. (2012). Personality similarity, perceptual accuracy, and relationship satisfaction in dating and married couples. *Personal Relationships, 19,* 128–145.

Deiner, C. I., and Dweck, C. S. (1978). An analysis of learned helplessness: Continuous changes in performance, strategy, and achievement cognitions following failure. *Journal of Personality and Social Psychology, 36,* 451–462.

Deiner, C. I., and Dweck, C. S. (1980). An analysis of learned helplessness (II): The processing of success. *Journal of Personality and Social Psychology, 39,* 940–952.

Del Giudice, M., and Belsky, J. (2011). The development of life history strategies: Toward a multi-stage theory. In D.M. Buss and P. Hawley (Eds.), *The evolution of personality and individual differences.* New York: Oxford University Press.

Delongis, A., Folkman, S., and Lazarus, R. S. (1988). The impact of daily stress on health and mood: Psychological and social resources as mediators. *Journal of Personality and Social Psychology, 54,* 986–995.

Dembrowski, T. M., and Costa, P. T. (1987). Coronary-prone behavior: Components of the Type A pattern and hostility. *Journal of Personality, 55,* 211–235.

Demerath, P. (2001). The social cost of acting "extra": Students' moral judgments of self, social relations, and academic success in Papua New Guinea. *American Journal of Education, 108,* 3.

DeMeuse, K. (1985). The relationship between life events and indices of classroom performance. *Teaching of Psychology, 12,* 146–149.

Denissen, J. J. (2014). A roadmap for further progress in research on personality development. *European Journal of Personality, 28,* 213–215.

Denissen, J. J. A., and Penke, L. (2008a). Motivational individual reaction norms underlying the five-factor model of personality: First steps toward a theory-based conceptual framework. *Journal of Research in Personality, 42,* 1285–1302.

Denissen, J. J. A., and Penke, L. (2008b). Neuroticism predicts reactions to cues of social exclusion. *European Journal of Personality, 22,* 497–517.

Denissen, J., Penke, L., Schmitt, D. P., and van Aken, M. (2008). Self-esteem reactions to social interactions: Evidence for sociometer mechanisms across days, people, and nations. *Journal of Personality and Social Psychology, 95,* 181–196.

Denollet, J. (2000). Type D personality: A potential risk factor refined. *Journal of Psychosomatic Research, 49,* 255–266.

Denollet, J. (2005). DS14: Standard assessment of negative affectivity, social inhibition, and Type D personality. *Psychosomatic Medicine, 67,* 89–97.

Denollet, J., Conraads, V. M., Brutsart, D. L., De Clerck, L. S., Stevens, W. J., and Brints, C. J. (2003). Cytokines and immune activation in systolic heart failure: The role of Type D personality. *Brain, Behavior, and Immunity, 17,* 304–309.

Denollet, J., Pedersen, S. S., Ong, A. T., Erdman, R. A., Serruys, P. W., and van Domburg, R. T. (2006). Social inhibition modulates the effects of negative emotions on cardiac prognosis following percutaneous coronary intervention in the drug-eluting stent era. *European Heart Journal, 27,* 171–177.

DePaulo, B. (2006). *Singled out: How singles are stereotyped, stigmatized, and ignored, and still live happily ever after.* New York: St. Martin's Press.

DePaulo, B. M., Dull, W. R., Greenberg, J. M., and Swaim, G. (1989). Are shy people reluctant to ask for help? *Journal of Personality and Social Psychology, 56,* 834–844.

DePaulo, B. M., Kenny, D. A., Hoover, C. W., Webb, W., and Oliver, P. V. (1987). Accuracy of person perception: Do people know what kinds of impressions they convey? *Journal of Personality and Social Psychology, 52,* 303–315.

DePrince, A. P., Brown, L. S., Cheit, R. E., Freyd, J. J., Gold, S. N., Pezdek, K., and Quina, K. (2012). Motivated forgetting and misremember: Perspectives from betrayal trauma theory. In R. F. Belli (Ed.), *True and false recovered* memories: Toward a reconciliation of the debate (pp. 193–242). New York: Springer.

Depue, R. A. (1996). A neurobiological framework for the structure of personality and emotion: Implications for personality disorders. In J. Clarkin and M. Lenzenweger (Eds.), Major theories of personality disorders (pp. 347–390). New York: Guilford Press.

Depue, R. A. (2006). Interpersonal behavior and the structure of personality: Neurobehavioral foundations of agentic extraversion and affiliation. In T. Canli (Ed.), Biology of personality and individual differences (pp. 60–92). New York: Guilford Press.

Depue, R. A., and Collins, P. F. (1999). Neurobiology of the structure of personality: Dopamine, facilitation of incentive motivation, and extraversion. Behavioral and Brain Sciences, 22, 491–517.

DeSteno, D. A., Bartlett, M. Y., Salovey, P., and Braverman, J. (2002). Sex differences in jealousy: Evolutionary mechanisms of experimental artifact? Journal of Personality and Social Psychology, 83, 1103–1116.

Depue, R. A., and Fu, Y. (2013). On the nature of extraversion: Variation in conditioned contextual activation of dopamine-facilitated affective, cognitive, and motor processes. Frontiers in Human Neuroscience, 7.

Derakshan, N., Eysenck, M. W., and Myers, L. B. (2007). Emotional information processing in repressors: The vigilance-avoidance theory. Cognition and Emotion, 21(8), 1585–1614.

DeSteno, D. A., and Salovey, P. (1996). Evolutionary origins of sex differences in jealousy: Questioning the "fitness" of the model. Psychological Science, 7, 367–372.

DeWall, C. N., Baumeister, R. F., Stillman, T. F., and Gailliot, M. T. (2007). Violence restrained: Effects of self-regulatory capacity and its depletion on aggressive behavior. Journal of Experimental Social Psychology, 33, 1547–1558.

DeWall, C. N., Buffardi, L. E., Bosner, I., and Campbell, W. K. (2011). Narcissism and implicit attention seeking: Evidence from linguistic analyses of social networking and online presentation. Personality and Individual Differences, 51, 57–62.

DeYoung, C. G. (2010). Personality neuroscience and the biology of traits. Social and Personality Psychology Compass, 4, 1165–1180.

DeYoung, C. G. (2015). Openness/Intellect: A dimension of personality reflecting cognitive exploration. In L. Cooper and R. J. Larsen (Eds.), Handbook of personality and social psychology: Personality processes and individual differences (369–400). Washington, DC: American Psychological Association.

DeYoung, C. G., Grazioplene, R. G., and Peterson, J. B. (2012). From madness to genius: The openness/intellect trait domain as a paradoxical simplex. Journal of Research in Personality, 46, 63–78.

DeYoung, C. G., Hirsh, J. B., Shane, M.S., Rajeevan, N., and Gray, J. R. (2010). Testing predictions from personality neuroscience: Brain structure and the big five. Psychological Science, 21, 820–828.

DeYoung, C. G., Shamosh, N. A., Green, A. E., Braver, T. S., and Gray, J. R. (2009). Intellect as distinct from openness: Differences revealed by fMRI of working memory. Journal of Personality and Social Psychology, 97, 883–892.

Di Blas, L. (2005). Personality-relevant attribute-nouns: A taxonomic study in the Italian language. European Journal of Personality, 19, 537–557.

Di Blas, L. (2007). A circumplex model of interpersonal attributes in middle childhood. Journal of Personality, 75, 863–897.

Diamond, J. (1999). Guns, germs, and steel. New York: Norton.

Diener, E. (2000). Subjective well-being: The science of happiness and a proposal for a national index. American Psychologist, 55, 34–43.

Diener, E., and Biswas-Diener, R. (2002). Will money increase subjective well-being? A literature review and guide to needed research. Social Indicators Research, 57, 119–169.

Diener, E., and Biswas-Diener, R. (2008). Happiness: Unlocking the mysteries of psychological wealth. Malden, MA: Blackwell.

Diener, E., and Diener, M. (1995). Cross-cultural correlates of life satisfaction and self-esteem. Journal of Personality and Social Psychology, 68, 653–663.

Diener, E., Diener, M., and Diener, C. (1995). Factors predicting the subjective well-being of nations. Journal of Personality and Social Psychology, 69, 851–864.

Diener, E., Emmons, R. A., Larsen, R. J., and Griffin, S. (1985). The Satisfaction With Life Scale. Journal of Personality Assessment, 49, 71–75.

Diener, E., Ng, W., Harter, J., and Arora, R. (2010). Wealth and happiness across the world: Material prosperity predicts life evaluation, whereas psychosocial prosperity predicts positive feeling. Journal of Personality and Social Psychology, 99, 52–61.

Diener, E., Horowitz, J., and Emmons, R. A. (1985). Happiness of the very wealthy. Social Indicators Research, 16, 263–274.

Diener, E., and Larsen, R. J. (1984). Temporal stability and cross-situational consistency of affective, behavioral, and cognitive responses. Journal of Personality and Social Psychology, 47, 871–883.

Diener, E., Larsen, R. J., and Emmons, R. A. (1984). Person X situation interactions: Choice of situations and congruence response models. Journal of Personality and Social Psychology, 47, 580–592.

Diener, E., Larsen, R. J., Levine, S., and Emmons, R. A. (1985). Intensity and frequency: Dimensions underlying positive and negative affect. Journal of Personality and Social Psychology, 48, 1253–1265.

Diener, E., Lucas, R. E., and Larsen, R. J. (2003). Measuring positive emotions. In C. R. Snyder, and S. J. Lopez (Eds.), The handbook of positive psychological assessment (pp. 201–218). Washington, DC: American Psychological Association.

Diener, E., Oishi, S., and Lucas, R. E. (2003). Personality, culture, and subjective well-being: Emotional and cognitive evaluations of life. Annual Review of Psychology, 54, 403–425.

Diener, E., Sandvik, E., Seidlitz, L., and Diener, M. (1993). The relationship between income and subjective well-being: Relative or absolute? Social Indicators Research, 28, 195–223.

Diener, E., and Scollon, C. N. (2002). Our desired future for personality psychology. Journal of Research in Personality, 36, 629–637.

Diener, E., and Seligman, M. E. P. (2002). Very happy people. Psychological Science, 13, 80–83.

Diener, E., Suh, E. M., Lucas, R. E., and Smith, H. L. (1999). Subjective well-being: Three decades of progress. Psychological Bulletin, 125, 276–302.

Digman, J. M., and Inouye, J. (1986). Further specification of the five robust factors of personality. Journal of Personality and Social Psychology, 50, 116–123.

Dijksterhhuis, A., Bos, M. W., Nordgren, L. F., and van Baaren, R. B. (2006). On making the right choice: The deliberation-without-attention effect. Science, 311, 1005–1007.

Dijkstra, P., and Barelds, D.P.H. (2008). Self and partner personality and responses to relationship threat. Journal of Research in Personality, 42, 1500–1511.

Dijkstra, P., and Buunk, B. P. (2001). Sex differences in the jealousy-evoking nature of a rival's body build. Evolution and Human Behavior, 22, 335–341.

Dill, K. E., Anderson, C. A., Anderson, K. B., and Deuser, W. E. (1999). Effects of aggressive personality on social expectations and social perceptions. Journal of Research in Personality, 31, 272–292.

Dixon, W. A., Mauzey, E. D., and Hall, C. R. (2003). Physical activity and exercise: Implications for counselors. *Journal of Counseling and Development, 81,* 502–505.

Dodge, K. A., and Coie, J. D. (1987). Social-information-processing factors in reactive and proactive aggression in children's peer groups. *Journal of Personality and Social Psychology, 53,* 1146–1158.

Donhauser, P. W., Rösch, A. G., and Schultheiss, O. C. (2015). The implicit need for power predicts recognition speed for dynamic changes in facial expressions of emotion. *Motivation and Emotion, 39*(5), 714–721.

Donnellan, M. B., Kenny, D. A., Trzesniewski, K. H., Lucas, R. E., and Conger, R. D. (2012). Using trait-state models to evaluate the longitudinal consistency of global self-esteem from adolescence to adulthood. *Journal of Research in Personality, 46,* 634–645.

Donnellan, M. B., Larsen-Rife, D., and Conger, R. D. (2005). Personality, family history, and competence in early adult romantic relationships. *Journal of Personality and Social Psychology, 88,* 562–576.

Donnellan, M. B., Trzesniewski, K. H., and Robins, R. W. (2009). An emerging epidemic of narcissism or much ado about nothing? *Journal of Research in Personality, 43,* 498–501.

Donohew, L., Zimmerman, R., Cupp, P. S., Novak, S., Colon, S., and Abell, R. (2000). Sensation seeking, impulsive decision-making, and risky sex: Implications for risk-taking and design interventions. *Personality and Individual Differences, 28,* 1079–1091.

Dreber, A., Apilcella, C. L., Eisenberg, D. T. A., Garcia, J. R., Zamore, R. S., Lum, J. K., and Campbell, B. (2009). The 7R polymorphism in the dopamine receptor D4 gene (DRD4) is associated with financial risk taking in men. *Evolution and Human Behavior, 30,* 85–92.

Drislane, L. E., Patrick, C. J., and Arsal, G. (2014). Clarifying the content coverage of differing psychopathy inventories through reference to the Triarchic Psychopathy Measure. *Psychological Assessment, 26*(2), 350–362.

Dubbert, Patricia M. (2002). Physical activity and exercise: Recent advances and current challenges. *Journal of Consulting and Clinical Psychology Special Issue: Behavioral medicine and clinical health psychology, 70,* 526–536.

Duckworth, A. L., Peterson, C., Matthews, M. D., and Kelly, D. R. (2007). Grit: Perseverance and passion for long-term goals. *Journal of Personality and Individual Differences, 92,* 1087–1101.

Dudley, N. M., Orvis, K. A., Lebiecki, J. E., and Cortina, J. M. (2006). A meta-analytic investigation of conscientiousness in the prediction of job performance: Examining the intercorrelations and the incremental validity of narrow traits. *Journal of Applied Psychology, 91,* 40–57.

Dunbar, R. I. M. (1993). Coevolution of neocortical size, group size, and language in humans. *Behavioral and Brain Sciences, 16,* 681–735.

Dunlop, P. D., Lee, K., Ashton, M. C., Butcher, S. B., and Dykstra, A. (2015). Please accept my sincere and humble apologies: The HEXACO model of personality and the proclivity to apologize. *Personality and Individual Differences, 79,* 140–145.

Dunn, E. W., Aknin, L. B., and Norton, M. I. (2008). Spending money on others promotes happiness. *Science, 319,* 1687–1688.

Dweck, C. S. (1999a). Caution—praise can be dangerous. *American Educator, 23,* 4–9.

Dweck, C. S. (1999b). *Self-theories: Their role in motivation, personality, and development.* Philadelphia: The Psychology Press.

Dweck, C. S. (2002). Beliefs that make smart people dumb. In R. J. Sternberg (Ed.), *Why smart people can be so stupid* (pp. 24–41). New Haven, CT: Yale University Press.

Dweck, C. S. (2006). *Mindset.* New York: Random House.

Dweck, C. S., Chiu, C., and Hong, Y. (1995). Implicit theories and their role in judgments and reactions: A world from two perspectives. *Psychological Inquiry, 6,* 267–285.

Dweck, C. S., and Master, A. (2009). Self-theories and motivation: Students' beliefs about intelligence. In K. R. Wenzel, A. Wigfield, K. R. Wenzel, A. Wigfield (Eds.), *Handbook of motivation at school* (pp. 123–140). New York, NY, US: Routledge/Taylor & Francis Group.

Eagly, A. H. (1987). *Sex differences in social behavior: A social-role interpretation.* Hillsdale, NJ: Erlbaum.

Eagly, A. H. (1995). The science and politics of comparing women and men. *American Psychologist, 50,* 145–158.

Eagly, A., and Wood, W. (1999). A social role interpretation of sex differences in human mate preferences. *American Psychologist, 54,* 408–423.

Easterlin, R. A. (1974). Does economic growth improve the human lot: Some empirical evidence. In P. A. David and W. R. Levin (Eds.), *Nations and households in economic growth* (pp. 98–125). Palo Alto, CA: Stanford University Press.

Easterlin, R. A. (1995). Will raising the incomes of all increase the happiness of all? *Journal of Economic Behavior and Organization, 27,* 35–47.

Ebstein, R., Novick, O., Umansky, R., Priel, B., Osher, Y., Blaine, D., Bennett, E. R., Nemanov, L., Katz, M., and Belmaker, R. H. (1996). Dopamine D4 receptor (D4DR) exon III polymorphism associated with the human personality trait of novelty seeking. *Nature Genetics, 12,* 78–80.

Edmundson, M., Berry, D. R., High, W. M., Shandera-Ochsner, A. L., Harp, J. P., and Koehl, L. M. (2015). A meta-analytic review of Minnesota Multiphasic Personality inventory—2nd edition (mmpi-2) profile elevations following traumatic brain injury. *Psychological Injury And Law.*

Edwards, D. A., Wetzel, K., and Wyner, D. R. (2006). Intercollegiate soccer: Saliva cortisol and testosterone are elevated during competition, and testosterone is related to status and social connectedness with teammates. *Physiology and Behavior, 30,* 135–143.

Egan, S., and Stelmack, R. M. (2003). A personality profile of Mount Everest climbers. *Personality and Individual Differences, 34,* 1491–1494.

Eid, M., and Larsen, R. J. (2008). *The science of subjective well-being.* New York: Guilford Press.

Eisenberg, D.T.A., Campbell, B., Gray, P. B., and Soronson, M. D. (2008). Dopamine receptor genetic polymorphisms and body composition in undernourished pastoralists: An exploration of nutrition indices among nomadic and recently settled Ariaal men of northern Kenya. *BMC Evolutionary Biology, 8,* 173.

Eisenberg, N., Guthrie, I. K., Cumberland, A., Murphy, B. C., Shepard, S. A., Zhou, Q., and Carlo, G. (2002). Prosocial development in early adulthood: A longitudinal study. *Journal of Personality and Social Psychology, 82, 6,* 993–1006.

Ekman, P. (1973). Cross-cultural studies of facial expression. In P. Ekman (Ed.), *Darwin and facial expression: A century of research in review* (pp. 169–222). New York: Academic Press.

Ekman, P. (1992a). An argument for basic emotions. *Cognition and Emotion, 6,* 169–200.

Ekman, P. (1992b). Facial expressions of emotion: New findings, new questions. *Psychological Science, 3,* 34–38.

Ekman, P., (1999). In T. Dalgleish and M. Power (Eds.), *Handbook of Cognition and emotion.* Sussex, U.K: John Wiley & Sons.

Ekman, P., Friesen, W. V., and Ellsworth, P. (1972). *Emotion in the human face: Guidelines for research and an integration of findings.* New York: Pergamon Press.

Ekman, P., Friesen, W. V., O'Sullivan, M., Chan, A., Diacoyanni-Tarlatzis, I., Heider, K., Krause, R., et al. (1987). Universals and cultural differences in the judgments of facial expressions of emotions. *Journal of Personality and Social Psychology, 53,* 712–717.

Elder, G. H., and Clipp, E. C. (1988). Wartime losses and social bonding: Influence across 40 years in men's lives. *Psychiatry, 51,* 117–198.

Elfenbein, H. H., Curhan, J. R., Eisenkraft, N., Shirako, A., and Baccaro, L. (2008). Are some negotiators better than others? Individual differences in bargaining outcomes. *Journal of Research in Personality, 42,* 1463–1475.

Elkins, I. J., King, S. M., McGue, M., and Iacono, W. G. (2006). Personality traits and the development of nicotine, alcohol, and illicit drug disorders: Prospective links from adolescence to young adulthood. *Journal of Abnormal Psychology, 115,* 26–39.

Elliot, A. J., and Dweck, C. S. (2005). *Handbook of competence and motivation.* New York: Guilford Press.

Ellis, B. J., Simpson, J. A., and Campbell, L. (2002). Trait-specific dependence in romantic relationships. *Journal of Personality, 70,* 611–660.

Ellis, L., and Bonin, S. L. (2003). Genetics and occupation-related preferences. Evidence from adoptive and nonadoptive families. *Personality and Individual Differences, 35,* 929–937.

Else-Quest, N. M., Hyde, J. S., Goldsmith, H. H., and Van Hulle, C. A. (2006). Gender differences in temperament: A meta-analysis. *Psychological Bulletin, 132,* 33–72.

Emmons, R. A. (1987). Narcissism: Theory and measurement. *Journal of Personality and Social Psychology, 52,* 11–17.

Emmons, R. A. (1989). The personal striving approach to personality. In L. Pervin et al. (Eds.), *Goal concepts in personality and social psychology* (pp. 87–126). Hillsdale, NJ: Erlbaum.

Endler, N. S., and Magnusson, D. (1976). Toward an interactional psychology of personality. *Psychological Bulletin, 83,* 956–974.

Engelhard, I. M., van den Hout, M. A., and Kindt, M. (2003). The relationship between neuroticism, pre-traumatic stress, and post-traumatic stress: A prospective study. *Personality and Individual Differences, 35,* 381–388.

Englert, C., and Bertrams, A. (2014). The effect of ego depletion on sprint start reaction time. *Journal of Sport & Exercise Psychology, 36*(5), 506–515.

Entwisle, D. R. (1972). To dispel fantasies about fantasy-based measures of achievement motivation. *Psychological Bulletin, 77,* 377–391.

Epstein, S. (1979). The stability of behavior: I. On predicting most of the people much of the time. *Journal of Personality and Psychology, 37,* 1097–1126.

Epstein, S. (1980). The stability of behavior: II. Implications for psychological research. *American Psychologist, 35,* 790–806.

Epstein, S. (1983). Aggregation and beyond: Some basic issues on the prediction of behavior. *Journal of Personality, 51,* 360–392.

Erdelyi, M. H., and Goldberg, B. (1979). Let's not sweep repression under the rug: Toward a cognitive psychology of repression. In J. G. Kihlstrom and F. J. Evans (Eds.), *Functional disorders of memory* (pp. 355–402). Hillsdale, NJ: Erlbaum.

Erdheim, J., Wang, M., and Zickar, M. J. (2006). Linking the Big Five personality constructs to organizational commitment. *Personality and Individual Differences, 41,* 959–970.

Erikson, E. H. (1963). *Childhood and society* (2nd ed.). New York: Norton. (Original work published 1950)

Erikson, E. H. (1968). *Identity: Youth and crisis.* New York: Norton.

Erikson, E. H. (1975). *Life history and the historical moment.* New York: Norton.

Evans, C. A., Nelson, L. J., and Porter, C. L. (2009). Making sense of their world: Sensory reactivity and novelty awareness as aspects of temperament and correlates of social behaviours in early childhood. *Dissertation Abstracts International: Section B: The Sciences and Engineering, 69*(10-B), 6450.

Evans, C., Richardson, J. E., and Waring, M. (2013). Field independence: Reviewing the evidence. *British Journal Of Educational Psychology, 83*(2), 210–224.

Exline, J. J., Baumeister, R. F., Bushman, B. J., Campbell, W. K., and Finkel, E. J. (2004). Too proud to let go: Narcissistic entitlement as a barrier to forgiveness. *Journal of Personality and Social Psychology, 87,* 894–912.

Exline, R. V., Thiabaut, J., Hickey, C. B., and Gumpart, P. (1970). Visual interaction in relation to expectations, and situational preferences: Personality influences on the decision to participate in volunteer helping behaviors. *Journal of Personality, 67,* 470–503.

Eysenck, H. J. (1967). *The biological basis of personality.* Springfield, IL: Charles C Thomas.

Eysenck, H. J. (Ed.). (1981). *A model for personality.* Berlin: Springer-Verlag.

Eysenck, H. J. (1985). *The decline and fall of the Freudian empire.* London: Viking Press.

Eysenck, H. J. (1990). Biological dimensions of personality. In L. Pervin (Ed.), *Handbook of personality theory and research* (pp. 244–276). New York: Guilford Press.

Eysenck, H. J. (1991). Biological dimensions of personality. In L. A. Pervin (Ed.), *Handbook of personality* (pp. 244–276). New York: Guilford Press.

Eysenck, H. J. (2000). Personality as a risk factor in cancer and coronary heart disease. In D. T. Kenny and J. G. Carlson (Eds.), *Stress and health: Research and clinical applications* (pp. 291–318). Amsterdam, Netherlands: Harwood Academic.

Eysenck, H. J., and Eysenck, M. W. (1985). *Personality and individual differences: A natural science approach.* New York: Plenum Press.

Eysenck, H. J., and Eysenck, S. B. (1967). On the unitary nature of extraversion. *Acta Psychologica, 26,* 383–390.

Eysenck, H. J., and Eysenck, S. B. G. (1972). *Manual of the Eysenck Personality Questionnaire.* San Diego: Educational and Industrial Testing Service.

Eysenck, H. J., and Eysenck, S. B. G. (1975). *Eysenck personality questionnaire manual.* San Diego: Educational and Industrial Testing Service.

Eysenck, S. B. G., Eysenck, H. J., and Barrett, P. (1985) A revised version of the Psychoticism scale. *Personality and Individual Differences, 6,* 21–29.

Fagot, B. I., and Leinbach, M. D. (1987). Socialization of sex roles within the family. In D. B. Carter (Ed.), *Current conceptions of sex roles and sex typing.* New York: Praeger.

Falk, C. F., Heine, S. J., Yuki, M., and Takemura, K. (2009). Why do Westerners self-enhance more than East Asians? *European Journal of Personality, 23,* 183–203.

Feingold, A. (1994). Gender differences in personality: A meta-analysis. *Psychological Bulletin, 116,* 429–456.

Fenichel, O. (1945). *The psychoanalytic theory of neurosis.* New York: Norton.

Fenigstein, A., and Peltz, R. (2002). Distress over the infidelity of a child's spouse: A crucial test of evolutionary and socialization hypotheses. *Personal Relationships, 9,* 301–312.

Fetchenhauer, D., Groothuis, T., and Pradel, J. (2010). Not only states but traits—Humans can identify permanent altruistic dispositions in 20 s. *Evolution and Human Behavior, 31,* 80–86.

Fiddick, L., Brase, G. L., Ho, A. T., Hiraishi, K., Honma, A., and Smith, A. (2016). Major personality traits and regulations of social behavior: Cheaters are not the same as the reckless, and you need to know who you're dealing with. *Journal of Research in Personality, 62,* 6–18.

Figueredo, A. J., de Baca, T. C., and Woodley, M. A. (2012). The measurement of Human Life History strategy. *Personality and Individual Differences, 55,* 251–255.

Figueredo, A. J., Sefcek, J. A., and Jones, D. N. (2006). The ideal romantic personality. *Personality and Individual Differences, 41,* 431–441.

Figueredo, A. J., Sefcek, J. S., Vasquez, G., Brumbach, B. H., King, J. E., and Jacobs, W. J. (2005a). Evolutionary personality psychology. In D. M. Buss (Ed.), *The handbook of evolutionary psychology* (pp. 851–877). New York: Wiley.

Figueredo, A. J., Vasquez, G., Brumbach, B. H., Sefcek, J. A., Kirsner, B. R., and Jacobs, W. J. (2005b). The K-factor: Individual differences in life history strategy. *Personality and Individual Differences, 39,* 1349–1360.

Fine, S. (2010). Cross-cultural integrity testing as a marker of regional corruption rates. *International Journal of Selection and Assessment, 18,* 251–259.

Fineman, S. (1977). The achievement motive and its measurement: Where are we now? *British Journal of Psychology, 68,* 1–22.

Finger, F. W. (1982). Circadian rhythms: Implications for psychology. *New Zealand Psychologist, 11,* 1–12.

Fink, B., Weege, B., Pham, M. N., and Shackelford, T. K. (2016). Handgrip strength and the Big Five personality factors in men and women. *Personality and Individual Differences, 88,* 175–177.

Fischer, C. S. (2008). What wealth-happiness paradox? A short note on the American case. *Journal of Happiness Studies, 9*(2), 219–226.

Fiske, A. P. (2002). Using individualism and collectivism to compare cultures: A critique of the validity and measurement of the constructs. *Psychological Bulletin, 128,* 78–88.

Fiske, A. P., Kitayama, S., Markus, H., and Nisbett, R. E. (1997). The cultural matrix of social psychology. In D. Gilbert, S. Fiske, and G. Lindzey (Eds.), *Handbook of social psychology* (3rd ed.). New York: McGraw-Hill.

Fiske, D. W. (1949). Consistency of the factorial structures of personality ratings from different sources. *Journal of Abnormal and Social Psychology, 44,* 329–344.

Fitzgerald, C. J., and Colarelli, S. M. (2009). Altruism and reproductive limitations. *Evolutionary Psychology, 7*(2), 234–252.

Fleeson, W. (2001). Toward a structure- and process-integrated view of personality: Traits as density distributions of states. *Journal of Personality and Social Psychology, 80,* 1011–1027.

Fleeson, W. (2004). Moving personality beyond the person-situation debate: The challenge and the opportunity of within-person variability. *Current Directions, 13,* 83–87.

Fleeson, W., and Gallagher, P. (2009). The implications of Big Five standing for the distribution of trait manifestation in behavior: Fifteen experience-sampling studies and a meta-analysis. *Journal of Personality and Social Psychology, 97,* 1097–1114.

Fleeson, W., and Law, M. K. (2015). Trait enactments as density distributions: The role of actors, situations, and observers in explaining stability and variability. *Journal of Personality and Social Psychology, 109,* 1090–1104.

Fleeson, W., Malanos, A. B., and Achille, N. M. (2002). An intraindividual process approach to the relationship between extraversion and positive affect: Is acting extraverted as "Good" as being extraverted? *Journal of Personality and Social Psychology, 83, 6,* 1409–1422.

Fleeson, W., and Noftle, E. E. (2009). The end of the person-situation debate: An emerging synthesis in the answer to the consistency question. *Social and Personality Compass, 2,* 1667–1684.

Fletcher, G.J.O., Tither, J. M., O'Loughlin, C., Friesen, M., and Overall, N. (2004). Warm and homely or cold and beautiful? Sex differences in trading off traits in mate selection. *Personality and Social Psychology Bulletin, 30,* 659–672.

Flett, G. L., Blankstein, K. R., and Hewitt, P. L. (1991). Factor structure of the Short Index of Self-Actualization. *Journal of Social Behavior and Personality Special Issue: Handbook of self-actualization, 6,* 321–329.

Floderus-Myrhed, B., Pedersen, N., and Rasmuson, I. (1980). Assessment of heritability for personality based on a short form of the Eysenck Personality Inventory: A study of 12,898 twin pairs. *Behavior Genetics, 10,* 153–162.

Flynn, F. J. (2005). Having an open mind: The impact of openness to experience on interracial attitudes and impression formation. *Journal of Personality and Social Psychology, 88,* 816–826.

Flynn, J. R. (1984). The mean IQ of Americans: Massive gains 1932 to 1978. *Psychological Bulletin, 95,* 29–51.

Flynn, J. R. (2007). *What is intelligence? Beyond the Flynn effect.* New York: Cambridge University Press.

Flynn, J. R. (2012). *Are we getting smarter? Rising IQ in the twenty-first century.* New York, NY: Cambridge University Press.

Foa, U. G., and Foa, E. B. (1974). *Societal structures of the mind.* Springfield, IL: Charles C Thomas.

Fodor, E. M. (1985). The power motive, group conflict, and physiological arousal. *Journal of Personality and Social Psychology, 49,* 1408–1415.

Fodor, E. M. (2009). Power motivation. In M. R. Leary, R. H. Hoyle, M. R. Leary, R. H. Hoyle (Eds.), *Handbook of individual differences in social behavior* (pp. 426–440). New York, NY, US: Guilford Press.

Folkman, S., and Moskowitz, J. T. (2000). Stress, positive emotion, and coping. *Current Directions in Psychological Science, 9,* 115–118.

Folkman, S., Moskowitz, J. T., Ozer, E. M., and Park, C. L. (1997). Positive meaningful events and coping in the context of HIV/AIDS. In B. H. Gottlieb (Ed.), *Coping with chronic stress* (pp. 293–314). New York: Plenum Press.

Fordyce, M. W. (1978). *Prospectus: The self-descriptive inventory.* Unpublished manuscript, Edison Community College, Fort Myers, FL.

Fordyce, M. W. (1988). A review of results on the happiness measures: A 60-second index of happiness and mental health. *Social Indicators Research, 20,* 355–381.

Foster, J. D., and Campbell, W. K. (2005). Narcissism and resistance to doubts about romantic partners. *Journal of Research in Personality, 39,* 550–557.

Fowles, D. C. (1980). The three arousal model: Implications of Gray's two-factor learning theory for heart rate, electrodermal activity, and psychopathy. *Psychophysiology, 17,* 87–104.

Fox, N. A., Bell, M. A., and Jones, N. A. (1992). Individual differences in response to stress and cerebral asymmetry. *Developmental Neuropsychology, 8,* 165–184.

Fox, N. A., and Calkins, S. D. (1993). Multiple-measure approaches to the study of infant emotion. In M. Lewis and J. M. Haviland (Eds.), *Handbook of emotions* (pp. 167–185). New York: Guilford Press.

Fox, N. A., and Davidson, R. J. (1986). Taste-elicited changes in facial signs of emotion and the asymmetry of brain electrical activity in human newborns. *Neuropsychologia, 24,* 417–422.

Fox, N. A., and Davidson, R. J. (1987). Electroencephalogram asymmetry in response to the approach of a stranger and maternal separation. *Developmental Psychology, 23,* 233–240.

Fox, N. A., and Polak, C. P. (2004). The role of sensory reactivity in understanding infant temperament. In R. DelCarmen-Wiggins and A. Carter (Eds.), *Handbook of infant, toddler, and preschool mental health assessment* (pp. 105–119). New York, NY: Oxford University Press.

Fraley, R. C. (2002a). Attachment stability from infancy to adulthood: Meta-analysis and dynamic modeling of developmental mechanisms. *Personality and Social Psychology Review, 6,* 123–151.

Fraley, R. C. (2002b). Introduction to the special issue: The psychodynamics of adult attachments—Bridging the gap between disparate research traditions. *Attachment and Human Development Special Issue: The psychodynamics of adult attachments—Bridging the gap between disparate research traditions, 4,* 131–132.

Fraley, R. C. (2007). A connectionist approach to the organization and continuity of working models of attachment. *Journal of Personality, 75,* 1157–1180.

Fraley, R. C., Hudson, N. W., Heffernan, M. E., & Segal, N. (2015). Are adult attachment styles categorical or dimensional? A taxometric analysis of general and relationship-specific attachment orientations. *Journal of Personality and Social Psychology, 109*(2), 354–368.

Fraley, R. C., and Roisman, G. I. (2015). Early attachment experiences and romantic functioning: Developmental pathways, emerging issues, and future directions. In J. A. Simpson, W. S. Rholes, J. A. Simpson, W. S. Rholes (Eds.), *Attachment theory and research: New directions and emerging themes* (pp. 9–38). New York, NY, US: Guilford Press.

Fraley, R. C., Roisman, G. I., and Haltigan, J. D. (2013). The legacy of early experiences in development: Formalizing alternative models of how early experiences are carried forward over time. *Developmental Psychology, 49,* 109–126.

Fraley, R. C., and Tancredy, C. M. (2012). Twin and sibling attachment in a nationally representative sample. *Personality and Social Psychology Bulletin, 38,* 308–316.

Fraley, R. C., Vicary, A. M., Brumbaugh, C. C., and Roisman, G. I. (2011). Patterns of stability in adult attachment: An empirical test of two models of continuity and change. *Journal of Personality and Social Psychology, 101,* 974–992.

Fransella, F. (2003). *International handbook of personal construct psychology.* New York: Wiley.

Fransella, F., and Neimeyer, R. A. (2003). George Alexander Kelly: The man and his theory. In F. Fransella (Ed.), *International handbook of personal construct psychology* (pp. 21–31). New York: Wiley.

Fraser, S. (1995). *The bell curve wars: Race, intelligence, and the future of America.* New York: Basic Books.

Fredrickson, B. L. (1998). What good are positive emotions? *Review of General Psychology, 2,* 300–319.

Fredrickson, B. L. (2000). Cultivating positive emotions to optimize health and well-being. *Prevention and Treatment* (online), 2. Retrieved from http://journals.apa.org/prevention.

Fredrickson, B. L., and Levenson, R. W. (1998). Positive emotions speed recovery from the cardiovascular sequelae of negative emotions. *Cognition and Emotion, 12,* 191–220.

Freeman, D. (1983). *Margaret Mead and Samoa: The making and unmaking of an anthropological myth.* Cambridge, MA: Harvard University Press.

Freshwater, S. M., and Golden, C. J. (2002). Personality changes associated with localized brain injury in elderly populations. *Journal of Clinical Geropsychology, 8,* 251–277.

Freud, A. (1936/1992). The ego and mechanisms of defense. In Vol. 2 of *The writings of Anna Freud.* New York: International Universities Press.

Freud, S. (1900/1913). *The interpretation of dreams.* New York: Macmillan.

Freud, S. (1915/1957). The unconscious. In J. Strachey (Ed. and Trans.), *The standard edition of the complete psychological works of Sigmund Freud* (vol. 14, pp. 166–204). London: Hogarth Press.

Freud, S. (1916/1947). *Leonardo da Vinci, a study in psychosexuality.* New York: Random House.

Frick, P. J., O'Brien, B. S., Wootton, J. M., and McBurnett, K. (1994). Psychopathy and conduct problems in children. *Journal of Abnormal Psychology, 103,* 700–707.

Friedman, H. S., Tucker, J. S., Schwartz, J. E., Tomlinson-Keasey, C., and Martin, L. R., et al. (1995). Psychosocial and behavioral predictors of longevity. *American Psychologist, 50,* 69–78.

Friedman, M., and Rosenman, R. H. (1974). *Type A behavior and your heart.* New York: Knopf.

Frijda, N. H. (1986). *The emotions.* New York: Cambridge University Press.

Frisell, T., Pawitan, Y., Langstrom, N., and Lichtenstein, P. (2012). Heritability, assortative mating and gender differences in violent crime: Results from a total population sample using twin, adoption, and sibling models. *Behavior Genetics, 42,* 3–18.

Frodi, A., Macauley, J., and Thome, P. R. (1977). Are women always less aggressive than men? A review of the experimental literature. *Psychological Bulletin, 84,* 634–660.

Funder, D. C. (2002). Personality psychology: Current status and some issues for the future. *Journal of Research in Personality, 36,* 638–639.

Funder, D. C. (2006). Towards a resolution of the personality triad: Persons, situations, and behaviors. *Journal of Research in Personality, 40,* 21–34.

Furnham, A., Richards, S. C., and Paulhus, D. L. (2013). The Dark Triad of personality: A 10 year review. *Social and Personality Psychology Compass, 7*(3), 199–216.

Furmark, T. (2002). Social phobia: Overview of community surveys. *Acta Psychiatrica Scandinavica, 105,* 84–93.

Furnham, A. (1982). Psychoticism, social desirability, and situation selection. *Personality and Individual Differences, 3,* 43–51.

Furr, R. M. (2009). Personality psychology as a truly behavioural science. *European Journal of Personality, 23,* 369–401.

Gable, S. L., and Nezlak, J. B. (1998). Level and instability of day-to-day psychological well-being and risk for depression. *Journal of Personality and Social Psychology, 74,* 129–138.

Gabriel, S., and Gardner, W. L. (1999). Are there "his" and "hers" types of interdependence? The implications of gender differences in collective versus relational interdependence for affect, behavior, and cognition. *Journal of Personality and Social Psychology, 77,* 642–655.

Gailliot, M. T., and Baumeister, R. F. (2007). Self-regulation and sexual restraint: Dispositionally and temporarily poor self-regulatory abilities contribute to failures at restraining sexual behavior. *Personality and Social Psychology Bulletin, 33,* 173–186.

Gale, A. (1983). Electroencephalographic studies of extraversion-introversion: A case study in the psychophysiology of individual differences. *Personality and Individual Differences, 4,* 371–380.

Gale, A. (1986). Extraversion-introversion and spontaneous rhythms of the brain: Retrospect and prospect. In J. Strelau, F. Farley, and A. Gale (Eds.), *The biological basis of personality and behavior* (vol. 2). Washington, DC: Hemisphere.

Gale, A. (1987). The psychophysiological context. In A. Gale and B. Christie (Eds.), *Psychophysiology and the electronic workplace* (pp. 17–32). Chichester, England, UK: Wiley.

Gale, C. R., Batty, G. D., and Deary, I. J., (2008). Locus of control at age 10 years and health outcomes and behaviors at age 30 years: The 1970 British cohort study. *Psychosomatic Medicine, 70,* 397–403.

Galic, Z., Jerneic, Z., and Kovacic, M. P. (2012). Do applicants fake their personality questionnaire responses and how successful are their attempts? A case of military pilot cadet selection. *International Journal of Selection and Assessment, 20,* 229–241.

Gallup, A. C., O'Brien, D. T., White, D. D., and Wilson, D. S. (2009). Peer victimization in adolescence has different effects on the sexual behavior of male and female college students. *Personality and Individual Differences, 46,* 611–615.

Gallup, G. G. (1977a). Self-recognition in primates: A comparative approach to the bidirectional properties of consciousness. *American Psychologist, 32,* 329–338.

Gallup, G. G. (1977b). Absences of self-recognition in a monkey (*Macaca fascicularis*) following prolonged exposure to a mirror. *Developmental Psychobiology, 10,* 281–284.

Gangestad, S. W., and Cousins, A. J. (2002). Adaptive design, female mate preferences, and shifts across the menstrual cycle. *Annual Review of Sex Research.*

Gangestad, S. W., Haselton, M. G., and Buss, D. M. (2006). Evolutionary foundations of cultural variation: Evoked culture and mate preferences. *Psychological Inquiry, 17,* 75–95.

Gangestad, S. W., and Simpson, J. A. (1990). Toward an evolutionary history of female sociosexual variation. *Journal of Personality, 58,* 69–96.

Gangestad, S. W., and Thornhill, R. (2008). Human oestrus. *Proceedings of the Royal Society of London, B, 275,* 991–1000.

Garbarino, E., Slonim, R., and Snydor, J. (2011). Digit ratios (2D:4D) as predictors of risky decision making for both sexes. *Journal of Risk and Uncertainty, 42,* 1–26.

Garber, J., and Seligman, M. E. P. (1980). *Human helplessness: Theory and applications.* New York: Academic Press.

Gardner, H. (1983). *Frames of mind: The theory of multiple intelligences.* New York: Basic Books.

Gardner, H. (1999). *Intelligence reframed: Multiple intelligences for the 21st century.* New York: Basic Books.

Gardner, W. I., and Martinko, M. J. (1996). Using the Myers-Briggs Type Indicator to study managers: A literature review and research agenda. *Journal of Management, 22,* 45–83.

Gauguin, P. (1985). *Noa Noa: The Tahitian Journal.* Mineola, NY: Dover.

Geary, D. C., DeSoto, M. C., Hoard, M. K., Skaggs, S., and Cooper, M. L. (2001). Estrogens and relationship jealousy. *Human Nature, 12,* 299–320.

Geen, R. (1984). Preferred stimulation levels in introverts and extraverts: Effects on arousal and performance. *Journal of Personality and Social Psychology, 46,* 1303–1312.

Geer, J. H., and Head, S. (1990). The sexual response system. In J. T. Cacioppo and L. G. Tassinary (Eds.), *Principles of psychophysiology* (pp. 599–630). Cambridge, England: Cambridge University Press.

Geis, F. L., and Moon, T. H. (1981). Machiavellianism and deception. *Journal of Personality and Social Psychology, 41,* 766–775.

Gelade, G. A. (2008). IQ, cultural values, and the technological achievement of nations. *Intelligence, 36,* 711–718.

George, C., and Solomon, J. (1996). Representational models of relationships: Links between caregiving and attachment. *Infant Mental Health Journal, 17,* 198–216.

Gergen, K. J. (1992). Toward a postmodern psychology. In S. Kvale (Ed.), *Psychology and postmodernism* (pp. 17–30). London: Sage.

Gerring, J. P., and Vasa, R. A. (2016). Head injury and externalizing behavior. In T. P. Beauchaine, S. P. Hinshaw, T. P. Beauchaine, S. P. Hinshaw (Eds.), *The Oxford handbook of externalizing spectrum disorders* (pp. 403–415). New York, NY, US: Oxford University Press.

Gerson, M. W., and Fernandez, N. (2013). PATH: A program to build resilience and thriving in undergraduates. *Journal of Applied Social Psychology, 43*(11), 2169–2184.

Gewertz, D. (1981). A historical reconsideration of female dominance among the Chambri of Papua New Guinea. *American Ethnologist, 8,* 94–106.

Gibbs, W. (2003). The unseen genome: Gems among the junk. *Scientific American, 289,* 49.

Gigy, L. L. (1980). Self-concept in single women. *Psychology of Women Quarterly, 5,* 321–340.

Gilmour, J., and Williams, L. (2012). Type D personality is associated with maladaptive health-related behaviours. *Journal of Health Psychology, 17,* 471–478.

Giluk, T. L., and Postlethwaite, B. E. (2015). Big Five personality and academic dishonesty: A meta-analytic review. *Personality and Individual Differences, 72,* 59–67.

Gladden, P. R., Figueredo, A. J., and Jacobs, W. J. (2009). Life history strategy, psychopathic attitudes, personality, and general intelligences. *Personality and Individual Differences, 46,* 270–275.

Gladwell, M. (2008). *Outliers: The story of success.* New York: Little, Brown.

Glenn, A. L., and Raine, A. (2014). Neurocriminology: Implications for the punishment, prediction and prevention of criminal behavior. *Nature Reviews Neuroscience, 15*(1), 54–63.

Glicksohn, J., and Bozna, M. (2000). Developing a personality profile of the bomb-disposal expert: The role of sensation seeking and field dependence–independence. *Personality and Individual Differences, 28*(1), 85–92.

Gnambs, T. (2015). What makes a computer wiz? Linking personality traits and programming aptitude. *Journal of Research in Personality, 58,* 31–34.

Goldberg, L. R. (1981). Language and individual differences: The search for universals in personality lexicons. In L. Wheeler (Ed.), *Review of personality and social psychology* (vol. 2, pp. 141–165). Beverly Hills, CA: Sage.

Goldberg, L. R. (1990). An alternative "description of personality": The Big-Five factor structure. *Journal of Personality and Social Psychology, 59,* 1216–1229.

Goldey, K. L., & van Anders, S. M. (2012). Sexual arousal and desire: Interrelations and responses to three modalities of sexual stimuli. *Journal of Sexual Medicine, 9,* 2315–2329.

Golding, S. L. (1978). Toward a more adequate theory of personality: Psychological organizing principles. In H. London (Ed.), *Personality: A new look at metatheories* (pp. 69–96). New York: Wiley.

Goldsmith, H. H., Aksan, N., and Essex, M. (2001). Temperament and socioemotional adjustment to kindergarten: A multi-informant perspective. In T. Wachs and G. A. Kohnstamm (Eds.), *Temperament in context* (pp. 103–138). Mahwah, NJ: Erlbaum.

Goldsmith, H. H., and Rothbart, M. K. (1991). Contemporary instruments for assessing early temperament by questionnaire and in the laboratory. In J. Strelau and A. Angleitner (Eds.), *Explorations in temperament.* New York: Plenum Press.

Goleman, D. (1995). *Emotional intelligence: Why it can matter more than IQ.* New York: Bantam.

Goncalves, M. K., and Campbell, L. (2014). The Dark Triad and the derogation of mating competitors. *Personality and Individual Differences, 67,* 42–46.

Goodman, G., and Kaufman, J. C. (2014). Gremlins in my head: Predicting stage fright in elite actors. *Empirical Studies of the Arts, 32*(2), 133–148.

Goodman, J., Lofts, E. F., Miller, M., and Greene, E. (1991). Money, sex, and death: Gender bias in wrongful death damage awards. *Law and Society Review, 25,* 263–285.

Gorbaniuk, O., Budzińska, A., Owczarek, M., Bożek, E., and Juros, K. (2013). The factor structure of Polish personality-descriptive adjectives: An alternative psycho-lexical study. *European Journal of Personality, 27*(3), 304–318.

Gordon, R. A. (1997). Everyday life as an intelligence test: Effects of intelligence and intelligence context. *Intelligence, 24,* 203–320.

Gosling, S. D. (2001). From mice to men: What can we learn about personality from animal research? *Psychological Bulletin, 127,* 45–86.

Gosling, S. D., John, O. P., Craik, K. H., and Robins, R. W. (1998). Do people know how they behave? Self-reported act frequencies compared with on-line codings by observers. *Journal of Personality and Social Psychology, 74,* 1337–1349.

Gosling, S. D., Ko, S. J., Mannarelli, T., and Morris, M. E. (2002). A room with a cue: Personality judgments based on offices and bedrooms. *Journal of Personality and Social Psychology, 82,* 379–398.

Gosling, S. D., Kwan, V.S.Y., and John, O. P. (2003). A dog's got personality: A cross-species comparative approach to evaluating personality judgments. *Journal of Personality and Social Psychology, 85,* 1161–1169.

Gosling, S. D., and Mason, W. (2015). Internet research in psychology. *Annual Review of Psychology, 66,* 877–902.

Gottman, J. (1994). *Why marriages succeed or fail.* New York: Simon and Schuster.

Gottman, J., Levenson, R., and Woodin, E. (2001). Facial expressions during marital conflict. *Journal of Family Communication, 1,* 37–57.

Gottman, J. M., and Silver, N. (1999). *The seven principles for making marriage work.* New York: Three Rivers Press.

Gough, H. G. (1957/1987). *California Psychological Inventory: Administrator's guide.* Palo Alto, CA: Consulting Psychologists Press.

Gough, H. G. (1980). *The Adjective Check List manual.* Palo Alto, CA: Consulting Psychologists Press.

Gough, H. G. (1996). *California psychological inventory manual* (3rd ed.). Palo Alto, CA: Consulting Psychologists Press.

Grano, N., Virtanen, M., Vahtera, J., Elovainio, M., and Kivimaki, M. (2004). Impulsivity as a predictor of smoking and alcohol consumption. *Personality and Individual Differences, 37,* 1693–1700.

Granqvist, P., Mikulincer, M., Gewirtz, V., and Shaver, P. R. (2012). Experimental findings on God as an attachment figure: Normative processes and moderating effects of internal working models. *Journal of Personality and Social Psychology, 103,* 804–818.

Grant, H., and Higgins, E. T. (2003). Optimism, promotion pride, and prevention pride as predictors of quality of life. *Personality and Social Psychology Bulletin, 29,* 1521–1532.

Grant, J. D., and Grant, J. (1996). Officer selection and the prevention of abuse of force. In W. Geller and H. Toch (Eds.), *Police violence: Understanding and controlling police abuse of force* (pp. 150–164). New Haven, CT: Yale University Press.

Gray, J. (1990). Brain systems that mediate both emotion and cognition. *Motivation and Emotion, 4,* 269–288.

Gray, J. A. (1972). *The psychology of fear and stress.* New York: McGraw-Hill.

Gray, J. A. (1975). *Elements of a two-process theory of learning.* Oxford, England: Academic Press.

Gray, J. A. (1982). *The neuropsychology of anxiety.* Oxford, England: Oxford University Press.

Gray, J. A. (1987a). *The psychology of fear and stress.* Cambridge, England: Cambridge University Press.

Gray, J. A. (1987b). Perspectives on anxiety and impulsivity: A commentary. *Journal of Research in Personality, 21,* 493–509.

Gray, J. A. (1991). The neuropsychology of temperament. In J. Strelau and A. Angleitner (Eds.), *Explorations in temperament: International perspectives on theory and measurement* (pp. 105–128). New York: Plenum Press.

Grayson, D. K. (1993). Differential mortality and the Donner Party disaster. *Evolutionary Anthropology, 2,* 151–159.

Graziano, W. G., (2003). Personality development: An introduction toward process approaches to long-term stability and change in persons. *Journal of Personality, 71,* 893–903.

Graziano, W. G., and Tobin, R. M. (2002). Agreeableness: Dimension of personality or social desirability artifact? *Journal of Personality, 70,* 695–727.

Greenberg, D. M., Müllensiefen, D., Lamb, M. E., and Rentfrow, P. J. (2015). Personality predicts musical sophistication. *Journal of Research in Personality, 58,* 154–158.

Greenberg, J. R., and Mitchell, S. (1983). *Object relations in psychoanalytic theory.* Cambridge, MA: Harvard University Press.

Greenwald, A. G., and Farnham, S .D. (2000). Using the Implicit Association Test to measure self-esteem and self-concept. *Journal of Personality and Social Psychology, 79,* 1022–1038.

Gregg, A. P., and Sedikides, C. (2010). Narcissistic fragility: Rethinking its links to explicit and implicit self-esteem. *Self and Identity, 9,* 142–161.

Gregory, T., Nettelbeck, T., Howard, S., & Wilson, C. (2008). Inspection time: A biomarker for cognitive decline. *Intelligence, 36,* 664–671.

Gregory, T., Nettelbeck, T., and Wilson, C. (2009). Inspection time and everyday functioning: A longitudinal study. *Personality and Individual Differences, 47,* 999–1002.

Greiling, H., and Buss, D. M. (2000). Women's sexual strategies: The hidden dimension of extra-pair mating. *Personality and Individual Differences, 28,* 929–963.

Grigorenko, E. L. (2002). In search of the genetic engram of personality. In D. Cervone and W. Michele (Eds.), *Advances in personality science* (pp. 29–82). New York: Guilford Press.

Griskevicius, V., Tybur, J. M., Gangestad, S. W., Perea, E. F., Shapiro, J. R., and Kenrick, D. T. (2009). Aggress to impress: Hostility as an evolved context-dependent strategy. *Journal of Personality and Social Psychology, 96,* 980–994.

Gross, J. J. (2002). Emotion regulation: Affective, cognitive, and social consequences. *Psychophysiology, 39,* 281–291.

Gross, J. J., and Levenson, R. W. (1993). Emotional suppression: Physiology, self-report, and expressive behavior. *Journal of Personality and Social Psychology, 64,* 970–986.

Gross, J. J., and Levenson, R. W. (1997). Hiding feelings: The acute effects of inhibiting positive and negative emotions. *Journal of Abnormal Psychology, 106,* 95–103.

Gross, J. J., Sutton, S. K., & Ketelaar, R. (1998). Relations between affect and personality: Support for the affect-level and affective reactivity views. *Personality and Social Psychology Bulletin, 24,* 279–288.

Grosskurth, P. (1991). *The secret ring: Freud's inner circle and the politics of psychoanalysis.* Reading, MA: Addison-Wesley.

Guéguen, N. (2011). Effects of solicitor sex and attractiveness on receptivity to sexual offers: A field study. *Archives of Sexual Behavior, 40*(5), 915–919.

Gunderson, E. A., Gripshover, S. J., Romero, C., Dweck, C. S., Goldin-Meadow, S., and Levine, S. C. (2013). Parent praise to 1- to 3-year-olds predicts children's motivational frameworks 5 years later. *Child Development, 84*(5), 1526–1541.

Guzder, J., Paris, J., Zelkowitz, P., and Marchessault, K. (1996). Risk factors for borderline personality in children. *Journal of the American Academy of Child and Adolescent Psychiatry, 35,* 26–33.

Hacher, S. L., Nadeau, M. S., Walsh, L. K., and Reynolds, M. (1994). The teaching of empathy for high school and college students: Testing Rogerian methods with the Interpersonal Reactivity Index. *Adolescence, 29,* 961–974.

Hagerty, M. R. (1999). Testing Maslow's hierarchy of needs: National quality-of-life across time. *Social Indicators Research, 46,* 249–271.

Hahn, E., Johnson, W., and Spinath, F. M. (2013). Beyond the heritability of life satisfaction–The roles of personality and twin-specific influences. *Journal of Research in Personality, 47*(6), 757–767.

Hair, E. C., and Graziano, W. G. (2003). Self-esteem, personality, and achievement in high school: A prospective longitudinal study in Texas. *Journal of Personality, 71,* 971–994.

Hald, G. M., and Hogh-Olesen, H. (2010). Receptivity to sexual invitations from strangers of the opposite gender. *Evolution and Human Behavior, 31,* 453–458.

Hall, C., Smith, K., and Chia, R. (2008). Cognitive and personality factors in relation to timely completion of a college degree. *College Student Journal, 42,* 1087–1098.

Hall, J. A. (1984). *Nonverbal sex differences.* Baltimore: Johns Hopkins University Press.

Hamer, D. (1997). The search for personality genes: Adventures of a molecular biologist. *Current Directions in Psychological Science, 6,* 111–114.

Hamer, D., and Copeland, P. (1994). *The science of desire: The search for the gay gene and the biology of behavior.* New York: Simon and Schuster.

Hamilton, L. D., Rellini, A. H., and Meston, C. M. (2008). Cortisol, sexual arousal, and affect in response to sexual stimuli. *Journal of Sexual Medicine, 5,* 2111–2118.

Hamilton, W. D. (1964). The evolution of social behavior. *Journal of Theoretical Biology, 7,* 1–52.

Hamm, A. O., Weike, A. I., Schupp, H. T., Treig, T., Dressel, A., and Kessler, C. (2003). Affective blindsight: Intact fear conditioning to a visual cue in a cortically blind patient. *Brain, 126, 2,* 267–275.

Hammack, S. E., Cooper, M. A., and Lezak, K. R. (2012). Overlapping neurobiology of learned helplessness and conditioned defeat: Implications for PTSD and mood disorders. *Neuropharmacology, 62,* 565–575.

Hampshire, S. (1953). Dispositions. *Analysis, 14,* 5–11.

Hampson, S. E., Andrews, J. A., Barckley, M., and Peterson, M. (2007). Trait stability and continuity in childhood: Relating sociability and hostility to the five-factor model of personality. *Journal of Research in Personality, 41,* 507–523.

Hampson, S. E., Goldberg, L. R., Vogt, T. M., and Dubanoski, J. P. (2006). Forty years on: Teachers' assessments of children's personality traits predict self-reported health behaviors and outcomes at midlife. *Health Psychology, 25,* 57–64.

Hampson, S. E., Severson, H. H., Burns, W. J., Slovic, P., and Fisher, K. J. (2001). Risk perception, personality factors and alcohol use among adolescents. *Personality and Individual Differences, 30,* 167–181.

Hankin, B. L., and Abramson, L. Y. (2001). Development of gender differences in depression: An elaborated cognitive vulnerability transactional stress theory. *Psychological Bulletin, 127, 6,* 773–796.

Hansen, C. H., Hansen, R. D., and Schantz, D. W. (1992). Repression at encoding: Discrete appraisals of emotional stimuli. *Journal of Personality and Social Psychology, 63,* 1026–1035.

Hansen, R. D., and Hansen, C. H. (1988). Repression of emotionally tagged memories: The architecture of less complex emotions. *Journal of Personality and Social Psychology, 55,* 811–818.

Hare, R. D., Hart, S. D., and Harpur, T. J. (1991). Psychopathy and the DSM-IV criteria for antisocial personality

disorder. *Journal of Abnormal Psychology Special Issue: Diagnosis, dimensions, and DSM-IV; The science of classification, 100,* 391–398.

Hardison, H. G., and Neimeyer, R. A. (2012). Assessment of personal constructs: Features and functions of constructivist techniques. In P. Caputi, L. L. Viney, B. M. Walker, and N. Crittenden (Eds.), *Personal construct methodology* (pp. 3–51). Hoboken, NJ: John Wiley & Sons.

Harenski, C. L., Kim, S. H., and Hamann, S. (2009). Neuroticism and psychopathy predict brain activation during moral and nonmoral emotion regulation. *Cognitive, Affective and Behavioral Neuroscience, 9,* 1–15.

Hargrave, G. E., and Hiatt, D. (1989). Use of the California Psychological Inventory in law enforcement officer selection. *Journal of Personality Assessment, 53,* 267–277.

Haring, M. J., Stock, W. A., and Okun, M. A. (1984). A research synthesis of gender and social class as correlates of subjective well-being. *Human Relations, 37,* 645–657.

Harlow, H. F. (1958). The nature of love. *American Psychologist, 13,* 673–685.

Harlow, H. F., and Suomi, S. J. (1971). Production of depressive behaviors in young monkeys. *Journal of Autism and Childhood Schizophrenia, 1,* 246–255.

Harlow, H. F., and Zimmermann, R. R. (1959). Affectionate responses in the infant monkey. *Science, 130,* 421–432.

Harpending, H., and Cochran, G. (2002). In our genes. *Proceedings of the National Academy of Sciences of the United States of America, 99,* 10–12.

Harpur, T. J., and Hare, R. D. (1994). Assessment of psychopathy as a function of age. *Journal of Abnormal Psychology, 103,* 604–609.

Harrell, W. A., and Hartnagel, T. (1976). The impact of Machiavellianism and the trustfulness of the victim on laboratory theft. *Sociometry, 39,* 157–165.

Harris, C. R. (2000). Psychophysiological responses to imagined infidelity: The specific innate modular view of jealousy reconsidered. *Journal of Personality and Social Psychology, 78,* 1082–1091.

Harris, J. R. (2007). *No two alike: Human nature and human individuality.* New York: Norton.

Harter, S. (1993). Causes and consequences of low self-esteem in children and adolescents. In R. Baumeister (Ed.), *Self-esteem: The puzzle of low self-regard* (pp. 87–111). New York: Plenum Press.

Haslam, C., and Montrose, V. T. (2015). Should have known better: The impact of mating experience and the desire for marriage upon attraction to the narcissistic personality. *Personality and Individual Differences, 82,* 188–192.

Hartshorne, H., and May, M. A. (1928). *Studies in the nature of character: Vol. 1. Studies in deceit.* New York: Macmillan.

Hatemi, P. K., Medland, S. E., Klemmensen, R., Oskarsson, S., Littvay, L., Dawes, C. T., . . . & Christensen, K. (2014). Genetic influences on political ideologies: Twin analyses of 19 measures of political ideologies from five democracies and genome-wide findings from three populations. *Behavior genetics, 44*(3), 282–294.

Hawes, S. W., Perlman, S. B., Byrd, A. L., Raine, A., Loeber, R., and Pardini, D. A. (2016). Chronic anger as a precursor to adult antisocial personality features: The moderating influence of cognitive control. *Journal of Abnormal Psychology, 125*(1), 64–74.

Hazan, C., and Shaver, P. R. (1987). Romantic love conceptualized as an attachment process. *Journal of Personality and Social Psychology, 52,* 511–524.

Hazan, C., and Shaver, P. R. (1994). Attachment as an organizational framework for research on close relationships. *Psychological Inquiry, 5,* 1–22.

Heath, A. C., Bucholz, K. K., Dinwiddie, S. H., Madden, P.A.F., and Slutske, W. W. (1994). *Pathways from the genotype to alcoholism risk in women.* Paper presented at the annual meeting of the Behavioral Genetics Association, Barcelona, Spain.

Heatherton, T. E., and Polivy, J. (1991). Development and validation of a scale for measuring state self-esteem. *Journal of Personality and Social Psychology, 60,* 895–910.

Heaven, P. C. L., Crocker, D., Edwards, B., Preston, N., Ward, R., and Woodbridge, N. (2003). Personality and sex. *Personality and Individual Differences, 35,* 411–419.

Hebb, D. O. (1955). Drives and the CNS (conceptual nervous system). *Psychological Review, 62,* 243–259.

Heckhausen, H. (1982). The development of achievement motivation. In W. W. Hartup (Ed.), *Review of child development research* (vol. 6, pp. 600–668). Chicago: University of Chicago Press.

Heidemeier, H., and Göritz, A. S. (2013). Perceived control in low-control circumstances: Control beliefs predict a greater decrease in life satisfaction following job loss. *Journal of Research in Personality, 47,* 52–56.

Heine, S. J., and Lehman, D. R. (1995). Cultural variation in unrealistic optimism: Does the West feel more invulnerable than the East? *Journal of Personality and Social Psychology, 68,* 595–607.

Helson, R., and Picano, J. (1990). Is the traditional role bad for women? *Journal of Personality and Social Psychology, 59,* 311–320.

Helson, R., and Stewart, A. (1994). Personality change in adulthood. In T. F. Heatherton and J. L. Weinberger (Eds.), *Can personality change?* Washington, DC: American Psychological Association.

Helson, R., and Wink, P. (1992). Personality change in women from the early 40s to the early 50s. *Psychology and Aging, 7,* 46–55.

Henderson, L., and Zimbardo, P. (2001a). Shyness as a clinical condition: The Stanford model. In W. R. Crozier and L. E. Alden (Eds.), *International handbook of social anxiety: Concepts, research and interventions relating to the self and shyness* (pp. 431–447). New York: Wiley.

Henderson, L., and Zimbardo, P. (2001b). Shyness, social anxiety, and social phobia. In S. G. Hofmann and P. M. DiBartolo (Eds.), *From social anxiety to social phobia: Multiple perspectives* (pp. 46–85). Needham Heights, MA: Allyn and Bacon.

Henderson, N. D. (1982). Human behavioral genetics. *Annual Review of Psychology, 33,* 403–440.

Hendriks, A. A. J., Perugini, M., Angleitner, A., Ostendorf, F., Johnson, J. A., De Fruyt, F., Hrebickova, M., et al. (2003). The five-factor personality inventory: Cross-cultural generalizability across 13 countries. *European Journal of Personality, 17,* 347–373.

Hennig, K. H., and Walker, L. J. (2008). The darker side of accommodating others: Examining the interpersonal structure of maladaptive constructs. *Journal of Research in Personality, 42,* 2–21.

Henrich, J. (2015). *The secret of our success: how culture is driving human evolution, domesticating our species, and making us smarter.* Princeton, NJ: Princeton University Press.

Herbert, T. B., and Cohen, S. (1993). Depression and immunity: A meta-analytic review. *Psychological Bulletin, 113,* 472–486.

Herrington, J. D., Koven, N. S., Miller, G. A., and Heller, W. (2006). Mapping the neural correlates of dimensions of personality, emotion, and motivation. In T. Canli (Ed.), *Biology of personality and individual differences* (pp. 133–156). New York: Guilford Press.

Herrnstein, R., and Murray, C. (1994). *The bell curve: Intelligence and class structure in American life.* New York: Free Press.

Herzog, A. R., Franks, X., Markus, H. R., and Holmberg, X. (1995). *The American self in its sociocultural variations.* Unpublished manuscript.

Hess, N., Helfrecht, C., Hagen, E., Sell, A., and Hewlett, B. (2010). Interpersonal aggression among Aka hunter-gatherers of the Central African Republic: Assessing the effects of sex, strength, and anger. *Human Nature, 21,* 330–354.

Hibbard, S., Porcerelli, J., Kamoo, R., Schwartz, M., Abell, S. (2010). Defense and object relational maturity on Thematic Apperception Test Scales indicate levels of personality organization. *Journal of Personality Assessment, 92,* 241–253.

Higgins, E. T. (1987). Self-discrepancy: A theory relating self to affect. *Psychological Review, 94,* 319–340.

Higgins, E. T. (1996). The "self digest": Self-knowledge serving self-regulatory functions. *Journal of Personality and Social Psychology, 71,* 1062–1083.

Higgins, E. T. (1997). Beyond pleasure and pain. *American Psychologist, 52,* 1280–1300.

Higgins, E. T. (1999). Persons and situations: Unique explanatory principles or variability in general principles? In D. Cervone and Y. Shoda (Eds.), *The coherence of personality* (pp. 61–93). New York: Guilford Press.

Higgins, E. T. (2012). Regulatory focus theory. In P. A. M. Van Lange, A. W. Kruglanski, and T. E. Higgins (Eds.), *Handbook of theories of social psychology* (pp. 483–504). Thousand Oaks, CA: Sage.

Hilbig, B. E., Heydasch, T., and Zettler, I. (2014). To boast or not to boast: Testing the humility aspect of the Honesty–Humility factor. *Personality and Individual Differences, 69,* 12–16.

Hill, C. T., Rubin, Z., and Peplau, L. A. (1976). Breakups before marriage: The end of 103 affairs. *Journal of Social Issues, 32,* 147–168.

Hill, P. L., and Roberts, B. W. (2011). The role of adherence in the relationship between conscientiousness and perceived health. *Health Psychology, 30,* 797–804.

Hill, P. L., Turiano, N., Hurd, M. D., Mroczek, D. K., and Roberts, B. W. (2011). Conscientiousness and longevity: An examination of possible mediators. *Health Psychology, 30,* 536–541.

Hiroto, D. S., and Seligman, M. E. P. (1975). Generality of learned helplessness in man. *Journal of Personality and Social Psychology, 102,* 311–327.

Hirschfeld, L. A. (1995). Anthropology, psychology, and the meaning of social causality. In D. Sperber, D. Premack, and A. J. Premack (Eds.), *Causal cognition: A multidisciplinary debate* (pp. 313–344). Oxford, England: Clarendon Press.

Hirsh, J. B. (2015). Extraverted populations have lower savings rates. *Personality and Individual Differences, 81,* 162–168.

Hirsh, J. B., and Peterson, J. B. (2009). Extraversion, neuroticism, and the prisoner's dilemma. *Personality and Individual Differences, 46,* 254–256.

Hirsh, S. K., and Kummerow, J. M. (1990). *Introduction to type in organizations* (2nd ed.). Palo Alto, CA: Consulting Psychologists Press.

Hirsh, J. B., & Peterson, J. B. (2009). Extraversion, neuroticism, and the prisoner's dilemma. *Personality and Individual Differences, 46, 2,* 254–256.

Hofer, J., Bond, M. H., and Li, M. (2010). The implicit power motive and sociosexuality in men and women: Pancultural effects of responsibility. *Journal of Personality and Social Psychology, 99,* 380–394.

Hoffman, W., Baumeister, R. F., Forster, G., and Vohs, K. E. (2012). Everyday temptations: An experience sampling study of desire, conflict, and self-control. *Journal of Personality and Social Psychology, 102,* 1318–1335.

Hoffmann, W., Vohs, K. D., and Baumeister, R. F. (2012). What people desire, feel conflicted about, and try to resist in everyday life. *Psychological Science, 23,* 582–588.

Hogan, J., and Holland, B. (2003). Using theory to evaluate personality and job performance relations. *Journal of Applied Psychology, 88,* 100–112.

Hogan, R. (1983). A socioanalytic theory of personality. In M. Page and R. Dienstbier (Eds.), *Nebraska Symposium on motivation, 1982* (pp. 55–89). Lincoln: University of Nebraska Press.

Hogan, R. (2005). In defense of personality measurement: New wine for old whiners. *Human Performance, 18,* 331–341.

Hogan, R., & Hogan, J. (2002). The Hogan personality inventory. In B. de Raad and M. Perugini (Eds.), *Big Five assessment* (pp. 329–346). Ashland, OH: Hogrefe & Huber Publishers.

Hogan, R. & Chamorro-Premuzic, T. (2015). Personality and career success. In L. Cooper and R. Larsen (Eds.), *Handbook of personality and social psychology: Personality processes and individual differences* (pp. 619–638). Washington, DC, American Psychological Association.

Hokanson, J. E., Burgess, M., and Cohen, M. F. (1963). Effect of displaced aggression on systolic blood pressure. *Journal of Abnormal and Social Psychology, 67,* 214–218.

Holland, A. S., Fraley, R. C., and Roisman, G. I. (2012). Attachment styles in dating couples: Predicting relationship functioning over time. *Personal Relationships, 19,* 234–246.

Hollmann, E. (2001). *Paul Gaugin: Images from the South Seas.* New York: Prestel USA.

Holmes, D. (1990). The evidence for repression: An examination of sixty years of research. In J. Singer (Ed.), *Repression and dissociation: Implications for personality, theory, psychopathology, and health* (pp. 85–102). Chicago: University of Chicago Press.

Holmes, T. H., and Rahe, R. H. (1967). The Social Readjustment Rating scale. *Journal of Psychosomatic Research, 11,* 213–218.

Holroyd, K. A., and Coyne, J. (1987). Personality and health in the 1980s: Psychosomatic medicine revisited? *Journal of Personality, 55,* 359–375.

Holtzman, N. S., and Strube, M. J. (2010). Narcissism and attractiveness. *Journal of Research in Personality, 44,* 133–136.

Honekopp, J. (2011). Relationships between digit ratio 2D:4D and self-reported aggression and risk taking in an online study. *Personality and Individual Differences, 51,* 77–80.

Hong, R. Y., and Paunonen, S. V. (2009). Personality traits and health-risk behaviours in University students. *European Journal of Personality, 23,* 675–696.

Honomichl, R. D., and Donnellan, M. B. (2012). Dimensions of temperament in preschoolers predict risk taking and externalizing behaviors in adolescents. *Social Psychological and Personality Science, 3,* 14–22.

Hooper, J. L., White, V. M., Macaskill, G. T., Hill, D. J., and Clifford, C. A. (1992). Alcohol use, smoking habits and the Junior Eysenck Personality Questionnaire in adolescent Australian twins. *Acta Genetica Med. Gemellol. 41,* 311–324.

Hoover, E. (2013). Colleges seek "noncognitive" gauges of applicants. *The Chronicle of Higher Education, 56,* 1.

Hopkins, A. B. (1996). *So ordered: Making partner the hard way.* Amherst: University of Massachusetts Press.

Hopwood, C. J., Ansell, E .B., Pincus, A. L., Wright, A. G. C., Lukowitsky, M. R., and Roche, M. J. (2011). The circumplex model of interpersonal sensitivities. *Journal of Personality, 79,* 707–739.

Hormuth, S. E. (1986). The sampling of experiences in situ. *Journal of Personality, 54,* 262–293.

Horne, J. A., and Ostberg, O. (1976). A self-assessment questionnaire to determine morningness–eveningness in human circadian rhythms. *International Journal of Chronobiology, 4,* 97–110.

Horne, J. A., and Ostberg, O. (1977). Individual differences in human circadian rhythms. *Biological Psychology, 5,* 179–190.

Horney, K. (1937). *The neurotic personality of our time.* New York: Norton.

Horney, K. (1939). *New ways in psychoanalysis.* New York: Norton.

Horney, K. (1945). *Our inner conflicts: A constructive theory of neurosis.* New York: Norton.

Horney, K. (1950). *Neurosis and human growth: The struggle toward self-realization.* New York: Norton.

Horton, R. S., and Sedikedes, C. (2009). Narcissistic responding to ego threat: When the status of the evaluator matters. *Journal of Personality, 77,* 1493–1526.

Hotard, S. R., McFatter, R. M., McWhirter, R. M., and Stegall, M. E. (1989). Interactive effects of extraversion, neuroticism, and social relationships on subjective well-being. *Journal of Personality and Social Psychology, 57,* 321–331.

Howard, A., and Bray, D. (1988). *Managerial lives in transition: Advancing age and changing times.* New York: Guilford Press.

Hoyenga, K. B., and Hoyenga, K. T. (1993). *Gender-related differences: Origins and outcomes.* Boston: Allyn and Bacon.

Hsu, F. K. K. (1985). The self in cross-cultural perspective. In J. J. Marsella, G. De Vos, and F. L. K. Hsu (Eds.), *Culture and self* (pp. 24–55). London: Tavistock.

Hua, H., and Epley, C. H. (2012). Putting the "personal" into personal construct theory. *Journal of Constructivist Psychology, 25,* 269–273.

Hudson, N. W., & Fraley, R. C. (2015). Volitional personality trait change: Can people choose to change their personality traits? *Journal of personality and social psychology,* 109(3), 490–507.

Hudson, N. W., and Roberts, B. W. (2016). Social investment in work reliably predicts change in conscientiousness and agreeableness: A direct replication and extension of Hudson, Roberts, and Lodi-Smith (2012). *Journal of Research in Personality, 60,* 12–23.

Huan, V. S., Ang, R. P., Chong, W. H., and Chye, S. (2014). The impact of shyness on problematic Internet use: The role of loneliness. The Journal of Psychology: *Interdisciplinary and Applied, 148*(6), 699–715.

Hudziak, J. J., van Beijhsterveldt, C. E. M., Bartels, M., Rietveld, J. J. J., Rettew, D. C., Derks, E. M., and Boomsma, D. I. (2003). Individual differences in aggression: Genetic analyses by age, gender, and informant in 3-, 7-, and 10-year-old Dutch twins. *Behavior Genetics, 33,* 575–589.

Humbad, M. N., Donnellan, M. B., Iacono, W. G., McGue, M., and Burt, S. A. (2010). Is spousal similarity for personality a matter of convergence or selection? *Personality and Individual Differences, 49,* 827–830.

Hunsley, J., Lee, C. M., and Wood, J. M. (2003). Controversial and questionable assessment techniques. In S. O. Lilienfeld, S. J. Lynn, and J. M. Lohr (Eds.), *Science and pseudoscience in clinical psychology* (pp. 39–76). New York: Guilford Press.

Hunt, E., and Wittmann, W. (2008). National intelligence and national prosperity. *Intelligence, 36,* 1–9.

Huprich, S. K. (2008). TAT oral dependency scale. In S. R. Jenkins (Ed.), *A handbook of clinical scoring systems for thematic apperceptive techniques* (pp. 385–398). Mahwah, NJ: Erlbaum.

Huselid, R. F., and Cooper, M. L. (1994). Gender roles as mediators of sex differences in expressions of pathology. *Journal of Abnormal Psychology, 103,* 595–603.

Hyde, J. S. (1986). Gender differences in aggression. In J. S. Hyde and M. C. Linn (Eds.), *The psychology of gender: Advances through meta-analysis.* Baltimore: Johns Hopkins University Press.

Hyde, J. S. (2005). The gender similarities hypothesis. *American Psychologist, 60,* 581–592.

Hyde, J. S. (2014). Gender similarities and differences. *Annual Review of Psychology, 65,* 373–398.

Hyde, J. S., and Kling, K. C. (2001). Women, motivation, and achievement. *Psychology of Women Quarterly, 25,* 364–378.

Hyde, J. S., and Plant, E. A. (1995). Magnitude of psychological gender differences: Another side to the story. *American Psychologist, 50,* 159–161.

Hyman, I. E., and Loftus, E. F. (2002). False childhood memories and eyewitness memory errors. In M. L. Eisen (Ed.), *Memory and suggestibility in the forensic interview* (pp. 63–84). Mahwah, NJ: Erlbaum.

Ickes, W., Snyder, M., and Garcia, S. (1997). Personality influences on the choice of situations. In R. Hogan, J. A. Johnson, and S. Briggs (Eds.), *Handbook of personality psychology* (pp. 165–195). San Diego: Academic Press.

Ilmarinen, V., Vainikainen, M., Verkasalo, M., and Lönnqvist, J. (2015). Why are extraverts more popular? Oral fluency mediates the effect of extraversion on popularity in middle childhood. *European Journal of Personality, 29*(2), 138–151.

Immelman, A. (2002). The political personality of U.S. president George W. Bush. In L. O. Valenty and O. Feldman (Eds.), *Political leadership for the new century: Personality and behavior among American leaders* (pp. 81–103). Westport, CT: Praeger.

In Den Bosch-Meevissen, Y. C., Peters, M. L., and Alberts, H. M. (2014). Dispositional optimism, optimism priming, and prevention of ego depletion. *European Journal of Social Psychology, 44*(6), 515–520.

Inglehart, R. (1990). *Culture shift in advanced industrial society.* Princeton, NJ: Princeton University Press.

Insel, P., and Roth, W. (1985). *Core concepts in health* (4th ed.). Palo Alto, CA: Mayfield.

Ip, G. W. M., and Bond, M. H. (1995). Culture, values, and the spontaneous self-concept. *Asian Journal of Psychology, 1,* 30–36.

Irwin, M. (2002). Psychoneuroimmunology of depression: Clinical implications. *Brain, Behavior, and Immunity, 16,* 1–16.

Ishihara, K., Miyake, S., Miyasita, A., and Miyata, Y. (1992). Morningness-eveningness preference and sleep habits in Japanese office workers of different ages. *Chronobiologia, 19,* 9–16.

Ishihara, K., Saitoh, T., and Miyata, Y. (1983). Short-term adjustment of oral temperature of 8-hour advanced-shift. *Japanese Psychological Research, 25,* 228–232.

Ishikawa, S. S., Raine, A., Lencz, T., Bihrle, S., and LaCasse, L. (2001). Increased height and bulk in antisocial personality disorder and its subtypes. *Psychiatry Research, 105,* 211–219.

Ivcevic, Z. (2007). Artistic and everyday creativity: An act-frequency approach. *The Journal of Creative Behavior, 41,* 271–290.

Izard, C. E. (1977). *Human emotions.* New York: Plenum Press.

Izard, C. E., Libero, D. Z., Putnam, P., and Haynes, O. M. (1993). Stability of emotion experiences and their relations to traits of personality. *Journal of Personality and Social Psychology, 64,* 847–860.

Jackson, D. N. (1967). *Personality research form manual.* Goshen, NY: Research Psychologists Press.

Jackson, D. N., and Messick, S. (1967). *Problems in human assessment.* New York, McGraw-Hill.

Jackson, J. J., Bogg, T., Walton, K. E., Wood, D., Harms, P. D., Lodi-Smith, J., Edmonds, G. W., and Roberts, B. W. (2009). Not all conscientiousness scales change alike: A multimethod, multisample study of age differences in the facets of conscientiousness. *Journal of Personality and Social Psychology, 96,* 446–459.

Jackson, J. J., Wood, D., Bogg, T., Walton, K. E., Harms, P. D., and Roberts, B. W. (2010). What do conscientious people do? Development and validation of the Behavioral Indicators of Conscientiousness (BIC). *Journal of Research in Personality, 44,* 501–511.

Jacoby, R., and Glauberman, N. (1995). *The bell curve debate: History, documents, opinions.* New York: Random House.

James, W. (1884). What is an emotion? *Mind, 9,* 188–205.

Jang, K. L., Dick, D. M., Wolf, H., Livesley, W. J., and Paris, J. (2005). Psychosocial adversity and emotional instability: An application of gene-environment interaction models. *European Journal of Personality, 19,* 359–372.

Jang, K. L., Livesley, W. J., Angleitner, A., Riemann, R., and Vernon, P. A. (2002). Genetic and environmental influences on the covariance of facets defining the domains of the five-factor model of personality. *Personality and Individual Differences, 33,* 83–101.

Jenkins, S. R. (1994). Need for power and women's careers over 14 years: Structural power, job satisfaction, and motive change. *Journal of Personality and Social Psychology, 66,* 155–165.

Jenkins, C. D., Zyzanski, S. J., and Rosenman, R. H. (1976). Risk of new myocardial infarction in middle age men with manifest coronary heart disease. *Circulation, 53,* 342–347.

Jensen, A. R. (2011). The theory of intelligence and its measurement. *Intelligence, 39,* 171–177.

Jensen-Campbell, L. A., Adams, R., Perry, D. G., Workman, K. A., Furdella, J. Q., and Egan, S. K. (2002). Agreeableness, extraversion, and peer relations in early adolescence: Winning friends and deflecting aggression. *Journal of Research in Personality, 36,* 224–251.

Jensen-Campbell, L. A., Gleason, K. A., Adams, R., and Malcolm, K. T. (2003). Interpersonal conflict, agreeableness, and personality development. *Journal of Personality, 71,* 1059–1085.

Jensen-Campbell, L. A., and Graziano, W. G. (2001). Agreeableness as a moderator of interpersonal conflict. *Journal of Personality, 69,* 323–362.

Jeronimus, B. F., Riese, H., Sanderman, R., and Ormel, J. (2014). Mutual reinforcement between neuroticism and life experiences: A five-wave, 16-year study to test reciprocal causation. *Journal of Personality and Social Psychology, 107,* 751–764.

Jerskey, B. A., Panizzon, M. S., Jacobson, K. C., Neale, M. C., Grant, M. D., Schultz, M., Eisen, S., et al. (2010). Marriage and divorce: A genetic perspective. *Personality and Individual Differences, 49,* 473–478.

John, O. P. (1990). The "Big Five" factor taxonomy: Dimensions of personality in the natural language and questionnaires. In L. A. Pervin (Ed.), *Handbook of personality* (pp. 66–100). New York: Guilford Press.

John, O. P., Naumann, L. P., and Soto, C. J. (2010). Paradigm shift to the integrative Big Five trait taxonomy: History, measurement, and conceptual issues. In O. P. John, R. W. Robins, and L. A. Pervin (Eds.), *Handbook of personality* (pp. 114–158). New York: Guilford Press.

John, O. P., Robins, R. W., and Pervin, L. A. (2010). *Handbook of personality: Theory and research* (3rd ed.). New York: Guilford Press.

Johnson, D. P., and Whisman, M. A. (2013). Gender differences in rumination: A meta-analysis. *Personality and Individual Differences, 55*(4), 367–374.

Johnson, M. K., Rowatt, W. C., and Petrini, L. (2011). A new trait on the market: Honesty-humility as a unique predictor of job performance. *Personality and Individual Differences, 50,* 857–862.

Johnson, R. E. (1970). Some correlates of extramarital coitus. *Journal of Marriage and the Family, 32,* 449–456.

Johnson, W. (2007). Genetic and environmental influences on behavior: Capturing all the interplay. *Psychological Review, 114,* 423–440.

Johnson, W., and Deary, I. J. (2011). Placing inspection time, reaction time, and perceptual speed in the broader context of cognitive ability: The VPR model in the Lothian Birth Cohort 1936, *Intelligence, 39,* 405–417.

Johnson, W., Hicks, B. M., McGue, M., and Iacono, W. G. (2007). Most of the girls are alright, but some aren't: Personality trajectory groups from ages 14–24 and some associations with outcomes. *Journal of Personality and Social Psychology, 93,* 266–284.

Johnson, W., McGue, M., and Krueger, R. F. (2005). Personality stability in late adulthood: A behavior genetic analysis. *Journal of Personality, 73,* 523–551.

Johnson, W., McGue, M., Krueger, R. F., and Bouchard, T. J., Jr. (2004). Marriage and personality: A genetic analysis. *Journal of Personality and Social Psychology, 86,* 285–294.

Johnson, W., Penke, L., and Spinath, F. M. (2011). Heritability in the era of molecular genetics: Some thoughts for understanding genetic influences on behavioural traits: Understanding heritability. *European Journal of Personality, 25,* 254–266.

Johnston, M. (1999). *Spectral evidence: The Ramona case: Incest, memory, and truth on trial in Napa Valley.* Boulder, CO: Westview Press.

Jokela, M. (2009). Personality predicts migration within and between U.S. states. *Journal of Research in Personality, 43,* 79–83.

Jokela, M., Kivimaki, M., Elovainio, M., and Keltikangas-Jarvinen, L. (2009). Personality and having children: A two-way relationship. *Journal of Personality and Social Psychology, 96,* 218–230.

Jonason, P. K., Garcia, J. R., Webster, G. D., Li, N. P., and Fisher, H. E. (2015). Relationship deal breakers traits people avoid in potential mates. *Personality and Social Psychology Bulletin, 41*(12), 1697–1711.

Jonason, P. K., and Webster, G. D. (2012). A protean approach to social influence: Dark Triad personalities and social influence tactics. *Personality and Individual Differences, 52,* 521–526.

Jones, A., and Crandall, R. (1986). Validation of a short index of self-actualization. *Personality and Social Psychology Bulletin, 12,* 63–73.

Jones, D. N., and Paulhus, D. L. (2010). Different provocations trigger aggression in narcissists and psychopaths. *Social Psychological and Personality Science, 1,* 12–18.

Jones, D. N., and Weiser, D. A. (2014). Differential infidelity patterns among the Dark Triad. *Personality and Individual Differences, 57,* 20–24.

Jordan, C. H., Spencer, S. J., Zanna, M. P., Hoshino-Browne, E., and Correll, J. (2003). Secure and defensive high self-esteem. *Journal of Personality and Social Psychology, 85,* 969–978.

Judge, D. S., and Hrdy, S. B. (1992). Allocation of accumulated resources among close kin: inheritance in Sacramento, California, 1890–1984. *Ethology and Sociobiology, 13*(5), 495–522.

Judge, T., and Larsen, R. J. (2001). Dispositional sources of job satisfaction: A review and theoretical extension. *Organizational Behavior and Human Decision Processes, 86,* 67–98.

Jung, I., Lee, H., and Cho, B. (2004). Persistent psychotic disorder in an adolescent with a past history of butane gas dependence. *European Psychiatry, 19,* 519–520.

Kagan, J. (1981). *The second year: The emergence of self-awareness.* Cambridge, MA: Harvard University Press.

Kagan, J. (1994). *Galen's prophecy: Temperament in human nature.* New York: Basic Books.

Kagan, J. (1999). Born to be shy? In R. Conlan (Ed.), *States of mind* (pp. 29–51). New York: Wiley.

Kagan, J., and Moss, H. (1962). *Birth to maturity: A study in psychological development.* New York: Wiley.

Kagan, J., and Snidman, N. (1991). Infant predictors of inhibited and uninhibited profiles. *Psychological Science, 2,* 40–44.

Kamakura, T., Ando, J., and Ono, Y. (2007). Genetic and environmental effects on the stability and change in self-esteem during adolescence. *Personality and Individual Differences, 42,* 181–190.

Kamble, S., Shackelford, T. K., Pham, M., and Buss, D. M. (2014). Indian mate preferences: Continuity, sex differences, and cultural change across a quarter of a century. *Personality and Individual Differences, 70,* 150–155.

Kammrath, L. K., and Scholer, A. A. (2011). The Pollyanna myth: How highly agreeable people judge positive and negative relational acts. *Personality and Social Psychology Bulletin, 37,* 1172–1184.

Kandler, C., Bleidorn, W., Spinath, F. M., and Riemann, R. (2010). Sources of

cumulative continuity in personality: A longitudinal multiple-rater twin study. *Journal of Personality and Social Psychology, 98,* 995–1008.

Kanner, Allen D., Feldman, S., and Weinberger, D. A. (1991). Uplifts, hassles, and adaptational outcomes in early adolescents. In A. Monat and R. S. Lazarus (Eds.), *Stress and coping: An anthology* (3rd ed.) (pp. 158–181). New York: Columbia University Press.

Kaplan, H., and Hill, K. (1985). Food-sharing among Ache foragers: Tests of evolutionary hypotheses. *Current Anthropology, 26,* 223–246.

Kapogiannis, D., Sutin, A., Davatzikos, C., Costa, P. J., and Resnick, S. (2013). The five factors of personality and regional cortical variability in the Baltimore longitudinal study of aging. *Human Brain Mapping, 34*(11), 2829–2840.

Karantzas, G. C., and Simpson, J. A. (2015). Attachment and aged care. In J. A. Simpson and W. S. Rholes (Eds.), *Attachment theory and research: New directions and emerging themes* (pp. 319–345). New York, NY, US: Guilford Press.

Katigbak, M. S., Church, A. T., Guanzon-Lapena, M. A., Carlota, A. J., and del Pilar, G. H. (2002). Are indigenous personality dimensions culture-specific? Philippine inventories and the five-factor model. *Journal of Personality and Social Psychology, 82,* 1, 89–101.

Katz, I. M., and Campbell, J. D. (1994). Ambivalence over emotional expression and well-being: Nomothetic and idiographic tests of the stress-buffering hypothesis. *Journal of Personality and Social Psychology, 67,* 513–524.

Kaufman, S. B., Quilty, L. C., Grazioplene, R. G., Hirsh, J. B., Gray, J. R., Peterson, J. B., and DeYoung, C. G. (2015). Openness to experience and intellect differentially predict creative achievement in the arts and sciences. *Journal of Personality, 82,* 248–258.

Kavanagh, K., and Hops, H. (1994). Good girls? Bad boys? Gender and development as contexts for diagnosis and treatment. *Advances in Clinical Child Psychology, 16,* 45–79.

Kawamoto, T. (2016). Cross-sectional age differences in the HEXACO personality: Results from a Japanese sample. *Journal of Research in Personality, 62,* 1–5.

Kelley, H. H. (1992). Common-sense psychology and scientific psychology. In M. R. Rosensweig and L. W. Porter (Eds.), *Annual review of psychology* (vol. 43, pp. 1–23). Palo Alto, CA: Annual Reviews.

Kelly, E. L., and Conley, J. J. (1987). Personality and compatibility: A prospective analysis of marital stability and marital satisfaction. *Journal of Personality and Social Psychology, 52,* 27–40.

Kelly, G. A. (1955). *The psychology of personal constructs* (vols. 1 and 2). London: Routledge.

Keltikangas-Järvinen, L., Elovainio, M., Kivimäki, M., Lichtermann, D., Ekelund, J., and Leena Peltonen, L. (2003). Association between the Type 4 dopamine receptor gene polymorphism and novelty seeking. *Psychosomatic Medicine, 65,* 471–476.

Kendler, K. S., McGuire, M., Gruenberg, A. M., O'Hare, A., Spellman, M., and Walsh, D. (1993). The Roscommon Family Study III: Schizophrenia-related personality disorders in relatives. *Archives of General Psychiatry, 50,* 781–788.

Kendler, R. S., Heath, A. C., Neale, M. C., Kessler, R. C., and Eaves, L. J. (1992). A population-based twin study of alcoholism in women. *Journal of the American Medical Association, 268,* 1877–1882.

Kenrick, D. T., Griskevicius, V., Neuberg, S. L., and Schaller, M. (2010). Renovating the pyramid of needs: Contemporary extensions built upon ancient foundations. *Perspectives on Psychological Science, 5,* 292–314.

Kenrick, D. T., and Luce, C. L. (2004). *The functional mind: Readings in evolutionary psychology.* Boston: Allyn and Bacon.

Kerkhof, G. A. (1985). Inter-individual differences in the human circadian system: A review. *Biological Psychology, 20,* 83–112.

Kernberg, O. (1975). *Borderline conditions and pathological narcissism.* New York: Jason Aronson.

Kernberg, O. F. (1984). *Severe personality disorders.* New Haven, CT: Yale University Press.

Kernis, M. H., Grannemann, B. D., and Barclay, L. C. (1992). Stability of self-esteem: Assessment, correlates, and excuse making. *Journal of Personality, 60,* 621–643.

Kernis, M. H., Grannemann, B. D., and Mathis, L. C. (1991). Stability of self-esteem as a moderator of the relation between level of self-esteem and depression. *Journal of Personality and Social Psychology, 61,* 80–84.

Kesebir, S., Graham, J., Oishi, S. (2010). A theory of human needs should be human-centered, not animal-centered: Commentary on Kenrick et al. (2010). *Perspectives on Psychological Science, 5,* 315–319.

Ketelaar, T. (1995). *Emotion as mental representations of fitness affordances: I. Evidence supporting the claim that the negative and positive emotions map onto fitness costs and benefits.* Paper presented at the annual meeting of the Human Behavior and Evolution Society, Santa Barbara.

Khan, S. S., Nessim, S., Gray, R., Czer, L. S., Chaux, A., and Matloff, J. (1990). Increased mortality of women in coronary artery bypass surgery: Evidence for referral bias. *Annals of Internal Medicine, 112,* 561–567.

Kihlstrom, J. F. (1999). The psychological unconscious. In L. A. Pervin and O. P. John (Eds.), *Handbook of personality: Theory and research* (pp. 424–442). New York: Guilford Press.

Kihlstrom, J. F. (2003a). Freud is dead weight on psychology. In E. E. Smith, S. Nolen-Hoeksema, B. L. Fredrickson, G. R. Loftus, D. J. Bem, and S. Maren, *Introduction to psychology* (p. 487). Belmont, CA: Wadsworth/Thomson Learning.

Kihlstrom, J. F. (2003b). Hypnosis and memory. In J. F. Byrne (Ed.), *Learning and memory* (2nd ed., pp. 240–242). Farmington Hills, MI: Macmillan.

Kihlstrom, J. F. (2013). The person-situation interaction. In D. E. Carlston (Ed.), *The Oxford handbook of social cognition* (pp. 786–805). New York: Oxford University Press.

Kihlstrom, J. F., Barnhardt, T. M., and Tataryn, D. J. (1992). The psychological unconscious: Found, lost, and regained. *American Psychologist, 47,* 788–791.

Kim, E. (2002). Agitation, aggression, and disinhibition syndromes after traumatic brain injury. *NeuroRehabilitation, 17,* 297–310.

Kim, K., Smith, P. K., and Palermiti, A. (1997). Conflict in childhood and reproductive development. *Evolution and Human Behavior, 18,* 109–142.

Kim-Cohen, J., Caspi, A., Taylor, A., Williams, B., Newcombe, R., Craig, I. W., et al. (2006). MAOA, maltreatment, and gene-environment interaction predicting children's mental health: New evidence and a meta-analysis. *Molecular Psychiatry, 11,* 903–913.

Kimura, D. (2002). Sex hormones influence human cognitive pattern. *Neuroendocrinology Letters, 23* (Suppl. 4): 67–77.

Kjærgaard, A., Leon, G. R., and Venables, N. C. (2015). The 'right stuff' for a solo sailboat circumnavigation of the globe. *Environment And Behavior, 47*(10), 1147–1171.

King, L. A. (1995). Wishes, motives, goals, and personal memories: Relations and correlates of measures of human motivation. *Journal of Personality, 63,* 985–1007.

King, L. A., and Emmons, R. A. (1990). Conflict over emotional expression: Psychological and physical correlates. *Journal of Personality and Social Psychology, 58,* 864–877.

King, L. A., and Hicks, J. A. (2012). Positive affect and meaning in life: The intersection of hedonism and eudaimonia.

In P. T. P Wong (Ed.), The human quest for meaning: Theories, research and applications (2nd ed., pp. 125–141). New York, NY: Routledge/Taylor & Francis Group.

Kintz, B. L., Delprato, D. J., Mettee, D. R., Parsons, D. E., and Schappe, R. H. (1965). The experimenter effect. *Psychological Bulletin, 63,* 223–232.

Kipnis, D. (1971). *Character structure and impulsiveness.* New York: Academic Press.

Kling, K. C., Hyde, J. S., Showers, C. J., and Buswell, B. N. (1999). Gender differences in self-esteem: A meta-analysis. *Psychological Bulletin, 125,* 470–500.

Klinger, E. (1977a). The nature of fantasy and its clinical uses. *Psychotherapy: Theory, Research, and Practice, 14,* 223–231.

Klinger, E. (1977b). *Meaning and void: Inner experience and the incentives in people's lives.* Minneapolis: University of Minnesota Press.

Klonsky, E. D., Oltmanns, T. F., and Turkheimer, E. (2002). Informant reports of personality disorder: Relation to self-reports and future research directions. *Clinical Psychology: Science and Practice, 9,* 300–311.

Klucken, T., Kruse, O., Schweckendiek, J., and Stark, R. (2015). Increased skin conductance responses and neural activity during fear conditioning are associated with a repressive coping style. *Frontiers in Behavioral Neuroscience, 9.*

Kluckhohn, C., and Murray, H. A. (1948). *Personality in nature, society, and culture.* New York: Knopf.

Knafo, A., Iervolino, A. C., and Plomin, R. (2005). Masculine girls and feminine boys: Genetic and environmental contributions to atypical gender development in early childhood. *Journal of Personality and Social Psychology, 88,* 400–412.

Knutson, B., and Bhanji, J. (2006). Neural substrates for emotional traits? In T. Canli (Ed.), *Biology of personality and individual differences* (pp. 116–132). New York: Guilford Press.

Knutson, B., Wolkowitz, O. M., Cole, S. W., Chan, T., Moore, E. A., Johnson, R. C., Terpstra, J., et al. (1998). Selective alteration of personality and social behavior by serotonergic intervention. *American Journal of Psychiatry, 155,* 373–378.

Koenig, L. B., McGue, M., Krueger, R. F., and Bouchard, T. J., Jr. (2005). Genetic and environmental influences on religiousness ratings. *Journal of Personality, 73,* 471–488.

Koestner, R., and McClelland, D. C. (1990). Perspectives on competence motivation. In L. A. Pervin (Ed.), *Handbook of personality: Theory and research* (pp. 527–548). New York: Guilford Press.

Kofman, S. (1985). *The enigma of woman: Woman in Freud's writings.* Ithaca, NY: Cornell University Press.

Kohn, M. L., Naoi, A., Schoenbach, C., Schooler, C., and Slomczynski, K. M. (1990). Position in the class structure and psychological functioning in the United States, Japan, and Poland. *American Journal of Sociology, 95,* 964–1008.

Kohut, H. (1977). *The restoration of the self.* Madison, CT: International Universities Press.

Koole, S. L., Jager, W., van den Berg, A. E., Vlek, C.A.J., and Hofstee, W.K.B. (2001). On the social nature of personality: Effects of extraversion, agreeableness, and feedback about collective resource use on cooperation in a resource dilemma. *Personality and Social Psychology Bulletin, 27, 3,* 289–301.

Koopmans, J. R., and Boomsma, D. I. (1993). Bivariate genetic analysis of the relation between alcohol and tobacco use in adolescent twins. *Psychiatric Genetics, 3,* 172.

Kopp, C. B. (1989). Regulation of distress and negative emotions: A developmental view. *Developmental Psychology, 25,* 343–354.

Kosslyn, S. M., Cacioppo, J. T., Davidson, R. J., Hugdahl, K., Lovallo, W. R., Spiegel, D., and Rose, R. (2002). Bridging psychology and biology: The analysis of individuals in groups. *American Psychologist, 57,* 341–351.

Kosslyn, S. M., and Rosenberg, R. S. (2004). *Psychology: The brain, the person, the world.* Boston: Allyn and Bacon.

Kotov, R., Gamez, W., Schmidt, F., and Watson, D. (2010). Linking "big" personality traits to anxiety, depressive, and substance use disorders: A meta-analysis. *Psychological Bulletin, 136,* 768–821.

Kotter-Gruhn, D., Wiest, M., Zurek, P. P., and Scheibe, S. (2009). What is it we are longing for? Psychological and demographic factors influencing the contents of Sehnsucht (life longings). *Journal of Research in Personality, 43,* 428–437.

Kowalski, R. M., and Brown, K. J. (1994). Psychosocial barriers to cervical cancer screening: Concerns with self-presentation and social evaluation. *Journal of Applied Social Psychology, 24,* 941–958.

Kraeplin, E. (1913). *Psychiatrie: Ein Lehrbuch* (8th ed.). Leipzig: Barth.

Krasno, J. (2015). William Jefferson Clinton: Promise, persistence, and the will to be adored. In J. Krasno, S. LaPides, J. Krasno, S. LaPides (Eds.), *Personality, political leadership, and decision making: A global perspective* (pp. 295–318). Santa Barbara, CA, US: Praeger/ABC-CLIO.

Kretschmer, E. (1925). *Physique and character*. London: Kegan Paul.

Krueger, J. I., Hasman, J. F., Acevedo, M., and Villano, P. (2003). Perceptions of trait typicality in gender stereotypes: Examining the role of attribution and categorization processes. *Personality and Social Psychology Bulletin, 29, 1,* 108–116.

Krueger, R. F., and Markon, K. E. (2006). Reinterpreting comorbidity: A model-based approach to understanding and classifying psychopathology. *Annual Review of Clinical Psychology, 2,* 111–133.

Krueger, R. F., Markon, K. E., and Bouchard, T. J., Jr. (2003). The extended genotype: The heritability of personality accounts for the heritability of recalled family environments in twins reared apart. *Journal of Personality, 71, 5,* 809–834.

Krueger, R. F., South, S., Johnson, W., and Iacono, W. (2008). The heritability of personality is not always 50%: Gene-environment interactions and correlations between personality and parenting. *Journal of Personality, 76,* 1485–1522.

Kuhl, J., and Kazén, M. (2008). Motivation, affect, and hemispheric asymmetry: Power versus affiliation. *Journal of Personality and Social Psychology, 95,* 456–469.

Kuhle, B. X. (2011). Did you have sex with him? Do you love her? An in vivo test of sex differences in jealous interrogations. *Personality and Individual Differences, 51,* 1044–1047.

Kuhle, B. X., Smedley, K. D., and Schmitt, D. P. (2009). Sex differences in the motivation and mitigation of jealousy-induced interrogations. *Personality and Individual Differences, 46,* 499–502.

Kuhn, M., and McPartland, T. S. (1954). An empirical investigation of self-attitudes. *American Sociological Review, 19,* 68–76.

Kupper, N., & Denollet, J. (2007). Type D personality as a prognostic factor in heart disease: Assessment and mediating mechanisms. *Journal of Personality Assessment, 89,* 265–276.

Kurman, J. (2001). Self-enhancement: Is it restricted to individualistic cultures? *Personality and Social Psychology Bulletin, 27, 12,* 1705–1716.

Krasno, J. (2015). William Jefferson Clinton: Promise, persistence, and the will to be adored. In J. Krasno, S. LaPides, J. Krasno, S. LaPides (Eds.), *Personality, political leadership, and decision making: A global perspective* (pp. 295–318). Santa Barbara, CA, US: Praeger/ABC-CLIO.

Kwapil, T. R., Wrobel, M. J., and Pope, C. A. (2002). The five-factor personality structure of dissociative experiences. *Personality and Individual Differences, 32,* 431–443.

Kwon, P., Campbell, D. G., and Williams, M. G. (2001). Sociotropy and autonomy: Preliminary evidence for construct validity using TAT narratives. *Journal of Personality Assessment Special Issue: More data on the current Rorschach controversy, 77,* 128–138.

Kyl-Heku, L., and Buss, D. M. (1996). Tactics as units of analysis in and personality psychology: An illustration using tactics of hierarchy negotiation. *Personality and Individual Differences, 21,* 497–517.

Laham, S. M., Gonsalkorale, K., and von Hippel, W. (2005). Darwinian grandparenting: Preferential investment in more certain kin. *Personality and Social Psychology Bulletin, 31,* 63–72.

Lajunen, T. (2001). Personality and accident liability: Are extraversion, neuroticism and psychoticism related to traffic and occupational fatalities? *Personality and Individual Differences, 31,* 1365–1373.

Lalumiere, M. L., Chalmers, L. J., Quinsey, V. L., and Seto, M. C. (1996). A test of the mate deprivation hypothesis of sexual coercion. *Ethology and Sociobiology, 17,* 299–318.

Lalumiere, M. L., Harris, G. T., and Rice, M. E. (2001). Psychopathy and developmental instability. *Evolution and Human Behavior, 22,* 75–92.

Langens, T. A. (2001). Predicting behavior change in Indian businessmen from a combination of need for achievement and self-discrepancy. *Journal of Research in Personality, 35,* 339–352.

Langens, T. A., and Schmalt, H. D. (2008). Motivational traits: New directions and measuring motives with the multi-motive grid (MMG). In G. J. Boyle, G. Matthews, and D. H. Saklofske (Eds.), *The SAGE handbook of personality theory and assessment, vol. 1: Personality theories and Models* (pp. 523–544). Thousand Oaks, CA: Sage.

Langevin, R., Bain, J., Wortzman, G., and Hucker, S. (1988). Sexual sadism: Brain, blood, and behavior. *Annals of the New York Academy of Science, 528,* 163–171.

Langford, P. H. (2003). A one-minute measure of the Big Five? Evaluating and abridging Shafer's (1999) Big Five markers. *Personality and Individual Differences, 35,* 1127–1140.

Langner, C. A., and Winter, D. G. (2001). The motivational basis of concessions and compromise: Archival and laboratory studies. *Journal of Personality and Social Psychology, 81,* 711–727.

Lanning, K. (1994). Dimensionality of observer ratings on the California Adult Q-set. *Journal of personality and social psychology, 67, 1,* 151.

Larrance, D., Pavelich, S., Storer, P., Polizzi, M., Baron, B., Sloan, S., Jordan, R., and Reis, H. T. (1979). Competence and incompetence: Asymmetric responses to women and men on a sex-linked task. *Personality and Social Psychology Bulletin, 5,* 363–366.

Larsen, R. J. (1984). Theory and measurement of affect intensity as an individual difference characteristic. *Dissertation Abstracts International, 45, 7-B.* (UMI No. 2297).

Larsen, R. J. (1985). Individual differences in circadian activity rhythm and personality. *Personality and Individual Differences, 6,* 305–311.

Larsen, R. J. (1987). The stability of mood variability: A spectral analytic approach to daily mood assessments. *Journal of Personality and Social Psychology, 52,* 1195–1204.

Larsen, R. J. (1989). A process approach to personality: Utilizing time as a facet of data. In D. Buss and N. Cantor (Eds.), *Personality psychology: Recent trends and emerging directions* (pp. 177–193). New York: Springer-Verlag.

Larsen, R. J. (1991). Personality and emotion. In V. Derlega, B. Winstead, and W. Jones (Eds.), *Contemporary research in personality* (pp. 407–432). Chicago: Nelson-Hall.

Larsen, R. J. (1992). Neuroticism and selective encoding and recall of symptoms: Evidence from a combined concurrent-retrospective study. *Journal of Personality and Social Psychology, 62,* 480–488.

Larsen, R. J. (2000a). Toward a science of mood regulation. *Psychological Inquiry, 11,* 129–141.

Larsen, R. J. (2000b). Maintaining hedonic balance. *Psychological Inquiry, 11,* 218–225.

Larsen, R. J. (2009). Affect intensity. In M. R. Leary and R. H. Hoyle (Eds.), *Handbook of individual differences in social behaviors* (pp. 241–254). New York: Guilford Press.

Larsen, R. J., Billings, D., and Cutler, S. (1996). Affect intensity and individual differences in cognitive style. *Journal of Personality, 64,* 185–208.

Larsen, R. J., Chen, B., and Zelenski, J. (2003). *Responses to punishment and reward in the emotion Stroop paradigm: Relations to BIS and BAS.* Unpublished manuscript.

Larsen, R. J., and Cowan, G. S. (1988). Internal focus of attention and depression: A study of daily experience. *Motivation and Emotion, 12,* 237–249.

Larsen, R. J., and Diener, E. (1985). A multitrait-multimethod examination of affect structure: Hedonic level and emotional intensity. *Personality and Individual Differences, 6,* 631–636.

Larsen, R. J., and Diener, E. (1987). Affect intensity as an individual difference characteristic: A review. *Journal of Research in Personality, 21,* 1–39.

Larsen, R. J., and Diener, E. (1992). Problems and promises with the circumplex model of emotion. *Review of Personality and Social Psychology, 13,* 25–59.

Larsen, R. J., Diener, E., and Cropanzano, R. S. (1987). Cognitive operations associated with individual differences in affect intensity. *Journal of Personality and Social Psychology, 53,* 767–774.

Larsen, R. J., Diener, E., and Emmons, R. A. (1986). Affect intensity and reactions to daily life events. *Journal of Personality and Social Psychology, 51,* 803–814.

Larsen, R. J., Diener, E., and Lucas, R. (2002). Emotion: Models, measures, and individual differences. In R. Lord, R. Klimoski, and R. Kanfer (Eds.), *Emotions at work* (pp. 64–106). San Francisco: Jossey-Bass.

Larsen, R. J., and Fredrickson, B. L. (1999). Measurement issues in emotion research. In D. Kahneman, E. Diener, and N. Schwarz (Eds.), *Understanding quality of life: Scientific perspectives on enjoyment and suffering* (pp. 40–60). New York: Sage.

Larsen, R. J., and Kasimatis, M. (1990). Individual differences in entrainment of mood to the weekly calendar. *Journal of Personality and Social Psychology, 58,* 164–171.

Larsen, R. J., and Ketelaar, T. (1989). Extraversion, neuroticism, and susceptibility to positive and negative mood induction procedures. *Personality and Individual Differences, 10,* 1221–1228.

Larsen, R. J., and Ketelaar, T. (1991). Personality and susceptibility to positive and negative emotional states. *Journal of Personality and Social Psychology, 61,* 132–140.

Larsen, R. J., Mercer, K. A., and Balota, D. A. (2006). Lexical characteristics of words used in emotion Stroop tasks. *Emotion, 6,* 62–72.

Larsen, R. J., and Prizmic, Z. (2004). Affect regulation. In R. Baumeister and K. Vohs (Eds.), *Handbook of self-regulation research* (pp. 40–60). New York: Guilford Press.

Larsen, R. J., & Prizmic, Z. (2006). Multimethod measurement of emotion. In M. Eid and E. Diener (Eds.), *Handbook of measurement: A multimethod perspective* (pp. 337–352). Washington, DC: American Psychological Association.

Larsen, R. J., and Prizmic-Larsen, Z. (1999). Marrying a culture when you marry a person. *Contemporary Psychology, 44,* 538–540.

Larsen, R. J., and Zarate, M. A. (1991). Extending reducer/augmenter theory into the emotion domain: The role of affect in

regulating stimulation level. *Personality and Individual Differences, 12,* 713–723.

Larson, D. G., and Chastain, R. L. (1990). Self-concealment: Conceptualization, measurement, and health implications. *Journal of Social and Clinical Psychology, 9,* 439–455.

Lassek, W. D., and Gaulin, S. J. C. (2009). Costs and benefits of fat-free muscle mass in men: Relationship to mating success, dietary requirements, and native immunity. *Evolution and Human Behavior, 30,* 322–328.

Lassiter, G. D., Lindberg, M. J., Gonzalez-Vallejo, C., Bellezza, F. S., & Phillips, N. D. (2009). The deliberation-without-attention effect: Evidence for an artifactual interpretation. Psychological Science, *20,* 671–675.

Laub, J. H., and Lauritsen, J. L. (1994). The precursors of criminal offending across the life course. *Federal Probation, 58,* 51–57.

Lawton, M. P., Moss, M. S., Winter, L., and Hoffman, C. (2002). Motivation in later life: Personal projects and well-being. *Psychology and Aging, 17,* 539–547.

Lazarus, R. S. (1991). *Emotion and adaptation.* Oxford, England: Oxford University Press.

Lazarus, R. S., and Folkman, S. (1984). *Stress, appraisal and coping.* New York: Springer.

Lazarus, R. S., Kanner, A. D., and Folkman, S. (1980). Emotions: A cognitive-phenomenological analysis. In R. Plutchik and H. Kellerman (Eds.), *Theories of emotion* (pp. 189–217). New York: Academic Press.

Leary, M. R., and Kowalski, R. M. (1995). Social anxiety. New York: Guilford Press.

Le Boeuf, B. J., and Reiter, J. (1988). Lifetime reproductive success in northern elephant seals. In T. H. Clutton-Brock (Ed.), *Reproductive success* (pp. 344–362). Chicago: University of Chicago Press.

Lee, C., Corte, C., Stein, K. F., Finnegan, L., McCreary, L. L., and Park, C. G. (2015). Expected problem drinker possible self: Predictor of alcohol problems and tobacco use in adolescents. *Substance Abuse, 36*(4), 434–439.

Lee, B. W., and Leeson, P. C. (2015). Online gaming in the context of social anxiety. *Psychology of Addictive Behaviors, 29*(2), 473–482.

Lee, D., Kelley, K. R., and Edwards, J. K. (2006). A closer look at relationships among trait procrastination, neuroticism, and conscientiousness. *Personality and Individual Differences, 40,* 27–37.

Lee, K., and Ashton, M. C. (2008). The HEXACO personality factors in the indigenous personality lexicons of English and 11 other languages. *Journal of Personality, 76,* 1011–1054.

Lee, K., Ogunfowora, B., and Ashton, M. C. (2005). Personality traits beyond the Big Five: Are they within the HEXACO space? *Journal of Personality, 73,* 1437–1463.

Lee-Ross, D. (2015). Personality characteristics of the self-employed: A comparison using the world values survey data set. *Journal of Management Development, 34*(9), 1094–1112.

Leeuwis, F. H., Koot, H. M., Creemers, D. M., & van Lier, P. C. (2015). Implicit and explicit self-esteem discrepancies, victimization and the development of late childhood internalizing problems. *Journal of Abnormal Child Psychology, 43*(5), 909–919.

Lee-Won, R. J., Herzog, L., and Park, S. G. (2015). Hooked on Facebook: The role of social anxiety and need for social assurance in problematic use of Facebook. *Cyberpsychology, Behavior, and Social Networking, 18*(10), 567–574.

Lehmann, R., Denissen, J. J., Allemand, M., and Penke, L. (2013). Age and gender differences in motivational manifestations of the Big Five from age 16 to 60. *Developmental Psychology, 49,* 365–383.

Lei, C., Wang, Y., Shackelford, T. K., and Buss, D. M. (2011). Chinese mate preferences: Cultural evolution and continuity across a quarter century. *Personality and Individual Differences, 50,* 678–683.

Leikas, S., Lonnqvist, J., and Verkasalo, M. (2012). Persons, situations, and behaviors: Consistency and variability of different behaviors in four interpersonal situations. *Journal of Personality and Social Psychology, 103,* 1007–1022.

Leitner, J. B., Hehman, E., Deegan, M. P., and Jones, J. M. (2014). Adaptive disengagement buffers self-esteem from negative social feedback. *Personality and Social Psychology Bulletin, 40*(11), 1435–1450.

Lemay, E. P., and Dobush, S. (2015). When do personality and emotion predict destructive behavior during relationship conflict? The role of perceived commitment asymmetry. *Journal of Personality, 83*(5), 523–534.

Leopold, D. A. (2012). Primary visual cortex: Awareness and blindsight. *Annual Review of Neuroscience, 35,* 91–109.

LeVay, S. (1991). A difference in hypothalamic structure between heterosexual and homosexual men. *Science,* pp. 1034–1037.

LeVay, S. (1993). *The sexual brain.* Cambridge, MA: MIT Press.

LeVay, S. (1996). *Queer science: The use and abuse of research into homosexuality.* Cambridge, MA: MIT Press.

Levy, B. R., Slade, M. D., and Ranasinghe, P. (2009). Causal thinking after a tsunami wave: Karma beliefs, pessimistic explanatory style and health among Sri Lankan survivors. *Journal of Religion and Health, 48*(1), 38–45.

Levenson, M. R., Kiehl, K. A., and Fitzpatrick, C. M. (1995). Assessing psychopathic attributes in a noninstitutionalized population. *Journal of Personality and Social Psychology, 68,* 151–158.

Levenson, R. W. (1983). Personality research and psychophysiology: General considerations. *Journal of Research in Personality, 17,* 1–21.

Levenson, R. W. (2003). Autonomic specificity and emotion. In R. J. Davidson, K. R. Scherer, and H. H. Goldsmith (Eds.), *Handbook of affective science* (pp. 212–224). New York: Oxford University Press.

Levesque, J., Fanny, E., and Joanette, Y. (2003). Neural circuitry underlying voluntary suppression of sadness. *Biological Psychiatry 53,* 502–510.

Levy, S. M. (1990). Psychosocial risk factors and cancer progression: Mediating pathways linking behavior and disease. In K. D. Craig and S. M. Weiss (Eds.), and *Health enhancement, disease prevention, and early intervention: Biobehavioral perspectives* (pp. 348–369). New York: Springer.

Levy, S. M., and Heiden. L. A. (1990). Personality and social factors in cancer outcome. In H. S. Friedman (Ed.), *Personality and disease* (pp. 254–279). New York: Wiley.

Levy, S. M., Herberman, R., Maluish, A., Achlien, B., and Lippman, M. (1985). Prognostic risk assessment in primary breast cancer by behavioral and immunological parameters. *Health Psychology, 4,* 99–113.

Li, N. P., Valentine, K. A., & Patel, L. (2011). Mate preferences in the U.S. and Singapore: A cross-cultural test of the mate preference priority model. *Personality and Individual Differences, 50,* 291–294.

Lewis, M., and Ramsay, D. (2004). Development of self-recognition, personal pronoun use, and pretend play during the second year. *Child Development, 75,* 1821–1831.

Li, H., Zhang, Y., Wu, C., and Mei, D. (2016). Effects of field dependence-independence and frame of reference on navigation performance using multi-dimensional electronic maps. *Personality and Individual Differences, 97,* 289–299.

Lieberman, D., and Lobel, T. (2012). Kinship on the Kibbutz: Coresidence duration predicts altruism, personal sexual aversions and moral attitudes among communally reared peers. *Evolution and Human Behavior, 33*(1), 26–34.

Lilienfeld, S. O. (2002). When worlds collide: Social science, politics and the Rind et al. (1998) Child abuse meta-analysis. *American Psychologist, 57,* 177–187.

Lilienfeld, S. O., Watts, A. L., and Smith, S. F. (2015). Successful psychopathy:

A scientific status report. *Current Directions in Psychological Science, 24*(4), 298–303.

Lin, S., Ma, J., and Johnson, R. E. (2016). When ethical leader behavior breaks bad: How ethical leader behavior can turn abusive via ego depletion and moral licensing. *Journal of Applied Psychology, 101*(6), 815–830.

Linville, P. W. (1987). Self-complexity as a cognitive buffer against stress-related illness and depression. *Journal of Personality and Social Psychology, 52,* 663–676.

Lippa, R. (1998). Gender-related individual differences and the structure of vocational interests: The importance of the people-things dimension. *Journal of Personality and Social Psychology, 74,* 996–1009.

Lishman, W. A. (1972). Selective factors in memory. Part 1: Age, sex, and personality attributes. *Psychological Medicine, 2,* 121–138.

Little, A. C., Burt, D. M., and Perrett, D. I. (2006). Assortative mating for perceived facial personality traits. *Personality and Individual Differences, l 40,* 973–984.

Little, B. R. (2011). Personal projects and motivational counseling: The quality of lives reconsidered. In W. M. Cox and E. Klinger (Eds.), *Handbook of motivational counseling: Goal-based approaches to assessment and intervention with addiction and other problems* (2nd ed., pp. 73–87). Hoboken, NJ: Wiley-Blackwell.

Little, B. R. (1972a). *Person-thing orientation: A provisional manual for the T-P scale.* Oxford, England: Oxford University, Department of Experimental Psychology.

Little, B. R. (1972b). Psychological man as scientist, humanist, and specialist. *Journal of Experimental Research in Personality, 6,* 95–118.

Little, B. R. (1999). Personality and motivation: Personal action and the cognitive revolution. In L. A. Pervin and O. P. John (Eds.), *Handbook of personality: Theory and research* (pp. 501–524). New York: Guilford Press.

Little, B. R. (2007). Prompt and circumstance: The generative contexts of personal projects analysis. In B. Little, K. Salmela-Aro, and S. D. Phillips (Eds.), *Personal project pursuit: Goals, action, and human flourishing* (pp. 3–49). Mahwah, NJ: Erlbaum.

Little, B. R. (2011). Personal projects and motivational counseling: The quality of lives reconsidered. in W. M. Cox and E. Klinger (Eds.), Handbook of motivational counseling: Goal-based approaches to assessment and intervention with addiction and other problems (2nd ed.). New York: Wiley-Blackwell.

Little, B. R., and Gee, T. L. (2007). The methodology of personal projects analysis: Four modules and a funnel. In B. Little, K. Salmela-Aro, and S. D. Phillips (Eds.), *Personal project pursuit: Goals, action, and human flourishing* (pp. 51–94). Mahwah, NJ: Erlbaum.

Little, B. R., Lecci, L., and Watkinson, B. (1992). Personality and personal projects: Linking Big Five and PAC units of analysis. *Journal of Personality, 60,* 501–525.

Little, B. R., Salmela-Aro, K., and Phillips, S. D. (2007). *Personal project pursuit: Goals, action, and human flourishing.* Mahwah, NJ: Erlbaum.

Lloyd, M. E. (1990). Gender factors in reviewer recommendations for manuscript publication. *Journal of Applied Behavior Analysis, 23,* 539–543.

Löckenhoff, C. E., Chan, W., McCrae, R. R., De Fruyt, F., Jussim, L., De Bolle, M., ... and Nakazato, K. (2014). Gender stereotypes of personality: universal and accurate? *Journal of Cross-Cultural Psychology,* 0022022113520075.

Loehlin, J. C. (2010). Is there an active gene-environment correlation in adolescent drinking behavior? *Behavior Genetics, 40,* 447–451.

Loehlin, J. C. (2012). The differential heritability of personality item clusters. *Behavior Genetics, 42,* 500–507.

Loehlin, J. C., Neiderhiser, J. M., and Reiss, D. (2003). The behavior genetics of personality and the NEAD Study. *Journal of Research in Personality, 37,* 373–387.

Loehlin, J. C., and Nichols, R. C. (1976). *Heredity, environment and personality.* Austin: University of Texas Press.

Loftus, E. F. (1992). When a lie becomes memory's truth: Memory distortion after exposure to misinformation. *Current Directions in Psychological Science, 1,* 121–123.

Loftus, E. F. (1993). The reality of repressed memories. *American Psychologist, 48,* 518–537.

Loftus, E. F. (2000). Remembering what never happened. In E. Tulving (Ed.), *Memory, consciousness, and the brain: The Tallinn Conference* (pp. 106–118). Philadelphia, PA: Psychology Press.

Loftus, E. F. (2003). Memory in Canadian Courts of Law. *Canadian Psychology, 44,* 207–212.

Loftus, E. (2011). Intelligence gathering after post-9/11. American Psychologist, 66, 532–541.

Loftus, E. F. (2011). Intelligence gathering post-9/11. American Psychologist, 66, 532–541.

London, H., and Exner, J. E., Jr. (Eds.). (1978). *Dimensions of personality.* New York: Wiley.

Lönnqvist, J. E., and Itkonen, J. V. (2016). Homogeneity of personal values and personality traits in Facebook social networks. *Journal of Research in Personality, 60,* 24–35.

Lönnqvist, J. E., Itkonen, J. V., Verkasalo, M., and Poutvaara, P. (2014). The five-factor model of personality and degree and transitivity of Facebook social networks. *Journal of Research in Personality, 50,* 98–101.

Lounsbury, J. W., Sundstrom, E., Loveland, James M., and Gibson, L. W. (2003). Intelligence, "Big Five" personality traits, and work drive as predictors of course grade. *Personality and Individual Differences, 35,* 1231–1239.

Low, B. (1989). Cross-cultural patterns in the training of children: An evolutionary perspective. *Journal of Comparative Psychology, 103,* 311–319.

Lowenstein, L. F. (2002). Ability and personality changes after brain injuries. *Criminal Lawyer, 120,* 5–8.

Lowry, P. E. (1997). The assessment center process; New directions. *Journal of Social Behavior and Personality, 12,* 53–62.

Lucas, R. E. (2007). Personality and the pursuit of happiness. *Social and Personality Psychology Compass, 1,* 168–182.

Lucas, R. E. and Baird, B. M. (2004). Extraversion and emotional reactivity. *Journal of Personality and Social Psychology, 86,* 473–485.

Lucas, R. E., Le, K., and Dyrenforth, P. S. (2008). Explaining the extraversion/positive affect relation: Sociability cannot account for extraverts' greater happiness. *Journal of Personality, 76,* 385–414.

Lucas, R. E., and Schimmack, U. (2009). Income and well-being: How big is the gap between the rich and the poor? *Journal of Research in Personality, 43,* 75–78.

Ludeke, S. G., and Carey, B. (2015). Two mechanisms of biased responding account for the association between religiousness and misrepresentation in Big Five self-reports. *Journal of Research in Personality, 57,* 43–47.

Ludtke, O., Trautwein, U., and Husemann, N. (2009). Goal and personality trait development in a transitional period: Assessing change and stability in personality development. *Personality and Social Psychology Bulletin, 35,* 428–441.

Lukaszewski, A. W. (2013). Testing an adaptationist theory of trait covariation: Relative bargaining power as a common calibrator of an interpersonal syndrome. *European Journal of Personality, 27*(4), 328–345.

Lukaszewski, A. W., Larson, C. M., Gildersleeve, K. A., Roney, J. R., and Haselton, M. G. (2014). Condition-dependent calibration of men's uncommitted mating orientation: Evidence from multiple samples. *Evolution and Human Behavior, 35*(4), 319–326.

Lukaszewski, A. W., and Roney, J. (2010). Kind toward whom? Mate preferences for personality traits are target-specific. *Evolution and Human Behavior, 31,* 28–38.

Lukaszewski, A. W., and Roney, J. (2011). The origins of extraversion: Joint effects of facultative calibration and genetic polymorphism. *Personality and Social Psychology Bulletin, 37,* 409–421.

Lund, O. C. H., Tamnes, C. K., Moestue, C., Buss, D. M., and Vollrath, M. (2006). Tactics of hierarchy negotiation. *Journal of Research in Personality, 41,* 25–44.

Luntz, B. K., and Widom, C. S. (1994). Antisocial personality disorder in abused and neglected children grown up. *American Journal of Psychiatry, 151,* 670–674.

Luo, S., Chen, H., Yue, G., Zhang, G., Zhaoyang, R., and Xu, D. (2008). Predicting marital satisfaction from self, partner, and couple characteristics: Is it me, you, or us? *Journal of Personality, 76,* 1231–1266.

Lykken, D. T. (1982, September). Fearlessness. *Psychology Today,* pp. 6–10.

Lykken, D. T. (1995). *The antisocial personalities.* Hillsdale, NJ: Erlbaum.

Lynn, R. (2008). *The global bell curve: Race, IQ and inequality worldwide.* Augusta, GA: Washington Summit.

Lynn, R., & Harvey, J. (2008) The decline of the world's IQ. *Intelligence, 36,* 112–120.

Lynn, S. J., Lock, T., Loftus, E. F., Krackow, E., and Lilienfeld, S. O. (2003). The remembrance of things past: Problematic memory recovery techniques in psychotherapy. In S. O. Lilienfeld and S. J. Lynn (Eds.), *Science and pseudoscience in clinical psychology* (pp. 205–239). New York: Guilford Press.

Lyons, M. T., and Hughes, S. (2015). Malicious mouths? The Dark Triad and motivations for gossip. *Personality and Individual Differences, 78,* 1–4.

Lytton, H., Martin, N. G., and Eaves, L. (1977). Environmental and genetical causes of variation in ethological aspects of behavior in two-year-old boys. *Social Biology, 24,* 200–211.

Lyubomirsky, S. (2001). Why are some people happier than others? The role of cognitive and motivational processes in well-being. *American Psychologist, 56,* 239–249.

Lyubomirsky, S. (2007). *The how of happiness: A scientific approach to getting the life you want.* New York, NY, US: Penguin Press.

Lyubomirsky, S., King, L., and Diener, E. (2005). The benefits of frequent positive affect: Does happiness lead to success? *Psychological Bulletin, 131,* 803–855.

Ma, V., and Schoeneman, T. J. (1997). Individualism versus collectivism: A comparison of Kenyan and American self-concepts. *Basic and Applied Social Psychology, 19,* 261–273.

MacAndrew, C., and Steele, T. (1991). Gray's behavioral inhibition system: A psychometric examination. *Personality and Individual Differences, 12,* 157–171.

Maccoby, E. E., and Jacklin, C. N. (1974). *The psychology of sex differences.* Stanford, CA: Stanford University Press.

MacDonald, G., and Leary, M. R. (2005). Why does social exclusion hurt? The relationship between social and physical pain. *Psychological Bulletin, 131,* 202–223.

Machiavelli, N. (1966). *The prince.* New York: Bantam. (Original work published 1513)

MacLaren, V. V., Best, L. A., Dixon, M. J., and Harrigan, K. A. (2011). Problem gambling and the five factor model in university students. *Personality and Individual Differences, 50,* 335–338.

Macmillan, M. B. (2000). Restoring Phineas Gage: A 150th retrospective. *Journal of the History of the Neurosciences, 9,* 42–62.

Madsen, E. A., Tunney, R. J., Fieldman, G., Plotkin, H. C., Dunbar, R. I., Richardson, J. M., and McFarland, D. (2007). Kinship and altruism: A cross-cultural experimental study. *British Journal of Psychology, 98*(2), 339–359.

Magnavita, J. J. (2003). *Handbook of personality disorders: Theory and practice.* New York: Wiley.

Malcolm, J. (1981). *Psychoanalysis: The impossible profession.* New York: Knopf.

Maleva, V., Westcott, K., McKellop, M., McLaughlin, R., Widman, D., and College, J. (2014). Optimism and college grades: Predicting GPA from explanatory style. *Psi Chi Journal of Psychological Research, 19*(3), 129–135.

Malone, J. C., Weston, D., and Levendosky, A. (2011). Personalities of adults with traumatic childhood separations. *Journal of Clinical Psychology, 67,* 1259–1282.

Malouff, J. M., Thorsteinsson, E. B., Schutte, N. S., Bhullar, N., and Rooke, S. E. (2010). The five-factor model of personality and relationship satisfaction of intimate partners: A meta-analysis. *Journal of Research in Personality, 44,* 124–127.

Maltby, J., Wood, A. M., Day, L., Kon, T. W. H., Colley, A., and Linley, P. A., (2008). Personality predictors of levels of forgiveness two and a half years after the transgression. *Journal of Research in Personality, 42,* 1088–1094.

Maner, J. K., and Shackelford, T. K. (2008). The basic cognition of jealousy: An evolutionary perspective. *European Journal of Personality, 22,* 31–36.

Marangoni, C., Garcia, S., Ickes, W., and Teng, G. (1995). Empathic accuracy in a clinically relevant setting. *Journal of Personality and Social Psychology, 68,* 854–869.

Marcia, J. E. (1966). Development and validation of ego-identity status. *Journal of Personality and Social Psychology, 3,* 551–558.

Marcia, J. E. (2002). Identity and psychosocial development in adulthood. *Identity, 2,* 7–28.

Markey, C. N., Markey, P. M., and Tinsley, B. J. (2003). Personality, puberty, and preadolescent girls' risky behaviors: Examining the predictive value of the five-factor model of personality. *Journal of Research in Personality, 37,* 405–419.

Markey, P. M., and Markey, C. N. (2007). The interpersonal meaning of sexual promiscuity. *Journal of Research in Personality, 41,* 1199–1212.

Markus, H. (1983). Self-knowledge: An expanded view. *Journal of Personality, 51,* 543–565.

Markus, H., and Nurius, P. (1986). Possible selves. *American Psychologist, 41,* 954–969.

Markus, H., and Nurius, P. (1987). Possible selves: The interface between motivation and the self concept. In K. Yardley and T. Honness (Eds.), *Self and identity: Psychosocial perspectives* (pp. 157–172). Chichester, England: Wiley.

Markus, H. R., and Kitayama, S. (1991). Culture and the self: Implications for cognition, emotion, and motivation. *Psychological Review, 98,* 224–253.

Markus, H. R., and Kitayama, S. (1994). A collective fear of the collective: Implications for selves and theories of selves. *Personality and Social Psychology Bulletin, 20,* 568–579.

Markus, H. R., and Kitayama, S. (1998). The cultural psychology of personality. *Journal of Cross-Cultural Psychology, 29,* 63–87.

Marsh, Herbert W. (1996). Positive and negative global self-esteem: A substantively meaningful distinction or artifactors? *Journal of Personality and Social Psychology, 70,* 810–819.

Marschall-Lévesque, S., Castellanos-Ryan, N., Vitaro, F., and Séguin, J. R. (2014). Moderators of the association between peer and target adolescent substance use. *Addictive Behaviors, 39*(1), 48–70.

Marshall, T. C., Lefringhausen, K., and Ferenczi, N. (2015). The Big Five, self-esteem, and narcissism as predictors of the topics people write about in Facebook status updates. *Personality and Individual Differences, 85,* 35–40.

Marsland, A. L., Cohen, S., Rabin, B. S., and Manuck, S. B. (2001). Associations between stress, trait negative affect, acute immune reactivity, and antibody response in hepatitis B injection in healthy young adults. *Health Psychology, 20,* 4–11.

Martin, M., Ward, J. C., and Clark, D. M. (1983). Neuroticism and the recall of positive and negative personality information. *Behavior Research and Therapy, 21,* 495–503.

Martins, A., and Calheiros, M. M. (2012). Construction of a self-complexity scale for adolescents. *Psychological Assessment, 24,* 973–982.

Maslow, A. H. (1968). *Toward a psychology of being* (2nd ed.). New York: Harper and Row. (Original work published 1954)

Maslow, A. H. (1970). *Motivation and personality.* New York: Harper and Row. (Original work published 1954)

Maslow, A. H. (1987). *Motivation and personality.* New York: Harper and Row. (Original work published 1954)

Maslow, A. H., and Hoffman, E. (1996). *Future visions: The unpublished papers of Abraham Maslow.* Thousand Oaks, CA: Sage.

Mason, A., and Blankenship, V. (1987). Power and affiliation motivation, stress, and abuse in intimate relationships. *Journal of Personality and Social Psychology, 52,* 203–210.

Mason, J., Southwick, S., Yehuda, R., Wang, S., Riney, S., Bremner, D., Johnson, D., Lubin, H., Blake, D., and Zhou, G. (1994). Elevation of serum free triiodothyronine, total triiodothyronine, thyroxine-binding globulin, and total thyroxine levels in combat-related posttraumatic stress disorder. *Archives of General Psychiatry, 51,* 629–641.

Mason, O., Claridge, G., and Jackson, M. (1995). New scales for the assessment of schizotypy. *Personality and Individual Differences, 18,* 7–13.

Masson, J. M. (1984). *The assault on truth: Freud's suppression of the seduction theory.* New York: Farrar, Straus and Giroux.

Masuda, T., and Nisbett, R. E. (2001). Attending holistically versus analytically: Comparing the context sensitivity of Japanese and Americans. *Journal of Personality and Social Psychology, 81,* 5, 922–934.

Matsumoto, D. (1999). Culture and self: An empirical assessment of Markus and Kitayama's theory of independent and interdependent self-construals. *Asian Journal of Social Psychology, 2,* 289–310.

Matthes, J., Wirth, W., Schemer, C., and Kissling, A. K. (2011). I see what you don't see: The role of individual differences in field dependence-independence as a predictor of product placement recall and brand liking. *Journal of Advertising, 40,* 85–89.

Matthews, G. (2000). Attention, automaticity, and affective disorder. *Behavior Modification, 24,* 69–93.

Matthews, G., Derryberry, D., and Siegle, G. J. (2000). Personality and emotion: Cognitive science perspectives. In S. E. Hampson (Ed.), *Advances in personality psychology* (vol. 1, pp. 199–237). Philadelphia: Taylor and Francis.

Matthews, G., and Gilliland, K. (1999). The personality theories of H. J. Eysenck and J. A. Gray: A comparative review. *Personality and Individual Differences, 26,* 583–626.

Matthews, G., and Oddy, K. (1993). Recovery of major personality dimensions from trait adjective data. *Personality and Individual Differences, 15,* 419–431.

Mattia, J. I., and Zimmerman, M. (2001). Epidemiology. In W. J. Livesley (Ed.), *Handbook of personality disorders: Theory, research and treatment.* New York: Guilford Press.

Maynard Smith, J. (1982). *Evolution and the theory of games.* Cambridge, England: Cambridge University Press.

McAdams, D. P. (1990). Motives. In V. Derlega, B. Winstead, and W. Jones (Eds.), *Contemporary research in personality* (pp. 175–204). Chicago: Nelson-Hall.

McAdams, D. P. (1999). Personal narratives and the life story. In L. A. Pervin and O. P. John (Eds.), *Handbook of personality: Theory and research* (2nd ed., pp. 478–500). New York: Guilford Press.

McAdams, D. P. (2008). Personal narratives and the life story. In O. John, R. Robins, and L. A. Pervin, *Handbook of personality: Theory and research* (pp. 241–261). New York: Guilford Press.

McAdams, D. P. (2011). Narrative identity. In S. J. Schwartz, K. Luyckx, and V. L. Vignoles (Eds.), Handbook of identity theory and research (vols. 1 & 2, pp. 99–115). New York, NY: Springer Science + Business Media.

McAdams, D. P. (2016). Life authorship in emerging adulthood. In J. J. Arnett, J. J. Arnett (Eds.), *The Oxford handbook of emerging adulthood* (pp. 438–446). New York, NY, US: Oxford University Press.

McAdams, D. P., and Bryant, F. B. (1987). Intimacy motivation and subjective mental health in a nationwide sample. *Journal of Personality, 55,* 395–413.

McAdams, D. P., Hoffman, B. J., Mansfield, E. D., and Day, R. (1996). Themes of agency and communion in significant autobiographical scenes. *Journal of Personality, 64*(2), 339–377.

McAdams, D. P., and Vaillant, G. E. (1982). Intimacy motivation and psychosocial adjustment: A longitudinal study. *Journal of Personality Assessment, 46,* 586–593.

McCarley, N. G., and Clarskadon, T. G. (1983). Test-retest reliabilities of the scales and subscales of the Myers-Briggs

Type Indicator and of criteria for clinical interpretive hypotheses involving them. *Research in Psychological Type, 6,* 24–36.

McClelland, D. C. (1958). Risk-taking in children with high and low need for achievement. In J. W. Atkinson (Ed.), *Motives in fantasy, action, and society* (pp. 306–327). Princeton, NJ: Van Nostrand.

McClelland, D. C. (1965). N achievement and entrepreneurship: A longitudinal study. *Journal of Personality and Social Psychology, 1,* 389–392.

McClelland, D. C. (1979). Inhibited power motivation and high blood pressure in men. *Journal of Abnormal Psychology, 88,* 182–190.

McClelland D. C. (1982). The need for power, sympathetic activation, and illness. *Motivation and Emotion, 6,* 31–41.

McClelland, D. C. (1985). How motives, skills, and values determine what people do. *American Psychologist, 40,* 812–825.

McClelland, D. C., Alexander, C., and Marks, E. (1982). The need for power, stress, immune function, and illness among male prisoners. *Journal of Abnormal Psychology, 91,* 61–70.

McClelland, D. C., and Jemmott, J. B. (1980). Power motivation, stress, and physical illness. *Journal of Human Stress, 6,* 6–15.

McClelland, D. C., Koestner, R., and Weinberger, J. (1989). How do self-attributed and implicit motives differ? *Psychological Review, 96,* 690–702.

McClelland, D. C., and Pilon, D. A. (1983). Sources of adult motives in patterns of parent behavior in early childhood. *Journal of Personality and Social Psychology, 44,* 564–574.

McConnell, A. R., Strain, L. M., Brown, C. M., and Rydell, R. J. (2009). The simple life: On the benefits of low self-complexity. *Personality and Social Psychology Bulletin, 35,* 823–835.

McCoul, M. D., and Haslam, N. (2001). Predicting high risk sexual behaviour in heterosexual and homosexual men: The roles of impulsivity and sensation seeking. *Personality and Individual Differences, 31,* 1303–1310.

McCrae, R. R., Chan, W., Jussim, L., De Fruyt, F., Löckenhoff, C. E., De Bolle, M., . . . and Allik, J. (2013). The inaccuracy of national character stereotypes. *Journal of Research in Personality, 47*(6), 831–842.

McCrae, R. R., and Costa, P. T., Jr. (1985). Updating Norman's "adequate taxonomy": Intelligence and personality dimensions in natural language and questionnaires. *Journal of Personality and Social Psychology, 49,* 710–721.

McCrae, R. R., and Costa, P. T. (1991). Adding liebe und arbeit: The full

five-factor model and well-being. *Personality and Social Psychology Bulletin, 17,* 227–232.

McCrae, R. R., and Costa, P. T., Jr. (1997). Personality trait structure as a human universal. *American Psychologist, 52,* 509–516.

McCrae, R. R., and Costa, P. T., Jr. (1999). A five-factor theory of personality. In L. A. Pervin and O. John (Eds.), *Handbook of personality: Theory and research* (2nd ed.). New York: Guilford Press.

McCrae, R. R., and Costa, P. T., Jr. (2008). The five factor theory of personality. In O. P. John, R. W. Robins, and L. A. Pervin (Eds.), *Handbook of personality* (pp. 159–181). New York: Guilford Press.

McCrae, R. R., Costa, P. T., Jr., del Pilar, G. H., Rolland, J., and Parker, W. D. (1998). Cross-cultural assessment of the five-factor model: The Revised NEO Personality Inventory. *Journal of Cross-Cultural Psychology, 29,* 171–188.

McCrae, R. R., Costa, Jr, P. T., and Martin, T. A. (2005). The NEO–PI–3: A more readable revised NEO personality inventory. *Journal of Personality Assessment, 84*(3), 261–270.

McCrae, R. R., Costa, P. T., Jr., Terracciano, A., Parker, W. D., Mills, C. J., De Fruyt, F., and Mervielde, I. (2002). Personality trait development from age 12 to age 18: Longitudinal, cross-sectional, and cross-cultural analyses. *Journal of Personality and Social Psychology, 83,* 1456–1468.

McCrae, R. R., and John, O. P. (1992). An introduction to the five-factor model and its applications. *Journal of Personality, 60,* 175–215.

McCrae, R. R., Terracciano, A., and 78 Members of the Personality Profiles of Cultures Project. (2005a). Personality profiles of cultures: Aggregate personality traits. *Journal of Personality and Social Psychology, 89,* 407–425.

McCrae, R. R., Terracciano, A., and 78 Members of the Personality Profiles of Cultures Project. (2005b). Universal features of personality traits from the observer's perspective: Data from 50 cultures. *Journal of Personality and Social Psychology, 88,* 547–561.

McCullough, M. E., Bellah, C. G., Kilpatrick, S. D., and Johnson, J. L. (2001). Vengefulness: Relationships with forgiveness, rumination, well-being, and the Big Five. *Personality and Social Psychology Bulletin, 27, 5,* 601–610.

McCullough, M. E., Emmons, R. A., Kilpatrick, S. D., and Mooney, C. N. (2003). Narcissists as "victims": The role of narcissism in the perception of transgressions. *Personality and Social Psychology Bulletin, 29, 7,* 885–893.

McDaniel, M. J., Beier, M. E., Perkins, A. W., Goggin, S., and Frankel, B. (2009). An assessment of fakeability of self-report and implicit personality measures. *Journal of Research in Personality, 43,* 682–685.

McDaniel, S. R., and Zuckerman, M. (2003). The relationship of impulsive sensation seeking and gender to interest and participation in gambling activities. *Personality and Individual Differences, 35,* 1385–1400.

McGrath, R. E., and Carroll, E. J. (2012). The current status of "projective" "tests." In H. Cooper, P. M. Camic, D. L. Long, A. T. Panter, D. Rindskopf, and K. J. Sher (Eds.), *APA handbook of research methods in psychology, vol. 1: Foundations, planning, measures, and psychometrics* (pp. 329–348). Washington, DC: American Psychological Association.

McHoskey, J. W. (2001). Machiavellianism and sexuality: On the moderating role of biological sex. *Personality and Individual Differences, 31,* 779–789.

McLoyd, V. S. (1998). Socioeconomic disadvantage and child development. *American Psychologist, 53,* 188–204.

Mead, M. (1928). *Coming of age in Samoa.* New York: Morrow.

Mead, M. (1935). *Sex and temperament in three primitive societies.* New York: Morrow.

Mealey, L. (1995). The sociobiology of sociopathy: An integrated evolutionary model. *Behavioral and Brain Sciences, 18,* 523–599.

Mecacci, L., Scaglione, M. R., and Vitrano, I. (1991). Diurnal and monthly variations of temperature and self-reported activation in relation to sex and circadian typology. *Personality and Individual Differences, 12,* 819–824.

Megargee, E. I. (1969). Influence of sex roles on the manifestation of leadership. *Journal of Applied Psychology, 53,* 377–382.

Mehl, M. R., and Pennebaker, J. W. (2003). The social dynamics of a cultural upheaval: Social interactions surrounding September 11, 2001. *Psychological Science, 14,* 579–585.

Meltzer, A. L., and McNulty, J. K. (2016). Who is having more and better sex? The Big Five as predictors of sex in marriage. *Journal of Research in Personality, 63,* 62–66.

Mendle, J., Moore, S. R., Briley, D. A., and Harden, K. P. (2016). Puberty, socioeconomic status, and depression in girls evidence for gene× environment interactions. *Clinical Psychological Science, 4*(1), 3–16.

Menninger, K. (1963). *The vital balance: The life process in mental health and illness.* New York: Viking Press.

Messick, S. (1994). The matter of style: Manifestations of personality in cognition, learning, and teaching. *Educational Psychologist, 29,* 121–136.

Michalos, A. C. (1991). *Global report on student well-being. Vol. 1: Life satisfaction and happiness.* New York: Springer-Verlag.

Mike, A., Jackson, J. J., & Oltmanns, T. F. (2014). The conscientious retiree: The relationship between conscientiousness, retirement, and volunteering. *Journal of research in personality, 52,* 68–77.

Mikulincer, M., and Florian, V. (1995). Appraisal and coping with a real-life stressful situation: The contribution of attachment styles. *Personality and Social Psychology Bulletin, 69,* 1203–1215.

Mikulincer, M., Florian, V., and Weller, A. (1993). Attachment styles, coping strategies, and posttraumatic psychological distress: The impact of the Gulf War in Israel. *Journal of Personality and Social Psychology, 64,* 817–826.

Miller, A. L. (2007). Creativity and cognitive style: The relationship between field-dependence-independence, expected evaluation, and creative performance. *Psychology of Aesthetics, Creativity, and the Arts, 1,* 243–246.

Miller, G. E., and Cohen, S. (2001). Psychological interventions and the immune system: A meta-analytic review and critique. *Health Psychology, 20,* 47–63.

Miller, J. D. (2012). Five-Factor Model personality disorder prototypes: A review of their development, validity, and comparison to alternative approaches. *Journal of Personality, 80*(6), 1565–1591.

Miller, J. D., and Lynam, D. R. (2015). Understanding psychopathy using the basic elements of personality. *Social and Personality Psychology Compass, 9*(5), 223–237.

Miller, J. D., Lynam, D., Zimmerman, R. S., Logan, T. K., Leukefeld, C., and Clayton, R. (2004). The utility of the five factor model in understanding risky sexual behavior. *Personality and Individual Differences, 36,* 1611–1626.

Miller, S. L., and Maner, J. K. (2009). Sex differences in response to sexual versus emotional infidelity: The moderating role of individual differences. *Personality and Individual Differences, 46,* 287–291.

Miller, T.W.K., Smith, T. W., Turner, C. W., Guajardo, M. L., and Hallet, A. J. (1996). A meta-analytic review of research on hostility and physical health. *Psychological Bulletin, 119,* 322–348.

Millon, T. (1990). *Toward a new personology: An evolutionary model.* New York: Wiley-Interscience.

Millon, T. (1999). Reflections on psychosynergy: A model for integrating

science, theory, classification, assessment, and therapy. *Journal of Personality Assessment, 72,* 437–456.

Millon, T. (2000a). Reflections of the future of DSM Axis II. *Journal of Personality Disorders, 14,* 30–41.

Millon, T. (2000b). Sociocultural conceptions of the borderline personality. *Psychiatric Clinics of North America Special Issue: Borderline Personality Disorder, 23,* 123–136.

Millon, T., Davis, R., Millon, C., Escovar, L., and Meagher, S. (2000). *Personality disorders: Current concepts and classical foundations.* New York: Wiley.

Mischel, W. (1968). *Personality and assessment.* New York: Wiley.

Mischel, W. (1984). Convergences and challenges in the search for consistency. *American Psychologist, 39,* 351–364.

Mischel, W. (1990). Personality dispositions revisited and revised: A view after three decades. In L. Pervin (Ed.), *Handbook of personality: Theory and research* (pp. 111–134). New York, Guilford Press.

Mischel, W. (2000). A cognitive-affective system theory of personality: Reconceptualizing situations, dispositions, dynamics, and invariance in personality structure. In E. T. Higgins and A. W. Kruglanski (Eds.), *Motivational science: Social and personality perspectives* (pp. 150–176). New York: Psychology Press.

Mischel, W. (2004). Toward an integrative science of the person. *Annual Review of Psychology, 55,* 1–22.

Mischel, W. (2010). The situated person. In B. Mesquita, L. F. Barrett, and E. R. Smith (Eds.), The mind in context (pp. 149–173). New York: Guilford Press.

Mischel, W., and Peake, P. K. (1982). Beyond déjà vu in the search for cross-situational consistency. *Psychological Review, 89,* 730–755.

Mischel, W., and Shoda, Y. (2010). The situated person. In B. Mesquita, L. F. Barrett, and E. R. Smith (Eds.), *The mind in context* (pp. 149–173). New York, NY: Guilford.

Mischel, W., Shoda, Y., and Mendoza-Denton, R. (2002). Situation-behavior profiles as a locus of consistency in personality. *Current Directions in Psychological Science, 11,* 50–54.

Mittler, P. (1971). *The study of twins.* Harmondsworth, England: Penguin Books.

Mlacic, B., and Ostendorf, F. (2005). Taxonomy and structure of Croatian personality-descriptive adjectives. *European Journal of Personality, 19,* 117–152.

Moffitt, T. E. (2005). The new look of behavioral genetics in developmental psychopathology: Gene-environment interplay in antisocial behaviors. *Psychological Bulletin, 131,* 533–554.

Mommersteeg, P. M. C., Pelle, A. J., Ramakers, C., Szabó, B. M., Denollet, J., and Kupper, N. (2012). Type D personality and course of health status over 18 months in outpatients with heart failure: Multiple mediating inflammatory biomarkers. *Brain, Behavior, and Immunity, 26,* 301–310.

Monk, T. H., Leng, V. C., Folkard, S., and Weitzman, E. D. (1983). Circadian rhythms in subjective alertness and core body temperature. *Chronobiologia, 10,* 49–55.

Montemayor, R., and Eisen, M. (1977). The development of self-conceptions from childhood to adolescence. *Developmental Psychology, 13,* 314–319.

Moon, J. H., Lee, E., Lee, J. A., Choi, T. R., and Sung, Y. (2016). The role of narcissism in self-promotion on Instagram. *Personality and Individual Differences, 101,* 22–25.

Moore, M. (1978). Discrimination or favoritism? Sex bias in book reviews. *American Psychologist, 33,* 936–938.

Moore, M., Schermer, J. A., Paunonen, S.V., and Vernon, P. A. (2010). Genetic and environmental influences on verbal and nonverbal measures of the Big Five. *Personality and Individual Differences, 48,* 884–888.

Moretti, R. J., and Rossini, E. D. (2004). The Thematic Apperception Test (TAT). In M. J. Hilsenroth and E. L. Segal (Eds.), *Comprehensive handbook of psychological assessment, Vol. 2: Personality assessment* (pp. 356–371). Hoboken, NJ: Wiley.

Morey, L. C. (1997). Personality diagnosis and personality disorders. In R. Hogan, J. A. Johnson, and S. R. Briggs (Eds.), *Handbook of personality psychology* (pp. 919–946). San Diego: Academic Press.

Morgan, C. D., and Murray, H. A. (1935). A method of investigating fantasies. *Archives of Neurological Psychiatry, 34,* 289–306.

Morgan, C. A., Southwick, S., Steffian, G., Hazlett, G. A., and Loftus, E. F. (2012). Misinformation can influence memory for recently experienced, highly stressful events. *International Journal of Law and Psychiatry, 36,* 11–17.

Moskowitz, D. S. (1993). Dominance and friendliness: On the interaction of gender and situation. *Journal of Personality, 61,* 387–409.

Moskowitz, J. T. (2011). Coping interventions and the regulation of positive affect. In S. Folkman (Ed.), *The Oxford handbook of stress, health, and coping* (pp. 407–427). New York, NY: Oxford University Press.

Moskowitz, D. S., and Fournier, M. A. (2015). The interplay of persons and situations: Retrospect and prospect. In L. Cooper and R. J. Larsen (Eds.),

Handbook of personality and social psychology: Personality processes and individual differences. Washington, DC: American Psychological Association.

Moskowitz, D. S., Suh, E. J., and Desaulniers, J. (1994). Situational influences on gender differences in agency and communion. *Journal of Personality and Social Psychology, 66,* 753–761.

Moskowitz, J. T., Folkman, S., Collette, L., and Vittinghoff, E. (1996). Coping and mood during AIDS-related caregiving and bereavement. *Annals of Behavioral Medicine, 18,* 49–57.

Mower, O. H. (1960). *Learning theory and behavior.* New York: Wiley.

Mroczek, D. K., and Spiro, A., III. (2003). Modeling intraindividual change in personality traits: Findings from the Normative Aging Study. *Journals of Gerontology Series B-Psychological Sciences & Social Sciences, 58B,* P153–P165.

Mroczek, D. K., Spiro, A., III., and Turiano, N. A. (2009). Do health behaviors explain the effect of neuroticism on mortality? Longitudinal findings from the VA Normative Aging Study. *Journal of Research in Personality, 43,* 653–659.

Mufson, D. W., and Mufson, M. A. (1998). Predicting police officer performance using the Inwald Personality Inventory: An illustration from Appalachia. *Professional Psychology: Research and Practice, 29,* 59–62.

Mullins-Sweatt, S. N., and Lengel, G. J. (2012). Clinical utility of the Five-Factor Model of personality disorder. *Journal of Personality, 80*(6), 1615–1639.

Multon, K. D., Brown, S. D., and Lent, R. W. (1991). Relation of the self-efficacy beliefs to academic outcomes: A meta-analytic investigation. *Journal of Counseling Psychology, 38,* 30–38.

Munafo, M. R., Yalcin, B., Willis-Owen, S. A., and Flint, J. (2008). Association of the dopamine D4 receptor (DRD4) gene and approach-related personality traits: Meta-analysis and new data. *Biological Psychiatry, 63,* 197–206.

Murdock, G. P. (1980). *Theories of illness: A world survey.* Pittsburgh: University of Pittsburgh Press.

Murphy, K. R. (1995). Integrity testing. In N. Brewer and C. Wilson (Eds.), *Psychology and policing* (pp. 205–229). Hillsdale, NJ: Erlbaum.

Murphy, S. M., Vallacher, R. R., Shackelford, T. K., Bjorklund, D. F., and Yunger, J. L. (2006). Relationship experience as a predictor of romantic jealousy. *Personality and Individual Differences, 40,* 761–769.

Murray, D. R., Trudeau, R., and Schaller, M. (2011). On the origins of cultural differences in conformity: Four tests of the pathogen prevalence hypothesis.

Personality and Social Psychology Bulletin, 37, 318–329.

Murray, G., Allen, N.B., and Trinder, J. (2002). Longitudinal investigation of mood variability and neuroticism predicts variability in extended states of positive and negative affect. *Personality and Individual Differences, 33,* 1217–1228.

Murray, H. (1948). *Assessment of men: Selection of personnel for the Office of Strategic Services.* New York: Rinehart.

Murray, H. A. (1933). The effect of fear upon estimates of the maliciousness of other personalities. *Journal of Social Psychology, 4,* 310–329.

Murray, H. A. (1938). *Explorations in personality.* New York: Oxford University Press.

Murray, H. A. (1967). Autobiography (the case of Murr). In E. G. Boring and G. Lindzey (Eds.), *History of psychology in autobiography* (vol. 5, pp. 285–310). New York: Appleton-Century-Crofts.

Murstein, B. I. (1976). *Who will marry whom? Theories and research in marital choice.* New York: Springer.

Myers, D. G. (1993). *The pursuit of happiness.* New York: Avon Books.

Myers, D. G. (2000). The funds, friends, and faith of happy people. *American Psychologist, 55,* 56–67.

Myers, D. G., and Diener, E. (1995). Who is happy? *Psychological Science, 6,* 10–19.

Myers, I. B., McCaulley, M. H., Quenk, N. L., and Hammer, A. L. (1998). *Manual: A guide to the development and use of the Myers-Briggs Type Indicator.* Palo Alto: Consulting Psychologists Press.

Myers, L. B. (2010). The importance of the repressive coping style: Findings from 30 years of research. *Anxiety, Stress & Coping: An International Journal, 23*(1), 3–17.

Myers, L. B., and Derakshan, N. (2015). The relationship between two types of impaired emotion processing: Repressive coping and alexithymia. *Frontiers in Psychology, 6.*

Myrseth, H., Pallesen, S., Molde, H., Johnsen, B. H., and Lorvik, I. M. (2009). Personality factors as predictors of pathological gambling. *Personality and Individual Differences, 47,* 933–937.

Na, J., and Choi, I. (2009). Culture and first-person pronouns. *Personality and Social Psychology Bulletin, 35,* 1492–1499.

Nasby, W., and Read, N. W. (1997). The life voyage of a solo circumnavigator: Integrating theoretical and methodological perspectives. *Journal of Personality, 65,* 785–1068.

Nash, M. R. (1987). What, if anything, is regressed about hypnotic age regression: A review of the empirical literature. *Psychological Bulletin, 102,* 42–52.

Nash, M. R. (1988). Hypnosis as a window on regression. *Bulletin of the Menninger Clinic, 52,* 383–403.

Nash, M. R. (1999). The psychological unconscious. In V. J. Derlega, B. A. Winstead, and W. H. Jones (Eds.), *Personality: Contemporary theory and research* (pp. 197–228). Chicago: Nelson-Hall.

Nash, M. R. (2001). The truth and the hype of hypnosis. *Scientific American* (July), 47–55.

Nathanson, C., Paulhus, D. L., and Williams, K. M. (2006). Personality and misconduct correlates of body modification and other cultural deviance markers. *Journal of Research in Personality, 40,* 779–802.

Neisser, U. (1998). *The rising curve: Long-term gains in IQ and related measures.* Washington, DC: American Psychological Association.

Nelson, E., Hoffman, C. L., Gerald, M. S., and Schultz, S. (2010). Digit ratio (2D:4D) and dominance rank in female rhesus macaques (*Macaca mulatta*). *Behavioral ecology and sociobiology, 64,* 1001–1009.

Nesse, R., and Williams, G. C. (1994). *Why we get sick.* New York: New York Times Books.

Nettle, D. (2006). The evolution of personality variation in humans and other animals. *American Psychologist, 61,* 622–631.

Nettle, D., and Liddle, B. (2008). Agreeableness is related to socio-cognitive, but not socio-perceptual, theory of mind. *European Journal of Personality, 22,* 323–335.

Newell, B. R., and Shanks, D. R. (2014). Unconscious influences on decision making: A critical review. *Behavioral and Brain Sciences, 37*(1), 1–18.

Newman, J. P. (1987). Reaction to punishment in extraverts and psychopaths: Implications for the impulsive behavior of disinhibited individuals. *Journal of Research in Personality, 21,* 464–480.

Newman, L. C., and Larsen, R. J. (2011). *Taking sides: Clashing views in personality psychology.* New York: McGraw-Hill.

Newman, J. P., Widom, C. S., and Nathan, S. (1985). Passive avoidance and syndromes of disinhibition: Psychopathy and extraversion. *Journal of Personality and Social Psychology, 48,* 1316–1327.

Newman, P. R., and Newman, B. M. (1988). Differences between childhood and adulthood: The identity watershed. *Adolescence, 23,* 551–557.

Newton, N. J., and Stewart, A. J. (2013). The road not taken: Women's life paths and gender-linked personality traits. *Journal of Research in Personality, 47,* 306–316.

Neyer, F. J. (2006). Editorial: EJP special edition on personality change. *European Journal of Personality, 20,* 419–420.

Neyer, F. J., and Lehnart, J. (2007). Relationships matter in personality development: Evidence from an 8-year longitudinal study across young adulthood. *Journal of Personality, 75,* 535–568.

Neyer, F. J., and Voigt, D. (2004). Personality and social network effects on romantic relationships: A dyadic approach. *European Journal of Personality, 18,* 279–299.

Nicolaou, A., and Xistouri, X. (2011). Field dependence/independence cognitive style and problem posing: An investigation with sixth grade students. *Educational Psychology, 31,* 611–627.

Niederhoffer, K. G., and Pennebaker, J. W. (2002). Sharing one's story: On the benefits of writing or talking about emotional experience. In C. R. Snyder and S. J. Lopez (Eds.), *Handbook of positive psychology* (pp. 573–583). London: Oxford University Press.

Niederle, M., and Vesterlund, L. (2005). *Do women shy away from competition? Do men compete too much?* Working paper # 11474, National Bureau of Economic Research, Cambridge, MA.

Nietzsche, F. (1891/1969). *Thus spoke Zarathustra: A book for everyone and no one.* Translated with an introduction by R. J. Hollingdale. New York: Penguin Books.

Nigg, J. T., and Goldsmith, H. H. (1994). Genetics of personality disorders: Perspectives from personality and psychopathology research. *Pathological Bulletin, 115,* 346–380.

Nisbett, R., and Cohen, D. (1996). *Culture of honor.* Boulder, CO: Westview Press.

Nisbett, R. E. (1993). Violence and U.S. regional culture. *American Psychologist, 48,* 441–449.

Nisbett, R. E., Peng, K., Choi, I., and Norenzayan, A. (2001). Culture and systems of thought: Holistic vs. analytic cognition. *Psychological Review, 108,* 291–310.

Niv, S., Tuvbld, C., Raine, A., Want, P., and Baker, L. A. (2012). Heritability and longitudinal stability of impulsivity in adolescence. *Behavior Genetics, 42,* 378–392.

Noftle, E. E., and Robins, R. W. (2007). Personality predictors of academic outcomes: Big Five correlates of GPA and SAT scores. *Journal of Personality and Social Psychology, 93,* 116–130.

Nolen-Hoeksema, S., Larson, J., and Grayson, C. (1999). Explaining gender differences in depressive symptoms. *Journal of Personality and Social Psychology, 77,* 1061–1072.

Noller, P. (1984). *Nonverbal communication and marital interaction.* Oxford, England: Pergamon Press.

Norem, J. K. (1995). The power of negative thinking: Interview with psychology professor Julie Norem. *Men's Health, 10,* June, p. 46.

Norem, J. K. (1998). Why should we lower our defenses about defense mechanisms? *Journal of Personality Special Issue: Defense mechanisms in contemporary personality research, 66,* 895–917.

Norem, J. K. (2001). Defensive pessimism, optimism, and pessimism. In E. Change (Ed.), *Optimism and pessimism: Implications for theory, research, and practice* (pp. 77–100). Washington, DC: American Psychological Association.

Norman, W. T. (1963). Toward an adequate taxonomy of personality attributes: Replicated factor structure in peer nomination personality ratings. *Journal of Abnormal Psychology, 66,* 574–583.

Norman, W. T. (1967). *2800 personality trait descriptors: Normative operating characteristics in a university population.* Ann Arbor: Department of Psychology, University of Michigan.

Nudelman, A. E. (1973). Bias in the Twenty-Statements Test: Administration time, incomplete protocols, and intelligence. *Psychological Reports, 33,* 524–526.

Nusbaum, E. C., and Silva, P. J. (2011). Are openness and intellect distinct aspects of Openness to Experience? A test of the O/I model. *Personality and Individual Differences, 51,* 571–574.

Oaten, M., Stevenson, R. J., and Case, T. I. (2009). Disgust as a disease-avoidance mechanism. *Psychological Bulletin, 135*(2), 303–321.

Oatley, K., and Johnson-Laird, P. N. (1987). Towards a cognitive theory of emotions. *Cognition and Emotion, 1,* 29–50.

Ochsner, K. N., Bunge, S. A., Gross, J. J., and Gabrieli, J. D. E. (2002). Rethinking feelings: An fMRI study of the cognitive regulation of emotion. *Journal of Cognitive Neuroscience, 14,* 1215–1229.

O'Connell, D., and Marcus, D. K. (2016). Psychopathic personality traits predict positive attitudes toward sexually predatory behaviors in college men and women. *Personality and Individual Differences, 94,* 372–376.

O'Donnell, J. R., and Rutherford, J. (2016). *Trumped!: The Inside Story of the Real Donald Trump—His Cunning Rise and Spectacular Fall.* Crossroad Press.

O'Connell, M., and Sheikh, H. (2011). "Big Five" personality dimensions and social attainment: Evidence from beyond the campus. *Personality and Individual Differences, 50,* 828–833.

Ode, S., Robinson, M. D., and Wilkowski, B. M. (2008). Can one's temper be cooled? A role for agreeableness in moderating neuroticism's influence on anger and aggression. *Journal of Research in Personality, 42,* 295–311.

O'Dell, K. R., Masters, K. S., Spielmans, G. I., and Maisto, S. A. (2011). Does type-D personality predict outcomes among patients with cardiovascular disease? A meta-analytic review. *Journal of Psychosomatic Research, 71,* 199–206.

Oerlemans, W. G., and Bakker, A. B. (2014). Why extraverts are happier: A day reconstruction study. *Journal of Research in Personality, 50,* 11–22.

Ofshe, R. J. (1992). Inadvertent hypnosis during interrogation: False confession due to dissociative states: Misidentified multiple personality and the satanic cult hypothesis. *International Journal of Clinical and Experimental Hypnosis, 40,* 125–156.

Oishi, S., and Kesebir, S. (2015). Income inequality explains why economic growth does not always translate to an increase in happiness. *Psychological Science, 26*(10), 1630–1638.

Oishi, S., Talhelm, T., and Lee, M. (2015). Personality and geography: Introverts prefer mountains. *Journal of Research in Personality, 58,* 55–68.

Olino, T. M., Durbin, C. E., Klein, D. N., Hayden, E. P., and Dyson, M. W. (2013). Gender differences in young children's temperament traits: Comparisons across observational and parent-report methods. *Journal of Personality, 81*(2), 119–129.

Oliver, M. B., and Hyde, J. S. (1993). Gender differences in sexuality: A meta-analysis. *Psychological Bulletin, 114,* 29–51.

Olson, J. (2002). *"I": The creation of a serial killer.* New York: St. Martin's Paperbacks.

Oltmanns, T. F., and Emery, R. E. (2004). *Abnormal psychology* (4th ed.). Upper Saddle River, NJ: Prentice Hall.

Oltmanns, T. F., Friedman, J. N., Fiedler, E. R., and Turkheimer, E. (2004). Perceptions of people with personality disorders based on thin slices of behavior. *Journal of Research in Personality, 38,* 216–229.

Olweus, D. (1978). *Bullies and whipping boys.* Washington, DC: Hemisphere.

Olweus, D. (1979). Stability of aggressive reaction patterns in males: A review. *Psychological Bulletin, 86,* 852–875.

Olweus, D. (2001). *Olweus' core program against bullying and antisocial behavior: A teacher handbook.* Research Center for Health promotion (Hemil Center). Bergen, Norway.

Ones, D. S., and Viswesvaran, C. (1998). Integrity testing in organizations. *Monographs in Organizational Behavior and Industrial Relations, 23,* 243–276.

Ong, E.Y.L., Ang, R. P., Ho, J.C.M., Lim, J. C. Y., Goh, D. H., Lee, C. S., and Chua, A.Y.K. (2011). Narcissism, extraversion and adolescents' self-presentation on Facebook. *Personality and Individual Differences, 50,* 180–185.

Oniszczenko, W., Zawadzki, B., Strelau, J., Reimann, R., Angleitner, A., and Spinath, F. M. (2003). Genetic and environmental determinants of temperament: A comprehensive study based on Polish and German samples. *European Journal of Personality, 17,* 207–220.

Ortony, A., and Turner, T. J., (1990). What's basic about basic emotions. *Psychological Review, 97,* 315–331.

Osgood, C. E., Suci, G. J., and Tannenbaum, P. H. (1957). *The measurement of meaning.* Urbana: University of Illinois Press.

Osmon, D. C., and Jackson, R. (2002). Inspection time and IQ: Fluid or perceptual aspects of intelligence? *Intelligence, 30,* 119–128.

Ostendorf, F. (1990). *Language and personality structure: Towards the validity of the five-factor model of personality.* Regensburg, Germany: Roderer-Verlag.

Ostrov, J. M., and Godleski, S. A. (2010). Toward an integrated gender-linked model of aggression subtypes in early and middle childhood. *Psychological Review, 117,* 233–242.

Oughton, J. M., and Reed, W. M. (1999). The influence of learner differences on the construction of hypermedia concepts: A case study. *Computers in Human Behavior, 15,* 11–50.

Oyserman, D., Coon, H. M., and Kemmelmeier, M. (2002a). Rethinking individualism and collectivism: Evaluation of theoretical assumptions and meta-analyses. *Psychological Bulletin, 128,* 1, 3–72.

Oyserman, D., Coon, H. M., and Kemmelmeier, M. (2002b). Cultural psychology, a new look: Reply to Bond (2002), Fiske (2002), Kitayama (2002), and Miller (2002). *Psychological Bulletin, 128, 1,* 110–117.

Oyserman, D., Destin, M., and Novin, S. (2016). The context-sensitive future self: Possible selves motivate in context, not otherwise. In C. Tsekeris, C. Tsekeris (Eds.), *Revisiting the self: Social science perspectives* (pp. 99–114). New York, NY, US: Routledge/Taylor & Francis Group.

Oyserman, D., and Markus, H. (1990). Possible selves in balance: Implications for delinquency. *Journal of Social Issues, 46,* 141–157.

Oyserman, D., and Saltz, E. (1993). Competence, delinquency, and attempts to attain possible selves. *Journal of Personality and Social Psychology, 65,* 360–374.

Ozer, D. J., and Benet-Martinez, V. (2006). *Annual Review of Psychology, 57,* 401–421.

Ozer, D. J., and Buss, D. M. (1991). Two views of behavior: Agreement and disagreement in married couples. In A. Stewart, J. Healy, and D. Ozer (Eds.), *Perspectives in personality psychology* (pp. 93–108). London: Jessica Kingsley.

Palys, T. S., and Little, B. R. (1983). Perceived life satisfaction and the organization of personal project systems. *Journal of Personality and Social Psychology, 44,* 1221–1230.

Panksepp, J. (2005). Why does separation distress hurt? Comment on MacDonald and Leary (2005). *Psychological Bulletin, 131,* 224–230.

Paradis, C. M., Horn, L., Lazar, R. M., and Schwartz, D. W. (1994). Brain dysfunction and violent behavior in a man with a congenital subarachnoid cyst. *Hospital and Community Psychiatry, 45,* 714–716.

Park, J. H., van Leeuwen, F., and Stephen, I. D. (2012). Homeliness is in the disgust sensitivity of the beholder: relatively unattractive faces appear especially unattractive to individuals higher in pathogen disgust. *Evolution and Human Behavior, 33*(5), 569–577.

Park, S. W., and Colvin, C. R. (2015). Narcissism and other-derogation in the absence of ego threat. *Journal of Personality, 83*(3), 334–345.

Parkes, K. R., and Razavi, T. D. B. (2004). Personality and attitudinal variables as predictors of voluntary union membership. *Personality and Individual Differences, 37,* 333–347.

Patrick, C. J. (1994). Emotion and psychopathy: Startling new insights. *Psychophysiology, 31,* 319–330.

Patrick, C. J. (Ed.). (2005). *The handbook of psychopathy.* New York: Guilford Press.

Patrick, C. J., Bradley, M. M., and Lang, P. J. (1993). Emotion in the criminal psychopath: Startle reflex modulation. *Journal of Abnormal Psychology, 102,* 82–92.

Patrick, C. J., Cuthbert, B. N., and Lang, P. J. (1994). Emotion in the criminal psychopath: Fear image processing. *Journal of Abnormal Psychology, 103,* 523–534.

Patterson, C. H. (2000). *Understanding psychotherapy: Fifty years of client-centred theory and practice.* Ross-on-Wye, England: PCCS Books Ltd.

Paulhus, D. L. (1984). Two component models of socially desirable responding. *Journal of Personality and Social Psychology, 46,* 598–609.

Paulhus, D. L. (1990). Measurement and control of response bias. In J. P. Robinson, P. R. Shaver, and L. Wrightsman (Eds.), *Measures of personality and social-psychological attitudes* (pp. 17–59). San Diego, CA: Academic Press.

Paulhus, D. L., and Vazire, S. (2007). The self-report method. In R. W. Robins, R. C. Fraley, and R. F. Krueger (Eds.), *Handbook of Research Methods in Personality Psychology* (pp. 224–239). New York: Guilford.

Paulhus, D. L., and Williams, K. M. (2002). The Dark Triad of personality: Narcissism, Machiavellianism, and psychopathy. *Journal of Research in Personality, 36,* 556–563.

Paunesku, D., Walton, G. M., Romero, C., Smith, E. N., Yeager, D. S., and Dweck, C. S. (2015). Mind-set interventions are a scalable treatment for academic underachievement. *Psychological Science, 26*(6), 784–793.

Paunonen, S. V. (2002). *Design and construction of the Supernumerary Personality Inventory* (Research Bulletin 763). London, Ontario: University of Western Ontario.

Paunonen, S. V. (2003). Big Five factors of personality and replicated predictions of behavior. *Journal of Personality and Social Psychology, 84, 2,* 411–424.

Paunonen, S. V., and Ashton, M. C. (1998). The structured assessment of personality across cultures. *Journal of Cross-Cultural Psychology, 29,* 150–170.

Paunonen, S. V., Haddock, G., Forsterling, F., and Keinonen, M. (2003). Broad versus narrow personality measures and the prediction of behaviour across cultures. *European Journal of Personality, 17,* 413–433.

Paunonen, S. V., and Hong, R. Y. (2015). In defense of personality traits. In L. Cooper and R. J. Larsen (Eds.), *Handbook of personality and social psychology: Personality processes and individual differences* (pp. 233–260). Washington, DC: American Psychological Association.

Paunonen, S. V., and O'Neil, T. A. (2010). Self-reports, peer ratings, and construct validity. *European Journal of Personality, 24,* 189–206.

Pedersen, N. L. (1993). Genetic and environmental change in personality. In T. J. Bouchard and P. Proping (Eds.), *Twins as a tool of behavioral genetics* (pp. 147–162). West Sussex, England: Wiley.

Pelle, A. J., Erdman, R.A.M., van Domburg, R. T., Spiering, M., Kazemier, M., and Pedersen, S. S. (2008). Type D patients report poorer health status prior to and after cardiac rehabilitation compared to non-Type D patients. *Annals of Behavioral Medicine, 36,* 167–175.

Penke, L., and Asendorpf, J. B. (2008a). Beyond global sociosexual orientations: A more differentiated look at sociosexuality and its effects on courtship and romantic relationships. *Journal of Personality and Social Psychology, 95,* 1113–1135.

Penke, L., and Asendorpf, J. B. (2008b). Evidence for conditional sex differences in emotional but not in sexual jealousy at the automatic level of cognitive processing. *European Journal of Personality, 22,* 3–30.

Penke, L., Denissen, J.J.A., and Miller, G. F. (2007). The evolutionary genetics of personality. *European Journal of Personality, 21,* 549–587.

Pennebaker, J. W. (1990). *Opening up: The healing powers of confiding in others.* New York: Morrow.

Pennebaker, J. W. (2003a). The social, linguistic and health consequences of emotional disclosure. In J. Suls and K. A. Wallston (Eds.), *Social psychological foundations of health and illness* (pp. 288–313). Malden, MA: Blackwell.

Pennebaker, J. W. (2003b). Writing about emotional experiences as a therapeutic process. In P. Salovey and A. J. Rothman (Eds.), *Social psychology of health* (pp. 362–368). New York: Psychology Press.

Pennebaker, J. W., and Chung, C. K. (2011). Expressive writing: Connections to physical and mental health. *Oxford handbook of health psychology* (417–437). New York: Oxford University Press.

Pennebaker, J. W., Colder, M., and Sharp, L. K. (1990). Accelerating the coping process. *Journal of Personality and Social Psychology, 58,* 528–537.

Pennebaker, J. W., and O'Heeron, R. C. (1984). Confiding in others and illness rates among spouses of suicide and accidental-death victims. *Journal of Abnormal Psychology, 93,* 473–476.

Perilloux, C., Fleischman, D. S., and Buss, D. M. (2008). The daughter-guarding hypothesis: Parental influence on children's mating behavior. *Evolutionary Psychology, 6,* 217–233.

Perilloux, C., Fleischman, D. S., and Buss, D. M. (2011). Meet the parents: Parent-offspring convergence and divergence in mate preferences. *Personality and Individual Differences, 50,* 253–258.

Perry, V. G. (2008). Giving credit where credit is due: The psychology of credit ratings. *Journal of Behavioral Finance, 9,* 15–21.

Perugini, M., and Richetin, J. (2007). In the land of the blind, the one-eyed man is king. *European Journal of Personality, 21,* 977–981.

Petersen, J. L., and Hyde, J. S. (2010). A meta-analytic review of research on gender differences in sexuality, 1993–2007. *Psychological Bulletin, 136,* 21–38.

Peterson, B. E., Winter, D. G., and Doty, R. M. (1994). Laboratory tests of a motivational-perceptual model of conflict escalation. *Journal of Conflict Resolution, 38,* 719–748.

Peterson, C. (1991). The meaning and measurement of explanatory style. *Psychological Inquiry, 2,* 1–10.

Peterson, C. (1995). Explanatory style and health. In G. M. Buchanan and M.E.P. Seligman (Eds.), *Explanatory style* (pp. 233–246). Hillsdale, NJ: Erlbaum.

Peterson, C. (2000). The future of optimism. *American Psychologist, 55,* 44–55.

Peterson, C., and Bossio, L. M. (1991). *Health and optimism.* New York: Free Press.

Peterson, C., and Bossio, L. M. (2001). Optimism and physical well-being. In E. C. Chang (Ed.), *Optimism and pessimism: Implications for theory, research, and practice* (pp. 127–145). Washington, DC: American Psychological Association.

Peterson, C., and Chang, E. C. (2003). Optimism and flourishing. In C. L. Keyes and J. Haidt (Eds.), *Flourishing: Positive psychology and the life well-lived* (pp. 55–79). Washington, DC: American Psychological Association.

Peterson, C., Maier, S. F., and Seligman, M.E.P. (1993). *Learned helplessness: A theory for the age of personal control.* New York: Oxford University Press.

Peterson, C., and Park, N. (2010). What happened to self-actualization? Commentary on Kenrick et al. (2010). *Perspectives on Psychological Science, 5,* 320–322.

Peterson, C., Schulman, P., Castellon, C., and Seligman, M.E.P. (1992). CAVE: Content analysis of verbatim explanations. In C. P. Smith (Ed.), *Motivation and personality: Handbook of thematic content analysis* (pp. 383–392). New York: Cambridge University Press.

Peterson, C., and Seligman, M.E.P. (1987). Explanatory style and illness. Special issue: Personality and physical health. *Journal of Personality, 55,* 237–265.

Peterson, C., and Seligman, M. E. P. (2003). Character strengths before and after September 11. *Psychological Science, 14,* 381–384.

Peterson, C., Seligman, M.E.P., and Vaillant, G. E. (1988). Pessimistic explanatory style is a risk factor for physical illness: A thirty-five-year longitudinal study. *Journal of Personality and Social Psychology, 55,* 23–27.

Peterson, C., Seligman, M.E.P., Yurko, K. H., Martin, L. R., and Friedman, H. S. (1998). Catastrophizing and untimely death. *Psychological Science, 9,* 49–52.

Peterson, C., Semmel, A., von Baeyer, C., Abramson, L. Y., Metalsky, G. I., and Seligman, M.E.P. (1982). The Attributional Style Questionnaire. *Cognitive Therapy and Research, 6,* 287–299.

Peterson, J. B., Smith, K. W., and Carson, S. (2002). Openness and extraversion are associated with reduced latent inhibition: Replication and commentary. *Personality and Individual Differences, 33,* 1137–1147.

Peterson, C., and Steen, T. A. (2002). Optimistic explanatory style. In C. R. Snyder and S. J. Lopez (Eds.), *Handbook of positive psychology* (pp. 244–256). London: Oxford University Press.

Petrie, A. (1967). *Individuality in pain and suffering.* Chicago: University of Chicago Press.

Petrill, S. A. (2002). The case for general intelligence: A behavioral genetic perspective. In R. J. Sternberg and E. L. Grigorenko (Eds.), *The general factor of intelligence: How general is it?* (pp. 281–298). Mahwah, NJ: Erlbaum.

Pickering, A. D., Corr, P. J., and Gray, J. A. (1999). Interactions and reinforcement sensitivity theory: A theoretical analysis of Rusting and Larsen (1997). *Personality and Individual Differences, 26,* 357–365.

Pickering, A., Farmer, A., Harris, T., Redman, K., Mahmood, A., Sadler, S., and McGuffin, P. (2003). A sib-pair study of psychoticism, life events and depression. *Personality and Individual Differences, 34,* 613–623.

Piedmont, R. L. (2001). Cracking the plaster cast: Big Five personality change during intensive outpatient counseling. *Journal of Research in Personality, 35,* 500–520.

Piff, P. K., Kraus, M. W., Côté, S., Cheng, B. H., and Keltner, D. (2010). Having less, giving more: the influence of social class on prosocial behavior. *Journal of Personality and Social Psychology, 99*(5), 771–784.

Pietrzak, R., Laird, J. D., Stevens, D. A., and Thompson, N. S. (2002). Sex differences in human jealousy: A coordinated study of forced-choice, continuous rating-scale, and physiological responses on the same subjects. *Evolution and Human Behavior, 23,* 83–94.

Pincus, J. H. (2001). *Base instincts: What makes killers kill?* New York: Norton.

Pinker, S. (1997). *How the mind works.* New York: Norton.

Pinker, S. (2012). *The better angels of our nature.* New York: Viking.

Pipher, M. (1994). *Reviving Ophelia: Saving the selves of adolescent girls.* New York: Ballantine Books.

Piquero, A. R., Carriaga, M. L., Diamond, B., Kazemian, L., and Farrington, D. P. (2012). Stability in aggression revisited. *Aggression and Violent Behavior, 17*(4), 365–372.

Pittenger, D. J. (2005). Cautionary comments regarding the Myers-Briggs Type Indicator. *Consulting Psychology Journal: Practice and Research, 57,* 210–221.

Plavcan, J. M. (2012). Sexual size dimorphism, canine dimorphism, and male-male competition in primates. *Human Nature, 23,* 45–67.

Plomin, R. (2002). Individual differences research in a postgenomic era. *Personality and Individual Differences, 33,* 909–920.

Plomin, R., and Crabbe, J. (2000). DNA. *Psychological Bulletin Special Issue: Psychology in the 21st Century, 126,* 806–828.

Plomin, R., and Davis, O.S.P. (2009). The future of genetics in psychology and psychiatry: Microarrays, genome-wide association, and non-coding RNA. *Journal of Child Psychology and Psychiatry, 50,* 63–71.

Plomin, R., and DeFries, G. E. (1985). *Origins of individual differences in infancy: The Colorado Adoption Project.* New York: Academic Press.

Plomin, R., DeFries, J. C., and Fulker, D. W. (1988). *Nature and nurture during infancy and early childhood.* New York: Cambridge University Press.

Plomin, R., DeFries, J. C., and Loehlin, J. C. (1977). Genotype-environment interaction and correlation in the analysis of human behavior. *Psychological Bulletin, 84,* 309–322.

Plomin, R., DeFries, J. C., and McClearn, G. E. (1990). *Behavioral genetics: A primer* (2nd ed.). New York: W. H. Freeman.

Plomin, R., DeFries, J. C., McClern, G. E., and McGuffin, P. (2001). *Behavioral genetics* (4th ed.). New York: Worth.

Plomin, R., DeFries, J. C., Knopik, V. S., & Neiderheiser, J. (2013). *Behavioral genetics.* Basingstoke, UK: Palgrave Macmillan.

Plutchik, R. (1980). A general psychoevolutionary theory of emotion. In R. Plutchik and H. Kellerman (Eds.), *Emotion: Theory, research, and experience: Vol. 1: Theories of emotion* (pp. 3–31). New York: Academic Press.

Pollock, V. E., Briere, J., Schneider, L., Knop, J., Mednick, S., and Goodwin, D. W. (1990). Childhood antecedents of antisocial behavior: Parental alcoholism and physical abusiveness. *American Journal of Psychiatry, 147,* 1290–1293.

Poropat, A. E. (2009). A meta-analysis of the five-factor model of personality and academic performance. *Psychological Bulletin, 135,* 322–338.

Post, J. M. (Ed.). (2003). *The psychological assessment of political leaders.* Ann Arbor: University of Michigan Press.

Preckel, F., Lipnevich, A. A., Schneider, S., and Roberts, R. D. (2011). Chronotype, cognitive abilities, and academic achievement: A meta-analytic investigation. *Learning And Individual Differences, 21*(5), 483–492.

Price, M. E., Cosmides, L., and Tooby, J. (2002). Punitive sentiment as an anti–free rider psychological device. *Evolution and Human Behavior, 23,* 203–231.

Prior, H., Schwarz, A., and Güntürkün, O. (2008). Mirror-induced behavior in the magpie (*Pica pica*): Evidence of self-recognition. *Public Library of Science: Biology, 6*(8), 202 (doi:10.1371/journal.pbio.0060202).

Promislow, D. (2003). Mate choice, sexual conflict, and evolution of senescence. *Behavior Genetics, 33,* 191–201.

Pullmann, H., Raudsepp, L., and Allik, J. (2006). Stability and change in adolescents' personality: A longitudinal study. *European Journal of Personality, 20,* 447–459.

Rabbie, J. M., and Horwitz, M. (1969). Arousal of ingroup-outgroup bias by a chance win or loss. *Journal of Personality and Social Psychology, 13,* 269–277.

Rafaeli-Mor, E., and Steinberg, J. (2002). Self-complexity and well-being: A review and research synthesis. *Personality and Social Psychology Review, 6,* 31–58.

Raine, A. (2002). Biosocial studies of antisocial and violent behavior in children and adults: A review. *Journal of Abnormal Child Psychology, 30,* 311–326.

Raine, A., Meloy, J. R., and Bihrle, S. (1998). Reduced prefrontal and increased subcortical brain functioning assessed using positron emission tomography in predatory and affective murderers. *Behavioral Sciences and the Law Special Issue: Impulsive aggression, 16,* 319–332.

Rammsayer, T. H., and Brandler, S. (2002). On the relationship between general fluid intelligence and psychophysical indicators of temporal resolution in the brain. *Journal of Research in Personality, 36,* 507–530.

Rammstedt, B., Goldberg, L. R., and Borg, I. (2010). The measurement equivalence of Big-Five factor markers for persons with different levels of education. *Journal of Research in Personality, 44,* 53–61.

Ramona v. Isabella, California Superior Court, Napa, C61898, 1994.

Randler, C., and Jankowski, K. S. (2014). Evidence for the validity of the Composite Scale of Morningness based on students from Germany and Poland— Relationship with sleep–wake and social schedules. *Biological Rhythm Research, 45*(4), 653–659.

Randler, C., and Kretz, S. (2011). Assortative mating in morningness-eveningness. *International Journal of Psychology, 46*(2), 91–96.

Randler, C., Baumann, V. P., and Horzum, M. B. (2014). Morningness–eveningness, Big Five and the BIS/BAS inventory. *Personality And Individual Differences, 66,* 64–67.

Rantanen, J., Metsäpelto, R. L., Feldt, T., Pulkkinen, L. E. A., and Kokko, K. (2007). Long-term stability in the Big Five personality traits in adulthood. *Scandinavian Journal of Psychology, 48*(6), 511–518.

Raskin, J. D. (2001). The modern, the postmodern, and George Kelly's personal construct psychology. *American Psychologist, 56,* 368–369.

Raskin, R., and Hall, C. S. (1979). A narcissistic personality inventory. *Psychological Reports, 45,* 590.

Raskin, R., and Shaw, R. (1987). *Narcissism and the use of personal pronouns.* Unpublished manuscript.

Raskin, R., and Terry, H. (1988). A principle-components analysis of the narcissistic personality inventory and further evidence of its construct validity. *Journal of Personality and Social Psychology, 54,* 890–902.

Rattan, A., Good, C., and Dweck, C. S. (2012). "It's OK—Not everyone can be good at math": Instructors with an entity theory comfort (and demotivate) students. *Journal of Experimental Social Psychology, 48,* 731–737.

Rattan, A., Savani, K., Chugh, D., and Dweck, C. S. (2015). Leveraging mindsets to promote academic achievement: Policy recommendations. *Perspectives on Psychological Science, 10*(6), 721–726.

Rauthmann, J., and Denissen, J. J. A. (2011). I often do it vs. I like doing it: Comparing a frequency- and valency-approach to extraversion. *Personality and Individual Differences, 50,* 1283–1288.

Rawlings, D. (2003). Personality correlates of liking for "unpleasant" paintings and photographs. *Personality and Individual Differences, 34,* 395–410.

Regan, P. C., and Atkins, L. (2006). Sex differences and similarities in frequency and intensity of sexual desire. *Social Behavior and Personality, 34,* 95–102.

Reidy, D. E., Zeichner, A., Foster, J. D., and Martinez, M. A. (2008). Effects of narcissistic entitlement and exploitativeness on human physical aggression. *Personality and Individual Differences, 44,* 685–875.

Renner, W., Kandler, C., Bleidorn, W., Riemann, R., Angleitner, A., Spinath, F. M., and Menschik-Bendele, J. (2012). Human values: Genetic and environmental effects on five lexically derived domains and their facets. *Personality and Individual Differences, 52,* 89–93.

Renshon, S. A. (1998). Analyzing the psychology and performances of presidential candidates at a distance: Bob Dole and the 1996 presidential campaign. *Leadership Quarterly, 9,* 377–395.

Renshon, S. A. (2005). George W. Bush's cowboy politics: An inquiry. *Political Psychology, 26,* 585–614.

Revelle, W., Humphreys, M. S., Simon, L., and Gilliland, K. (1980). The interactive effect of personality, time of day, and caffeine: A test of the arousal model. *Journal of Experimental Psychology: General, 109,* 1–31.

Rhee, E., Uleman, J., Lee, H., and Roman, R. (1995). Spontaneous self-descriptions and ethnic identities in individualistic and collectivist cultures. *Journal of Personality and Social Psychology, 69,* 142–152.

Rheingold, H. L., and Cook, K. V. (1975). The contents of boys' and girls' rooms as an index of parents' behavior. *Child Development, 46,* 459–463.

Rhodenwalt, F., and Morf, C. (1998). On self-aggrandizement and anger: A temporal analysis of narcissism and affective reactions to success and failure. *Journal of Personality and Social Psychology, 74,* 672–685.

Richardson, J. A., and Turner, T. E. (2000). Field dependence revisited I: Intelligence. *Educational Psychology, 20,* 255–270.

Richardson, M., and Abraham, C. (2009). Conscientiousness and achievement motivation predict performance. *European Journal of Personality, 23,* 589–605.

Ridley, M. (1999). *Genome: The autobiography of a species in 23 chapters.* New York: HarperCollins.

Rind, B., Tromovitch, P., and Bauserman, R. (1998). A meta-analytic examination of assumed properties of child sexual abuse using college samples. *Psychological Bulletin, 124,* 22–53.

Rindermann, H. (2008). Relevance of education and intelligence at the national level for the economic welfare of people. *Intelligence, 36,* 127–142.

Ritter, V., Leichsenring, F., Strauss, B. M., and Stangier, U. (2013). Changes in implicit and explicit self-esteem following cognitive and psychodynamic therapy in social anxiety disorder. *Psychotherapy Research, 23*(5), 547–558.

Ritts, V., and Patterson, M. L. (1996). Effects of social anxiety and action identification on impressions and thoughts in interaction. *Journal of Social and Clinical Psychology, 15,* 191–205.

Ritvo, L. B. (1990). *Darwin's influence on Freud: A tale of two sciences.* New Haven, CT: Yale University Press.

Roberts, B. W., Caspi, A., and Moffitt, T. E. (2001). The kids are alright: Growth and stability in personality development from adolescence to adulthood. *Journal of Personality and Social Psychology, 81, 4,* 670–683.

Roberts, B. W., Caspi, A., and Moffitt, T. E. (2003). Work experiences and personality development in young adulthood. *Journal of Personality and Social Psychology, 84, 5,* 582–593.

Roberts, B. W., and DelVecchio, W. F. (2000). The rank-order consistency of personality traits from childhood to old age: A quantitative review of the longitudinal studies. *Psychological Bulletin, 126,* 3–25.

Roberts, B. W., Kuncel, N. R., Shiner, R., Caspi, A., and Goldberg, L. R. (2007). The power of personality: The comparative validity of personality traits, socioeconomic status, and cognitive ability for predicting important life outcomes. *Perspectives on Psychological Science, 2,* 313–345.

Roberts, B. W., Walton, K. R., and Viechtbauer, W. (2006). Patterns of mean-level change in personality traits across the life course: A meta-analysis of longitudinal studies. *Psychological Bulletin, 132,* 1–25.

Roberts, J. E., and Monroe, S. M. (1992). Vulnerable self-esteem and depressive symptoms: Prospective findings comparing three alternative conceptualizations. *Journal of Personality and Social Psychology, 62,* 804–812.

Roberts, W. B., and Robins, R. W. (2004). Person-environment fit and its implications for personality development: A longitudinal study. *Journal of Personality, 72,* 89–110.

Robins, R. W., Caspi, A., and Moffitt, T. E. (2002). It's not just who you're with, it's who you are: Personality and relationship experiences across multiple relationships. *Journal of Personality, 70,* 925–964.

Robins, R. W., Fraley, R. C., Roberts, B. W., and Trzesniewski, K. H. (2001). A longitudinal study of personality change in young adulthood. *Journal of Personality, 69, 4,* 617–640.

Robins, R. W., and John, O. P. (1997). Self-perception, visual perspective, and narcissism: Is seeing believing? *Psychological Science, 8,* 37–42.

Robins, R. W., Noftle, E. E., Trzesniewski, K. H., and Roberts, B. W. (2005). Do people know how their personality has changed? Correlates of perceived and actual personality change in young adulthood. *Journal of Personality, 73,* 489–521.

Roediger, H. L., Balota, D. A., and Watson, J. M. (2001). Spreading activation and arousal of false memories. In Henry L. Roediger, III, and James S. Nairne (Eds.), *The nature of remembering: Essays in honor of Robert G. Crowder* (pp. 95–115). Washington, DC: American Psychological Association.

Roediger, H. L., and McDermott K. B. (1995). Creating false memories: Remembering words not presented in lists. *Journal of Experimental Psychology: Learning, Memory, and Cognition, 21,* 803–814.

Roediger, H. L., McDermott, K. B., and Robinson, K. J. (1998). The role of associative processes in creating false memories. In M. A. Conway, S. E. Gathercole, and C. Cornoldi (Eds.), *Theories of memory II* (pp. 187–246). Hove, Sussex, England: Psychological Press.

Rogers, C. R. (1957). The necessary and sufficient conditions of therapeutic personality change. *Journal of Consulting Psychology, 21,* 95–103.

Rogers, C. R. (1975). Empathic: An unappreciated way of being. *The Counseling Psychologist, 5,* 2–10.

Rogers, C. R. (2002). *Carl Rogers: The quiet revolutionary, an oral history.* Roseville, CA Penmarin Books.

Rogness, G. A., and McClure, E. B. (1996). Development and neurotransmitter-environment interactions. *Development and Psychopathology, 8,* 183–199.

Romero, C., Master, A., Paunesku, D., Dweck, C. S., and Gross, J. J. (2014). Academic and emotional functioning in middle school: The role of implicit theories. *Emotion, 14*(2), 227–234.

Romero, E., Luengo, M. T., Carrillo-de-la-Pena, T., and Otero-Lopez, J. M. (1994). The act frequency approach to the study of impulsivity. *European Journal of Personality, 8,* 119–134.

Rosch, E. (1975). Cognitive reference points. *Cognitive Psychology, 7,* 532–547.

Rose, R. J. (1995). Genes and behavior. *Annual Review of Psychology, 46,* 625–654.

Rosenzweig, S. (1986). Idiodynamics vis-à-vis psychology. *American Psychologist, 41,* 241–245.

Rosenzweig, S. (1994). *The historic expedition to America (1909): Freud, Jung, and Hall the king-maker.* St. Louis, MO: Rana House.

Rosenzweig, S. (1997). "Idiographic" vis-à-vis "idiodynamic" in the historical perspective of personality theory: Remembering Gordon Allport, 1897–1997. *Journal of the History of the Behavioral Sciences, 33,* 405–419.

Ross, K. M., Liu, S., Tomfohr, L. M., and Miller, G. E. (2013). Self-esteem variability predicts arterial stiffness trajectories in healthy adolescent females. *Health Psychology, 32*(8), 869–876.

Ross, L., Greene, D., and House, P. (1977). The false consensus effect: An egocentric bias in social perception and attribution processes. *Journal of Experimental Social Psychology, 13,* 279–301.

Ross, S. R., Canada, K. E., and Rausch, M. K. (2002). Self-handicapping and the five factor model of personality: Mediation between neuroticism and conscientiousness. *Personality and Individual Differences, 32,* 1173–1184.

Rothbart, M. K. (1981). Measurement of temperament in infancy. *Child Development, 52,* 569–578.

Rothbart, M. K. (1986). Longitudinal observation of infant temperament. *Developmental Psychology, 22,* 356–365.

Rothbart, M. K., and Hwang, J. (2005). Temperament. In A. J. Elliot and C. S. Dweck (Eds.), *Handbook of competence & motivation* (pp. 167–184). New York: Guilford.

Rotter, J. B. (1971). Generalized expectancies for interpersonal trust. *American Psychologist, 26,* 443–452.

Rotter, J. B. (1982). *The development and application of social learning theory.* New York: Praeger.

Rotter, J. B. (1990). Internal versus external control of reinforcement: A case history of a variable. *American Psychologist, 45,* 489–493.

Rowe, D. C. (2001). *Biology and crime.* New York: Roxbury.

Rozin, P. (1996). Towards a psychology of food and eating: From motivation to module to model to marker, morality, meaning, and metaphor. *Current Directions in Psychological Science, 5*(1), 18–24.

Rozin, P. (2003). Five potential principles for understanding cultural differences in relation to individual differences. *Journal of Research in Personality, 37,* 273–283.

Ruchkin, V. V., Koposov, R. A., Eisemann, M., and Hagglof, B. (2002). Alcohol use in delinquent adolescents from Northern Russia: The role of personality, parental rearing and family history of alcohol abuse. *Personality and Individual Differences, 32,* 1139–1148.

Rule, A. (2000). *The stranger beside me.* New York: Norton.

Runyon, W. M. (1983). Idiographic goals and methods in the study of lives. *Journal of Personality, 51,* 413–437.

Rushton, J. P. (1985). Differential K theory: The sociobiology of individual and group differences. *Personality and Individual Differences, 6,* 441–452.

Rushton, J. P., Cons, T. A., and Hur, Y-M. (2008). The genetics and evolution of the general factor of personality. *Journal of Research in Personality, 42,* 1173–1185.

Russell, V. M., and McNulty, J. K. (2011). Frequent sex protects intimates from the negative implications of their neuroticism. *Social Psychological and Personality Science, 2,* 220–227.

Rusting, C. L., and Larsen, R. J. (1997). Extraversion, neuroticism, and susceptibility to positive and negative affect: A test of two theoretical models. *Personality and Individual Differences, 22,* 607–612.

Rusting, C. L., and Larsen, R. J. (1998a). Diurnal patterns of unpleasant mood: Associations with neuroticism, depression, and anxiety. *Journal of Personality, 66,* 85–103.

Rusting, C. L., and Larsen, R. J. (1998b). Personality and cognitive processing of affective information. *Personality and Social Psychology Bulletin, 24,* 200–213.

Rusting, C. L., and Larsen, R. J. (1999). Clarifying Gray's theory of personality: A response to Pickering, Corr, and Gray. *Personality and Individual Differences, 26,* 367–372.

Ryan, R. M., and Deci, E. L. (2000). Self-determination theory and the facilitation of intrinsic motivation, social development, and well-being. *American Psychologist, 55,* 68–78.

Ryff, C., Lee, Y., and Na, K. (1995). *Through the lens of culture: Psychological well-being at mid-life.* Unpublished manuscript, University of Michigan, Ann Arbor.

Sagarin, B. J. (2005). Reconsidering evolved sex differences in jealousy: Comment on Harris (2003). *Personality and Social Psychology Review, 9,* 62–75.

Sagarin, B. J., Becker, D. V., Guadagno, R. E., Nicastle, L. D., and Millevoi, A. (2003). Sex differences (and similarities) in jealousy: The moderating influence of infidelity experience and sexual orientation. *Evolution and Human Behavior, 24,* 17–23.

Sagarin, B. J., Martin, A. L., Clutinho, S. A., and Edlund, J. E. (2009). *A meta-analysis of studies examining sex differences in jealousy using continuous measures.* Paper presented to the Evolutionary Psychology Preconference, Annual Meeting of the Society of Personality and Social Psychology, Tampa, Florida.

Sagarin, B. J., Martin, A. L., Coutinho, S. A., Edlund, J. E., Patel, L., Skowronski, J. J., and Zengel, B. (2012). Sex differences in jealousy: A meta-analytic examination. *Evolution and Human Behavior, 33,* 595–613.

Sagie, A., and Elizur, D. (1999). Achievement motive and entrepreneurial orientation: A structural analysis. *Journal of Organizational Behavior, 20,* 375–387.

Sakuta, A., and Fukushima, A. (1998). A study on abnormal findings pertaining to the brain in criminals. *International Medical Journal, 5,* 283–292.

Salgado, J. F., Moscoso, S., and Lado, M. (2003). Evidence of cross-cultural invariant of the Big Five personality dimensions in work settings. *European Journal of Personality, 17,* S67–S76.

Salovey, P., and Mayer, J. D. (1990). Emotional intelligence. *Imagination, Cognition, and Personality, 9,* 185–211.

Sam, D. L. (1994). The psychological adjustment of young immigrants in Norway. *Scandinavian Journal of Psychology, 35,* 240–253.

Samuel, D. B., and Gore, W. L. (2012). Maladaptive variants of conscientiousness and agreeableness. *Journal of Personality, 80*(6), 1669–1696.

Sandvik, E., Diener, E., and Seidlitz, L. (1993). Subjective well-being: The convergence and stability of self-report and non-self-report measures. *Journal of Personality, 61,* 317–342.

Santayana, G. (1905/1980). *Reason in common sense: The life of reason, vol. 1.* New York, NY: Dover.

Sapienza, P., Zingales, L., and Maestripieri, D. (2009). Gender differences in financial risk aversion and career choices are affected by testosterone. *Proceedings of the National Academy of Science, USA, 106,* 15268–15273.

Sapolsky, R. M. (1987). Stress, social status, and reproductive physiology in free-living baboons. In D. Crews (Ed.), *Psychobiology of reproductive behavior: An evolutionary perspective.* Englewood Cliffs, NJ: Prentice Hall.

Saroglou, V. (2002). Religion and the five factors of personality: A meta-analytic review. *Personality and Individual Differences, 32,* 15–25.

Satterfield, J. H., and Schelle, A. M. (1984). Childhood brain function differences in delinquent and non-delinquent hyperactive boys. *Electroencephalography and Clinical Neurophysiology, 57,* 199–207.

Saucier, G. (2003). Factor structure of English-Language personality Type-nouns. *Journal of Personality and Social Psychology, 85, 4,* 695–708.

Saucier, G. (2009). Recurrent personality dimensions in inclusive lexical studies: Indications for a Big Six structure. *Journal of Personality, 77,* 1577–1614.

Saucier, G. (2010). The structure of social effects: Personality as impact on others. *European Journal of Personality, 24,* 222–240.

Saucier, G., Georgiades, S., Tsaousis, I., and Goldberg, L. R. (2005). The factor structure of Greek personality adjectives. *Journal of Personality and Social Psychology, 5,* 856–875.

Saucier, G., and Goldberg, L. R. (1996). The language of personality: Lexical perspectives on the five-factor model. In J. S. Wiggins (Ed.), *The five-factor model of personality: Theoretical perspectives* (pp. 21–50). New York: Guilford Press.

Saucier, G., and Goldberg, L. R. (1998). What is beyond the Big Five? *Journal of Personality, 66,* 495–524.

Saucier, G., and Goldberg, L. R. (2001). Lexical studies of indigenous personality factors: Premises, products, and prospects. *Journal of Personality, 69, 6,* 847–879.

Saudino, K. J., and Plomin, R. (1996). Personality and behavioral genetics: Where have we been and where are we going? *Journal of Research in Personality, 30,* 335–347.

Sauter, D. A., Eisner, F., Ekman, P., and Scott, S. K. (2010). Cross-cultural recognition of basic emotions through nonverbal emotional vocalizations. *Proceedings of the National Academy of Sciences, 107*(6), 2408–2412.

Scarf, M. (1996). The mind of the unabomber. The New Republic, June 10, 1996, p. 20.

Scarr, S. (1968). Environmental bias in twin studies. *Eugenics Quarterly, 15,* 34–40.

Scarr, S., and Carter-Saltzman, L. (1979). Twin method: Defense of a critical assumption. *Behavior Genetics, 9,* 527–542.

Scarr, S., and McCartney, K. (1983). How children make their own environments: A theory of genotype environment effects. *Child Development, 54,* 424–435.

Scealy, M., Phillips, J. G., and Stevenson, R. (2002). Shyness and anxiety as predictors of patterns of Internet usage. *CyberPsychology and Behavior, 5,* 507–515.

Scelza, B. A. (2014). Jealousy in a small-scale, natural fertility population: the roles of paternity, investment and love in jealous response. *Evolution and Human Behavior, 35*(2), 103–108.

Schacter, D. L. (1997). *Searching for memory: The brain, the mind, and the past.* New York: Basic Books.

Schaffhuser, K., Allemand, M., and Martin, M. (2014). Personality traits and relationship satisfaction in intimate couples: Three perspectives on personality. *European Journal of Personality, 28*(2), 120–133.

Schaller, M. (2016). The behavioral immune system. In D.M. Buss (Ed.), *The handbook of evolutionary psychology.* Hoboken, NJ: Wiley.

Schaller, M., Neuberg, S. L., Griskevicius, V., and Kenrick, D. T. (2010). Pyramid power: A reply to commentaries. *Perspectives on Psychological Sciences, 5,* 335–337.

Scheier, M. F., and Carver, C. S. (1992). Effects of optimism on psychological and physical well-being: Theoretical overview and empirical update. *Cognitive Therapy and Research, 16,* 201–228.

Scheier, M. F., Matthews, K. A., Owens, J. F., Schulz, R., Bridges, M. W., Magovern, G. J., and Carver, C. S. (1999). Optimism and rehospitalization following coronary artery bypass graft surgery. *Archives of Internal Medicine, 159,* 829–835.

Schinka J. A., Letsch, E. A., and Crawford, F. C. (2002). DRD4 and novelty seeking: Results of meta-analyses. *American Journal of Medical Genetics, 114,* 643–648.

Schiraldi, G. (2007). *10 simple solutions for building self-esteem.* Oakland, CA: New Harbinger.

Schmalt, H. (1999). Assessing the achievement motive using the grid technique. *Journal of Research in Personality, 33,* 109–130.

Schmidt, L. A., and Fox, N. A. (1995). Individual differences in young adults' shyness and sociability: Personality and health correlates. *Personality and Individual Differences, 19,* 455–462.

Schmidt, L. A., and Fox, N. A. (2002). Individual differences in childhood shyness: Origins, malleability and developmental course. In D. Cervone and W. Mischel (Eds.), *Advances in personality science* (pp. 83–105). New York: Guilford Press.

Schmidt, L. A., Fox, N. A., Rubin, K. H., Hu, S., and Hamer, D. H. (2002). Molecular genetics of shyness and aggression in preschoolers. *Personality and Individual Differences, 33,* 227–238.

Schmitt, D. P. (2004). The Big Five related to risky sexual behavior across 10 world regions: Differential personality associations of sexual promiscuity and relationship infidelity. *European Journal of Personality, 18,* 301–319.

Schmitt, D. P., and Buss, D. M. (2000). Sexual dimensions of person description: Beyond or subsumed by the Big Five? *Journal of Research in Personality, 34,* 141–177.

Schmitt, D. P., and Buss, D. M. (2001). Human mate poaching: Tactics and temptations for infiltrating existing relationships. *Journal of Personality and Social Psychology, 80,* 894–917.

Schmitt, D. P., Jonason, P. K., Byerley, G. J., Flores, S. D., Illbeck, B. E., O'Leary, K. N., and Qudrat, A. (2012). A reexamination of sex differences in sexuality: New studies reveal old truths. *Current Directions in Psychological Science, 21,* 135–139.

Schmitt, D. P., and 118 Members of the International Sexuality Description Project. (2003). Universal sex differences in the desire for sexual variety: Tests from 52 nations, 6 continents, and 13 islands. *Personality and Social Psychology, 85,* 85–104.

Schmitt, D. P., Realo, A., Voracek, M., and Allik, J. (2008). Why can't a man be more like a woman? Sex differences in Big Five personality traits across 55 cultures. *Journal of Personality and Social Psychology, 94,* 168–182.

Schmitt, D. P., Youn, G., Bond, B., Brooks, S., Frye, H., Johnson, S., Klesman, J., et al. (2009). When will I feel love? The effects of culture, personality, and gender on the psychological tendency to love. *Journal of Research in Personality, 43,* 830–846.

Schmutte, P. S., Lee, Y. H., and Ryff, C. D. (1995). *Reflections on parenthood: A cultural perspective.* Unpublished manuscript, Madison: University of Wisconsin.

Schneider, K. (1958). *Psychopathic personalities.* London: Cassell.

Schüler, J. , Sheldon, K. M., and Fröhlich, S.M. (2010). Implicit need for achievement moderates the relationship between competence need satisfaction and subsequent motivation. *Journal of Research in Personality, 44,* 1–12.

Schultheiss, O. C. (2013). The hormonal correlates of implicit motives. *Social & Personality Psychology Compass, 7*(1), 52–65.

Schultheiss, O. C., and Brunstein, J. C. (2001). Assessment of implicit motives with a research version of the TAT: Picture profiles, gender differences, and relations to other personality measures. *Journal of Personality Assessment Special Issue: More data on the current Rorschach controversy, 77,* 71–86.

Schultheiss, O. C., Liening, S., and Schad, D. (2008). The reliability of a Picture Story Exercise measure of implicit motives: Estimates of internal consistency, retest reliability, and ipsative stability. *Journal of Research in Personality, 42,* 1560–1571.

Schultheiss, O. C., and Pang, J. S. (2007). Measuring implicit motives. In R. W. Robins, R. C. Fraley, & R. Krueger (Eds.), *Handbook of research methods in personality psychology* (pp. 322–344). New York: Guilford Press.

Schultheiss, O. C., and Schultheiss, M. (2014). Implicit motive profile analysis: An if-then contingency approach to the picture-story exercise. *Social & Personality Psychology Compass, 8*(1), 1–16.

Schultheiss, O. C., Wiemers, U. S., and Wolf, O. T. (2014). Implicit need for achievement predicts attenuated cortisol responses to difficult tasks. *Journal of Research in Personality, 48,* 84–92.

Schumann, K., Zaki, J., and Dweck, C. S. (2014). Addressing the empathy deficit: Beliefs about the malleability of empathy predict effortful responses when empathy is challenging. *Journal of Personality and Social Psychology, 107*(3), 475–493.

Schutzwohl, A. (2008). Relief over the disconfirmation of the prospect of sexual and emotional infidelity. *Personality and Individual Differences, 44,* 668–678.

Schutzwohl, A., Fuchs, A., McKibbin, W. F., and Shackelford, T. K. (2009). How willing are you to accept sexual requests from slightly unattractive to exceptionally attractive imagined requestors? *Human Nature, 20,* 282–293.

Schutzwohl, A., and Koch, S. (2004). Sex differences in jealousy: The recall of cues to sexual and emotional infidelity in adaptively relevant and irrelevant context conditions. *Evolution and Human Behavior, 25,* 249–257.

Schuyler, B. S., Kral, T. A., Jacquart, J., Burghy, C. A., Weng, H. Y., Perlman, D. M., and ... Davidson, R. J. (2014). Temporal dynamics of emotional responding: Amygdala recovery predicts emotional traits. *Social Cognitive and Affective Neuroscience, 9*(2), 176–181.

Schwartz, C. E., Wright, C. I., Shin, L. M., Kagan, J., and Rauch, S. L. (2003). Inhibited and uninhibited infants "grown up": Adult amygdalar response to novelty. *Science, 300,* 1952–1953.

Schwartz, S. H., and Rubel, T. (2005). Sex differences in value priorities: Cross-cultural and multimethod studies. *Journal of Personality and Social Psychology, 89,* 1010–1028.

Schwarzer, R., and Luszczynska, A. (2013). Stressful life events. In A. M. Nezu, C. M. Nezu, P. A. Geller, and I. B. Weiner (Eds.), *Handbook of psychology, vol. 9: Health psychology* (2nd ed., pp. 29–56). Hoboken, NJ: John Wiley & Sons.

Schwerdtfeger, A. (2007). Individual differences in auditory, pain, and motor stimulation: The case of augmenting/reducing. *Journal of Individual Differences, 28,* 165–177.

Schwerdtfeger, A., and Baltissen, R. (1999). Augmenters vs. reducers: Cortical and autonomic reactivity in response to increasing stimulus intensity. *Zeitschrift fuer Differentielle und Diagnostische Psychologie, 20,* 247–262.

Schwerdtfeger, A., and Baltissen, R. (2002). Augmenting-reducing paradox lost? A test of Davis et al.'s (1983) hypothesis. *Personality and Individual Differences, 32,* 257–271.

Schwerdtfeger, A., Heims, R., and Heer, J. (2010). Digit ratio (2D:4D) is associated with traffic violations for male frequent car drivers. *Accident Analysis and Prevention, 42,* 269–274.

Scott, W. A., and Johnson, R. C. (1972). Comparative validities of direct and indirect personality tests. *Journal of Consulting and Clinical Psychology, 38,* 301–318.

Sear, R., and Mace, R. (2008). Who keeps children alive? A review of the effects of kin on child survival. *Evolution and Human Behavior, 29,* 1–18.

Seara-Cardoso, A., and Viding, E. (2015). Functional neuroscience of psychopathic personality in adults. *Journal of Personality, 83*(6), 723–737.

Segal, N. L. (1999). *Entwined lives: Twins and what they tell us about human behavior.* New York: Plume.

Seidlitz, L., and Diener, E. (1993). Review of the Satisfaction with Life Scale. *Psychological Assessment, 5,* 164–172.

Selfhout, M., Burk, W., Branje, S., Denissen, J., van Aken, M., and Meeus, W. (2010). Emerging late adolescent friendship networks and Big Five personality traits: A social network approach. *Journal of Personality, 78,* 509–538.

Seligman, M., and Hager, J. (1972). *Biological boundaries of learning.* New York: Appleton-Century-Crofts.

Seligman, M. E. P. (1992). *Helplessness: On depression, development, and death.* New York: Freeman.

Seligman, M. E. P. (1994). *What you can change and what you can't.* New York: Knopf.

Seligman, M.E.P. (2002). Positive psychology, positive prevention, and positive therapy. In C. R. Snyder and S. J. Lopez (Eds.), *Handbook of positive psychology* (pp. 3–9) London: Oxford University Press.

Seligman, M.E.P., and Csikszentmihalyi, M. (2000). Positive psychology: An introduction. *American Psychologist, 55,* 5–14.

Seligman, M.E.P., and Peterson, C. (2003). Positive clinical psychology. In L. G. Aspinwall and U. M. Staudinger (Eds.), *A psychology of human strengths: Fundamental questions and future directions for a positive psychology* (pp. 305–317). Washington, DC: American Psychological Association.

Sell, A., Hone, L. S. E., and Pound, N. (2012). The importance of physical strength to human males. *Human Nature, 23,* 30–44.

Sell, A., Tooby, J., and Cosmides, L. (2009). Formidability and the logic of human anger. *Proceedings of the National Academy of Science, 106,* 15073–15078.

Selye, H. (1976). *The stress of life.* New York: McGraw-Hill.

Senf, K., and Liau, A. K. (2013). The effects of positive interventions on happiness and depressive symptoms, with an examination of personality as a moderator. *Journal of Happiness Studies, 14*(2), 591–612.

Servaas, M. N., van der Velde, J., Costafreda, S. G., Horton, P., Ormel, J., Riese, H., and Aleman, A. (2013). Neuroticism and the brain: A quantitative meta-analysis of neuroimaging studies investigating emotion processing. *Neuroscience and Biobehavioral Reviews, 37*(8), 1518–1529.

Shackelford, T. K., Buss, D. M., and Bennett, K. (2002). Forgiveness or breakup: Sex differences in responses to a partner's infidelity. *Cognition and Emotion, 16,* 299–307.

Shackelford, T. K., Goetz, A., Buss, D. M., Euler, H. A., and Hoier, S. (2005). When we hurt the ones we love: Predicting violence against women from men's mate retention. *Personal Relationships, 12,* 447–463.

Shackelford, T. K., Voracek, M., Schmitt, D. P., Buss, D. M., Weekes-Shackelford, V. A., and Michalski, R. L. (2004). Romantic jealousy in early adulthood and in later life. *Human Nature, 15,* 59–76.

Shafer, A. B. (2001). The Big Five and sexuality trait terms as predictors of relationships and sex. *Journal of Research in Personality, 35,* 313–338.

Shakur, S. (1994). *Monster: The autobiography of an L.A. gang member.* New York: Penguin.

Shatz, S. M. (2008). IQ and fertility: A cross-national study. *Intelligence, 36,* 109–111.

Sheldon, K. M., and Kasser, T. (2001). Getting older, getting better? Personal strivings and psychological maturity across the life span. *Developmental Psychology, 37,* 491–501.

Sheppard, K. E., and Boon, S. D. (2012). Predicting appraisals of romantic revenge: The roles of honest-humility, agreeableness, and vengefulness. *Personality and Individual Differences, 52,* 128–132.

Sheppard, L. D., and Vernon, P. A. (2008). Intelligence and speed of information-processing. *Personality and Individual Differences, 44,* 535–551.

Shiner, R. L., Masten, A. S., and Roberts, J. M. (2003). Childhood personality foreshadows adult personality and life outcomes two decades later. *Journal of Personality, 71,* 1145–1170.

Shiner, R. L., Masten, A. S., and Tellegen, A. (2002). A developmental perspective on personality in emerging adulthood: Childhood antecedents and concurrent adaptation. *Journal of Personality and Social Psychology, 83, 5,* 1165–1177.

Shneidman, E. S. (1981). *Endeavors in psychology: Selections from the personology of Henry A. Murray.* New York: Harper and Row.

Shoben, E. J. (1957). Toward a concept of the normal personality. *American Psychologist, 12,* 183–189.

Shoda, Y., and Mischel, W. (1996). Toward a unified, intra-individual dynamic conception of personality. *Journal of Research in Personality, 30,* 414–428.

Shoda, Y., Mischel, W., and Wright, J. C. (1994). Intra-individual stability in the organization and patterning of behavior: Incorporating psychological situations into the idiographic analysis of personality. *Journal of Personality and Social Psychology, 67,* 674–687.

Shoda, Y., Wilson, N. L., Chen, J., Gilmore, A. K., and Smith, R. E. (2013). Cognitive-affective processing system analysis of intra-individual dynamics in collaborative therapeutic assessment: Translating basic theory and research into clinical applications. *Journal of Personality, 81*(6), 554–568.

Shoda, Y., Wilson, N. L., Whitsett, D. D., Lee-Dussud, J., and Zayas, V. (2015). The person as a cognitive-affective processing system: Quantitative ideography as an integral component of cumulative science. In M. Mikulincer, P. R. Shaver, M. L. Cooper, R. J. Larsen, M. Mikulincer, P. R. Shaver, ... and R. J. Larsen (Eds.), *APA handbook of personality and social psychology, Volume 4: Personality processes and individual differences* (pp. 491–513). Washington, DC, US: American Psychological Association.

Shultz, J. S. (1993). Situational and dispositional predictions of performance: A test of the hypothesized Machiavellianism X structure interaction among salespersons. *Journal of Applied Social Psychology, 23,* 478–498.

Shweder, R. A. (1991). *Thinking through cultures: Expeditions in cultural psychology.* Cambridge, MA: Harvard University Press.

Shweder, R. A., Mahapatra, M., and Miller, J. G. (1990). Culture and moral development. In J. W. Stigler, R. A. Shweder, and G. Herdt (Eds.), *Cultural psychology: Essays on comparative human development* (pp. 130–204). Cambridge, MA: Cambridge University Press.

Sibley, C. G., Osborne, D., and Duckitt, J. (2012). Personality and political orientation: Meta-analysis and test of a Threat-Constraint Model. *Journal of Research in Personality, 46*(6), 664–677.

Siegel, J. (1997). Augmenting and reducing of visual evoked potentials in high- and low-sensation seeking humans, cats, and rats. *Behavior Genetics, 27,* 557–563.

Siegel, J., and Driscoll, P. (1996). Recent developments in an animal model of visual evoked potential augmenting/reducing and sensation seeking behavior. *Neuropsychobiology, 34,* 130–135.

Siegel, J. M. (1986). The Multidimensional Anger Inventory. *Journal of Personality and Social Psychology, 51,* 191–200.

Sigusch, V., and Schmidt, G. (1971). Lower-class sexuality: Some emotional and social aspects in West German males and females. *Archives of Sexual Behavior, 1,* 29–44.

Sih, A., Mathot, K. J., Moirón, M., Montiglio, P. O., Wolf, M., and Dingemanse, N. J. (2015). Animal personality and state–behaviour feedbacks: A review and guide for empiricists. *Trends in Ecology & Evolution, 30*(1), 50–60.

Silas, F. A. (1984). Fit for the job? Testing grows—gripes too. *American Bar Association Journal,* July, p. 34.

Silverthorne, C. (2001). Leadership effectiveness and personality: A cross-cultural evaluation. *Personality and Individual Differences, 30,* 303–309.

Silvia, P. J., Nusbaum, E. C., and Beaty, R. E. (2014). Blessed are the meek? Honesty–Humility, Agreeableness, and the HEXACO structure of religious beliefs, motives, and values. *Personality and Individual Differences, 66,* 19–23.

Simonton, D. K. (1991). Emergence and realization of genius: The lives and works of 120 classical composers. *Journal of Personality and Social Psychology, 61,* 829–840.

Simpson, J. A., and Gangestad, S. W. (1991). Individual differences in sociosexuality: Evidence for convergent and discriminant validity. *Journal of Personality and Social Psychology, 60,* 870–883.

Simpson, J. A., and Rholes, W. S. (1998). *Attachment theory and close relationships.* New York: Guilford Press.

Simpson, J. A., Rholes, W. S., Orinea, M. M., and Grich, J. (2002). Working models of attachment, support giving, and support seeking in a stressful situation. *Personality and Social Psychology Bulletin, 28,* 598–608.

Singh, D., Vidaurri, M., Zambarano, R. J., and Dabbs, J. M., Jr. (1999). Behavioral, morphological, and hormonal correlates to erotic role identification among lesbian women. *Journal of Personality and Social Psychology, 76,* 1035–1049.

Singh, S. (1978). Achievement motivation and entrepreneurial success: A follow-up study. *Journal of Research in Personality, 12,* 500–503.

Six, B., and Eckes, T. (1991). A closer look at the complex structure of gender stereotypes. *Sex Roles, 24,* 64.

Slatcher, R. B., and Vazire, S. (2009). Effects of global and contextualized personality on relationship satisfaction. *Journal of Research in Personality, 43,* 624–633.

Slutske, W. S., Caspi, A., Moffitt, T. E., and Poulton, R. (2005). Personality and problem gambling. *Archives of General Psychiatry, 62,* 769–775.

Slutske, W. S., Eisen, S. A., True, W. R., Lyons, M. J., Goldberg, J., and Tsuang, M. T. (2005). Common genetic vulnerability for pathological gambling and alcohol dependence in men. *Archives of General Psychiatry, 57,* 666–673.

Smillie, L. D., Cooper, A. J., Wilt, J., and Revelle, W. (2012). Do extraverts get more bang for the buck? Refining the affective-reactivity hypothesis of extraversion. *Journal of Personality and Social Psychology, 103,* 306–326.

Smillie, L. D., and Wacker, J. (2014). Dopaminergic foundations of personality and individual differences. *Frontiers In Human Neuroscience, 8.*

Smillie, L. D., Yeo, G. B., Furnham, A. F., and Jackson, C. J. (2006). Benefits of all work and no play: The relationship

between neuroticism and performance as a function of resource allocation. *Journal of Applied Psychology, 91,* 139–155.

Smith, C. P., and Atkinson, J. W. (1992). *Motivation and personality: Handbook of thematic content analysis.* New York: Cambridge University Press.

Smith, G. M. (1967). Usefulness of peer ratings of personality in educational research. *Educational and Psychological Measurement, 27,* 967–984.

Smith, P., Caputi, P., and Crittenden, N. (2013). Measuring optimism in organizations: Development of a workplace explanatory style questionnaire. *Journal of Happiness Studies, 14*(2), 415–432.

Smith, R. E., and Shoda, Y. (2009). Personality as a cognitive-affective processing system. In P. J. Corr and G. Matthews (Eds.), *The Cambridge handbook of personality psychology* (pp. 473–487). New York, NY: Cambridge University Press.

Smith, R. E., Shoda, Y., Cumming, S .P., and Smoll, F. L. (2009). Behavioral signatures at the ballpark: Intraindividual consistency of adults' situation-behavior patterns and their interpersonal consequences. *Journal of Research in Personality, 43,* 187–195.

Smith, S. M., Nichols, T. E., Vidaurre, D., Winkler, A. M., Behrens, T. J., Glasser, M. F., and ... Miller, K. L. (2015). A positive-negative mode of population covariation links brain connectivity, demographics and behavior. *Nature Neuroscience, 18*(11), 1565–1567.

Smith, T. W., Williams, P. G., and Segerstrom, S. C. (2015). Personality and physical health. In L. Cooper and R. J. Larsen (Eds.), *Handbook of personality and social psychology: Personality processes and individual differences.* Washington, DC: American Psychological Association.

Smith, T. W. (1979). Happiness: Time trends, seasonal variations, intersurvey differences, and other mysteries. *Social Psychology Quarterly, 42,* 18–30.

Smith, T. W. (2006). Personality as risk and resilience in physical health. *Current Directions in Psychological Science, 15,* 227–231.

Smith, T. W., Pope, M. K., Rhodewalt, F., and Poulton, J. L. (1989). Optimism, neuroticism, coping, and symptom reports: An alternative interpretation of the Life Orientation Test. *Journal of Personality and Social Psychology, 56,* 640–648.

Smith, T. W., and Spiro, A. III. (2002). Personality, health, and aging: Prolegomenon for the next generation. *Journal of Research in Personality, 36,* 363–394.

Smith, T. W., Williams, P. G., and Segerstrom, S. C. (2015). Personality and physical health. In M. Mikulincer,

P. R. Shaver, M. L. Cooper, R. J. Larsen, M. Mikulincer, P. R. Shaver, . . . R. J. Larsen (Eds.), *APA handbook of personality and social psychology, Volume 4: Personality processes and individual differences* (pp. 639–661). Washington, DC, US: American Psychological Association.

Smits, I.A.M., Dolan, C. V., Vorst, H.C.M., Wicherts, J. M., and Timmerman, M. E. (2011). Cohort differences in Big Five personality factors over a period of 25 years. *Journal of Personality and Social Psychology, 100,* 1124–1138.

Snitz, B. E., Weissfeld, L. A., Cohen, A. D., Lopez, O. L., Nebes, R. D., Aizenstein, H. J., and . . . Klunk, W. E. (2015). Subjective cognitive complaints, personality and brain amyloid-beta in cognitively normal older adults. *The American Journal of Geriatric Psychiatry, 23*(9), 985–993.

Snyder, J. K., Fessler, D.M.T., Tiokhin, L., Frederick, D. A., Lee, S. W., and Navarrete, C. D. (2011). Trade-offs in a dangerous world: Women's fear of crime predicts preferences for aggressive and formidable mates. *Evolution and Human Behavior, 32,* 127–137.

Snyder, M. (1983). The influence of individuals on situations: Implications for understanding the links between personality and social behavior. *Journal of Personality, 51,* 497–516.

Snyder, M., and Cantor, N. (1998). Understanding personality and social behavior: A functionalist strategy. In D. T. Gilbert, S. T. Fiske, and G. Lindzey (Eds.), *The handbook of social psychology* (vol. 1, 4th ed., pp. 635–679). Boston: McGraw-Hill.

Snyder, M., and Gangestad, S. (1982). Choosing social situations: Two investigations of self-monitoring processes. *Journal of Personality and Social Psychology, 43,* 123–135.

Sokolowski, K., Schmalt, H., Langens, T. A., and Puca, R. M. (2000). Assessing achievement, affiliation, and power motives all at once: The Multi-Motive Grid (MMG). *Journal of Personality Assessment, 74,* 126–145.

Soloff, P. H., Lis, J. A., Kelly, T., and Cornelius, J. (1994). Risk factors for suicidal behavior in borderline personality disorder. *American Journal of Psychiatry, 151,* 1316–1323.

Solomon, B. C., and Jackson, J. J. (2014). Why do personality traits predict divorce? Multiple pathways through satisfaction. *Journal of Personality and Social Psychology, 106*(6), 978–996.

Solomon, Z., Berger, R., and Ginzburg, K. (2007). Resilience of Israeli body handlers: Implications of repressive coping style. *Traumatology, 13*(4), 64–74.

Somer, O., and Goldberg, L. R. (1999). The structure of Turkish trait-descriptive adjectives. *Journal of Personality and Social Psychology, 76,* 431–450.

Sorokowski, P., Sorokowska, A., Oleszkiewicz, A., Frackowiak, T., Huk, A., and Pisanski, K. (2015). Selfie posting behaviors are associated with narcissism among men. *Personality and Individual Differences, 85,* 123–127.

South, S. C., and Krueger, R. F. (2008). An interactionist perspective on genetic and environmental contributions to personality. *Social and Personality Psychology Compass, 2,* 929–948.

South, S. C., Krueger, R. F., Elkins, I. J., Iacono, W. G., and McGue, M. (2016). Romantic relationship satisfaction moderates the etiology of adult personality. *Behavior Genetics, 46*(1), 124–142.

South, S. C., Krueger, R. F., Johnson, W., and Iacono, W. G. (2008). Adolescent personality moderates genetic and environmental influences on relationships with parents. *Journal of Personality and Social Psychology, 94,* 899–912.

South, S. C., Oltmanns, T. F., and Turkheimer, E. (2003). Personality and the derogation of others: Descriptions based on self- and peer report. *Journal of Research in Personality, 37,* 16–33.

Sowislo, J. F., and Orth, U. (2013). Does low self-esteem predict depression and anxiety? A meta-analysis of longitudinal studies. *Psychological Bulletin, 139,* 213–240.

Souza, A. L., Conroy-Beam, D., and Buss, D. M. (2016). Mate preferences in Brazil: Evolved desires and cultural evolution over three decades. *Personality and Individual Differences, 95,* 45–49.

Spangler, W. D. (1992). Validity of questionnaire and TAT measures of need for achievement: Two meta-analyses. *Psychological Bulletin, 112,* 140–154.

Spanos, N. P., and McLean, J. (1986). Hypnotically created false reports do not demonstrate pseudomemories. *British Journal of Experimental and Clinical Hypnosis, 3,* 167–171.

Spearman, C. (1910). Correlation calculated from faulty data. *British Journal of Psychology, 3,* 271–295.

Specht, J., Bleidorn, W., Denissen, J. J., Hennecke, M., Hutteman, R., Kandler, C., . . . and Zimmermann, J. (2014). What drives adult personality development? A comparison of theoretical perspectives and empirical evidence. *European Journal of Personality, 28,* 216–230.

Specht, J., Egloff, B., and Schmukle, S. C. (2011). Stability and change of personality across the life course: The impact of age and major life events on mean-level and rank-order stability of the Big Five. *Journal of Personality and Social Psychology, 101,* 862–882.

Spence, J. T., Helmreich, R., and Stapp, J. (1974). The Personal Attributes Questionnaire: A measure of sex-role stereotypes and masculinity and femininity. *Journal Supplement Abstract Service Catalog of Selected Documents in Psychology, 4,* 42 (No. 617).

Spengler, M., Lüdtke, O., Martin, R., and Brunner, M. (2013). Personality is related to educational outcomes in late adolescence: Evidence from two large-scale achievement studies. *Journal of Research in Personality, 47*(5), 613–625.

Spies, R. A., and Plake, B. S. (2005). *The Sixteenth Mental Measurements Yearbook.* Lincoln, NE: Buros Institute of Mental Measurements.

Spilker, B., and Callaway, E. (1969). Augmenting and reducing in averaged visual evoked responses to sine wave light. *Psychophysiology, 6,* 49–57.

Spinath, F. M., and O'Connor, T. G. (2003). A behavioral genetic study of the overlap between personality and parenting. *Journal of Personality, 71, 5,* 785–808.

Spinath, F. M., Wolf, H., Angleitner, A., Borkenau, P., and Riemann, R. (2002). Genetic and environmental influences on objectively assessed activity in adults. *Personality and Individual Differences, 33,* 633–645.

Spotts, E. L., Lichtenstein, P., Pedersen, N., Neiderhiser, J. M., Hansson, K., Cederblad, M., and Reiss, D. (2005). Personality and Marital Satisfaction: A Behavioural Genetic Analysis. *European Journal of Personality, 19,* 205–227.

Spotts, E. L., Neiderhiser, J. M., Towers, H., Hansson, K., Lichtenstein, P., Cederblad, M., and Pedersen, N. L. (2004). Genetic and environmental influences on marital relationships. *Journal of Family Psychology, 18,* 107–119.

Srivastava, S., John, O. P., Gosling, S. D., and Potter, J. (2003). Development of personality in early and middle adulthood: Set like plaster or persistent change? *Journal of Personality and Social Psychology, 84, 5,* 1041–1053.

Stake, J. E., Huff, L., and Zand, D. (1995). Trait self-esteem, positive and negative events, and event specific shifts in self-evaluation and affect. *Journal of Research in Personality, 29,* 223–241.

Steel, P., and Ones, D. S. (2002). Personality and happiness: A national-level analysis. *Journal of Personality and Social Psychology, 83, 3,* 767–781.

Steger, M. F., Hicks, B. M., Kashdan, T. B., Krueger, R. F., and Bouchard, T. J., Jr. (2007). Genetic and environmental influences on the positive traits of the values in action classification, and biometric covariance with normal personality. *Journal of Research in Personality, 41,* 524–539.

Stein, A. A. (1976). Conflict and cohesion: A review of the literature. *Journal of Conflict Resolution, 20,* 143–172.

Steinberg, L., Albert, D., Cauffman, E., Banich, M., Graham, S., and Woolard, J. (2008). Age differences in sensation seeking and impulsivity as indexed by behavior and self-report: evidence for a dual systems model. *Developmental Psychology, 44*(6), 1764–1778.

Steiner, A. W., and Coan, J. A. (2011). Prefrontal asymmetry predicts affect, but not beliefs about affect. *Biological Psychology, 88*(1), 65–71.

Steiner, M., Allemand, M., and McCullough, M. E. (2012). Do agreeableness and neuroticism explain age differences in the tendency to forgive others? *Personality and Social Psychology Bulletin, 38,* 441–453.

Stelmack, R. M. (1990). Biological basis of extraversion: Psychophysiological evidence. *Journal of Personality, 58,* 293–311.

Stelmack, R. M., and Stalkas, A. (1991). Galen and the humour theory of temperament. *Personality and Individual Differences, 12,* 255–263.

Sternberg, R. J. (1985). *Beyond IQ: A triarchic theory of human intelligence.* New York: Cambridge University Press.

Stevenson, R. J., Hodgson, D., Oaten, M. J., Moussavi, M., Langberg, R., Case, T. I., and Barouei, J. (2012). Disgust elevates core body temperature and up-regulates certain oral immune markers. *Brain, Behavior, and Immunity, 26*(7), 1160–1168.

Stewart, M. E., Donaghey, C., Deary, I. J., and Ebmeier, K. P. (2008). Suicidal thoughts in young people: Their frequency and relationships with personality factors. *Personality and Individual Differences, 44,* 809–820.

Stewart, M. E., Ebmeier, K. P., and Deary, I. J. (2005). Personality correlates of happiness and sadness: EPQ-R and TPQ compared. *Personality and Individual Differences, 38,* 1085–1096.

Stocker, S. (1997). Don't be shy: Advice for becoming more outgoing. *Prevention,* p. 96.

Stoeber, J., Otto, K., and Dalbert, C. (2009). Perfectionism and the Big Five: Conscientiousness predicts longitudinal increases in self-oriented perfectionism. *Personality and Individual Differences, 47,* 363–368.

Stopfer, J. M., Egloff, B., Nestler, S., and Back, M. D. (2013). Being popular in online social networks: How agentic, communal, and creativity traits relate to judgments of status and liking. *Journal of Research in Personality, 47*(5), 592–598.

Strauss, K., Griffin, M. A., and Parker, S. K. (2012). Future work selves: How salient hoped-for identities motivate proactive career behaviors. *Journal of Applied Psychology, 97,* 580–598.

Strelan, P. (2007). Who forgives others, themselves, and situations? The roles of narcissism, guilt, self-esteem, and agreeableness. *Personality and Individual Differences, 42,* 259–269.

Stroop, J. R. (1935). Studies of interference in serial verbal reactions. *Journal of Experimental Psychology, 18,* 643–661.

Strout, S. L., Laird, J. D., Shafer, A., and Thompson, N. S. (2005). The effect of vividness of experience on sex differences in jealousy. *Evolutionary Psychology, 3,* 263–274.

Stucke, T. S., and Baumeister, R. F. (2006). Ego depletion and aggressive behavior: Is the inhibition of aggression a limited resource? *European Journal of Social Psychology, 36,* 1–13.

Su, R., Rounds, J., and Armstrong, P. I. (2009). Men and things, women and people: A meta-analysis of sex differences in interests. *Psychological Bulletin, 135,* 859–884.

Suls, J., and Wan, C. K. (1989). The relation between Type A behavior and chronic emotional distress: A meta-analysis. *Journal of Personality and Social Psychology, 57,* 503–512.

Suls, J., Wan, C. K., and Costa, P. T., Jr. (1996). Relationship of trait anger to resting blood pressure: A meta-analysis. *Health Psychology, 14,* 444–456.

Surtees, P., Wainwright, N., Khaw, K. T., Luben, R., Brayne, C., and Day, N. (2003). Inflammatory dispositions: A population-based study of the association between hostility and peripheral leukocyte counts. *Personality and Individual Differences, 35,* 1271–1284.

Sutin, A. R., Ferrucci, L., Zonderman, A. B., and Terracciano, A. (2011). Personality and obesity across the adult life span. *Journal of Personality and Social Psychology, 101,* 579–592.

Sutton, S. K. (2002). Incentive and threat reactivity: Relations with anterior cortical activity. In D. Cervone and W. Mischel (Eds.), *Advances in personality science* (pp. 127–150). New York: Guilford Press.

Sverko, B., and Fabulic, L. (1985). Stability of morningness-eveningness: Retest changes after seven years. *Revija za Psihologiju, 15,* 71–78.

Swanbrow, D. (1989, August). The paradox of happiness. *Psychology Today,* pp. 37–39.

Swann, W. B., Langlois, J. H., and Gilbert, L. A. (Eds.). (1999). *Sexism and stereotypes in modern society: The gender science of Janet Taylor Spence.* Washington, DC: American Psychological Association.

Swann, W. R., Jr., and Selye, C. (2005). Personality psychology's comeback and its emerging symbiosis with social psychology. *Personality and Social Psychology Bulletin, 31,* 155–165.

Symons, D. (1979). *The evolution of human sexuality.* New York: Oxford.

Symons, D. (1992). On the use and misuse of Darwinism in the study of human behavior. In J. Barkow, L. Cosmides, and J. Tooby (Eds.), *The adapted mind* (pp. 137–159). New York: Oxford University Press.

Szepsenwol, O., Simpson, J. A., Griskevicius, V., and Raby, K. L. (2015). The effect of unpredictable early childhood environments on parenting in adulthood. *Journal of Personality and Social Psychology, 109*(6), 1045–1067.

Tackett, J. L., Krueger, R. F., Iacono, W. G., and McGue, M. (2008). Personality in middle childhood: A hierarchical structure and longitudinal connections with personality in late adolescence. *Journal of Research in Personality, 42,* 1456–1462.

Tamir, M., Robinson, M. D., and Solberg, E. C. (2006). You may worry, but can you recognize threats when you see them? Neuroticism, threat identifications, and negative affect. *Journal of Personality, 74,* 1481–1506.

Tamir, Y., and Nadler, A. (2007). The role of personality in social identity: Effects of field-dependence and context on reactions to threat to group distinctiveness. *Journal of Personality, 75,* 927–954.

Tarantolo, D., Lamptev, P. R., and Moodie, R. (1999). The global HIV/AIDS pandemic: Trends and patterns. In L. Gibney and R. J. DiClemente (Eds.), *Preventing HIV in developing countries: Biomedical and behavioral approaches* (pp. 9–41). New York: Kluwer Academic/Plenum Publishers.

Tate, J. C., and Shelton, B. L. (2008). Personality correlates of tattooing and body piercing in a college sample: The kids are alright. *Personality and Individual Differences, 45,* 281–285.

Taylor, S. (1991). *Health psychology* (2nd ed.). New York: McGraw-Hill.

Taylor, S. E. (1989). *Positive illusions: Self-deception and the healthy mind.* New York: Basic Books.

Taylor, S. E., Kemeny, M. E., Reed, G. M., Bower, J. E., and Gruenewald, T. L. (2000). Psychological resources, positive illusions, and health. *American Psychologist, 55,* 99–109.

Teasdale, T. W., and Owen, D. R. (2008). Secular declines in cognitive test scores: A reversal of the Flynn effect. *Intelligence, 36,* 121–126.

Tedeschi, R. G., Park, C. L., and Calhoun, L. (1998). Posttraumatic growth: Conceptual issues. In R. G. Tedeschi and P. L. Crystal (Eds.), *Posttraumatic growth:*

Positive changes in the aftermath of crisis (pp. 1–22). Mahwah, NJ: Erlbaum.

Telama, R., Yang, X., Viikari, J., Välimäki, I., Wanne, O., and Raitakari, O. (2005). Physical activity from childhood to adulthood: A 21-year tracking study. *American Journal of Preventive Medicine, 28*(3), 267–273.

Tellegen, A., Lykken, D. T., Bouchard, T. J., Wilcox, K., Segal, N., and Rich, S. (1988). Personality similarity in twins reared apart and together. *Journal of Personality and Social Psychology, 54,* 1031–1039.

Templer, D. I. (2008). Correlational and factor analytic support for Rushton's differential K life history theory. *Personality and Individual Differences, 45,* 440–444.

Terman, L. M. (1938). *Psychological factors in marital happiness.* New York: McGraw-Hill.

Theakston, J. A., Stewart, S. H., Dawson, M. Y., Knowlden-Loewen, S. A. B., and Lehman, D. R. (2004). Big Five personality domains predict drinking motives. *Personality and Individual Differences, 37,* 971–984.

Thielmann, I., and Hilbig, B. E. (2014). Trust in me, trust in you: A social projection account of the link between personality, cooperativeness, and trustworthiness expectations. *Journal of Research in Personality, 50,* 61–65.

Thomas, A. K., Bulevich, J. B., and Loftus, E. F. (2003). Exploring the role of repetition and sensory elaboration in the imagination inflation effect. *Memory and Cognition, 31,* 630–640.

Thompson, R. A. (1991). Emotional regulation and emotional development. *Educational Psychology Review, 3,* 269–307.

Thorndike, E. L. (1911). *Individuality.* Boston: Houghton Mifflin.

Thornhill, R., and Gangestad, S. W. (2008). *The evolutionary biology of human female sexuality.* New York: Oxford University Press.

Thrash, T. M., and Elliot, A. J. (2002). Implicit and self-attributed achievement motives: Concordance and predictive validity. *Journal of Personality, 70,* 729–755.

Thrash, T. M., Elliot, A. J., and Schultheiss, O. C. (2007). Methodological and dispositional predictors of congruence between implicit and explicit need for achievement. *Personality and Social Psychology Bulletin, 33,* 961–974.

Tice, D. M. (1991). Esteem protection or enhancement? Self-handicapping motives and attributions differ by trait self-esteem. *Journal of Personality and Social Psychology, 60,* 711–725.

Tice, D. M. (1993). The social motivations of people with low self-esteem. In R. F.

Baumeister (Ed.), *Self-esteem: The puzzle of low self-regard* (pp. 37–53). New York: Plenum Press.

Tice, D. M., and Baumeister, R. F. (1990). Self-esteem, self-handicapping, and self-presentation: The strategy of inadequate practice. *Journal of Personality, 58,* 443–464.

Tice, D. M., and Bratslavsky, E. (2000). Giving in to feel good: The place of emotion regulation in the context of general self-control. *Psychological Inquiry, 11,* 149–159.

Tolea, M. I., Terracciano, A., Simonsick, E. M., Metter, E. J., Costa, P. T., Jr., and Ferrucci, L. (2012). Associations between personality traits, physical activity level, and muscle strength. *Journal of Research in Personality, 46,* 264–270.

Tomarken, A. J., Davidson, R. J., and Henriques, J. B. (1990). Resting frontal brain asymmetry predicts affective responses to films. *Journal of Personality and Social Psychology, 59,* 791–801.

Tomkins, S. S. (2008). *Affect, imagery, consciousness: The complete edition* (vols. 1–4). New York: Springer.

Tooby, J., and Cosmides, L. (1990). On the universality of human nature and the uniqueness of the individual: The role of genetics and adaptation. *Journal of Personality, 58,* 17–68.

Tooby, J., and Cosmides, L. (1992). Psychological foundations of culture. In J. Barkow, L. Cosmides, and J. Tooby (Eds.), *The adapted mind* (pp. 19–136). New York: Oxford University Press.

Tooke, J., and Camie, L. (1991). Patterns of deception in intersexual and intrasexual mating strategies. *Ethology and Sociobiology, 12,* 345–364.

Tremblay, R. E., Pihl, R. O., Vitaro, F., and Dobkin, P. L. (1994). Predicting early onset of male antisocial behavior from preschool behavior. *Archives of General Psychiatry, 51,* 732–739.

Trinkaus, E., and Zimmerman, M. R. (1982). Trauma among the Shanidar Neanderthals. *American Journal of Physical Anthropology, 57,* 61–76.

Trivers, R. (1985). *Social evolution.* Menlo Park, CA: Benjamin/Cummings.

Trivers, R. L. (1972). Parental investment and sexual selection. In B. Campbell (Ed.), *Sexual selection and the descent of man: 1871–1971* (pp. 136–179). Chicago: Aldine.

Trobst, K. K., Herbst, J. H., Masters, H. L., and Costa, P. T. (2002). Personality pathways to unsafe sex: Personality, condom use, and HIV risk behaviors. *Journal of Research in Personality, 36,* 117–133.

Trull, T. J. (2012). The Five-Factor Model of personality disorder and DSM-5. *Journal of Personality, 80*(6), 1697–1720.

Trull, J. J., and McCrae, R. M. (2002). A five-factor perspective on personality disorder research. In P. T. Costa, Jr., and T. A. Widiger (Eds.), *Personality disorders and the five factor model of personality* (2nd ed., pp. 45–58). Washington, DC: American Psychological Association.

Trzesniewski, K. H., Donnellan, M. B., and Robins, R. W. (2003). Stability of self-esteem across the life span. *Journal of Personality and Social Psychology, 84, 1,* 205–220.

Tsai, A., Loftus, E., and Polage, D. (2000). Current directions in false-memory research. In D. F. Bjorklund (Ed.), *False-memory creation in children and adults: Theory, research, and implications* (pp. 31–44). Mahwah, NJ: Erlbaum.

Tuerlinckz, F., De Boeck, P., and Lens, W. (2002). Measuring needs with the Thematic Apperception Test: A psychometric study. *Journal of Personality and Social Psychology, 82,* 448–461.

Tupes, E. C., and Christal, R. C. (1961). *Recurrent personality factors based on trait ratings.* USAF ASD Technical Report, No. 61–97, U.S. Air Force, Lackland Air Force Base, TX.

Turiano, N. A., Chapman, B. P., Gruenewald, T. L., and Mroczek, D. K. (2015). Personality and the leading behavioral contributors of mortality. *Health Psychology, 34*(1), 51–60.

Turiano, N. A., Whiteman, S. D., Hampson, S. E., Roberts, B. W., and Mroczek, D. K. (2012). Personality and substance use in midlife: Conscientiousness as a moderator and the effects of trait change. *Journal of Research in Personality, 46,* 295–305.

Turkheimer, E., Pettersson, E., and Horn, E. E. (2014). A phenotypic null hypothesis for the genetics of personality. *Annual Review of Psychology, 65,* 515–540.

Twenge, J. M. (2000). The age of anxiety? Birth cohort change in anxiety and neuroticism, 1952–1993. *Journal of Personality and Social Psychology, 79,* 1007–1021.

Twenge, J. M. (2001a). Changes in women's assertiveness in response to status and roles: A cross-temporal meta-analysis, 1931–1993. *Journal of Personality and Social Psychology, 81,* 133–145.

Twenge, J. M. (2001b). Birth cohort changes in extraversion: A cross-temporal meta-analysis, 1966–1993. *Personality and Individual Differences, 30,* 735–748.

Twenge, J. M., Konrath, S., Foster, J. D., Campbell, W. K., and Bushman, B. J. (2008). Egos inflating over time: A cross-temporal meta-analysis of the Narcissistic Personality Inventory. *Journal of Personality, 76,* 875–902.

Tybur, J. M., & de Vries, R. E. (2013). Disgust sensitivity and the HEXACO model of personality. *Personality and Individual Differences, 55*(6), 660–665.

Tybur, J. M., Lieberman, D., and Griskevicius, V. (2009). Microbes, mating, and morality: Individual differences in three functional domains of disgust. *Journal of Personality and Social Psychology, 97*(1), 103–122.

Udry, J. R., and Chantala, K. (2004). Masculinity-femininity guides sexual union formation in adolescence. *Personality and Social Psychology Bulletin, 30,* 44–55.

Uher, R., Caspi, A., Houts, R., Sugden, K., Williams, B., Poulton, R., and Moffitt, T. E. (2011). Serotonin transporter gene moderates childhood maltreatment's effects on persistent but not single-episode depression: Replications and implications for resolving inconsistent results. *Journal of Affective Disorders, 135,* 55–65.

U.S. Department of Health and Human Services, Administration on Children, Youth and Families. (2008). *Child Maltreatment 2006.* Washington, DC: U.S. Government Printing Office.

U.S. News & World Report, September 29, 2003.

Vaidya, J. G., Gray, E. K., Gaig, J. R., Mroczek, D. K., and Watson, D. (2008). Differential stability and individual growth trajectories of Big Five and affective traits during young adulthood. *Journal of Personality, 76,* 267–304.

Vaidya, J. G., Gray, E. K., Haig, J., and Watson, D. (2002). On the temporal stability of personality: Evidence for differential stability and the role of life experiences. *Journal of Personality and Social Psychology, 83, 6,* 1469–1484.

Vaillant, G. E. (1977). *Adaptation to life.* Boston: Little Brown.

Vaillant, G. E. (1994). Ego mechanisms of defense and personality psychopathology. *Journal of Abnormal Psychology, 103,* 44–50.

Valentova, J. V., Štěrbová, Z., Bártová, K., and Varella, M. A. C. (2016). Personality of ideal and actual romantic partners among heterosexual and non-heterosexual men and women: A cross-cultural study. *Personality and Individual Differences, 101,* 160–166.

van Anders, S. M. (2012). Testosterone and sexual desire in healthy women and men. *Archives of Sexual Behavior, 41,* 1471–1484.

Van Beijsterveldt, C.E.M., Bartels, M., Hudziak, J. J., and Boomsma, D. I. (2003). Causes of stability of aggression from early childhood to adolescence: A longitudinal genetic analysis of Dutch twins. *Behavior Genetics, 33,* 591–605.

Van Den Berg, S. M., de Moor, M. H., McGue, M., Pettersson, E., Terracciano, A., Verweij, K. J., ... & Hansell, N. K. (2014). Harmonization of Neuroticism and Extraversion phenotypes across inventories and cohorts in the Genetics of Personality Consortium: an application of Item Response Theory. *Behavior genetics, 44*(4), 295–313.

van Den Berg, S. M., de Moor, M. H., Verweij, K. J., Krueger, R. F., Luciano, M., Vasquez, A. A., ... & Gordon, S. D. (2016). Meta-analysis of Genome-Wide Association Studies for Extraversion: Findings from the Genetics of Personality Consortium. *Behavior genetics, 46*(2), 170–182.

Van Eck, R. N., Fu, H., and Drechsel, P. J. (2015). Can simulator immersion change cognitive style? Results from a cross-sectional study of field-dependence–independence in air traffic control students. *Journal of Computing in Higher Education, 27*(3), 196–214.

Van der Linden, D., Figueredo, A. J., de Leeuw, R. N. H., Scholte, R. J. J., and Engels, R. C. M. E. (2012). The general factor of personality (GFP) and parental support: Testing a prediction from Life History Theory. *Evolution and Human Behavior, 33,* 537–546.

van Scheppingen, M. A., Jackson, J. J., Specht, J., Hutteman, R., Denissen, J. J., and Bleidorn, W. (2016). Personality trait development during the transition to parenthood a test of social investment theory. *Social Psychological and Personality Science, 7*(5), 452–462.

Vando, A. (1974). The development of the R-A scale: A paper-and-pencil measure of pain tolerance. *Personality and Social Psychology Bulletin, 1,* 28–29.

Vazire, S. (2010). Who knows what about a person? The self-other knowledge asymmetry (SOKA) model. *Journal of Personality and social Psychology, 98,* 281–300.

Vazire, S., and Gosling, S. D. (2003). The role of animal research in bridging psychology and biology. *American Psychologist, 58,* 407–408.

Vazire, S., and Mehl, M. R. (2008). Knowing me, knowing you: The accuracy and unique predictive validity of self and other ratings of daily behavior. *Journal of Personality and Social Psychology, 95,* 1207–1216.

Vazire, S., Naumann, L. P., Rentfrow, P. J., and Gosling, S. D. (2008). Portrait of a narcissist: Manifestations of narcissism in physical appearance. *Journal of Research in Personality, 42,* 1439–1447.

Veenhoven, R. (1988). The utility of happiness. *Social Indicators Research, 20,* 333–354.

Veenhoven, R. (1991a). Questions on happiness: Classical topics, modern answers, blind spots. In F. Strack and M. Argyle (Eds.), *Subjective well-being: An interdisciplinary perspective* (pp. 7–26). Oxford, England: Pergamon Press.

Veenhoven, R. (1991b). Is happiness relative? *Social Indicators Research, 24,* 1–34.

Vernon, P., Villani, V. C., Vickers, L. C., and Harris, J. A. (2008). A behavioral genetic investigation of the Dark Triad and the Big 5. *Personality and Individual Differences, 44,* 445–452.

Veroff, J., Atkinson, J. W., Feld, S. C., and Gurin, G. (1960). The use of thematic apperception to assess motivation in a nationwide interview study. *Psychological Monography, 74,* 32.

Verona, E., Bresin, K., and Patrick, C. J. (2013). Revisiting psychopathy in women: Cleckley/Hare conceptions and affective response. *Journal of Abnormal Psychology, 122*(4), 1088–1093.

Veselka, L., Schermer, J. A., and Vernon, P. A. (2012). The Dark Triad and an expanded framework of personality. *Personality and Individual Differences, 53,* 417–425.

Vidacek, S., Kaliterna, L., Radosevic-Vidacek, B., and Folkard, S. (1988). Personality differences in the phase of circadian rhythms: A comparison of morningness and extraversion. *Ergonomics, 31,* 873–888.

Vignoles, V. L., Regalia, C., Manzi, C., Golledtge, J., and Scabini, E. (2006). Beyond self-esteem: Influence of multiple motives on identity construction. *Journal of Personality and Social Psychology, 90,* 308–333.

Vining, D. (1982). On the possibility of the reemergence of a dysgenic trend with respect to intelligence in American fertility differentials. *Intelligence, 6,* 241–264.

Vitaro, F., Arsenault, L., and Tremblay, R. E. (1997). Dispositional predictors of problem gambling in male adolescents. *American Journal of Psychiatry, 154,* 1769–1770.

von Rueden, C. R., Lukaszewski, A. W., and Gurven, M. (2015). Adaptive personality calibration in a human society: effects of embodied capital on prosocial traits. *Behavioral Ecology, 26*(4), 1071–1082.

Vrij, A., van der Steen, J., and Koppelaar, L. (1995). The effects of street noise and field independence on police officers' shooting behavior. *Journal of Applied Social Psychology, 25,* 1714–1725.

Vukasović, T., and Bratko, D. (2015). Heritability of personality: A meta-analysis of behavior genetic studies. *Psychological Bulletin, 141*(4), 769–785.

Wachtel, P. L. (1973). Psychodynamics, behavior therapy, and the implacable experimenter: An inquiry into the consistency of personality. *Journal of Abnormal Psychology, 82,* 324–334.

Wacker, J., Mueller, E. M., and Stemmler, G. (2012). Prenatal testosterone and personality: Increasing the specificity of trait assessment to detect consistent associations with digit ratio (2D:4D). *Journal of Research in Personality,* online first posting, digital online identifier: 10.1016/j.jrp.2012.10.007.

Wacker, J., and Smillie, L. D. (2015). Trait extraversion and dopamine function. *Social and Personality Psychology Compass, 9*(6), 225–238.

Wagner, J., Becker, M., Lüdtke, O., and Trautwein, U. (2015). The first partnership experience and personality development: A propensity score matching study in young adulthood. *Social Psychological and Personality Science, 6,* 455–463.

Wagner, J., Lüdtke, O., Jonkmann, K., and Trautwein, U. (2013). Cherish yourself: Longitudinal patterns and conditions of self-esteem change in the transition to young adulthood. *Journal of Personality and Social Psychology, 104,* 148–163.

Wagstaff, G. F., Vella, M., and Perfect, T. (1992). The effect of hypnotically elicited testimony on jurors' judgments of guilt and innocence. *Journal of Social Psychology, 132,* 591–595.

Wahba, M. A., and Bridwell, L. (1973). Maslow's need hierarchy theory: A review of research. *Proceedings of the Annual Convention of the American Psychological Association (1973).* 571–572.

Wagner, J., Lüdtke, O., and Trautwein, U. (2015). Self-esteem is mostly stable across young adulthood: Evidence from latent starts models. *Journal of Personality (serial online).*

Wagner, J., Lüdtke, O., Jonkmann, K., and Trautwein, U. (2013). Cherish yourself: Longitudinal patterns and conditions of self-esteem change in the transition to young adulthood. *Journal of Personality and Social Psychology, 104*(1), 148–163.

Wallace, H. M., and Baumeister, R. F. (2002). The performance of narcissists rises and falls with perceived opportunity for glory. *Journal of Personality and Social Psychology, 82, 5,* 819–834.

Waller, N. (1994). The importance of nongenetic influences on romantic love styles. *Psychological Science, 9,* 268–274.

Walton, G. M., Paunesku, D., and Dweck, C. S. (2012). Expandable selves. In M. R. Leary and J. P. Tangney (Eds.), *Handbook of self and identity* (2nd ed., pp. 141–154). New York, NY: Guilford Press.

Watson, D. (2000). *Mood and temperament.* New York: Guilford Press.

Watson, D. (2003). To dream, perchance to remember: Individual differences in dream recall. *Personality and Individual Differences, 34,* 1271–1286.

Watson, D., and Clark, L. A. (1984). Negative affectivity: The disposition to experience aversive emotional states. *Psychological Bulletin, 96,* 465–490.

Watson, D., and Humrichouse, J. (2006). Personality development in emerging adulthood: Integrating evidence from self-ratings and spouse ratings. *Journal of Personality and Social Psychology, 91,* 959–974.

Watson, D., and Pennebaker, J. W. (1989). Health complaints, stress, and distress: Exploring the central role of negative affectivity. *Psychological Review, 96,* 234–254.

Watson, D. C. (2001). Procrastination and the five-factor model: A facet level analysis. *Personality and Individual Differences, 30,* 149–158.

Watson-Jones, R. E., Whitehouse, H., and Legare, C. H. (2015). In-group ostracism increases high-fidelity imitation in early childhood. *Psychological Science, 27,* 34–42.

Watts, B. L. (1982). Individual differences in circadian activity rhythms and their effects on roommate relationships. *Journal of Personality, 50,* 374–384.

Webster, G. D., and Crysel, L. C. (2012). "Hit Me, Maybe, One More Time": Brief measures of impulsivity and sensation seeking and their prediction of blackjack bets and sexual promiscuity. *Journal of Research in Personality, 46*(5), 591–598.

Wechsler, D. (1949). *The Wechsler Intelligence Scale for Children.* New York: Psychological Corporation.

Wegmann, E., Stodt, B., and Brand, M. (2015). Addictive use of social networking sites can be explained by the interaction of Internet use expectancies, Internet literacy, and psychopathological symptoms. *Journal of Behavioral Addictions, 4*(3), 155–162.

Wehr, T. A., and Goodwin, F. K. (1981). Biological rhythms and psychiatry. In S. Arieti and H. K. Brodie (Eds.), *American handbook of psychiatry: Advances and new directions* (vol. 7). New York: Basic Books.

Weinberger, D. S., Schwartz, G. E., and Davidson, R. J. (1979). Low-anxious, high-anxious, and repressive coping styles: Psychometric patterns and behavioral and physiological responses to stress. *Journal of Abnormal Psychology, 88,* 369–380.

Weinberger, J. (2003). Freud's influence on psychology is alive and vibrant. In E. E. Smith, S. Nolen-Hoeksema, B. L. Fredrickson, G. R. Loftus, D. J. Bem, and S. Maren, *Introduction to psychology* (p. 486). Belmont, CA: Wadsworth/Thomson Learning.

Weinberger, J., and McClelland, D. C. (1990). Cognitive versus traditional motivational models: Irreconcilable or complementary? In E. T. Higgins and R. M. Sorrentino (Eds.), *Handbook of motivation and cognition* (vol. 2, pp. 562–597). New York: Guilford Press.

Weinberger, J., and Westen, D. (2007). *RATS, we should have used Clinton: Subliminal priming in political campaigns.* Paper presented at the annual meeting of the International Society of Political Psychology, Portland, Oregon. *USA Online.* Retrieved February 3, 2009, from www.allacademic.com/meta/p204661_index.html

Weinstein, A., Dorani, D., Elhadif, R., Bukovza, Y., Yarmulnik, A., and Dannon, P. (2015). Internet addiction is associated with social anxiety in young adults. *Annals of Clinical Psychiatry, 27*(1), 4–9.

Weinstock, L. M., and Whisman, M. A. (2006). Neuroticism as a common feature of the depressive and anxiety disorders: A test of the revised integrative hierarchical model in a national sample. *Journal of Abnormal Psychology, 115,* 68–74.

Weiser, E. B. (2015). # Me: Narcissism and its facets as predictors of selfie-posting frequency. *Personality and Individual Differences, 86,* 477–481.

Weiss, A., King, J. E., and Enns, R. M. (2002). Subjective well-being is heritable and genetically correlated with dominance in chimpanzees *(Pan troglodytes). Journal of Personality and Social Psychology, 83, 5,* 1141–1149.

Weissberg, R. P., Kumpfer, K. L., and Seligman, M. E. P. (2003). Prevention that works for children and youth: An introduction. *American Psychologist Special Issue: Prevention that works for children and youth, 58,* 425–432.

Weller, H. G., Repman, J., Lan, W., and Rooze, G. (1995). Improving the effectiveness of learning through hypermedia-based instruction: The importance of learner characteristics. Special Issue: Hypermedia: Theory, research, and application. *Computers in Human Behavior, 11,* 451–465.

Wertsch, J., and Kanner, B. (1992). A sociocultural approach to intellectual development. In R. Sternberg and C. A. Berg (Eds.), *Intellectual development* (pp. 328–349). New York: Cambridge University Press.

Wessman, A. E., and Ricks, D. F. (1966). *Mood and personality.* New York: Holt, Rinehart, and Winston.

West, S. G. (2002). Some methodological and training/funding perspectives on the future of personality research. *Journal of Research in Personality, 36,* 640–648.

Westen, D. (1990). Psychoanalytic approaches to personality. In L. A.

Pervin (Ed.), *Handbook of personality: Theory and research* (pp. 21–65). New York: Guilford Press.

Westen, D. (1992). The cognitive self and the psychoanalytic self: Can we put our selves together? *Psychological Inquiry, 3*, 1–13.

Westen, D. (1998). The scientific legacy of Sigmund Freud: Toward a psychodynamically informed psychological science. *Psychological Bulletin, 124*, 333–371.

Westen, D., and Gabbard, G. O. (2002a). Developments in cognitive neuroscience: I. Conflict, compromise, and connectionism. *Journal of the American Psychoanalytic Association, 50*, 53–98.

Westen, D., and Gabbard, G. O. (2002b). Developments in cognitive neuroscience: II. Implications for theories of transference. *Journal of the American Psychoanalytic Association 50*, 99–134.

Westen, D., Ludolph, P., Misle, B., and Ruffins, S. (1990). Physical and sexual abuse in adolescent girls with borderline personality disorder. *American Journal of Orthopsychiatry, 60*, 55–66.

Wever, R. A. (1979). *The circadian system of man: Results of experiments under temporal isolation.* New York: Springer.

Whalen, P. J., Bush, G., and McNally, R. J. (1998). The emotional counting Stroop paradigm: A functional magnetic resonance imaging probe of the anterior cingulate affective division. *Biological Psychiatry, 44*, 1219–1228.

Wheeler, J. G., George, W. H., and Dahl, B. J. (2002). Sexually aggressive college males: Empathy as a moderator in the "Confluence Model" of sexual aggression. *Personality and Individual Differences, 33*, 759–775.

Wheeler, R. W., Davidson, R. J., and Tomarken, A. J. (1993). Frontal brain asymmetry and emotional reactivity: A biological substrate of affective style. *Psychophysiology, 30*, 82–89.

White, J. K., Hendrick, S. S., and Hendrick, C. (2004). Big Five personality variables and relationship constructs. *Personality and Individual Differences, 37*, 1519–1530.

Whitehead, D. L., Perkins-Porras, L., Strike, P. D., Magid, K., and Steptoe, A. (2007). Cortisol awakening response is elevated in acute coronary syndrome patients with Type D personality. *Journal of Psychosomatic Research, 62*, 419–425.

Whiting, B., and Edwards, C. P. (1988). *Children of different worlds.* Cambridge, MA: Harvard University Press.

Whorf, B. L. (1956). *Language, thought, and reality.* Cambridge, MA: MIT Press.

Wicker, F. W., Brown, G., Weihe, J. A., Hagen, A. S., and Reed, J. L. (1993). On reconsidering Maslow: An examination

of the deprivation/domination proposition. *Journal of Research in Personality, 27*, 118–133.

Wickman, S. A., and Campbell, C. (2003). An analysis of how Carl Rogers enacted client-centered conversation with Gloria. *Journal of Counseling and Development, 81*, 178–184.

Widiger, T. A. (1997). Personality disorders as maladaptive variants of common personality traits: Implications for treatment. *Journal of Contemporary Psychotherapy Special Issue: Personality disorders, 27*, 265–282.

Widiger, T. A. (2000). Personality disorders in the 21st century. *Journal of Personality Disorders, 14*, 3–16.

Widiger, T. A., and Costa, P. T. (2012). Integrating normal and abnormal personality structure: The Five-Factor Model. *Journal of Personality, 80*(6), 1471–1506.

Widiger, T. A., Costa, P. T., Jr., and McCrae, R. M. (2002a). A proposal for Axis II: Diagnosing personality disorders using the five-factor model. In P. T. Costa Jr. and T. A. Widiger (Eds.), *Personality disorders and the five-factor model of personality* (2nd ed., 431–456). Washington, DC: American Psychological Association.

Widiger, T. A., Trull, T. J., Clarkin, J. F., Sanderson, C., and Costa, P. T., Jr. (2002b). A description of the *DSM-IV* personality disorders with the five-factor model of personality. In P. T. Costa Jr. and T. A. Widiger (Eds.), *Personality disorders and the five-factor model of personality* (2nd ed., 89–102). Washington, DC: American Psychological Association.

Wiebe, D. J., and Smith, T. (1997). Personality and health: Progress and problems in psychosomatics. In R. Hogan, J. Johnson, and S. Briggs (Eds.), *Handbook of personality psychology* (pp. 892–918). San Diego, CA: Academic Press.

Wiederman, M. W., and Kendall, E. (1999). Evolution, gender, and sexual jealousy: Investigation with a sample from Sweden. *Evolution and Human Behavior, 20*, 121–128.

Wiggins, J. S. (1973). *Personality and prediction: Principles of personality assessment.* Menlo Park, CA: Addison-Wesley.

Wiggins, J. S. (1979). A psychological taxonomy of trait-descriptive terms: I. The interpersonal domain. *Journal of Personality and Social Psychology, 37*, 395–412.

Wiggins, J. S. (1996). *The five-factor model of personality: Theoretical perspectives.* New York: Guilford Press.

Wiggins, J. S. (2003). *Paradigms of personality assessment.* New York: Guilford Press.

Wiggins, J. S., Phillips, N., and Trapnell, P. (1989). Circular reasoning about interpersonal behaviour: Evidence concerning some untested assumptions underlying diagnostic classification. *Journal of Personality and Social Psychology, 56, 2*, 296–305.

Willerman, L. (1979). Effects of families on intellectual development. *American Psychologist, 34*, 923–929.

Willerman, L., Loehlin, J. C., and Horn, J. M. (1992). An adoption and a cross-fostering study of the Minnesota Multiphasic Personality Inventory (MMPI) Psychopathic Deviate scale. *Behavior Genetics, 22*, 515–529.

Williams, D. E., and Page, M. M. (1989). A multi-dimensional measure of Maslow's hierarchy of needs. *Journal of Research in Personality, 23*, 192–213.

Williams, J. E., and Best, D. L. (1982). *Measuring sex stereotypes: A thirty-nation study.* Beverly Hills: Sage.

Williams, J. E., and Best, D. L. (1990). *Measuring sex stereotypes: A multi-nation study.* Newbury Park, CA: Sage.

Williams, J. E., and Best, D. L. (1994). Cross-cultural views of women and men. In W. J. Lonner and R. Malpass (Eds.), *Psychology and culture* (pp. 191–196). Boston: Allyn and Bacon.

Williams, J.M.G., Mathews, A., and MacLeod, C. (1996). The emotional Stroop task and psychopathology. *Psychological Bulletin, 120*, 3–24.

Williams, L., O'Connor, R. C., Howard, S., Hughes, B. M., Johnston, D. W., Hay, J. L., O'Connor, et al. (2008). Type D personality mechanisms of effect: The role of health-related behavior and social support. *Journal of Psychosomatic Research, 64*, 63–69.

Williams, P. G., O'Brien, C. D., and Colder, C. R. (2004). The effects of neuroticism and extraversion on self-assessed health and health-relevant cognition. *Personality and Individual Differences, 37*, 83–94.

Wilson, D. S., Near, D., and Miller, R. R. (1996). Machiavellianism: A synthesis of the evolutionary and psychological literatures. *Psychological Bulletin, 119*, 285–299.

Wilson, M., and Daly, M. (1985). Competitiveness, risk-taking, and violence: The young male syndrome. *Ethology and Sociobiology, 6*, 59–73.

Wilson, M., and Daly, M. (2004). Do pretty women inspire men to discount the future? *Proceedings of the Royal Society of London, B (Suppl.), 271*, S177–S179.

Winch, R. F. (1954). The theory of complementary needs in mate selection: An analytic and descriptive study. *American Sociological Review, 19*, 241–249.

Winjgaards-de Meij, L., Stroebe, M., Schut, H., Stroebe, W., van den Bout, J., van der Heijden, P., and Dijkstra, I. (2007). Neuroticism and attachment insecurity as predictors of bereavement outcome. *Journal of Research in Personality, 41,* 498–505.

Wink, P., Ciciolla, L., Dillon, M., and Tracy, A. (2007). Religiousness, spiritual seeking, and personality: Findings from a longitudinal study. *Journal of Personality, 75,* 1051–1070.

Winter, D. G. (1973). *The power motive.* New York: Free Press.

Winter, D. G. (1988). The power motive in women—and men. *Journal of Personality and Social Psychology, 54,* 510–519.

Winter, D. G. (1993). Power, affiliation, and war: Three tests of a motivational model. *Journal of Personality and Social Psychology, 65,* 532–545.

Winter, D. G. (1998). A motivational analysis of the Clinton first term and the 1996 presidential campaign. *Leadership Quarterly, 9,* 367–376.

Winter, D. G. (1999). Linking personality and "scientific" psychology: The development of empirically derived Thematic Apperception Test measures. In Gieser and M. I. Stein (Eds.), *Evocative images: The Thematic Apperception Test and the art of projection* (pp. 107–124). Washington, DC: American Psychological Association.

Winter, D. G. (2002). The motivational dimensions of leadership: Power, achievement, and affiliation. In R. E. Riggio and S. E. Murphy (Eds.), *Multiple intelligences and leadership* (pp. 119–138). Mahwah, NJ: Erlbaum.

Winter, D. G., and Barenbaum, N. B. (1985). Responsibility and the power motive in women and men. *Journal of Personality, 53,* 335–355.

Winter, D. G., John, O. P., Stewart, A. J., Klohnen, E. C., and Duncan, L. E. (1998). Traits and motives: Toward an integration of two traditions in personality research. *Psychological Review, 105,* 230–250.

Witkin, H. A. (1973). A cognitive-style perspective on evaluation and guidance. *Proceedings of the Invitational Conference on Testing Problems,* 21–27.

Witkin, H. A. (1977). Role of the field-dependent and field-independent cognitive styles in academic evolution: A longitudinal study. *Journal of Educational Psychology, 69,* 197–211.

Witkin, H. A., Dyk, R. B., Fattuson, H. F., Goodenough, D. R., and Karp, S. A. (1962). *Psychological differentiation: Studies of development.* New York: Wiley.

Witkin, H. A., and Goodenough, D. R. (1977). Field dependence and interpersonal behavior. *Psychological Bulletin, 84,* 661–689.

Witkin, H. A., Lewis, H. B., Hertzman, M., Machover, K., Meissner, P. B., and Wapner, S. (1954). *Personality through perception: An experimental and clinical study.* New York: Harper.

Witkin, H. A., Moore, C. A., Goodenough, D. R., and Cox, P. W. (1977). Field-dependent and field-independent cognitive styles and their educational implications. *Review of Educational Research, 47,* 1–64.

Woike, B. A. (1995). Most memorable experiences: Evidence for a link between implicit and explicit motives and social cognitive processes in everyday life. *Journal of Personality and Social Psychology, 68,* 1081–1091.

Wood, A. C., Saudino, K. J., Rogers, H., Asherson, P., and Kuntsi, J. (2007). Genetic influences on mechanically-assessed activity level in children. *Journal of Child Psychology and Psychiatry, 48,* 695–702.

Wood, A. H., and Eagly, A. H. (2010). Gender. In S. Fiske, D. Gilbert, & G. Lindzey (Eds.), *Handbook of Social Psychology* (5th ed., vol. 1, pp. 629–667). New York: Wiley.

Wood, D. (2015). Testing the lexical hypothesis: Are socially important traits more densely reflected in the English lexicon? *Journal of personality and social psychology, 108*(2), 317–335.

Wood, D., Nye, C. D., and Saucier, G. (2010). Identification and measurement of a more comprehensive set of person-descriptive trait markers from the English lexicon. *Journal of Research in Personality, 44,* 258–272.

Wood, J. J., McLeod, B. D., Sigman, M., Hwang, W. C., and Chu, B. C. (2003). Parenting and childhood anxiety: Theory, empirical findings, and future directions. *Journal of Child Psychology and Psychiatry and Allied Disciplines, 44,* 134–151.

Wood, J. M., Nezworski, M. T., Lilienfeld, S. O., and Garb, H. N. (2003). *What's wrong with the Rorschach? Science confronts the controversial inkblot test.* San Francisco: Jossey-Bass.

Wood, J. M., Nezworski, M. T., and Stejskal, J. W. (1996). The comprehensive system for the Rorschach: A critical examination. *Psychological Science, 7,* 3–10.

Wortman, J., and Wood, D. (2011). The personality traits of liked people. *Journal of Research in Personality, 45,* 519–528.

Wright, C. I., Williams, D., Feczko, E., Barrett, L. F., Dickerson, B. C., Schwartz, C. E., and Wedig, M. M. (2006). Neuroanatomical correlates of extraversion and neuroticism. *Cerebral Cortex, 16*(12), 1809–1819.

Wright, D. B., Eaton, A. A., and Skagerberg, E. (2015). Occupational

segregation and psychological gender differences: How empathizing and systemizing help explain the distribution of men and women into (some) occupations. *Journal of Research in Personality, 54,* 30–39.

Wright, L. (1988). The Type A behavior pattern and coronary artery disease. *American Psychologist, 43,* 2–14.

Wrulich, M., Stadler, G., Brunner, M., Keller, U., and Martin, R. (2015). Childhood intelligence predicts premature mortality: Results from a 40-year population-based longitudinal study. *Journal of Research in Personality, 58,* 6–10.

Wrzus, C., Wagner, G. G., and Riediger, M. (2016). Personality-situation transactions from adolescence to old age. *Journal of Personality and Social Psychology, 110*(5), 782.

Wu, K. D., and Clark, L. A. (2003). Relations between personality traits and self-reports of daily behavior. *Journal of Research in Personality, 37,* 231–256.

Yarkoni, T. (2015). Neurobiological substrates of personality: A critical overview. In L. Cooper and R. J. Larsen (Eds.), *Handbook of Personality and Social Psychology: Personality Processes and Individual Differences* (pp. 61–84). Washington, DC: American Psychological Association.

Yeh, C. (1995). *A cultural perspective on interdependence in self and morality: A Japan-U.S. comparison.* Unpublished manuscript, Department of Psychology, Stanford University, Stanford, CA.

Yik, M. S. M., and Russell, J. A. (2001). Predicting the big two of affect from the Big Five of personality. *Journal of Research in Personality, 35,* 247–277.

Yildirim, I., and Zengel, R. (2014). The impact of cognitive styles on design students' spatial knowledge from virtual environments. *TOJET: The Turkish Online Journal of Educational Technology, 13*(3), 210–215.

Young, S. M., and Pinksky, D. (2006). Narcissism and celebrity. *Journal of Research in Personality, 40,* 463–471.

Yu, D. L., and Seligman, M. E. P. (2002). Preventing depressive symptoms in Chinese children. *Prevention and Treatment, 5,* np.

Zagorsky, J. L. (2007). Do you have to be smart to be rich? The impact of IQ on wealth, income, and financial distress. *Intelligence, 35,* 489–501.

Zaki, J. (2011) What, me care? Young are less empathetic. *Scientific American Mind, 21,* 14–15.

Zakriski, A. L., Wright, J. C., and Underwood, M. K. (2005). Gender similarities and differences in children's social behavior: Finding personality in contextualized patterns of adaptation. *Journal of Personality and Social Psychology, 88,* 844–855.

Zarevski, P., Bratko, D., Butkovic, A., and Lazic, A. (2002). Self-reports and peer-ratings of shyness and assertiveness. *Review of Psychology, 9,* 13–16.

Zeidner, M., Matthews, G., Roberts, R. D., and MacCann, C. (2003). Development of emotional intelligence: Towards a multi-level investment model. *Human Development, 46,* 69–96.

Zeigler-Hill, V., Besser, A., Morag, J., & Campbell, W. K. (2016). The Dark Triad and sexual harassment proclivity. *Personality and Individual Differences, 89,* 47–54.

Zeigler-Hill, V., Myers, E. M., and Clark, C. B. (2010). Narcissism and self-esteem reactivity: The role of negative achievement events. *Journal of Research in Personality, 44,* 285–292.

Zelenski, J. M., and Larsen, R. J. (1999). Susceptibility to affect: A comparison of three personality taxonomies. *Journal of Personality, 67,* 761–791.

Zelenski, J. M., and Larsen, R. J. (2000). The distribution of emotions in everyday life: A state and trait perspective from experience sampling data. *Journal of Research in Personality, 34,* 178–197.

Zengel, B. Edlund, J. E., and Sagarin, B. J., (2013). Sex differences in jealousy in response to infidelity: Evaluation of demographic moderators in a national random sample. *Personality and Individual Differences, 54,* 47–51.

Zettler, I., and Hilbig, B. E. (2010). Honesty-humility and person-situation interaction at work. *European Journal of Personality, 24,* 569–582.

Zhao, K., & Smillie, L. D. (2014). The role of interpersonal traits in social decision making exploring sources of behavioral heterogeneity in economic games. *Personality and Social Psychology Review,* 1088868314553709.

Zhu, B., Chen, C., Loftus, E .F., He, Q., Chen, C., Lei, X., Lin, C., and Dong, Q. (2012). Brief exposure to misinformation can lead to long-term false memories. Applied Cognitive Psychology, *26,* 301–307.

Zilcha-Mano, S., Mikulincer, M., and Shaver, P. R. (2012). Pets as safe havens and secure bases: The moderating role of pet attachment orientations. *Journal of Research in Personality, 46,* 571–580.

Zimbardo, P. G. (1977). *Shyness: What it is and what to do about it.* New York: Symphony.

Zinovieva, I. L. (2001). Why do people work if they are not paid? An example from Eastern Europe. In D. R. Denison (Ed.), *Managing organizational change in transition economies* (pp. 325–341). Mahwah, NJ: Erlbaum.

Zuckerman, M. (1974). The sensation seeking motive. In B. Maher (Ed.), *Progress in experimental personality research* (vol. 7, pp. 79–148). New York: Academic Press.

Zuckerman, M. (1978). Sensation seeking. In H. London and J. E. Exner (Eds.), *Dimensions of personality* (pp. 487–559). New York: Wiley Interscience.

Zuckerman, M. (1984). Sensation seeking: A comparative approach to a human trait. *Behavioral and Brain Sciences, 7,* 413–471.

Zuckerman, M. (1991a). *Psychobiology of personality.* New York: Cambridge University Press.

Zuckerman, M. (1991b). Sensation-seeking trait. *Encyclopedia of Human Biology, 6,* 809–817.

Zuckerman, M. (2005). The neurobiology of impulsive sensation seeking: Genetics, brain physiology, biochemistry, and neurology. In C. Stough and C. Stough (Eds.), *Neurobiology of exceptionality* (pp. 31–52). New York, NY, US: Kluwer Academic/Plenum Publishers.

Zuckerman, M. (2006). Biosocial bases of sensation seeking. In T. Canli (Ed.), *Biology of personality and individual differences* (pp. 37–59). New York: Guilford Press.

Zuckerman, M. (2012). Psychological factors and addiction: Personality. In H. J. Shaffer, D. A. LaPlante, S. E. Nelson, H. J. Shaffer, D. A. LaPlante, and S. E. Nelson (Eds.), *APA addiction syndrome handbook, Vol. 1: Foundations, influences, and expressions of addiction* (pp. 175–194). Washington, DC, US: American Psychological Association.

Zuckerman, M., and Aluja, A. (2015). Measures of sensation seeking. In G. J. Boyle, D. H. Saklofske, G. Matthews, G. J. Boyle, D. H. Saklofske, and G. Matthews (Eds.), *Measures of personality and social psychological constructs* (pp. 352–380). San Diego, CA, US: Elsevier Academic Press.

Zuckerman, M., and Haber, M. M. (1965). Need for stimulation as a source of stress response to perceptual isolation. *Journal of Abnormal Psychology, 70,* 371–377.

Zuckerman, M., and Kuhlman, D. M. (2000). Personality and risk-taking: Common biosocial factors. *Journal of Personality, 68,* 999–1029.

찾아보기

Randy J. Larsen 1984년 일리노이대학교(어배너 샘페인)에서 성격심리학 박사학위를 받았다. 1992년 미국 심리학회(APA)에서 Distinguished Scientific Achievement Award for Early Career to Personality Psychology를 수상하였고, 1987년 국립정신건강연구소(NIMH)에서 Research Scientist Development Award를 받았다. *Journal of Personality and Social Psychology*와 *Personality and Social Psychology Bulletin*의 부편집장이고, *Journal of Research in Personality, Review of General Psychology, Journal of Personality* 편집위원회에 근무하고 있다. 성격심리학에 대한 100여 개의 과학논문을 발표하였고, 자신의 분야에서 과학정보기관이 선정한 가장 많이 인용된 과학자의 상위 25명 목록에 올라 있다. 저서로는 *The Science of Subjective Well-Being*과 *Taking Sides in Personality Psychology*가 있다. NIMH와 국립연구위원회의 여러 Scientific Review Groups에 참여하고 있으며, Association for Psychological Science and the American Psychological Association의 회원이기도 하다. 성격에 대한 그의 연구는 National Institute of Mental Health, National Science Foundation, National Institute of Aging, McDonnell Foundation for Cognitive Neuroscience, Solon Summerfield Foundation이 지원하고 있다. 2000년에 Midwestern Psychological Association의 회장으로 선출되었다. 퍼듀대학교와 미시간대학교에서 교수직을 맡고 있다. 현재는 세인트루이스에 있는 워싱턴대학교에서 성격심리학 및 다른 과목들을 가르치고 있고, Human Values and Moral Development의 William R. Stuckenberg Professor이다.

David M. Buss 캘리포니아대학교(버클리)에서 박사학위를 받았다. 하버드대학교와 미시간대학교에서 교수직을 역임한 후, 현재 강의 중인 텍사스대학교(오스틴)의 교수직을 수락하였다. 미국 심리학회(APA) Distinguished Scientific Award for Early Career Contribution to Personality Psychology, APA G. Stanley Hall Award, APA Distinguished Scientist Lecturer Award를 받았다. 저서 *The Evolution of Desire: Strategies of Human Mating*(Revised Edition)(Basic Books, 2016)은 10개의 언어로 번역되었다. *Evolutionary Psychology: The New Science of the Mind*(5th ed.)(Allyn & Bacon, 2015)는 Robert W. Hamilton Book Award를 받았다. *The Dangerous Passion: Why Jealousy Is as Necessary as Love and Sex*(Free Press, 2000)는 13개 언어로 번역되었다. 그 외 *The Handbook of Evolutionary Psychology*(Wiley, 2005, 2016)도 있다. 300개 이상의 과학 출판물을 저술하였으며, 뉴욕타임스와 *The Times Higher Education Supplement*에 기고하였다. 그는 세계적으로 가장 많이 인용된 심리학자로 ISI 리스트에 올라 있고, 현시대의 가장 저명한 심리학자 중 한 사람으로 언급되고 있다. 또한 가장 영향력 있는 30명의 살아 있는 심리학자 중 한 사람으로 알려져 있다. American Psychological Society(APS)는 2017년 David Buss에게 Mentor Award for Lifetime Achievement를 수여하였다. 그는 미국과 해외에 걸쳐서 광범위하게 강의하고 있으며, 폭넓은 비교문화 연구 협력을 하고 있다. David Buss는 강의하는 것을 매우 좋아하고, 텍사스대학교에서 President's Teaching Excellence Award를 수상하는 영예를 안았다.

역자 소개

모두 고려대 임상 및 상담심리학 교실에서 박사학위를 받았고 임상심리전문가와 정신건강임상심리사 1급을 취득하였으며, 한국임상심리학회 전문회원으로 활동 중인 임상심리학자이다.

김근향은 CHA의과학대학 분당차병원 정신건강의학과에서 임상슈퍼바이저로 재직하였고, 현재 대구대학교 심리학과에서 범불안장애, 여성정신건강, 스트레스에 관한 연구와 교육에 전념하고 있다.

조선미는 아주대학교 의과대학에서 재직하며 아동 및 청소년, 가족에 관한 연구와 치료에 집중하고 있고, 아동 및 청소년과 부모교육 전문가로서 활발한 활동을 펼치고 있는 대중에게 가장 잘 알려진 심리학자 중 한 사람이다.

권호인은 미국 마이애미대학교에서 박사후 과정을 거쳐 현재는 전주대학교 상담심리학과에서 자살 및 트라우마에 대한 연구와 교육을 활발하게 하고 있다.

세 사람 모두 반복을 못 견뎌하고 새로운 것에 대한 호기심이 강한 편이다. 모두 귀차니즘이 다분함에도 불구하고 행동력은 있고 의사소통에 군더더기가 없는 편이라 이번 번역 과정에서 팀워크가 상당히 좋았다. 향후 재미있는 지적 공동작업을 기약하고 있다.